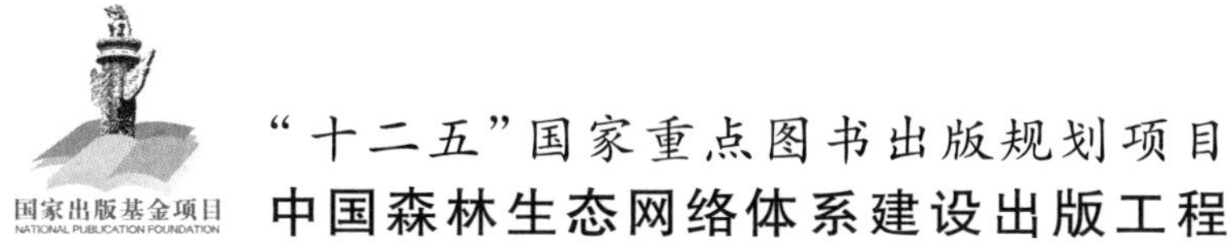

湖南现代林业发展战略

Modern Forestry Development Strategy for Hunan

彭镇华　等著

Peng Zhenhua etc.

中国林业出版社

China Forestry Publishing House

图书在版编目（CIP）数据

湖南现代林业发展战略/彭镇华等著.—北京：
中国林业出版社,2014.6
“十二五”国家重点图书出版规划项目
中国森林生态网络体系建设出版工程
ISBN 978-7-5038-7300-3

Ⅰ.①湖… Ⅱ.①彭… Ⅲ.①林业经济－经济发展战略－研究－湖南省 Ⅳ.F326.276.4

中国版本图书馆 CIP 数据核字(2013)第 299718 号

出版人:金旻
中国森林生态网络体系建设出版工程
选题策划 刘先银 策划编辑 徐小英 李 伟

湖南现代林业发展战略
统　　筹 刘国华 邱尔发
责任编辑 刘先银 李 伟

出版发行 中国林业出版社
地　　址 北京西城区刘海胡同 7 号
邮　　编 100009
E - mail 896049158@qq.com
电　　话 (010)83225108
制　　作 北京大汉方圆文化发展中心
印　　刷 北京中科印刷有限公司
版　　次 2014 年 6 月第 1 版
印　　次 2014 年 6 月第 1 次
开　　本 889mm×1194mm 1/16
字　　数 982 千字
印　　张 34.5
彩　　插 14
定　　价 199.00 元

序 一

FOREWORD ONE

湖南经济社会快速发展，城市化水平不断提高，以森林植被为主体的生态环境建设已成为人们普遍关注的问题。《中共中央 国务院关于加快林业发展的决定》明确提出：在贯彻可持续发展战略中，赋予林业以重要地位；在生态建设中，赋予林业以首要地位。湖南省顺应时代发展需求，同时也为落实国家林业发展战略，贯彻执行中央《决定》，动员全省人民加强生态建设，建成山川秀美的新湖南。同时，湖南省委、省政府明确提出把以林业建设为主体，“生态湖南”作为“和谐湖南”建设的四大内容之一，并把“保持青山绿水，提高森林覆盖率”作为湖南经济社会科学发展的四条底线之一，对新时期全省生态环境建设提出了更高的要求，使建设现代林业成为新世纪湖南可持续发展的迫切需求。

2005 年，湖南省人民政府提请国家林业局支持湖南现代林业发展，邀请中国林业科学研究院首席科学家彭镇华先生担任“湖南现代林业发展战略研究与规划”专家组组长，我有幸与湖南省人民政府杨泰波副省长一同担任项目领导小组组长，亲历项目研究的过程。该项目是在前期彭镇华先生率领的专家组对上海、江苏、北京等省市进行现代林业发展战略研究的基础上，针对湖南的实际，通过项目组全体成员 40 余人，历时两年多，全力投入，通力合作，协同攻关而完成的。项目研究准确地把握了林业在湖南经济社会发展中的地位和作用，深刻地认识到湖南林业所处的发展阶段，认真分析了当前湖南林业建设的主要矛盾，在湖南现代林业发展理念、林业总体布局、发展指标、工程规划、关键技术、保障体系等方面都有所创新、有所突破，取得了重要的阶段性成果，2007 年 10 月通过了阶段性评审，取得一致好评。

2008 年 1 月，湖南省政府常务会议听取了关于《湖南现代林业发展战略研究与规划》的汇报。一致认为，该战略规划创造性地提出了“建设和谐湖南新林业，打造绿色安全新家园”的发展理念，描画出了“一湖三群五片多点”的林业建设宏伟蓝图，对湖南现代林业建设具有重要的指导作用，务必要认真实施，认真落实。自此，湖南省各级政府以规划为蓝本，大力开展植树造林，挖掘造林潜力，实现了森林覆盖率和森林蓄积量的双增长，林业建设取得前所未有的成绩。

湖南现代林业建设是我国现代林业建设的一个伟大创举，为省级尺度上开展现代林业建设树立了成功的范例，对指导我国现代林业建设具有重要意义。“湖南现代林业发展战略研究与规划”是中国可持续发展林业战略研究成果运用于实践的具体体现，也是创新林业政策和机制的具体实践。它不仅是一个重大理论研究成果，同时还是一个与生产实际、与政府需求紧密结合的研究项目，也是理论与实践相结合的一个典范。本论著是以彭镇华教授为首的项目组专家经过多年深入研究的成果荟萃，是全体项目领导和专家集体智慧的结晶。本书的出版，将为相关省市的林业建设提供可借鉴的依据，也必将推动我国现代林业的建设与发展。

江 泽 慧

二零一零年三月

序 二

FOREWORD TWO

林业是具有生态、经济和社会三大功能的公益事业和基础产业，提供生态、物质和文化三大产品，发挥生态、经济和社会三大效益。现在，林业的地位、林业的功能、林业的作用、林业的意义，早已超越产业、专业和部门的范围，而发展成为一项全党全民全社会共同关注的伟大事业。因此，林业发展需要科学的指导，现代林业建设更需要强有力的科技支撑。研究和制定林业科学发展战略与规划，是保持林业事业健康发展的基础。湖南省委、省政府一直非常重视林业建设和发展，特别是作出以林业建设为主体的“生态湖南”建设这一重要决策以来，我们清醒地认识到，加快林业发展，增加森林资源总量和林产品供给，增强森林生态系统整体功能，实现自然生态系统与社会经济系统的良性循环，是改善城乡环境、保障国土生态安全的战略措施，是调整农业结构，实现农业增效、农民增收、农村稳定的重要途径，是绿化美化人居环境、提高人民生活质量、建设生态文明社会的客观要求。2005 年，省委、省政府主要领导与中国林业科学研究院院长江泽慧教授商定，由湖南省人民政府和中国林业科学研究院共同组织开展湖南现代林业发展战略研究，国家林业局对此十分支持。在以中国林业科学研究院首席科学家彭镇华教授为专家组组长的带领下，由中国林业科学研究院和湖南省有关单位组成的专家组队伍，通过对湖南林业发展中的宏观战略和重大科技问题作深入研究和思考，进一步明确了湖南林业现代化发展的指导思想、战略布局、战略重点和总体规划，完善了现代林业发展的理论体系，为湖南省率先在全国实现林业现代化提供了强有力的科技支撑。

湖南各级党委政府高度重视现代林业建设。该项目阶段评审后，省政府审定并批准实施《湖南现代林业发展战略研究与规划》，采取了一系列加快林业发展的措施，林业在国民经济中的地位显著提高，全省林农每年从出售林木和初级加工获得的直接收益超过 100 亿元，全省重点林区县的财政收入和林农收入的 70% 以上来自林业；林业的生态和社会效益显著提升，森林资源大幅增长，城乡生态环境明显改善，资源保护卓有成效；林权制度改革工作取得显著成效；林业发展基础显著增强，全社会支持林业发展的氛围基本形成。到 2008 年，全省林业用地 1.94 亿亩，湿地 0.84 亿亩，森林覆盖率达 55.86%，活立木蓄积量达 3.66 亿立方米，率先实现森林覆盖率和森林蓄积量双增长。同时，林业产业总产值增至 708.7 亿元，达到前所未有的高度。

湖南现代林业发展的研究与实践，是惠及湖南当代、泽被千秋的宏伟事业，它对于建立我国经济中等发达地区现代林业发展的理论体系，为全国的现代林业建设提供试验，以及保障湖南生态安全和经济社会可持续发展，都具有重要的理论和现实意义。本书的出版，可进一步为湖南现代林业发展提供指导，为我国其他地区的现代林业建设提供借鉴。借此机会再次感谢为湖南现代林业发展提供支持的国家林业局、中国林业科学研究院等单位，感谢为此付出辛勤劳动的所有同志！

杨 泰 波

二零一零年三月

目　录
CONTENTS

第一章　湖南现代林业发展背景

第一节　自然、经济和社会概况

一、自然概况

湖南省位于我国东南腹地，长江中游，东连江西省，南与广东省、广西壮族自治区接壤，西邻贵州省，西北毗重庆市，北接湖北省，是连接东部沿海省份与西部内陆省份的桥梁地带。地理位置介于东经108°47′~114°15′，北纬24°38′~30°08′之间。东西宽667公里、南北长774公里，总面积21.1875万平方公里。因省境大部分地区在洞庭湖之南，故名“湖南”。又因省内最大河流湘江贯穿省境南北，而简称“湘”。省会长沙。

湖南属大陆型中亚热带季风湿润气候，冬寒夏暑，四季分明。年日照时数为1300~1800小时，年平均温度在16~18℃，年平均降水量在1200~1700毫米，无霜期长达260~310天，光、热、水资源十分充足。优越的自然条件，孕育着丰饶的生物资源和物产。到2005年年底，全省林业用地、湿地分别达到0.128亿公顷和0.056亿公顷，分别占国土总面积的60.1%和26%；森林覆盖率达到55%，居全国第三位；经济林、竹林资源丰富，其中油茶面积118万公顷、全国第一；立竹总数过19亿株，居全国第四。境内野生动植物物种十分丰富，已记录的种子植物有4324种，其中列入国家重点保护野生植物名录的79种；已知的各类脊椎动物826种，其中列入国家重点保护野生动物名录的有113种；禽鸟种类繁多，分布广泛，共有500多种，占全国鸟类种数的45%，其中属于国家级保护的一、二、三类珍禽的22种，占全国鸟类保护数的44%。湖南素有“有色金属之乡”“非金属之乡”的美称，全国已发现的140多个矿种中，湖南已探明储量的有83种，其中41种居全国前5位，是全国矿产品种较多的省份之一；已探明储量的37种有色金属中，锑的储量居世界首位，钨、铋、独居石等名列全国榜首；已探明的非金属矿储量中，萤石、重晶石、长石、海泡石等储量均居全国第一位，煤炭储量在江南9省份中名列榜首。

湖南河流稠密，水资源丰富。境内湘、资、沅、澧四水沟通着大小支流5341条，总长度43000多公里。流域面积在5000平方公里以上的大河17条，流域面积在500~5000平方公里的中等河流98条；由于雨量充沛、地势高低不平，河流落差较大，水力资源比较丰富。全省多年平均水资源量1630亿立方米，居全国第六位，水力蕴藏量1532万千瓦，其中可供开发的有1083.9万千瓦，占全省水力蕴藏量的70%；淡水总面积135.38万公顷，其中可养殖面积34.67万公顷，是全国重要的淡水养殖基地之一。

全省地貌类型多样，以山地为主。山地、盆地、平原、丘陵、水体分别占国土面积的51.2%、13.9%、13.1%、15.4%和6.4%。境内东南西三面环山，幕阜、罗霄山脉绵亘于东，五岭山脉屏障于南，武陵、雪峰山脉逶迤于西。湘西山地大多数山峰海拔 1000 米以上，中部丘陵与河谷盆地相间。湘江、资水、沅江、澧水等四水由西南向北汇聚洞庭湖，经岳阳城陵矶注入长江。造化钟神秀，湖南山清水秀，形成了独特的生态旅游资源，山水与人文交相辉映。全省规划成六大生态景区，各类森林公园 72 个，大小景点有 1360 个。洞庭湖湿地水天一色，原始森林神奇静谧，南岳山秀外慧中，武陵源俊俏唯美，炎帝陵、屈子祠、韶山冲——伟人故里，人杰地灵。

二、经济概况

湖南是传统农业大省，有"鱼米之乡"的美誉。从元代开始，湖南开始成为中国有名的粮仓，谷米在国内粮食供应中跃居第一，"湖广熟，天下足"的谚语流传至今。

改革开放以来，湖南以区位和资源优势为依托，不断深化改革、扩大开放，大力推进"工业化、城镇化、农业产业化"进程，经济结构与投资环境不断优化，经济稳定协调发展，质量和效益稳步提高，经济活力不断增强，社会事业全面发展，人民生活不断改善。2005 年，全省 GDP 为 6473.61 亿元，比上年增长 11.6%，占全国总量的 3.6%，居全国第 13 位。其中第一产业增加值 1254.98 亿元，增长 5.7%；第二产业增加值 2604.57 亿元，增长 13.9%；第三产业 2614.06 亿元，增长 11.8%。按常住人口计算，人均 GDP 为 10366 元。

为实现从农业大省向农业强省的转变，近年来，农业内调结构，发展优质农业，进一步加强农村基础设施建设，推进产业化、规模化经营，取得较好成绩。在粮食作物中，持续扩大优质稻种植面积，优质稻种植面积占到水稻种植面积的 53.6%，2005 年全省粮食产量 856.55 万吨，其中稻谷产量 2484.99 万吨，增长 1.8%；经济作物中扩大了棉花、麻类、药材、蔬菜、瓜果等种植面积，产量有不同程度增长；畜牧、水产业发展较快，长沙、邵阳、湘潭等城市郊区为重点的奶业基地；新宁、绥宁、汨罗、洞口等县为重点的肉牛基地；湖区网箱养鱼、套养珍珠效益显著。农业区域布局优化，龙头企业的带动和辐射作用增强。初步形成了优质稻米、柑橘等十大优势农产品产业带和粮油棉麻、肉奶水产等五大产业链。全省 166 家国家和省级龙头企业销售收入 413 亿元，实现利润 18.22 亿元，分别增长 15.1% 和 13.7%。

工业优化产业结构，成效显著。已形成门类比较齐全、具备一定规模的工业体系。冶金、石化、有色金属、机械、食品等传统工业经过改组改造，继续发展。电子信息、生物医学等工业逐渐成为新的产业支柱。2005 年全省完成工业增加值 2199.91 亿元，比上年增长 15.3%。主要工业产品原煤、发电量、钢、钢材、有色金属、水泥、平板玻璃、化肥、农药、起重设备、交流电动机、机制纸及纸板、家用电冰箱等的产量均有增长。能源和原材料生产持续增长，2005 年全省规模以上工业企业一次能源生产总量 2893.97 万吨标准煤，比上年增长 17.6%；黑色金属冶炼及压延加工业增加值增长 27.6%，有色金属冶炼及压延加工业增长 22.0%，化学原料及化学制品制造业增长 21.8%，非金属矿物制品业增长 24.2%。

高新技术产业和旅游业异军突起。已建成长沙、株洲、湘潭、衡阳、岳阳等 7 个高新技术产业开发区，形成了电子信息、生物工程、新材料、机电一体化四大产业群体，其中以长株潭为核心的"一点一线"地区产业集聚优势持续增强，仅 2005 年 1～3 季度完成高新技术产品产值 842.49 亿元，扣除不可比因素，同比增长 24.8%；一点一线高新技术产值、增加值、出口收入和利税总额分别占全省的 81.24%、79.76%、83.78% 和 76.39%。按照胡锦涛总书记"把湖南特色旅游资源做大做强"的指示，近年来湖南旅游业发展迅猛。现已基本形成以湖湘文化为特色，以长沙为中心，以张家界为龙头，以八条黄金线路为支撑的湖南旅游精品格局。2005 年，全省共接待旅游人数 7180.98 万人，其中入境旅游者 71.98 万人次，比上年增长 30.07%；旅游创汇3.9亿美元，实现旅游总收入453.57亿元，增长22.1%。

基础设施日益完善。全省已基本形成了水陆空立体大交通网络。境内已有京广、湘黔、湘桂、浙赣、石长、焦柳、洛湛等7条铁路干线连接东西南北，渝怀铁路湖南段将于年内竣工投入运营，铁路营运里程2802公里，居全国第九位。公路有106、107、319、320等七条公路国道贯通全省腹地，公路里程88200公里，已建成的高等级公路有京珠高速湖南段、长沙—益阳—常德、湘潭—邵阳、衡阳—枣木铺、长沙—浏阳、易家湾—株洲，2005年末，高速公路里程达1403公里，迈入全国十强行列，还有常德—张家界、邵阳—怀化等高等级公路正在修建，将于今、明年竣工通车。长沙黄花机场和张家界机场航班可直达韩国、香港，常德机场、永州机场和芷江机场已投入使用，航空年旅客吞吐量达180万人次。全省内河航道里程达到11968公里，拥有岳阳城陵矶外贸码头两个5000吨级泊位，居全国第4。湖南电信业走在全国前列，已建成了全省现代化电信网络，电信通信能力达到了发达国家水平。2005年末全省固定电话用户1214.98万户，移动电话用户数达1249.0万户，国际互联网用户259.7万户。全省主干电网建设、城市与农村电网改造已取得明显成效。2005年，湖南省发电装机容量达到1470万千瓦，年完成发电量630.29亿千瓦小时。“城镇化”初见成效，全省共有设市城市29个，建制镇1097个，城镇化率为32%；城市的用水普及率为82.03%，燃气普及率为57.35%，人均道路面积为6.06平方米，污水处理率22.05%，“城镇化”各项技术指标不断上升。

商业大型市场和连锁超市迅速兴起。2005年全省实现社会消费品零售总额2459.12亿元，比上年增长14.4%。全省限额以上连锁企业门店1304个，营业面积150.56万平方米，增长28.9%；连锁企业商品销售额114.18亿元，增长42.2%；134家亿元市场成交额856.4亿元，占全省社会消费品零售总额的34.8%全省2354个乡（镇）中，有900多个乡（镇）已建成农贸市场，省内约半数的畜禽产品和80%的水果、蔬菜，通过各类市场销往全国各地，长沙马王堆和红星、株洲中南、衡阳西园、岳阳花板桥等一批农产品大市场，省内外驰名。

三、社会概况

湖南现设长沙、株洲、湘潭、衡阳、邵阳、岳阳、常德、张家界、益阳、郴州、永州、怀化、娄底13个地级市和湘西土家族苗族自治州1个自治州，72个县、16个县级市、34个市辖区，8个县辖区、1098个镇、1244个乡、98个民族乡、226个街道。

2005年年末，全省户籍人口总数为6732.1万人，人口密度317.85人/平方公里，其中男性人口3490.59万人，女性人口3241.1万人，分别占总人口的51.85%和48.15%；全年净增人口34.4万人，自然增长率为5.15‰。全省有土家族、苗族、瑶族等52个少数民族。据2000年第五次人口普查结果，少数民族人口为657.53万人，占总人口的10.21%，大多数居住在湘西、湘南和湘东山区。

湖南历史悠久，是中华文明的重要组成部分。省会长沙是全国唯一一座历经千年而城名、城地未变的古城，与岳阳市、凤凰县城位列中国历史文化名城。全省有国家级文物保护单位33处，省、市级文物保护单位1700多处。从新晃、辰溪、澧县等地发现的旧石器遗址证明，距今5万~10万年前，在湖南的河谷、坡地就有人群生息繁衍。从石门、澧县、湘乡、泸溪等县900多处新石器时代的文化遗址证实，8000~9000年前，洞庭湖周围湘中、湘西等地的先民们，就进入了原始农业和家畜饲养经济为主的定居生活。公元前1500年左右，湖南地区原始社会开始解体，逐步向阶级社会过渡。在洞庭、彭蠡之间，形成号称“三苗”国的强大部落联盟。夏、商、西周，湖南被称为“荆蛮”和“夷越”之地。从春秋早中期开始，楚国势力越过长江、洞庭湖进入湖南。至战国中期，全省均属楚国统辖。从已发掘的一批楚墓和遗址看，楚国时期的湖南得到进一步开拓，冶铸业、纺织业、髹漆业、琉璃业等都取得了重大成就。秦时设置长沙郡和黔中郡。汉以后郡、州更迭。至南北朝时，“湘州之奥，人丰土闲”。唐广德二年（公元764年）设湖南观察史，自此有“湖南”之名。五代马殷立国湖南，贸易发达，茶叶大量外销，闻名遐迩。至宋设湖南路。元、明设湖广行省（即今湖南、湖北两省）。清代、民国时期及中华人民共和国成立后，均设湖南省。

湖湘文化源远流长。不屈不挠，“敢为天下先”是湖南人精神的写照。战国后期，楚臣屈原被流放湖南，遍历沅、湘，写下了《九歌》《九章》等伟大的爱国诗篇，丰富了中国古代文化。到南宋，由于中国经济、政治、文化中心南移，理学思潮兴起，在湖湘文化形成、发展、转型、兴盛的历史长河里，人才辈出，张栻、朱熹、周敦颐、李东阳、王夫之、黄宗羲、顾炎武、魏源、曾国藩、左宗棠、郭嵩涛、谭嗣同……就像一串智慧的珍珠闪放光芒。清代末期，由于清朝政府闭关自守，软弱无能，导致近代中国社会政治腐朽黑暗，民不聊生，一批革新奋争的湖南青年跃上历史舞台，谭嗣同、黄兴、宋教仁、陈天华、蒋翊武、刘复基、蔡和森、何叔衡、毛泽东、刘少奇、任弼时、彭德怀、贺龙等老一辈先行者和无产阶级革命家前仆后继，抛头颅、洒热血、寻光明，直至建立新中国。而今，作为一种典型现象，人们已习惯于用“某某湘军”来赞许湖南人在经济社会建设各方面的突出成就，如出版湘军、电视湘军、建筑湘军、娱乐湘军等，他们继承着湖湘文化的精髓，续写着社会发展的新文明。

第二节　生态环境状况

一、农业与农村生态环境

（一）农业面源污染

1. 农药污染

农药是人为投放到环境中数量最大的有毒物质。湖南省农药的使用量正呈逐年上升态势（表1-1）。据统计，2004年全省农药使用量较上年度上升14.8%，达109493吨。使用的农药品种中，生物农药的使用量仅占较小比例，大部分为有机磷、有机氮和含重金属的有毒农药。农药的使用对提高农业产量起到了很大的作用，但也带来了一系列问题。随着农药使用量的增加，农药造成的污染也随之上升，以2000年为例，全省90%的耕地施用了农药，其平均施用量达24.27公斤/公顷。这不仅破坏了农田生态系统和生物多样性，而且严重影响了食品安全和人民生命健康。因为农药的利用率不到30%，大量农药通过各种方式进入环境，造成农村生态环境的大气、水体、土壤、粮食和蔬菜的污染，并通过食物链的传递和生物积累作用最终进入人体，危害人体健康。农药对环境的污染已成为全球关注的十大公害之一。例如，2000年全省共发生了13起大型蔬菜农药污染中毒事件，导致164人中毒，15人死亡。据农业部门的检测，稻米的镉、铅超标率为20%~60%，蔬菜中有毒有害物质的综合超标率达72.2%。在加入了世界贸易组织后，农产品安全问题无疑会制约湖南省农产品的出口。

表 1-1　1995～2004 年湖南省农药、化肥和农膜使用量

年度	1995	1998	1999	2000	2003	2004
农药使用量（吨）	73605	83005	83444	85611	95360	109493
化肥使用量（万吨）	167.91	179.93	180.87	182.15	188.33	203.19
农膜使用量（吨）	30493	37701	39161	40446	50609	58717

2. 化肥污染

化学肥料对提高农业产量起着重大的作用，但长期过量地施用化肥，会造成土壤物理性质恶化，肥力下降，土壤板结，肥效降低，反过来，又促使施用量增加，造成对环境及农产品的污染。据统计，从 1986 年到 2004 年，湖南化肥使用量呈不断增加趋势（表 1-1）。据统计，2004 年，播种面积平均化肥施用量达 532.40 公斤/公顷，远高于发达国家设置的 225 公斤/公顷的警戒线。2004 年化肥使用总量（按折纯量计算）达到了 203.19×10^4 吨，其中以氮肥为主，用量最大，占 51.12%。由于化肥施用不合理，导致 60%～70% 的氮进入了环境，污染了地表水和地下水。同时，省内还较普遍地存在着向渔业养殖水域投放化肥以便增产的养鱼方式，而养分一旦过量，便会导致水体富营养化。以 2000 年为例，全省养殖水域化肥最大投放量已达到 1500 公斤/公顷。2004 年全省地表水质监测也表明，总磷、氨氮指标超标现象普遍，已成为一些河流的主要污染物。

过量施用氮肥还会使蔬菜体内的硝酸盐超标，人食用后硝态氮在人体消化道内转化为毒性很大的亚硝酸盐，危害人体健康。

3. 地膜危害

湖南农用地膜的使用量也正在不断增加（表 1-1）。据统计，2004 年全省农膜使用量达 58717 吨，较上年增加了 16.0%，其中地膜使用量为 39111 吨，较上年增加了 16.8%，地膜覆盖面积达到 492262 公顷。农用地膜虽然在农作物增产中起到了积极的作用，但也带来了一系列问题。由于废旧残膜不易降解，残存在地表和土壤中，改变土壤的物理性状，造成土壤污染。土壤中积累过多的破碎残膜会严重影响农作物根系的生长发育和水分的吸收，致使农作物减产。另外，农田中的部分残膜被风吹到田边、地角、河流、池塘，有的挂在树枝上，造成“白色污染”。

湖南省农业生产主要倚靠化学投入，化肥、农药、地膜的用量均呈上升的趋势。1967～1987 年的 20 年间，世界化肥消费量仅增加 1.6 倍，而同期我国化肥消费量却增加了 5 倍，其利用率只有 30%，70% 的化肥进入环境，使农村地下水和饮用水源受污染，湖南省的化肥使用情况跟全国的情况大致相同。50 年代以来，湖南省农药使用量也在不断增加，从 1953 年的平均 0.0375 公斤/公顷上升到 1983 年的 45 公斤/公顷，增施了 1200 倍。1980～1990 年的 10 年间，地膜使用量增加 2.5 倍，由于地膜在环境中难以降解，造成了严重的“污染”，随着菜篮子工程的迅速发展，大量的禽畜粪便进入环境，这些粪便基本上未经处理，造成了农村的水源污染。环境的破坏和污染，严重恶化了生态环境，导致了生物资源的减少。银鱼曾是洞庭湖的特产，由于它的产卵场被破坏，产量由 20 世纪 50 年代的 75000～200000 吨减至 90 年代的 1000～1500 吨（干重），产品质量也有所下降，其他鱼类产量也由过去的 32000 吨减至目前的 11000 吨。湖区鸟类与新中国成立初期相比减少 60%。

（二）土地退化

1. 土壤退化

据湖南省水利厅 2002 年 8 月发布的《湖南省水土流失与治理公告》显示，20 世纪 90 年代

末全省水土流失面积为40393平方公里，比80年代末减少了6700平方公里，以中度侵蚀面积最大，占54.78%。侵蚀形态以面蚀为主，侵蚀地类型以林地为主。造成水土流水的主要原因是乱砍滥伐、毁林开荒、陡坡垦种、顺坡耕作等，如安化县、桑植县这种现象很严重。

湖南农业发达，长期以来对土地的利用强度较大，尤其近几十年来，集约农业日益发展，土地养分消耗量急增，而土地投入相对不足，重用轻养甚至只用不养的现象普遍存在，使土壤养分损失严重。从耕地的质量来看，总体上呈下降趋势。具体表现在：①土壤有机质含量减少。据调查，全省122.99万公顷的旱地绝大部分有机质含量不到1%，水田中亦有相当部分的有机质含量低于2%。土地养分失调和肥力下降使土地生产能力降低，制约着农业生产水平的提高，造成大面积的中低产土地。土地贫瘠化现象在全省各地均有发生。但由于其根本原因在于土地用养失衡，在农业生产相对发达、农业生产水平较高的区域表现更加明显，如常德、岳阳、长沙等农业生产水平较高的地区，其低产耕地均占其耕地总面积的70%以上，而在农业生产相对落后的怀化、湘西等地，其低产耕地占其耕地总面积的比重均低于60%，间接反映了湖南省土地贫瘠化空间分布与农业生产发展水平空间差异之间的联系。②耕地受污染现象较普遍。据统计，2000年全省受工业和城市“三废”污染的耕地已占全省年末耕地面积的17.0%以上，超过66.67万公顷。③中低产田面积有所上升。据统计，2000年全省中低产田已比1986年净增15.1075万公顷，达到254.906万公顷，占全省耕地总面积的65%。其中，因地下水位上升导致的潜育化是低产的重要原因之一。

2. 土地损毁

土地损毁是指在工农业生产和城镇交通建设中因挖废、毁坏以及堆占等原因使土地表土丧失或土地破坏造成的土地生产力的丧失。据初步调查，历年来湖南省仅国有大、中工矿企业挖废或堆占的土地面积就达1.13万公顷，其中以建材和黑色冶金工业损毁的土地面积最大，分别占损毁总面积的33.34%和23.10%，有色冶金、煤炭和电力工业损毁的土地也占相当比重。实际上，以上数据中并不包括大量乡镇企业以及交通设施和城镇建设过程中所造成的土地损毁，如果考虑到这些因素，则情况更加严重。虽然被损毁的土地中，一部分通过复垦措施后可以恢复其第一性生产力或用作建设用地，但需花费高昂的代价，如前述安化境内湘黔铁路复线工程土石方堆占，仅河道、水库清障就需耗费约450万元，而要复垦省内煤炭、电力、有色金属和黑色冶金大、中型企业所造成的可复垦土地5000余公顷，需耗费1亿多元。

（三）乡村生态环境问题

新中国成立以来，湖南省人口增长很快。1949年，湖南省人口为2986.8万人，2004年年末达到6697.7万人，人口密度达到316.23人/平方公里，55年翻了一番多。由于人口的迅猛增长，人均耕地面积越来越少，同时，给生态环境也带来了极大的压力。由于人们对自然资源保护意识的淡薄，毁林开荒，围湖造田，乱砍滥伐，使自然资源长期处于超负荷状态，严重破坏了生态平衡，灾害陡增。这种人口资源过剩和自然资源短缺之间的矛盾，是生态环境恶化的根本原因。

1. 畜禽粪便污染

2000年全省牧业总产值占全省农牧渔业总产值的35.8%。据不完全统计，2000年全省畜禽粪便产生总量为13059.7721万吨，约为全省工业固体废物产生量的5.55倍，从产生粪便的畜禽种类来看，有57.99%的粪便来源于猪，其中直接排放量约占24.72%。这部分粪便严重污染了纳污水体、空气和农村生态环境，直接导致了污染水体BOD含量、N、P含量和粪大肠菌群激增，且由于渗透作用使地下水也受到不同程度的污染。同时，还导致了空气中病原微生物和悬浮颗粒物含量增加以及恶臭气体氨气、三甲胺等含量上升，降低了空气的洁净程度。

另外，在还田中由于使用量过高或未经处理直接还田，也污染了土壤。

2. 工业“三废”污染

全省工业和城市“三废”污染的耕地面积已超过66.7万公顷，29%的农田灌溉水和21%的农田大气均受到不同程度的污染，全省因此每年给农业造成减产粮食约4000万公斤，经济损失达1亿元，因农业污染事故造成的经济损失超过2000万元。除此之外，工业污染还使土壤中有毒物质的含量严重超标，尤以城郊和工矿区最为严重。据不完全统计，全省现有水田中因利用大、中型矿山污水灌溉而造成的矿毒田就达1.41万公顷。如有色金属矿山比较集中的临武县，其矿毒田面积占水田总面积的5%以上，矿毒田中铅含量达0.15%～0.5%，锌的含量为0.02%～0.1%，钨的含量为0.05%～0.07%，均大大超过土壤正常含量范围。另据湖南省环境保护研究所调查，仅常宁水口山铅锌矿、祁东铅锌矿、株洲冶炼厂，湘潭锰矿等工矿企业附近，受重金属污染的土地面积就达0.6万公顷。至于因大量施用农药、化肥等而使各类有毒残留物质在土壤中集聚，从而危及土壤动物和微生物正常活动，导致土壤理化性状改变，最终降低土地生产力和产品质量的现象，则是全省各地普遍存在的。

特别是近些年来，湖南省的乡镇企业发展迅速，但大多数乡镇企业的工艺落后，管理水平低，污染物排放量比较大，污染物的治理率较低。且乡镇企业多处于村镇、农田附近，污染物一般都直接排放到农村环境中，造成农田的直接污染。

3. 农村生活污染

随着农村生活水平的不断提高，已经打破了原来废物还田的物质循环平衡，生活方式越来越接近城市居民。特别是近几年来，小城镇发展迅速，但由于缺乏合理的规划，其相应配套的环卫设施都没有跟上，没有排污管道，没有垃圾收集站，村镇的生活污水、生活垃圾未经处理就直接排入环境中，导致农田、水体污染，农村生态环境恶化。

二、水土流失

（一）总体状况

根据湖南省第二次水土流失卫星遥感调查，20世纪90年代末湖南省水土流失面积为40393平方公里。水土流失分布点多面广，主要侵蚀形态为面蚀，局部滑坡，崩塌也很严重。全省除纯湖区的安乡、南县无明显水土流失外，其余各市（县）均存在不同程度的水土流失。湘中红壤丘陵区及湘西、湘西北武陵山区仍然是湖南省水土流失相对集中和严重的地区。在强度上以中、轻度为主，强度和极强度水土流失所占面积不大（图1-1）。

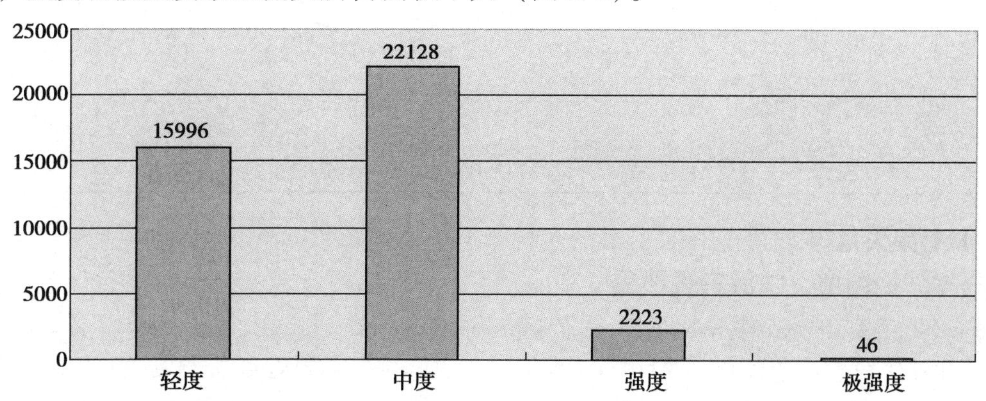

图1-1　湖南省水土流失强度统计（单位：平方公里）

与20世纪80年代末的情况相比较，总的水土流失面积在下降，中度、强度和极强度水土流失面积也在下降，但轻度水土流失面积增加了6423平方公里。

湖南省水土流失总面积按流域划分，“四水”以湘水流域水土流失面积最大，澧水流域水土流失面积最小，但水土流失面积占总面积比例以澧水流域最大，资水流域相对较小（表1-2）。

表1-2 湖南省各流域土壤侵蚀土壤侵蚀遥感成果数据 单位：平方公里

流域	湘水	资水	沅水	澧水	环湖	汨罗江	新墙河	珠江	赣江	合计
流域面积	85383	26738	51066	15505	20025	4874	2370	5185	683	211829
侵蚀面积	18412.01	3913.37	10733.07	3572.22	1065.06	956.85	497.00	1123.28	120.14	40393
%	21.56	14.64	21.02	23.04	5.32	19.63	20.97	21.66	17.59	19.07

从行政区划来看（表1-3），以张家界、湘西自治州和衡阳市最大，其水土流失面积均占到了区域国土面积的25%以上。长株潭地区和常德、岳阳相对较小。

表1-3 湖南省各市、州土壤侵蚀面积表 单位：平方公里

市（自治州）	轻度侵蚀	中度侵蚀	强度侵蚀	极强侵蚀	侵蚀合计	%
长沙	426.07	843.51	53.37	0.00	1322.94	11.19
株洲	535.57	1197.50	0.00	0.67	1733.75	15.42
湘潭	323.07	432.04	0.00	0.00	755.12	15.07
衡阳	974.32	2884.13	35.38	2.67	3896.50	25.47
邵阳	1744.90	2438.56	2.31	1.78	4187.55	20.14
岳阳	1053.78	1278.52	57.34	0.00	2389.63	16.12
常德	635.85	1094.31	205.90	0.43	1936.49	10.63
张家界	1070.93	1579.64	136.69	0.00	2787.25	29.20
益阳	761.38	1088.84	193.36	2.11	2045.68	16.63
娄底	531.59	1214.68	180.76	0.00	1927.03	23.79
郴州	1996.18	1953.39	160.89	21.15	4131.61	21.35
永州	3091.14	973.79	4.13	5.34	4074.39	18.30
怀化	1281.18	3182.85	631.37	11.86	5107.26	18.53
湘西土家族苗族自治州	1570.05	1966.25	561.50	0.00	4097.80	26.49
合计	15996.00	22128.00	2223.00	46.00	40393.00	19.07

（二）水土流失危害

1. 洞庭湖泥沙剧增，洪涝灾害严重

据测定，湘、资、沅、澧四水近11年平均每年输入洞庭湖的泥沙量为3917万吨，加上长江的入湖泥沙，洞庭湖平均每年淤积量为1.46亿吨。30多年来洞庭湖泥沙淤积总量达40亿立方米，按现有天然湖泊和洪道平摊，平均淤高1米，导致近几年内多次出现中水年高洪水位的汛情。

2. 表土流失，地力衰退

据各地资料推算，每年流走的土壤约1.52亿吨，相当于5.33万公顷耕地耕作层的土壤，被地表径流带走的有机质达300多万吨，相当于全省全年猪粪的40%以上，损失氮、磷、钾等无机养分200多万吨，相当于全省化肥施用总量的2.4倍。由于肥沃的表土严重流失，造成地力衰竭，使农作物产量日益下降。

3. 塘库淤积，工程效益衰减

据调查统计，全省已建成的210多处中型水库约有1/6淤积严重，13座大型水库，有5处淤积严重，淤积量约1.46亿立方米。

4. 河道淤塞，航运能力下降

据交通部门统计，全省水运通航里程由1965年的1.6万公里减少到现在的1万公里，年货运量由2900万吨下降到2600万吨。

5. 水域萎缩，渔业发展受阻

洞庭湖是全国的渔业基地，过去捕捞量占湖南总量的80%，由于淤积每年减少水域4万公顷，导致洞庭湖鱼产量显著下降。

6. 环境恶化，造成大自然失衡

随着水土流失的发展和加剧，不仅破坏水土资源、影响生态气候，而且整个环境恶化，损害生物资源，造成大自然失衡。据林业部门调查统计，全省林业用地面积比1965年减少150.34万公顷，减少10.76%；森林蓄积量减少9483.7万立方米，减少33.65%。由于森林的衰退，引起动物种群锐减，虎豹等珍贵动物濒临绝迹，鸟类退化，蛇类稀少，鼠害为患，不少微生物因失去了生存条件而逐渐消亡，构成生态平衡的食物链及生物小循环被打乱打断，从而使自然界周而复始的良性循环变成了恶性循环。

（三）水土流失原因

水土流失是自然因素和人为因素综合作用的结果。自然因素主要是地貌、气候、母岩、植被等，人为因素主要是滥伐森林、不合理的耕作制度等。

1. 自然因素

（1）全省山丘岗地占总面积的79.40%，其中有52.91%属于残坡积与岩溶类型，又全省地面的45.11%的坡度≥25°，一般土层较薄，起伏落差大，地表物质容易受冲刷迁移。全省年降水量1300~1700毫米，山地降水量一般高于平地。地表径流量大，全省年总径流量为1619亿立方米，且河流密集，全省有大小河流5300多条。形成密集的网状水系。同时湖南因受季风和地形的影响，雨季集中，4~6月降水占全年的40%~50%，且多暴雨，集中的暴雨常导致强大的地表径流，强化了陡坡风化裸露地表的侵蚀作用，因此容易导致水土流失，山洪发生，甚至有泥石流为患。

（2）全省抗水蚀性能低劣的花岗岩、红岩（紫色岩）及第四纪松散堆积物分布面积大，它们分别占全省土地面积的8.89%、12.4%和12.63%。即易产生水土流失的基岩总面积占全省土地总面积的33.92%，而且全省大地构造属于上升运动阶段，特别是西部山地，地形不断抬升，侵蚀将不断加强，地势陡峻，海拔300米以上的山地占全省总面积的55.73%，坡度20°以上的土地面积占全省总面积的52.97%，这些都是易产生水土流失的潜在因素。

（3）植被因素。如前所述，湖南森林在数量、分布、结构等方面还难以抵消潜在发生水土流失自然因素的威胁，达不到控制水土流失、改善区域生态环境的要求。

2. 人为因素

（1）滥伐森林、破坏植被。从1958年开始的“三个大办”到“文化大革命”期间的“以粮为纲”，对全省的森林资源带来了巨大的浩劫。农村实施责任制以后，农民怕政策多变，出现了砍大留小或砍光分光的现象，使得森林植被再一次遭到了破坏，严重影响到了其水土保持功能的发挥。

（2）由于社会耗用量的增加，给农民的燃柴带来了很大的困难，甚至有些过去盛产木材的山区也出现燃料危机。供求的“空档”，迫使人们对自然强度利用、过度垦殖，这就进一步加剧了水土流失。

（3）经济林垦复不合理。全省经济林面积，从50年代的144.64万公顷增加到1985年的260多万公顷，而垦复地区最易导致水土流失。

（4）开矿、采石、修路和兴建各类工程加重水土流失。全省有色金属等矿藏丰富，各种工程建设都或多或少地带来了水土流失问题。特别是近年来乡镇开矿业的迅速发展，引起的水土流失越来越严重。

（5）开发建设短期行为和掠夺性经营造成新的水土流失。缺乏战略眼光，看不到防治水土流失是建立良好生态环境，减少水旱灾害，振兴农村经济和造福人类的根本措施。或无专管机构，或有名无实，经费得不到解决。

三、水环境状况与水污染

2005年全省湘、资、沅、澧四水系、长江干流岳阳段及洞庭湖区共汇总73个省控断面的监测数据（图1-2）。73个断面中符合Ⅰ类水质标准的断面为1个，占1.4%；符合Ⅱ类水质标准的断面为23个，占31.5%；符合Ⅲ类水质标准的断面为28个，占38.4%；属于Ⅳ类水质标准的断面为5个，占6.8%；属于Ⅴ类水质的断面为11个，占15.1%；属于劣Ⅴ类水质的断面为5个，占6.8%。主要污染物是：粪大肠菌群、石油类、总磷、氨氮；砷、镉二项污染物在部分江段污染比较突出；洞庭湖总磷、总氮污染严重。

（一）主要水系水质状况

湘江流域：主要污染物为氨氮、石油类、总磷和粪大肠菌群。31个监测断面中26个符合Ⅲ类或优于Ⅲ类水质标准，占83.9%。其中湘江干流断面均符合Ⅲ类或优于Ⅲ类水质标准，湘江支流9个断面符合Ⅲ类或优于Ⅲ类水质标准的占64.3%，其余1个断面为Ⅳ类，1个为Ⅴ类，3个为劣Ⅴ类水质。潇水、舂陵水、米水和涟水水质良好，所设断面均符合Ⅲ类或优于Ⅲ类水质标准；耒水、渌水、郴江及浏阳河下游污染较为严重，所设7个断面中有5个均属于或劣于Ⅳ类水质。

资江流域：所设10个监测断面均符合或优于Ⅲ类水质标准；其中7个监测断面达到Ⅱ类水质标准，占70%。

沅江流域：沅江干流7个监测断面中有2个符合Ⅲ类水质标准，占28.6%；其余3个断面为Ⅳ类，2个为劣Ⅴ类水质。受贵州磷矿采选所排废水影响，沅江干流上游怀化段总磷污染严重，黔阳托口和萝卜湾断面均为劣Ⅴ类水质，湘西自治州泸溪段总磷超标，下游常德江段水质正常。

澧水流域：澧水所设的7个断面均符合或优于Ⅲ类水质标准；其中娄水入河口断面达到Ⅰ类水质。

洞庭湖流域：洞庭湖所设的10个断面均为Ⅴ类，均未达到规划功能区水质目标。主要污染

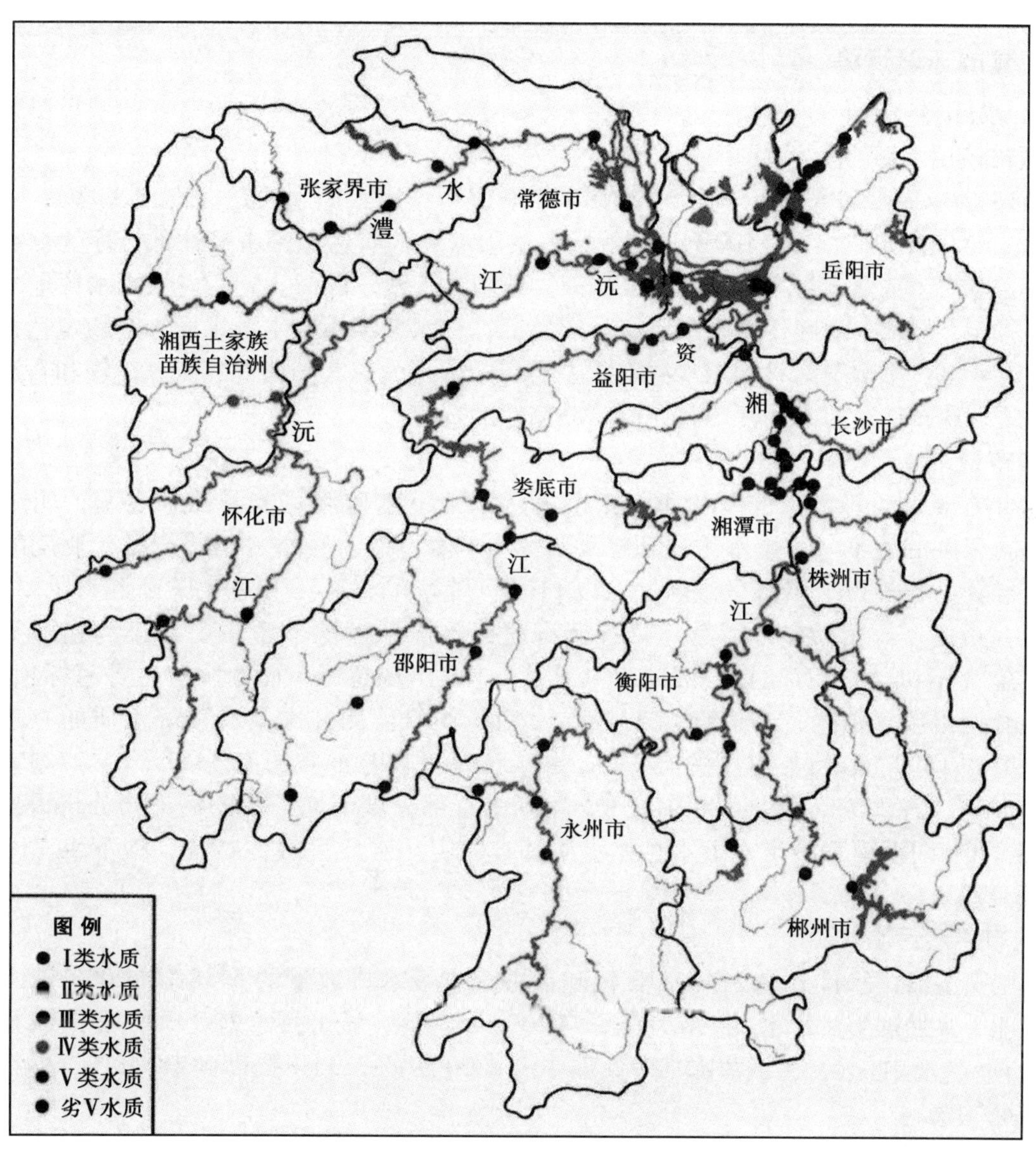

图 1-2　湖南省地表水省控断面水质情况

因子为总磷和总氮。

长江岳阳江段：所设 3 个断面均符合Ⅲ类水质标准。

（二）“十五”期间地表水环境质量变化状况

“十五”期间全省地表水环境质量持续改善。省控以上断面水质达标率在 5 年间由 48.0% 上升到 71.2%。地表水监测断面以Ⅱ、Ⅲ类水质断面为主，Ⅰ类和Ⅳ类水质断面数量减少，Ⅴ类及劣Ⅴ类数量有所上升。总体上，“十五”期间湖南省地表水变化趋势为：地表水水质状况持续好转，优良水质比例呈上升趋势，轻度污染河段得到改善，但部分江段出现重度及中度污染的现象日益突出。2001~2005年间，各年中主要污染物均是粪大肠菌群、总磷、氨氮、石油类、砷、镉6种，汞及挥发酚在2001~2003年是主要污染物。5年中，地表水中主要污染物种类及数量变化不明显。

四、城市环境污染

（一）水环境

1. 城市饮用水源

全省13个地级市和吉首市（以下简称14个城市）饮用水源水质达标率在93.9%～100%之间，其中永州、郴州和岳阳为100%，其他城市饮用水源水质达标率由高往低排序为：益阳、邵阳、娄底、吉首、常德、张家界、怀化、株洲、衡阳、长沙、湘潭。湖南省饮用水源地水质状况多数可以达标，但部分地区饮用水水质有一定超标，枯水期饮用水水源水质不能稳定达标，湘江中下游尤为突出。影响湖南省饮用水源水质主要超标项目为粪大肠菌群、氨氮、铁和石油类，其次镉和总磷出现超标，湘潭和衡阳存在镉、砷超标的现象。

2. 城市地下水

2005年在长沙、株洲、湘潭和衡阳四市进行了地下水监测。监测结果表明，四市地下水均受到不同程度的污染。地下水主要超标项目为pH值、锰、氨氮、硝酸盐氮、亚硝酸盐氮和总大肠菌群等。长沙市地下水呈微酸性，以pH值、锰、“三氮”和总大肠菌群为主要污染物，汞和铁略有超标，挥发酚、镉、氟化物等偶有超标。株洲市地下水主要污染为锰、氨氮，同时亚硝酸盐氮和pH值也有超标。湘潭市主要是pH值出现超标，而衡阳市主要超标项目为pH值、高锰酸盐指数、氨氮、亚硝酸盐氮和锰。全省44口监测井中具有良好水质的有7口，占总监测井数的15.9%；良好水质的有2口，占4.5%；较差水质的有34口，占77.3%；极差水质的有1口，占2.3%。根据2001~2005年湖南省部分城市地下水的污染物分析得出以下结论：“十五”期间湖南省城市地下水总体水质基本稳定。水质呈酸性特征，地下水主要污染物变化不大。

3. 城市生活污水

全省城镇生活污水排放量为131810亿吨，占全省废水排放量的51.8%。2005年，全省19座污水处理厂共处理生活污水24496万吨，与2000年相比，城市污水处理厂增加了15座，处理能力达到136.4万吨/天，生活污水集中处理率由2000年的3.34%提高到18.58%，城市污水处理率达到40.4%。

（二）大气环境

1. 大气环境质量

2005年，全省大气环境主要污染物为二氧化硫（SO_2）、可吸入颗粒物（PM10）和二氧化氮（NO_2）。二氧化硫年均值达到国家二级标准的城市包括衡阳、邵阳、岳阳、张家界、益阳、郴州、永州、怀化、娄底和吉首10个城市，占统计城市数的71.43%；长沙、株洲、湘潭和常德4个城市超过二级标准。可吸入颗粒物年均值达到国家二级标准的城市包括株洲、衡阳、张家界、郴州、永州、娄底、怀化和吉首8个城市，占统计城市数的57.1%；长沙、湘潭、邵阳、岳阳、常德和益阳6个城市超标。全省14个城市二氧化氮年均浓度值均达到国家二级标准。与2004年相比，二氧化硫和可吸入颗粒物达标城市数均有增加，分别增加2个和4个。

2005年全省14个城市中，永州和吉首空气质量最好，全年365天日空气质量均为优或良好，其中优天数分别达到73和37天，达标率为100%；衡阳、邵阳、常德、益阳、郴州、娄底和怀化7城市空气质量较好，全年均有90%以上的天数达标。长沙空气质量较差，达标率为69.04%，轻度污染的天数为113天。

全省城市综合污染指数范围在1.259~3.020之间，平均为2.153，与2004年相比有所下降。从综合污染指数分析：14个城市中，永州和郴州空气质量最好；综合污染指数大于3的城市是长沙，为3.020，为全省污染最重的城市。

2. 降水环境状况

湖南省是我国最严重的酸雨区之一。城市降雨中阴离子主要以SO_4^{2-}为主，阳离子则以NH_4^+和Ca^{2+}为主，为典型的硫酸型污染。湖南省酸性降水频繁，一年四季均可发生。但季节性特征明显，每年11月至翌年3月的冬、春季酸雨最为严重，而夏、秋污染相对较轻。

2005年湖南省pH值≤5.6的酸雨样占72.6%，pH值≤4.5的酸雨样占44.1%。单次降水样的pH值范围为2.82~8.94，pH值最小值出现在长沙市6月，pH值最大值出现在永州市9月。pH值年均范围在4.02~6.23之间，pH值低于5.60的有12个城市，占统计城市数的85.7%。全省14个城市酸雨频率范围在1.6%~98.0%之间，平均酸雨频率为72.6%，其中长沙市酸雨频率最高，达98.0%。

长沙、株洲、衡阳、常德、张家界、怀化6个城市是重酸雨区，城市百分比为42.9%，酸雨污染严重。湘潭、邵阳、益阳、娄底、吉首5个城市是中酸雨区，城市百分比为35.7%，岳阳是轻酸雨区，城市百分比为7.1%。2005年pH值≤5.6样比2004年下降了3.8个百分比，表明2005年度酸雨污染略有缓解。

（三）声环境质量

1. 道路交通噪声

全省14个城市共监测364条主次干道，总长度为822.74公里，其中277.53公里路段等效声级超过70分贝，占监测道路总长度的30.80%。全省交通噪声平均等效声级为68.4分贝，达到国家标准值。全省各城市交通噪声平均等效声级范围为65.6~70.0分贝。其中7个城市等效声级在68.1~70.0分贝之间，声环境质量较好；7个城市等效声级低于68.0分贝，声环境质量好，分别是邵阳、永州、益阳、吉首、湘潭、娄底和常德。

2. 区域环境噪声

14个城市区域环境噪声平均等效声级范围为51.9~57.3分贝。全省平均等效声级为53.6分贝，比2004年减少了0.8分贝，达到国家标准55.0分贝，声环境质量较好。声环境质量劣于国家标准的只有吉首1个城市，平均等效声级为57.3分贝。除吉首外，92.9%的城市区域环境噪声优于城市居住区声环境质量标准。

从全省城市声源构成来看，影响城市声环境质量的主要噪声源为生活噪声，生活噪声源占65.0%；交通噪声源占22.2%，工业噪声源占5.2%，施工噪声源占2.6%，其他噪声源占5.0%。生活噪声的影响范围居高不下，其所占比例仍达到65%。其中，衡阳市工业噪声源所占比例较高，达23.7%；长沙市其他噪声占30.9%，仅次于生活噪声所占比例；株洲市以交通噪声为主，其比例高于生活噪声。与2004年度相比，生活噪声和工业噪声的比例有所上升，分别上升0.2%和2.6%，交通噪声、施工噪声和其他噪声的比例有所下降，分别下降2.0%、0.1%和0.7%。

（四）工业固体废物

2005年全省工业固体废物产生量为3366.44万吨，比2000年上升了42.97%，其中危险废物产生量为34.65万吨，比2000年降低了23.02%。全省综合利用工业固体废物2380.60万吨，利用率为69.86%，其中有20.20万吨危险废物被综合利用，利用率为58.52%。全省外排工业固体废物量56.73万吨，其中危险废物排放量为0.09万吨。

工业固体废物产生量最大的地区依次是娄底市、郴州市和湘潭市，这三个城市的工业固体废物产生量合占全省总产生量的46.50%。工业固体废物综合利用量最多的是娄底市（505.80万吨），郴州市居第二位（436.34万吨）。处置量最多的是怀化市（90.37万吨）和常德市（69.65万吨）。产生量最大的固体废物是冶炼废渣，占全省固体废物产生量的24.53%，其次是粉煤灰，第三是炉渣。以上三种固体废物产生量占全省的59.36%。工业固体废物综合利用量最多的是冶炼废渣（593.25万吨），第二位是粉煤灰（479.12万吨），第三位是尾矿（396.67万吨）；以上三种固体废物综合利用量占全省综合利用总量的61.71%。

五、湿地环境

（一）湿地现状

据了解，湖南现有湿地总面积达5.6万平方公里，占该省土地总面积的26.47%。全球40种湿地类型中湖南就占了22种。现有东洞庭湖、南洞庭湖和西洞庭湖等3块湿地被列入了国际重要湿地名录。其中，东洞庭湖是我国于1992年加入国际《湿地公约》时首批指定的7块国际重要湿地之一。在湖南的湿地上，栖息着250多种鸟类、110多种鱼类和200多种野生植物，其中，亚洲有57种处于濒危状态的鸟类，在湖南湿地已发现20种；全世界有鹤类15种，湖南湿地鹤类占4种；因此，湖南湿地是具有国际意义的珍稀候鸟和其他野生动物的栖息地，也是湖南省独具特色的生态景观和得天独厚的自然资源。

在国际《湿地公约》对湿地的分类体系当中，湖南省湿地共包括了湖泊湿地、河流湿地和人工湿地等3大类。湖泊湿地以洞庭湖湿地为最大，洞庭湖现有天然湖泊面积2691平方公里。由于湖南境内“四水”和长江“三口”每年均有大量泥沙被携带入湖，在地势平坦的湖区大量淤积，形成湖洲滩地。河湖洲滩以平均每年4130平方公里的速度扩大，形成了以敞水带、季节性淹没带、滞水低地为主的我国最大的湖泊地区湿地景观。其主要的土地类型为（在枯水季节的冬季）：芦苇地530平方公里，草地800平方公里，泥滩地367平方公里，天然水面993平方公里。根据调查，湖区共有水生植物130余种，分布着158种鸟类，是中国乃至亚洲地区较大的鸟类越冬地之一。

在江河湿地方面，湖南省水系发达，河流纵横，境内分布着5341条大小河流，总长度8.6万余公里，其中：河长50公里以上的河流有185条，100公里以上的有50条，500公里以上的有7条。长江及湘、资、沅、澧四水是骨干。湘、资、沅、澧的长度为2399公里，集水区面积达17.8万平方公里。河流湿地总面积为2143平方公里，其中湘江1340平方公里，资江325平方公里，沅水284平方公里，澧水194平方公里。由于“四水”绝大部分均发源于湖南省内，并最终汇集于洞庭湖区域，随季节和降水的变化，在各主要河流的两岸形成了较大范围的草地、滩涂，与河流水面一起，形成了良好的湿地环境。

人工湿地共包括稻田、堤垸、水库坑塘等。稻田是人工湿地构成的重要组成部分，目前湖南全省有稻田面积31467平方公里。洞庭湖区保护面积在66.67公顷以上的大小堤垸266个，总面积10220平方公里，其中耕地面积57.87万公顷。湖南省有各种类型的水库12733处，塘坝109万个，总面积4433平方公里，设计库容180亿立方米。稻田、堤垸、水库坑塘是两栖类和中型水禽（鹭类）的主要栖息地，在鸟类迁徙季节，也是雁鸭类主要停歇地。

（二）主要问题

1. 围湖造田，湖泊面积减少

由于围湖造田，湖泊周边地区、蓄洪区的开发，导致湖泊面积缩小和分洪区调蓄能力下降。洞庭湖围垦总面积达2537.74平方公里，其中1949年以前围垦面积为1028.04平方公里，1949年以来实际围垦面积为1509.7平方公里，在历史上，1825年洞庭湖的面积达6000平方公里，到1949年，面积还有4350平方公里，容积达293亿立方米。20世纪60年代末，面积为3141平方公里，容积228亿立方米，到1995年，减少到2625平方公里，容积仅为167亿立方米。比50年代在面积和容量上分别减少了1725平方公里公里和126亿立方米，面积和容量分别减少了40%和43%。

2. 湿地质量下降，生态功能衰退

首先是水体污染。全省境内4大水系沿岸有2000多个工厂，主要工业排污口82个，其中位于洞庭湖周边且污水直接排入湖体的排污口27个，1998年湖区废水排放总量为7.95亿吨，其中工业废水排放总量为5.38亿吨，以化肥、造纸为主；生活污水排放总量为2.57亿吨；化肥施用量221.77万吨，农药施用量2.21万吨，这些化肥和农药大约50%以上不被生物吸收而流入到洞庭湖中。据过去10年来对洞庭湖湿地区水质、生物监测资料分析表明，湖区总体水质逐渐好转，但局部污染逐年加重，富营养化呈现发展的趋势。

其次，蓄洪垦殖，湖泊面积减少。20世纪50年代开始堵支并流、合垸及蓄洪垦殖工程，使洞庭湖湿地一直受到农业、工业、城镇发展等方面的压力。从1950年开始至今有1725平方公里湿地被围垦成为农田用地，物种栖息地面积大为缩小。

第三，人类对鸟类的大量猎杀，对鱼类的过度捕捞，导致湿地生态功能严重衰退，渔业资源迅速下降，名贵水产面临枯竭，珍稀物种濒危，各类野生动植物种类和数量急剧减少。历史上，洞庭湖区是我国物种最为丰富的湿地和沼泽森林区，曾经是我国特有物种如华南虎、扬子鳄、麋鹿、大天鹅、白鳍豚等多种陆生和水生野生动物的主要分布区及栖息地，目前，这些物种在洞庭湖基本灭绝。白鹤、白枕鹤、白鹳、黑鹳、小天鹅、中华秋沙鸭、中华鲟、江豚等珍稀物种生存环境面临很大威胁。

3. 淤积问题加重，洪涝灾害频繁

洞庭湖是长江中游最大的调蓄型湖泊和唯一的洪道湖泊，洞庭湖的泥沙淤积主要来自长江和湖南境内的湘、资、沅、澧“四水”，分别占80%和20%左右。20世纪50年代至80年代，全省水土流失区由34个县扩大到87个县，水土流失面积由1.87万平方公里增加到4.4万平方公里，每年流失土壤1.5亿吨，加上长江流入的泥沙，每年输入的泥沙量高达1.33亿立方米，其中近1亿立方米淤积湖底，湖床平均每年淤高达3.7厘米，洲滩以每年4000多公顷的速度扩大。湖区容积、湿地面积的萎缩和生态系统质量的下降，导致洞庭湖湿地生态功能降低，调蓄能力减弱，洪涝灾害加剧，垸老田低现象日益突出，渍涝灾害频发，地下水位升高，外洪内涝成为湖区社会经济发展的主要制约因素。水土流失的频繁发展，使大量泥沙流入河流、塘库，造成江河塘库淤积。据有关资料表明，全省大型水库13座，其中淤积严重的有5座，淤积量达到1.14万立方米，中型水库210座，其中35座已淤积。号称“八百里洞庭”的洞庭湖，1949年天然水域面积为4350平方公里，1977缩小到2740平方公里，到1984年只有2691平方公里，35年间缩小了38.14%，平均每年以47.4平方公里的速度缩减，近40年来洞庭湖水位大约提高了2米，共淤积泥沙4.0×10^{9}立方米。以1967年前后10年比较，四大干流入湖泥沙也在增加，其中湘江入湖泥沙增加了39.7%，资江增加56%，澧水增加

10%，沅江增加1.5%。

江河塘库淤积，阻碍了水流，抬高了水位使得洪涝灾害日益严重。从20世纪50年代至今，湖南洪涝灾害出现频率从10%激增到66.7%，40年前平均4.5年才发生一次洪涝灾害，20世纪60年代以来，平均1.16年就发生一次。与此同时，洪涝的破坏性也越来越大，1996年全省14个地市、95个县（市）受灾，农作物受害面积达189万公顷。1998年更是发生了历史上罕见的特大洪灾，洞庭湖区在高危水位下浸泡50多天，岳阳城陵矶水位高达35.94米，超历史最高水位0.63米，全省受灾人口达2100多万，农作物受灾面积172.67万公顷，直接经济损失329亿元。

六、城市与乡村绿化

（一）城市林业建设现状

截至2004年年底，湖南全省设市城市共建成公园149个，面积5038.13公顷；公共绿地面积6605.11公顷，人均公共绿地6.53平方米；城市绿化覆盖面积42224.8公顷，其中建成区绿化覆盖面积32250.4公顷；园林绿地面积36107.3公顷，其中建成区园林绿地面积26661.7公顷；设市城市建成区绿地率26.59%，建成区绿化覆盖率32.16%（表1-4）。与1987年相比，公共绿地面积增加了两倍多，人均公共绿地面积、城市建成区绿化覆盖率均翻了一番。

表1-4 湖南省城市园林绿化情况统计

	公园		公共绿地		城市绿化覆盖面积（公顷）		城市园林绿地面积（公顷）		建成区	
	个数	面积（公顷）	面积（公顷）	人均（平方米）	面积	建成区	面积	建成区	绿地率（%）	绿化覆盖率（%）
1987	58	1221	1533	3.4				5796		14.7
1999	112	2557.66	3258.94	4.87			26804		24.67	29.04
2000	116	2646.41	3525.18	5.1	49290	22646	44672	19450	24.33	28.33
2001	109	2547.84	4680.93	4.55	35433.72	23854.02	30185.38	20592.56	24.3	28.15
2002	122	3222.86	4970.26	4.72	37760.1	25671.2	31825.5	22434.3	24.99	28.6
2003	129	3513.39	5116.29	5.07	39544.9	28827	34254.8	25050.8	26.11	30.5
2004	149	5038.13	6605.11	6.53	42224.8	32250.4	36107.3	26661.7	26.59	32.16

根据2004年全省29个城市的统计结果（表1-5），韶山市的人均公共绿地面积最大，达到18.30平方米；最小的是常宁市，仅为2.50平方米。长沙、株洲、湘潭、岳阳、衡阳、常德等大城市的人均绿地面积在4.06～8.35平方米之间。建成区绿地率以湘潭市和岳阳市最大，分别达到38%和36.62%；洪江市建成区绿地率最小，仅为0.71%；临湘市和湘乡市的建成区绿地率也较低，均低于10%。除衡阳市外，其他大城市的建成区绿地率均在30%以上。建成区绿化覆盖率以湘潭市和资兴市最大，分别为43.07%和41.14%；临湘市和湘乡市的建成区绿化覆盖率最小，均低于10%。6个大城市的建成区绿化覆盖率都较高，均在30%以上。值得一提的是，一些山谷城市，如郴州、吉首、怀化等城市，其绿化指标值虽然较低，但其周边地区的森林覆盖率较高，因此这些城市总体的生态环境质量还是不错的。

表 1-5　2004 年设市城市园林绿化情况

市（县）	人均公共绿地面积（平方米）	建成区绿地率（%）	建成区绿化覆盖率（%）	市（县）	人均公共绿地面积（平方米）	建成区绿地率（%）	建成区绿化覆盖率（%）
长沙	7.44	30.25	35.69	常德	8.35	34.04	38.75
浏阳	6.54	30.00	34.65	津市	7.28	31.00	38.22
株洲	6.05	30.34	33.50	张家界	4.11	17.05	18.68
醴陵	4.17	28.95	30.99	益阳	6.28	30.00	32.32
湘潭	8.01	38.00	43.07	沅江	5.57	21.98	35.52
湘乡	8.84	7.85	8.94	郴州	7.28	30.52	36.62
韶山	18.30	32.00	35.74	资兴	8.44	29.50	41.14
衡阳	4.06	22.33	33.42	永州	7.06	21.12	32.70
耒阳	4.83	19.03	28.60	娄底	7.17	30.00	33.39
常宁	2.50	12.58	39.51	冷水江	6.51	21.00	23.38
邵阳	4.92	11.52	13.26	涟源	2.56	19.00	22.73
武冈	6.06	22.10	25.59	怀化	5.21	28.31	31.23
岳阳	8.09	36.62	38.56	洪江	6.66	0.71	30.69
汨罗	2.79	15.00	26.91	吉首	5.29	15.57	16.89
临湘	4.33	5.36	5.00				

从上面的数据可以看出，湖南省全省的园林绿化成绩虽然非常巨大，但与国内外的城市绿化实践相比，仍有较大差距。国外许多学者的研究表明，城市林业建设对于建设物质上高度文明、生态安全有保障的现代化都市具有极其重要的现实意义，因此，在实际的工作与规划过程中，常将绿化覆盖率指标定在 50% 以上。我国的林业与园林科技人员的研究也表明，从维持城市空气中的碳氧平衡，吸收有害气体、缓解“热岛效应”等生态功能要求出发，对于人均用地指标在 75 ~ 105 平方米的大城市地区，绿化覆盖率应争取达到 40% ~ 50% 左右，城市生态环境质量才能较佳。在我国实行的园林城市标准中规定，秦岭淮河以南地区的绿化覆盖率在大城市、中等城市和小城市应分别达到 35%、37% 和 39%；而我国的生态城市评价标准中则要求建成区绿化覆盖率和人均公共绿地面积应该分别大于 50% 和 20 平方米/人。与这些标准和需求相比较，湖南省的城市林业建设还有相当多的工作要做。

（二）乡村绿化现状

截至 2004 年年底，湖南省共有乡（镇）2343 个，村（居）委会 4.86 万个，乡村人口达到 5455.75 万人，其中 5087.12 万人为农业人口。2004 年乡村平均每人新建房屋面积为 1.00 平方米，平均每人年末住房面积达到了 36.55 平方米（表 1-6）。与 2000 年相比，2004 年平均每人新建房屋面积有所下降，但略高于 2003 年的平均水平。自 2000 年以来，平均每人年末住房面积持续增加，说明住房条件持续改善。

表 1-6 湖南省 2000 ~ 2004 年乡村规模及建设情况

年度	乡（镇）个数（个）	村（居）民委员会个数（万个）	乡村人口（万人）	农业人口（万人）	平均每人新建房屋面积（平方米）	平均每人年末住房面积（平方米）
2000	2353	5.01	5386.21	5106.54	1.20	30.92
2002	2364	5.11	5420.79	5089.58	1.16	34.05
2003	2357	5.13	5425.86	5077.75	0.96	35.09
2004	2343	4.86	5455.75	5087.12	1.00	36.55

通过比较发现，1996 ~ 2005 年间建制镇面积急剧扩大，全省平均增加率为 24.11%，其中长沙市和邵阳市最为突出，增加比例分别高达 76.71% 和 40.82%；农村居民点用地面积增加不明显，全省平均增加率仅为 0.37%，而长沙、株洲、湘潭、岳阳和常德等地区却出现了负增长（表 1-7）。负增长的出现，与近几年贯彻执行的“合乡并镇”和发展小城镇等政策措施关系很大。从表 1-7 可以看出，自 2000 年以来，受“合乡并镇”政策影响，乡镇、村委会的数量呈现出逐年减少的变化趋势。在这种变化趋势下，虽然乡村人口总体有所增加，但农业人口的比重下降，相当一部分农村劳动力转向了非农产业。

表 1-7 湖南省各地、州、市 2005 年与 1996 年建制镇及农村居民点用地的比较

地（州、市）	建制镇面积（1996 年）	建制镇面积（2005 年）	增加率（%）	农村居民点用地面积（1996 年）	农村居民点用地面积（2005 年）	增加率（%）	公共绿地（1996 年，公顷）	人均公共绿地（1996 年，平方米）
长沙	4163.933	7358.233	76.71	80613.53	80222.27	-0.49	5	0.11
株洲	2433.873	2773.58	13.96	54061.83	53588.27	-0.88		
湘潭	2178.047	2353.173	8.04	44171.9	44138.5	-0.08	1	0.2
衡阳	4040.233	5463.667	35.23	84332.42	85797.99	1.74	17	0.51
邵阳	2681.293	3775.887	40.82	64661.81	65574.67	1.41	8	0.15
岳阳	2391.033	3186.98	33.29	73898.72	73847.91	-0.07		
常德	5409.433	5745.607	6.21	109371.5	108256.7	-1.02		
张家界	1005.647	1128.8	12.25	26650.35	26827.95	0.67	2	0.39
益阳	2039.373	2327.82	14.14	53585.81	53667.47	0.15	62	3.05
郴州	3966.953	4574.753	15.32	43489.96	44679.06	2.73	13	0.43
永州	5737.307	6366.593	10.97	58692.04	59138.99	0.76	4	0.15
怀化	2923.507	3379.72	15.61	47687.75	47827.72	0.29	20	0.56
娄底	1544.973	1929.127	24.86	47745.01	48266.81	1.09	27	1.06
湘西土家族苗族自治州	2632.22	3188.287	21.13	25954.79	26130.16	0.68		
全省	43147.83	53552.23	24.11	814917.4	817964.5	0.37	159	0.45

通过以上分析可以发现，湖南省小城镇建设蓬勃发展，乡镇数量减少，人口逐渐向较大的城镇或村落集中，人均住房条件进一步改善。但是乡村建设蓬勃发展的同时，乡村绿化工作却相对滞后。以 1996 年为例（最新资料难以获得），全省集镇公共绿地面积仅为 159 公顷，人均公共绿

地面积只有 0.45 平方米，其中益阳市集镇人均公共绿地面积最大，也仅有 3.05 平方米（表 1-7）。村落分布分散，公共绿地面积更难以统计，但随着村落逐渐集中，原有农户自有的林地和园地必然减少，从而使村落绿地进一步减少。在村镇建设过程中，居住点开发建设往往先安排房子，然后剩余部分作为绿化用地，这种做法重点是突出建筑物的布局而不是生态环境，再加上后期管理没有及时进行植被恢复绿化工作，区域内非绿色生态结构扩大，绿地面积日益减少，绿色生态与非生态结构比例发生根本变化，结果使得绿色生态系统面积减少、结构简单，完全失去了自然生态系统自动调节的功能和特性。而人类对生存居住环境最根本的要求就是生态结构健全、生态系统平衡，适宜于人类的生存和可持续发展。农村城镇化建设过程中存在的忽视绿化工作的问题与中央“建设社会主义新农村”的精神是相悖的。因此，湖南省在农村城镇化建设过程中必须贯彻“规划先行”的指导思想，合理配置公共绿地的比例，协调村镇建设与环境保护之间的关系，建设既有地方特色又保持生态和谐的人居环境，确保农村建设有序健康发展。

七、石漠化

（一）现状

石漠化是我国南方石灰岩岩溶地区危害严重的自然灾害类型之一。根据 2004 年全国的石漠化监测结果，湖南全省岩溶地区总面积 5436226.4 公顷，占全省国土总面积的 25.7%。岩溶地区按土地类型分为：石漠化土地面积 1478860.2 公顷，占岩溶地区面积的 27.2%，占全省总面积的 7.0%；潜在石漠化土地面积 1437717.9 公顷，占岩溶地区面积的 26.4%，占全省总面积的 6.8%；非石漠化土地面积 2519648.3 公顷，占岩溶地区面积的 46.4%，占全省总面积的 11.9%。

就其分布而言，全省岩溶地区石漠化和潜在石漠化土地分布在 81 个县（市、区），重点分布在三个区域：一是武陵山岩溶山地山原区，包括慈利、永定、桑植、永顺、龙山、保靖、花垣、古丈的全部，凤凰、吉首、泸溪、石门的大部，桃源、麻阳、沅陵、溆浦、澧县等，岩溶地区石漠化面积 604067.6 公顷，潜在石漠化面积 738875.7 公顷，占全省石漠化和潜在石漠化面积的 40.8% 和 51.4%。二是涟源、邵阳岩溶盆地区，包括涟源、新化、邵东、双峰、新邵、邵阳、隆回、洞口、武冈、新宁等，岩溶地区石漠化面积 375915.2 公顷，潜在石漠化面积 392057.5 公顷，占全省石漠化和潜在石漠化面积的 25.4% 和 27.3%。三是郴州、永州岩溶丘陵区，包括东安、冷水滩、祁阳、耒阳、常宁、祁东、桂阳、临武、嘉禾、宜章、宁远、道县、江华、江永、新田等，岩溶地区石漠化面积 388168.3 公顷，潜在石漠化面积 180132.2 公顷，占全省石漠化和潜在石漠化面积的 26.2% 和 12.5%。其他县（市、区）为零散分布。

（二）危害

土地石漠化，生态状况恶化，导致自然灾害频发，加剧石漠化区域的贫困，对社会经济发展造成了严重危害。

1. 石漠化导致水土流失严重，淤堵河道库坝

石漠化是导致水土流失的主要原因之一。湖南省的水土流失类型的面蚀、沟蚀、崩塌三种，其中以面蚀为主，占总流失面积的 95% 以上。流失地类包括农地、林地、建设用地等，其中林地水土流失占 62% 以上。虽然影响水土流失的自然因素很多，如土壤质地、母岩、降雨、地形地貌、植被等，但主要是人为因素引起的，特别是乱砍滥伐、开荒种地和建设工程等影响因素最大。

2. 石漠化导致土地退化严重，生物量下降，生态系统日趋脆弱

石漠化引起的土地退化，最初表现为土层变薄、土壤养分含量减少，耕作层日趋粗化，农作物产量下降，继而导致生态系统的日趋脆弱和退化，并引发农作物的不能生长或大面积枯死，病虫害频发，最终丧失土地生产力，成为石漠。

3. 石漠化导致当地人民生存环境恶化

石漠化地区的一个显著生态特征就是缺水少土。水是人类生存的基本要素之一。岩溶地貌本身是一个脆弱的生态系统，由于人类长期不合理的经济活动干扰破坏，失去了森林水文效应，发挥不了森林调蓄地表水和地下水能力，形成“地表水贵如油，地下水滚滚流”的现象。据调查，目前，湖南省石漠化地区至少有100多万人存在饮水困难，每年要花费巨大的精力解决缺水问题。许多石漠化地区的群众，每年缺水4~5个月，有的要到5公里以外的地方挑生活用水，生产用水更是紧缺。由于土壤缺乏，大部分石漠化土地只能在石缝中点种玉米等旱地作物，普遍是广种薄收，根本保证不了群众的基本口粮，人们的生存环境不断恶化。

4. 石漠化导致石漠化地区人民贫困加剧

石漠化引起的生态恶化加剧了贫困，湖南省国家级和省级贫困县绝大部分分布在石漠化严重地区。长期以来，许多石漠化地区由于人口压力过大，耕地不足，粮食不能自给，经济收入少，生活十分贫困，陷入了“越穷越垦、越垦越穷”的恶性循环。石漠化已成为石漠化地区贫困之源，成为石漠化地区经济社会发展的主要障碍。石漠化区域主要分布在湖南省西部，而该区域正是湖南省经济相对贫困的地方，同时也是少数民族聚居区，要保证社会稳定和民族团结，必须不断改善石漠化区域的生态状况，加快脱贫步伐。

5. 石漠化地区自然灾害频发、经济损失严重

水土流失造成土地石漠化，石漠化又引起更严重的水土流失，导致自然灾害越来越频繁，这种恶性循环使石漠化成为岩溶地区自然灾害的主要诱导因素之一。据统计，1950~1998年期间，湖南省累计水、旱灾成灾面积2231.47万公顷，约等于全省耕地面积的7倍，其中水灾面积占38%，旱灾面积占62%，灾害损失1600多亿元。其中石漠化地区尤为严重，旱涝灾害频频发生，给群众生命财产造成极大威胁。

6. 影响周边及下游地区经济建设顺利进行

“上泛则下滥，上治则下安”。石漠化地区大都处于江河上游，上游地区生态状况恶化，严重制约中下游经济发展。持续不断的大量泥沙淤积，严重制约着沿河水利工程发挥综合效能，并降低泄洪能力，直接威胁下游和江汉平原的生态安全。

（三）成因

岩溶地区石漠化的产生与发展是自然原因和人为原因相互影响的结果，自然原因是土地石漠化形成的基础，人为原因是土地石漠化形成和加剧的主要因素。按照面积分布计，自然原因形成的面积为286074.8公顷，占石漠化土地总面积的19.3%；人为原因形成的面积为1192785.4公顷，占石漠化土地的80.7%。

1. 自然原因

主要体现在：一是古环境变迁形成的碳酸盐岩极易淋溶风化，为岩溶区域形成石漠化提供了物质基础。二是地球构造运动为石漠化提供了动力潜能。构造运动通过岩体破裂和变形，形成了陡峻而破碎的喀斯特地貌，产生了较大地表切割和地形坡度，陡峻的喀斯特地貌极易产生水土流失，为石漠化提供了动力潜能。三是温暖湿润的季风气候为喀斯特地貌的强烈发育和土壤淋溶提供了必要的侵蚀营力和溶蚀条件。石灰岩抗风化能力强，成土速率慢，风化方式以溶蚀为主，大量的碳酸钙、碳酸镁等易溶物质随水流走，不溶性的残留物甚少，在水热条件较好的情况下，其成土速率每年只有10.4～26吨/平方公里，一般需要600～1500年才能溶蚀30厘米厚的岩石，积累1厘米的成土母质。

湖南石漠化区域地处温暖湿润季风气候区，水热条件丰富，尤其在7～8月暴雨与高温同期存在，为喀斯特地区产生水土流失提供了外在因素，使得该区域在缺少植被覆盖时，成土速度远远低于流失速度，因而石漠化现象日趋严重。调查结果表明，湖南省因自然原因形成的石漠化土地只有286074.8公顷，仅占全省石漠化土地的19.3%。

根据自然原因的内部差异，地质灾害形成的石漠化面积84595.1公顷，占自然原因形成面积的29.6%；灾害性气候形成的石漠化面积15954.5公顷，占自然原因形成面积的5.6%；其他原因形成的石漠化面积185525.2公顷，占自然原因形成面积的64.8%。

2. 人为原因

长期以来由于石漠化地区人口不断增多，耕地日趋不足，导致森林植被不断遭到破坏，土地失去植被保护，水土流失加剧，土壤退化，从而形成了石漠化。同时由于人们生态环保意识淡薄，对该区域植被的恢复难度认识不够，忽视了自然规律，对土地的掠夺性利用，加快了该地区的环境破坏，导致“越垦越穷，越穷越垦”的恶性循环。湖南省因人为原因形成的石漠化土地有1192785.4公顷，占全省石漠化土地的80.7%，其中毁林开垦、过度樵采、不适当经营为主要影响因子。不同人为原因形成面积分别为：毁林开垦186363.0公顷，占人为原因的15.6%；过牧26953.7公顷，占人为原因的2.3%；过度樵采478078.4公顷，占人为原因的40.1%；火烧43047.6公顷，占人为原因的3.6%；工矿工程建设9848.0公顷，占人为原因的0.8%；工业污染2351.9公顷，占人为原因的0.2%；不适当经营286080.9公顷，占人为原因的24.0%；其他160061.9公顷，占人为原因的13.4%。

第三节 林业发展特征分析

一、林业发展状况

（一）林业建设成就

改革开放以来，特别是党的十一届三中全会以后，湖南省委、省政府和国家林业主管部门高度重视林业工作，采取了一系列重大举措，三湘儿女艰苦奋斗，广大务林人无私奉献，林业建设取得了显著成就。

1. 林业资源总量大幅增长

多年来，全省人民广泛深入地开展人工造林和封山育林，形成了全社会办林业，全民搞绿化的良好氛围。1993年全省如期消灭宜林荒山；1997年基本实现全面绿化；进入新世纪，全省整合实施了退耕还林、防护林、野生动植物保护及自然保护区、生态公益林、绿色通道、速生丰产林、种苗和花卉、林产工业、森林和湿地生态旅游等九项林业重点工程；2004年，湖南省委、省政府出台《关于贯彻〈中共中央 国务院关于加快林业发展的决定〉的意见》，波澜壮阔地掀起全民植树造林的新高潮。到2005年底，全省林业用地面积达到0.128亿公顷，占全省国土总面积的60.1%，其中，有林地面积0.102亿公顷。森林覆盖率达到55%，提前5年实现奋斗目标。森林蓄积量达到3.79亿立方米，毛竹立竹总数达到19亿株。全省有湿地面积560万公顷，占全省国土总面积的26%。与“四五”森林资源二类调查（1975年）相比，全省有林地面积、森林覆盖率和森林蓄积量分别增长了40.4%、16.1个百分点和101.6%，实现了有林地、森林面积和蓄积的三增长。

2. 林业生态建设整体推进

退耕还林有效改善自然生态。自2001年启动至今，共完成国家下达的退耕还林任务112.87万公顷。工程覆盖112个县（市、区、场），惠及288万农户1069万人。工程实施范围内的生态环境明显改善，水土流失量减少30%，湘、资、沅、澧四水流入洞庭湖泥沙量减少40.7%，湘西地区以往“广种薄收”“越垦越穷、越穷越垦”的现象基本得到遏制。

防护林营建绿色长城。先后启动了兴林抑螺、中德合作造林、长江防护林二期、珠江防护林、平原绿化二期、防沙治沙、长株潭林业生态圈工程，累计造林25.33万公顷。工程的实施有效地遏制了水土流失。据监测，水土流失面积年平均减少606.6平方公里，可获得直接经济效益70.6亿元。

野生动植物保护及自然保护区建设促进生态和谐。目前，全省自然保护区达到106个，总面积126.67万公顷，占国土面积的5.98%；自然保护小区达到157个，总面积21.33万公顷。工程的实施，极大改善了保护区的生态质量和基础设施建设，促进了人与自然的和谐相处。

生态公益林建设构筑生态屏障。实施了国家级生态公益林保护面积200万公顷，省级生态公益林保护面积14万公顷。工程的实施，使项目区内疏林地、灌木林地全部转变为有林地；林分郁闭度也由0.47提高到0.52，林分蓄积量由每公顷36立方米提高到42立方米。

绿色通道建设绘织潇湘绿绸。建成了由京广铁路、京珠高速、107国道共同组成的贯穿省境南北的绿色大道，黄花机场直达长沙市区的省会绿色门道，与武陵源景区相和谐的张青公路绿色通道，潭邵、衡枣高速公路西部绿色风景线等，共计里程1270公里。境内国省道、高速路、铁路、河库的防护林带纵横交错，相映成趣，徜徉其间，触目皆绿荫。

3. 林业产业发展方兴未艾

湖南林业产业已经发育成为涵盖一、二、三产业的大产业。林业第一产业中松树、杨树、桉树、毛竹、桤木等速生用材树种和苗木花卉得到较快发展，林种、树种结构得到优化。林业第二产业形成了木材采运、制材、人造板、木竹浆造纸、木竹地板、家具、松香、药材、干鲜果品、食品罐头、山野菜、茶油、木竹制品及工艺品等门类齐全，具有一定规模和技术基础的林产工业体系。林业第三产业形成了以张家界国家森林公园为龙头，以桃花源、莽山、云山、大围山、桃源洞、九嶷山、花岩溪、不二门、夹山、南岳为精品的森林生态旅游网络和四通八达的林产品购销网络。现在，全省拥有各类林业企业3万多家，从业人员320多万人，涉林人员1600多万人。

速生丰产林建设促进非公有林业异军突起。全省突出企业原料林基地建设，总面积达到105.7万公顷。非公有林业在林业建设中的比重逐年加大，呈现出喜人的局面。其中，湖区98%的杨树林是民营林。种苗和花卉产业帮助林农增收致富。建成林木良种基地28个共420公顷，采种基地6个共15万公顷，良种使用率达到82%；花卉种植总面积达到15万公顷，产值达85亿元，已成为当前农业结构调整的重要内容和农村经济新的增长点。林产工业以人造板、地板、家具、松香、森林食品、林纸等重点，实现年产值120亿元，林产品多层次加工增值，带动了区域经济发展，促进了地方财政和农民的增收。森林和湿地生态旅游已成为朝阳产业，全省森林公园总数达到72个，形成了6大各具特色的森林旅游区域。森林公园旅游收入年均以20%的速度增长，有力地促进了地方经济的发展。

4. 资源保护管理日趋规范

全省逐步健全了林业法律法规体系，先后出台了《湖南省林业条例》《湖南省野生动植物资源保护条例》《湖南省湿地保护条例》等多部地方性法律法规，依法治林工作不断加强，资源保护进一步规范。森林公安、林业检察、审判、林政、森保等资源保护管理机构不断完善，形成了以公检法为核心、以乡村护林队、林业治安员为依托的林区治安防控体系。到“十五”期末，全省有森林公安、林业检察、审判机构489个，执法干警3538人；基层林业工作站2125个，木材检查站333个，职工16962人。林业执法力度逐年加强。5年来，全省年均林业案件查处59657起，查处率98.6%。其中，年均林业行政案件58035起，刑事治安案件1622起；共处理行政违法当事人288979人次，刑事犯罪和治安违法当事人81255人，挽回经济损失3544.39万元，保障了林区社会治安秩序持续稳定。全省高度重视森林防火和森林病虫害防治工作，制订发布了应急预案。森林防火创新了群防群治新机制，实现了从传统的秋冬季防火向四季防火的转变，森林防火与防汛、防疫、植树造林同等重要的思想目前已日益深入人心。森林病虫害综合防治能力不断得到提高，松材线虫、萧氏松茎象、红火蚁、竹类害虫等有害生物得到有效控制。森林限额采伐、林地征占用管理、山林纠纷调处、生物多样性保护工作进一步强化，全省运输证、采伐证、林权证、植物检疫证全部实行网上电子办证，有效地保护了森林资源。

5. 林业科技教育蒸蒸日上

林业科研取得较大进展，自主创新能力不断增强，成果转化和科技推广力度日趋加大，科技与林业生产的结合日益紧密，林业科技进步对社会经济的贡献率实现大幅度提高。全省建立县级以上科技推广站（中心）141个，科技兴林示范县21个，科技兴林示范园区5个。“十五”期间，林业获国家科技进步二等奖1项，省科技进步奖30项，共实施科技推广项目119项（次），林业科技对社会经济的贡献率达到30.13%。其中，短周期工业原料林新品种选育与丰产培育技术、重点区域生态功能及林业综合技术、野生动物保护驯养繁殖和疾病防治技术、花卉资源的研究开发利用、林业信息化等林业科技取得较大进展。

林业教育事业欣欣向荣。全省坚持从调整结构、提高能力、激发活力入手，不断加大林业队伍的教育培训力度，林业行政管理人才、专业技术人才、经营管理人才和基层实用人才等四支队伍建设不断完善。全省多层次、多学科的林业教育体系已经形成，林业本专科和职业院校为社会培养大量的林业专门人才。至2005年年底，全省40岁以下青年占人才总量的65.5%，优于2000年的51%；林业专业技术人才中的高、中、初级职称人员的结构比例为4∶22∶74，优于2000年的3∶20∶77；共评出林业高级职称682人，中级职称3690人，初级职称12208人。林业培训力度不断加大，“十五”期间，全省各类专题培训班培训林业人员就达8万余人次，有效地解决了林业生产中的各种专业技术问题，干部队伍的思想素质和业务水平也得到很大程度地提升。

6. 林业在经济社会发展中的地位和作用不断提高

在湖南省委、省政府和国家林业主管部门的正确领导下，湖南林业的重要性越来越突出，林业地位和作用在不断地攀升。森林覆盖率被列入全省小康社会目标体系和“十一五”时期湖南经济社会发展约束性指标体系；退耕还林2004年被列入省政府为民所办“八件实事”之一；森林蓄积增长率被省委、省政府作为县域经济发展考核七大指标之一；竹木林纸产业链被省委、省政府作为全省五大农业产业链之一。2005年，省委、省政府作出了建设“和谐湖南”的战略决策，把“生态湖南”作为构建和谐湖南的四大内容之一。现在，全省山区、丘陵区、平湖区农民收入来自林业的比重已分别达到40%、25%和12%。全省人民对林业的生态需求、经济需求和享受需求也越来越强烈。

（二）取得的基本经验

“十五”期间是湖南林业的高速发展和充满活力的时期。林业建设的基本经验是：

一是坚持着眼于经济社会发展全局来定位和运作林业。主动适应国家实施可持续发展战略和西部大开发战略的要求，结合湖南林情，经过系统整合，构建了九项林业重点工程，形成了新世纪全省林业快速发展的主要载体。把推进全省“三化”建设和全面建设小康社会，作为了林业发展的重要目标。紧跟省委、省政府宏观政策和全省经济社会发展大局，开展了湖南林业优势产业发展战略、长株潭林业生态建设和湘西地区生态建设研究；认真实施退耕还林等重点工程，完成了省委、省政府确定的为民办“八件实事”的任务。实践证明，林业只有融入国民经济和社会发展的全局之中，紧密围绕大局，创造性地开展工作，才能获得不竭的发展动力。

二是坚持以大工程带动大发展战略。九项林业重点工程全面实施，调整和优化了林业生产力布局，带动了林业的快速发展和管理水平的整体提高。“十五”期间，全省年均人工造林 19.73 万公顷，是历史上造林最多的 5 年，人工造林实绩核查和人工造林保存状况调查，连续 7 年综合排名全国前 3 名。工程造林带动了全省造林绿化的深入开展，促进了全省营造林质量的巩固提高。

三是坚持以改革促发展。通过认真贯彻落实国家林业局提出的“严管林、慎用钱、质为先”的要求，不断深化制度创新和加强管理，促进了全省林业的快速、健康发展。这表现为：森林资源的保护管理改革不断深化，建立了发生破坏森林资源案件责任追究制度，有效地遏制了林地逆转、超限额采伐和各种破坏野生动植物资源的犯罪活动。资金管理制度不断规范和完善，加强了资金稽查，强化了调控措施，保证了林业建设资金的安全运行。造林全过程的质量管理得到切实加强，完善了检查验收制度，建立了造林质量事故责任追究制度，使全省造林质量位居全国前列。

四是坚持保护与发展并重。保护和发展并重是湖南省“十五”期间林业发展的指导思想，以森林生态效益补助工程的启动、野生动植物保护和自然保护区建设工程稳步推进为标志，从根本上改变了湖南省森林资源保护与管理的被动局面，湖南省林业开始步入保护与发展并重的良性运行轨道。

五是坚持走社会办林业的道路。进入新世纪以来，林业分类经营、森工企业改制、非公有制林业发展等改革迈出了实质性步伐，湖南省出台了相关的配套政策，从而有效地激发了林业的内在活力，各种生产要素向林业聚集，非公有制林业迅猛发展，呈现出投资主体多元化、经营形式多样化的新趋势，形成了全党、全社会重视林业、关心林业、支持林业，全社会办林业的新格局。

（三）存在的主要问题

湖南林业建设虽然取得了显著的成绩，基本完成了生态恢复的任务，但从总体上看，与新形势对林业的要求还不相适应，存在不少亟待解决的问题。这主要表现在：

一是林业发展观念滞后，改革力度不足。林业是一项重要的公益事业和基础产业，承担着生态建设和林产品供给的双重任务。在市场经济条件下，一些地方过多追求林业发展的经济性，而缺少通盘考虑它的公益性、福利性等特征，从而影响到林业生态功能和社会功能最大限度地发挥。当前，湖南林业发展处于整体转型时期，改革正处于攻坚阶段。尤其是全省正处于乡镇机构改革的关键时期，林业基层“两站”去留不定，给直接从事林业生产管理的第一线林业队伍带来不稳定因素。受传统计划经济和林业行业自身性质的影响，要从根本上破除林业、林区和林农发展的“瓶颈”，林业改革还有很长一段路要走。

二是森林经营较为粗放，资源总量和质量水平不高。湖南森林覆盖率虽然达到较高水平，但地理上处于国家生产力布局的“南用”区域，无论是从全国的森林资源供给要求还是本省的产业发展需要来看，资源供不应求的矛盾相当尖锐。全省森林平均每亩蓄积只有3立方米，质量效益不高，生产力水平较低。林种、树种不尽合理，森林资源的结构性矛盾还较为突出。为适应全省林纸（板）一体化建设和林业发展的现实需求，工业原料林基地建设、中幼林抚育间伐任务非常艰巨。

三是林业产业水平不高，规模效益较低。林地生产力不高，林产品综合利用率较低，科技含量高、市场竞争力强的名牌和拳头产品匮乏；林业产业结构不尽合理，第三产业刚刚起步；林业可持续经营缺乏长效机制，林业经营方式较为粗放，林业发展的组织化、产业化程度较低；林业产业在全省国民经济总量中的比重较小，林业对农民增收致富的贡献率有待提高。

四是林业发展投入不大，基础设施建设薄弱。多年来，湖南林业投入一直处于相对不足，导致基础设施建设欠账太多，林业发展基础薄弱，尤其是部分林业基层“两站”、国有林场职工生产条件艰苦，生活境况窘迫，严重影响到林业建设的质量和林业生产者的工作积极性。

五是科技创新能力不强，科技支撑有待强化。全省林业科技创新能力弱，科技成果储备不足；科技资源分散，缺乏成果共享机制；科技成果推广网络不健全，对基层和林农的技术服务不够，实用技术成果转化缓慢；缺乏科学研究的激励机制，科技管理工作还不适应市场经济体制的要求；面向林业生产建设一线的教育培训工作相对滞后；林业科技人才队伍总量不足，结构不合理，整体素质不高，尤其是缺乏高层次、复合型人才；体制和政策障碍尚多，影响人才资源的整体开发和合理利用。

二、林业区域特征分析

（一）区域的划分

湖南省国土总面积为21万余平方公里，境内既有烟波浩渺的洞庭湖平原，又有危峰挺立的湘西山地，在各大山地丘陵之间，又错落分布了大小不等、数量众多的盆地、河谷。各地自然条件、自然资源、社会经济发展状况差异很大，形成了地区性的水热状况、土壤组合以及植被上的明显分异。区域林业的发展必须考虑这种分异规律，唯有如此，才能充分发挥林业在湖南人口、资源、环境、社会可持续发展中的作用。因此，在进行湖南林业发展战略研究的过程中，新的林业区划是首先必须面对的工作。

在过去湖南省的相关工作中，对于境内的区域差异，许多学者根据其不同的研究内容和目的，都做过一些区划工作。例如湖南省植被区划、林业区划、自然地理区划、土壤改良利用区划、农业综合自然区划、自然资源区划、经济地理区划、林业生态建设类型区划等等。这些已有区划有详有略，所作的一级分区多为4~6级，其中土地资源分区、自然资源分区和经济地理分区，均为5级，分别为湘北自然资源（经济地理）区、湘南自然资源（经济地理）区、湘东自然资源（经济地理）区、湘西自然资源（经济地理）区和湘中自然资源（经济地理）区。区划界线也非常接近，均是以地区行政界限和县域行政界限为基础，仅在个别地方做了一些小的调整。农业区划以地貌分异为核心，将湖南划分为洞庭湖平原区、长衡丘陵盆地区、涟邵丘陵区、南岭山地丘陵区、湘西北武陵山地区、湘西南雪峰山地区等6大区域。湖南省土壤改良利用区划，根据各地土壤分布、类型组合、改良利用方向的不同，将全省土壤划分为4个土壤改良利用地区、10个小区。4个地区分别为：洞庭湖平原水稻土—潮土粮棉区，湘东、湘中丘陵红壤—紫色土—水稻土粮经林地区，湘南中、低山丘陵红壤—黄壤—水稻土林经粮地区，湘西中低山红壤—黄壤林业保土地区。而湖南省植被区划则首先根据水热条件的地带性差异，将全省分为了湘北植被区和湘南植被区两大区域，之后又划分出湘北植被区和湘中、湘东植被区、湘西北植被区、湘西山地植被区和湘南植被区等5个亚区并15个小区。自然地理区划中，则将湖南划分为湘北洞庭湖平原区、湘东平行岭谷区、湘江中下游红岩丘陵盆地区、涟邵石灰岩丘陵与盆地区、南岭山地区、湘西山地区、湘西北山原区等7个区域。在上述各区划方案中，其分区界限在北部、西部、中部和南部均大同小异，主要的差别在于对湖南东部地区的界限划分上。在以资源利用为核心的方案中，大多以行政区划边界为主，只注意到了其自然资源类同性和经济发展上的趋同性，而对其内部的自然条件分异未给予更多的关注，其优点是：由于其划界时考虑了行政边界，故区划的实施相对来讲要方便和有效的多；而其他区划方案则与资源类方案相反，对内部的自然分异规律给予了更多的关注，区划边界常沿自然边界走向，大多与行政边界没有相关性，因此，区划结果的实际落实比较困难。以林业为主题词的区划方案有湖南省2000年林业发展规划等，将湖南省划分为六个区，分别是湘西北经济林水源林区、洞庭湖防护林区、幕阜山用材林水土保持林区、雪峰山用材林区、湘中经济林水土保持林薪炭林区、湘南用材林区。此外，李锡泉等在2004年提出的“湖南省林业生态建设类型区划”成果，在该方案中，他将全省划分为了4个类型区、13个亚区。4个类型区分别为湘鄂渝川山地丘陵类型区、长江中下游滨湖平原、丘陵类型区、幕阜山山地高丘类型区和南岭、雪峰山山地类型区。该区划的目标是为林业生态建设服务的，因此该区划方案一方面对自然地势、地貌条件等重视不够，另一方面与其他区划成果的衔接不够。

1. 区划原则

目前常用的区划原则主要有：发生统一性原则、相对一致性原则、区域共轭原则、综合性原则、主导因素原则等。这些原则大多是在大区域划分中使用和发展起来的，也是所有的区划工作所必须遵守的约定。为此，在上述几大原则之下，本次区划所采用的主要附加原则有：

（1）自然条件相对一致性原则。林业生产的发展对自然地理环境有着极强的依赖性，其中影响最大的自然地理环境因子首推与林业生产关系密切的地形、地貌，以及光、温、水、土等。湖南省范围大、境内地形、地貌多样。以往的区划大多是凭借研究者多年的野外经验以及相关的文字材料来划定边界。由于没有直观的图件与图像资料作基础，因此，不同研究者对同一区划方案常常会出现边界的不一致。本次区划，将在上述原则的基础上，充分发挥遥感影像的优势，以TM卫片为基础背景来开展相关工作。

（2）林业经济条件、生产现状、发展方向相一致原则。林业经济条件、生产现状与发展方向在区域林业景观区划中是必须予以考虑的。这不仅是因为这些要素反映了区域内的经济现状，更重要的是它们同时反映了区域内的发展潜力。通过林业生产现状的分析，可以找出其存在的问题，明确其优势之所在，并在经济许可条件下，确定未来的发展方向。这也正是区划的最终目的之所在。

（3）行政界限相对完整性原则。行政界限是社会管理在地域上的直观表达。区划的目的在于更好地指导生产。保持行政界限的相对完整性，有利于最终区划结果的实施。鉴于目前拥有的资料以及实际工作的方便性，我们以县级行政区域作为区划的最小单元。

（4）尽量与其他已有区划成果相衔接原则。以前的各类区划成果，虽然其不是专门的林业区划，但它在许多宏观地理分异规律的判断上，依然有其科学性。特别是开始于20世纪70、80年代的林业和农业区划成果，其立足点是服务于林业和农业的，因此，其对本次区划的参考意义最大。

2. 区划结果

根据上述原则，在过去农业区划的基础上，本次林业区划将湖南省共划分为5个大区，它们分别是：湘北洞庭湖平原防护林区、湘中丘陵盆地农防林与经济林区、湘南南岭山地丘陵森林区、湘东长株潭都市城市林业区和湘西山地森林生态保护水源涵养区。其中湘北洞庭湖平原防护林区又分为洞庭湖平原区与环湖丘陵区两个亚区，湘西山地森林生态保护水源涵养区分为雪峰山亚区和武陵山亚区两个2级区划单元，湘中丘陵盆地农防林与经济林区区被划分为涟沼盆地和衡阳盆地两个亚区，湘东长株潭都市城市林业区又分为长株潭城市群核心区与非核心区两个亚区（图1-3、表1-8）。

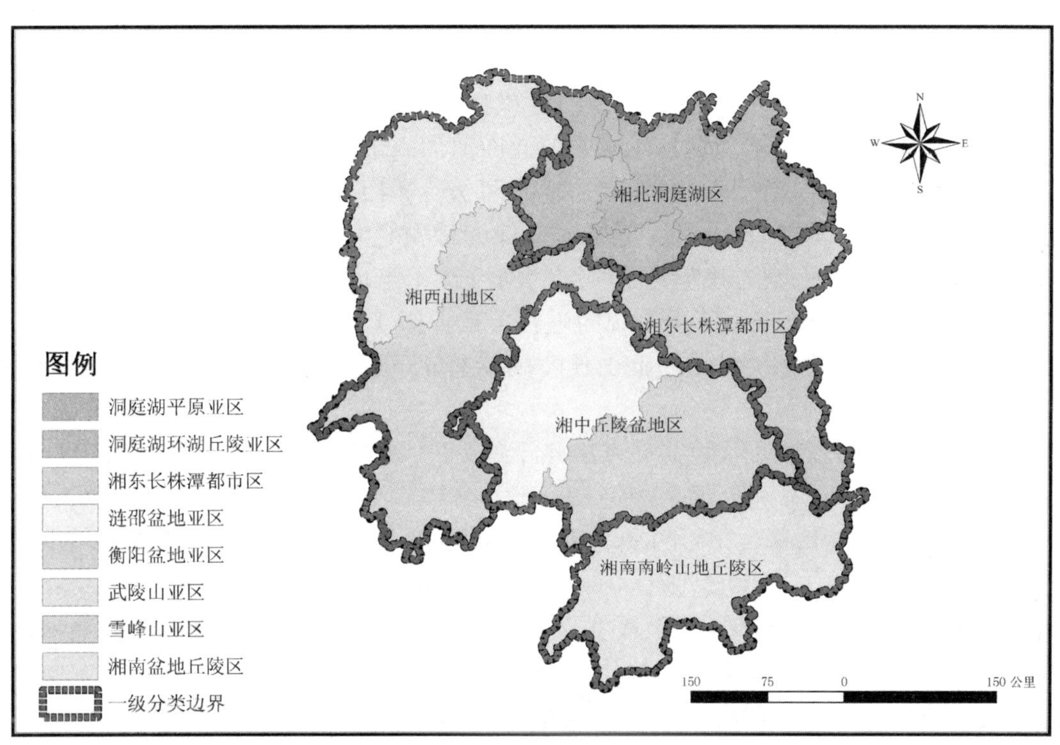

图1-3 湖南省林业区划

表1-8 湖南省五大区域2004年社会经济基本情况

区域	国土面积（平方公里）	人口（万人）	人口密度（人/平方公里）	生产总值（万元）	林业用地（平方公里）	公益林（平方公里）	
						国有	地方
湘北洞庭湖区	36519	1423.5	390	10940849	13491.19	3838.28	844.79
湘中丘陵盆地区	48065	2108.5	439	13255089	24558.04	9180.85	2529.18
湘南盆地丘陵区	32186	724.0	225	4993972	23891.66	7198.74	2467.42
湘西山地区	67042	1145.4	171	4995580	49480.51	18283.43	4646.26
湘东长株潭都市区	28078	1267.0	452	19191408	15820.50	5051.33	1149.13

（二）五大区域的环境背景分析

1. 湘北洞庭湖平原防护林区

本区位于湖南省最北端，包括常德市及所辖澧县、临澧县、桃源县、津市市、安乡县、汉寿县、桃江县、华容县；益阳市及所辖桃江县、南县、沅江市；岳阳市及所辖岳阳县、临湘市、汨罗市、湘阴县、平江县等17个市县，国土面积36519平方公里，占全省国土面积的17.23%。人口1423.46万人，人口密度389.79人/平方公里，全省五区排第三，2004年国内生产总值1094.08亿元。林业用地13491.19平方公里，占全省林业用地面积的10.60%。公益林面积4683.07平方公里，其中国家公益林3838.28平方公里，省级公益林844.79平方公里（表1-8）。

洞庭湖平原在燕山运动早期，还处于强烈隆起剥蚀阶段。燕山晚期强大的新华夏系断陷活动，使盆地西部首先开始接受早白垩世的沉积，与此同时，汨罗断裂从一开始就卷入这一体系中，使盆地不断下沉，沉积中心逐渐向东迁移，内部也发生分化，造成不同规模的隆起与凹陷，以及一些北北东向断裂，组成典型的多字形排列。第四纪由于新构造运动的影响，滨湖地区形成了数级阶地。

地貌类型主要是湖泊、平原和阶地，而丘陵和低山所占面积不大。平原分布于滨湖地区、四水河口及三口分流下游。主要为冲积物和湖积冲积物组成。平原地势低平，海拔在40米以下，水系如网，湖泊星罗棋布。堤垸交错，洪水季节湖面河面高于垸内地面，易酿成洪灾、渍灾。

滨湖阶地围绕平原的东南西三面分布较广泛，可分3~4级。第一级高4~10米，阶地面平坦，为上更新统沉积物组成，下部为沙砾层，上部为棕黄色轻黏土。第二级阶地高20~30米，阶地面平坦，局部地区已丘陵化，为中更新统的网纹红土组成，底部有砾石层。第三级阶地高50米左右，常德附近高达60米，下更新统的砾石层常裸露于地表，洞庭湖东岸的砾石层上常覆盖由灰白色或灰黄色的黏土层夹砂层。低山丘陵仅零星分布于隆起地带，主要由红色砂页岩、变质岩、花岗岩及砂页岩组成。

本区光热较充足，年太阳总辐射441~470.4千焦/平方厘米。年平均温度16.3~17.0℃，1月平均气温3.8~4.7℃，7月平均气温28.5~29.3℃；≥10℃活动年积温5200~5300℃，≥15℃活动年积温4400~4600℃；秋季≤20℃的平均初日为9月27日；无霜期266~286天。本区为省内少雨区之一，年水量1200~1500毫米，4~9月份的降水量为800~1000毫米，占全年总量的67%左右，年干燥度0.6~0.8，夏季干燥度0.8~1.0。本区年径流深仅600~800毫米，但客水丰富，地下水位较高，水利灌溉方便，故伏旱对本区威胁不大。

土壤类型为水稻土为主，还有潮土、红壤等分布。水稻土以由长江、四水沉积物和第四纪老残沉积物所形成的潴育性水稻土为主，包括紫潮砂土、黄潮砂泥及红黄泥等土属；其次有由于排水不良所形成的潜育型水稻土，如紫淤泥、青淤泥等，分布在各内湖周围或原来的老湖底上。潮土中的紫潮土分布在本地区北部，黄潮土分布在四水尾闾，红壤属棕红壤亚类，分布在这个地区一些孤立的低丘上。

现状植被，在湖滨阶地及丘陵地上主要是马尾松，次为白栎、化香、茅栗、檵木、乌饭、柃木、枸骨、槲栎、麻栎、小叶栎、栓皮栎、乌泡等。村庄附近的常绿树种有青冈、苦槠、石栎、紫楠、冬青、女贞、椤木、石楠等。落叶阔叶树种有榔榆、枫香、刺楸、乌桕、黄连木、泡桐、山槐等。湖滩堤岸以柳树、芦苇为主。挺水植物有莲、菱、茭、慈姑等。湖区农田散生树木有桑、榆、槐、椿、楝、杨、柳及棕榈等。本区主要乡土树种有猴欢喜、四季桂、铁尖杉、金钱松、罗汉松、蓖子三尖杉、红豆杉、南方红豆杉、白豆杉、青钱柳、湖南石槠、厚朴、武当木兰、亮叶含笑、云山白兰、香楠、钟萼木、杜仲、银鹊树、天师栗、香果树、银杏、华山松、香榧、金毛柯、青檀、鹅掌楸、白玉兰、闽楠、光枝楠、毛红椿、山茶花、桢楠等30多种。已登记的250~510年生古树3株。

该区以洞庭湖平原为主体，区内地势低平，河湖纵横，耕地连片，土质肥沃，有“洞庭鱼米乡”的美誉，是我国农业的精华地带，国家重要的商品粮、鱼基地。由于长江和“四水”的泥沙逐年淤积，洞庭湖湖面缩小，需水量下降，加上垸低田高，地下水位普遍提高，加剧了洪、涝、渍水害对农林业生产的威胁，“风灾水害”严重。在降水集中的4～6月，湘、资、沅、澧四水洪水汇集洞庭湖；7～8月又因长江洪水倒灌入湖，如遇上四水洪峰顶托，常造成湖区外洪内渍，严重威胁湖区人民生命财产安全，阻碍社会经济的发展。同时，因其地处湖南北部，是冷空气南下的必经风口，区内风力大，湖区堤线长，该区还是湖南省最严重的血吸虫病流行区。为此，本区应以治理洞庭湖水害为主，大力营造农田防护林、护堤护岸林，并在滩地区域建造杨树速生丰产林，一方面充分利用该区光热水土资源优势，加快发展经济作物，坚持农林结合、农牧结合、农渔结合，建设一批有特色的优质、高产、创汇、综合开发性农业生产商品基地。发挥其水陆交通优势，加强与长江经济带和京广铁路沿线经济带的纵横联合，大力发展以食品、饲料、造纸等为主体的农副产品加工业。另一方面通过外洲滩地血吸虫疫区兴林抑螺林的营造，改变钉螺孳生环境，抑制钉螺繁殖，起到防治血吸虫病的作用。

2. 湘中丘陵盆地农防林与经济林区

该区域地处湖南省中部，是湖南省重要的农业基地。共包括了邵阳市及所辖新宁县、武冈县、洞口县、隆回县、邵阳县、邵东县、新邵县；娄底市及所辖新化县、冷水江市、双峰县、涟源市；衡阳市及所辖衡山县、衡东县、衡阳县、祁东县、衡南县、常宁县、耒阳市；永州市及所辖东安县、祁阳县；以及郴州市的安仁县。全区总面积48065平方公里，占全省总面积的22.68%。人口2108.54万人，人口密度438.69人/平方公里，全省五区排第二，2004年国内生产总值1325.51亿元。林业用地24558.04平方公里，占全省林业用地面积的19.30%。公益林面积11710.03平方公里，其中国家公益林9180.85平方公里，省级公益林2529.18平方公里（表1-8）。根据其内部差异，又划分为衡阳盆地和涟邵盆地两个亚区。

（1）衡阳盆地亚区。主要指衡阳市所辖各县市及郴州市的安仁县等。本区地质构造属于湘东新华夏系构造的一部分，主要是一些北北东向槽地和隆起，具“多”字形相间错列之特点。反映在地貌上，低山高丘与其相间的盆地亦呈现出北北东向雁行排列的特点。

低山高丘多为变质岩、花岗岩组成。盆地有衡阳盆地和茶陵—永兴盆地等。盆地内广谷残丘，丘陵低缓，丘陵主要由红色岩系组成；河谷两岸分布着数十米至一公里宽的条带状泛滥平原和宽达数公里的三至四级阶地，阶地均系更新世不同时期的冲积物组成，泛滥平原为近代冲积物组成。

本亚区土壤以红壤和紫色土分布最广，水稻土主要是黄泥田、紫泥田及潮砂泥田等。该区水土流失为全省最严重的地区，尤其是蒸水、涓水、沩水、捞刀河等流域，土壤侵蚀严重，泥沙淤塞河床。

在气候上，年太阳总辐射449.4～483千焦/平方厘米，年平均温度16.7～18.1℃，1月平均温度4.5～6.1℃，7月平均温度28.7～30℃，≥10℃活动年积温5400～5600℃，≥15℃活动年积温4500～4900℃，无霜期281～292天。年降水量一般在1400毫米左右，其中“三衡”地区在1300毫米以下。7～8月份在副热带高压控制下，雨量显著减少，天气晴朗酷热，干燥度1.0～1.2，常年有不同程度的干旱发生。

本亚区植被破坏严重，盆地内现状植被主要是马尾松稀树草丛和油茶林，常见的植物有金樱子、菝葜、满星树、华白檀、芫花、柃木、芒箕、半边旗、野古草、芒、黄背草、野香茅、鸭嘴茅等。低山高丘一般为檵木、白栎、映山红、马尾松疏林，部分低山高丘的沟谷中保存有常绿阔叶林，主要树种有钩栗、栲树、青冈栎、石栎、苦槠、枫香、翅荚香槐、杜英、飞蛾槭、椤木、柏木、花榈木及樟树等。本区的主要乡土树种有苏铁、银杏、雪松、黑松、金钱松、柳杉、池杉、柏木、龙柏、罗汉松、竹柏、三尖杉、蓖子三尖杉、锥栗、光皮桦、苦槠、钩栗、白榆等40多种。登记的120～660年古树名木10株。

本区光热条件优越，土壤肥沃，境内多红壤、紫色土，由于长期垦殖过度，植被稀少，表土易遭侵蚀，水土流失严重。因此，必须结合水利建设，加强营造水土保持林和环境保护林，并结合红壤丘陵的改造利用，绿化荒山迹地，建设良性的农业生态系统。

（2）涟邵盆地亚区。主要指邵阳市和娄底市所辖各县市及永州市的东安县、祁阳县等。本亚区地质构造上以祁阳弧形构造最醒目，它是由古生代地层组的断轴背斜及一系列弧形褶皱、断裂构成。弧形构造的北翼包括新化、涟源、邵阳、邵东等地，南翼包括祁阳、芝山、东安等地。

地貌上有明显的芝山—祁阳盆地、隆回—邵阳盆地、新化—涟源盆地、东安—祁阳盆地等。盆地周围为浅变质岩块状山所环绕，大部分地面海拔在300米左右，岗地相对高度30～50米，丘陵在100米以上。盆地内石灰岩丘陵较发育，红岩、砂页岩丘陵次之，岩溶地貌发育，地下水丰富。河流两岸红土广泛分布，厚数十余米，多构成30～40米阶地。

土壤类型有红壤、石灰土、紫色土、水稻土等。水稻土主要是黄泥田、鸭屎泥田及砂泥田等。此外，旱土作物在本区占有相当大的比重。

气候上，年太阳总辐射441～470.4千焦/平方厘米。年平均温度16.6～18.2℃，1月平均温度4.8～6.3℃，7月平均温度27.5～29.6℃，≥10℃活动年积温5200～5500℃，≥15℃活动年积温4400～4800℃，无霜期280～310天。年降水量1300～1400毫米左右，4～9月降水量750毫米左右，7～8月降水量少于160毫米。

本区自然植被很少，现状植被以马尾松疏林为主，次为杉、柏、竹、油茶、柑橘林等，灌丛有火棘、檵木、小果蔷薇、马桑等树种。本区主要乡土树种有银杏、黄枝油杉、铁尖杉、长苞铁杉、油杉、柳杉、水杉、落羽杉、罗汉松、竹柏、三尖杉、香榧、红豆杉、山核桃、青钱柳等60多种。200～300年古树名木4株。

本区人口密度全省排第二，人地矛盾比较突出，土地复垦指数高，坡地水土流失严重。且因夏秋多干旱，生物产量不高，生物转化效率偏低。因此，加强水土流失地域的水利设施如排灌沟渠及其他水利设施建设具有十分重要意义。本区域首先是稳定发展农业，继续搞好粮食生产，不断提高农产品质量；二是突出发展林业，提高区域生态经济效益，在建设好水土保持林的同时，因地制宜营造一定规模的用材林，与此同时发展一定规模的经济林果及经济作物，如柑橘、油茶、板栗、茶叶、金银花等；三是积极发展养殖业、如养猪、牛、羊、鱼等；四是发展种植业、养殖业与加工业的结合，增加其产品附加值；五是不断促进工业、运输业、商业的发展，利用劳动力资源优势，大力发展劳动密集型传统产业，充分利用工矿较多、城镇较集中的特点，重点发展工矿配套工业，开发农副产品和土特产品资源。

3. 湘南南岭山地丘陵森林区

本区地处湖南省最南部，包括永州市及所辖双牌县、道县、江永县、江华县、蓝山县、宁远县、新田县；郴州市及所辖嘉禾县、临武县、宜章县、桂阳县、永兴县、资兴市、汝城县和桂东县。国土面积32186平方公里，占全省总面积的15.19%。人口724.01万人，人口密度224.95人/平方公里，全省五区排第四，2004年国内生产总值499.40亿元。林业用地23891.66平方公里，占全省林业用地面积的18.78%。公益林面积9666.16平方公里，其中国家公益林7198.74平方公里，省级公益林2467.42平方公里（表1-8）。

在地质构造上，湖南毗邻南岭东西向复杂构造带，北北东向构造、南北向构造、北西向构造及东西向构造交织在一起，尤为错综复杂。耒阳—临武南北向构造及北西向大义山式构造最为醒目，东西向构造在北纬26°20′以南零星可见。

在地貌上，本区以山地为主，次为丘陵及岩溶地貌。山地由变质岩及花岗岩组成，山峰重叠，峰峦起伏，一般为海拔1000米以上的中山。山脉走向受地质构造控制比较明显，东部的万洋山、诸广山、八面山等山脉，由于受新华夏系构造影响走向北北东；西部萌渚岭、都庞岭、四州山等山脉多系南北向伸展，而花岗岩体，则多以东西向大型隆起形式零星出现，如九嶷山、阳明山、塔山、大义山等。

丘陵主要是红岩丘陵及石灰岩丘陵。红岩丘陵多浑圆形，部分为丹霞地形，石灰岩丘陵一般陡坡峭壁耸立，基岩裸露，石芽普遍发育。

岩溶地貌在本区相当发育。石灰岩丘陵和连座峰林主要分布于东部地区；峰林多见于西部地区；岩溶平原以舂陵水和潇水两侧较发育，其上红土广泛覆盖，石芽零散裸露，孤峰、残丘星罗棋布。

在气候上，本区年太阳总辐射441～487.2千焦/平方厘米。年平均温度18℃左右，1月平均温度5.7～7.5℃，7月平均温度26.4～29.2℃，≥10℃活动年积温5500～5800℃，≥15℃活动年积温4100～5100℃，无霜期293～312天。年降水量1400～1600毫米，4～9月降水量800～1000毫米，7～8月降水一般为160～260毫米，但西部河谷地区7～8月降水量仅在150毫米以下，仍有夏旱秋旱现象。

土壤主要有红壤、山地黄壤、山地棕黄壤、山地草甸土、紫色土、石灰土等，水稻土主要黄泥田、鸭屎泥田及紫泥田等。由于山体高大，山脉连绵，土壤有着明显的垂直分布规律，一般红壤分布在700米以下的低山丘陵区，黄壤分布于700～1200米地区，黄棕壤分布于1200米以上山地，山地草甸土仅分布于中山山顶之上，水稻土分布于山间谷地河流两岸。

植被与粤北、桂北近似，以壳斗科常绿树种为主，并含有较多的樟科、杜英科、金缕梅科、桑科、藤黄科、及安息香科等，代表性植物有华南栲、大刺栲、栲树、长叶石栎、甜槠、木荷、闽粤栲、红楠、桢楠等，沟谷地区还有亚热带季雨林的分布。植被垂直分异明显，常绿阔叶林可达1200米以上，再上为常绿与落叶阔叶混交林，中山顶部或山脊地带为山地苔藓矮林。低山丘陵区现状植被为马尾松林、杉林、毛竹林及芒萁、野古草、芒、金茅、蕨等组成的高草草地。栽培植物中有大叶桉、木薯、木豆等南亚热带品种，香蕉在道县可结实。分布本区的主要乡土树种有银杏、银杉、黄山松、长苞铁杉、柏木、福建柏、罗汉松、三尖杉、穗花杉、红豆杉、南方红豆杉、青钱柳、核桃、红钩栲、桦树、白玉兰、紫玉兰、木莲、红花木莲、垂果木莲等50多种。已登记的320～2020年古树名木30株。

本区水热资源为全省最丰富的地区，山地面积广阔，有利于农、林、牧的综合发展，尤其是林业的发展。该区草山草坡也宽广，牧草资源丰富，天然草场植被覆盖率较高，产量大，发展牛羊草食牲畜条件好。但该区整体经济发展水平不高，经济结构仍处于低级阶段，第一产业在本区GDP中的比重近65%，林牧业生产未能充分发挥。因此本区要通过调整农业生产结构，提高农产品商品率，加强宜林荒山造林，在种植经济林的同时也要种植生态公益林，以便维持生态平衡，保持水土。营造生态公益林在一定范围内以马尾松、杉木等乡土树种为主，搭配一些耐虫性强的树种，如火炬松、加勒比松等。本区还应从实际出发，增加农业投入，改造低产田，建立高效稳产农田，提高生物转化率。同时充分利用丰富的山地资源，大力发展林业，加快以调整农村产业结构为中心的农林商品经济体系建设，建设湖南第二大用材林基地和以油茶为主的经济林基地。利用丰富的草场资源，发展牛、羊、兔等草食畜牧业。

4. 湘西山地森林生态保护水源涵养区

本区地处湖南省西部，包括张家界市、湘西自治州和怀化市的全部，以及常德市的石门县、益阳市的安化县和邵阳市的绥宁县与城步县。全区面积 67042 平方公里，占全省国土面积的 31.64%，是本次区划中最大的一个区。人口 1145.43 万人，人口密度 170.85 人/平方公里，是全省人口密度最少的区域，2004 年国内生产总值 499.56 亿元。林业用地 49480.51 平方公里，占全省林业用地面积的 38.89%。公益林面积 22929.69 平方公里，其中国家级公益林 18283.43 平方公里，省级公益林 4646.26 平方公里（表 1-8）。根据其内部差异，又划分为武陵山和雪峰山两个亚区。

（1）武陵山亚区。本区位居省境内西北部，西界川黔，北连鄂西，包括自治州大部分及怀化市、常德市的一部分。

地质构造上，本区亦属中国东部新华夏系构造的第三隆起带中段，可分为两个亚带，即桑植新华夏系构造亚带和古丈—凤凰新华夏系构造亚带。它们均与湘北的东西向构造联合，组成湘西北联合弧形构造。

桑植新华夏系构造亚带，包括保靖—永定大断裂以北的整个地区，它是在古生代华夏系沉降带基础上发育起来的，实际上是桑植复向斜和东山峰复背斜组成。构造形迹以线形斜列的褶皱为主，向斜开阔平缓，背斜紧密。背斜中常出现规模较大的压性和压扭性断裂。该带向东偏转的转弯部分，即相当于龙山—桑植一带。

凤凰—古丈新华夏系构造亚带，发育在新华夏系隆起带上，断裂褶曲均极发育，较大的断裂有铜仁—麻栗场断裂、古丈断裂、四都坪断裂等。

燕山运动以后，本区被剥蚀夷平为准平原，经喜马拉雅运动和新构造运动的影响抬升为高原，后经流水切割，形成了目前峰顶线齐一的现象。

地貌上，群峦叠嶂，山岭连绵，山脊齐一，为石灰岩和砂页岩组成的山原地区，系云贵及鄂西高原的延伸部分。除本区东南部屹立着 1000 米以上的武陵山外，而整个山原由西北向东南倾斜，逐级下降，山原面由西北部的 1000 米至东南部下降到 500 米左右。

岩溶地貌在本区分布面积最大，其中岩溶山原特别发育。岩溶山原比较平坦，起伏高差只有几米至 100 余米，广泛覆盖红土，残丘、孤峰屹立其上，溶蚀洼地、坡立谷、漏斗、落水洞、干谷、盲谷等普遍发育。岩溶峡谷多呈嶂谷和 V 形谷，深切 400 ~ 500 米，以致把整个山原分割得相当破碎。

岩溶中山、低山及丘陵，多分布于本区东南部及北部地区。其中岩溶丘陵地区，冲谷、干谷、盲谷等普遍发育，还可见到溶蚀洼地、石芽、溶洞及岩溶泉水等。

至于峰林、连座峰林、岩溶平原、坡立谷平原等，多零星分布于区内各地。

除岩溶地貌外，由砂页岩和变质岩组成的中山低山和丘陵，以及由红岩组成的低山丘陵，多分布于本区的东南部及北部地区，常与岩溶中山低山交错分布。

澧水、酉水和武水为本区三大河流，河流两岸常发育着狭窄的冲积平原，冲积阶地一般可分为 15 米、30 米、50 米及 80 米四级阶地，而且多属基座阶地。

本区气候温湿。年太阳总辐射 386.4 ~ 441 千焦/平方厘米。年平均温度 15.8 ~ 16.8℃，1 月平均温度 4.6 ~ 5.3℃，7 月平均温度 26.6 ~ 28.6℃，≥10℃活动年积温 5000 ~ 5300℃，≥15℃活动年积温4100 ~ 4500℃，无霜期 267 ~ 286 天。年降水量 1300 ~ 1500 毫米，西北部山地可达 1800 毫米，7 ~ 9 月降水 330 ~ 500 毫米，年相对湿度在 80% 以上，为全省比较湿润的地区。

植被在本区分布，垂直地带性比较明显。700 米以下为常绿阔叶林，以壳斗科的喜温常绿种类及樟科的楠木类为多，常见树种有青冈栎、青栲、栲树、钩栗、石槠、大叶青冈栎、多穗椆、丝栗、猴欢喜、胆八、紫楠、桢楠、鸡屎楠、黑壳楠、山桂皮等。落叶树有紫弹朴、黄山栾树、云山伯乐树、武陵槭、长柄槭、无患子、檫木、枫香、响叶杨、水青冈、榉树等。

700～1500 米为常绿落叶阔叶混交林。常见树种有青冈栎、长叶石栎、恩氏青冈、蛮青冈、银木荷、云山青冈、枇杷、光皮桦、大穗鹅耳枥、千金榆、缺萼枫香、枫香、山桐子、山拐枣、拟赤杨、灯台树、水青冈、云山伯乐树、湖南椴、椴树、丫角槭、青窄槭、水榆、七裂槭等。1500 米以上，为光叶水青冈林。

山间盆地及河谷地区植被破坏严重，现状植被有马尾松疏林、柏树疏林及灌木草丛。经济林树种有油桐、乌桕、核桃、漆树、杜仲、厚朴、雪花皮、黄皮树、五倍子等。

本区土壤以黄壤为主，次为山地黄棕壤、山地草甸土、石灰土、紫色土等，水稻土以黄泥土为多。土壤垂直分布明显，700～1000 米以下为山地黄壤，700（或 1000 米）～1500 米为山地黄棕壤，1500 米以上可出现山地棕壤，中山山顶山脊还发育着山地草甸土。

在土地利用上，本区山高坡陡，水土流失严重，应有计划地营造水土保持林、水源涵养林，因地制宜地栽植松、杉、柏、楠、竹等树种，并大力封禁杂木疏林，以保证自然植被天然更新，同时发展水保型生态农业，开展小流域综合治理以防治水土流失。为了更好地发挥土地潜力，根据本区田少山多之特点，可大力发展经济林，如油桐、油茶、乌桕、核桃、漆树、杜仲、五倍子、茶、柑橘等；高寒山地还可栽培药材，如天麻、党参、三七、当归、厚朴等。此外，部分荒山草坡，还可规划为牧场。同时加强生态旅游项目的开发，壮大旅游产业，形成特色旅游区。

（2）雪峰山亚区。本区位居省境西部，南毗广西壮族自治区，西邻贵州省，包括怀化市绝大部分，以及湘西自治州、常德市、益阳市，涟源市及邵阳市的一部分。

地质构造上，该区属于中国东部新华夏系第三隆起带之范围。其西部为麻阳—沅陵构造盆地，它是发育在第三隆起带上规模较大的中新生代构造盆地，南起芷江，北至沅陵以北，呈北北东至北东向展布，明显地受湘西弧形构造的控制，整个盆地主要由白垩系陆相红色碎屑沉积物组成。

该区东部为雪峰山脉，它是第三隆起带东缘的一条新华夏系构造亚带。其北端由于东西向构造的影响而出现明显的北东向弯曲，切割了古老的东西向构造向洞庭湖方向伸延。本亚带是在古北北东向构造带基础上发育起来的，主要由一系列规模巨大的压扭性断裂所组成。卷入地层以前泥盆纪地层为主。沿此带上，白垩系所组成的小型北北东向盆地，如溆浦、黔阳、通道等，多受这些大断裂的控制，并且有典型的“多”字形排列特点，显示了它们在燕山运动中发生过强烈的活动，并造成今日显著的地貌特征。

地貌上，本区东部、南部为雪峰山地盘踞，西部濒临贵州高原，中部发育着沅江河谷，自西南向东北流入洞庭湖，把一系列山间盆地串联起来，资水切穿雪峰山北段，呈峡谷形态。

雪峰山宽广袤长，以高中山和中山为主，低山次之，很多山峰高达 1500 米，主峰罗翁八面山高达 2174 米。山脉走向基本上与构造一致，南段中段是北北东走向，北段因受弧形构造的影响而呈北东走向。

本区西部的一带，有砂页岩和变质岩组成的山地，海拔高 700～800 米，山上保存着大面积的平坦面，实属贵州高原的延伸部分。

丘陵在本区所占面积不大，主要是红岩丘陵，多分布在麻阳—辰溪以北的沅江谷地以及芷江南面的谷地。此外，沿江两岸还发育着 4～6 级阶地，其面积很狭小。

岩溶地貌，在本区亦有一定的发育，但面积较小。峰林见于城步附近，石灰岩山原主要分布于新晃北面，石灰岩低山、丘陵和岩溶平原主要分布于沅陵、辰溪、怀化市一带以及靖州县、溆浦县等地。

在气候上，年太阳总辐射407.4～441千焦/平方厘米。年平均温度16.1～17.2℃，1月平均温度4.3～5.7℃，夏季气温较低，7月平均温度26.5～28.9℃，≥10℃活动年积温5000～5300℃，≥15℃活动年积温4200～4500℃，无霜期270～305天。年降水量东西差异较大，东部雪峰山地年降水量在1400毫米以上，安化一带年降水量1700～1800毫米，为全省多雨中心之一；西部地区年降水量在1300毫米以下，通道、新晃一带年降水量少于1200毫米，成为全省少雨中心之一，常年有干旱现象发生。

本区植被垂直分异明显，而且垂直带谱南北出现的高度也有所不同。雪峰山北段植被呈垂直分布：600米以下的常绿林有钩栗、栲树、黄杞、薯豆、润楠、腺叶野樱、红叶树、水青冈、山茉莉等。600～1000米为甜槠、银木荷、锥栗、栓皮栎、光皮栎、榉树、青冈栎林，100～1200米为锥栗、化香、石灰树、羽叶泡花树、毛枳椇、山拐枣、虎皮楠、四川朴、绵槠、长叶木姜子组成的常绿与落叶阔叶混交林，1200米以上的山脊山顶为灌木草丛。

雪峰山南段植被与南岭山地相似，700米以下的沟谷常绿林有红钩栲、华南栲、厚壳栲、罴蒴栲、基脉楠等，700～1000米沟谷常绿林有南岭石栎、厚皮丝栗、阔瓣白兰花、云山桐、紫楠、木莲、水青冈、榕冬青、耿氏冬青、武冈桂花等，1000～1800米为光叶水青冈、多脉青冈、长柄槭、云山钟萼木、天师栗、秦氏木莲等。

河谷盆地杂木林有石榉、黑壳楠、赤皮、白氏稠李、蚊母树、桢楠等。植被破坏严重的山麓和丘陵地区，现状植被以马尾松林及灌丛为主，常见灌木有檵木、牡荆等。分布本区的主要乡土树种有银杏、华山松、江南油松、铁尖杉、长苞铁杉、黄杉、南方铁杉、油杉、月桂、四季桂、柳杉、杉木、鹅掌楸、水杉、罗汉松、三尖杉、红豆杉、南方红豆杉、香榧、穗花杉、凹叶厚朴、厚朴、白玉兰、紫玉兰、乐东木兰、云山白兰等148种。已登记的250～2020年的古树名木55株。

区内自然土壤主要是黄红壤、山地黄壤、山地黄棕壤、山地草甸土、紫色土、石灰土等，水稻土以黄泥田为多，次为紫泥田等。土壤的垂直分布，600～700米以下为黄红壤，600（或700）～1000（或1200）米为山地黄壤，100米或1200米以上为山地黄棕壤，中山的山顶山脊一带为山地草甸土。

本区山多高差大，森林面积较大，有大片的丰盛草坡；河谷和山间盆地为粮食作物的中心，耕作土壤中，旱地占有相当大的比重，由于季节降水不均匀，河谷盆地夏季干旱比较突出。因此，必须因地制宜地、全面地进行林、牧、副业和农业的生产布局。以利于国民经济的发展。在利用本区山地优势时，要搞好生态林业建设，对25°以上的坡耕地实行退耕还林还草。加强小流域综合治理，发展生态农业。加大农业投入力度，提高粮食产量，利用农产品资源发展加工业，提高经济效益。本区用材林分布广、林木生长快，是我国著名杉木中心产区，境内河流多，两岸山丘树种资源丰富，适宜发展杉、松、竹等用材林和生漆、杨梅、板栗、柑橘类等特种经济林。

5. 湘东长株潭都市城市林业区

本区域位于湖南省最东面，包括长沙市、株洲市和湘潭市及其所辖各县市。地域上完全与长株潭城市群相一致。是湖南省的政治、经济和文化中心。全区土地总面积28078平方公里，占湖南省国土面积的13.25%。是本次区划中面积最小的一级区。人口1267.04万人，人口密度451.26人/平方公里，属全省人口密度第一的区域，2004年国内生产总值1919.14亿元。林业用地 15820.5 平方公里，占全省林业用地面积的 12.43%。公益林面积 6200.46 平方公里，其中国家级公益林 5051.33 平方公里，省级公益林 1149.13 平方公里（表 1-8）。

本区域东高西低，东部岭谷相间，西部湘江干流南北纵横，拥有非常宽广的河谷地带，有长沙—浏阳、醴陵—攸县、湘潭—湘乡盆地。全区的地貌组合是：平原、岗地丘陵各占 18% 左右，水面占 5% 以上，山地比重较大，达 35%。

年太阳总辐射 457.8 ~ 478.8 千焦/平方厘米。≥10℃ 活动年积温 5300 ~ 5690℃，无霜期 261 ~ 281 天。1 月平均温度 3.8 ~ 6.0℃，7 月平均温度 28.7 ~ 30.0℃，年平均温度为 17℃ 左右。年降水量 1200 ~ 1550 毫米。降水时间分配不均，4 ~ 9 月降水量 700 ~ 1050 毫米，其中 7 ~ 9 月降水量占4 ~ 9 月降水量的 30% 左右。

本区是湖南省政治、经济和文化中心，人口稠密、交通发达，土地利用率高，但原生植被破坏也严重，广大地区的现状植被是以马尾松为主的次生植被，人工杉木（难成大径材）、油茶和茶树也有很大的面积。酸性指示植物马尾松—杜鹃、乌饭—铁芒萁是本小区红壤地典型植被群落，伴生种常有苦槠、石栎等，丘陵沟谷或村庄古庙附近常保存有小片残存的常绿阔叶林，岳麓山是封禁较好的具有中亚热带典型特点的植被，建群种有青冈栎、栲树、苦槠、青椆、小红栲、四川山矾、台湾冬青、飞蛾槭以及枫香、翅荚香槐、紫弹朴等。下木有柃木、岳麓连蕊茶、白花苦灯笼、山矾等。低山荒坡灌草丛常见植物种类有满树星、算盘子、华山矾、白栎、大青、糯米条、金樱子、杜鹃、小果蔷薇、火棘、野山楂、芫花、白马骨、灰叶野桐、野古草、黄背草、桔草、土丁桂。丘岗（多有秃土裸赤地）常见有构骨、冬青、白马骨、华山矾、刺芒野古草、狗牙根等耐干旱植物。分布全区主要乡土珍贵树种有银杏、水松、水杉、篦子三尖杉、穗花杉、粗榧、野核桃、核桃、香榧、南方红豆杉、青钱柳、锥栗、石栎、青冈栎、红椆、鹅掌楸、白玉兰、广玉兰、白鹤山玉兰、厚朴、楠木、刨花楠、杜英、香樟、紫薇等近 60 种。200 ~ 850 年古树 7 株。

本区有丰富的水、热、土资源，又是湖南城镇人口最集中的地区，同时也是省内水稻高产区之一。在发展农业的过程中，由于大量使用化肥、农药、地膜等，造成了土壤作物的污染。同时，由于城区工业化的快速发展，因此该区域的污染也非常严重。三市城区及其所辖的醴陵、湘乡和浏阳等县级市，SO_2 和 TSP 两项指标长期超标，造成了严重的酸雨污染。区域性降水的 pH 值平均在 4.2 左右，其出现频率在长沙市曾高达 97.3%，几乎是有雨必酸。同时由于工业生产、交通运输和居民生活等造成的水污染也非常严重，含汞、镉、铅、锌等重金属污染物的污水，也对该区域的农业生产形成了严重威胁。

因此，应以发展粮食生产为主，同时应合理地开发利用红壤荒丘土地资源，在地势平缓的地方，应着重发展经济林果及经济作物如油茶、茶叶、板栗等经济林木；坡度较大的荒地以营造湿地松、火炬松及马尾松为主；在水湿条件较好的高丘或低山，可造杉木、檫木、酸枣、蓝果树、小叶栎、樟树、木荷及毛竹。在有条件的地方应实行封山育林，采取轮封措施，恢复植被。由于城市化进程快，因此应该大力发展城市林业。

（三）林业生态建设的区域特异性分析

1. 不同区域景观特征分析

景观生态学是 20 世纪 70 年代以后蓬勃发展起来的一门新兴的交叉学科。它以生态学理论框架为依托，吸收现代地理学和系统科学之长，研究景观和区域尺度的资源、环境经营与管理问题，具有综合整体性和宏观区域性特色，并以中尺度的景观结构和生态过程关系研究见长，80 年代后期以来，景观生态学逐渐成为世界上资源、环境、生态方面研究的一个热点。

其核心研究内容包括了景观结构、景观功能和景观动态变化3个方面。结构决定功能，功能的改变最终将从结构的变化反映出来。因此，景观结构是三大核心问题中的核心。在景观生态学中，景观结构又被称之为景观格局，它是景观的空间格局，即大小和形状不一的景观斑块在景观空间上的排列。它既是景观异质性的具体体现者，同时又是各种生态过程在不同尺度上作用的最终结果。

为了探讨湖南省区域景观格局的分布特征，我们利用1∶5万湖南全省的土地利用图件，在前述的林业区划基础上，按照5大区域8个小区，从区域整体和林业用地斑块两个层面对全省的景观格局进行了分析。鉴于目前用于景观格局分析的指标较多，大多数指标之间又具有极高的相关性的情况，我们以国际上最流行的景观格局分析软件包 Patch Analyst 为工具，在 Arcview 地理信息系统平台上进行了分析。选用的数量化指标包括了斑块数目（NUMB）、斑块总面积（CA）（平方公里）、斑块密度（PD）（个/平方公里）、平均斑块大小（MPS）（公顷）、平均斑块边缘密度（MPE）（公里/patch）、平均斑块分维数（MPFD）、面积加权平均斑块分维数（AWMPFD）、平均形状指数（MSI）、平均周长面积比率（MPAR）、香农多样性指数（SDI）、香农均匀度指数（SEI）等。

（1）不同景观区域的景观格局分布特征。在景观格局分析过程中，根据景观格局指数的内在含义，一般将其景观指数划分为3种类型：多样性指数类、景观斑块的形状指数类和景观破碎化指数类。

湖南不同景观区域的景观多样性指数。湖南省全省与不同区域的景观多样性指数和景观均匀度指数的计算结果（图1-4）。

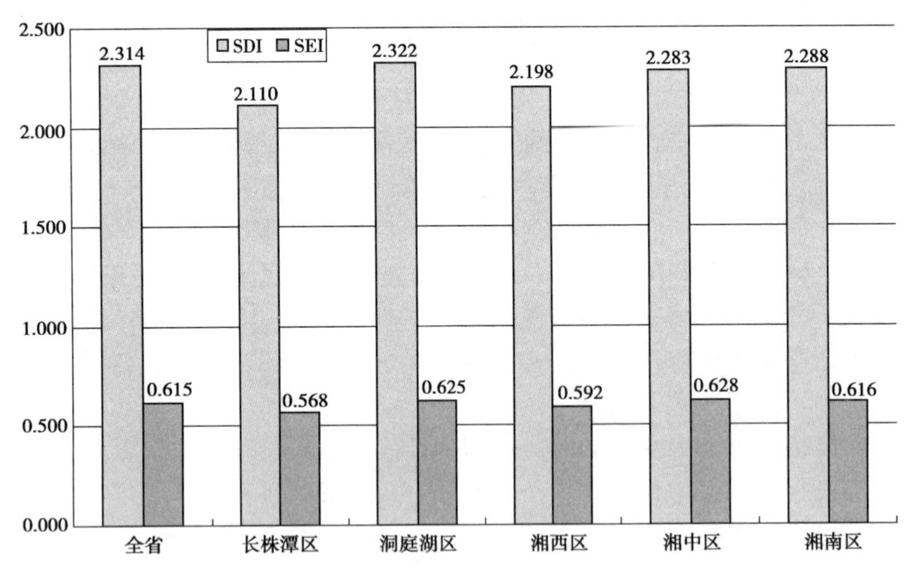

图1-4 湖南省不同区域的景观多样性指数与均匀度指数比较

从图1-4中可以看出，如果以全省的多样性指数和均匀度指数作为不同区域多样性指数变化的本底值，则洞庭湖区域的多样性指数与均匀度指数均为最高，分别达到了2.32和0.63，而长株潭城市群地区的指数值最低，分别为2.11和0.57，湘中区和湘南区的多样性指数值相差不大，分别为2.28和2.29，且与全省的指数值最为接近。这说明，洞庭湖区域、湘中区和湘南区的景观异质性较高，而长株潭和湘西区域则相对较低，同时也说明，对全省景观格局起控制作用的地理单元也是洞庭湖区域、湘中区和湘南区。一般而言，强烈的人类活动可以明显降低景观的多样性，长株潭区域景观多样性类指数的变化就是强烈的人为活动的结果；而湘西区域低的多样性指数结果，则可能与其山高林密、景观斑块大、分布相对集中连片有关。

① 湖南不同景观区域的斑块形状指数。斑块的形状指数包括了斑块体分维数和平均斑块形状指数两个，具体的计算结果见表1-9。

表1-9 湖南省不同景观区域的景观格局指数

NAME	CA	NUMP	PD	MPS	MPE	MSI	MPFD	AWMPFD	SDI	SEI
全省	211818.93	834295	3.94	25.389	2.59	1.51	1.06	1.22	2.31	0.62
长株潭区	28070.43	125206	4.46	22.419	2.52	1.52	1.06	1.23	2.11	0.57
洞庭湖地区	36446.08	117315	3.22	31.067	2.93	1.53	1.06	1.21	2.32	0.63
湘西地区	66924.81	258063	3.86	25.934	2.39	1.50	1.06	1.24	2.20	0.59
湘中地区	48157.89	231157	4.80	20.833	2.63	1.54	1.06	1.20	2.28	0.63
湘南地区	32219.72	102554	3.18	31.417	2.73	1.47	1.06	1.21	2.29	0.62

从表1-9中可以看出，平均斑块分维数与面积加权平均斑块分维数所反映的变化趋势基本相同，但以面积加权平均斑块分维数的变化相对较为明显，其中湘西区的值最大，为1.24，远高于全省与其他区域，其次分别为长株潭和湘南地区。由于斑块的分维数是通过斑块的形状来间接反映人类活动程度的，该值愈大，说明相应区域所受的人类活动影响则越小。湘西地区和湘南地区由于森林植被丰富，又地处山区，因此过去一直认为该区域所受到的人类影响相对较小，目前的分析结果也支持这种看法；长株潭地区是我国第十大城市群地区，由于剧烈的城市化进程，人类活动异常强烈，但从目前的分维数分析结果来看，结果有点矛盾，这说明该地区的城市化进程对当地自然环境的影响远比过去所认为的程度要浅，这应当在今后的工作中引起重视。

从斑块的平均形状指数（MSI）变化来看，湘西和湘南地区最低，分别为1.5和1.47；最高的为湘中地区，为1.54，洞庭湖地区和长株潭地区非常接近。该值数值越大，表明斑块的形状越复杂，其所受到的人类活动影响则越小。因此，斑块形状指数的变化表明，湘西和湘南地区所受的人类活动影响最大，湘中地区最小，这在一定程度上与分维数分析结果相吻合。

② 湖南不同景观区域的景观破碎化指数。用于刻画景观破碎化程度的指数包括平均斑块大小（MPS）、斑块密度指数（PD）和平均斑块边缘密度（MPE）。

首先，从平均斑块面积来看（表1-9），以湘南区和洞庭湖区最高，分别达到了31.42和31.07，远高于全省平均值25.39，湘西区与全省平均值比较接近，而长株潭和湘中区则较全省平均值为低；其次，从斑块的边缘密度来看，以湘中区和长株潭地区最高，分别较全省平均值高2.44和1.02，最低为湘南区，仅8.70，边缘密度高的地区，在一定程度上表明该区域景观破碎化程度相对较高；第三，从斑块密度指数的变化来看，也以湘中区和长株潭地区为最高，湘南地区最低，其他两个区域介于它们之间。从这三个指数的变化情况综合分析，我们认为，湘中区和长株潭地区的景观破碎化程度最高，湘南区的景观破碎化程度最低。

（2）不同亚区域景观斑块的景观格局特征。不同景观亚区域的景观格局指数的变化情况见表1-10。

表 1-10 湖南省不同景观亚区域的景观格局指数

NAME	CA	NUMP	PD	MPS	MPE	MSI	MPAR	MPFD	AWMPFD	SDI	SEI
长株潭核心区亚区	4589.82	29052	6.33	15.80	2.19	1.52	0.046	1.06	1.20	2.01	0.57
长株潭非核心区亚区	23490.02	96501	4.11	24.34	2.61	1.53	0.044	1.06	1.23	2.10	0.58
洞庭湖丘陵亚区	22071.33	72501	3.29	30.44	2.84	1.55	0.038	1.06	1.20	2.37	0.65
洞庭湖平原亚区	14405.42	45334	3.15	31.78	3.07	1.49	0.034	1.06	1.22	2.20	0.60
湘西武陵山亚区	28976.31	163771	5.65	17.69	1.88	1.48	0.063	1.06	1.22	2.18	0.60
湘西雪峰山亚区	37652.95	94478	2.51	39.85	3.21	1.54	0.031	1.06	1.24	2.08	0.57
湘中涟邵盆地亚区	24676.03	135101	5.48	18.27	2.53	1.53	0.037	1.06	1.21	2.29	0.63
湘中衡阳盆地亚区	23426.60	96409	4.12	24.30	2.77	1.55	0.037	1.07	1.19	2.20	0.62

从表 1-10 可以看出，不同亚区域之间，其多样性指数以洞庭湖丘陵区为最高，长株潭地区的核心区与非核心区均较低，而在湘西区中，武陵山亚区的多样性指数较高，湘中区的涟邵盆地亚区和衡阳盆地亚区相差不大。这说明，在洞庭湖区域和湘西区域对该区多样性指数变化起控制作用的分别是洞庭湖丘陵亚区和武陵山亚区，这两个亚区域也是今后该区域土地开发等涉及生态过程改变时应当重点加以维护的区域。

从斑块的形状指数来看，以雪峰山亚区最高，其次不同亚区中分别以洞庭湖平原亚区和长株潭非核心区亚区为次高，这说明在不同区域中这些高值亚区斑块所受的人类活动影响较大。

从斑块的破碎化指数来看，长株潭核心区亚区、湘西武陵山亚区和湘中涟邵盆地亚区为最高，洞庭湖区域的两个亚区相差不大。随着破碎化程度的加深，斑块的边缘长度增加而其内部生境面积减少，因此，总体而言，破碎化程度的加深是一种不利的变化趋势，故这些高值亚区应该引起高度重视。

（3）林业用地景观斑块的景观格局特征。根据湖南省土地利用分类系统，涉及的林业用地斑块类型共包括有林地、灌木林地、疏林地、未成林造林地、迹地和苗圃。另外还包括果园、桑园、茶园、其他园地等。由于果园等园地均属于强烈人工化的景观斑块，而景观指数的作用即在于间接定量刻画人类活动对景观斑块的影响大小，因此，对园地进行景观格局分析意义不大，故这里仅对既包含人工斑块又包含自然斑块的传统林业用地类型进行分析，不同景观区域和亚区域的相关用地的景观指数计算结果分别见表 1-11、表 1-12。

不同区域林业用地景观斑块的景观格局特征。从表 1-11 可以看出，以斑块密度、平均斑块大小和平均斑块边缘密度为指征的景观破碎化指数，具有极其一致的变化趋势。无论是全省还是不同区域，均以有林地为最低，其次为灌木林地；而景观破碎化程度最深的为苗圃，其次为迹地。就整个湖南省而言，林业用地面积为 122633.78 平方公里，占到了全省国土面积的 57.8%，而林业用地中，又以有林地面积为最大，占到了整个林业用地面积的 84%，灌木林地占 7.7%，二者合计占林业用地的91.7%，因此，这两类林业用地景观格局指数的变化完全可以代表不同区域以及全省的林业用地景观格局情况。在不同区域，有林地的破碎化程度以湘西区和湘南区为最低，斑块密度和平均斑块大小分别为0.4个/平方公里、244.20公顷和0.5个/平方公里、186.57公顷，最高者为湘中区；而灌木林地的景观破碎化程度以洞庭湖区为最低，湘西和湘南区相差不大，分别位列第二和第三低，最高的为长株潭城市群区域和湘中区。

表1-11 湖南省不同区域林业用地景观指数

分区	地类名称	CA	PD	MPS	MPE	MSI	AWMPFD
全省	有林地	103031.05	0.7	147.41	8.44	1.73	1.27
	灌木林	9471.92	3.0	33.79	3.16	1.58	1.14
	疏林地	3681.63	4.9	20.29	2.33	1.45	1.09
	未成林造林地	5840.07	4.7	21.23	2.39	1.47	1.10
	迹地	562.15	9.2	10.87	1.61	1.34	1.07
	苗圃	46.96	14.7	6.81	1.28	1.34	1.07
长株潭区	有林地	14028.60	0.8	123.22	8.20	1.88	1.26
	灌木林	555.50	4.1	24.37	2.66	1.52	1.13
	疏林地	363.97	7.3	13.66	1.95	1.45	1.09
	未成林造林地	792.17	4.90	20.40	2.48	1.50	1.10
	迹地	16.47	9.53	10.49	1.42	1.26	1.05
	苗圃	3.83	15.67	6.38	1.13	1.21	1.05
洞庭湖区	有林地	11360.25	0.6	154.73	8.68	1.74	1.26
	灌木林	482.87	2.2	46.16	3.56	1.55	1.11
	疏林地	506.36	3.0	33.33	3.11	1.47	1.10
	未成林造林地	446.30	4.0	24.75	2.59	1.45	1.08
	迹地	20.86	6.8	14.79	1.76	1.29	1.05
	苗圃	6.31	9.2	10.89	1.60	1.43	1.09
湘中区	有林地	19456.34	1.3	77.73	5.90	1.72	1.24
	灌木林	1229.25	3.7	27.26	2.71	1.50	1.10
	疏林地	574.33	7.2	13.87	2.00	1.46	1.09
	未成林造林地	1311.88	5.7	17.61	2.23	1.47	1.09
	迹地	34.32	8.7	11.48	1.82	1.40	1.12
	苗圃	4.38	15.5	6.44	1.30	1.39	1.07
湘西区	有林地	39941.45	0.4	244.20	12.34	1.71	1.30
	灌木林	5097.11	2.8	36.01	3.29	1.64	1.15
	疏林地	1583.28	4.0	25.22	2.60	1.48	1.10
	未成林造林地	2385.71	4.2	23.92	2.52	1.50	1.11
	迹地	427.28	9.4	10.68	1.60	1.36	1.07
	苗圃	11.93	15.1	6.63	1.29	1.34	1.07
湘南区	有林地	18244.40	0.5	186.57	8.55	1.62	1.27
	灌木林	2107.19	2.9	34.88	3.34	1.55	1.14
	疏林地	653.70	5.4	18.47	2.17	1.40	1.08
	未成林造林地	904.02	4.9	20.52	2.22	1.36	1.08
	迹地	63.21	9.1	11.03	1.55	1.26	1.06
	苗圃	20.51	15.8	6.33	1.23	1.34	1.08

而从形状指数来看，也有与破碎化指数相同的变化趋势，都以有林地的形状最复杂、苗圃用地的斑块形状最为简单；不同区域间，有林地也以长株潭地区的斑块最高，湘西和湘南区最低，灌木林地则以湘西区最高这说明，长株潭地区林业用地受到的人类活动影响最大，而湘西和湘南区受到的人类活动影响最小。

总体而言，长株潭区域、湘中区域由于相对强烈的人类活动影响，林业用地的景观破碎化程度为最高，湘西和湘南区域的破碎化程度相对较低。因此，今后湖南林业的工作重点应该是继续加大对湘西和湘南这些大面积林业用地分布区的保护，同时，对于人为活动较强烈的长株潭、湘中、洞庭湖区域应该结合城市与社会发展，大力加强林业建设，一方面有助于改善当地区域的环境状况，另一方面也可在一定程度上减缓湘西和湘南林区经济、生态与社会服务功能的压力的。

不同亚区域林业用地景观斑块的景观格局特征。从表 1-12 的分析结果来看，长株潭的非核心区、洞庭湖平原区和湘西武陵山亚区的景观破碎化程度比较接近，而破碎化程度最低的区域是湘西的雪峰山亚区，破碎化程度相对较高的区域为湘中的衡阳盆地亚区和涟邵盆地亚区，最高的破碎化程度出现在长株潭城市群的核心区。结合前面不同区域分析结果可以看出，湘中区和洞庭湖区域的亚区之间的破碎化程度相差不大，而长株潭和湘西区域内的不同亚区之间差距较大，其中以湘西区域的差别最大，两个亚区之间破碎化指数相差达 3.5 倍之巨。这一情况表明，对长株潭区域非核心区和湘西的雪峰山亚区对于整个区域的景观破碎化程度起控制作用，这两个亚区应该是今后林业用地的重点保护区域，而长株潭的核心区应该是今后林业建设的重点。

表 1-12　湖南省不同亚区林业用地景观格局指数

亚区名称	地类名称	CA	PD	MPS	MPE	MSI	AWMPFD
长株潭核心区	有林地	1518.80	1.9	52.37	5.69	1.90	1.20
	灌木林	9.01	13.5	7.38	1.40	1.40	1.07
	疏林地	22.27	10.2	9.77	1.62	1.45	1.08
	未成林造林地	36.12	8.9	11.22	1.67	1.33	1.07
	迹地	0.69	21.7	4.61	0.98	1.18	1.04
	苗圃	1.94	20.1	4.97	1.01	1.17	1.04
长株潭非核心区	有林地	12514.01	0.7	143.51	8.86	1.87	1.27
	灌木林	546.50	3.9	25.35	2.73	1.53	1.13
	疏林地	341.69	7.1	14.02	1.98	1.45	1.09
	未成林造林地	756.05	4.7	21.23	2.55	1.52	1.10
	迹地	15.78	9.0	11.11	1.46	1.27	1.05
	苗圃	1.89	11.1	9.01	1.35	1.28	1.05
洞庭湖平原亚区	有林地	5971.01	0.7	147.36	7.71	1.67	1.27
	灌木林	123.49	4.0	24.70	2.68	1.59	1.09
	疏林地	250.34	2.6	38.63	3.32	1.48	1.11
	未成林造林地	237.16	3.9	25.75	2.63	1.45	1.09
	迹地	2.95	7.5	13.40	1.70	1.36	1.06
	苗圃	5.07	10.4	9.57	1.44	1.42	1.07

续表

亚区名称	地类名称	CA	PD	MPS	MPE	MSI	AWMPFD
洞庭湖丘陵亚区	有林地	5389. 29	0. 6	160. 44	9. 71	1. 83	1. 25
	灌木林	359. 38	1. 5	65. 70	4. 36	1. 52	1. 12
	疏林地	256. 02	3. 4	29. 33	2. 95	1. 47	1. 09
	未成林造林地	209. 14	4. 2	23. 71	2. 54	1. 44	1. 08
	迹地	17. 91	6. 6	15. 05	1. 77	1. 28	1. 05
	苗圃	1. 24	4. 0	24. 81	3. 33	1. 55	1. 14
湘西武陵山亚区	有林地	15440. 79	0. 7	137. 81	8. 46	1. 66	1. 30
	灌木林	3479. 30	3. 2	31. 40	3. 01	1. 65	1. 16
	疏林地	536. 29	6. 0	16. 72	1. 96	1. 44	1. 09
	未成林造林地	897. 54	6. 5	15. 28	2. 10	1. 55	1. 13
	迹地	11. 14	12. 5	8. 02	1. 20	1. 30	1. 07
	苗圃	8. 53	16. 2	6. 18	1. 25	1. 33	1. 07
湘西雪峰山亚区	有林地	24500. 66	0. 2	465. 88	20. 41	1. 83	1. 30
	灌木林	1617. 81	1. 9	52. 04	4. 24	1. 60	1. 11
	疏林地	1046. 99	2. 9	34. 07	3. 25	1. 52	1. 11
	未成林造林地	1488. 17	2. 8	36. 28	3. 12	1. 44	1. 10
	迹地	416. 14	9. 3	10. 77	1. 62	1. 36	1. 07
	苗圃	3. 41	12. 3	8. 11	1. 43	1. 36	1. 06
湘中衡阳盆地亚区	有林地	9961. 21	1. 5	67. 94	5. 90	1. 73	1. 23
	灌木林	541. 20	4. 8	20. 97	2. 47	1. 53	1. 13
	疏林地	388. 48	7. 2	13. 87	2. 04	1. 47	1. 09
	未成林造林地	816. 87	6. 2	16. 12	2. 23	1. 48	1. 10
	迹地	24. 88	8. 8	11. 41	1. 74	1. 33	1. 13
	苗圃	3. 73	16. 6	6. 02	1. 25	1. 36	1. 07
湘中涟邵盆地亚区	有林地	9439. 65	1. 1	88. 88	5. 77	1. 73	1. 23
	灌木林	687. 99	2. 8	35. 48	3. 02	1. 45	1. 08
	疏林地	186. 13	7. 2	13. 86	1. 92	1. 42	1. 08
	未成林造林地	495. 00	4. 8	20. 79	2. 23	1. 44	1. 08
	迹地	9. 45	8. 6	11. 67	2. 01	1. 58	1. 07
	苗圃	0. 64	9. 3	10. 75	1. 84	1. 60	1. 05

从景观的形状指数来看，不同区域内部的亚区之间变化情况所揭示的生态意义与景观破碎化指数基本相同。但从有林地与灌木林地相比较来看，灌木林地所受到的人类活动影响程度均要较有林地大，这与灌木林的景观破碎化指数也较有林地大的结果相吻合。不同亚区之间，长株谭核心区有林地斑块的分维数为1.20，平均形状指数为1.90，均为所有亚区之冠，这说明该亚区所受到的人类活动影响程度应该为最低，这与景观破碎化程度的分析结论是完全背离的，也与目前的现实状况不符。综合各方面的结果，我们认为破碎化程度的分析结果应该是可靠无疑的，这也说明，在景观格局分析过程中，综合比较的重要性，仅凭单一的某一指数的分析结果来下结论是需要十分慎重考虑的，而最好的工作方法应该是多做几个景观指数，然后综合分析比较。

2. 不同区域林业建设

紧紧围绕建设生态湖南，确立以生态建设为主的林业可持续发展道路；坚持生态湖南建设与森林和湿地生态网络体系建设有机结合，坚持林业的生态效益、社会效益与经济效益有机结合；按照森林生态的点、线和面建设布局，划分湘北洞庭湖平原防护林区、湘中丘陵盆地农防林与经济林区、湘南南岭山地丘陵森林区、湘西山地森林生态保护水源涵养区、湘东长株潭都市城市林业区等五大区域，实行分类指导；实施退耕还林、防护林体系建设、野生动植物及自然保护区建设、生态公益林保护、绿色通道工程建设、速生丰产用材林基地建设、种苗和花卉、林产工业、森林和湿地生态旅游等工程，大力培育和合理利用森林资源，实现由传统林业向现代林业的跨越式发展，建立以森林植被为主体的国土森林和湿地生态安全体系；大力加强产业结构调整和优化升级，通过完善落实林业产权制度、税费减免、商品林采伐等政策，促进森林资源的合理利用，建成发达的林业产业体系。为建设山川秀美的生态湖南文明社会，使林业更好地为国民经济和社会发展服务，为社会主义新农村建设，实现生态湖南目标做出林业应有的贡献。

（1）湘北洞庭湖平原防护林区。本区林业发展以湿地保育与防护林建设为重点。洞庭湖区湿地是我国最大的淡水湖泊湿地，资源十分丰富。洞庭湖是我国第二大淡水湖，承纳湘、资、沅、澧四水而吞吐长江。每年洪水季节都有四水和长江入口大量泥沙入湖淤积，加速了洞庭湖水体面积的减少，各类湿地面积不断扩大。然而，作为长江中下游重要的调蓄性湖泊，洞庭湖起着非常重要的调蓄和泄洪作用，并同时具有饮用、渔业、灌溉、航运、调节湖区气候和旅游等重要功能，已成为长江主要经济鱼类和多种水生珍稀动物产卵、洄游、索饵场所及越冬栖息地，是湖南省的主要农业区，素有“鱼米之乡”的誉称。因此，如何合理地保护好洞庭湖区湿地生态系统和资源，对促进洞庭湖区乃至湖南省的农业发展具有重要的意义。洞庭湖区包括岳阳、常德、益阳三市。区域内现有森林基本是人工林，以用材林、护岸林、护堤林、农田防护林和四旁绿化为主，以林纸（板）一体化为契机，促进森林资源的增长、结构改善和经营方式调整。保护洞庭湖湿地的生态完整性和生物多样性。

本区森林和湿地的主体功能是恢复环洞庭湖的森林自然植被及已退化的湿地生态系统，确保粮食稳产、高产和区域内森林和湿地生态安全，同时，提供工业原料用材，调整农村经济结构，增加农民收入，实施林业血防，保障洞庭湖疫区广大人民群众的身体健康与生命安全、改善区域生态环境和促进林业产业发展。

合理利用洞庭湖湿地资源，增强湿地生态功能。为保证洞庭湖区湿地可持续发展的生态功能，利用洞庭湖区湿地区域土壤肥沃、水资源充足的优势，应加紧对其进行严格保护和管理，建立健全加强环境建设的政策和制度。首先，要严格控制各种污染物直接排入水体，入湖废水必须进行认真处理并达到国家规定的标准。其次，应充分利用湿地综合农业的有利条件，发展种植、畜牧、水产、林业等有机结合的湿地农业，形成多层次、网状型的主体生态经济模式，继续抓紧粮食和经济作物的生产，提高“鱼米之乡”特色的农产品商品率。第三，开发各种鱼类、水产养殖、航运及水生植物资源，大力发展水体农业，对其，水源进行重点分类管理，保护好栖息于湿地的珍稀动植物，完善管理办法。第四，转垸、靠山、围山、筑台，坚持以人为本的理念，转变农民生活方式，移民建镇，加强农村精神文明建设，开拓洞庭湖农村市场。

把水利工程建设、生态建设与环境保护结合起来。目前，洞庭湖区水利工程建设进入了关键的发展时期。为了从根本上控制泥沙淤积，在大兴水利工程建设的同时，要提高流域森林植被覆盖率，减少泥沙来源。通过引洪放淤，机械疏通洪道等方式，减少入湖泥沙淤积量。应大力保护和营造森林植被，稳定水体面积，保障湖泊调蓄功能。要进一步实施封山植树育林，退耕还林，强化平垸行洪，退田还湖。要拓宽加固干堤，疏浚河州，协调好人与自然的关系，切实加强洞庭湖蓄滞洪区的安全建设，实现湖区平原经济与生态、环境、资源平衡发展。

利用高新技术，加大资金投入，开展湖区资源环境的科学规划。基于洞庭湖湿地生物资源的重要性，政府更应重视洞庭湖湿地生态状况及其环境资源的保护和研究，特别是利用现代技术和手段，开展对湿地资源的动态监测，建立资源信息管理系统，对整个流域的生态建设绿化和水土流失进行科学规划，加大资金投入，合理开发可持续发展的资源，主动化害为利，建立具有水乡特色的林业、农业等产业结构，实现专业化地域分工，让洞庭湖区的资源不仅能得到保护，还能造福于当代，造福于子孙。

促进农业生产企业化和农业产品加工化。目前，作为自主经营、零散分割的小农这一市场主体素质还比较低，且依赖性较强，存在小富即安的小农惰性。要促进洞庭湖农业的持续发展，打破洞庭湖区农民徘徊困惑的局面，必须尽快培育和利用一批高素质的农业经营企业家队伍，增加科技对洞庭湖区的转化应用，遏制落后耕作方式，推进农业生产企业化，促使湖区农村产业分化与升级，促进农民分工分业。同时，要用现代设备装备农业，促进农业向现代化迈进。特别不可忽视农业初级产品的工业化加工以及农产品的精深加工，提高洞庭湖区农产品的附加值及含金量，缓冲供求矛盾，增加农业产业的经济效益，延伸农村产业链条，促进农村二、三产业的发展，如饲料工业、酿酒工业、食品加工业等。在继续开展移民建镇的工作中，不断拉大国内需求，扩大经济增长。同时，大力发展农村教育也是当务之急。

主要生态状况问题。由于长江中上游水土流失严重，“四水”和长江“三口”泥沙淤积和洲滩围垦，洪涝灾害严重，洞庭湖湿地生态遭到严重破坏；现有森林生态系统的林种、树种、林龄结构不合理，农田防护林网老化问题突出。据观测，平均每年沉淤在洞庭湖的泥沙在1亿吨以上，平均每年淤高3.5厘米。同时，由于洞庭湖区容积、湿地面积的萎缩、资源的过度利用、生态系统质量下降和环境污染的严重等原因，导致了洞庭湖湿地生态功能降低，调蓄能力减弱，洪涝灾害加剧，垸老田低现象日益突出，渍涝灾害频发，地下水位升高。外洪内涝成为湖区社会经济发展的主要制约因素。

林业生态建设模式。①建设方向：以洞庭湖周边城镇的生态点建设为重点，同时加大洞庭湖湖盆与湘、资、沅、澧及“三口”等江、河、湖沿岸防护林和洞庭湖水网地区农田防护林建设，提高森林覆盖率。加强林业措施防治血吸虫病的力度，逐步增加湖区森林面积，改善湖区生态环境，从根本上改变人居生存状况。严格保护完整的湿地生态系统，恢复已经破坏的湿地，形成物种多样、抗干扰能力强的名副其实的母亲湖。②建设模式：加强岳阳、常德、益阳等市湖区周围城镇、道路和四旁绿化，建设城市风景林等，以美化环境，提供森林和湿地生态旅游和湿地文化娱乐休闲、活动场所；结合长江防护林和兴林抑螺工程的建设，加快沿湖垸内滩涂地开发；加大丘岗地区的低产低效林改造，发展经济林，加快水网地区的农田防护林建设，充分发挥森林的防护效能；营造林纸、林板相结合的工业原料林等商品用材林基地，大力发展木浆业，中密度纤维板、刨花板、胶合板等林产工业；对现有完整的自然湿地加强保护，同时对已经破坏的湿地进行治理恢复。③配套工程：为更好地建设该区域，完善本区域内的生态功能，结合其区域的实际情况，拟在区域内重点实施兴林抑螺工程、平原防护林体系建设工程、以杨树为主的速生丰产林建设工程、湿地恢复保护工程等。

（2）湘中丘陵盆地农防林与经济林区。包括邵阳市及所辖的新宁县、武冈县、洞口县、隆回县、邵阳县、邵阳市、邵东县、新邵县；娄底市及所辖的新化县、冷水江市、娄底市、双峰县、涟源市；衡阳市及所辖的衡山县、衡东县、衡阳市、衡阳县、祁东县、衡南县、常宁县、耒阳市；永州市所辖的东安县、祁阳县、永州市区；以及郴州市的安仁县。该区域的地带性植被是常绿阔叶林，由于人类活动频繁，大部分已经被次生的马尾松林替代，形成马尾松纯林，在一些国有林场、村庄附近及交通不便的区域还保留了一些常绿阔叶林。

本区域的主导生态功能是保持湘江、资水水土，涵养水源，保护其生物多样性、发展特种经济林非木材产品种植。目前存在的主要生态问题是：森林覆盖率较低，林龄结构不合理，中龄林、成熟林比例过低；树种单一，马尾松多。常绿阔叶树种少；单位面积蓄积量较低，森林质量不高；林地开垦严重，特别是一些开发区、基地，形成新的水土流失区；衡阳盆地紫色岩区、涟邵盆地的石灰岩区植被恢复困难；湘江沿线空气、水源污染严重。

该区域保护和发展林业生态建设方向及对策主要是：加强紫色岩区、石灰岩区造林困难地植被恢复，促进地区的绿化、美化；采取人工造林、封山育林等措施，改善林龄结构和林分质量，提高森林生态防护功能；在25°以上及毁林开垦地退耕还林，在退耕还林过程中坚持因地制宜，适地适树，选择适宜的树种、中药材等特色经济林，按先易后难原则，退耕、造林、中药材及经济林等，生物措施与工程措施相结合，建立生态经济型林地，既保持水土，治理水土流失，又为当地社会主义新农村建设开辟了一条渠道，为群众脱贫致富提供一定保证。

（3）湘南南岭山地丘陵森林区。包括永州市的双牌县、道县、江永县、江华县、蓝山县、宁远县、新田县，郴州市及所辖的嘉禾县、临武县、宜章县、桂阳县、郴州市、永兴县、资兴市、汝城县和桂东县。该区地带性植被是常绿阔叶林，经多次破坏后形成大面积松阔混交的天然次生林和竹林，在低海拔、缓坡地带是以马尾松、杉木等为主的人工用材林。该区是重要的集体林区，应在确保众多河流生态安全，减少水土流失的前提下，加大森林资源的合理综合利用，将该区的森林经营培育成为湖南省乃至全国重要的商品林生产基地。

该区域的森林和湿地的主体功能是保持水土、涵养水源、防治石漠化；保护华东、华中和日本植物区系特有植被和物种、保护物种多样性丰富的植被垂直带谱；提供珍贵树种大径材、提供木质工业原材料。

（4）湘西山地森林生态保护水源涵养区。包括怀化市、张家界市、湘西土家族苗族自治州的全部、邵阳市的绥宁、洞口、隆回、城步、武冈、新宁6县和永州市的江华县。该区森林曾因人为过度开采等导致森林资源急剧下降，区内木材供需矛盾日益突出，水土流失加剧，山地石漠化严重。在保护其自然资源前提下，发展森林生态旅游业。同时，在立地条件好的地方经营用材林、森林药材林、能源林，成为生物质能源产业的重要原料基地，打造湘西药谷。

该区的森林和湿地的主体功能是保持水土、涵养水源，防治石漠化；保护植物特有种和古老种；保护植被垂直带谱、及珍稀濒危物种及栖息地和植物区系成分交汇地的物种多样性；提供中小径木材、工业原料用材和林副产品。

（5）湘东长株潭都市城市林业区。包括长沙、株洲和湘潭三市。该区域是湖南省文化经济中心，也是全省工业企业最集中的地区，经济发达。通过发展城市林业，建设城市森林，发展壮大林木种苗花卉产业，改善和提升该城市群生态质量和品位。保障城市生态安全，实现城市生态文明。

总体建设思路：根据该区域特点，遵循以人为本、人与自然和谐相处及科学发展观的原则，以城市和重点城镇为基本建设单元，以城区公园、园林绿地、街道绿化带等绿色生态园地组成的城市绿色斑块为绿心（点），以城市之间的道路、湘江水系等的绿化构成森林生态廊道为线，以城市间的生态公益林、天然林为基础和以森林公园、自然保护区、自然保护小区、江河库湿地等森林和湿地斑块组成的大面积森林与湿地为面，构筑以林木为主体、乔灌草、常绿与落叶、阔叶与针叶的乡土树种有机结合，林水结合的生态缓冲隔离带，使之成为城市森林和湿地生态体系林网化——水网化的主体框架。根据城市群的特点，全面整合林地、林网、散生木等多种模式，有效增加城市林木数量；恢复城市群区域湿地水体，改善水质，使森林与湘江及各级别的支流、水库、塘坝、沟渠等连为一体；建立以核心林地为森林生态基底，以贯通性主干森林廊道为生态连接，以各种林带、林网为生态脉络，实现在整体上改善城市环境、提高城市活力的林水一体化城市森林生态系统。在长株潭城市群范围内建立起一个能够最大限度地改善城市环境的森林生态网络体系。

重点建设内容：

• 城市防护林体系建设。要通过城市绿化隔离带、绿色通道、水源涵养林、农田林网和河岸、河流防护林等城市防护林的建设，固碳释氧，滞尘降噪，防风防沙，涵养水源，净化水质，缓解热岛效应。

• 城市天然林资源保护。要进一步加强一些城市的辖区和周边地区的天然林及原生植被的保护，封山育林，禁伐限伐，加强保育，使天然林的生态功能得到充分发挥。

• 林地保护。在城市建设中，要严格执行《中华人民共和国森林法》《中华人民共和国土地法》等有关法律法规，有效解决城市林地的流转和不合理开发利用问题。并在城市规划的指导下，尽可能扩大城市绿地和林地。

• 生物多样性保护。森林生态系统是物种组成最为丰富的城市生态系统，能够提供多种生境类型，成为城市鸟类、兽类和各种昆虫的栖息地。欧美等发达国家一直十分重视城镇绿化的自然化和生态化。为此，在城镇绿化中要注重乔灌草的合理配置，发展森林绿地，通过森林植被结构的多样性，保护和提高城镇生物多样性。

近年来实施的湖南省林业生态工程建设范围涵盖了上述各个区域，具体见表1-13。

表1-13　湖南省林业生态工程布局

工程名称	实施区域
★山丘区林业生态工程	
退耕还林	Ⅴ Ⅳ Ⅲ Ⅱ Ⅰ
岩溶区石漠化综合治理	Ⅳ Ⅲ Ⅱ
矿区及废弃矿植被恢复	Ⅴ Ⅳ Ⅲ Ⅱ
中低山封山育林	Ⅴ Ⅳ Ⅲ Ⅱ Ⅰ
低质低效次生林改造	Ⅴ Ⅳ Ⅲ Ⅱ Ⅰ
★防护林体系建设	

续表

工程名称	实施区域
农田防护林带林网营建	Ⅰ
路网防护林	Ⅴ Ⅳ Ⅲ Ⅱ Ⅰ
护堤防护林	Ⅰ
★湖区抑螺防病林建设	Ⅰ
★城市森林建设	Ⅴ Ⅳ Ⅲ Ⅱ Ⅰ
★乡村人居林建设	Ⅴ Ⅳ Ⅲ Ⅱ Ⅰ
★湿地保育	
洞庭湖湿地保育	Ⅰ
人工湿地保育	Ⅴ Ⅳ Ⅲ Ⅱ Ⅰ
河流湿地保育	Ⅴ Ⅳ Ⅲ Ⅱ Ⅰ
★野生动植物保育与森林病虫害防治	
自然保护区建设	Ⅴ Ⅳ Ⅲ Ⅱ Ⅰ
珍稀濒危动植物保护	Ⅴ Ⅳ Ⅲ Ⅱ Ⅰ
古树名木保护	Ⅴ Ⅳ Ⅲ Ⅱ Ⅰ
有害生物防治	Ⅴ Ⅳ Ⅲ Ⅱ Ⅰ

注：Ⅰ-湘北洞庭湖平原防护林区；Ⅱ-湘中丘陵盆地农防林与经济林区；Ⅲ-湘南岭南山地丘陵森林区；Ⅳ-湘西山地森林与水源涵养林区；Ⅴ-长株潭都市城市林业区

（四）林业产业各领域发展的聚集性分析

湖南林业比较注重产业体系的培育，初步形成了较为完整的林业产业体系。林业第一产业突破了松、杉大省的传统格局，杨树、桉树、毛竹、桤木等速生用材树种和苗木花卉得到较快发展，林种、树种结构得到了一定的优化。林业第二产业形成了人造板、木竹浆造纸、木质家具、地板制造、森林食品、林产化工等门类齐全的林产工业体系。林业第三产业形成了以湘西北、湘南、湘中、湘东等为骨干的森林生态旅游干线，建立了四通八达的林产品购销网络。

1. 毛竹产业

竹子是重要的森林资源，具有分布广、生长快、用途多、生态和经济价值高等特点，被誉为“绿色的金矿”。我国是世界竹子大国，不仅资源极其丰富，而且是最早利用竹子的国家，素以“竹子文化国度”而享誉世界。湖南又是我国竹类资源的主要分布区，具有优越的自然地理条件和丰富的温光资源，开发潜力很大。省委、省政府对竹业发展极为重视，确立木竹加工产业链为全省五大产业链之一。2004 年，省政府转发了省林业厅《关于加快竹产业发展的意见》，确定了全省竹业发展目标，提出了加快竹产业发展的政策措施。通过战略制定和实施，湖南省竹产业必将在促进生态建设，增加林产品有效供给，培育农村经济新的增长点，促进农民致富奔小康，推进“三化”进程方面得到全面发展。

全省现有竹林面积 82.6 万公顷，占有林地面积的 9.48%，立竹总株数 19.41 亿株。其中毛竹面积 81.73 万公顷，立竹蓄积 18.49 亿株。杂竹 0.87 万公顷。每公顷立竹由 20 世纪 90 年代初的 1575 根上升到现在的 2349 根，胸径普遍提高了 1 厘米。

全省利用竹材加工的产品有 20 多个大类 1000 多个规格品种，有一定规模的竹产品加工企业

1500多家。2004年全省实际消耗大径毛竹9800万根（图1-5）。这些毛竹基本上是各类加工企业以加工产品的形式消耗的，农民自用和非生产消耗的比例很小，原料来源以本省竹材为主，周边临近省份互相都有少量交换。由采伐而产生的竹尾约5万吨，这一部分则工业化利用程度比较低，大部分是林农自用或作为生物质能源。此外，全省还生产小杂竹2205吨。

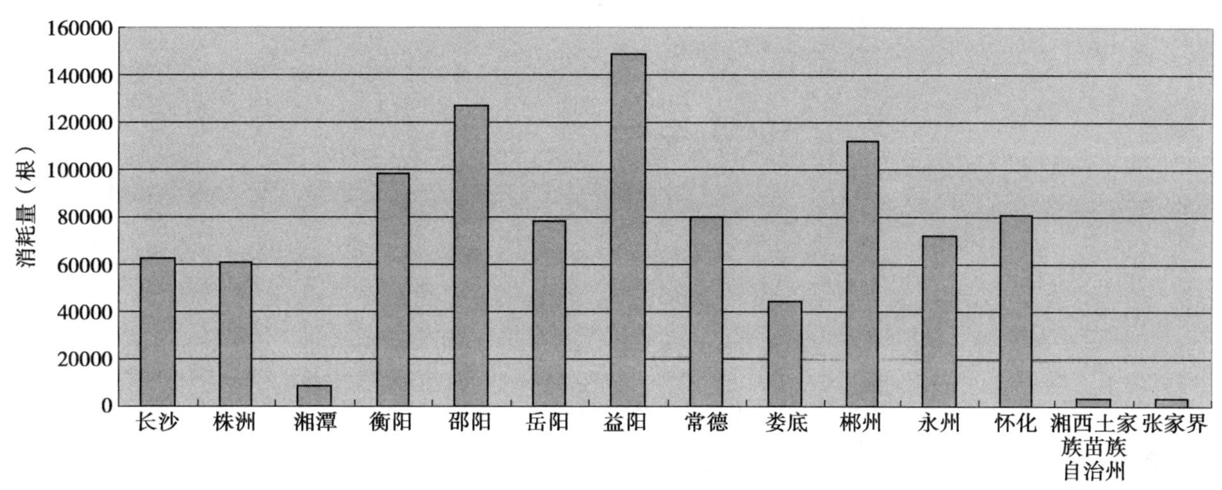

图1-5　湖南省2004年毛竹大径消耗来源分布情况

（1）竹材人造板。竹材人造板是湖南省竹材加工的主导产品（包括素板、高强复塑板、钢框模板、碎料板、竹木复合板等），主要作为建筑用水泥模板使用，大量代替曾经普遍使用的木质水泥模板。全省有竹胶板生产线约140多条，年生产能力近70万立方米，2004年产量30.49万立方米，占人造板产量的22.8%，胶合板产量的40.5%。年产1万立方米竹胶板的企业有桃花江竹胶板集团、邵阳宝庆竹胶板集团、浏阳方园板业公司、湘中竹木总厂、酒埠江竹胶板厂、桂东县竹胶板厂、双峰县丰华实业有限公司、云天竹业公司等。桃花江竹胶板集团是省内最大的竹材人造板加工集团，由桃江县内的37家竹胶板厂联合组成，拥有固定资产1.2亿元，员工2300余人，竹胶板年生产能力为20万立方米，被省政府认定为省级农业产业化龙头企业。浏阳方园板业公司注重产品质量，在市场开拓上下工夫，不断提高市场竞争力和占有率，其“古港”牌竹胶板获得2003年度“湖南省名牌产品”和“湖南省著名商标”称号。

（2）竹地板。竹地板是湖南省又一优势产业，在全国占有一席之地，花色品种多，有原色板、碳化板、立拼板、对节板、竹地毯等规格型号20多个品种。企业生产设备精良，产品质量上乘，市场信誉较好，广泛应用于家庭装修和办公等场所，尤其深受北方用户的喜爱。出口形势较好，欧美及日本、韩国等订单不断。全省有生产线50余条，年生产能力400万平方米。2004年生产竹地板278.7万平方米，占全省地板总产量的40.7%，为实木及实木复合地板的2.63倍。多年来，竹地板规模和产量均超过实木地板，成为珍贵木材的理想替代品，为缓解木材供需矛盾起到了很好的作用。年产10万平方米以上的企业有建玲竹业有限公司、金裕竹业股份有限公司、炎陵中冠竹木制品有限公司、株洲湘龙竹木制品有限公司、郴州绿丰竹木制品有限公司、湘中竹木总厂、衡阳市湘竹木业有限公司、益阳桃花江实业有限公司等。湖南建玲竹业有限公司竹地板的生产规模已达100万平方米，其生产规模，产品质量，为全省竹地板加工之冠。湖南金裕竹业股份有限公司生产的竹地（墙）板等产品品种有5大系列30余个，生产技术、产品质量、生产规模等综合能力居全省前列。“恒星”牌木竹地板荣获2004年度“湖南省名牌产品”称号，“建玲”“中冠”牌竹地板先后获得过省质量技术监督局颁发的“湖南省产品质量奖”。

（3）竹制日用品。湖南人民有使用竹器的传统习惯，农具、竹跳板、竹帘、竹篓、竹扇、竹片、花篮、竹伞、牙签、香签、卫生筷等各种日用品与人们的生活息息相关，益阳的水竹凉席驰名中外，湘西的竹背篓既是少数民族居民不可缺少的生活用具，又具有美观价值，是实用与艺术的完美结合。随着现代工业的发展，技术装备水平的提高，传统的竹制工艺技术发生了巨大的变化，具有现代工艺特点的竹制品不断开发流入市场，如空心保健凉席、竹家具、竹砧板、包装容器等。全省有竹凉席生产线300余条，年生产能力1300万床；竹卫生筷生产线150余条，年生产能力25万箱，2004年生产10.6万标准箱。永州百钠美克国际环保有限公司以湘南面积大、生长快的楠竹为原材料，将楠竹滚动切削成片，再经自行研制的电脑自动控制竹片容器成型，制成一次性竹制食品包装容器——竹托盘，是一种价格低廉、科技含量高的环保型科技产品。该产品已进入日本、韩国、欧美等地，有良好的市场前景。湖南壹亿竹制品有限公司开发生产的家居、办公系列竹产品，资源消耗量小，附加值高，全部出口欧美市场，2004年创汇117万美元。竹砧板是湖南省最具有地方特色的产品，全省生产企业已达40余家，年产竹砧板2500余万块，产值4亿多元，已占据国内85%以上、出口30%以上的市场份额，成为国内竹砧板的重要生产基地和出口基地。行业龙头企业湘潭市恒盾（集团）厨房用具制品总厂是一家民营科技型企业，年产值已过亿元，其“恒盾牌”竹砧板被省工商行政管理局认定为“湖南省著名商标”。

（4）竹制工艺品。竹材制成的工艺品绚丽多姿，丰富多彩，在湖南省已有悠久的历史，尤其是益阳和邵阳两市更为突出，主要产品有竹刻字、竹雕画、竹根雕、竹扇、竹编工艺品、笋壳叶编织物、竹衣服等。双牌的竹编工艺杯造型美观、工艺精良，成为众多家庭装饰的精品；邵阳的竹簧雕刻工艺独特，在国内外享有盛名，曾获巴拿马国际博览会金奖，出口市场前景广阔。生产工艺和技术也逐渐从民间手工艺分散制作向规模化生产转变。民营科技型企业桃花江竹艺开发有限公司专业从事传统竹艺产品的开发生产，已有14大系列、120个品种的竹工艺品供应市场。公司除产品开发外，还创办了桃花江竹业艺术学校，着重培养既有理论知识，又有较高实际操作水平的竹艺人才。

（5）竹食品。竹笋是我国传统食品，湖南省笋用竹除毛竹、牡竹属的吊丝竹以及小杂竹外，还有早竹、雷竹、刚竹属的甜笋竹，丛生竹的麻竹、哺鸡竹等。经加工的产品主要有笋干、笋罐头和玉兰片等。竹笋罐头为湖南省竹食品主导产品，主要生产企业有湘南绿色罐头食品有限公司、城步土桥罐头食品公司、鸬鹚渡竹笋保鲜厂等，年生产能力约5万吨，其中大部分用于出口，年出口量为2万吨左右。竹材功能性饮料的开发正在起步，湘潭恒盾集团与省林业科学研究院合作成功生产出了纯竹材的竹汁饮料，正在着手市场推广。目前，笋产品还仅仅限于初级加工，深加工产品还在试验研究阶段，没有形成批量生产能力。

（6）竹浆纸。全省能使用竹浆造纸的企业不到10家，且大小不一。城步纸业有限公司是以竹浆为主要原料的造纸企业，系国家税务总局发票纸定点生产单位之一，年产防伪发票纸5000吨。岳阳纸业集团在2000年利用苇浆生产线以细杂竹为原料成功生产了优质竹浆，与木材等其他原材料混合使用生产书刊等纸张，但产量不大，竹浆纸占公司纸张量比重很小。

（7）竹纤维纺织。是近期竹材开发利用的一项重大创新技术成果，为竹材的工业化应用开创了新的领域。株洲雪松麻业有限责任公司利用新鲜的竹材加入适量的辅助软化剂，经高温软化和多种工艺处理，将竹材制成纺织用竹纤维。该种纤维与麻、丝、毛等混纺后，可大大改善纯纺织品的性能，被专家称之为是我国继大豆蛋白纤维后的又一项具有自己知识产权的纺织用材料，社会效益和经济效益十分显著。

（8）竹林生态旅游。竹林旅游业已经成为竹业新的经济增长点。全省有7个市的18个森林公园2.89万公顷竹林开展了森林旅游，年接待游客55万人次，旅游收入5000万元，上交税金600万元，实现利润1000万元以上。桃江县以洪山竹海为中心，带动了相关森林公园旅游业的发展，年接待游客50余万人次，2004年旅游业产值达2600万元。洪山竹海逐渐成为一块竹业旅游品牌而享誉全国。

2. 速生丰产林

（1）速生丰产用材林建设步伐越来越快。改革开放以来，随着经济高速发展，社会对森林资源的需求越来越大，特别是，2002年国家林业局编制的《重点地区速生丰产用材林基地建设工程规划》得到国家计委的批准，列入全国六大林业重点工程之一。湖南省为工程实施范围，速生丰产用材林建设迅速升温，速度、质量和效益明显提高。据统计，全省2002年新造速生丰产用材林面积为3.33万公顷，2003年为6.33万公顷，2004年为10万公顷，2005年为15.6万公顷。益阳市过去两年每年营造杨树林6.67万公顷以上，一年超过以往10年造林面积的总和。湖南泰格林纸集团近3年签订营造速生丰产用材林合作协议10.67万公顷，采取多种经营形式新造速生丰产用材林10万公顷。洞庭湖区许多地方出现了多年来少有的争地、争苗造林的喜人局面。2005年底，全省速生丰产用材林总面积达到104万公顷。

（2）蓄积总量越来越多。各地在速生丰产用材林培育过程中，以尽量少的林地实现集约经营，大幅度提高林地单位面积的产量，实现了林地面积和森林蓄积的双增长。湖南天运生物技术有限公司自2002年以来，在南湾湖租地造林0.47万公顷，动用挖掘机对低洼地带开沟筑垅，栽植4米以上的杨树大苗，实行集约经营管理，2年生杨树平均高7.8米，平均胸径8.1厘米。道县、蓝山县的桉树造林实行拖拉机耕地，挖大穴、施底肥、容器苗造林，成活率在95%以上，保存率90%以上，幼林长势良好。道县营造的邓恩桉4年生平均树高12.1米，平均胸径11.3厘米；最高的15.2米，最大胸径17.1厘米。近年，全省杨树、桉树蓄积成倍增长；活立木总蓄积量年增幅3.5%；立竹年增幅9%左右。正是由于速生丰产用材林的贡献，湖南省在占林地40%以上的公益林进行严格保护的同时，森林蓄积总量仍然大幅度增长。“十五”与“八五”比较，全省有林地面积由893.33万公顷增加到1040万公顷，森林蓄积量由2.45亿立方米增加到3.6亿立方米。

（3）对社会的贡献越来越大。速生丰产用材林工程是劳动密集型产业，且关联度高，在创造巨大生态、经济效益的同时，不仅有力地推动林纸、室内装修等相关产业的发展，也提供了大量的就业机会。如1990～1996年实施的世行贷款“国家造林项目”项目，总投资3.38亿元，营造林11.97万公顷。项目建设期间，支付清山、整地等劳务费2.28亿元，苗木费、间接费5592.82万元，共计2.84亿元，占总投资的84.1%；为6765人提供了7年就业机会。现在，林木逐步进入采伐期，砍伐、运输还能够安排大量的劳动力。在经营期内，可产木材1918万立方米，薪材642万立方米，松脂4万吨，总产值111亿元，为国家提供税收9亿元。又比如，全省现有竹林面积82.6万公顷，年产商品竹1.5亿根，竹业年总产值50亿元，上交税金2亿多元，林业规费5000万元，农民年增收8亿元以上，出口创汇1.7亿人民币，安置社会就业人员60余万人。

（4）形成了灵活多样的造林经营形式。一是租地造林，由单位或个人租赁土地，在一定期限内买断土地经营权，独资造林经营。二是联营造林，由单位或个人投资，土地所有者或使用者出土地，收益按比例分成。三是委托造林，由单位或个人投资，全权委托给有造林资质的林业企、事业单位代理造林管理。四是订单造林，由企业提供苗木或一定经费，与造林者签订木材回收合同。五是承包造林，按质量、按进度，在规划区造林，经费按面积计算承包。

3. 木材加工及制品产业

林纸（板）产业的原材料主要是杉木、松木、竹材、杨树、桉树、桤木等。到2004年底，全省林业用地面积达到0.127亿公顷，占国土总面积的60.1%，其中有林地面积达到0.087亿公顷；森林覆盖率51.65%，活立木蓄积量3.6亿立方米，均位居全国前列。每年可提供活立木2500多万立方米，竹子1.5亿根，这些可作为林纸（板）产业的资源主要来自人工林。

湖南省人工速生丰产用材林建设起步于20世纪80年代初，主要是由森工企业采取租山造林等方式建立商品林基地。进入90年代以后，随着世行贷款造林项目的启动实施，湖南省速生丰产林建设进入快速发展时期，特别是近年来在国家“六大林业重点工程”的推动下，湖南省人工速生林建设呈现迅猛发展势头，各地把速生丰产林建设作为林业产业化发展的重点和骨干工程来抓，纳入当地政府的重要议事日程和目标管理，并与调整农业结构，加快山区群众脱贫致富奔小康有机结合。截至2004年年底，湖南省累计营造速生丰产林88.33万公顷，占全省用材林面积19.6%。2004年以来，益阳市、常德市分别营造杨树速生林6.93万公顷。怀化市13.33万公顷速生林，湘西土家族苗族自治州6.67万公顷桤木速生林基地建设也已启动。以泰格林纸集团为龙头的木材加工企业投入大量资金建设速生丰产林基地，截至2004年，湖南省十四家重点加工、造林企业共营造以杨树、桉树、桤木为主的速生丰产林共计12万公顷，其中泰格林纸集团造林4.4万公顷，湖南山川速生丰产林工程有限公司0.83万公顷，湖南洞庭白杨林纸有限公司0.8万公顷。

全省现有规模木浆造纸企业16家，生产能力77万吨；人造板生产企业80多家，生产能力214万立方米，其中中（高）密度纤维板生产能力49万立方米、细木工板生产能力24万立方米、木质胶合板生产能力15万立方米、刨花板生产能力10万立方米、竹胶合板生产能力70万立方米。2004年生产木竹浆纸74万吨；生产人造板169万立方米，其中竹木胶合板75万立方米、纤维板37万立方米、刨花板7万立方米、细木工板24万立方米，林纸（板）业总产值达到75亿元。其中，泰格林纸集团以杨木浆为主的年产20万吨高档纸生产线已经建成投产，该公司年产纸能力达60万吨，2004年产量为54万吨，实现销售收入32亿元，利税总额达4亿元。

4. 花卉苗木产业

随着世界经济的发展，人民生活水平的提高，花卉作为美化生活、陶冶情操、传递情谊的精神文化产品日益深入人们的经济生活，市场需求不断增加，生产规模迅速扩大，花卉业已成为当今世界最具活力的新兴产业之一，在世界经济的大潮中始终保持着旺盛的发展势头。据国际园艺生产者协会统计，2003年全球花卉总产值约750亿欧元，其中鲜花和盆花600亿欧元，观赏苗木140亿欧元。我国花卉业近20年来得到了突飞猛进的发展，已经成为各级政府和社会各界十分关注的一项新兴的“朝阳产业”，发展前景十分广阔。到2003年年底，全国花卉生产面积已达43万公顷，产值353亿元。

湖南省花卉苗木业起步虽然较晚，但发展十分迅速。据统计到2004年年底，花卉生产面积达3.67万公顷，比1998年的0.26万公顷增长了14倍，平均年增长0.5万公顷，增长速度逐年加快。其中观赏苗木1.61万公顷，盆栽植物0.27万公顷，草坪0.11万公顷，保护地设施栽培总面积260万平方米（其中用于盆栽植物250万平方米）。全省共有花卉市场115个，花卉企业902个，花卉从业人员24万人，专业技术人员5402人，全省花卉苗木总产值15.25亿元。已经形成了以绿化苗木生产为龙头，长株潭地区为中心的，岳阳、常德、郴州、衡阳等部分市县为辐射点的花卉苗木产业发展新格局。

但是，近年来，周边省份花卉苗木产业迅速崛起，市场需求出现了一些新的变化，产业内部的竞争日趋激烈，湖南省和全国花卉苗木产业步入重大调整期，全省花卉业的发展面临着难得的发展机遇和严峻的挑战。据绿化苗木产区调查，2004 年到 2005 年绿化苗木生产发展势头有所下降，产值有所减弱，销售额下降了 1.25 亿元。虽然如此，花卉苗木仍是利润较高和农村经济的就业拉动较大的产业，据统计，1 元的花卉苗木产值可带动 6 元的相关产业，可见花卉苗木产业是与农村经济发展和农村精神文明建设关联度较高的产业。面对新的形势，开展湖南花卉苗木产业的发展战略，对于促进湖南花卉苗木产业持续健康发展具有十分重要的意义。

5. 经济林产业

湖南省是经济林的主要分布区，面积达 129.69 万公顷。经济林中以油茶为主，总面积 74.31 万公顷、占经济林总面积的 57.3%，是我国油茶的主要分布区。油茶是中国特有木本食用油料树种，湖南又是全国油茶中心产区。面积和产量均居全国第一位。为了尽快将我国特有的油茶资源优势转化为经济优势，推动油茶产业化的发展，以实际行动贯彻落实《中共中央 国务院关于加快林业发展的决定》的精神，强化林业产业化，建设和完善油茶产业链，对湖南省油茶资源现状和发展趋势做出正确的评估，提出发展湖南省油茶产业的战略重点、整体布局以及发展措施。做好油茶产业开发这篇文章，不仅可以增加产区群众收入，而且对解决“三农”问题，促进林业产业结构调整，发展壮大林业经济也具有十分重要的意义。

（1）油茶面积与分布。湖南省是油茶的最集中栽培区，油茶栽培面积一直居全国之首。1935 年 68.27 万公顷，1949 年 41.4 万公顷，1958 年 100 万公顷，1976 年 162.67 万公顷，1987 年 161.6 万公顷，1998 年 133.13 万公顷，据最新调查统计，全省现有油茶林面积 118 万公顷，虽比 10 年前减少近 13.33 万公顷，仍占全国油茶林总面积的三分之一。全省 122 个县市区，除安乡、南县两个纯湖区县外，其余县（市、区）都有集中成片分布。其中 0.67 万～1.33 万公顷的县 16 个，占全国 130 个县的 12.3%；1.33 万～2.0 万公顷的县 12 个，占全国 56 个县的 21.4%；230 万公顷以上的县 21 个，占全国 50 个县的 42%。最多的耒阳市油茶林面积达到 8 万公顷，居全国县（市）栽培的首位。就省内分布来说，主要集中在衡阳、怀化、株洲、常德、郴州、湘西土家族苗族自治州 6 个市（州）。其中衡阳市 21.43 万公顷，占全省油茶林总面积的 18.1%；怀化市 16.85 万公顷，占 14.22%；永州市 14.51 万公顷，占 12.55%；常德市 11.17 万公顷，占 9.43%；郴州市 11.03 万公顷，占 9.31%；湘西土家族苗族自治州 6.93 万公顷，占 5.85%。

（2）茶油加工。加工水平逐步提高。湖南传统习惯食用粗榨毛油（原油），近十多年来，作坊式土榨炼油大部分已被机榨和浸提炼油方式所取代，每 50 公斤油茶籽出油率普遍提高 3～4 公斤。加工能力逐步扩大，年加工量已由 80 年代的 5 万吨扩大到现在的 8.3 万吨。全省现有茶油加工单位 2001 家，其中年加工量 1000 吨以内的 1990 家，1000～5000 吨的 10 家、5000 吨以上的 1 家。出现了如“金浩”“好恰”“福临门”“山润”“富园”“唐人神”等精制茶油品牌。

（3）油茶综合利用。湖南省的油茶综合利用开始受到重视。茶油在工业上可制取油酸及其酯类，可通过氢化制取硬化油生产肥皂和凡士林等，也可经极度氢化后水解制硬脂酸和甘油等工业原材料。茶油本身也是医药上的原料，用于制作注射用的针剂和调制各种药膏、药丸等。民间用茶油治疗烫伤和烧伤以及体癣、慢性湿疹等皮肤病。茶油还能润泽肌肤，用来擦头发，可使头发乌黑柔软。近年，日本大岛椿株式会社利用茶油滋养皮肤，吸收对人体最有害的 290～320 纳米的短波紫外线（UVB）的功能，通过精炼制作的天然高级美容护肤系列化妆品，每 10 毫升售价 1950 日元，效益增加了几十倍。茶籽榨油后的枯饼，通过深加工和综合利用可提取残油、茶皂素、用细菌发酵后作高蛋白饲料，还能通过粉碎作生物杀虫剂和机床的抛光粉等。茶壳也能提取糠醛、栲胶和木糖醇等，加工处理后可作活性炭或植物和食用菌的培养基材料。湖南科技学院、金浩、双峰梧生等单位和企业正在筹资建厂或扩大精炼油生产线。涟源植物化工厂，年产液体茶皂素1000吨、固体茶皂素200吨；永兴县3家油茶加工企业年处理茶饼6000吨，生产的脱脂粕深受沿海及东南亚市场的欢迎，金浩正在新建生产高级化妆品和注射用茶油的生产流水线。湖南大学利用茶素开发农药添加剂与生物农药，已取得了多项专利，这些技术为湖南省的油茶综合利用开辟了广阔的前景。

（4）油茶贸易。传统上油茶贸易主要有茶油、茶枯及少量茶皂素等产品，而且茶油是以粗毛油为主。20世纪初，我国每年都把茶油作为一宗出口创汇的产品，抗日战争前的1921～1937年，共出口茶油33500吨，平均年出口2480多吨，最多的1937年出口6451.9吨。20世纪80年代以来，茶油取消了统购统销，出口量有萎缩的趋势，但20世纪末，日本和韩国等由于开发高级护肤化妆品的需要，每年需从我国进口数百吨的茶油；祁阳县的湖南金浩植物有限公司通过出口茶油和茶粕年创汇达78万美元。而且，泰国、马来西亚等东南亚国家，每年都从中国进口大量的茶籽和茶枯来进行加工、提取皂素、作生物农药和机床的抛光粉等。所以茶油及其副产品在国际上是有一定市场的，中国加入世贸以后，也有利于茶油产品的出口。2003年，湖南科技学院通过扩大宣传，提高茶油精炼工艺技术，使更多的非产区认识到了茶油的优质特性，获得了美国食品药物管理局（FDA）的准入许可，与美方代表签订了1200万元的精炼茶油出口的合同，每公斤销售价达到6.39美元。

6. 森林旅游业

湖南森林资源类型多样，森林覆盖率达55%，居全国前列，森林生态旅游的开发潜力巨大（表1-14）。

表1-14　湖南各类森林和湿地生态旅游地与全国的比较

区域	省份	世界生物圈保护区	国家风景名胜区	国家级自然保护区	国家森林公园	国家旅游度假区	国家城市湿地公园	中国湿地自然保护区	国际重要湿地	国家水利风景区
中部地区	湖南		8	8	21*	1	1	7	3	6
	湖北	1	6	7	14			11		3
	江西		8	5	14			11	1	9
	安徽		9	5	24		1	4		9
	河南	1	6	8	14			8		11
	山西		4	4	19			2		2
周边省市	广东	1	7	9	14	1		27	2	3
	广西	1	3	11	11	1		6	1	5
	贵州	2	12	7	2			4		9
	重庆		6	3	7			1		1
	云南	2	12	13	24	1		18	4	3
东部地区	福建	1	13	9	7	2		16		2
	浙江	2	16	8	16	2	1	6		10
	江苏	1	5	2	12	2	2	7	2	8
全国总计		23	177	226	306	16	10	336	30	139
统计年份		2004	2004	2004	2001	2004	2005	2000	2004	2004

*注：湖南省国家级森林公园至2005年为27处。

1982 年建立了全国第一个森林公园——张家界国家森林公园，湖南森林生态旅游业在全国有相当高的知名度和美誉度。

1995 年，湖南省又率先出台了我国首部森林公园管理方面的地方法规——《湖南省森林公园管理条例》，为森林生态旅游的大力发展提供了政策法规的保障。

湖南省森林公园建设稳定发展，森林生态旅游产业快速增长，接待游客规模不断扩大，经济效益不断提高。到 2005 年年底，湖南省共建有国家级、省级、市县级森林公园 69 个，旅游接待人数达 710 万人次，直接旅游收入 25.7 亿元。在中部崛起的大好形势下，湖南森林生态旅游业将成为旅游产业崛起的先锋，为湖南旅游业在中部的崛起发挥出巨大的潜力。

湖南省湿地资源丰富，全省有湿地面积 5.6 万平方公里，占土地面积的 26.47%。到 2005 年我国列入国际重要湿地名录的 30 块湿地中，湖南省有东洞庭湖、南洞庭湖和西洞庭湖 3 块；2005 年初，常德市西洞庭湖青山湖被列为国家城市湿地公园，成为全国十个城市湿地公园之一，为湖南省湿地生态旅游的开发注入了新鲜的血液。

湖南湿地类型多样，在全球 40 种湿地类型中，湖南省有 22 种。同时，湖南是湿地多样性最丰富的地区之一，在这些湿地中，栖息着 250 多种鸟类、100 多种鱼类和 300 多种野生植物。其中，亚洲有 57 种处于濒危状态的鸟，在湖南湿地已发现 20 种；全世界有鹤类 15 种，湖南湿地鹤类占 4 种；湖南湿地是具有国际意义的珍稀候鸟和其他野生动物的栖息地，具有较大的旅游发展潜力。

例如，洞庭湖是我国著名的五大淡水湖之一，北纳长江，南接湘、资、沅、澧四水，水天一色，自古就有“八百里洞庭”之说，是与水体结合在一起的湿地景观。随水位变化有明显差异，夏季可供观水量增大，体验洞庭湖“衔远山，吞长江，浩浩荡荡，横无际涯”的宏大气势，秋冬季节洲滩密布，支流众多，登高远望，是典型的内陆湖泊湿地风光。洞庭湖观鸟已成为湖南省冬季最重要的特种旅游项目，吸引着众多鸟类专项旅游者。

近年来实施的湖南省林业产业工程建设范围涵盖了上述各个区域，具体见表 1-15。

表 1-15　湖南省林业产业工程布局

工程名称	实施区域
★竹子培育与加工利用工程	
竹子培育	Ⅰ Ⅱ Ⅲ Ⅳ Ⅴ
竹子加工利用	
★人工用材林培育工程	
针叶树种培育	Ⅰ Ⅱ Ⅲ Ⅳ Ⅴ
阔叶树种培育	
★花卉苗木培育工程	
绿化苗木培育	Ⅰ Ⅱ Ⅲ Ⅳ Ⅴ
人工草皮培育	
商品花卉培育	
★湿地和森林旅游工程	
湿地旅游	Ⅰ
森林旅游	Ⅰ Ⅱ Ⅲ Ⅳ Ⅴ
★特种经济动植物利用工程	
药用动植物培育	Ⅰ Ⅱ Ⅲ Ⅳ Ⅴ
森林绿色食品加工	Ⅰ Ⅱ Ⅲ Ⅴ
林化产品加工	Ⅳ Ⅴ

续表

工程名称	实施区域
★森林生物质能源利用工程	
生物质能源林培育	Ⅰ Ⅱ Ⅲ Ⅳ Ⅴ
生物柴油加工利用	Ⅲ Ⅴ
★用材林加工利用工程	
林板纸加工利用	Ⅰ Ⅳ Ⅴ
人工用材林深加工	Ⅰ Ⅱ Ⅲ Ⅳ Ⅴ
家具与装饰材料制造	Ⅰ Ⅱ Ⅲ Ⅳ Ⅴ
★林业机械工程	
育苗与造林机械装备	Ⅰ Ⅲ Ⅴ
竹子培植与高效利用	Ⅰ Ⅴ
油茶系列产品加工利用	Ⅰ Ⅱ Ⅲ Ⅳ Ⅴ
木材加工利用	Ⅰ Ⅴ
森防及环保机械装备	Ⅰ Ⅱ Ⅲ Ⅳ Ⅴ
★林业生物质能源加工与装备	Ⅰ Ⅱ Ⅲ Ⅳ Ⅴ

注：Ⅰ-湘北洞庭湖平原防护林区；Ⅱ-湘中丘陵盆地农防林与经济林区；Ⅲ-湘南岭南山地丘陵森林区；Ⅳ-湘西山地森林与水源涵养林区；Ⅴ-长株潭都市城市林业区。

（五）城市群发展与城市林业建设需求分析

1. 城市化发展过程

（1）城镇数量、密度和规模。截至2004年年底，全省共有设市城市29个，其中地级城市13个，县级城市16个；共有小城镇1098个，其中县城72个，县以下建制镇1026个。全省城镇密度为53.2个/万平方公里，其中设市城市密度为1.4个/万平方公里，县城密度为3.4个/万平方公里，县以下建制镇密度为48.4个/万平方公里。在城镇人口规模上，2004年，全省有100万人以上的特大城市1个，50万~100万人的大城市5个，20万~50万人的中等城市7个，20万人口以下的小城市16个。城市平均人口规模为34.9万人，县城平均人口规模为7.8万人，县以下的建制镇平均人口规模为0.79万人（表1-16、表1-17）。

表1-16　2004年设市城市中心城区人口及用地规模

市（县）	人口规模（万人）	用地规模（平方公里）	市（县）	人口规模（万人）	用地规模（平方公里）
长沙	196.3	144.9	湘乡	17.7	18.3
株洲	78.5	76.9	韶山	2.0	2.5
湘潭	71.1	66.5	耒阳	26.7	29.2
衡阳	87.5	88.7	常宁	7.6	9.2
岳阳	55.3	75.0	武冈	10.5	10.5
常德	53.6	56.5	汨罗	12.9	13.6
益阳	42.0	42.0	临湘	10.5	11.0
郴州	31.8	33.0	津市	13.4	10.6
永州	32.8	42.1	沅江	12.2	11.1
娄底	32.3	40.0	资兴	12.9	18.9
怀化	32.6	32.8	冷水江	13.9	19.5
邵阳	48.0	47.0	洪江	10.9	8.2
张家界	17.6	19.1	吉首	15.7	18.3
浏阳	14.9	16.5	涟源	10.5	11.5
醴陵	18.0	17.1			

资料来源：2004年城市建设统计年报。

表 1-17 2004 年城镇数量与人口规模等级结构一览表

城镇规模等级	数量（个）	城镇名称	人口（万人）	%
特大城市（>100 万人）	1	长沙	196.3	8.3
大城市（50 万~100 万人）	5	株洲、湘潭、衡阳、岳阳、常德	346.1	14.6
中等城市（20 万~50 万人）	7	益阳、郴州、永州、娄底、怀化、邵阳、耒阳	240.1	10.1
小城市（<20 万人）	16	张家界、浏阳、醴陵、湘乡、韶山、常宁、武冈、汨罗、临湘、津市、沅江、资兴、冷水江、涟源、洪江、吉首	229.5	9.6
县城	72	长沙县、望城、宁乡、株洲县、攸县、茶陵、炎陵、湘潭县、衡阳县、衡山、衡东、衡南、祁东、南岳、邵东、新邵、邵阳县、隆回、洞口、绥宁、新宁、城步、岳阳县、华容、湘阴、平江、安乡、汉寿、澧县、临澧、桃源、石门、慈利、桑植、南县、桃江、安化、桂阳、宜章、永兴、嘉禾、临武、汝城、桂东、安仁、东安、道县、宁远、江永、江华、蓝山、新田、双牌、祁阳、双峰、新化、沅陵、辰溪、溆浦、麻阳、新晃、芷江、会同、靖州、通道、泸溪、凤凰、花垣、保靖、古丈、永顺、龙山	558	23.5
其他建制镇	1026	略	807	33.9
合计	1127		2377	100

从城镇用地规模来看，2004 年全省城镇建成区面积 2446.2 平方公里，其中设市城市建成区面积 1002.7 平方公里，平均用地规模 34.58 平方公里，县城建成区面积 617.6 平方公里，平均用地规模 8.58 平方公里，县以下建制镇建成区面积 825.9 平方公里，平均用地规模 0.81 平方公里（表 1-18）。

表 1-18 不同类别城镇用地及占全省城镇用地的比例

项目	数量（个）	建成区面积（平方公里）	占全省比例（%）	平均用地规模（平方公里）
设市城市	29	1002.7	41	34.58
县城	72	617.6	25	8.58
县以下建制镇	1026	825.9	34	0.8
全省合计	1127	2446.2	100	2.17

（2）城镇人口与城镇化水平。2004 年底，全省总人口 6697.7 万人，城镇人口 2377 万人，城镇化水平为 35.5%。

按城镇类别划分：设市城市人口占全省城镇人口的 42.6%；县城人口占全省城镇总人口的 23.5%；县以下建制镇城镇人口占全省城镇总人口的 33.9%（表 1-19）。

表 1-19　不同类别城镇人口及占全省城镇人口的比例

项目	数量（个）	城镇人口（万人）	占全省比例（%）	平均人口规模（万人）
设市城市	29	1012	42.6	34.9
县城	72	558	23.5	7.8
县以下建制镇	1026	807	33.9	0.79
全省合计	1127	2377	100	2.1

按区域划分：长株潭地区城镇化水平为46.03%；环洞庭湖地区（岳阳、常德、益阳）城镇化水平为33.37%；湘南地区（衡阳、郴州、永州）城镇化水平为30.46%；湘中地区（邵阳、娄底）城镇化水平为26.97%；湘西地区（怀化、湘西、张家界）城镇化水平为27.86%；一点一线地区（长沙、株洲、湘潭、衡阳、岳阳、郴州）城镇化水平为39.33%（图1-6）。

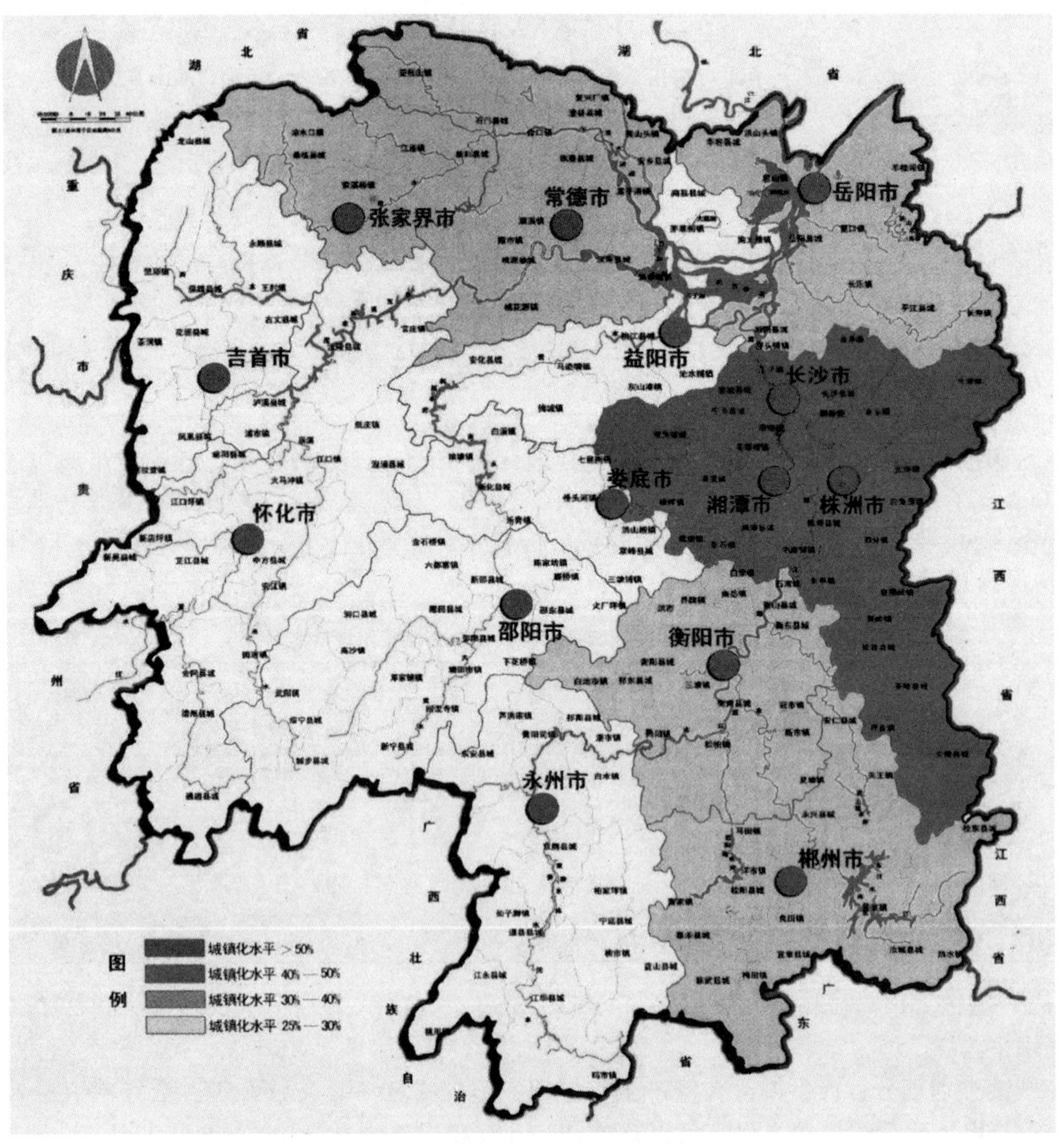

图 1-6　湖南省城镇化水平差异分布图

（3）城镇基础设施建设。2004年年底，全省城镇道路总长18522.39公里，总面积24713.9万平方米，人均道路面积10.4平方米，人均公共绿地面积5.66平方米，城镇用水普及率85.92%，县以上城镇万人拥有公共车辆7.22标台，城镇污水处理率26.03%，城镇燃气普及率65.84%，建成区绿地率21.87%，建成区绿化覆盖率28.09%，生活垃圾无害化处理率22.76%（表1-20）。

表1-20 2004年城镇基础建设基本情况

基本指标	城镇	设市城市	设市城市全国排序	县城	县以下建制镇
道路总长（公里）	18522.39	5539.89	/	3106.5	9876
道路总面积（万平方米）	24713.9	8788.1	/	5360.8	10565
人均道路面积（平方米）	10.4	8.69	23	11.22	13.64
万人拥有公交车辆（标台）	7.22	8.88	10	4.21	/
人均日生活用水量（升）	226.48	304.47	5	182.7	158.6
用水普及率（%）	85.92	87.61	19	87.31	81.6
污水集中处理率（%）	26.03	38.13	19	3.06	/
生活垃圾无害化处理率（%）	22.76	32.52	25	5.03	/
燃气普及率（%）	65.84	68.71	19	60.63	/
人均公共绿地面积（平方米）	5.66	6.53	20	5.87	4.43
建成区绿地率（%）	21.87	26.59	14	14.2	/
建成区绿化覆盖率（%）	28.09	32.16	10	21.47	/

2. 不同城市群发展潜力分析

（1）湖南城市群划分。关于湖南城市群的划分问题，许多学者进行过研究工作。从目前的研究结果来看，一般均认为湖南省全境可以划分为5个城市群地带：一是以长沙、株洲和湘潭为核心的长株潭城市群；二是以岳阳、益阳和常德为核心的湘北环洞庭湖城市带；三是以衡阳为中心的、以京广和黔桂铁路为基本构架的、包括郴州市的湘南城市群；四是沿湘黔、娄邵铁路、由娄底、邵阳和冷水江市构成的湘西南三角形城市群；五是湘西北以怀化为中心，包括张家界在内的城市群。

从目前各区域的城市化水平来看，长株潭地区城镇化水平为46.03%；环洞庭湖地区城镇化水平为33.37%；湘南地区城镇化水平为30.46%；湘中地区城镇化水平为26.97%；湘西地区城镇化水平为27.86%；一点一线地区城镇化水平为39.33%（表1-21）。

表1-21 不同区域城镇人口及城镇化水平

地区	总人口（万人）	城镇人口（万人）	城镇化水平（%）
长株潭地区（长、株、潭）	1267.04	583.26	46.03
环洞庭湖地区（岳、常、益）	1588.95	530.17	33.37
湘南地区（衡、郴、永）	1748.48	532.61	30.46
湘中地区（邵、娄）	1144.8	308.76	26.97
湘西地区（怀、湘西州、张）	919.21	256.13	27.86
一点一线地区（长株潭衡岳郴）	2973.05	1169.19	39.33

因此，从城市化程度来看，湖南以长株潭和环洞庭湖地区的发育程度较好，而以湘中地区和湘西地区的发育程度较弱。考虑到湘中和湘南地区在交通上的联系，为了更好地发挥其在长株潭

城市群和珠三角城市群之间的联动作用，我们认为将湘中地区城市群和湘南地区城市群作为一个整体来看待，将更有利于缩小湖南城市群之间发育不平衡，克服城市群相互之间辐射差、带动作用弱的问题，构建起完整的湖南城镇发展体系，促进湖南城市化发展过程中的经济发展问题。从表1-21可以看出，如果将湘中南一体看待，则该区域的城市化水平即达到了29.1%水平，高于湘西地区1.24个百分点。

从经济总量来看，2004年，长株潭城市群地区的国民生产总值为6259.90亿元，其中市辖区为2790.42亿元；环洞庭湖城市带地区的国民生产总值为1221.44亿元，其中市辖区为512.41亿元；湘中南城市群地区的国民生产总值为1546.42亿元，其中市辖区为398.52亿元。

从道路密度来看（表1-22），三个城市群地区相比较而言，除长株潭城市群较高外，环洞庭湖城市带和湘中南城市群地区，除高速公路、国道和省道外，其他三项指标均相差无几。

表1-22　湖南三大城市群区域的路网与水网情况统计　　单位：公里

项目		铁路	高速公路	国道	省道	公路	农路	水系
长株潭城市群区域	道路（水系长度）	828.1	848.8	799.4	1147.1	5452.7	4868.5	16918.7
	路（水）网密度	2.95	3.02	2.85	4.09	19.43	17.34	60.27
环洞庭湖城市带区域	道路（水系长度）	594.2	385.5	731.2	1887.3	8428.6	7053.8	33557.3
	路（水）网密度	1.63	1.06	2.01	5.18	23.13	19.35	92.07
湘中南城市群区域	道路（水系长度）	1298.4	680.2	1320.5	3455.8	19653.9	15755.2	51972.7
	路（水）网密度	1.62	0.85	1.64	4.30	24.45	19.60	64.66

（2）湖南不同城市群土地利用潜力分析。分析范围界定。本次分析从两个层面展开，一是基于城市群发展的现实，从核心区范围作为切入点，长株潭的核心区具体是指《长株潭城市群规划》的城市群核心区，环洞庭湖城市带和湘中南城市群地区的核心区主要指各地级市市辖区的行政区域范围；全区域的范围完全沿用本次课题的区划范围。

潜力分析的基本原则：① 绿线、蓝线不动原则。所谓绿线，主要是指对区域生态平衡起重要作用的土地利用类型。主要包括林地和草地两种土地利用类型。由于其生态作用重要，同时具有破坏容易、恢复困难的特点，同时考虑到当地原始森林林地面积少，生态保护压力大的实际情况，因此，为了防止在未来的城市化扩展过程中对这些重要土地利用类型的破坏，真正朝人与自然和谐共生的方向努力，我们将其作为一个刚性约束条件来对待，旨在防患于未然。

所谓蓝线，主要是指区域内与水有关的土地利用类型，主要包括河流水面、湖泊水面、水库水面、坑塘水面、苇地、滩涂、沟渠等次一级的土地利用类型。河流水系是地球的大动脉，通过水系的携带作用，它保证了地球生态系统物质循环的完整性；而湖泊水面等又是地球湿地生态系统的重要构成部分，湿地又被誉为地球之肾，它对于地球生态系统的健康运行至关重要。

正是由于森林、河流、湿地具有的如此重要的生态作用，因此，彭镇华教授所倡导的中国森林生态系统网络体系建设理论将以水系和森林网络为核心骨架的“林网化与水网化”作为我国林业建设重要地理论支撑理念。将绿线和蓝线作为刚性约束条件，就是对这一理念的实践应用。

② 基本农田不动原则。这里的基本农田是指基本农田保护区。根据 1998 年 12 月 24 日国务院第 12 次常务会议通过的《基本农田保护条例》的定义，基本农田保护区是指为对基本农田实行特殊保护而依据土地利用总体规划和依照法定程序确定的特定保护区域。基本农田是我国粮食生产安全的前提保障，在我国农业大国的客观形势下，粮食生产的优先保证至关重要。因此，本次的基本农田范围，严格按照湖南省国土资源厅《湖南省土地利用总体规划（1997～2010）》所划定的范围，在此范围内的土地，除了粮食生产外，严禁其他用途。

③ 城市化土地潜力指数。为了数量化刻画一定区域内城市化发展的土地潜力，我们基于上述潜力分析原则，并结合景观生态规划的理论，尤其是德国的析分土地利用系统模型（differentiated land-use model），在绿线、蓝线和基本农田之外的土地利用类型中，交通用地和除了城镇与农村居民点之外的其他建设用地，其转化为未来城市建设用地的潜力不大，基本为零；而能够在未来城市扩张过程中对城市用地作出贡献的土地利用类型为：非基本农田、未利用土地、果园和农村居民点。由于不同土地利用类型在生产建设中的作用不同，因此其转化潜力亦有差异。具体而言，只要实际需要，非基本农田基本上全部可以转化为城市建设用地；而未利用土地利用类型，是上述“三线”之外唯一的自然生态系统类型，根据前述的德国析分土地利用系统模型，至少应该保留其原来面积的 10%～15%，才能够保障区域内生态系统的多样性，因此我们取其下限作为限制的约束条件；果园从根本上来讲也属于狭义农业土地利用类型的一部分，基于与未利用土地利用类型相同的理由，取其面积的 10% 作为下限约束；而农村居民点将会随着城市化进程的步步推进迅速减少，考虑到我国为农业大国的实际，以及农村经济社会发展滞后的现实，我们认为在未来 20～50 年的时间段内，中国农村的城市化进程会加快，但农村居民点的用途转移的概率不会大于 50%。

在以上分析的基础上，我们构造了如下的城市化土地潜力指数：

城市化土地潜力指数 =（非基本农田 +0.9×未利用土地 +0.5×农村居民点建设用地 +0.9×果园）×100/相应的研究区域土地总面积

该指数的值愈大，说明相应区域的城市化发展潜力愈大。但需说明的是，城市化是一个非常复杂和综合的过程，该指数仅仅是从土地利用角度对区域城市化过程的刻画，要准确刻画一定区域的城市化过程，还需要社会、经济等方面的数据支撑。

表 1-23 是根据 1∶5 万湖南省土地利用现状图和基本农田保护区图件统计的湖南 3 个城市群的土地利用现状结果。

表 1-23　湖南城市群土地利用现状（平方公里）

		土地总面积	农田		果园	林地	草地	建设用地			交通用地	水域	未利用地
			总面积	基本农田				城镇	农村	其他			
长株潭城市群	核心区	4589.8	1708.7	1389.6	50.2	1588.8	0.0	336.2	398.8	110.4	24.54	343.4	28.8
	全区域	28070.4	8282.4	7337.1	311.7	15760.5	4.5	427	1497.5	169.1	65.2	1471.2	81.4
洞庭湖环湖城市群	核心区	5895.2	2853.7	2627.8	150.8	1461.2	2.4	98.4	339	50.3	7.7	880.2	51.5
	全区域	36446.1	14123.7	12848.4	651.1	12823	60.2	232.7	1957.4	130.9	14.7	5779.3	673.2
湘中南城市群	核心区	6700.9	2187.7	1963.3	135.6	3153.2	44.6	136.7	302.3	105.3	15.8	246.3	373.4
	全区域	80377.6	23680.9	23011	1329.7	44603.5	496.9	393.3	2769.3	351.1	48.3	1972.3	4732.5

表 1-24 是根据表 1-23 数据以上述公式计算的湖南省 3 个城市群的土地利用潜力指数。从该表的计算结果来看，以核心区而言，以长株潭城市群和湘中南城市群的土地利用潜力最大，分别达到了 12.84% 和 12.44%；但从区域层面来看，以长株潭城市群的发展潜力最小，而洞庭湖环湖城市带和湘中南城市群的土地利用潜力相差不大。因此，从土地利用的角度来看，湖南省未来城市群的发展当以环洞庭湖地区和湘中南地区潜力最大，而近期，则以长株潭地区和湘中南地区的发展尤应受到关切。

表 1-24 湖南省 3 个城市群的土地利用潜力指数

项目	长株潭城市群		洞庭湖环湖城市带		湘中南城市群	
	核心区	全区域	核心区	全区域	核心区	全区域
城市化土地潜力指数	12.84	7.3	9.8	9.45	12.44	9.34

3. 城市群发展与城市林业建设

（1）湖南城市群绿化与林业发展过程中面临的问题。城市生态用地数量不足。城市的建成区是城市众人口密度最大、生态环境质量最差的区域，也是城市生态改善要求最为迫切的区域，因此，从理论上来讲，该区域应该是各种生态建设的重点区域。然而，受到历史形成因素以及当时城市规划认识上的制约，虽然政府和相关部门长期以来做了大量工作，但收效相对于问题与预期依然存在很大的差距。表 1-25 是根据 2004 年《中国城市统计年鉴》资料汇总的湖南省 3 个城市群地区的绿化情况统计资料。从中可以看出，各种统计数据均显示，以长株潭地区城市的各项绿化指标为最高，以人均绿地指标而言，差不多是湘中南城市群与环洞庭湖城市带地区的两倍；建成区的绿化覆盖率指标也高于后两个地区 10 个百分点。这说明，湖南省城市群的生态是非常不平衡的，存在着巨大的空间差异。另外，以目前国内相关的城市评价考核要求相比，也存在有较大的差距。例如，在国家环境保护模范城市考核指标中，要求建成区绿化覆盖率 >30%；国家环保总局国家级环境优美城市考核指标人均公共绿地面积为 ≥11m^2/人；国家生态城市指标体系要求，城市建成区绿化覆盖率 >50%，人均公共绿地面积 >11m^2/人；国家森林城市评价指标规定，南方城市林木覆盖率达到 30% 以上，城市规划建成区绿地率达 35% 以上。与这些要求指标相比，除长株潭城市群比较符合外，另两个城市群地区与此指标的要求相比，差距还非常突出。

表 1-25 三大城市群地区市辖区城市绿化（2004 年）

地区	园林绿地面积（公顷）	公共绿地面积（公顷）	建成区绿化覆盖面积（公顷）	人均绿地面积（平方米/人）	建成区绿化覆盖率（%）	建成区面积（平方公里）	建成区人口（万人）
湖南	27255	4659	23499	23.54	29.82	788	1157.62
长沙	5712	1229	4974	29.1	36.84	135	196.26
株洲	2635	391	2427	32.86	31.52	77	80.2
湘潭	4166	560	2576	59.35	40.89	63	70.19
长株潭城市群	12513	2180	9977	36.1	36.28	275	346.65
衡阳	1757	239	2051	19.21	22.79	90	91.47
邵阳	638	238	694	10.07	18.76	37	63.37
郴州	1265	198	1150	18.45	38.33	30	68.56
永州	767	177	988	7.08	27.44	36	108.4
娄底	1530	241	1203	37.11	30.08	40	41.23

续表

地区	园林绿地面积（公顷）	公共绿地面积（公顷）	建成区绿化覆盖面积（公顷）	人均绿地面积（平方米/人）	建成区绿化覆盖率（%）	建成区面积（平方公里）	建成区人口（万人）
湘中南城市群	5957	1093	6086	15.97	26.12	233	373.03
常德	1878	484	2144	13.73	35.15	128	94.13
岳阳	3364	456	2712	35.74	21.19	61	136.8
益阳	1256	244	1339	9.81	32.66	41	128
环洞庭湖城市带	6498	1184	6195	18.1	26.93	230	358.93

生态空间配置失衡：① 城市市区内多以灌草为主的绿地，缺少城市森林环境的营造，森林林地主要集中于城市市区以外区域。受传统绿化管理认识的局限，过去的城市建成区生态建设，主要采取了以美化和景观效果为主导的草、灌植被建设，因此，外观上城市变绿了，但受灌草本身生态与生物学特性的影响，其对环境生态的改善效果较差，因此，从 20 世纪 80 年代开始，我国在国外相关研究的引导下，开始重视起了城市建成区的森林环境营造，但总体而言，效果还不大。表 1-26 是根据湖南省 1∶5 万土地利用现状图所量测计算的湖南 3 大城市群以林为主的生态用地分布情况，从中可以明显看出，各城市群的林业用地，其主体分布于城市核心区以外的区域。因此，其对改善城市核心区的生态环境作用有限。② 城市之间、城市不同功能区域缺乏隔离林建设，加重了城市生态环境的逆向变化程度。对于城市群而言，城市的聚集发展是其最突出的变化特征，而且我国的城市发展一直在走摊大饼式的发展方式，其直接的后果是城市群内城市之间的空间距离越来越近，单个城市群面临的环境与生态问题向聚集化方向发展，因此，解决问题的难度也随之增大。这一点在长株潭城市群的发展过程中表现得尤为突出。同时，就单个城市而言，其不同功能区域作用不同，因此产生的生态环境问题的大小和程度也不同。在现代的工业化背景下，以污染为特征的环境危害问题均很突出。而这些问题的有效解决，在很大程度上有赖于隔离林带建设。通过城市之间的隔离片林和大型林带建设，将会有效地防止城市摊大饼式的蔓延扩展趋势；城市不同功能团之间的隔离林建设，可以充分发挥植被对水的净化功能、对大气污染物的吸收降解功能等，做到环境问题的就地解决。从湖南 3 大城市群的环境污染及治理现状（表 1-27、表 1-28）来看，这项工作地开展具有极大的迫切性。

表 1-26 湖南 3 大城市群林草用地及其覆盖率 单位：平方公里,%

区域		总面积	果园	林地	草地	林地覆盖率	有效生态空间占有率
长株潭城市群	核心区	4589.8	50.15	1588.8	0	34.62	35.71
	全区域	28070.4	311.7	15760.5	4.5	56.15	57.27
洞庭湖环湖城市带	核心区	5895.2	150.8	1461.2	2.4	24.79	27.38
	全区域	36446.1	651.1	12823	60.2	35.18	37.14
湘中南城市群	核心区	6700.9	135.6	3153.2	44.6	47.06	49.75
	全区域	80377.6	1329.7	44603.5	496.9	55.49	57.76

注：有效生态空间占有率 =（果园 + 林地 + 草地）÷区域总面积×100%。

表 1-27　三大城市群地区环境治理主要指标（全市）

城市	工业废水排放量（万吨）	工业废水排放达标量（万吨）	工业二氧化硫去除量（吨）	工业二氧化硫排放量（吨）	工业烟尘去除量（吨）	工业烟尘排放量（吨）
湖南	121884	99008	493872	519567	3171727	382862
长沙	4006	3510	25309	54465	23867	40407
株洲	9435	7708	318567	77373	588291	41430
湘潭	14960	12659	7852	37285	539770	48551
长株潭城市群	150285	122885	845600	688690	4323655	513250
衡阳	9172	7715	49453	46625	271432	30480
邵阳	8389	5772	88051	15494	43984	24348
郴州	6350	5220	11922	29594	410200	38946
永州	3530	2988	7087	17101	35943	25505
娄底	16011	13250	7645	54530	195701	50638
湘中南城市群	43452	34945	164158	163344	957260	169917
岳阳	10798	9506	8766	30517	659490	16992
常德	22761	19707	24502	43071	84346	15919
益阳	7208	3220	4635	55377	200735	36594
环洞庭湖城市带	40767	32433	37903	128965	944571	69505

表 1-28　三大城市群地区废物处理率（全市）　%

城市	工业固体废物综合利用率	工业废水排放达标率	生活污水处理率	生活垃圾无害化处理率
长沙	99	87.62	45	76
株洲	75	81.7	63	77
湘潭	73	84.62	2	83
衡阳	43	84.11	0	45
邵阳	33	68.8	65	50
郴州	77	82.2	0	65
永州	72	84.65	0	100
娄底	57	82.76	0	0
岳阳	80	88.03	24	67
常德	56	86.58	39	35
益阳	92	44.67	0	0

（2）城乡之间生态与产业缺乏良性互动，加大了城乡分离程度，不利于和谐社会氛围的营造。这里的城乡包含了两层意思，一是城市行政区范围内的城市与乡村之间，二是指城市群内部城市与乡村之间。表 1-29 是 3 大城市群地区 2004 年的国内生产总值及其产业分布情况，从中可以明显看出经济活动的巨大差异性。以长株潭为例，核心区面积虽然仅占整个城市群地区面积的 16.35%，但其国内生产总值却占到了整个城市群区域的 56.46%，洞庭湖环湖城市带的相应比例分别为 16.18% 和 36.3%，湘中南城市群分别为 8.34% 和 24.87%。

表 1-29　3 大城市群地区 2004 年的国内生产总值及其产业分布　万元

区域		生产总值	第一产业	第二产业	第二产业（工业）	第三产业
长株潭城市群	核心区	10835635	207229	4959371	3627274	5669035
	全区域	19191408	2181971	8695162	6440210	8314275
洞庭湖环湖城市带	核心区	3971048	563673	1880607	1510708	1526768
	全区域	10940849	3026618	4124720	3289359	3789511
湘中南城市群	核心区	4538588	426670	2103318	1666740	2008600
	全区域	18249061	4505604	6709110	5206691	7034347

城乡之间巨大的经济差距，对于我们构建和谐社会无疑是一个巨大的挑战。

（3）城市群城市林业发展策略。针对以上存在的主要问题，今后的湖南城市群林业发展应该主要做好以下方面的工作。

① 做好城市群城市林业的发展规划。城市林业是现今城市生态环境建设的主流趋势，也是公认的解决城市生态环境问题的最佳良药。有句名言讲，“规划的失误才是最大的失误”，“不怕做不到，就怕想不到”。城市林业服务于城市，因此，在做城市规划时，必须同步作城市（群）林业的发展规划，只有这样，才能够将城市林业提高到城市绿色、有生命的基础设施建设的高度。

② 做好城市林业的配置与布局。在城区之内，尽量减少以草本为主的草坪绿地建设，代之以营造以乔木为主、灌木为辅、优化草本地被层的乔灌草三者相结合的复合型城市森林，以在现有城市建筑物格局下，充分利用垂直空间，使绿色植被能够发挥其最大的生态效果。在植物配置上，应该尽量选择对城市居民身心健康有益的保健树种及其组合。在大的空间配置上，考虑到现有建筑物不可动的现实，应该尽量以小游园为主，进行平面空间的布局。

③ 建好城市防护隔离林。针对目前城市连片发展趋势，以及城市不同功能组团之间相互无障碍接触的现实情况，一方面加强现有城市不同功能区之间的隔离防护林建设，另一方面，结合城市群发展规划，提早做好城市群内各城市之间的隔离林，以增强城市（群）的抗灾、防灾能力。

④ 城乡统筹规划，建立城乡生态与产业的良性互动机制。城乡之间的矛盾不是不可调和的。城市居民需要乡村提供最好的生态环境，乡村也需要城市经济活动资金的注入。从目前做得较好的成都等城市的情况来看，以旅游休闲为代表的乡村旅游业，无疑是最好的最合理的选择。乡村利用其良好的生态环境，做好一些对环境负面影响最小的基础设施建设，同时利用其土地资源充分的优势，开发一些成规模、城市居民喜于接受的产业，如花产业、特色果品产业等，将城市居民吸引过来；而城市居民，可以充分享受乡村的优美环境及绿色食品等产业成果，通过积极参与，来加快乡村的经济发展。

⑤ 打造森林文化，延拓城市文脉。古树名木是一个城市的历史见证，也是现代城市文化的最重要组成部分之一。随着城市建设步伐的加快，城市更新的速度也日新月异。在发展的过程中，许多的古树名木被毁坏。在充分享受古树名木这些前人的文化遗存时，我们不得不考虑在面向未来时，我们该给后代留下那些森林文化构件。现代城市植被生态的建设过程中，由于缺乏考虑，因此，树种混杂，且大多是一些生长快、见效易的速生树种，长寿树种相对不足。实践证

明，只有那些生长慢、寿命长的树种，才有可能在今天的城市森林中成为未来的古树名木。

同时，当代的一些人文活动，也应该留下一些可以传播城市森林文化于未来的东西。因此，应结合全民义务植树，以及纪念林、树木领养、丧葬喜庆林、主题城市园林等形式，多方面开展当代的森林文化建设。以在继承前人森林文化遗产的同时，将现代人的印迹随当代的城市森林建设，留之于未来。只有在这样不断的扬弃中，才能拓展中华文化，并使之不断的发扬光大。

三、林业发展的必要性与优势

（一）必要性

1. 实施国家以生态建设为主的现代林业发展战略的需要

加强生态建设，维护生态安全，是21世纪人类面临的共同主题，也是经济社会可持续发展的重要基础。党的十六大把生态建设与经济、政治、文化建设一道确立为全面建设小康社会的四大指标。党的十六届三中全会，提出树立全面、协调、可持续的发展观，进一步阐述了生态建设在可持续发展中的地位和作用。生态建设中最重要的是林业。保护生态、改善生态必然成为林业最重要的历史使命，全力加强生态建设也就成为林业工作的核心任务。森林被称为地球之肺，湿地被称为地球之肾。森林和湿地是涵养水源、净化水质、提供清新空气，创建优美环境的源头和根本，是国家全面发展、民族繁荣进步、百姓安居乐业的生态安全屏障。湖南具有“七山二水一分田”之称，是中国传统的林业大省。湖南省林地面积0.127亿公顷，占国土面积的60.1%；湿地面积560万公顷，占国土面积的26%。在实施国家以生态建设为主的现代林业发展战略中湖南应走在全国的前列。湖南省委、省政府在《关于贯彻〈中共中央 国务院关于加快林业发展的决定〉的意见》中明确指出，要“在贯彻可持续发展战略中，赋予林业以首要地位；在生态建设中，赋予林业以重要地位；在山区开发中，赋予林业以基础地位”。所以，加快湖南林业发展，是落实科学发展观，实现人与自然和谐的根本途径。建设生态湖南，林业具有独特的、重大的、不可替代的作用

2. 保障区域生态安全的需要

党中央、国务院运筹帷幄，站在科学发展观的高度提出了中部崛起战略，湖南等中部六省正面临着前所未有的发展机遇。中部崛起离不开中部林业的崛起。既要金山银山，更要绿水青山。林业作为湖南国民经济的重要组成部分，一直在憧憬从林业大省转变为林业强省的梦想，中部崛起的湖南必定要求切实加大湖南林业九大工程的实施力度，构筑三湘四水生态屏障；必定要求林业承担起生态保护与恢复的伟大使命；必定要求林业不仅要满足社会对木材等林产品的多样化需求，更要满足改善生态环境、保障国土生态安全的需要，为经济崛起提供可靠的资源保障和生态屏障。湖南在中部崛起战略中，生态保护和旅游资源开发是省委、省政府主抓的五项重点工作之一。毫无疑问，林业对于保障中部崛起生态安全和经济发展具有重要意义。此外，湖南位于长江中游地区，省内的湘、资、沅、澧等河流水系，都经洞庭湖而后注入长江。森林能极大地减少湖南当地水土流失、涵养水源，对于减少洞庭湖、长江中下游河道的淤积，进而防控长江中下游地区的洪涝灾害，保障长江流域生态安全具有重要作用。湖南是泛珠三角地区的重要组成部分，湖南南部山区是珠江的发源地之一，湖南的森林对于改善珠江水质，防控珠江流域的洪水灾害发挥着重要的生态保障功能和生态服务功能。

湖南为血吸虫病主流行区之一，全省现有血吸虫病人20.55万人，占全国血吸虫病人总数的24.41%，居全国第二位。血吸虫病已严重危害到疫区人民的健康，导致疫区农村病人家庭因病致贫、因病返贫，成为制约湖区经济社会发展、影响社会稳定的重要因素。

自 2006 年 5 月 1 日起，《血吸虫病防治条例》正式施行。《条例》第三条明确规定："国务院卫生主管部门会同国务院有关部门制定全国血吸虫病防治规划并组织实施。国务院卫生、农业、水利、林业主管部门依照本条例规定的职责和全国血吸虫病防治规划，制定血吸虫病专项工作计划并组织实施。"林业血防工程是继天然林资源保护、退耕还林、"三北"和长防等林业重点工程之后，国家又新批复的一项重大林业工程项目，其建设规模是仅次于三北工程的又一大特殊防护林工程，不仅增加了造林任务和林业投资，而且增加了新职能和新领域，为加速林业发展速度，提高林业建设质量，实现林业又好又快发展注入了新的活力，是"绿色工程"。

目前，湖南省洞庭湖区岳阳、益阳、常德 3 市及受洞庭湖水系影响的长沙、株洲 2 市存在血吸虫病疫情，涉及 34 个县（市、区）。全省现有血吸虫病人 20.55 万人，占全国血吸虫病人总数的 24.41%，居全国第二位。全省钉螺分布面积为 175252.39 公顷，占全国现有钉螺分布总面积 378596.83 公顷的 46.29%，居全国第一位。其中垸外滩地有螺面积 170837.23 公顷，垸内有螺面积 2378.26 公顷，山丘型钉螺面积 2036.9 公顷，分别占全省钉螺分布总面积的 97.48%、1.36% 和 1.16%，垸外有螺滩地的综合治理是湖南省血防工作的重点和难点，也是林业血防工程建设的主战场。

以往，血防、水利部门经常采用的灭螺方法主要有垦殖灭螺、水淹灭螺、渠道硬化、药物灭螺等，上述方法在山丘型血吸虫流行区、垸内耕作区应用效果很好，但在江、河、湖滩地，由于其季节性水淹条件的复杂性及环境的开放性，难以取得理想的治理效果。

20 世纪 80 年代中后期，我国林业血防专家彭镇华教授就开始在长江中下游滩地着手开展以抑螺防病林营造为主、通过环境改造途径抑螺的林业生态工程建设实践与研究工作，创造性地提出了运用生态经济学的理论，在滩地实施以耐水湿树种造林为主体的林农复合生态工程，达到抑螺防病与充分利用滩地资源双重目标的新思路。

林业血防工程是通过建立抑螺防病林等综合措施，改变钉螺的孳生环境，降低钉螺密度，切断人畜接触疫水途径，从根本上促进血吸虫病防治效果。温家宝总理曾对血防工作作重要批示："血防工作要坚持标本兼治，综合治理的方针，采取林业与卫生、灭螺与治病、技术与经济相结合的措施，建立多部门的协调机制，充分发挥各方面的积极性，以求达到遏制血吸虫病疫情，控制血吸虫病流行，保护疫区人民群众身体健康，促进疫区经济、社会协调发展的目的。"充分肯定了林业血防工作的在血吸虫病综合治理中的重要地位。

兴林抑螺工程项目于 1992 年在湖南省正式启动，在国家林业局和湖南省委、省政府的高度重视下，通过全省林业、血防、农业、水利等部门的密切协作和各级领导、科技人员、疫区群众的共同努力，已经取得了很大的成绩，主要表现在以下六个方面：

（1）通过对兴林抑螺林业生态工程抑螺效应与环境因子的定位监测，从理论上阐明了滩地造林抑螺防病的机理。

（2）建立了滩地杨树造林立地质量评价体系，提出了不同类型有螺滩地抑螺防病林体系建设的优化模式。

（3）针对湖区垸外有螺滩地立地特点，从实践上总结完善了 7 项滩地兴林抑螺林业生态工程建设配套应用技术。

（4）兴林抑螺工程建设规模迅速发展壮大，并成为全社会参与式林业生态工程建设的典范。

（5）湖南省兴林抑螺工作取得了显著的效果。首先，通过在有螺滩地造林，可显著降低钉螺密度，尤其是感染螺密度。滩地造林林分郁闭前，通过翻耕间种、开沟排水、隔离护林等措施，取得了很好的抑螺效果。据血防部门对岳阳君山点 2～4 年生杨树幼龄林内螺情监测表明：

林内活螺框出现率、活螺密度、感染螺密度分别比造林前降低 92.9%、96.3%和 94.3%，疫水试验小白鼠感染率减少 93.8%，疫区居民感染率减少 55.6%。

其次，长期定位研究表明，滩地造林的抑螺效果是持久、稳定的。“八五”至“十五”期间，在益阳沅江点对滩地造林后螺情动态进行了连续 12 年的定位监测，排除严重洪涝灾害年的影响，结果表明：通过在有螺滩地营造抑螺防病林进行综合治理，滩地活螺框出现率、活螺密度均随林龄的增加、林分郁闭度的提高而降低，最终稳定在较低水平。且在不同密度林分之间，有随造林密度增加而降低的趋势。以造林第二年春季的螺情为分析基准，12 年生的滩地抑螺防病林林内活螺密度下降 85.2% ~100%，活螺框出现率下降 80.3% ~100%。可见，在有螺滩地实施以营林为主的环境改造综合治理，其抑螺效果是持久、稳定的。

（6）研究成果多、人才队伍建设完备。2006 年 7 月，国家发改委批复了国家林业局组织编制的《全国林业血防工程规划（2006~2015 年）》，国家林业局将进一步加强林业血防工作，建立以林为主的复合生态系统，对疫区生态环境进行综合治理。全国林业血防工程包括抑螺防病林、退耕还林、重点防护林、湿地保护 4 项建设内容，其中抑螺防病林为建设重点。湖南省是规划中的重点省，10 年内规划建设规模 19.7 万公顷，其中抑螺防病林 16.06 万公顷、退耕还林 0.95 万公顷、重点防护林 2.69 万公顷，2006~2008 年营造抑螺防病林 5.34 万公顷。根据国家林业局的安排，今年安排湖南抑螺防病林建设任务 1.022 万公顷，在疫区 18 个县（市、区）实施，投资 2300 万元，居全国第一位。

湖南血吸虫病疫情的严重性和紧迫性，特别要实施生态抑螺工程，通过硬化有螺沟渠，改造涵闸，兴建精养鱼池，湿地改旱作，兴林抑螺等一系列环境改造措施，不仅改善了生态环境，还从源头上改变了钉螺的孳生环境。实施林业血防工程，建立以林为主的复合生态系统，对疫区生态环境进行综合治理是从根本上防治血吸虫病的主要措施，能有力地促进洞庭湖区血吸虫病防治和生态环境保护等工作的开展。

3. 促进湖南和谐发展的需要

（1）构建湖南和谐社会的需要。建设生态湖南，构建湖南和谐社会，林业肩负着光荣而艰巨的任务，构建和谐社会，是落实科学发展观、实现全面建设小康社会奋斗目标的必然要求。人与自然和谐相处，是和谐社会的基本特征之一。构建和谐社会离不开统筹人与自然和谐发展，而林业是统筹人与自然和谐发展的关键。随着湖南经济的快速发展，生态环境问题日显突出。湖南林业建设还存在着森林资源总量不足，森林经营水平亟待提高，森林火灾和病虫害的威胁不断增大，林地流失依然严重，部分重要野生动植物种群数量呈下降趋势，自然湿地面积削减、功能下降，全省基本完成绿化的同时，湘西、湘中、湘南山地尚分布着大量石灰岩、紫色页岩和钙质页岩，石漠化严重，基岩裸露面积大，森林覆盖程度低，土壤保水能力差，水土流失严重，山区林农生活贫困等问题。因此，建设生态湖南，构建湖南和谐社会，林业肩负着光荣而艰巨的任务。加快湖南林业发展则是落实科学发展观，贯彻《中共中央 国务院关于加快林业发展的决定》，实现人与自然和谐、构建湖南和谐社会的重大举措。

（2）建设社会主义新农村的需要。党的十六大报告指出，建设现代农业、发展农村经济、增加农民收入，是全面建设小康社会的重大任务。农村生产发展是社会主义新农村建设的首要目标，实现这一目标，必须依靠农林牧副渔全面发展，发展林业是农村生产发展的重要内容。从长远看，林业是治理水土流失和土地沙漠化的根本措施；从近期看，又是调整农村产业结构，拉动内需，促进区域协调发展、振兴山区经济，增加农民收入的有效途径。林业既是生态建设的主体，又是适合我国农村发展的劳动密集型产业。林业的发展和社会主义新农村建设定位的“生产发展、社会宽裕、乡风文明、村容整洁、管理民主”的要求休戚相关。一是林业是农村经济的重要组成部分。农村是林业的主战场，农民是林业的主力军，通过发展林业，利用好林地这一非耕地资源，可以拓展农村经济的发展空间，在促进农民增收方面能够发挥独特的作用。二是林业产业的经济效益日益显著。果品、木本粮油、桑蚕业、竹产业等传统林业产业，农家乐生态游、森林食品、花卉、药材等新兴林业产业的不断发展，已经成为拉动农民收入增长的重要因素。三是发展林业有利于保障农业稳产高产。森林具有调节气候、涵养水源、保持水土、防风固沙等功能，在改善农村生产环境等方面发挥着独特效能。据实地观测，平均每公顷防护林能保护农田 10.80 公顷，增产粮食 9360 公斤。发展林业有利于保证粮食安全。四是发展林业是促进乡风文明、实现村容整洁的重要措施。乡村文明整洁，是农村社会发展向现代化迈进的一种显著标志。通过构筑农田林网、增加村庄和农户院落的林草覆盖，发展庭院林业，能使农民的家居环境、村庄环境、自然环境和谐优美。

湖南林业用地面积占全省国土总面积的 60.1%，全省重点林区县 76 个，全省涉林人员 1600 万人，占全省农业人口的 37%。改革开放以来，林农生活水平有了一定的改善，但目前仍有相当数量的林区林农生活困难，存在着吃住难、创业难、子女读书难、看病难等严重问题，部分林区甚至还没有解决温饱问题。湖南山地资源十分丰富，气候条件得天独厚，有着发展生态旅游、林产工业、林产化工、木本花卉等产业的优势，产业潜能巨大，山区完全可以通过加快林业发展，推动经济实现跨越式发展。

因此，发展林业对新农村建设，不仅仅是改善村容村貌，绿化美化环境，更重要的是发展农村经济，增加群众收入。湖南林业的健康发展关系到湖南建设社会主义新农村目标的最终实现。

（3）发展绿色经济的需要。国际上的“绿色革命”和国际有机农业运动联合会的成立孕育了绿色经济，提出了绿色 GDP 的概念。绿色 GDP 是衡量各国扣除自然资产损失后新创造的真实国民财富的总量核算指标。绿色经济的发展直接依赖于生态优势，生态优势是发展绿色经济的基础和保障。森林是陆地最大的生态系统，在保护生态环境和生物多样性方面的作用是其他生态系统无可比拟的。森林资源的价值是绿色 GDP 的重要组成部分。因此，林业在绿色 GDP、生物经济、循环经济发展中占据突出地位，林业为绿色经济发展提供有力支撑。

（4）满足人们森林生态文化消费的需要。发展林业，再造秀美山川，实现人与自然和谐相处是生态文明的主要特征。森林是人类文明的摇篮，山川秀美不仅是人类生存的必要条件，而且对提高生活质量、丰富精神文化不可或缺。随着经济、社会的不断发展，人们在享受前所未有的崭新生活方式和巨大财富的同时，追求人与自然的协调与和谐，在优美的生态环境中工作和生活越来越成为现代文明的主旋律。社会对林业的需求，不仅范围比以往扩大了，而且要求也比原来提高了。更重要的是，社会对改善生态环境的要求越来越高，越来越迫切。随着人们生活质量的提高，社会的消费层次正在由过去的以生存消费为主，向生存消费，享受消费和发展消费并存转变，对林业的需求呈现出日益明显的多样化趋势。

我国有着丰富的森林文化遗产，尤其是历史悠久的木文化、竹文化和园林文化。随着经济社会的发展，林业的文化功能不断凸现，并且日益显现出经济效益和社会效益，对于促进社会进步，提升城市品位，满足人们休闲旅游、回归自然的需求有着重要作用。发挥林业的文化功能，主要体现在展示绿色形象，铸造绿色文明，加强森林旅游等方面。其基本理念是以人为本，满足人们日益增长的绿色生态文化消费的需求，进而促进人类的发展，陶冶人的情趣，增强生态意识，推动林业发展向更高层次跨越。随着湖南经济发展、社会进步和人民生活水平的提高，改善生态环境，保障生态安全，满足人们休闲、旅游等活动需求已成为林业发展的重要任务之一。

4. 全力推进湖南现代林业建设的需要

现代林业，是以科学发展观为统领，以现代可持续发展理念为指导，以现代科学技术、设施装备和管理手段为支撑，以市场机制为引导，按照生态良好、产业发达、文化繁荣、发展和谐的要求，充分发挥森林的多种功能和综合效益，具有较高生产力，社会广泛参与，对外开放，富有活力，能够最大限度地满足社会对林业多样化需求的现代化林业。建设现代林业是一个转变林业发展方式，不断推进林业可持续经营的过程；改造传统林业，充分发挥林业多种功能和多重价值的过程；深化林业改革，建立符合市场经济体制要求和林业发展特点的新型生产关系的过程。湖南是中国南方重要的林业省份。在湖南省委、省政府的正确领导和国家林业局的大力支持下，湖南林业建设成就巨大。1993 年，全省消灭宜林荒山，受到党中央、国务院的表彰；1997 年，实现全面绿化，位居全国第三。“十五”期间，全省组织实施了退耕还林等九项重点工程，稳步推进了林业两大体系建设，生态建设和产业发展呈现良性互动的局面。湖南已具备了推进现代林业建设的有利条件和较好的基础。但与现代林业发展的要求相比，还存在着林业生产力发展水平低，林业经营管理粗放，体制机制政策滞后等差距。湖南林业发展要在“十一五”期末实现森林覆盖率达到57%，森林蓄积量达到4.3 亿立方米，建设完备的森林、湿地生态体系和发达的林业产业体系及繁荣的森林文化体系目标，必须大力推进现代林业建设，使湖南林业全面步入现代林业建设的新轨道。

（二）优势

1. 国家现代林业发展战略指明了湖南林业发展的新方向

改善生态环境，促进人与自然的协调与和谐，努力开创生产发展、生活富裕和生态良好的文明发展道路，既是中国实现可持续发展的重大使命，也是新时期林业建设的重大使命。在这个重要历史进程中，林业的地位和作用发生了根本性的变化，正处在一个十分关键的转折时期。

中国是世界上最大的发展中国家，也是世界林业大国。无论是从中国经济发展与世界接轨的需要出发，还是从中国作为一个负责任大国应当对于世界生态环境建设作出应有贡献的角度出发，我们都必须适应世界林业发展的客观规律，适应新世纪加强生态环境建设的时代大潮，努力实现由以木材生产为主向以生态建设为主的历史性转变，同时，积极推进由以采伐天然林为主向以采伐人工林为主的转变，由毁林开荒向退耕还林的转变，由无偿使用森林生态效益向有偿使用森林生态效益的转变，由部门办林业向全社会办林业的转变。这是中国实现可持续发展的必然选择，也是林业实现可持续发展的必然选择。

跨入新世纪，我国进入了全面建设小康社会，加快推进社会主义现代化的新的发展阶段。但是，恶劣的生态环境已经成为制约我国经济与社会可持续发展的根本性因素之一，社会对生态环境的关注达到了前所未有的程度，改善生态环境日渐成为社会对林业的主导需求。随着国家可持续发展战略和西部大开发战略的实施，以六大林业重点工程的全面启动为标志，我国林业进入了一个以可持续发展理论为指导，全面推进跨越式发展的新阶段。加强生态建设成为林业工作的主要任务，天然林资源受到严格保护，木材生产逐步由以采伐天然林为主转向以采伐人工林为主，大规模的退耕还林渐次展开，森林生态效益补偿制度开始实施，全社会办林业形成气候，林业正在经历着一场由木材生产为主向以生态建设为主转变的极其深刻的历史性变革。面对新形势和新任务，2007 年 1 月，国家林业局党组提出了中国现代林业建设的重大战略决策。全面推进现代林业建设，是落实科学发展观的基本要求，是林业发展到目前阶段的必然选择，是今后一个时期林业工作的旗帜、方向和主题。因此国家现代林业发展重大战略为湖南林业发展带来了新的发展机遇。

2. 中部崛起为湖南林业发展带来新的机遇

湖南在中部六省中，面积第一、人口第二、经济总量第三。“沿海的内地，内地的前沿”，这是湖南独特的区位。洞庭湖水系、浙赣铁路连接“长三角”，正在修建中的武广铁路专线，从长沙到广州只要3个小时，湖南“东联西接，南通北达”，在中国经济版图中战略要冲地位突出。继西部开发之后，党中央高瞻远瞩提出中部崛起战略；2006年4月，《中共中央 国务院关于促进中部崛起的若干意见》出台，提出中部地区建立“三个基地和一个枢纽”，即重要的粮食生产基地、能源原材料基地、现代装备制造及高新技术产业基地和综合交通运输枢纽，这是湖南面临的重大历史机遇。结合社会主义新农村建设的部署，中央财政对农村基础设施投资将增加，金融贷款也将向农村倾斜，各种优惠政策将为中部发展创造良好的外部环境，全世界战略投资者的目光聚焦在中国中部，将为包括林业在内的各行各业集聚空前的发展人气。

从全面建设小康社会出发，湖南提出了建设“和谐湖南”的重要构想，内容包括小康湖南、平安湖南、生态湖南和诚信湖南。其中生态湖南是建设“和谐湖南”的基础和重要标志。用生态经济观念构建“和谐湖南”是湖南省对当今世界现代文明进步主流和国内外环保大势所趋的积极回应，也是吸取国内外生态教训与忧患之后利在当代、功在千秋的明智选择。建设“绿色湖南”是走新型工业化之路，建设全面小康社会的内在要求和必然选择。为此，以湖南九大林业工程为代表的林业将被赋予基础性、优先性的发展地位。

绿色湖南这一战略构想，具有现实可行性和战略必要性，湖南21世纪发展战略将是一个生态与经济紧密结合的战略。坚持可持续发展战略，重建人与自然的关系，促进人与自然的和谐，既考虑当前发展的需要，又考虑未来发展的需要，不以牺牲后代人的利益为代价来满足当代人的需要，实现“代际公平”，坚持走生产发展、生活富裕、生态良好的文明发展之路。

3. 自然地理条件优越为湖南林业发展奠定了良好的基础

湖南地处中南腹地，属中亚热带季风湿润气候，在继承、壮大传统林业，发展转型林业有着优越的自然地理条件和资源优势。湖南的山地和丘陵占国土面积的近70%，素有“七山一水两分田”之说，因此宜林地域和潜力还很广阔。湖南是全国重要的商品林基地，温暖的气候、充沛的雨量，特别是水、热、光高值同期和典型的酸性土壤等特点，非常适合林木特别是速生丰产用材林的生长。湖南植物物种丰富，其中种子植物有4300余种，乡土野生观赏树木资源1987种，全省已设自然保护区106处，国家级保护区10处，使包括银杉、水杉、水松、银杏和珙桐等在内的70多种珍稀植物物种得到有效的保护，为林业发展形成了一个巨大而宝贵的种质基因库。

4. 经济社会快速发展为湖南林业建设提供了不竭的动力

湖南经济总量显著增加，质量和效益上了新台阶。经济持续快速增长，2005年生产总值达到6500亿元，五年年均增长10.2%，一、二、三次产业年均分别增长4.7%、13%、10.2%；人均生产总值达到10460元，年均增长9.8%。经济效益持续好转，财政总收入在2000年的基础上实现翻番，达到738亿元，年均增长18.1%，超过生产总值增幅；规模工业上缴税金达345亿元，相当于2000年的2倍。投入力度明显加大，五年累计全社会固定资产投资达8500亿元，是“九五”的两倍，年均增长17.6%；2005年末，金融机构各项存贷款余额分别为6590亿元、4590亿元，比2000年末分别增加3584亿元、2500亿元，年均增长17.3%和14.8%。

经济增长空间进一步拓展，外向型经济、非公有制经济和劳务经济迸发新活力。外向型经济全方位拓展，全省经济外向度不断提高，2005年进出口总额60.1亿美元，年均增长21.8%，其中出口37.5亿美元，年均增长19.9%；五年累计实际利用外资83亿美元，引进内资1778亿元，年均分别增长16%和77.6%。非公有制经济长足发展，2005年全省私营企业突破8万户，比2000年增加近6万户；非公有制经济实现增加值3167亿元，完成投资1212亿元，分别占全省的48.7%、50.5%，提供了80%以上的新增就业岗位。

充分发挥地区优势和特色，区域发展形成新格局。以长株潭为龙头的“一点一线”地区聚集生产要素、带动全省经济发展的能力不断增强。2005年，“一点一线”6市生产总值占全省的62.1%，拉动全省经济增长7.9个百分点。湘西地区开发战略初见成效，经济增长提速，自主发展能力得到增强，2005年完成生产总值690亿元，增长10.8%，连续两年实现两位数增长。洛湛铁路、潭邵等高速公路的建设，促进了沿线地区经济发展，新的经济增长带正在形成。县域经济的特色产业加快集聚，“专精特新”产业化群体初具规模，品牌效应增强，涌现了一批经济强县。

各项改革深入推进，体制机制转换有新突破。省属国有企业改革全面启动，基本完成改制的企业达40%；省属国有经济布局逐步调整，省市国资监管体系基本建成；主辅分离、辅业改制及分离企业办社会职能的工作加快推进；市、县属国有企业改革改制面分别达60%和90%以上。农村税费改革取得显著成效，2004年取消了除烟叶外的农业特产税，2005年又在省本级财力紧张的情况下，自筹5亿多元，全部免征农业税，加上对种粮农民的种粮直补、良种补贴和农机具补贴，五年全省农民共得实惠55.8亿元。资本、土地、技术、劳动力等要素市场逐步完善。整顿、规范市场经济秩序力度加大，优化经济发展环境取得明显成效。行政审批、财税、金融、投资、粮食流通体制等改革深入开展。推动了湖南外向型经济、非公有制经济和劳务经济迸发新活力。非公有制林业发展态势强劲，平湖区90%的造林以非公有制形式出现，目前，非公有制造林面积已达到209.33万公顷。省委、省政府对林业的重视达到空前的高度，从2004年起，省政府决定增加林业投入1000万元，并且今后逐年增加；同时，将林纸产业列为全省十大优势产业，竹木林纸列入全省农村五大产业链，在政策与资金上予以重点扶持，极大地调动了广大林农、企业实体的积极性。林业正处于历史上最好的发展机遇期，呈现出盛世兴林的喜人局面。

5. 湖南“三化”进程为城乡林业拓宽了新的发展空间

湖南经济结构得到优化，“三化”进程迈出新步伐。三次产业结构发生变化，由2000年的21.3∶39.6∶39.1调整到现在的19.5∶40.8∶39.7。工业化取得重大进展，对全省经济的带动作用增强。2005年完成工业增加值2207亿元，拉动全省生产总值增长5.1个百分点；产业集中度提高，十大优势产业完成增加值1140亿元，占规模工业的76%，比2000年高11个百分点；高新技术产业发展增速，实现增加值占生产总值的7.5%，比2000年高3.7个百分点。农业基础地位继续巩固，产业化程度提高。粮食连年增产，2005年粮食播种面积521.53万公顷，总产量达286亿公斤，连续6年实现耕地占补平衡；农产品区域布局进一步优化，初步形成优质稻米、柑橘等十大优势农产品产业带和粮油棉麻、肉奶水产等五大产业链，各类农产品基地达3300万亩；农产品精深加工度提高，农业产业化龙头企业进一步发展壮大。城镇建设步伐加快，城镇化水平稳步提高。2005年城镇化率达到37%，五年提高7个多百分点，已初步形成由长株潭城市群、市州所在城市和县城、重点建制镇构成的多层次发展格局，改扩建了一批城镇道路、绿地、污水和垃圾处理等基础设施。“三化”战略的实施，带动了物流、金融、保险、会计、法律、信息、会展等现代服务业的迅速发展；传统服务业得到改造提升，2005年旅游业实现总收入450亿元，相当于全省生产总值的6.9%。

近年来，湖南在“大力推进工业化，农业产业化，城镇化的进程，把农业大省建设成经济强省”思路的指引下，大力发展优质农业，调整工业结构，促进第三产业，经济总量显著增加，质量和效益上了新水平，经济持续快速增长，“十五”期间年均增长为10.2%，人均生产总值达到10460元，经济总量和财政收入在中部地区分别排在第三位和第二位。2005年工业增加值达2200亿元，增长15.3%，其中10大优势产业占53.4%，提高2.2个百分点；规模工业利润188亿元，增长22%。工业化取得重大进展，对全省经济的带动作用明显增强，对农林业的反哺能力持续增强。

6. 独特的湖湘文化丰富了湖南森林文化建设的内涵

湖南物华天宝、人杰地灵，“湖广熟、天下足”“惟楚有材、于斯为盛”“无湘不成军”，是湖南历史的生动写照，深厚的湖湘文化底蕴使湖南人才辈出。湖南是毛主席的故乡，有悠久的历史和光荣的革命传统。湖南正在发生着深刻的变化，各项事业都取得了长足进步。“敢为天下先”等湖南精神赋予了新的时代内涵并不断发扬光大。湖南是一个多民族的省份，生活有汉、土家、苗、侗、瑶、白、回、壮、维吾尔等52个民族。其中土家族、苗族、侗族、瑶族、白族、回族、壮族和维吾尔族，是湖南人口最多的8个主要少数民族。湖南省少数民族人口的绝对数居全国第七位。少数民族文化与森林文化相互依存、相互促进、共同发展。

林业是继承湖南传统少数民族建筑的保障。湖南少数民族建筑基本以木质为主，其中最具代表性的建筑形式有风雨楼、吊脚楼、杉皮屋等。吊脚楼多建在地势斜度大或一侧临水、沟的地方，为适应地势扩大居住面积，往往把房舍的一侧临空扩展，让其吊在主室之后或一侧，并在其下安上一根以上的支柱。吊脚楼多在溪河水边或傍高坎林依地就势而建，一来减少土方工程，少占好地；二来可避免潮湿，防蛇蝎、野兽。这也充分体现出苗族人的美学观念及这一时代这一民族的经济、文化、技术等方面的发展水平。杉皮屋建筑形式属“干栏”式，面阔了3~5间，有2~3层，整体房屋建筑时不用一颗铁钉，十分牢固。用杉木皮盖顶。风雨楼是建立在江河上一种桥，为了给行人遮风避雨，在桥面上增加了围墙和房顶，变成了“楼”。湖南最著名的风雨楼是凤凰古城的虹桥风雨楼。

森林和林业是少数民族艺术的主要载体。各族人民以其勤劳和智慧，共同创造了湖南灿烂的文化艺术。这些少数民族艺术与当地的森林和林业具有千丝万缕的联系，这些民族音乐中使用的乐器主要来源于森林，他们的音乐和舞蹈所讲述的故事很多也和林业生产活动相关。例如：劳动号子，是土家族人民在从事各种劳动时所发出的以呼喊为主的一种歌谣。起着协同劳动、统一步调、鼓舞情绪、调节疲劳的作用。由于土家族多依山傍水而居，与岩石、木材等打交道多，故劳动号子又以船工号子、石工号子、放排号子、拖木号子等为主。劳动号子歌词简短、句式工整，一般为七言四句。演唱方式是一领众合，领与合交替，同劳动动作的起始与快慢紧密配合，有强烈的音乐节奏感，气氛浓烈、声音激昂、急促粗犷、顿挫有力。芦笙舞是湖南少数民族十分流行的一种音乐和舞蹈。逢年过节或遇喜庆的日子，许多少数民族都要跳这种舞蹈。少数民族的青年男子，在必须吹得一手好芦笙、能参与集体的“芦笙舞”外，如还能掌握有着特殊高难技巧的单人或双人表演形式的“芦笙舞”，那他就会成为男性中的佼佼者而更多地赢得未婚女子的青睐。

林业是继承湖南传统少数民族信仰的保障。湖南少数民族的宗教信仰与森林和林业有着密不可分的关联，可以说没有了森林，少数民族将失去他们的祖祖辈辈遗留下来的信仰。苗族的宗教信仰是一种多神崇拜形式。苗族民间不仅认为人有魂，而且认为世界上万物有灵。对于自然界的一些巨大而奇特的自然物，认为巨石、悬崖、水井以及村前村后和深山老林里茂密而高大的常绿树等都有神灵，并进行祭拜。有些地方的苗民很崇拜枫木树，他们的村前寨后都有枫木。为了祈求保佑，人们还给老枫树烧香、挂红，以示祭祀；修建房屋也必须找大枫木作第一个中柱，才能发富发贵。不仅如此，人们还把枫木比作自己的祖先。在苗语中，“我们是一个祖先”说作 Bib（我们）dios（是）jus（一）dius（棵）det mangx ngul（枫树），直译是“我们是一棵枫树”。土家人的宗教信仰，旧时有多神信仰、图腾崇拜、祖先崇拜、鬼神与巫术信仰。土家族先民们也经历了早期人类的“万物有灵”观念的阶段。进入阶级社会以后，这种万物有灵信仰变成了多神信仰。其中包括：猎神、土地神、图腾等。多数土家人信奉猎神，她是一位美丽勇敢而又善射猎的姑娘。人们祭猎神，目的是祈求她保佑猎人平安，保佑捕获到丰足的猎物。

湖南城市林业的发展有着强劲的后发优势。良好的资源条件为城市林业的发展奠定坚实的基础。物质条件改善和生活环境劣化的巨大反差下，城镇居民“把森林搬进家”的呼吁越来越迫切。随着第三届中国城市森林论坛的承办，湖南正式启动了在地级市开展“国家森林城市”、在县市区开展“湖南森林城”、在农村开展“绿化致富文明村”的创建和评选活动。各地级市都制定了城市生态圈或森林城建设的规划，城市林业建设方兴未艾。

“芙蓉国里尽朝晖”，湖南山清水秀，美不胜收。由于生态以及旅游经济的发展，更多的湖南原生态景观展现在世人面前。洞庭湖经过 3 年的平垸行洪、移民建镇、退田还湖，在原有的面积上增加 544 万平方公里，许多消失已久的自然景象又陆续重现。岳阳楼、南岳衡山、常德桃花源、株洲的炎帝陵、宁远的九嶷山和舜帝陵、石门的夹山寺和闯王陵、郴州的苏仙岭、娄底的湄江、韶山毛泽东故居等都久负盛名。张家界市武陵源堪称世界天然大奇观，融峰林独特的造型美和大自然原始野趣于一体，尽显奇、险、幽、秀、野之特色，生活在湘西的土家、苗、侗、瑶、白等少数民族，能歌善舞，保留了许多独特的传统风俗。以长株潭、大湘西、环洞庭湖、湘中南森林和湿地的生态旅游格局已经形成，集群产业化的发展迈开大步。

7. 社会的积极广泛参与给湖南林业注入了新的活力

林业不仅是林业部门的事业，更是全社会的事业，全民族的伟业。森林是一种极为重要的战略资源，这决定了林业在国民经济中的地位是全局性的。生态建设的大力推进，使得林业的社会性有了更多的时代特征。事实上，林业的社会性从来没有像今天这样突出和重要。

湖南林业要上台阶、上水平、出效益，靠政府、靠银行都是有限的，重要的出路是向社会融资，走社会办林业的道路，林业的大发展需要全社会的参与和支持。社会办林业由于转换了经营机制，使广大投资者敢于投入，舍得投入，真正将林业作为产业来抓，将林场作为企业来办。如果走社会办湖南林业的道路，就能盘活湖南山区的森林资源，促进林业、保障农业、推动工业，全面带动湖南经济和社会的进步和发展。

改革开放以来，以全民义务植树为主要特征的全社会办林业、全民搞绿化，不断深入发展。特别是 20 世纪 80 年代中期以后的“灭荒”高潮，对推动我国林业建设发挥了重要作用。进入新的发展阶段，整合后的林业六大工程涉及范围之广、任务之艰巨、建设内容之丰富、投资之巨大，都是过去林业建设无法相比的。单拿一个退耕还林工程来说，它涉及从中央到地方的各级党委、政府，涉及计划、财政、林业等有关部门，更离不开千家万户的广大农民。

可以说，林业六大工程不仅仅是林业部门的事情，更是国家的工程，仅靠林业部门的力量是难以完成的，客观上要求全社会的大力支持和积极参与。因此，新时期的全社会办林业，要围绕六大工程在广度上拓展，在深度上推进，在内涵上丰富，适应新形势、新任务的要求，开创新的局面。

新时期的全社会办林业，要求各级政府从国民经济和社会发展的大局出发，承担起社会公益事业建设的责任。要按照国务院的统一部署，负责本区域生态建设工程的实施，并与国家六大工程相衔接，形成全国一盘棋，上下相协调，突出重点，整体推进的新格局。

新时期的全社会办林业，要更好地适应市场经济的要求，自觉运用市场机制和经济手段，将改善生态环境的总体目标寓于区域经济社会发展、农民增收、脱贫致富的过程中，使生态建设工程在广大农民的利益实现中产生不竭的动力。

新时期的全社会办林业，要进一步多领域全方位开放。无论企业、社会团体，还是个人，只要是想在林业上有所作为，就应该能找到发挥作用的场所。特别是商品林建设，要广泛吸引各种社会资金、各种所有制形式积极参与，要大力发展非公有制林业。

新时期的全社会办林业，要使参与林业建设成为每个公民的自觉行动。既从经济社会可持续发展和全民族的根本利益出发关注林业，支持林业，又从自身的生存与发展环境、从自身的切实利益出发建设林业。林业的五大转变，是今后一个时期我国林业工作的主线。这是一个渐进的历史过程，是从量变到质变的过程，也是林业跨越式发展的过程。经过五大转变，林业在生态建设中的首要地位、在可持续发展战略中的重要地位将真正确立，林业自身也将拓展出更广阔的发展空间。

我国造林绿化史已经证明，哪个时期社会参与得积极，造林绿化的成就就突出。如今林业产业的市场机制日益完善、生态环境意识已经深入人心、公众对林业需求更加广泛和迫切，从社会参与植树造林推广到社会办林业的时机已经成熟。杨树产业在洞庭湖区的迅速发展，已经展示了社会办林业的无穷力量，也为社会办林业的深入开展奠定良好的基础。一场以“明晰产权、减轻税费、放活经营、规范流转”的林业综合改革正在三湘大地酝酿筹划，一旦付诸实施必将为社会办林业逐步清除体制、机制上的障碍，社会办林业的前景非常广阔，建设湖南发达的森林资源和产业体系的宏伟愿望必将实现。

第二章　湖南现代林业的战略定位、理念与目标

第一节　湖南现代林业的战略定位

林业战略定位是保障国家或地区经济、社会协调发展的重要战略问题。林业战略定位是否切合实际、是否具有长远和持久的发展思想，不仅事关林业自身的发展进程，而且还会对区域或更大范围的生态、经济和社会可持续发展、甚至人类文明进程产生重要影响。

本研究参照国内外林业发展经验和趋势，结合湖南林业的实际和需求，从湖南省、区域建设和全国三个层面，对湖南现代林业的战略定位进行了研究。湖南林业战略定位可表述为：在湖南和谐社会建设中具有关键地位；在区域生态建设中具有突出地位；在实施以生态建设为主的全国现代林业发展中具有重要地位。

一、在湖南和谐社会建设中具有关键地位

构建社会主义和谐社会和加强新农村建设，是我们党从全面建设小康社会、开创中国特色社会主义事业新局面的全局出发提出的两项重大任务，适应了中国改革发展进入关键时期的客观要求，体现了广大人民群众的根本利益和共同愿望。构建和谐社会和加强新农村建设的前提是要保持生态平衡，保持生态平衡需要修复被破坏的森林植被，在这个过程中林业肩负着历史重任。

湖南具有“七山二水一分田”之称，是中国传统的林业大省，湖南和谐社会的构建和新农村建设离不开林业，林业建设的质量、发展的速度，对湖南经济社会全面发展具有举足轻重的作用。湖南66.6%的土地是山区和丘陵，全省森林覆盖率达到55%，林业建设与人民群众的生活息息相关，加快林业发展，加强生态建设是提高湖南广大农村地区经济收入、改善湖南生态环境的重要途径，也是构建湖南和谐社会的重要内容，因此，湖南和谐社会的构建和新农村建设离不开林业的发展。

（一）林业发展是“绿色湖南”建设的主体

加强生态建设，维护生态安全，是21世纪人类面临的共同主题，也是经济社会可持续发展的重要基础，全力加强生态建设成为林业工作的核心任务。湖南是我国森林资源和湿地资源都比较丰富的省份，建设和维护森林和湿地生态系统是打造“绿色湖南”的根本。湖南林业在打造“绿色湖南”中的重要性具体表现为：

1. 林业是保持人与自然和谐的桥梁纽带

建设社会主义和谐社会是党和国家的长期发展战略。和谐社会的特点是“民主法治、公平正义、诚信友爱、充满活力、安定有序、人与自然和谐相处”。人与自然和谐相处，就是生产发展，生活富裕，生态良好。由此可见，生态环境问题将是中国发展长期所要面临的问题。森林是

陆地生态系统的主体，林业问题将是关系到人与自然和谐相处问题、区域发展不平衡问题等等，这些都是和谐社会所要解决的重大问题。湖南提出“绿色湖南”的发展战略是完全符合中央构建“和谐社会”的思想，是将该思想在湖南的具体实践和应用。但是湘、资、沅、澧四水流域的水土流失和湘西、湘南地区的石漠化严重，野生动植物物种减少，自然灾害发生频繁等不断恶化的生态状况，已成为湖南经济社会可持续发展的重要制约因素。人与自然和谐相处，是和谐社会的基本特征之一，生态良好是人与自然和谐的根本要求。构建湖南和谐社会离不开统筹人与自然和谐发展，大力发展湖南林业是保持人与自然和谐发展的关键。充分发挥林业在生态建设中的主体作用，大力改善生态，是今后相当长的时期内林业的重要历史任务。

2. 林业是保障国土生态安全的重要基石

1998 年长江流域发生的特大洪水，是在 20 世纪继 1931 年和 1954 年后，长江发生的第三次相似规模的流域性大洪水。这场洪水是天灾，也是人祸，人类毁林开荒和围湖造田活动，加剧了天灾的危害。1998 年的大洪水，造成数以百万计的群众无家可归，造成数以千亿计的资产损失，造成了数以万计的人员伤亡。可以说，1998 年抗洪的规模与影响，已经相当于一场人民战争，或者说，这就是一场和平时期的战争。

这场洪水，暴露出一个极大的问题，即我们的国土是否安全。国土安全的威胁主要来自三个方面。一是外敌入侵，烧杀掳掠；二是内乱爆发，生灵涂炭；三是大规模的自然灾害。国土安全不仅指国民赖以繁衍生息的国土资源是否安全，而且也指国土环境对其国民的生命财产是否构成毁灭性的威胁。国土安全度的高低是衡量一个国家综合实力的重要指标，体现一个国家的经济实力、技术实力、管理水平和法制程度。

森林是陆地生态系统的主体，是维持水、土、大气等生态环境的屏障，是人类生存和发展的基本条件。森林植被在参与生物地球化学循环过程中，通过与土壤、大气、水流在多界面、多层次、多尺度上养育了人类，人类在林茂水丰的地方创立了灿烂的古代文明；另一方面，由于人类对森林的肆虐破坏，又导致了文明的衰落。由于森林的破坏，埃及、美索布达米亚、希腊、小亚细亚等孕育了古代伟大文明的地方如今变为不毛之地。相反，日本历史上也是洪涝灾害频繁的国家，第二次世界大战以后，日本逐步实现了由单纯的治水向治山治水并重，并以治山为主的根本性转变，森林覆盖率提高到目前的 60% 以上，终于使灾害程度大大减轻。

从世界范围来看，森林已成为全球生态环境问题的核心，成为各国可持续发展的基础。全球范围内的一系列环境问题，如水土流失、淡水资源短缺和水环境退化、土地荒漠化、气候干旱、温室效应、臭氧层破坏、生物多样性锐减、干旱洪涝灾害等无不与森林植被的急剧减少紧密相关。可以说，森林植被的急剧减少是造成自然灾害的主要根源之一，也是国土不安的主要原因。

森林的解危效用是无可替代和十分显著的。具体表现在：第一，森林能够有效地蓄水保土，防止水土流失和江河湖库淤积；第二，森林能够有效地遏制土地荒漠化，保护人类的生存空间；第三，森林能够有效地改善农业生态环境，增强农牧业抵御自然灾害的能力；第四，森林能够净化空气，维护大气平衡；第五，森林能够有效地维护生物多样性，防止物种减少。

湖南山地和丘陵占土地总面积的 2/3，坡度大于 25°的土地面积占总面积的近一半，全省河流密集，降雨集中，且多为暴雨，容易导致水土流失、山洪发生，甚至有泥石流为患。此外，从地质条件看，湖南东部花岗岩山地覆盖面积大，岩性易崩碎，黏胶性弱，植被破坏后，极易导致水土流失。另外，还有大面积的红土丘陵，尤其是紫色页岩，岩性松软，风化迅速，也是水土流失的重点地区。目前，全省水土流失面积达 4.04 万平方公里，土地沙化面积 588.14 平方公里，仍未能得到根本治理；湿地面积萎缩和功能下降的总体趋势未能得到有效遏制，生物多样性保护的形势相当严峻，要从根本上解决这些这些问题，关键是要保护好森林植被，大力发展林业事业。湖南林业是保障国土生态安全的基石，建设以森林植被为主体，乔灌草相结合的湖南生态安全体系是新时期湖南林业的重大使命。

3. 林业是维护人民生命安全的绿色卫士

血吸虫病在全球的危害非常严重，该病在中国大约有两千年的历史，是我国危害最为严重的传染病之一，也是严重影响我国南方一些地区广大人民群众生命和健康的重要因素。我国主要分布在长江中下游的12个省份。新中国成立后通过大规模的群众性防治工作，疫区面积大为缩小、居民患病状况明显改善，但1980年以来疫情呈现徘徊态势，局部地区呈严重回升趋势。

湖南是血吸虫病防治形势最为严峻的省份。有螺面积居全国第一，占全国的51%；人畜染病数居全国第二；血吸虫病有从农村向城市扩散的趋势。湖南的集中分布区是沿洞庭湖周边的岳阳、常德、益阳三个市，血吸虫病人达21万人，病畜近2万头，钉螺面积17.47万公顷。钉螺是血吸虫最为重要的中间宿主，消灭钉螺就可以切断该病传播的中间环节。因此上，灭螺是我国防治血吸虫病蔓延的最重要途径之一。在《国务院关于进一步加强血吸虫病防治工作的通知》和《血吸虫病防治条例》中，都把“兴林抑螺防病”列为预防血吸虫病的重要方法。“兴林抑螺防病”已经成为林业生态建设的重要内容之一，也是当前林业生态建设中的热点问题。以“兴林抑螺”为主要途径，改变钉螺滋生环境，是当前控制钉螺最有效的方法。

事实证明，湖南在血吸虫病发病区大力发展以生态防治措施为主的林业血防工程，能够压缩钉螺分布面积与流行区范围，显著降低滩地钉螺密度与阳性感染螺密度，大大减轻湖水的血吸虫病感染性，可以最大限度地降低人畜血吸虫病的感染率，在防治血吸虫病过程中，起到“治本”的效果。因此，发展以防治钉螺为方向的湖南林业，将为当地人民生命健康提供安全保障。

4. 林业是保障粮食安全的生态屏障

林业建设可以在一定程度上改善生态环境，减轻自然灾害对粮食产量的影响。根据联合国粮农组织提供的资料：自然灾害和人为灾害是引起粮食安全问题的重要原因。据不完全统计，我国每年农作物因灾受害面积高达2000万~4000万公顷，粮食减产200亿公斤以上。发展林业可以在一定程度上改善当地生态环境条件，减轻自然灾害的危害。从长远的历史角度来看，我国自然灾害的发生次数越来越频繁。从公元前206年至1949年的2155年间，我国平均每10年就有一次较大的洪水灾害。进入20世纪以来，洪涝灾害频率增高、灾情加剧，长江近6年中就发生4次洪水或特大洪水，有的地区甚至一年之间连遭2~3次洪水袭击。自50年代至今，全国造成重大损失的沙尘暴就有70多次。自20世纪70年代以来，酸雨已从南到北、从东到西袭遍了我国大部分领土。造成这些自然灾害的原因是多种多样的，森林植被的破坏是其中的一个重要原因之一。通过加强植被建设，可以有效改善湖南生态环境，减轻自然灾害对农业和粮食安全造成的影响。

森林可以为人类提供木本粮油，使粮食供应成多元化，有利于粮食安全。木本粮油是人类最初的食物来源，是粮食重要组成部分。在我国几千年的饥荒斗争史中，木本粮油发挥过十分重要的作用。即使是新中国成立后，木本粮油仍然是战胜饥荒、解决温饱的重要物质基础。在全面建设小康社会的新时期，加快发展木本粮油，提供丰富的森林食品和工业原料，不仅可以开辟保障我国粮食安全的新途径，还能加快山区开发，改善生态环境，促进经济社会的可持续发展。

森林是一个巨大基因库，为开拓新的粮食作物和品种提供了巨大的潜力，有利于保障粮食安全。随着经济近年来的迅速发展和人口的增加，粮食安全问题越来越突出。据国际水稻研究所（IRRI）估计，到2020年，全世界对稻谷的需求将会由目前的5亿吨增至7.8亿吨。面对21世纪中国16亿人口的食物安全的重大问题，稻谷的生产依然占举足轻重的地位。而靠扩大耕地面积和提高复种的潜力已越来越小，根本的出路在于通过遗传改良提高单产和稳产。迎接这一挑战的根本出路在于育种，而育种的突破很大程度上依赖于利用其野生近缘种的遗传多样性。森林是陆地生态系统的主体，具有最丰富的生物多样性，保护森林就是保护了人类赖以生存的基因库。湖南是我国生物多样性最丰富的地区之一，具有很多珍贵的基因资源。中国著名水稻育种专家袁隆平之所以能够培育出产量很高的优质水稻品种，就是得益于当地丰富的基因资源。

湖南是我国有名的产粮基地，谷米在国内粮食供应中位居第一，“湖广熟，天下足”的谚语体现了湖南农业在全国农业发展中的地位和作用。湖南林业在防止水土流失、防风防涝、减少各种自然灾害等方面发挥着基础的不可替代的作用，在改善农村生产环境等方面发挥着独特效能，为农业生产提供了生态屏障，确保了农业高产稳产。生态安全是粮食安全的前提，今后大力发展林农、林副、林渔相结合的生态安全体系将是湖南林业的重要任务。

（二）林改富民是建设湖南新农村的重要途径

湖南是中国的农业大省、山区大省和少数民族大省，林业在湖南“新农村”建设中具有关键地位。大力推进现代林业建设，让林业切实担负起促进农民增收、新农村建设和国民经济又好又快发展的光荣使命，这是湖南省现代林业建设的一项重要任务。以集体林区林权制度改革为契机，加快湖南新林业建设，将有力促进湖南农村经济的发展，促进农村生态环境的改善，促进传统农村文化的继承和发扬。

1. 林业促进林农致富

林业能够促进农村生产力水平的提高。湖南林业作为大农业的组成部分，不仅在农村经济可持续发展中起着保障作用，而且改善了农村生产生活条件，提高了农业综合生产能力。多年来，湖南林业在建设绿色生态屏障的同时，构建起了农业防灾减灾体系，保证了农业增效和粮食增产。在深化林权制度改革过程中，还山、还林、还利于民，激活了广大农民林业生产的积极性，促进了林区山区开放开发，把资源优势转化为经济优势。随着林业产业结构的调整，发展了一批名特优新产品，提高了单位面积的产出效益，推动了农村生产力的发展。

林业能够促进林农收入的增加。湖南省山区农民的收入普遍较低，是新农村建设的重点和难点。近年来，各地发展速生丰产林、经济林、花卉苗木、森林旅游、林产工业等产业，不仅促进了山地绿化，同时较大幅度地增加了林农收入。在推进新农村建设中，需要继续深入挖掘林业的潜力，加大综合开发力度，提高林产品精深加工和林业规模经营水平，扩大林区劳动力就业，促进林农收入的不断增长。

林业能够促进乡村文明建设。改革开放以来，湖南省通过开展庭院绿化、美化和以沼气建设为主的农村新能源建设，改变了农民传统的生活观念和生活方式，促进了村容整洁和乡风文明，在林权制度改革过程中，还需要通过民主决策和民主监督，使农民获得参与农村经济、政治、文化和社会事务的权利，推动湖南农村基层文明建设。

2. 林业推动地方循环经济发展

循环经济是当今国际社会广泛认可的一种可持续经济发展模式，日益受到社会各界的关注，发展循环经济已成为一些地方经济发展的重点。循环经济以资源的高效利用和循环利用为核心，以“减量化、再利用、资源化”为原则，以低消耗、低排放、高效率为基本特征，符合可持续发展理念的经济增长模式，是对“大量生产、大量消费、大量废弃”的传统增长模式的根本变革。目前，缓解我国资源全面紧张的状况刻不容缓；同时，如同“知识经济”一样，“循环经济”已经融入中国主流经济概念当中，将对中国未来经济发展产生深远的影响。

国外林业发展的经验表明，林产品的供应对促进整个经济发展具有十分重要的战略地位。1979～1990年，世界林产品出口总额从413.15美元增至9740.70美元，净增561.55美元，年增长率为7.41%；并保持继续增长的势头。美国、日本、法国、瑞典、芬兰、加拿大等国，林业产业在国民经济中也都占有较大的比重，特别是林产工业已成为这些国家的支柱产业。木材工业产值占林业总产值的90%左右，不仅为社会提供优质的木材加工产品，而且保护了生态环境。芬兰1991年林产品出口占全国总出口额的36%，居世界之首，瑞典占18%，加拿大占13%，新西兰占10%。据1991统计，林产品生产总值占国内生产总值比重：加拿大占5%，芬兰占7%，新西兰占5%，世界平均占2%。联合国粮农组织的预测表明，进入新世纪，全球的林产品生产和消费将继续保持增长的趋势，由于生态环境保护力度的加大，限制利用森林生产木材的压力进一步增加，同进，由于各种木材代用品的不断增多及其性能的改进，林产品市场的竞争将进一步加剧。林产品以成为一个国家经济和社会发展中不可缺少又难以替代的重要资源，与人民生活生产息息相关，是衡量一个国家和地区综合实力的重要标志。

森林是一种可再生资源，林业是一种可持续产业，大力发展林业事业，将有利于促进湖南循环经济的建设。湖南林业在循环经济发展中不仅可以提供更多更丰富的林产品和名特优林副产品，满足市场需求，促进林农脱贫致富，而且可以充分发挥光热条件好的自然优势，突出发展木本植物生物质能源林培育，以生物燃料油和气化发电为主线，建立有林业特色的新兴生物质能源产业，促进地方循环经济发展。

3. 林业改善农村人居环境

加强林业建设，改善农村人居环境是“新农村”建设的一项重要内容。农村生态环境是农民生活质量提高的必要条件，通过构筑农田林网、增加村庄和农户院落的林草覆盖，发展庭院林业，能使农民的家居环境、村庄环境、自然环境和谐优美。湖南林业建设是绿化美化农村生态环境，改善湖南农村人居环境的根本途径。

地球上有三大主要生态系统，它们分别是海洋生态系统、森林生态系统和湿地生态系统。可见，地球上三个主要生态系统中有两个属于林业工作职能的范围：森林和湿地。森林是陆地生态系统的主体，在维护陆地生态安全、保护生物多样性等方面发挥着支柱作用，被称为“地球之肺”。湿地在维护水资源平衡、保护生物多样性等方面同样具有巨大的生态功能，被誉为“地球之肾”。森林和湿地两大生态系统是中国国土最重要的生态系统，是国家全面发展、民族繁荣进步、百姓安居乐业的生态安全屏障。

湖南省林地面积占国土面积的60.1%；湿地面积占国土面积的22.5%，是我国森林资源和湿地资源都比较丰富的省份，这些森林和湿地资源所提供的林产品、鱼类、药材等产品，以及净化水源、改善水质、减少洪水和暴风雨破坏，提供重要的鱼类和野生动物栖息地以及维持整个生态系统平衡稳定等服务功能是湖南对改善全省农村人居环境发挥着重要作用。

4. 林业提高林农综合素质

发展林业是提高林农综合素质的重要措施。通过发展林业，加快乡村绿化建设，促进人与自然和谐相处，可以提高林农自身修养，形成良好的生态道德意识，有助于林农改变传统的生活观念和生活方式。在发展林业的过程中，深入开展全民义务植树运动，不断丰富和完善义务植树的有效形式，提高适龄公民履行义务的覆盖面，可以培养广大林农的爱国主义精神。通过开展富有时代性、先进性、针对性的生态道德教育和绿色文明教育，不断增强林农植绿、护绿、兴绿、爱绿的意识，提高林农建设绿色家园的自觉性。同时，发展林业，由农民自己经营好和管理好森林资源这一重要的生产资料，促使林农积极开展林副产品多种经营，培植资源，开拓市场，不仅能提高林农的生活水平，还能提高农民群众的经营意识、市场意识、法律意识以及协作意识和参政议政能力，是推进农村民主管理的重要途径。

湖南省在林业建设过程中所形成的自力更生、艰苦奋斗、团结协作、锲而不舍的精神，成为激励广大林农再造绿色湖南的强大动力，这是中华民族优良传统与时代精神的凝聚与升华。湖南省通过林业建设涌现出一大批“万元户”“十万元户”“百万元户”甚至“千万元户”，涌现出一大批林业致富带头人，涌现出一大批可歌可泣的林业劳模、林业工作者和先进典型，成为展示社会主义精神文明建设成果的窗口和进行爱国主义教育的典型教材。林业建设的巨大成就，展示了广大林农良好的精神风貌和综合素质，更加坚定了人们改造自然、建设绿色家园的信心和决心，广大林农在林业建设过程中掌握了科学技能，提高了综合素质，在改善生态环境的过程中发家致富，积极奔小康。

（三）弘扬森林文化是发展湖南生态文明的重要内容

1. 建设生态文明是社会发展的必然趋势

传统工业文明与生态文明（后工业时代）的一个明显区别在于，传统工业文明把自然万物看做是外在于人的认识对象和索取对象，以满足人类日益增长的社会物质需求，从而导致生态危机和信仰丧失。生态文明则主张生态优先，把人与自然万物看做是血肉相连的整体，人类要在对自然整体性保护的原则下实现自然资源的可持续利用，以期达到人与自然的和谐。

生态文明是可持续发展的重要标志，建设生态文明社会是社会发展的必然趋势。建立经济繁荣、生态文明的社会，就是要落实以人为本的科学发展观、不侵害子孙后代自下而上发展权的道德观、人与自然和谐相处的价值观，指导林业建设，弘扬森林文化，改善生态环境，推进我国物质文明、精神文明和政治文明建设，使人们在思想观念、科学教育、文学艺术、人文关怀诸方面都产生新变化，在生产方式、消费方式、生活方式等各方面构建生态文明的社会形态。

随着湖南经济建设发展，人们生活水平不断提高，生态文明的林业理念已经逐步确立，人民群众将森林生态系统与经济社会体系融为一体，开始对森林资源的价值重新定位和塑造，社会对林业建设的需求已开始由物质需求向生态需求转变，建设生态文明的绿色湖南理念已深入人心，建设生态文明的绿色湖南也已成为发展趋势，进一步弘扬生态文明是全面构建湖南和谐社会的必然要求。

2. 发展森林文化是丰富湖南生态文明的关键

湖南省历史文化悠久，民族风味浓厚，森林文化源远流长。在数千年的文明发展史上，留下了许多不朽的历史文化遗迹和动人的篇章。中华民族的始祖舜帝、炎帝的陵墓及纪念馆分别保存在九嶷山国家森林公园内和桃源洞国家森林公园边，成为人们谒拜的圣地。伟大爱国诗人屈原投江殉国的壮举、陶渊明的《桃花源记》、范仲淹的《岳阳楼记》等为人传颂，千古不衰。以南岳衡山为代表的宗教文化在国内外享有盛誉。翻开近代和现代史册，在湖南这片热土上，更是诞生了一大批英雄豪杰和仁人志士，留下了许多可歌可泣的动人事迹和革命活动遗址。辛亥革命时期的黄兴、蔡锷，新中国的创立者毛泽东、刘少奇、任弼时等无产阶级革命家的故里和革命活动地，现代英雄人物雷锋、欧阳海事迹纪念馆等，都与湖南省独特的生态旅游资源交相辉映。沈从文、周立波、田汉、黄永玉等一大批文学家、艺术家的故里，早期活动和作品诞生地旧址，也为森林生态旅游注入了浓厚的文化氛围。湖南还是一个少数民族较多的省份，有瑶族、苗族、白族、土家族等。少数民族的居住、服饰、婚姻、信仰、饮食、舞蹈、文化习俗等多姿多彩，构成了湖南省森林文化旅游的又一特色。

湖南是旅游文化大省，壮大湖南森林旅游文化，构筑湖南生态文明社会，林业大有作为。根据森林公园和自然保护区的分布以及航空、铁路、水路、公路的建设状况，通过合理开发，湖南省初步形成了以长沙为基点连接常德花岩溪、石门夹山到张家界的湘西北森林旅游干线；以长沙为基点连接天际岭、大围山至岳阳的湘东北森林旅游干线；以长沙为基点连接南岳、衡阳岣嵝峰至五盖山、莽山的湘南森林旅游干线。同时，与主干线相接还建有4条森林旅游支线，基本上覆盖了省内的森林公园和自然保护区，形成了多层次的森林旅游网络。

湖南省特有的森林文化以森林、湿地等为载体，将丰富多彩的物质成果和千姿百态的自然景观，客观而朴实无瑕地展现在人们面前，使人们在不断得到物质与精神享受的同时，产生由感性认识到理性认识的升华。而这种无数次升华与积累所形成的文化，其价值已经远远超出其自身。湖南省森林文化不仅影响着人们的衣、食、住、行等日常生活，而且涉及政治、经济、文化生活的各个领域，对于丰富湖南生态文明产生着积极的作用，同时也客观真实地反映湖南社会文明进步的一个侧面。

湖南省的森林文化最初与乡土民俗、风情交织在一起，而后随着社会经济的发展，逐步形成具有自己独特风格与丰富内涵的文化体系。森林文化的形成与发展，与所处时代的社会生产力发展水平和经济社会的繁荣程度密切相关，同时又影响和推动经济发展与社会文明进步。进入21世纪，当人们共同分享湖南森林文化成果并不断产生新的需求的时候，湖南森林文化产业正沐浴着改革开放和市场经济的春风，走上新的征程，以发展竹产业、花卉业、茶业、园林业、森林旅游业等为主题的各种文化活动方兴未艾，推动着地方经济与社会的发展。充分发挥森林文化大省的优势，让更多的人认识湖南森林文化，关注湖南森林文化，热爱湖南森林文化，弘扬和发展湖南森林文化，对丰富湖南生态文明乃至我国的生态文明发展具有重大意义。

二、在区域生态建设中具有突出地位

（一）湖南林业为长江中下游地区经济社会可持续发展提供关键的生态保障

1. 林业为江河安澜提供生态安全保障

长江中下游干流河道全长1893公里，流经湖北、湖南、江西、安徽、江苏、上海等省（直辖市）。长江中下游干流河道的治理、开发、利用与长江中下游沿江地区社会经济的飞速发展的关系非常密切。良好的生态环境是发挥长江这条“黄金水道”的重要作用，更好地为沿江地区通江达海、走向世界服务的保障，是长江可持续开发利用的前提条件，更是沿江地区经济与社会发展和人民生活的需要。

湖南位于长江中游地区，省内的湘、资、沅、澧等河流水系，都经洞庭湖而后注入长江。洞庭湖是长江中游最重要的天然水利调节器，对于控制长江中下游地区的洪涝灾害至关重要。三湘大地曾以“八百里洞庭”而自豪。然而多年来，因生态环境恶化，导致洞庭湖流域水土流失面积达4.4万平方公里，年流失表土1.7亿吨，每年有近3000万吨泥沙流入洞庭湖。由于泥沙淤积，洞庭湖面积已减小到2625平方公里，仅相当于原“八百里洞庭”的1/3强。治水之本在于治山，治山之道在于兴林。为防止生态进一步恶化，彻底根治洞庭湖的泥沙淤积和水患，还“八百里洞庭”的浩荡景观，多年来，湖南林业一直把保护洞庭湖作为工作重点，通过工程建设，发挥森林治理水土流失、涵养水源的作用，减少洞庭湖、长江中下游河道的淤积，进而对于防控长江中下游地区的洪涝灾害起到了重要作用，为长江经济带的可持续发展提供了坚实的生态保障。

2. 林业为经济发展优化生态环境

（1）兴林抑螺防病。血吸虫病是长江流域危害广大人民群众身体健康和生命的重要传染病。

钉螺是该病原的主要寄主之一，控制和消灭钉螺是预防该传言病在长江流域蔓延的主要途径。在湖区滩地发展林业可以有效地抑制钉螺的繁衍，从而控制血吸虫病的蔓延，保护广大人民的生命和健康。

我国目前血吸虫病尚未得到控制的地区主要集中在长江流域的湖南、湖北、江西、安徽、江苏、四川、云南7省的110个县（市、区），生活在疫区的人口约6000万。重疫区主要是江汉平原、洞庭湖区、鄱阳湖区、沿长江的江（湖、洲）滩地区，以及四川、云南的部分山区。由于湖南水系发达、湖泊众多，便于血吸虫病的滋生和蔓延，湖南是长江中下游地区血吸虫病的集中分布区，环洞庭湖的岳阳市、常德市、益阳市是湖南省最大的疫区。大力发展湖区滩地以预防血吸虫病为主要目标的林业建设，可以有效地减少该地区血吸虫病的发生，防止血吸虫病向长中下游地区蔓延，同时对长江中下游地区各省份的血吸虫病预防工作也具有借鉴作用。

（2）增进生物多样性。生物多样性是地球生命经过几十亿年发展进化的结果，是人类赖以生存和持续发展的物质基础。它提供人类所有的食物和木材、纤维、油料、橡胶等重要的工业原料。中医药绝大部分来自生物，截至目前，直接和间接用于医药的生物已超过3万种。可以说，保护生物多样性就等于保护了人类生存和社会发展的基石，保护了人类文化多样性基础，就是保护人类自身。

目前，随着环境的污染与破坏，比如森林砍伐、植被破坏、滥捕乱猎、滥采乱伐等，目前世界上的生物物种正在以每小时一种的速度消失。而物种一旦消失，就不会再生。消失的物种不仅会使人类失去一种自然资源，还会通过生物链引起连锁反应，影响其他物种的生存。20世纪80年代，国际社会开始意识到保护生物多样性的重要性，制定了一系列的国际公约。1992年，我国成为世界上首先批准《生物多样性公约》的六个国家之一，并成立了生物多样性保护委员会，制定了《中国生物多样性保护行动计划》。

湖南森林、湿地资源丰富，是许多珍惜野生动植物的天堂，也是长江流域重要的生物多样性基因库。湖南具有国家级自然保护区处，列入国家重点保护野生动物名录的有113种。尤其是禽鸟种类繁多、分布广泛，约占全国鸟类种数的45%，占全国鸟类保护数的44%。湖南绝大多数珍惜野生动植物都是分布在森林和湿地两大生态系统，因此，要保护好长江流域的生物多样性必须重视和发展湖南林业。

（3）开展湿地生态旅游。包括湖北、湖南、江西、安徽、江苏和上海6省（直辖市）的长江中下游地区，面积78万平方公里，是我国最大的自然和人工复合的湿地生态系统，湿地面积有580万公顷，占全国湿地面积的15%，我国著名的五大淡水湖鄱阳湖、洞庭湖、太湖、巢湖和洪泽湖全部在这一地区。有国际重要湿地7块，是我国湿地资源最丰富的地区之一，也是亚洲重要的候鸟越冬地，被列为世界湿地和生物多样性保护的热点地区。

洞庭湖区湿地是我国长江中下游地区三大湿地资源集中地之一，在其特殊的地理环境、自然条件和人类活动的长期共同作用下，形成了独特的湿地生态旅游资源景观、明显的碟形盆地带状地貌、典型的亚热带季风湿润气候、极为丰富的动植物资源、构成该区生态旅游资源的主要因素，洞庭湖湿地生态旅游资源的特殊性，几乎涵盖亚热带内陆所有湿地类型造就了该区湿地生态旅游资源的多样性，又呈东、南、西三大片分布，且各具特色。湖南林业建设为保护湿地，推动湿地生态旅游将发挥积极的促进作用。

东片：东洞庭湖作为国家级自然保护区，是我国六大国际湿地保护区之一，被誉为“鹤之王国”“珍禽的乐园”，以保护珍稀水禽、涉禽及珍贵水生动物为主。目前，保护区内有鸟类206种，其中珍稀鸟类有白鹤、白鹳、黑鹳、中华秋沙鸭、大鸨等，珍贵水生动物有中华鲟、白鳍豚等，还有1400余种水生和湿生植物；保护区所在的岳阳市系历史文化名城，岳阳楼为我国江南三大名楼之一，享有“洞庭天下水，岳阳天下楼”的美誉。省级自然保护区——君山，宛如“白银盘里一青螺”，七十二峰掩映在碧波浩渺之中，岛上虞帝二妃墓、柳毅井、斑竹泪亭等，一直为古今中外游人所向往。

南片：以南洞庭湖为主体的省级南洞庭湖湿地自然保护区，以湿地和水禽保护为主体，区内苇荡遍布，面积达到2万平方公里，各种水禽资源十分丰富。秋冬时节，苇絮飞扬，万鸟竞飞，蔚为壮观。万子湖畔的凌云塔，颇具文星磊落、耸入青云之势，造型气势磅礴，与自然湿地构成湿地复合旅游景观。

西片：西洞庭湖为主体的湿地旅游资源区，由于泥沙淤积和围湖造田，已被分割成目平湖、珊珀湖、七里湖、北民湖和柳叶湖等，区内有湿生沼泽植物120多种；鱼类119种；水禽80多种，主要有鹤类、鹭类、鸭类等水鸟。世界鹤类基金会主席阿基博博士一行曾亲自在岩汪湖一带观鹤。西洞庭湖鸟类聚居点各具特色，七里湖以鹤、鹭类为主，珊泊湖以野鸭类为主，目平湖则以大量的留鸟和候鸟为主。目前，已建成目平湖水禽自然保护区。

开展湿地生态旅游已成为湖南省的“黄金产业”，极大地促进了地区经济发展。湖南林业建设将为保护湿地，推动湿地生态旅游发挥积极的促进作用。

（二）湖南林业为泛珠三角地区经济社会可持续发展提供重要的生态服务

1. 林业为区域经济社会发展构建生态屏障

珠江从红土高原马雄山出发，浩浩荡荡向南奔去，流经云南、贵州、广西、广东4省（自治区），水量仅次于长江，珠江源头的生态保护也成为泛珠三角合作的重要主题。珠江下游的污染，主要是工业污染和城市污染；珠江上游的污染，主要是矿山、农业开发在内的面源污染。未来10年，上游地区将面临经济发展和人口扩张的压力，如果处理不当，将会对整个珠江水域环境造成严重影响。为保护珠江，泛珠三角区域各省已在生态保护、促进循环经济发展、水环境保护、大气污染防治、环境保护监测等方面通力合作。

湖南是泛珠三角地区的重要组成部分，湖南南部山区是珠江的发源地之一，这里的森林对于防控珠江污染发挥着重要的生态保障功能。近年来，湖南省为保护珠江的自然环境，通过加强源头地的林业资源保护，实施人工造林，努力建设珠江上游生态屏障，为保护好珠江、促进泛珠三角地区经济社会可持续发展做出了积极贡献。

2. 林业为区域经济社会发展提供生态服务

为保护珠江，作为泛珠三角区域的湖南省通过关停污染环境小企业，治理生活用水污染等硬性措施，保护珠江源头水质。同时，通过营造林业工程，发挥森林涵养水源，吸收有害气体，防治重金属污染等功能，防止珠江水质污染。

泛珠三角区内拥有丰富的人文旅游资源，旅游业已成为“黄金产业”，极大地促进了区域经济发展。随着人们生活质量的提高，生态旅游、森林休闲、森林保健也成为旅游消费热点。湖南省的生态旅游业已经享誉国内外，湖南省的林业对于泛珠三角地区生态旅游业、森林休闲业等发展发挥着重要的促进作用。

（三）湖南林业对中西部地区生态建设发挥示范带动作用

中部地区包括山西、河南、安徽、江西、湖北、湖南6省。中部土地面积102万平方公里，占全国10.7%；拥有3.61亿人口，占全国28.1%；国内生产总值占全国23%，是中国主要的能源动力和原材料输出地区。“中部崛起”成为继20世纪90年代初期东部沿海地区率先对外开放，新世纪初期的“西部大开发”以及“振兴东北”之后的又一重大战略。湖南省在“中部崛起”

战略的实施过程中起着重要作用。

湖南林业在发展过程中以改革为动力，以创新为前提，以效益为根本，努力实现由“以林为本”向“以人为本”的转变，为中西部地区生态建设发挥了示范带动作用。

1. 森林分类经营

森林分类经营是我国进一步深化森林改革的重大举措，是建立林业两大体系的重要理论基础。分类经营的核心是将森林划分为商品林和公益林，商品林是以发挥森林的经济效益为主要目的，公益林是以提供生态环境服务为目的，政府给予公益林经营者一定的补偿。由于中国是一个发展中国家，中国政府虽然十分重视公益林的经营和补偿问题，但目前还存在补偿标准过低、标准不统一、补偿不到位等问题。

湖南省在森林分类经营上，根据“地域分工、分类经营、总体协调、效益最佳”的经营方针，调整经营周期结构，公益林以长经营周期为主，商品林经营周期以短、超短经营为主，力争全省以40%左右的林地高投入、高产量、快产出，承担原来林区80%以上的木材产量，使60%以上的森林得到休养生息。近年来就森林分类经营进行了广泛的试点工作，基本建立起林业分类经营的框架，对国家重点公益林和地方公益林，在区划到位基础上，逐步建立规范的与经济发展水平相适应的森林生态效益国家和地方补偿制度。同时，积极探索森林生态效益的市场化，建立森林生态效益的社会补偿机制，开发森林和湿地生态服务功能的市场。在进一步完善招投标制、报账制的同时，积极探索建立按造林绩效对各类造林主体实行统一补贴的政策，开展直接收购各种社会主体营造公益林的试点活动，凡纳入公益林管理的森林资源，政府以多种方式对投资者给予合理补偿。湖南省推行的森林分类经营措施对中西部地区生态建设具有借鉴意义。

2. 国有林场改革

深化国有林场改革，加快国有林场发展，是全面推进林业现代化建设的重要内容。湖南省加快国有林场改革，根据国有林场的规模、区位、森林价值以及管理林场的县级政府财力情况等，并本着有利于林场建设和发展的精神，逐步将其分别界定为生态公益型林场和商品经营型林场。生态公益型林场以保护和培育森林资源为主要任务，按从事公益事业单位管理，所需资金，按行政隶属关系，由同级政府承担。商品经营型林场和国有苗圃要全面推行企业化管理，按市场机制运作，自主经营，自负盈亏，在保护和培育森林资源，发挥生态、社会效益的同时，实行灵活多样的经营形式，积极发展多种经营，最大限度地挖掘生产经营潜力，增强发展活力。目前，湖南省按照国有林场分类经营的要求，逐步建立权责利相统一，管资产与管人、管事相结合的国有林场森林资源管理体制，有效地保障林场森林资源的增长和优化，避免流失和破坏，为中西部地区国有林场经营改革探索积累经验。

3. 城市林业发展

随着人口的增长，工业化的迅速发展，城市环境问题日益暴露出来，并对人们的身心健康构成了严重的威胁，引起了人们的极大关注。人们越来越认识到，发展城市森林是改善城市生态环境的重要手段。充分利用森林净化空气、保持水土、调节气候、减少噪音、美化环境的特殊功能是改善城市生态环境的重要途径。

为了抢抓实施“中部崛起”战略的发展机遇，在城市林业建设中，长沙市政府公布了《关于建设城市林业生态圈的决定》，将以创建森林城市为目标，以城市绿化为重点，初步完成城市林业生态圈建设任务。长沙城市林业生态圈实施范围包括市内5区、望城县全境和长沙县的暮云、黄兴等9镇，总面积2893平方公里。建设目标是：环绕长沙城市形成以林木为主体的大规模、宽厚的绿色生态圈，为广大市民增加游憩场所。建设一批森林公园及各种生态主题公园、旅游观光园。重点突出“一环、两带、五廊、十二园、五组团”等生态工程建设。为顺利实现这个目标，长沙市将引入市场经营机制，把生态圈部分建设项目推向市场，实行“谁投资、谁经营，谁开发、谁受益”，从而加快建设步伐。同时，城镇适龄公民每人每年必须完成3个劳动工日，农村适龄公民每人每年必须完成2个劳动工日，全民义务植树尽责率要达到85%以上。

湖南省在城市林业建设中，广泛开展生态环境保护和城市林业重要性的宣传和教育活动，逐步建立城市林业公共教育制度，让公众全面了解城市林业的重要作用和多种功能，提高全社会对城市林业重要性的认识，鼓励全民和全社会参与城市林业建设和保护。在发展城市林业过程中，将城市林业建设与水体保护相结合，与城市布局相结合，建设城乡绿地相连的森林体系，实现了优美的生态景观和显著的环境价值相统一的目标，为中西部地区城市林业建设提供了宝贵经验。

三、在全国现代林业发展中具有重要地位

全面推进湖南现代林业建设，是落实科学发展观的基本要求，是湖南林业发展到目前阶段的必然选择，是今后一个时期湖南林业工作的旗帜、方向和主题。湖南是中国发展林业自然环境十分优越的省份之一，是中国的林业大省。随着国家“中部崛起”战略的实施，湖南经济社会出现了前所未有的发展势头，也为湖南林业的发展带来了机遇。推动湖南等长江中下游地区林业率先实现现代化，是新时期中国现代林业发展的重点战略布局，近年来，湖南林业不断改革创新，开拓进取，不仅在生态建设、产业发展和森林文化建设方面取得了突出的成就，而且为中国集体林权制度改革和发展提供了宝贵的经验，体现出了湖南林业在全国实施以生态建设为主的现代林业发展战略中的重要地位。

（一）湖南林业对推进全国现代林业建设发挥着重要作用

湖南林业现代化建设指导思想体现可持续发展理念。现代林业是一个完整的理论体系，具有一套比较先进的指导林业发展的思想、理念和规范，它是一个很高的目标模式，其发展过程自然也是漫长的、循序渐进的。湖南现代林业根植于现代社会，与现代社会的基本构架和价值观相衔接，体现现代社会的主要特征。湖南林业现代化建设是以人为本、全面协调可持续发展的林业，是按照生态良好、产业发达、文化繁荣、发展和谐的要求，具有较高生产力，社会广泛参与，对外开放，富有活力，能够最大限度地满足社会对林业多样化需求的林业。

1. 湖南是我国森林资源大省

全省林业用地、湿地分别达到0.128亿公顷和0.056亿公顷，分别占国土总面积的60.1%和26%。森林覆盖率达到55%，居全国第四位。经济林、竹林资源丰富。其中，油茶面积近266.67万公顷、全国第一；立竹总数19亿株，也居全国第一。境内野生动植物物种十分丰富，已记录的种子植物有4324种，其中列入国家重点保护野生植物名录的79种；已知的各类脊椎动物826种，其中列入国家重点保护野生动物名录的有113种；禽鸟种类繁多，分布广泛，共有500多种，占全国鸟类种数的45%，其中属于国家级保护的一、二、三类珍禽22种，占全国鸟类保护数的44%。

2004年3月，湖南省委、省政府为了认真贯彻《中共中央 国务院关于加快林业发展的决定》，提出了《关于贯彻〈中共中央 国务院关于加快林业发展的决定〉的意见》，与此同时，各市州和部分县市区相继出台了贯彻中央林业决定和省委、省政府意见的文件。以《决定》的颁发和《意见》的提出为标志，确立了林业建设在经济社会发展全局中的战略地位。湖南省是我国森林资源大省，湖南的林业建设在促进全国现代林业快速发展过程中大有可为。

2. 湖南林业实践促进和谐发展

人与自然和谐发展，是构建社会主义和谐社会赋予林业的重大使命和建设现代林业的内在要求。湖南林业在现代化建设实践中坚持以生态建设为主的林业发展战略，努力改善森林、湿地两大生态系统，成为我国林业资源大省。在此过程中牢固树立了尊重自然、崇尚自然、促进人与自然相互和谐的发展观，并发挥其在现代林业建设中的引导和促进作用，大大提高了湖南人民的生态文明意识和生态道德意识。另外，湖南林业在实践过程中统筹规划，注重生态建设和产业建设的和谐发展，注重山区、农区、湿地林业的和谐发展，同时，注重国有、集体和民营等不同所有制之间林业的和谐发展，在提高林业科学化、机械化和信息化水平过程中，提高了林地产出率、资源利用率和劳动生产率，提高林业发展的质量、素质和效益，为其他地区林业发展树立了良好的榜样。

2006 年 12 月，国家林业局正式批准湖南省益阳市为国家现代林业建设示范市。益阳市地处洞庭湖畔，集山区、丘陵、平原、湿地为一体，地形、地貌类型全面，地理区位和林业发展等方面对我国中部地区乃至全国具有一定的代表性和指导意义。近年来，益阳市委、市政府高度重视林业建设，全市森林资源稳步增长，林业产业迅速发展，林业发展取得了令人瞩目的成绩。在林业管理体制改革、非公有制林业发展、林业产业化经营、森林资源采伐管理等方面总结摸索了一定经验，为率先推进现代林业建设奠定了良好的基础。通过现代林业示范市的建设，可以加快益阳市现代林业建设步伐，积极为我国中部地区乃至全国类似区域林业现代化建设探索路子和提供示范。

3. 湖南林业建设注重以人为本

林业发展是为了人，发展林业又要依靠人。湖南林业现代化在实现构建完善的林业生态体系、发达的林业产业体系和繁荣的生态文化体系目标过程中，一直把实现好、发展好、维护好湖南人民群众的根本利益作为湖南林业现代化建设目标的出发点和落脚点，把调动好、保护好、发挥好湖南人民群众的积极性作为林业现代化建设目标的着力点和关注点，努力在提高务林人的综合素质上狠下工夫，在全行业深入开展理想信念教育、政策法规学习和业务知识培训，着力提高专业岗位能力、推动发展能力、依法行政能力、服务基层能力、抗腐保廉能力，起到了明显成效。逐步建立了一支以技师、高级技师为重点，以林农实用人才为主体，工种岗位配套、业务技术精湛，具有较高素质的基层实用人才队伍；对全省县（市、区）以上林业行政主管部门的党政主要领导开展林业专业知识轮训，加强了党政人才队伍建设力度；加大对科技人才开发的投入，加大教育培训力度，培养了一支业务精、素质高、讲奉献的林业科技人才队伍；另外，优化整合教育培训资源，培养引进了一批熟悉林业、懂贸易、善经营的复合型人才。湖南省林业发展“十一五”和中长期规划中明确提出了以人为本的发展思路，这必将推进湖南乃至全国现代林业大发展。

（二）湖南林业产业在全国创造了新的发展经验

湖南是我国现代林业产业大省。全省林业基本形成了较为成熟的一、二、三产业，并形成了湖南的一些特色名牌产品。林业第一产业中松树、杨树、桉树、毛竹、桤木等速生用材树种和苗木花卉得到较快发展，林种、树种结构得到优化，尤其是速生丰产林建设促进非公有林业异军突起。林业第二产业形成了木材采运、制材、人造板、木竹浆造纸、木竹地板、家具、松香、药材、干鲜果品、食品罐头、山野菜、茶油、木竹制品及工艺品等门类齐全，具有一定规模和技术基础的林产工业体系。林业第三产业形成了以张家界国家森林公园为龙头，以桃花源、莽山、云山、大围山、桃源洞、九嶷山、花岩溪、不二门、夹山、南岳为精品的森林生态旅游网络和四通八达的林产品购销网络。现在，全省拥有各类林业企业3万多家，从业人员320多万人，涉林人员1600多万人。

为充分利用森林资源，发展壮大林产工业，加快推进湖南省工业化、农业产业化、城镇化进程，湖南省政府出台了《湖南省人民政府办公厅关于加快全省林业产业化建设的意见》，推动了全省林业产业化和林产工业的发展。“十一五”期间，湖南省确定了以生态建设为主、生态建设与产业发展良性互动和协调发展的林业发展战略，将会进一步推动林业产业发展，更好地满足社会对林业的多种需求。同时，对促进我国现代林业产业发展也将起到积极的作用。

1. 龙头企业发展带动资源培育

湖南林业产业初步形成了以龙头企业带动资源培育的林业发展新模式。例如湖南以泰格集团等造纸企业为龙头，形成林纸一体化产业，通过企业创品牌，品牌建基地，基地联农户的形式，有效地带动当地速生丰产林发展，并促进林业技术推广和农民增收。在林业基地建设上，5年多来，该集团已投资6亿多元，在湖南、湖北两省的56个县自营造林150万亩，加上订单林业，共已控制林地380万亩。已成为在中国除印度尼西亚金光集团外，营造造纸工业原料林最多、最快的企业，泰格集团的林纸一体化经营已初具规模。

我国既是一个纸品生产大国，又是一个纸品消费大国，纸和纸板产量已跃居世界第二位。但是，我国造纸工业面临着木质原材料短缺困境。由于木浆造纸要消耗大量的森林资源，与生态保护的矛盾就显得异常尖锐。为了解决原材料问题，也为了木浆造纸工业的可持续发展，湖南林业企业走出了一条林纸一体化经营的路子。即把木浆造纸业与林业资源的培育紧紧结合在一起，林纸业实行一体化经营，组成林纸结合的联合体，造纸原料林是联合体的第一车间。形成育苗、造林、采运、木材加工、制浆、造纸“一条龙”和经营销售一体化，使林业和纸业成为一条完整的产业链和循环经济链。实行林纸一体化经营，既可使原料林的培植有可靠的资金来源（可由林纸联合公司直接投资，也可通过利润返回提供资金）和市场保证，又可使制浆造纸厂按时、按量、均衡地得到质量规格有保证的、成本相对较低的木材原料供应；既发展了制浆造纸工业，又保护了生态，从而达到林兴纸旺。

湖南省“林纸一体化”发展模式有利于调整农业结构，增加农民收入，是解决“三农”问题的一条重要途径。建设造纸工业原料林基地，将企业的资金、农民的土地、农村的劳力、先进的科技、可靠的市场这些生产力要素有机地结合在一起，而且周而复始、长期循环下去。在这个过程中，农民可以长期参加基地建设，不但可以从土地入股分成（或土地租金）中得到稳定的收入，还可以从参加育苗、整地、造林、抚育、管护、采伐、运输等林业生产中得到劳务收入。因此，实施林纸一体化工程建设，对调整农业种植结构、农村剩余劳力转移、增加农民收入、解决三农问题和建设社会主义新农村将起到积极作用。

2. 社会参与推动林业发展

全社会办林业，关键在一个“全”字，即：全社会的各种主体共同参与，全要素的多种方式和多种形式投入，全方位的各个领域公平进入。全社会办林业各主体地位平等，参与者机会均等，各要素优势互补，合作者互惠共赢，须是恪守的基本准则。湖南省平等看待参与的各种社会主体，公平开放林业建设领域，公正对待各要素的利益分配，维护各种主体、各要素间的和谐合作，营造出充分调动全社会的力量、凝聚一切积极因素建设林业的氛围。通过政策引导，鼓励各种社会主体跨所有制、跨行业、跨地区投资发展林业；凡有能力的农户、城镇居民、科技人员、私营业主、外国投资者、企事业单位和机关团体的干部职工等，都可单独或合伙参与林业开发，从事林业建设；鼓励军队、社会团体、外商造林和群众造林，形成多主体、多层次、多形式的造林绿化格局。目前，全社会办林业在湖南的发展模式也日趋多样化。有以公共利益为目标的政府主导模式，如创办国有林场，组织实施林业生态建设工程；有以经营实体为纽带的社区主导模式，如兴办乡村（社队）林场；还有以经济盈利为目的的资本主导模式，如设立股份制林场、独资和合资的林业企业等；也还有营造各种纪念林，来自社会团体、企业、个人对林业的捐赠活动以及国际组织、外国政府和民间对湖南林业的援助项目等，开创了社会参与推动林业发展的新模式。

3. 民营林业企业带动林业产业发展

湖南省民营林业与林业工程建设相伴而生，在理论不断创新和实践不断深入的背影下逐步发展壮大。目前，湖南省的民营林业已成为林业建设的生力军，显示出勃勃的发展生机，民营林业企业迅速发展壮大，大大推动了林业产业发展，体现了以下特点：一是民营林业产品市场化。在经营结构上，实现产权结构和投融资渠道的多元化，使民营林业的利益更直接、更具体，分配更合理；在经营理念上，树立大市场、大商品的思想，增强竞争意识，以市场为导向，推动民营林业产业升级；在经营策略上，集中力量，扩大规模，降低生产成本，提高效益；在产品战略上，大力发展名、特、优、新的产品，突出特色经济，发挥资源优势。二是民营林业经营集约化。在生产布局上，科学规划，建立适应社会化大生产的协作分工机制，提高单位产出量，提升民营林业生产的专业化水平。三是民营林业产业化。推动民营林业由产品初级加工到精深加工，由生产单一产品向系列产品，由内向型向外向型转变，进行生产组织形式和经营机制的创新，做到生产专业化，布局区域化，产销一体化，管理企业化，服务社会化，经营规模化，质量标准化，营销市场化。湖南民营林业企业积极参与林业建设，推动林业产业发展为湖南民营林业发展乃至全国民营林业发展积累了宝贵经验。

（三）湖南林业推动全国集体林区林业发展

1. 在集体林区林权制度改革方面发挥示范作用

目前，我国集体林区的林权改革正处在一个关键时刻，湖南集体林区林权改革以建立“产权归属清晰、经营主体到位、责权划分明确、利益保障严格、流转顺畅规范、监管服务有效”的林业产权制度为目标，确保广大农民对集体林地“明晰所有权，放活经营权，落实处置权，确保收益权”，在抓好试点的基础上，稳步推进林业产权制度改革，先后出台了《湖南省森林资产评估管理办法》《湖南省森林资源产权流转管理办法》，积极培育活立木市场，制定规范的森林资源评估办法，发展森林资源资产评估机构，促进林木合理流转，调动经营者投资开发的积极性，为全国集体林区林业发展发挥示范、带动作用。

2. 在林业重点工程建设组织管理方面创造了新的经验

湖南省在林业工程建设过程中，根据不同阶段的社会经济发展情况，始终以改革为动力，不断探索适应社会主义市场经济要求和林业特点的管理体制和运行机制，努力创造有利于工程建设良性发展的环境，促进工程建设顺利实施，在林业工程组织管理方面创造了新的经验。

健全省、市（州）、县各级林业工程管理机构，明确管理目标责任制。通过确定机构职责，规范机构设置，明确机构定位，形成森林资源林政行政管理网络体系。提高和规范森林资源管理基础设施和装备配置的建设标准，初步实现管理体系的技术规范化、信息网络化、装备现代化、管理科学化。在林业工程建设过程中，实行管理目标责任制，定期考核，定期奖罚，同时，不断提高人员管理水平和业务素质，提高应变能力、间接信息获取能力、快速处理林政违法案件和相关公务的能力，使林业工程管理水平有了长足进步。

加快林业信息化与电子政务。在湖南省委、省政府的领导下，充分运用“3S”技术、网络与计算机等现代信息科技手段，不断拓展全省林业信息化与电子政务体系建设，进一步巩固和完善全省林业基础数据共享平台，加快信息资源开发力度，健全信息安全保障体系，完善相关的规范与标准，提高信息资源共享能力，逐步建成以信息技术广泛应用为前提、信息资源开发与共享为核心、信息网络为基础、林业业务系统为主体、信息化组织机构建设为保障、完善相关规范标准为支撑的综合体系，为全面提高林业行政管理水平提供基础保障。

建立森林资源管理体系。初步建立与社会主义市场经济体制和林业分类经营体制相适应的以资源行政管理为主体，以资源综合监测和资源监督检查为两翼的森林资源管理体系。全面推进森林资源林政管理和监督机构队伍建设，改善林政管理和林政执法条件，建立包括林木采伐及采伐限额管理、林地林权管理、林业行政执法等在内的森林资源林政管理系统，提高森林资源管理水平。

建立质量监管体系。在林业工程建设中实行全面质量管理，有效地提高了工程建设质量。一是实行技术承包制，对造林各环节由各级林业主管部门的工程技术人员进行现场指导和技术把关，实行技术承包，做到责、权、利相结合；二是实行质量检查验收制度，对造林质量层层坚持年度检查、中期评估、竣工验收和县上自查、省上抽查、国家林业局核查的检查验收制度；三是进行质量跟踪，实行全过程管理。各级工程管理部门对工程建设实行质量跟踪管理，定期进行多方位的质量评估；四是建立重点项目通报制度。将重点项目检查验收的结果进行通报，有效地促进了造林质量的不断提高。

3. 在科技兴林方面发挥带动作用

湖南省在林业建设过程中始终把科技作为第一生产力加以重视，全面提高科技对林业的支撑力度。在林业科学技术研究体系建设方面，以应用技术研究领域为主体，兼顾应用基础研究，加强改善生态环境技术以及资源高效利用技术等领域以及林木遗传育种技术研究，加快湖南省林木无性系育种技术重点实验室、南方纸浆林研究重点实验室、南方人工林木材工程技术研究中心等的建设；在完善科技推广网络建设方面，进一步完善省、市（州）、县、乡镇四级推广网络，形成覆盖全省的林业科技推广机构和队伍，并且加强对林业科技推广培训，提高队伍素质；在林业科技示范体系建设方面，抓好以国家、省部级科技兴林示范县为重点的科技示范园区建设，分别选择湘东、湘北、湘南、湘西、湘中的科技兴林示范县建立重点科技示范区，在科技兴林示范县开展林业科技入户工程试点取得了良好的效果；在科技人才引进利用方面，湖南省林业厅组建了第二届科学技术咨询委员会，聘请著名专家“智囊团”，共谋林业发展大计。针对退耕还林等林业重点工程存在的技术瓶颈，开展了6大科技专题攻关，引智、引技工作有新的突破；同时，进一步拓展科技合作领域，科工贸一体化进度加快，科技推广力度加大，一批科研成果开始实现产业化、商品化。

第二节　湖南现代林业的发展理念

基于湖南林业发展的现状水平和地位作用分析，面向未来的湖南林业发展将以“建设和谐湖南新林业，打造绿色安全新家园”为核心理念，并通过“建设完备的林业生态体系，建设发达的林业产业体系，建设先进的森林文化体系”这一重要途径实现湖南林业发展的新理念。

一、发展理念

中国政府已把“科教兴国”和“可持续发展”提高到了基本国策的战略高度；原林业部提出了建设完备的林业生态体系和发达的林业产业体系，实际内容包涵“分类经营，分项管理，统一规划，分区建设”的指导思想。根据中国复杂多变的自然环境和不同区域的环境问题，根据国家财力分步实施，最终实行中国完善的森林生态体系。所谓分类经营是分别各地自然、经济和社会状况，针对特定的环境问题，建设特定的防护林体系和商品林；分项管理是根据不同的经营目标，根据不同的自然社会状况，进行分项管理。如公益林而言，西北风沙区要根据干旱、风大的特点，首先要恢复植被，并建设以防风固沙林为主；黄河流域是水土流失严重的地区，针对干旱、贫瘠的土壤条件，要建设水土保持林为主；对长江中上游要建设水源涵养林为主；而对长江中下游血吸虫病流行的地区，要把建设抑螺防病林放在首要位置。对于不同类型的防护林要采取不同的经营方法，如树种选择上，防风固沙林要选择耐旱、根系深，抗风蚀能力强的树种；水土保持林要选择根系庞大，固土能力强的植物材料，水源涵养林要选择枝叶茂盛、持水量大并能形成腐殖质，有良好改良土壤的树种；而对滩地的抑螺防病林既要选择耐水淹，同时又要不利于钉螺孳生的树种和植物。对于公益林，受益主体应该采取相应的补偿措施，并建立和实行森林生态效益补偿制度，由国家林业局来管理；对于商品林主要靠市场来调节其发展；对于公益林兼用材林，先根据林分的发展趋势，按照分类经营的要求，逐步区分为公益林和商品林。统一规划是由于中国人口基数大，耕地面积相对不足，要在满足中国粮食生产的前提下，最大限度地发挥森林功能，因此要全国一盘棋，统一规划，使中国森林生态网络系统工程真正成为国民经济持续发展，人民生活水平不断提高的重要保障。至于分区建设是根据经济发展状况，分轻重缓急分期实施，分区、分片、分地域建设。

中国森林生态网络系统根据自然、经济和社会状况，按照物质流、能量流和信息流相互联系的规律，将整个陆地看成一个生态系统，将不同类型的森林、草原、农田、荒山荒地、水域、城市、村庄等不同的巨斑块，以各斑块为生态点，以人类活动线、水量分布线、热量分布线为 3 条主线，以生态系统的功能特点为面，而组成的点、线、面相结合的形式，建立起来的一种人、自然、社会的各自及相互间协调发展，立体多层次，具有一定格局动态的复合生态网络系统。

网络具有 3 个特点，即分室行为的依赖性、相互作用途径的多样性，以及间接作用的显度性。生态网络是反映生态系统中生物与生物、生物与环境间相互联系和相互作用的并且有整体功能的生态网络结构。森林生态网络是指以森林生态系统为主体的生物与生物、生物与环境之间相互作用的网络结构。

中国森林生态网络系统根据不同的自然环境、经济和社会状况，按照点、线、面相结合的原则，将各种不同的中国森林生态系统有机组合，形成一种人和自然的高度统一，协调和谐的有机整体。

（一）理念的重要性

根据中国森林生态网络体系的理论湖南林业发展的核心理念确立为“建设和谐湖南新林业，打造绿色安全新家园”（简称：“新林业，新家园”）。

“新林业，新家园”的湖南林业发展核心理念并不是凭空产生的。它的确立，是在充分考虑湖南省的实际，党和国家在新时期的现代化发展战略，新时期的林业发展战略，并借鉴国际国内林业发展的经验，结合在湖南和谐发展中具有关键地位，在区域生态建设中具有突出地位，在全国林业发展中具有重要地位这一基本定位，对各方面情况进行认真思考、综合分析的基础上提出的。

第一，建设“新林业，新家园”，符合湖南省经济社会发展的实际和全省林业发展的实际，及经济社会和谐发展对林业的需求。改革开放以来，湖南省经济社会全面快速发展，林业建设取得巨大成就。同时，在发展过程中，生态环境问题也日益凸显，人民群众对生态环境质量的要求也越来越高，原来的以生产木材为主要任务的传统林业，已经不能满足社会对林业的多种需求。正是在这种背景之下，2005 年湖南省委、省政府提出建设“和谐湖南”的战略任务，在“和谐湖南”建设中包括“生态湖南”“小康湖南”“平安湖南”“诚信湖南”四大内容。其中建设“生态湖南”是“和谐湖南”建设的主要任务之一。按照国家对林业的定位，在可持续发展中林业具有重要地位；在生态建设中林业具有首要地位。因此，为了建设生态湖南和和谐湖南，就必须用新的理念指导湖南林业又好又快发展。

第二，建设“新林业，新家园”，符合党和国家在新时期的社会主义现代化发展战略，林业发展要为国家战略服务。在新时期，我国林业发展要以“科学发展观”为指导，即“坚持以人为本，树立全面、协调、可持续的发展观，促进经济社会和人的全面发展”，必须“统筹城乡发展、统筹区域发展、统筹经济社会发展、统筹人与自然和谐发展、统筹国内发展和对外开放。”同时，林业发展要为构建社会主义和谐社会、建设社会主义新农村的战略任务服务。社会主义和谐社会是民主法治、公平正义、诚信友爱、充满活力、安定有序、人与自然和谐相处的社会。人与自然和谐相处，是生产发展，生活富裕，生态良好。构建和谐社会离不开统筹人与自然和谐发展，而林业是统筹人与自然和谐发展的关键。湖南林业的发展理念要充分体现以人为本，并为和谐社会建设服务。

第三，建设“新林业，新家园”，符合我国新时期的林业发展战略。2003 年 6 月，党中央、国务院做出《关于加快林业发展的决定》，吸收《中国可持续发展林业战略研究》成果，确立了“三生态”林业发展战略、并给林业以“三地位”的新战略定位。“三生态”林业发展战略是“确立以生态建设为主的林业可持续发展道路，建立以森林植被为主体、林草结合的国土生态安全体系，建设山川秀美的生态文明社会”。林业的“三地位”是“在贯彻可持续发展战略中，要赋予林业以重要地位；在生态建设中，要赋予林业以首要地位；在西部大开发中，要赋予林业以基础地位”。当前和今后一个时期林业工作的基本思路是：坚持以邓小平理论和“三个代表”重要思想为指导，用科学发展观统领林业工作全局，以全面推进现代林业建设为主题，以根本转变林业增长方式为主线，以全力构建林业三大体系为目标，着力培育森林资源，着力深化林业改革，着力推进科教兴林，着力抓好依法治林，着力加强经营管理，着力强化基础建设，充分发挥林业的三大效益，满足社会的多样化需求，为建设社会主义新农村、构建社会主义和谐社会作出更大贡献。因此，湖南林业发展理念要充分体现林业发展战略的重大转变。

第四，建设“新林业，新家园”，是认真总结和借鉴国际林业发展经验的结果。进入 21 世纪，世界林业出现了新的发展趋势。首先，和谐发展已成为世界林业发展的取向。在发展方向上，鼓励开发“生态友好”的森林产品和服务；推动“生物经济”发展，注重森林资源利用的效率与价值；发展森林社区文化，保护传统知识与精神价值；信息知识共享，政府的角色与作用转换。其次，城市森林建设在世界生态化城市发展中具有重要作用。进入 21 世纪，城市规模扩大、人口增加、生态环境压力加大，是世界城市发展的一个共同特点。加快城市森林建设，建设生态结构合理、生态服务功能高效的城市生态系统，推动生态化城市建设，已成为世界城市发展的新潮流。第三，全球人工林建设保持快速发展势头。随着全球经济的迅速成长，一方面国际市场对林产品需求攀升，另一方面天然林资源保护的呼声高涨，天然林供材压力加大，使得人们的目光更多的转向了人工林。第四，通过清洁发展机制增强森林“碳汇”功能。森林问题是全球气候变化控制中一个热点问题。2001 年《波恩政治协议》和《马拉喀什协定》已同意将造林、再造林项目作为第一承诺期合格的清洁发展机制（CDM）项目，这意味着发达国家可以通过在发展中国家实施林业碳汇项目抵消其部分温室气体排放量。第五，发展森林认证以推动森林可持续经营。森林认证是森林可持续经营认证的简称，它是伴随着人们对消费产品进行“生态标签”应运而生的。它力图通过对森林经营活动进行独立的评估，以达到将“绿色消费者”与寻求提高森林经营水平和扩大市场份额以求获得更高收益的生产者相联系的目的。森林认证包括森林经营认证和产销监管链认证。森林认证是促进森林可持续经营的一种市场机制，这一点已经得到国际社会的普遍认可。第六，私有林成为推动林业发展的重要力量。在世界林业的发展进程中，私有林的发展历史最为悠久，在林副产品提供、森林服务和生态环境保护等方面占据了重要地位，发挥了不可替代的作用。时至今日，私有林在市场经济国家的林业建设与发展中，仍是一支重要力量，各国政府对私有林的发展十分重视，并通过健全的法律保障体系和积极的政策扶持措施，推动着私有林的健康发展。确立湖南林业的发展理念，也必须充分体现世界林业发展的新动向和新趋势。

落实湖南“新林业，新家园”的发展理念，就是要实现湖南林业“资源增长，生态优良，文化丰富，产业发达，林农宽裕”的发展目标。在现代林业发展中，森林资源是林业生态体系和产业体系建设的基础。资源增长不仅仅体现在森林覆盖率的提高和森林蓄积量的上升，还体现在森林年生长量增加、林副产品质量和数量提高、珍惜优质树种比例上升等方面。生态优良是现代新林业的标志之一，要求湖南林业的发展和森林的经营以改善当地生态环境质量为重要经营目标。湖南拥有丰富的传统历史文化和森林文化，在建设湖南现代林业中要不断继承和发扬传统的森林文化，并不断丰富和充实森林文化的内涵，提高湖南森林文化在湖南历史文化和少数民族文化中的地位。发达的产业是林业资源建设的推动力，现代新林业必须要有发达的产业体系，以实现林业高效、稳步和持续地发展。在新时期，党和国家倡导的“新农村”建设赋予林业新的内涵，就是要通过林业建设提高当地林农的经济收入水平，促进林农脱贫，使林农生活更加宽裕。

（二）理念的基本内涵

1. “新林业”的基本内涵：建设现代林业

新林业，在本质上与现代林业是一致的。以 1998 年“三江”洪灾反思为转折点，中国林业的理论和实践发生了根本性变化。江泽慧（2000）在《中国现代林业》书中指出：现代林业是充分利用现代科学技术和手段，全社会广泛参与保护和培育森林资源，高效发挥森林的多种功能和多重价值，以满足人类日益增长的生态、经济和社会需求的林业。之后，经过多年的理论和实践探索，对现代林业建设又有了新的认识。贾治邦（2007）指出，现代林业，就是科学发展的林业，以人为本、全面协调可持续发展的林业，体现现代社会主要特征，具有较高生产力发展水平，能够最大限度拓展林业多种功能，满足社会多样化需求的林业。发展现代林业的总体要求是：用现代发展理念引领林业，用多目标经营做大林业，用现代科学技术提升林业，用现代物质条件装备林业，用现代信息手段管理林业，用现代市场机制发展林业，用现代法律制度保障林业，用扩大对外开放拓展林业，用培育新型务林人推进林业，努力提高林业科学化、机械化和信息化水平，提高林地产出率、资源利用率和劳动生产率，提高林业发展的质量、素质和效益。目标是构建三大体系：完善的林业生态体系，发达的林业产业体系，繁荣的生态文化体系。

湖南新林业，是指以生态理念指导、用市场手段推动、靠科技创新支撑、依现代制度保障的林业，是功能齐备的生态林业，是优质高效的产业林业，是独特多样的人文林业，是既实现自身可持续发展，又能不断满足全省经济社会全面协调可持续发展对生态、经济、社会和文化需求的林业。

与过去的林业相比，湖南“新林业”的“新”，主要体现在发展思路、战略目标、规划布局、关键技术、政策保障等各个方面都与以往有所不同，有了质的变化、新的内涵。

（1）新思路：生态、产业、文化协调发展。在未来要建设的湖南林业，与以往湖南林业有了根本性的不同。首先体现在发展理念上的不同，即林业发展的指导思想、发展思路、战略定位和战略任务上发生了根本性的变化。在国家现代化建设战略、国家林业发展战略以及湖南省建设“和谐湖南”的大背景下，湖南林业发展的理念也必须适应形势的发展，研究新情况和新问题，提出新的发展思路和一系列新的战略目标、方针、任务、措施。

湖南林业的新理念主要体现在，湖南林业要以科学发展观为指导，认真贯彻《中共中央 国务院关于加快林业发展的决定》，立足全省经济社会发展实际，以“建设和谐湖南新林业，打造绿色安全新家园”为基本理念，充分认识并落实湖南林业在湖南和谐发展中具有关键地位，在区域生态建设中具有突出地位，在全国现代林业发展中具有重要地位。建设完备的林业生态体系、发达的林业产业体系和先进的森林文化体系，依靠科技进步，强化依法治林，深化体制改革和机制创新，保护和发展森林资源，实现资源增长、生态优良、文化丰富、产业发达、林农宽裕，推进湖南林业现代化建设，使湖南林业更好地服务于区域经济社会的全面协调可持续发展，推动湖南绿色新家园建设。

（2）新目标：林业、林区、林农整体推进。为了使湖南林业又好又快地发展，必须在发展理念的指导下，确立湖南林业发展的新目标。这一目标，不同于传统林业以木材生产为主的发展目标，而是以生态建设为主，符合保障生态安全、培育生态文明的要求，满足生态、经济、社会和文化全面需要的现代林业的发展目标。

定性地说，湖南林业要实现“资源增长，生态优良，文化丰富，产业发达，林农宽裕”的发展目标。这些目标都要研究制定出，或者说分解到相应的量化的指标，由众多指标构成指标体系。

（3）新布局：山、水、城、乡统筹建设。要将理念落到实处，实现既定的目标，还必须研究确定林业发展的空间布局和结构布局，设计在未来要开展的林业重点工程，还要进行投资效益分析，也就是要研究制定出湖南林业发展的新规划。

根据湖南林业发展理念和基本原则，湖南林业发展的结构布局是建设生态林、产业林、人文林的“三林”体系：①建立以山地森林、平原防护林、城区林地、水岸防护林为主，片、带、网相连接的生态林体系，为湖南生态环境的改善提供长期稳定的保障，满足湖南经济社会可持续发展的需要。②形成以林产品加工、森林食品、森林旅游、种苗花卉等优势产业为主，速生丰产林、林农、林禽、林药等多种模式相配套的产业林体系，拓宽林业富民渠道，促进湖南林业的绿色产业发展。③建设以城市森林、园林、村庄绿化、森林公园、名胜古迹林等为主，重点加快城市各类纪念林、森林生态环境教育基地建设，人文与森林景观相结合的人文林体系，增强人们的环境保护意识，传承湖南的历史文化和红色旅游文化，实现人与自然协调发展，为和谐社会建设作贡献。

湖南林业发展的空间格局，是建设“一湖三群五片多点”。①一湖：滩地林业——抑螺防病致富，促进湿地保护利用。②三群：城市林业——改善人居环境，保障城市协调发展。北部环湖城市群（岳阳、益阳、常德）；中部沿江城市群（长沙、株洲、湘潭）；南部盆地城市群（衡阳、娄底、邵阳、永州、郴州）。③五片：山地林业——保障生态安全，打造特色产业基地。湘西片：武陵山水土保持与水源涵养林；湘西南片：雪峰山用材林；湘南片：南岭山地用材林；湘东片：幕阜罗霄山水土保持林；湘中片：衡邵永盆地丘岗经济林。④多点：乡村林业——增加农民收入，建设绿色富裕家园。

湖南省林业实施12项重点工程建设：①山丘森林保育工程；②洞庭湖兴林抑螺与湿地保育工程；③野生动植物保护及自然保护区建设工程；④绿色通道工程；⑤用材林培育工程；⑥花卉苗木工程；⑦森林食品工程；⑧林产工业工程；⑨生物质能源林培育工程；⑩城市森林文化工程；⑪乡村绿色家园建设工程；⑫森林游憩工程。

林业科技支撑与基础设施建设。科技平台建设，包括创新平台（区域林业科研发展中心），与成果转化平台建设。基础设施建设，包括林业信息化建设，森林防火能力建设，森林生物灾害防控能力建设，和基层林业站建设四方面的内容。

（4）新技术：创新与引进相结合。实现湖南新的林业发展规划，建设林业生态、产业和文化三大体系，实施林业重点工程建设，是前无古人的新课题，都需要一整套新的科学技术加以支撑。技术包括生态建设方面的，林业产业发展方面的，还有森林文化建设方面。这些技术既包括现有的新技术，或者现有技术的组装配套，或者国外省外技术（包括新品种、技术装备、技术标准等）的引进，也要提出今后需要重点研发的关键技术。

湖南林业生态建设涉及许多需要研发的关键技术。一是山丘区林业生态工程关键技术。包括：坡耕地造林（退耕还林）技术；岩溶石漠化综合治理技术；矿区及废弃矿植被恢复与生态重建技术；中、低山封山育林技术；低质、低效次生林改造技术。二是防护林体系营建的关键技术。包括：山地防护林体系建设技术；河流水系防护林体系建设技术；农田防护林体系建设技术；路网防护林体系建设技术。三是湿地保育与抑螺防病林营建技术。包括：洞庭湖湿地保育技术；河流湿地保育技术；人工湿地保育技术；湖区抑螺防病林营建与持续经营技术。四是城市森林与村镇林建设关键技术。分城市森林建设技术；村镇林建设技术。五是生物多样性保育技术。植物多样性保育；野生动物保护；自然保护区建设；外来有害生物的控制；古树名木的保护。

在湖南林业产业发展中，也需要研究开发一系列关键技术。一是人工用材林培育技术。包括杉木、松木、杨树、桉树、桤木、竹子及珍贵阔叶用材林树种等人工用材林的培育技术。二是花卉苗木工程。绿化苗木生产技术；木本观赏植物资源开发技术；传统花卉技术。三是湿地和森林生态旅游技术。湿地生态旅游；森林生态旅游。四是特种经济植物的培育及利用技术。林药；生物质能源；森林食品；林化产品。五是用材林加工利用技术。林板纸一体化技术；人工用材林深加工技术；竹材高效利用技术；家具与装饰材料技术；林业机械技术装备。

（5）新政策：扶持与激励综合保障。实现湖南新的林业发展规划，建设林业生态、产业和文化三大体系，实施林业重点工程建设，除了需要新的科技支撑，还需要新的政策来保障。原有的政策制度是与传统林业相适应的，在未来湖南要建设现代林业、打造绿色家园，就必须与时俱进，改革现有政策制度与新形势不相适应的方面，进行政策创新，促进林业生产力的发展。政策保障，包括制度保障、法制保障、人才保障、投入保障、组织保障等措施。

湖南林业发展的保障体系主要包括以下方面的内容。一是制度保障。深化林业产权制度改革，创新森林资源管理制度，创新组织管理制度，加强林业法制建设。二是投入保障。构建以公共财政投入为主、多渠道融资为辅的投入体系，构建“还利于民”的林业税费征收体系，完善林业融资服务体系，健全林业资金监管体系。三是科技保障。科技源头创新体系建设，科技服务和推广体系建设，科技投入体系建设，林业标准化体系建设。四是湖南林业发展的人力资源保障。学习与实践相结合，加强人力资源的能力培育；建立人才激励机制，激发人才队伍的活力；

开展人才与智力的柔性引进，优化配置人力资源。五是资源安全保障。建立健全森林、湿地资源与生态状况综合监测体系，完善森林防火体系，加强森林病虫害防治体系建设，加强林业公检法体系建设。六是重大对策。大力推进林业体制改革和机制创新；建立长期稳定的林业投入机制；不断完善森林经营管理制度；增强自主创新能力，建立强大的科技支撑体系；加强人力资源整体开发，走人才强林之路；加强依法治林，提高林业法制建设水平；切实转变政府职能，强化管理和服务。

2. “新家园”的基本内涵：打造绿色家园

在新时期，党和国家提出以人为本、全面协调可持续的科学发展观，倡导构建和谐社会、和谐家园，强调加快社会主义新农村建设步伐，这些要求都赋予林业以新的内涵。“新家园”，凡是有人居住的地方都属于我们的家园，不仅指建设农村绿色家园，也包括打造城市生态家园。

“新家园”内涵的核心是打造绿色家园。它首先是山清水秀、林茂粮丰、鸟语花香的绿色家园。无论是农村还是城市，无论是山区还是平原，通过现代林业建设，整个湖南大地都应该实现绿化、香化、美化，处处充满无限生机，让绿色生命给人类的家园增添无穷的活力。其次是人与人的关系更加融洽、人与自然的关系更加协调、人与自己内心的关系更加平和的和谐家园。通过湖南现代林业建设，生态环境质量将得到进一步提高，野生动植物将得到更好的保护，人与自然的关系将更加密切和友好。通过“森林进城、园林下乡”式的城乡绿化一体化建设，将促进新农村建设步伐，改善城市生态环境，缩小城乡差距，统筹城乡发展。通过森林文化建设，使人民充分享受森林建设的成果，使人民身心更加健康乐观向上，从而使人们的心灵更加安静和友善。这些方面共同促进社会主义和谐社会的构建。

建设绿色和谐的新家园，具体包括建设平安家园、宽裕家园和人文家园三项内容。

——健全生态体系，构建平安家园

“新家园”，应是国土生态安全、人民安居乐业、身体健康的平安家园。通过湖南现代林业建设，更好地发挥森林生态系统的多种功能，减少各种生态灾害（如水灾、旱灾、泥石流、荒漠化等）对人民生产、生活的不利影响。通过抑螺防病林的营造和管理，极大地减轻血吸虫病对人民身体健康带来的危害。通过城市与农村人居森林的建设，提高生态环境的质量，增进人民身体健康，提高生活质量，使人民更加安居乐业，享受平安生活。

——发展林业产业，打造宽裕家园

“新家园”，还应是生产发展、收入增加、生活富足的宽裕家园。通过湖南现代林业建设，大力发展林业生物产业、森林旅游、花卉苗木、经济林、用材林、林产品加工业、林纸一体化产业等，提高生产和加工的科技含量和经营管理水平，使林业产业体系更加发达。同时，开拓更宽的就业渠道和就业领域，使广大群众有更多的就业机会，增加林农和林业从业人员的经济收入，使他们的生活更加宽裕。

——弘扬森林文化，建设人文家园

“新家园”，还应是公众生态意识高、社会全面参与林业、森林文化丰富多彩的人文家园。通过湖南现代林业建设，大力发展林业生态科普基地、城市林业、全民义务植树、森林休闲旅游、树文化、竹文化、花文化、园林文化等森林文化建设，提高公众生态意识和社会参与水平，繁荣森林文化氛围，使森林文化体系更加发达。通过森林文化建设，使人民充分享受现代林业建设的成果，使人民身心更加健康向上，生产和消费方式更加符合可持续性，人与自然的关系更加和谐，以更好地满足社会对林业的精神文化需求，促进生态文明社会建设。

二、实现途径

实现“建设和谐湖南新林业，打造绿色安全新家园”的核心理念，在发展途径上必须建设三大体系：一是建设功能齐备的林业生态体系；二是建设优质高效的林业产业体系；三是建设独特多样的森林文化体系。

（一）建设功能齐备的林业生态体系

加强生态建设，维护生态安全，建设生态文明，是21世纪人类面临的共同主题，同样也是湖南省经济社会可持续发展的重要内容。为了促进人与自然和谐相处，构建社会主义和谐社会，尤其是创建社会主义新农村，湖南要走生产发展、生活富裕、生态良好的文明发展道路。森林作为陆地生态系统的主体，为了保障潇湘大地的生态安全就必须强化林业生态体系建设，不断提高森林生态系统的数量、质量和效益。

把握以生态建设为主的发展方向，这是现代林业建设的根本任务。生态产品已成为我国最短缺、最急需大力发展的产品，成为我国与发达国家的主要差距。在湖南，通过培育和发展森林资源，着力保护和建设好森林生态系统、荒漠生态系统、湿地生态系统，在农田生态系统、草原生态系统、城市生态系统等的循环发展中，充分发挥林业的基础性作用，努力构建布局科学、结构合理、功能协调、效益显著的林业生态体系。

加强完备的林业生态体系建设，主要是指构筑点、线、面相结合功能齐备的森林生态网络体系，并逐渐提高森林生态系统的质量和效益。以森林公园、野生动植物与湿地自然保护区、长株潭城市群城市森林、城镇及乡村人居森林等为重点，构建湖南森林生态网络体系的“点”；以江湖防护林带、公路铁路防护林带以及农田林网为重点，构建湖南森林生态网络体系的“线”；以生态公益林、抑螺防病林、速生丰产林基地为重点，构建湖南森林生态网络体系的“面”。从而形成资源丰富、布局合理、结构稳定、功能完备、优质高效的现代林业生态网络体系。点、线、面相结合的森林生态网络体系，目的就在于建立起一种人与自然相互协调发展，立体多层次，具有一定格局动态的复合生态网络系统。该系统具有整体性、多功能性、高效性和可操作性，有利于长期保持森林多功能、多效益、多方位的整体作用。

在“十一五”期间，林业生态体系建设的战略重点是，加强森林保护，实行可持续经营方针，逐步实现森林经营由粗放经营向集约经营的转变。

1. 建设完备的林业生态体系是湖南林业的首要任务

湖南的自然山川形势，决定了建设完备的林业生态体系是湖南林业的首要任务。湖南系中国南方中部的一个省份，系中国东南腹地。全省土地面积为21.18万平方公里，其中51.2%为山地，13.9%为盆地，13.1%为平原，15.4%为丘陵，水面占总面积的6.4%。东南西三面山地环绕，主要有武陵山脉、雪峰山脉、南岭、幕阜—罗霄山脉、衡山山脉。湖南水系发达，河网密布，5公里以上河流有5341条，其中流域面积大于10000平方公里的有8条，大于5000平方公里的有17条，大于500平方公里的有115条。河流主属向心状的洞庭湖水系，流域面积占全省总面积的96.7%，其中湘、资、沅、澧四大河流流域面积即占全省总面积的84.4%。山地全省森林的数量和质量如何，将关系着全省的水土保持，也关系着洞庭湖乃至长江中下游地区的生态安全形势。

古代湖南省森林资源十分丰富，然而经过历代的破坏，到新中国成立前夕森林资源已所剩不多，森林覆盖率降到30.4%。新中国成立后，尤其是改革开放以来，经过多年的努力，湖南的森林生态建设取得巨大成绩。然而，全省生态状况局部治理与总体恶化的趋势仍未得到明显缓解。全省水土流失面积达4.04万平方公里，土地沙化面积588.14平方公里，仍未能得到根本治理；湿地面积萎缩和功能下降的总体趋势未能得到有效遏制，生物多样性保护的形势相当严峻。森林和湿地资源保护与开发矛盾尖锐，保护管理难度不断加大。林地、湿地、植被、野生动植物资源保护管理面临的矛盾越来越多，越来越复杂，压力越来越大。林地流失、被非法侵占现象严峻，一些县市区非法征占用林地、湿地的现象普遍。林木过量采伐仍然严重。野生动植物和生物多样性保护形势更加严峻。部分重点保护野生动植物或珍稀濒危动植物种群数量呈下降趋势，兰花等珍稀种质资源过度采挖开发严重。森林火灾和病虫害威胁越来越严重。

2005年，省委、省政府做出了建设“和谐湖南”的战略决策，以林业建设为主体的“生态湖南”与“诚信湖南”“平安湖南”“小康湖南”共同构成“和谐湖南”的四大内容。建设“生态湖南”，就是要通过保护和建设，使受到人类干扰的自然生态系统的结构和功能逐渐恢复。森林和湿地生态系统作为湖南自然生态系统的两大主体，为了保障生态安全，提高生态质量，就必须强化林业生态体系建设。

随着国家可持续发展战略的实施，以生态建设为主的国家林业发展战略正全面推动中国林业由以木材生产为主向以生态建设为主的历史性转变。“生态建设、生态安全、生态文明”的三生态战略思想，必然是指导21世纪湖南林业发展的主导思想。湖南作为山区面积大、城市与人口密集、生态区位重要的中部南方省份，与商品林业相比，生态公益林业必然是湖南林业的重点。同时在商品林业的发展中，也要尽可能多地发挥林地的生态效益。森林和湿地生态系统作为湖南自然生态系统的两大主体，为了保障湖南经济社会可持续发展，维护国土生态安全，尤其是为中部崛起提供良好的生态环境，就必须按高标准构筑起“点、线、面”相结合的森林生态网络体系作为生态屏障，促进生态经济系统的良性循环，发挥森林生态系统的生态功能和综合效益，为实现“和谐湖南”的战略目标提供强有力的绿色屏障。

湖南的生态建设任重道远。湘、资、沅、澧四水流域的水土流失和湘西、湘南地区的石漠化严重，野生动植物物种减少，自然灾害发生频繁等不断恶化的生态状况，已成为湖南省经济社会可持续发展的重要制约因素。充分发挥林业在生态建设中的主体作用，大力改善生态，是今后相当长的时期内林业的重要历史任务。

扭转生态恶化的趋势，实施以生态建设与产业发展良性互动的林业战略，首要的任务是不断增加森林资源总量，以满足日益增长的需求，稳定并提高森林植被覆盖国土的数量和质量。特别是增强生态治理区域湘西、湘南石漠化及紫色页岩的针对性和森林植被恢复方式的有效性，尽快基本解决其重点地区的生态问题。其次是要求林业快速发展、跨越式发展，2020年之前，必须保持一个长期的高速增长态势，以适应全面建设小康社会和人与自然和谐对生态建设的要求。

2. 加快洞庭湖地区林业建设以抑制血吸虫病

血吸虫病流行于世界74个国家和地区，我国是重点流行区之一。新中国成立后，经过50年的艰苦努力，我国血吸虫病的防治工作取得了举世瞩目的成就，已有4省份和203个县（市）达到基本消灭血吸虫的标准。但是，在我国长江中下游湖区五省血吸虫病的流行仍然十分严重，感染病人数占全国的85%，急性感染人数占全国的95%。其中一个重要的原因是长江中下游滩地生态环境季节性变化大，江水水位变化不定，加上滩地的非封闭性，传统的药物灭螺方法效果较差，同时还严重污染滩地和水体的环境，给长江中下游滩地的血吸虫病防治带来极大困难。长江中下游滩地是巨大潜在的资源，沿江群众为了发展经济要求利用滩地资源，就不可避免会感染血吸虫病，它又制约了地方经济的发展。因此，探索一种既能抑制钉螺，又能有效开发利用滩地资源的经营模式，是长江中下游血吸虫病流行区政府和群众的迫切要求。

20 世纪 80 年代中期，通过大量调查研究发现，原来的芦苇滩地经造林后钉螺的密度明显下降，特别是一些树种如杨树、枫杨、乌桕等构成的林分更加显著。在这一现象的启发下，林业专家创造性地提出了运用生态经济学的理论，在滩地实施以杨树为主体的农林复合系统工程，来改变滩地钉螺孳生的原生环境，达到拟螺防病和充分利用滩地资源的双重目的。这种做法效果十分显著，不仅有效控制了滩地的钉螺密度、达到防治血吸虫病的目的，同时获得了十分可观的经济效益。

洞庭湖，系我国第二大淡水湖，位于湖南省北部。湖的西面和南面由湘、资、沅、澧四水汇入的水量占 53.9%，长江诸口汇入的占 37.7%，湖区周边河流直接流入湖中的占 8.4%。在全年入湖径流总量中，汛期占 74.6%。由于长期流沙的淤积和不断扩大围垦，昔日“八百里洞庭”如今已分割为七里湖、目平湖、南洞庭湖和东洞庭湖四处湖群。天然湖泊面积已由 1825 年的 6600 平方公里减少到 1974 年的 2740 平方公里。到 1986 年只剩下 2691 平方公里。容积也相应减少。由 1949 年的 293 亿立方米，减少到 1984 年的 174 亿立方米。湖面逐渐缩小，水位逐渐抬高，湖口顶托作用加剧，使其调蓄能力逐渐降低，整治洞庭湖已是刻不容缓的任务。洞庭湖地区处在血吸虫病流行区，为了抑制血吸虫病，同时开发利用滩地资源，加快该地区的林业建设是一项带有战略意义的重大举措。

在洞庭湖区开展以兴林抑螺为主体的环境改造综合治理建设，经过 5 ~ 10 年的努力，切实压缩钉螺分布面积与流行区范围，显著降低滩地钉螺密度与阳性感染螺密度，大大减轻湖水的血吸虫病感染性，最大限度地降低人畜血吸虫病的感染率，促进项目区生态、经济协调发展与农村产业结构调整。在洞庭湖区岳阳、常德、益阳及湘江尾闾区长沙、株洲所辖 32 个血吸虫病疫情分布县（市、区）实施。并确定岳阳、益阳、常德 3 市为市级重点建设区，岳阳君山、益阳沅江、常德汉寿 3 个县（市、区）为项目县级试验示范区。

3. 加强乡村绿化，加快建设社会主义新农村

党的十六届五中全会向全社会提出了新时期建设生产发展、生活宽裕、乡风文明、村容整洁、管理民主的社会主义新农村的战略任务。湖南林业主要集中在山区，而山区又大多属于经济欠发达的农村地区，在新农村建设中林业可以大有作为。大力发展乡村林业，推动城郊的休闲观光林、庭院和围庄型生态经济林、道路林、水岸林、风水特用林建设，促进社会主义新农村建设，推进湖南林业现代化，发挥林业富民、绿化美化和改善农村人居环境的作用。乡村林业不仅是建设社会主义新农村的必要保障，也是建设社会主义新农村的重要内容。

在湖南农村，村容村貌整治可以与林业建设结合起来。由于发展的不平衡性，在广大农村不少地方还存在着生态环境较差、村容村貌不够整洁的问题。村容整洁，是社会主义新农村建设的目标之一。在新农村建设中，结合村庄规划，建设与村庄、住宅房屋、墓地、道路等相配套的围庄林、庭院林、小型公园、行道树、水岸林、风水林等，不仅可以使村容村貌更加整洁，而且可以使生态环境更加良好。

农村林业产业的发展可促进农民开拓致富门路，促进农民增收。例如，林业在位于湘西南的绥宁县已成为左右经济命脉的支柱产业，绥宁也是湖南林业发展的典范。长期以来，林业占全县 GDP 比重为 68%，县财政和林农收的 70% 均直接或间接来自林业，县内工业企业 90% 以上是依靠林业资源的加工业。2004 年，全县生产总值 20.8 亿元，林业总值占 14.2 亿元，其中林业一产业增加值 7.4 亿元，二产业增加值 6.1 亿元，三产业增加值 0.52 亿元。县财政收入 1.28 亿元，林业提供的收入为 0.89 亿元。农民人均纯收入 3013 元，来自林业的收入 2100 元。全县除城镇 45 万人没有从事林业外，其余 30 多万人都直接或间接从事了林业生产。由此可见，林业对增加社会就业、促进农村经济发展具有非常巨大的作用。

4. 加快城市森林建设改善城市生态环境

拥有一定数量和质量的城市森林，是城市现代化与文明进步的重要标志。湖南的城市化水平虽然低于全国平均水平，1999 年城市化率为 26.4%，低于全国 4.49 个百分点。但是，改革开放以来，随着国民经济的快速增长和社会全面进步，湖南城市化进程明显加快。1978～1999 年，市镇人口由 593.86 万人增加到 1724 万人，占全省总人口的比重由 11.5% 提高到 26.4%，提高了 14.9 个百分点，城市数量由 10 个增加到 29 个；小城镇由 154 个增加到 1023 个。在 29 个设市城市中，有特大城市 1 个，大城市 3 个，中等城市 8 个，小城市 17 个。

在城市化进程中大气污染、水污染、土壤污染、光污染、噪音污染、热岛效应等环境问题相应而生，发展城市林业、改善生态环境的任务日益重要。城市森林是城市的天然水源，如果一座城市的区域 30% 被森林覆盖，那么雨水的流量将减少 14%，有林地区比无林地区的空气湿度高 15%～25%，夏天气温低 3℃～5℃，有效地缓解城市热岛效应，且冬季气温高 2℃～3℃；当城市的绿化覆盖率达到 50% 时，才能与人工环境达成较佳的协调效果，要想使整个城市保持 CO_2 与 O_2 的平衡，必须保证人均 60 平方米的绿地。城市森林在降低城市风速的同时，还是一道天然的隔音墙。据测定，70 分贝的噪音通过 40 米宽的隔离带能降低 10～15 分贝，有绿化的街道比无绿化的街道噪音低 8～10 分贝，公园中的成片森林可降低噪音 26～43 分贝，为城市居民的生活、工作营造良好的环境。此外，城市森林在维持生物多样性，减弱光污染、净化城市地下水源等方面也发挥着重要的作用。

从全面建设全面小康社会的要求看，不仅要在吃穿住用等方面达到小康水平，更重要的是城乡居民要有一个处处有草地树木、山清水秀、鸟语花香、街道整洁、空气清新、水体清洁的生活、出行和工作环境。特别是湖南省大多数城市环境状况不尽如人意，城市森林和湿地保护与管理起举足轻重的作用，否则，虽然人均国民生产总值达到了小康社会水平，但是生态环境因单纯追求发展而恶化，显然不是全面建设小康社会的本意。

虽然湖南省在城市绿化建设中取得一定成绩，但是与国家规定的城市绿化标准仍有不小差距。1998 年，全省 29 市公共绿地面积 3117.8 公顷，城市人均公共绿地面积 4.8 平方米，建成区绿地率为 24.9%，绿化覆盖率为 28.9%，分别处全国第 22、8、9 位。而国家规定的园林城市绿化标准为，对于我国南方地区，人均公共绿地 7.5 平方米，绿地率 31%，绿化覆盖率 36%。城市森林的建设标准为，南方城市林木覆盖率需达到 30% 以上，城市规划建成区绿地率需达到 35% 以上。湖南作为亚热带宜林省份，为了将城市建设成宜居城市，应该加强城市林业建设。

城市森林建设不仅十分必要，而且建设的条件也日益成熟。城市居民亲近大自然、回归森林的愿望十分强烈；政府对城市森林建设日益重视；较强的经济实力和技术支撑；公民有义务植树的法律保障；国内外城市林业发展拥有宝贵的历史经验等。这些因素都使得建设城市森林成为城市发展的必然要求。

为了构筑完善的生态体系、强化生态功能，城市的森林和生态建设，应该做好全面长期的科学规划。规划应以实现“林网化、水网化”为目标，致力于“林水相依”，进一步加大和提高森林湿地生态体系建设的力度和标准。实现林网化与水网化，要符合本省城市地区的特点，以林地、林网、散生木等多种方式，有效增加城市和郊区林木数量；恢复城市水体，改善水质，使森林与各种级别的河流、沟渠、塘坝、水库等连为一体；建立以核心林地为生态基地，以贯通性主干森林廊道为生态连接，以各种林带、林网为生态脉络，实现在整体上改善城市地区生态环境的林水一体化生态系统。林网化和水网化的城市森林生态建设理念，就是要建立起一个能够最大限度地改善生态环境的森林生态网络体系，具有“林水相依、林水相连、依水建林、以林涵水”的特点。林网包括三类，即农田林网、道路（公路、铁路）林网和水系林网。“三网”与城区森林、村镇片林、经济林、用材林、森林公园等结合形成城市地区复合防护林体系；同时，水网体系由江、河、湖、沟、渠等湿地相互交织而成。

为了把森林引进城市，达到城在林中、林在城中的和谐发展格局，根据相关规划，到 2010 年，全省各城市各项绿化用地指标应不低于国家标准和规范的规定。城市规划建成区人均公共绿地面积不低于 10 平方米。城市新建区绿地率不低于总用地面积的 35%，城市内河、湖泊及铁路旁的防护林带宽度不少于 30 米。在此基础上，实现远郊森林、近郊森林、市区森林三位一体的配置格局，通过科学的森林经营管理，不断提高森林质量，建成比较完备的城市森林湿地生态体系。

5. 加强生态公益林建设保障山区生态安全

山地和丘陵面积占湖南省总面积的 66.6%，其中山地占 51.2%，丘陵占 15.4%。海拔高度在 50 米以下的面积占总面积的 9.9%，1000 米以上的占总面积的 4.3%，大部分地区海拔高度在 100 ~ 800 米之间。可见，山区在湖南省占很大比重，做好这一地区的林业工作，搞好生态公益林建设，对于水土保持、涵养水源、实现生物多样性、促进生态旅游尤为重要。

山区林业应处理好商品林业与生态林业的关系。随着现代林业的不断推进，按照分类经营原则，山区林业在整体上分为公益林业和商品林业，分别采取不同的经营机制和政策措施。山区是江河的源头，现在普遍存在着不同程度的水土流失，并且已成为生态环境建设的重点。山区林业的发展，不仅可为名特产品加工业和服务业提供充足的原料和创造条件，且将对经济社会的可持续发展起着重要的不可替代的生态保护作用。山区林业应处理好商品林业与生态林业的关系，将生态公益林建设放在首位。立足于公益林森林多功能多效益的发挥，加大退耕还林、封山管护等森林管理经营管理力度，增强公益林的生态功能。加大对人工纯林的改造力度，促进形成混交林；对珍贵阔叶用材树种，采取补植、除密等特殊经营措施，实行定向培育。建设一批森林和湿地的保护管理与经营示范点，不断探索优化林分结构、退化湿地恢复的最佳理想模式，推动提高全省森林和湿地保护管理及经营管理水平的提高，从而为建立完善的森林和湿地生态体系打下坚实基础。

建立健全森林生态效益补偿制度。2001 年湖南省被列为全国首批森林生态效益补助资金试点省，国家安排湖南省重点公益林保护试点面积 200 万公顷，每年补助资金 1.5 亿元。2004 年，中央正式建立了森林生态效益补偿制度，核定湖南省重点公益林保护面积仍然为 200 万公顷。项目实施三年来，取得了明显成效。一是增加了农民收入。项目区 97 万农户，户平得到补助资金 410 元。二是改善了林区基础设施。项目区修建了一批林区公路、森林防火瞭望台、防火林带，森林防火、病虫害防治、林业案件查处能力得到提升。三是重点公益林得到了有效保护。项目区有 7.8 万公顷疏林地、灌木林地转变为有林地；林分郁闭度由 0.47 提高到 0.52，提高了 0.05；林分蓄积量由每公顷 36 立方米提高到 42 立方米，提高了 6 立方米。

为了加强生态公益林建设，今后要进一步完善森林生态效益补偿机制，调动务林人的生产积极性。加大政策倾斜，在森林生态效益补偿制度的基础上，提高补偿标准，规范补偿办法，并建立使林农直接受益的多种补偿渠道，使为保护生态而受到经济损失的农民得到相应的经济补偿，真正调动他们参与生态建设的积极性，巩固林业生态建设的成果。

湖南省山区的生态公益林包括野生动植物自然保护区、森林公园、水土保持林、水源涵养林、风景林、名胜古迹林、特种用途林，以及散布各地的古树名木等。根据国际国内经验，建设

“近自然、健康、可持续森林”应作为生态公益林经营管理的方向和目标。根据山区的实际情况，尤其是在高海拔、坡度大的地方，划定适当比例的生态公益林，加强水土保持林、水源涵养林、自然保护区建设十分必要。生态公益林建设要严格保护、科学经营管理。认真制定并落实生态公益林管理规定，严格控制生态公益林采伐。同时，要改变造林绿化中树种少、结构单一，人工痕迹较强，与自然不够和谐的现象，提高生态林的整体功能。增强林木管护和森林资源安全保障能力，特别是护林防火能力，确保森林资源安全。

（二）建设优质高效的林业产业体系

现代林业产业的发展和壮大，不仅是广大林农致富的客观要求，也是森林资源扩增和生态建设的强大推动力。在湖南发展现代林业，必须研究优化林业产业发展方向和结构布局，实现一、二、三产业协调发展，全面提升林业对现代化建设的经济贡献率。切实加强第一产业，全面提升第二产业，大力发展第三产业，不断培育新的增长点，积极转变增长方式，努力构建门类齐全、优质高效、竞争有序、充满活力的比较发达的林业产业体系，为湖南社会主义“新农村”建设服务，推进湖南经济社会和现代林业又好又快发展。

1. 建设发达的林业产业体系是兴林富民的迫切要求

现代林业发展要弱化对采伐森林资源的依赖，强化对森林资源的综合利用。否则，生态建设就成了无源之水、无本之木，林业的发展最终也就很难走出“越穷越砍、越砍越穷”的怪圈。必须重新审视森林和湿地生态系统内的多种生态资源，以构建发达的产业体系为切入点，突出发展森林和湿地生态旅游业、森林药材、森林食品业（油茶等）及种苗和花卉等新兴产业，培育新的林业经济增长点，走“在保护中发展，在发展中保护”的生态经济发展之路，从而为繁荣农村经济，特别是繁荣林区经济，增加林农收入，解决林业、林区、林农问题，做出更大贡献，促进全省生态建设及“三化”进程提供强有力的支撑和保障。

林业产业是包括一、二、三产业的产业体系。在坚持生态优先的前提下，立足于森林资源的综合开发利用，发展现代林业产业。林业产业的发展，主要靠市场配置资源，政府通过制定产业政策给予指导和扶持。逐步放开商品林的森林经营活动，由各种投资主体自主决定经营方式和经营力度，提高商品林的经济效益。研究出台相关的技术规程和监管措施，对商品林的森林经营活动实行技术指导和有效监管。

湖南林业产业的发展战略主要包括以下方面：

一是，实行林业产业化经营战略。林业产业化经营是提升林业综合竞争力，促进林农增收的重要战略举措。要加快推进林业产业化、标准化和外向化，促进林业由分散经营向适度规模经营转变，由初级产品向深加工转变，由国内市场向国内外市场并举转变。全省的林业产业要以林业产业化经营为载体，加快推进林业产业结构的战略性调整，着力形成专业化分工、规模化生产、区域化布局、企业化管理、产销一体化经营的效益林业新格局；加快形成以森林资源培育为基础、以精深加工为带动、以科技进步为支撑的林业产业发展新格局，使高加工度、高附加值、技术知识密集型的优势产业所占的比重不断提高。

二是，实施林业产业集群发展战略。产业集群是形成和壮大林业优势产业的重要组织形式，也是实现新型工业化的重要载体。根据区位比较优势和林业产业发展的实际，通过科学组织和政策扶持，促进形成一批集约经营的资源培育产业带和以精深加工为重点的产业集群，实现产业聚集效应和区域经济规模效益。湖南省林业产业重点建立以六大产业集群［即油茶精深加工产业集群、林纸（板）产业集群、竹加工产业集群、花卉苗木产业集群、生态旅游产业集群和森林中药材新兴产业集群］为基础，以大企业、大项目、大品牌为重点，以众多相关中小企业为支撑，纵向成链、横向成群的产业集群发展模式。

三是，培育壮大林业优势产业发展战略。林业产业是一个具有多元性特点的产业，既有林木培育业等第一产业，也有人造板制造业等第二产业，还有森林旅游等第三产业。它涵盖范围广，产业链条长，涉及门类多。调整并优化林业产业结构是湖南省林业具有竞争优势的重中之重，这其中必须将林纸（板）、毛竹、油茶、花卉苗木、生态旅游、森林药材等六大优势产业作为着力培育的战略重点。

湖南山区农民经济相对落后，发展经济、迅速致富是他们的迫切愿望和要求。壮大林业产业是强省富民的重要途径。只有走林业产业化发展道路，林业发展才有后劲，生态建设也才有动力。现代林业的发展，必须要走“以经济促生态，以生态促经济”的生态与经济良性互动、互惠双赢的发展道路。

2. 加快发展竹木加工业，满足经济建设对森林产品的需求

湖南自然地理条件优越，适宜许多亚热带用材树种的生长。大力发展竹木加工业，湖南具有许多优势。发展竹木加工业，不仅可以取得良好的经济效益，还可以满足经济建设对森林产品的需求。为此，应在现有基础上不断提高竹木加工的科技含量，增强产品的市场竞争力。

加快推进速生丰产林工程建设。在国家林业局“东扩、西治、南用、北休”的战略布局中，湖南省属于南方商品用材林区域，我国重点木材和林产品供应战略基地，是林业产业发展最具活力的地区。同时，按照国务院批准的《林纸一体化工程规划》和国家计委批复的《重点地区速生丰产用材林基地规划》，湖南省属于工业原料林产业带，以建设短周期短纤维浆纸原料林基地为主，培育欧美杨和松类为主的工业原料林，兼顾周期较长的大径级用材林基地建设，适量发展周期较长的特有珍贵用材树种。

林纸（板）一体化。依靠科技进步，引进和采用先进技术、设备、工艺，在注重发展规模的同时，更加注重提高产品质量，特别是提高生产工艺的环保标准，大力发展以人工速生材、小径材、低质材为原料的纸浆和人造板品种，适度发展以大径材为原料的人造板品种，推进林浆（板）一体化。针对目前小型民营企业居多的特点，引导和促进小企业的联合，逐步培植一批大型制浆、人造板骨干企业，使大中小企业协调发展。发展竹制品为主导的竹加工制造业，鼓励发展适合区域市场的竹制家具和竹制品产业。近期重点支持湖南泰格林纸集团林纸一体化技改扩建项目；长元人造板股份有限公司等高（中）密度纤维板生产线等的建设。

木质、竹藤家具、木竹地板及木制品加工。近期重点发展壮大木质、竹藤家具、木竹地板及木制品加工产业集群。注重技术含量与原创性，增强产品在国际市场的竞争力。发展竹制家具为主导的家具制造业，鼓励发展适合区域市场的木制家具、木竹地板和木制品产业。

加快发展森林资源综合利用，满足经济建设对森林产品的需求。随着湖南森林资源的增长，经营过程中产生的森林剩余物，相关的林产品将日益丰富，为资源综合利用产业发展提供了物源基础。只要进行科学合理的开发，即可在维持森林生态环境稳定的前提下做到永续利用。大力发展林木资源综合利用工程，不仅有利于发展循环经济，提高森林资源的保护和利用水平，而且对于优化林业产业结构，促进农民致富奔小康具有现实而深远的意义。加大科技投入，加快新技术、新产品的开发力度，提高木材资源综合利用率。结合湖南木材资源剩余物的特点，重点开发以其为原材料的生态垫、刨花板等产品。

3. 加快发展林业生物质能源和生物制剂产业，弥补社会对环境友好型能源产品的需求

未来经济是生物经济的时代，世界各国都在致力于生物经济技术的研究和开发。林业生物经济是生物经济的重要组成部分。湖南作为森林资源大省，充分发挥资源和社会经济的优势发展林业生物经济，将是大有潜力。

积极开发生物质能源产业。生物质能源是新兴的可再生能源产业。目前世界各国，尤其是发达国家都致力于开发高效、无污染的生物质能源产业。要充分利用湖南省光热条件好的自然优势，突出发展木本植物生物质能源林培育，以生物燃料油和气化发电为主线，建立有林业特色的新兴生物质能源产业。在近期，要利用现有的技术优势，研究、培育、开发速生高产的木本生物质能源林新品种，在条件允许的市县，建立能源林基地；加强生物质能源利用技术的研究和转化工作，突出生物柴油和燃料乙醇的开发利用，制定技术标准，形成可持续发展的生物质能源产业。加强技术监督和市场管理，规范市场行为，为生物质能源技术推广、开发创造良好的市场环境。

培育森林生物制药产业。湖南森林药用资源丰富，如东安银杏、慈利杜仲、隆回金银花、永顺辛夷、桑植黄柏、安化厚朴、沅陵乌药、花垣山楂、新宁红豆杉、洞口山苍子、吉首五倍子、通道木瓜、衡阳栀子、沅江枳壳等多种木本药材。进一步加大木本药材产业的培育力度，以木本药材中心产区为核心，重点建设一批木本药材高产示范基地以及深加工的龙头企业，并开发出系列拳头产品。加快浏阳等生物医药产业园建设，引入高科技医药企业，培育一批龙头企业。

大力发展生物制剂和林产化工。主要发展方向是松香、单宁酸、山苍子油和松节油等优势产品，提高精深加工水平和产品质量，增强产品的出口竞争力，巩固国际市场地位。进一步调整布局，实现适度规模经营，鼓励发展一批基地与产品系列加工一体化的林产化工骨干企业，逐步提高产品的档次和质量。

4. 发展森林和湿地旅游业，满足公众对生态旅游的需求

随着人民生活水平的提高，生态旅游、森林休闲已成为朝阳产业，表现出方兴未艾的强劲发展势头。发挥湖南森林和湿地资源的优势，大力发展森林旅游、湿地旅游等生态旅游业。进一步完善湖南省的森林和湿地生态旅游工程的建设，坚持沿城、沿路、沿水开发原则，发展集群经济的圈层结构。提升旅游文化品位。

筑牢长株潭森林和湿地生态城郊旅游产业集群。以天际岭、大围山、桃源洞三个国家森林公园、国家级自然保护区和水府庙、酒埠江水库湿地为龙头，与其他旅游景区、景点和吃、住、行、购物、娱乐、信息、金融、保险等相关联企业联合形成的产业集群。

增强大湘西、大湘南两个森林和湿地生态旅游产业核心集群。以张家界、南华山、天门山国家森林公园和八大公山等国家级自然保护区为龙头，与其他旅游景区、景点和相关联企业联合形成的大湘西森林生态旅游产业集群，及以莽山国家级自然保护区、国家森林公园、南岳衡山自然保护区、东江湖水库湿地为龙头，与其他旅游景区、景点和相关联企业联合形成的大湘南森林和湿地生态旅游产业集群。

拓展环洞庭湖森林和湿地生态旅游产业集群。以东洞庭湖国家级自然保护区、南洞庭湖和西洞庭湖 2 个国际重要湿地、幕阜山国家森林公园、洪山竹海为龙头，与其他旅游景区、景点和相关联企业联合形成的环洞庭湖森林和湿地生态旅游产业集群。

精心打造完善湘西北观光度假、竹文化旅游线、湘北湖光山水、竹文化旅游线、湘东保健休闲旅游线、湘南科考度假、旅游探险线路、湘西南科普教育、植物观赏旅游线、湘中旅游休闲旅游线等 6 条精品旅游线路，积极推进以森林公园和国际重要和国家重要湿地为主，以自然保护区实验区为辅的森林和湿地生态旅游业产业链的发展壮大。以重点生态旅游景区为主线，形成点线带结合的森林和湿地生态旅游产业。进一步完善现有的国家森林公园、国家级自然保护区实验区内基础设施，大力发展适应区域性需求的不同层次的森林公园、国家级自然保护区。

5. 建设经济林与经济动物基地，满足人民对林特产品的需求

建设经济林与森林食品基地。充分发挥湖南丰富的油茶和竹林资源优势，以现有的茶油加工龙头企业为载体，依靠科技进步，提高油茶精深加工利用水平，突出高级精炼茶油、天然护肤化妆品、茶皂素等系列产品开发，形成有特色的拳头产品，积极培育和开拓高档食用油消费市场。同时，以衡阳、株洲、永州为重点地区，通过低产油茶林改造及加快良种化进程，建设油茶林基地，延伸产业链，大力发展茶油产品加工产业集群。以现有竹林资源为依托，重点发展竹笋两用林，培植优质食用笋。在毛竹工程县建设竹加工原料高产示范基地。利用森林空间生态资源，发展食用菌等森林食品，建设森林绿色食品基地。

除了油茶林、竹林之外，湖南还有许多经济林树种，如木本油料林（油桐林、山核桃林、乌桕林等）、木本粮食林（板栗林、枣林、柿林）、特用经济林（漆树林、山苍子林、杜仲林等），有许多传统的林特产品。森林药材树种资源也非常丰富，如东安银杏、慈利杜仲、隆回金银花、永顺辛夷、桑植黄柏、安化厚朴、沅陵乌药、花垣山楂、新宁红豆杉、洞口山苍子、吉首五倍子、通道木瓜、衡阳栀子、沅江枳壳等多种木本药材。充分发挥经济树种资源丰富的巨大优势，挖掘潜力，培育产业，最大限度地提升林业效益。

打造野生经济动物驯养繁殖加工基地。在加强野生动物资源保护的前提下，科学合理地开发利用野生动物资源，培育成新的林业经济增长点，组建一批管理规范的驯养繁殖加工企业，形成产业链。

6. 建设花卉、苗木基地，满足人民的绿化美化需求

随着人民生活水平的提高，社会对湖南省花卉、苗木的需求越来越旺盛。在花卉、苗木生产方面，湖南已有很好的基础。今后应加强基地建设，以更好地满足人民的绿化美化需求。

加强林木种子种苗工程建设，应用新技术加快新品种的选育，收集整理和保存种质资源，引进驯化国外新品种，提高良种使用率和优质苗木的供应率。建立种质资源原地保护区；根据不同的生态区域、不同的立地条件选择适生的造林树种，特别是加强对林业生态建设重点难点的石漠化地区、高海拔地区造林树种选育；充分利用湖南省生物多样性和动植物资源十分丰富的优势，加快具有高能量的能源树种的选育及转化，为生物柴油、生物酒精、生物液化油等技术的开发利用，为缓解我国能源需求压力、弥补石油燃料的不足开辟新的途径，加快生物质能源等特殊用途树种选择与选育。

积极开发、合理利用湖南省丰富的乡土树种及野生兰花、红花檵木等花卉资源，培育具有特色的国际竞争力的名特优新品种，全面提高产品的品质和生产水平。发展的重点是高档盆花及观叶植物和绿化种苗产业带。根据市场需要，稳妥发展，控制生产规模。同时保持药用花卉的生产优势，加快室内观叶植物和盆栽植物的发展，提高自给率。

（三）建设独特多样的森林文化体系

森林文化是现代林业的重要组成部分，也推进现代林业发展的重大精神动力。湖南林业要做发展森林文化的先锋，尽可能多地创造出丰富的文化成果，努力推进人与自然和谐重要价值观的树立和传播，为现代文明发展做出自己独特的贡献。普及生态知识，宣传生态典型，增强生态意识，繁荣生态文化，树立生态道德，弘扬生态文明，倡导人与自然和谐的重要价值观，努力构建主题突出、内容丰富、贴近生活、富有感染力的森林文化体系。湖南拥有丰富的传统历史文化和森林文化，在建设湖南现代林业中要认真继承和发扬传统的优秀的森林文化，同时不断地充实其新的文化内涵，不断提高森林文化在湖南历史文化和少数民族文化中的地位，促进建设“绿色湖南”“和谐湖南”宏伟目标的更好实现。

1. 大力弘扬人与自然和谐相处的森林文化

森林文化已成为现代林业的重要组成部分。森林文化作为一种虽然古老却又年轻的奇特文化正在悄然兴起，并随着生态文明时期的临近而呈现出方兴未艾的趋势。在湖南建设良好的生态环境是一项光荣艰巨的历史任务，要完成这一任务，除了需要在客观上加强森林生态体系建设以外，还必须在主观方面建立富有民族特色、适合时代要求、反映科学规律、满足公众需要、形式活泼多样、人文内涵丰富的森林文化体系，在全省持久地营造热爱森林、保护森林、培育森林、受益森林、咏赞森林的精神文化氛围。没有这样的文化体系和氛围，以森林为标志的生态文明社会同样不能到来。

文化是指人类在社会历史发展过程中所创造的物质财富和精神财富的总和，特指精神财富，如文学、艺术、教育、科学等。森林文化在广义上是人类在社会实践中所创造的与森林有关的物质财富和精神财富的总和。在狭义上，指与森林有关的社会意识形态，以及与之相适应的制度和组织机构、风俗习惯和行为模式。在文化结构上，可分为物质、制度、行为、精神四个层次。其中精神文化层是文化的核心部分。森林精神文化的内涵包括人类对森林的认识、信仰、伦理、道德、价值、审美等价值取向与思想观念，它直接影响人们的生产方式和生活方式，影响人们如何处理人与自然的关系。森林文化不仅对于巩固物质方面生态建设成果是十分重要的，而且它本身也是生态建设、实现人的全面发展的一个重要内容。

社会主义社会是物质文明与精神文明全面发展、全面进步的社会。先进文化为社会发展提供精神动力和智力支持，同先进生产力一起，成为推动社会发展的两只轮子。中国是一个重视人与自然和谐相处的国度，森林文化博大精深，生态文明精神源远流长。中国古代的森林文化思想，除了竹、茶、花卉、园林等具体方面的文化外，在森林哲学方面主要包括“天人合一”的思想，“道法自然”的思想，“阴阳变易、五行相生”的思想，“以时禁发、取之有度、永续利用”的思想，森林防灾与风水思想，以及森林美学与森林旅游传统等。悠久的森林文化传统，有许多值得我们研究、继承和借鉴的形式和内容。在新时期，以“三个代表”重要思想和科学发展观为指导，加强湖南森林文化建设，丰富和弘扬古代楚国文化，对于促进林业现代化，推动经济发展和社会进步，传承历史、丰富文化生活等方面有着十分重大的意义。

首先，加强森林文化建设，是落实科学发展观、推进和谐社会构建的一项重要举措。加强生态建设，维护生态安全，建设生态文明，是21世纪人类面临的共同主题，也是湖南经济社会可持续发展的重要基础。在现阶段，面对湖南全面建设小康社会，积极构建和谐社会的新的形势和任务，重视和加强森林文化建设，进而推动生态建设和经济社会可持续发展具有十分重要的现实意义和深远的历史意义。中国共产党第十六届三中全会提出“科学发展观”，要求“坚持以人为本，树立全面、协调、可持续的发展观，促进经济社会和人的全面发展”，按照“统筹城乡发展、统筹区域发展、统筹经济社会发展、统筹人与自然和谐发展、统筹国内发展和对外开放”的原则推进各项事业的改革和发展。同时，中共中央向全社会提出构建社会主义和谐社会的战略任务。社会主义和谐社会，是民主法治、公平正义、诚信友爱、充满活力、安定有序、人与自然和谐相处的社会。人与自然和谐相处，是生产发展，生活富裕，生态良好。树立和落实科学发展观、构建社会主义和谐社会都离不开统筹人与自然和谐发展，而林业是统筹人与自然和谐发展的关键。森林是陆地生态系统的主体，林业是一项重要的公益事业和基础产业，承担着生态建设和林产品供给的重要任务。所以，从根本上说，繁荣森林文化与科学发展观、建设社会主义和谐社会的要求是一致的。

第二，加强森林文化建设，是推进生态建设和林业发展的需要。当代中国面临着严峻的生态环境形势，森林资源严重不足，加快生态建设、构筑生态安全、弘扬生态文明是中国21世纪林业的重要战略任务。湖南林业面临着前所未有的严峻挑战和发展机遇，林业已成为经济和社会可持续发展的重要基础。落后的林业生产力与社会对林业日益增长的多种需求，特别是生态需求的矛盾，已经构成了现阶段乃至今后相当长一段时期内林业发展的主要矛盾。进入21世纪，中国林业由木材生产为主向生态建设为主转变是顺应时代要求的必然选择。为此，国家加大投入实施了规模空前的林业六大重点工程，对于促进湖南经济社会可持续发展发挥了巨大的生态效益、经济效益和社会效益。然而，从国内外历史发展的经验来看，文化的作用、精神的作用不容忽视。以林业为主体的生态建设，不仅需要客观方面的工程建设，还需要主观方面的文化建设，需要物质文明与精神文明协调发展。

第三，加强森林文化建设，是建设生态文明社会的必然要求。从历史上看，人类文明的发展大致经历了原始文明、农业文明和工业文明三个阶段。目前，人类文明正处于从工业文明向生态文明过渡的阶段。从广义上讲，生态文明是人类文明发展的新的阶段。从狭义上讲，生态文明指文明的一个方面，它是相对于物质文明、精神文明和制度文明而言的。无论是广义的还是狭义的生态文明，都包含着三个重要的特征：较高的生态环境保护意识，可持续的经济发展模式，更加公正合理的社会制度。当生态文明因子逐渐发展壮大并最终成为人类文明的主导因素时，人类文明也就实现了从工业文明向生态文明的过渡。随着生态文明时期的临近，森林文化作为一种既古老又年轻的奇特文化悄然兴起，并呈现方兴未艾之势。加强森林文化建设，是全面深刻认识森林与人类关系规律，弘扬森林文化传统，发展先进文化的需要。应该看到，悠久而深厚的森林文化是中华民族优秀传统文化的重要组成部分。同时也应注意，尽管在湖南传统文化中也包含着森林文化的因素，但从发展的角度来看，现代森林文化与传统森林文化有着天壤之别。传统森林文化的价值取向在于转林为农、伐木利用，现代森林文化的价值取向则在于兼顾生态、经济、社会效益，生态优先，促进人与自然和谐。森林文化作为一种随时代不断地发展更新中的文化，它不仅需要文化继承，更需要依靠社会力量不断地进行文化创新，并使之在全社会形成浓厚的森林文化氛围，植根于全社会的日常生产和生活实践之中，为建设人与自然和谐的生态文明社会发挥巨大作用。因此，加强森林文化建设，是建设生态文明社会的必然要求，符合社会历史发展的规律和趋势。

根据已有的经验并结合现实的形势任务，科学的森林精神文化体系应该包括森林哲学、森林自然科学和森林社会科学三方面的内容。关于如何建设科学的森林文化体系的问题，毛泽东同志提出的“古今中外法”为我们指明了方向。这一方法也完全适合于森林文化的研究。建设有中国特色社会主义新文化，必须坚持“古为今用，洋为中用，批判继承，综合创新”的方针。这一提法也完全适合于建设有中国特色社会主义森林文化，即继承和发展古今中外一切有价值的森林文化成果。

2. 加强森林文化载体工程建设

推进森林文化的物质载体工程建设。森林文化的建设除了需要提高全民族的生态道德、科学和文化水平，即主体——人的森林文化素质之外，还需要加强客体——物质载体方面的建设。而物质载体不仅包括图书文献信息资料，也包括森林文化示范教育基地建设、生态旅游区建设等。如抓好森林博物馆、森林标本馆、自然保护区、森林公园、林业科技馆、城市园林等森林文化设施建设，保护好旅游风景林、古树名木和革命纪念林，充分发掘其美学价值、认知价值、游憩价值和教育价值，为人们了解森林、认识生态、探索自然提供场所和条件。森林文化的物质载体工程建设，需要挖掘历史文化内涵，提升文化品位。还可将生态示范区建设与生态科普教育示范基地建设结合起来，建设具有集生态教育和生态科普、生态旅游、生态保护、生态恢复示范等功能于一体的生态景区。

发展森林文化，要求大力发展城市森林，改善城市人居生态环境，走生态化城市发展道路。加快森林公园建设，推进森林生态旅游和森林休闲。结合社会主义新农村建设，大力推进乡村绿色家园建设。加大古树名木、珍稀濒危物种种质资源和林区人文资源保护力度，保护森林文化遗产。开展全民义务植树，鼓励营建各类纪念林。大力发展林业科技、教育，提升林业科技水平，培养林业建设人才。加大宣传力度，普及现代林业生态知识，提高公众生态意识，提高生态伦理道德水平，弘扬绿色文明，繁荣森林文化，充分发挥湖南特有的自然景观和人文历史优势，建设人与自然和谐共处的生态文明社会。

挖掘湖南历史文化内涵，弘扬湖南森林文化。被誉为美丽的芙蓉国的湖南，山川秀丽，古迹众多，旅游资源丰富，是发展人文林业的有利条件。全省有旅游区 15 个，旅游景点 100 多处，省级以上重点保护文物 180 多处。历史文化名城长沙及其马王堆汉墓出土文物、岳阳洞庭湖和岳阳楼、南岳衡山、常德桃花源、株洲的炎帝陵、宁远的九嶷山和舜帝陵、石门的夹山寺和闯王陵、郴州的苏仙岭、娄底的湄江、韶山毛泽东故居等都久负盛名。新开发的张家界市武陵源风景名胜区，堪称世界天然大奇观，融峰林独特的造型美和大自然原始野趣于一体，尽显奇、险、幽、秀、野之特色，已被列入《世界遗产名录》。生活在湘西的土家、苗、侗、瑶、白等少数民族，能歌善舞，保留了许多独特的传统风俗。湘西的民族风情旅游资源，有着巨大的开发潜力。因此，湖南具有极其丰富的旅游文化资源。以旅游资源为依托，发展森林公园和风景游憩林，就可为林业建设增添浓厚的文化色彩。湖南深厚的历史文化底蕴，将会极大地丰富林业现代化的内涵。

3. 开展生态科普教育和义务植树活动，提高全民的生态意识和参与水平

积极繁荣生态文化。加强政策引导和扶持，推进生态文化建设，充分挖掘森林文化、花文化、竹义化、茶文化、湿地文化、野生动物文化、生态旅游文化等发展潜力，丰富生态文化，满足社会需求。全力推进人与自然和谐重要价值观的树立和传播。要通过文学、影视、戏剧、书画、美术、音乐等多种文化形式，大力宣传林业在加强生态建设、维护生态安全、弘扬生态文明中的重要地位和作用；大力普及生态和林业知识，让更多的人知道森林、湿地、野生动植物、种质资源、生物多样性、生态平衡、生物圈、食物链、能量流动、物质循环等对人类生存发展的重要性，增强国民生态意识和责任意识，树立国民的生态伦理和生态道德，使人与自然和谐相处的重要价值观更加深入人心，在全社会形成爱护森林资源、保护生态环境、崇尚生态文明的良好风尚，形成人与自然和谐的生产方式和生活方式。

开展生态理念、生态科学知识的普及和宣传活动，提高公众林业意识。开展多形式、多层次的以普及森林知识和增强保护意识为目标的国民森林教育。尤其要“从娃娃抓起”，把森林教育作为学生素质教育的一项重要内容。组织青少年开展以认识和保护生物多样性为主要内容的森林夏令营、冬令营、生态公益等活动，推行多种形式的森林教育，普遍提高学生的森林意识，努力培养具有森林保护知识和意识的一代新人。对各级领导干部、企业法人代表、各级林业管理部门干部，加强森林保护知识培训。

广泛开展森林科普活动。结合“植树节”“竹文化节”“世界地球日”等活动，通过图书、报刊、网络、广播、电影和电视等媒体，积极开展群众性森林科普教育活动。大力宣传植树种草、水土保持、改善生态环境的重大意义，动员全民搞绿化、全社会办生态，形成自觉参与植树种花种草、爱绿护绿、保护生物多样性的良好社会风尚。建立森林建设的公众参与机制。通过推行义务植树活动、志愿者行动、建立森林问题公众听证会制度等公众参与活动，培育公众的森林意识和保护森林的行为规范。

为实现湖南绿化美化建设目标，要坚持全社会办林业，进一步强化和提高广大人民的生态意识，动员社会各界和更多的群众参与造林绿化。积极建立起符合市场经济规律的全民义务植树新机制，提高义务植树的成效。要建立健全以省、市、县绿化委员会为主的全民义务植树领导和组织体制，积极创建新的形式，继续推进林木绿地、古树名木的认建、认管、认养活动，动员、吸引社会力量投入林业生态建设。

林业是社会文明的载体，发展现代林业是丰富湖南历史与生态文化内涵的必然选择。在湖南省建设现代林业，充分发挥自然资源与人文资源丰富的优势，按照以人为本的科学发展观指导林业建设，弘扬森林文化，改善生态环境，推进湖南省物质文明、政治文明、精神文明和生态文明全面协调发展。

三、支撑平台

研究认为，实现“建设和谐湖南新林业，打造绿色安全新家园”的核心理念，除了在发展途径上必须建设三大体系，还必须构建包括林业政策、科技、投入和人才在内的综合保障与支撑平台。

（一）改革林业管理体制与机制，健全林业政策与法制

发展林业和生态环境建设，不仅需要依靠科学技术的进步，而且需要制定配套的政策和制度，需要政策和制度的不断创新。林业政策与制度问题，在林业发展中起着十分重要的作用。关于政策问题，毛泽东同志曾说过：“只有党的政策和策略全部走上正轨，中国革命才有胜利的可能。政策和策略是党的生命，各级领导同志务必充分注意，万万不可粗心大意。”邓小平同志在讲到制度问题时也曾指出：“领导制度、组织制度问题更带有根本性、全局性、稳定性和长期性……必须引起全党的高度重视。”政策和制度问题对于任何一项事业的发展都极为重要，林业也不例外。政策对林业的作用主要体现于：一是通过影响“人”的积极性来对林业生产起作用。通过思想教育、市场机制、监督管理、政策引导、法律约束等途径，动员社会力量投入到林业行业之中。二是好的政策可以调动科学技术的积极性，加速其向现实林业生产力的转化。林业科技创新与应用，其他领域高新科技成果在林业上的推广应用，都需要适宜的经济环境和政策环境，经济环境的改变与政策紧密相关。因此，林业发展固然与科学技术、社会经济发展水平等有关，但林业的政策、法律和制度也在很大程度上决定或制约着林业的盛衰与荣枯。

1. 加快集体林权制度改革步伐，提高林农的生产积极性

加快集体林权制度改革步伐，提高林农的生产积极性。《中共中央 国务院关于加快林业发展的决定》颁布后，福建、江西、辽宁等省首先拉开了集体林权制度改革第五个阶段的序幕，目前改革试点已取得阶段性成效。这次改革是对以林地权益为核心的森林资产权益关系进行重大调整的改革，是全面落实林业产权的综合性改革，以明晰产权入手，确立了农民的经营主体地位，真正实现了明晰产权、放活经营权、落实处置权、确保收益权，给予了林农真正意义上的物权。

扶持发展替代产业，解决林区经济结构单一化问题。湖南政府要从制度上解决破坏生态的人既得利又不承担责任，而保护和发展生态的人既要承担造林管护成本支出，又不得利的经济制约机制。要将资源和环境包括森林资源与生态服务价值纳入国民经济核算体系，建立绿色 GDP 的核算体系，提高经济增长的质量。同时要逐步建立损害生态者承担责任的机制。要逐步形成使高

收入、高资源消耗人群支付生态补偿费的制度。

2. 实施依法治林战略，提高公众的森林法律意识

按照突出重点、统筹兼顾的原则，加强对生态建设、生态安全和生态文明的立法，结合林业发展中急需解决的难点问题，把基本的、急需的、条件成熟的作为林业立法的重点，完善林业法律体系；坚持将林业法制宣传教育作为林业生产的第一道工序来抓，认真组织开展好林业普法依法治理工作，努力提高各级领导干部和人民群众的生态意识、法律意识和投身林业建设发展的积极性，为执法和林业改革发展创造良好的外部环境；以建立权责明确、行为规范、监督有效、保障有力的林业行政执法体制为目的，整合执法力量，理顺执法体制，稳步推进林业综合行政执法改革；建立健全各级法制工作机构建设，加强执法监督管理；改善执法条件和装备，保障工作经费，切实加大执法力度，树立林业执法权威。

3. 加强森林资源管理与森林防火工作，保障森林资源安全

加强森林防火工作。继续实施和完成国家级重点火险区综合治理工程；逐步完善全省森林火险预测预报、林火信息指挥通讯系统；加强林火监测系统建设，建立现代化的组织指挥和远程视频探测系统，推广先进的扑火技术和手段；完善森林火灾预警系统，完备火险天气、火险等级的预测预报和林火监测体系；全省瞭望覆盖率达到95%；全面提升预防、扑救森林火灾的综合能力，遏制森林火灾的高发态势；控制森林火灾发生率、受害率。加强森林消防队伍建设，提高森林防扑火综合能力；加强生物防火林带建设、扑火物资和装备建设，提高控制扑救大火的能力；建立森林防火标准化体系，加强防扑火应用技术开发和林火基础理论研究以及防火教育培训工作，积极推广先进技术和成果，切实提高森林防火的科学化水平。

强化森林公安和林业检、法建设。健全森林公安机构，科学配置警力，形成覆盖全省的森林公安机构和队伍；完善经费保障体系，加强队伍正规化建设；建立健全森林公安警务督察体系；加强森林公安基础业务建设；不断加强森林公安机关技术装备和基础设施建设，加强基层派出所、监所和刑侦技术点建设，使全省85%的森林公安机关达到相关装备配备标准；建立现代化森林公安综合信息网络，不断提高森林公安机动作战、快速反应和侦查破案能力。

做好森林病虫害防治。继续实施松材线虫、杨树天牛、松毛虫、竹类害虫、森林鼠害等危险性或大面积发生的病虫鼠害治理工程，有效遏制危险性病虫害的蔓延。加强森林病虫害防治的监测预报网络建设、防治检疫标准站建设、重点防治实验室等基础设施建设，提高森林病虫害防治能力和预测预报水平。加强森林病虫害防治预测预报技术、检疫技术、防治技术特别是生物防治技术的研究与运用，开展森林病虫害危险性评价研究，提高湖南省森林病虫害防治的科技支撑水平。

完善森林资源林政管理体系。健全省、市（州）、县各级森林资源林政管理机构，通过确定机构职责，规范机构设置，明确机构定位，形成森林资源林政行政管理网络体系；提高和规范森林资源管理基础设施和装备配置的建设标准，初步实现管理体系的技术规范化、信息网络化、装备现代化、管理科学化。不断提高人员管理水平和业务素质，提高应变能力、间接信息获取能力、快速处理林政违法案件和相关公务的能力，使资源林政管理能力适应森林资源管理形势变化且与经济实力相称。

（二）实施科技兴林，增强林业科技自主创新能力

建设现代林业，要突出抓好科教兴林，全面提升林业建设的支撑保障能力。必须充分发挥科技的支撑、引领、突破和带动作用。要按照“一手抓创新，一手抓推广”的方针，认真落实全国林业科技大会确定的各项任务。深化林业科技体制改革，形成产学研相结合、分层次、有重点的林业科技创新体系，提高自主创新能力。实施科教兴林战略确保林业生态建设的质量和水平。紧紧围绕湖南林业生态建设的目标和任务，加速推进林业新科技革命，不断提高科技进步水平和创新能力，源源不断地为林业生态建设提供强有力的科技支撑和动力，促使湖南林业真正走上依靠科技创新的内涵式发展道路。

1. 加强林业科技创新体系建设

以应用技术研究领域为主体，兼顾应用基础研究，改善生态环境技术以及资源高效利用技术等领域，以及林木遗传育种技术研究，优良基因材料研究技术储备，加快湖南省林木无性系育种技术重点实验室、南方纸浆林研究重点实验室、南方人工林木材工程技术研究中心等的建设。组织并推动森林文化领域的学术研究和交流。尽管当前湖南森林文化领域取得了许多进展，但总起来看森林文化领域的研究工作是相对薄弱的，尚不能完全适应湖南生态建设及人民群众对生态的需求。需要加强林业历史、森林哲学、生态伦理、生态价值、生态道德、森林文化、森林美学、生态文明等方面的研究和建设。森林文化与其他方面的文化也需要加强交流，协会与协会之间需要加强沟通和合作。

2. 进一步完善林业科技推广网络建设

进一步完善省、市（州）、县、乡镇四级推广网络，形成覆盖全省的林业科技推广机构和队伍。加强对林业科技推广培训，提高队伍素质。完成10个市州林业科技推广中心站为重点的基础设施建设。

加强林业科技示范体系建设。抓好国家、省部级科技兴林示范县为重点的科技示范园区建设。分别选择湘东、湘北、湘南、湘西、湘中的科技兴林示范县建立5个重点科技示范区；在10个科技兴林示范县开展林业科技入户工程试点。

（三）加大对现代林业建设的投入，改善基础设施条件

现代林业建设，一靠政策、二靠科技、三靠投入。由于种种原因，以往对林业建设的投入严重不足，在现阶段要提高森林资源的多种效益、提高林业的生产力水平，就必须增加对林业建设的人、财、物等多种投入，实施好林业工程建设，改善基础设施、优化林业经营管理和增强科技创新等条件能力，推进林业又好又快发展。

1. 拓宽林业建设筹、融资渠道，提高林业投入水平

建立以公共财政为主的多渠道投资方式。根据林业的公益性特征，政府应加大对林业的支持力度，林业支出占财政支出的比例至少达到1%~3%。扩大公共财政的支出面，建立林业管理部门全额拨款制度，保证基层林业单位队伍的稳定和业务的正常开展。从湖南生态省建设目标出发，应大幅度增加财政在生态方面的支出比重。应提高森林生态效益的补偿标准，至少达到生态公益林建设的经营管理成本，并尽可能地接近于机会成本，以调动森林经营者参与生态公益林建设的经济动力。不断拓展林业投资渠道，鼓励和吸引民营资本更多地投资林业，建立新型的林业发展基金（如森林火灾扑救基金），通过吸引企业或个人自愿捐赠、国际组织或机构资助等途径，吸引社会对林业的投入，创新义务植树机制，根据实际需要可选择由适龄公民出资委托林业业务部门进行造林的方式。

2. 加大对林业基础设施建设的投入

一是基层林业工作站和木材检查站建设。按照优化布局、分类指导、规范管理的要求，深化基层林业工作站改革，强化其执法监管的地位和作用；加强林业站设施建设，提高人员素质，强化“管理、组织、指导、服务”职能，建立比较完备的省、地、县、乡林业站管理体系，充分发挥林业站的基础作用，确保各项林业工作在基层的全面落实。二是森林资源与生态状况综合监测与评价体系建设。在国家森林资源连续清查、森林资源规划设计调查和作业设计的基础上，增加对森林健康、森林质量、生物多样性等监测和评价指标，实现对森林和湿地生态系统的综合监测。加快建立和完善森林、荒漠化、湿地等生态系统和生态状况监测与评价体系，以及林业九项重点工程生态监测体系，快速及时地提供预警预报，全面反映生态建设的成效。三是林业信息化与电子政务建设。充分运用“3S”技术、计算机及网络技术，加快全省林业信息化与电子政务步伐，基本实现林业行政管理的网络化、规范化与科学化。四是贫困国有林场基础设施建设。加大对贫困国有林场的扶持力度，改善国有林场职工的生存环境状况。

3. 建立健全资金安全运行和绩效评价机制

构建包括从发现警情、分析警兆、寻找警源、判断警度以及采取正确的预警方法将警情排除的全过程的预警机制，使决策部门对资金安全态势进行跟踪监测。建立健全资金运行的绩效评价机制，分别不同层次确定绩效评价的主体和客体，制定评价的方法、标准和指标体系，逐渐建立起政府组织评价与非政府组织评价相结合的机制，以确保绩效评价工作的有序进行。

（四）实施人才强林，强化人力资源建设

实现新阶段林业发展的战略目标，推进现代林业发展，必须坚持走人才强林的道路。各地区和各级林业部门要切实加强对林业科教和人才工作的领导，做到思想重视、认识到位，及时研究和解决实际问题。要统筹规划、协调推进，把推进科技、教育和培养人才贯穿于林业发展的全过程。要创新机制、激发活力，努力营造人才脱颖而出、奋发有为的良好环境。

1. 大力发展林业教育事业

林业教育对于普及和提高人们的林业科学知识、培养和造就各方面的林业建设人才具有重要作用。充分利用湖南林业教育的资源优势，加大教育投入，提高教育质量和水平。以优先发展教育为基础，加强林业职业教育和林业高等教育，加大培训力度，培养各级各类人才，提高林业职工和林农素质。重视对青少年林业科普知识的教育。强化对林业从业人员的再教育，增强新任务和新技术条件下林业科技和管理人员经营管理林业的素质和能力。

2. 努力造就一大批林业人才队伍

突出抓好队伍建设，全面提升林业方针政策的执行力。全面推进现代林业建设，是一项长期而艰巨的历史任务。必须始终如一地坚持“两手抓、两手都要硬”的方针，加强队伍建设，加强政治保障，提高林业方针政策的执行力。

实施人才强林战略，造就一大批包括管理、科技、生产在内的林业人才队伍，提高林业发展水平。以人才资源开发为关键举措，突出抓好科技人才和基层实用人才队伍建设。加强对林业科技人才的培养，优化整合教育培训资源，加大教育培训力度，加大对人才开发的投入，加强党政人才队伍建设。加强林业经营管理人才队伍建设。加强基层实用人才队伍建设。建立一支以技师、高级技师为重点，以林农实用人才为主体，工种岗位配套、业务技术精湛，具有较高素质的基层实用人才队伍。强化建设人才支撑保障体系。

第三节　湖南现代林业发展的指导思想、基本原则与战略目标

一、指导思想

在邓小平理论和“三个代表”重要思想的指引下，以科学发展观为指导，遵循党的十六届

六中全会关于构建社会主义和谐社会的发展思想，全面贯彻落实《中共中央 国务院关于加快林业发展的决定》和《中共湖南省委湖南省人民政府关于贯彻〈中共中央 国务院关于加快林业发展的决定〉的意见》，立足湖南人口、资源、环境和经济社会发展实际，以“建设和谐湖南新林业，打造绿色安全新家园”为核心理念，确立湖南林业在全省和谐社会建设中的关键地位，在区域生态建设中的突出地位，在全国现代林业发展中的重要地位，着力建设功能齐备的林业生态体系、发达的林业产业体系和独特的森林文化体系，实现资源增长、生态优良、产业发达、文化丰富、林农宽裕的战略目标，推动湖南现代林业又好又快发展，使湖南现代林业更好地服务于全省和区域经济社会的全面、协调和可持续发展，为建设湖南和谐社会作出重要贡献。

二、基本原则

（一）坚持和谐发展，强化生态安全

在湖南和谐社会建设中，坚持和谐发展是首要条件。和谐发展是在确保生态系统平衡健康和自然环境良性循环基础上，实现社会财富的持续增长。森林是陆地生态系统的主体，林业的和谐发展是实现人与自然和谐相处的前提，是弘扬生态文明与构建和谐社会的基础。坚持和谐发展，湖南林业的首要任务要为湖南全社会的持续、健康、快速发展提供可靠的生态保障，在湖南现代林业建设中，要强化生态安全意识，将森林的生态效益放在首位。湖南的造林绿化事业快速发展，森林资源和绿化成果保护得到加强，林业重点工程顺利实施，使湖南的国土绿化、城市林业和林业生态建设呈现出良好的发展态势。推进生态建设，打造“和谐湖南”已成为湖南省加快全面建设和谐社会的重大使命。

（二）坚持产业富民，强化新农村建设

按照新农村建设“生产发展、生活宽裕、乡风文明、村容整洁、管理民主”的目标要求，要充分发挥湖南林业在社会主义新农村建设中的重要作用，大力发展林业产业，促进农民增收、农业增效和农村经济发展。功能齐备的生态体系是发达的产业体系的基础和保障，发达的产业体系为建设完备的生态体系提供内在动力。湖南新农村建设在注重生态优先的前提下，还应加快林业产业发展，为林业发展增添更大的活力，从而实现林业生态建设与产业发展的良性协调发展，更好地满足社会对林业的多种需求。在湖南林业产业体系发展过程中，应面向国际和国内两个市场，突出区域特色，以产业富民为落脚点，重点加强速生丰产用材林基地建设，加快竹产业发展，不断深化林产加工业，进一步扩大森林旅游业，使林区的经济水平不断提高，农民的收入不断增加，在推进生态建设的同时，全面提高林业产业竞争力，促进新农村建设。

（三）坚持科技兴林，强化资源培育

建设湖南“新林业，新家园”，资源是基础，科技是支撑。在较长一段时期里，湖南现代新林业建设的重要任务之一，是尽快改变森林资源经营水平不高的落后局面，在不断增加森林资源总量的同时，显著提高森林资源的质量。因此，在湖南林业现代化建设中，必须强调科技兴林的原则，按照建立创新型国家的总体要求，结合湖南林业的实际，切实落实全国林业科技大会关于创新和推广“两手抓”的精神，加强林业自主创新能力，提高森林资源的经营管护水平和资源利用水平，为湖南新林业又好又快发展提供强有力的科技支撑。

（四）坚持城乡一体，强化分区施策

推动城镇化进程是小康社会建设的重要内容。在湖南林业现代化建设中应大力发展城市森林，加快城市林业建设，同时又要积极发展乡村林业，有效解决“三农”问题，走生态化的城市与乡村协调发展的道路。林业建设要实现城乡一体规划，促进城市与农村在生态与经济方面的

优势互补、良性互动和协调发展。在湖南的林业发展和生态建设中，建立林水结合的森林生态系统，对于在整体上改善城市和乡村生态环境、提高人居环境质量具有重要意义。因此，必须正确处理林、水、城、乡的关系，按照林水相依的原则，通过林网化和水网化的理念开展森林建设，实现“林水相依、林水相连、依水建林、以林涵水”，为湖南经济和社会的可持续发展提供生态保障。

由于湖南省的地形复杂以及森林种类分布特点的不同，各个地区经济发展水平和发展重点也存在明显区别。不同地区森林对社会所提供的服务功能有所侧重，因此，应根据森林的特点划分不同的功能区，结合功能区的特点来规划林业布局，发挥不同功能区的作用，协调区域经济与生态的发展。以湖南省的立地条件、森林种类以及经济社会发展水平等因素为依据，合理地划分功能区，有效发挥森林资源在整个湖南社会主义现代化建设中的作用。在湖南林业功能分区过程中，还必须坚持整体协调的原则。由于森林的生态效益具有明显的外部性，不同功能区之间存在着相互影响的关系，因此，必须处理好不同的功能区之间，以及各个功能区与整个湖南森林生态之间的协调关系，把湖南省的林业作为一个整体进行研究和布局，最大限度地发挥森林在湖南省经济社会发展中的作用。

（五）坚持政府引导，强化社会参与

湖南林业和生态建设，需要国家和湖南省政府的正确引导和大力扶持，把握林业发展的大局，按照国家“五个统筹”的要求，与社会经济发展总体规划相适应，协调好林业与其他部门的关系。政府应通过确定发展林业的正确指导思想、制定符合现实的林业发展规划、加强鼓励产业发展的政策扶持等行动来推动林业发展。湖南林业是一项重要的公益事业，政府在湖南林业发展和生态建设中必须发挥正确而有效的引导作用。尤其是，要强调依法治林，强化森林营造与管护并重的意识，完善法制建设，规范林业行政执法体系，加大执法力度，为加快林业发展提供法制保障。同时，在确定政府引导林业发展的前提下，结合社会主义新农村建设，必须加强全社会，尤其是广大农民参与林业的程度，营造全社会兴办林业的良好氛围。在湖南林业现代化建设的进程中，应积极树立公众的生态保护意识、忧患意识和参与意识，吸引社会力量投资办林业，建立参与式的林业管理体制，促进农村管理民主，真正调动广大农民群众参加林业建设、绿化家园、开展社会主义新农村建设的积极性。

三、战略目标

以湖南“新林业，新家园”发展理念为指导，确立湖南林业发展的战略目标为：资源增长，生态优良，产业发达，文化丰富，林农宽裕。

资源增长：在现代新林业中，森林资源是林业生态体系和产业体系建设的基础。资源增长不仅仅体现在森林覆盖率的提高和森林蓄积量的上升，还体现在森林年生长量增加、林副产品质量和数量提高、珍稀优质树种比例上升以及生物多样性保护等方面。

生态优良：生态优良是现代新林业的标志之一，要求湖南林业的发展和森林的经营以改善当地生态环境质量为重要经营目标，不仅注重森林资源数量增长和质量提高，而且要保证林种树种配置合理，区域布局合理。

产业发达：林业产业是湖南省国民经济的重要组成部分，林业产业的发展与国民经济的发展息息相关。湖南林业是一项重要的公益事业和基础产业，承担着生态建设和林产品供给的重要任务。完备的生态体系是发达的产业体系的基础和保障，发达的产业体系为建设完备的生态体系提供内在动力。建设湖南新林业必须要培育更多更好优质高效的速生丰产林，切实减轻对森林资源的压力，同时，要提高加工水平、木材利用率，更多地节约森林资源、保护森林资源，以促进林业高效、稳步和持续发展。

文化丰富：森林文化是建立新型的人与自然和谐统一关系的重要载体，湖南拥有丰富的传统历史文化和森林文化，在建设湖南新林业中要大力弘扬和发展新时期具有湖南特色的森林文化，并不断提高湖南森林文化在湖南历史文化和少数民族文化中的地位，以不断丰富和满足人们向往自然、回归自然的物质文化需求，促进资源环境与经济社会可持续发展。

林农宽裕：在新时期下，党和国家倡导的“新农村”建设赋予新林业新的内涵，就是要通过推进林业产业化建设，提高农民的收入水平；通过推进林业科学技术的普及与应用，提高农民的整体素质；通过推进林业经营管理体制改革，提高农民的组织化程度；通过推进林业社会化服务体系建设，提高农民适应市场的能力，实现促进林农脱贫，提高生活质量的目的。

根据湖南省国民经济和社会发展的客观要求，结合林业建设的实际情况，现代林业发展的奋斗目标分为三个阶段：

（一）到2010年目标

“十一五”期间，是现代林业建设的关键5年和快速发展阶段，紧紧抓住战略机遇期，以林业工程为载体，实现森林资源的快速增长和林业产业的成长壮大。

主要发展目标是，到2010年，森林面积稳定在1066.67万公顷，森林覆盖率稳定在55%，森林蓄积量达到4亿立方米，每年向社会提供森林蓄积量在2000万立方米的基础，通过速生丰产林建设逐年增加100万立方米森林采伐蓄积，每年为社会稳定提供毛竹2亿根，并逐年增加500万根，生态公益林管护面积376.2万公顷占林业用地比例达到30.1%，自然保护区占国土面积比例达到6.1%，水土流失得到缓解，生态状况进一步改善，林业经济发展速度保持在10%以上，林业产业总产值达到750亿元。

（二）到2020年目标

2011～2020年，是现代林业建设的攻坚阶段，也是生态保护和生态治理大见成效的关键阶段，森林资源必须保持一个较高的增长速度，同时使林业产业布局更加合理，实力显著增强。

主要发展目标是，到2020年，全省森林面积稳定在1066.67万公顷以上，森林覆盖率稳定在55%以上，森林蓄积量达到5亿立方米，毛竹达到25亿～30亿根，每年向社会提供森林采伐蓄积2500万立方米和毛竹3亿根。生态公益林管护面积525.27万公顷占林业用地比例达到42.1%，自然保护区占国土面积比例达到7%，全省基本解决生态问题，林业经济发展速度保持在9%以上，林业产业总产值达到1800亿元。

（三）到2050年目标

2021～2050年，是现代林业建设的巩固提高完善阶段，在稳定提高森林蓄积量的同时，把重点转移到森林可持续经营上来，不断提高森林质量，充分发挥森林的三大效益。

发展目标是，全省基本实现山川秀美，生态状况步入良性循环，林产品供求矛盾基本解决，建成完备的森林生态体系、发达的林业产业体系和先进的森林文化体系。

第三章　湖南现代林业发展指标

第一节　湖南林业发展指标内涵界定

环境与发展是当今国际社会共同关注的重大问题，保护和发展森林已成为全球环境问题的主题，越来越受到国际社会的普遍关注。森林是陆地生态系统的主体，是人类赖以生存的重要资源，不仅能提供木材及其他林产品，而且，森林植被在参与生物地球化学循环的过程中，通过与土壤、大气、水源在多界面、多层次上进行物质与能量交换，改变和影响区域气候、土壤、水资源分布，调节气候、涵养水源、保持水土、防风固沙、抵御自然灾害，在维护自然生态环境中具有不可替代的作用，肩负着环境与发展的双重使命，是实现环境与发展相统一的关键和纽带。与此相一致，世界林业发展战略、林业经营模式、林业管理模式都发生了十分重要的变化，林业发展逐步从以追求木材生产为主向多效益和可持续经营的方向发展。

针对我国森林资源严重不足、生态环境形势严峻的客观实际，改革开放以来，我国林业发展步入了多目标和可持续发展的新阶段，改变了过去单一生产木材的传统思维，充分发挥森林的生态、经济和社会效益，在加快林业产业体系建设的同时，狠抓林业生态体系建设，先后开展了以遏制水土流失、防治荒漠化、改善生态环境、扩大森林资源、保护天然林、自然保护区建设为主要目标的林业建设工程。在大力推进重点林业生态工程建设的同时，全国森林资源保护得到重视和加强，野生动植物及生物多样性保护体系初步形成；林业资源与生态环境监测体系形成了一定基础，并逐步向科学化、网络化方向发展。20 多年来，在森林生态研究及监测理论、网络建设、信息管理、监测技术方法等方面有了一定的基础，并积累了宝贵的经验。随着我国林业建设的逐步完善与整体迅速推进，林业发展评价与发展指标的界定与量化也就越来越重要，主要表现在：①林业发展指标的研究是林业规划的基本要求；②林业发展指标的研究是评价森林社会经济生态环境功能的客观要求；③林业发展指标的研究是林业自身发展以及与其他各相关行业发展的基本需要；④林业建设的迅速发展、林业资源与生态环境监测体系的逐步建立，为开展林业发展指标研究奠定了基础；⑤林业建设的发展对林业发展指标的研究、林业发展评价提出了更高的要求。

一、湖南林业发展指标的重要性

（一）湖南林业发展水平评价的需要

湖南是我国南方的重点林区省份之一，境区气候温暖，雨量充沛，阳光充足，动植物种类繁多，发展林业具有得天独厚的优势。但全省造林绿化的整体水平还不高，林种树种结构不合理，林分质量低，单位面积生物量低，森林的涵水、阻水、蓄水、缓水能力不强，一些地方的水土流失还比较严重。大面积的石漠化现象依然存在，林业产业不发达，林业经济效益差，林业在全省国民经济中所处的地位与农民脱贫致富的愿望有较大差距。林业的投入严重不足，林业基础设施比较落后，生产和建设条件比较差，且制定的相关措施和政策与可操作层次上依然有很大的距离。湖南林业发展所面临的至关重要的问题就是如何评价林业发展的状态和程度，以及采用哪种方法进行诊断，也就是应该由哪些指标来表征，以及如何通过这些指标来评估目前的发展是否具有可持续性。林业发展所涵盖的范围非常广泛，包括林业经济持续发展、林业资源有效配置、生态环境质量的优化与保持，以及社会公平等诸多内容，因此，采用一个或若干个指标往往难以比较客观地评价可持续发展过程，而需要根据研究对象的特点，从不同的侧面、不同的层次，同时考虑时间的变化，建立一整套指标即指标体系才能满足定量评价林业发展的要求，建成指标体系后就可以对这一复杂的开放系统进行多指标综合评价。通过这些评价，决策者可以获取可持续发展水平有关信息，可以了解和掌握发展的状态、过程及相关情况，并对全省的林业系统的发展过程进行诊断，及时发现问题（也就是预警）并采取相应的调控对策和措施，确保可持续发展目标的实现。

（二）林业发展战略规划的需要

1. 体现新林业新家园的需要

随着国家可持续发展战略的实施，以生态建设为主是国家林业发展战略“生态建设、生态安全、生态文明”的三生态战略思想，必然是指导21世纪湖南林业发展的主导思想。湖南作为山区面积大、城市与人口密集、生态区位重要的中部南方省份，生态建设任重道远，湘、资、沅、澧四水流域的水土流失和湘西、湘南地区的石漠化严重，野生动植物物种减少，自然灾害发生频繁等不断恶化的生态状况，已成为湖南省经济社会可持续发展的重要制约因素。充分发挥林业在生态建设中的主体作用，大力改善生态，是今后相当长的时期内林业的重要历史任务。为了保障湖南经济社会可持续发展，维护国土生态安全，尤其是为中部崛起提供良好的生态环境，就必须按高标准构筑起“点、线、面”相结合的森林生态网络体系作为生态屏障，促进生态经济系统的良性循环，发挥森林生态系统的生态功能和综合效益，为实现“新林业、新家园”的战略目标提供强有力的绿色屏障。

2. 量化战略规划发展阶段的目标

林业发展战略指标是在可持续发展意义上考察一个地区的林业发展水平，不仅要分析当前林业社会和经济发展状况，而且要研究支撑当地经济社会发展的森林生态系统服务能力的变化趋势。战略性指标的建立要从适应社会、经济和自然协同发展的角度考虑，要分析影响林业发展的各个方面，就需要将林业发展指标量化，依照数学上的常规表达来描述林业行业内在关系和状态方程。通过对量化后变量的调控反映行为的总体结果。

3. 引领工程规划的布局与建设

建立和运用指标总有一定的目的性，湖南林业战略指标的研究是基于对湖南省实际情况的充分考察和数据收集整理，运用地理的、数学的及生态的分析方法得到现状情况、发展进程，进而预测变化趋势。整个过程为科学制定工程规划布局和优化管理决策提供依据。

二、国内外林业发展指标概述

由于林业发展受自然、社会、经济等多种因素的影响，因此，定量确定区域林业发展指标是一个十分复杂的问题。其中既涉及林业发展的需求指标，如防止土壤侵蚀的森林需求量、防治空气及水污染的森林需求量、涵养水源及减灾防灾的森林需求量等，又涉及林业发展的潜力指标，如水资源承载力、土地资源承载力、光热资源、资金财力等的限制。

同样林业发展的结构指标诸如林种数量指标、林种质量指标（林龄构成、蓄积量、生物量、健康林面积、各林种低效林面积）、林种分区空间结构布局指标、平面布局指标（如城市各屏障带各林种面积、各小城镇林种面积、各保护区及旅游景点已有与新建林地面积、以乡镇为单位的各林种面积）、垂直布局指标（不同海拔分级高度带各林种面积）；林业发展的产业指标，如林业一产指标（经济林果、花卉种植业、种苗、蜂蚕产业）；林业二产指标（林果产品加工业）；林业三产指标（森林旅游等服务业、咨询业）；林业发展的基础设施指标：林木种苗生产、森林防火体系、森林病虫害防治体系、林业信息网络系统、林业生态环境监测体系等。只有在结合林业发展需求、林业发展潜力分析的基础上，根据林业发展的自然规律和经济规律，才有可能加以确定。

目前，国内外已经开展的研究主要是针对林业综合效益评价（在空间上可以是省级、县级）以及森林可持续经营管理指标的研究（主要是在森林经营单元或生态系统尺度上）。在区域林业综合效益评价（在空间上可以是省级、县级）方面，高兆蔚选定了16项林业生态环境评价指标，利用层次分析法结合福建省的16项指标中各项指标在全国所占的地位状况，进行合理地评分，得出福建省林业生态环境建设处于刚刚合格的程度。谢金生等在分析了国内外可持续林业评价指标体系和评价标准的基础上，提出了包括社会、经济和自然生态三类指标的区域可持续林业评价指标体系和标准。李宝银（2004）采用层次分析法，用以上三类指标进行专家评分的基础上，对福建省林业现代化程度进行了评价。总之，这类研究主要是在对三类指标的设定的基础上，采用层次分析法进行林业发展的综合评价。

（一）国外林业发展指标概述

森林可持续发展的标准与指标是实现森林可持续发展的基础和手段，因此受到各国政府和组织的关注。在森林可持续经营管理指标方面，自从1992年联合国环境与发展大会后，对森林持续利用的标准与指标体系已展开了国际性广泛的研讨和协调行动，一些国家制定了国家级标准与指标，少数国家开展了示范区的实验性研究。目前世界上主要的森林经营指标与标准有：①蒙特利尔行动纲要（温带与北方森林保护与可持续经营标准与指标），提出了63个指标；②亚马逊行动（Amaironia Process），分3个方面，即国家水平的41个指标，经营单位水平的23个指标，为全球服务水平的7个指标；③赫尔辛基行动，提出了28个指标；④国际热带木材组织（ITTO）指标，分两方面，即国际水平的指标27个；森林经营单位水平的指标23个。另外还有森林政府间工作组（IWCF）、印度—英联邦活动、森林管理委员会（FSC）、森林和可持续发展的世界委员会（WSFSD）、国际林业研究中心（CIFOR）在1994年12月开展了森林可持续经营的国际对话，有世界各国50余名代表参加，发表了相应文件，还组织了在加拿大、印度尼西亚、巴西和非洲的森林可持续经营标准与指标的实施示范。区域林业发展指标研究的方法主要是根据区域社会、经济、自然、地理、资源、环境、生态、人文方面的要求与可能，确定林业发展总体控制指标，其目的主要是为区域林业发展制定切实可行的目标，为林业总体规划制订提供宏观控制指标，引导林业与其他行业协调发展。

1992年联合国环境与发展大会后，森林可持续发展进入了一个实质性的阶段。同年ITTO便制定了世界上第一个关于森林可持续发展的标准和指标体系。此后，对森林可持续发展的标准和指标体系的讨论和研究，在全世界范围内逐渐展开。目前世界上共有150多个国家参加了9个有代表性的进程（个别国家参加了2个进程）。生态区域包括热带（ITTO进程、塔拉波托倡议、非洲木材组织进程）、温带与北温带（赫尔辛基进程、蒙特利尔进程）、撒哈拉以南干旱地区（非洲干旱地区进程）、干旱地区（近东进程、亚洲干旱进程）等。在内容、目标和方法上，这些标准和指标都比较相似。一般都包括森林资源和全球碳循环、森林生态系统的健康和活力、森林生态系统的生物多样性、森林的生产功能、森林的保护功能、社会经济功能和条件、机构、政策和法律框架（Steven E. Johnson，2001）。但各进程侧重点有所不同。ITTO 进程重点在木材生产的可持续经营上，赫尔辛基进程强调的是资源管理，而蒙特利尔进程的标准与指标则是在生态系统的框架内，结合社会经济等方面的因素而制定的。这些进程所制定的标准与指标大多涉及国家水平，少数包含森林经营单位的标准和指标，有的还包含区域和全球水平的标准。如 ITTO 进程、塔拉波托倡议和中美洲进程的标准与指标就适用于森林经营单位水平。1995 年 2 月联合国粮食及农业组织（FAO）和 ITTO 在意大利罗马召开了旨在协调全球森林可持续经营行动的专家会议并建议全球在标准和指标的制定方面而进行合作，以形成全球水平的森林可持续经营的核心标准。2000 年 11 月 FAO、ITTO、联合国环境规划署（UNEP）、世界林业研究中心（CIFOR）、IUFRO 又召开了一次专家会议，会议考虑到各进程在标准和许多指标之间的相似性，提出各进程要加强森林可持续经营的野外试验，并加强各进程标准与指标之间的兼容性和可比性。

但这些进程的标准与指标在执行中面临许多的困难。由于各国的森林面积、质量和类型以及所有制、社会和经济条件差异极大，因此有些指标只适应于一些特定的国家和区域，而不适应于其他国家和区域。除此之外，有些指标数据的收集和分析限于条件也存在许多困难。

在上述几个行动日趋完善的同时，世界上许多国家也在制定基于本国实际情况的森林可持续标准和指标体系，如新西兰、日本、加拿大、俄罗斯、美国、印度尼西亚等。

（二）国内林业发展指标概述

我国森林可持续发展标准与指标体系包括国家水平、地区水平和森林经营一单位水平三个层次。1995 年中国林业科学研究院建立了林业可持续发展研究中心，并在国家林业局领导下，结合 UNDP 援华项目，在参照蒙特利尔进程，遵循统一性、实用性和可操作性的原则下，考虑中国特色，开始研制中国国家级的森林可持续发展标准与指标体系，并于 1997 年开始了地区级和森林经营单位级指标体系的制订和验证。这些研究工作是在东北国有林区、南方集体林区和西北干旱少林地区 3 个典型林区的 8 个森林可持续经营示范区（分别位于黑龙江、河北、甘肃、江西、浙江、广东等省）内进行的。国家级森林可持续经营标准与指标体系共有 8 个标准和 80 个指标，地区级及森林经营单位级指标体系也有 8 个标准，其中东北国有林区共 77 个指标，南方集体林区共 60 个指标，西北干旱少林地区共 68 个指标。各指标的确定都充分考虑了各地区人口、社会经济发展和自然条件的差异，以及森林的类型、数量、质量与经营状况等特点。尽管实施的标准与指标体系在我国已经初步形成，但要以此来准确评价森林是否可持续仍然需要较长的时间和精力来不断摸索。从近几年的实践来看，这些标准和指标体系还存在不少问题，如：一些指标缺乏足够的信息；社会经济和环境效益方面缺乏定量的数据；缺乏适当的方法来收集和处理数据等。

国内有许多学者对区域森林资源可持续发展也进行了研究，对研制森林可持续经营、林业可持续发展的标准和指标体系在理论与实践方面做了不少的工作。江泽慧等从国家及区域的不同层次出发考虑问题，分别建立了我国国家层次及地区层次的现代林业发展综合评价指标体系。她们基于我国林业发展状况，考虑林业发展的各个领域，从林地资源、林木资源、生态环境、经济发展、社会效益和科技发展及贡献共 6 个方面，选择了 60 项和 102 项指标分别构成国家水平和地区水平林业发展的综合评价指标体系，并提出了软系统归纳集成法（SSMll）作为评价指标体系建立的方法和软件支撑。朱永法等以可持续发展理论为指导，结合我国森林资源的特点和利用中存在的问题，论述了构建森林资源可持续发展指标体系的依据与原则，并从生态、经济和社会三个方面给出了相应的指标体系及其评价方法。李朝洪在可持续发展理论基础上，探讨了我国森林资源综合评价的方法论和森林资源可持续发展状况的评估准则及方法。他把我国森林资源作为一个大系统，提出了兼顾森林资源系统多种效能的可持续发展指标体系，包括可持续发展描述指标体系和动态评价指标体系。他在文章中重点阐述了森林资源可持续发展描述指标体系的构建，并将指标体系分为可持续发展水平指标体系和可持续发展能力指标体系。可持续发展水平指标体系作为一个总目标系统，分解为生态效能可持续发展水平、经济效能可持续发展水平和社会效能可持续发展水平三个子系统：森林资源可持续发展能力指标体系分解为：资源承载能力、环境缓冲能力、森林生产能力、经济支撑能力、科技支撑能力和管理调控能力六个子系统。

潘存德系统探讨了林业可持续发展理论、区域可持续发展及其指标体系，并利用该指标体系衡量了新疆伊犁河流域社会发展的可持续性。孙玉军对福建明溪县和伊春林区 16 个林业局可持续发展能力进行了测定。谢金生从可持续发展和可持续林业的关系出发，构建了县级区域的林业可持续发展评价指标体系，并对江西省安福县的林业可持续发展进行了定量评价。王燕研究了新疆天山中部林区森林可持续指标体系，提出用资源丰富度、环境耐度、经营强度和系统整合度在内的 11 个具体指标，评价森林的经营水平。李玉珍对乡一级林业发展的指标体系进行了研究，并以临安市临目乡为例对乡级可持续发展的可持续性进行了分析。孟宪宇等在评价东北林区国有企业局可持续发展能力时提出用资源承载力指数、环境承载指数、生态质量指数、经济发展水平指数、技术管理水平指数及社会发展水平指数共 6 个类指标和 16 个具体指标构成评价体系。黄选瑞通过构建县级可持续发展能力指标体系对县级可持续发展能力进行了评价分析。罗明灿等通过构建区域森林资源可持续发展综合评价的理论框架，对新疆维吾尔自治区伊犁地区天西区 9 个国有林场进行了评价。马阿滨根据资源、环境、经济、社会协调发展的原则，提出了黑龙江森工林区可持续发展评价指标体系。据此对森工林区的发展状况做出了分项和综合的评价，并从总体上讨论了提高黑龙江森工林区可持续发展能力的对策和措施。张万里等预测了大兴安岭新林林业局可持续发展能力。王洪波针对吉林省国有林区的特点，建立了由资源承载指标、环境承载力、生活质量、经济发展、技术管理和社会发展指标在内的 6 个二级指标和 15 个三级指标构成的国有林业局可持续林业评价指标体系，并对松江河林业局进行了验证。励龙昌探讨了区域发展理论，并分析了淳安县森林经营状况。张守攻对森林可持续发展的理论、标准及指标体系进行了系统的论述。李春静等以驻马店地区薄山林场为研究对象，提出了评价指标体系。并运用模糊数学的综合评价分析理论对该林场的可持续经营能力进行了评价。赵国华在构建由资源、环境、经济、社会指标构成的森林资源可持续发展指标体系基础上，运用层次分析法对浙江省森林资源的可持续发展进行了评价分析。郭正刚等在森林资源可持续发展理论指导下，以白龙江林区为例，构建了由经济发展指数、社会发展指数、资源丰富度指数、生态环境指数和技术管理指数 5 个策略层，20 个措施层组成的森林资源可持续发展力评价指标体系。并将森林资源可持续发展力分为可持续和非可持续两种。评价结果表明，白龙江林区森林资源可持续发展力虽然处于非可持续发展状态，但正朝可持续发展目标前进。

三、湖南林业发展指标研究思路

（一）湖南林业的地位和作用

湖南位于中亚热带中部，湖南森林既有亚热带森林的典型特征，又有其地方特点，是中国乃至全世界亚热带常绿阔叶林区的一块宝地。湖南森林的基本特点如下：

1. 森林植物区系丰富，起源古老，珍稀树种多，区系地图成分复杂

湖南维管束植物已知246科、1231属、4263种（含321变种），估计约有5000种。湖南木本植物有113科、500属、1997种和220变种（及变型），约占全国8000种的25%。湖南植物区系起源古老，自中生代三叠纪印文运动后，华南地台脱离海浸复起，给陆生植物发展和演化提供了基础，即所谓“华夏植物区系”成为现代湖南植物区系的渊源。湖南有水杉、水松、鹅掌楸、连香树、水青树、杜仲等“活化石”。还有莲座蕨、紫萁、海金沙、里白、芒萁、双扇蕨、金毛狗等古老的蕨类植物，其同类化石多发现于二叠纪等三世纪地层，有的可追溯至石炭纪。被子植物的原始类群，如木兰科、八角科、三白草科、毛茛科、金粟兰树、小檗科等在本地大量分布。

由于湖南具有第三纪古热带的历史渊源，热带性的科属占有较大的比重，同时，湖南位于亚热带位置，地处热带和温带的过渡带，且地形复杂，境内多山，所以亚热带区系、温带区系植物均占有相当的比重，表现为较显著的混合和过渡性质。值得注意的特点是，湖南还拥有较丰富的东亚特有、中国特有和东亚—北美特有区系成分，这些特有成分无疑为湖南植物区系的精华部分，以水杉、银杉、水松、白豆杉、银杏、金钱松、珙桐、杜仲、钟萼木、香果树、金钱槭、喜树、银鹊树闻名于世。

2. 典型的常绿阔叶林地带

湖南地带性森林是发育较典型的常绿阔叶林。中国亚热带常绿阔叶林区分为东部和西部，东部距海洋较近，降水充沛，常绿阔叶林特征发育更为典型。湖南地处中国东南部，常绿阔叶林发育旺盛，林分组成和结构复杂，上层乔木由壳斗科、樱科、山茶科、本兰科、金缕梅科、杜英科、冬青科等为主组成。在山地垂直地带上，还分布有常绿落叶阔叶混交林、针阔混交林（台灿杉类）及山顶阔叶矮林。竹林是具有东亚特色的森林，在湖南森林类型中也占有一定地位。

3. 自然条件优越，气候宜林，经济林木多，生长迅速，是中国南方重要林区之一

湖南用材林、经济林、野生经济植物资源丰富，优良种类多，土特产多，用材林有杉木、马尾松、毛竹等，经济林、果木林有油茶、油桐、漆树、乌桕、棕榈、五倍子、山苍子、杜仲、厚朴、黄柏、栓皮栎、白蜡，以及柑橘、柿、枣、板栗、核桃、猕猴桃、刺梨、杨梅等。湖南水热条件优越，林木生长迅速，生物生产力和生物产量均高，天然更新能力强，不论人工造林、飞播、封山育林，只要保证技术质量，就可获预期的成效。

4. 湖南多山，坡陡土浅，雨季集中，森林对于国土保安至关重要

湖南山地和丘陵占土地总面积66.62%（含山原），坡度大于25°的土地面积占总面积的45%。年降水量1300～1700毫米，山地降水量一般高于平地。地表径流量大，且河流密集，全省有大小河流5300余条，形成密集的网状水系。雨季集中，4～6月降水约占全年降水量的40%～50%，且多暴雨。因此，容易导致水土流失、山洪发生，甚至有泥石流。大面积控制水土流失的关键是要认真保护好森林植被，加强防护林建设。

2003年6月，中共中央、国务院作出了《关于加快林业发展的决定》。湖南省委、省政府为了认真贯彻《决定》，提出了《关于贯彻〈中共中央 国务院关于加快林业发展的决定〉的意见》以《决定》的颁发和《意见》的提出为标志，湖南省林业建设进入了生态建设和产业建设并重的新的历史时期，确立了林业在经济社会发展全局中的战略地位。《意见》明确指出："各级党委、政府要从实践'三个代表'重要思想的高度，把林业发展摆到重要位置，真正做到在贯彻可持续发展战略中，赋予林业以重要地位；在生态建设中，赋予林业以首要地位；在山区开发中，赋予林业以基础地位。"林业在经济社会发展全局中的战略地位得到确定。

2005 年，湖南省委、省政府做出了建设"和谐湖南"的战略决策，把以林业建设为主体的"生态湖南"与"诚信湖南""平安湖南""小康湖南"一起作为"和谐湖南"的四大内容，在体制、机制、投入等方面为林业的长期稳定发展奠定了基础。

（二）湖南林业面临的机遇与挑战

1. 湖南林业面临的机遇

（1）国家实施中部崛起战略带来的机遇。随着国家中部崛起战略实施，出台一系列优惠扶持政策，创造公平发展的制度环境，盘活区域内部资源，优化经济环境，实现内生增长和良性循环，为湖南省吸收各种投资主体参与林业产业开发创造了良好的外部环境，社会各界和一大批有识之士从中看到了无限商机，投资林业产业建设的热情高涨，给林业产业化发展带来机遇。我国加入 WTO，能充分利用国内外两个市场、两种资源、两种资本，形成多层次、宽领域的林业对外开放格局，有利于林业产业加快融入国际经济、技术、贸易和资本市场，有利于引进国外资本、技术和管理经验，推动企业体制改革和机制创新，促进企业技术升级和产业结构的优化调整，提高产品质量，降低产品成本，更有效地提升林业产业的整体水平。

（2）国家调整林业区域发展布局带来的机遇。面对旅游建设的新情况和新任务，国家提出了"东扩、西治、南用、北休"的林业区域发展战略，将包括湖南省在内的南方林区定位为我国林业产业发展的重点区域，在赋予全国其他地区实施天然林资源保护工程后，为国家建设和人民生活提供木材及林副产品的艰巨任务，为加快湖南省速生丰产用材林建设，并在此基础上进行林产品精深加工，发展林业产业创造了良好条件。

（3）全省实施"三化"战略带来的机遇。从 2001 年湖南省第八次党代会作出推进工业化、农业产业化和城镇化进程的战略决策以来，湖南经济保持了较快发展，对湖南省社会经济的发展产生巨大的牵引作用，促进了农村剩余劳动力的转移。加强对外开放和招商引资将促进林业产业经济结构的优化和运行机制的完善，带动林业经济发展，尤其是利用存量资产，通过联合或嫁接促进林业产业升级和效益提高将大有作为，为农村富余劳动力向非农产业转移提供更多的就业空间，为农民增加更多的收入。

（4）沿海产业向内地转移带来的机遇。随着经济的发展和产业结构升级，珠三角地区的劳动力、土地等生产要素价格上升，将促使沿海发达地区部分劳动密集型产业加快向中部地区转移。湖南省地处与沿海地区接壤的前沿，劳动力成本明显低于发达地区，有利于接受劳动密集型产业的转移。以广东为首提出的泛珠江三角洲区域经济发展理念，按照优势互补、互惠互利、资源共享、合作开发、共同发展的原则，通过加强区域资源合作开发力度，实现区域经济的多赢与共赢，将更有利于湖南与广东等华南经济圈、"泛珠三角"经济带的经济互补与产业对接。因此，有选择地接纳林业产业技术辐射和产业转移，加强与沿海地区的合作，使湖南省成为广东、香港、台湾等沿海产业转移的承接基地，将给湖南省林业产业经济的发展注入活力，使林业产业较好地融入华南经济圈。

2. 面临的挑战

湖南省林业建设虽然取得了显著的成就，但是林业发展与国民经济和社会发展的总体要求还很不适应，有些问题仍然比较突出。

（1）生态状况总体改善与局部恶化的趋势尚未得到有效遏制。生态状况局部治理取得明显成效，但总体恶化的趋势仍未得到明显缓解。全省水土流失面积达4.04万平方公里，土地沙化面积588.14平方公里，仍未能得到根本治理；湿地面积萎缩和功能下降的总体趋势未能得到有效遏制，生物多样性保护的形势相当严峻。

（2）森林和湿地资源保护与开发矛盾尖锐，保护管理难度不断加大。林地、湿地、植被、野生动植物资源保护管理面临的矛盾越来越多，越来越复杂，压力也越来越大。林地流失与被非法侵占现象十分严峻，一些县市区非法征、占林地、湿地；林木过量采伐仍然严重，野生动植物和生物多样性保护形势严峻；部分重点保护的野生动植物或珍稀濒危动植物种群数量呈下降趋势，兰花等珍稀种质资源过度采挖开发严重；森林火灾和病虫害威胁越来越严重。

（3）林业产业发展相对滞后。湖南省物种丰富，光热水土条件优越，非常适合林木生长。但是，湖南省林业产业发展落后于兄弟省份，离经济社会发展的要求还有相当的差距，和林业大省的地位还不适应。森林资源总量不足，林地生产力不高；林产品综合利用率低，缺乏科技含量高、市场竞争力强的名牌和拳头产品；林业产业结构不尽合理，第三产业发展刚刚起步；林业产业在全省国民经济总量中的比重较小，林业对农民增收致富的贡献率有待提高。

（4）林业基础设施建设依然薄弱。林业基础设施投入欠账太多，林业发展基础薄弱。林业科研、技术推广和林木优良种苗不适应新形势下林业发展的要求，林业管理的手段和方式比较落后，森林火灾和森林病虫害监测、预防和防治体系尚不健全，林业基础设施对林业两大体系的建设难以形成强有力的支撑，特别是国有林场和基层林业两站基础设施建设落后，职工生产生活条件差，贫困林场的面还比较大，与全面建设小康社会、构建和谐湖南不相适应。

（5）制约林业发展的体制性障碍尚未根本消除。目前，湖南省林业处于整体转型时期，林业改革处于攻坚阶段。尚未建立起适应市场经济体制的林业宏观调控体制，在许多方面计划和行政手段色彩还比较浓厚。国有林场改革缓慢，森工企业尚未建立现代企业制度。森林资源产权不清，林地使用权和森林、林木所有权难以合理流转，适应分类经营原则的资源管理体制亟须完善。

（6）林业科技支撑有待进一步强化。林业科技创新能力弱，科技成果储备不足；科技资源分散，缺乏成果共享机制；科技成果推广网络不健全，对基层和林农的技术服务不够，现有实用技术成果转化缓慢；缺乏科学研究的激励机制，科技管理工作还不适应市场经济体制的要求；面向林业生产建设一线的教育培训工作相对滞后；林业科技人才队伍总量不足，结构不合理，整体素质不高，尤其是缺乏高层次、复合型人才；体制和政策障碍尚多，影响人才资源的整体开发和合理利用。

（三）发展目标

林业在湖南省和谐社会构建中被赋予关键地位，在中部崛起的生态环境中建设中被赋予基础地位，在全国林业发展中被赋予重要地位。湖南林业建设的总体目标是：使湖南林业现代化建设达到森林生态良好、林业产业发达、林业管理高效、森林文化先进，实现建设“和谐湖南”。表现在四个方面：

1. 森林生态良好

通过退耕还林、防护林体系、野生动植物保护及自然保护区、生态公益林、绿色通道等林业重点工程，不断增加森林资源总量，改善森林生态系统的结构，提高森林生态系统的功能和效益，使重点地区的生态问题得到基本解决，扭转湘、资、沅、澧四水流域的水土流失和湘西、湘南地区石漠化严重的局面，使野生动植物物种不再减少，减轻自然灾害发生的程度，使人居环境质量不断改善。

2. 林业产业发达

经过 10 ~ 15 年的建设，使包括一、二、三产业在内的湖南林业产业更加发达。林业第一产业如松树、杨树、桉树、毛竹、桤木等速生用材树种和苗木花卉得到较快发展；林业第二产业形成门类齐全、特色明显，具有一定规模和技术基础的林产工业体系；林业第三产业形成以张家界国家森林公园为龙头的森林生态旅游网络。在湖南林业现代化建设中，必须重新审视森林和湿地生态系统内的多种生态资源，以构建发达的产业体系为切入点，培育新的经济增长点，从而为繁荣农村经济，特别是繁荣林区经济，增加林农收入，解决林业、林区、林农问题做出更大贡献，为湖南的林业发展和生态建设提供强有力的支撑和保障。

3. 林业管理高效

加强实施依法治林，保障森林资源有序利用，杜绝乱砍滥伐；加强森林防火、病虫害防治装备和基础设施建设；加强森林资源林政管理，对森林资源保护管理实行全面监控；加强林业科技研究与推广体系建设，促进林业科研成果的转化；加强林业人才队伍建设和推进林业信息化进程，为湖南林业现代化的发展建立科学、高效的管理体系。进一步建立健全林业法制、森林防护、森林资源林政管理、林业科技研究与推广、人才保障、林业信息化等管理体系。

4. 森林文化先进

建设先进的森林文化是湖南现代林业发展的重要目标之一。湖南在森林文化建设上，应强调打造森林生态休闲旅游基地，提高森林公园的档次和品位，使湖南成为人们回归自然、亲近绿色、休闲度假的胜地。加快森林公园建设，推进森林生态旅游；加大古树名木、珍稀濒危物种种质资源和林区人文资源保护力度，保护森林文化遗产；大力发展城市森林，改善城市人居生态环境，走生态化城市发展道路。开展全民义务植树，鼓励营建各类纪念林。加大宣传力度，普及现代林业生态知识，提高公众意识，提高生态伦理道德水平，弘扬绿色文明，繁荣森林文化，开拓“新农村、新林业、新潇湘”的美好局面，把湖南省建设成为经济持续发展、和谐社会、生态文明的绿色家园。

第二节　林业发展指标体系构建的理论基础与基本原则

一、林业发展指标体系构建的理论基础

（一）可持续发展理论

1980 年世界自然保护同盟发表了《世界保护策略：可持续发展的生命资源保护》。同时，联合国大会向全世界发出呼吁“必须研究自然的、社会的、生态的、经济的以及利用自然资源过程中的基本关系，确保全球的可持续发展”。明确提出了“可持续发展”一词。1987 年以挪威首相布伦特兰夫人为主席的世界环境与发展委员会在《我们共同的未来》报告中给出了可持续发展的明确定义：可持续发展是既满足当代人的需要又不对后代人满足其需求能力

构成危害的发展。从此，可持续发展由一名词变为一个较为严谨的概念。1992 年世界环境与发展大会把可持续发展问题由科学家的主张变成世界各国政府的行动。使可持续发展成为当今世界生态学全球变化、生物多样性、可持续发展三大热点的核心主题。

可持续发展在全球的兴起与林业有密切的关系。美国学者最早将“可持续林业”定义为：既满足当代人需要又不对后代人满足需要能力构成危害的森林经营。加拿大“可持续林业”的概念是：确保任何森林资源的利用都是生物可持续的管理，并且这种管理将不损害生物多样性或目标的土地基础未来用于经营其他森林资源的利用。潘存德经研究给出可持续林业的定义：在对人类有意义的时空尺度上，不产生空间和时间上外部不经济的林业。可持续林业的研究基本上在森林可持续经营这个水平上展开，这是近年来可持续林业研究的主要趋势。在森林可持续经营水平上的研究热点主要是森林可持续发展的标准和指标问题，这是实现林业可持续发展的基础性工作。

可持续发展最根本的目标就是：在不危害生命保障系统健康的前提下满足人类基本的需求，提高生产潜力，确保代际和代间都有平等的机会。现代社会对林业的需求包括：①自然保存、生物多样性保护、固土保肥、蓄水滤水、调节气候、遏制荒漠化、防污抗污和减尘减噪等；②森林游憩、人类文化遗产保护、卫生保健、科研教育及增加就业机会、消除贫困等；③用材、木质纤维、薪炭材、林化原料、干鲜果品、药材、饮料、饲料和野生经济动植物等。林业可持续发展的目标是由一个个具体的区域对林业发展的需求所决定的。按照森林在社会经济发展过程中的作用和预期目的，现阶段林业可持续发展的目标是由相互联系和相互制约的生态环境目标、社会目标、经济目标所构成：①经济目标：建设优质高产的经济林基地，发展薪炭林，培育速生丰产林，营造饲料林；②环境目标：优化土地利用格局，提高森林覆被率，扩大环境容量，增强现有森林生态系统的稳定性；③社会目标：增加就业机会，增加农民收入，消除贫困。

（二）系统科学理论

由于生产力的巨大发展，20 世纪出现了许多大型、复杂的工程技术和社会经济问题。它们都以系统的面貌出现，都要求从整体上加以优化解决。由于这种社会需要的巨大推动，第二次世界大战后，一个跨自然科学、社会科学和工程技术，从系统的结构和功能角度研究客观世界的系统科学应运而生。运筹学、控制论、信息论的建立和运用首先取得了巨大成就。20 世纪 80 年代非线性科学研究的成果进一步揭示了系统的本质，一个系统不仅是其部分的总和，若干部分按照某种方式整合成为一个系统，就会产生出整体具有而部分或部分总和没有的东西，这时叠加原理失效，一旦把系统分解为它的组成部分，这些东西便不复存在。系统科学把这种整体才具有，而孤立的部分和其总和不具有的特性称为系统的整体涌现性。

从根本上说，客观世界的一切事物都是相互作用体和相互作用的过程。系统科学从客观世界组分之间相互作用的过程出发，揭示出微观和宏观世界之间的联系和产生的特性，这为我们认识客观世界提供了重要的方法论。森林资源和森林资源管理具有明显系统特征，福建省林学会高兆蔚先生对森林生态系统的开放性、非线性、耗散结构、混沌性、突变性、自组织与不可逆性等系统特征进行了阐述，强调林业工作整体思维和系统思考的重要性。国家林业局在总结五十年来正反两个方面的经验和教训的基础上提出，把握新时期林业问题要从以下三方面入手：一是要认清林业所处的历史阶段，抓住林业的主要矛盾；二是要把林业放在国家经济社会发展的全局来考察；三是要把林业放在一个动态的过程来观察；并制定了以大工程带动大发展的新世纪林业跨越式发展战略思路。这是系统思想在林业决策实践中取得明显成效的一个典范。系统科学的发展和系统思想的运用从总体上直接影响森林经营的理论和模式。

（三）景观生态学理论

在景观生态学的发展过程中，围绕着生态学中空间关系和空间效应的核心领域，等级理论、空间种群理论、渗透理论和源—汇系统理论等新理论，景观生态学为定量化格局、随机估算的检验，以及解决复杂性尺度问题等从许多相关学科理论中汲取过营养。提供了有效的方法。其基本理论有：

1. 等级理论

等级（系统）理论是关于复杂系统结构、功能和动态的理论。等级系统中的每一层次都是由不同的亚系统或整体元（holon）所组成，每一级组成中整体元相对于低层次表现出整体特性，而对高层次则表现出从属性或受制约性。

2. 空间种群理论

生物个体迁入并建立新的格局种群，以及局部种群的灭绝过程，但岛屿地理学更注重格局研究，它是从群落水平上研究物种变化规律，对物种多样性保护有意义。

3. 渗透理论

由于景观连接度与通过景观的生态流（物质、能量、生物）有密切的联系，因而渗透理论应用于生态过程对空间格局的假设检验很有前景，它可以对景观中的生态过程进行理论估测，而这种随机估测与野外观测数据之间的统计差异反映了空间格局的特征。

4. 源—汇系统理论

源—汇模型在景观生态学研究中可解释生物个体在景观生境斑块的各个部分具有分布特征的原因，并成为研究种群动态和稳定机制的基础。

（四）经济学理论

第一，森林生态效益价值的计量评价要以马克思主义的政治经济学原理为基础。具体地说，马克思主义的劳动价值论、级差地租理论和节约理论是研究森林生态效益价值计量方法和计量模型的理论基础。部分学者认为，森林生态效益价值计量，应以森林发挥某种效能的作用所投入的劳动量为基础。采用这种方法时，具体计算必须在获得理想的社会效果所投入的社会必要劳动时间的基础上进行。这种观点考虑了森林生态效益作为一种服务商品，其价值实现的条件，实质上是社会必要劳动时间决定森林生态效益价值量。但它不能解释天然林可以为人类提供理想的社会效果而是否具有价值的问题。而另一部分学者认为，森林生态效益价值应以这种环境要素为社会提供的级差地租、劳动节约或社会再生产这些环境要素所必须投入的社会必要劳动时间作为计量依据。

第二，森林生态效益价值评价应以最佳效能理论为基础。其主要内容是：当一种资源或生产成果有若干效能或效能组合时，应利用它对社会影响或国民建设作用最大的效能或效能组合；当几种资源或生产成果可以在社会发展或国民经济建设中发挥同样作用时，应利用劳动量消耗最小的资源或生产成果。据此，进行森林生态效益价值计量研究，不能就森林谈森林，而必须综合考虑与之有联系的各项生产活动及其经济指标。因此，森林生态效益价值的大小，不能由森林自身的价值来表示，而必须借助等效物，采用替换法来评价森林生态效益价值的大小。这是目前国内外研究中采用较多的计量评价方法。

第三，在市场经济条件下，森林生态效益价值大小取决于环境供求状况和森林生态效益要素使用者所获得的效用量两个方面，即森林生态效益价值的大小同森林多寡密切相关。因此，应根据森林生态效益要素使用者所获得的实际效用的数量与效用单位价格乘积作为森林生态效益价值大小。但有人认为效用是一种主观概念，在实际中难以准确计量。这种方法虽然在理论上完美无缺，但在实际操作中缺乏准确性。

第四，在森林生态效益评价中应抛弃人为主观因素的干扰，采用客观的价值“能值”进行综合评价。他们认为，人类社会和自然界的一切资源财富皆遵循能量等级原理。太阳能是最原始和基本的能源形式，一切物质的能量均直接或间接地来自于太阳能。能值分析的方法是以太阳能值为基本的度量单位，以能量定律、系统学和系统生态学为理论基础将生态系统和经济系统的各种形式的能量（风能、水能和生物能等）换算为太阳能来评价自然过程和人类经济活动，对自然系统和经济系统的资源、服务和商品的价值进行定量分析。这种理论为人类评价森林综合效益提供了一种新的思路，是对森林效益评价理论发展的贡献。但是，离开人的需要谈森林价值问题，较难为人们所接受，同时其中存在的技术问题也还有待进一步的研究。

二、林业发展指标体系制定的基本原则

湖南省林业发展的目标，既要明确湖南省林业的未来发展方向，也要反映湖南省林业的建设现状和成果。确定这些指标所遵循的原则是：

（一）系统层次性原则

湖南林业战略化研究是复杂的巨系统，包含若干子系统，各子系统之间既相对独立，又相互关联，必须依据这种关联性的程度将其分门别类，划分层次，以便于分析研究。由于各指标之间具有较强相关性，应避免指标评价结果相互抵消；同时指标之间又具有相对独立性，也应避免指标相互重叠和重复评价。通过所设计的指标体系，把林业资源合理利用和环境保护有机结合起来，以反映湖南林业发展的总体情况。

（二）超前性原则

结合湖南发展的现状，充分考虑湖南省未来社会经济发展的定位与区位特征，制定未来湖南省生态安全提供切实保障的林业发展指标，这些指标同时也要适应湖南省社会经济发展对林业产业发展的超前性需求。

（三）科学性原则

林业的发展是一项长期的工作，生态环境的改善更是一项复杂的工程，涉及的内容和类别方方面面，指标多且繁，任何不切实际的指标都会影响整个林业发展乃至生态建设的步伐。指标的确定必须以科学为根本，突出科学性原则；保证指标的科学性就能达到超前性和新颖性。

（四）可行性原则

根据湖南省社会经济发展的现状，林业发展的现状以及林业发展的目标，指标的选择力求简洁易行，必须遵循实际的可操作性，也就是可行性原则。

（五）综合性原则

既要用不多的指标反映林业建设的发展目标，同时，这些有限的指标又要能反映复杂的林业生态工程和林业产业工程建设内容。因而，综合相关的标准，完善林业建设指标体系，突出综合性原则。

（六）针对性原则

指标的选择还要以突出湖南的经济地位、地域特征、自然条件和丰富的三湘文化等自然、社会、经济、文化等特色为原则。

第三节　湖南林业发展指标体系的构建

一、湖南林业发展指标体系构建的技术路线

与林业发展指标（生态指标、社会指标、经济指标）不同，区域林业发展指标研究主要是根据区域社会、经济、自然、地理、资源、环境、生态、人文方面的要求与可能，确定林业发展总体控制指标。其目的主要是为区域林业制定切实可行的发展目标，为林业发展总体规划的制订提供宏观控制指标，引导林业与其他行业协调发展。湖南省林业发展指标的研究就是要确定符合湖南省社会经济现代化发展要求，能够保障湖南省环境安全，确保湖南省区域生态健康，创造良好的人居环境，弘扬特色文化，传承人文精神等方面的林业发展的宏观控制指标，为湖南林业发展规划提供基础依据。

根据上述原则，在深入分析湖南省林业发展的现状、潜力以及对湖南林业发展森林资源动态分析与评价的基础上，围绕总体目标，参照国内外林业建设实践与建设标准，从森林生态环境、环境质量、林水结合度、生态安全等方面综合分析与考虑，按照系统层次性原则，构建湖南省森林发展指标体系框架（图 3-1）。

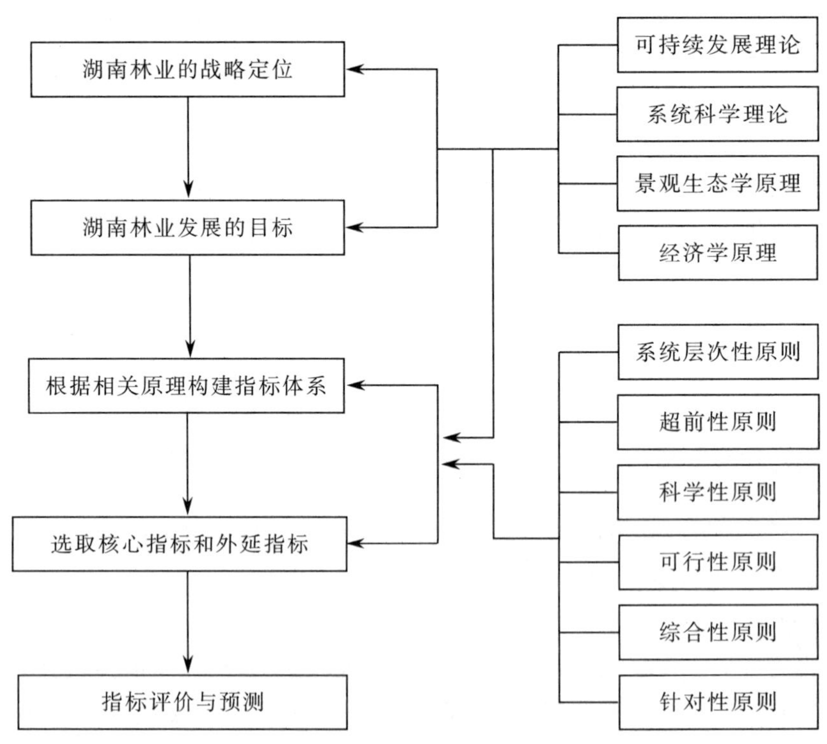

图 3-1　森林发展指标体系框架

二、湖南林业发展指标体系总体框架（图3-2）

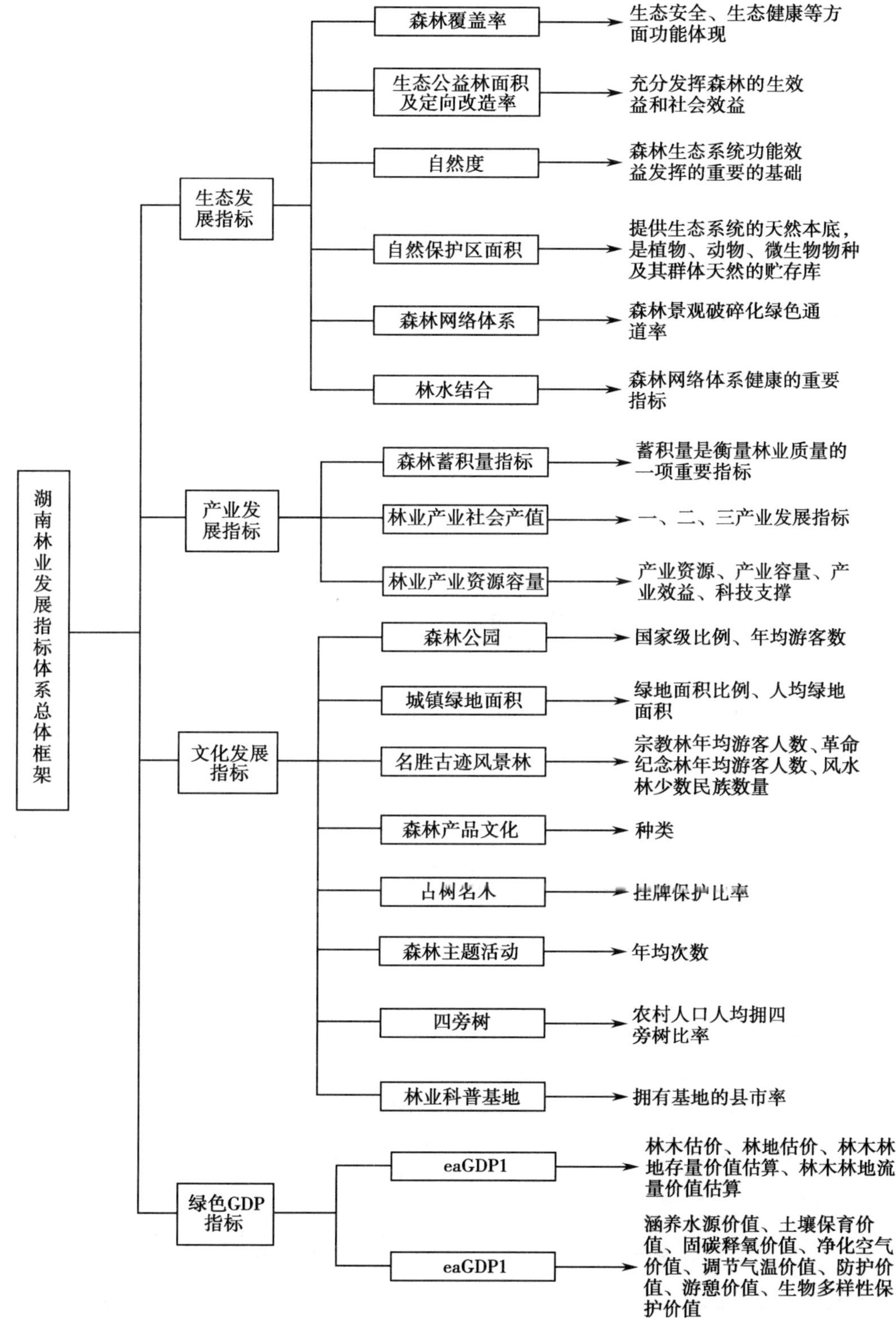

图3-2 湖南林业发展指标体系总体框架

第四节　湖南林业生态发展指标研究

一、生态发展指标体系的构建及核心指标的确定

（一）生态发展指标体系构建

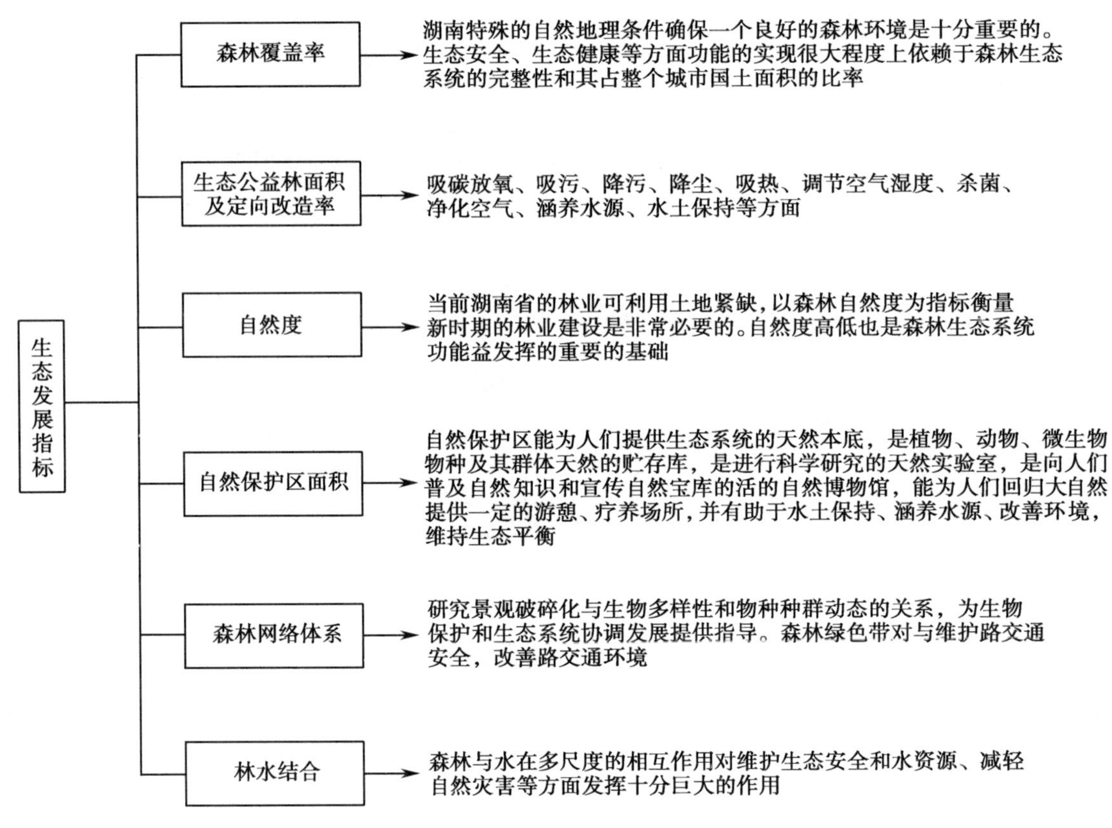

图 3-3　湖南林业生态发展指标体系

（二）生态发展核心指标的确定

依据指标构建的框架体系从水土资源承载力、土地利用变化、水资源开发利用、大气环境保护、水环境保护、人居环境优化、林业发展、生态安全、社会经济发展、人口变化等综合分析与考虑，确定了森林覆盖率、生态公益林比率、生态公益林定向改造率、自然保护区个数与面积、森林景观破碎度及绿色通道率、林水结合度等 6 个指标进行分析研究。

1. 森林覆盖率

$$森林覆盖率\% = \frac{有林地面积}{土地总面积} \times 100\% + \frac{国家特别规定灌木林地面积}{土地总面积} \times 100\%$$

森林生态环境建设的贡献主要体现在可以净化大气污染、提供新鲜氧气保证碳氧平衡、热环境调节减少热岛效应、保持绿地景观的完整性减少景观破碎化、维持生物多样性等诸多方面。森林是陆地生态系统的主体，要改善生态环境，维护生态平衡，森林起着决定性的作用。保持较高的森林覆盖率是发达国家生态环境优越的重要原因之一。生态安全、生态健康等方面功能的实现

在很大程度上依赖于森林生态系统的完整性和其占整个城市国土面积的比率。因而，将森林覆盖率作为本次规划的重要目标提出。

2. 生态公益林面积及定向改造率

生态公益林的建设目的主要是充分发挥森林的生态效益和社会效益。森林的生态功能主要从其吸碳放氧、吸污、降污、降尘、吸热、调节空气湿度、杀菌、净化空气、涵养水源、水土保持等方面体现出来。生态公益林的建设正是要建成体现上述生态功能最显著的森林生态系统。湖南省地处亚热带，地带性森林植被是亚热带季风性常绿阔叶林和亚热带常绿阔叶林。这类森林适应性强，生长稳定、物种丰富，叶面积指数高，因而吸碳放氧量大，吸热调温、涵养水源功能显著。生态公益林的建设可以有效地优化、改善湖南的生态环境，维护生态平衡，满足生态安全和生态休闲等多种功能。因而，生态公益林建设是全方位提高现有森林质量的非常有效手段之一，也最能发挥林业的生态效益，为湖南省发展提供必要的生态环境保障，为湖南的可持续发展奠定坚实的基础。

采取多种形式的林分改造，发挥森林生态系统生产潜力，营造“结构合理、功能完善”的森林生态系统，针对不同地区生态环境特点与特定防护要求，确定公益林改造方向；根据森林旅游、森林游憩要求，确定森林公园建设与改造方向。在改造建设中采用近自然林业建设模式，创建高效稳定的森林生态系统网络。

3. 森林自然度

自然度是指地段的植被状况与原始顶极群落的距离或次生群落位于演替中的阶段。森林自然度的指标对于湖南城市林业建设近自然林的发展目标是一个重要评价指数。在当前湖南省的林业可利用土地紧缺，大力建设生态公益林和天然次生林以及人工纯林改造的现状下，以森林自然度为指标衡量新时期的林业建设是非常必要的。同样，自然度高低也是森林生态系统功能效益发挥的重要的基础。

4. 自然保护区面积

自然保护区是国家为了保护自然环境和自然资源，要求各级政府建立起来的进行特殊保护和管理的区域。自然保护区能为人们提供生态系统的天然本底，是植物、动物、微生物物种及其群体天然的贮存库，是进行科学研究的天然实验室，是向人们普及自然知识和宣传自然宝库的活的自然博物馆，能为人们回归大自然提供一定的游憩、疗养场所，并有助于水土保持、涵养水源、改善环境，维持生态平衡。

湖南省自然地理为亚热带区域主要生态系统类型，以植被类型的多样性为特征，包括森林生态系统、灌丛和灌草丛生态系统、草地生态系统、湿地生态系统等。生态系统中群落多样，物种多样。优越的自然条件使得湖南省野生动植物物种十分丰富。全省已记录的种子植物有4324种，分属248科1245属。其中木本植物2470种中不少是湖南特有种。列入第一批国家重点保护野生植物名录的野生保护植物79种，其中一级保护植物11种，二级保护植物35种。全省已知的各类脊椎动物826种。列入《国家重点保护野生动物名录》的国家重点保护野生动物113种，其中一级重点保护动物22种，二级保护动物91种。截止到2004年底，湖南省已建立不同级别、层次、类型的自然保护区84个，面积104.9万公顷，占全省面积的4.95%。其中国家级自然保护区8个，省级自然保护区34个，市级和县级自然保护区42个。

目前湖南省的自然保护区面积占国土面积的比例还比较小，与发达国家10%～12%的指标还差很多，与本地区优越的自然、气候条件也是不相适应的，因此需要大力发展。

5. 森林网络体系结构化程度

（1）森林景观破碎化。景观破碎化是景观中各生态系统之间的功能联系断裂或连接性减少的现象。景观破碎化也指由于自然或人为因素干扰所导致的景观由简单趋向于复杂的过程，即景观由单一、均质和连续的整体趋向于复杂、异质和不连续的斑块镶嵌体的过程，是一种景观动态。景观破碎化分析是当前景观生态学研究的热点之一。通过景观破碎化分析，可以从一定角度对景观的稳定性和人类干扰程度进行适当的评价，为景观的管理和持续发展与利用提供依据。并且可以研究景观破碎化与生物多样性和物种种群动态的关系，为生物保护和生态系统协调发展提供指导。目前湖南森林生态系统由于受其他各业发展的挤压，破碎化程度较高，要提供全省社会经济可持续发展所必需的生态安全保障，森林景观的完整性是十分必要的。

（2）绿色通道率。森林绿色带对维护道路交通安全，改善道路交通环境，提高驾驶员和乘客舒适度等方面都可以发挥十分重要的作用。因此，根据湖南道路交通网络布局，开展绿色通道率的规划指标研究，重点围绕衡大、邵怀、常吉等 6 条高速公路，湘黔、浙赣、湘桂等 5 条铁路，国道 106、207、209、320、322 等国道，境内 10 条重点省道以及长株潭等城市外环道路等建成乔、灌、花、草合理配植且具有较高绿化水平的绿色通道。

6. 林水结合度

林水结合度是反映森林网络体系健康的重要指标之一。由于森林与水多尺度的相互作用对维护生态安全和水资源、减轻自然灾害等方面发挥十分巨大的作用。湖南省水系发达，水资源丰富，因此，本次规划指标研究试图在将林水结合度在城市林业建设规划成功应用的基础上，从线状林水结合度、面状林水结合度、空间林水结合度等研究湖南林业发展林水结合度的量化指标，为未来林业与区域水环境协调发展创造良好的条件与保障。

二、森林覆盖率指标研究

（一）湖南省土地利用现状

1. 土地利用现状与生态用地结构

湖南省位于长江中下游南部、南岭以北，属中热带季风湿润气候区。2005 年年底。全省土地总积为 21. 18 万平方公里，人口 6697. 7 万，土地总面积、总人口分别占全国的 2. 2% 和 5. 21%。湖南气候湿润，作物品种多且生长旺盛。土地类型多种多样，是一个自然条件优越、农业发展历史悠久的省区。俗话“湖广熟，天下足”就是对湖南省土地资源作用的一个非常形象的写照。“民以食为天，食以地为本”，土地是我们生存和发展的载体，是我国经济建设可持续发展的重要保证。丰富多样的土地资源为湖南省提供了可持续发展的资源条件和空间。我们应根据省内不同地区土地资源的优势，区别对待，因地制宜地合理配置用地结构，争取最佳的土地利用的生态与经济效益。

根据湖南省 2005 年土地利用现状图数据统计，湖南省土地利用总面积中，林地面积最大，占土地总面积的 54. 61%，其余依次是耕地占 29. 35%，居民点及工矿用地占 4. 76%，水域占 4. 05%（水域包括水面和水利水工用地），牧草地占 3. 23%，园地占 1. 58%，交通用地仅占 0. 07%，特殊用地占 0. 04%。全省已利用土地 18356531. 43 平方公里，土地利用率为 97. 72%。

2. 土地利用的特点

（1）林地占较大比例。湖南省林地面积占土地总面积的 54. 61%，林业是湖南省的主要和支柱产业。湖南林业的发展对整个国民经济的发展和生态环境的改善起着至关重要的作用。

（2）土地类型多样，山丘面积大。湖南省境内山地、丘陵、平原、盆地和水面一应俱全。这种多样的土地类型格局客观上为农业的多种经营和综合发展提供了资源保证。山地和丘陵面积之和占全省土地面积的66.6%，为林业的发展提供了广阔的空间。

（3）土地资源地域差异明显，后备土地资源不足。湖南省土地资源分布受自然条件的制约，具有明显的地域差异。宜农耕地多集中分布在湘北洞庭湖区和湘中丘陵区；湘西、湘南地区山地、丘陵多，是全省宜林土地集中分布区，且宜林地质量好，自然生产力高；城市和交通用地主要分布在湘北、湘中和湘东经济发达地区。荒地资源集中分布于湘西、湘南地区。而在这些地区的土地资源中，大部分因高度、地面坡度或其他原因，难以开垦为耕地，因而后备土地资源尤其是耕地后备资源不足。这种有限的后备土地资源又多属于荒坡地、废弃地、河湖地、滩地、荒水田，质量差，适宜性不强。

3. 土地利用存在的主要问题

（1）土地利用率低，各项用地结构不合理。耕地利用，粮食生产低于江苏、上海等省（直辖市）。油菜、花生、甘蔗、烤烟等作物单产低于全国平均水平；园地以果园、茶园为主，果园平均单产只相当于全国平均水平的49.6%；林业用地单位面积活立木蓄积量不足全国平均水平的一半；水面利用水平不高，全省放养水面平均单产2490公斤/公顷，大大低于全国平均水平；全省29个城市市区单位土地面积第二、第三产业国内生产总值只有1.53亿元/平方公里，仅为全国平均水平的75.4%。

（2）土地污染、退化严重。全省每年约有20亿吨工业废水和2000万吨工业废渣，其中大部分未经处理就直接排放，造成土壤和水体污染。据不完全统计，全省土地中因各种污染而受灾的土地面积便达1万公顷之多。因湖南省大部分农田长期实行的是双季稻制，为了增产。只注重增施化肥，而忽视了传统性的有机肥且氮、磷、钾三种肥料搭配极不合理，导致了土壤板结和次生潜育化发展，最终导致大量土地资源的退化。

（3）水土流失严重。湖南省除湘北少数几个县属纯湖平原无明显侵蚀外，其他地区均有水土流失现象，只是流失的面积大小和侵蚀程度不一，其中严重流失的有29个县（市）的1219个乡（镇），中度流失的有30个县（市）的973个乡（镇），其余各县属轻度流失。流失原因有自然因素和人为因素，其中人为因素是造成水土流失的主要因素，像陡坡垦殖、围湖造田、乱砍滥伐、乱采矿、乱挖石是造成水土流失的直接原因。

（二）湖南省土地利用多目标优化

土地利用规划就是根据社会生产的发展。国民经济建设的需要，以及土地本身的自然、经济特性，在时（间）空（间）上所进行的总体的、战略的，在一定区域内对土地资源进行配置和组织开发利用的最优化安排。概括地说，土地利用规划的任务是对土地利用进行控制、协调、组织和监督，为国民经济建设和满足人民的物质生活需要服务，也是为创造良好的土地生态环境服务。

表 3-1 湖南省 2005 年土地利用现状 （单位：公顷）

项目	合计	农用地					
		小计	耕地	园地	林地	牧草地	其它农用地
合计	21185468.7	17931724.64	3815982.62	497568.06	11891830.25	104587.91	1621755.8
长沙市	1181946.29	1001566.52	284503.093	30474.1933	591582.9733	13.246667	94993.013
娄底市	810761.067	636928.32	179889.667	23388.8	342636.3467	3864.7933	87148.713
郴洲市	1931732.58	1735689.147	272136.353	23964.6533	1275583.133	59101.553	104903.45
怀化市	2756272.01	2538593.747	298811.873	64598.6667	2043666.553	2368.2067	129148.45
益阳市	1232515.81	964215.6867	274929.94	41602.5867	529922.4067	1453.9867	116306.77
岳阳市	1489787.58	1070992.34	319705.64	43320.1867	565140.14	6671.8667	136154.51
常德市	1818982.47	1382583.813	459775.76	55329.16	676253.9467	329.5	190895.45
衡阳市	1530277.99	1242785.527	370978.82	29375.7067	676519.64	26.566667	165884.79
湘西土家族苗族自治州	1546229.87	1427605.013	173791.973	23509.18	1135857.727	5710.26	88735.873
湘潭市	500646.2	407478.8067	141034.947	13059.8533	193932.14	87.453333	59364.413
张家界市	951603.127	828655.4867	105737.253	18584.7533	643136.7067	3068.82	58127.953
邵阳市	2082963.16	1845930.613	396169.113	67506.2733	1174432.733	16987.367	190835.13
永洲市	2225530.91	1885364.307	335738.073	46333	1373374.107	2422.5667	127496.56
株洲市	1126219.68	963335.3133	202780.113	16521.0467	669791.6933	2481.7267	71760.733

项目	合计	建设用地				未利用地
		小计	居民点及工矿	交通用地	水利水工用地	
合计		1338729.8	1053742.8	91586.213	193400.787	1915014.31
长沙市		134257.1	117808.96	7883.8867	8564.25333	46122.6733
娄底市		72745.693	62119.027	4994.9333	5631.73333	101087.053
郴洲市		98795.187	64450.107	7630.4933	26714.5867	97248.2467
怀化市		80403.653	62409.007	10376.107	7618.54	137274.613
益阳市		90517.893	64479.033	4975.08	21063.78	177782.233
岳阳市		126538.31	92297.127	7105.1667	27136.0133	292256.933
常德市		175142.72	128219.41	8972.7533	37950.5533	261255.94
衡阳市		130840.27	109336.78	8062.3533	13441.14	156652.187
湘西土家族苗族自治州		40920.86	32815.04	4116.82	3989	77703.9933
湘潭市		67421.833	55742.84	3747.24	7931.75333	25745.56
张家界市		37999.18	30600.053	2950.3867	4448.74	84948.46
邵阳市		104248.93	83343.9	8948.0867	11956.9467	132783.613
永洲市		95066.32	78857.64	6689.02	9519.66	245100.28
株洲市		83831.847	71263.873	5133.8867	7434.08667	79052.52

（资料来源：湖南省国土局统计资料）

1. 优化方法

土地是农业生产的主要生产资料，是农作物生长发育的重要场所。土地利用优化是保证农业长期稳定、社会安定和谐和地区生态平衡的前提和基础。和单目标优化相比，多目标优化是一种先进的优化方法，能解决同时满足多个目标要求这一类的优化问题。土地利用涉及方方面面的因素，如经济发展、自然环境等，优化目标也多种多样。因此，在进行土地优化时，要根据当地的自然、社会、经济条件，选择主要目标作为目标函数，采用多目标决策法，建立数学模型，形成合理、高效、集约的土地利用结构，增加有效耕地面积，提高土地利用效率，适应社会经济发展对土地的需求。

目标线性规划的基本思想是在充分利用各种资源和满足各种需求的前提下，尽可能地达到预期目标，使得各项规划目标的偏离变量值达到最小，并按照目标的优先级序依次实现每个目标。目标规划摒弃了单一目标规划只求目标最大（或最小）的缺陷，能够充分体现规划者的决策意图，极大地发挥人的主观能动性，更接近现实。

（1）技术路线。多目标优化方法的技术路线：①优化目标的确定，包括经济目标、社会目标和环境目标；②确定有关土地利用的各个决策变量；③确定优化目标值，包括由预测得到的各业用地数量；④确定与决策变量有关的约束条件：如总土地面积约束、耕地动态平衡约束、专项约束以及非负约束等；⑤建立总目标函数，确定各个目标的优先级及其权重，加和形成总目标函数；⑥求一系列非劣解，得到多个方案，根据决策者的要求进行多方案比较，从中选定一个较满意的优化方案，形成最终的优化方案。

（2）多目标函数模型。多目标优化中目标函数模型主要有以下五个方面构成：①决策变量；②目标函数；③约束方程；④参变常量；⑤变量参数。

约束条件：$\sum a_{ij}x_j=$（$\geqslant$，$\leqslant$）b_j（$i=1,\ 2\cdots,\ m$；$j=1,\ 2\cdots,\ n$）；且 $x_j\geqslant0$。

式中：x_j——各种类型土地面积（单位：公顷），决策变量；

a_{ij}——约束系数（单位依具体情况而定）；

b_j——约束常数（单位依具体情况而定）。

目标函数：$\max fL(x)=\sum_{j=1}^{n} C_j x_j\ (j=1,\ 2\ \ ,\ n)$

式中：x_j——各类型土地面积（公顷），决策变量；

C_j——利益系数（单位依具体情况而定）；

$f(x)$——利益，即目标函数（单位依具体情况而定）。

它的一组解称为最优解，即最优的土地利用结构。

建立模型时要尽可能全面考虑，并找出主要因素，使问题尽可能地简化。考虑多目标函数时，也应使目标函数尽可能少，约束条件可因问题的需要而设，不需要的则可去掉。

（3）模型求解。多目标优化问题可用逐步法求解。逐步法是一种迭代法，在求解时，每进行一步，分析者把计算结果告诉决策者，决策者对计算结果作出评价。如果决策者认为满意，则迭代停止；否则分析者要根据决策者的意见进行修改和再计算，直至决策者认为结果满意为止。

设有 k 个目标的线性优化问题。

$$V-\underset{x\in R}{\mathrm{Max}}\ Cx$$

其中$R=\{x\mid Ax\leqslant b,\ x\geqslant0\}$，$A$ 为 $m\times n$ 矩阵。

C 为 $k\times n$ 矩阵，也可表示为

$$C=\begin{pmatrix} c^1 \\ \vdots \\ c^k \end{pmatrix}=\begin{pmatrix} c_1^1 & c_2^1 & \cdots & c_n^1 \\ \cdots & \cdots & \cdots & \cdots \\ c_1^k & c_2^k & \cdots & c_n^k \end{pmatrix}$$

求解的计算步骤为：

第一步：分别求 k 个单项目标线性优化问题的解。

$$\underset{x\in R}{\mathrm{Max}}\, cj\, x,\ j=1,\ 2,\ \cdots,\ k$$

得到最优解 $x(j), j=1,2,\cdots,k$ 及其相应 $cj\, x(j)$.

并作表 $Z=(Z_i^j)$，其中 $z_i^j=cj\, x(j), z_j^j=\underset{x\in R}{\mathrm{Max}}\, cj\, x\ =cj\, x(j)=M_j$

表 3-2　z 值列表

	z_1	z_2	z_3	z_4
$x^{(1)}$	z_1^1	z_2^1	$\cdots z_i^1\cdots$	z_k^1
$\vdots$	$\vdots$	$\vdots$	$\vdots$	$\vdots$
$x^{(i)}$	z_1^i	z_2^i	$\cdots z_i^i\cdots$	z_k^i
$\vdots$	$\vdots$	$\vdots$	$\vdots$	$\vdots$
$x^{(k)}$	z_1^k	z_2^k	$\cdots z_i^k\cdots$	z_k^k
M_j	z_1^1	z_2^2	z_i^i	z_k^k

注：表中 M_j 为第 j 个目标的最优值，z 为总目标函数。

第二步：求权系数

从上表中得到，及 M_j 及 $m_j=\underset{1\leqslant i\leqslant k}{\mathrm{Min}} z_i^j,\ j=1,\ 2,\ \cdots,\ k$

为了找出目标值的相对偏差以及消除不同目标值的量纲不同的问题，进行如下处理。

当 $M_j\geqslant 0$，$\alpha_i=\dfrac{M_j-m_j}{M_j}\cdot\dfrac{1}{\sqrt{\sum\limits_{i=1}^{n}(c_i^j)^2}}$；当 $M_j<0, \alpha_i=\dfrac{m_j-M_j}{M_j}\cdot\dfrac{1}{\sqrt{\sum\limits_{i=1}^{n}(c_i^j)^2}}$

经归一化后，得权系数 $\pi_j=\dfrac{\alpha_j}{\sum\limits_{j=1}^{k}\alpha_j}, 0\leqslant\pi_j\leqslant 1,\ \sum\pi_j=1, j=1,2,\cdots,k$。

第三步：构造以下线性优化问题，并求解。

假定求得的解为$\bar{x}^{(1)}$，相应的 k 个目标值为 $c^1\bar{x}^{(1)}$，$c^2\bar{x}^{(1)}$，$\cdots$，$c^k\bar{x}^{(1)}$，若 $x^{(1)}$为决策者的理想解，其相应的 k 个目标值为 $c^1x^{(1)}$，$c^2x^{(1)}$，$\cdots$，$c^kx^{(1)}$。这时决策者将$\bar{x}^{(1)}$的目标值进行比较后，认为满意了可停止计算。如果相差太远，则进行适当修正。如考虑对 j 个目标宽容一下，减少或增加一个 Δc^j，并将约束集 R 改为

$$R_1:\begin{cases} c^jx\geqslant c\bar{x}^{(1)}-\Delta c^j \\ c^ix\geqslant c^i\,\bar{x}^{(1)} & i\neq j \\ x\in R \end{cases}$$

并令 j 个目标的权系数 $\pi_j=0$，这表示降低这个目标的要求。再求解以下线性优化问题

$$LP\ (2):\begin{cases} \mathrm{Min}\lambda \\ \lambda\geqslant(M_i-c^ix)\pi_i & i=1,\ 2,\ \cdots,\ k,\ i\neq j \\ x\in R^1,\ \lambda\geqslant 0 \end{cases}$$

若求得的解为 $\bar{x}^{(2)}$，再与决策者进行对话，如此反复，直到决策者认为满意为止。

2. 土地利用近期（2005～2010 年）优化研究

（1）变量设置。变量主要是根据现有土地利用类型来设置，本优化方案共设 8 个基本变量。其意义如下：X_1 耕地面积；X_2 园地面积；X_3 林地面积；X_4 牧草地面积；X_5 其他农用地；X_6 城乡居民点及独立工矿面积；X_7 交通用地面积；X_8 水利水工用地面积；X_9 未利用地面积。

表 3-3 土地利用类型决策变量设置 （单位：公顷）

农用地					建设用地			未利用地
耕地	园地	林地	牧草地	其他农用地	居民点及工矿用地	交通用地	水利水工用地	
X_1	X_2	X_3	X_4	X_5	X_6	X_7	X_8	X_9
3815982.6	497568.1	11891830.3	104587.9	1621755.8	1053742.8	91586.2	193400.8	1915014.3

注：湖南省国土局 2005 年资料。

（2）土地约束分析。约束条件主要是根据各类土地资源的限制、城市发展需求以及某些发展战略来确定的。

耕地：国家要求湖南“十一五”末耕地保有量为 377 万公顷，基本农田稳定在 336 万公顷。根据国家对耕地的保护政策，基本农田保护区经依法划定后，任何单位和个人不得改变或者占用。因此，规划耕地面积要不小于 3360000 公顷。考虑到建设用地、生态绿地的增加，未来耕地面积将有减少的趋势。根据统计资料，近几年耕地面积年平均递减率减少率为 0.534%，结合现有耕地的条件和认真贯彻落实严格保护耕地政策，耕地面积按年均最多减少 0.845%，且要大于基本农田保护面积，得到以下约束方程：$3600000 \leqslant X_1 \leqslant 3710000$。

表 3-4 主要年份耕地面积变化 单位：万公顷

指标	1999 年	2000 年	2001 年	2002 年	2003 年	2004 年
年初实有耕地总资源	393.304	392.652	392.16	391.255	389.1	383.374
年内增加耕地总资源	0.332	0.685	0.822	0.644	0.73	0.875
年内减少耕地总资源	0.984	1.177	1.727	2.799	6.456	2.602
年末实有耕地总资源	392.652	392.16	391.255	389.1	383.374	381.647

（资料来源：湖南省统计年鉴，2005 年）

园地：园地产出是农村土地农业产出的主要来源，园地面积应按市场需求、土地资源条件来确定。园地发展面积的制约因素除市场、资金、投入外，主要还受到果农技术力量、灌溉用水和土层较厚的土地面积的制约。湖南省经济条件比较落后，要增加农民收入不仅考虑从品种改良、技术进步方面提高果农收入，从“数量型”增长向“质量型”增长转变，而且适当的减少对园地的占有量，从而增加农民收入。按 2000～2004 年的增长过程分析按每年最大速率 6.01% 递增，则到 2010 年最多比 2000 年果园面积减少 3%，水果年产量基本能够满足人们的需要。则有以下约束：$490149.19 \leqslant X_2 \leqslant 497568.06$。

林地：林木具有防止水土流失、调节气候、涵养水源、防风固沙、减少污染、美化环境、改善生态等重要作用。湖南林业在湖南和谐发展中具有关键地位，在中部生态建设中具有基础地位，在实施以生态建设为主的全国林业发展中具有重要地位。通过对比分析，可知湖南省以长沙为代表的现有的绿地指标极低。虽然整个湖南省的森林覆盖率为 54.32%。但大部分的森林集中在山区，对城市的作用小。因此，要改善城市的环境要在保护原有的林地面积的基础上，努力增加林地的面积有：$X_3 \geqslant 11891830.25$。

表 3-5　湖南省长沙市与世界大都市的绿化建设情况比较

城市	城市人口（万）	城市公共绿地		统计年代
		总面积（公顷）	人均（平方米）	
伦敦	717	21828	30.4	1976
巴黎	232	2821	12.4	1984
莫斯科	890	15842	17.8	1990
东京	835	3150	3.77	1980
北京	512	3073	6	1990
广州	586	5553.50	9.44	2003
长沙	610.4	1460.20	2.39	2004

（资料来源：李敏著．城市绿地系统与人居环境规划．中国建筑工业出版社．1999；湖南省统计年鉴，2005 年）

牧草地：草地多为土层较薄、坡度较大的草灌坡，对于保持水土具有重要意义，因此至少应保留现有牧草地面积。2000 年湖南省年末实有耕牛、奶牛、猪、羊存栏量为 4718.68 万头；2001 年年末为 4814.87 万头；2002 年年末为 4970.97 头；2003 年年末为 5052.86 头；2004 年年末为 5366.15 头；平均年增长率为 3.27%。对奶、肉类产品的需求将会有大幅度增加。牧草地按 5% 的速率递增，到 2010 年牧草地面积至少增加 27%，有 $X_4 \geqslant 132826.64$。

其他农用地：其他农用地包括畜禽饲养地、设施农用地、农村道路、坑塘水面、养殖水面、农田水利用地等对农业和农村建设有重要意义，故其面积最低限度为原有面积。$X_5 \geqslant 1621755.8$。

城乡居民点及独立工矿：据《湖南省统计年鉴》（2004），2004 年湖南省人口 6697.7 万人，1990～2004 年的人口增长曲线为线性关系 $y = 41.87x + 6098.3$，按此曲线预计 2010 年常住人口可以达到 6935.7 万。按照 2005 年人均居民点及独立工矿用地面积 1053742.8 公顷/6697.7 万人 = 157.32 公顷/万人计算，则到 2010 年最大居民点及独立工矿用地面积为 1075454.21 公顷。则有 $1053742.8 \leqslant X_6 \leqslant 1091124.32$。

交通用地：湖南省具有承东启西、通北接南的交通区位。京广、湘桂、焦桂、浙赣、湘黔、石长等铁路贯穿省境。京珠、长常张、上瑞、衡昆等高速公路在境内构成“一纵四横”的高速公路网，洞庭湖及湘资沅澧四水下游水运发达。以长沙为中心的民航线四通八达。湖南省要加快经济发展就要有发达的交通设施。按湖南省“十一五”规划交通面积为 105081.42 公顷。则有 $X_7 \geqslant 105081.42$。

水利水工用地：2002 年湖南省水利水工用地比 2001 年增加 1.3%，按此速度增长，则到 2010 年湖南省水利水工用地面积最大可达到 206302.96 公顷。则有 $193400.78 \leqslant X_8 \leqslant 206302.96$。

未利用地：考虑到土地资源的特殊性质要留有一定数量的后备土地资源，方程约束中未利用地要不小于 2005 年未利用地的 80%，约束为：$1532011 \leqslant X_9 \leqslant 1915014.31$。

土地总量不变约束：无论土地利用结构如何优化，土地总面积是保持不变的。

土地总面积保持不变方程如下：

$$X_1 + X_2 + X_3 + X_4 + X_5 + X_6 + X_7 + X_8 + X_9 = 21185468.7$$

约束方程见下表：

表 3-6　约束方程

	X_1	X_2	X_3	X_4	X_5	X_6	X_7	X_8	X_9	约束	约束值
1	1									≤	3710000
2		1								≤	497568.06
3						1				≤	1075454.21
4								1		≤	206302.96
5									1	≤	1915014.31
6	1	1	1	1	1	1	1	1	1	=	21185468.7
7	1									≥	3600000
8		1								≥	490149.19
9			1							≥	11891830.25
10				1						≥	132826.64
11					1					≥	1621755.8
12						1				≥	1053742.8
13							1			≥	105081.42
14								1		≥	193400.78
15									1	≥	1532011

（3）目标函数。目标的设定主要从生态目标、经济目标和社会目标三个方面来考虑。生态目标涉及的方面很多，本优化从土壤保持量、碳储量、绿量三个方面来考虑；经济目标可用产值最大化来设定；社会目标主要考虑就业价值。

优化系数值的设置基于以下三点考虑：①已有研究资料的收集、综合分析；②不同地区变动范围与平均值；③今后 20 年变化趋势。根据湖南省土地利用优化的实际情况以及所能收集到的资料，拟采用以下三个目标函数。

自然价值最大。生态环境恶化是当今世界面临的重大问题，其主要特征就是水土流失严重；水质恶化，形成水质性缺水；生物多样性锐减等。因此，计算土地的单位面积自然价值包括水土保持、水循环、净化污染、气候调节和生物多样性几个方面，结果见表 3-7。

表 3-7　湖南省不同用地类型单位面积价值　　单位：万元/公顷

	耕地	园地	林地	居民点	工矿	交通	水域
水土保持	0.002	0.004	0.011				
水循环	-0.07			-1.76	-132.91		0.40
污染净化				-3.40	-0.78		
固碳释氧	1.37	1.54	1.74				
生物多样性			5.93				
自然价值	1.302	1.544	7.681	-5.16	-133.69		0.40

（资料来源：杨志峰等．生态城区环境规划理论与实践．北京：化学工业出版社．2004）

参照统计资料湖南省单位土地面积自然价值拟采用以下数值：耕地 1.302 万元/公顷，园地

1.544 万元/公顷，林地 7.681 万元/公顷，草地按林地的 2/3 取 5.121 万元/公顷，其他农用地取水面的 0.40 万元/公顷，居民点及工矿总价值（-5.16×15806142）+（-133.69×1433903）/（15806142+1433903）=-15.85 万元/公顷，交通用地按居民点取 -5.16万元/公顷，水利水工用地取工矿的污染净化价值 -0.78 万元/公顷，未利用地 0。

经济价值最大。土地是人类赖以生存的最基本的自然资源。土地利用结构优化的主要标准就是使有限的土地生产出尽可能多的产品和服务，即让有限的投入生产出尽可能多的符合需要的产品和服务。

湖南省可利用的土地资源紧缺，因此，必须合理利用土地资源，鼓励集约用地，提高土地产出率，提高土地的经济效益。特别是随着社会经济的发展，人类对土地资源开发利用强度加大，导致了严重的水土流失，生态环境恶化，农林牧生产质量降低。土地利用现状及经济效益分析，对促进土地利用结构的调整与优化、保护土地、充分挖掘土地利用潜力以及国民经济持续发展具重要意义。

依据湖南省经济情况，确定湖南省单位面积价值量（表 3-8）。耕地：10.23 万元/公顷；园地 1.42 万元/公顷；林地 81.99 万元/公顷；草地经济价值与林地一致，即 163.98 万元/公顷；其他农用地取 3.65 万元/公顷；居民点及工矿按总价值（12.92×15806142）+（302.32×1433903）/（15806142+1433903）=36.99 万元/公顷；交通 5.778 万元/公顷；水利水工用地按工矿的建筑价值 5.38 万元/公顷计；未利用地取 0。

表 3-8 湖南省用地生态系统单位面积价值 单位：万元/公顷

	耕地	园地	林地	居民点	工矿	交通	水域
农业价值	10.23						
林业价值			3.25				
水产价值							3.65
果业价值		1.42					
工业价值			50.38		262.93		
建筑价值					5.38		
运输价值							
电信价值				12.92		5.778	
商业价值					34.01		
旅游价值			28.36				
总经济价值	10.23	1.42	81.99	12.92	302.32	5.778	3.65

（资料来源：杨志峰等．生态城区环境规划理论与实践．北京：化学工业出版社，2004）

社会价值最大。一个规划必须要考虑土地利用组成的要求和它们的位置形式上的要求，必须确定社会可以利用的种种手段。首先要对自然演替过程中固有的社会价值有所识别，这样才能最有效、最适当地利用土地，提高土地的社会价值。这里单位面积社会价值主要从居住价值、就业价值、文教价值、医疗价值、行政价值等方面进行计算（表 3-9）。

表 3-9 湖南省不同用地类型单位面积社会价值 单位：万元/公顷

类型	耕地	园地	林地	居民点	工矿	交通	水域
居住				6.33			
就业	0.02	0.035	0.125	0.084	0.42	0.162	0.01
文教				2.18			
医疗				1.54			
行政				1.39			
总社会价值	0.02	0.035	0.125	11.524	0.42	0.162	0.01

（资料来源：杨志峰等．生态城区环境规划理论与实践．北京：化学工业出版社．2004）

依据湖南经济情况，湖南省单位面积社会价值可以近似来定。即耕地：0.02 万元/公顷；园地 0.035 万元/公顷；林地 0.085 万元/公顷；草地社会价值取林地 2 倍，即 0.17 万元/公顷；其他农用地取 0.01 万元/公顷；居民点及工矿（11.524 × 15806142）+（0.42 × 1433903）/（15806142 + 1433903）= 10.6 万元/公顷；交通 0.192 万元/公顷；水利水工用地按耕地就业价值即 0.01 万元/公顷计；未利用地取 0。

表 3-10 目标函数及参变系数

	耕地（农田）	园地（果园）	林地	草地	其他农业用地	居民点及工矿用地	交通用地	水利水工用地	未利用土地
	X_1	X_2	X_3	X_4	X_5	X_6	X_7	X_8	X_9
自然价值（万元/公顷）	1.302	1.544	7.681	5.121	0.40	-15.85	-5.16	-0.78	0
经济价值（万元/公顷）	10.23	1.42	81.99	163.98	3.65	36.99	5.778	5.38	0
社会价值（万元/公顷）	0.02	0.035	0.125	0.17	0.01	11.524	0.162	0.01	0

（4）求解。上述模型为多目标线性模型，利用逐步法求解该模型。先求单项目标，即分别按自然价值、经济价值、社会价值目标计算，结果见表 3-11。

表 3-11 按单项目标优化土地利用情况（2010 年） 单位：万公顷

	X_1	X_2	X_3	X_4	X_5	X_6	X_7	X_8	X_9
自然价值	360.00	49.01	1245.65	13.28	162.18	105.37	10.51	19.34	153.20
经济价值	360.00	49.01	1245.65	13.28	162.18	105.37	10.51	19.34	153.20
社会价值	360.00	49.01	1189.18	13.28	162.18	109.11	63.24	19.34	153.20

求系数：①权系数；②α 系数；③π 系数。

输入参变常量系数和约束方程，启动程序，会自动求出上述系数，结果见表 3-12。

表 3-12　参变常量系数表

	目标 1 函数值	目标 2 函数值	目标 3 函数值
目标 1 最优解	85056383. 05	1116267966	14087137. 26
目标 2 最优解	85056383. 05	1116267966	14087137. 26
目标 3 最优解	77405842. 36	1074400059	14521465. 49
目标（1）权系数	目标（2）权系数	目标（3）权系数	
0. 004689318	0. 000306292	0. 002594823	
目标（1）归一权系数	目标（2）归一权系数	目标（3）归一权系数	
0. 617793229	0. 040352333	0. 341854438	

新构造的优化问题：新目标函数 Minλ（X8），见表 3-13。

表 3-13　新约束方程（松弛变量、剩余变量、人工变量未列出）

X_1	X_2	X_3	X_4	X_5	X_6	X_7	X_8	约束值 *b*
0. 804367	0. 953873	4. 745270	3. 163719	0. 247117	-9. 792023	-3. 187813	-0. 481879	≥52547257. 56
0. 412804	0. 057300	3. 308488	3. 308488	0. 147286	1. 492633	0. 233156	0. 217096	≥45044016. 34
0. 006837	0. 011965	0. 049569	0. 034185	0. 003419	3. 939531	0. 055380	0. 003419	≥4964227. 423
1								≤3710000
	1							≤497568. 06
					1			≤1091124. 32
							1	≤206302. 96
								≤15014. 31
1	1	1	1	1	1	1	1	=21185468. 7
1								≥3600000
	1							≥490149. 19
		1						≥11891830. 25
			1					≥132826. 64
				1				≥1621755. 8
					1			≥1053742. 8
						1		≥105081. 42
							1	≥193400. 78
								≥1532011. 448

满意解见表 3-14。

表 3-14　土地利用多目标优化结果

单位：公顷

农用地					建设用地			未利用地
耕地	园地	林地	牧草地	其他农用地	居民点及工矿用地	交通用地	水利水工用地	
X_1	X_2	X_3	X_4	X_5	X_6	X_7	X_8	X_9
3600000	490149.19	12448443	132826.64	1621755.8	1061800.3	105081.42	193400.78	1532011.4

（5）优化结果分析。结构优化分析。土地利用优化是一个极为纷繁复杂的问题，采用常规的优化方法，人为因素很强，而且也难以综合处理多方面的关系。多目标优化通过协调经济效益、社会效益和生态效益的平衡关系，实现土地的综合效益最大化。

总的看来，多目标优化的结果，基本满足优化的原则，也满足了提高综合效益的目标，因此，优化方案是可行的。

影子价格分析。影子价格是现代经济学中的重要参量，广泛应用于宏观经济分析和微观经营活动。它是企业适应市场变化，优化配置人、财、物等资源，正确作出经营管理决策的有力工具。它是指某种资源或劳务被用于一种用途、放弃另一种用途时的价值，是资源利用问题的数学优化中，对偶模型最优解。

影子价格是衡量生产资源达到最优配合的一种尺度。计算结果表明：资源 1、3 等所对应的影子价格为正，表明它们为限制性资源。资源 2、4、5、6、7、8、10 等所对应的影子价格为 0，说明它们不是限制性资源，能够满足国民经济发展的需要。

表 3-15　影子价格分析

影子价格	（单位资源增量对目标贡献值）	影子价格	（单位资源增量对目标贡献值）
资源 1	0.21875	资源 10	0.859375
资源 2	0	资源 11	0.828125
资源 3	0.78125	资源 12	0
资源 4	0	资源 13	0.34375
资源 5	0	资源 14	0.984375
资源 6	0	资源 15	0
资源 7	0	资源 16	1.671875
资源 8	0	资源 17	1.140625
资源 9	-1.046875	资源 18	1.046875

灵敏度分析。灵敏度分析又称最优化后分析，是指系统或事物因周围条件发生变化而显示出来的敏感程度的分析。即要分析为决策所用的数据可在多大范围内变动，原最优方案继续有效。在求出线性优化的最优解后，如果市场、资源发生变化，以致目标函数的系数 C_j、约束条件的右端项 b_i 或左边的系数 a_{ij} 发生变化，那么，那么会使最优解发生什么样的变化，又如何用最简单的办法求出新的最优解，此类问题就是线性优化最优解的灵敏度分析。

湖南省土地利用结构优化的线性优化模型的灵敏度分析分为：对约束条件右端常数（即约束条件 b_j 范围的分析）：从应用的角度出发，仅对松弛变量取 0 值的约束条件右端常数进行灵敏度分析，这类约束条件对应的影子价格不为 0。

表 3-16　对约束条件右端常数值变化范围

B 值	现有值	可减少值	可增加值	最低值	最高值
$b_{(1)}$	52547257. 56	331037. 8525	148477. 0318	52216219. 71	52695734. 59
$b_{(2)}$	45044016. 34	无限制	102502. 5903	0	45146518. 93
$b_{(3)}$	4964227. 423	148477. 0318	540361. 7369	4815750. 391	5504589. 159
$b_{(4)}$	3710000	110000	无限制	3600000	无限制
$b_{(5)}$	497568. 06	7418. 87	无限制	490149. 19	无限制
$b_{(6)}$	1091124. 32	29324. 05084	无限制	1061800. 269	无限制
$b_{(7)}$	206302. 96	12902. 18	无限制	193400. 78	无限制
$b_{(8)}$	1915014. 31	383002. 862	无限制	1532011. 448	无限制
$b_{(9)}$	21185468. 7	31619. 78051	112539. 5525	21153848. 92	21298008. 25
$b_{(10)}$	3600000	135316. 3772	38088. 89451	3464683. 623	3638088. 895
$b_{(11)}$	490149. 19	141121. 0906	7418. 87	349028. 0994	497568. 06
$b_{(12)}$	11891830. 25	无限制	556612. 9028	0	12448443. 15
$b_{(13)}$	132826. 64	132826. 64	94802. 79639	0	227629. 4364
$b_{(14)}$	1621755. 8	118801. 7209	33350. 61994	1502954. 079	1655106. 42
$b_{(15)}$	1053742. 8	无限制	8057. 469158	0	1061800. 269
$b_{(16)}$	105081. 42	68065. 11221	18702. 48232	37016. 30779	123783. 9023
$b_{(17)}$	193400. 78	102762. 4428	12902. 18	90638. 33723	206302. 96
$b_{(18)}$	1532011. 448	112539. 5525	31619. 78051	1419471. 896	1563631. 229

对目标函数系数（即利益系数 c_j）的范围分析：是对非基变量的目标函数系数的灵敏度分析，既要合乎数学模型，又要合乎实际。

表 3-17　目标函数值变化范围

决策变量	现有系数值	可减少值	可增加值	最低值	最高值
$x_{(1)}$	0	0. 865629041	1E + 14	-0. 865629041	1E + 14
$x_{(2)}$	0	0. 830023246	1E + 14	-0. 830023246	1E + 14
$x_{(3)}$	0	3. 88996165	0. 378137257	-3. 88996165	0. 378137257
$x_{(4)}$	0	0. 345998655	1E + 14	-0. 345998655	1E + 14
$x_{(5)}$	0	0. 985960346	1E + 14	-0. 985960346	1E + 14
$x_{(6)}$	0	14. 53729248	3. 876472309	-14. 53729248	3. 876472309
$x_{(7)}$	0	1. 670075423	1E + 14	-1. 670075423	1E + 14
$x_{(8)}$	0	1. 13985015	1E + 14	-1. 13985015	1E + 14
$x_{(9)}$	0	1. 040823277	1E + 14	-1. 040823277	1E + 14
$x_{(10)}$	1	1	5. 98775E + 13	0	5. 98775E + 13

3. 土地利用远期（2011～2020 年）优化研究

优化方法、计算步骤均与 2005～2010 年土地利用优化研究相同，只是约束条件有所变化，这里就不再一一详述，只将变动部分（约束条件）介绍如下：

（1）约束条件。耕地：以 2010 年优化的耕地面积为基础，退耕还林工程已基本结束耕地面积按年均最多减少 0.25%。得到约束方程：$3600000 \leqslant X_1 \leqslant 3618286$。

园地：按照 2010 年园地优化面积，今后按每年最大速率 0.3% 递减，则到 2020 年最多比 2010 年果园面积减少 4.5%，水果年产量基本能够满足人们的需要。则有以下约束：$475641.64 \leqslant X_2 \leqslant 490149.19$。

林地：不限制林地的发展，有 $X_3 \geqslant 12448443$。

牧草地：草地要保持水土，又要满足畜牧业的发展。牧草地按 2% 的速率递增，到 2020 年牧草地面积至少增加 33%，有 $X_4 \geqslant 161914.93$。

其他农业用地：其他农用地包括畜禽饲养地、设施农用地、农村道路、坑塘水面、养殖水面、农田水利用地等对农业和农村建设有重要意义，故其面积最低限度为原有面积。$X_5 \geqslant 1621755.8$。

城乡居民点及独立工矿：据《湖南省统计年鉴》（2004），2004 年湖南省人口 6697.7 万人，1990～2004 年的人口增长曲线为线性关系 $y = 41.87x + 6098.3$，按此曲线预计 2020 年常住人口可以达到 7354.4 万。按照 2005 年人均居民点及独立工矿用地面积 1053742.8 公顷/6697.7 万人 = 157.32 公顷/万人计算，则到 2020 年最大居民点及独立工矿用地面积为 1156994.2 公顷。则有 $1075454.21 \leqslant X_6 \leqslant 1156994.2$。

交通用地：按 2020 规划人口与 2010 年增长比例计算规划交通面积，则有 $X_7 \geqslant 111425.06$。

水利水工用地：按 1.3% 速度增长，则 2020 年湖南交通用地面积最大可达到 13436.7 公顷。则有 $206302.96 \leqslant X_8 \leqslant 220065.86$。

未利用地：考虑到土地数量有限性以及优化要留有余地的原则，方程约束中未利用地要不小于 2010 年未利用地的 70%，约束为：$1072408 \leqslant X_9 \leqslant 1532011$。

土地总量不变约束：无论土地利用结构如何优化，土地总面积是保持不变的。

土地总面积保持不变方程如下：

$$X_1 + X_2 + X_3 + X_4 + X_5 + X_6 + X_7 + X_8 + X_9 = 21185468.7$$

约束方程见表 3-18：

表 3-18　约束方程

	X_1	X_2	X_3	X_4	X_5	X_6	X_7	X_8	X_9	约束	约束值
1	1									≤	3618286
2		1								≤	497568.06
3						1				≤	1156994.2
4								1		≤	220065.86
5									1	≤	1532011
6	1	1	1	1	1	1	1	1	1	=	21185468.7

续表

	X_1	X_2	X_3	X_4	X_5	X_6	X_7	X_8	X_9	约束	约束值
7	1									≥	3600000
8		1								≥	475641.64
9			1							≥	12448443
10				1						≥	161914.93
11					1					≥	1621755.8
12						1				≥	1075454.21
13							1			≥	111425.06
14								1		≥	206302.96
15									1	≥	1072408

（2）求解（表3-19，表3-20）。

表3-19　按单项目标优化土地利用情况（2020年）　单位：万公顷

	X_1	X_2	X_3	X_4	X_5	X_6	X_7	X_8	X_9
自然价值	360.00	47.56	1286.06	16.19	162.18	107.55	11.14	20.63	107.24
经济价值	360.00	47.56	1286.06	16.19	162.18	107.55	11.14	20.63	107.24
社会价值	360.00	47.56	1244.84	16.19	162.18	115.70	44.20	20.63	107.24

表3-20　土地利用多目标优化结果（2020年）　单位：公顷

农用地					建设用地			未利用地
耕地	园地	林地	牧草地	其他农用地	居民点及工矿用地	交通用地	水利水工用地	
X_1	X_2	X_3	X_4	X_5	X_6	X_7	X_8	X_9
3600000	475641.64	12826826.03	161914.93	1621755.8	1109194.3	111425.06	206302.96	1072408

4. 优化结果

2010年和2020年土地利用多目标优化结果见表3-21和图3-4。到2010年林业用地占总土地面积的58.76%，比2005年的56.13%提高了2.63个百分点；到2020年林业用地占总土地面积的60.55%，比2005年提高了4.41个百分点。

表3-21　土地利用结构优化比较（2002～2020年）　（单位：公顷）

类型	2005年		2010年		2020年	
	面积	%	面积	%	面积	%
耕地	3815982.62	18.01	3600000	16.99	3600000	16.99
园地	497568.06	2.35	490149.19	2.31	475641.64	2.25
林地	11891830.25	56.13	12448443.15	58.76	12826826.03	60.55
牧草地	104587.91	0.49	132826.64	0.63	161914.93	0.76
其他农业用地	1621755.8	7.66	1621755.8	7.66	1621755.8	7.66
居民点及工矿用地	1053742.8	4.97	1061800.269	5.01	1109194.262	5.24
交通用地	91586.213	0.43	105081.42	0.50	111425.06	0.53
水利水工用地	193400.787	0.91	193400.78	0.91	206302.96	0.97
未利用地	1915014.31	9.04	1532011.448	7.23	1072408.014	5.06

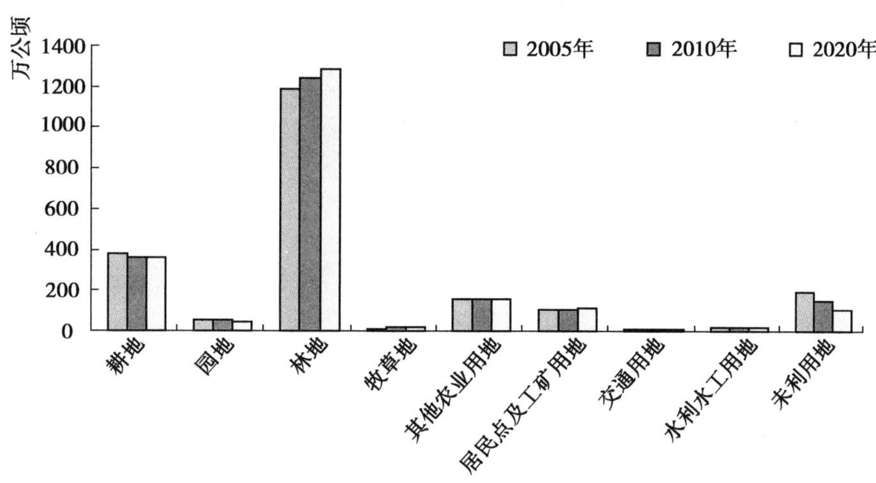

图 3-4 湖南省土地利用优化结果

（三）湖南省森林覆盖率指标的确定

根据湖南省林业用地多目标规划的结果及湖南省土地利用现状图，将未利用地中的一部分苇地、荒草地、沙地等纳入林地，故预测湖南森林覆盖率见表 3-22。

表 3-22 湖南省森林覆盖率

指标	2005 年	2010 年	2020 年
森林覆盖率	55.93%	57.38%	60.33%

三、生态公益林面积指标研究

（一）湖南省林业用地现状与结构

全省林地面积 19096 万亩，占全省总面积的 60.1%，其中有林地面积 871.4 万公顷，疏林地面积 906 万公顷，灌木林地面积 280.6 万公顷（国家特别规定的灌木林地面积 222.8 万公顷、其他灌木林地面积 57.8 万公顷），未成林造林地面积 65.87 万公顷，苗圃地面积 0.4 万公顷，无立木林地面积 19.6 万公顷，宜林地面积 25.4 万公顷，辅助生产林地面积 0.2 万公顷；另有四旁树面积 10.6 万公顷。森林覆盖率 51.65%；林木绿化率 54.88%。14 个市州城市生态圈平均森林覆盖率 30.52%，平均林木绿化率 37.09%；活立木蓄积量 36031 万立方米，其中国有 4042 万立方米，集体 12673 万立方米，个人及其他 19316 万立方米；活立木蓄积量在千万立方米以上有 6 个县（沅陵县 1506 万立方米，绥宁县 1381 万立方米，浏阳市 1181 万立方米，江华县 1154 万立方米，安化县 1127 万立方米，资兴市 1056 万立方米）。全省竹林面积 82.6 万公顷，立竹总株数 19.41 亿株，其中毛竹面积 81.73 万公顷，毛竹总株数 18.49 亿株。全省经济林面积 169.93 万公顷。

表 3-23　2004 年湖南省林业用地现状　　单位：公顷

项目	生态公益林		商品林			合计
	防护林	特种用途林	用材林	薪炭林	经济林	
长沙市	190423.9	41308.3	307492.6	3521.9	56377.7	599124.4
株洲市	227430.6	35665.7	325917.4	4068.4	85567.5	678649.6
湘潭市	82481.4	14245.3	101739.4	154.0	17479.8	216099.9
衡阳市	281270.2	16100.7	186896.4	25328.0	139809.6	649404.9
邵阳市	514482.1	25433.7	549297.5	410.7	68446.4	1158070.0
岳阳市	149760.2	14043.8	306028.2	13416.9	66558.1	549807.2
常德市	223118.5	88168.2	278655.0	7025.6	151562.0	748529.3
张家界市	295629.5	41288.1	248598.1	12788.9	41976.4	640281.0
益阳市	280222.3	9189.3	235611.8	116.5	45641.1	570781.0
郴州市	472438.7	49243.5	593953.1	17093.8	126985.9	1259715.0
永州市	484691.5	58159.7	611449.8	100096.7	136464.8	1390863.0
怀化市	642106.5	41063.6	975054.3	25895.3	193979.8	1878100.0
娄底市	191128.4	19832.7	112493.2	1696.4	24320.7	349471.4
湘西土家族苗族自治州	460487.2	28735.1	258030.7	112857.8	105225.3	965336.1
合计	4495671	482477.7	5091217.5	324470.9	1260395.1	11654232.0

根据湖南省 2003 ~ 2004 年的森林资源调查资料统计，湖南省林地面积中，用材林地面积最大，占林地总面积的 43.69%，其余依次是防护林占 38.57%，经济林占 10.81%，特种用途林占 4.14%，薪炭林占 2.78%。全省公益林总面积为 4978148.7 公顷，占林地总面积 42.72%，商品林面积为 6676083.5 公顷，占林地总面积的 57.28%。

（二）湖南林地利用的特点

1. 用材林和防护林面积占较大比例

全省林地中用材林的比例为总林地面积的 43.69%，防护林面积占林地地总面积的 38.57%，用材林处于优先发展地位。同时随着生态环境要求的不断提高，防护林也成为主要的林业用地类型，体现了湖南省确立以生态建设为主的林业可持续发展道路以后，在继续推进生态建设的同时，加快林业产业的发展的战略思想。

2. 森林和湿地生态体系建设带动林业用地变化

森林和湿地生态体系建设中的退耕还林工程、防护林建设工程、野生动植物保护及自然保护区建设工程、生态公益林保护工程、绿色通道建设工程的一系列工程的实施带动了林业用地的变化。从 2000 ~ 2004 年公益林面积增加了 649210 公顷，使湖南省的林业发展方向向提高林业的生态质量方向发展。

（三）林地利用存在的主要问题

1. 公益林面积有限

湖南省公益林面积仅为商品林的 74.58%。在中央国务院确立以生态建设为主的林业可持续发展道路的战略指导下，急剧增长的生态需求与落后的林业生产力成为林业发展主要矛盾。因此，湖南省要在增加公益林面积同时，提高公益林的管护率。

2. 商品林用地的增加，对生态环境建设及公益林的建设形成一定压力

全省林地面积1273.07万公顷，占全省总面积的60.1%，已达到一个很高的比例，而商品林的面积以每年0.95%的速度递增。这意味着将有部分公益林的面积被商品林侵占，对生态环境建设和公益林建设都是一个压力。

（四）优化方法（同土地多目标规划）

（五）林地利用近期（2005~2010年）优化研究

1. 变量设置

变量主要是根据现有林地利用类型来设置，本优化方案共设5个基本变量。其意义如下：X_1 防护林面积；X_2 特种用途林面积；X_3 用材林面积；X_4 薪炭林面积；X_5 经济林面积（表3-24）。

表3-24 林地利用类型决策变量设置 （单位：公顷）

生态公益林		商品林		
防护林面积	特种用途林面积	用材林面积	薪炭林面积	经济林面积
X_1	X_2	X_3	X_4	X_5
	482477.7	5091217.5	324470.9	1260395.1

（湖南省森林资源主要数据汇编，2003~2004年）

表3-25 主要年份防护林面积 （单位：公顷）

年份	2000年	2002年	2003年	2004年
防护林	4096531	4113661	4188281	4495671
特种用途林	477237.7	477357.7	477737.7	482477.7
用材林	5000087.5	5022297.5	5038877.5	5091217.5
薪炭林	324160.9	324170.9	324420.9	324470.9
经济林	1194255.1	1206325.1	121533.5	1260395.1

（湖南统计年鉴，2005）

2. 林地约束分析

约束条件主要是根据各类林地资源的限制、生态环境建设发展需求以及某些发展战略来确定的。根据《湖南省森林资源规划设计调查技术规定》，防护林是生态公益林的重要组成部分，以发挥生态防护功能为主要目的的森林、林木和灌木林。它包括水源涵养林、水土保持林、防风固沙林、农田牧场防护林、护岸林、护路林、其他防护林等。

防护林面积的确定：随着生态环境建设水源涵养林、水土保持林、防风固沙林、农田牧场防护林的面积基本上保持不变或变化不大，而护路林随着城市建设的发展有所增加故定其最小面积为4495671公顷，2000~2004年防护林增加面积比例为1.9%，根据宜林荒山、宜林沙荒、其他宜林、封育火烧迹地技术林地和灌木林中的一部分会成为防护林，故其约束方程 $4517671 \leqslant X_1 \leqslant 5438482$。

特种用途林：特种用途林以保存物种资源、保护生态环境，用于国防、森林旅游和科学试验等为主要经营目的的森林、林木和灌木林。它和防护林共同构成生态公益林。其中国防林、试验林、母树林的面积变化不大，但随着生态环境的改善和提高，环境保护林、风景林和自然保护区

林的面积将增加。根据湖南省“十一五”规划，增加的自然保护区面积和特种用途林的发展趋势确定特种用途林的约束条件为$482477.7 \leqslant X_2 \leqslant 1067175$。

用材地：以生产木材或竹材为主要经营目的的乔木林、竹林、疏林，包括短轮伐期工业原料用材林、速生丰产用材林和一般用材林。到2010年，新增林纸生产能力160万吨、新增人造板生产能力110万立方米，从而使林纸及人造板生产能力分别达到240万吨、300万立方米，竹材人造板、竹地板、竹浆纸生产能力分别达到100万立方米、700万平方米、20万吨，将林业现代化生产水平提高到浙江省的水平，故用材林的约束条件为$5091217.5 \leqslant X_3 \leqslant 5282347.5$。

薪炭林：以生产热能燃料为主要经营目的的乔木林和竹林、疏林、灌木林。湖南省有丰富的煤炭资源，城市中加快煤气的普及，农村中大力发展天然气、沼气和太阳能，而薪炭林会在一定程度上产生水土流失，2000~2004年间薪炭林的增量不到0.1%且在减少。故定薪炭林的约束条件为：$X_4 \leqslant 324470.9$。

经济林：以生产油料、干鲜果品为主要目的的乔木和灌木林，包括果树林、食用原料林、林化工业原料林、药用林、其他经济林等。林化产品5万吨、森林食品（含油类）20万吨、茶叶7万吨、森林药材2万吨等。故经济林的约束条件为$1260395.1 \leqslant X_5 \leqslant 1392500$。

林地总量约束：林地总面积按土地利用优化的结果进行计算。

有：$X_1 + X_2 + X_3 + X_4 + X_5 = 12448443.15$。

约束方程见表3-26。

3. 目标函数

目标的设定主要从生态目标、经济目标两个方面来考虑。生态目标涉及的方面很多，本优化从固土保肥、固碳释氧、改良土壤、水源涵养四个方面来考虑；经济目标可用产值最大化来设定；社会目标主要考虑就业价值。

优化系数值的设置基于以下三点考虑：①已有研究资料的收集、综合分析；②不同地区变动范围与平均值；③今后20年变化趋势。根据湖南省林业用地优化的实际情况以及所能收集到的资料，拟采用以下两个目标函数（表3-26）。

表3-26 约束方程

	X_1	X_2	X_3	X_4	X_5	约束	约束值
1	1					≤	5438482
2		1				≤	1067156
3			1			≤	5282347.5
4				1		≤	324470.9
5					1	≤	1392500
6	1	1	1	1	1	=	12448443.15
7	1					≥	4517671
8		1				≥	482477.7
9			1			≥	5091217.5
10					1	≥	1260395.1

（1）生态价值最大。生态环境恶化是当今世界面临的重大问题，其主要特征就是水土流失严重；土壤结构严重破坏，土壤肥力下降；水源涵养能力锐减等。因此，计算土地的单位面积生

态价值包括固土保肥、固碳释氧、改良土壤、水源涵养几个方面，结果见表3-27。

表3-27 湖南省不同林地类型单位面积价值 单位：万元/公顷

类型	防护林	特种用途林	用材林	薪炭林	经济林
固土保肥	0.89407	0.74506	0	0	0.149011
固碳释氧	1.21368	1.0114	0.5057	0.2028	0.20228
改良土壤	0.35985	0.29987	0	0	0.059975
水源涵养	1.072884	0.77124	0.447035	0.178814	0.128541
自然价值	3.540484	2.82757	0.952735	0.381614	0.539807

（资料来源：康文星，田大伦，湖南省森林公益效能的经济评价Ⅱ森林的固土保肥、改良土壤和净化大气效益。中南林学院学报，2001，4）

参照湖南省森林公益效能经济评价和湖南省森林资源调查的数据，湖南省林地面积自然价值拟采用以下数值：防护林3.540484万元/公顷，特种用途林2.82757万元/公顷，用材林0.952735万元/公顷，薪炭林以灌木为主则固碳释氧和水源涵养为防护林的1/2，且薪炭林在这两方面有时会放生负面作用，将正负作用抵消故取值为0.381614万元/公顷，经济林按防护林的1/5来进行计算所以取值为0.539807万元/公顷。

（2）经济价值最大。林业既是一项重要的公益事业，又是一项重要的基础产业。湖南省林业经济在全省的经济中占有重要的比重（表3-28）。林业经济的发展涉及经济社会发展和人民生产生活的诸多方面，加快林业产业发展和加强生态建设具有同样重要的作用。在继续推进生态建设的同时，加快林业产业的发展，为林业发展增添更大的活力，从而实现林业生态建设与产业发展的良性和协调发展，更好地满足社会对林业的多种需求。

表3-28 湖南省林业用地单位面积经济价值 单位：万元/公顷

类型	防护林	特种用途林	用材林	薪炭林	经济林
农业价值	0.293				
水利价值	0.777	1.071			
林、茶、果价值					3.04
工业价值			3.66		
建筑价值			1.22		
商饮价值	1.11				
旅游价值	0.56	1.01			
其他价值				0.01	
总经济价值	1.627	2.081	4.88	0.01	4.15

依据湖南省临地单位面积经济价值量，确定经济价值的目标方程。防护林1.067万元/公顷；特种用途林2.081万元/公顷；用材林4.88万元/公顷；薪炭林的地位和作用将逐渐被新的能源所替代故其在经济价值上的作用很小，此处忽略不计。经济林4.44万元/公顷。

表 3-29 目标函数及参变系数

目标项目	防护林 X_1	特种用途林 X_2	用材林 X_3	薪炭林 X_4	经济林 X_5
自然价值（万元/公顷）	3. 540484	2. 82757	0. 952735	0. 381614	0. 539807
经济价值（万元/公顷）	1. 627	2. 081	4. 88	0. 001	4. 15

4. 求解

上述模型为多目标线性模型，利用逐步法求解该模型。先求单项目标，即分别按自然价值、经济价值目标计算，结果见表 3-30。

表 3-30 按单项目标优化土地利用情况（2010 年） 单位：公顷

目标项目	X_1	X_2	X_3	X_4	X_5
自然价值	5438482	658348. 55	5091217. 5	0	1260395. 1
经济价值	5148663. 2	1007156	5182347. 5	0	1392500

求系数①权系数；②α 系数；③π 系数。

输入参变常量系数和约束方程，启动程序，会自动求出上述系数，结果见表 3-31。

表 3-31 参变常量系数表

	目标 1 函数值	目标 2 函数值
目标 1 最优解	2. 66473E + 11	4. 02942E + 11
目标 2 最优解	2. 67656E + 11	4. 15415E + 11
目标（1）权系数	目标（2）权系数	
9. 45105E − 08	4. 33307E-07	
目标（1）归一权系数	目标（2）归一权系数	
0. 179059002	0. 820940998	

新构造的优化问题：新目标函数 Minλ（X_6），见表 3-32。

表 3-32 新约束方程

X_1	X_2	X_3	X_4	X_5	X_6		约束值 b
6339. 555303	5063. 018612	1705. 957779	683. 3142185	966. 5730249	1	≥	47926303636
13356. 71004	17083. 78218	40061. 92072	82. 09409984	34069. 05143	1	≥	3. 41031E + 11
1						≤	5438482
	1					≤	1067156
		1				≤	5282347. 5
			1			≤	324470. 9
				1		≤	1392500
1	1	1	1	1		=	12448443. 15
1						≥	4517671
	1					≥	482477. 7
		1				≥	5091217. 5
				1		≥	1260395. 1

满意解见表3-33。

表3-33　土地利用多目标优化结果　单位：公顷

生态公益林		商品林		
防护林	特种用途林	用材林	薪炭林	经济林
X_1	X_2	X_3	X_4	X_5
4996968.2	776627.49	5282347.5	0	1392500

5. 优化结果分析

（1）结构优化分析。林业用地优化是一个极为纷繁复杂的问题，采用常规的优化方法，人为因素很强，而且也难以综合处理多方面的关系。多目标优化通过协调经济效益和生态效益的平衡关系，实现林地的综合效益最大化。

总的看来，多目标优化的结果，基本满足优化的原则，也满足了提高综合效益的目标，因此，优化方案是可行的。

（2）影子价格分析。

表3-34　影子价格分析

影子价格	（单位资源增量对目标贡献值）	影子价格	（单位资源增量对目标贡献值）
资源1	0.75	资源7	1281.988949
资源2	0.25	资源8	-8129.796875
资源3	0	资源9	0
资源4	0	资源10	0
资源5	3361.659485	资源11	0
资源6	0	资源12	0

计算结果表明（表3-34）：资源1、2、5、7等所对应的影子价格为正，表明它们为限制性资源。资源3、4、6、9、10、11、12等所对应的影子价格为0，说明它们不是限制性资源，能够满足国民经济发展的需要。

（3）灵敏度分析。湖南省土地利用结构优化的线性优化模型的灵敏度分析分为：

① 对约束条件右端常数（即约束条件 b_j）范围的分析：从应用的角度出发，仅对松弛变量取0值的约束条件右端常数进行灵敏度分析，这类约束条件对应的影子价格不为0。

表3-35　对约束条件右端常数值变化范围

b值	现有值	可减少值	可增加值	最低值	最高值
$b_{(1)}$	47926303636	1453691028	1471810473	46472612608	49398114109
$b_{(2)}$	3.41031E+11	1471810473	1453691028	3.39559E+11	3.42485E+11
$b_{(3)}$	5438482	441513.8377	无限制	4996968.162	无限制
$b_{(4)}$	1067156	290528.5123	无限制	776627.4877	无限制
$b_{(5)}$	5282347.5	46386.28944	46964.46858	5235961.211	5329311.969
$b_{(6)}$	324470.9	324470.9	无限制	0	无限制
$b_{(7)}$	1392500	55728.31092	56422.93313	1336771.689	1448922.933

续表

b值	现有值	可减少值	可增加值	最低值	最高值
$b_{(8)}$	12448443.15	199506.0878	183778.8858	12248937.06	12632222.04
$b_{(9)}$	4517671	无限制	479297.1623	0	4996968.162
$b_{(10)}$	482477.7	无限制	294149.7877	0	776627.4877
$b_{(11)}$	5091217.5	无限制	191130	0	5282347.5
$b_{(12)}$	1260395.1	无限制	132104.9	0	1392500

② 对目标函数系数（即利益系数 c_j）的范围分析：是对非基变量的目标函数系数的灵敏度分析，既要合乎数学模型，又要合乎实际（表3-36）。

表3-36　目标函数值变化范围

决策变量	现有系数值	可减少值	可增加值	最低值	最高值
X_1	0	3727.072133	304.2717951	-3727.072133	304.2717951
X_2	0	245.9072887	3727.072133	-245.9072887	3727.072133
X_3	0	无限制	3361.659485	无限制	3361.659485
X_4	0	7599.865252	无限制	-7599.865252	无限制
X_5	0	无限制	1281.988949	无限制	1281.988949
X_6	1	1	无限制	0	无限制

（六）林地利用远期（2011～2020年）优化研究

优化方法、计算步骤均与2004～2010年土地利用优化研究相同，只是约束条件有所变化，这里就不再一一详述，只将变动部分（约束条件）介绍如下：

1. 约束条件

防护林：在2011～2020年间按宜林荒山、宜林沙荒、其他宜林、封育火烧迹地和灌木林中可转化为防护林的面积为2000～2010年的70%计算，故其约束方程 $4539671 \leq X_1 \leq 6240377$。

特种用途林：根据生态公益林的总体面积控制和自然保护区发展的要求，定其约束条件为

$863116.5 \leq X_2 \leq 1233024$。

用材地：根据湖南省木材的需求按用材林加工工艺提高的水平用材林的约束条件为

$5091217.5 \leq X_3 \leq 5671405$。

薪炭林：根据近年天然气、沼气和煤气数量的增加，薪炭林的面积一直处于减少的情况。故定薪炭林的约束条件为 $X_4 \leq 245678.7$。

经济林：根据湖南省林业产业经济发展的要求。经济林的约束条件为 $1392500 \leq X_5 \leq 1657060$ 林地总量不变约束：无论土地利用结构如何优化，林地总面积是保持不变的。土地总面积保持不变，有：$X_1 + X_2 + X_3 + X_4 + X_5 = 12826826.03$。

表3-37　约束方程

	X_1	X_2	X_3	X_4	X_5	约束	约束值
1	1					≤	6240377
2		1				≤	1233024
3			1			≤	5671405
4				1		≤	245678.7

续表

	X_1	X_2	X_3	X_4	X_5	约束	约束值
5					1	≤	1657060
6	1	1	1	1	1	=	12826826.03
7	1					≥	4539671
8		1				≥	863661.5
9			1			≥	5091217.5
10					1	≥	1392500

2. 求解

表 3-38　按单目标规划林地利用面积（2020 年）　单位：公顷

目标项目	X_1	X_2	X_3	X_4	X_5
自然价值	5383287.7	863661.5	5091217.5	0	1392500
经济价值	4539671	958690.03	5671405	0	1657060

表 3-39　土地利用多目标优化结果　单位：公顷

生态公益林		商品林		
防护林	特种用途林	用材林	薪炭林	经济林
X_1	X_2	X_3	X_4	X_5
4994656.1	863661.5	5576008.4	0	1392500

2010 年和 2020 年林地利用多目标优化结果见表 3-40。

表 3-40　林地利用结构优化比较（2004～2020 年）　单位：公顷

类型	2004 年	2004～2010 年	2010 年	2011～2020 年	2020 年
防护林	4495671	501297.2	4996968.2	-2312.04	4994656.1
特种用途林	482477.7	294149.8	776627.49	87034.01	863661.5
生态公益林	4978149	795446.7	5773595.7	84721.97	5858317.6
用材林	5091217.5	191130	5282347.5	293660.9	5576008.4
薪炭林	324470.9	-324471	0	0	0
经济林	1260395.1	132104.9	1392500	0	1392500
商品林	6676084	-1236.5	6674848	293660.9	6968508

（七）公益林面积预测

生态公益林是指保护和改善人类生存环境、保存物种资源、维护生态平衡、开展科学试验、森林旅游以及国土保安等需要为主要经营目的的森林、林木和林地。生态公益林在整个湖南省的生态建设和环境保护上发挥着巨大的作用。本次多目标规划旨在对生态公益林在林地中的面积和比例进行预测，为更好经营生态林提供依据。结果表明，到 2010 年生态公益林面积增加 501297.2 公顷，2010～2020 年公益林面积有所下降主要是公益林的定向改造提高了单位面积公益林所发挥的效益，同时可以在整个林地面积保持不变的情况下，增加商品林的面积，增加林业经济收入。

四、湖南省森林自然度指标

（一）森林自然度的概念及必要性

严格地说，森林自然度是指特定地段的植被状况与处于同一演替阶段的原始群落植被状况的距离。但是，经过长期自然更替或（和）受人为（或自然）干扰后形成的群落，难以寻找处于不同演替阶段的原生群落，也无法找到完全免遭人类干扰的顶极群落。所以，为了可计算性和可比较性，可将森林自然度定义为：特定地段的植被状况与所处区域顶极群落植被状况的距离。森林自然度是次生群落位于演替中不同阶段的综合表现，是森林在演替过程中的群落结构、组成、生产力以及综合服务功能状况的总体反应。

森林自然度指标对于湖南省城市林业建设近自然林的发展目标是一个重要评价指数。在当前湖南省的林业可利用土地紧缺，大力建设生态公益林和天然次生林以及人工纯林改造的现状下，以森林自然度为指标衡量新时期的林业建设是非常必要的。

自然度是森林生产力的重要反映形式之一。在自然演替森林中，森林的生物生产力通常随着演替时间的延长，在长期种间、种内关系平衡过程中呈波动形式逐渐提高，当达到顶极阶段后，生产力趋于平稳。在这种长期变化过程中，植物种间关系从相互竞争、相互替代、互惠互益到相互和谐。

自然度是森林生态服务功能的体现方式之一。森林的生态效益与森林质量（如森林层次结构、生物多样性、环境健康性等）密切相关。现有研究结果表明，天然林的生态水文功能显著优于人工林，自然演替时间较长的天然林的生态水文功能显著优于受严重干扰的天然林。从亚热带次生林研究结果看，森林生产力与林分的生态功能指标（如土壤毛管持水量 $R^2=0.87$，土壤有机质含量 $R^2=0.97$，土壤总氮量 $R^2=0.88$）呈正相关关系。因此，在一定范围内，森林生产力越高，其生态服务功能越强。

自然度是森林社会服务功能的客观要求之一。对于城市森林来说，森林质量与其社会服务功能（如游憩功能、观赏功能、森林文化的体现等）密切相关。以风景游憩林景观特征为例，发育良好的阔叶混交林和针阔混交林景观斑块相对较大、破碎化程度较低，因而有相对较高的观赏价值；但人工纯林则显示出景观高度破碎化特征，对森林总体，尤其是观赏功能有较大影响。但在在总体上，帽峰山森林公园的景观 Shannon 指数、优势度和均匀度分别为 1.900、0.498 和 0.793，显著高于湖南省森林平均水平的 0.508、0.271 和 0.653。植被发育更好的白云山森林总体景观的景观 Shannon 指数、优势度和均匀度则分别为 4.019、0.811 和 0.835，其中各类型森林的 Shannon 指数常绿针叶林（0.771）>常绿针阔叶混交林（0.654）<常绿阔叶林（4.085）。也就是说，自然度较高的多种混交林的景观效果明显优于自然度较低的单种纯林，自然演替程度较高的森林明显优于植被破坏较严重或人工干扰迹象更显著的森林。因此，森林自然度指数的高低可在一定程度上反映城市森林的社会服务功能的强弱。

（二）森林自然度指数的确定依据

总体上，构造森林自然度指数应该能够以某种形式反映森林的演替水平，应容易获得用于计算指标的各参数的数据，而且这些参数还较容易在生产实践中验证。因此，确定湖南省森林自然度指数的依据为：

1. 体现森林演替阶段的总体差异

在自然演替过程中，森林必然向着顶极群落方向发展；而在现实林分中，由于人为活动的频繁干扰，森林由现状到顶极将有多条途径，而每条途径均有可能有多个发展阶段，每个发展阶段的群落特征均会发生相应的变化。如马尾松林演替系列由稀疏马尾松—灌木—草本群落发展为马尾松、阔叶树混交林有三个发展阶段：

第一阶段：稀疏马尾松—阳性、旱生灌木—阳性、旱生草本群落稀疏马尾松—（岗松、桃金娘）—（蜈蚣草、鹧鸪草）群落。

第二阶段：稀疏马尾松—阳性、中生常绿阔叶树—阳性、中生灌木—阳性、中生草本群落稀疏马尾松—（三叉苦、山苍子、桃金娘、野牡丹）—（芒萁、纤毛鸭嘴草）群落。

第三阶段：稀疏马尾松—耐阴 、中生常绿阔叶树—耐阴、中生灌木—耐阴草本群落稀疏马尾松—（鸭脚木、九节）—（乌毛蕨等）群落。

每个阶段的植被条件，无论是植物种组成还是生产力均相差较大，自然度指数必须以某种形式反映这些差异。

2. 体现森林生产力的具体差异

森林生产力是体现森林在不同演替过程中质量的重要因素，同时也是森林经营中最重要的目标之一，而且又是在森林经营与调查中最容易获得数据的因子。

通常，森林生产力与所处的演替阶段是相互对应的。在森林资源统计资料中，尽管有森林收获的较严重的人为干扰，森林的单位面积蓄积量或现实生产力仍随着龄级组的提高而显著增加。高龄级组人工林的现实林分生产力较低，与当时树种的遗传改良特性、适地适树程度以及经营过程中的抚育、土壤养分等管理水平密切相关。人工林本身组成单一、生长时间相对较短，其近自然度自然低下。但是，商品人工林的追求目标主要是林分生产力，其生态服务功能和社会服务功能只是其间接的效益，林分质量优劣不能仅以自然度指标评价。

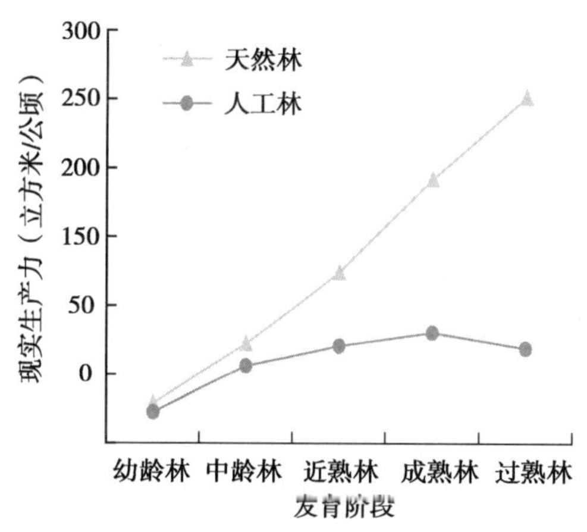

图 3-5　全国森林各龄级平均单位面积蓄积积量

注：根据第六次森林资源普查资料计算

当林分年龄超过 210 年以后，森林现实生产力增长幅度很小，基本上趋于稳定（图 3-5）。因此，可认为湖南省的现实林分在无人为干扰的情况下，当林龄达到 200 年以后，生产力趋于稳定，亦即从生产力角度达到了顶极（实质上可能是亚顶极）。

3. 利用森林资源调查资料

森林演替阶段的调查是一项工程庞大的工作，也是生产实践中不可能全面推广的一项工作。所以，在自然度计算中应充分使用现有森林资源调查资料。其中，单位面积蓄积量是较为容易获得的变量，它既在一定程度上代表森林演替程度，又可以在很大程度上代表森林的质量。尽管该指标与森林总体初级生产力有一定差别，但是，随着森林年龄的提高，乔木层的生物量从无或小比例迅速转变为占据生物量的绝大多数，且随着森林的发展，其生态功能与生物量是成正比例的（图 3-6）。因此，采用森林蓄积量计算自然度是可行的。

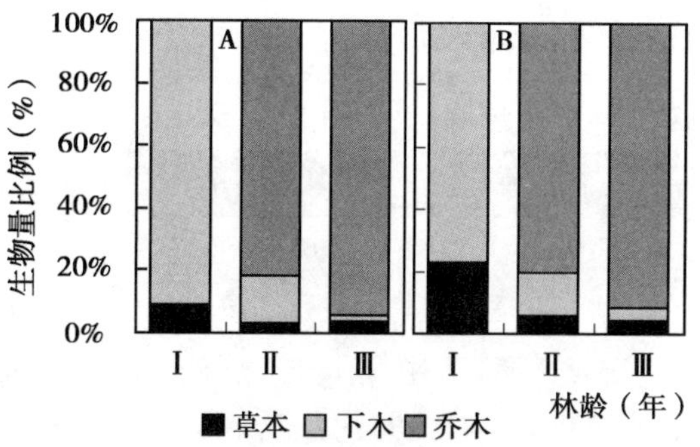

图 3-6　亚热带森林乔灌草生物量分配

Ⅰ：<10 年，Ⅱ：11 ~25 年，Ⅲ：26 ~50 年为常绿阔叶林，B 为针阔混交林

（三）区域森林自然度的确定

根据森林群落类型或种群结构特征位于次生演替中的阶段划分等级，按小（细）班的人为干扰强度、林分类型、树种组成、层次结构、年龄结构等把森林自然度划分为三个等级（表3-41）。

表3-41　湖南省森林自然度划分等级

等级	划分依据
Ⅰ	原始或受人为影响很小而处于基于原始的植被
Ⅱ	有明显认为干扰的天然植被或处于演替中期或后期的次生群落
Ⅲ	人为干扰很大，演替逆行处于极为残次的次生植被阶段或天然植被几乎破坏殆尽，难以恢复的逆行演替后期

区域森林自然度则是对区域内森林资源接近地带性顶级群落（或原生乡土植物群落）的测度，可定义为：

$$\text{区域森林自然度 } N = \sum_{i=1}^{n} M_i \cdot Q_i \Big/ \sum_{i=1}^{n} M_i \qquad (n = Ⅰ, Ⅱ\cdots\cdots)$$

式中：N 为区域森林自然度；M_i 为区域内自然度等级为 i 的森林资源面积；Q_i 为区域内自然度等级为 i 的森林资源权重。

表3-42　湖南省森林资源自然度现状值

自然度等级	面积（公顷）	权重	权值	区域自然度
Ⅰ	375643.9	1	375643.9	0.5352
Ⅱ	4841331.0	0.6	2904799.0	
Ⅲ	1645300.1	0.2	291260	
合计	6673275		3571703	

说明：林地自然度等级Ⅰ～Ⅲ，自然度权重0～1，0为非林地，这里忽略不计。自然度等级越低（即权重越大），森林自然程度越高，这里取1为最高。湖南省森林自然度为0.5352（权重），属于半自然状态，离自然状态还有一定的距离。

湖南省森林资源自然度现状见表3-42。“十一五”期间，结合生态公益林和商品林改造，将原有Ⅲ级森林的2/3进行改造，改造后的1/5在5年内自然度上升为Ⅱ级；原有Ⅱ级森林的4/5进行改造，改造后的1/5在5年内自然度上升为Ⅰ级，到2010年底湖南省区域森林自然度可达到0.5933，计算结果见表3-43。

表3-43　湖南省森林资源自然度2010规划值

自然度等级	现有面积（公顷）	规划改造结果（公顷）	权重	权值	区域自然度
Ⅰ	375643.9	1150256.86	1.00	1150256.86	0.5933
Ⅱ	4841331.0	4260891.387	0.60	2556534.832	
Ⅲ	1645300.1	1262126.753	0.20	252425.3507	
合计	6673275	6673275		3959217.043	

相应地，2011～2020年，在“十一五”林分改造的基础上，结合生态公益林和商品林改造，以及森林生态系统本身的演替，到2020年森林自然度将到达（表3-44）。

表 3-44 湖南省森林资源自然度 2020 规划值

自然度等级	现有面积（公顷）	规划改造结果（公顷）	权重	权值	区域自然度
Ⅰ	375643.9	1831999	1.00	1831999	0.6442
Ⅱ	4841331.0	3747264	0.60	2248358	
Ⅲ	1645300.1	1094011	0.20	218802.3	
合计	6673275	6673275		4299160	

五、湖南省自然保护区面积指标研究

自然保护区是大自然的一个缩影，它可以恢复和接近于自然界的本来面目。建立自然保护区有以下四方面的意义：①保护自然环境和自然资源，维护自然生态的动态平衡；在科学的管理下，保持本来的自然面貌，一方面维持有益于人类生存与发展的生态平衡，另一方面创造最佳人工群落模式和进行区域开发的自然参照系统；②保持物种的多样性，既保存动物、植物、微生物物种及其群体的天然基因库，又保护着珍稀物种和濒危物种，使其免遭灭绝；③维持生态系统和自然资源的永续发展和持续利用，保护种质资源的提供基地和经济建设的物质基础；④保护特殊有价值的自然人文地理环境，为考证历史、评估现状、预测未来提供研究基地。自然保护区保护的对象主要包括：有代表性的自然生态系统，濒危动植物的主要分布区，水源涵养区，有特殊意义地质构造、地质剖面和化石产地等。自然保护区不能有人为的直接干涉，任自然流程正常进行，包括特定时间内的一些自然作用，如自然火烧、群落自然演替、自然病虫害、风暴、地震等。目前，湖南省自然保护区中还存在一些问题：传统的经济活动方式和对自然资源不合理的开发利用，导致天然林迅速减少，动物栖息地和珍稀植物生长环境恶化，生态系统质量和多样性下降，化肥、农药的大量使用和“三废”的大量排放，造成环境污染，严重威胁着野生动植物的生存；对野生动物的乱捕滥猎和对野生植物的乱采滥挖，致使野生动植物种群数量迅速减少以致灭绝，越是珍稀且经济价值高的物种减少或灭绝的速度越快。

湖南省森林植物区系丰富，起源古老，珍稀树种多，加之湖南多山，坡陡土浅，雨季集中，森林对于国土保安至关重要。所以自然保护区的建设对于湖南的物种保护、生态建设和国土安全都有至关重要的作用。截至 2004 年年底，全省共有自然保护区面积 123.6 万公顷，占国土面积的 5.84%，与发达国家的 10%～12% 相差甚远。

自然保护区的建立可以有效地保护湖南省的现有宝贵的自然资源。将自然保护区内生长状况较好的森林、河流及陡坡上盖度较高的灌木林划为禁伐区，禁止一切采伐利用活动，运用高科技手段采取强制性措施保护好现有的野生动植物资源。同时切实加强对全省生物多样性的保护，要在建立保护区、加强对现有生物保护的同时，积极开展引种和育种等工作，进一步丰富生物多样性。

根据湖南省的实际情况，从保证生态安全角度出发，自然保护区还应该在目前已有基础上加大自然保护区数量和面积，制定自然保护小区管理办法。

同时，更多保护区的设立可以保证自然资源的合理利用达到有序的释放。对于科研和教学的作用、科普教育、生态教育等都具有非常重要的作用。

表 3-45 湖南省自然保护区的面积及预测

	2004	2005~2010	2011~2020	2021~2050
自然保护区数	106	133	153	175
总面积（万公顷）	123.6	130	170	250
占国土面积比率（%）	5.84	6.1	7.98	11.8
国家级数量	8	15	20	
国家级面积（万公顷）	38.2	40	50	
省级数量	30	50	65	
省级面积（万公顷）	47.33	60	75	
市级数量	68			
市级面积（万公顷）	38			
保护物种数	820 种野生动物、4300 余种野生植物			
重点保护的物种数	87 种野生动物、47 种野生植物			
重点保护物种	重点实施 12 个物种拯救工程，包括国家重点物种华南虎、黄腹角雉、林麝、白颈长尾雉、白鹤、兰花，省重点保护物种豹、云豹、水鹿、灵长类、莽山烙铁头、黑熊等，建设 4 个湿地保护和合理利用示范区	实施白鹤、小白额雁、毛冠鹿、斑羚、鬣羚、银杉、珙桐、长苞铁杉、大院冷杉、樟树等 10 个物种拯救工程，建设 100 个重点野生动植物资源样带资源监测点	新建一批禁猎区、繁育基地、野生植物培育基地，使 60% 左右的重点保护野生动物和 85% 左右的重点保护植物得到保护，重点天然林的保护率达 80%，全面完成洞庭湖湿地试点示范区建设	

六、森林网络体系结构化程度

（一）森林景观破碎化分析

1. 破碎化的景观生态学含义

景观破碎化是由于自然或人为因素的干扰所导致的景观由简单趋向于复杂的过程，即景观由单一、均质和连续的整体趋向于复杂、异质和不连续的斑块镶嵌体。景观破碎化会改变生态系统中一系列的重要关系，严重影响生物的多样性和生态系统功能的发挥。同时，也反映人类活动对景观影响的强弱程度。因此，景观破碎化是现存景观格局的重要特征，成为景观格局研究重要内容之一。

景观的破碎化使斑块对外部干扰表现得更加脆弱，加之风暴和干旱，威胁这些斑块的存在和物种多样性的保持。破碎化对许多生物物种和生态过程均有负面影响，破碎的斑块愈小，种群密度降低程度愈大，灭绝的速率愈大。景观的破碎化意味着地理学上的隔离，物种灭绝之后再定殖的概率取决于主要核心区与碎块间的距离，以及周围生境的质量。

景观破碎化是一个连续过程，是逐步发生的。景观内的基质和斑块均是景观的要素，也是在破碎化过程中逐步发生改变。王宪礼在研究辽河三角洲湿地时指出，人类的干扰强度与景观的破碎化关系密切。随人为干扰强度的增加，景观破碎化程度加深、而形状破碎化程度降低。由于人类有定向选择的意愿，致使多种景观类型（或生态系统）退化或消失，而同时又不断分割景观，使完整的景观分成不同类型的斑块，出现景观破碎化与优势度增高共存的局面。

2. 研究森林景观破碎化的重要意义

人类活动（森林经营）对森林景观产生了重要而深刻的影响，要么是强化森林景观恢复过程的积极影响，要么是加剧森林景观破碎化进程的消极影响。无论是积极或消极的影响，都将导致森林景观的结构与功能发生改变，从而导致森林本身的性质与功能增强或削弱。人类活动（森林经营）对森林所产生的积极影响无非就是主观能动地对森林进行积极地管理与维护，如有效地进行封山育林，加大造林面积和改造低效益林分等。

3. 景观破碎化的相关景观指数

（1）景观斑块密度 *PD*（patch density）：类型斑块数与景观面积之比，表示景观基质被该类型斑分割的程度，即这一景观组分在整个景观上的斑块密度（亦称孔隙度）。包括景观斑块密度和景观要素斑块密度。景观斑块密度指景观中包括全部异质景观要素斑块的单位面积斑块数；景观要素斑块密度是指景观中某类景观要素的单位面积斑块数。公式为：

$$PD = N_i / A$$

式中，*PD* 表示斑块密度：N_i 表示研究区景观斑块总数或某景观要素斑块类型的斑块数目；A 表示研究区总面积或某景观斑块类型的面积。*PD* 值越大，则景观类型被边界割裂的程度越高，表明该景观要素类型或该景观的破碎化程度愈高；反之，景观类型保存完好，连通性高。这一指标对生物保护、物质和能量分布具有重要影响。斑块密度表示了一个景观类型的斑块边界对整个景观的影响程度。斑块密度高，表明该类型在景观中分布广，影响大。

（2）分维数(D)（fractal dimension）：分维数表示斑块周长的复杂性，它可用于描述和比较斑块的几何形状特征。分维数作为反映景观空间格局总体特征的重要指标，在一定程度上亦可反映出人类活动对景观格局的影响和干扰强度。一般，人类干扰强度大时，斑块体的几何形状趋于简单，其边缘趋于直线型变化，具有较低的分维值；而自然形成的斑块体边缘趋向曲线化，分维值较高。公式为：

$$F_d = 2\ln\left(\frac{P}{k}\right) / \ln\ (A)$$

式中，P 是斑块的周长，A 是斑块的面积，*FD* 是分维数，k 是常数。对于栅格景观而言，$k = 4$。一般来说，欧几里得几何形状的分维是 1；具有复杂边界斑块的分维则大于 1，但小于 2。

（3）景观斑块形状破碎化指数 *FS*。景观斑块形状破碎化指数与景观斑块面积紧密相关，因此，该指数也有两种：一种是斑块平均形状破碎化指数，即 FS_1；另一种是面积加权平均形状破碎化指数，即 FS_2。其公式为：

$$FS_1 = 1 - 1/MSI \qquad FS_2 = 1 - 1/ASI$$

式中，*MSI* 是景观斑块的平均形状指数；*ASI* 是用积加权的景观斑块平均形状指数。

（4）斑块多度 N_i。斑块多度可结合景观类型的面积大小，从一定程度上反映某种景观占据的重要程度和破碎化程度。在面积相同的情况下比较，多度值与景观破碎化程度呈正比。公式为：

$$N_i = \frac{n_i}{\sum n_i}$$

式中，N_i 为某种景观类型的多度；n 为某种景观类型的斑块数目；$\sum n_i$ 为所有景观类型斑块数目的总和。

（5）景观斑块数破碎化指数 *FN*。指景观被分割的破碎程度，反映景观空间结构的复杂性，可从不同尺度研究景观斑块数的破碎化程度，*FN* 为某景观斑块类型的斑块数破碎化指数。公式为：

$$FN=(Nf-1)/MPS$$

式中，*MPS* 为整个景观的平均斑块面积；*Nf* 为某景观斑块类型的斑块数目。

FN 值域为［0，1］，0 表示景观完全未被破坏即无生境破碎化的存在，1 表示给定性质的景观已完全破碎。随着人为干扰的加剧，景观斑块数破碎化指数增高。景观斑块数的增加对景观斑块数破碎化指数有很大影响，因此，不能把景观斑块数破碎化指数作为衡量景观破碎化的唯一标准。

4. 湖南省森林景观破碎化分析

结合以上景观指数，应用相关地理信息系统软件（Arc Gis）和景观分析软件（Arc View & FRAGSTATS）对湖南省的森林景观破碎度进行了对比分析。

将湖南省土地利用现状图进行类型划分，分别计算森林景观的景观斑块密度（*PD*）、分维数（*D*）、景观斑块形状破碎化指数（*FS*）、斑块多度（N_i）景观斑块数破碎化指数（*FN*）。结果见表 3-46，湖南省林业用地的面积比较充分但林分破碎化程度高，影响其经济效益、生态效益和社会效益的发挥。

保持绿地景观的完整性减少景观破碎化、维持生物多样性等是森林陆地生态系统的主体，要改善生态环境，维护生态平衡，森林起着决定性的作用。保持较高的森林覆盖率是发达国家生态环境优越十分重要的原因之一。湖南特殊的自然地理条件确保一个良好的森林环境是十分重要的。生态安全、生态健康等方面功能的实现在很大程度上依赖于森林生态系统的完整性和其占整个城市国土面积的比率。因此，在对整个湖南省森林景观破碎化分析的基础上，根据资源和环境承载力的关系，期望得出符合湖南省实际情况的景观指数的最佳值。

表 3-46　湖南森林破碎化景观指数表

地区	*MPAR* 平均周长面积比率	*D* 分维数	*FS* 景观斑块形状破碎化指数	N_i 斑块多度	*PD* 景观斑块密度	*FN* 景观斑块数破碎化指数
长沙	0.0258	1.0743	0.9221	0.1646	0.0058	0.0240
岳阳	0.0231	1.0672	0.9445	0.1505	0.0023	0.0072
益阳	0.0226	1.0621	0.9183	0.0882	0.0032	0.0063
郴州	0.0239	1.0600	0.9416	0.2486	0.0096	0.0991
娄底	0.0328	1.0627	0.8936	0.1656	0.0063	0.0248
湘潭	0.0446	1.0725	0.9153	0.1405	0.0058	0.0127
怀化	0.0212	1.0625	0.9474	0.2004	0.0053	0.0564
永州	0.0195	1.0542	0.9152	0.2137	0.0064	0.0543
常德	0.0252	1.0661	0.5057	0.1499	0.0093	0.0972
邵阳	0.0266	1.0656	0.5452	0.2260	0.0118	0.1445
张家界	0.0428	1.0687	0.5244	0.3076	0.0086	0.0153
衡阳	0.0322	1.0733	0.9092	0.1832	0.0106	0.0716
株洲	0.0351	1.0723	0.9342	0.1749	0.0089	0.0420

（1）景观破碎化与人口承载力的关系。将湖南省各个地区景观破碎化指数与人口之间建立回归关系，分析其与人口数量的关系，见表 3-47。

表 3-47 景观破碎化指数与人口数量的相关关系

景观破碎化指数	景观破碎化指数与人口的相关关系方程	相关系数（R^2）	方程适用范围
FS	y = 558. 7x1. 9568	0. 8522	全省
MPAR	y = －13715x + 844. 31	0. 7398	全省
D	y = 2E－06x275. 79	0. 8113	张家界、株洲、湘潭、衡阳、长沙
D	y = 1E－30e70. 768x	0. 7494	岳阳、益阳、郴州、娄底、怀化、永州、常德、邵阳
N_i	y = 9774. 6x1. 8012	0. 9549	湘潭、娄底、怀化、永州、邵阳
N_i	y = 1633x0. 535	0. 8508	岳阳、益阳、常德、株洲、衡阳、长沙
PD	y = 1651. 1ln（x）+8150. 9	0. 7419	张家界、株洲、衡阳、郴州、常德、邵阳
PD	y = 2E + 07x2 － 181664x + 825. 64	0. 9475	岳阳、益阳、怀化、永州
FN	y = 219. 33ln（x）+1167. 6	0. 8392	全省

根据中国科学院国情分析研究小组估测：我国人口承载量最高应控制在 16 亿左右，最合适的人口数量为 7 亿左右。则中国最适的人口密度为 0. 7291 万人/万平方公里。按此人口密度推算，湖南省的最适人口密度，及相应的景观破碎化指数见表 3-48。可见五大区中，除洞庭湖区外，其余各区的变化明显，表现为规划结果趋向于斑块完整，景观破碎化程度降低。洞庭湖区以水系为主，故其景观破碎化改变程度不宜有大的变化。

表 3-48 湖南省人口最适景观破碎化指数

地区	*MPAR* 平均周长面积比率		*FS* 景观斑块形状破碎化指数		*FN* 景观斑块数破碎化指数		人口密度
	现状值	规划值	现状值	规划值	现状值	规划值	
长株潭	0. 0333	0. 0287	0. 9272	1. 5196	0. 0717	0. 0279	451. 21
洞庭湖	0. 0245	0. 0331	0. 9102	1. 6127	0. 0796	0. 0231	389. 79
湘中	1. 7692	0. 0296	0. 9365	1. 9714	0. 0945	0. 0269	438. 69
湘南	0. 0317	0. 0452	0. 6082	1. 1416	0. 3641	0. 0139	224. 95
湘西	0. 0279	0. 0491	0. 9858	1. 4432	0. 0602	0. 0117	170. 85

（2）湖南森林景观破碎化与环境承载力的关系。景观破碎化程度直接影响到环境的承载力，现将 14 个市作为样本进行回归得到景观破碎化程度与气环境和声环境的相关关系见表 3-49。

表 3-49 湖南省景观破碎化与环境关系表

环境条件	平均形状指数 *MSI*	斑块多度 N_i
气环境	$y = 0.1101x + 1.3649$ $R^2 = 0.8551$	$y = 0.0383x^3 - 0.1944x^2 + 0.2252x + 0.2078$ $R^2 = 0.9079$
声环境	$y = 0.0992x - 3.6621$ $R^2 = 0.7621$	$y = 0.0279x^3 - 4.4456x^2 + 235.65x - 4162.7$ $R^2 = 0.7659$

根据环境质量标准，将有关的污染物浓度等标化，计算得到简单的无量纲的指数，形成综合

污染指数，其为各项空气污染物的单项因子之和，用以评价空气质量。空气综合污染指数数值越大，空气污染程度越严重，空气质量越差。声环境以平均等效声级作为指标计算。五个大区中均按污染程度最轻的地区作为规划值的标准计算（表3-50）。

表3-50　湖南省环境最适景观破碎化指数

地区	现状值		气环境规划值		声环境规划值	
	MSI	N_i	*MSI*	N_i	*MSI*	N_i
长株潭	1.6984	0.1654	1.6651	0.1530	1.4963	0.1832
洞庭湖	1.5837	0.1276	1.6157	0.1648	1.6253	0.1749
湘南	1.5253	0.2412	1.5035	0.2596	1.4864	0.2137
湘西	1.6489	0.2753	1.5633	0.2065	1.5856	0.1499
湘中	1.5976	0.2096	1.5035	0.2596	1.4864	0.2137

（二）绿色通道率分析

森林绿色带对于维护道路交通安全，改善道路交通环境，提高驾驶员和乘客舒适度等方面都可以发挥十分重要的作用。因此，根据湖南道路交通网络布局，开展绿色通道率的规划指标研究，重点围绕衡大、邵怀、常吉等6条高速公路，湘黔、浙赣、湘桂等5条铁路，国道106、207、209、320、322等国道，境内10条重点省道以及长株潭等城市外环道路等，建成乔、灌、花、草合理配植且具有较高绿化水平的绿色通道。

1. 绿色通道模式

（1）高速公路及国道林带模式（10～30米）：高速公路及国道的景观生态型林带，其模式应选择既有较好观赏效果，又有较高生态功能的植物组成。林带配置方式以行列式规则种植为主，局部景观节点也可进行自然式块状混交，并使植物配置体现南方地域植物特色和城市风格。

该林带模式靠近道路的5～10米以常绿树种为主，其余5～20米为彩叶树种和花灌木等。

高速公路、国道生态防护型林带模式（10～30米）：高速公路及国道的生态防护型林带，其模式为近自然的人工森林群落型林带。一是选择具有较高生态效益的乡土树种为基调树种，二是结合较为适应当地环境、生长稳定的归化树种。采取带状、块状或株间混交等配置方式，以高大乔木或喜光树种构成森林群落的上层乔木层，以耐阴中小乔木和灌木构成下木层，从而组成稳定的森林群落。

高速公路及国道两侧林带模式的技术思路是以106国道、207国道、209国道、320国道、322国道以及衡大、邵怀、常吉等6条高速公路等纵横向主干道路的林带为主体，形成贯通性生物廊道和通风廊道，加强省内各城市之间自然生态系统的生态连接，改善生态环境和保护生物多样性。

（2）省道景观生态型林带模式（5～15米）。该模式以行列式规则种植为林带的主要配置方式。靠近道路的5米以常绿树种、彩叶树种和花灌木为主，丰富道路两侧的景观，形成一定的景观序列；其余5～10米可选用速生用材树种如速生杨、刺槐等，以及生态经济树种如柿树、枣树、石榴、樱桃等，在体现道路森林景观效应的同时，还能产生一定的经济效益。

（3）城市快速路林带模式。城市快速环路景观生态型林带模式（5～30米）：

对于长沙、株洲等一些大中城市，其城市快速路林带模式是选择既有较好观赏效果，又有较高生态价值的植物，在保障通道绿化基本生态功能的基础上，增加景观效果。以观花观叶灌木为前景，以中小乔木和高大乔木构成中后景，形成景观空间层次。

采取行列式规则种植与自然式块状混交相结合的植物配置方式。一是以行列式规则种植形成简洁流畅的景观效果；二是通过乔灌草高低、远近、疏密的合理搭配，自然式块状混交，形成错落有致、富有韵律的林冠线和天际线，提高景观多样性和自然度。

此外，可根据道路特色的需要选择观叶观花观果等植物，形成不同的季相特色和景观序列，增强各路段的识别功能。

城市快速环路生态防护型林带模式（30 米）：对于城市快速环路的生态防护型林带，其模式应借鉴自然森林群落的层次结构和植物间的伴生习性，选择具有较高防护和生态效益的乡土树种，以及经引种驯化多年、较为适应当地环境的归化树种，构成人工近自然森林群落型林带。该林带模式以形成森林廊道为目标，突出林带的生态隔离、防护功能和维护城市生物多样性的作用，以至于以多样化的森林群落，组成结构稳定的林带，提高景观异质性和增强林带的生态功能。

（4）铁路生态防护型林带模式（25 米）。每侧林带植物配置可采用带状或行间混交方式，两边栽植灌木和中小乔木，中间栽植高大乔木的密林式，使林带横断面成“山”字形，以增强林带的抗风能力。距铁路路基 12 米以内及填方路基的边坡应种植紫穗槐等灌木，以便于养路施工；12 米以外可开始栽植乔木。高大乔木可选用毛白杨、刺槐、槐树、白榆、泡桐等，中小乔木可选用桧柏、珊瑚树、大叶女贞、黄连木、合欢等。以速生乡土树种为主构成群落式林带，形成贯通性主干森林廊道。

2. 绿色通道率指标

（1）现状。湖南省现有国道 7 条、省道 63 条以及众多的县乡公路。7 条国道中的 4 条从北到南纵贯湖南省东、中、西部；另 3 条由东至西横贯全省北、中、南部。此外，还有 3 条国道主干线经过湖南省，分别为京珠国道主干线（GZ30 线）、上瑞国道主干线（GZ65 线）、衡昆国道主干线（GZ75 线）以及西部干线、规划的重要经济干线公路，如二广、岳阳至常德等，其走向基本平行于现有国道 G107 线、G320 线和 G322 线。国道主干线、国道以及一些重要的省道，它们构成了湖南省公路网的主骨架。

经过“九五”以来的快速发展，公路路网结构明显改善，等级公路比重大幅增加。2003 年底全省公路通车里程达到 85233 公里，按行政等级划分，有国道 5038 公里，省道 8760 公里，县道 26130 公里，乡道 44031 公里，专用公路 1274 公里；按技术等级划分，有高速公路 1218 公里，一级公路 468 公里，二级公路 5173 公里，三级公路 5515 公里，四级公路 27315 公里，等外公路 45544 公里。湖南省形成了以三条在建和规划的国道主干线以及 7 条国道为主骨架，63 条省道联网，县、乡公路以及专用公路为支线的公路网。

铁路方面，湖南省境内拥有京广、湘黔、浙赣、焦柳、湘桂、洛湛、石长及在建的渝怀铁路共计 8 大干线，醴茶、资许、韶山等支线，基本上构成了四通八达的铁路网。正线总营业里程超过 3000 公里，占广铁集团正线总营业里程 4339. 9 公里中的 70%；运营站段 46 个。湖南铁路建设驶入快车道。2003 年新建铁路正式交付运营里程 101. 3 公里；2004 年，铁路货运周转量 888. 37 亿吨，增长 17. 2%；铁路客运周转量 510. 33 亿人次，增长 22. 4%。

水运方面，湖南省初步形成了以洞庭湖为中心，四水中下游为骨架，沟通全省，通达长江的航道网。至 2003 年底，通航里程 11986 公里，其中等级航道 4215 公里，水深 1. 0 米以上等级航道 2994 公里。同时建成了城陵矶 5000 吨级外贸码头泊位 2 个和岳阳、株洲、湘潭千吨级港口码头，目前，湖南省千吨级码头泊位已达到 29 个。

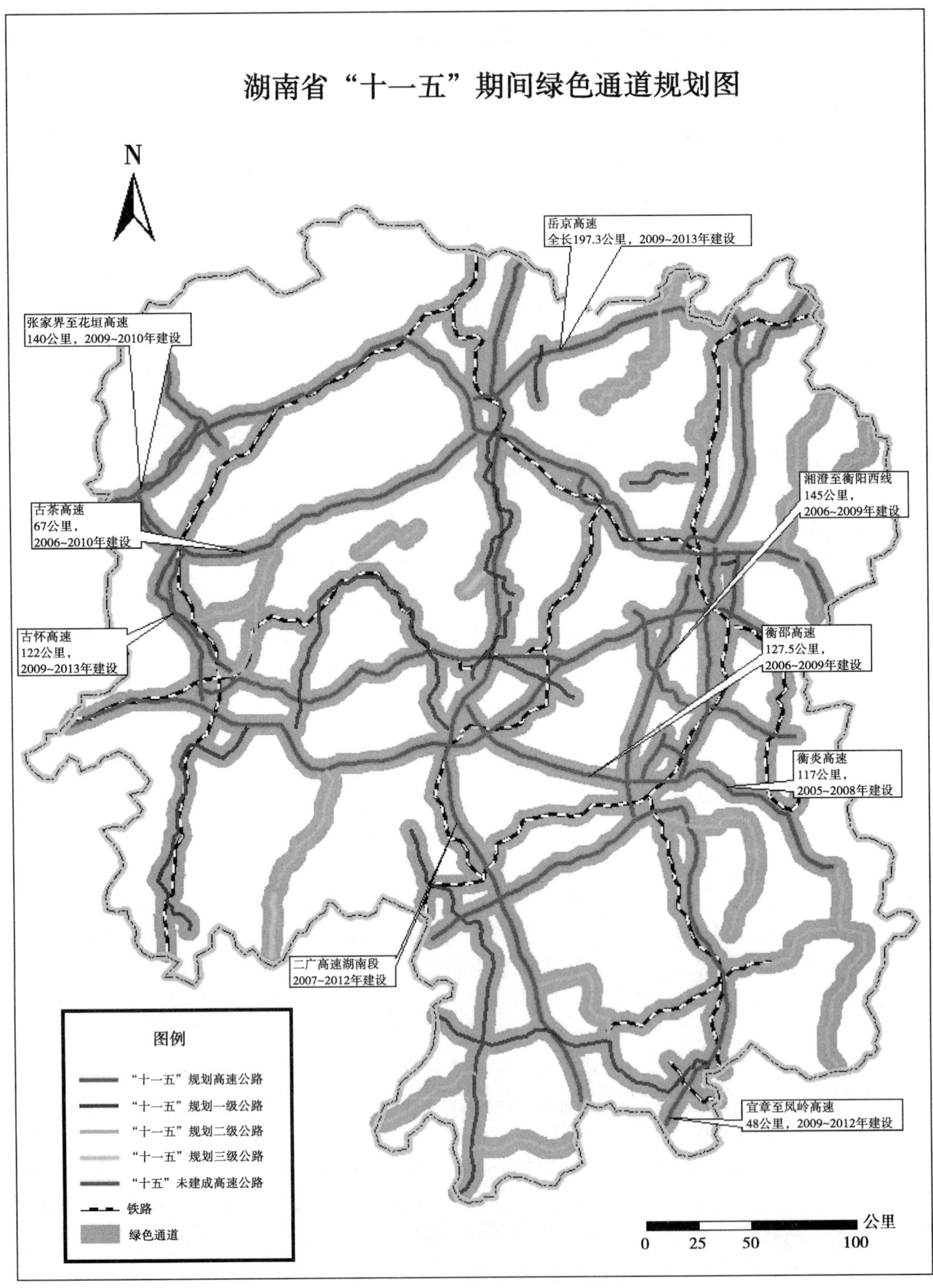
湖南省“十一五”期间绿色通道规划图
N
岳京高速
全长197.3公里，2009~2013年建设
张家界至花垣高速
140公里，2009~2010年建设
古茶高速
67公里，
2006~2010年建设
湘澄至衡阳西线
145公里，
2006~2009年建设
古怀高速
122公里，
2009~2013年建设
衡邵高速
127.5公里，
2006~2009年建设
衡炎高速
117公里，
2005~2008年建设
二广高速湖南段
2007~2012年建设
宜章至凤岭高速
48公里，2009~2012年建设
图例
“十一五”规划高速公路
“十一五”规划一级公路
“十一五”规划二级公路
“十一五”规划三级公路
“十五”未建成高速公路
铁路
绿色通道
公里
0 25 50 100

（2）规划目标。公路方面，至2010年年末，预计全省公路通车总里程达95000公里。其中高速公路3000公里、一级公路700公里、二级9000公里、三级8000公里、四级40000公里、等外公路34300公里。等级公路所占比重由“十五”末的52.6%上升到63.9%，二级以上公路所占比重由9%上升到13.4%，公路面积密度达44.9公里/百平方公里。

按照规划，湖南省将构筑“三纵三横”铁路路网，在2010年以前完成武广客运专线、洛湛通道永州以南段、湘桂铁路扩能、娄邵铁路技改以及其他既有线路改造项目，形成三纵（京广、枝柳、大湛）、三横（石长、湘黔、湘桂）交通网络。到2008年，从长沙坐火车到广州只需2个小时车程。

水运方面将建设湘江、资水、沅水、澧水等水运主干道，配套建成内河主枢纽港口和高效的集装箱、大宗散货、轮装运输系统，形成完善的内河航运体系，初步适应水运规模化、集约化的发展趋势。到2010年末，全省航道总里程为11986公里。其中二级航道161公里、三级631公里、四级332公里、五级346公里、六级1524公里、七级1221公里、等外级7753公里。

（3）绿色通道率指标预测结果。根据以上模式，确定湖南省高速公路以及三级以上等级公路，可以采用单侧林带宽度为100米的国道、高速公路景观林带模式；四级公路和等外公路采用单侧林带宽度为50米的省道景观林带模式；铁路沿线采用铁路景观林带模式来进行道路绿化。

由于现有高速公路和一些等级公路的道路绿化工作还没有完成，因而在计算现有绿色通道率时，参考其他大城市的已有模式，按照理论值的60%进行了计算。

表3-51 绿色通道现状及预测表

类别	现有长度（公里）	规划长度（公里）	单侧林带宽度（米）	现有林带总面积（平方公里	规划林带总面积（平方公里）	现有绿色通道率	规划绿色通道率
公路	85233	95000		12492.2	15570	4.72%	7.35%
高速公路	1218	3000					
一级公路	468	700					
二级公路	5173	9000	20	1587.56	2428	3.00%	5.73%
三级公路	5515	8000					
四级公路	27315	40000					
等外公路	45544	34300	10	910.88	686	1.72%	1.62%
铁路	3000	4600	30	180	276	0.11%	0.22%
水运	11986	11986		2996	3243.8	1.13%	1.53%
等级航道	2994	4233	200	1197.6	1693.2	0.45%	0.80%
等外级航道	8992	7753	100	1798.4	1550.6	0.68%	0.73%
合计				15788.2	19273.8	5.96%	9.10%

七、湖南省林水结合度指标规划研究

（一）林水结合的理论与规划研究进展

“林网化”是指通过林带把以林木为主的各类绿地连接起来形成一个整体的森林网络，以达到“林阴气爽，鸟语花香”；“水网化”也不仅仅是指河流水系沿线的防护林建设，还包括连接城市范围内的各种水体，以利于水体之间的连接、进水排水的通畅和水质改善。因此，在生态环境建设过程中，“林网化—水网化”的建设理念逐渐被人们所广泛接受，成为我国林业建设的核心理念。

湖南省自然地理条件优越，不仅森林动植物资源丰富，而且江河纵横、水网密布，尤其具备建立完善的林水结合的城市森林网络体系。基于这种特点，对湖南省的四大水系进行林水结合的研究具有重要意义。

林网与水网结合的形式主要有水源涵养林、水土保持林、护岸林、海防林，目前还出现了湿地林。将其机理与规划布局研究现状分别介绍如下：

1. 水源保护林

世界范围内城市水源保护林建设与研究做得比较好的是德国巴伐利亚州首府慕尼黑市。自1880年，慕尼黑市制定了长远的地产政策，划定城市以南40公里处为取水区。自20世纪70年代以来，发达国家开始水源保护林可持续发展经营的系统研究。1990年日本国土厅水资源部发表《水资源白皮书》，就日本水资源供需现状、开发现状和今后亟待解决的有关水资源的各项课题进行了综合整理。该国当时的各类防护林占国土面积的20%，其中水源保护林占防护林的68.7%。捷克斯洛伐克为了保护水渠和河流，用桤木、白蜡、杨树等3年生壮苗沿岸营造单行或多行防护林带，同时还用柳条修筑覆盖式或绿篱式简易护岸工程。水库固岸造林及其他固岸措施，已纳入农、林、水总计划。

我国水源保护林和水土保持林营造技术的研究也早已开始。在“七五”“八五”期间，太行山生态林业工程项目已建成多处实验示范基地，营造示范试验林数千公顷。由北京市林业局和北京林业大学共同承担的北京市科委科研项目《密云水库上游水源保护林工程综合效益及荒漠治理研究》，建立了密云水库水源保护林土门西沟试验示范区，对多树种水源保护林建设模式进行了探讨。国内进行水源保护林研究比较典型的城市还有山西省太原市。主要针对城市大型水源地的开发利用和保护问题，从“三水”的转化规律入手，进行系统性、综合性多学科的研究。1991年路建国《浅谈三江流域水源林水保林体系及营造特点》，讨论了建立三江流域水源林水保林体系的原则和依据；1994年高鹏、王礼先等对密云水库上游水源涵养林效益进行了研究。

防护机理的研究：孙立达先生和朱金兆先生认为水源涵养是指森林生态系统对降水的拦截和滞蓄作用，它包括林冠截留、枯落物截留和土壤层的拦蓄截留三部分；水量平衡法是研究水源涵养林机理的基础。王永安先生认为森林水源涵养的能力取决于森林的多少、结构的密集程度、枯枝落叶的厚度和土壤非毛管孔隙度的大小和多少。水源涵养机能的评价还没有确定的方法，大体经历了从推算法到产流模型法的过程，其计量化的研究主要有基于回归模型的计量化、基于土壤贮水能模型的计量化和基于产流模型的计量化。

规划布局的研究：李谷景先生依据水体形状特征和它所处位置及其作用的差异，将水源涵养林划分为：护源防涸林带、护岸防蚀林带、护岸防淤林带和水源涵养林综合区，提出把水资源的永续利用与森林的生态效益结合起来，着眼综合效益；从整个水系着眼，以小流域为单元，把整个水路网基地都置于林木的庇护之下；根据水路网形状特征和性质，划分不同地域单元，配置不同类型结构，以发挥其主要防护效益三项规划原则。关于水源涵养林的覆盖率问题，有的学者认为不能低于50%，其中禁伐性水源涵养林不低于30%。也有的学者认为不能低于30%，但要分布合理。发达国家水源保护区森林覆盖率90%标准。苏联在水源涵养区上游及其支流两岸均划出宽8~20公里的护岸林带，进行特殊经营。西伯利亚和中亚一些河流流域目前情况也如此。1949年立法中规定，首先要绿化与苏联欧洲部分主要通行河流相连的侵蚀沟和沟谷。1985年安大略省禁止在水体周围122米范围内采伐树木。

综上所述，关于水源涵养林的研究主要是以水文学方法为主，对水源涵养林的合理覆盖率和空间配置的研究还没有提出得到普遍应用的模型，尤其是对较大流域的水源涵养林的机理探讨尤为缺乏，这将成为今后研究方向。

2. 水土保持林

水土保持林是以减缓地表径流、减少土壤冲刷、防止水土流失，保持和恢复土地肥力为主要经营目的地森林和灌木林。其经营目应该满足人们生产生活需求，即控制水土流失的要求。

防护机理：莫依申科认为，水土保持林的主害因子是风与地表径流，其特性是要求削弱风势，减少风蚀，减轻或阻止水对土壤的侵蚀。实际上，土壤生成和流失是个客观动态，根据土壤侵蚀分类分级标准，地表土壤存在一个土壤容许流失量，即在长时期内能保持土壤的肥力和维持土壤生产力基本稳定的最大土壤流失量。可以认为，当森林能够将土壤流失量控制在当地土壤容许流失量以下时所具备的能力，是当地水土保持林的防护目标。

规划要遵循如下原则：①以生态效益为主，兼顾经济效益和社会效益，建成立体结构的生态经济型防护林体系，以发挥最大的防护效能。②根据地形地貌、土壤、气候的地段性差异，结合行政区划，进行总体规划，分段设计。③根据适地适树原则，选用地带性优质速生高效树种，实行乔灌结合，针阔叶并重，多林种多树种搭配，以提高防护作用和抗逆能力。

水土保持林有效覆盖率是水土保持林建设中的一个重要指标。该术语虽出现较早且已被逐渐采用，但由于缺乏严格的定义和统一确定标准。一般认为有效覆盖率为30%，也有人认为有效覆盖率为50%～70%。郭忠升通过对水土保持林系统的详细分析，认为水土保持林有效覆盖率为森林控制水土流失的功能（作用）满足人们对控制水土流失的需要或要求时的森林覆盖率（林地面积与总土地面积的比率），其计算公式为：

$$M = ae - bF = SLA$$

式中：F 为森林覆盖率；ae 为植被覆盖率为0时的侵蚀模数（M_m）；b 为植被覆盖率为100时的侵蚀模数(M_0)；M 为土壤流失量（或侵蚀模数）；SLA 为土壤允许流失量。

3. 护岸林

护岸林是防护林的一种。苏联运河两岸防护林距岸边的距离一般为5～15米，距离远近决定了运河的大小和两岸土地的使用情况。运河和大型干渠两岸的防护林宽度，每侧为10～30米。地下水位高和壅水地区防护林带要宽些，以60～100米为宜。

护岸林的机能：①树冠的遮蔽作用。河川生态系统中水温的变化，影响着生活在此的一切生物，特别是鱼类。护岸林、水源涵养林在抑制河川与溪流水温上有着重要的作用。在气温上升的季节，树冠遮蔽日光的效果最大，因而有林的河川和溪流成了鱼类的重要繁衍生息场所。②枯枝落叶的供给。以落叶阔叶林为主体的护岸林、水源涵养林，秋季产生大量的枯枝落叶，这些枯枝落叶分解成水生昆虫的食料和巢料。③净化水质。在河川和溪畔域生长着的树木起着吸收各种营养和清除、过滤由上游农地利用对河流水质带来污染的作用。④生态走廊作用。沿河岸连续的护岸林的存在，将同一水系内的各流域有机联系起来，通过这些实现了动植物的移动和分散，有利于种群个体的维持和扩大。对于植物种类而言，溪畔域起着移动走廊或者避难所的作用，使植物种群的重新分布与扩大成为可能。⑤减小径流和侵蚀。林地上的枯枝落叶层能像林冠一样阻挡雨滴降落，减小雨滴动能，缓冲雨滴击溅，加速雨水入渗，减少径流产生。Naslas 等在 Tahoe 湖流域内的试验小区测得细沟侵蚀在无落叶覆盖条件下增加到12倍，还表明在350条件下，侵蚀速率却大大提高。

规划研究：张玉坤等提出护岸林的营造要注意两点：一是合理利用乡土优势树种；二是

引进优良速生树种和豆科牧草等。并提出林水结合可以利用滩涂水资源丰富，汛期可以引洪灌淤改良土壤。也可以进行小水面养鱼。张源润等提出的黄河护岸林规划设计指导思想是统筹兼顾，因地制宜，因害设防；建设原则是坚持以带为主，带、片、网、点相结合；坚持因地制宜，因害设防；坚持科学营林，推广先进的科技成果；坚持绿化、美化相结合。罗传文等根据土地利用的整体规划计算护岸公益林的宽度。先确定划分护岸公益林的土地比例（护岸公益林占地率），再确定护岸公益林的宽度。假设集水区面积为 M，集水区的河流长度为 L，护岸公益林宽度为 W，护岸公益林占地率为 P（%），则有如下关系

$$P=(L/100)\times W/M$$

其中 L、W 的单位为米，M 的单位为公顷，则每米护岸公益林占地面积为 $L/10000$ 公顷，每米护岸公益林占地率 $F=(L/100)\ /M\cdot P=F\times W$。

每米护岸公益林占地率表示河流在集水区中的密度，有了它，就可很方便地在护岸公益林宽度、护岸公益林占地率之间换算。

规划还可以针对不同地河段空间位置，分成不同的防护级别。在河流的源头及坡度较陡的地段应为较高的防护级别。一般河段地处源头、坡度较陡、规划为一级保护、护岸公益林占地率为20%；对于下一级河段护岸公益林占地率为10%；其他河段护岸公益林宽度均为100米。

4. 海防林

海防林体系建设是一项能提供巨大生态效益、经济效益和社会效益的生物系统工程，是生态环境建设的重要内容，是一项有益当代、造福子孙的事业。早在1983年邓小平同志就作出批示：要加快海防林建设。林业部于1987年又提出设想：在大陆沿海建造具有保护、控制和稳定生态环境的多林种、多功能的防护林体系。

新中国成立以来，我国沿海防护林建设取得了很大成绩。特别是1987年林业部在广东湛江召开全国沿海防护林建设经验交流会以来，沿海防护林体系建设进入了新的发展阶段，国家和沿海各省、县分别编制了建设总体规划。1991年，林业部又在福州召开了全国沿海防护林体系建设工作会议，沿海防护林体系建设进入了加快实施、全面推进的新阶段。会后，林业部又分别制定了《沿海防护林体系县级建设标准》《1992～2000年全国沿海防护林体系建设达标规划》和《沿海防护林体系建设达标检查验收办法》等工作制度，使体系建设逐步走上规范化、制度化的轨道。1995年9月29日福建省人大第八届十九次常委会议通过并发布施行《福建省沿海防护林条例》。这是我国第一个关于保护、建设沿海防护林的地方法规。针对沿海地形复杂，灾害频繁的特点，本着“因地制宜，统筹规划，先易后难，综合治理”的原则，对不同类型的岸段采取不同的治理方法。林业部对沿海基干林带宽度至少50米以上的规定。

在规划设计中，要以“因地制宜、因害设防、合理布局、讲求实效”为指导思想；布局上以基干林带为主，做到点、线、片、网结合，发挥整体效益。树种安排上，坚持适地适树原则，多树种、多林种、乔灌林草结合。实施步骤上，坚持先易后难，先急后缓。

树种规划上讲究适地适树。依据立地条件、盐碱含量、造林目的不同，选择造林树种；还要采用优质壮苗，造林苗木必须采用良种壮苗；加强管理，“三分造，七分管”，尤其是海防林更要加强管理，推广栽下一片树、留下一个人的做法。

5. 森林湿地

湿地作为陆地系统与水域系统相互作用的过渡地带，是地球上最具生产力的生态系统之一。湿地为人类提供许多重要的服务，同时也是生态脆弱易于变化的生态系统。

湿地是自然界最富生物多样性的生态景观和人类最重要的生存环境之一。湿地与森林、

海洋并称为全球三大生态系统。森林湿地是介于森林和湿地之间交叉型的独特生态系统。由于森林湿地地理位置特殊、类型独特、生物多样性丰富、功能多样，具有重要的水源、生态、动植物保护和社会效应等多重功能。万书成等在黑龙江绥阳的研究表明：森林与湿地交错带的环境特点是从沼泽到森林环境条件逐渐改善，立地含水量减少，土壤腐殖质增厚，植物种类增多，群落生物量呈现递增的趋势。一般来说，湿地森林地下水、地表水丰富，水生植物繁密，水质的净化能力强。湿地是自然界巨大的生物蓄水库，能保持土壤本身重量3 ~ 9倍或者更高的蓄水量。

湖南省域水网纵横，河流密布，湿地资源非常丰富，是连接湖南省整个省域生态系统的脉络。加强湿地保护与恢复，发挥湿地在调节城市气候、净化水质、保护生物多样性等方面的功能，建设林水一体的森林—湿地生态系统，对于改善湖南省的生态环境具有重要作用。根据湖南省湿地分布特点和实际，湿地保护和恢复建设工程包括流溪河及增河沿线湿地、湘、资、沅、澧四大水系地区湿地等建设区域。

通过对湿地生态系统的保护与恢复，提升湿地的生态环境服务功能价值，使湿地具有维持湖南省及周边地区的生态安全、支持与保护社会经济可持续发展等功能。

防护林的发展对湖南省社会经济发展具有十分重要的意义。因此，要坚持“因地制宜、因害设防、合理布局、讲求实效”的原则，建立“带、网、片”有机结合，山、水、林、田、路综合治理，林种、树种结构合理的综合防御体系，创造一个抗灾能力强的生态屏障和经济效益高的林业生产基地，全面改善沿河地区生态环境，促进沿河地区经济发展。

（二）林水结合度定义

1. 林水结合度的空间定义及算法

（1）线状林水结合度。定义：沿水岸线森林的总长度与水岸线总长度之比。

具体算法：

$$水岸线总长度 = \sum_{j=1}^{3}\sum_{i=1}^{n_j} 河涌两岸长度_{ij} + \sum_{k=1}^{n_{库}} 水库库岸长度_k + \sum_{l=1}^{n_{湖}} 湖岸长度_l + \sum_{m=1}^{n_{海}} 海岸长度_m$$

式中：河涌两岸长度 i——第 j 级第 i 条河涌两岸的长度，单位米；

n_j——第 j 级河流总数，湖南省林水结合度计算1~3级河流，湘江为第一级；

$n_{库}$——水库总数；

$n_{湖}$——湖与水塘总数；

$n_{海}$——海岸数。

$$沿水岸线森林的总长度 = \sum_{j=1}^{3}\sum_{i=1}^{n_j} 沿河涌两岸乔木林连接长度_{ij} + \sum_{k=1}^{n_{库}} 库岸林长度_k + \sum_{l=1}^{n_{湖}} 湖岸林长度_l + \sum_{m=1}^{n_{海}} 海岸林长度_m$$

式中：森林连接长度——以成林树冠沿水岸线的投影长度计，幼林按该树种的成林计；其他同前。

（2）面状林水结合度。定义：沿水岸线森林的总面积与水岸线应有的森林总面积之比。

具体算法：

$$沿水岸线森林的总面积 = \sum_{j=1}^{3}\sum_{i=1}^{n_j} 河涌两岸林带面积_{ij} + \sum_{k=1}^{n_{库}} 水库库岸林带面积_k + \sum_{l=1}^{n_{湖}} 湖岸林$$

带面积$_l$ + $\sum_{m=1}^{n_{海}}$ 海岸林带面积$_m$

式中：

河涌两岸林带面积——当实际林带带宽大于该级别河涌应有林带带宽时，按该级别河涌应有林带带宽计算该段河涌两岸林带面积；当实际林带带宽小于该级别河涌应有林带带宽时，按实际林带带宽计算该段河涌两岸林带面积；河涌两岸林带面积 = 该林带郁闭度 × 林地面积；若幼林达到合理密度（1650 株/公顷），则郁闭度按 1.0 计。

水库库岸林带面积——以流域为单元，以小班为计算单位，郁闭度大于 0.7，即认为该小班的土壤侵蚀小于允许土壤流失量，小班全部面积计入林带面积。否则，小班林带面积 =（郁闭度/0.7）× 小班面积。若小班为幼林且达到合理密度，则小班全部面积计入林带面积。水库流域林带面积 = ∑小班林带面积。

湖、水塘沿岸林带面积——山区湖、水塘沿岸林带面积的计算同水库库岸林带的计算。平原地区的环绕湖、水塘林带面积 = ∑林带郁闭度 × 沿岸小班林地面积；若幼林达到合理密度（110 株/亩），则郁闭度按 1.0 计。

海岸林带面积——海岸林带面积 = ∑ 林带郁闭度 × 沿岸小班林地面积；若幼林达到合理密度（110 株/亩），则郁闭度按 1.0 计。

沿水岸线应有的森林总面积 = $\sum_{j=1}^{3}\sum_{i=1}^{n_j}$ 河涌两岸应有林带面积$_{ij}$ + $\sum_{k=1}^{n_{库}}$ 水库库岸应有林带面积$_k$ + $\sum_{l=1}^{n_{湖}}$ 湖岸应有林带面积$_l$ + $\sum_{m=1}^{n_{海}}$ 海岸应有林带面积$_m$

式中：

河涌两岸应有林带面积——我国护岸林、护堤防浪林的种植宽度一般为 80 ~ 320 米，其中陡峭河岸护岸林多为 80 ~ 320 米宽。长江大堤如安徽长江段可抵御大风 19 米/秒的防护林带宽度为 300 ~ 50 米。考虑到湖南省的实际情况，一级河流沿岸林带宽取 300 米；二级河流沿岸林带宽取 250 米；三级河流沿岸林带宽取 200 米；四级河流沿岸林带宽取 150 米；五级河流沿岸林带宽取 100 米；其中若存在常年洪水期淹没的河漫滩，则河漫滩应全部计入应有林带面积。

水库库区应有林带面积——湖南省水库的任务和作用主要是拦蓄和提供一、二类地表水，因此水库库区的林带属于水源林。为保证水库的优良水质，除消除库区的点源污染以外，要求尽量减少面源污染，而面源污染又主要是以水土流失的形式体现出来，郁闭度大于 0.7 的林地，土壤侵蚀小于允许土壤流失量，因此，水库库区集水区应有林带面积 = 水库库区集水区面积。

湖岸应有林带面积——湖南省湖泊总多，山区湖岸林带面积的计算同水库库岸应有林带面积的计算。对于平原地区的湖泊，当沿岸为缓坡（小于 10°），土壤侵蚀不大，林带宽度一般为 30 ~ 40 米；当沿岸坡度较大，土壤侵蚀严重，林带宽度应为 40 ~ 60 米；以防风、美化景观为主时，林带宽度一般为 100 ~ 120 米；湖边湿地宽度计入林带宽度。平原地区的环绕湖、水塘应有林带面积 = ∑沿岸应有林带宽度范围内地块面积。

（三）林水结合度计算方法与步骤

1. 线状林水结合度计算步骤

方法一：利用地形图和林业小班图计算现状林水结合度

（1）分图提取 1∶5 万湖南省土地利用现状图中的水系图。包括河流、湖泊、水库。

（2）将分图水系图拼接为一幅图。

（3）用拼接好的水系图根据不同的水系特征作各自相应的缓冲带，用缓冲带的区域范围来剪切原有土地利用现状图，形成所要研究的林水结合带。

（4）将叠加图中有林地小班与河流、湖泊、水库不相连的图形去掉，形成林水相依的林地小班-水系图。

（5）提取1∶5万水系图中的1~5级河流图、湖泊图和水库图。

（6）利用GIS（或AutoCAD）软件功能分别提取河流两岸长、湖泊周长、水库周长。

（7）提取林地小班—水系图中的1~5级林地小班—河流图、林地小班—湖泊图、林地小班—水库图。

（8）提取林地小班—河流图、林地小班—湖泊图、林地小班—水库图中小班边界与水岸边界重叠部分的林水线状图，确定图中林水连线长度。

（9）利用已知的河流两岸、湖泊周长、水库周长、海岸线长度和林水连线长度计算现状林水结合度。

（10）将林水线状图与1∶5万水系图叠加形成林水结合现状图——成果图。

方法二：利用地形图和遥感图计算现状林水结合度。

（1）水系图，河流两岸长、湖泊周长、水库周长的确定同上。

（2）对遥感图判读，进行绿地分类，分出乔木林地和灌草地，生成绿地分布图。确定乔木林地覆盖率。

（3）将绿地遥感图分布图与1∶5万水系图叠加，生成绿地—水系图。

（4）从绿地-水系图中提取绿地边界与河流水岸、绿地边界与湖岸、绿地边界与水库水岸重叠部分的林水结合现状图，确定图中林水连线长度。

（5）利用已知的河涌两岸、湖泊周长、水库周长和林水连线长度计算现状林水结合度。

方法三：利用地形图、遥感图和林水结合现状图计算规划指标——林水结合度。

（1）水系图，河流两岸长、湖泊周长、水库周长的确定同上。

（2）从地形图、遥感图中提取与河流水岸、绿地边界与湖岸、绿地边界与水库水岸重叠的建筑物、路面硬化的公路、裸岩地段，生成非绿地—水系图。分别计算这些地段的长度，即非绿地—水系长度。

（3）规划林水结合度=（计算水系总长度－非绿地－水系总长度）/计算水系总长度。

2. 面状林水结合度计算步骤

基本方法同线状林水结合度计算步骤。不同之处：河流两岸、平原湖与池塘、海岸的范围是应有林带宽度范围，水库和山区湖与池塘的范围是流域。

3. 空间林水结合度计算步骤

计算步骤同面状林水结合度。不同之处：应将面状林水分布图转换成生物量—水系分布图。

（四）资江水系林水结合度计算结果

1. 线状林水结合度

分别提取地形图中各水系图，考虑到参考底图的比例尺为1∶5万，对于在整个湖南省范围内的计算主要是河流水面、湖泊水面以及大型水库图层，查询水系长度；根据设定的植被缓冲带宽度，做缓冲区，用生成的缓冲区分别剪切土地利用现状图；分别查询缓冲区范围内现有林地长度，本计算中现有林地为果园、茶园、其他园地、有林地、未成林造林地长度之和；可增加造林地为望天田、旱地、灌木林、疏林地、迹地、苇地、滩涂、荒草地、沼泽地、沙地的长度之和；规划林带长度为现有林带与可增加林带长度之和。

根据查询结果和上述计算公式，即可计算现状和规划林水结合度。计算结果见表3-52。从表3-52中可以看出：柘溪水库的线状林水结合度要比河流的大很多，原因是柘溪水库在雪峰山地区，森林覆盖率较高，因而水库周围的林分比较密集，林水结合程度比一般河流要高。从空间分析的结果还可以看出，河流两岸的用地比较密集，有大片的灌溉水田和城市用地，所以可供用来改造成林地的土地面积并不是很多，使得河流的规划林水结合度只能提高4个百分点。

表3-52 资江水系线状林水结合度汇总表

类别	现有林地长度（公里）	规划林地长度（公里）	应有林地长度（公里）	现状结合度	规划结合度
河流	14719.196	16205.192	35646.845	0.4129	0.4546
河流一级	369.273	392.481	7583.766	0.0487	0.0518
河流二级	7550.143	7576.92	11256.398	0.6707	0.6731
河流三级	4671.083	4694.577	5132.786	0.9100	0.9146
河流四级	107.741	134.504	161.966	0.6652	0.8304
河流五级	2020.956	3406.71	11511.929	0.1756	0.2959
柘溪水库	2809.553	3171.524	5037.376	0.5577	0.6296
合计	17528.749	19376.716	40684.221	0.4308	0.4763

2. 面状林水结合度

计算方法步骤同线状林水结合度，不同之处是长度转变成面积。本计算中现有林地面积为果园、茶园、其他园地、有林地、未成林造林地的面积之和；可增加造林地面积为望天田、旱地、灌木林、疏林地、迹地、苇地、滩涂、荒草地、沼泽地、沙地的面积之和；规划林带面积为现有林带与可增加林带面积之和。计算结果见表3-53。

表3-53 资江面状林水结合度计算汇总表

类别	现有林地面积（万公顷）	规划林地面积（万公顷）	应有林地面积（万公顷）	现状结合度	规划结合度
河流	176.5874	184.147	337.8536	0.5227	0.5450
河流一级	5.1943	5.3213	84.5993	0.0614	0.0629
河流二级	92.2953	92.4202	119.2131	0.7742	0.7753
河流三级	59.1148	59.1978	62.3901	0.9475	0.9488
河流四级	0.2433	0.2826	0.3115	0.7811	0.9072
河流五级	19.7397	26.9251	71.3396	0.2767	0.3774
柘溪水库	68.9948	71.325	89.5879	0.7701	0.7961
合计	245.5822	255.472	427.4415	0.5745	0.5977

从表3-53可以看出：柘溪水库的线状林水结合度要比河流的大很多，原因是柘溪水库在雪

峰山地区，森林覆盖率较高，水库周围的林分比较密集，因而林水结合程度比一般河流要高。从表中还可以看出三级河流的现状林水结合程度已经达到了94.75%，规划后的林水结合度也只能提高0.13%，说明三级河流的林水结合程度已经很高，可以不再考虑林水结合的规划。而一级河流和五级河流的林水结合程度还很低，但考虑到湖南省用地的现状情况，一级河流两边的灌溉水田就已经占到了93.12%，已没有林地的提高空间。但五级河流通过规划后，林水结合度可以提高10个百分点。

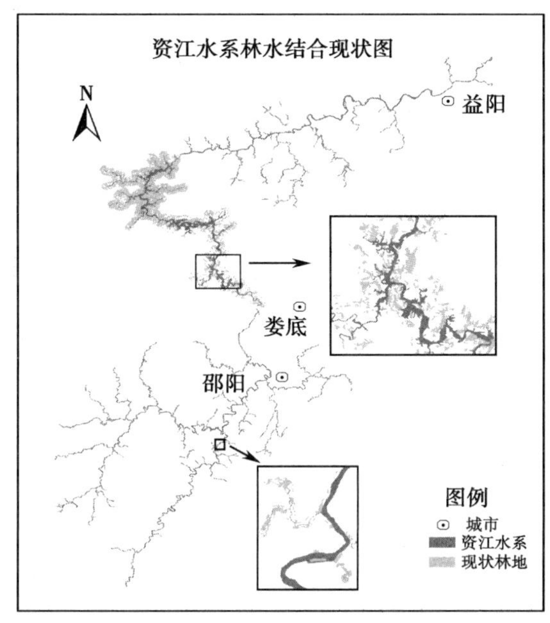

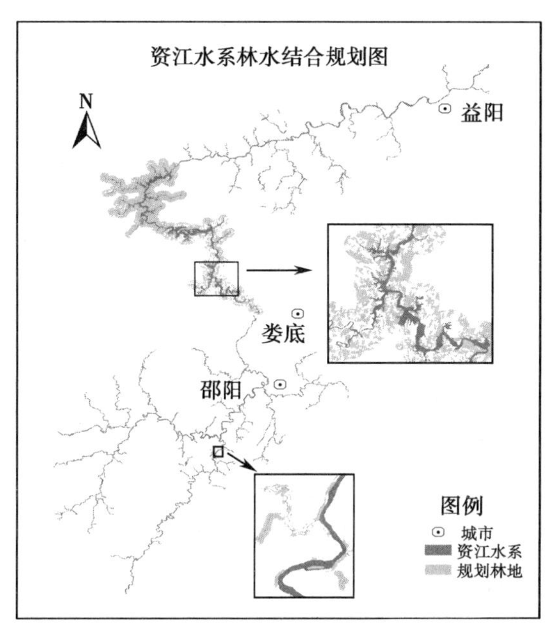

图3-7　资江水系林水结合现状

表3-54　湖南省主要水系线状林水结合度汇总表

类别	现有林地长度（公里）	规划林地长度（公里）	应有林地长度（公里）	现状结合度	规划结合度
河流	71364.73095	84398.9519	173344.0752	0.4128	0.4869
河流一级	523.836742	733.1730158	9921.150417	0.0528	0.0739
河流二级	1795.405326	1838.944848	3428.308814	0.5237	0.5364
河流三级	9825.888072	9921.643468	11536.79473	0.8517	0.86
河流四级	22710.80555	32594.44949	51370.29076	0.4421	0.6345
河流五级	36708.79527	39310.74108	97087.53046	0.3781	0.4049
水库	2809.553	3171.524	5037.376	0.5577	0.6296
合计	74374.28395	87570.4759	178381.4512	0.4169	0.4909

表 3-55 湖南省主要水系面状林水结合度汇总表

类别	现有林地面积（万公顷）	规划林地面积（万公顷）	应有林地面积（万公顷）	现状结合度	规划结合度
河流	1120.7724	1182.8333	1882.0244	0.5955	0.6285
河流一级	10.1551	10.9502	139.4935	0.0728	0.0785
河流二级	23.5139	24.9227	35.3965	0.6643	0.7041
河流三级	89.3591	91.6701	110.0481	0.8120	0.8330
河流四级	267.6050	300.6934	432.5279	0.6187	0.6952
河流五级	417.8088	427.6831	753.7594	0.5543	0.5674
水库	312.3305	326.9139	410.7990	0.7603	0.7958
合计	1433.1029	1509.7472	2292.8235	0.6250	0.6585

（五）洞庭湖区林水结合与兴林抑螺林的建设

1. 洞庭湖区抑螺防病林的建设情况

根据 2003 年全国血防资料统计，湖南省洞庭湖区岳阳、益阳、常德 3 市及受洞庭湖水系影响的长沙、株洲 2 市存在的血吸虫病疫情涉及 37 个县（市、区、场），流行区人口 622 万。全省现有血吸虫病人 205461 人，占全国病人总数 841820 人的 24.41%，居全国第二位。全省钉螺分布面积 175252.39 公顷，居全国第一位。其中垸内有螺面积 2378.26 公顷，垸外滩地有螺面积 170837.23 公顷，山丘型钉螺面积 2036.9 公顷，分别占全省钉螺分布面积的 1.36%、97.48% 和 1.16%，垸外有螺滩地的综合治理是全省血防工作的重点和难点。

近年来，一方面由于防疫体制不够完善，洪涝灾害不断，残存的钉螺迅速繁殖并随洪水蔓延。另一方面由于疫区物资进出频繁，钉螺被动迁移，加之血吸虫病人自身的流动，导致新疫区不断增加。目前，湖南省疫情已由洞庭湖滨湖区蔓延到长沙、株洲等四水尾闾地区，长沙岳麓区、天心区、望城、宁乡、株洲石峰区、芦淞区、荷塘区相继发现了钉螺，并出现血吸虫病感染疫情。血吸虫病已严重危害到疫区人民的健康，导致疫区农村病人家庭因病致贫、因病返贫，成为制约湖区社会经济发展、影响社会稳定的重要因素。

在洞庭湖湖沼和江、河滩地型及山丘型沟谷库滩、荒山类血吸虫病流行区，通过在符合条件的立地因地制宜地采取多种工程造林模式，实施以杨树、柳树、桤木、松类等树种造林为主的林业生态工程建设，结合翻耕套种农作物，建立林农复合生态系统，形成不利于钉螺孳生的环境，减少人畜粪便对江滩、湖滩、沟谷库滩等钉螺分布区的污染，达到降低阳性螺密度、减轻感染危险，保护人民群众健康的目的。目前，湖南省抑螺防病林的建设主要有以下一些模式：

（1）低位洲滩挖沟抬垄工程造林抑螺模式。在年均淹水天数 60～80 天、生态环境脆弱、系统稳定性差、钉螺分布密集的一类滩地实施，林—荻—渔复合经营，按生态防护林管理的要求进行经营。根据此类滩地高程，一般采取低抬垄方式：将滩面高程抬高 1 米，垄面宽 2 米，造林株行距 3 米×12 米。造林树种选择杨树，采用大苗插干造林。此种模式抑螺机理一方面在于通过抬土直接埋灭钉螺，其次通过环境改造使残存钉螺被迫分布于沟底，有利于集中灭杀。

（2）中位洲滩宽行窄株异龄林持续抑螺模式。在年均淹水天数 30～60 天的一类滩地实施，通过采取异龄林作业的方式，即能维护滩地森林生态系统的稳定性，又可带来一定的经济效益。造林树种选择杨树，大苗插干造林，造林采用3米株距×3米窄行距×12米宽行距交替配置方式，主伐年龄8年，异龄作业的时间为第一次造林后第4年，在宽行内再增加2行，使之形成异龄林。当第一次造林林木达8年生时即可进行主伐更新，滩地上仍保留有4年生左右的林分。这种经营模式特别适用于主要河道、洪道滩地造林，需采取开沟沥水措施，以降低地下水位，可开展林下间种2~3年。

（3）高位洲滩林农复合生态经济型经营模式。在年均淹水天数在30天以内的一类滩地实施，其高程往往已处于钉螺分布线的上缘，可采取块状作业、分期主伐更新的经营方式，保持生态系统的基本稳定。造林树种为杨树，采用大苗插干造林，造林密度3米×3米或5米×6米，主伐年龄6年或10年，造林后前1~2年开展林下间种，可选择油菜、蚕豆、小麦等避涝作物或藜蒿、益母草等野生经济植物。

（4）河湖堤岸易感地带抑螺防病林体系建设模式。河湖堤岸沿线滩地人畜活动频繁，多为血吸虫病易感地带，此类滩地的兴林抑螺工程造林，可结合防浪护堤林建设进行整体设计与优化。造林树种选择苏柳或旱柳，造林密度采用3米×3米的梅花状设计，造林后采取隔离管护措施，减少人畜活动。在高程适宜的地段，幼林阶段可通过土壤翻耕、林下间种，提高综合治理效果。

2. 洞庭湖林水结合计算结果

根据以上计算林水结合度的方法，按照东、南、西洞庭湖进行林水结合的研究和计算，得到结果见表3-56，可以看出通过林水结合规划，新增加的林地面积全部用于兴林抑螺林的建设或者湿地建设在洞庭湖湖沼和江、河滩地型及山丘型沟谷库滩、荒山类血吸虫病流行区，将符合条件的立地营建兴林抑螺林，可以起到控制血吸虫病的蔓延，同时减轻洪涝灾害的影响。

表3-56　东、南、西洞庭湖面状林水结合

类别	现有林地面积（平方公里）	规划林地面积（平方公里）	应有林地面积（平方公里）	现状结合度	规划结合度	沿湖可增加林地面积（平方公里）
东洞庭湖	543.2843	548.9063	661.4126	0.8214	0.8299	118.1283
南洞庭湖	382.0656	383.7336	450.8149	0.8475	0.8512	68.74927
西洞庭湖	207.2154	223.8719	324.6872	0.6382	0.6895	117.4718
合计	1132.565	1156.512	1436.915	0.788192	0.804858	304.3494

从表3-56中可以看出，在东、南、西部分洞庭湖中，南洞庭的林水结合情况最好，已经达到了84.75%，经过进一步的建设，其林水结合度可以达到85.12%。整个洞庭湖的林水结合情况都还不错，这主要是由于湖南省近几年来开展的几项大的林业工程，如洞庭湖区兴林抑螺工程，洞庭湖湿地保护工程等等。从GIS处理的结果来看，洞庭湖环湖地带的林地面积增加空间有限，主要可以用于兴林抑螺林的营造，使其在发挥其生态效益的同时，也能较好的发挥其社会效益。此外，环湖林带的建设使洞庭湖风景区的景观更加具有连续性和观赏性，也能提升环洞庭湖地区各县市的风景旅游价值。

第五节　湖南省林业产业发展指标研究

林业既是一项重要的公益事业，又是一项重要的基础产业。根据国家《国民经济行业分类》(GB/T4754—2002) 和《三次产业划分规定》(2003 年国家统计局)，林业产业由林业第一、第二、第三产业组成。其中林业的第一产业，即直接经营森林生态系统所形成的产业，包括林木的培育和种植业、木材和竹材的采运业、林产品的采集业及与培育、采运、采集等密切的产前产后相关服务业；林业第二产业即以从整体的森林中提供的各种原料、材料、废料作为加工对象的，根据现代社会对林产品的多种需要，为保障供给、满足需要、体现社会生产目的而组织生产的产业，包括锯材、木片加工业、人造板制造业、木制品制造业及竹、藤、棕、草制品制造业、木质家具制造业、竹、藤家具制造业、纸浆制造业、专用林产化学产品制造业、木材加工专用设备制造业、营林及木材采伐专用机械制造业、天然植物纤维编织工艺品制造业等；林业第三产业即林业在流通领域中的一组产业和以生产林业知识产品为主的产业，包括林业金融业（含银行、保险、证券、期货贸易、信贷、各种投资公司)、林业批发和零售业、林产品交通运输业、林业文化娱乐业、各种有关林业科学研究、技术服务业、自然保护业、游览景区管理业、林业教育、文化业等等。

一、湖南省林业产业发展的重要性分析

林业产业涵盖范围十分广泛，涉及经济、社会发展和人民生产生活的诸多方面，加快林业产业发展具有十分重要的现实意义。

（一）林业产业是林业全面协调发展的重要内容

在湖南省委、省政府高度重视下，通过全省人民共同努力，湖南森林和湿地生态体系建设取得了显著成效。至 2004 年年底，全省林地总面积 0. 127 亿公顷，森林覆盖率 55%，活立木蓄积量 3. 8 亿立方米，主要林业经济指标均居全国前列。湖南省造林绿化工作得到了曾庆红副主席的充分肯定和来湘的上级领导、游客和投资者的普遍好评。但是，湖南林业产业体系建设相对滞后，和林业大省的地位不相协调。因此，在强化森林和湿地生态体系建设的同时，必须高度重视林业产业体系建设。实践证明，无论林业发展到哪个阶段，面临着什么样的形势，加快其产业发展始终是林业工作的一项基本任务和重要目标。只有生态和产业协调发展，林业建设才有生命力、吸引力。

（二）林业产业是经济建设和人民生活的重要基础

森林可提供大量的产品，其中之一的木材作为当今四大原材料（木材、钢材、水泥、塑料）中唯一可再生的生物资源，具有重量轻、强度高、吸音、绝缘、美观、易于加工、优质纤维高等优良特性，成为国民经济建设的主要生产资料和人民群众不可缺少的生活资料。与此同时，森林能生产大量的干鲜水果、木本药材、木本粮油、野生动物等丰富多彩的林副产品，以森林产品为原料，能生产人造板、竹木家具、竹木浆造纸、林化产品、森林食品等琳琅满目的加工产品；森林、湿地等生态景观，是开展生态旅游的天然平台。2004 年全省产出 2000 多万立方米活立木、1. 5 亿根竹子、165 万立方米人造板、70 万吨林纸、685 万平方米竹木地板、105 万套竹木家具、9 万吨茶油、18 万吨森林食品，极大地丰富了人民群众的物质生活。

林业产业是很有发展前途的朝阳产业。投资、消费和外贸是影响经济增长的三大关键因素，是国民经济持续快速健康发展的动力。这三大因素决定了林业产业是新世纪大有发展潜力的产业。从投资看，国家对林业的投资大幅度增加，未来十年准备拿出数千亿元投资于林业，仅

2002年，国家对林业的投入就达到339亿元，接近1949年新中国成立直到2000年中央林业投资的总和（396亿元）。2003年，中央对林业投资又比2002年增长了26%，达到429亿元，2004年更是增加到442亿元；随着非公有制林业的发展，民间资本对林业的投资越来越多，据统计，近5年在林产工业发展的总投入中87%是民间资本。从消费需求看，随着世界森林资源的日益减少和各国森林保护意识的日益增强，世界范围内林产品供小于求的矛盾长期存在，林产品的市场需求将越来越旺盛，国际消费需求看好；国内对林产品的消费需求也日益增长，目前，我国人均木材消耗0.2立方米，只有世界平均水平的1/3，纸产品和造纸原料大量依赖进口，每年木材和林产品的缺口达7000万立方米以上。从外贸看，世界范围内林产品贸易额呈上升趋势。1991~1997年，在世界林产品贸易中中国由原来的第七位上升到第三位，林产品进出口总额增长了173.7%；我国林产品贸易有较大幅度增加，2003年，中国的林产品进出口贸易总额达277.38亿美元，比2002年增长29.09%，其中林产品出口贸易额为122.36亿美元，增长27.73%，林产品进口额155.02亿美元，比2002年增长30.18%。从上述三大因素的分析可以看出，林业的投资增加，消费需求看好，外贸增长强劲，是新世纪当之无愧的朝阳产业。

（三）林业产业是促进农民增收的重要途径

“三农”问题的核心是农民收入问题。农村改革20多年来，农民收入水平总体上有了大幅度的提高，但影响农民增收的一些长期性、根本性因素并未自行消除。在林区或山区，通过增加农产品产量、提高农产品收购价格来增加农民收入的办法开始受到多种因素的制约，需要在更广阔的背景下寻找农民增收的新途径。而大力发展林业产业不失为增加农民收入的有效途径。通过大力发展速生丰产林、工业原料林、经济林和木本粮油，重点发展市场容量大、前景好并具有竞争力的森林与湿地生态旅游、森林药材、花卉苗木等新兴林业产业，增加木材和非木材林产品的供给。通过延伸产业链，改变过去的楠竹卖根、木材卖方的状况，将扩大农民就业渠道，提高农民收入水平。国家对六大林业重点工程投入的巨大资金和实施的优惠政策，也为农民增收提供了极好的机遇。林业产业的发展还可以改善农业生态环境，从而保障农业的稳产高产，间接地增加农民收入。据统计，全省山区、丘陵区、平湖区农民收入来自林业的比重已分别达到40%、25%、12%。

（四）林业产业是优化农村产业结构的重要手段

我国农产品的供求关系容易发生一些重大变化，主要农产品易呈现出阶段性、结构性和区域性的供过于求，导致农产品价格下跌，农民增产不增收。造成这种状况的主要原因是单一的粮食种植结构长期以来在农村经济结构中极易占有过高的比例。大力发展林业产业，生产花卉苗木、工业原料林、木本粮油如油茶等、森林中药材等，对于降低粮食生产在农村经济结构中的比例，促进农村经济结构调整具有重大意义。另外，因地制宜，采取林经、林菜、林菌、林油、林农渔立体经营等复合经营模式，发展农林复合经营等立体林业产业，尽快实现农田林网化、道路林荫化、庭院花果化、生态经济化，不但能使生态环境良好，人居环境优美，而且经济效益显著，林农复合经营每公顷均产值在22500元左右，比单农经营提高50%，林菌间作平均每公顷产可达60000元以上，从而可极大地提高土地利用率和产出率，促进农村经济社会全面发展。

（五）林业产业是加快县域经济发展的重要支柱

近年来，湖南省各级林业部门按照生态建设产业化，产业建设生态化的思路，依托林业重点工程，把生态建设同发展地方经济紧密结合起来，积极探索生态、经济双赢的林业产业发展模式，取得了明显成效，形成了一批具有区域优势、各具地方特色的新型林业产业。部分县（市、区），林业产业已成为当地的支柱产业。2004年全省共有33个县（市、区）的林业产值对财政贡献率在10%以上。其中，怀化市林业产业总产值44.34亿元，分别占GDP和农林牧渔业总产值19.24%和49.51%；邵阳市林业总产值28.6亿元，分别占GDP和农林牧渔业总产值的11%和20.35%；绥宁县林业总产值12.6亿元，分别占GDP和农林牧渔业总产值的70%和90%以上，占财政收入的70%；桃江县林业总产值为11亿元，占GDP和农林牧渔业总产值的46.37%和78.6%；资兴、会同、洪江、江华、双牌、安化、永兴、武陵源、新化等县（市、区），林业产业总产值都占到GDP的20%以上，占农林牧渔业总产值的35%以上。浏阳河花木产业带、洞庭湖区的杨树产业、桃江的竹产业等林业产业项目，都使广大群众得到了实惠。

二、湖南省林业产业发展现状分析

林业产业体系建设方兴未艾，为小康湖南建设做出了积极贡献。“十五”期间，为充分利用森林资源，发展壮大林产工业，加快推进湖南省工业化、农业产业化、城镇化进程，省政府出台了《湖南省人民政府办公厅关于加快全省林业产业化建设的意见》，推动了全省林业产业化和林产工业的发展。

（一）人工用材林培育工程

1. 速生丰产用材林建设工程

速生丰产林工程促进非公有林业建设异军突起。全省“十五”期间新造速生丰产林37.27万公顷，到“十五”期末，全省速生丰产林面积达104万公顷，竹林面积85.33万公顷，立竹20.81亿株。早期营造的速生丰产用材林已经逐步进入工艺成熟，成为林业产业发展的重要资源基础。非公有林业在林业建设中的比重逐年加大，呈现出喜人的局面。据调查，洞庭湖区80%的杨树林是民营林。

2. 竹材培育工程

林产工业工程推进了农业产业化发展。“十五”期间，全省生产竹材35586.62万根，林产工业的发展，使林产品多层次加工增值，带动了区域经济发展，促进了地方财政和农民的增收。

（二）苗木和花卉业

苗木和花卉工程帮助林农增收致富。到“十五”期末，全省共建立林木良种基地28个420公顷，采种基地6个4万公顷，良种使用率达到82%；花卉种植面积4万公顷，产值达85亿元。苗木花卉业呈现欣欣向荣的发展局面，已成为调整农业结构的重要内容和农村经济新的增长点。

（三）森林和湿地生态旅游工程

森林和湿地生态旅游已成为朝阳产业。“十五”期间，全省新增森林公园5个。到“十五”期末，全省有森林公园69个，形成了湘东、湘西北、湘南、湘北、湘西南、湘中等6大各具特色的森林旅游区域。拥有旅游接待床位1.15万个。

“十五”期间，全省森林和湿地生态旅游共接待游客2916万人次，实现旅游收入25.7亿元，创社会产值145亿元。2005年，森林和湿地生态旅游共接待游客710万人次、比“九五”期末增长23.5%，实现旅游收入6.5亿元、增长27.5%，创社会产值35亿元、增长21.4%。生态旅游的发展，加快了森林公园的建设步伐，提高了知名度，带动了地方经济的发展。

（四）特种经济植物培育及利用工程

1. 木本药材

湖南省自然、地理条件优越，药材资源丰富。据调查，全省野生药材2483种，总蕴藏量1200多万吨，居全国第2位，仅从黄姜中提取的皂素就占了全国总量的一半。湖南种植中药材历史也很悠久。中药材市场较为发达，形成了廉桥、安仁、吉首、双牌等几个药材生产、集散中心。慈利县的杜仲、隆回县的金银花、东安县的银杏、安化县的厚朴享誉中外。

湖南省常用中药材植物100多种，目前，主要栽培的木本药材有银杏、杜仲、金银花、辛夷、黄柏、厚朴、乌药、山楂、红豆杉、山苍子、五倍子、木瓜、栀子、枳壳等（表3-57）。

表3-57 湖南省主要森林木本药材面积与分布情况

序号	药材	面积（万公顷）	分布范围	集中分布区域
1	银杏	1	全省丘陵区、山区均有栽培	东安县
2	杜仲	3.67	主要分布在张家界、湘西自治州	慈利县
3	金银花	1.47	主要分布在雪峰山	隆回、溆浦、洞口
4	辛夷	0.73	全省山地均有分布	全省
5	黄柏	0.8	主要分布张家界、湘西自治州	桑植县
6	厚朴	0.93	全省高海拔山区均有天然分布和栽培	安化县
7	乌药	5.33	全省丘陵、山地均有分布，以野生为主	全省
8	山楂	0.8	全省丘陵区均有分布	全省
9	红豆杉	0.4	全省中、高海拔地区均有天然分布和栽培	新宁县
10	山苍子	0.87	全省各地均有天然分布和栽培	全省
11	五倍子	1	全省丘陵、山地均有分布	湘西自治州、双牌县
12	木瓜	0.73	全省中、高海拔地区均有分布	全省
13	栀子	0.53	全省各地均有分布	全省
14	枳壳	0.6	全省各地均有分布	全省

湖南省栽培木本药材历史悠久。山楂栽培有3000年历史，银杏栽培有2500年，辛夷、肉桂有2000多年，杜仲有500年，厚朴有200多年。20世纪90年代以来，木本药材种植速度明显加快。慈利县杜仲种植面积发展到2.67万公顷、成为全球最大的杜仲生产基地。隆回县金银花种植面积发展到1.07万公顷。桑植县黄柏种植面积达到1.33万公顷，安化厚朴面积已发展0.4万公顷，东安银杏面积发展到0.67万公顷。据统计，2004年湖南省主要木本药材种植面积18.87万公顷。

据统计，2004年湖南省产银杏果200吨、叶2000吨；杜仲鲜皮500吨、叶6000吨、籽50吨、杜仲酒500吨、杜仲饲料2000吨、杜仲茶100吨；金银花45000吨（鲜重）；辛夷600吨，黄柏5000吨，厚朴根、筒、枝皮2480吨，乌药10万吨；紫杉醇精品约6公斤；山苍子油100吨；五倍子50吨；木瓜1000吨；栀子100吨；枳壳500吨。木本药材总产值约4.9亿元。

2. 生物质能源

新世纪将面临能源问题的严峻挑战，开发利用可再生能源是事关国民经济可持续发展、国家安全和社会进步的重大课题。生物质能源是由植物的光合作用固定于地球上的太阳能。

据估计，植物每年贮存的能量约相当于世界主要燃料消耗的10倍；而作为能源的利用量还不到其总量的1%。这些未加以利用的生物质，为完成自然界的碳循环，其绝大部分由自然腐解将能量和碳素释放，回到自然界中。事实上，生物质能源是人类利用最早、最多、最直接的能源，至今，世界上仍有15亿以上的人口以生物质作为生活能源。生物质燃烧是传统的利用方式，不仅热效率低下，而且劳动强度大，污染严重。

生物质能转换技术可以高效地利用生物质能源，生产各种清洁燃料，替代煤炭、石油和天然气等矿物燃料，从而减少对矿物能源的依赖，保护能源资源，减轻能源消费给环境造成的污染。目前，世界各国，尤其是发达国家，都在致力于开发高效、无污染的生物质能利用技术，以达到保护矿产资源，保障能源安全，实现 CO_2 减排，促进经济、社会的可持续发展。

专家预测，生物质能源将成为未来能源重要组成部分，到2015年，全球总能耗将有40%来自生物质能源，主要通过生物质能发电（包括利用高热值生物质成型为木质煤发电，实现木电一体化）和生物质液体燃料的产业化发展实现。

3. 森林食品

森林食品因其污染低、安全、保健、高附加值等特性被称之为朝阳产业中的朝阳产业。"十五"期间，全省森林食品76万吨，林产工业的发展，使林产品多层次加工增值，带动了区域经济发展，促进了地方财政和农民增收。

4. 林化产品

"十五"期间，全省松香9.1万吨，林产工业的发展，使林产品多层次加工增值，带动了区域经济发展，促进了地方财政和农民的增收。

三、湖南省林业产业结构及存在的问题

（一）湖南省林业产业的结构分析

1. 三大产业逐步发展，产业体系进一步完善

湖南林业比较注重产业体系的培育，初步形成了较为完整的林业产业系统。林业第一产业突破了松、杉大省的传统格局，杨树、桉树、毛竹、桤木等速生用材树种和苗木花卉得到较快发展，林种、树种结构得到了一定的优化。林业第二产业形成了人造板、木竹浆造纸、木质家具、地板制造、森林食品、林产化工等门类齐全的林产工业体系。林业第三产业形成了以湘西北、湘南、湘中、湘东等为骨干的森林生态旅游干线，建立了四通八达的林产品购销网络。

2. 第一产业规模不断壮大，产业基础进一步夯实

全省以九大林业重点工程为载体，把森林资源的培育作为发展林业产业的基础来抓。近6年来，全省基地造林78.34万公顷，占用材林总面积的16%，蓄积量达到5971.42万立方米，占用材林总蓄积量的27.4%。垦复竹林33.33万公顷，竹林每公顷增加立竹1050余株，平均胸径提高到9.3厘米。垦复油茶40万公顷，改造低产油茶林10万公顷，每公顷产油由原来的37.5~45公斤提高到60~75公斤。完成水果品种改良17.33万公顷，淘汰低效果树种植面积4万多公顷，增加小水果面积2.67多万公顷。洞庭湖区新建杨树林基地16.67万公顷。各种林产品加工企业累计建立原材料料林基地36.67万公顷。4823个造林大户，营造林面积达到10.4万公顷。到2004年底，全省有林地面积达到0.104亿公顷，森林覆盖率54.88%，活立木蓄积量3.6亿立方米，均位居全国前列。油茶林113.33万公顷，年产茶油9万吨，居全国第1位。毛竹82.6万公顷，立竹19.41亿根，居全国第4位。

3. 第二产业初具规模，产业龙头逐步形成

现在，全省已经建成包括木材采运、制材、人造板、木竹浆造纸、木竹地板、林化、林油、林药、森林食品计13大类2000多种产品的门类齐全的林产工业体系，各类加工企业达1.8万多家，小作坊10万多个，有泰格林纸集团、长元人造板股份有限公司等28家省级农业产业化龙头企业和39家省级林产工业龙头企业。已经形成中高密度纤维板、木竹浆纸、竹胶合板、竹地板、细木工板、松香、森林食品等一批主导产品。泰格林纸集团的纸产品、株洲松本林化有限公司的氢化松香系列产品、会同金裕公司的高档豪华竹地板、湘潭恒盾集团的竹菜板、永州熙可食品有

限公司的林果罐头、金浩植物油有限公司的精炼茶油、永州之野异蛇实业有限公司的异蛇酒和异蛇药和双牌九龙工艺美术公司的竹木工艺品等产品，饮誉国内外市场。2003 年全省生产人造板 145 万立方米、竹木地板和复合地板 620 万平方米、竹木家具 100 万套（件）、木竹浆造纸 54 万吨，林产工业总产值达到 95 亿元。

4. 第三产业由小到大，产业规模进一步扩张

近年来，森林生态旅游业、花卉苗木业、野生动物驯养繁殖业从起步到迅速发展，规模逐步扩大，经济效益快速增长。森林公园已经遍布全省 14 个市州的 60 个县市区，经营总面积达 23.1 万公顷，年接待旅客 500 万人次，基本形成了相互联系、各具特色的森林生态旅游格局。张家界市实施旅游立市、旅游兴市战略，森林生态旅游已成为该市社会经济发展的主导产业。花卉苗木种植面积达 3.33 万公顷，总产值 16 亿元。以浏阳柏加、长沙跳马为中心的浏阳河苗木花卉产业带初步形成，还有一批“花木之乡”和苗木花卉基地星罗棋布于三湘大地。野生动物驯养繁殖场发展到 263 个，驯养种类 128 种，存栏量 35 万头（只），有大小动物园 18 家、狩猎场 2 处，年产值达 3 亿元以上。长沙岳麓山鹿场等一批繁养、加工骨干企业取得了较好的经济和社会效益。

5. 产业综合效益逐步显现，实力进一步增强

据统计，新中国成立以来，湖南林业向社会提供活立木 5 亿多立方米，折合木材 3.5 亿立方米；消耗竹材 20 多亿根。其中，森工企业提供木材 2.5 亿立方米、竹材 17 亿根、人造板 800 多万立方米、木竹浆纸 680 多万吨、贴面板 2700 多万平方米、竹木地板 4600 多万平方米、森林食品和药材加工产品 70 多万吨，累计上交国家利税 80 多亿元。目前，全省林业产业从业人员已经达到 318.6 万人，其中林木种苗生产经营户 5491 户 20 万人，花卉生产经营人员 22.43 万人，梅花鹿等野生动物驯养场 2346 个 3 万人，野生植物培育基地 4829 个 7 万人，林木种植户 51.32 万户 205 万人，木材加工企业 1.02 万户 50 万人，林产品经销企业 8900 家 10 万人，森林生态旅游从业人员 1.1 万多人。涉林人员达到 1600 多万人。每年可为社会提供 2000 多万立方米活立木、1.5 亿根竹子、165 万立方米人造板、70 万吨林纸、685 万平方米竹木地板、105 万套竹木家具、9 万吨茶油、18 万吨森林食品。2004 年林业总产值 410 亿元，居全国第 5 位。与此同时，林业产业的发展，构筑起了湖南良好的生态屏障。如洞庭湖区大力发展杨树生产，整个区域的森林覆盖率由 20 世纪 70 年代初的 23.6% 上升到现在的 34%，鸟类由 114 种增加到 255 种。在芦苇地、滩、洲及退田还湖的适宜地栽植杨树，减少了泥沙淤积，有利于泄洪减灾。在杨树为骨干树种组成的农田防护林体系中，林网内早稻平均增产 6.8%，晚稻增产 12.4%，空壳率减少 6%，千粒重增加 0.2 克；油菜增产 7.1%，苎麻增产 24%。全省森林公园的开发与保护，不仅为林业事业的壮大做出了重要贡献，而且带动了相关产业的发展。张家界市的发展就是最好的例证。

（二）林业产业存在的主要问题

湖南林业产业虽然取得了长足发展，但是与社会及林业的可持续发展差距还很大。从横向比较，相邻省区林业产业发展势头强劲，尤其是东南沿海省区发展更快。从全省来看，林业产业在农村经济中所占比重还不够大，对农民收入的贡献率还不够高，与林业的基础地位不相适应。湖南省林业产业发展与经济社会发展的要求还有相当的差距，和林业大省的地位不相适应。森林资源总量不足，林地生产力不高；林产品综合利用率较低，科技含量高、市场竞争力强的名牌和拳头产品匮乏；林业产业结构不尽合理，第三产业发展刚刚起步；林业产业在全省国民经济总量中的比重较小，林业对农民增收致富的贡献率有待提高。多年来，湖南省对林业基础设施投入欠账太多，林业发展基础薄弱。林业科研、技术推广和林木优良种苗不适应新形势下林业发展的要求，林业管理的手段和方式比较落后，森林火灾和森林病虫害监测、预防和防治体系尚不健全，林业基础设施对林业两大体系的建设难以形成强有力的支撑，特别是国有林场和基层林业两站基础设施建设落后，职工生产生活条件差，贫困林场的面还比较大，与全面建设小康社会、构建和谐湖南不相适应。

目前，湖南林业产业发展存在的主要问题是：

一是林业产业结构有待优化。林业产业中一、二、三产业结构比为55∶27∶18，第一产业比重大，二、三产业严重滞后。

二是企业规模小。林业企业靠原始资本缓慢积累，规模小。全省规模以上的大型林产加工企业只有8家，中型的12家，家庭作坊式的较多。人造板企业多在3万立方米以下；竹胶合板生产企业的生产能力一般都在3000立方米左右。

三是产品科技含量低。林产品加工转化率低，生产工艺和设备落后，主导产业不够突出、产业素质较低、产品加工机械化、自动化、标准化程度不高，精深加工产品少，初级加工产品多。全省林产品中，获得省级名牌产品称号的仅4个。

四是区域特色不明显。林业产业布局雷同，尚未形成明显的林业产业区域特征和企业集群，低水平重复建设尚未得到有效遏制。

五是产业链条有待拉长。虽然木材卖方、竹材卖根的局面有了很大改观，但尚未形成以企业为龙头，面向市场，连接基地，上下游产品对接的森林资源培育、加工、销售产业链条，林业生产经营市场风险仍能较大。

四、湖南省林业产业发展优势与潜力分析

（一）林业产业发展的优势分析

湖南省林业产业发展具有许多明显的优势：

一是林业产业兼具多种效益。林业产业既是劳动密集型产业，又是资金密集型产业，更是资源密集型产业。它不仅能创造巨大的经济效益，而且还能创造比经济效益大十几倍的生态和社会效益。植树造林、栽花种草、生态旅游，既能提供产品服务，又能美化环境，陶冶情操，提升境界，既是一项产业，又是一种文化，最符合经济社会可持续发展、构建人与自然和谐的要求，应当成为优先发展的产业之一。

二是林业产业链条较长。林业产业涵盖一、二、三次产业，从森林资源培育，到林产品加工、营销，容易形成上下游产品连接，面向市场的林业产业链和产业集群，产生带动一线、辐射一片的作用。泰格林纸的崛起以及其对洞庭湖区杨树产业的带动，就是一个生动的例证。

三是林业产业具有可再生的特征。森林资源作为林业产业的基础，具有可再生的特征，随着世界经济、技术的发展，人类回归大自然情结和自身保健意识的不断增强，绿色消费的观念不断增强，林产品、山产品、自然产品、无污染产品等等绿色产品越来越受到人们的青睐，林业产业呈现出其他产业所不可比拟的优势，将首先成为循环经济即生态经济建设的示范工程或典范。

四是林业产业后发优势明显。湖南省林业产业相对滞后，我们完全有可能吸收消化其他林业产业发达地区在技术、管理等方面的先进经验，避免重走其发展老路，实现林业产业的跨越式发展，赶超林业产业发达地区的水平。

五是林业产业市场需求的无限性。经济社会发展和人民生活对森林资源及其产品的需求是一个逐步增加的无限的过程，随着人民群众生活水平的提高，生态需求日趋旺盛。可以说，林业产业市场前景无限，基本上不存在生产过剩的问题。

（二）湖南省林业产业发展潜力分析

湖南省林业产业既具有明显优势，又存在巨大潜力。

一是森林资源发展潜力巨大。湖南省林地面积0.127亿公顷，占国土面积的60.1%；湿地面积476.8万公顷，占国土面积的22.5%。光、热、水、土条件优越，林木生长迅速。物种资源丰富，发展林业产业具有得天独厚的资源优势。目前，全省林分蓄积量每公顷不到45立方米，如果采取抚育间伐等营林技术措施，按照速生丰产林技术规程进行经营，每公顷蓄积至少可增加3倍。油茶是湖南省传统的经济林，现有133.33万公顷，面积居全国第一。但每公顷产茶油仅67.5公斤。根据湖南省引进联合国粮食计划署无偿援助的油茶低产林改造项目表明，通过垦复等改造措施，大面积茶油每公顷单产可增加到150公斤左右。按此推算，全省每年可增产1.1亿公斤茶油，增收22亿元。目前湖南省毛竹每公顷年产值不过1500元左右，浙江的安吉县竹林每公顷年收益高达8250元。如果通过楠竹低改，每公顷年收益可达4500元以上，三年后每年至少可增加28.3亿元，仅此一项给全省农民平均增加收入65.8元。

二是发展林业工业潜力巨大。通过多年努力，湖南省不仅形成了较为完整的林业产业体系，而且具有一定的生产能力。据统计，全省目前人造板年生产能力210万立方米，但实际产量仅145万立方米，只占全国的4.8%，排在全国第15位。湖南省松树资源与广西接近，而松香产量只有广西的1/15。与此同时，全省森林资源综合利用率不高，林产品加工升值的潜力巨大。因此，林产工业应当成为提高森林资源综合利用率，发展节约型经济的首选。

三是森林和湿地生态旅游潜力巨大。张家界是我国第一个国家森林公园，虽然全省森林公园个数居全国第10位，但是，2004年全省森林公园旅游收入仅6亿元，占全国的7%，排在全国第4位，发展潜力巨大。

四是机制创新潜力巨大。通过多年来改革探索，湖南省林业产业不断引入适应湖南省的租赁经营、股份经营、联合经营、企业+基地+农户、公司+基地+农户及订单林业等各种经营机制或经营模式，已经取得了很多成功的经验，为林业产业的发展，创造了基础条件。

林业产业是包括一、二、三产业的产业体系，在坚持生态优先的前提下，应立足森林资源的综合开发利用，发展现代林业产业。而林业产业的发展，主要靠市场配置资源，政府通过制定产业政策给予指导和扶持，逐步放开商品林的森林经营活动，由各种投资主体自主决定经营方式和经营力度，提高商品林的经济效益。同时，政府应研究出台相关的技术规程和监管措施，对商品林的森林经营活动实行技术指导和有效监管。

五、湖南省林业产业发展指标体系研究

（一）湖南省森林蓄积量指标的确定

森林蓄积量亦称木材蓄积量或蓄积量，指一定面积森林中现存各种活立木的材积总量，以立方米为计量单位。“蓄积量”一词，只限于尚未采伐的森林，有继续生长和不断蓄积之意，通常包括有林地蓄积、疏林地蓄积、散生树木蓄积、“四旁”树蓄积等，一般多用于统计较大的地区范围各种活立木的材积总量。森林蓄积量是反映一个国家或地区森林资源总规模和水平的重要指标，随树种和立地条件等的不同而发生有规律的变化。

1. 湖南省森林蓄积量现况

至“十五”期末，湖南省森林蓄积量达到3.79亿立方米，比解放初期增加近一亿立方米；森林覆盖率也比解放初提高了19个百分点。放眼三湘四水，满眼郁郁葱葱。山林茂密，层峦叠嶂，已不再是遥远的回忆，而是正在成为现实，并激发了人们对未来更多的绿色憧憬。

据2004年资料，湖南省全省活立木蓄积为33863.59万立方米。按蓄积类型分：林分蓄积32034.82万立方米，占活立木总蓄积的94.60%；疏林蓄积277.94万立方米，占活立木总蓄积的0.82%；散生蓄积620.78万立方米，占活立木总蓄积的1.83%；四旁树蓄积930.06万立方米，占活立木总蓄积的2.75%。按林种分：用材林蓄积19995.95万立方米，占林分蓄积的62.42%；防护林蓄积9502.45万立方米，占林分蓄积的29.66%；特用林蓄积2181.04万立方米，占林分蓄积的6.81%；薪炭林蓄积355.38万立方米，占林分蓄积的1.11%；楠竹面积73.44万公顷，立竹总株数167318.94万株。按树种分：杉木蓄积13903.65万立方米，占活立木总蓄积的41.06%；马尾松蓄积10745.86万立方米，占活立木总蓄积的31.73%；国外松蓄积964.14万立方米，占活立木总蓄积的2.85%；阔叶树（不含杨树、桉树）蓄积7429.42万立方米，占活立木总蓄积的21.94%；杨树蓄积303.77万立方米，占活立木总蓄积的0.90%；桉树蓄积7.97万立方米，占活立木总蓄积的0.02%；柏木蓄积341.44万立方米，占活立木总蓄积的1.01%，三杉蓄积167.33万立方米，占活立木总蓄积的0.49%。用材林按龄组分：幼龄林面积159.52万公顷，蓄积2753.62万公顷，分别占用材林面积、蓄积的35.42%和13.77%；中龄林面积183.30万公顷，蓄积9107.11万立方米，分别占用材林面积、蓄积的40.69%和45.55%；近熟林面积67.05万公顷，蓄积4673.95万立方米，分别占用材林面积、蓄积的14.89%和23.37%；成熟林面积35.35万公顷，蓄积2970.75万立方米，分别占用材林面积、蓄积的7.85%和14.86%；过熟林面积5.19万公顷，蓄积490.51万立方米，分别占用材林面积、蓄积的1.15%和2.45%。用材林幼、中、成（近、成、过）面积比为1.48∶1.70∶1；用材林幼、中、成（近、成、过）蓄积比为0.34∶1.12∶1。单位面积蓄积量：林分42.24立方米/公顷；用材林44.39立方米/公顷；防护林37.61立方米/公顷；特用林58.09立方米/公顷；薪炭林20.04立方米/公顷；疏林22.93立方米/公顷。在用材林中：幼龄林17.26立方米/公顷；中龄林49.68立方米/公顷；近熟林69.71立方米/公顷；成熟林84.04立方米/公顷；过熟林94.42立方米/公顷。

2. 湖南省森林蓄积量指标体系框架

（1）建立的依据和原则。指标是可以定性描述或定量测定的变量，能反映总体现象的特定概念和具体数值，并可定期检测其变化趋势。所谓指标体系就是由一系列相互联系、相互制约的指标组成的科学的、完整的总体。

从理论上讲，指标体系的设置方法有分析法和综合法2种。综合法是指对已存在的一些指标群按一定的标准进行聚类，使之体系化的一种构造指标体系的方法。分析法是对指标度量对象和度量目标划分为若干个部分、侧面，并逐步细分直到用具体的统计指标来描述。自20世纪80年代以来，国内外学者所提出的建立指标体系的原则不尽相同，这充分反映了他们研究领域与具体评价对象的不同，但科学性和可行性却是普遍的共识。因此，借鉴前人的相关研究成果和研究经验，结合本项研究的实际情况，在建立湖南省森林蓄积量指标体系时，应遵循以下基本原则：

① 真实性原则：所选指标应反映森林蓄积量的本质特征及其发生发展规律。

② 科学性原则：指标体系要建立在科学的基础上，并能反映对象的本质内涵。所选指标的物理及生物意义必须明确，测算方法标准，统计方法规范。

③ 系统性原则：指标体系是一个多属性、多层次、多变化的体系。所选指标要求全面、系统的反映森林蓄积量建设的各个方面，指标间应相互补充，充分体现森林蓄积量建设的一体性和协调性。

④ 独立性原则：在全面性的基础上，应力求简洁、实用，指标间应尽可能独立，尽量选择

那些有代表性的综合指标和主要指标，辅之以一些次要指标。所选指标应相互独立。不应存在相互包含和交叉关系及大同小异现象。

⑤ 实用性原则：所选指标应具有可监测性，指标内容简单明了，概念明确，容易获取，其计算和测量方法简便，可操作性强，实现理论科学性和现实可行性的合理统一。

（2）指标体系的确立和指标筛选方法。在湖南省森林蓄积量指标体系中，所选指标应吸收前人研究成果中的优良指标，应能够反映森林蓄积量建设的静态和动态特征，促进林业可持续发展，促进区域内社会、经济和生态环境的协调发展。

① 用 K. J 法制订供专家咨询用初始方案集合。K. J 法由日本东京工大教授川喜二郎提出，采用专家会议法审定研究构思的各种方案，参加人数每次 10～15 人，一小时左右，每人发言集中于评论意见上，记录要点结构通常为，A 方案的 a 点不可行，因为 B；如可行，需有 C 等。发言均不反驳或阐述，专家意见一般编成卡片，分门别类整理后，使之系统化为供广泛讨论的方案提纲，这种提纲包括战略选择模式的精练概括，部门用地结构调整顺位，人口、生产力水平、生产消费指标与用地需求、实现前提条件、实现后效益估计等部分，对定性描述也要尽量编码准确刻画。

② 专家咨询。主要是请选定的专家对各种备选方案或方案的各争议要素进行评论。评论方式两种，均可在表格上进行，一种是对各方案间或方案要素各种水平间的满意可行程度进行直接评价，量化值为 4，3，2，1 或 7，4，2，1，另一种则对各方案（或要素各种水平）之间两两比较，按 Satty 的 5 等 9 级法评价。

③ Delphi 法。这种专家匿名填写意见后，进行统计处理，再把结果反馈给咨询专家的多轮协调收集专家意见方法，是众所周知的。

④ 会内会外法。Delphi 法的过程繁琐，周期长，耗资多。大多数的咨询均用会内会外法快速灵活地集中专家意见。它的作法基本上同 Delphi 法，但将专家分作 2 组，一组与会，先讨论，再填表（注明参加过会议），另一组是未与会专家，只填表，2 组专家的咨询表格分开作统计处理，对处理结果如满意就结束，否则再重复一轮或由总课题组内部集中。

统计方法是：设会内组 N 人，会外组 M 人，第 i 项目重要程度的第 j 专家评分值 C_{ij}，于是第 i 项目的评分是

$C_i = IC \cdot a + OC_i(1-a)$。其中，$IC_i = \sum IC_{ij}/N$，$OC_i = \sum OC_{ij}/M$。

a（$0 \leqslant a \leqslant 1$）为协调系数，通常取为 2/3 或 3/4。

根据以上原则并指标筛选过程，最后确定为一级指标一个，二级指标 4 个，三级指标 10 个（具体如图 3-8）。

（3）指标权重的确定方法。将所选指标按照层次分析法标度的含义对各指标的重要性赋值。通过两两比较构成矩阵，计算矩阵的标准化特征向量，并进行一致性检验，得到各指标的权重值（表 3-58）。

层次分析法（the analytic hierarchy process），简称 AHP 法，是美国运筹学家 T. I. Seaty 于 20 世纪 70 年代中期提出的一种实用于多准则的决策方法。该方法首先将复杂问题层次化，根据问题和要达到的目标，将问题分解为不同的组成因素，并按照因素间的相互关联及隶属关系将因素按不同层次聚集组合，形成一个层次的分析结构模型，根据系统的特点和基本原则，对各层的因素进行对比分析，引入 1～9 比率标度方法构造判断矩阵、求解判断矩阵最大特征值及其特征向量，并得到各因素的相对权重，其基本步骤如下：①通过系统分析，把复杂问题分解成有序的递阶层次结构；②构建判断矩阵，用九分法的相对重要性的比率标度，对指标进行两两比较判断；③经过层次单排序及一次性检验和层次总排序及一次性检验，将各指标的相对重要性数量化，并

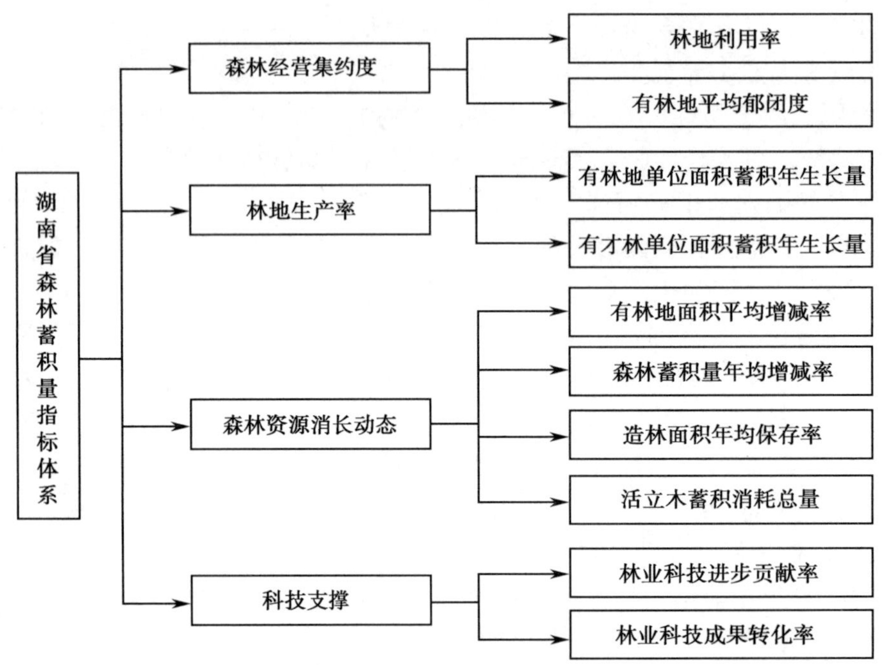

图 3-8　湖南省森林蓄积量指标体系框架

表 3-58　湖南省森林蓄积量指标体系各指标的权重值

一级指标	二级指标	权重（F_j）	三级指标	权重（q_y）	现状值（C_{ix}）	2010 年目标值	2020 年目标值
湖南省森林蓄积量指标体系	经营集约度	0.1	林地利用率	0.6	80	90	95
			有林地平均郁闭度	0.4	0.5	0.6	0.7
	林地生产率	0.2	有林地单位面积蓄积年生长量	0.3	0.2	0.3	0.4
			用材林单位面积蓄积年生长量	0.7	0.4	0.6	0.7
	资源消长动态	0.4	有林地面积年均增减率	0.2	7	5	3
			森林蓄积量年均增减率	0.2	8	10	15
			活立木蓄积消耗总量增减率	0.3	10	10	10
			造林面积年均保存率	0.3	90	90	95
	科技支撑	0.3	林业科技进步贡献率	0.4			
			林业科技成果转化率	0.6	8	9	10

确定权重；④根据权重换算为相应的百分制评分标准

（4）湖南省森林蓄积量指标体系的计算方法。权重值 q_{ij}越大，说明该指标因子的重要性越大；反之 q_{ii}值小，说明重要性差。为了便于计算，每个要素的 F_j 之和以及同一要素 q_{jx}之和都等于1.0。其计算公式如下：

$$F = \sum_{j=1}^{n} F_j = 1.0 \qquad Q_i = \sum_{j}^{n} q_{ij} = 1.0$$

F 为湖南省森林蓄积量总的权重值，F_j 为 j 二级指标要素的权重值。

q 为二级指标要素总的权重值，q_{ij}为二级指标要素三级指标因子权重值。

根据 Delphi 法，取得了不同级数指标的指标值，然后通过下列公式计算湖南省森林蓄积量指标体系的系数：

$$M_{jx} = \sum_{i=1}^{n} c_{jx} q_{ij} = c_{1x} q_{1j} + \cdots\cdots + c_{nx} q_{nj}$$

式中：C_{ix}为 x 二级指标要素 i 三级指标因子等级的指标值，q_{ix}为 j 二级指标要素 i 三级指标因子权重值，M_{jx} j 二级指标要素总的指标值，M_{jx}评价系数是反映二级指标的各评价因子的综合作用，可作为二级指标之间对比分析的依据。

表 5-59 可看出，如果目标值能够实现，2010 年湖南省森林蓄积量将达到 4. 5295 亿立方米，2020 年达到 6. 3886 亿立方米，而 2050 年将达到 9. 5024 亿立方米，湖南省森林蓄积量将大幅提高。

表 3-59　湖南省森林蓄积量发展指标　（计量单位：亿立方米）

年度	2010	2020	2050	备注
森林蓄积量	4. 5295	6. 3886	9. 5024	

（二）林业产业社会总产值指标的确定

1. 湖南省林业产业社会总产值指标体系框架

林业是一个门类齐全的特殊行业。其内部拥有第一产业、第二产业和第三产业，而且不仅具有部门经济的特点，还具有区域经济的特点。因此，我们利用专家咨询法，选择部分最能反映林业产业特征的指标，以构建湖南省林业产业社会总产值指标体系的框架。

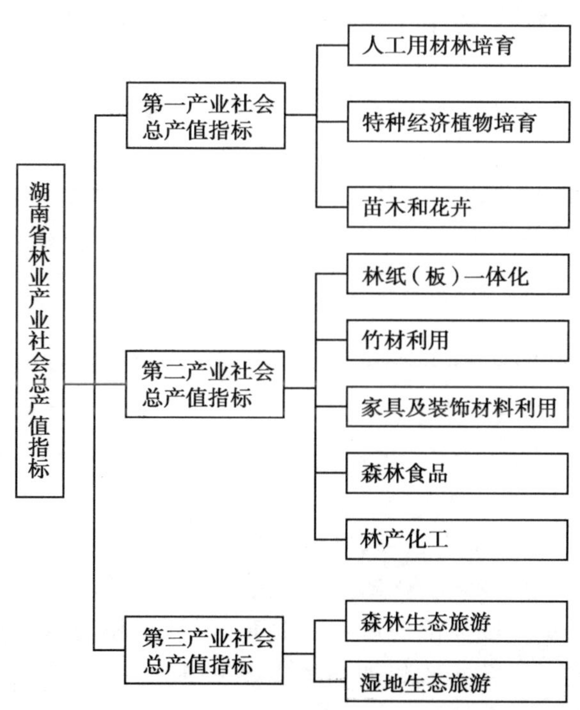

图 3-9　湖南省林业社会总产值指标体系框架图

2. 指标的意义及目标值

（1）第一产业指标。

① 人工用材林培育工程发展指标。速生丰产林工程发展指标：在国家林业局“东扩、西治、南用、北休”的战略布局中，湖南省属于南方商品用材林区域，是我国重点木材和林产品供应战略基地，是林业产业发展最具活力的地区。按照国务院批准的《林纸一体化工程规划》和国

家计委批复的《重点地区速生丰产用材林基地规划》，湖南省属于工业原料林产业带，工业原料林建设以发展短周期短纤维浆纸原料林基地为主，重点培育欧美杨和松类为主的工业原料林，兼顾建设周期较长的大径级用材林基地。

根据湖南省的规划，2010 年湖南省速生丰产用材林总面积达到 200 万公顷。重点在湘西北武陵山区，新发展马尾松、火炬松、落叶松、桤木、响叶杨、光皮桦等 10.67 万公顷；洞庭湖区（包括岳阳、常德、益阳 3 市和望城县），新发展杨树、苏柳、桤木、湿地松等 20 万公顷；幕阜山区（包括平江以及临湘、岳阳、浏阳的一部分），新发展杉木、马尾松、湿地松、桤木、马褂木、毛竹等 6.67 万公顷；雪峰山区［包括怀化市大部分县（市）和新宁、城步、绥宁、桃江、安化以及鼎城、桃源、宁乡、新化、东安、资阳、祁东、洞口、隆回的一部分］，新发展杉木、马尾松、火炬松、杨树、桉树、翅荚木、桤木、马褂木、拟赤杨、毛竹等 23.33 万公顷；湘中丘陵区（包括娄底、湘潭和株洲、衡阳的部分县），新发展湿地松、火炬松、翅荚木、桤木、马褂木等 17.33 万公顷；南岭山区（包括郴州、永州和衡阳的部分县及攸县、茶陵），新发展马尾松、杉木、邓恩桉、柳桉、翅荚木、桤木等 18 万公顷。

根据湖南省林产品加工企业和湖南省速生丰产用材林建设发展，2010 年后，湖南每年可采伐木材 3000 万立方米，产值 150 亿元，2020 年后湖南每年可采伐木材 3500 万立方米，产值 175 亿元，2050 年后湖南每年可采伐木材 4000 万立方米，产值 200 亿元。

竹材培育工程发展指标：湖南省山地资源十分丰富，林业用地面积占国土总面积的 60.1%，宜竹林地多面广，为竹林基地建设留下了拓展空间。根据毛竹的生物学特性，生长 6 ~ 7 年后应该采伐利用，因此，竹林的采伐强度在 14.3% ~ 16.7% 是比较合适的，取平均值 15.5%，现有存量资源 19.41 亿株，立竹总株数按年增长 3.0% 计算，则竹材培育发展指标见表 3-60。

表 3-60 湖南省竹材培育发展指标

年度	2010	2020
立竹总株数（亿株）	21.43	31.12
采伐株数（亿株）	3.32	4.82
产值（亿元）	33.2	48.2

② 特种经济植物培育工程发展指标。

森林药材：结合 14 个木本药材高产示范基地建设，加大木本药材产业的培育力度，以木本药材中心产区为核心，重点建设一批木本药材深加工的龙头企业，开发系列拳头产品。到 2010 年全省木本中药材种植面积达到 22 万公顷，年产值达 7 亿元。

生物质能源产业：生物质能源是新兴的可再生能源产业。目前，世界各国，尤其是发达国家都致力于开发高效、无污染的生物质能源产业。要充分利用湖南省光热条件好的自然优势，发展木本植物生物质能源林培育，以生物燃料油和木质煤发电为主线，建立有林业特色的新兴生物质能源产业。

利用湖南省现有的林地、资源、人才技术优势，研究、培育、开发速生高产的木本生物质能源林新品种，在条件允许的市县发展能源林林场或合作组织，建立能源林基地；加强生物质能源利用技术的研究和转化工作，突出生物柴油、燃料乙醇和木质煤的开发利用，制定技术标准，形成可持续发展的生物质能源产业。加强技术监督和市场管理，规范市场行为，为生物质能源技术推广、开发创造良好的市场环境。发展区域为湘中南山丘区和环洞庭湖区发展短周期纤维素能源林，大湘西山区重点建设光皮树、油桐、乌桕、仿栗等木本油料能源林和高产淀粉木本能源林。

2010年后年产值25亿元以上。

③ 苗木和花卉工程发展指标。

加强林木苗木工程建设，应用新技术加快新品种的选育，收集整理和保存种质资源，引进驯化国外新品种，提高良种使用率和优质苗木的供应率。根据不同的生态区域、不同的立地条件选择适生的造林树种，特别是加强对林业生态建设重点难点的石漠化地区、高海拔地区造林树种选育；充分利用湖南省生物多样性和动植物资源丰富的优势，加快具有高能量能源树种的选育及转化为生物柴油、生物酒精、木质煤等技术的开发利用，为缓解我国能源需求压力、弥补化石燃料的不足开辟新的途径，加快生物质能源等特殊用途树种选择与选育。

积极开发、合理利用湖南省丰富的乡土树种及野生兰花、红檵木等花卉资源，培育具有特色的国际竞争力的名特优新品种，全面提高产品的品质和生产水平。发展的重点是高档盆花及观叶植物和绿化种苗产业带。

林木苗木工程指标：2010年，建设良种基地0.13万公顷；年生产各类造林苗木量达到10亿株，选育出增产高、质量优、抗性强的主要造林树种优良新品种244个，其中杉木56个、马尾松50个、湿地松20个、火炬松10个、桤木62个、杨树10个、油茶30个、板栗5个。种子受检率达到90%。林木良种壮苗率由80%提高到90%以上，基地供种率达到80%，杉木、马尾松、湿地松、火炬松、杨树、油茶、板栗等主要造林树种良种使用率达到100%。年产值45亿元。

花卉工程。根据市场需要，稳妥发展，控制生产规模。2010年花卉种植5.33万公顷，年产绿化苗木1.25亿株，盆栽植物430万盆，切花2430万支，草坪1330万平方米，药用花卉300万公斤。同时保持药用花卉的生产优势，加快室内观叶植物和盆栽植物的发展，提高自给率。年产值85亿元。

（2）第二产业发展指标。林纸（板）一体化工程发展指标：依靠科技进步，引进和采用先进技术、设备、工艺，在注重发展规模的同时，更加注重提高产品质量，特别是提高生产工艺的环保标准，大力发展以人工速生材、小径材、低质材为原料的纸浆和人造板品种，适度发展以大径材为原料的人造板品种，推进林浆（板）一体化。针对目前小型民营企业居多的特点，引导和促进小企业的联合，逐步培植一批大型制浆、人造板骨干企业，使大中小企业协调发展。发展竹制品为主导的竹加工制造业，鼓励发展适合区域市场的竹制家具和竹制品产业。以桃花江竹胶板集团、湘潭恒盾集团、会同金裕公司等龙头企业为依托，联合全省竹加工企业，形成有特色的竹制品加工产业集群，2010年，林纸生产能力达到240万吨，其中竹浆纸20万吨；人造板生产能力达到310万立方米。年产值100亿元。

竹材利用工程发展指标：2010年，建立5大竹产业链，6大产业集群。形成竹材人造板年生产能力100万立方米，竹地板年生产能力700万平方米，笋竹食品年生产能力20万吨，竹浆纸年生产能力10万吨。竹业总产值达到50亿元，

2020年，全省竹林面积发展到126.67万公顷，竹业年总产值达到100亿元以上。

家具及装饰材料利用工程发展指标：发展壮大木质、竹藤家具、木竹地板及木制品加工产业集群。注重技术含量与原创性，增强产品在国际市场的竞争力。发展竹制家具为主导的家具制造业，鼓励发展适合区域市场的木制家具、木竹地板和木制品产业。木竹家具产品产量达到200万件（套）、木竹地板及复合板2000万平方米。年总产值达到20亿元以上。

森林食品发展指标：充分发挥湖南丰富的油茶和竹林资源优势，以金浩植物油、株洲好恰绿色油业等龙头企业为载体，依靠科技进步，提高油茶精深加工利用水平，突出高级精炼茶油、天

然护肤化妆品、茶皂素等系列产品开发，形成有特色的拳头产品，积极培育和开拓高档食用油消费市场，同时，以衡阳、株洲、永州为重点地区，通过低产油茶林改造及加快良种化进程，建设油茶林基地，延伸产业链，大力发展茶油产品加工产业集群。集群内的各个企业要充分发挥各自特色，扩大规模，形成各具特色的油茶产业集群，提升油茶的附加值，带动全省绿色食品油茶产品的生产。

2010 年，在 37 个油茶工程县建设油茶林基地 46. 67 万公顷。年产茶油 15 万吨，其中高档精制油 8 万吨。以现有竹林资源为依托，重点发展竹笋两用林，培植优质食用笋。在 38 个毛竹工程县建设竹加工原料高产示范基地 2. 53 万公顷。

2010 年，全省更新营造油茶林 13. 33 万公顷，高标准改造低产油茶林 20 万公顷，油茶总面积稳定到 113. 33 万公顷左右，油茶高产、高效林分达到 700 万亩左右；良种利用率达到 30% 以上，年产量达到 15 万吨；培育和打造 1 ~ 2 家龙头企业，引进 1 ~ 2 家大型外资加工企业；产品精加工率达到 50% 以上，30% 以上的加工产品（其中精加工的产品占 50% 以上）实行出口创汇，50% 以上的抢占国内大中城市。年总产值达到 30 亿元以上。

林产化工发展指标：主要发展松香、单宁酸、山苍子油和松节油等优势产品，提高精深加工水平和产品质量，增强产品的出口竞争力，巩固国际市场地位。进一步调整布局，实现适度规模经营，鼓励发展一批基地与产品系列加工一体化的林产化工骨干企业，积极发展氢化松香、松香、松脂、无色松香、五倍子单宁酸、山苍子油、松节油及其深加工产品，逐步提高产品的档次和质量。年总产值达到 10 亿元以上。

（3）第三产业发展指标。森林生态旅游工程发展指标：湖南省森林生态旅游工程的建设，坚持沿城、沿路、沿水开发原则，坚持以生态旅游业龙头带动其他旅游景区、景点和吃、住、行、购物、娱乐、信息、金融、保险等相关联企业，发展集群经济的圈层结构。筑牢长株潭森林生态城郊旅游产业集群（即以天际岭、大围山、桃源洞三个国家森林公园、国家级自然保护区和水府庙），增强大湘西、大湘南两个森林旅游产业核心集群（即以张家界、南华山、天门山国家森林公园和八大公山等国家级自然保护区为龙头的大湘南森林旅游产业集群），拓展环洞庭湖森林生态旅游产业集群，精心打造完善湘西北观光度假、竹文化旅游线、湘北湖光山水、竹文化旅游线、湘东保健休闲旅游线、湘南科考度假、旅游探险线路、湘西南科普教育、植物观赏旅游线、湘中旅游休闲旅游线等 6 条精品旅游线路，积极推进以森林公园，以自然保护区实验区为辅的森林生态旅游业产业链的发展壮大。以重点生态旅游景区为主线，形成点线带结合的森林生态旅游产业。进一步完善现有的国家森林公园、国家级自然保护区实验区内基础设施，大力发展适应区域性需求的不同层次的森林公园、国家级自然保护区。

2010 年，新建森林公园 28 个，使全省森林公园总数达到 100 个。其中，国家森林公园 35 个；省级森林公园 45 个；县（市）级森林景区 20 个，森林公园总面积达到 33. 33 万公顷；新建森林野营地 50 处。完善湘西、湘西北、湘东、湘中、湘南、湘西南六大各具特色的森林生态旅游区建设；全力打造长株潭森林公园生态旅游、大湘西森林公园生态旅游、环洞庭湖森林公园生态旅游、湘南森林公园生态旅游产业集群；初步形成国际国内 5 条旅游精品线路。对 4 大重点地区 30 个重点森林公园的基础设施和资源保护等工程建设。年总产值达到 145 亿元以上。

湿地生态旅游工程发展指标：湖南省的湿地生态旅游工程的建设，坚持沿城、沿路、沿水开发原则，坚持以生态旅游业龙头带动其他旅游景区、景点和吃、住、行、购物、娱乐、信息、金融、保险等相关联企业，发展集群经济的圈层结构。筑牢湿地生态旅游产业核心集群，拓展环洞庭湖森林和湿地生态旅游产业集群（即以东洞庭湖国家级自然保护区、南洞庭湖和西洞庭湖 2 个国际重要湿地和湿地生态旅游产业集群），精心打造湘中旅游休闲旅游线，积极推进以国际重要湿地、国家重要湿地为主，以自然保护区实验区为辅的森林和湿地生态旅游业产业链的发展壮大。以重点生态旅游景区为主线，形成点线带结合的湿地生态旅游产业。

2010 年，新建湿地公园 10 处。全力打造湿地生态旅游等旅游精品线路。年总产值达到 25 亿元以上。全省林业产业总产值发展指标见表 3-61。

表 3-61　湖南省林业产业总产值发展指标　　单位：亿元

年度	2010	2020
第一产业	321	486
第二产业	420	832
第三产业	210	293
总产值	951	1611

第六节　湖南森林绿色 GDP 核算

一、国内外研究情况简介

（一）国外研究情况

联合国统计署于 1989 年和 1993 年先后发布了《综合环境与经济核算体系（SEEA）》，是关于绿色国民经济核算的比较权威的指导和参考性文件，为建立国民经济核算总量、自然资源账户和污染账户提供了一个共同的框架。在 2000 年和 2003 年，联合国又在各国实践的基础上对原有绿色核算体系框架进行了进一步的充实和完善，推出了绿色核算体系框架和绿色 GDP 核算的最新版本，为进一步规范各国绿色国民经济核算体系提供了技术指南和保障。

1995 年，世界银行在其研究报告《检测环境进展》中提出了真实储蓄（Genuine Saving）的概念，即考虑一国在自然资源损耗和环境污染损失之后的真实储蓄率，并以此作为衡量一国国民经济发展状况及其发展潜力的一个新指标。

挪威是最早开始进行自然自然资源核算的国家，1978 年就开始了环境资源的核算，重点是矿物资源、生物资源、流动性资源（水力），土地、空气污染及两类水污染（氮和磷）的核算。1981 年挪威政府首次公布并出版了“自然资源核算”数据、报告和刊物。1987 年公布了“挪威自然资源核算”研究报告。在挪威的自然资源账户中，将自然资源划分为实物资源和环境资源两大类，构建了包括森林、土地、水资源、石油、天然气等一系列完整的实物资源核算体系；目前挪威已建立了包括能源核算、鱼类存量核算、森林存量核算、空气排放、废旧物品再生利用、环境费用支出等项目的详尽统计制度，为资源环境核算体系奠定了重要基础。

芬兰按照挪威自然资源核算模式，也建立了自己的自然资源核算框架。其资源环境核算的内容有三项：森林资源核算，环境保护支出费用统计和空气排放调查。其中最重要的是森林资源核算。森林资源和空气排放的核算，采用实物量核算法；而环境保护支出费用的核算，则采用价值量核算法。

墨西哥作为发展中国家，1990 年，在联合国的支持下，将石油、水、空气、森林等资源列入环境经济核算范围，再将这些资源及其变化编制成实物指标数据，通过估价将各种资源的实物量数据转化为货币数据。这样，在传统国内生产净产出的基础上，通过计量石油、水、木材的耗减成本和土地转移引起的损失成本，得出环境退化成本，作为国内生产净产出的减项。与此同时，在资本形成概念基础上还产生了两个净累积的概念：经济资产净累积和环境资产净累积。印尼、泰国、巴布亚新几内亚等国纷纷效仿这些方法，也开始环境经济核算的试点研究工作。

德国于20世纪80年代开始进行环境经济核算工作，当时主要是建立环境保护支出核算和能源核算。后经过10多年的努力，不断增加和扩展了新的核算内容，如编制了1990年和1995年环境经济实物量投入产出表、原材料和废弃物流量核算、土地使用核算、森林资源核算、环境保护支出和税费核算、交通运输环境核算等。核算成果分别在因特网、年度新闻发布会和出版物《环境使用与经济》一书中公布。德国的环境经济核算体系采用了联合国提出的综合环境经济核算体系（SEEA）的机理理论和原则，框架制约关系的原理，由环境压力、环境状况和环境反应三部分组成，各部分由不同账户、指标、数据反映各种经济活动与环境之间的关系，其中环境压力部分主要是反映经济活动对环境造成的影响和压力，环境状态部分主要是反映环境的总体状况，包括自然资源的拥有量和环境的质量情况，环境反应部分主要是反映人类为避免或减轻环境损害所做出的反应和所采取的举动。德国环境保护支出核算主要是反映德国为降低或避免环境退化所做出的保护措施和投资费用，但不包括环境质量和对自然资源的管理支出方面的核算，它由环境保护支出和环境税费两部分构成。其中环境保护支出包括对废弃物、废水的管理支出，对空气污染的排放、噪音的治理投资；环境税费包括能源税（包括二氧化碳排放税）、交通运输税、废物、废水、噪音污染费和资源税，另外还有专门的石油税、车辆税和电力税，其中石油税占全部环境税费大约75%以上。德国联邦统计局每年都发布绿色GDP核算报告，其中包括产生污染的经济活动，物质能源流量的详细计算、环保支出等。为德国可持续发展战略提供依据。

其他国家，如法国的自然资源账户是一个范围很广的账户。该账户描述并度量了环境资产的经济、社会和生态功能，其实物账户类似于挪威的实物账户。日本从1993年起对本国的环境经济综合核算体系进行了系统的结构性研究，估计出较为完整的环境经济综合核算实例体系，给出了1985~1990年日本的“绿色GDP”。美国、加拿大、新西兰、意大利等国根据联合国及世界银行的基本思路，也开展了资源环境核算的工作。

通过上面的综述分析可以看出，国际上关于绿色国民经济核算体系的构建大致有三种思路：①用资源与环境的价值变化对国民生产总值（GDP）进行调整，形成了GDP以及现存国民账户的良性指标；②为资源与环境单独建立账户，在不改变现有国民经济核算体系的情况下，加入资源环境核算卫星账户（第二账户），并提出相关数据，如SEEA；③重新建立一套国民财富核算体系，经济增长和环境的变化被并置于同一框架内进行核算，如真实储蓄率（GS）、国民财富、国内发展指标（Measures of Domestic Progress，MDP）等。

从核算工作来看，国际上绿色国民经济的核算有四个特点：①资源和环境核算并重；②偏重于实物核算；③重视不可再生资源的定价与核算；④不少国家的核算工作是由政府部门进行。但是，目前还没有一个国家建立起全面的绿色国民经济核算体系。

（二）国内研究情况

1998年，国家环保局依据世界银行“扩展的财富”的思想、概念和计算方法，对我国1978年以来的国民储蓄进行了计算与分析。该研究主要侧重于将自然资源环境核算纳入国民资产负债（国民财富）核算的方式、核算途径，以及实际操作的研究与实践。并在山东烟台和福建三明两个城市进行了试点。

2000 年，北京市社会科学院研究人员设计了以绿色 GDP 为核心指标的核算体系，系统的测算了北京市 1997 年的环境质量和资源资产的经济价值和绿色 GDP。研究结论是：北京市的绿色 GDP 为当年核算的 GDP 的 74.9%，即由于环境污染和资源消耗，北京市的 GDP 需扣减约 1/4 左右。

2001 年，国家统计局《国家统计制度方法改革三年滚动计划》确定，在重庆市开展资源环境核算试点。经过近 3 年的核算试点研究，完成了工业污染和水资源核算的试点工作，已经取得了初步成果，为绿色 GDP 核算探索了初步的、可实际操作的核算框架和办法。工业污染核算的主要思路是以实物量核算为基础，通过对工业“三废”治理成本的确定，核算出工业污染损失的价值量，EDP 工业污染 = GDP − 环境降级虚拟成本 − 固定资产折旧。水资源核算的基本思路是以水资源的实物量核算为基础，通过对水资源价格的研究与确定，核算出水资产和水资源存量的价值以及经济活动中水资源的耗减成本和降级成本，最终测算出绿色 GDP 水资源，EDP 水资源 = GDP − 水资产耗减成本 − 水环境降级成本 − 固定资产折旧。

2002 年 9 月到 2003 年 6 月，国家统计局、中国林业科学研究院、北京林业大学、海南省统计局和海南省林业厅联合开展了《海南省森林资源与经济综合核算》的课题研究，并初步取得了海南森林资源绿色 GDP 数据、海南森林资源实物量和价值量核算数据及国民财富核算数据，建立了森林资源与经济综合核算的初步框架，为从数据上研究和反映森林资源与经济发展的关系提供了理论基础，为开展绿色 GDP 核算迈出了可喜的一步。国内权威专家认为，该课题研究成果是目前为止国内开展有关绿色 GDP 课题研究中最成功的一个。

同年，国家统计局与挪威统计局合作，编制了 1987、1995、1997 年我国能源生产与使用账户，测算了我国 8 种大气污染物［CO_2、CH_4、N_2O、SO_2、NO_X、非甲烷挥发性有机化合物（NMVOC）、颗粒物（PM_{10}）、铅（Pb）］的排放量，并利用可计算的一般均衡模型分析预测未来 20 年的我国能源使用、大气排放趋势。

2004 年 4 月，国家统计局与国家林业局、林业科学研究院、北京林业大学合作正式启动了我国森林资源核算及纳入绿色 GDP 核算的研究工作。该项目将重点对森林资源核算及纳入绿色 GDP 的理论与方法、实物量与价值量、范围与途径等森林资源的绿色核算与绿色政策开展研究，系统计算我国森林的林地林木、涵养水源、保持水土、防风固沙、森林游憩以及保护生物多样性等的经济价值和生态价值。

2005 年 4 月，国家环保总局与国家统计局合作在全国范围内正式启动“开展绿色 GDP 核算和环境污染经济损失调查工作试点”。此项工作的目的在于为建立全国性的绿色国民经济核算体系和污染损失估算体系奠定坚实的技术基础。

国家环保总局和国家统计局于 2006 年 9 月 7 日联合发布《中国绿色国民经济核算研究报告 2004》，这是我国第一份经环境污染调整的 GDP 核算研究报告，标志着我国绿色国民经济核算研究取得阶段性成果。

2005 年，国家统计局在最近出版的《中国国民经济核算体系》中设置了附属账户——自然资源实物量核算表，制定了核算方案，试编了 2000 年全国土地、森林、矿产、水资源实物量表。

因此，国内外有关综合环境经济核算的研究为湖南森林资源核算及纳入绿色核算提供了很好的经验借鉴。

（三）国内外研究对湖南森林资源核算及纳入绿色核算研究的借鉴

由于目前资源和环境核算工作在全国乃至世界也是比较前沿的研究，研究大多数还停留在理论探讨阶段，本课题拟从森林资源核算入手，开展实证研究，分析湖南省经济发展与森林资源之间的关系，最终得出经森林调整的 GDP。

森林资源经济核算是在森林资源实物核算的基础上，考虑国民经济活动对森林资源的影响，包括森林资源耗减、森林资源的经营与管理、森林资源生态保护等方面，通过系统核算，提供森林资源利用与经济活动之间关系的详细数据。其主要核算内容：森林资源存量及变化核算、森林资源流量核算，其中：森林资源存量及变化核算是系统描述一定时点上森林资源的拥有量，包括期初和期末两个时点；森林资源流量核算包括森林资源使用核算、林业投入产出核算、森林产品供应使用核算、森林开发管理与生态保护指出核算等方面。

本课题由于受相关统计资料的限制，仅就森林资源存量及变化核算展开研究，从价值量方面进行核算。在进行价值量核算中，存在森林资源的估价问题，考虑与国民经济核算的一致性，森林资源估价的基本思路是：以市场交易价格为基础进行估算，在无法直接获得市场价格的情况下，按照森林资源给其所有者带来的未来收益确定其价值；也就是成本方式估计法和收益（支出）方式估价法。

二、湖南森林资源概况

（一）各类土地面积

2004 年，湖南省土地总面积 2118.35 万公顷中：林业用地面积 1247.71 万公顷，占土地面积的 58.9%；非林业用地面积 870.64 万公顷，占土地总面积的 41.10%。

在林业用地面积 1247.71 万公顷中，按地类分：有林地面积 1002.91 万公顷，占林业用地面积的 80.38%；疏林地面积 12.12 万公顷，占林业用地面积的 0.97%；灌木林地面积 130.44 万公顷，占林业用地面积的 10.46%；未成林造林地面积 63.12 万公顷，占林业用地面积的 3.10%，其中：宜林荒山荒地 19.30 万公顷，占无林地面积的 49.84%；苗圃地面积 0.40 万公顷，占林业用地面积的 0.03%。

在有林地面积 1002.91 万公顷中：林分面积 758.37 万公顷，占有林地面积的 75.62%，其中杨树面积 14.14 万公顷，桉树面积 1.85 万公顷；经济林面积 169.11 万公顷，占有林地面积的 16.86%；竹林面积 75.44 万公顷，占有林地面积的 7.52%。

在林业用地面积 1247.71 万公顷中，按林种分：用材林面积 450.42 万公顷，占林分面积的 59.39%；防护林面积 252.66 万公顷，占林分面积的 33.32%；特用林面积 37.55 万公顷，占林分面积的 4.95%；薪炭林面积 17.73 万公顷，占林分面积的 2.34%。

（二）森林面积、蓄积量统计

湖南省现有活立木总蓄积 33863.59 万立方米。

按蓄积类型分：林分蓄积 32034.82 万立方米，占活立木总蓄积的 94.60%；疏林面积 277.94 万立方米，占活立木总蓄积的 0.82%；散生蓄积 620.78 万立方米，占活立木总蓄积的 1.83%；四旁树蓄积 930.06 万立方米，占活立木总蓄积的 2.75%。

按林种分：用材林蓄积 19995.95 万立方米，占林分蓄积的 62.42%；防护林蓄积 9502.45 万立方米，占林分蓄积的 29.66%；特用林蓄积 2181.04 万立方米，占林分蓄积的 6.81%；薪炭林蓄积 355.38 万立方米，占林分蓄积的 1.11%。楠竹面积 73.44 万公顷，立竹总株数 167318.94 万株。

按树种分：杉木蓄积 13903.65 万立方米，占活立木总蓄积的 41.06%；马尾松蓄积 10745.86 万立方米，占活立木蓄积的 31.73%；国外松蓄积 964.14 万立方米，占活立木总蓄积的 2.85%；阔叶林（不含杨树、桉树）蓄积 7429.42 万立方米，占活立木总蓄积的 21.94%；杨树蓄积

303.77万立方米，占活立木总蓄积的0.90%；桉树蓄积7.97万立方米，占活立木总蓄积的0.02%；柏木蓄积341.44万立方米，占活立木总蓄积的1.01%；三杉蓄积167.33万立方米，占活立木总蓄积的0.49%。

用材林按龄组分：幼龄林面积159.52万公顷，蓄积2753.62万立方米，分别占用材林面积、蓄积的35.42%和13.77%；中龄林面积183.30万公顷，蓄积9107.11万立方米，分别占用材林面积、蓄积的40.69%和45.55%；近熟林面积67.05万公顷，蓄积4673.95万立方米，分别占用材林面积、蓄积的14.89%和23.37%；成熟林面积35.35万公顷，蓄积2970.75万立方米，分别占用材林面积、蓄积的1.15%和2.45%。

用材林幼、中、成（近、成、过）面积比为1.48 ∶1.70 ∶1；用材林幼、中、成（近、成、过）蓄积比为0.34 ∶1.12 ∶1。

单位面积蓄积量：林分42.24立方米/公顷；用材林44.39立方米/公顷；防护林37.61立方米/公顷；特用林58.09立方米/公顷；薪炭林20.04；立方米/公顷；疏林22.93立方米/公顷。

在用材林中：幼龄林17.26立方木/公顷；中龄林49.68立方米/公顷；近熟林69.71立方米/公顷；成熟林84.04立方米/公顷；过熟林94.42立方米/公顷。

三、林木、林地价值量核算

（一）林木估价

1. 用材林估价

根据《森林资源资产评估技术规范》，林木资产评估分别对不同龄组，不同经营类型采用不同的方法进行估价。用材林幼龄林采用重置成本法评估，中龄林和近熟林采用收获现值法评估，成过熟林采用木材市场价倒算法评估。

未成林造林地林木资产和用材林幼龄林林木资产评估

$$E_n = K \times \sum_{i=1}^{n} C_i (1 + p)^{n-i-1}$$

式中：E_n——各年林木资产评估值；

K——林分质量调整系数，$K = K_1 K_2$；

K_1——树高调整系数，按林分平均高于标准林分平均高的比值确定；

K_2——株数调整系数，当保存率（现有株数与造林设计株数之比）大于85%时$K_2 = 1$，当保存率小于40%时$K_2 = 0$，否则取值为响应保存率值；

C_i——第i年以现时工价和生产水平为标准的投资额；

p——投资收益率，按6%计；

n——林分年龄。

根据湖南省林业厅提供的资料，2006年湖南省优势树种的造林成本见表3-62。

表3-62　2006年湖南省优势树种（组）造林成本统计表　　单位：元/公顷

序号	项目	优势树种（组）								备注
		杉木	马尾松	国外松	柏木	阔叶树	杨树	三杉	桉树	
1	造林调查设计费	120	120	120	120	120	120	120	120	包括前期准备
2	整地费	2880	2640	2640	2800	2640	2106	2600	3000	包括林地清理和
3	苗木费	600	750	750	650	600	1500	600	1800	挖穴

续表

序号	项目	优势树种（组）								备注
		杉木	马尾松	国外松	柏木	阔叶树	杨树	三杉	桉树	
4	植苗费	360	480	480	374	420	1200	360	1500	
5	补植费	140	150	150	140	140	140	150	150	
6	未成林抚育费	1700	1700	1700	1700	1600	1600	1000	2100	
7	其他	500	500	500	500	500	500	500	500	
	合计	6300	6340	6340	6284	6020	7166	5330	9170	

用材林中龄林和近熟林林木资产评估

对用材林中龄林和近熟林采用年净收益现值法计算。具体计算公式为：

$$E_n = \sum_{i=n}^{u} \frac{A_i - C_i}{(1+p)^{i-n+1}}$$

式中：E_n——n 年生林木资产评估值；

A_i——第 i 年的收益；

C_i——第 i 年的成本支出；

u——经济寿命期；

p——折现率。

根据湖南省林业厅的统计数据，湖南省不同优势树种中龄林的成本和收益统计见表 3-63。如果按不同优势树种中龄林、近熟林年限的上限计算，则不同优势树种中龄林、近熟林林价计算见表 3-64、表 3-65。

用材林成过熟林林木资产评估

$$E_n = S \times m \times \left\{ \sum_{i=1}^{3} A_i [f_{i1}(W_{i1} - C_{i1} - F_{i1}) + f_{i2}(W_{i2} - C_{i2} - F_{i2})] \right\}$$

式中：S——小班面积；

m——小班单位面积蓄积量；

M_u——森林经营类型标准林分成熟龄对应曲线的单位面积蓄积量。各森林经营类型的标准林分蓄积量生长曲线是利用福建省林业厅 1989 年制定的《森林经营类型表》中的生长指标拟合的；

A_i——树种组成比系数；

i——树种代码，即 1 代表杉木，2 代表马尾松，3 代表阔叶林；

f_{i1}，f_{i2}——各树种原木和综用材材种出材率；

W_{i1}，W_{i2}——各树种原木和综用材材种单位产品平均销价；

C_{i1}，C_{i2}——各树种原木和综用材材种经营成本；

F_{i1}，F_{i2}——各树种原木和综用材材种的木材生产经营利润；

V——每年的管护费用；

R——林地年租金，按各小班实际测算值；

U——该森林经营类型的主伐年龄；

n——林分年龄；

p——投资收益率，按 6% 计。

表 3-63 2006 年湖南省优势树种（组）不同林龄成本与收益统计表

林龄	项目	优势树种（组）								备注
		杉木	马尾松	国外松	柏木	阔叶树	杨树	三杉	桉树	
幼龄林	年限（年）	1～10	1～10	1～10	1～20	1～20	1～5	1～5	1～5	
	平均蓄积（立方米/公顷）	42	32	43	50	32	50	15	41	
	总成本（元/公顷）	1894	1876	1884	1650	1639	1335	900	1750	
	总收入（元/公顷）	294	302	287	110	365	85	480		
中龄林	年限（年）	11～20	11～20	11～20	21～40	21～40	6～10	6～10	6～10	马尾松、国外松纯收入分别为 5550 元、16688 元；收益期分别为 3 年、5 年。
	平均蓄积（立方米/公顷）	110	84	94	85	69	94	60	107	
	总成本（元/公顷）	2046	1938	4378	900	1979	1113		963	
	总收入（元/公顷）	4575	4064	11731	750	2870	1863		4875	
近熟林	年限（年）	21～25	21～30	21～30	41～50	41～50	11～15	11～15	11～15	马尾松、国外松纯收入分别为 8197 元、9359 元；收益期分别为 9 年。
	平均蓄积（立方米/公顷）	142	123	134	125	117	143	120	109	
	总成本（元/公顷）									
	总收入（元/公顷）									
成熟林	年限（年）	26～35	31～50	31～50	51～70	51～70	16～20	16～20	16～20	马尾松、国外松纯收入分别 10017 元、12450 元；收益期分别为 10 年。
	平均蓄积（立方米/公顷）	162	160	158	170	154	176	150	105	
	总成本（元/公顷）									
	总收入（元/公顷）									
过熟林	年限（年）	36 以上	51 以上	51 以上	71 以上	71 以上	21 以上	21 以上	21 以上	
	平均蓄积（立方米/公顷）	189	200	200	190	193	227	225	128	
	总成本（元/公顷）									
	总收入（元/公顷）									

表 3-64 不同优势树种（组）不同林龄林价计算表 单位：元/公顷

林龄	优势树种林价								备注
	杉木	马尾松	国外松	柏木	阔叶树	杨树	三杉	桉树	
幼龄林	6300	6340	6340	6284	6020	7166	5330	9170	重置成本法计算
中龄林	2386	2006	6937	16803	840.6	707.5	9509	3691	净收益现值法
近熟林	16771	11603	6907	23312	11249	10921	20160	10385	净收益现值法
成熟林	12004	4706	2539	9886	4617	10044	18831	7475.5	市场价倒算法
过熟林	13212	5550	3032	10423	5458	12222	26648	8597.2	市场价倒算法

表 3-65 不同优势树种（组）不同林龄林价计算表 单位：元/立方米

林龄	优势树种林价								备注
	杉木	马尾松	国外松	柏木	阔叶树	杨树	三杉	桉树	
幼龄林	150.00	198.13	147.44	125.68	188.13	143.32	355.33	223.66	重置成本法计算
中龄林	21.69	23.88	73.80	197.68	12.18	7.53	158.48	34.50	净收益现值法
近熟林	118.11	94.33	51.54	186.50	96.15	76.37	168.00	95.28	净收益现值法
成熟林	74.10	29.41	16.07	58.15	29.98	57.07	125.54	71.20	市场价倒算法
过熟林	69.90	27.75	15.16	54.86	28.28	53.84	118.44	67.17	市场价倒算法

计算中，不同优势树种主伐年龄、出材率、木材价格和木材生产成本、税费统计见表3-66。

表3-66　主伐年龄、出材率、木材价格和木材生产成本、税费统计表

项目	优势树种林价								备注
	杉木	马尾松	国外松	柏木	阔叶树	杨树	三杉	桉树	
主伐年龄（年）	26	31	26	49	45	13	16	11	
出材率（%）	67	65	65	60	55	72	70	70	
规格材价格（元/立方米）	501	444	438	517	423	388	500	450	
非规格材价格（元/立方米）	350	299	297	417	333	288	260	300	
薪材价格（元/立方米）	45	45	45	35	44	31	20	40	
木材生产成本（元/立方米）	154	162	162	145	161	143	150	145	
木材生产税费（元/立方米）	261	267	267	208	274	211	210	230	

2. 经济林估价

根据森林资源统计，经济林分为果树林、食用油料林、饮料林、调香料林、药材林、工业原料林和其他经济林。湖南省经济林主要包括工业原料林、果树林、食用油料林和药材林。经济林根据生长发育阶段分为产前期、始产期、盛产期和衰产期，不同发育阶段的成本、收益不同，其林价也是不一样的。

（1）产前期。产前期的经济林资产主要采用重置成本法计算。即：

$$E_n = K \times \sum_{i=1}^{n} C_i (1+p)^{n-i-1}$$

式中：E_n——第 n 年的经济林资产评估值；

K——经济林分质量调整系数；

C_i——第 i 年以现时工价和生产经营水平为标准的生产成本；

p——投资收益率，按6%计；

n——经济林年龄。

（2）始产期、盛产期。始产期、盛产期经济林主要采用收益现值法计算。即：

$$E_n = A_u \times \frac{(1+p)^{u-n} - 1}{p \times (1+p)^{u-n}}$$

式中：E_n——经济林资产评估值；

A_u——始产期、盛产期内每年的纯收益；

u——经济寿命期；

n——经济林年龄；

p——折现率。

（3）衰产期。衰产期经济林估价主要采用剩余价值法计算。即：

$$E = W - C - F$$

式中：E——评估值；

W——衰产期经济林总收入；

C——衰产期经济林生产经营成本；

F——衰产期经济林生产经营利润。

因此，根据上述公式，收集湖南省经济林估价的有关资料，计算的经济林林价见表3-67。

表 3-67　经济林林价计算表　单位：公顷，元/公顷，公斤/公顷，元/公斤

序号	类型	新造林			盛产期				平均林价	备注
		面积	培育成本	林价	面积	平均收入	经营成本	林价		
一	工业原料林	364	1800	1800	312	18000	1500	52917.74	25392.8	工业原料林按油桐盛产期为6，经济寿命为25年，$P=6\%$计算
1	油桐	364	1800	1800	312	18000	1500	52917.74		
二	果树林	6836	9167	9167	2592	80000	4500	1972765	549010.7	果树林按板栗盛产期，经济寿命计算，分别为15年，70年
1	柑橘	1456	9167	9167	1490	60000	5000			
2	板栗	4794	9650	9650	16	100000	5500			
3	桃	13	7260	7260	7	27000	3500			
4	梨	226	7800	7800	145	105000	2500			
5	猕猴桃	0	2500	2500		40000	2500			
6	杨梅	408	1600	1600	934	540000	1200			油料林按油茶盛产期，经济寿命计算，分别为15年，70年
	食用油料林	38537	13500	13500	4588	21556	875	540380.9	69554.02	
1	油茶	38140	12000	12000	1012	20250	850			饮料林按茶叶盛产期，经济寿命计算，分别为4年，40年
2	核桃	397	15000	15000	3576	22560	900			
四	饮料林		13733	13733		81000	2500	677932.8		药材林按杜仲盛产期，经济寿命计算，分别为20年，50年
1	茶叶		13733	13733		81000	2500			
五	药材林	15310	9000	9000	61243	810	3000	-13332.9	9000	
1	杜仲	9399	9000	9000	37596	120	3000			
2	黄柏	5911	9000	9000	23647	1500	3000			

3. 竹林估价

竹林是一个特殊的林种，在森林法中，竹林归入用材林，但由于竹林调查和计量的特殊性，竹林资产评估采用不同的方法。

（1）新造未投产的竹林。新造未投产的竹林一般采用重置成本法评估。即：

$$E_n = \sum_{i=1}^{n} \sum_{j=1}^{m} C_{ij} \times (1+p)^{n-i-1}$$

式中：E_n——第 n 年的竹林资产评估值；

C_{ij}——第 i 年第 j 项成本费用；

p——投资收益率，按 6% 计；

n——造林后的年数；

m——成本费用项数。

（2）稳产期的竹林。对于立竹的年龄结构合理的竹林的价值的评估，一般采用年金法计算。即：

$$E_n = \frac{S}{P}$$

式中：S——年纯入；

P——年利率。

因此，根据上述计算公式，按照湖南省林业厅提供的资料，收集有关资料，计算的竹林价格见表3-68。

表3-68　竹林林价计算表　　单位：公顷，元/公顷

序号	类型	新造林		稳产期				平均林价	备注
		面积	培育成本	面积	总收入	经营成本	林价		
1	毛竹林	1810	13048	12729	11491	1687	163400	144682.3	年利率 $P=6\%$
2	其他竹林				2420	100	38667	38667	

4. 其他林种林价估价

参考2006年湖南省活立木的市场交易价格，在用材林林价的基础上，分别确定其他林种的林价调整比例，进而计算的其他林种的林价见表3-69。

表3-69　其他林种林价计算表　　单位：元/公顷

序号	林种	调整比例	林价	备注
1	用材林	1	46752.57	
2	薪炭林	0.93	43331.65	
3	防护林	1.00	46752.57	
4	特用林	1.12	52454.10	
5	经济林	2.42	113004.38	
(1)	果树林	2.44	114030.65	
(2)	食用油料林	2.32	108329.12	
6	竹林	1.59	74119.93	
(1)	毛竹	1.59	74119.93	
(2)	杂竹	1.46	68418.39	

（二）林地估价

从理论上说，林地价格一般按土地期望价法计算。具体的计算公式为：

$$B_u = \frac{A_u}{(1+p)^u - 1}$$

$$R_u = B_u \times p$$

式中：B_u——林地期望价；

A_u——主伐规定的林价收入；

p——投资收益率；

R_u——平均地租。

但在实际中，往往根据近三年林地的承包、转让、租赁、拍卖等实际的使用权的交易价确定其价格。即使这种交易价不是完全市场条件下的林地价格，但反映了目前社会经济条件下的林地的价值。因此，往往把林地使用权的交易价当做林地的价格。

根据湖南省林业厅提供的资料，统计2006年湖南省各类林地使用权的交易额、交易面积数

据，因此，计算的各类林地的年租金见表3-70。

表3-70 林地使用权价格计算表 单位：公顷，元/公顷

序号	林地类型	林地市场价格			备注
		交易额	交易面积	年租金	
一	有林地	51137916	93862	545	
（一）	林分	18663166	45772	408	
1	用材林	16528576	40314	410	
2	薪炭林	1623740	4273	380	
3	防护林	280850	685	410	
4	特用林	230000	500	460	
（二）	经济林	3579325	3613	991	
1	果树林	2949000	2949	1000	
2	食用油料林	630325	664	950	
（三）	竹林	28895425	44478	650	
1	毛竹	28712125	44173	650	
2	杂竹	183300	306	600	
二	疏林地	306000	1020	300	
三	灌木林地	927600	3710	250	
四	未成林造林地	228000	760	300	
五	苗圃地	3000	3	1000	
六	采伐迹地和火烧迹地	476000	1700	280	
七	宜林地	420000	1500	280	

（三）林地林木存量价值估算

1. 林地存量价值

在林地价格的基础上，根据2006年湖南省森林资源的清查数据各类林地面积统计表3-71，计算的林地存量价值见表3-72。

表 3-71 各类林地面积统计表

单位：公顷

森林类别		总面积	林地											非林地	
			合计	有林地			疏林地	灌木林地	未成林造林地	苗圃地	无立木林地	宜林地	辅助生产林地	合计	其中：四旁树
				小计	乔木林地	竹林地									
总计	合计	21183513.0	12724224.5	8786662.7	7957348.2	829314.5	94052.8	2773516.7	611322.1	3899.7	197254.0	255590.9	1925.6	8459288.5	287325.4
	公益林	5518941.0	5518941.0	3690038.7	3358101.3	331937.4	40399.8	1247710.2	424485.5	234.9	42977.6	73094.3			
	商品林	7203357.9	7203357.9	5096624.0	4599246.9	497377.1	53653.0	1525806.5	186836.6	3664.8	154276.4	182496.6			
国有	小计	836856.8	724266.4	578618.5	545129.4	33489.1	4276.5	105723.8	20425.0	713.9	8247.0	4981.9	1279.8	112590.4	2045.6
	公益林	420689.7	420689.7	315848.1	296309.0	19539.1	2832.2	86382.3	11429.6	26.7	1793.6	2377.2			
	商品林	302296.9	302296.9	262770.4	248820.4	13950.0	1444.3	19341.5	8995.4	687.2	6453.4	2604.7			
集体	小计	10264615.5	5682424.1	3919174.7	3571886.6	347288.1	30438.8	1242855.0	199194.1	1685.3	132015.3	156615.9	445.0	4582191.4	132860.2
	公益林	2358552.3	2358552.3	1563976.5	1432298.6	131677.9	12310.3	575892.6	129236.5	42.4	27122.6	49971.4			
	商品林	3323426.8	3323426.8	2355198.2	2139588.0	215610.2	18128.5	666962.4	69957.6	1642.9	104892.7	106644.5			
个人	小计	9880585.7	6287808.2	4266065.5	3818490.4	447575.1	59266.7	1421568.2	388814.5	1492.3	56611.2	93793.5	196.3	3592777.5	152419.6
	公益林	2728515.5	2728515.5	1801363.7	1621018.7	180345.0	25255.0	584030.6	282939.0	165.8	14026.6	20718.9			
	商品林	3559096.4	3559096.4	2464701.8	2197471.7	267230.1	34011.7	837537.6	105875.5	1326.5	42584.6	73074.6			
其他	小计	201455.0	29725.8	22804.0	21841.8	962.2	70.8	3369.7	2888.5	8.2	380.5	199.6	4.5	171729.2	
	公益林	11183.5	11183.5	8850.4	8475.0	375.4	2.3	1388.8	880.4		34.8	26.8			
	商品林	18537.8	18537.8	13953.6	13366.8	586.8	68.5	1980.9	2008.1	8.2	345.7	172.8			

表 3-72 各类林地面积价值计算表

单位：亿元

森林类别		总面积	林地									非林地		备注
			合计	有林地	疏林地	灌木林地	未成林造林地	苗圃地	无立木林地	宜林地	辅助生产林地	合计	其中：四旁树	
总计	合计	104.358	58.255	47.887	0.282	6.934	1.834	0.039	0.552	0.716	0.010	46.103	1.566	非林地按有林地价格计算
	公益林		24.952	20.111	0.121	3.119	1.273	0.002	0.120	0.205				
	商品林		33.292	27.777	0.161	3.815	0.561	0.037	0.432	0.511				

2. 林木存量价值

同样，2006 年湖南省林木蓄积统计，计算的林木存量价值见表 3-73。

表 3-73　各类森林、林木蓄积存量价值计算表　　单位：万公顷，亿元

林木使用权	活立木总蓄积	有林地面积	乔木林地蓄积价值	竹林	疏林	四旁树	散生木
合计	2042	878.67	1364.39	614.69	6.097	38.62	17.74
国有	181	57.79	156.09	23.20	0.471	0.43	0.91
集体	689	294.93	489.25	189.66	0.945	4.60	4.66
个人	1160	521.63	709.70	399.62	4.672	33.59	12.02
其他	12	4.32	9.36	2.20	0.009		0.15

（四）林地林木流量价值估算

第六次全国森林资源清查（1999～2003 年）结果表明，湖南省森林覆盖率为 40.63%，林业用地面积为 1171.42 万公顷，活立木蓄积 30211.67 万立方米，其中森林面积 860.79 万公顷，森林蓄积 26534.46 万立方米。在第五次全国森林资源清查（1993～1998 年）中，湖南省森林覆盖率为 38.90%，林业用地面积为 1173.66 万公顷，活立木蓄积 23147.09 万立方米，其中森林面积 823.97 万公顷，森林蓄积 19890.46 万立方米。因此，森林面积年均增长 0.88%，即年均增加 7.24 万公顷；森林蓄积年均增长 5.93%，即年平均增加 1180.19 万立方米。

根据上面计算的平均林价，按照 388.47 元/立方米（46752.57 元/公顷）计算，湖南省林木蓄积的年平均流量价值为 45.85 亿元；林地年租金按照 544.82 元/公顷计算，则林地年平均流量价值为 0.39 亿元。

因此，计算的林地林木价值汇总见表 3-74。

表 3-74　林地林木价值汇总表　　单位：亿元

项目	存量价值	流量价值	备注
林地	878.67	0.39	
林木	2042	45.85	
合计	2920.67	46.24	

四、森林生态服务价值核算

（一）涵养水源价值

1. 森林拦蓄降水的价值

对森林拦蓄降水的价值估算，主要根据森林区域的水量平衡法来计算。首先，求森林涵养水源总量，森林拦蓄水的总量是降水量与森林地带蒸散量及其他消耗的差，即：

$$Y = A\ (P - E - C)$$

式中：Y——森林拦蓄降水面积；

P——降水量；

E——蒸散量；

C——地表径流量，因为林区地表径流量很少，可以忽略不计。

湖南省森林拦蓄降水面积，包括有林地、疏林地、灌木林地、未成林造林地和苗圃地，为

120899 平方公里。根据测定，湖南省境内年平均降水量 1300～1600 毫米，林区蒸散量占年总降水量的 77%（据中南林业科技大学提供数据折算），则计算的总拦蓄水量为67.0×10^9 立方米。

森林拦蓄水的价值，相当于等容量水库的价值，核算价格用水库拦蓄 1 立方米水的建造成本。根据调查，目前我国的单位库容造价为 5.48 元/立方米（据 1998 年价格和物价指数计算）。因此，湖南省森林拦蓄降水的价值为 3671.6 亿元。

2. 森林净化水质的价值

根据湖南省和北京林业大学的研究，有水源涵养林的流域同所属河流和水库中的水的 pH 值、溶解氧、COD、Mn、BOD、氟化物、氯化物、硝酸盐、氨氮、酚、氰、砷、汞、铜等微量元素共 16 项指标的比较表明：有水源涵养林的流域，其水质达到国家地面水质标准的Ⅰ、Ⅱ类，优于其所属河流和水库的水质。例如，有水源涵养林保护的流域的 COD、Mn 的浓度仅为对比江河的 45.7%～56.8%，水库的 48.5%～60.3%。同时，天然林流域的 COD、Mn 的浓度低于人工林流域的浓度等。

目前，湖南生活用水的价格为 1.21 元/立方米（以长沙为例）。又根据北京林业大学水土保持学院的有关研究，有水源涵养林保护的水域，其水质达到生活用水的标准。因此，按照净化水质的价格 1.21 元/立方米，净化水的量按 67.0×10^9 立方米计算，森林净化水质的价值为 81.07×10^9 元，即 810.7 亿元。

3. 森林增加工农业生产用水的价值

由于森林涵养水源，增加了江河径流量，使丰水期延长，并由此增加了农田的灌溉能力和工业供水能力。因此，森林增加水资源的效益为：

$$V = \sum_{i=1}^{n} M \cdot P_i \cdot N_i$$

式中：V——森林增加水资源的价值，元；

M——森林增加水资源总量，立方米；

P_i——水价，元/立方米；

N_i——供水利用系数，%；

$i=1$，2，…5，分别表示城镇居民生活用水、农村生活用水、农业灌溉和工业用水。

湖南省 2004 年全社会总用水量为 326.9 亿立方米。其中城镇居民生活用水 18.67 亿立方米，占总用水量的 5.7%；农村生活用水 17.26 亿立方米，占总用水量的 5.3%；农业灌溉 212.4 亿立方米，占总用水量的 65.0%；工业用水 71 亿立方米，占总用水量的 21.7%（表 3-75）。

表 3-75 湖南省水价和用水量统计表 单位：亿立方米、%、元/吨

项目	城镇居民生活用水	农村生活用水	农业灌溉	工业用水
用水量	18.67	17.26	212.4	71
所占比例	5.7%	5.3%	65.0%	21.7%
水价	1.44	1.1	1.1	1.58

资料来源：湖南省水利厅。

因此，根据上述公式和数据计算的湖南省森林增加工农业用水的价值为 826.8 亿元。

4. 森林防洪价值

森林不仅具有拦蓄降水、净化水质的价值，而且还具有消解洪水的作用。根据湖南省 2005 年统计年鉴，湖南省多年平均径流量为 2136 亿立方米，其中年洪水径流量为 712 亿立方米。如果森林的消洪系数按 15% 计算，则森林年削减洪峰径流量为 106.8 亿立方米。

土地防洪费为20元/平方米（参照北京市），湖南省能够防洪的森林总面积为2440.5平方公里。因此，计算得到湖南森林防洪的总价值为0.49亿元。

因此，汇总上述4项，湖南森林年涵养水源的价值为5309.59亿元。

（二）土壤保育价值

1. 森林减少土地损失的价值

湖南省土壤耕作层平均厚度为30厘米。桉树林、松树林、杉木、柳树、椴树和竹类的林地比无林地（荒地）平均减少土壤流失量为335.57吨/平方公里年，林地土壤容重平均为1.10克/立方厘米（1.10吨/立方米），则每平方公里森林可减少的土壤流失量相当于减少土壤废弃面积为0.1017平方公里。

根据《湖南统计年鉴》（2005年），湖南省防护林面积为2440.5平方公里。因此，经计算森林减少土地损失的面积为22785.89公顷。

按照平均林地价格2459.9元/公顷计算，森林减少土地损失的价值为0.5605亿元。

2. 森林减少土壤肥力损失的价值

森林减少土壤肥力损失的价值是由于森林的存在而减少的N、P、K三种主要矿物养分的损失量的价值。

$$V_f = d \cdot s \cdot \sum_{i=1}^{n} p_{1i} \cdot p_{2i} \cdot p_{3i}$$

式中：V_f——森林保肥效益经济价值，元；

d——单位面积水土流失量，吨/平方公里；

s——森林面积，平方公里；

p_{1i}——森林土壤中氮、磷、钾含量,%；

p_{2i}——纯氮、磷、钾折算成化肥的比例,%；

p_{3i}——各类化肥的销售价，元/吨。

湖南省森林地表层土壤有机质平均含量为3.1%，全氮含量平均为0.094%，全磷含量为0.071%，全钾含量为2.9%。

目前，磷酸二铵和氯化钾的市场售价分别为2200元/吨和1400/吨。折算成纯氮、磷、钾化肥的比例分别为：132/14，132/31，75/39。湖南省2004年林业用地面积1247.71万公顷。因氮、磷包含在同一种复合肥中，因此，计算时将二者合一，计算得到森林减少氮、磷、钾养分损失的价值为6.8亿元。

3. 森林减少泥沙淤积的价值

（1）减少泥沙淤积的价值。森林减少泥沙淤积量是无林地水土流失量与有林地水土流失量的差值。同无林地相比，有林地水土流失量的平均减少量为79.7%，减少效果为335.57吨/平方公里年。湖南省林分、灌木林地和苗圃地减沙效益明显，得总面积为889.21万公顷，因此减沙总量为298.39×10^5吨。

从而得出森林每年减少泥沙淤积的数量为71.61×10^5吨。

若按泥沙容重1.28吨/立方米计算，则森林减少泥沙淤积的数量相当于减少库容损失5594813立方米。按照单位库容造价480元/立方米计算，则森林减少泥沙淤积的经济价值为268.55×10^7元。

（2）减少泥沙滞留的价值。根据有关统计资料，1999～2002年，水利部海河水利委员会在天津市海河入海口清淤，每立方米投资13.9元，按照13.19元/立方米的清淤价格计算，湖南省森林减少泥沙滞留的价值为7379.19×10^4元。

因此，森林减少泥沙淤积和滞留的价值合计为27.6亿元。

汇总上述结果，湖南省森林土壤保育的价值为34.96亿元。

（三）固碳供氧价值

根据日本一般采用的碳储量的计算方法。

碳储量=森林生物量×容积密度×含碳率

容积密度一般为0.45吨/立方米，其中针叶林为0.38吨/立方米，阔叶林为0.49吨/立方米，含碳率一般取值0.5。可以计算得出湖南省碳储量为7619.308万吨，从而得出CO_2量为27937.46万吨，处理1吨的CO_2价格为100元，计算得出湖南省森林固碳供氧价值为279.37亿元。

（四）净化空气价值

1. 森林吸收SO_2的价值

（1）采用面积—吸收能力法计算。根据国家环保总局南京科研所编写的《中国生物多样性经济价值评估》的研究数据，森林对SO_2的吸收能力：针叶林为215.6公斤/公顷，阔叶林为88.656公斤/公顷。根据《中国生物多样性国情研究报告》提供的资料，我国每消减100吨SO_2的治理费用为：投资额5万元，每年运行费1万元，合计为6万元，即SO_2的治理费用为0.6元/千克（表3-76）。

表3-76 吸收SO_2价值计算表

树种		面积	小计	吸收SO_2量	总价值=0.6×总吸收SO_2量
杉类	杉木组	1754291.8	1757259	17.22×10^6	29.3×10^6
	三杉组	2967.2			
松类	马尾松组	1445776.1	1585131.3	15.53×10^6	
	国外松组	139355.2			
柏类	柏木组	46781.6	46781.6	1.62×10^6	
	桉树组	2979.0			
	杨树组	31887.3			
阔叶林	速阔组	34991.1	1204668.5	14.46×10^6	
	中阔组	469599.5			
	慢阔组	665211.6			

根据湖南省乔木林统计面积计算的森林吸收SO_2的价值为：

0.6×［215.6×针叶林面积（公顷）+88.65×阔叶林面积（公顷）］

（2）采用阈值法计算。根据中国环境科学研究院生态研究所的测量资料，树木吸收SO_2的平均能力为120.8公斤/公顷。湖南全省树种总面积为11654232.2公顷，SO_2的治理费用为0.6元/公斤，故计算的森林吸收SO_2的价值为8.45亿元。

（3）采用叶干重估算法计算。根据北京市园林局等单位把几种积累量中等、生长良好的树种，在6~8月两个月之间叶内含硫量的变化作为吸收量。再根据各种植物每公斤干叶量计算出该植物在此期间转移的流量和叶片表面蒙尘量，推算出几种常见树种吸收SO_2的能力为：落叶阔叶林 12.0 公斤/公顷，柏类 34.7 公斤/公顷，杉类 9.8 公斤/公顷，松类 9.8 千克/公顷，根据各树种吸收 SO_2 的能力、面积及 SO_2 的治理费用，可求出树木吸收 SO_2 的价值。

上述三种方法的计算结果存在较大差异，其主要原因是由于对树木吸收净化 SO_2 的数量测试的差异引起的。面积吸收能力法的测试结果为一般情况下的全国平均值，阈值法反应的是树木的最大吸收能力，计算结果一般偏高。叶干重估算法的计算结果偏小，是因为所测数据受时段的影响，并受环境中 SO_2 含量的影响所致。因此，这里把三种估算方法结算的结果平均，计算的湖南省森林吸收 SO_2 的价值为 6.24 亿元。

2. 森林吸收氟化物的价值

根据北京市环境保护科学研究所对以排放氟化物为主的搪瓷厂附近树木的测定，毛白杨等阔叶树的吸氟能力为最高，达到 4.65 公斤/公顷，果树的吸氟能力为 1.68 公斤/公顷，侧柏、油松等常绿树的吸氟能力为 0.5 公斤/公顷。另外，森林吸收氟化物的价格采用燃煤炉窑大气污染物排污收费标准的平均值，为 0.16 元/公斤。因此，森林吸收氟化物的价值 = 0.16 × ［4.65 × 阔叶林面积（公顷）+ 1.68 × 果树面积（公顷）+ 0.5 × 松柏类常绿树面积（公顷）］。

湖南省阔叶林面积（混交林面积的一半）394444 公顷，松柏类常绿树面积 1631912.9 公顷、果树面积 1260395.1 公顷，则湖南省森林吸收、净化大气氟化物的价值为 0.8 亿元。

3. 森林吸收氮氧化物的价值

根据有关研究，森林每年吸收氮氧化物的能力为 380 公斤/公顷。按照中国大气污染物排污收费的平均标准，即 1.34 元/公斤的价格计算森林吸收氮氧化物的价值。湖南省森林林分、灌木林、疏林和村镇四旁树等林种总面积为 11654232.2 公顷。因此，湖南省森林吸收氮氧化物的价值为 59.34 亿元。

4. 森林阻滞降尘的价值

根据测定，阔叶林的滞尘能力为 10.11 吨/公顷，针叶林为 33.2 吨/公顷，阻滞降尘的价格采用燃煤炉窑大气污染物排污收费筹资型标准的平均值，即 0.56 元/公斤计算，森林阻滞降尘的价值 = 0.56 × ［10.11 × 阔叶林面积（公顷）+ 33.2 × 针叶林面积（公顷）］。湖南省针叶林面积为 7562904.2 公顷，经济林为 1260395.1 公顷计入阔叶林，阔叶林总面积为 1654839.1 公顷。则计算的湖南森林阻滞降尘的价值为 1.5 亿元。

5. 森林杀菌的价值

森林的杀菌价值可由以下公式计算：$v_0 = aTQA\ (1/K - 1)$

式中：a——森林杀菌价值占森林总生态价值的比例系数，通过专家调查法确定；

T——森林立木价格；

Q——林木单位蓄积量；

A——森林总面积；

K——森林直接使用价值占森林有形和无形总价值的比例系数，一般取 10%。

根据湖南省林种统计表湖南省森林蓄积量合计为 35279.14 万立方米，森林立木价格取 388.47 元/立方米，a 取 15%，则森林杀菌价值为 205.57 亿元。

6. 森林减噪的价值

森林具有的消减噪声的价值根据配置合理的林带（4～5 米宽）能降低噪音 5 分贝，根据目前市场上隔音板的价格，换算出隔音板减弱噪音的单位价格是 5 元/（分贝·米）。因此，采用隔音板单位减噪价格计算森林减噪的价值公式：

$$W = L \times C \times dB$$

式中：W——年价值量；

L——林带长度；

C——为植被减弱噪音单位价格；

dB——为减弱噪音分贝。

考虑到实际效用，只计算城镇和村庄树木的减噪价值。湖南省四旁树的株数为332864580株。按每株乔木的冠幅为4米，换算成单行乔木林带的长度为13.31×10^8米，将1行乔木折成2行宽8米的绿带，可获得减弱噪音5分贝的效果，则8米宽的绿化带的长度为6.66×10^8米，由此可推算出减弱噪音的经济价值为：$W = L \times C \times dB = 166.5 \times 10^8$元，即166.5亿元。

因此，计算的湖南森林净化空气的价值为439.16亿元。

（五）森林调节气温的价值

森林具有显著的降温增湿效益。根据测定，湖南省各类森林、林木面积蓄积统计表8786662.7公顷。由于缺少湖南省森林蒸腾水的速率和吸热参数，根据北京地区测算参数进行保守估算。北京地区森林蒸腾水的速率为5620.77吨/公顷·年，同时吸热1.38×10^{10}千焦/公顷·年。计算的湖南省年蒸腾耗水量为493.9×10^8吨，即493亿吨。年蒸腾吸热量为12.13×10^{16}千焦，相当于日平均蒸腾耗水3.86×10^8吨，日蒸腾吸热9.48×10^{14}千瓦时或2.63×10^{11}千瓦时。

计算中，用空调降温来折算森林的吸热降温效果。按每天森林连续吸热12小时计算，则每小时吸收2.19×10^{10}千瓦。若每台空调的功率为2.5千瓦，则相当于87.6×10^8台，即87.6亿台。计算中空调本身的成本不予考虑。

从理论上讲，森林降温效益的价值可以达到同样功效的空调耗电量和现行电价计算，考虑到森林吸热降温效益的实际情况和空调用电成本等因素，采用北京地区因使用空调等降温设备而使电价上涨的幅度作为计算森林降温效益的参数，即0.03元/千瓦时作为调整系数。因此，计算可得，湖南省森林降温的保守估计日经济效益为78.9亿元，每年空调工作时间按100天计算，那么湖南省森林降温的年效益保守估算的结果为7890亿元。

（六）森林防护价值

森林的减轻水灾效益主要是由森林保持水土的效益所造成的，但它必须是发生水灾时才有效，才具有使用价值。正是由于这个原因，森林减轻水灾旱灾效益应与森林保持水土的效益相互独立。为此定义为：在发生洪灾的条件下，由森林的固土效能减少，造成的相当于江河水库淤积引发的洪水造成的损失称为森林的减轻水灾效益，其单位森林的年均损失量称为森林得减轻水灾年效益量。根据郎奎建的估算，每年长江流域单位面积"森林减轻水灾效益"为65元/公顷·年。由此初步估计出湖南省相应防护林（水源涵养林和水土保持林的总面积为3933358.8公顷）的减轻水灾的年效益量为2.56亿元。

所以，湖南省森林的防护价值为2.56亿元。

（七）森林游憩价值

湖南省森林旅游资源非常丰富。到2004年，全省共有森林公园63处，其中国家级25处、省级29处、县（市）级9处，经营总面积24万公顷。有被世界遗产委员会列入世界遗产名录的国家级森林公园——张家界国家森林公园，有湖南省最大基因库之称的自然保护区——莽山自然保护区。各自然保护区和森林公园具有各自的景观特点，其生态系统各异。武陵源风景区区内以红砂石英岩构成的岩峰石柱群体，怪石奇峰林立，其上着生各种针、阔叶树，构成针叶林生态系统和针阔叶混交林生态系统，而莽山则是我国常绿阔叶林生态系统的典型地段。

2004 年，全省森林公园共接待游客 650 万人次，实现旅游收入 6.0 亿元，创社会产值 34 亿元。全省森林旅游业产值 497740 万元。因此，2004 年湖南省森林游憩价值为 49.77 亿元。

（八）生物多样性保护价值

1. 直接经济价值

（1）森林植物。湖南省有维管束植物 256 科、1254 属、5000 余种，占国产科总数的 75.2%、占国产属数的 40%、占国产种数的 17%。其中蕨类植物计 53 科、115 属、700 余种，占国产种数的 28%；裸子植物计 10 科、28 属、69 种；被子植物 193 科、1111 属、4000 余种，占国产种数的 16.4%。湖南有国家级重点保护的珍稀濒危植物 58 种，占全国重点保护植物的 14.9%。

湖南药用植物资源极其丰富，据不完全统计，大约有 2800 余种，占国产种数的 50% 左右，是资源植物中种类最多、蕴藏量最大的一类。重要且产量大的中草药植物种有：天麻、黄连、杜仲、木通、厚朴等 38 种之多，民间常用或传统中草药 30 多种，还有一些极具医疗价值的医药原料植物，湖南产 18 种，土农药植物 200 种左右。食用野生植物资源如淀粉与糖料植物 300 余种、油脂植物 300 余种、果品植物 50 余种等等。工业用植物资源有芳香油植物 200 余种、纤维植物 100 余种，还有鞣料植物等。从全部植物资源总数来看，植物多样性之丰富可居全国第七位，是我国植物区系丰富复杂的地区之一。

（2）森林动物。湖南动物与植物资源一样，资源也相当丰富。全省有脊椎动物 658 种，占全国同类动物的 16.1%。全省野生陆栖脊椎动物现已知有 579 种，约占全国陆栖脊椎动物的 27.86%，其中哺乳动物 82 种，约占该类全国已知种数的 18%，分属 9 目 26 科；鸟类 38 种，约占该类全国已知种数的 32%，分属于 18 目 54 科；爬行类 75 种，约占全国爬行类种数的 23.4%，分属于 3 目 13 科；两栖类 42 种，约占全国两栖类总种数的 20%，分属于 2 目 3 科。湖南省有国家重点保护的珍稀涉危动物共 90 种，占全国重点保护动物的 29.6%。

湖南已知森林昆虫总数计 19 目、278 科、2659 属、4881 种，其中湖南产昆虫新种 310 多个，另外蜘蛛类 900 多种。

根据湖南省统计年鉴，2004 年湖南森林提供的林产品价值为 390316 万元。按照 1998 年国家环境保护局的调查资料，野生动植物产品的价值占有关产值的 2.07% 左右。因此，湖南省森林生物多样性保护的直接经济价值为 0.81 亿元。

2. 间接经济价值

根据有关研究资料，全球每年生物多样性产生的经济效益为 29280 亿美元，占世界 26 万亿美元总收入的 11%。其中，与森林有关的生物多样性的价值，即森林生物多样性的间接经济价值主要包括：

分解有机废物。如按生物分解 1 公斤有机废物可节约 0.02 美元计算，则全球每年可节约 7600 亿美元。

生态旅游。生态旅游对世界每年的经济贡献为 5000 亿美元左右。

表土生成。土壤生物区系每年可以使每公顷土地育成 1 吨重的表土，每吨表土的价值为 12 美元计，全球 4.5 亿公顷的农田，土壤生物区系的表土价值每年可达 250 亿美元。

生物固氮。全世界每年由生物固定的氮大约在 1.4 亿～1.7 亿吨之间，其经济价值约为 900 亿美元。

防治病虫害。根据野外试验，在非化学控制取得的经济效益中，利用天敌防治取得的效益占

60%。全世界利用非化学控制取得的经济效益每年为1000亿美元。因此，利用天敌防治获得的经济效益每年为600亿美元左右。

除上述价值以外，生物多样性的价值还体现在基因资源和植物授粉等方面。

汇总上述五项价值，其价值之和为14350亿美元左右，占全球每年生物多样性产生的经济效益29280亿美元的49%，占世界26万亿美元总收入的5.52%。

根据《中国生物多样性国情研究报告》提供的资料，在各类陆地生态系统中，林地的生产力总量占各类陆地生态系统生产力总量的18.90%。因此，在上述生物多样性的间接价值中，森林生物多样性的间接价值大体占18.90%左右，即全球每年森林生物多样性的间接价值大体为2712亿美元左右。

根据上述数据计算得到湖南省森林生物多样性的间接经济价值为58.55亿元。即每年森林生物多样性的间接经济价值约为58.55亿元。

因此，合计直接经济价值和间接经济价值，则湖南省森林生物多样性保护的年效益为59.36亿元。

无论是生物多样性保护的直接经济价值，还是间接经济价值，都是生物多样性保护的流量价值，即年产生的效益。生物多样性是多年累积的结果，是多年流量价值沉淀形成的。因此，如果把生物多样性保护的直接经济价值和间接经济价值当成每年带来的收益，按照收益还原法，利率按6%计算，则湖南森林生物多样性的存量价值为989.33亿元。

因此，湖南省2004年森林环境服务的价值汇总见表3-77。

表3-77 湖南省2004年森林环境服务价值汇总表 单位：亿元

序号	项目	存量价值	流量价值	备注
1	涵养水源价值		5309.59	
2	土壤保育价值		34.96	
3	固碳供氧价值	4656.17	279.37	利率按6%计算
4	净化空气价值		439.16	
5	调节气温价值		7890	
6	森林防护价值		2.56	
7	森林游憩价值		49.77	
8	生物多样性保护价值	989.33	59.36	利率按6%计算
	合计	5645.50	6174.77	

五、森林绿色GDP核算

（一）森林绿色GDP核算

森林绿色GDP的核算，应该包括原先在国民经济账户中被忽略了的非市场性的森林产品和服务的价值，同时，也要减去森林资源、环境恢复费用支出等。

森林绿色GDP = GDP - 森林资源损耗价值和森林环境降级损失 - 森林资源、环境恢复费用支出 - 森林环境降级预防费用支出 - 由于非优化利用森林资源而进行的调整价值

因此，湖南省2004年的森林绿色GDP的计算见表3-78。

表 3-78　2004 年景森林资源调整的地区生产总值（eaGDP）总量核算表　　单位：亿元

指标	核算值	备注
地区国内生产总值（GDP）	4638.73	为 2003 年的 GDP 值
森林培育资产产出	46.24	
森林环境服务价值	6174.77	未包括森林调节气温价值
经森林培育资产产出调整的地区生产总值（eaGDP1）	4684.97	
经森林环境服务价值调整的地区生产总值（eaGDP2）	10859.74	

（二）森林绿色 GDP 变化趋势分析

随着国民经济的发展，人们生活水平的提高，绿色 GDP 实施带来的良好促进作用，我们有理由相信湖南省的森林绿色 GDP 和森林财富变化总体上是呈增长态势的。因为绿色 GDP 也是与 GDP 的增长息息相关，所以我们首先假定在 GDP 保持每年 8% 的增长，其他条件不变的情况下，2000 ~ 2004 年湖南省森林绿色 GDP 变化（表 3-79）。

表 3-79　2000 ~ 2004 湖南省森林绿色 GDP 变化

年份	GDP	eaGDP1	eaGDP2
2000	3691.88	3728.68	
2001	3983.00	4022.70	
2002	4340.94	4384.21	
2003	4638.73	4684.97	10859.74

因此，根据上述计算结果，画出 2000 ~ 2004 年湖南省 GDP 与 eaGDP1、eaGDP2 的关系图如图 3-10。

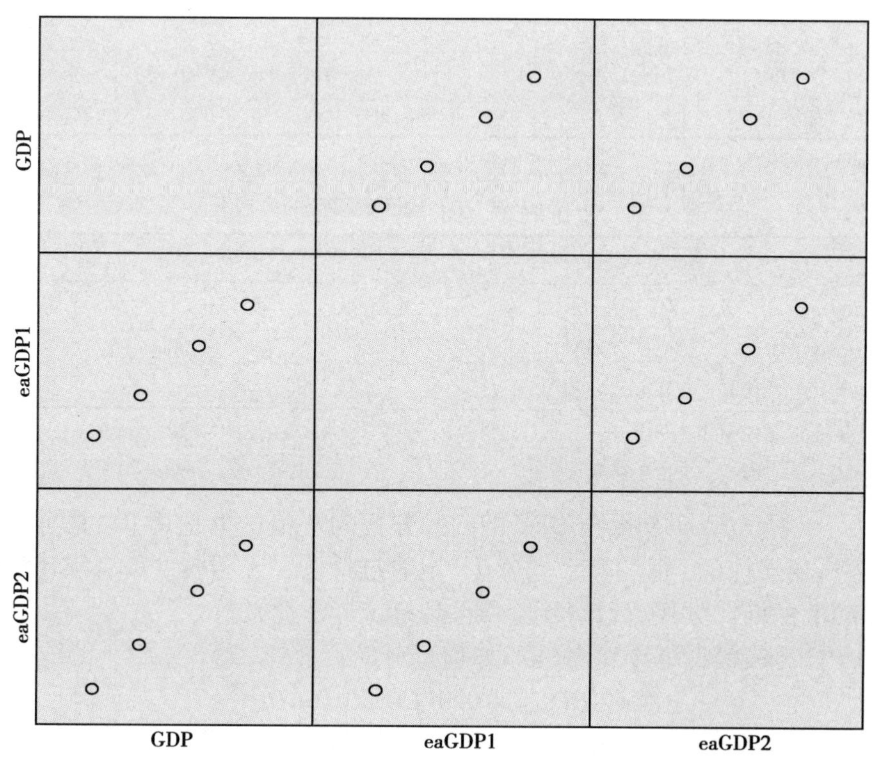

图 3-10　2000 ~ 2004 年湖南省 GDP 与 eaGDP1、eaGDP2 的关系图

由图3-10可以看出，2000~2004年湖南省GDP与eaGDP1、eaGDP2呈线性关系。因此，利用SPSS软件以GDP为自变量，以eaGDP1、eaGDP2为因变量分别建立线性回归方程（表3-80、表3-81、表3-82、表3-83）。

表3-80　eaGDP1与GDP的回归方程

Model		Unstandardized Coefficients		Standardized Coefficients	t	Sig.	95% Confidence Interval for B	
		B	Std. Error	Beta			Lower Bound	Upper Bound
1	(Constant)	-.011	.008		-1.302	.323	-.046	.024
	GDP	1.010	.000	1.000	518752.904	.000	1.010	1.010

a. Dependent Variable：eaGDP1

表3-81　eaGDP1与GDP的回归模型的方差分析

Model		Sum of Squares	df	Mean Square	F	Sig.
1	Regression	522601.379	1	522601.379	2.69E+011	.000[a]
	Residual	.000	2	.000		
	Total	522601.379	3			

a. Predictars：(Constant)，GDP

b. Dependent Variable：eaGDP1

表3-82　eaGDP2与GDP的回归方程

Model		Unstandardized Coefficients		Standardized Coefficients	t	Sig.	95% Confidence Interval for B	
		B	Std. Error	Beta			Lower Bound	Upper Bound
1	(Constant)	-.005	.268		-.019	.986	-1.157	1.147
	GDP	2.303	.000	1.000	35951.904	.000	2.303	2.303

a. Dependent Variable：eaGDP2

表3-83　eaGDP2与GDP的回归模型的方差分析

Model		Sum of Squares	df	Mean Square	F	Sig.
1	Regression	2717107.156	1	2717107.16	1.29E+009	.000[a]
	Residual	.004	2	.002		
	Total	2717107.160	3			

a. Predictars：(Constant)，GDP

b. Dependent Variable：eaGDP2

由计算结果可以看出，eaGDP1与GDP的回归方程的F值的P值为0，具有统计学意义，且模型中GDP的系数所对应的t值的概率也为0，也通过检验，说明模型具有统计学意义。

eaGDP2与GDP的回归方程也通过检验，也具有统计学意义。

因此，eaGDP1、eaGDP2与GDP的回归方程可写成：

$$eaGDP1 = -0.011 + 1.010GDP$$

$$eaGDP2 = -0.005 + 2.303GDP$$

进一步预测的2005~2020年湖南eaGDP1和eaGDP2的值见表3-84。

表 3-84　2005～2020 年湖南省基于森林的 eaGDP1 和 eaGDP2 预测表　　单位：亿元

年份	eaGDP1	eaGDP2
2005	4959.46	11308.52
2010	6230.55	14206.84
2015	8286.88	18895.66

六、基于森林绿色核算的林业可持续发展政策分析

（一）林业发展和森林经营的可持续性

森林经营的目的在于森林资源和林地要以持续的方式经营，以满足社会、经济、生态以及当代和后代的文化和精神的需求。可见，森林可持续经营的发展有三大保障：一是经济保障，二是社会保障，三是政策保障。其中，政策保障显得越来越重要，经济和社会保障也主要是通过政策途径来实现的。森林经营受政策影响很大，因为政策决定着经营者对森林经营的权力，调节着森林经营者的利益分配，进而影响着人们对森林资源的利用方式和程度。

对于湖南省来说，要在我国森林分类经营的基础上，制定符合可持续发展思想和原则的森林可持续经营规划，并在指导和规范森林经营活动的前提和基础上，采取“自上而下”的方式，发展参与式森林可持续经营等，促进可持续经营的实现。这些可持续经营对策主要包括：①加强生态体系保障建设，保护好现有森林；②加快人工造林步伐，促进森林资源可持续经营；③稳定投入机制，建立生态效益补偿制度；④加强科学研究，促进森林资源的科技管理；⑤深化内部改革，实现人力资源可持续发展。

（二）森林对经济的全面贡献

林业作为国民经济的基础产业之一，在为人们提供基本的生产资料和生活资料的同时，还能创造就也机会，保护农业的发展。作为林业资源主体的森林，在固定二氧化碳、抑制温室效应、制造氧气、净化环境、保持土壤、涵养水源、防风固沙、保存生物多样性、促进乡村发展及人类生态环境改善等方面做出了很大的贡献。

（三）建立森林生态服务市场和生态效益补偿机制

中国森林生态产品与服务市场尚处于雏形阶段，尚未在全国各地进行推广与普及，原因在于尚存在市场构建等方面一些难以解决或者根本不能解决的问题。创建市场需要两个基本条件：一是消费者必须能够而且愿意为某物品或服务付费；二是生产者必须愿意而且能够提供该物品或服务。对于许多森林环境服务来说，这些条件并不容易满足。但是，下面几个要素表明基于市场的手段不仅是可行的，而且越来越有吸引力。原因在于：①人们越来越意识到环境服务的经济意义以及有必要保证环境服务的持续供给；②监测环境服务状况、影响和消费的技术手段得到了改进；③公共当局对环境数量目标（如国家净碳排放量）的新承诺，以及在寻求最成本有效的方法达到这些目标方面的不断增长的兴趣；④以市场的方法发展和保护环境越来越被广泛接受。

在探索和建立森林生态效益商品化和市场化交易机制的同时，通过公共财政对森林生态效益进行补偿，是建森林生态效益补偿制度的一种重要形式，也是发达国家普遍经验。随着市场经济的发育与完善以及森林生态效益计量手段的科学化，这种交易方式更具有现实性。合理确定交易对象、科学计量效益价值、建立可行的价值实现机制、实现森林环境服务的内部化等。

1992年江西省婺源县建立了县级的森林生态效益补偿基金，从包括水电站在内的各种森林资源环境受益主体征收不同规模的补偿费，征收的这些费主要用于资助该县小型天然林资源保护区的建设。辽宁、内蒙古、北京、江西、四川、新疆等地也做了这方面的尝试。

由于没有明确的补偿政策，森林生态补偿的有无以及补偿费的多少随意性很大，主要取决于参与者的讨价还价能力或决策者的意志，一些森林生态补偿实践没有坚持下来。但也有一些地方已经出现了通过森林环境服务市场以解决当地对环境退化和生态建设资本短缺等问题。

因此，建立森林生态效益补偿制度，应着重从以下几方面解决问题：

——开展森林环境宣传活动以提高公众的环境意识；

——对森林环境服务受益群体进行教育，如水电站和水资源供给企业等；

——探索受益者和潜在的森林环境支持，最大限度地减少社会福利损失；

——建立受益者参与决定环境服务价格的机制；

——引进支付系统，阻止受益者免费搭车；

——支持建立受益者协会，依靠内部力量保证所有受益者支付环境服务；

——采取更加有效的行动，排除不支付费用的人获益；

——执行森林生态效益补偿费制度，实行专款专用；

——引进机制确保当地供给者参与确定支付水平的高低和收益分配；

——强化森林资源生态效益计量与评价方面的研究，并建立适当信息扩散渠道，使计量和评价结果能够为社会各界所接受。

（四）林业对可持续发展作用的分析

从20世纪80年代以来，全球人口增加，污染严重，沙漠化加剧，生态环境急剧恶化等种种问题越来越严重，环境问题向人类发出了前所未有的挑战。人类不得不摒弃以前的发展模式重新审视人类的发展，可持续发展成为世界各国的共识和承诺。

林业作为国民经济的基础产业之一，长期以来，一直为人们生产和生活提供着各种木质的和非木质的林产品。在人类历史上，不论是发达国家还是发展中国家，林业从来没有像今天这样受到重视。主要是因为林业产业不仅每年为世界提供约30亿立方米的木材，还提供大量的非木质产品，如水果、油料、蘑菇、花卉、草药、竹子、藤、香精油、树脂、松香、橡胶、单宁、染料和野生动物产品等。林业产业的发展是社会经济，尤其是乡村经济发展的一个重要因素。森林狩猎旅游及饲养某些种类的森林动物，可以成为某些地区乃至国家的重要财源。随着社会经济的发展和人民生活水平的提高，对木材和非木质林产品的需求量越来越大。面对人类对材料、燃料、动物、食品、饲料、游憩场所日益增长的需要，林业生产在提供可更新的物质财富及各种服务方面具有重要作用。

在可持续发展的自然资源中，森林资源作为内容丰富的可自然更新的资源具有独特的作用。唯有森林才能提供可更新的物质财富和效益来满足人类未来的需要，唯有森林才能为居民提供清爽和宁静的空间，森林在环境保护方面占有独一无二的位置，是维护地球生态平衡的保障。

森林是自然界中物质最丰富、层次结构最复杂、生产力最大的陆地主体生态系统，是自然界最重要的生物库、能源库、基因库、碳储库和蓄水库，对自然环境中的大气圈、水圈、岩土圈和生物圈具有极其重要的作用，森林资源是人类赖以生存和发展必不可少的重要资源，在促进经济和社会可持续发展方面具有不可替代的作用。

森林具有平衡气候的重要作用。在当今全球迅速工业化的进程中，随着能源消耗的不断增加，向大气中排放的二氧化碳也不断增多，造成的温室效应导致全球气候呈变暖的趋势，这一趋势如无遏制地发展下去，将会引起地球上冰川的大量消融，导致海平面上升和海水吞食陆地，进而危及人们居住的家园。森林是吸收大气中二氧化碳的主要载体，森林作为绿色植物的巨大复合系统，其光合作用吸收贮存的二氧化碳量超过全球二氧化碳总量的一半，在减缓或抑制全球气候变暖的趋势方面发挥着重要作用。森林绿色植物的光合作用在吸收大量二氧化碳气体的同时，还制造出了人类赖以生存的大量氧气，维持着大气中氧气的平衡。森林对空气有一定的净化作用，人们在生产和生活中排放氟和二氧化硫等主要污染物体，大气中氟含量的增加会导致大气臭氧层的破坏，使透过大气层的紫外线增多，从而危及人们的缝康。大气中二氧化硫含量的增多会形成酸雨，对农作物的生长会造成危害。森林对氟和二氧化硫等污染物有一定的吸收和消化能力，可以减轻大气层的污染，有利于人们的健康和农作物生产。森林吸附粉尘和降低噪音的作用能为人们提供良好的生产生活环境。森林还能够有效地降低风速，通过吸收太阳辐射调节温度，通过林木蒸腾提高湿度，是农牧业生产的有效屏障。

森林是全球水循环系统中的一个最重要环节。森林是绿色水库，它具备特有的水源涵养和蓄水保水功能。森林像“海绵”一样吸收降雨，阻止或降低洪峰流量，并延长枯水期水流量，实现对流水量的有效调节，减轻水旱灾害，增加有效水的供给。1998 年上半年的黄河长时间断流，下半年长江、嫩江和松花江发生历史罕见的大洪水，造成这些结果的主要原因是这些流域森林面积大幅度减少，无法对流域水量实施有效调节。森林的蒸腾作用产生的水蒸气参与了大气的水分循环，森林蒸腾的水汽有 58% 通过降水返回地面，能增加陆地降水。

森林具有最大的固土和保土作用。森林以树干径流的形式将降雨集中到树干基部，并通过各层树冠的阻挡改变透过树冠雨水的雨滴大小、分布和对地表的冲击力，从而减少降雨对地表的侵蚀作用和土壤流失。森林的多层复合结构、林下植被层和林地枯枝落叶层都有利于减少地表土壤受降水的侵蚀。枯枝落叶层的腐化分解能增加土壤有机质，改良土壤结构，防止土壤地力的衰退。森林植物根系的固定作用增加了土壤的内聚力，森林的蒸腾作用降低土壤水分含量和衬质势，这些都有利于增强坡地的稳定性，减少滑坡、塌方和泥石流等水土流失灾害的发生。森林保持土壤的作用对减轻河道、水库、湖泊的淤积，有效地发挥河流、水库、湖泊对水的调节能力，从而减少洪水灾害起着根本性的作用。由于森林的破坏，1949 年以来我国湖泊减少了 3500 多个，因土壤流失而损失的水库、山塘库容累计 200 亿立方米以上，使花费大量投资用来蓄水和发电的基础设施没过多久就被淤塞，浪费了大量的财力物力。这也是 1998 年夏季特大洪灾发生的又一重要原因。

森林是防止土地荒漠化的有效屏障。土地荒漠化是横行在世界许多国家的全球性灾难，沙漠的面积已占全球陆地总面积的 1%，并正在同时向温带地区和热带地区扩展。我国的土地荒漠化造成的土地生产力下降也非常突出，荒漠化土地面积 262. 2 万平方公里，占国土总面积的 27. 3%，超过全国耕地面积的总和。土地沙化速度十分惊人，每年以 3436 平方公里的速度在增加。不断扩展的沙漠蚕食了大片耕地和草原。森林具有很强的防风固沙功能，它能有效地降低地表风速，固定流动沙丘，在遏制土地荒漠化方面具有不可替代的重要作用。

森林在全球生物多样性保存方面具有极其重要的作用。森林是地球上最大的物种基因库和生态环境庇护地，对保护生物多样性起着关键的作用，地球上的森林庇护着生物圈中 70% 的植物种，40% ~50% 的动植物种。由于全球每年 1700 万公顷森林消失，使物种减少的速度达每年 1. 5 万 ~2 万种。

林业作为国民经济的基础产业之一，在为人们提供基本的生产资料和生活资料的同时，还能创造就业机会，保护农业发展。作为林业资源主体的森林，在吸收二氧化碳、抑制温室效应、制造氧气、净化环境、保持土壤、涵养水源、防风固沙、保存生物多样性、促进乡村发展及人类生态环境改善等方面的上述作用和功能，决定了林业在国民经济和社会发展的全局中居于十分重要的地位，是人类社会可持续发展的基础。要实现社会经济的可持续发展，必须首先保证林业的可持续发展。

第七节　湖南林业文化发展指标体系的研究

一、森林文化的概述

（一）森林文化发展过程

在不同的历史发展时期，人类在森林中的活动行为形成了不同的文化现象，并逐渐发展成森林文化景观。史前时期的采摘文化景观，表明人们深度依赖森林获得必需的生活资料，所以这个时期的森林也可以说是人类的材料文化。农业化时期，人们不断扩大土地面积，期望获得更多的生存空间。人类不断挤缩森林空间，向森林要土地，砍伐、烧山成为人类向森林宣战的一种方式，人类对森林的文化现象表现为一种摄取文化景观。工业化时期，人类物质和精神文明得到质的飞跃，城市不再是人们理想的乐园，环境污染笼罩在人们的头上，安静、祥和的原始森林成为人们休闲娱乐的理想地，人们需要返回森林，寻求自然的生态气息。这个时期人们对森林的文化活动行为可以称之为寻根文化景观。

从上述森林文化的发展过程，我们可以看出，森林文化实际上给人们展示的是物质森林文化和民俗森林文化两种文化形态，物质森林文化反映了人类和森林的一种授予关系，有时间上序的存在。具体表现为：首先人类不断向森林索取物质资料，在最初的果实采摘、猎杀森林中的动物、获取建筑材料、到人类向森林要土地的过程中，人类贪婪地向森林摄取一切可以获得的各种资源。当人类的文明发展到一定的阶段，森林开始不断地反作用于人类，通过各种自然灾害的形式，如沙尘暴、泥石流、干旱等，使人类认识到森林不是一个不会断绝的资源，也需要保护。于是，人类人为地向森林回吐，“退耕还林”成为人类向森林退出生存空间的必须形式。这个时候，人类给予森林的比森林给予人类的要多。这就是森林物质文化的表现形式。

森林民俗文化是依然生活在森林里的人们的一种文化形式。这主要分布在交通条件不便的地方，以少数民族为主。这些受现代工业文明影响较小的人们，依然和森林保持着密切的关系，他们的衣食住行都和森林发生关系。随着现代旅游业的开发，这种森林民族文化正呈消亡的趋势。广西有“桂林山水甲天下，侗族风情看三江”的说法，三江侗族的服饰、侗族女的长发、侗族建筑精品的吊脚楼随着旅游的开发，有逐步消失的危险；新疆图瓦人居住的喀纳斯湖畔的禾木图瓦村，图瓦人的木楼、传统节庆、饮食习惯都逐渐淹没在旅游开发的浪潮中。这些森林中的民族千百年来，一直沿袭着古老的传统习俗，和森林融合在一起，是人类森林民俗文化的重要组成部分，探索、研究他们的生存方式，无疑会增添森林文化的丰富内涵。

（二）森林文化的概念

文化是一个社会活动现象，是地区差异最明显的表征之一。人们往往通过文化的差异，反映地区或者行业的不同。英国人类学家泰勒在《原始文化》中认为：“文化是知识、信念、艺术、伦理、法律、习俗以及作为社会成员的人所需要的其他能力和习惯所构成的综合体。”《大英百科全书》解释为：“文化是一种渊源于历史的生活结构体系。”文化具有创造性和对象性，文化的过程是某种价值的实现过程。

森林文化是人和森林形成的一种互动关系，也是人类经营森林的过程体现出的一种社会现象。邓小贤在《森林文化、森林美学与森林经营管理》中认为："以森林为背景，以人类和森林和谐为指导思想和研究对象的文化体系"，"是指人对森林的敬畏、崇拜与认识、是建立在对森林各种恩惠表示感谢的朴素感情基础上的反映人与森林关系的文化现象"。但新球在《森林文化的社会、经济和系统特征》中认为："森林文化是指人类在社会实践中，对森林及其环境的需求和认识及其关系的总和"。

森林文化作为一种概念是在近年被提出来的，目的在于期望人们能够自觉地恢复过去那种人与自然的和谐关系。森林文化组织也相应诞生，中国的森林文化研究会在山东的济南成立，旨在以科学发展观为指导，促进人与森林的和谐相处。台湾的生态保护联盟曾将1999年确定为台湾的"森林文化年"，希望唤起人们对森林的尊重与爱护，莲花县为此组织了"世纪的醒悟为森林守夜"的大型活动，受到民众的热烈响应。国际上一些森林资源丰富的国家，国民文化在一定的程度上就是一个森林文化的表露，日本的森林文化协会对于日本文化的研究体现在森林文化上，日本人具有森林民族性，日本文化无疑属于一种森林文化。芬兰的英雄诗史《Kalewala》展现了芬兰人独有的狩猎与农耕相融合的森林文化遗产。

（三）森林文化的特点

首先，森林文化具有整体性，而整体又是由各个有机部分组成，如松文化、竹文化、茶文化、柏文化、梅花文化、桃花文化等。这些具体的文化形态都是感性和生动的，正是这些个别的文化的多样性构成森林文化的整体性。

其次，森林文化具有连续性。随着人类对森林认识和利用的深化，森林文化也在不断改变自己的形式，以适应社会的需求，从而实现森林文化的连续性，如竹简文化、纸文化的出现，是森林文化改变自己的形式以实现其连续性的表现。

再次，森林文化具有独立性。森林文化具有自身的品格和品位。在农业社会，主导性上农业文化已取代森林文化，但山区、林区森林文化仍以其自身的特色占有一席之地。

最后，森林文化具有时代性。工业社会对森林的封杀，凸现了森林文化的价值。人们注意到，森林文化不但保存着原有的树种文化形态，还出现了乡村森林文化形态和城镇森林文化形态，出现了森林公园文化形态和森林自然保护区文化形态，出现了非物质森林文化形态，以及以森林美学、哲学、伦理学、文化学为标志的森林内在文化形态。森林文化以其鲜明的时代性，成为社会主义先进文化的一部分。

二、森林文化指标体系的内涵

（一）森林文化指标体系的构建

根据我国森林文化的发展历程及其特点，影响森林文化发展水平的主要因素有森林公园、城镇绿地面积、名胜古迹风景林、森林产品文化、古树名木、森林主题活动、四旁树和林业科普基地等8大指标，而每个指标又有各自的影响因子，根据它们之间的相互关系，构建森林文化指标体系框架图（图3-11）。

（二）森林文化指标的确定

1. 森林公园

森林公园是以大面积森林为基础，生物资源丰富，自然景观、人文景观相对集中的具有一定规模的林区或郊野公园。它是以保护为前提，利用森林的多种功能为人们提供各种形式的旅游服

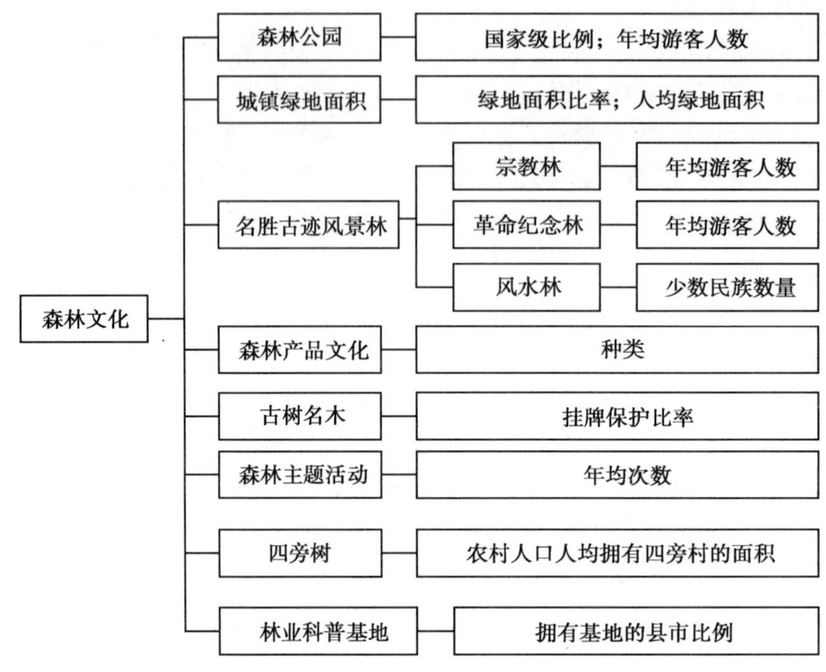

图 3-11 森林文化指标体系框架图

务和可进行科学文化活动的经营管理区域。森林公园建设以生态学理论为指导，以合理利用森林资源、优化森林生态环境为目的。

森林文化与森林公园有着千丝万缕的内在联系，森林文化寓于森林公园的软、硬件之中。森林文化是建立新型人与自然和谐统一关系的重要载体，是代表先进文化前进方向的重要内容。森林文化是森林公园发展的强大动力。这种动力的作用主要表现在：一是先进的森林文化能够极大地促进人的思想道德和科学文化素质的提高，这必然要为森林公园发展带来强有力的精神动力；二是先进的森林文化可以为森林公园带来深厚的文化品位。一个没有文化底蕴的森林公园是一个不完整的森林公园。三是先进的森林文化是一种与时俱进，不断创新的文化，必然要给森林公园发展带来日新月异的生机与活力。

森林公园指标的确定主要从两个评价因子考虑，一是国家级森林公园比例，也就是从一个地区国家级森林个数与整个地区森林公园个数的之比，以 50% 为标准，得分值为 5 分，各省得分 = 各省比例/标准比例 ×5；二以是森林公园的全省平均每个森林公园的年均游客人数多少来衡量，以每年 60 万人次为标准，得分值为 10 分，各省得分 = 各省平均每个森林公园年均游客人数/标准年均游客人数 ×10。最终森林公园指标得分为国家级森林公园比例得分与森林公园年均游客人数得分之和，总得分值为 15 分（表 3-85）。

表 3-85 森林公园的评价因子划分表

评价指标	评价因子	标准	备注
森林公园（15 分）	国家级比例（5 分）	50%	
	年均游客人数（10 分）	60 万人次	根据近几年森林公园规划年旅游人数的平均值

2. 城镇绿地面积

城镇绿地面积是城镇内森林与绿地面积总和，是表现生态城市的重要指标。它主要分为绿地面积比率与人均绿地面积两部分。它同样也是森林文化指标之一。

城镇绿地面积的确定主要从两个因子考虑，一是绿地面积比率，即城镇绿地面积占城镇所有面积之比，以国家生态城市的要求为标准：33.22%，得分值为5分，各省得分=各省城镇绿地比率/标准比率×5；二是人均绿地面积，从该地区人均所占有的绿地面积以国家生态城市的要求为标准：10平方米，得分值为10分，各省得分=各省城镇人均绿地面积/标准人均绿地面积×10。最终城镇绿地面积指标得分为绿地面积比率得分与城镇人均绿地面积得分之和，该指标的总分值为15分（表3-86）。

表3-86　城镇绿地面积的评价因子划分表

评价指标	评价因子	标准	备注
城镇绿地面积（15分）	绿地面积比率（5分）	33.22%	以国家生态城市的要求为标准
	人均绿地面积（10分）	10平方米	以国家生态城市的要求为标准

3. 名胜古迹风景林

名胜古迹风景林是以满足人类生态需求，美化环境为主要目的，位于名胜古迹和革命纪念地，包括自然和文化遗产地、历史与革命遗址地的森林、林木和灌木林，以及纪念林、文化林等。它是中华民族悠久历史文化的见证，是森林文化的主要组成部分，是人文与森林景观相结合的人文林。其主要包括：宗教林、革命纪念林、少数民族风水林。

宗教林根据各省每个宗教林年平均游客人数多少来衡量，其标准定为每年20万人次，得分为5分，各省得分=各省平均每个宗教林年均游客人数/标准年均游客人数×5；革命纪念林根据各省每个革命纪念林年平均游客人数多少来衡量，其标准定为每年100万人次，得分为5分，各省得分=各省平均每个革命纪念林年均游客人数/标准年均游客人数×5；风水林根据拥有风水林的少数民族数量的多少来衡量，其标准定为5个以上少数民族，得分为5分，各省得分=各省拥有风水林的少数民族数量/标准拥有风水林的少数民族数×5。最终名胜古迹风景林指标得分为宗教林得分、革命纪念林得分与风水林得分之和，名胜古迹风景林的总分值为15分（表3-87）。

表3-87　名胜古迹风景林的评价因子划分表

评价指标	评价因子	标准	备注
名胜古迹风景林（15分）	宗教林（5分）	年均游客人数20万人次	
	革命纪念林（5分）	年均游客人数100万人次	
	风水林（5分）	拥有风水林的少数民族数量5个以上	各省少数民族数加权平均值

4. 森林文化产品

森林是人类的发源地，在人类悠久的历史文化中，形成了许多森林产品的文化，主要包括：生物崇拜文化、茶文化、隐士文化、风水文化、建筑文化、林区民族文化、农林复合文化、森林利用文化、森林游憩文化、树木（竹）文化、花卉文化、园林文化等12种。这些森林产品在独自的领域形成了各自的文化，但其都应归属于森林文化。根据各省所拥有的森林文化产品的种类多少来衡量，以10种为标准，得分为15分，各省得分=各省森林文化产品的种类/标准×10（表3-88）。

表 3-88　森林产品文化的评价因子划分表

评价指标	评价因子	标准	备　注
森林文化产品（15 分）	种类（15 分）	12 种	生物崇拜文化、茶文化、隐士文化、风水文化、建筑文化、林区民族文化、农林复合文化、森林利用文化、森林游憩文化、树木（竹）文化、花卉文化、园林文化等 12 种

5. 古树名木

古树名木是中华民族悠久历史与文化的象征，是绿色文物，活的化石，是自然界和前人留给我们的无价珍宝。因此它是森林文化的重要指标。主要考虑古树名木的保护比率因子。

古树名木的得分值按古树名木的保护比率来确定，根据各省对古树名木清查、登记、挂牌保护的古树名木占该省古树名木的比例，以 100% 为标准，总分值为 10 分，各省得分 = 各省古树名木保护比率/标准比率 ×10（表 3-89）。

表 3-89　古树名木的评价因子划分表

评价指标	评价因子	标准	备　注
古树名木（10 分）	保护比率（10 分）	100%	对古树名木的保护是对我国悠久的文化的保护，100% 的保护是我们的目标

6. 森林主题活动

森林文化是人类与森林的相互关系的总和，那么以森林为主题的活动必然是森林文化的重要组成。森林主题活动指标的确定根据一个省年均举行的以森林为主题的大型活动次数来衡量，标准定为 3 次，得分为 10 分，各省得分 = 各省森林主题活动次数/标准次数 ×10，该指标的总分值为 10 分（表 3-90）。

表 3-90　森林主题活动的评价因子划分表

评价指标	评价因子	标准	备　注
森林主题活动（10 分）	年均次数（10 分）	3 次	一次全民义务植树活动 + 两次以森林为主题的其他省级活动

7. 四旁树

四旁树是村旁、地旁以及平湖区冠幅小于 10 米和 2 行以内、或长度不足 100 米的林带和庭院内的林木。四旁树是乡村林业的主要部分，是乡村森林文化的一种表现形式。按农村人口人均拥有四旁树的面积来衡量，以人均 1 株为标准，得分为 10 分，各省得分 = 各省农村人口人均拥有四旁树的面积/标准株数 ×10（表 3-91）。

表 3-91　四旁树的评价因子划分表

评价指标	评价因子	标准	备　注
四旁树（10 分）	农村人口人均拥有四旁树的面积（10 分）	0.1 亩	

8. 林业科普基地

林业科普基地旨在于进一步促进各地区林业科普事业的发展，充分发挥当地林业资源优势，并通过开展各种形式林业科普活动普及林业知识，并在这一过程中，促进公众理解林业科学、体会林业研究方法、感受林业科学精神，使青少年热爱林业，使林业能在公众中形成新的认识和理解。按拥有林业科普基地的县市数比例来衡量，以 100% 为标准，得分为 10 分，各省得分 = 各省林业科普基地的县市数比例/标准比例 ×10（表 3-92）。

表 3-92　林业科普基地的评价因子划分表

评价指标	评价因子	标准	备　注
林业科普基地（10 分）	拥有基地的县市比例（10 分）	100%	为了更好地了解认识各地森林，为了更多的人认识森林，拥有林业科普基地的县市是达到 100% 是我们的目标

三、森林文化发展水平指数

（一）森林文化发展水平指数概念的界定

森林文化发展水平可根据森林公园（最大分值为 15）、城镇绿地面积（最大分值为 15）、名胜古迹风景林（最大分值为 15）、森林文化产品（最大分值为 15）、古树名木（最大分值为 10）、森林主题活动（最大分值为 10）、四旁树（最大分值为 10）和林业科普基地（最大分值为 10）8 个指标来衡量，通过计算该地区的每个指标的得分值，将其累加的总得分值，定义为森林文化发展水平指数。根据森林文化发展水平指数的大小来衡量一个地区森林文化发展水平的高低。

（二）森林文化发展水平等级划分

森林文化发展水平指数设定为百分制，并将其按各个指标的权重而附其不同的分值。因此，根据森林文化发展水平指数的大小将森林文化发展水平划分为五个等级Ⅰ、Ⅱ、Ⅲ、Ⅳ、Ⅴ（表 3-93）。

表 3-93　森林文化发展水平等级划分标准表

森林文化发展水平等级	森林文化发展水平指数	备注
Ⅰ	91 ~ 100	
Ⅱ	76 ~ 90	
Ⅲ	60 ~ 75	
Ⅳ	30 ~ 59	
Ⅴ	0 ~ 29	

（三）湖南省森林文化发展水平指数的预测

根据湖南省森林文化发展的具体情况，结合森林文化发展水平指标体系，计算出湖南省 2005 年度的森林文化发展水平指数（表 3-94）。

表 3-94　湖南省森林文化发展水平指数表

评价指标	评价因子	标准	湖南省的情况	湖南省得分
森林公园（15 分）	国家级比例（5 分）	50%	30.43%	3
	年均游客人数（10 分）	60 万人次	10.29 万人次	1.6
城镇绿地面积（15 分）	绿地面积比率（5 分）	33.22%	32.16%	4.8
	人均绿地面积（10 分）	$10m^2$	$6.53m^2$	6.5
古树名木（10 分）	保护比率	100%	30%	3

续表

评价指标	评价因子	标准	湖南省的情况	湖南省得分
名胜古迹风景林（15分）	宗教林（5分）	年均游客人数20万人次	5万人次	1.25
	革命纪念林（5分）	年均游客人数100万人次	90万人次	4.5
	风水林（5分）	拥有风水林的少数民族数量5个以上	5	5
森林主题活动（10分）	年均次数	3次	2次	6.7
四旁树（10分）	农村人口人均拥有四旁树的面积	0.1亩以上	0.101亩	10
林业科普基地（10分）	拥有基地的县市比例	100%	50%	5
森林文化产品（15分）	种类	12种	12种	15
总　计				66.35

通过表3-94可以得出，湖南省在森林公园、古树名木、名胜古迹风景林、森林主题活动及林业科普基地还有很大的发展潜力。在今后的发展中对森林公园要加强基础设施建设、扩大对外宣传和积极申报国家级森林公园，争取国家级森林公园比例2010年达到35%、2020年达到40%、2050年达到50%以上；平均每个森林公园年均游客人数2010年达到20万人次、2020年达到40万人次、2050年达到60万人次以上；对古树名木要加大保护力度，争取提高古树名木保护比率2010年到50%、2020年到70%、2050年达到90%以上；对名胜古迹风景林要加强基础设施建设、扩大对外宣传，争取2010年平均每个革命纪念林年均游客人数达到100万人次；政府每年多组织以森林为主题的活动，增加林业科普基地的数量，提高人们对森林的认识，加深对林业的了解，争取2010年以后每年举办3次以上的以森林为主题的大型活动，拥有林业科普基地的县市比例在2010年达到60%、2020年达到80%。从而在2010年实现湖南省森林文化发展水平指数达到Ⅱ级水平（表3-95），争取在2050年达到Ⅰ级水平。

表3-95　湖南省森林文化发展水平预测进程表

年份	2005	2010	2020
森林文化发展水平等级	Ⅲ	Ⅱ	Ⅱ
森林文化发展水平指数	69.35	75.35	83.15

第八节　湖南省林业发展森林综合效益动态预测

一、系统动力学简介

1. 系统的概念

系统是一个在文献中很常见的词，有关它的定义也很多。统计学家爱德华戴明（Edward Deming）认为“系统是诸多相互依赖的因素为实现一定的目标而有机组合在一起的整体”；Russell Ackoff则认为“系统就是不能被分解成多个不受约束的独立部分的一个整体，它不是多个部分的一个简单总和，而是它们之间相互作用的产物”。系统动力学专家Gunther Ossimitz认为系统的内涵有以下几个要点：

（1）系统包含有很多元素，这些元素之间存在着或多或少的相互联系。

（2）系统不仅仅是各元素的物理堆砌，还包括诸元素之间的内在相互关系。

（3）每个系统都有一个与“周围环境”区别的边界。边界并非一定是清晰可见的分界线，因为系统与环境存在着相互渗透。边界可以是物质的（如人体的皮肤），也可以是非物质的（如一个确定的社团组织的成员资格）。系统的边界非常重要，因为：①边界能确保（甚至是决定）系统的“身份”；②系统与周围环境的关系主要发生在边界—系统的输入输出都分别从这里进入或离开系统。

（4）系统通常都有随时间而变化的动态行为。这些行为一般跟系统的目标和结构有关。比如生产系统要在一定时间范围内生产出一定数量的产品。

（5）在某种意义上，系统的元素可能也是一个完整的系统，我们称它为子系统。如一个发动机是一辆汽车的一个元素，它同时也是一个子系统。

《苏联大百科全书》的定义则是：“系统是彼此相关联的元素的集合，这个集合具有一定的完整性和共同性。”换句话说，系统是由相互联系、相互依赖、相互制约、相互作用的事物和过程组成的具有整体功能和综合行为的统一体。为了实现系统自身的稳定和功能，系统需要以一定方式取得、使用、保持和传递能量、物质和信息，也需要对系统的各个构成部分进行组织。系统内部的组织是协同的有序的。

2. 系统动力学的概念

系统动力学（System Dynamics，缩写为SD）是研究信息反馈系统动态行为的计算机仿真方法。它把信息反馈的控制原理与因果关系的逻辑分析结合起来，面对复杂的实际问题，从研究系统的微观结构入手，建立系统的仿真模型，并对模型实施各种不同的政策，通过计算机仿真展示系统的宏观行为，寻求解决问题的正确途径，其系统观主要是植根于系统科学的思想体系。

系统动力学的方法是麻省理工学院的Jay W. Forrester教授于1956年创立的。SD用因果关系图（causal loop diagrams）和栈—流图（stock-and-flow diagrams）来描述互相关联的系统，并用仿真语言Dynam来定量仿真系统的动态变化特性。其中栈表示系统变量的状态，不同时间点变量的状态是不同的：流表示系统变量的活动。随着Industrial Dynamics、Urban Dynamics，World Dynamics，The Limit to Growth等专著的相继出版，SD也逐渐完善并得到国际上的广泛关注。

SD以鲜明的系统观面世之后，一直以系统方法论的基本原则考察研究客观世界，经数十年发展充实了系统方法论。故国际系统动力学界才以“系统思考”（System Thinking）一词来概括系统方法论的基本原则及其系统观。随着系统动力学的发展完善，系统思考逐渐形成了一系列重要的原理、原则，成为研究、处理解决社会经济复杂系统问题的有效工具。

至此，基于系统动力学的管理决策建模方法也逐渐成熟。在SD的基础上，不但综合了系统思考和学习型组织理论，而且融合了先进的计算机技术。这主要表现在：新的仿真软件具有友好的人机交互界面、灵活的输入输出形式、简单易懂的操作等优点；最重要的是新的仿真软件不需要使用者构造艰深的数学算法与方程式，也不需要编写大量复杂的仿真程序。所以基于系统动力学的管理决策建模方法受到了越来越多的关注。目前应用较广的仿真软件有Powersim，STELLA/ithink，Vensim，Modus等。

3. 系统动力学对系统的数学描述

SD强调对系统（S）整体性和非线性特性的描述。为了清晰地描述系统，SD一般是在尽量完整地描述系统内各组成部分之间相互作用的非线性关系、复杂的因果反馈关系和生克关系

（R_{jk}）的基础上，把系统划分成若干个相互关联的子系统（P），其描述关系式如下：

$$S = (P,\ R_{jk})$$

$$P = \{P_i \mid i \in I\}$$

$$R_{jk} = \{r_{ik} \mid j \in J,\ k \in K \text{ 且 } J + K = I\}$$

S——整个系统；P——系统 S 中的子系统；R_{jk}——关系矩阵，描述各子系统间的关系。接下来是对子系统 P 的进一步描述。一般 SD 将子系统划分为两类：良结构子系统和非良结构子系统。良结构子系统一般由一个或若干个基本单元，即一阶反馈回路组成，对它们的描述一般用状态变量、速率变量和辅助变量以及其他数学函数、逻辑函数、延迟函数以及常数等。比较规范的数学描述式：L——状态变量；R——速率变量；A——辅助变量向量；L——纯速率向量，通常为各速率向量 R 的组合；T——转移矩阵，为变系数或常值阵；W——关系矩阵，为变系数阵，反映变量 R 与 L 之间以及 A 在同一时刻上的各种非线性关系。

上面涉及的只是对实际系统中能定量描述的那一部分，但系统中一般还有一些不能用微分方程和其他数学函数精确地加以描述的结构，也就是非良结构。它们只能用半定量、半定性或定性的方法来处理。

总之，SD 模型一般包含对良结构和非良结构的描述说明两个部分，并且以定量描述为主辅以半定量、半定性或定性的描述。因此，可以说 SD 模型是一种定量模型与概念模型相结合而以前者为主体的模型。

4. 构建林业生态效益系统动态模型的目的

无论所研究区域的大小或范围如何，其林业生态效益系统的长周期运转特性，决定了对系统进行整体性实体结构调控是非常困难的。建立总体动态仿真模型，在计算机上进行仿真试验，不但使不可能进行的试验变为可能，而且多方案试验能在短时间内完成，也提高了试验结果的实用价值。

林业生态效益总体系统模型——系统动力学模型突出以下特点：以解决动态问题为目的，是一种源自反馈控制的系统动态仿真模型；由多变量、多方程互相联系组成，适宜于对非线性复杂大系统的模拟；能方便地进行能量、物质、信息多路循环，社会、经济、环境多因素多关系一体化运转的多方案总体动态仿真试验；不片面要求数据的精确性，适宜于对难以获得全部准确参数的系统进行模拟。通过近几年有关学者的努力研究，已形成了比较成熟的模拟技术。

SD 模型作为复杂系统的重要研究方法之一，能模拟系统随时间变化的过程，虽然具有预测效果，但不是预测的工具。建立模型的过程，就是将真实系统经过特定的抽象，在计算机上转换成可调节控制的人工系统的过程。由此看来，对林业生态效益进行总体分析与未来发展的预测，采用系统动力学模型分析方法是必要的，也是可行的。

二、系统模型的构建

通过应用 Visual Basic 语言来完成动态系统仿真模型的构建。

1. 系统模型的数据

本模型构建及模拟过程中，基础数据信息来源于 2004 年湖南省森林二类调查资料，主要对 2005～2020 年间各种生态效益的变化趋势进行预测。

2. 系统模型主体方程

系统动力学仿真系统的动态仿真模型主体方程为差分方程：

$$S_i(t) = S_i(t-1) + \Delta S(t)$$

$$\Delta S(t)=f[S_{i-1}(t)]+f[S_i(t)]$$

$$M_i(t)=S_i(t)\times PM_i(t)$$

$$B_i(t)=S_i(t)\times PB_i(t)$$

其中：$S_i(t)$——第 i 龄级面积；

$M_i(t)$——第 i 龄级蓄积；

$PM_i(t)$——第 i 龄级单位面积蓄积量；

$B_i(t)$——第 i 龄级各效益值；

$PB_i(t)$——第 i 龄级单位面积各效益值。

对湖南省林业发展生态效益系统模型共选取 103 个变量，其中 32 个状态变量，29 个流速变量，42 个辅助变量；其系统流程如下图所示。由图 3-12 ~ 图 3-15 可知，将湖南省的林分共分为生态针叶林、生态阔叶林、用材针叶林、用材阔叶林、薪炭针叶林、薪炭阔叶林、经济林、生态疏林针叶林、生态疏林阔叶林、用材疏林针叶林、用材疏林阔叶林、生态竹林、用材竹林、生态灌木、薪炭灌木、经济灌木林 17 种林分。对每种林分的蓄积量、生物量、总面积、吸收 SO_2、XF 和固碳量进行仿真模拟。幼龄林依次生长成为中龄林、近熟林、成过熟林；成过熟林通过采伐利用变为荒山荒地；在林分成长的过程中，若遭受到各种灾害和人为活动地影响。这里我们用延迟函数表示：

当前时刻幼林面积 = 前时刻幼林面积 - 死亡面积（死亡率） - 砍伐面积（砍伐率） - 项目开发占地面积（项目开发占用率） + 新增幼林面积（造林保存率），函数中的死亡率、砍伐率、项目开发占地率、和造林保存率深受政策、人们观念和经济发展地影响，我们主要根据湖南省十一五规划中地有关内容进行确定。通过各龄林活立木总蓄积，再由生长每立方米木材固碳量、吸收 SO_2、XF 的量可得总的固碳量、吸收 SO_2、XF 量。

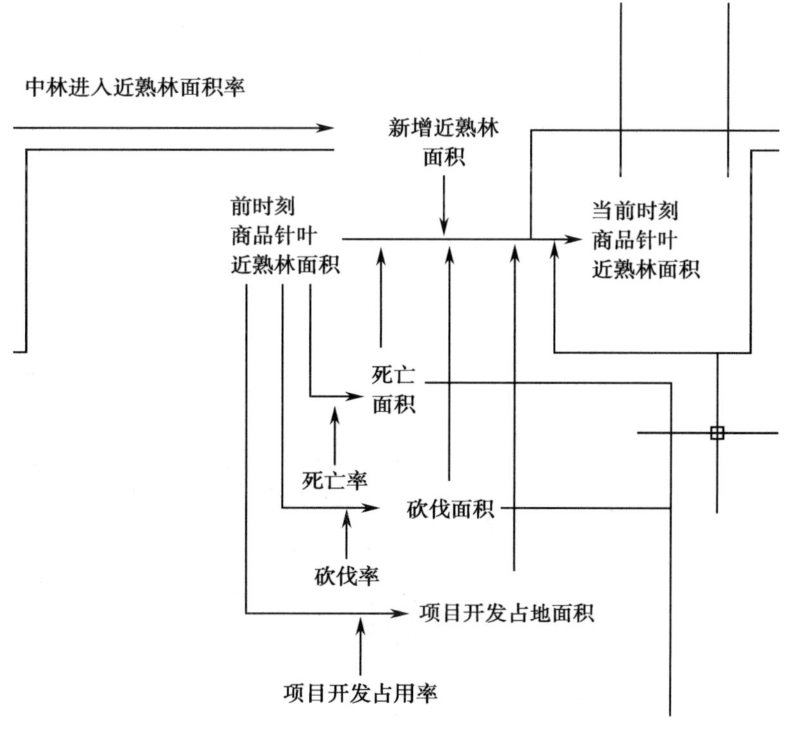

图 3-12　流程图细部

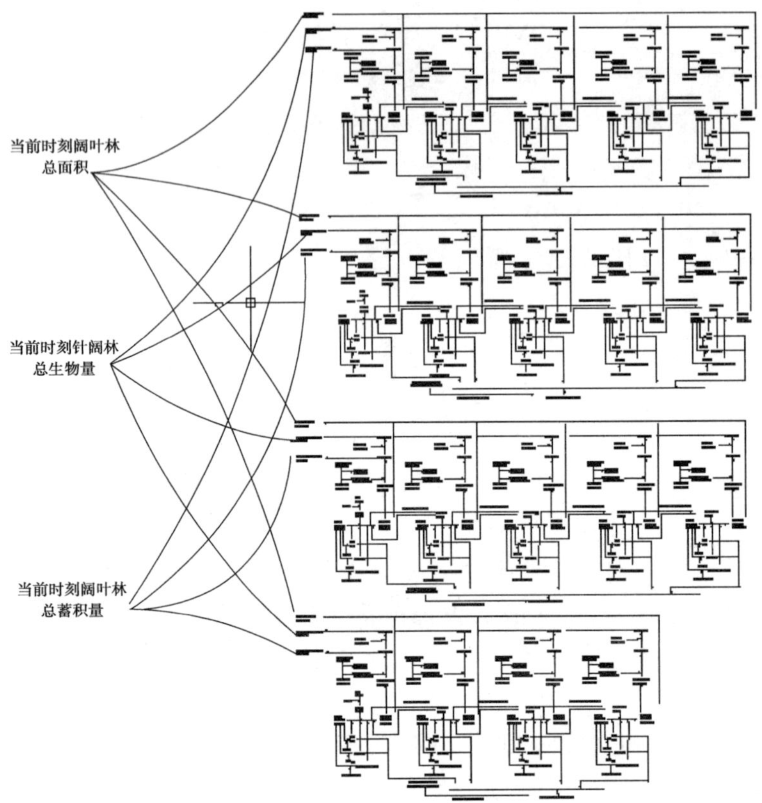

图 3-13　阔叶林流程图

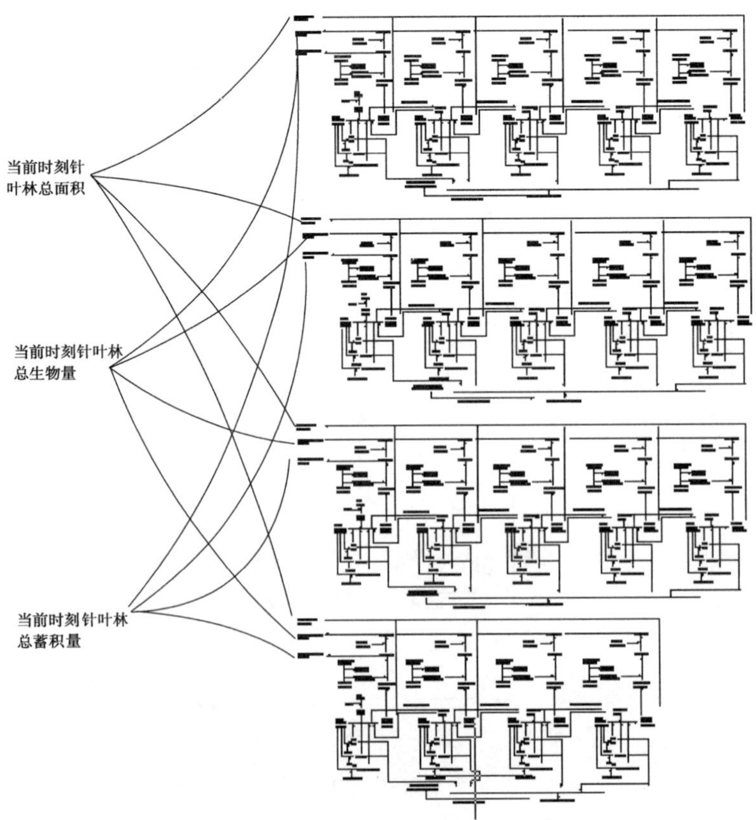

图 3-14　针叶林流程图

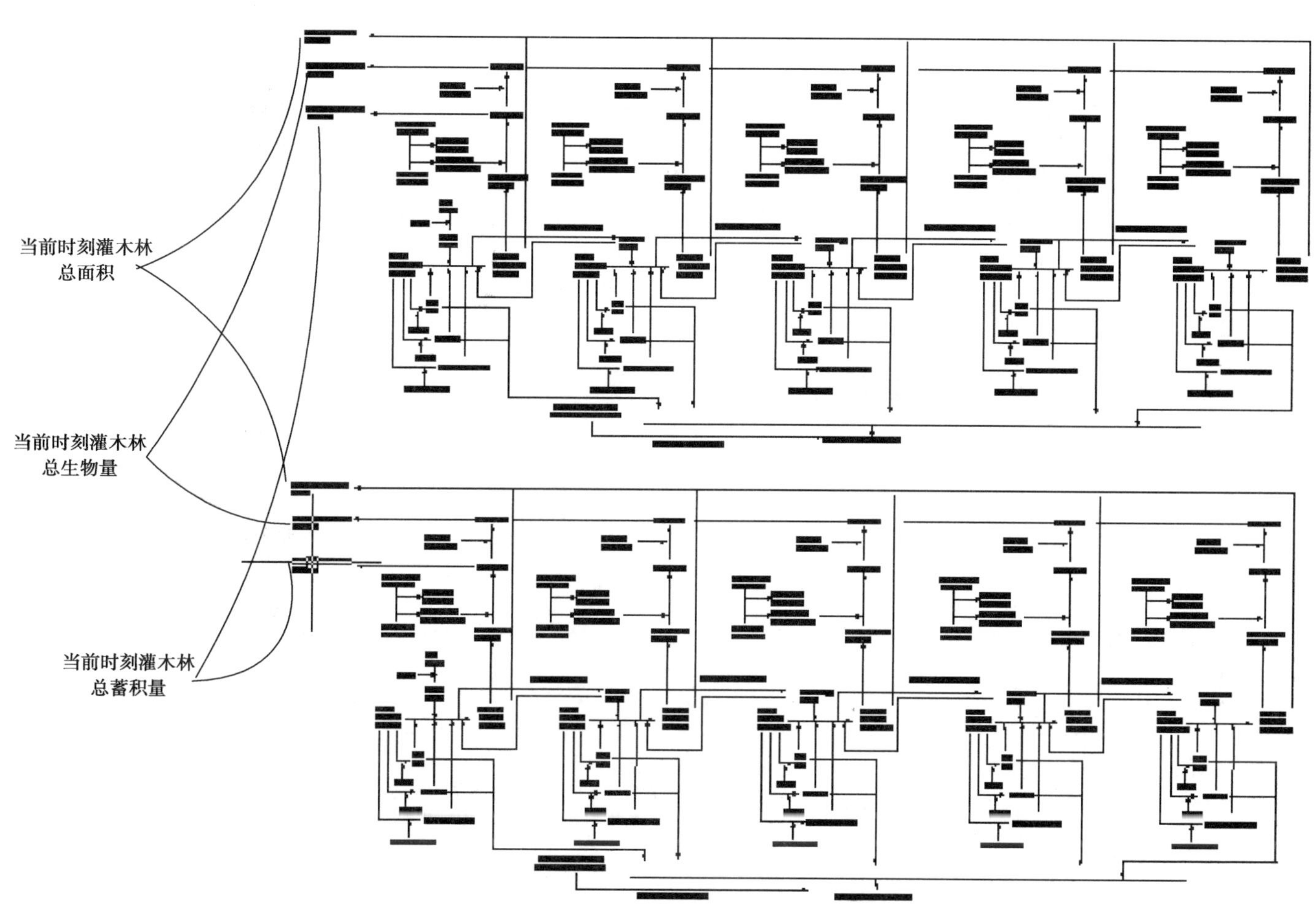

图 3-15　灌木林流程图

3. 主要变量及约束条件的确定

森林面积受国家政策和自然因素的影响，处在不断地变化之中。有林地经采伐、灾害可变为采伐迹地、宜林荒山荒地；宜林荒山荒地经过荒山造林、封山育林，采伐迹地经过迹地更新可变为有林地，项目建设用地等使森林面积不断地发生变化。故湖南省林业发展综合效益仿真模型主要变量如下：

① 各林地面积；

② 各林地面积小计；

③ 林地总面积；

④ 各林地面积比率；

⑤ 计算龄组；

⑥ 单位面积蓄积量；

⑦ 各龄组单位面积蓄积量（竹林百株生物量年增，灌木林单位面积生物量年增）

⑧ 各林地蓄积量；

⑨ 各林地年增蓄积量；

⑩ 竹林单位面积生物量；

⑪ 灌木林地单位面积生物量；

⑫ 死亡面积；

⑬ 死亡面积率；

⑭ 更新面积；

⑮ 更新面积率；

⑯ 更新面积小计；

⑰ 自然更新面积；

⑱ 项目占地面积；

⑲ 项目占地面积率；

⑳ 造林及未成林造林面积；

㉑ 造林及未成林造林面积率；

㉒ 公益林未成林造林面积；

㉓ 商品林未成林造林面积；

㉔ 各种林未成林造林初始面积；

㉕ 新增可造林面积；

㉖ 可造林面积；

㉗ 项目占可造林面积；

㉘ 单位面积逐年吸收 SO_2 量；

㉙ 单位面积逐年吸收 XF 量；

㉚ 单位面积逐年固碳量；

湖南省林业发展综合效益仿真模型主要变量的约束方程如下：

㉛ 生态疏林可造林面积 = 生态针叶林可造林面积 + 生态阔叶林可造林面积 + 生态竹林可造林面积；

㉜ 2004 年末商品疏林可造林面积 = 用材针叶林可造林面积 + 用材阔叶林可造林面积 + 薪碳针叶林可造林面积 + 薪碳阔叶林可造林面积 + 经济林 + 用材竹林可造林面积；

㉝ 2004 年末商品灌木可造林面积 = 薪碳灌木可造林面积 + 经济灌木可造林面积；

㉞ 生态迹地宜林地可造林面积 = 生态针叶林可造林面积 + 生态阔叶林可造林面积 + 生态竹林可造林面积；

㉟ 商品迹地宜林地可造林面积 = 商品针叶林可造林面积 + 商品阔叶林可造林面积 + 商品竹林可造林面积；

㊱ 2005 年人工更新面积上新造林未成活面积 + 死亡面积 = 新可造林地；

㊲ 人工更新面积上新造林未成活面积 + 死亡面积新可造林未成活 = 新可造林地；

㊳ 2005 年人工更新面积造林 = 更新面积造林小计 ×0. 9 = 新造林；

㊴ 2005 年末可造林面积 =2004 年末可造林面积 –2005 年项目占可造林面积；

㊵ 新可造林地 = 新可造林地（ = 死亡面积新可造林未成活 + 更新面积新可造林未成活） + 已有新造林未成活；

㊶ 2005 年末，可造林面积 =2004 年末可造林面积 +2005 年新可造林面积 –2005 年项目占可造林面积 –2005 年可造林面积上新造林；

㊷ 2005 年末林地 =2004 年末林地 –2005 年项目占地 –2005 年人工更新 –2005 年死亡 – 2005 年自然更新；

㊸ 2005 年末新增未成林地 =2004 年末未成林地 +2005 自然更新 +2005 新造林未成林地 + 2005 人工更新造林保存后；

㊹ 死亡面积 = （现有林地面积 – 人工更新 – 自然更新）× 死亡占地面积率；

㊺ 项目占林地 = （现有林地面积 – 死亡 – 人工更新 – 自然更新）× 项目占地面积率；

㊻ 可造林面积 = 可造林面积 – 项目占可造林面积 =（可造林地面积 – 可造林地新造林）× 项目占地面积率；

㊼ 可造林面积 = 可造林面积 + 死亡面积 + 人工更新造林未保存面积 – 可造林地新造林面积；

㊽ 现有林地修正 = 旧现有林地 – 项目占地 – 死亡 – 自然更新 – 人工更新；

㊾ 现有新造林地 = 可造林地新造林面积 + 自然更新面积 + 人工更新保存面积。

4. 初值计算（表 3-96 ~ 表 3-104）

表 3-96 乔木林计算龄组

乔木林	未成林		幼林		中林		近熟林		成熟林		过熟林	
	始	终	始	终	始	终	始	终	始	终	始	终
公益乔针林	0	2	3	10	11	20	21	28	29	43	44	63
公益乔阔林	0	2	3	10	11	20	21	30	31	50	51	70
用材乔针林	0	1	2	8	9	15	16	22	23	33	34	53
用材乔阔林	0	1	2	8	9	13	14	19	20	30	31	50
薪碳乔针林	0	2	3	10	11	20	21	28	29	43	42	61
薪碳乔阔林	0	2	3	10	11	20	21	30	31	50	51	70
经济林	0	1	2	4	5	7	8	10	11	15	16	35
公益疏针林	0	2	3	10	11	20	21	28	29	43	44	63
公益疏阔林	0	2	3	10	11	20	21	30	31	50	51	70
用材疏针林	0	1	2	8	9	15	16	22	23	33	34	53
用材疏阔林	0	1	2	8	9	13	14	19	20	30	31	50

表3-97　经济林产果计算龄组

产前期		初产期		盛产期		衰产期	
始	终	始	终	始	终	始	终
0	3	4	8	9	20	21	30

表3-98　竹林计算龄组

	新造林		幼-壮龄		中龄		老林	
	始	终	始	终	始	终	始	终
公益竹林	0	1	2	5	6	8	9	12
用材竹林	0	1	2	3	4	5	6	8

表3-99　灌木林计算龄组

	新造林		幼林		中林		成熟林		过熟林	
	始	终	始	终	始	终	始	终	始	终
公益灌木林	0	1	2	10	11	20	21	40	41	60
薪碳灌木林	0	1	2	3	4	5	6	10	11	30
经济灌木林	0	1	2	2	3	4	5	10	11	30

表3-100　单位面积蓄积量

		合计	幼林	中林	近熟	成熟	过熟
生态乔木林	合计	41.74255464	8.898195829	51.30120041	72.00248407	88.80231	113.1533079
	针叶	49.77681351	11.59787595	52.10615051	72.44557992	89.79827	138.232719
	阔叶	30.36851809	7.319469843	49.10126656	70.42003071	87.34979	98.32155117
用材乔木林	合计	46.35792324	10.04398866	50.79650272	73.03805702	87.44346	100.4110394
	针叶	52.74601571	12.13444501	51.44321391	73.87507716	88.4329	101.5664919
	阔叶	28.38586711	7.870062404	48.1413418	66.59213862	79.91156	88.77360971
薪碳乔木林	合计	10.811275	3.916446718	41.98736396	54.5395273	53.20559	65.9970015
	针叶	12.8921365	5.104682809	42.64615685	54.87514309	53.80231	80.62464195
	阔叶	7.865412806	3.221586962	40.18683816	53.3408666	52.33532	57.34633646
生态疏林	合计	17.3	3.7	21.3	29.9	36.8	46.9
	针叶	20.6	4.8	21.6	30	37.2	57.3
	阔叶	12.6	3	20.4	29.2	36.2	40.8
用材疏林	合计	16.2	3.5	17.8	25.6	30.6	35.1
	针叶	18.5	4.2	18	25.8	30.9	35.5
	阔叶	9.9	2.8	16.8	23.3	28	31.1

表 3-101 各种林分林单位面积吸收 SO_2 单位：[吨/（公顷·年）]

		合计	幼林	中林	近熟林	成熟林	过熟林
生态乔木林	针叶林	0. 188248557	0. 043861454	0. 197057766	0. 273978484	0. 339604	0. 522775728
	阔叶林	0. 045117311	0. 010874248	0. 072947818	0. 104620267	0. 129772	0. 146072457
用材乔木林	针叶林	0. 199477642	0. 045890679	0. 194550638	0. 279384632	0. 33444	0. 384109473
	阔叶林	0. 042171765	0. 011692242	0. 071521696	0. 098933318	0. 118721	0. 131887456
薪碳乔木林	针叶林	0. 048756156	0. 019305157	0. 161281467	0. 207529687	0. 203472	0. 304910489
	阔叶林	0. 011685334	0. 004786185	0. 059704003	0. 079246425	0. 077753	0. 085197194
经济林		0. 010545226	0. 004225581	0. 033675266	0. 04675853	0. 046662	0. 03431432

表 3-102 森林火灾病虫害建设项目更新面积

森林面积（万公顷）	森林火灾病虫害面积	森林火灾病虫害面积率	开发建设项目占用面积	开发建设项目占用面积率	人工更新面积	人工更新面积率
1187. 076	7525. 542	0. 0006	3529. 89	0. 00028668	6771	0. 000570393

表 3-103 自然更新率

		成熟林	过熟林
乔木林自然更新率	公益乔针林	0. 02	0. 05
	公益乔阔林	0. 02	0. 05
	公益疏针林	0. 02	0. 05
	公益疏阔林	0. 02	0. 05
竹林自然更新率		中林	老林
	公益竹林	0. 02	0. 05
灌木林自然更新率		成熟林	过熟林
	公益灌木林	0. 02	0. 05

表 3-104 吸收氟（公斤/公顷·年）

公益乔针林	0. 5	公益疏阔林	0. 93
公益乔阔林	4. 65	用材疏针林	0. 1
用材乔针林	0. 5	用材疏阔林	0. 93
用材乔阔林	4. 65	生态竹林	2. 064
薪碳乔针林	0. 5	用材竹林	2. 064
薪碳乔阔林	4. 65	公益灌木林	2. 58
经济林	1. 55	薪碳灌木林	2. 58
公益疏针林	0. 1	经济灌木林	2. 58

三、动态模拟结果及分析

通过运行模型，预测出湖南省森林 2005 ~ 2020 年生态效益（表 3-16），主要从蓄积量、固碳量、吸收 SO_2 量、吸收氟量等几个指标来反映。

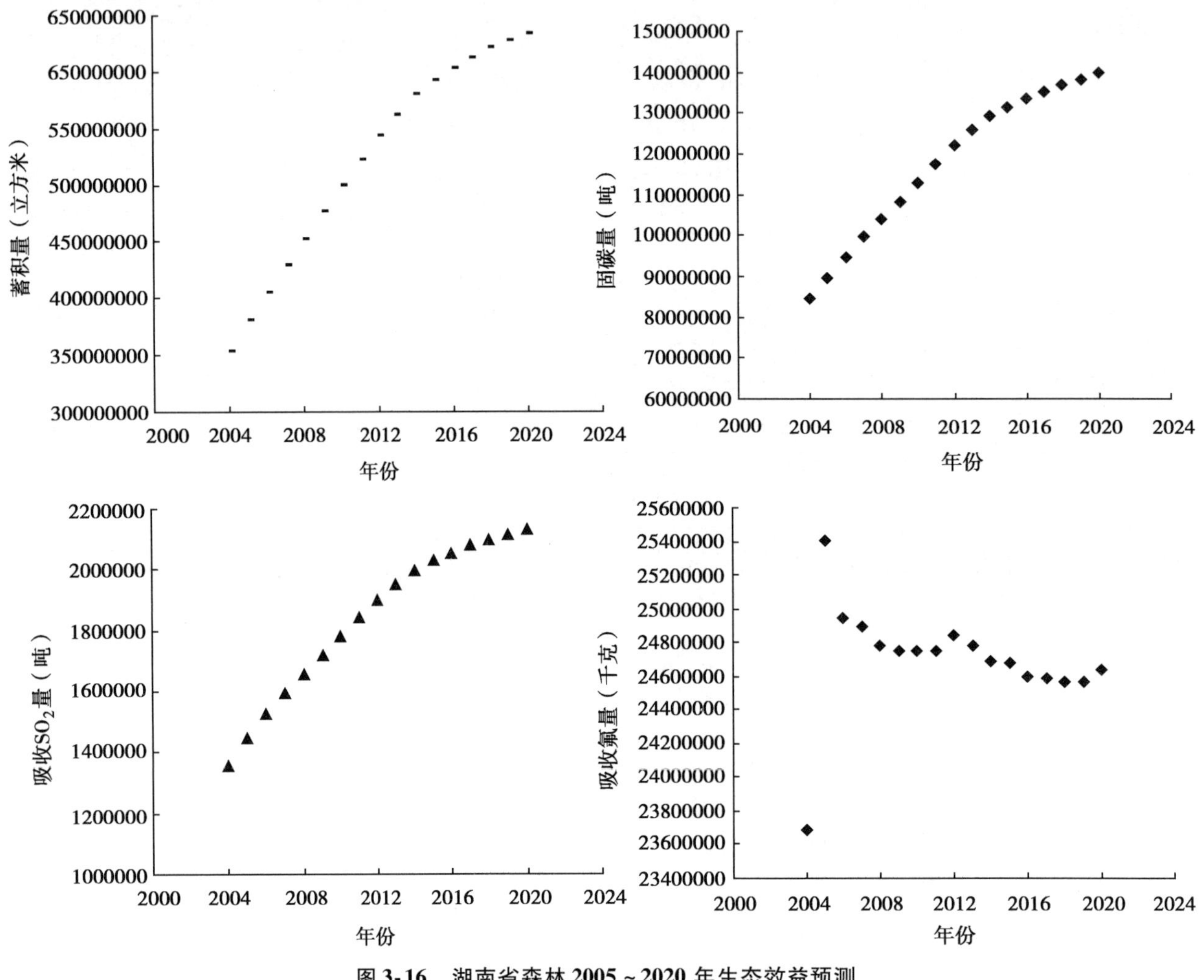

图 3-16　湖南省森林 2005 ~ 2020 年生态效益预测

从图 3-16 可见，2005 年 ~ 2020 年间湖南省的森林蓄积量、固碳量、吸收 SO_2 量呈现相同的变化趋势，即开始的 10 年左右的时间内迅速增加，到 2016 年后增加趋势减缓。森林是有生命的，随时在消长，其生长量是具有复利效应的。同时由于人们对森林的经营利用活动，也对其产生影响。按系统动力学的观点，信息、资金、物质等传递需要时间，这个时间就是延迟。它表示活动的“阻尼”特性。根据森林资源清查结果乔木林幼、中、近、成、过的比例为 0.299 ：0.434 ：0.151 ：0.096 ：0.018，蓄积量幼、中、近、成、过的比例为 0.065 ：0.474 ：0.238 ：0.181 ：0.041，其中幼、中、近占的面积比例大，中、近占的蓄积量比例大，在 10 年时间里幼林进入中林、中林进入成林的面积比例很大，表现在图上前 10 年蓄积量、固碳量和吸收 SO_2 量迅速增长，随着进入成熟和过熟林面积的增加，蓄积量、固碳量和吸收 SO_2 量增加趋势减缓。吸收氟量受林型变化影响很大，固呈波动变化。

1. 湖南省森林 2005 ~2020 年蓄积量预测

从图 3-16 及表 3-106 反映了不同林型蓄积量的变化，用材疏林针叶林、用材疏林阔叶林、

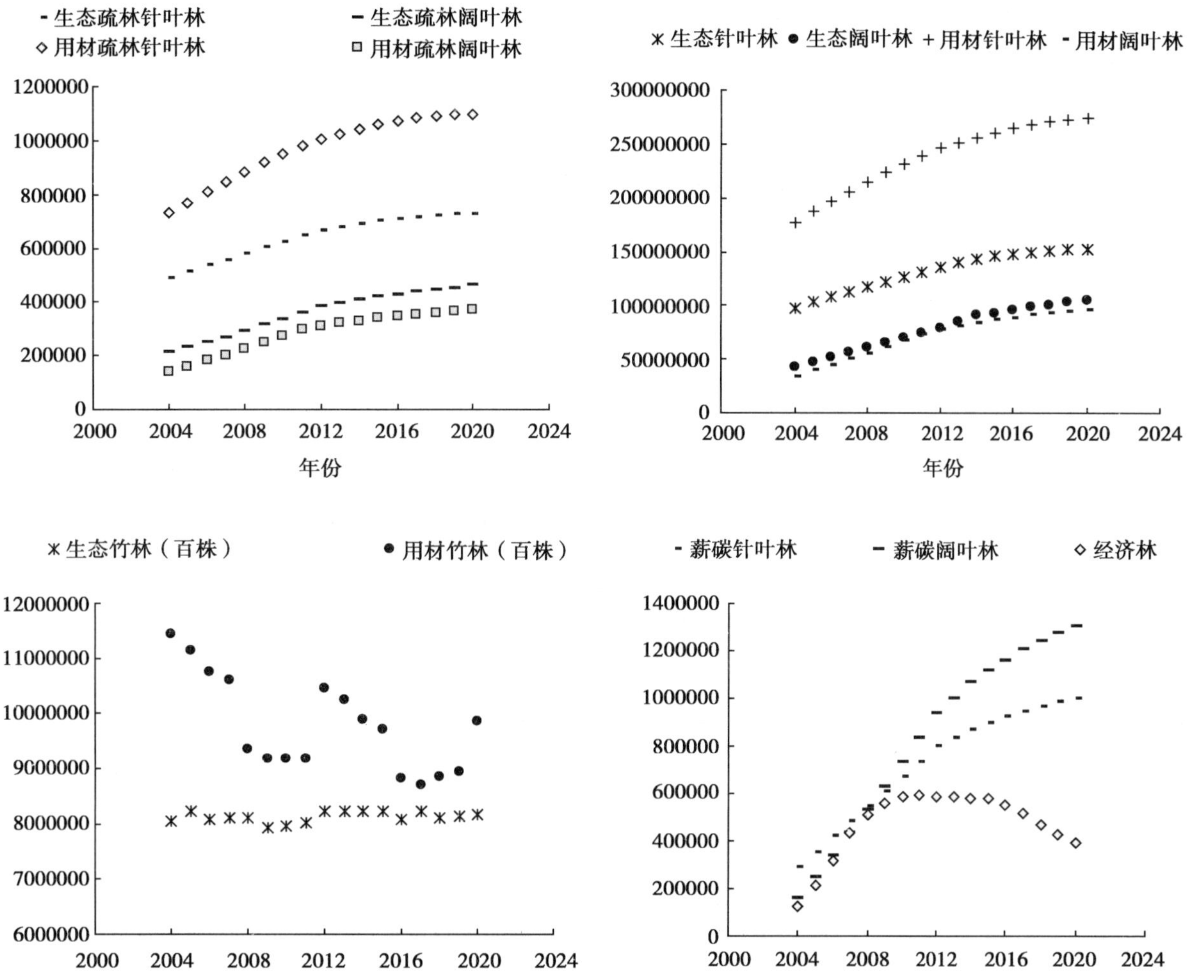

图 3-17　湖南省森林 2005～2020 年蓄积量（吨）

生态疏林阔叶林、生态疏林针叶林、生态阔叶林、用材阔叶林、用材针叶林、生态针叶林变化趋势与蓄积量总体变化趋势大体一致。生态竹林和用材竹林蓄积量的变化呈“脉冲型”生态竹林的变幅较小，而经济竹林前半段的变幅很大且规律不明显，后半段变幅趋于稳定。主要由于经济竹林受到的影响因素大于生态竹林，在模型中影响其变化的流速变量中除生态因素还包括大量的经济因素，故表现在结果上，变化幅度大。薪炭针叶林、薪炭阔叶林的变化趋势基本一致，经济林蓄积量开始呈上升状态，到 2011 年达到较大值，后呈现波动性变化，其原因同经济竹林。

2. 湖南省不同林型森林 2005～2020 年固碳量预测

图 3-18 及表 3-108 反映湖南省不同林型森林固碳量 2005～2020 年间的变化趋势，用材疏林针叶林、用材树林阔叶林、生态疏林阔叶林、生态阔叶林、用材阔叶林、用材针叶林、生态疏林针叶林、生态针叶林、生态竹林、用材竹林、薪炭针叶林、薪炭阔叶林、经济林等的变化趋势与蓄积量的变化趋势一致，因本系统中以蓄积量为基础推求生物量的变化，进而计算各种不同林型的固碳量。灌木中生态灌木、薪炭灌木的变化趋势一致，基本呈水平状态，其固碳量比较稳定。经济灌木在 2007～2008 年达到 4964411.82 吨，而后逐渐见效但减小的速率很慢，后又有所回升，呈水平状态。

3. 湖南省不同林型森林 2005～2020 年吸收 SO_2 量预测

生物对 SO_2 的净化作用主要是指树木，根据公式：

$$树叶净化\ SO_2\ 潜力 = 树叶生物量 \times SO_2\ 吸转强度 \times SO_2\ 吸转周期数$$

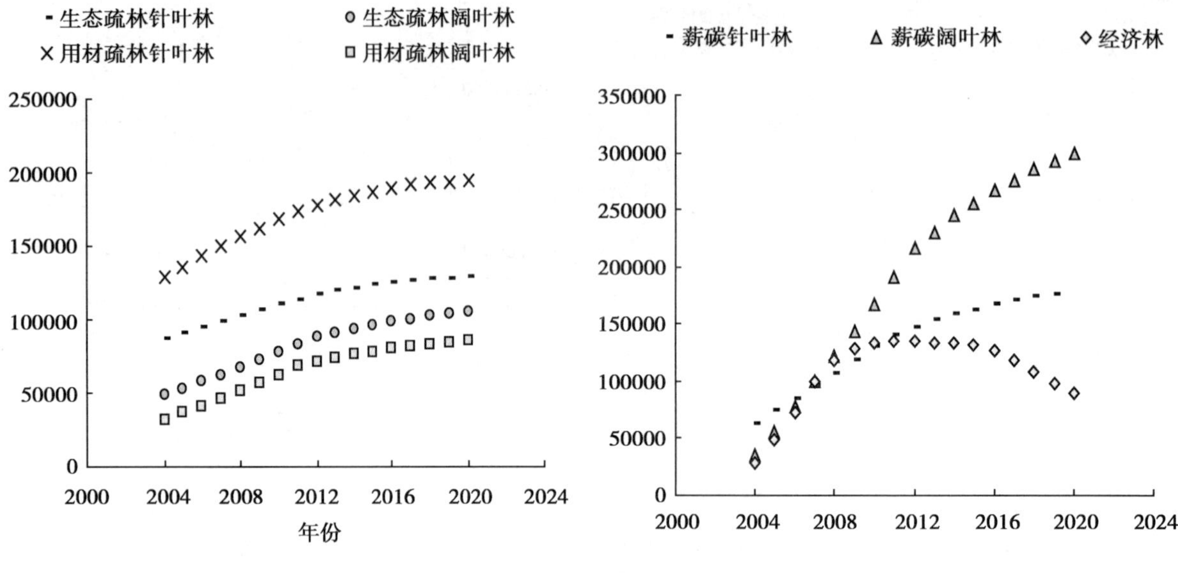

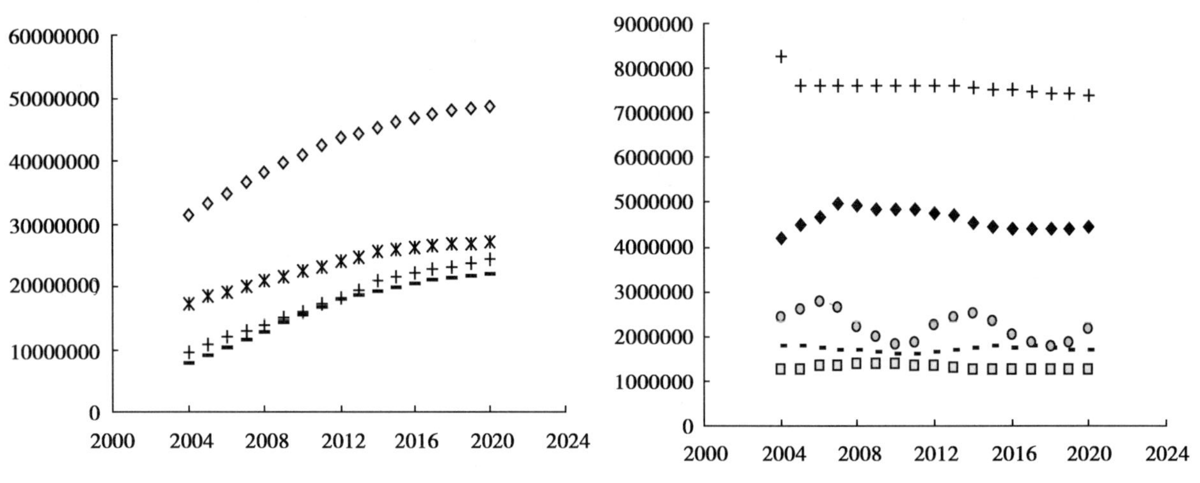

图 3-18　湖南省森林 2005～2020 年固碳量（吨）

即可推算出各树木树叶每年吸转硫量。树木净化量为树叶净化量与枝条净化量之和，枝条净化量为树叶净化量的 1/3，为此，树木净化 SO_2 潜力 =4/3 × 树叶净化 SO_2 潜力 =4/3 × 树叶生物量 × SO_2 吸转强度 × SO_2 吸转周期数。因树叶的生长受季节和环境的影响很大，故计算森林吸收 SO_2 量时系统采用以生物量为基础推求。图 3-19 及表 3-107 反映湖南省不同林型森林吸收 SO_2 量 2005～2020 年间的变化趋势，其趋势与不同林型的蓄积量呈基本相同的变化趋势，生态阔叶林与用材阔叶林、生态疏林阔叶林与用材疏林阔叶林在吸收 SO_2 量上体现出的功能差别不明显，所以表现在趋势上，两组林型趋向变化一致。

4. 湖南省不同林型森林 2005～2020 年吸收氟量预测

氟在大气中一般以氟化氢的形式存在，其毒性比二氧化硫大 20 倍左右。目前，以我国的技术和管理水平还难以控制氟污染，生物防治不失为一种补救措施。在进行大面积森林的生态效益计量中，一般采用面积—吸收能力法进行计量。各种林型吸收氟的变化不大。经济灌木吸收氟变化明显这主要与该林型面积的变化及氟的吸收量图 3-20 和表 3-108。

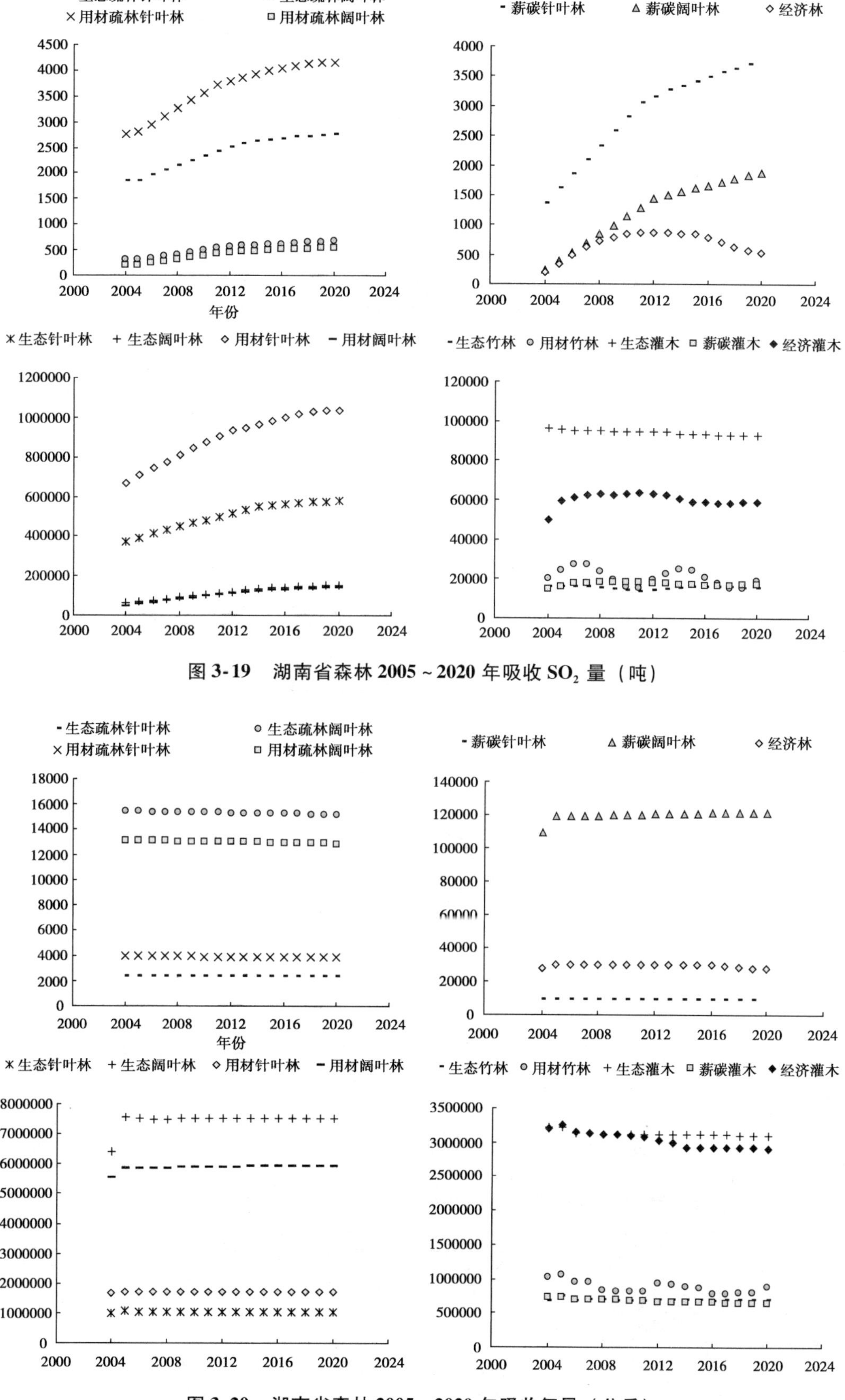

图 3-19 湖南省森林 2005～2020 年吸收 SO_2 量（吨）

图 3-20 湖南省森林 2005～2020 年吸收氟量（公斤）

表 3-105 湖南省不同林型 2005～2020 年蓄积量 单位：立方米

年份	生态针叶林	生态阔叶林	用材针叶林	用材阔叶林	薪碳针叶林	薪碳阔叶林	经济林
2004	97966279	42209448	176691146	33782513	290748.266	155548.721	126194
2005	103543102.2	47027372.98	187702241.1	39188988.31	354026.0406	246374.1521	216631.0023
2006	108548452.5	51640705.09	197163649.2	44456587.94	417542.1133	339519.8427	318224.8391
2007	113159629.9	56025076.83	206341453.3	49853551.81	480093.8667	433753.1223	431247.4004
2008	117737126.6	60525307.77	215162399.4	55368314.09	542991.1242	530435.4768	513259.8103
2009	122238797.6	65120772.01	223637981.3	61002215.13	606115.5168	629455.1335	559463.4019
2010	126665865.2	69810810.53	231779033.2	66717792.36	669466.96	730801.1288	585109.0052
2011	131019605.5	74594804.65	239595752.5	72490528.62	733045.5206	834463.1634	589662.8894
2012	135301342.9	79472173.51	246247234.6	77504909.32	796851.3785	940431.5216	588211.7528
2013	139689663.5	85092808.6	251235206.7	80688009.85	834572.5804	1003320.995	585646.5098
2014	143738894.8	90837271.63	256219804.6	83668491.15	872005.2216	1066968.16	581942.1182
2015	145873381.6	93538530.42	260825140.7	86336780.38	897520.6726	1115252.167	577251.5099
2016	147901960.8	96247365.27	264991761.1	88678842.78	922451.2709	1161645.115	554265.6406
2017	149600964.2	98776558.02	268273791	90661259.17	945033.0652	1203798.113	517436.905
2018	150978056.6	101132981.6	270749133.6	92427642.91	965273.0254	1241722.41	469411.8003
2019	152040777.4	103320332.7	272676897.1	93968892.35	983178.0963	1275429.166	426024.1746
2020	153031650.5	105342203.6	274060715.3	95292327.35	998947.1066	1304929.46	391604.2534

年份	生态疏林针叶林	生态疏林阔叶林	用材疏林针叶林	用材疏林阔叶林	生态竹林（百株）	用材竹林（百株）
2004	488734.4	210574.7	730556.1	139678.9	8056795.2	11445666.2
2005	511488.9858	228930.184	769841.6892	157929.1202	8218482.57	11131253.52
2006	534303.7451	249615.7492	809240.2041	179881.5245	8069558.904	10742139.25
2007	556844.4918	270834.8453	847142.7628	202303.2997	8097477.461	10610367.1
2008	578983.7363	292522.0479	883477.541	225193.7028	8123367.474	9367069.881
2009	600728.3517	314674.4591	918296.8017	248559.232	7937838.87	9176909.151
2010	622085.4501	337289.3642	951649.8416	272245.8919	7975208.179	9178675.98
2011	643062.3552	360364.2194	983583.0938	296147.7831	8017078.468	9166657.043
2012	663666.5761	383896.6412	1004362.597	309288.3523	8231827.385	10456721.98
2013	676254.4269	394694.171	1024045.936	321149.2051	8234050.812	10255642.62
2014	687873.9406	405990.7028	1042038.294	331668.9994	8233878.94	9889847.146
2015	698017.81	417268.9727	1058377.711	340857.1061	8228753.855	9711227.309
2016	706503.9764	427633.9693	1072822.443	348655.9251	8087668.87	8826020.455
2017	713370.3961	437120.6742	1083531.562	355491.2883	8223952.236	8711848.284
2018	718654.4376	445748.1763	1090831.099	361362.9005	8107346.463	8850401.004
2019	722392.8696	453535.0207	1095740.475	366302.4155	8135405.705	8949748.654
2020	725795.5891	460499.2221	1098752.419	370338.3987	8160399.508	9857348.127

蓄积量小计						
	2004	2005	2006	2007	2008	2009
	352791421.1	379946925.8	404657722.8	428601931.5	452360011.4	475877058.9
	2010	2011	2012	2013	2014	2015
	499142148.9	522141020.2	543212369.1	561545372.5	579452949.6	591678379
	2016	2017	2018	2019	2020	
	603013908.3	612568354.3	620580818.6	627329501.7	633077763.3	

表 3-106　湖南省不同林型 2005～2020 年固碳量

单位：吨

年份	生态针叶林	生态阔叶林	用材针叶林	用材阔叶林	薪碳针叶林	薪碳阔叶林
2004	17325336.44	9687068.316	31247829.17	7753086.734	51418.83084	35698.43147
	18311597.62	10792782.1	33195141.34	8993872.818	62609.50529	56542.8679
2006	19196793.83	11851541.82	34868391.36	10202786.93	73842.32274	77919.80389
	20012280.54	12857755.13	36491486.01	11441390.14	84904.60033	99546.34156
2008	20821810.85	13890558.13	38051470.34	12707028.08	96027.98032	121734.9419
	21617931.36	14945217.18	39550376.99	14000008.37	107191.5291	144459.9531
2010	22400858.25	16021581.02	40990122.02	15311733.35	118395.2319	167718.8591
	23170817.22	17119507.67	42372508.82	16636576.32	129639.1003	191509.296
2012	23928042.49	18238863.82	43548823.44	17787376.69	140923.1663	215829.0342
	24704117	19528799.57	44430946.31	18517898.26	147594.1608	230262.1684
2014	25420223.54	20847153.84	45312472.44	19201918.72	154214.1234	244869.1927
	25797707.53	21467092.73	46126926.13	19814291.1	158726.531	255950.3723
2016	26156461.77	22088770.33	46863792.95	20351794.42	163135.5073	266597.5539
	26456930.51	22669220.06	47444219.93	20806758.98	167129.0976	276271.667
2018	26700469.31	23210019.28	47881984.28	21212144.05	170708.5345	284975.2931
	26888411.48	23712016.35	48222909.25	21565860.79	173875.0463	292710.9937
2020	27063647.39	24176035.73	48467637.51	21869589.13	176663.7958	299481.311

年份	经济林	生态疏林针叶林	生态疏林阔叶林	用材疏林针叶林	用材疏林阔叶林
2004	28961.523	86432.67864	48326.89365	129198.8463	32056.30755
	49716.81503	90456.82714	52539.47723	136146.5027	36244.73308
2006	73032.60058	94491.61732	57286.81444	143114.1301	41282.80987
	98971.27839	98477.94837	62156.597	149817.1976	46428.60729
2008	117793.1265	102393.2738	67133.80999	156243.0031	51681.95479
	128396.8507	106238.809	72217.78837	162400.7894	57044.34374
2010	134282.5167	110015.8119	77407.90909	168299.2745	62480.43219
	135327.6331	113725.5775	82703.58836	173946.6701	67965.91622
2012	134994.5973	117369.434	88104.27915	177621.5253	70981.67685
	134405.874	119595.5954	90582.31225	181102.5238	73703.74258
2014	133555.7161	121650.5064	93174.8663	184284.4723	76118.03536
	132479.2215	123444.4497	95763.22924	187174.0982	78226.70586

续表

年份	经济林	生态疏林针叶林	生态疏林阔叶林	用材疏林针叶林	用材疏林阔叶林
2016	127203.9645	124945.2282	98141.99595	189728.649	80016.53481
	118751.7697	126159.5546	100319.1947	191622.5567	81585.25067
2018	107730.0082	127094.0373	102299.2065	192913.4799	82932.78567
	97772.54808	127755.179	104086.2872	193781.703	84066.40435
2020	89873.17617	128356.9499	105684.5715	194314.3653	84992.6625

年份	生态竹林	用材竹林	生态灌木	薪碳灌木	经济灌木
2004	1782736.842	2444506.126	8280552.186	1236507.53	4186560.707
2005	1771072.343	2611023.52	7629348.063	1252888.908	4479610.818
2006	1728627.008	2764176.952	7606570.756	1343587.227	4662015.736
2007	1708711.515	2620190.945	7606877.534	1360829.772	4964411.818
2008	1693969.477	2208004.717	7607484.386	1388741.633	4921524.38
2009	1654867.786	1985756.156	7608277.403	1369397.296	4854477.614
2010	1615072.915	1820175.497	7609153.076	1371417.303	4828467.878
2011	1608857.346	1854118.462	7610017.594	1359298.32	4831444.514
2012	1650469.812	2258996.003	7610786.17	1331414.173	4780846.169
2013	1667221.756	2427809.628	7611382.421	1307612.32	4712302.608
2014	1714993.44	2499898.308	7567149.91	1274697.784	4548650.68
2015	1755234.489	2351844.576	7535960.509	1262281.422	4447693.197
2016	1750874.42	2028404.74	7507763.039	1259676.445	4413899.944
2017	1759571.268	1862865.88	7481989.186	1259356.055	4401469.491
2018	1722592.244	1786496.599	7458517.915	1262030.616	4418977.865
2019	1705966.419	1862825.61	7437234.568	1263168.669	4432653.787
2020	1695848.277	2180554.248	7418030.522	1264803.466	4440623.483

固碳量小计	2004	2005	2006	2007	2008	2009
	84356277.56	89521594.26	94785461.72	99704235.98	104003600.1	108364260.2
	2010	2011	2012	2013	2014	2015
	112807181.3	117457964	122081442.5	125885336.2	129395025.6	131590796.3
	2016	2017	2018	2019	2020	
	133471207.5	135204220.5	136721885.5	138165095.1	139656136.6	

表 3-107　湖南省不同林型 2005～2020 年吸收 SO_2 量　　单位：吨

年份	生态针叶林	生态阔叶林	用材针叶林	用材阔叶林	薪碳针叶林	薪碳阔叶林
2004	370493.9991	62708.91473	668219.8151	50189.34808	1099.567003	231.0926095
2005	392648.8495	70788.97735	708296.339	58703.55106	1354.975205	386.0575641
2006	412407.5321	78359.91345	742860.4512	66746.62526	1608.291256	540.1700651
2007	430257.5535	85303.63812	777064.557	74796.38398	1850.047315	689.7397165
2008	447855.1041	92244.39947	810538.2977	82830.62169	2092.096563	839.3508029
2009	465013.3996	99145.48352	843323.9942	90851.83799	2333.361006	988.6543102
2010	481746.0026	106006.493	875461.3693	99155.59199	2573.863544	1137.645288
2011	498066.1905	112827.0837	906987.6483	107927.3004	2813.62544	1286.319597
2012	513986.9564	119606.9604	931141.7811	115252.9358	3052.666429	1434.673797
2013	532345.5287	127603.1502	947657.4513	119273.149	3160.018099	1497.127563
2014	549361.8998	135549.4707	965632.2574	123414.3823	3266.674957	1559.452788
2015	555893.1789	138932.3915	982926.4027	127441.3128	3334.017502	1609.689378
2016	562486.2909	142531.8724	999702.3623	131509.3271	3409.615634	1664.233773
2017	568036.6692	145964.2685	1013874.126	134898.6082	3484.609104	1718.480347
2018	572580.171	149241.4048	1025745.866	137048.5511	3559.016363	1772.440357
2019	576151.5639	152369.2955	1033371.016	139102.2955	3632.854824	1826.124295
2020	581068.7889	155353.7381	1036794.668	140990.8793	3707.532323	1879.541953

年份	经济林	生态疏林针叶林	生态疏林阔叶林	用材疏林针叶林	用材疏林阔叶林
2004	187.4814567	1848.321322	312.8425396	2762.855259	207.5154365
2005	341.5528816	1857.772281	309.9862626	2801.40825	211.2575588
2006	488.5104426	1954.411874	346.9328027	2956.106108	247.4021509
2007	635.0198488	2050.841325	384.4460977	3110.599116	284.1186485
2008	736.9308651	2146.509729	422.4093277	3264.463922	321.4028804
2009	795.5310414	2241.485782	460.819377	3417.883518	359.2647624
2010	856.4269812	2335.83657	499.6733767	3571.02943	398.9268414
2011	872.8883217	2429.627582	538.9686871	3724.062169	441.1547497
2012	870.3325946	2522.922722	578.7028825	3791.514883	457.466461
2013	863.7647005	2572.022273	586.0824753	3859.498155	473.4578702
2014	856.2423953	2619.189519	594.6771808	3924.669607	488.9854057
2015	847.8931259	2653.650351	611.4579915	3987.102219	504.0532766

续表

年份	经济林	生态疏林针叶林	生态疏林阔叶林	用材疏林针叶林	用材疏林阔叶林
2016	786. 5619947	2682. 850138	627. 4115078	4047. 457621	519. 3055192
2017	710. 0106115	2706. 967207	642. 5960147	4097. 109432	527. 508451
2018	622. 4494664	2726. 174597	657. 0408246	4137. 312956	535. 0239207
2019	566. 2077093	2740. 640191	670. 7742211	4149. 433221	541. 8461999
2020	530. 278392	2761. 931127	683. 8234947	4156. 323513	548. 0130641

年份	生态竹林	用材竹林	生态灌木	薪碳灌木	经济灌木
2004	15977. 06507	19951. 65137	96168. 90337	14683. 94094	49716. 8102
2005	16218. 69245	24165. 38975	95382. 659	16260. 81184	59484. 9283
2006	16023. 44628	27285. 27112	95083. 71756	17748. 94228	61162. 44848
2007	15883. 74578	27282. 33906	94918. 23441	17893. 45171	62628. 62278
2008	15648. 9285	23477. 03595	94789. 9324	18173. 07165	62693. 42114
2009	15014. 96216	19350. 39683	94697. 16318	18146. 21286	62653. 91506
2010	14258. 21819	16098. 12963	94638. 41563	18296. 46027	62820. 14758
2011	13879. 24465	15186. 77689	94612. 30699	18212. 22643	63442. 35114
2012	14306. 5249	19336. 14639	94617. 57453	17857. 32243	63230. 74096
2013	14571. 39202	22837. 52983	94653. 06766	17531. 08041	62557. 66406
2014	15226. 6766	24851. 35482	93559. 53072	17106. 39195	60309. 68603
2015	15799. 12925	24271. 89901	93291. 50796	16937. 06778	58870. 02018
2016	15802. 3389	20979. 67898	93058. 5087	16907. 64504	58553. 58442
2017	16065. 26638	17711. 5595	92857. 27311	16899. 17564	58436. 49047
2018	15855. 42057	15697. 81297	92686. 43865	16921. 35928	58479. 38999
2019	15719. 28519	15717. 2507	92544. 70067	16943. 55738	58540. 63183
2010	15541. 63107	19218. 08512	92430. 80995	16981. 29871	58608. 02513

吸收SO_2量						
	2004	2005	2006	2007	2008	2009
	1354760. 124	1449213. 208	1525820. 172	1595033. 338	1658073. 977	1718794. 365
	2010	2011	2012	2013	2014	2015
	1779854. 23	1843247. 776	1902045. 223	1952041. 984	1998321. 542	2027910. 774
	2016	2017	2018	2019	2020	
	2055269. 045	2078630. 719	2098265. 872	2114587. 478	2131255. 368	

表 3-108　湖南省不同林型 2005～2020 年吸收氟量

单位：公斤

年份	生态针叶林	生态阔叶林	用材针叶林	用材阔叶林	薪碳针叶林	薪碳阔叶林
2004	987991. 835	6426845. 538	1673930. 805	5544315. 119	8852. 678	109625. 3497
2005	1058970. 007	7564390. 97	1707096. 685	5851344. 562	9475. 935705	119566. 6366
2006	1053481. 933	7523209. 088	1698543. 171	5839501. 806	9462. 675153	119393. 7237
2007	1048253. 603	7494581. 003	1702024. 047	5851602. 945	9451. 123149	119258. 4879
2008	1048221. 372	7500921. 501	1705251. 345	5862950. 524	9470. 77587	119512. 3446
2009	1048160. 026	7506815. 745	1708243. 198	5873590. 046	9489. 308975	119751. 7397
2010	1048071. 903	7512288. 416	1711016. 378	5883564. 053	9506. 781627	119977. 4388
2011	1047959. 193	7517362. 873	1713586. 398	5892912. 34	9523. 249758	120190. 1657
2012	1047823. 941	7522061. 218	1715967. 611	5901672. 142	9538. 76626	120390. 6048
2013	1047668. 059	7526404. 367	1718173. 297	5909878. 313	9553. 381153	120579. 403
2014	1046265. 92	7530412. 11	1720215. 748	5917563. 492	9567. 141753	120757. 1723
2015	1043671. 195	7534103. 169	1722106. 343	5924758. 251	9580. 092826	120924. 4916
2016	1041161. 755	7532262. 308	1723855. 619	5931491. 241	9592. 276729	121081. 9086
2017	1038734. 901	7525127. 99	1722921. 036	5933866. 794	9603. 733547	121229. 9413
2018	1036388. 003	7518157. 483	1721869. 853	5935841. 719	9614. 501221	121369. 0803
2019	1034118. 506	7511348. 066	1720722. 939	5937458. 843	9624. 615668	121499. 7896
2020	1031923. 923	7504696. 937	1719498. 629	5938756. 581	9634. 11089	121622. 5088

	经济林	生态疏林针叶林	生态疏林阔叶林	用材疏林针叶林	用材疏林阔叶林
2004	27557. 14	2377. 22	15463. 668	3956. 3	13103. 7
2005	29797. 64796	2376. 538776	15459. 23924	3954. 708124	13099. 52103
2006	29732. 78522	2364. 431776	15377. 50762	3934. 543957	13072. 10885
2007	29774. 23652	2361. 220278	15364. 92445	3927. 661847	13056. 96373
2008	29812. 0265	2358. 12436	15352. 76964	3920. 951546	13042. 27545
2009	29846. 46803	2355. 139199	15341. 02391	3914. 416753	13028. 03791
2010	29877. 8455	2352. 26018	15329. 66892	3908. 059936	13014. 24376
2011	29911. 06451	2349. 482881	15318. 68715	3901. 882477	13000. 88468
2012	29941. 70253	2346. 803071	15308. 06188	3895. 884804	12987. 95144
2013	29969. 95093	2344. 216699	15297. 77717	3890. 066516	12975. 43418
2014	29933. 58638	2338. 76464	15287. 81783	3884. 426486	12963. 32245
2015	29895. 31406	2333. 523632	15278. 16934	3878. 962963	12951. 60536

续表

	经济林	生态疏林针叶林	生态疏林阔叶林	用材疏林针叶林	用材疏林阔叶林
2016	29855.58774	2328.48492	15256.21868	3873.673659	12940.27173
2017	29155.30944	2323.640114	15235.08562	3862.519468	12920.0337
2018	28455.8444	2318.981178	15214.73539	3851.547619	12900.17764
2019	27760.7166	2314.500411	15195.13472	3840.784204	12880.73731
2020	27593.41404	2310.190434	15176.25176	3830.250495	12861.73945
年份	生态竹林	用材竹林	生态灌木	薪碳灌木	经济灌木
2004	685118.7936	1026586.334	3219091.8	730630.716	3205950.054
2005	755961.2968	1059981.167	3216086.953	729218.0814	3263993.414
2006	686204.1698	963485.4944	3128357.14	703836.6238	3155770.556
2007	688578.2562	951666.5678	3126134.866	699574.7408	3140211.346
2008	690779.843	840152.5752	3123961.754	695399.6859	3125012.01
2009	675003.2061	823096.6518	3121836.919	691316.6822	3110182.114
2010	678180.948	823255.1224	3119759.457	687330.0451	3095729.374
2011	681741.4359	822177.1183	3117728.451	676905.2501	3081659.741
2012	700002.8556	937885.8076	3115742.973	666598.2038	3036127.137
2013	700191.9273	919850.5688	3113802.086	660069.3702	2991058.532
2014	700177.312	887041.5887	3111904.847	653712.4153	2930711.371
2015	699741.4945	871020.7926	3110050.309	654122.0999	2928329.077
2016	687744.1715	791624.6925	3109229.306	653134.4653	2930299.086
2017	699333.1833	781384.3458	3108407.084	652162.6529	2926409.571
2018	689417.478	793811.4362	3107584.441	651194.3696	2922830.782
2019	691803.5278	802722.1399	3106762.102	650220.1335	2919484.454
2020	693928.9044	884126.682	3105940.729	649232.8441	2916305.753

吸收氟量						
	2004	2005	2006	2007	2008	2009
	23681397.05	25400773.36	24945727.76	24895821.99	24786119.88	24751970.72
	2010	2011	2012	2013	2014	2015
	24753162	24746228.22	24838291.66	24781706.75	24692737.04	24682744.89
	2016	2017	2018	2019	2020	
	24595731.07	24582677.82	24570820.43	24567756.99	24637439.45	

第九节　湖南林业发展指标综合分析

表3-109和表3-110是运用系统动力学方法计算的林业发展指标与其他方法的对比。可见，生态公益林面积和森林覆盖率较多目标规划的值小，缘于多目标规划的目标方程重点考虑林业所产生的价值，将一些复杂的非现行变化考虑成简单的线性变换，系统动力学将社会发展的多方面因素，采取定性分析、定量模拟的办法研究系统各个组成部分的关系，优化系统的整体功能。对各种政策、措施产生的后果作出预测。而采用层次分析法的蓄积量的计算将各项指标均认为是增加的，这在当前一段时间内可反映蓄积量的情况，但不能反映林业发展的趋势，有一定的局限性。故采用系统动力学的方法计算湖南省的林业发展指标较为符合客观实际。

表3-109　湖南林业发展指标汇总表

	指标编号	指标内容	2005年	2010年	2020年
生态指标	1	森林覆盖率（多目标规划）	55.9%	57.4%	60.3%
		森林覆盖率（系统动力学）	55.9%	56.4%	56.4%
	2	生态公益林面积（多目标规划）	4978149公顷	5289481公顷	5257240公顷
		生态公益林面积（系统动力学）	4978149公顷	5773595.7公顷	5858317.6公顷
	3	定向改造面积	448033.4公顷	963613.9公顷	681743.1公顷
	4	自然度	0.5352	0.5933	0.6442
	5	自然保护区面积	123.6万公顷	130万公顷	170万公顷
	6	绿色通道率	5.96%	9.10%	11.5%
	7	线状林水结合	41.69%	45.26%	49.09%
	8	面状林水结合	62.50%	64.21%	65.85%
产业指标	9	森林蓄积量（层次分析法）	3.79亿立方米	4.5295亿立方米	6.3886亿立方米
		森林蓄积量（系统动力学法）	3.79亿立方米	4.9914亿立方米	6.3308亿立方米
	10	林业产业总产值	951亿元	1611亿元	2010亿元
文化指标	11	森林文化发展水平等级	3级	2级	2级
	12	森林文化发展水平指数	69.35	75.35	83.15
绿色GDP指标	13	经森林培育资产产出调整的地区生产总值（eaGDP1）	4959.46亿元	5558.79亿元	6230.55亿元
	14	经森林环境服务价值调整的地区生产总值（eaGDP2）	11308.52亿元	12675.11亿元	14206.84亿元

表3-110　不同计算方法指标结果

计算方法	类型	2004年	2010年	2020年
系统动力学	生态公益林（公顷）	4978149	5289481	5257240
	森林覆盖率（%）	55.93	56.4503	56.4539
	森林蓄积量（亿立方米）	3.79	4.99	6.33
其他方法	生态公益林（公顷）	4978149	5289481	5257240
	森林覆盖率（%）	55.9%	57.4%	60.3%
	森林蓄积量（亿立方米）	3.79	4.529	6.388

第四章　湖南省现代林业发展总体规划与布局及现代林业重点工程建设

第一节　现代林业发展总体规划依据、目标与原则

一、规划依据

1. 《中华人民共和国森林法》
2. 《中华人民共和国土地管理法》
3. 《中华人民共和国环境保护法》
4. 《中华人民共和国城市规划法》
5. 《中华人民共和国野生动物保护法》
6. 《全国生态环境建设规划》
7. 《中共中央 国务院关于加快林业发展的决定》（2003 年 6 月）
8. 《湖南生态省建设规划》（2005～2020）
9. 《长株潭城市群空间发展战略规划》
10. 《湖南省水资源保护和开发利用总体规划》（2004）
11. 《湖南省城镇体系规划》（2003～2020）
12. 《湖南省土地利用总体规划》（1997～2010）
13. 《湖南省公路水路交通建设规划纲要》（2003～2010）
14. 《湖南省城镇发展报告》（2005）
15. 《湖南省环境状况公报》（2005）
16. 《长沙市城市林业生态圈专项规划》（2003～2020）
17. 湖南省政府批复建设的有关生态、林业、水利等相关方面的规划

二、规划目标

加强山地森林资源保育，提高森林资源质量；完善洞庭湖区防护林体系，增强生态敏感地区的森林防护能力；加快城市林业、乡村绿化的建设，改善城乡人居环境；依托山地、平原、湖区森林资源，发展以竹木加工、森林旅游、森林食品等为龙头的林业产业，提高林业富民能力。到 2020 年，使湖南的森林覆盖率稳定在 55% 以上，建成功能完备的山地、河流、湖区、城市、农田一体的森林生态网络体系，形成山地茂林修竹、江湖水秀鱼跃、城市林荫气爽、田园果硕粮丰、乡村鸟语花香的生态景观，实现强化森林系统功能，提高林业产业效益，丰富森林文化内涵的总体目标，为建设山川秀美、人与自然和谐、经济社会可持续发展

的生态湖南奠定基础。

规划建设的近期重点是：围绕“五项”建设内容，实施“十二大”战略工程。

（1）“五项”建设内容：保育山地森林资源，发展湖滩平原林业，培植特色产业基地，推进城市森林建设，打造乡村绿色家园。

（2）“十二大”战略工程：四大生态林工程，五大产业林工程，三大人文林工程。

三、规划原则

（一）服务中部崛起需求，促进人与自然和谐

湖南经过多年的改革开放发展，经济社会取得了全面发展。林业建设不仅成为全省国土生态安全的重要保障，也发展成为创造巨大财富的绿色产业。如何在推进经济发展的过程中，加快林业发展，改善城市生态环境，是全面实施国家中部崛起战略的重要保障，对于提升中部城市的可持续发展能力尤为重要。湖南省未来发展的重点是做强长株潭城市群，建设湘中经济走廊，发展湘西经济带，因此，湖南省的林业建设要结合湖南这种新的发展形势，特别是长株潭城市群发展和融入长江经济带的发展趋势，在战略定位上要突出服务型林业的特点，为全省的环境建设服务，为经济发展服务，为旅游产业服务，为山区农民脱贫致富服务，为湖南省发展再上新台阶服务，促进人与自然和谐发展。

（二）立足湖南省域范围，突出南北区位优势

湖南省是我国中部地区比较发达的省份，已经打下了比较雄厚的发展基础。随着国家中部崛起战略的实施，湖南经济将迎来新的腾飞。按照科学发展观和建立和谐社会的要求，必须实现生态建设与经济社会的同步发展。从湖南自然环境特点来看，贯穿全省的湘、资、沅、澧四大水系和武陵山、雪峰山、南岭、幕阜山等山系构成了一个相对独立的生态系统，基本呈现了“三面青山环潇湘，四大碧水汇洞庭”、从东南西三面向北倾斜开口的马蹄形状的自然景观格局特征，环境的好坏都与全省6700万人自身利益息息相关。因此，林业规划必须着眼整个湖南省域范围的生态、经济、社会协调发展，着眼本地区的生态安全进行。同时，湖南省南临广东、广西，北靠洞庭湖区与长江相连，这种区位特点带来了对林业的多种需求，提供发展的便利条件，因此要兼顾周边地区的需求和发展特点，发挥资源优势，扬长避短，进行综合规划布局，并分区实施，从而与周边省市的林业生态建设规划相互衔接，达到互相补充、互相促进，实现区域生态建设的一体化发展，提高湖南省乃至整个中部地区的整体综合竞争力。

（三）统筹山湖城乡规划，健全森林生态网络

按照湖南省自然地貌和土地利用类型来看，大体呈现山地、乡村、城市、湖泊的空间格局，从面积比重、生态建设重要性以及今后发展的潜在空间来看，湖南作为多山省份和湿地资源大省，山地的森林保育和配合兴林抑螺、血吸虫病防治的湖滩平原林业发展现得更为重要，城市森林、乡村绿色家园建设也将日益成为一个关注的热点。因此，要贯彻全省生态建设一体化的理念，运用景观生态学原理，以山丘岗地森林、城市地带片林、森林公园，以及现有的森林、湿地等自然保护区为主体依托，使之成为湖南完备森林生态体系的核心生态斑块，成为保护生物多样性的基础；结合湘江、资江、沅江、澧水等主干水系以及高速公路等主干道路绿化，构筑林水结合、林路结合的贯通性主干林带，使之成为地域内生物交流、水系连通、城市通风送氧降温的主体生态廊道；完善道路、水系、农田、湖区防护林网，把众多的森林绿岛、水体连接起来，并与上述林水主体斑块、主干廊道相连，使之成为遍布整个省域的生态脉络，从而建设“山湖城乡，林水相连，生态一体”的森林生态安全格局，为湖南生态环境的改

善与维持提供长期而稳定的保障。

（四）结合区域资源特色，发展富民林业产业

林业产业是实现林业富民的根本途径，也是生态林得以保护和维持的重要保障。除了经济发达平原、河谷城市地带以外，对于山地面积占70%以上的湖南省来说，要全面建设小康社会，实现城乡共同富裕、区域经济协调发展，大力发展高效林业产业具有重要意义。湖南不同区块森林资源的特点比较突出，目前依附于资源发展的林业产业已经初步形成了各具特色的区块发展格局，张家界的森林旅游、长株潭的绿化苗木、益阳的竹业、岳阳的滩地林业、怀化的竹木加工、邵阳的经济林等，林业已经不仅仅是一项重要的公用事业，更是能够富民的绿色产业，2003年，全省林业社会总产值达800亿元。从主导功能来看，产业林地以发挥生产功能为主，其生态功能是主体生态林的补充；从发展规模和方向来说，要根据湖南的地域特点、现有林业产业的发展状况，按照不同地区的比较优势及市场需求变化确定合理的产业林基地发展方向和规模，达到“产业保生态，产业促生态，产业促发展”的目标。

（五）弘扬森林生态文化，建设城乡绿色家园

湖南的经济社会发展已经步入了新的发展阶段，在富起来的同时，要建设和谐社会，一个重要的任务就是全面提高人们的整体素质，特别是提升人们的文化水平和生态意识。湖南省域有许多名胜古迹，古树名木众多，是湖南悠久历史的直接写照。除了弘扬历史文化以外，现实最需要的还是引导人们的生态观。通过全面推进城市森林和乡村绿化建设，大力弘扬爱护自然、保护环境的生态文化，在高度人工化的城市建设中，把生态学原理应用于具体的工程建设当中，尽可能保留自然景观，营造低维护、高效益的近自然林。因此，湖南林业发展必须与湖南古老的园林文化相结合，与文化古迹保护相结合，与传播生态意识相结合，加强古树名木和各类名胜区森林的保护，同时顺应现代城市居民生态文化需求，大力发展以各类纪念林为代表的文化林建设，丰富森林文化内涵，弘扬绿色文明，把湖南建设成为生产发展、生活富裕、生态良好的绿色家园。

第二节　现代林业发展总体布局

一、结构布局

（一）布局依据

1. 林业本身特点

林业是一项重要的公益事业和基础产业，承担着生态建设和林产品供给的重要任务。林业是一个既生产物质产品、精神产品，又生产生态产品的综合部门，具有生态、经济、社会“三大效益”。生态产品包括改善生态、净化空气、涵养水源、保持水土等为主的生态服务，是林业承担的首要任务；物质产品包括人们生产生活需要的木材、纸浆、家具、林果、花卉等，具有巨大的直接经济效益，也是长期以来社会赋予林业的主要任务；文化产品包括森林观光、森林休闲、森林文学、森林艺术等，发展的历史久远，也是近年来随着社会经济的发展日益受到人们关注的林业具有的特殊功能。物质产品和文化产品可以通过贸易和交流解决，而清新的空气、蔚蓝的天空、纯净的水质、优美的环境等生态产品只能就地解决，不可能到别国和别的地区引进或购买。林业的这三方面特性是林业进行结构布局的立足点。

2. 国家林业发展战略

2002 年国家林业发展战略提出了“生态建设、生态安全、生态文明”的“三生态”思想，为今后我国林业发展确定了方向，这个战略在明确林业承担着保护国家生态安全、富民增收等生态、经济效益的同时，进一步明确了林业在建设生态文明社会当中的重要作用。因此，林业发展必须根据这个战略要求，在建设过程中兼顾生态、经济、文化三种效益，这是湖南林业结构布局的基础。2007 年全国林业厅局长会议又提出建设生态、产业、文化三大体系，进一步增强了林业提供生态、经济、精神文化产品的功能。

3. 湖南林业发展理念

湖南林业发展是以“建设湖南新林业，打造绿色新家园”为基本理念，并发展生态林业以保障生态安全，发展富民林业以满足多种需求，发展人文林业以弘扬绿色文明。因此，基于这种指导思想，可以根据不同地带、不同森林类型在生态、经济、文化三方面主导功能的差异，进行相对的划分。

在林业发展的结构布局上，要首先满足保障湖南省生态安全的需要，在森林资源空间布局方面，以生态公益林为骨架构建覆盖全省的比较完备的生态林体系，在森林营造、培育、管理的各个环节都要把提高现有林的生态功能放在首位，在这个森林生态安全体系的框架之下，根据现实状况和市场需求发展具有湖南特色和发挥本地资源优势的产业林体系，并与湖南历史文化、环境科普教育等结合起来，加强森林旅游、城乡人居森林、各类纪念林等发展，建设以森林为载体的人文林体系。

（二）布局框架

根据上述湖南林业发展理念和总体规划的基本原则，我们提出湖南林业发展的“三林”体系结构布局：

——建立以山地森林、平原防护林、城区林地、水岸防护林为主，片、带、网相连接的生态林体系，为湖南生态环境的改善提供长期稳定的保障，满足湖南经济社会可持续发展的需要。

——形成以林产品加工、森林食品、森林旅游、种苗花卉等优势产业为主，速生丰产林、林农、林禽、林药等多种模式相配套的产业林体系，拓宽林业富民渠道，稳固生态林体系，促进湖南林业的绿色产业发展。

——建设以城市森林、园林、村庄绿化、森林公园、名胜古迹林等为主，重点加快城市各类纪念林、森林生态环境教育基地建设，人文与森林景观相结合的人文林体系，增强人们的环境保护意识，传承湖南的历史文化和红色旅游文化，实现人与自然协调发展，为和谐社会建设作贡献。

核心是：生态林体系，产业林体系，人文林体系。

“三林”体系是根据森林具有生态、经济、社会“三大效益”和国家林业发展战略提出的“三生态”思想，结合湖南林业的现状和发展趋势，按照森林的主导功能进行定位划分的，是一种相对的划分，他们共同构成湖南森林资源的整体。生态林体系是基础，体现了现代社会对林业“生态优先”的主导需求，是产业林体系和人文林体系实现持续、健康发展的保障，而产业林体系和人文林体系是对生态林体系生态功能的有效补充，实现林业富民，满足人们的生态文化需求，避免或延缓生态林体系可能面临的破坏压力，发展绿色产业和弘扬绿色文明，为湖南林业的发展带来了巨大的活力。具体内涵是：

（1）生态林体系：形成合理布局，保障生态安全。生态体系是指以生态公益林为主，包括各类自然保护区在内的森林、湿地资源，其主体应该是以地带性森林植被为主的生态公益林，发挥生态功能是第一位的。它对全省的生态环境起着主要控制作用，是长期稳定的。主要以原有的山地森林资源为主，并针对城市周边地区、平原区、盆地丘陵等地的防灾需要，以及生态敏感区维护、人居环境需要等设置，具有保护生物多样性，减轻水土流失，降低洪灾危害，净化河流水质，阻隔病虫害传播等多种生态功能。在这些生态公益林营造、改造过程中，要向近自然林的方向引导，并借鉴欧洲恒用林的经营理念，适当增加长寿命、高经济价值珍贵树种，使山地森林成为湖南省森林生态系统健康稳定的基础，成为生物多样性保护的基地。

（2）产业林体系：提供林副产品，促进产业发展。产业林体系主要是指省域范围内以提供木（竹）材、绿色森林食品、苗木花卉、林副产品为主的经果林、竹林、苗圃等，是对生态林体系的补充，减轻了对其人为采伐利用的压力，对改善全省的生态环境起着增强作用。产业林更主要受产业发展的经济效益左右，在一定的时期内是随市场波动的，但这部分森林资源用地面积、林种结构等方面的波动不会对全省的生态环境产生大的影响。因此，产业林体系建设要结合湖南林业产业发展的区块特色，以服务湖南林业产业发展为导向，满足本省乃至其他地区对湖南林副产品消费需求，发挥比较优势，发展以竹产业、绿色森林食品、森林旅游为主、多种产业复合发展、具有湖南特色的高效产业林体系。

（3）人文林体系：改善人居环境，传播生态文明。人文林是改善人居环境和具有丰富文化内涵的森林，是森林文化体系的重要组成部分，是湖南林业的一大特色，也是湖南经济社会发展到现实水平后向建设和谐社会目标迈进过程中，要继续加强的一项重要工作。建设和谐社会的关键问题是实现人与自然和谐，处理好人与自然的关系，提高包括务林人在内全社会公民的生态意识，把爱护环境的意识体现在具体的行动中、日常的行为上。人文林体系是弘扬生态文明的重要载体。湖南山川秀丽，名胜古迹众多。针对湖南的特点，主要包括湖南的森林公园、名胜古迹林、墓地林和各类纪念林，在改善环境功能的同时，更主要的是对城市历史文化的反映，具有传承历史文化的功能。从现实情况来看，湖南在反映历史文化方面做了很多工作，也积累了丰富的经验，而对如何提高人们的环境保护意识，把科普宣传体现在具体的建设、活动当中则重视不够。因此，发展人文林，改善城乡人居环境，加强环境保护意识的培养，有助于增强人们的生态意识，丰富森林文化内涵，促进湖南的和谐社会建设。

因此，湖南林业发展的结构布局可以概括为：通过构筑布局合理、长期稳定的生态林体系，为湖南生态环境的改善提供保障，满足湖南经济社会可持续发展和改善人居环境的需要；通过发展经济效益好、具有市场弹性的产业林体系，稳固生态林体系，促进湖南林业产业发展；通过加强古典园林、古树名木、名胜古迹林的保护，大力发展各类纪念林，实现人文与森林景观的完美结合，传承湖南悠久的历史文化和光荣革命历史，并注重森林旅游、红色旅游、生态教育基地等项目中的科普功能建设；从而建立以生态公益林为主的、完备的生态林体系，以及依附于生态林体系之上的发达的产业林体系和丰富的人文林体系，为建设生态湖南作贡献。

二、空间布局

（一）布局依据

林业发展的总体布局要以满足社会对林业的主导需求为重要依据。迈入新世纪，湖南进入了加快工业化、城市化、信息化、市场化和国际化，全面建设小康社会，实现中部崛起的新阶段。作为林业资源大省，全面发挥林业在生态、经济、社会等方面的多种效益，走生产发展、生活富裕、生态良好的文明发展道路，是湖南经济社会发展对林业提出的迫切要求。

1. 生态安全需求分析

（1）湖南省生态环境特点。从湖南自然生态环境特点来看，贯穿全省的湘、资、沅、澧四大水系和武陵山、雪峰山、南岭、幕阜山等山系，以洞庭湖为水系衔接点构成了一个完整而相对独立的生态系统，自然生态环境的好坏都与全省6700万人自身利益息息相关。因此，林业生态建设一方面是国家生态建设的重要组成部分，是长江下游水系重要的水源补给区（图4-1），同时对湖南省本身来说，林业生态建设是保障湖南经济社会可持续发展的基础。

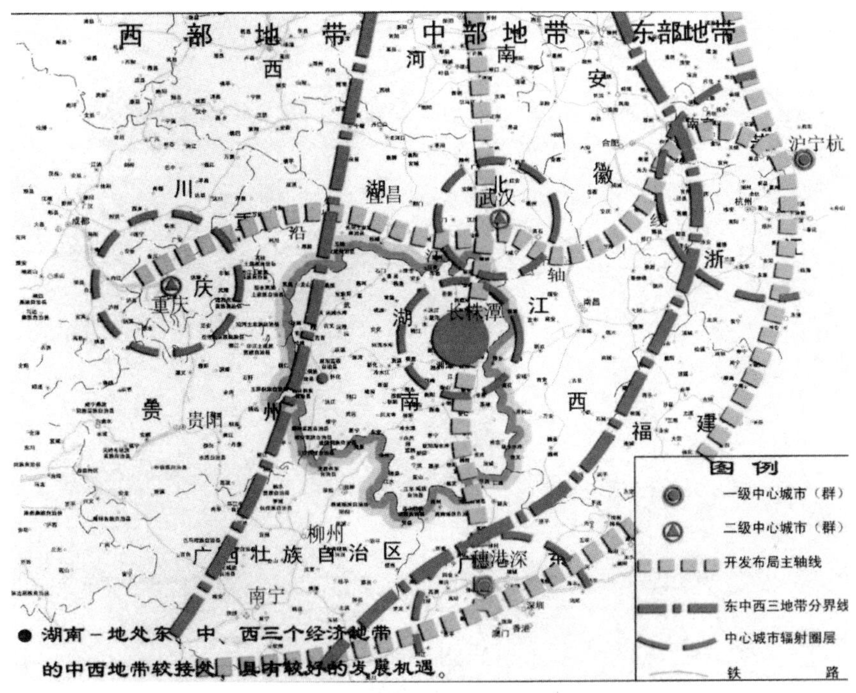

图4-1　湖南省在全国经济区划的位置

（2）湖南省生态环境主要问题。《湖南省环境状况公报2005》指出，虽然湖南省近几年在环境治理方面取得巨大的成就，但仍存在一定的问题。一方面环境污染问题日益突出，突出表现在：地表水污染仍然较为普遍，特别是流经城镇和工业区江段水质普遍受到不同程度的污染，岸边污染带仍未得到有效控制，少数城市存在饮用水安全隐患；酸雨仍然严重，全省绝大部分城市均受到不同程度的酸雨污染，酸雨频率达72.6%，pH值年均低于5.60的有12个城市，占统计城市的85.7%。同时自然生态环境脆弱，水土流失面积大，洪涝灾害、滑坡地质灾害等比较频繁，每年造成很大的损失。

（3）森林资源现状与生态安全。湖南的生态环境总体上比较优越，森林资源、水资源相对丰富，但随着社会发展对资源的消耗、环境破坏的不断加剧，森林资源质量下降，有林地涵养水源、保持水土、调节径流、减少洪涝灾害等生态功能较弱，保障生态安全的能力降低。同时，从现有林的资源状况来看，目前湖南省人工林主要以杉木、马尾松为主，森林资源质量不高，火灾、病虫害发生的现实威胁和潜在风险都比较突出，森林资源自身的安全还不能够得到完全保障。因此，进一步优化全省森林生态网络体系，合理开发利用森林、湿地等自然资源，加强洞庭湖湿地保护和滩地以林为主的综合治理，在山地森林资源经营中增加长寿命、珍贵树种的培育，强化生态敏感区的生态公益林建设非常重要。

（4）城市群发展趋势与林业生态建设。城市化进程的快速发展，对资源环境产生了巨大的压力，也对林业生态环境建设提出了新的需求，给城市林业发展带来了新的机遇。许多国家和地区都高度关注城市生态安全，把城市林业建设作为改善城市环境、提高城市综合竞争力的重要举措。近年来湖南省对未来城市发展作出了新的规划，以长株潭城市群为核心的多个城市发展组团正在形成（图4-2、图4-3）。湖南要吸引更多的外商来投资落户，保持城市群地

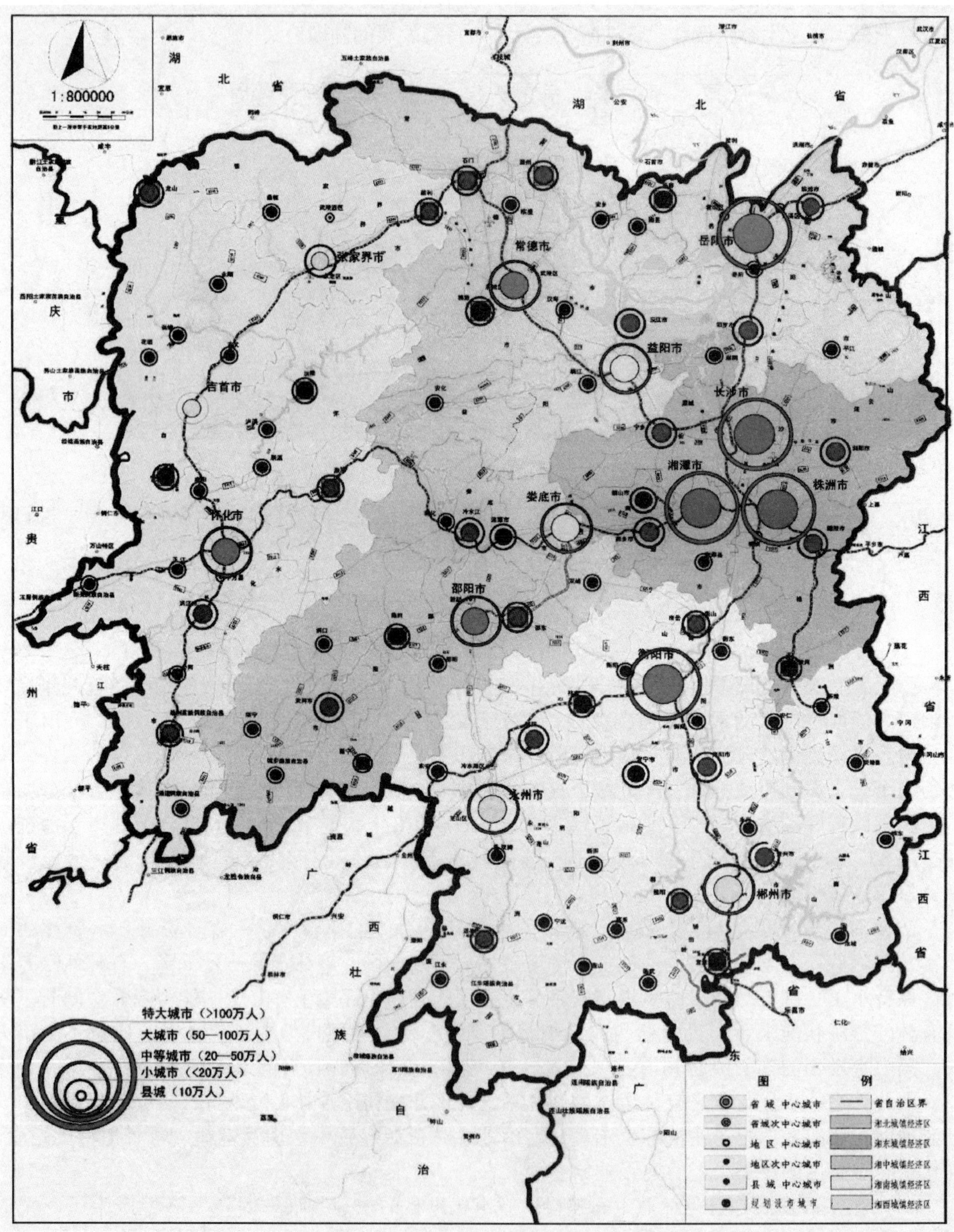

图4-2 湖南省城市规模等级规划图（2003～2020年）

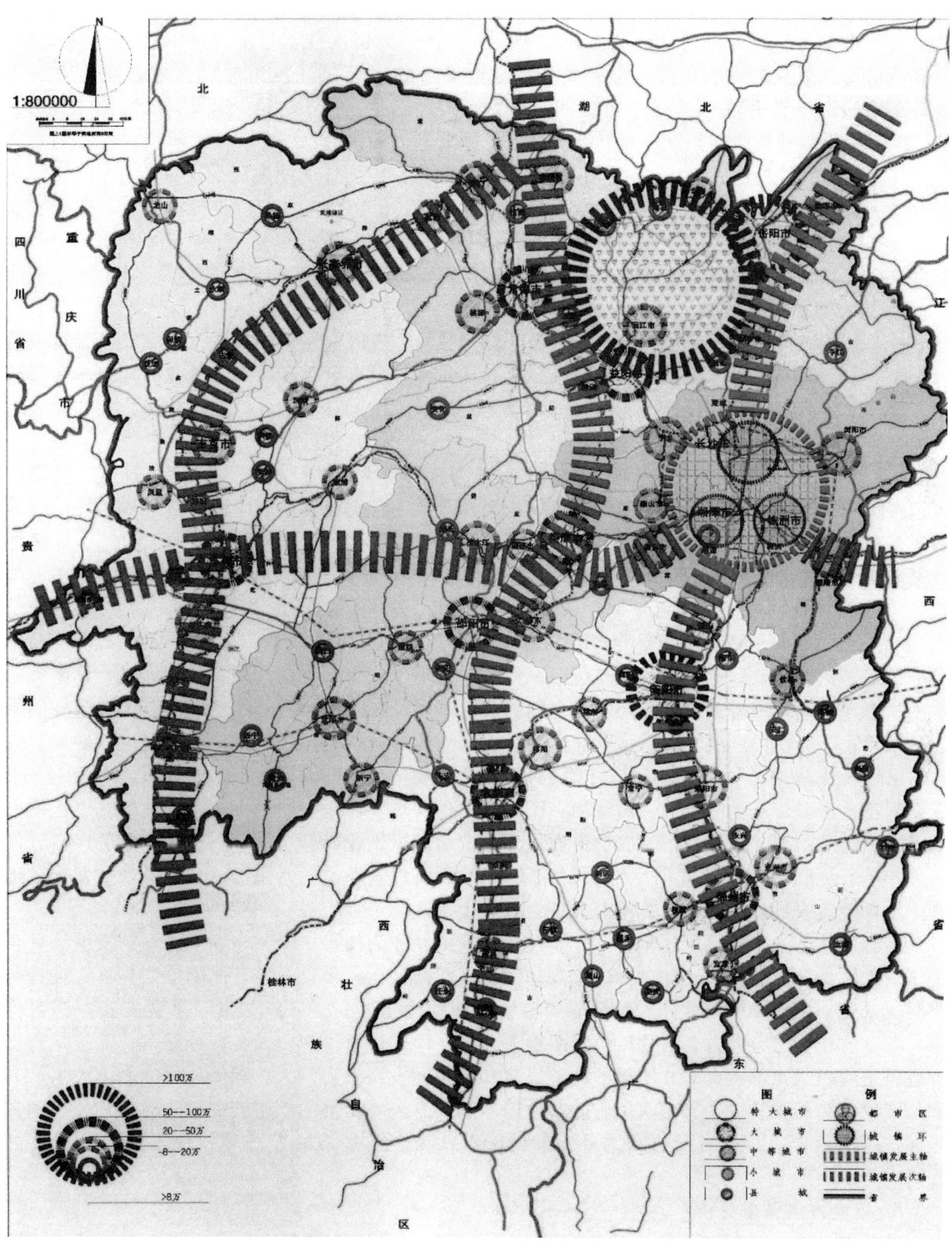

图 4-3　湖南城镇体系空间结构规划图（2003～2020 年）

区经济快速健康发展，就必须加强城市林业建设，更加注重生态保护和环境建设，缓解城市群发展带来的环境压力和对林业的多种需求，努力在更高层次和水平上谋求有力的环境支撑。以区域可持续发展的有利条件，全面参与长江经济带和“泛珠江三角洲”区域合作，进一步提升湖南的综合竞争力。

随着湖南高速发展的经济，对资源的需求量越来越大，耕地、能源、淡水等资源短缺的矛盾更加突出，对环境的压力越来越大。《中共中央 国务院关于加快林业发展的决定》指出：“林业不仅要满足社会对木材等林产品的多样化需求，更要满足改善生态状况、保障国土生态安全的需要，生态需求已成为社会对林业的第一需求。”因此，加快林业的发展，有利于保障湖南经济社会可持续发展和提高湖南综合竞争力。

2. 产业发展需求分析

林业是国民经济的重要基础产业，在山区综合开发、巩固农村集体经济，引导农民脱贫致富奔小康等方面具有重要作用，同时，没有产业的林业，是没有后劲和活力的林业。湖南作为我国南方重要的国有林区，林业的产业发展很大程度上折射了中国林业产业的发展状况，它的实践对全国林业的发展具有很好的借鉴意义。

（1）湖南经济发展与林业产业贡献。湖南作为森林资源大省，在提供保障全省生态安全的生态贡献同时，如何发挥资源优势大力发展壮大林业产业，提高林业对国民经济发展的经济贡献率，是湖南林业发展的基本动力。目前，每年可为社会提供2000多万立方米活立木、1.5亿根竹子、165万立方米人造板、70万吨林纸、685万平方米竹木地板、105万套竹木家具、9万吨茶油、18万吨森林食品。2004年林业总产值410亿元，居全国第5位。

（2）城乡绿色消费需求与林业产业需求。湖南的花木产业是发展迅速的产业，具有重要的经济效益和社会效益。花木产业主要包括绿化观赏苗木、盆景、鲜切花和盆花四大类。湖南省花木生产进入快速发展的轨道，已经成为全国的著名产区，在全省的农业经济中占有十分重要的地位。随着我国经济的发展，生活水平的提高，人们为改变城镇生态环境，美化家庭生活环境，花木需求增长快速，花木产业也相应成为具有物质文明和精神文明双重象征的产业。湖南花木已形成浏阳花木产业带等优势产区，对增加农民收入发挥着重要作用。同时，花木产业的发展也使一批面临困境的国营、集体林场、农场出现了生机，增加了就业机会。另外，花木产业的兴起和发展、产业经济的壮大也带动了园林机械设备、喷灌设备以及花盆、遮阳网等相关企业的发展。随着生活环境建设进程的加速，花木需求将会进一步扩大。

旅游业作为当今世界的朝阳产业，其发展水平已经成为衡量一个国家和地区经济发展、社会进步、人民生活质量的重要标志之一。森林使人们回归自然、亲近绿色、休闲度假，具有独特的保健、景观、文化价值，森林旅游已成为旅游业新的经济增长点，成为发展迅猛的新兴绿色产业。湖南省作为旅游大省，森林旅游资源得天独厚，地理位置优越，人文古迹荟萃，无论是历史古迹还是红色景点都拥有非常明显的比较优势和特色，发展潜力巨大。湖南许多的名山大川、森林公园以及自然保护区内分布着优秀的文化遗产和具有鲜明个性的旅游资源，是对森林公园和自然保护区的重要点缀，吸引了国内外大量的游客，为湖南经济的发展和扩大影响起到重要的作用。

3. 社会发展需求分析

（1）建设生活宽裕新农村与林业发展。国家提出建设生活富裕的社会主义新农村建设，对于山地资源占70%以上的林业资源大省，林业发展对增加农民收入、促进农民致富发挥着至关重要的作用。2004年全省林业产业总产值409亿元，从业人员达360万人。林业的发展，增加了农民收入。全省山区、丘陵区、平湖区农民收入来自林业的比重已分别达到40%、25%、12%。在不少林区，林业已成为县域经济的支柱和农民增收的重要渠道。绥宁县的国内生产总值、财政收入和农民收入的70%均来自林业。桃江县竹业总产值达11亿元，占全县GDP的25%，全县财政收入的17%和农民收入的26%都来自竹业。洞庭湖区的杨树、浏阳河走廊的花卉苗木、江永的香柚、溆浦的枣子等都是当地农民收入的重要来源。

（2）湖区血吸虫病防治与林业发展。洞庭湖整个区域平原广阔，土壤肥沃，气候适宜，雨量充沛，素称“鱼米之乡”，是全国的商品粮基地之一，也有丰富的湿地资源。但血吸虫病的蔓延已严重危害到疫区人民的健康，导致疫区农村病人家庭因病致贫、因病返贫，成为制约湖区社会经济发展、影响社会稳定的重要因素。根据2003年全国血防统计资料，全国有12个省（自治区、直辖市）的409个县（市、区）存在血吸虫病疫情，血吸虫病患者达84万人，而湖南省现有血吸虫病人205461人，占全国病人总数的24.41%，居全国第二位，其中湖南洞庭湖区是血吸虫病主流行区。目前，湖南省疫情已由洞庭湖滨湖区蔓延到长沙、株洲等四水尾闾地区，长沙市的岳麓区、天心区、望城县、宁乡县、株洲市的石峰区、芦淞区、荷塘区相继发现了钉螺，并出现血吸虫病感染疫情。因此，在滩地推广应用兴林抑螺综合治理滩地技术成果，对于帮助湖区农民防病致富极为重要。

（3）城乡人居环境改善与林业发展。生态环境建设是构筑和谐社会的必然要求。党的十六大明确把不断增强可持续发展能力，改善生态环境作为全面建设小康社会的四大目标之一。近年来，湖南经济持续快速发展，人民生活水平显著提高。人们已不再仅仅满足于温饱状态，社会消费层次也由过去的生存消费为主，向生存消费、发展消费、享受消费并存状态转变，精神性生态需求已成为一种基本的社会需求，良好的生态环境成为人们提高生活质量和健康素质、追求优美的生产生活环境的基础。1999年《中国市民森林生态意识专项调查报告》已经印证了这一点：市民真正的理想生活标志是“清新空气”“清澈水流”“青草绿地”，而不是汽车、电视、高楼大厦。这些要素成为人们理想中最不可缺少的东西，标志着公民的生态需求正日趋高涨。因此，只有不断加强生态环境建设，才能促进人与自然的和谐，推动整个社会走上生产发展、生活富裕、生态良好的文明发展道路，构筑和谐发展的社会。

（4）生态文明社会建设与森林文化。生态文明，已成为人类现代文明的基本内涵和重要标志。弘扬生态文明，丰富和发展精神文明，对于不断丰富和满足21世纪人们向往自然、回归自然的物质文化需求，促进资源环境与经济社会可持续发展具有重要的现实意义。森林作为建立新型的人与自然和谐统一关系的重要文化载体，代表先进文化前进的方向，对推动新时期具有中国特色的社会主义文化具有重要作用。湖南作为中部经济发展迅速、森林资源丰富、历史文化悠久的省份，在林业建设中挖掘、整理、弘扬丰富的森林文化，对于建设爱护自然、保护环境、人与自然和谐的生态文明社会具有重要的现实意义。

（5）城乡居民就业与林业发展。目前，全省林业产业从业人员已经达到318.43万人，其中林木种苗生产经营户5491户20万人，花卉生产经营人员22.43万人，梅花鹿等野生动物驯养场2346个3万人，野生植物培育基地4829个7万人，林木种植户51.32万户205万人，木材加工企业1.02万户50万人，林产品经销企业8900家10万人，森林生态旅游从业人员1.1万多人。涉林人员达到1600多万人。因此，林业的发展不仅仅是关系到生态与经济效益的问题，而是提供庞大就业机会、促进农村发展的绿色产业链条。

（二）布局框架

湖南省林业发展布局规划，要以中国森林生态网络体系点、线、面布局理念为指导，山、湖、城、乡统筹，林水结合，区域生态一体规划，以服务城市经济发展带和新农村建设的多种需求、健全森林生态安全体系、促进特色林业产业发展、弘扬森林文化为目标，全面整合山地森林、平原与水系防护林、城市森林、城镇村庄绿化等多种模式，实现森林资源空间布局上的均衡、合理配置。

从湖南的地形地貌、森林资源分布格局、未来林业建设重点与趋势来看，湘、资、沅、澧四大水系沿线的山地森林应该成为湖南省生态公益林建设的核心，也是速生丰产林发展的重要基地，而与湖南省北部环湖城市群（岳阳、益阳、常德）、中部沿江城市群（长沙、株洲、湘潭）、南部盆地城市群（衡阳、娄底、邵阳、永州、郴州）三个城市群交错分布的城市周边地区森林（包括山地、丘陵岗地、平原），是这些地区生态安全的保护屏障，也是支撑各类经济林等林业产业发展的重要基地，传播森林生态文化的重要载体。根据这种自然格局和建设构想，规划提出“一湖三群五片多点”为一体的湖南林业发展空间格局（图4-4）。

1. 一湖

主要是指滩地林业——抑螺防病致富，促进湿地保护利用

洞庭湖兴林抑螺滩地综合开发区：北部洞庭湖湿地平原地区，水网发达，农业综合开发比较普遍，是湖南粮油作物主产区，但同时也是我国血吸虫病发生比较集中的地区，防病与致富的任务比较艰巨，林业生态建设重点应该是保护和合理利用湿地资源，发展林水结合、抑螺防病的滩地林业，核心目标是：促进防病致富，促进湿地保护利用。

2. 三群

主要是指城市林业——改善人居环境，保障城市协调发展

目前，湖南社会经济发展中比较成形的城市群是长沙、株洲、湘潭，也是近期湖南省着力打造的核心地带，但从现实的发展状况和未来的发展趋势来看，北部洞庭湖周边的岳阳、益阳、常德环湖城市群也呈现快速发展态势，对拉动沿湖经济发展作用明显，而南部衡阳、娄底、邵阳、永州、郴州等盆地城市群，向北与长沙、株洲、湘潭呼应，向南与广东、广西相连，是承接珠三角产业转移，接受粤港澳和东盟经济辐射的重要基地，是湖南省最具经济价值和发展潜力的地区，是粤港澳的后花园、湖南的出海口，对促进湖南南部崛起至关重要。因此，林业建设要前瞻性的进行规划建设，在这些地带大力发展城市林业，重点是加强城市之间绿化隔离带、森林公园、城郊观光林业（农家乐）、城区公共游憩地等建设，核心目标是：改善人居环境，保障城市协调发展。

● *北部环湖城市群*：由以岳阳、益阳、常德为中心的环洞庭湖城市构成。该城市群北靠洞庭湖，东临武汉城市群，西接重庆，南连长沙、株洲、湘潭中部沿江城市群，水路、陆路交通便利，是我国长江经济带的重要组成部分。本地区林业发展要紧密结合城市群的发展需求，充分发挥地缘优势，大力发展林产品加工业，林水结合的滩地速丰林，城市周边地区的生态风景林。

● *中部沿江城市群*：由以长沙、株洲、湘潭为中心的沿湘江城市构成，是湖南省经济社会发展的中心，也是全国中部地区发展比较成熟的城市群之一。该城市群北接环洞庭湖城市群，南临南部盆地城市群，京广铁路、京珠高速纵贯其间，与周边城市连接紧密。本地区林业发展要紧密结合城市群的发展需求，充分发挥地缘优势，提高林产品加工附加值，建设城市周边地区的生态风景林，促进森林旅游产业发展。

● *南部盆地城市群*：由以衡阳、娄底、邵阳、永州、郴州为中心的盆地城市构成。目前该城市群还处于融合发展阶段，但从潜力和趋势来看，对湖南省未来经济社会的整体腾飞和区域协调发展有着十分重要的意义。该城市群北接长株潭中部沿江城市群，南临珠三角，京广铁路、京珠高速纵贯其间，并与广西桂林相通，区位优势明显，发展潜力巨大。本地区林业发展要紧密结合

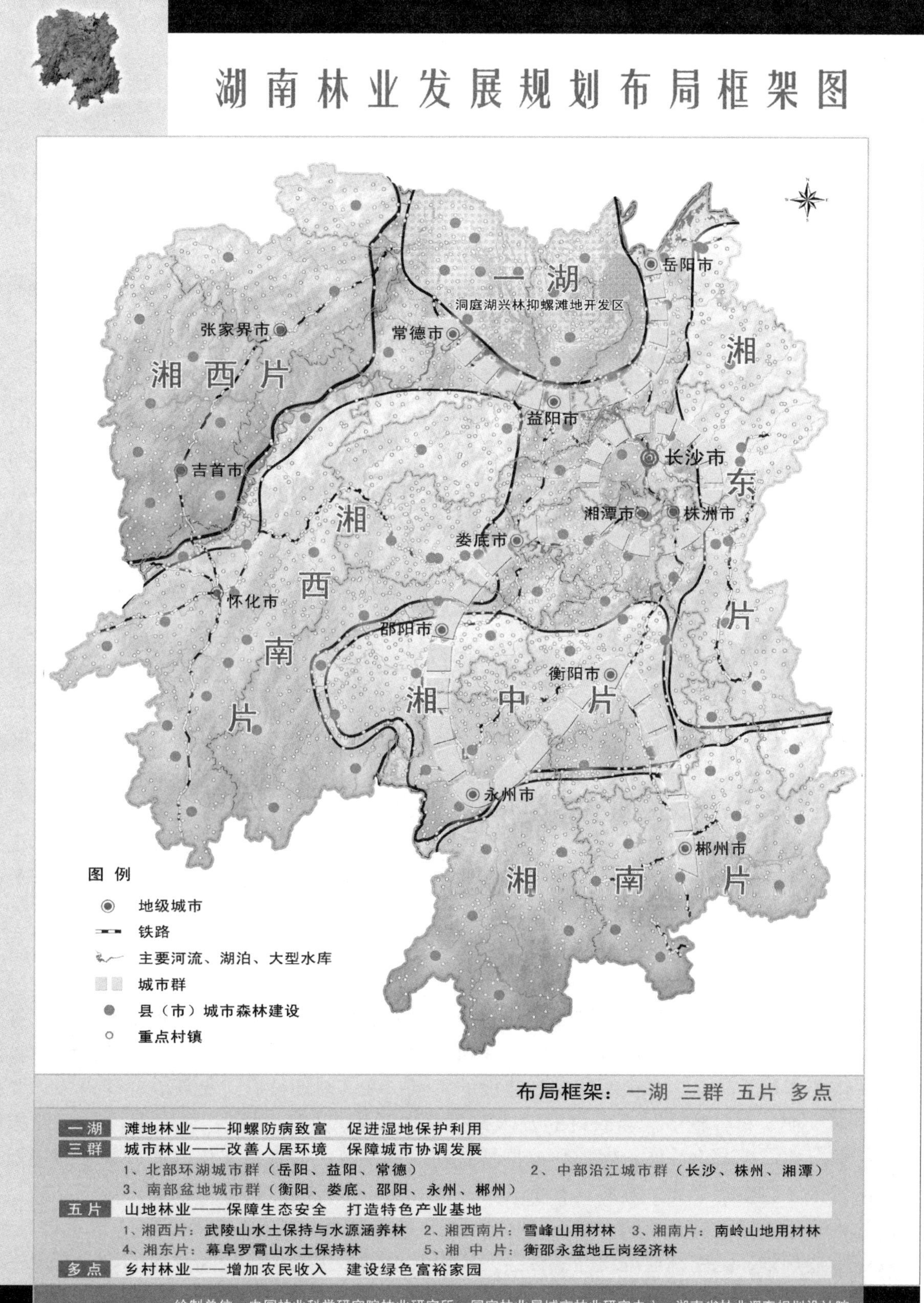

图 4-4　湖南林业发展规划布局框架图

城市群的发展需求，充分发挥盆地平原、丘陵多的特点，大力培植以油茶为主的特色经济林，建设城市周边地区的生态风景林，发展森林旅游产业。

3. 五片

主要是指山地林业——保障生态安全，打造特色产业基地

湖南山地森林资源丰富，是保障湖南生态安全的关键，也是商品林培育的重要基地，要科学保护和经营发展山地林业。因此，对生态公益林和敏感地带的特殊用途林需要加强建设和严格保护，同时很多地方适合发展速生丰产林，可以合理规划建设成为商品林基地，科学进行经营管理。核心目标是：保障生态安全，打造特色产业基地。

● 湘西片——以武陵山为中心的水土保持与水源涵养林建设区：该区森林曾因人为开采等导致森林资源急剧下降，区内水土流失加剧，山地石漠化严重。森林资源培育重点是提高质量，提高森林的生态功能，维护好江河源头、水土流失风险大的地区、石漠化严重地区的区域生态安全；在保护其自然资源前提下，发展森林生态旅游业。

● 湘西南片——以雪峰山为中心的用材林培育区：本区包括怀化市大部分县（市）和新宁、城步、绥宁、桃江、安化以及鼎城、桃源、宁乡、新化、东安、资阳、祁东、洞口、隆回的一部分，气候、土壤等自然条件优越，适合发展杉木、马尾松、桉树等用材林。森林培育主要是在保护好重点生态公益林的基础上，可以大力发展杉木、马尾松、火炬松、杨树、桉树、翅荚木、桤木、马褂木、拟赤杨、毛竹等速生丰产用材林，使之成为湖南省的用材林培育基地。

● 湘南片——以南岭山地为中心的用材林培育区：南岭山区包括郴州、永州和衡阳的部分县及攸县、茶陵，森林资源保存相对较好，气候、土壤等自然条件也适合发展用材林。森林培育主要是在保护、建设好重点生态公益林的基础上，发展马尾松、杉木、邓恩桉、柳桉、翅荚木、桤木等速生丰产用材林。

● 湘东片——以幕阜罗霄山为中心的水土保持林建设区：本区地处湖南与江西交界，又是紧靠长沙、岳阳、株洲、湘潭等城市化地区。森林培育主要是以水土保持为主，保护好重点生态公益林，与城市发展相结合建设森林公园，发展森林旅游。

● 湘中片——以衡邵永盆地丘岗为中心的经济林发展区：本区是湖南省油茶等经济林集中产区，也是未来湘南城市群发展的核心地带。森林培育主要是在提高现有经济林产量的基础上，继续扩大油茶基地规模；同时保护好城市周边地区的生态公益林，发展观光林业产业。

4. 多点

主要是指乡村林业——增加农民收入，建设绿色富裕家园

湖南作为我国中部经济发展比较快速的省份，城乡之间、地区之间发展很不平衡，全省山地占70%以上，农村绿色家园建设很大程度上是如何发挥林业在改善城乡人居环境和增加农民收入中发挥重要作用，是众多乡镇绿色家园建设的重点。在新时期社会主义新农村建设中，要按照建设“乡风文明、村容整洁”新农村的要求，探索血吸虫疫区与致富、林区保护与开发相结合的新农村林业建设模式，并注重保护和挖掘具有湖南地域特色的森林文化，通过科学的规划、保护和建设繁荣乡村生态文化，发展具有生态、经济、文化多种功能的乡村林业。核心目标是：增加农民收入，建设绿色富裕家园。

按照上述规划，湖南林业围绕经济社会发展对林业的多种需求，提高林业的综合考虑，未来主要发展四大林业——滩地林业、城市林业、山地林业、乡村林业，核心是要充分发挥林业的生态、经济、社会、文化等多种效益。

三、建设重点

规划建设的重点是：围绕“五项”内容，实施“十二项”工程。

（一）“五项”内容

湖南林业发展，在实现森林生态网络体系点、线、面合理布局的基础上，以提高森林质量为目标，围绕“五项”内容，实施“十二项”工程。

1. 保育山地森林资源

山地森林是保障湖南生态安全的基础，也是发展林产加工、森林食品等产业的基地。重点是保护资源，提高质量，把保障全省生态安全与提高林业产业富民能力结合起来。主要应该采取封山育林为主，辅之以人工措施。在林分改造过程中，提倡按照地带性森林植物群落结构发展近自然林。在树种选择过程中，借鉴欧洲恒用林的经营理念，适当增加长寿命、高经济价值珍贵树种，使山地森林成为湖南省森林生态系统健康稳定的基础，成为生物多样性保护的基地。

2. 发展湖滩平原林业

洞庭湖区丰富的湿地资源和广袤的平原滩地，是发展平原林业的重要基地。特别是在本地区血吸虫病出现新的蔓延趋势的现实条件下，要科学规划、大力推广兴林抑螺技术成果，把兴林与治病、兴林与致富、湿地资源保护与综合利用结合起来，保障湖区生态安全和人民的生命安全，促进湖区经济社会可持续发展。

3. 培植特色产业基地

湖南作为林业资源潜力大省，也是极具潜力的产业大省。多年来的不断发展，各个地区林业产业已经形成了特色明显、优势突出的主导产业。很多林业产业关系的是农村经济、农民致富，因此，林业产业不仅仅是林业行业本身的问题，更主要的是“三农”问题。在推进林业产业结构优化、提质增效的过程中，一项重要工作就是要打造产业基地，使林业为地方经济发展作贡献，为解决“三农”问题作贡献。

4. 推进城市森林建设

城市森林建设的目的主要是为了提高人居环境质量、增进人民身体健康、满足人们日益增长的生态文化需求。城市森林建设要以人为本，注重发挥森林的生态效益和社会效益。城市森林建设的重点要突出林网化与水网化，在观念上从过去比较注重视觉效果转移到注重人的身心健康轨道上来，注重提高绿地空间使用效率，提倡增加高大乔木树种，建设森林类型的绿地。在城市周围、城乡结合部建设以近自然林为主的生态风景林、休闲观光林。同时规划建设生态纪念林，打造森林、湿地等多个生态教育基地，通过这些具有文化内涵的科普载体，传播生态文化，增强人们生态意识，促进生态文明社会建设。

5. 打造乡村绿色家园

国家确立了建设社会主义新农村的发展战略，对山地占70%以上的湖南省来说，新农村建设的主战场就是山区，就是如何发挥林业在富民方面的作用。因此，在乡村富民方面，林业发展要结合农村产业结构调整，大力发展生态经济林、庭院经济林、围庄经济林，开发特色森林食品，培植特色旅游市场，拓宽林业富民渠道；在人居环境建设方面，通过发展人居防护林、风水林等村镇绿化，改善村容村貌。

（二）“十二项”工程

围绕湖南林业的“三林”体系建设，全面推进“十二项”林业工程，即：

（1）生态林体系建设：重点实施四项工程，包括山丘森林保育工程、洞庭湖兴林抑螺与湿地保育工程、野生动植物保护及自然保护区建设工程、绿色通道工程。

（2）产业林体系建设：重点实施五项工程，包括用材林培育工程、花卉苗木工程、森林食品工程（特种经济动植物培育）、林产工业工程（林药、竹木业工程）、生物质能源林培育工程。

（3）人文林体系建设：重点实施三项工程，包括城市森林文化工程、乡村绿色家园建设工程、森林游憩工程。

第三节　湖南现代林业重点工程建设

根据湖南林业发展总体布局和建设重点内容，围绕湖南林业的“三林”体系建设，重点建设山丘森林保育、洞庭湖兴林抑螺与湿地保育、野生动植物保护及自然保护区建设、绿色通道等四项生态林工程；用材林培育、花卉苗木、森林食品（特种经济动植物培育）、林产工业（林药、竹木业工程）、生物质能源林培育等五项产业林工程；城市森林、乡村绿色家园、生态旅游等三项文化林工程。

一、森林生态建设工程

（一）山丘森林保育工程

湖南省地貌的基本轮廓是东、南、西三面环山，中部山丘隆起，岗、盆珠串，北部平原、湖泊展布，呈朝北开口的不对称马蹄形盆地。各地貌单元的组成是：山原山地占 51.22%，丘陵占 15.40%，岗地占 13.87%，平原占 13.12%，湖泊水面 6.39%。全省以山地和丘陵地貌为主，占总面积的 66.62%，大体为“七山一水二分田”。山丘森林是全省陆地生态系统的主体，山丘森林的质量直接影响着湖南省的生态状况与环境质量。山丘森林保育工程建设不但对改善湖南省生态状况质量，实现湖南“三化”及湖南社会主义农村建设有重要的意义，而且作为中部崛起后的生态屏障，对该地区的生态建设都具有重要意义。

1. 现状

湖南省的森林资源在“十五”期间继续实现森林面积、蓄积和覆盖率的不断较快增长。到“十五”期末，全省林地面积达到 1281.45 万公顷；森林面积达到 1018.33 万公顷，较“九五”期末增加 71.15 万公顷，增长 7.5%；森林覆盖率 55%，较“九五”期末增加 2.56 个百分点；活立木总蓄积量 3.79 亿立方米，较“九五”期末增加 0.83 亿立方米，增长 28.10%；毛竹 19.05 亿根，较“九五”期末增加 4.37 亿根，增长 29.77%。

从总体上看，对于全省的森林资源，已呈现出“林地面积略有增加、林分质量不断提高、林种结构渐趋合理、森林蓄积持续增长”的良好态势。但是，石漠化和水土流失仍较严重，生物多样性趋减、“三难地”多，改造难度大，局部地区呈恶化趋势。

2. 目标

四水流域源头及河流两岸，库、湖、城镇周围、石质山地、山脉顶脊等生态脆弱地区以及其他对生态状况、社会经济可持续发展有重大影响的地段或区域，力争使 25°以上坡耕地和严重沙化耕地全部退耕还林，从根本上治理水土流失。对重点公益林 376.17 万公顷实施全面管护，及对石漠化地区的林地进行封、管、造相结合的封山育林综合措施。

3. 范围

该工程包括湖南省的 7 个市（州）、122 个县（市、区）山原山地、丘陵和岗地森林建设工作。

4. 主要内容

本工程涵盖了国家林业局以及湖南省的退耕还林工程、长江珠江防护林体系工程、生态公益林工程、石漠化防治工程、矿区及废弃地植被恢复、低效林改造、中低山封山育林等工程建设内容。

（1）退耕还林子工程。全省“十一五”退耕还林工程规划总面积为110.27万公顷，其中退耕地造林43.6万公顷，荒山荒地造林20万公顷，封山育林46.67万公顷。工程分布在88个县（市、区），其中重点工程县54个，规划面积82.81万公顷，占全省总规划面积的75.1%，重点工程县中规划退耕地造林33.42万公顷，占全省规划退耕地总面积的76.7%；规划荒山荒地造林14.79万公顷，占全省规划荒山荒地总面积的73.9%；规划封山育林面积34.6万公顷，占全省规划封山育林总面积的74.1%。新增重点工程县11个，规划面积12.45万公顷，占全省总规划面积11.3%（其中规划退耕地造林4.32万公顷，荒山荒地造林2万公顷，封山育林面积6.13万公顷）。一般工程县23个，规划面积15.01万公顷，占全省总规划面积的13.6%（其中规划退耕地造林5.86万公顷，荒山荒地造林3.21万公顷，封山育林面积5.93万公顷）。同时扶持退耕还林的后续产业发展，巩固退耕还林成果。2011～2020年加强94万公顷退耕地造林成果的管护，及以椪柑、金秋梨、猕猴桃等为主的水果林，以黄柏、厚朴、杜仲等为主的药材林和以桤木、楠竹、杉木等为主的用材林培育。

（2）防护林体系工程。根据不同区域治理的客观要求，加强洞庭湖区和“四水流域”生态公益林区域的治理，以改造低效林，提高森林植被质量；通过大力开展封山育林、植树造林、中幼林抚育，切实提高森林植被的防护效益，建设生态屏障，搞好水源涵养林保护和建设，因地制宜，发展特色经济林；平原绿化重点建设高标准农田防护林体系，大力发展农村四旁植树，进一步改善农业生产条件和农村环境。规划2006～2010年营造防护林94.08万公顷。2011～2020年加强已营造防护林的封山管护。

（3）生态公益林子工程。全省已区划界定的重点公益林376.17万公顷，省级重点公益林77万公顷，其中纳入中央财政补偿的234万公顷，纳入省级财政补偿的33.33万公顷。湖南省到2010年，将全省剩余142.17万公顷纳入中央财政补偿。2011～2020年要将省、市、县三级地方公益林全部纳入补偿范围，对全省区划界定的525.277万公顷公益林全面实行补偿，建立完备的全省国土生态安全体系。

（4）石漠化治理子工程。湖南省湘西、湘中、湘南是石质山地岩溶生态系统的集中分布区。由于岩溶生态系统很脆弱，石漠化是岩溶生态系统逆向演替的顶级阶段，而人为活动则加剧了石漠化的进程，因此上述地区也是石漠化最为严重的区域。全省岩溶、紫色岩、钙质页岩等石山地区总面积为342.3万公顷，占国土总面积的16.2%。虽然国家、省政府对石漠化治理均采取了一系列措施，但治理收效甚微，不少地区的石漠化趋势还在加剧。脆弱的岩溶、紫色岩、钙质页岩等石山地区生态系统恢复，首要问题是保持水土，而保持水土的首要措施是植被恢复。实践证明，在这些区域进行植被恢复并不是简单盲目地造林植树，必须选择既简单易行，又有较好效果的封、管、造相结合的综合措施。

“十一五”时期，治理石漠化面积69.75万公顷、潜在石漠化面积71.48万公顷，其中植被管护71.48万公顷、封山育林55.00万公顷、人工造林14.75万公顷。2011～2020年，治理石漠化面积65.75万公顷、潜在石漠化面积71.49万公顷，其中植被管护71.49万公顷、封山育林51.00万公顷、人工造林14.75万公顷，以保护处于十分脆弱的立地条件状况下有林地的森林植被和生物多样性和无林地恢复森林及灌木草植被。即在石山无林地上，实行严格的封山育林，并辅之以人工促进更新，在封山1年至2年后石山可见草皮，5年左右可见灌木。

（二）洞庭湖兴林抑螺工程

洞庭湖滨湖区含岳阳、常德、益阳3市所辖18个县（市、区）和14个国有农场，区内总人口683.7万，该区发展农林业生产的条件十分优越，是我国以粮食生产为主，兼有棉花、油料、芦苇、蚕桑等多种农产品的农业商品生产基地，占全省土地总面积15%的洞庭湖滨湖区，粮、棉、油、麻类、水产等产量分别占全省总产量的29.28%、79.31%、40.7%、78.44%和23.44%。总体来说，滨湖区的经济发展水平要落后于以城市为中心的四水尾闾区，表现为产业结构升级相对缓慢，第一产业比重过大。若包括沿湖岳阳、常德、益阳、长沙、湘潭、株洲等城市在内，全区工农业总产值占全省的60%。此外，京广铁路、京珠高速公路、107、319国道干线及上瑞、长渝高速公路都穿越洞庭湖区，该区在全省乃至全国的社会经济发展中具有举足轻重的地位。因此，该区的生态建设、湿地环境保护与血吸虫病综合治理意义十分重大。

1. 现状

根据2003年全国血防统计资料，全国有12个省（直辖市、自治区）的409个县（市、区）存在血吸虫病疫情，血吸虫病患者达84万人，其中湖南、湖北、江西等7省的110个县（市、区）为血吸虫病主流行区。总的来看，湖南省的血吸虫病疫情有以下特点：

（1）疫区分布范围广，病人数居高不下。目前，湖南省洞庭湖区岳阳、益阳、常德3市及受洞庭湖水系影响的长沙、株洲2市存在血吸虫病疫情，涉及34个县（市、区），386个乡，3987个村，流行区人口622万。其中达到传播阻断标准的县（市、区）有6个，达到传播控制标准的县（市、区）仅1个，未控制县（市、区）为27个。全省现有血吸虫病人205461人，占全国血吸虫病人总数24.41%，居全国第二位。2003年报告血吸虫急性感染病人234例，约占全国急感发病数的21%。

（2）钉螺分布面积大，涉及立地类型复杂。湖南省钉螺分布面积为17.53万公顷，占全国现有钉螺分布总面积37.86万公顷的46.29%，居全国第一位。其中垸外滩地有螺面积17.08万公顷，垸内有螺面积2378.2公顷，山丘型钉螺面积2036.9公顷，分别占全省钉螺分布总面积的97.48%、1.36%和1.16%。垸外有螺滩地的综合治理是全省血防工作的重点和难点。

（3）疫情回升明显，新疫区不断出现。近年来，一方面由于防疫体制不够完善，洪涝灾害不断，残存的钉螺迅速繁殖并随洪水蔓延。另一方面由于疫区物资进出频繁，钉螺被动迁移，加之血吸虫病人自身的流动，导致新疫区不断增加。目前，湖南省疫情已由洞庭湖滨湖区蔓延到长沙、株洲等四水尾闾地区，长沙市的岳麓区、天心区、望城县、宁乡县、株洲市的石峰区、芦淞区、荷塘区相继发现了钉螺，并出现血吸虫病感染疫情。血吸虫病已严重危害到疫区人民的健康，导致疫区农村病人家庭因病致贫、因病返贫，成为制约湖区社会经济发展、影响社会稳定的重要因素。

2. 目标

通过在项目区开展以兴林抑螺为主体的环境改造综合治理，经4~5年的努力，切实压缩钉螺分布面积与流行区范围，显著降低滩地钉螺密度与阳性感染螺密度，大大减轻湖水的血吸虫病感染性，最大限度地降低人畜血吸虫病的感染率，促进项目区生态、经济协调发展与农村产业结构调整。

在洞庭湖湖沼和江、河滩地型及山丘型沟谷库滩、荒山类血吸虫病流行区，通过在符合条件的立地因地制宜地采取多种工程造林模式，实施以杨树、柳树、桤木、松类等树种造林为主的林业生态工程建设，结合翻耕套种农作物，建立林农复合生态系统，形成不利于钉螺孳生的环境，减少人畜粪便对江滩、湖滩、沟谷库滩等钉螺分布区的污染，达到降低阳性螺密度、减轻感染危险，保护人民群众健康的目的。

改善湿地自然保护区基础设施，使天然湿地的下降趋势基本得到遏止，湿地保护区面积增加，湿地质量及功能有所恢复，湿地生物多样性回升，基本实现湿地资源的合理持续利用。建立健全洞庭湖流域的湿地监测网络体系，社会公众的湿地保护意识有明显提高，使湖南省的湿地面积基本恢复到原来水平，湿地资源明显增加，功能及效益明显好转，重点湿地及物种得到有效的保护。

3. 范围

岳阳、益阳、常德、长沙、株洲为洞庭湖兴林抑螺工程项目市级建设区，其中岳阳、益阳、常德市为市级重点建设区。在此基础上，确定5市32个血吸虫病流行县（市、区）为抑螺防病林体系建设项目县级建设区。

4. 主要内容

洞庭湖区域兴林抑螺工程建设涉及32个县（市、区），现有各类型钉螺面积17.31万公顷，“九五”“十五”期间已采取兴林抑螺措施综合治理面积4.62万公顷，尚有待治理面积12.69万公顷。而在12.69万公顷待治理面积中，垸外湖沼型有螺面积为12.49万公顷，规划为滩地抑螺防病林重点项目建设区面积8.3万公顷；山丘型有螺面积2043.5公顷，规划为山丘型抑螺防病林重点项目建设区面积1032.6公顷。

规划实施抑螺防病林共16.06万公顷，其中“十一五”期间，实施8.2万公顷；2011～2020年实施7.86万公顷。

（1）低位洲滩挖沟抬垄工程造林抑螺模式建设。在年均淹水天数60～80天、生态环境脆弱、系统稳定性差、钉螺分布密集的一类滩地实施林—荻—渔复合经营，按生态防护林管理的要求进行经营，造林树种选择杨树。此种模式抑螺机理一方面在于通过抬土直接埋灭钉螺，其次通过环境改造使残存钉螺被迫分布于沟底，有利于集中灭杀。

（2）中位洲滩宽行窄株异龄林持续抑螺模式建设。中位洲滩宽行窄株异龄林持续抑螺模式建设在年均淹水天数30～60天的一类滩地实施。通过采取异龄林作业的方式，即能维护滩地森林生态系统的稳定性，又可带来一定的经济效益。造林树种选择杨树。这种经营模式特别适用于主要河道、洪道滩地造林，需采取开沟沥水措施，以降低地下水位，可开展林下间种2～3年。

（3）高位洲滩林农复合生态经济型经营模式建设。在年均淹水天数在30天以内的一类滩地实施，其高程往往已处于钉螺分布线的上缘，可采取块状作业、分期主伐更新的经营方式，保持生态系统的基本稳定。造林树种为杨树。

（4）河湖堤岸易感地带抑螺防病林体系建设。河湖堤岸沿线滩地人畜活动频繁，多为血吸虫病易感地带，此类滩地的兴林抑螺工程造林，可结合防浪护堤林建设进行整体设计与优化。造林树种选择苏柳或旱柳，造林后采取隔离管护措施，减少人畜活动。在高程适宜的地段，幼林阶段可通过土壤翻耕、林下间种，提高综合治理效果。

（5）山丘型沟谷库滩、荒山抑螺防病林体系建设。在山丘型沟谷库滩、荒山类钉螺分布区，开展生态防护型抑螺防病林体系建设。造林树种可选择杨树、柳树、桤木等耐水湿树种及湿地松、马尾松等荒山造林树种。注重加强营造林措施与配套隔离、土壤翻耕灭螺等工程措施的有机结合，改造钉螺孳生环境，达到逐步降低钉螺密度并最终彻底消灭钉螺的目的。

（6）洞庭湖区退田还湖（泽、滩）湿地恢复建设。通过撤除堤防，开渠、决坝、决堤引水，禁止生产活动、建设、施工等，恢复水文情势及水文过程；通过引进或重植湿地草本，改造洲滩植被，以增加生物多样性，控制富营养化及盐化；通过耕作、收割、砍伐、耕耙、火烧、人为干扰及放牧等手段，减少杂草蔓延，增加目标植被，提高生物多样性及湿地质量；引进原有湿地动物如麋鹿及扬子鳄等；加强退耕湿地监测、管理，开展湿地保护宣传教育，加强监督巡护，杜绝在退耕地进行任何形式的生产活动。

(7) 洞庭湖水禽越冬栖息地改造及恢复建设。通过对3个洞庭湖自然保护区核心区水禽栖息地的恢复及改造，营造生态系统稳定，食物资源丰富的越冬水禽栖息地，同时确保3个自然保护区的湿地生境普遍得到改善。主要建设内容包括：修筑矮围、建设护坡工程及水闸、在闸口设置钢丝封闭围栏、人工小生境改造等，形成适应不同种类水禽的生境类型，创造有利于水禽栖息及觅食的条件。

(8) 洞庭湖湿地保护区疫情监测与防螺设施建设。分别在目平湖、南洞庭湖、东洞庭湖、湘阴横岭湖、华容集成麋鹿自然保护区各建立血吸虫病疫情监测站点一处，对血吸虫病疫情开展长期、定位监测，分析疫情的发生发展规律，并提出自然保护区疫情预防与控制措施。按上述自然保护区内30%的血吸虫病流行乡镇计算，每个流行乡镇建设防螺涵闸及沉螺池一个，共需建立防螺涵闸及沉螺池约15个。

(9) 洞庭湖湿地血吸虫病疫情宣传警示设施建设。通过在湿地保护区疫区设立警示牌，引导和帮助疫区群众和观光旅游者建立健康的生产、生活及游乐方式，提高广大人民群众的防病及自我保护意识。本项目在东洞庭湖、目平湖、南洞庭湖、横岭湖、集成麋鹿自然保护区共44个血吸虫病流行乡镇实施，按自然保护区内30%流行乡镇计算，每个流行乡镇设置50个警示牌，共需设置警示牌约750个。

(三) 湿地与野生动植物保育工程

加强生态建设，维护生态安全，促进生态文明，是21世纪人类面临的共同主题，是关系到湖南可持续发展的根本大计。建设生态湖南，是促进湖南经济社会可持续发展的战略举措，其目标是实现资源的可持续利用、社会经济可持续发展、人与自然的和谐和环境与经济的协调统一。生态强省，是贯彻落实科学发展观与构建和谐社会的具体体现，它既是一种竞争、共生和自生的生存发展机制，又是一种追求时间、空间、数量、结构和秩序持续与和谐的系统工程；既是一种着眼于富裕、健康、文明目标领域的社会革命，也是一种持续发展的具体行动。

建设生态湖南，主要载体是森林和湿地生态系统，重要任务是调整资源保护与利用的方式，基本措施是恢复、保护生态系统和调整产业结构，远景目标是实现生态与社会经济的协调发展。森林和湿地作为陆地生态系统的主体，保护维持生态系统的关键物种和群落是建设生态湖南的重要任务，也是实现生态湖南远景目标的关键标志之一。通过关键物种和生态系统保护，构建区域生态安全体系，促进人与自然的和谐，推动社会走向生产发展、生活富裕、生态良好的文明发展之路，业已成为生态建设的重要课题。

1. 现状

全省湿地面积560.7万公顷，拥有野生脊椎动物约820种左右，包括鸟类400余种、兽类100多种、两栖类40余种、爬行类70多种、鱼类200余种。野生植物4320种（含327个变种）。

截至2005年12月，湖南全省自然保护区的数量达114个，总面积达125.9万公顷，占全省国土面积的比例为5.94%。其中，国家级9个，面积39.5万公顷；省级31个，面积49.2万公顷；市县级74个，面积37.2万公顷。按照湖南省人民政府提出《湖南省野生动植物保护名录》中的省级重点保护野生动植物、87种国家重点保护野生动物和47种国家重点保护野生植物（兰科除外），做到了全面保护。保护区建设全面发展，部分已成为国内外知名的生态旅游区，年旅游人数达600余万人，年收入近1亿元。

湖南省有3处湿地生态系统类型自然保护区被列入《国际重要湿地公约》和1个森林生态系统类型自然保护区被列入世界自然遗产名录。

2. 目标

以国家野生动植物保护、自然保护区相关法律法规为标准，完善地方法规建设，规范野生动植物保护、自然保护区管理，调整自然保护区区划，有效保护森林生态系统、湿地生态系统及生物多样性，扩大、完善和新建一批国家级、省级、市县级自然保护区和自然保护小区，提高生态系统和生物多样性保护水平；以珍稀濒危物种保护为基础，建设和完善一批禁猎区、野生动植物种源繁育基地、物种培育基地，保护、恢复和发展珍稀濒危物种资源；以保护管理能力建设为前提，完善保护与利用体系，加强机构、保护和利用基础设施建设，促进保护与利用的协调发展；以科技为支撑，健全保护与利用的科技体系，建设野生动植物、湿地资源监测站网，开展保护与可持续利用技术研究，为保护管理决策提供科学依据；通过项目的实施，最大限度保护天然林和湿地生物多样性，提高森林和生态系统的质量及减灾抗灾的能力；促进生态建设和可持续发展。

（1）完善省级和市级野生动植物保护行政主管部门的体系建设，新建濒危物种进出口管理长沙办事处，规范省级、重点地区野生动植物进出口渠道，认真履行野生动植物保护国际公约。

协调洞庭湖湿地自然保护区的保护管理，筹建湖南洞庭湖湿地保护区管理局（暂定名）。

（2）重点实施濒危物种拯救工程，对2～3个濒危物种开展保护性研究，其中包括国家重点物种保护工程的华南虎、黄腹角雉、林麝、白颈长尾雉、白鹤、兰科植物和省重点物种保护工程的豹、云豹、水鹿、莽山烙铁头、黑熊、灵长类和古树名木等。

（3）扩建省野生动物救护繁殖中心，新建一个省级珍稀野生植物培育中心、一个珍稀雉类种源繁育中心、一个野生动物园、一个省野生动植物研究发展中心、一个湿地保护宣传教育中心、一个省级野生动植物资源监测中心（站）、一个省湿地资源监测中心、洞庭湖湿地监测站和14个市（州）野生动植物资源监测中心（站），建立全省野生动植物管理网络，初步实现保护管理信息查询、监测、统计、审批和决策系统数字化、网络化。

（4）2010年全省自然保护区的数量达到125个，其中国家级自然保护区数量达到14个，总面积为42万公顷；省级自然保护区数量达到36个，总面积为50万公顷；市县级自然保护区的面积达到75个，总面积达到40万公顷；自然保护小区的数量达到300个，总面积为25万公顷。各级（类）自然保护区的总面积达到157万公顷，占国土面积的比例达到7.4%左右，形成布局和结构比较合理、类型齐全、功能完备的自然保护区网络。重点天然林的保护率达到20%（湖南未列入全国天然林资源保护工程）。

到2020年，通过进一步的保护管理的实施，最大限度保护湿地和野生动植物，提高湿地功能和生物多样性。

（5）加强野生动植物监测力度，重点控制野生动物疫病疫源，特别是境内两条国际野生候鸟迁徙线路、停歇点的监控。35%国家重点保护野生动物和60%的国家重点保护野生植物受到良好的保护。濒危物种保护率提高十个百分点（濒危物种生境保护范围与该物种现分布区之比）；新建10个禁猎区。

（6）加强野生动植物盗猎案件的检处力度，打击各种违法犯罪行为。

（7）结合国家林业局野生动植物保护、自然保护区建设项目，出色完成已立项的各项建设项目，争取更多的项目进入国家保护工程。

3. 范围

野生动植物保护及自然保护区建设工程的范围覆盖全省，重点为现有自然保护区、自然保护小区，以及保存有国家重点保护野生动植物资源和完整自然资源与自然环境的生态系统的区域。

4. 主要内容

（1）重点野生动植物保护工程。华南虎保护子工程；林麝保护子工程；水鹿保护子工程；鹤类保护子工程；鹳类保护子工程；野生雉类保护子工程；兰科植物保护子工程；灵长类保护子工程；黑熊保护子工程；虎纹蛙保护子工程；蛇类保护子工程；古树名木保护子工程；及国家重点保护野生动植物名录中涉及的物种保护子工程。

（2）国家重点生态系统类型自然保护区建设工程。

① 亚热带森林生态系统保护和自然保护区建设：武陵雪峰山脉亚热带北部常绿阔叶林森林生态系统保护和自然保护区建设（晋升 2 个国家级自然保护区、新建 4 个省级保护区）；南岭山脉亚热带南部常绿阔叶林森林生态系统保护和自然保护区建设（晋升 4 个国家级自然保护区、新建 3 个省级保护区）；湘东幕阜连云山脉亚热带东部常绿阔叶、落叶混交林森林生态系统保护和自然保护区建设（新建 2 个省级保护区）；湘中衡山山系常绿和落叶阔叶林森林生态系统保护与自然保护区建设（晋升 1 个国家级自然保护区、新建 2 个省级保护区）。

② 长江中下游湿地生态系统自然保护区和示范区建设：洞庭湖湿地保护和自然保护区建设；四水流域天然湿地和重点人工湿地保护。

③ 自然保护小区和生物多样性保护小区建设：新建自然保护小区和生物多样性保护小区 1200 个。

（3）国家重点科研与监测网络建设工程。主要内容有重点保护野生动植物、极小种群野生植物保护工程建设、湿地监测网络建设、鸟类环志网络建设、湿地宣教中心建设、野生动物疫源疫病监测体系建设等。

（四）绿色通道工程

“十五”期间，湖南省继续抓住国家加大基础设施建设投入的历史机遇，加快交通基础设施建设步伐。通过多渠道筹集资金，投资规模逐年增长，完成总投资 662.22 亿元，是“九五”期间总投资的 2.1 倍，较 2000 年年均增长 13.26%。

湖南省境内有京广、浙赣、湘黔、湘桂、枝柳等 10 条线路，总长度 2165 公里，可绿化长度 1675 公里。

铁路线路通过的地段，海拔多为 50～300 米，故铁路绿化受海拔影响的因素较小，对绿化起制约影响的自然因子，主要是土壤质地、地下水位以及铁路工程设施本身，铁路绿化的立地类型多为石渣坝方地、泥质填介地、低洼水湿地、路堑斜坡地和路外山坡地等。

湖南省通车和规划的高速公路有京珠、长常、潭邵、衡枣、常张、常吉、衡大、邵怀、醴潭等，总里程 1980 公里；贯穿省境的国道 7 条，加上省道，共计通车里程 13429 公里，可绿化里程 12824 公里。其中高速公路和部分国省道的线路绿化水平都比较高，高速公路的绿色通道工程建设已经启动，京珠、长常、潭邵、衡枣高速公路公里两侧已建成各 30 米宽的绿化带。

湖南公路线路绝大部分分布在海拔 500 米以下的山地、丘陵、平原，只有极少数路段坐落在海拔 500～800 米之间。因此，公路绿化地的立地条件的限制因子不很明显，制约因子主要是土壤的理化性质、土壤肥力、地下水位等。其绿化地立地类型可划分为低洼水湿地、路堤坡边地、路堑板结地、堤路外平地、路外山坡地等。

1. 现状

湖南省绿色通道建设是在全省主要干线公路、铁路和高速公路沿线两侧植树造林，建设绿化林带。近年来，各部门密切配合，各司其职，大力推进全省绿色通道工程建设，取得了明显成效（表 4-1）。据不完全统计，全省绿色通道建设共投入资金 7150 万元，新建绿化林带 1270 公里，先后完成了张青公路、京珠高速公路临长段和衡郴段、潭邵、衡枣、长沙黄花机场高速公路、省道 S211 线株洲县段、宁乡县宁横公路以及京广铁路湖南段、国道、省道和铁路等的绿色通道工程建设。形成了由贯通南北的铁路（京广）、高速公路（京珠）、国道（G107）共同组成的绿色大通道。特别是黄花机场到长沙市区的机场高速公路绿色通道，已成为长沙市一道亮丽的风景线；与武陵源景区相和谐的张青公路绿化，已成为通往张家界一条绿色长廊。

表 4-1　湖南省绿色通道建设现状统计表　　单位：公里

线路名称		总里程			可绿化里程			已达标绿化里程			未绿化里程	
		小计	平原区	山丘区	小计	平原区	山丘区	小计	平原区	山丘区	小计	山丘区
总计		16963.15	484.14	16479.01	15868.44	484.14	15384.30	1942.08	432.08	1510.00	5050.55	5050.55
1.	铁路	2164.97		2164.97	1675.10		1675.10	765.00		765.00	759.10	
1.1	京广线	582.52		582.52	603.00		603.00	603.00		603.00	0.0	
1.2	湘黔线	542.00		542.00	398.80		398.80	25.00		25.00	338.80	
1.3	浙赣线	55.30		55.30	70.00		70.00	14.00		14.00	45.00	
1.4	湘桂线	143.07		143.07	68.80		68.80	20.00		20.00	16.80	
1.5	娄邵线	97.60		97.60	85.00		85.00	33.00		33.00	11.00	
1.6	韶山线	21.10		21.10	19.00		19.00	10.00		10.00	4.00	
1.7	醴茶线	116.90		116.90	94.00		94.00	55.00		55.00	12.00	
1.8	资许线	34.98		34.98	33.40		33.40	5.00		5.00	28.40	
1.9	焦柳线	571.50		571.50	303.10		303.10				303.10	
2.	公路	14798.18	484.14	14314.04	14193.34	484.14	13709.20	1177.08	432.08	745.00	4291.45	
2.1	高速公路	1954.14	484.14	1470.00	1954.14	484.14	1470.00	1177.08	432.08	745.00	725.00	
2.1.1	京珠高速	550.00	213.00	337.00	550.00	213.00	337.00	550.00	213.00	337.00		
2.1.2	长常高速	149.08	149.08		149.08	149.08		149.08	149.08			
2.13	潭邵高速	223.00		223.00	223.00		223.00	223.00		223.00		
2.14	衡枣高速	185.00		185.00	185.00		185.00	185.00		185.00		
2.1.5	长永高速（长沙-永安）	28.90	28.90		28.90	28.90						
2.1.6	莲易高速（株洲-湘潭段）	23.16	23.16		23.16	23.16						
2.1.7	长沙绕城（含机场高速）	70.00	70.00		70.00	70.00		70.00	70.00			
2.1.8	常张高速	175.00		175.00	175.00		175.00				175.00	
2.1.9	常吉高速	300.00		300.00	300.00		300.00				300.00	
2.1.10	邵怀高速	250.00		250.00	250.00		250.00				250.00	
2.2	国道	4196.45		4196.45	4059.45		4059.45				550.92	
2.2.1	106 国道	594.38		594.38	570.38		570.38				151.42	

续表

线路名称		总里程			可绿化里程			已达标绿化里程			未绿化里程	
		小计	平原区	山丘区	小计	平原区	山丘区	小计	平原区	山丘区	小计	山丘区
2.2.2	107 国道	625.51		625.51	605.51		605.51				17.19	
2.2.3	207 国道	790.60		790.60	764.60		764.60				230.69	
2.2.4	209 国道	670.57		670.57	648.57		648.57				75.83	
2.2.5	319 国道	673.69		673.69	653.69		653.69				25.37	
2.2.6	320 国道	636.28		636.28	613.28		613.28				47.20	
2.2.7	322 国道	205.41		205.41	203.41		203.41				3.22	
2.3	省道	8647.59		8647.59	8179.75		8179.75				3015.53	

2. 目标（表 4-2）

“十一五”期间，已通车的高速公路两侧要实现绿化；现有铁路两侧要实现 95% 里程绿化，所有火车站绿化要实现园林化；国道、省道两侧要实现 95% 里程的绿化，所有服务区绿化实现园林化。山丘区道路沿线第一面山坡要全部实行绿化，绿化率达 95%。基本形成带、网、片、点结合，层次多样，结构合理，功能完备的绿色长廊，使绿色通道与生态环境，城乡绿化美化融为一体。

表 4-2 湖南省绿色通道建设规划任务表　　单位：公里

线路名称		规划绿化总里程			已绿化但未达标里程			未绿化里程		
		小计	平原区	山丘区	小计	平原区	山丘区	小计	平原区	山丘区
总计		14479.14	0.00	14479.14	513.70	0.00	9186.45	4687.85	0.00	4687.85
1.	铁路	910.10		910.10	513.70		513.70	396.40		396.40
1.2	湘黔线	373.80		373.80	141.80		141.80	232.00		232.00
1.3	浙赣线	56.00		56.00	11.00		11.00	45.00		45.00
1.4	湘桂线	48.80		48.80	32.00		32.00	16.80		16.80
1.5	娄邵线	52.00		52.00	41.00		41.00	11.00		11.00
1.6	韶山线	9.00		9.00	5.00		5.00	4.00		4.00
1.7	醴茶线	39.00		39.00	27.00		27.00	12.00		12.00
1.8	资许线	28.40		28.40	0.00			28.40		28.40
1.9	焦柳线	303.10		303.10	255.90		255.90	47.20		47.20
2.	公路	13569.04		13569.04			8672.75	4291.45		4291.45
2.1	高速公路	725.00		725.00				725.00		725.00
2.1.8	常张高速	175.00		175.00				175.00		175.00
2.1.9	常吉高速	300.00		300.00				300.00		300.00
2.1.10	邵怀高速	250.00		250.00				250.00		250.00
2.2	国道	4196.45		4196.45	3508.53		3508.53	550.92		550.92
2.2.1	106 国道	594.38		594.38	418.97		418.97	151.42		151.42

续表

线路名称		规划绿化总里程			已绿化但未达标里程			未绿化里程		
		小计	平原区	山丘区	小计	平原区	山丘区	小计	平原区	山丘区
2.2.2	107 国道	625.51		625.51	588.32		588.32	17.19		17.19
2.2.3	207 国道	790.60		790.60	533.91		533.91	230.69		230.69
2.2.4	209 国道	670.57		670.57	572.74		572.74	75.83		75.83
2.2.5	319 国道	673.69		673.69	628.33		628.33	25.37		25.37
2.2.6	320 国道	636.28		636.28	566.08		566.08	47.20		47.20
2.2.7	322 国道	205.41		205.41	200.18		200.18	3.22		3.22
2.3	省道	8647.59		8647.59	5164.22		5164.22	3015.53		3015.53

3. 范围

绿色通道建设“十一五”期间规划建设7488.65公里，14个城市环城林带683公里。其中：

（1）全省境内铁路包括所有干线和支线，共计里程567.2公里。

（2）公路包括所有高速公路、国道、省道，共计里程6921.93公里。

2011～2020年对6800公里公路和1725公里铁路两侧进行绿化。

4. 主要内容

（1）铁路优先抓好京广、浙赣、湘黔、湘桂、枝柳等线路的绿色通道建设。

（2）公路优先抓好高速公路和106、319、320、322国道的绿色通道建设。

（3）环城防护林带优先抓好长沙、株洲、湘潭、岳阳、常德等重要城市的环城防护林带建设。

二、林业产业建设工程

“三农”问题的核心是农民收入问题。农村改革20多年来，农民收入水平总体上有了大幅度的提高，但影响农民增收的一些长期性、根本性因素并未自行消除。在林区或山区，通过增加农产品产量、提高农产品收购价格来增加农民收入的办法开始受到多种因素的制约，需要在更广阔的背景下寻找农民增收的新途径。而大力发展林业产业不失为增加农民收入的有效途径。通过不断地培育速生丰产林、工业原料林、经济林和木本粮油林，重点发展市场容量大、前景好并具有竞争力的森林与湿地生态旅游、森林药材、花卉苗木等新兴林业产业，增加木材和非木材林产品的供给，通过延伸林业产业链，改变过去的楠竹卖根、木材卖方的状况，将扩大农民就业渠道，从而持续提高农民收入水平。

随着经济建设的快速发展和人民生活的不断改善，林业的社会地位越来越受到普遍关注。基于此，近年来，党中央、国务院和湖南省委、省政府高度重视林业建设，并赋予其重要地位。可以说，湖南全省林业正处在历史上最好的发展时期之一，呈现出盛世兴林的大好局面。但是，在强化森林生态体系建设的同时，还必须高度重视林业产业体系建设。采取完全依赖进口解决国内木材供给能力与社会需求的市场缺口并不是最优或次优的选择。实践证明，无论林业发展到哪个阶段，面临着什么样的形势，加快其产业发展始终是林业工作的一项基本任务和重要目标。只有生态和产业协调发展，林业建设才有生命力、吸引力。

（一）商品林培育工程

商品林培育工程是林业产业发展的重要基础，而采用速生丰产林培育技术是实现商品林培育工程目标的重要手段和方法，通过加强以用材林（包括毛竹）为主要培育方向的速生丰产林基地建设，扩大用材林、毛竹林经营规模，采取集约经营措施，提高林地质量和林地生产力，逐步实现以人工林原料替代天然林及以竹代替木材原料供给，从而满足社会对木材和林产品不断增长的需求，加速全省农业产业结构调整，促进全省林业产业化建设，实现全省林业“十一五”及中长期发展目标。

1. 现状

商品林培育工程中速生丰产林建设促进非公有林业建设异军突起。“十五”期间全省新造速生丰产林面积37.27万公顷，到“十五”期末，速生丰产林面积总共达到103.9万公顷，全省的竹林总面积达83.44万公顷，立竹株数19.05亿株。早期营造的速生丰产用材林已经逐步进入工艺成熟，成为林业产业发展的重要资源基础。非公有林业在林业建设中的比重逐年加大，呈现出喜人的局面。据调查，湖区80%的杨树林是民营林。

2. 目标

“十一五”期间，商品林培育工程中新建速生丰产用材林96.1万公顷，到2010年，建成高度集约经营的速生丰产用材林基地200万公顷，为省内外造纸、制板等加工企业经营建立稳定的原材料储备，实现年均生产木材450万立方米、竹材250万吨。

3. 主要内容

湖南省属于南方商品用材林区域，我国重点木材和林产品供应战略基地，是林业产业发展最具活力的地区。同时，按照国务院批准的《林纸一体化工程规划》和国家计委批复的《重点地区速生丰产用材林基地规划》，湖南省属于工业原料林产业带，以建设短周期短纤维浆纸原料林基地为主，培育欧美杨和松类为主的工业原料林，兼顾周期较长的大径级用材林基地建设，适量发展周期较长的特有珍贵用材树种。“十一五”期间，全省以国有林场为骨干基地新建速生丰产用材林96.1万公顷，使总面积达到200万公顷。规划湘西北武陵山区包括湘西土家族苗族自治州、张家界市，新发展马尾松、火炬松、落叶松、桤木、响叶杨、光皮桦等10.77万公顷；洞庭湖区包括岳阳、常德、益阳3市和望城县，新发展杨树、苏柳、桤木、湿地松等速生丰产林20万公顷；幕阜山区包括平江以及临湘、岳阳、浏阳的一部分，新发展杉木、马尾松、湿地松、桤木、马褂木、毛竹等速生丰产用材林6.67万公顷；雪峰山区包括怀化市大部分县（市）和新宁、城步、绥宁、桃江、安化以及鼎城、桃源、宁乡、新化、东安、资阳、祁东、洞口、隆回的一部分，新发展杉木、马尾松、火炬松、杨树、桉树、翅荚木、桤木、马褂木、拟赤杨、毛竹等速生丰产用材林23.33万公顷；湘中丘陵区包括娄底、湘潭和株洲、衡阳的部分县，新发展湿地松、火炬松、翅荚木、桤木、马褂木等速生丰产用材林17.33万公顷；南岭山区包括郴州、永州和衡阳的部分县及攸县、茶陵，新发展马尾松、杉木、邓恩桉、柳桉、翅荚木、桤木等速生丰产用材林18万公顷。

在桃江、安化、浏阳、桃源、绥宁、新化、会同、新宁、衡阳、东安、隆回、城步、平江、新邵、洞口、双牌、洪江、攸县、资兴、汝城、炎陵、赫山、双峰、耒阳、芝山、临湘、蓝山、茶陵、鼎城、常宁、衡山、永兴、涟源、岳阳、湘潭、张家界市、湘西土家族苗族自治州、厅直等38个毛竹工程县建设竹加工原料高产示范基地2.53万公顷。

2010～2020年，新营造速生丰产林，湘西武陵山区3.67万公顷；湘西南雪峰山区8万公顷；湘东幕阜山区2.33万公顷；湘南南岭山区6.33万公顷；湘中丘陵区6万公顷；湘北洞庭湖区7万公顷。从而发挥其稳定木材市场的作用。

（二）花卉苗木工程

随着世界经济的发展，人民生活水平的提高，花卉作为美化生活、陶冶情操、传递情谊的精神文化产品日益深入人们的经济生活，市场需求不断增加，生产规模迅速扩大，花卉业已成为当今世界最具活力的新兴产业之一，在世界经济的大潮中始终保持着旺盛的发展势头。

1. 现状

种苗和花卉工程帮助林农增收致富。到“十五”期末，全省共建立林木良种基地 28 个（420 公顷），采种基地 6 个（4 万公顷），良种使用率达到 82%。全省初步建立起了省、市、县三级种苗管理机构和种苗质量检验机构；花卉业呈现欣欣向荣的发展局面，已成为调整农业结构的重要内容和农村经济新的增长点。

进入 21 世纪以来，随着国家六大林业工程的全面实施和湖南省九大林业工程建设的稳步推进，特别是退耕还林工程在全省范围内的实施，社会对林木种苗的数量和质量提出了更大、更高的要求。为提升湖南省种苗生产能力，2000 年以来国家林业局共批复湖南省种苗国债项目 77 个（省级种苗示范基地 1 个、中心苗圃 22 个、良种基地 37 个、采种基地 15 个、省级种苗检测加工储备基础设施 1 个、省林木良种繁育中心 1 个），批复总投资 14097 万元。

自种苗工程启动以来，湖南省共建立省级种苗示范基地 1 个，良种基地 28 个，采种基地 6 个，中心苗圃 39 个，省级种苗检测加工储备基础设施 1 个，总投资 12558 万元。通过加大基础设施投入，湖南省种苗生产条件已大为改善，生产能力大为增强。年产合格苗在 8 亿多株，绿化美化苗木 8 亿株以上，有力地保证了退耕还林等重点工程造林和城乡绿化对高质量苗木的需要。

全省主要造林树种遗传改良育种取得进展。先后从国内外引进和收集基因资源 770 份，湿地松、火炬松、杨树、“三杉”、桤木等树种引种获得成功；通过种源、家系、无性系选育，共获得基因资源 7053 份，杉木、马尾松、油茶、福建柏、马褂木等树种基本上弄清了种源变异规律，选出优树、优良家系、优良无性系 3000 多个，增产效益 20% 以上；开展了银杉、大院冷杉、君山矾等植物群落、物候、生长情况调查，解决了有性与无性繁殖、就地与异地保存技术。

省林木种苗繁育示范中心建设初具规模，通过与芬兰森林和公园局合作，从芬兰绿农公司（Lannen）引进的容器育苗生产线已投入使用。初步形成了布局比较合理的选、引、育、繁、推广相结合的良种生产和利用体系。

湖南省花卉苗木业起步虽然较晚，但发展十分迅速。据统计到 2004 年底，花卉生产面积达 3.66 万公顷，比 1998 年的 2569 公顷增长了 14 倍，平均年增长 5000 公顷，增长速度逐年加快。其中观赏苗木 1.61 万公顷，盆栽植物 2700 公顷，草坪 1100 公顷，保护地设施栽培总面积 260 万平方米（其中用于盆栽植物 250 万平方米）。全省共有花卉市场 115 个，花卉企业 902 个，花卉从业人员 24 万人，专业技术人员 5402 人，全省花卉苗木总产值 15.25 亿元。已经形成了以绿化苗木生产为龙头，以长株潭地区为中心的，以岳阳、常德、郴州、衡阳等部分市县为辐射点的花卉苗木产业发展新格局。

花卉苗木的优势特色种类突出。20 世纪 90 年代以来，湖南花卉苗木产业迅猛发展，绿化苗木在全国有很大的影响力，成为湖南的特色花卉苗木产业。据 2003 年底统计，绿化苗木种植面积 1.58 万公顷，占花卉种植总面积的 51.20%，销售额占花卉苗木年销售额的 50.50%。其中又以红檵木、樟树的优势更为明显。据 2001 年的专项调查统计，红檵木种植面积达 3306 公顷，年销售收入 3.49 亿元，占花卉苗木年销售额的 28.19%，樟树种植面积 4640 公顷，年销售收入 2.84 亿元。这两个树种的苗木生产，在近年来苗木市场低迷的形势下，很快走出了低谷，呈现出逆市而上的良好发展态势。

花卉苗木产区基础设施不断完善。为了促进花卉苗木产业健康可持续发展，长沙市政府以传统花卉苗木产区为基础，编制了《浏阳河花木产业带发展规划》，投入巨资对包括道路、水利、通讯等基础设施进行了改造，并开展了大规模的招商引资工作，为该区域也为全省花卉苗木产业的发展奠定了良好的基础。

但是仍然存在存在以下问题：一是种苗的科技含量总体不高，生产单位长期投入不足，基础设施仍然较差。二是市场营销网络与生产机制不健全，良种使用率和优质苗木产量不高。三是林木种苗品种单一、结构不合理，针叶树多，阔叶树少。四是科技支撑体系尚未建立。五是配套的社会化服务体系建设滞后。

2. 目标

到2010年，全省种子产量达到30万公斤，基地供种率达到80%，杉木、马尾松、湿地松、火炬松、杨树、油茶、板栗等主要造林树种造林良种使用率达到100%，I级苗供应率达到90%，种子受检率达90%以上，年产合格苗8亿株。

到2010年，林木种苗立足林业、服务社会的功能进一步增强，不仅能满足林业工程所需各类良种壮苗，而且还能满足城乡美化、居家美化等多层次、多品位苗木、花卉和草的需要。

全省花卉苗木生产总面积2010年达到7.3万公顷，销售额50亿元，出口1亿美元，花卉苗木产业群年产值达300亿元；2020年达到10万公顷，销售额80亿元，出口2亿美元，产业群年产值达480亿元。

其中全省观赏苗木种植面积2010年达到3.5万公顷，年销售额达到30亿元以上，2020年达到5万公顷，年销售额50亿元。其中60%用于省外市场。绿化苗木生产所带来的养护、工程、休闲等产业群、年产值2010年达到180亿元，2020年达到300亿元。同时保持药用花卉的生产优势，加快室内观叶植物和盆栽植物的发展，提高自给率。

2020年，种子基地供种率达到90%，主要造林树种良种使用率继续稳定在100%。2020年花卉种植达到10万公顷，销售额80亿元。

3. 主要内容

（1）种子生产。根据“三生态”林业战略目标，将在全省范围内建设一批高质量的良种繁育示范中心、良种基地、采种基地。一是根据生态安全需求，建设提高森林覆盖率和林分质量、增强保持水土、涵养水源、确保国土安全的生态林阔叶树采种基地21处，10271公顷，重点建设木兰科、枫香、楠木、桤木等40个优良乡土树种采种基地，力争到2010年湖南省阔叶树种种子供应能力达到30万公斤，完全满足湖南省阔叶树造林用种需求。二是从满足社会对木材、油料、化工、药用等林产品需求出发，建设既具有生态功能，又具有较强商品价值的商品用材林种子园。计划新建杉木、马尾松、湿地松、火炬松、杨树、油茶、板栗、核桃等种子园49个，1219公顷，力争到2010年湖南省杉木、马尾松等主要造林树种良种的供种率达到100%。

（2）苗木生产。根据湖南省造林计划，2005～2010年湖南省退耕还林任务将在66.67万公顷左右，加上长防、珠防、平原绿化、速生丰产用材林等多项重点工程造林，湖南省每年造林任务将在33.33万公顷左右，需各类苗木8亿多株。年城乡绿化美化工程面积约6667公顷，需各类花卉苗木9亿多株。为保证全省苗木需求，计划到2010年全省保留公有制苗圃50处，可育苗面积144公顷；引导建立非公有制苗圃5.3万公顷；新建中心苗圃10处。年可生产各类造林苗木10.35亿株，其中优良穗条4700多万株；各类花卉苗木9亿多株。

（3）林木良种推广。到2010年，全省建成省、市和重点林区县林木良种推广体系，主要造林树种良种使用率达到100%。

(4) 林木种质资源的保护与利用。本着坚持收集、保存、开发、利用并举，保存、保护、抢救并重的原则，到2010年全省新建种质资源原地保存区13处，规模4420公顷；异地保存区11处，规模220公顷；收集区4处，规模60公顷，保存优树686株，无性系580株。

(5) 林木种苗质量检验。到2010年全省14个市（州）、部分重点林区县建立林木种苗质检站，从业人员全部取得省级林业行政主管部门培训颁发的合格证，全省检验人员达到400人，种子受检率达90%以上，良种受检率达100%。

根据市场需要，稳妥发展，控制花卉苗木生产规模，规划到2010年花卉种植5.33万公顷，年产绿化苗木1.25亿株，盆栽植物430万盆，切花2430万支，草坪1330万平方米，药用花卉300万公斤；年产值50亿元。同时保持药用花卉的生产优势，加快室内观叶植物和盆栽植物的发展，提高自给率。

（三）特种经济动植物培育与利用工程

森林特种经济动植物是森林生态系统的主要组成部分，也是社会经济发展的重要物质资源。充分发挥森林动植物的生态功能和物质效益，必须以科学发展观为指导，大力促进森林动植物繁育与利用产业的可持续发展，实现维护生态平衡、丰富物质文化生活、弘扬民族传统、开发基因资源等多重目标。抓住时机强化森林动植物繁育与利用的宏观规划、引导结构调整和适当投入扶持，将有效促进农村经济发展和农民增收，为解决“三农”“三林”问题开辟出一条新的途径。

森林特种经济动植物资源的一大特点是生态性，不同种类的野生动植物能够分别适应不同类型的生态系统，并在生态系统的物质循环、能量流动过程中扮演重要角色，从而确保生态系统的平衡和稳定。因此，在森林生态系统选择相适应的森林动植物种类进行繁育，不仅不会危害自然森林生态系统，还将对其产生积极的影响。

森林特种经济动植物资源的第二大特点是多样性，从而为经济发展提供了多种多样的物质来源。目前，湖南省的森林动植物资源利用，涉及医药、传统工艺及装饰品、毛皮及高级皮革、乐器、名贵家具、食品、保健品及化妆品、花卉、园艺、森林生态旅游等诸多领域，产品种类高达数千种。尤其是森林野生动植物原材料常常具有特殊功效，难以用其他物质来替代。随着人类科学技术的不断进步，随着经济发展对物质需求的日益多样化，必将有越来越多的新材料、新产品从野生森林动植物资源中开发出来。因此，森林动植物资源具有巨大的发展潜力。

森林特种经济动植物资源还具有市场缺口大和可再生性并存的特点。

油茶作为油料植物资源较早被人类利用。油茶是中国特有木本食用油料树种，湖南又是全国油茶中心产区，面积和产量均居全国第一位。为了尽快将我国特有的油茶资源优势转化为经济优势，推动油茶产业化的发展，以实际行动贯彻落实《中共中央国务院关于加快林业发展的决定》和《国家林业 局关于发展油茶产业的意见》（国家林业局文件林造发［2006］274号）的精神，强化林业产业化，建设和完善油茶产业链，对湖南省油茶植物资源现状和发展趋势做出正确的评估，提出发展湖南省油茶产业的战略重点、整体布局以及发展措施。做好油茶产业开发文章，不仅可以增加产区群众收入，而且对解决“三农”问题，促进林业产业结构调整，发展壮大林业经济也具有十分重要的意义。

中国传统医学中的中草药绝大部分取自野生动植物，现代医学药物依靠野生动植物也越来越多，随着医学研究的深入，越来越多的物种被发现可作药用。随着经济的快速发展和人民生活水平的不断提高，人们对健康的要求越来越高，对传统中药（品）材的需求不断增加，中药生产规模迅速扩大，森林木本药材产业已成为当今世界最具发展潜力的产业之一。因此，大力培育森林木本药材资源，发展森林木本药材产业既是市场发展的需要，同时对增加农民收入、促进区域经济发展具有十分重要的意义。

1. 现状

现阶段，我国及湖南省的野生森林特种经济动植物资源总量不足，与市场需求存在很大差距。据初步估算，我国当前每年有价值约200亿元的野生动植物原材料依赖进口，还有价值约150亿元的野生动植物原材料没有来源。这严重影响到我国相关产业的发展，也为促进野生森林动植物繁育提供了广阔的市场前景。要抓住野生动植物资源可再生性特点，积极开展人工繁育扩大资源量，以满足经济发展对资源的需求。

油茶作为重要的油料植物资源之一，它不仅是我国特有的木本食用油料树种，也是林业建设一大优势资源，包括湖南省在内的我国南方广大丘陵山地有悠久的经营历史和良好的生产基础，为湖南乃至全国食用植物油产量平衡发挥了重要作用。但较长时期以来，由于各地对油茶生产的管理措施削弱，很多地方油茶林的树龄老化，品种混杂，加上粗放经营，只取不予，资源没有得到很好的开发利用，造成生产力水平下降，比较经济效益较低，在很大程度上抑制了油茶作为一项特色产业的持续发展。

湖南省是油茶的最集中栽培区，油茶栽培面积一直居全国之首。据最新调查统计，全省现有油茶林面积74.31万公顷，虽比10年前减少近53.33万公顷，仍占全国油茶林总面积的三分之一。全省122个县（市、区），除安乡、南县两个纯湖区县外，其余县（市、区）都有集中成片分布。其中0.7万~1.3万公顷的县16个，占全国130个县的12.3%；1.3万~2万公顷的县12个，占全国56个县的21.4%；2万公顷以上的县21个，占全国50个县的42%。最多的耒阳市油茶林面积达到8万公顷，居全国县（市）栽培的首位。就省内分布来说，主要集中在衡阳、永州、郴州、常德、怀化、株洲、湘西7个市（州）。其中衡阳市11.8万公顷，占全省油茶林总面积的15.88%；永州市9.72万公顷，占13.08%；郴州市9.53万公顷，占12.82%；常德市8.93万公顷，占12.02%；怀化市8.13万公顷，占10.95%；株洲市7.73万公顷，占10.40%；湘西土家族苗族自治州3.73万公顷，占5.02%。

油茶的加工水平逐步提高。湖南传统习惯食用粗榨毛油（原油），近十多年来，作坊式土榨炼油大部分已被机榨和浸提炼油方式所取代，每50公斤油茶籽出油率普遍提高3~4公斤。加工能力逐步扩大，年加工量已由80年代的5万吨扩大到现在的8.3万吨。全省现有茶油加工单位2001家，其中年加工量1000吨以内的1990家，1000~5000吨的10家、5000吨以上的1家。出现了如“金浩”“好恰”“福临门”“山润”“富园”“唐人神”等精制茶油品牌。

湖南省栽培木本药材历史悠久。山楂栽培有3000年历史，银杏栽培有2500年，辛夷、肉桂有2000多年，杜仲有500年，厚朴有200多年。20世纪90年代以来，木本药材种植速度明显加快。慈利县杜仲种植面积发展到2.67万公顷、成为全球最大的杜仲生产基地。隆回县金银花种植面积发展到1.07万公顷。桑植县黄柏种植面积达到1.33万公顷，安化厚朴面积已发展0.4万公顷，东安银杏面积发展到0.67万公顷。据统计，2005年全省主要木本药材种植面积18.87万公顷。分布情况见表4-3。

表4-3 湖南省森林木本药材面积与分布情况

序号	药材	面积（万公顷）	分布范围	集中分布区域
1	银杏	1.00	全省丘陵区、山区均有栽培	东安县
2	杜仲	3.67	主要分布在张家界、湘西	慈利县
3	金银花	1.47	主要分布在雪峰山	隆回、溆浦、洞口

续表

序号	药材	面积（万公顷）	分布范围	集中分布区域
4	辛夷	0.73	全省山地均有分布	全省
5	黄柏	0.80	主要分布张家界、湘西	桑植县
6	厚朴	0.93	全省高海拔山区均有天然分布和栽培	安化县
7	乌药	5.33	全省丘陵、山地均有分布，以野生为主	全省
8	山楂	0.80	全省丘陵区均有分布	全省
9	红豆杉	0.40	全省中、高海拔地区均有天然分布和栽培	新宁县
10	山苍子	0.87	全省各地均有天然分布和栽培	全省
11	五倍子	1.00	全省丘陵、山地均有分布	双牌县
12	木瓜	0.73	全省中、高海拔地区均有分布	全省
13	栀子	0.53	全省各地均有分布	全省
14	枳壳	0.60	全省各地均有分布	全省

全省的森林药材整体加工及综合利用正在起步，涌现了“思仙”牌杜仲酒、“永州之野”牌异蛇酒、隆回金银花系列等知名品牌和张家界圣帝酒业有限公司、永州之野异蛇实业有限公司等知名企业以及浏阳生物园、岳阳生物园等高新技术科技园。但整体水平比较低下，大部分药材以卖原材料为主，初加工水平不高，高附值的深加工产品更少。森林木本药材加工、利用情况见表4-4。

表4-4 木本药材加工、利用情况

序号	药材	加工产品
1	银杏	药品：天保宁、百路达、银可络、舒心宁、银杏天宝、脑安、华宝通、斯泰隆、地奥心血康、抗栓宁等 保健品：银杏茶、白果酒、银杏啤酒 食品：白果罐头、白果露、银杏王、银杏蜜、银杏果晶、银杏口服液等 化妆品：护肤、护发生发、减肥等产品不少于50种
2	杜仲	药品：杜仲皮中药 保健品：杜仲茶、杜仲酒、杜仲速溶粉、杜仲咖啡、杜仲挂面、杜仲酱、杜仲可乐、杜仲晶、杜仲骨康冲剂等 饲料添加剂：杜仲叶粉 工业原料：杜仲胶
3	金银花	药品：金银花中药、金银花含片 保健品：金银花茶、金银花饮料、金银花牙膏
4	辛夷	药品：鼻根治液 香料：芳香浸膏
5	黄柏	药品：黄柏中药材、双黄连系列产品
6	厚朴	药品：主要提取木脂素类物质，如厚朴酚和β-桉叶醇，6′-O-甲基等
7	乌药	药品：乌药中药
8	山楂	药品：山楂中药　保健食品：山楂果珍、山楂果醋　化工产品：山楂核活性炭
9	红豆杉	药品：紫杉醇
10	山苍子	香料：紫罗兰系列香料

续表

序号	药材	加工产品
11	五倍子	药品：五倍子 食品添加剂：没食子酸酯系列衍生物产品、单宁酸系列产品
12	木瓜	药品：木瓜中药、木瓜酶
13	栀子	药品：栀子中药 食品添加剂：栀子黄
14	枳壳	药品：枳壳中药

据统计，2005年全省产银杏果200吨、叶2000吨；杜仲鲜皮500吨、叶6000吨、籽50吨、杜仲酒500吨、杜仲饲料2000吨、杜仲茶100吨；金银花45000吨（鲜重）；产辛夷600吨，黄柏5000吨，厚朴根、筒、枝皮2480吨，乌药10万吨；紫杉醇精品约6公斤；山苍子油100吨；五倍子50吨；木瓜1000吨；栀子100吨；枳壳500吨。木本药材总产值约4.9亿元。

2. 目标

统筹兼顾，正确处理森林特种经济动植物资源的保护、繁育和合理利用的关系，在保护中开发，在开发中保护，推动以利用野生森林特种经济动植物野外资源为主向以利用人工繁育资源为主的战略转变，走可持续发展道路。

2010年，全省更新造油茶林13.33万公顷，高标准改造低产油茶林20万公顷，良种采穗圃5个共40公顷；油茶总面积稳定到113.33万公顷左右，油茶高产、高效林分达到46.67万公顷左右；良种利用率达到30%以上，年产量达到15万吨；培育和打造1～2家龙头企业，引进1～2家大型外资加工企业；产品精加工率达到50%以上，30%以上的加工产品（其中精加工的产品占50%以上）实行出口创汇，50%以上的抢占国内大中城市。

2010年，全省改造低产低效木本药材林1.33万公顷，新造3.13万公顷，建立示范基地14个，良种园93.33公顷，苗圃9.33公顷。到2010年，全省木本药材种植面积达到22万公顷，木本药材深加工企业14家。

3. 主要内容

充分发挥湖南丰富的油茶资源优势，以金浩植物油、株洲好恰绿色油业等龙头企业为载体，依靠科技进步，提高油茶精深加工利用水平，突出高级精炼茶油、天然护肤化妆品、茶皂素等系列产品开发，形成有特色的拳头产品，积极培育和开拓高档食用油消费市场，同时，以衡阳、株洲、永州为重点地区，通过低产油茶林改造及加快良种化进程，建设油茶林基地，延伸产业链，大力发展茶油产品加工产业集群。集群内的各个企业要充分发挥各自特色，扩大规模，形成具有特色的油茶产业集群，提升油茶的附加值，带动全省绿色食品油茶产品的生产。到“十一五”末，在长沙、浏阳、平江、醴陵、株洲、攸县、茶陵、祁阳、道县、邵阳、芝山、江华、资兴、东安、冷水滩、永顺、会同、溆浦、辰溪、安化、洪江、中方、沅陵、桃源、鼎城、临澧、汉寿、汨罗、益阳、岳阳、耒阳、常宁、永兴、衡东、湘潭、衡阳、衡南等37个油茶工程县完成建设油茶林基地46.67万公顷。年产茶油15万吨，其中高档精制油8万吨。

到2020年使油茶总面积继续稳定到113.33万公顷左右；良种利用率达到60%以上，茶油年产量达到30万吨；产品精加工率达到100%以上，80%以上的加工产品实行出口创汇；年产值达到150亿元。

根据湖南的自然地理条件和木本药材的生物生态学特性，雪峰山区的高寒地区重点发展金银花，低山丘陵区重点发展山苍子；武陵山区重点发展杜仲、黄柏、厚朴、山楂、五倍子、辛夷；湘中丘陵区重点发展栀子；湘南低山丘陵区重点发展木瓜，在其低山区重点发展杜仲、黄柏、厚朴、山楂、五倍子、辛夷；洞庭湖滨湖区重点发展枳壳。

生产基地布局及发展规模见表4-5。

表4-5　木本药材生产基地布局及发展规模

序号	树种	示范基地建设		至2010年面积（万公顷）
		示范基地	面积（公顷）	
1	银杏	东安银杏高产示范基地	667	1.33
2	杜仲	慈利杜仲高产示范基地	667	3.83
3	金银花	隆回金银花高产示范基地	1333	1.80
4	辛夷	永顺辛夷高产示范基地	133	1.07
5	黄柏	桑植黄柏高产示范基地	66.7	0.90
6	厚朴	安化厚朴高产示范基地	1333	1.60
7	乌药	沅陵乌药高产示范基地	66.7	5.33
8	山楂	花垣山楂高产示范基地	333.3	0.97
9	红豆杉	新宁红豆杉高产示范基地	133	0.57
10	山苍子	洞口山苍子高产示范基地	133	1.03
11	五倍子	吉首市五倍子高产示范基地	133	1.17
12	木瓜	通道木瓜高产示范基地	66.7	0.80
13	栀子	衡阳栀子高产示范基地	66.7	0.60
14	枳壳	沅江枳壳高产示范基地	66.7	0.67

对于重点木本药材加工企业布局及主导产品开发，应以木本药材中心产区为核心，以特色产品开发为重点，通过自主培育和引进一批木本药材深加工的龙头企业，做大做强木本药材医药产业。

木本药材重点加工企业布局及主导产品开发见表4-6。

表4-6　重点加工企业布局及主导产品开发

	树种	主导产品开发
1	银杏	心脑血管类产品：银杏叶系列制剂、银杏叶提取物；主要生产银杏叶分散片等 白果汁、银杏王、银杏蜜、银杏口服液、白果罐头、白果酒、银杏啤酒、护肤化妆品、护发生发品、主要生产银杏叶分散片、医药保健品等
2	杜仲	杜仲系列名贵中药、杜仲保健茶、杜仲晶、杜仲咖啡、杜仲可乐、杜仲酒等
3	金银花	金银花中药材、金银花茶等
	辛夷	辛夷复方中成药、芳香浸膏等
5	黄柏	黄柏中药材、双黄连系列产品等
	厚朴	主要生产厚朴酚等
7	乌药	乌药中药等
	山楂	山楂中药、山楂果珍、山楂果醋等

续表

	树种	主导产品开发
9	红豆杉	紫杉醇等
	山苍子	柠檬醛等
11	五倍子	没食子酸酯系列衍生产品，单宁酸系列产品
	木瓜	木瓜中药、木瓜酶等
13	栀子	栀子中药、栀子黄等
14	枳壳	枳壳中药等

到2020年，在培育现有木本药材林基础上，新造4.67万公顷，使全省木本药材林面积达到26.67万公顷。在雪峰山区的高寒地区重点发展金银花、龙脑樟，低山丘陵区重点发展山苍子；武陵山区重点发展杜仲、黄柏、厚朴、山楂、五倍子、辛夷；湘中丘陵区重点发展栀子；湘南低山丘陵区重点发展木瓜，在其低山区重点发展杜仲、黄柏、厚朴、山楂、五倍子、辛夷；洞庭湖滨湖区重点发展枳壳。

（四）林产工业工程

“十五”是我国林业建设的重要变革期，在中共中央、国务院确立以生态建设为主的林业可持续发展战略的指导下，湖南省准确把握急剧增长的生态需求与落后的林业生产力这一林业主要矛盾，在优先推进生态建设的同时，加快林产工业的发展，不断满足社会对林产品的供给需求，大力发挥林业的多种效益，从而实现林业生态建设与产业发展的良性和协调发展，充分发挥社会公益事业和基础产业的重要作用。“十一五”仍然是我国国民经济持续快速发展的重要时期，随着国家林业发展战略布局的调整，给湖南省林产工业发展带来了新机遇。

1. 现状

全省现有规模木浆造纸企业16家，生产能力 77万吨；人造板生产企业80多家，生产能力214万立方米，其中中（高）密度纤维板生产能力49万立方米、细木工板生产能力24万立方米、木质胶合板生产能力15万立方米、刨花板生产能力10万立方米、竹胶合板生产能力70万立方米。2004年生产木竹浆纸74万吨；生产人造板169万立方米，其中竹木胶合板75万立方米、纤维板37万立方米、刨花板7万立方米、细木工板24万立方米，林纸（板）业总产值达到75亿元。其中，泰格林纸集团以杨木浆为主的年产20万吨高档纸生产线已经建成投产，该公司年产纸能力达60万吨，2004年产量为54万吨，实现销售收入32亿元，利税总额达4亿元。

2004年全省林产工业总产值达135亿元，其中木竹浆造纸产值42亿元、人造板产值33亿元，林纸（板）产值合计占全省林产工业总产值的55%，完成利税13亿元，在国民经济和社会生活中占有重要地位。在林纸（板）生产企业所在地区，林纸（板）产业已成为当地工业的主要支柱产业之一，成为当地财政收入的主要来源。林纸（板）企业对木材的需求，还带动了相关产业的发展，提高了周边农户的造林积极性，成为农民增收的主要渠道。由造纸企业直接对农户下订单或签合同，企业可以获得稳定的原料供应，同时农户可以保证获得稳定的收入，减少交易成本，降低市场风险。

“十五”以来，湖南省林产工业虽然发展迅猛，取得了较大的成就，但也存在着不少亟待解决的问题，与浙江、福建、山东等林产工业较发达省份比较，在工业原材料培育力度、增长速度、加工利用和经济效益等方面还存在一定的差距，并且有进一步拉大的趋势。

（1）经济总量不大。2004年湖南省林业产业产值占全国林业产业总值6892亿元的5.9%，位居浙江、山东、福建、江苏、河北之后，排名第六位；人造板产量仅占全国产量5446.49万立方米的3%，居全国第十五位，排第一位的山东是湖南省产量的6.14倍；松香类产品产量占全国53.76万吨的3.9%。

（2）宏观调控能力弱。由于行业管理职能削弱，对林产工业宏观管理缺少行之有效的调控手段，缺乏行业统一规划，自律性差，竞争加剧，导致低水平重复建设严重，森林资源得不到合理配置和有效利用，林产工业呈无序发展的趋势。

（3）区域特色不明显。加工企业布局雷同，尚未形成明显的区域特征和企业集群，低水平重复建设尚未得到有效遏制。主要表现在企业规模偏小，产品技术含量较低。如生产集中度相对较高的中纤板生产线，单线规模在3万~5万立方米，与国内新上项目采用的国产生产线5万~8万立方米、进口生产线20万立方米的单线规模相差甚远。且产品比较单一，一般化的产品多，精深加工的产品少，高附加值的产品更少。企业抗风险能力弱，并影响到产业链下游的企业发展。如纤维板生产企业主要产品都是中密度纤维板，而省会长沙作为全国主要的强化地板生产基地之一，众多的强化地板生产企业不得不从湖北和江西等地购进地板基材，在产业链中常常受制于人。刨花板全部是普通型渐变结构的产品，而作为刨花板发展方向的定向结构刨花板，在湖南省还是个空白。竹胶板的企业生产能力普遍在2000~5000立方米。木质胶合板的规模更小，有的甚至是小作坊生产。松香虽然是全国主产区之一，但以土法生产的居多，1000吨以下的小企业数量仍占了80%。

（4）资金投入严重不足。林产加工企业在原料林基地建设、装备更新、技术改造、新产品开发等方面需要大量的资金投入。这些资金目前主要依靠企业自筹、林业贴息贷款、银行贷款和外资等途径解决。而现在多数企业由于规模较小、效益不佳，向银行贷款难等原因，缺乏必要的扶持和贷款支持，企业只能依靠自身的原始积累来进行扩大再生产，缺乏技术改造和创新能力，企业发展缓慢，市场竞争力下降。如一些规模企业在原料林基地等方面占用大量资金，难以维持现有基地的管理费用，更不用说扩大造林规模，因而原料供应困难。

（5）企业管理水平有待进一步提高。随着改革的不断深入，民营企业成为林产工业的主力，但随之而来的是企业管理体制上的新问题逐步显露出来，家族式管理企业呈增多之势，缺乏现代化企业经营模式，管理经验和手段老化，主要表现在决策者、经营者职责不清，裙带关系复杂，权力过于集中，分工协作不畅，小富即安思想严重，尤其在中小企业更为明显。林区剩余劳动力也逐渐转移到林产品加工上来，员工素质参差不齐，管理难度加大。这些都将制约林产加工企业向规模化、现代化企业的纵深发展，影响企业的市场竞争能力，导致后劲不足，难以做大做强。

（6）科技支撑和服务体系不健全。林产加工企业普遍缺乏科技开发和自主创新能力，研究和开发机构不健全甚至没有，技术人才和管理人才匮乏。科技投入严重不足，不注重新产品开发，产品多年一贯制，更新换代能力差。社会化服务体系不健全，科技成果向现实生产力转化水平较低。

2. 目标

“十一五”期间，全省新增人造板生产能力120万立方米、木浆纸160万吨，到2010年末，主要产品产量达到：人造板310万立方米、木竹纸浆240万吨、木竹地板及复合板2000万平方米、木竹家具200万件（套）、林化产品5万吨、药材5万吨。山区、丘陵区、平原区农民收入来自林业产业的比重分别达到50%、30%、20%。实施“2331”工程，即重点扶持20个销售收入亿元以上、30个5000万元以上、3个10亿元以上、1个100亿元以上的林产工业龙头企业。林产工业总产值年均增长10%以上，到2010年达到260亿元以上。

到2020年，使木浆生产能力600万吨、人造板生产能力600万立方米。

3. 主要内容

（1）林纸产业。直接以木、竹资源为原料的制浆造纸，包括彩印新闻纸、颜料整饰胶版纸、新闻纸、胶印书刊纸、牛皮卡纸、卷烟纸等。

利用湖南省丰富的松、杨、毛竹等速生丰产资源，重点培育核心企业林浆纸工程。通过优化资源配置，实现跨所有制、跨地区、跨部门、跨行业的联合，运用股份制、独资、合资、合作、联营等方式，实现造纸业集群化发展，淘汰落后产品和工艺，促进产业结构优化升级。

范围包括：岳阳60万吨新闻纸；常德30万吨办公用纸；益阳30万吨杨木化机浆；永州20万吨包装纸；怀化40万吨漂白针叶木浆；郴州8万吨包装纸；邵阳20万吨木竹浆纸。

（2）人造板加工业。主要发展以林区“三剩物”“次小薪材”、竹材、城市废弃回收木材、农作物秸秆非木质材料和人工林木材资源等为原料的人造板加工业。产品包括细木工板、胶合板、纤维板、刨花板、指接板材等。

重点抓好现有企业的技术改造和产品结构调整，着重开发有市场前景的高密度纤维板、结构刨花板、新型竹材人造板及其深加工。淘汰资源综合利用率低、环保标准低的小型人造板企业，淘汰湿法生产纤维板。重点改造、扩大现有人造板骨干企业的生产规模，引导和促进小企业的联合与重组，逐步培植一批大型人造板骨干企业，形成协调发展的产业集群。

范围包括：益阳30万立方米竹胶板；长沙10万立方米细木工板、4万立方米竹胶板；岳阳30万立方米细木工板、32万立方米纤维板、5万立方米刨花板；常德3万立方米刨花板、10万立方米细木工板和复合板；怀化15万立方米纤维板、6万立方米细木工板；邵阳18万立方米纤维板、18万立方米细木工板、18万立方米胶合板、20万立方米竹胶板；郴州10万立方米纤维板、10万立方米细木工板；永州12万立方米纤维板、12万立方米细木工板；衡阳3万立方米纤维板；株洲5万立方米纤维板；娄底5万立方米竹胶板。

（3）木竹制品加工业。产品包括日常生活用品（砧板、凉席、卫生筷、牙签、窗帘、竹扇、木梳、食品包装盒等）、工艺品（根雕、装饰画、竹编等）等。

利用全省丰富的木竹资源，大力发展市场前景广阔的木竹制品业，努力提高产品质量，增加品种规格，扩大市场份额，提高出口创汇能力，使竹制品业成为全省林产工业的支柱产品之一。继续发展优势产品竹砧板生产，进一步提高市场占有率。发展竹文化艺术，在巩固和发展传统竹雕刻、竹编工艺品的基础上，开发适销对路的木竹日用品、木竹工艺品和新型产品等。扶持绿色环保的竹制包装容器和出口木竹制品生产，提高出口创汇能力。研究和开发松、杉、杨等速生材改性技术和竹材刨切技术。

重点建设的产品系列：以衡阳为中心的木梳及牛角梳产品系列；以岳阳为中心的出口芭蕉扇产品系列；以益阳为中心的竹工艺品系列、出口竹制包装盒系列、出口竹制日用品产品系列；以邵阳为中心的竹簧雕刻产品系列；以湘潭为中心的竹制砧板、竹家具及竹饮料系列。

（4）林产化学加工业。包含木材化学加工（活性炭、竹炭等）、天然树脂采集加工（松香、松节油）、树木提取物加工（栲胶、林产油脂、色素等）、树木寄生虫放养产品加工（紫胶、五倍子、白蜡）等。

继续加大松脂松香的开发力度，提高松脂产量，限制、改造土法松香生产，全面推行间隙蒸汽法加工，提高全省松香质量。全省松香产量稳定在3万~5万吨，主要生产地分布：马尾松松香以永州、怀化、邵阳等山地为重点；湿地松松香以长沙、岳阳、湘潭、株洲、衡阳、郴州等丘陵地为重点。

在稳定松脂松香产量的基础上，发挥湖南省特有的人才、技术和装备优势，抓好松香、松节油的深度加工，搞好无色松香、高级香料、耐候性环氧树脂、水白树脂等项目建设，形成具有湖南省地方特色的松香、松节油深加工系列产品产业链。主要集中在株洲、永州、邵阳等地，深加工产量达到2万吨以上。

在张家界重点培植五倍子生产基地，形成单宁酸、没食子酸等系列产品生产能力，产能达到5000吨，把湘西地区建成全国最大的五倍子产品生产基地。

在怀化重点发展白蜡生产，发挥地区优势，在大力培植原料基地的同时，加大产品开发力度，把该传统项目做大做强。

在永州发展柠檬醛、紫苏油、香柚油等生产，使其成为全国最大的山苍子油生产基地。

在湘潭、益阳、郴州等地发展竹材化学加工，开发竹炭、竹醋液系列产品的生产，形成区域特色。

（5）家具地板业。以长沙、株洲、湘潭城市区和岳阳、汨罗为重点发展家具业，提高家具设计、制造技术水平，加大研究新的生产工艺的力度，打破家具主要依赖沿海供应的传统格局，打造知名品牌，扩大市场占有率，努力实现家具生产本地化。

将长沙建设成为全国复合地板主要生产集中地和流通主渠道，到2010年复合地板产量达到1000万立方米以上。

利用全省丰富的竹资源，大力发展竹地板加工业，2010年产能达到750万平方米。重点区域分布为：益阳150万平方米；长沙100万平方米；怀化50万平方米；郴州100万平方米；永州50万平方米；株洲100万平方米；衡阳60万平方米；邵阳100万平方米。

（6）木本药材加工业。结合木本药材高产示范基地建设，进一步加大木本药材产业的培育力度，以木本药材中心产区为核心，重点建设一批木本药材深加工的龙头企业，并开发出系列拳头产品。

加快浏阳生物医药产业园建设，完善基础设施，壮大龙头企业，将该园建设成为我国规模最大、发展最快的医药专业园区。通过充分发挥技术、市场和资本的三大优势，联结国内外医药骨干企业，实现资源优化配置与整合，形成规模化效应，打造生物医药产业集群，参与国际竞争，形成以湖南华纳大药厂有限公司为核心的跨行业、跨国界的现代化高新技术产业集团。

打造湘西药谷，重点做好怀化茯苓深加工系列产品开发；自治州天然植物提取药用有效成分项目；张家界葛根素原料药、黄连素等中成药活性物提取项目建设；邵阳红豆杉、金银花等中药材生产基地建设。

（五）林业生物质能源工程

世界经济的现代化，得益于化石能源。然而化石能源必将面临枯竭。克服能源危机的出路就是发展可再生能源。生物质能源是新兴的可再生能源产业。目前世界各国，尤其是发达国家都致力于开发高效、无污染的生物质能源产业。要充分利用湖南省光热条件好的自然优势，发展木本植物生物质能源林培育，以生物燃料油和气化发电为主线，建立有林业特色的新兴生物质能源产业。

1. 现状

湖南省林业科学研究院经过多年努力形成了一套完整的燃料油植物评价体系；选育出生物柴油专用型原料油植物品种和无性系；从两种途径获得生物燃料油并研制出自主知识产权装置。将生物质能源林植物的选择、育种、栽培和加工结合起来，使液体燃料油生产成为了一个有机的整体，与企业合作，现在建有年产1万吨的生物柴油工厂，生物质能源林植物和生物燃料油研究方面也走在了国内同行的前列。

2. 目标

利用湖南省现有的林地、资源、人才技术优势，研究、培育、开发速生高产的木本生物质能源林新品种，在条件允许的市县发展能源林林场或合作组织，建立能源林基地；加强生物质能源利用技术的研究和转化工作，突出生物柴油和燃料乙醇的开发利用，制定技术标准，形成可持续发展的生物质能源产业。加强技术监督和市场管理，规范市场行为，为生物质能源技术推广、开发创造良好的市场环境。

3. 主要内容

"十一五"期间，在湘西、湘中、湘南建设光皮树、黄连木、油桐、乌桕等木本油料能源林和高产淀粉木本能源林 13.33 万公顷。其中，在湘西龙山、永顺、桑植、凤凰、泸溪、麻阳、会同、新晃、石门，湘中长沙、汨罗和湘南东安、道县、宁远、双牌、资兴和苏仙等县（市、区）建立规模化生物质能源示范林 1.8 万公顷。

2011～2020 年，在湘南、湘中山丘区和环洞庭湖区发展短周期纤维素能源林 116.67 万公顷，在湘西、湘中、湘南建设光皮树、黄连木、油桐、乌桕等木本油料能源林和高产淀粉木本能源林 26.67 万公顷。

三、生态文化建设工程

（一）城市森林工程

森林是人类的摇篮，是文明的发祥地。森林文化是人类文化的重要组成部分。弘扬森林文化可以丰富人类保护自然、向往自然和回归自然的认识，有效的促进生态环境和社会经济的可持续发展。湖南以其特殊的历史背景和自然环境构成了今天具有包容性、外向性的朝气蓬勃的森林文化。

城市森林具有浓厚的文化内涵。城市森林是保持塑造城市风情、文脉和特色的重要方面，它以自然生态条件和地带性植被为基础，将民俗风情、传统文化、宗教、历史文物等融合在城市森林中，使城市森林系统具有地域性和文化性特征，产生可识别性和特色性。

城市森林作为城市生态系统中具有自净功能的部分，在保护人体健康、调节生态平衡、改善环境质量、美化城市景观等方面具有其他城市基础设施所无法替代的作用。建设城市森林，对于改善城市生态和景观环境，提高人民群众生活质量，提升城市承载力和综合素质，促进城市经济社会的可持续发展都具有重要的现实意义。而城市森林建设则是以城市为载体，以森林植被为主体，以城市绿化、美化和生态化为目的，森林景观与人文景观有机结合的有生命的基础设施建设，以此来改善城市生态环境，加快城市生态化进程，促进城市、城市居民及自然环境间的和谐共存，推动城市可持续发展。城市森林建设的过程，实质上就是人们认识自然、崇尚自然、顺应自然，实现人与自然和谐统一的过程。

城市森林作为城市生态建设的主体，是构建和谐城市的重要内容，具有不可替代的重要作用。首先，城市森林建设在实现城市人与自然和谐中发挥着重要作用，是与建设资源节约型、环境友好型社会的要求相一致的。伴随着高速的城市化进程，城市中的生态环境问题日益突出，空气质量下降、光电噪音细菌污染严重、水资源紧张、自然灾害频繁侵袭等等，给城市的和谐发展制造了不和谐的因素。人们越来越认识到，发展城市森林，充分利用森林净化空气、涵养水源、保持水土、减少噪音、美化环境、调节气候、防灾减灾等特殊功能，是改善城市生态状况、促进人与自然和谐的重要途径。城市森林对提高城市居民健康水平有着不可估量的作用，是建设宜居城市的重要内容，也是改善投资环境、发展经济的重要条件。第二，城市森林在实现城市人与人、人与社会之间的和谐中发挥着重要作用。城市森林是城市中唯一有生命的基础设施，它不仅从质量和数量上改变了城市冰冷的钢筋水泥外貌，满足了城市人们与自然亲近的渴望，而且改善和提高了城市居民的人居环境和生活质量，舒缓了人们在紧张工作和生活快节奏中形成的疲劳情绪。城市森林文化还是城市文化和城市生态文明的重要组成部分，它所包含的城市森林美学、园林文化、旅游文化等，对人们的审美意识、道德情操起到了潜移默化的作用，也使城市森林成为城市文化品位与文明素养的标志。事实证明，哪个城市绿化和生态建设搞得好，人民群众的文化、体育、休闲活动就活跃，这些都是人民群众看得见、摸得着的改善生活质量的实惠，是党和政府为人民办的实事、好事。第三，城市森林建设所倡导的城乡一体化发展，对加快社会主义新农村建设、促进和谐农村构建发挥着重要作用。城市森林建设要求将市区、市郊和农村纳入统一的大系统中一起谋划，共同建设。通过绿化宜林荒山、构筑农田林网、绿化村庄和发展庭院林业，可以实现村民家居环境、村庄环境、自然环境的和谐优美；通过倡导森林文化、弘扬生态文明，可以增强农民群众的生态道德意识，形成自觉植绿、护绿、爱绿、兴绿的新风尚；通过发展林业产业，可以实现农村生活宽裕，带动农民致富，从而有力地推动农村的绿化美化与和谐稳定。所以，加快城市森林工程建设已经成为构建和谐城市、和谐社会的必然要求。

1. 现状

改革开放以来，湖南省经济的迅速发展为人口城镇化进入加速发展阶段奠定了坚实的基础。近5年来，湖南省实施了“三化”战略，城市化进程步入加速期。2003年省政府下发了《关于印发〈湖南省深化户籍管理制度改革方案〉的通知》，从城市化的指导思想、规划编制、管理体制、土地政策、投融资政策、户口政策等做出了相应的规定，有效地推动了城市化的进程。到目前为止，全省共有1个特大城市，5个大城市，7个中等城市，16个小城市，72个县城和1026个县以下小城镇。全省城市化率由2001年的30.8%提高到2005年的37.0%，以年均提高1.45个百分点的速率推进。在中部六省中排第3位；湖南设市城市建成区面积达到986.7平方公里；新增城市公共绿地面积3775公顷、公园面积2850公顷。至2010年，湖南全省城镇化水平达到45%，年均增长1.6个百分点。按城市化发展一般规律，城市化率在30%~70%为高速发展时期，湖南省城市化进入了快速发展期。2005年，长株潭三市GDP总额达2412亿元，占全省经济总量约36%；三市城市化率达48%，高出全省平均水平11%，位居中部六省前列。长株潭三市以占全省18.9%的人口和13.3%的国土面积，2005年实现了全省36%的一般预算收入、50%的国内外投资和74%的对外贸易。

2005年，全省设市城市新增绿地面积2703公顷，比上年增长10.14%；城市建成区绿化率达29.50%，比2000年提高5.17个百分点；城市绿化覆盖率达32.50%，比2000年提高4.17个百分点；人均公共绿地面积达到6.7平方米，比2000年提高1.6个百分点。

2005年，全省工业废气排放总量均比上年有不同幅度的增加。

小城镇1098个，其中县城72个，县以下建制镇1026个。小城镇的建设要以可持续发展为原则，保护环境，严格控制污染型的工业企业，同时不要随意破坏小城镇周围的森林、水面和山体，构建一个良好的城镇环境。

城市森林工程建设的目的是在城市、城镇建立相对稳定而多样化的城市森林生态系统，有效控制和改善城市的大气污染、热岛效应、粉尘污染，全面提高城市环境质量。

城市森林作为城市生态系统的载体，不仅以无可替代的景观功能、生态功能绿化、美化和保护城市，而且能以自己的地域特色和风格塑造城市文化和特色。要弘扬、延续并扩展湖湘文化，形成中部城市群特色，其城市森林如何渗透湖湘文化，并具独特的湖南风格和内涵，是一个极其重要的方面。

2. 目标

城市规划建成区人均公共绿地面积不低于10平方米。城市新建区绿地率不低于总用地面积的35%，城市内河、湖泊及铁路旁的防护林带宽度不少于30米，使全省80%的城市林木覆盖率达到30%。

城市居民出行500米可达一处游憩绿地。

建设布局合理、使用方便、内涵丰富、景观优美、独具特色的城市居民游憩绿地体系，以实现“服务市民，重塑绿城”的目标。

使湖南各地不同的城市或城市群的森林建设渗透湖湘文化、融入湘西等有地方独特的民俗风情等，具有独特的湖湘风格，对于振兴湖湘文化，完善湖湘文化，塑造湖南各城市及城市群新的形象和风格，创造与发展湖湘风格的森林文化，形成中部崛起过程中湖南城市及城市群的特色与内涵、形成湖南城市或城市群独特的个性。

3. 主要内容

该工程涉及全省所有市及县级城镇，以各城市（城镇）建成区为核心，涵盖城区行政区域内的近郊。包括长株潭城市群和以长株潭为中心，1个半小时通勤为半径，包括岳阳、常德、益阳、娄底、衡阳在内的3+5城市群，浏阳等县级市城区和宁乡等1114个县城城区及所有小城镇。重点是长株潭城市群及各城市群的核心地区。

在充分考虑全省各城市或城市群独特的自然山水布局和城市发展空间结构的基础上，依据《城市（镇）总体规划》，城市森林工程在空间结构上分为城市之间绿化隔离带、森林公园、城郊观光林业和城区公共游憩地等。

（1）城市之间绿化隔离带。城市或城市群之间的绿化隔离带由内圈环城绿化隔离林带、外圈环城绿化隔离林带和若干主题园组成。内、外圈环城绿化隔离林带宽度均以道路两侧100～400米宽绿线控制，在自然生态环境、野生动植物资源、森林生态系统保护较好的地段采取“长藤结瓜”形式，扩大环城绿化隔离林带的建设范围，建成各具特色的城市之间绿化隔离带主题园及保护区域。进出城市或城市群的公路、铁路两侧第一层山脊以内的山地或100米以内的平地形成的绿色廊道，江河的平地100米以内的自然风光林带和自然地形第一层山脊以内的山地森林植被建设。

（2）森林公园。以城市森林和自然山水为依托，建设城市森林公园，将森林公园建成具有森林游憩、度假休闲、观光游览、健身娱乐、科普教育等不同功能的生态旅游场所。累计建设森林公园总面积5.2万公顷。其中：保护现有森林面积4.1万公顷，封山育林0.26万公顷，退耕地造林面积0.061万公顷。

（3）城郊观光林业。在城市或城市群郊区内各种级别的城市森林公园为基础上建设开展城郊观光林业。城市森林公园是以森林景观为主体，自然景观为依托，人文景观为点缀，以林木为主体与多种生物共同组成的森林景观，实质也是结构与功能复杂的自然综合体。城郊观光林业则是在城市森林公园、城市森林林木内的动植物资源、奇石怪树、自然风光、人文景观的基础上，以城市或城市群郊区乡村空间环境和林业资源为依托，以城市郊区独特的生产形态、民俗风情、生活形式、城市郊区乡村风光、乡村居所和乡村文化为对象，利用城市与郊区差异来规划设计和组合产品，集观光、游览、娱乐和休闲等为一体的一种旅游形式，开发独具特色的城乡居民进行的旅游活动，具有丰富的文化内涵、科技知识，从而使其具有乡土性、功能性、娱乐性、参与性、知识性和高效益性。

对处于平原地区的城市的城郊观光林业种植当地乡土树种、花卉，而处于山区地区的城市的城郊区观光林业种植果树，增加植物精气含量。

建设城郊观光林业工程应以特色城市森林文化为基础，建设合理融合旅游观光、生态保护、休闲度假等功能的休闲林业区域。要充分挖掘森林文化内涵，突出资源优势的特点，丰富内容，同时注意园林艺术的配套开发。

特色景观休闲林业旅游。以城市郊区特色景观为主，利用自然、生物、文化、历史景观资源，合理规划，结合森林景观、田园特色以及观赏动物和花果竹木生态经济开发，发展观光、度假、旅游、休闲林业旅游区。

城郊休闲林业旅游。在长沙、株洲、湘潭、常德、岳阳、益阳、衡阳、郴州、邵阳永州、张家界、娄底、怀化等交通便捷、经济发达的地区，以都市周边为重点，建设城郊型休闲观光林业。着重发展绿色、高效、精致的瓜果、森林蔬菜、花卉产业，集种植、养殖、生产、科研、观赏、娱乐和集散销售于一体的观赏水果种植基地建设等城郊观光林业休闲项目，为都市提供精美的和优美的休闲空间。

（4）城区公共游憩地等建设。为了彻底改善城市或城市群城区的面貌，重塑“绿城”形象，实实在在地服务于民，应根据“景观环境整治”的总体要求和让城区居民出行 500 米可达一处游憩绿地的建设目标。在这样非常明确的定性和定量目标情况下，即在老城区开辟居民行距 500 米的游憩绿地，建设布局合理、使用方便、内涵丰富、景观优美、独具特色的城市居民游憩绿地体系。

在城区公共游憩地建设中坚持：①以人为本，改善城市生态环境，提高城市居民生活品质。②全面覆盖，合理布局，突出重点，落实用地。③结合城市绿地系统规划，明确老城区居民游憩绿地体系的发展目标指导思想。

共拟规划城区公共游憩地总面积达到 650 公顷。在城市周边地区，建设城市生态圈、城市森林公园总面积 52000 公顷。

（二）乡村人居林建设工程

乡村人居林建设主要通过村庄绿化来实现。村庄绿化既是改善农村人居环境的需要，也是培育农民生态意识的需要，是构筑新型农村文化的重要载体。

人居林建设不仅是绿化美化的过程，更是一个弘扬生态文化的过程。村庄绿化，是园林下乡的一种实践。园林下乡，也是一种文化下乡。村庄绿化、美化的实践过程也是构成文化的重要内容，体现不同时代背景下的文化理念和人文特征，尤其是历史文化悠久的村庄中，绿化对文化的烘托、点睛作用更加明显。

1. 现状

湖南省有近 25 万个村庄，目前很多村庄的生态环境较差，绿化十分滞后，已成为统筹城乡发展，推进社会主义新农村建设的重要障碍。

2006 年，湖南省委一号文件《关于推进社会主义新农村建设的意见》提出，在“十一五”期间，全省重点抓好 1000 个左右不同类型的社会主义新农村示范村建设。村庄绿化是其中的主要内容。为抓好办点示范，全省实施新农村建设“千村示范工程”，确定先选择 1000 个示范村、14 个示范镇和 104 个重点镇开展村庄规划编制工作。强调在编制村庄规划时要避免“千村一面”“建设克隆”现象。并要求强化科学性、超前性、务实性。要突出地域特色，充分展示湖南良好的水系景观和自然生态环境；要突出历史文化特色，充分体现村庄的历史文化内涵；要突出民族特色，挖掘和传承民族文化，保护有特色的农村建设风貌，建设特色民族村庄。

2. 目标

通过村庄道路、河道、庭院、宅旁绿化、公共绿地和围村林的建设，完善村庄绿化布局，构筑多树种、多层次、多功能的村庄植被生态系统，实现村庄绿化美化，发挥绿化的文化功能，改善农村居民的生产、生活环境，建设乡村人居林，打造绿色家园。

具体目标：建成1000个绿化示范村、14个示范镇和104个重点镇。

3. 主要内容

（1）根据分类指导的原则，对不同类型的村庄采用不同的绿化布局和绿化重点。山区村要充分利用原有山地森林这一背景，重点进行庭院绿地、道路绿化；平原村要与广阔的田野这一基本地形特征结合起来，绿化类型选择要多样化，不但要建设公共绿地，而且对庭院、道路、河渠堤、农田等进行绿化；古建筑村的绿化要做到景观与古建筑相协调，人文与自然相统一，绿化布局要体现锦上添花、相得益彰的理念。

（2）推广村庄片林和围村林建设。根据政府引导、群众自愿的原则，在绿化示范村中推广建设村庄片林或围村林，将其建设成为村庄绿地系统中的核心林地。争取在50.0%的绿化示范村建设村庄片林，一村一片，有条件的要建成围村林，形成“村在林中”的美景。村庄片林和围村林要多应用乡土树种，采用混交、多层的树种配置模式，形成复杂多样、生态功能与景观效果俱佳的村庄植被生态系统。吸收传统“风水林”中强调生态保护的积极因素，用现代风水林的理念对村庄片林和围村林进行保护，提高农民自发保护绿化的意识。

（3）深入挖掘村庄绿化的文化内涵，实现绿化与文化的协调统一。对历史悠久、文化内涵丰富的村庄或古村落，要优先进行绿化，充分体现村庄绿化对弘扬先进文化的促进作用。

（三）森林与湿地休闲工程

湖南森林和湿地生态系统类型多样，生物资源丰富，在广袤的林区中，有优美独特的森林和湿地景观，千姿百态的地貌结构，丰富多彩的历史遗迹，绚丽多姿的人文景点，浓郁的少数民族文化等，地方特色独特，并以特有的自然美和艺术美，强烈地吸引着国内外的广大旅游者，为人们休闲、度假、疗养、科教、娱乐提供了良好的场所。因而，把握森林和湿地生态旅游发展的大好机遇，推动湖南省森林和湿地生态旅游事业的发展，对实现全省森林和湿地生态旅游开发建设目标，指导全省森林和湿地生态旅游工作具有重要的现实意义。

“全面规划、合理布局、突出重点、分期建设、滚动发展”，将森林和湿地生态旅游融入湖南大旅游网络之中，充分发挥森林与湿地的生态效益、社会效益和经济效益，以森林和湿地生态旅游带动全省的旅游业和相关产业的发展，将对整个区域的经济发展起到极大的推动作用，为森林和湿地生态旅游业的开发和建设打下坚实的基础。

森林和湿地生态旅游已成为朝阳产业。到“十五”期末，全省有森林公园69个，形成了湘东、湘西北、湘南、湘北、湘西南、湘中等6大各居特色的森林旅游区域。拥有旅游接待床位数1.15万个。

“十五”期间，全省森林和湿地生态旅游共接待游客2916万人次，实现旅游收入25.7亿元，创社会产值144亿元。生态旅游的发展，加快了森林公园的建设步伐，提高了知名度，带动了地方经济的发展。

1. 现状

湖南森林资源类型多样，森林覆盖率达54.32%，居全国前列。湖南湿地资源也很丰富，全省有湿地面积5.6万平方公里，占土地面积的26.47%。森林与湿地生态旅游的开发潜力巨大。

1982 年建立了全国第一个森林公园——张家界国家森林公园，湖南森林生态旅游业在全国有相当高的知名度和美誉度。

1995 年，湖南又率先出台了我国首部森林公园管理方面的地方法规——《湖南省森林公园管理条例》，为森林生态旅游的大力发展提供了政策法规的保障。

湖南森林公园建设稳定发展，森林生态旅游产业快速增长，接待游客规模不断扩大，经济效益不断提高。到 2006 年年底，全省共建各级森林公园 78 个，经营总面积 32.93 万公顷，其中国家级 29 个、省级 40 个、县级 9 个。2006 年全省森林公园接待游客 774 万人次，创旅游总产值 41.6 亿元。还拥有国际重要湿地 3 处，国家城市湿地公园 1 个。森林和湿地生态旅游规模的不断壮大，社会经济效益的持续增长，有力地推动了全省生态建设和林业产业的快速发展。

湖南森林公园森林景观资源极其丰富，森林类型多样，主要森林植被类型有常绿阔叶林、常绿落叶阔叶混交林、落叶阔叶林、针叶混交林、针阔混交林和高山矮林灌丛等，植被组成复杂，垂直带谱明显；自然旅游资源独特，如张家界国家森林公园，以岩称奇，整个景区连绵重叠数以千计的石峰成林，奇峰陡峭嵯峨，千姿百态。随着全省各森林公园的建成并对外开放，各森林公园之间相互辉映，互为补充，成为全省旅游网络的重要组成部分。

2005 年，湖南的森林公园接待游客人数达 710 万人次，系统内旅游收入 6.5 亿元。在中部崛起的大好形势下，湖南森林生态旅游业将成为旅游产业崛起的先锋，为湖南旅游业在中部的崛起发挥出巨大的作用。

到 2005 年我国列入国际重要湿地名录的 30 块湿地中，湖南省有东洞庭湖、南洞庭湖和西洞庭湖 3 块；2005 年初，常德市西洞庭湖青山湖被列为国家城市湿地公园，成为全国十个城市湿地公园之一，为湖南省湿地生态旅游的开发注入了新鲜的血液。

湖南湿地类型多样，在全球 40 种湿地类型中，湖南省有 22 种。同时，湖南是湿地多样性最丰富的地区之一，在这些湿地中，栖息着 250 多种鸟类、100 多种鱼类和 300 多种野生植物。其中，亚洲有 57 种处于濒危状态的鸟，在湖南湿地已发现 20 种；全世界有鹤类 15 种，湖南湿地鹤类占 4 种；湖南湿地是具有国际意义的珍稀候鸟和其他野生动物的栖息地，具有较大的旅游开展潜力。

洞庭湖是我国著名的五大淡水湖之一，北纳长江，南接湘、资、沅、澧四水，水天一色，自古就有“八百里洞庭”之说，是与水体结合在一起的湿地景观。随水位变化有明显差异，夏季可供观水量增大，体验洞庭湖“衔远山，吞长江，浩浩荡荡，横无际涯”的宏大气势，秋冬季节洲滩密布，支流众多，登高远望，是典型的内陆湖泊湿地风光。洞庭湖观鸟已成为湖南省冬季最重要的特种旅游项目，吸引着众多鸟类专项旅游者。

大湘西地区的旅游资源丰富，既有千姿百态的自然景色，又有古朴浓郁的人文景观，还有绚丽多彩的土家族、苗族、侗族风情，可称得上旅游种类齐全、品位很高，特色明显，构成了发展旅游业的雄厚物质基础。森林和湿地旅游资源是大湘西最大的资源优势，有全国知名的武陵源风景区和猛洞河等诸多风景名胜区。湖南省对发展西部地区旅游业历来十分重视，确立了以山水风光生态游为主旋律，以土家文化、苗文化、侗文化和历史文化为基础，开发“大旅游”、构筑“大网络”、建立“大市场”、实现“大发展”的战略决策。因此，林业应当肩负起建设“大湘西民族文化旅游风光旅游带”的重任，使其区域资源不断更多的跻身于中国乃至世界著名风景名胜区行列，将森林与人文紧密结合，使大湘西民族文化旅游区成为国民经济新的增长点、第三产业的重点、启动内需的亮点和刺激消费的全国生态游热点，从而带动区域经济社会全面、协调、可持续发展。

2. 目标

2011～2020年，建设国家级森林公园50个、国家级湿地公园8处、省级森林公园77个、县（市、区）级森林公园36个，总面积达69.87万公顷；保护全省列入《国家重要森林风景资源保护名录》的260多处森林风景资源；培育和改造森林公园6.67万公顷风景林，进一步丰富森林公园植物景观，提高景观价值，以适应发展森林和湿地生态旅游的需要；加大森林和湿地公园生态文化建设力度，使之成为森林和湿地公园的主打产品。继续大力改善各类森林公园、湿地公园、森林野营地等区域基础设施条件，创造良好游憩环境。

3. 主要内容

进一步完善湖南省的森林和湿地生态旅游工程的建设，坚持沿城、沿路、沿水开发原则，坚持以生态旅游业龙头带动其他旅游景区、景点和吃、住、行、购物、娱乐、信息、金融、保险等相关联企业，发展集群经济的圈层结构，打造精品旅游线路，形成“3个集群6条精品线”的旅游产业发展格局。

（1）3个旅游产业集群。

① 长株潭森林和湿地生态城郊旅游产业集群：以天际岭、大围山、桃源洞三个国家森林公园、国家级自然保护区和水府庙、酒埠江水库湿地为龙头的产业集群；

② 大湘西、大湘南两个森林和湿地生态旅游产业核心集群：以张家界、不二门、南华山、天门山国家森林公园和八大公山等国家级自然保护区为龙头的大湘西森林和湿地生态旅游产业集群和以莽山、崀山、九嶷山、阳明山、南岳衡山、东江湖为龙头的大湘南森林和湿地生态旅游产业集群；

③ 环洞庭湖森林和湿地生态旅游产业集群：以东洞庭湖国家级自然保护区、南洞庭湖和西洞庭湖2个国际重要湿地、幕阜山国家森林公园、洪山竹海为龙头的环洞庭湖森林和湿地生态旅游产业集群。

（2）6条精品旅游线路。

① 湘西北观光度假—竹文化旅游线。

② 湘北湖光山水—竹文化旅游线。

③ 湘东保健休闲旅游线。

④ 湘南科考度假—旅游探险线路。

⑤ 湘西南科普教育—植物观赏旅游线。

⑥ 湘中旅游休闲旅游线。

精心打造完善6条精品旅游线路，积极推进以森林公园和国际重要和国家重要湿地为主，以自然保护区实验区为辅的森林和湿地生态旅游业产业链的发展壮大。以重点生态旅游景区为主线，形成点线带结合的森林和湿地生态旅游产业。进一步完善现有的国家森林公园、国家级自然保护区实验区内基础设施，大力发展适应区域性需求的不同层次的森林公园、国家级自然保护区。加强大湘西民族文化旅游风光带建设，要按照面向大区域、建设大网络、发展大旅游的思路来规划发展大湘西地区生态旅游业，围绕生态旅游业的发展进行基础设施建设、生态建设和特色产业开发。

（3）优化森林公园布局、科学合理地扩大森林公园数量。在资源较为丰富的国有林场基础上，新建、升级国家级森林公园21个，新建、升级省级森林公园40个，新建县级森林公园30个。

（4）森林风景资源保护与建设。

风景林建设　　加快培育森林公园优质风景林 20 万公顷，一般风景林改造提质 6.7 万公顷。
林相改造　　规划建设总面积 11683 公顷。
景观保护　　规划建设总面积 12708 公顷。
病虫害防治　　规划建设总面积 19342 公顷。
环境监测站点　　规划建设总站点数 247 处。
防火道　　规划建设 2353 公里。
防火瞭望塔　　规划建设 152 座。
防火生物隔离带　　规划建设总面积 1113 公顷。
防火设备　　规划购买 870 套。

(5) 基础设施建设。
干道　　规划建设 924 公里。
游步道　　规划建设 1650 公里。
供水　　规划建设供水设施 282 座。
供电　　规划架设供电线路 1428 公里。
通信　　规划架设通讯光缆 2932 公里。
公园大门　　规划建设 35 座。
“三废”处理系统　　规划建设 134 套。
环保厕所　　规划建设 302 处。
垃圾箱　　规划建设 3685 个。
安全设施　　规划建设 889 处。

(6) 科普教育基地建设。
生态科普中心　　规划建设 29 座。
标本馆（室）　　规划建设 28 座。
科普宣教基地　　规划建设 44 处。
解说牌　　规划建设 2072 块。

(7) 配套服务设施建设。
宾馆、度假村　　规划建设 44 座。
小木屋　　规划建设 640 座。
商业网亭（点）　　规划建设 308 处。

(8) 国家重要森林风景资源保护。对列入《湖南省国家重要森林风景资源保护名录》的约 260 个保护对象、20 万公顷重要风景林实施有效的保护和管理。

(9) 森林和湿地公园生态文化建设。2010 年前，在全省森林和湿地公园建立以弘扬生态文化为主要内容的生态科普中心 34 处、标本馆 30 处、科普宣传教育基地 80 处、解说牌 1800 块、茶文化馆 20 处、竹文化馆 16 处、各类节庆活动 16 个，加大对生态文化建设，大力提倡和支持在森林和湿地公园内举行的生态文化和各种生态节庆活动，设立专门的生态科普游览线 86 条和编辑生态文化导游词进行宣传。注重生态文化传播人才的培养。广泛地与社会各界和大中专院校开展共建活动，大力发展科技夏令营，爱国主义教育基地等活动，繁荣生态文化体系。2011 ~ 2020 年，建设生态科普中心 100 处、标本馆 100 处、科普宣传教育基地 200 处、解说牌 4600 块、茶文化馆 80 处、竹文化馆 60 处、各类节庆活动 30 个，增设专门的生态科普游览线 360 条。

四、科技支撑与基础设施建设

（一）科技平台建设

1. 创新平台建设

（1）现状。改革开放以来，湖南省的林业科研、推广、技术服务体系基本形成。据统计，目前全省共有省、市、县三级林业科学研究院（园、所）63个，其中省级林业科学研究院（园）2个、市级林科所12个、县级林科所49个。省、市、县、乡四级推广站（中心）1907个；国家级科技兴林示范县（场）3个，国家级林业标准化示范县5个，省级科技兴林示范县（场、圃）13个、示范乡99个、示范村365个、示范户2427户；全省拥有科技型林产工业企业和营林企业1.7万多家，省级重点实验室1个，省级科技中试基地（或中心）2个。拥有林业工程技术人员13944人，其中具有高级职称的533人，在具有高级职称人数中，研究员38人，副研究员67人，高级工程师438人。全省享受政府津贴的工程技术人员35人，学科带头人4人，优秀中青年专家6人。基本形成了科技管理有序，科技推广网络健全，技术监督有力的新格局。改革开放以来，共取得科技成果991项，其中国家级奖励18项，省部级奖励423项。特别是林木遗传改良、良种培育、林产品加工利用等方面的研究居国内领先水平，产生了一批具有重大影响的林业科技成果，提升了全省林业生产建设的科技整体水平，科技成果转化率由“九五”期间的35%提高到55%。

（2）目标。到2020年的建设目标是适应湖南林业服务于生态湖南建设的需求，整合、优化科技资源，构筑好源头创新平台，提高湖南林业科技创新能力，为实现湖南林业可持续发展提供科技支撑。

（3）建设内容。

① 建设4个区域研究中心。根据国家“十一五”林业科技创新区域科研中心规划，2010年前，通过与中国林业科学研究院合作，在湖南建立林业血防研究中心、油茶研究中心、湿地研究中心、南方城市森林与森林文化研究中心等4个区域研究中心。2011～2020年，继续完善区域研究中心建设。

② 建设3个技术创新中心。2010年前，建立依托中国林业科学研究院，以省林业科学研究院为主的，成立竹产业工程中心、人工林木材工程技术中心、林木生物质能工程技术中心等3个技术创新中心。2011～2020年，继续完善3个技术创新中心建设。

③ 重点实验室建设。在建设好“湖南省林木无性系育种技术重点实验室”的基础上，建立“南方纸浆林重点实验室”和“南方人工林木材工程技术研究中心”，争取在“十一五”期间，建设成为国家行业重点实验室，到2020年前，建设成为国家重点实验室。

重点建设竹子、森林生态、森林食品、林业有害生物防控等技术研究中心。

2. 成果转化平台建设

（1）现状。“十五”期间五年，全省组织申报各类推广项目100多项，其中立项承担了国家农业成果转化基金项目5项，国家星火计划林业项目2项，国家重点新产品计划项目2项，部省科技推广项目29项，国家林业局退耕还林科技支撑项目5项，推动了湖南省林业科技推广的步伐。制定并下发了《湖南省100项重点林业推广项目指南》，指导全省各地开展科技推广工作。同时，结合国家科技推广项目的实施，加速了湖南省林业科技产业化建设步伐，如：湖南省林业科学院结合科技部农业成果转化基金项目“滩地杨树纸浆材营林技术中试”的开展，筛选出86个优良无性系，与岳阳林纸集团合作，在君山区建立了湖南省第一个杨树无性系基因库，并建立纸浆示范林 213.33 公顷。同时作为岳阳林纸集团和洞庭白杨公司科技支撑单位，技术指导营造杨树纸浆林 0.7 万公顷。湖南省林业科学院兴林科技发展有限公司结合科技部农业成果转化基金项目“林木专用肥中试与示范”的实施，与湖南天玮有机肥有限公司合作，联合建立年产 15000 吨林业专用肥生产线，并结合湖南省林业生产实际，研制生产出了系列林木有机专用肥，并取得了良好的试验示范效果。2004 年已销售 5000 多吨，2005 年有望突破 15000 吨，产品销售呈现强劲发展势头。

（2）目标。在“十一五”期间，围绕湖南省委、省政府提出的 21 世纪头十年造林绿化目标和九大林业工程建设要求，搞好科技支撑与服务。到 2010 年，全面实现造林绿化良种化；科技成果转化率达到 70%；科技进步对林业经济增长的贡献率 60% 以上；争取国家科技资助 500 万元至 1000 万元的重大项目 2 ~ 5 个，特别是在国家 863 项目、973 项目、青年科学基金、国家科技推广项目、国际合作项目等方面有重大突破；获省级以上科技进步奖 30 ~ 50 项，其中国家奖 1 ~ 2 项；建立现代化林业科技创新基地 666.7 公顷；积极创造条件，力争国家在湖南省建立“南方纸浆林重点实验室”，并为现有重点实验室争取国家或省级政府基础设施采购资金 500 万元；积极推进林业科技产业化进程，鼓励科技人员开展“三下乡”活动，把林业科技服务于林业、林区和林农，构筑科技与企业、科技与林户的科技产业型发展模式；进一步完善推广体系建设，建设新型科技推广示范网络，实施科技入户工程，　2010 年前做好项目试点工作，选择 10 个林业重点县作为试点，每个县选择 5 个乡镇或企业，每个乡镇选择重点户 20 户，辐射户 200 户，全省共建立重点示范户 1000 户，辐射户 10000 户，2010 ~ 2020 年在林业重点区域内进行全面推广，科技入户率应达到 70% 以上，在示范区内实施的林业重点工程中林木新品种、新技术等主要先进实用技术的应用覆盖率要达到 90% 以上，科技进步对林业增长的贡献率比现有水平提高 20% 以上；加强政府引导机制建设，根据林业社会公益的特点与优势，加大政府财政对林业科技经费资助的倾斜政策，在现有林业科技投入的基础上翻两番。

（3）建设内容。

● 主要经济林木遗传育种技术的研究。以常规技术育种为基础，以高新技术育种为先导，加速高新技术与常规技术的结合，为培育优良品种开辟新的途径。种质资源的收集、保存研究和利用，加强已有资源的保存，并不断补充新的种质资源。采用人工模拟条件，控制所需条件，研究性状的表达和遗传；研究无性系育种技术；完善和提高良种繁育技术。建立育种群体，研究自交、近交育种效应和高世代育种。低质低效林分改造技术。

通过研究，到“十一五”末，收集各种林木种质资源 100 ~ 150 个，选育、鉴定优良品种（无性系）15 ~ 20 个。到 2020 年使全省主要用材树种和经济树种实现良种化，林地经济效益增益 60% 以上。

● 生态林业工程和生态系统恢复、重建与可持续经营技术。结合湖南省承担的国家科技重大攻关项目和湖南省生态林业工程建设；提供配套技术：有螺滩地生物工程综合治理研究；退耕还林工程建设配套技术；洞庭湖湿地保护技术与利用；中国森林生态网络体系建设技术；城市森林建设树种选择与优化配置技术；湖南生态林业与农村经济发展；生物多样性恢复与保护技术；⑻环境经济效益评估。

通过研究、示范、应用，到“十一五”末，初步建立洞庭湖有螺滩地生物工程综合治理技术模式；提出比较成熟的退耕还林工程建设配套技术；提出城市森林生态网络建设的最佳模式和生物多样性恢复与保护技术。到 2020 年，洞庭湖区抑螺防病得到有效控制，居民感染率下降 90% 以上；生态林业工程建设区减少水土流失 30% 以上，农作物增产 20% 以上，农民收入提高70%。

• 纸浆林定向培育与可持续高效利用技术。为湖南省林纸一体化提供关键技术：纸浆材优质基因材料；纸浆林高效栽培模式；建立现代化纸浆林基地。通过技术的重组与应用，推进湖南省纸业木浆化。

通过研究，到“十一五”末，选育出优良纸浆材基因材料10~15个；提出配套的栽培技术；科研单位与企业配合，联合建设示范基地333.33公顷。到2020年，使林纸一体化成为湖南省林纸科技支柱产业，实现科技兴林的真实内涵。

• 经济林、果、药、花、竹类良种、栽培与加工利用研究与开发。结合名特优新经济林、果、药、花、竹材商品生产基地建设，为全面提高生产力水平提供关键技术：经济林、花卉、竹材的品种结构调整及合理布局的研究。经济林、花卉、竹材高产技术、低产经济林、竹林改造及更新复壮技术，在重点产区建立一批高质量、高效益的示范基地。经济林、果、花、药等采收、储藏、保鲜、加工利用和产业化技术，以及生态食品、保健品及药物开发技术。庭院经济林、花卉、竹林超高产栽培技术。通过研究，到“十一五”末，经济林在油茶良种区域化试验、板栗储藏、保鲜规模化，毛竹在大面积丰产示范，花卉在红花檵木等主要木本花卉产业标准化方面实现突破。到2020年，形成以经济林、果、花卉、生态食品为主的几大支柱产业。

• 林业高新技术的创新与开发。将生物工程技术作为湖南省科技发展的优先领域和重点方向；林产工业、林产化工是湖南省实施科技型产业的主体，应加强林产化工的技术创新，打造科技研发品牌，形成面向科技联姻、服务民营企业的新型科技产业格局；加速湖南省承担的具有高科技含量的国家863项目、国家科技攻关项目、国家星火计划项目和引智引资（“948”）项目的研究与开发，尽快成为全省林业科技经济增长点。

• 重点实验室建设。加快重点实验室建设步伐，在建设好“湖南省林木无性系育种技术重点实验室”的基础上，积极创造条件，提升湖南省林业科学技术和高新产业整体水平，建立“南方纸浆林重点实验室”和“南方人工林木材工程技术研究中心”，争取在“十一五”期间，建设成为国家行业重点实验室，到2020年前，建设成为国家重点实验室。

• 林业科技成果推广体系及示范体系建设。进一步完善科技推广网络建设。“十一五”期间重点完善省、市（州）、县、乡镇四级推广网络，形成覆盖全省的林业科技推广机构和队伍。加强对林业科技推广培训，提高提高队伍素质。一是以市（州）林业科技推广中心站为重点的基础设施建设。争取“十一五”期间全省完成10个中心站的建设。2015年前全部完成中心站的建设。二是做好县、乡推广队伍的配备和扩容工作，增强科技推广力量，扩大推广服务的覆盖面。三是以岗位培训为重点的推广队伍建设。规划省推广站每年举办岗位培训班1~2期，培训人数50~100人，主要培训市州县科技推广人员。每个市州推广站举办培训班2~3期，培训人数100~150人，主要培训县、乡镇科技推广人员。四是充分吸纳各社会团体、厂矿企业、个体业者等多种社会力量参与推广应用林业新技术、新成果，构筑新型推广体系。

林业科技示范体系建设。抓好以13个国家、省级科技兴林示范县为重点的科技示范园区建设。以科技兴林示范县为基础，分别在湘东、湘北、湘南、湘西、湘中建立5个重点科技示范区。

以实施科技入户工程为核心，创新科技成果推广机制。在10个科技兴林示范县开展林业科技入户工程试点。分阶段、分区域对林业专业户、科技大户、科技示范户、具有科技发展潜力的中小企业职工等进行培训，提升他们的科技能力；选择对湖南省林业的优势林产品和区位优势能力产生重要影响的林木优良品种、种苗繁育技术、森林经营技术、森林病虫及灾害控制技术、林业新产品、新的生产机械及生产工艺等技术成果建立科技入户工程技术示范项目，逐步构建起新型科技成果示范推广的基层网络，为当地广大林农提供技术示范样板，提高林农对科技重要性的认识，促进林业新技术、新成果在生产中的推广应用，提高林业经营效益，促进农村经济的发展。

（二）基础设施建设

1. 人才支撑保障体系建设

（1）现状。人才资源是第一资源，湖南省林业快速发展的关键在于人才。“十一五”期间，是湖南省加速推进“三化”进程的关键时期，也是湖南省林业实现跨越式发展的重要阶段。全面加强林业人才队伍建设，大力开发林业人才资源，提高林业人才队伍素质，对于促进湖南省林业持续快速发展，实现林业强省目标具有十分重要而深远的意义。

近年来，在省委、省政府的大力支持和厅党组的正确领导下，通过全省林业系统干部职工的共同努力，林业人才工作取得了较为显著的成绩，为“十一五”林业人才事业的进一步发展奠定了良好基础。

人才队伍稳步发展。全省林业系统职工总人数92907人，其中人才总量57182人，行政管理人员、经营管理人员、专业技术人员和林业工人分别为4844人、4976人、15490人和31872人。享受政府特殊津贴的专家49人，跨世纪学术带头人4人，优秀中青年专家6人，省首批新世纪“121人才工程”人选5人，较1997年底的享受政府特殊津贴专家7名、跨世纪学术带头人2名、优秀中青年专家2名有较大发展。

人才结构逐步改善。一是人才年龄结构趋向年轻化。30岁以下、31～40岁、41～50岁、51岁以上人员结构比例为25: 41: 26: 8。40岁以下青年人才占人才总量的比例为66%，优于1997年的55%。二是人才学历结构有较大改善。大专及以上学历15798人（其中博士研究生4人），占27.6%，比1997年大专及以上学历9869人仅占8.7%有了较大的改善。三是人才的职称结构逐步优化。全省林业专业技术人员中高级职称、中级职称和初级职称分别为592人、3390人和11508人，结构比例为4: 22: 74，优于1995年的3: 22: 75。林业工人队伍中，高级技师181人，技师811人，高级工9234人，分别占工人总数的0.6%、2.5%和28.9%，比1998年仅拥有高级工4092人有了较大发展。

人才教育培训成效显著。“十五”期间，全省举办了退耕还林、森林病虫害防治、森林防火、造林绿化监理、湿地保护、专业技术人员继续教育、县（市、区）林业局局长培训、WTO基本知识、实用英语、计算机运用、技术工人素质培训等各类专题培训班，共培训了近80000人次；积极选送专业技术人员到境外学习，共有46人次参加了出国（境）培训。2000年以来，全省林业系统有13278人参加了学历教育。

人才引进力度不断加大。“十五”以来，全省林业系统通过公开招考、择优录用高校毕业生近1000人，为干部队伍注入了新的活力。

人事制度改革稳步推进。一是积极推行竞争上岗制度。二是规范公务员队伍管理。三是深化企、事业单位改革，在事业单位实行人员聘用制度，建立和推行岗位管理制度及形式多样、自主灵活的分配激励机制；加快企业内部人事制度改革，强化了对企业领导人的监督约束机制，落实了企业用人自主权。

职称改革工作不断深化。1995年林业工程系列专业技术职称评审开始试点，1998年转入经常化评审。10年来，始终坚持社会评价和业内认可的原则，提高职称评审质量，适应湖南省林业发展需要。2005年，林业工程系列专业技术人员职称评审改革有了重大突破，更加注重业绩、能力和水平的评价：一是降低申报门槛，在英语、学历和论文等方面均对基层专业技术人员降低要求，二是提升质量，湖南省林业工程高级专业技术职务任职资格评审实行“考评结合”，有力地促进了林业高层次人才队伍建设。2005年全省各级林业部门申报林业专业技术职称的人数普遍比2004年提高了近1倍。

人才贡献逐步增大。与“九五”比较，全省林业科技进步对林业经济贡献率由28.5%提高到了“十五”末的30.13%，生态环境明显改善，林业产业迅速发展，林业经济实力明显增强，林业人才的支撑作用得到充分显现。

（2）目标。加强对林业科技人才的培养，优化整合教育培训资源，加大教育培训力度，加大对人才开发的投入，加强党政人才、林业经营管理人才、基层实用人才队伍建设。建立一支以技师、高级技师为重点，以林农实用人才为主体，工种岗位配套、业务技术精湛，具有较高素质的基层实用人才队伍。

（3）建设内容。“十一五”期间，培养100名具有较高素质的优秀行政管理、500名优秀专业技术人才；500名熟悉林业、懂贸易、善经营的复合型人才；200名高级技师、1000名技师；培养5000名林农技术骨干；全省每个县培养4名以上林业高级工程师。实现以岗位培训为重点的推广队伍建设，省推广站每年举办岗位培训班1～2期，培训人数50～100人，主要培训市州县科技推广人员。每个市（州）推广站举办培训班2～3期。培训人数100～150人，主要培训县乡镇科技推广人员。对全省县（市、区）以上林业行政主管部门的党政主要领导进行林业专业知识轮训一次以上。依托省环境生物学院，建立省级林业人才培训基地，基地培训人员每年1000人次以上；培训党政领导干部5000人次，处级以上领导干部必须5年内累计3个月以上的脱产培训，公务员和其他干部不少于2个月；计划培训经营管理人员1500人次、专业技术人员3万人次、关键岗位培训3万人次、林农10万人次。2011～2020年，继续其各类人才的教育培训力度，巩固其各项成果并不断扩大。

2. 林业信息化建设

（1）现状。2005年4月5日，湖南省林业信息化建设第一期项目通过由14家单位的专家组成的验收委员会的验收。这标志着这项2002年初起步，预计省本级投资3872万，实际投入资金1507万元的项目已全部完成，达到了预期目的。

湖南省林业信息化建设首先从林业电子政务信息查询子系统研发工作起步的。整个子系统分为政务信息、政府文件、领导讲话、会议纪要、法律法规及单位简介六大栏目，每个工作日有10万以上汉字的信息上网。经过2年多的努力，现在已录入各项信息6千多万汉字，各类影视片2200多部，累计查询27万多人次。

在林业日常办公自动化系统的推广应用方面，公文处理、档案管理、视频会议、电子邮件、视频点播、视频通讯及电子书库等系统先后研发成功并投入实际应用，省、市、县三级林业部门办公自动化初现雏形。

全省林业电子办证系统投入使用，涉及资源林政管理、野生动植物保护、森林植物检疫及林木种苗等各种证件均可通过网上办理，实现了无纸化运作，大大减少了传统的申请、审批、发证等环节，提高了效率，降低了花费，而且可以及时监控和管理。

全省森林资源二类调查成果和林业地理基础数据库也在2005年年底建成；全省扑火信息管理系统于2005年6月投入试运行；全省营造林技术信息管理系统在2005年11月投入试运行。

湖南省的林业信息化建设项目已于2002年启动，运用国内外先进的“3S”技术、网络技术、计算机技术和林业现代化管理手段，完成了全省电子政务三级专网、网络安全保密系统及数据存储备份系统建设，建成了林业电子政务、林业电子办证、森林公安、森林防火管理、林业基础地理数据管理等五大子系统。系统自 2005 年 4 月投入试运行以来，运行良好，不仅为林农办证提供方便，而且解决了重复办证、超限额采伐林木监控难等问题；森林防火实现了火险精确分析、报表数据处理、监测图像管理。在林业日常办公自动化系统的推广应用方面，公文处理、档案管理、视频会议、电子邮件、视频点播、视频通讯及电子书库等系统先后研发成功并投入实际应用，省、市、县三级林业部门办公自动化初现雏形。

（2）目标。湖南省林业信息化与电子政务建设尚处于初级建设阶段，其现有水平还远不能满足林业现代化建设的需要，在网络建设、计算机软、硬件建设、人才建设等方面还需继续加大投入，特别是在森林资源监测管理信息系统建设方面，正处于关键的建设时期，更需高度重视和加大投资力度。因为森林资源信息和森林资源管理是林业的基础，是林业建设各项决策的重要依据；建立全省森林资源管理信息系统，全面提升森林资源管理现代化水平，是全面贯彻中共中央、国务院《关于加快林业发展的决定》精神，适应林业跨越式发展要求，促进湖南省林业宏观决策科学化，加速林业管理现代化的具有全局性、战略性的基础工作。

加快全省林业信息化与电子政务建设步伐，充分运用“3S”技术、计算机技术及网络技术，基本实现林业行政管理的网络化、规范化与科学化。

（3）建设内容。到 2010 年，基本建成集语音、数据、图像于一体的林业基础数据共享平台，在此基础上研发完成各专题应用信息管理系统并力争投入实际应用，初步形成技术先进、结构合理、体系健全、初具规模的全省林业电子政务网络体系。在现有的基础上，巩固并完善全省林业电子政务专网，进一步抓好全省林业基础地理数据共享平台的建设，确保林业数据的完整性、准确性及适时性，加快推行网上办公和网上行政审批进度，为林业行政管理提供动态信息和决策依据。建立较为完整的林业电子政务标准体系、完善的林业电子政务信息管理制度和较为健全的林业电子政务管理体制和运行体系。

林业信息化与电子政务建设内容主要包括技术装备和人才培养。规划在“十一五”期内，在全省 14 个市（州）和 122 个县及乡（镇）建立和完善网络体系（包括网络的建立和维护等），配置计算机及外设 830 台套（包括打印机、绘图仪、扫描仪、数字化仪等），GIS 系统 830 套（包括 Mapgis、Geoway 等），RS 系统 104 套（包括 Mapgis 遥感处理系统、Erdas Maging遥感处理系统等），其他应用软件 800 套，人才技术培训 1240 人次。

到 2020 年，全面建立森林资源管理数字化，资源林政、林业法制和森林公检法管理和执法程序计算机化和网络化。

3. 森林防火能力建设

（1）现状。“盛世兴林，防火为先”“森林防火与防汛同等重要”已成为全社会的共识，“政府负全责，相关部门齐抓共管，全社会共同参与”的森林防火工作机制已基本形成。“十五”期间，营造生物防火林带 10000 公里，修建瞭望台（哨）48 座、指挥中心 55 个，组建专业消防队 187 支，民兵森林防火应急分队 3279 支，义务森林消防队 3000 支，投入 16546. 68 万元，实施了张家界等 3 个国家级森林重点火险区综合治理项目，开发了森林防火信息管理系统和地理信息辅助决策系统等，森林火灾的预防和扑救能力得到较大提高。

在各级党委和政府的高度重视下，在国家林业局和各级财政部门的大力支持下，森林防火基础设施加大了资金投入的力度，特别是在“十五”期间，全省各级共投入森林防火建设资金 1. 55 亿元，是“九五”期间的 3. 2 倍。一是改善了重点火险区基础设施。先后争取中央资金 6300 万元，实施了 35 个县（市、区）国家级森林重点火险区综合治理工程、76 个县市区生态公益林森林防火基础设施建设工程和3个国家级森林防火物资储备库建设工程，购置指挥、运输车辆168台、大吨位洒水消防车3辆、消防水泵47台、风力灭火机870台、油锯434台、灭火水枪900支、割灌机134台和二号、三号工具5.6万把，增强了项目区森林防火的综合能力。二是强化了林火监测和指挥调度系统。新建瞭望台48座，使瞭望覆盖率提高10个百分点；新建市、县指挥中心55个，开通了省与14个市州的视频会议系统；建成了省、市、县三级联网的“林火卫星监测系统”和“森林防火管理信息系统”，基本实现了信息传递、数据处理的网络化、无纸化。三是开发了火场应急通讯系统。采购背负式中转台136套、短波电台55台、超短波电台14台、数据通讯1套、卫星电话22台、中继台89台、基地台92台、对讲机1893台、车载台110台、太阳能设备11组，利用携带式转发调频专业台，实施集中控转多点转发的方法，为83个县市区建起了火场应急通讯系统，现已开始试行卫星视频远距离综合通信。四是新建了生物防火林带。全省新造生物防火林带1万公里，总长度达到5.8万公里。五是新开发了森林防火地理信息辅助决策系统。通过森林防火管理信息网络平台，建起了火点快速定位和查询以及对火灾扑救路径、林火态势等进行系统分析的森林防火地理信息辅助决策系统。

目前，全省森林防火基础经过“九五”和“十五”期间的建设，在火险预报预测建设方面已有气象台站24个、计算机105台、其他设备13套；在林火信息指挥方面已有有线通讯线路49472公里、短波电台55台、超短波电台14台、数据通讯1套、卫星电话22台、中继台89台、基地台92台、对讲机1893台、车载台110台、太阳能设备11组、计算机及网络系统126套、指挥车203台、宣传车76台、防火指挥中心建设面积3949平方米、物资贮备库建设面积7072平方米、森林防火检查站建设面积2637平方米、森林防火专业队伍营房建设面积1650平方米；在火情瞭望监测方面已有巡护道路32107公里、摩托车982辆、瞭望塔台263座、视频监控系统4套、定位仪21台、望远镜205架；在扑火机具装备方面已有2号工具63880套、3号工具13600套、灭火水枪657支、灭火机1197台、油锯531个、点火器40个、水泵47个、大斧1260把、砍刀54365把、消防铲995把、割灌机248台、GPS 83个、扑火服装11110套、发电机3台、运兵车61辆；林火阻隔建设稳步推进，全省已有防火道路118453公里，其中：铁路1749公里、公路64800公里、林区大路51904公里；已有防火隔离带69088公里，其中：自然防火隔离带（河、沟、渠、堤）44388公里、机耕防火隔离带24700公里；已建防火林带57938公里，其中：主干线23980公里、干线16338公里、支线12549公里、其他防火林带5071公里，森林火灾综合控制能力相对增强。

（2）目标。到2020年，建立健全“三个体系”，达到“三个提升、三个严防”，实现“一个确保”。一是建立健全以森林防火组织与现代化指挥中心相结合的森林防火组织指挥体系，以地面瞭望监测与林火电子监控、高空卫星监测等科技手段相结合的林火监控体系，以森警部队、航空护林、专业森林消防队、民兵森林防火应急分队与物资储备库相结合的林火扑救体系；二是提升森林防火的科技含量，提升森林火灾的防控能力，提升森林扑火的专业化水平；三是严防特大火灾，严防重大伤亡，严防火烧连营；最终确保全省森林火灾受害率低于1‰。

（3）建设内容。继续实施和完成国家级重点火险区综合治理工程；逐步完善全省森林火险预测预报、林火信息指挥通讯系统；加强林火监测系统建设，建立现代化的组织指挥和远程视频探测系统，推广先进的扑火技术和手段；完善森林火灾预警系统，完备火险天气、火险等级的预测预报和林火监测体系；全省瞭望覆盖率达到95%；全面提升预防、扑救森林火灾的综合能力，遏制森林火灾的高发态势；森林火灾发生率控制在每10万公顷15次以下，受害率控制在1.5‰，火灾当日扑灭率达到90%以上，因灾人员伤亡大幅度减少，不发生特大森林火灾和群死群伤事故。加强森林消防队伍建设，提高森林防扑火综合能力；加强生物防火林带建设、扑火物资和装备建设，提高控制扑救大火的能力；建立森林防火标准化体系，加强防扑火应用技术开发和林火基础理论研究以及防火教育培训工作，积极推广先进技术和成果，切实提高森林防火的科学化水平。

① 重点火险区综合治理工程。重点火险区综合治理工程对全省森林防火起着非常重要的作用。湖南是全国的重点林区省，也是森林火灾多发省份。“十五”期间，经国家林业局批准的国家级重点火险区有四个：张家界地区重点火险区；韶山风景名胜纪念地重点火险区；长株潭地区重点火险区；平江等9县重点一级火险区综合治理项目。到2005年年底张家界地区重点火险区综合治理项目和韶山革命纪念地重点火险区综合治理项目、长株潭重点火险区综合治理项目、平江等9县重点火险区综合治理正在规划实施。

根据重点火险区的总体布局，“十一五”期间，湖南省还需建设的重点火险区综合治理工程项目10个，即《宁乡等三县革命纪念地森林重点火险区综合治理工程》《湘西自治州森林重点火险区综合治理工程》《怀化地区森林重点火险区综合治理工程》《湘中地区森林重点火险区综合治理工程》《永州地区森林重点火险区综合治理工程》《郴州地区森林重点火险区综合治理工程》《衡阳地区森林重点火险区综合治理工程》《邵阳地区森林重点火险区综合治理工程》《常德地区森林重点火险区综合治理工程》《岳阳地区森林重点火险区综合治理工程》等项目建设，通过重点火险区综合治理工程项目的实施，加快森林防火基础设施建设，逐步提高全省森林火灾的综合控制能力，促进森林资源持续发展。

② 林火阻隔系统建设工程。为了有效预防和控制森林火灾，提高森林自身的综合抗火效能和预防森林火灾的总体水平，根据《湖南省生物防火林带工程建设规划》和湖南省《1996～2010年生物防火林带工程建设规划方案》，从抓林火阻隔系统建设着手，积极稳妥地抓好生物防火林带工程建设，“十一五”期间，全省需新建防火道路6600公里；新建防火隔离带5000公里；重点完成40000公里的生物防火林带建设任务，并每年抚育两次，及时清除林带杂草；内部改造林分结构，特别是通过对针叶林内的间伐，栽植耐火阔叶树，提高树木生物防火效能。到2020年，使林区防火道路网密度达到2.7米/公顷，形成通行能力和阻隔功能较强、自然、工程、生物相结合的高效林火阻隔网络体系。初步建成以生物防火林带为主体的林火阻隔网络体系，增强森林防火综合能力，达到森林防火与多种效益的高度统一，实现森林防火的科学化、规范化和现代林业建设一体化。

③ 森林防火指挥中心建设工程。森林防火指挥中心工程是一个涉及计算机网络、计算机应用软件、数据库存储、有线通信、无线通信、地理信息、车辆定位监控、视频图像等诸多技术领域的综合性工程。

按照国家对林区的划分结果及森林消防指挥中心工作的性质、范围，湖南省属于森林资源丰富，火险等级高，天然林比重大，森林覆被率高、蓄积量大，森林火灾多发且影响较大的地区。根据国家林业局《省级森林防火指挥中心建设规范》和国家林业局森林防火办公室《关于启用和调整森林防火报警电话号码的通知》（林传火〔2005〕18号）的要求，湖南省应按照重点林区省级森林消防指挥中心的标准，建立和完善省级森林防火指挥中心功能，同时要建好14个市州和78个重点林区县（市、区）的森林防火指挥中心。新建指挥中心办公及住房24360平方米，新建气象站76个，建立林火预报机构244个、预报工作人员732人，配备林火监测人员25576人，配备计算机288台，添置其他设备93套、指挥车94辆、宣传车94辆。建成省—市（州）—县（市、区）的森林防火管理信息系统和地理信息系统，初步形成有线与无线相结合，图像、音频、数据贯通的组织指挥网络。同时为加强火情报告系统建设，应开通森林防火报警电话，设立固定的电话号码为12119，全省14个市州和112个县（市、区）要成立专门办公室，每个办公室配备8～10个工作人员和一定的设备装置，要切实制定规章制度，严格落实管理措施，确保接警电话随时畅通、接警工作顺利高效；进一步促进森林防火工作的全面开展，为火灾的早发现、早扑灭奠定了基础。

④ 森林消防队伍建设工程。建立健全森林扑火专业队伍是提高重点火险区扑火能力的关键。为了加强森林防火专业或半专业队伍建设，提高队伍的整体作战能力，达到招之能来，来之能战，战之能胜，最低限度减少森林火灾的损失，确保人民生命财产安全。因此，在重点火险区必须建立一个强有力的扑火队伍，提高业务技术素质和整体作战水平，以适应打歼灭战和速战速决的需要。为此，“十一五”期间，在原有47个专业防火队的基础上，新建立专业防火队伍89个、配备具有中专以上学历的专业森林消人员2670人，每支专业队的人数达到30人；半专业队伍1220个，配备工作人员61000人，保证每个县（市、区）、8个国家级自然保护区、25个国家级森林公园及有林地面积在7000公顷以上的国有林场都有森林消防专业队或半专业队。每个队配备消防车1辆，设备器材费人平1万元。同时应对消防队伍进行培训，加强森林消防队伍的政治思想、事业心、责任感及业务技术素质教育，提高整体作战水平，并完善预测预报、瞭望监测、防火通讯等其他防火专业队伍的建设。

⑤ 森林警察部队建设工程。森林警察部队作为一支特殊的森林防火专业队伍，是预防森林火灾、扑救森林大火最主要的战斗力量，建立健全森林警察部队，可以有效地提高森林防火水平和扑救林火的能力。根据建设目标，“十一五”期间，全省森林警察部队编制需达到3000人，需新建办公及生活营房30000平方米。在长沙市设总队，编制250人（含总队机关、教导队、医院）。下设机动支队、怀化支队、郴州支队、永州支队、邵阳支队、益阳支队、张家界支队和韶山直属大队。在浏阳、攸县、沅陵、靖州、衡东、资兴、江华、祁阳、新化、绥宁、安化、桃源、石门、永顺、吉首等15个县（市、区）设立大队。在平江、炎陵、临湘、湘潭、新晃、溆浦、芷江、嘉禾、汝城、安仁、宁远、新田、蓝山、新宁、娄底、新邵、桃江、桑植、慈利等19个县（市、区）设立中队。

⑥ 林火通讯建设工程。林火通讯是森林防火的重要组成部分，是保证森林防火工作顺利进行的重要手段，因此，必须加强森林防火信息指挥和火险预测预报建设，建立畅通无阻的通讯网络。“十一五”期间，应对78个重点林业县（市、区）、省级以上自然保护区、森林公园、7000公顷以上的国有林场以及大面积的造林基地、飞播区、封山育林区现有的瞭望台、专业消防队新增有线电话500部，基本解决瞭望台及专业消防队的日常通信问题。新建防火通讯机构244个、配备工作人员732人，新增超短波电台138台、中继台137台、便携式中转台137台、基地台137台、对讲机2920对、架设有线通讯线路40000公里、自适应电台15台、配备微波图像传输设备16套、数据通讯设备15套，配备林火监测马匹20匹、摩托车1000辆，视频监控系统93套，定位仪186台，望远镜965台，使湖南省林区通信覆盖率达到60%以上。同时省、市（州）、县（市、区）三级还需新增卫星语音视频通信138套，主要解决省、市（州）、县（市、区）森林防火指挥中心与前线火场的语音及视频的实时传播，实现指挥中心对前线可视化调度。

⑦ 森林火险预警与林火监测系统建设。全面完善重点火险林区森林火险预警监测体系，林火监测能力和水平得到进一步提高，瞭望覆盖率达到90%。在重点林区新建森林防火瞭望台450座，在一级火险等级县配置78套视频监控系统，在省森林防火中心建成林火卫星监测系

统，初步形成卫星监测、重点森林景区电视监控与人工瞭望台相结合的“三位一体”的林火监测网络。

⑧ 物资储备建设工程。为了加强湖南省的林火装备配套和物资储备库的建设，补充扑救物资和器材，解决湖南省基础设施建设的薄弱环节，提高林火信息的快速反应能力，达到“打早、打小、打了”目的。“十一五”期间，全省需新建物资储备库27400平方米，其中省森林防火指挥部需建设建筑面积不小于500平方米、存有300万元以上的森林消防物资储备库1个；湘西、岳阳、郴州、怀化、常德5个市（州）建设建筑面积不小于400平方米、扑火物资储备不少于150万元的储备库5个；其他9个市建设建筑面积不小于300平方米、扑火物资储备不少于100万元的储备库；78个Ⅰ级火险县建设建筑面积在50平方米以上、存有50万元以上扑火物资的物资储备库；44个Ⅱ、Ⅲ级火险县建设建筑面积在30平方米以上、存有20万元以上扑火物资的物资储备库50个。省、14个市（州）储备库每年更新50万元以上的消防物资；Ⅰ级火险县消防物资储备库每年更新20万元以上的物资；Ⅱ、Ⅲ级火险县消防物资储备库每年更新10万元以上的物资。需添置太阳能设备15组、计算机及网络系统138套。

⑨ 航空护林站建设工程。以张家界或长沙大托铺两个机场作为地勤站，在每年的10～12月期间，租用两架米—8直升机或171直升机，对张家界、怀化、自治州、邵阳、娄底、长沙等重点林区实施空间巡护。根据湖南省的具体情况，在常德、耒阳、芷江三个有现有机场的市县建立三个航空护林站，新建办公生活用房1500平方米（每个站500平方米），完善基础设施建设，并配备必需的计算机9台、自适应电台3台，超短波电台6台，对讲机15对，GPS 30台，摄像机3台，数码相机6台，传真机3台，数字化仪3台，复印机3台，车辆3台等设备。

4. 森林公安和林业监察、法院建设

（1）现状。“十五”期间，在国家林业局和湖南省委、省政府的高度重视和正确领导下，按照“依法治林”要求，不断理清思路、大胆改革，经过各级林业主管部门和广大森林公检法工作者的共同努力，湖南省森林公检法工作进一步加强，全社会依法保护森林资源、保护生态环境的意识普遍增强，森林公检法工作得到了人民群众和社会各界的广泛关注和支持，成效显著。

森林公、检、法机构475个，在编2889人，其中森林公安机构332个，2250人；林业检察机构67个，287人；林业审判机构76个，352人。

5年来，全省年均林业案件查处总数59657起，查处率98.6%；其中，年均林业行政案件58035起，刑事治安案件1622起；共处理行政违法当事人288979人次，刑事犯罪和治安违法当事人81255人，挽回经济损失3544.39万元；全省林业审判机构共审结各类案件17098件，其中林业刑事案件2722件，判处罪犯3077人；林业民商案件5861件；林木林地确权行政案件607件，解决争执山林面积0.27万公顷；林区社会治安秩序持续稳定。

（2）目标。使全省森林公安民警控制在5000人以下，森林公安全体民警达到大专以上文化程度；为适应森林公安民警招收、录用、培训等多方面要求，在长沙建设一个培训中心；全省森林公安系统装备建设和基础设施建设基本满足工作需要，在全省范围内实施“金盾工程”，建立现代化森林公安综合信息网络，做到信息随时沟通、及时处理，形成统一调动、统一指挥的运作系统。对破坏森林与野生动物资源的重点地区通过综合治理，林区内重特大森林刑事案件得到有效的控制，一般森林刑事案件破案率在85%以上，治安案情件查处率地90%以上，林政案件处理率在90%以上；提高工作效率，加强快速应变能力，使全省森林、林地、野生动植物得到良好的保护。

加强市级和县级林业检察机构建设，实施预防涉林职务犯罪项目，构建林业检察综合信息网络；提高技术装备和基础设施建设。

健全林业审判机构，完善经费保障体系，加强队伍正规化建设，不断加强林业审判机构的装备和基础设施建设。

到2020年，全面提升森林公检法管理现代化的档次，全面建立森林公检法管理和执法程序计算机化和网络化。

（3）主要内容。

① 公安警力配备建设。本着精简、高效和实战的原则合理配备森林公安系统的警力，按所承担的森林和野生动物资源保护任务，全省原则上每2000公顷森林配备1名民警，县森林公安分局不少于15人，派出所不少于5人，全省森林公安民警总数控制在5000人以下。

② 装备与基础设施建设。

交通装备：为便于指挥，加强治安巡逻，现场勘查，以及处理各种事故、自然灾害和突发事件等，提高机动作战和快速反应能力，应加强森林公安交通装备建设。规划期内，重点装备吉普车，客货两用车、勘察车等业务用车，共需配备汽车242辆，摩托车109辆、船艇6艘。

勘察、监控装备：为进一步提高工作效率和侦查破案能力，为快速破案提供准确、有力的证据，加强快速反应能力，达到有效地威慑犯罪分子的作用，应加强勘察、监控装备建设。规划期内，配备勘察、监控装备988套，其中配备勘察装备630套，配备监控装备358套。

警用武器装备：为有效保护森林和野生动物区人民生命财产安全，提高森林公安机关对资源和人民生命财产的控制能力，应配足必要不得的警用武器装备。规划期内，配备枪支265支，民警个人防护器材1283套。

“金盾工程”装备：“金盾工程”是公安部为建立快速反应机制和加强综合侦控能力，实施科教强警战略的重要内容之一。森林公安机关承担保护森林和野生动物资源安全的重要任务，应以实施“金盾工程”为突破口，实现科技强警。应全面实施《湖南省森林公安金盾工程建设总体方案》，全省森林公安建设8大信息资源库，即：全省森林资源信息库、全省野生动植物资源信息库、全省木材加工及经营基本信息资源库、全省森林公安森林防火地图数据库、全省森林公安案件数据库、全省森林火灾数据库、全省森林防火重点单位及重点部位信息资源库、全省林区墓葬地基本信息资源库；建设8个应用系统，即：森林公安综合业务应用管理系统、森林公安案件管理系统、森林公安人事信息管理系统、森林公安对森林资源及林地监控管理系统、森林防火综合业务应用管理系统、森林防火森林公安地理信息管理系统、森林防火辅助决策系统、森林防火重点单位重点部位管理系统；建立和完善森林公安信息网络，实现全省森林公安机关建立局域网，并入所在地公安机关“金盾工程”网。充实和完善外来人口、刑事犯罪，法制、预审等各种信息库，实现跨区域、跨部门的信息交流，一网多能、资源共享。为最大限度地遏制违法犯罪势头，在山区、无人区或其他条件艰苦的地方，尽量做到采用GPS定位等高科技手段，及早发现，及时、准确到达现场，及早铲除隐患，从而提高发现、控制、打击能力。同时，省、市均应建立森林公安指挥中心，实行统一要求，统一配置、统一项目管理，确保“有警必接、有难必帮、有险必救、有求必应”，实现和强化统一指挥、快速反应以及多警种联合作战能力。

“十一五”期间需建设1个省级局域网、14个市级分局局域网、83个县级分局局域网、234个派出所信息网。

培训中心：为提高队伍的整体素质，加快后备警源补充，培养更多有高度政治思想觉悟，有过硬业务技术本领的优秀队伍，达到正规化、现代化、军事化的要求，“十一五”期间，在长沙新建湖南省森林公安培训中心，建筑面积2500平方米。

指挥中心：为确保“有警必接、有难必帮、有险心救、有求必应”，实现和强化统一指挥、快速反应以及多警种联合作战能力，省、市两级均应建立森林公安指挥中心，全省需建设15个森林公安指挥中心，共计建筑面积22500平方米。

派出所：森林公安派出所是森林公安系统最基层的组织机构，派出所的基本建设是森林公安民警工作和生活的必备条件，是稳定人才、鼓励民警安心工作的有力措施。全省现有森林公安派出所234个，民警1283人，“十一五”期间建设房屋面积41060平方米。

技术点：刑事鉴定技术工作是刑事侦查工作的重要组成部分，是侦查破案的重要手段，是有效、科学、准确地揭露、打击刑事犯罪的保证。“十一五”期间计划建设二级技术点1个，三级技术点10个。

③ 林业检察系统建设。新建市级林业检察机构6个，县级林业检察机构18个；实施预防涉林职务犯罪项目100个；构建林业检察综合信息网络；提高技术装备和基础设施建设。

④ 林业审判系统建设。健全林业审判机构，新建中院林业审判庭5个，基层法院林业审判16个；不断加强林业审判机构的基础设施和装备建设，完善全省审判法庭设施，修建审判法庭30个，增添办案车辆50台；构建全省林业审判综合信息网络系统；完善经费保障体系；加强队伍正规化建设；案件结案率95%以上。基本建设投资1000万元。使全省林业审判机构达到队伍建设职业化，管理规范化，案件质量优质化，诉讼成本低廉化，审判作风文明化，庭务建设标准化，办公智能化。

5. 森林生物灾害防控能力建设

贯彻“预防为主，综合治理”的方针，实施森林病虫害可持续控制战略，倡导森林健康的新理念，以全面提升林业有害生物科学防控能力为中心，以工程治理为重点，以目标管理为手段，以科技为支撑，全面和超额完成了国家林业局下达的目标，“十五”期间，林业有害生物发生总面积138.47万公顷，年均27.69万公顷，发生率2.6%；防治面积81.57万公顷，年均16.31万公顷，防治率59%；成灾面积0.34万公顷，成灾率2.44‰；中短期测报准确率70%；监测覆盖率85%，产地检疫率95%；建站达标率31%；有效地控制了林业生物灾害，保护了森林资源，为湖南林业的健康发展做出了贡献。

（1）现状。近年来，在国家林业局及地方各级政府的关心和重视下，林业有害生物防治工作力度加大、开展有序、成绩突出。主要表现在目标管理责任制全面推行，防治工作环境日益优化，基础设施明显改善，控灾减灾能力不断加强。通过实施重点病虫害治理工程，局部减灾效果明显，通过加强监测预报和强化检疫执法，灾害预警能力有较大提高，遏制了有害生物传播蔓延。

但是，随着全球经济一体化速度的加快和国际间贸易往来的增多，林业有害生物入侵、扩散、成灾的压力不断增加。新的外来有害生物入侵频繁，威胁加剧；十五期间，松材线虫、湿地松粉蚧、红火蚁和加拿大一枝黄花等重大外来有害生物入侵湖南省，在局部地区造成严重危害，并有向重点林区和重要风景名胜区蔓延的趋势，对张家界、韶山和南岳风景区构成严重威胁，鼠（兔）害在洞庭湖区危害猖獗，对新造林地构成严重威胁；有害植物扩展迅速，严重影响林木生长、更新和生物多样性；速生丰产林、经济林有害生物问题日渐突出，逐步由次要矛盾转为主要矛盾。与此不相适应的是：防治技术手段仍然相对落后、信息滞后、依法防治意识淡薄、防治机构队伍建设亟待加强、防治机制不适应新形势发展需求等等，林业有害生物防治工作面临的形势仍十分严峻。

进一步加强林业有害生物防治工作是有效遏制林业有害生物发生危害严重趋势的迫切需要，是保护生态建设成果，推进林业持续协调快速健康发展的必然选择，是减轻灾害损失，保护农民利益，促进经济发展的重要手段，也是保护生态环境，促进对外贸易，提高国际地位的战略措施。

湖南省林业有害生物年均发生面积在 30 万公顷左右，发生种类以松类害虫、竹类害虫、杨树类害虫为主；其中马尾松毛虫年均发生面积近 24 万公顷，占总发生面积的 80% 左右，除湘西自治州外，全省都有分布；主要的常灾区域有邵阳、衡阳、怀化、长沙、永州、郴州、岳阳、常德、娄底、湘潭等地，每 2 ~ 3 年暴发一次，是危及生态环境、威胁林业生产安全，造成灾区重大经济损失的心腹大患，也给当地群众的生产和生活构成严重威胁。

竹蝗、竹缕舟蛾和杨树天牛、杨树食叶害虫近两年呈快速上升发展趋势，近几年竹卵圆蝽成散点状发展，其危害是灾难性的，对林区经济造成巨大的损失。竹类害虫年发生面积约 4 万公顷，主要分布区域在益阳、常德、岳阳、永州、衡阳等市，次要发生区有长沙、怀化、邵阳、株洲和郴州；随着杨树种植面积的迅速扩大，病虫发生面积不断攀升，年发生量已达 5 万多公顷，主要分布在益阳、常德、岳阳等种植区。

松茎象已分布到湖南省 5 市 21 县，面积 2 万公顷，发生面积逐年增加，对国外松和马尾松中幼林的危害严重。

更值得关注的是湖南省的森林生态系统受到外来有害生物的侵入，并存在更大的潜在地威胁；2003 年 9 月以来，对松林能够造成毁灭性灾害的松材线虫病先后在湖南省 4 市 6 个县（市、区）被发现，湿地松粉蚧、加拿大一枝黄花、红火蚁等危害极大的危险性有害生物已在个别地方定殖，并有逐步扩大危害范围的趋势，对全省林业生产和生态、社会安全构成严重威胁。监测和预防外来林业有害生物已成为湖南省今后森防工作的重中之重。

造成灾害严重的原因一是森林质量差，抵御有害生物的能力低；二是监测预警体系不健全，监测手段落后，监测覆盖率和准确率低，信息表达滞后，预防措施难以落实；三是防控灾害的投入太少，基础设施薄弱，预防和应对突发性事件的机制不健全；四是承担湖南省抵御生物灾害的队伍不稳定，专业素质难以适应艰难复杂的防灾控灾形势。

（2）目标。大力加强林业有害生物监测预警体系、检疫御灾体系、防治减灾体系、应急反应体系和防治法规体系建设，实现林业有害生物防治标准化、规范化、科学化、法制化、信息化，使主要林业有害生物的发生范围和危害程度大幅度下降，危险性有害生物扩散蔓延趋势得到较大缓解，扭转全省林业有害生物严重发生局面，促进森林健康成长，逐步实现林业有害生物的可持续控制。在全省森林面积不断增加的情况下，到 2010 年，成灾率控制在 0.4% 以下，无公害防治率达到 85% 以上，灾害测报准确率达到 85% 以上，种苗产地检疫率达到 100%。

（3）主要内容。依据湖南省不同区域的政治、经济、文化、生态和林业有害生物发生危害现状，林业有害生物监测体系以县（市、区）为单位将全省分为重点监测区和一般监测区。重点监测区主要包括重点生态林区、风景名胜区、重大疫情发生区、重点林业建设工程区（称为“四区”），除此之外的其他县市区域为一般预防区。重点预防区要在组织机构、基础建设、资金投入和专业人员配置等方面比一般监测区提出更高的要求。

① 监测预警体系建设。地面监测系统：地面数据采集系统主要是建立健全村、乡、县三级林业有害生物监测的基础数据采集网络，以 14 市州、40 个国家级森林病虫害中心测报点为骨干灾害预警网络。基础数据采集网络主要承担原始信息的采集、初检、初评、上报和航空监测目标信息的补充核查等任务。灾害预警网络主要承担区域性灾害的监测、核查和预警等任务。

地面数据采集系统主要配备（扩充）信息采集、检测分析、统计传报和应急处置所必需的仪器设备、药剂药械、交通和网络通信工具，根据有害生物的生物学特性，国家和省级规定的监测预报办法，设立固定或动态观测点进行监测调查。

在有条件的重点预防区，利用森林防火远程视频探测系统进行高频率的森林有害生物远程探测。

航空监测系统：主要依托省森防检疫总站现有的轻型飞机和直升机，通过建立航空摄录及其数据处理和灾害信息提取的硬件系统和数据处理的软件系统，能及时准确确定灾害的发生区域、损失程度。主要包括航空录像图像获取、实验室图像处理分析和灾害点现地复位等三个子系统。建立能对重点预防区、外来有害生物入侵疫点和重大常发性有害生物灾害地区进行快速实时监测系统，并提出相应的预警反应。

信息传输系统：利用湖南已有的省、市、县三级已开通的2M光纤数字电路专线网、湖南省林业基础地理信息系统及基于其上的森林资源信息库、林业Web平台。改建省级林业有害生物信息管理中心，建立基于GIS上的林业有害生物数据库和GPS数据（录入、传输）管理系统，增强省级的信息处理、监测预警、减灾指挥的能力。在14个市级森防站分别建设区域预警信息中心，增强信息处理、分析、传输和发布能力。在52个重点预防区和50个一般预防区配备信息处理、传输和网络设备，增强其数据采集、初步处理、分析和传输的能力。

② 检疫御灾体系建设。续建省森林植物检疫隔离试种苗圃，建立省级林业有害生物风险评估中心，建立省林业有害生物鉴定中心，建立省级检疫检验室，建立14个市州检疫实验室，5个市地级除害处理设施，在常张高速公路建立6个森林植物检疫检查站，完善44个森林植物检疫检查站的建设，形成布局合理、监管有效较为完备检疫御灾体系。

③ 防治减灾体系建设。建立省森林病虫害防治指挥中心1处，对现有7处林用机场进行维修，在此基础上还需新建成3处林用机场和14处直升机野外停降点，建立1个新农药试验基地，改扩建省药剂药械库，各地市（州）新建药剂药械库14个，配备一批地面防治器械，在食叶病虫害常发区以喷药器械为主；在钻蛀性害虫以及经济林、风景林、城市园林病虫害发生区以打孔注药机为主；建设省级药械维修中心一处，负责全省林用药械的维修。改扩建林业生物制剂厂3个，新建天敌繁育中心1个。在目前全国标准站建设基础上，开展以县级站为重点的全省森防标准站建设，到2010年，全省新建成40个标准站。

④ 应急反应体系建设。建设1个省级林业有害生物应急反应指挥部，14市级林业有害生物应急反应指挥中心。组建地面应急救灾队伍，危险性病虫害重点监测预防区和森林病虫害常灾区的市、县级以上林业机构，要分别组建应急救灾防治队和预备队。组建14市州级应急队伍，在危险性病虫害重点监测预防区和森林病虫害常灾区建立20个应急救灾队，对新发现外来林业检疫性有害和可能暴发重大林业有害生物灾害时，能在极短的时间内，控制和扑灭灾情。

6. 野生动物疫源疫病防控能力建设

（1）现状。近年来，动物疫病对人类的影响已越来越受到人们的重视，尤其是野生动物，由于存在很多未知的因素，国家有关部门正加紧制订相关措施，加强野生动物疫源疫病的监测、预警和有效防治。2004年，国家林业局和中国科学院共同起草的《野生动物疫源疫病监测体系建设规划》（2004～2007年）已纳入《全国动物防疫体系建设规划》。2005年11月，国务院颁布的《重大动物疫情应急条例》，在第四条第三款中明确规定了“县级以上人民政府林业主管部门、兽医主管部门按照职责分工，加强对陆生野生动物疫源疫病的监测”。在法律上，明确了林业部门开展野生动物疫源疫病监测工作的合法性和职责。

按照国家林业局的要求和统一部署，湖南省已成立了湖南省野生动物疫源疫病监测中心站，建立了东洞庭湖自然保护区、隆回县鸟类环志站、省野生动物救护繁殖中心、桂东县野生动植物保护站和蓝山县野生动植物保护站6个国家级监测站，以及临湘县林业局等40个省级监测站管理机构。

但是由于，湖南省的陆生野生动物疫源疫病监测体系建设起步晚，基础薄弱。一是监测站点布设严重不足，存在诸多监测盲区。二是监测站点基础设施建设滞后，监测设备少，难以满足监测需要。三是缺乏系统的基础研究，监测水平较低，预警能力不足。四是监测工作经费缺乏，队伍素质亟待提高。加强其陆生野生动物疫源疫病防控能力建设具有十分的重要性。

（2）目标。建立起以省野生动物疫源疫病监测中心站为龙头，以12个国家级监测站为骨干，以40个省级监测站为基础的野生动物疫源疫病监测防控网络。

（3）建设内容。

① 野外监测设施设备（表4-7）。此建设内容包括6个国家级监测站、40个省级监测站为了获取监测信息而需要的用于野外监测的交通工具和观测设备，如陆地、水上交通工具、双筒望远镜、帐篷、睡袋和野外联系用的对讲机等，达到满足监测一线以获取监测信息的目的。

表4-7 野外监测设施设备用途一览表

设备名称	用途
陆地交通工具	用于陆地巡护和应急处理
水上交通工具	用于水上巡护和应急处理
单筒望远镜	用于观测野生动物种类
双筒望远镜	用于观测野生动物数量
GPS仪	用于记录异常情况发生地的地理坐标数据
帐篷、睡袋等野外生活用具	用于远离社区的野外临时生活或处理突发应急事件的居所
对讲机	用于野外工作时的相互联系

② 监测信息传递设备（表4-8）。此建设内容包括6个国家级监测站、40个省级监测站用于野外获得野生动物异常情况的信息后，按照国家林业局2006年颁布的《陆生野生动物疫源疫病监测规范》（试行）的规定，将监测信息逐级上报必备的仪器设备，如计算机、数码相机、打印机、扫描仪、传真机等，以实现监测信息的汇总和快速传递。

表4-8 监测信息传递设备用途一览表

设备名称	用途
计算机	用于监测信息的网络报告、获取相关信息、文字材料的形成。为野生动物远程识别系统和信息管理系统的建立打下基础
打印机	用于形成文字材料
数码相机	用于野生动物异常情况的图片记录存档、不明动物远程识别
扫描仪	用于图像资料的收集
传真机	用于信息的报告

（3）样本取样、暂存和消毒设备（表4-9）。此建设内容包括6个国家级监测站、40个省级监测站用于对异常死亡的野生动物进行初步检查取样、暂存以及进行现场消毒、死亡动物的尸体无公害化处理，如解剖工具、制样设备、捕捉工具、保温桶（箱）、喷雾（粉）机等。

表4-9　样本取样、暂存和消毒设备用途一览表

设备名称	用途
解剖工具	用于对异常死亡动物的解剖取样和盛皿
制样设备	用于血清样的制备，如离心机
捕捉工具	用于捕捉野生动物的网具等
保温桶（箱）	用于临时保存样品、病料
高压灭菌锅	用于多次使用防护用具、接触病料工具的消毒
喷雾（粉）机	用于对现场进行消毒处理

（4）个人防护设备（表4-10）。此建设内容包括6个国家级监测站、40个省级监测站的工作人员的个人防护用品，如防护服、镜、口罩、手套等。

表4-10　个人防护设备用途一览表

设备名称	用途
防护服	按照《规范》和相关要求，用于监测工作人员的自我防护，保障监测人员的安全
防护镜	
N95口罩	
手套	
水靴	

（5）监测设施。此建设内容用于6个国家级监测站、40个省级监测站办公室的必要装修、维护和在固定监测点的建设管理房屋。

7. 基层林业站建设

（1）现状。到“十五”期末，全省已建林业工作站2125个，有工作人员15162人。经国家林业局验收，全省林业站建设合格县74个，在桃江县开展的全国林业站建设示范县试点工作，收到了较好的效果。设立木材检查站340个、有工作人员2932人，木材检查站布局日趋合理，规章制度进一步完善，检查人员素质有所提高，公路、水上“三乱”得到有效遏制。在全省“依法行政示范窗口单位”创建活动中，有19个木材检查站被省普法领导小组授予“依法办事示范窗口单位”。

（2）目标。按照优化布局、分类指导、规范管理的要求，深化基层林业工作站改革，强化其执法监管的地位和作用；加强林业站设施建设，提高人员素质，强化“管理、组织、指导、服务”职能，建立比较完备的省、地、县、乡林业站管理体系，充分发挥林业站的基础作用，确保各项林业工作在基层的全面落实。

乡（镇）林业站是对林业生态建设实施组织管理的最基层机构，要充分发挥政策宣传、资源管护、林政执法、生产建设组织、科技推广和社会化服务等职能和作用。调整完善现有木材检查站布局，加强木材检查站的规范化、标准化、现代化建设；加强森林资源监督和林政稽查，逐步实现向重点林业市、县派驻森林资源监督机构，形成覆盖面广、功能齐全的森林资源监督检查体系。基层林业站、木材检查站建设的目标是，建立比较完备的省、地、县、乡林业站管理体系，充分发挥林业站的基础作用，确保各项林业工作在基层的全面落实；建立较完备的省市县三级木材检查的监督管理机制，加大检查执法基础设施建设投入，切实提高木材检查执法能力，充分发挥其保护森林资源和维护木材流通秩序的重要作用。到2010年，完成490个林业站标准化建设、完善124个木材检查站的基础设施和业务装备建设。2011～2020年完成547个林业站标准化建设、进一步完善124个木材检查站的基础设施和业务装备建设。

（3）建设内容。

① 基础设施建设。2006～2010年全省标准化林业站共需完成林业工作站房建设98000平方米。2006～2010年全省木材检查站共需完成基础设施建设120900平方米，其中站房34100平方米，专用场道86800平方米。共有一级木材检查站共需完成基础设施建设5400平方米，其中站房1400平方米，专用场道4000平方米；二级木材检查站共需完成基础设施建设59400平方米，其中站房16200平方米，专用场道43200平方米；三级木材检查站共需完成基础设施建设56100平方米，其中站房16500平方米，专用场道39600平方米。

② 业务装备建设。

2006～2010年全省林业工作站共需配备业务装备4900套（辆），其中交通工具490辆，通讯工具490套，技术装备3430套；图表制度制作490套。

2006～2010年全省木材检查站共需配备业务装备1090套（辆），其中交通工具124辆，通讯工具450套，技术装备516套。

全省一级木材检查站共需配备业务装备76套（辆），其中交通工具4辆，通讯工具36套，技术装备36套。

全省二级木材检查站共需配备业务装备486套（辆），其中交通工具54辆，通讯工具216套，技术装备216套。

全省三级木材检查站共需配备业务装备528套（辆），其中交通工具66辆，通讯工具198套，技术装备264套。

五、投资估算与效益分析

（一）投资估算

湖南省林业建设的投资概算，主要包括生态与产业等战略工程建设的投资，以及在此期间需要强化的林业基础设施和能力建设所需要的资金概算，湖南林业重点工程与基础设施建设总投资。

1. 投资估算

湖南省林业建设的投资概算，主要包括生态与产业等战略工程建设的投资，以及在此期间需要强化的林业基础设施和能力建设所需要的资金概算，湖南林业重点工程与基础设施建设总投资1601.49亿元。其中四个森林生态工程投资465.45亿元，五个林业产业工程投资837.13亿元，三个生态文化休闲工程投资224.10亿元，科技创新平台与成果转化基地、数字林业、森林防护、林业有害生物灾害防控等科技支撑与基础设施能力建设投资74.81亿元（详见表4-11）。具体为：

表 4-11　湖南林业发展投资估算表

序号	工程名称	合计	2006～2010 年（亿元）				2011～2020 年（亿元）				估算依据
			计	中央	地方	自筹	计	中央	地方	自筹	
	合计	1601.49	624.91	235.79	86.30	302.82	976.58	276.03	153.92	546.63	
	四大森林生态建设工程	465.45	219.65	179.86	37.85	1.94	245.80	179.05	62.95	3.80	
1	山丘森林保育工程	352.82	181.03	161.52	19.51		171.79	143.95	27.84		1. 退耕还林总面积 110.3 万公顷，其中：退耕地造林 43.6 万公顷、荒山荒地造林 20 万公顷、封山育林 46.6 万公顷。按照国家标准估算 2. 防护林总面积 94.1 万公顷，其中人工造林 22.2 万公顷、封山育林 4.4 万公顷、低效林改造 67.5 万公顷。人工造林 3000 元/公顷，封育 1050 元/公顷，改造 1500 元/公顷估算 3. 全省生态公益林总面积 525.3 万公顷，2006～2010 年补偿 75 元/公顷、2010 后年补偿 150 元/公顷估算 4. 石漠化治理面积 278.47 万公顷，植被管护按照每公顷每年管护费 150 元；封山育林每公顷 1500 元；人工造林每公顷 7500 元估算
2	洞庭湖兴林抑螺与湿地恢复工程	12.04	4.24	1.15	1.15	1.94	7.80	2.00	2.00	3.80	治理面积 12.69 万公顷；其中抑螺防病林 8.40 万公顷，湿地保护与恢复 4.19 万公顷，有螺坡耕地还林 0.10 万公顷。人工抑螺防病林造林 7500 元/公顷，湿地保护与恢复 750 元/公顷，有螺坡耕地还林造林 2.84 万元/公顷
3	野生动植物保护与自然保护区建设工程	98.48	32.83	16.42	16.41		65.65	32.82	32.83		国家级、省级自然保护区建设和野生动植物保护管理及珍稀濒危物种的拯救
4	绿色通道工程	2.11	1.55	0.77	0.78		0.56	0.28	0.28		通道总长度 1478.55 公里
	五大林业产业发展工程	837.13	294.63	21.21	13.70	259.72	542.50	50.55	44.50	447.45	
5	用材林培育工程	58.25	43.25	5.00		38.25	15.00	5.60		9.40	用材林总面积 96.1 万公顷
6	花卉苗木工程	7.35	6.25	2.81	0.30	3.14	1.10	0.50	0.05	0.55	

续表

序号	工程名称	合计	2006～2010年（亿元）				2011～2020年（亿元）				估算依据
			计	中央	地方	自筹	计	中央	地方	自筹	
7	特种经济动植物培育与利用工程工程	39.07	15.67	5.20	5.20	5.27	23.40	7.80	7.80	7.80	1. 油茶改造及更新培育80.56万公顷。以更新造林5000元/公顷，垦复改造4500元/公顷 2. 油茶加工龙头企业生产线3条 3. 改造低产低效木本药材林1.33万公顷，新造各类木本药材林3.13万公顷，建立木本药材林示范基地14个，发展木本药材深加工企业14家
8	林产工业工程	655.96	217.46	2.20	2.20	213.06	438.50	4.40	4.40	429.70	泰格林纸集团林浆纸一体化40万吨硫酸盐漂白纸浆项目和30万吨造纸项目；邵阳造纸厂年产10万吨纸浆技改扩建项目；长元人造板股份有限公司、创兴人造板厂、新津弘瑞人造板有限公司各20万立方米高（中）密度纤维板生产线等的建设
9	生物质能源林培育工程	76.50	12.00	6.00	6.00		64.50	32.25	32.25		
三大生态文化休闲工程		224.10	64.30	11.57	11.57	41.16	159.80	32.21	32.21	95.38	
10	城市森林工程	73.50	24.50	2.40	2.40	19.70	49.00	4.90	4.90	39.20	每年4.9亿元
11	乡村人居林建设工程	7.80	5.20	0.52	0.52	4.16	2.60	0.26	0.26	2.08	绿化示范村建设每村40万元、绿化示范镇120万元和重点镇100万元
12	森林和湿地生态旅游工程	142.80	34.60	8.65	8.65	17.30	108.20	27.05	27.05	54.10	森林风景林资源保护与建设，基础设施建设，科普宣教，接待服务设施
科技支撑与基础设施建设		74.81	46.33	23.15	23.18		28.48	14.22	14.26		
13	创新平台建设	2.12	0.61	0.30	0.31		1.51	0.75	0.76		建设3个重点实验室完成10个中心站建设
	成果转化平台建设	1.65	0.47	0.23	0.24		1.18	0.59	0.59		建立5个重点科技示范区；10个示范县科技入户。每县5个乡镇或企业，每个乡镇重点户20户，辐射户10000户
15	人才支撑保障体系建设	0.47	0.20	0.10	0.10		0.27	0.13	0.14		培养100名行政管理人才；培养500名优秀专业技术人才500名复合型人才；培养200名高级技师、1000名技师；培养5000名林农技术骨干；全省每个县培养4名以上林业高级工程师
16	林业信息化建设	1.00	0.50	0.25	0.25		0.50	0.25	0.25		林业信息化网络体系、集语音、数据、图像于一体的林业宽带综合业务数字网和林业信息通讯网络系统

续表

序号	工程名称	合计	2006~2010年（亿元）				2011~2020年（亿元）				估算依据
			计	中央	地方	自筹	计	中央	地方	自筹	
17	森林防火能力建设	28.60	25.99	13.00	12.99		2.61	1.30	1.31		1. 生物防火林带70000公里，购置通讯指挥设备6000台套，建设省、市州和重点林区县市区森林防火指挥中心，建设森林防火物资储备库65个，组建森林武警部队，建设森林消防专业队84支，实施防空护林和重点火险区综合治理工程 2. 全省50%林业审判机构达到相关装备配套，修建审判法庭40个，完善全省审判法庭设施，增添办案车辆50台，构建全省林业审判综合信息网络系统 3. 省、市（州）、县（市、区）级行政管理机构配备各种业务装备数量1666套
18	森林公安和林业检查、法院建设	8.10	3.08	1.54	1.54		5.02	2.51	2.51		
19	林业有害生物灾害防控能力建设	13.00	3.00	1.50	1.50		10.00	5.00	5.00		完善森林病虫害及有害生物防治体系，开展森林病虫害防治、检疫
20	野生动物疫源疫病防控能力建设	0.13	0.09	0.04	0.05		0.04	0.02	0.0212		个国家级监测站和40个省级监测站及配套监测点基础设施建设
21	森林资源与生态状况综合监测体系建设	9.93	7.21	3.60	3.61		2.72	1.36	1.36		生态定位监测站16个；综合监测管理系统；监测交通工具139辆；技术装备1825台套
22	基层两站建设	5.64	2.68	1.34	1.34		2.96	1.48	1.48		木材检查站和乡镇林业站管理用房及检查场道土建27.7万平方米；交通工具1942辆；技术装备3024台套
23	贫困国有林场扶持建设	4.17	2.50	1.25	1.25		1.67	0.83	0.84		解决国有贫困林场通路、通电、通水和危房改造

- 山丘森林保育工程352.82亿元；
- 洞庭湖兴林抑螺与湿地恢复工程12.04亿元；
- 野生动植物保护与自然保护区建设工程98.48亿元；
- 绿色通道工程2.11亿元；
- 用材林培育工程58.25亿元；
- 花卉苗木工程7.35亿元；

- 特种经济动植物培育与利用工程 39.07 亿元；
- 林产工业工程 655.96 亿元；
- 生物质能源林培育工程 76.50 亿元；
- 城市森林工程 73.50 亿元；
- 乡村人居林建设工程 7.80 亿元；
- 森林和湿地生态旅游工程 142.80 亿元；
- 科技创新平台与成果转化基地建设 3.77 亿元；
- 人才支撑保障体系建设 0.47 亿元；
- 林业信息化能力建设 1.00 亿元；
- 森林防火能力建设 28.60 亿元；
- 森林公安和林业检查、法院建设 8.10 亿元；
- 林业有害生物灾害防控能力建设 13.00 亿元；
- 野生动物疫源疫病防控能力建设 0.13 亿元；
- 森林资源与生态状况综合监测体系建设 9.93 亿元；
- 基层两站建设 5.64 亿元；
- 贫困国有林场扶持建设 4.17 亿元。

2. 资金筹措

工程投资的资金来源包括财政投资、货款扶持、社会融资、企业自筹、居民投工投劳等方面。其中，中央和省级财政投入主要用于生态工程、科技支撑与基础设施建设、生态文化休闲工程公益性部分建设；林业产业工程建设中的森林食品工程、林木、竹基地建设、森林和湿地生态旅游工程中的基础设施建设等政府作必要资金扶持，其他主要由民营投资解决。在建设总投资 1601.49 亿元中（中央 511.82 亿元、占 31.96%，地方 240.22 亿元、占 15.00%，自筹 849.45 亿元、占 53.04%），其中 2006~2010 年投资为 624.91 亿元（中央 235.79 亿元、地方 86.30 亿元、自筹 302.82 亿元），占 39.02%；2011~2020 年投资为 976.58 亿元（中央 276.03 亿元、地方 153.92 亿元、自筹 546.63 亿元），占 60.98%。

（二）效益分析

1. 生态效益分析

（1）生物多样性保护效益。湖南省“十一五”及今后中长期的时期进行的林业建设，在构建全省完善的林业生态体系、发达的林业产业体系、繁荣的生态文化体系过程中，通过各类重点林业生态、林业产业及生态文化等工程建设，区域重要湿地、原始或次生阔叶林资源和野生动植物资源得到保护，地带性植被得到较好的恢复和发展。阔叶林的比例得到显著提高，林分结构更趋复杂，为各种野生动物、微生物、珍稀植物提供良好的生存、栖息环境，从而有效地保护生物物种及其遗传多样性。与此同时，森林和湿地生态系统中各种生物之间、生物与非生物之间的物质循环、能量流动和信息传递将保持相对稳定的平衡状态，从而有效地保护生态系统多样性，维护生态平衡。

（2）抗御自然灾害效益。湖南是一个洪灾频发的省份。据统计，20 世纪中全省性洪灾年份有 42 年，而不同程度的山洪年年都发生，并且山洪造成的损失越来越大，年均受灾面积从 20 世纪 50 年代的 11.8 万公顷上升到 90 年代的 61.6 万公顷，其在洪涝灾害总损失中的比值也由 20 世纪 50 年代的 44.4% 上升到了 20 世纪 90 年代的 63.1%。这一现实已充分说明：山洪的防治已经成为防汛抗灾工作中的突出问题。山洪防治是一项十分复杂的系统工程，必须坚持避治结合、避重于治，防治兼顾、以防为主的原则，以确保人员安全为首要目标。但是，其中根本的措施就是治理措施，即山洪治理必须采取生态和工程相结合的综合治理措施。一是实施25°以上地区的退耕还林和水土流失治理及退田还河湖等生态措施；二是对山洪影响区内的山体滑坡、险病水库和溪河堤防采取除险加固和清障整治等工程措施。其中最为根本的就是要提高土地森林覆盖率。

由于森林的抗御自然灾害效益只在发生自然灾害的条件下才会发生，因此，此处的森林抗御自然灾害效益与前述水土保持效益相独立。

据测算，每年长江中上游单位面积森林减轻水旱灾效益为65元/公顷，参照这一数据估算湖南现代林业重点工程建设完成后的年抗御自然灾害效益为1.3亿元。

（3）控制水土流失效益。根据大量科学研究与实验结果，无林地土壤侵蚀模数平均为3000吨/（平方公里·年），而有林地的保土率平均在95%以上，据此计算森林防止水土流失量为28.5吨/（公顷·年）。重点工程实施后，在不考虑其他使森林面积下降的因素，仅山地森林保育工程就可使森林覆盖面积增加85.8万公顷，则保土能力增加2445万吨/年。通过重点工程实施，525.3万公顷的生态公益林得到有效保护，林分质量总体上得到提高，也将有助于减轻水土流失。

（4）涵养水源效益。森林具有涵养水源的功能。与无林地相比，有林地平均可多蓄水322.5立方米/（公顷·年）。项目建成后，仅森林面积增加一项可使区域森林增加水源涵养能力2.8亿立方米/年。阔叶林和常绿阔叶林的水源涵养能力较针叶林为高，山地森林保育工程实施后，将大大提高湖南森林中的阔叶林和针阔混交林比例，森林的水源涵养能力将大为提高。与此同时，生态公益林保护、低效林分改造和森林经营，也将促使森林调节地表径流、保持水土的能力提高，区域内水土流失面积必将减少，程度减轻，从而使区域内现有大中型水库、河道得到有效保护，进而提高水资源的有效利用率。

（5）制造氧气、净化空气的效益。据有关研究，森林在生长过程中释放氧气、吸收二氧化碳，从而净化空气。据研究，中亚热带中东部地区主要森林类型年固定二氧化碳量在14.8~54.2吨/公顷，其中天然阔叶林37.5吨/公顷，马尾松林29.3吨/公顷，毛竹林29.3吨/公顷，灌丛148吨/公顷，则仅山丘森林保育工程中增加的森林就可增加固定温室气体二氧化碳量约为3077万吨/年（在新增的森林面积中，按80%为阔叶林，20%为针叶林计算）。

（6）农业增产效益。湖南湘、资、沅、澧四水上游山丘区森林生态系统平衡既保障区域农业生产，也对其中下游农业生产等具有重要的保护效应。洞庭湖平原地区建设完备的农田林网后，必将为洞庭湖区域农业高产稳产提供有力保障。例如，长江、珠江防护林体系工程实施后，长江、珠江防护林体系建设范围内383.3万公顷耕地基本可得到有效保护。据有关测定，农田防护林网对农业的增产效益在正常年景为4%~10%，气候异常年份为10%~15%，粮食生产的增产效益可达到8%~12%。仅长江、珠江防护林工程一项，每年可望增产粮食285.6万吨。

（7）净化环境效益。各类森林均具有吸收污物、阻滞粉尘、杀除细菌、降低噪声及释放负氧离子和烯萜物质的机能。这一机能对浙江这样一个人口密集、工业发达的省份有重要意义，森林在环境保护、健康卫生和生产生活等方面有十分重要的作用。根据《中国生物多样性经济价值评估》，森林对二氧化硫的吸收能力：针叶林为215.6公斤/（公顷·年），阔叶树为88.65公斤/（公顷·年），则仅山丘森林保育工程中增加的森林就可增加二氧化硫的吸收能力为9.8万吨/年（在新增的森林面积中，按80%为阔叶林，20%为针叶林计算）。在滞尘方面，根据有关研究，针叶林的滞尘能力为33.2公斤/（公顷·年），阔叶林为10.11公斤/（公顷·年），则该工程的新增森林面积可增加滞尘能力1.3万吨/年。

2. 社会效益分析

湖南省在建设现代林业过程中，重点工程建设实施后的社会效益至少体现在以下五个方面：

（1）为社会提供就业机会。湖南省现代林业建设中的十二大重点工程的实施，可以为当地居民提供许多直接和间接就业机会，如人工造林、林分改造、抚育、竹木业加工、生态文化、森林与湿地生态休闲等等。据初步估计，仅十二大工程中的人工造林、林分改造、抚育、生态公益林管护等工作，就需投工约3亿个工日，平均每年3000万个工日，相当于每年解决约30万人就业，这在一定程度上可以缓解农村劳动力出路问题。此外，项目开展后将直接带动种苗、交通等的发展，从而带来间接的就业机会。

（2）有利于改善投资环境。湖南现代林业建设的各项工程完成后将形成优越的生态环境，改善湖南全境的生态状况，有效地进善湖南的投资硬件，提升湖南知名度，从而有利于扩大对外开放，促进国际国内的经济、技术合作，为更多更好地引进资金、人才、技术服务。

（3）带动其他产业的发展。湖南现代林业建设的各项重点工程在实施时均需要大量的苗木，首先将使种苗花卉业被带动起来。其次，森林质量的全面提高必将促进湖南的森林文化生态旅游业的全面、全方位的发展，从而带动相关多个经济部门和行业的发展，如交通运输业、邮电通信业、建筑业、工商业、餐饮娱乐业以及文化教育、财政金融业等。总之，投资如此之大的湖南现代林业建设工程必将带动湖南新型工业化的发展，促进富民强省战略早日实现，增加地方税收，带动和促进地方经济的全面可持续发展。

（4）改善人居环境。森林、湿地景观和生态环境与生态状况的改善，为湖南乃至长江下游流域人们的生产、生活提供了更好的场所，从而提高人们的生活质量，促进人类健康。与此同时，长江与珠江防护林体系的建成，将有效地抵御自然灾害，减少或缓解暴雨、泥石流、干旱、森林火灾、森林病虫害等自然灾害对人民生命财产的威胁，维护人民群众正常的生产、生活秩序和安定团结的社会局面，为构建和谐社会作出贡献。

（5）提高干部群众的生态意识，提升林业的社会地位。生态文化休闲工程作为生态文明建设的重要载体，对促进生态文化的传播有重要意义。在其工程实施的过程也是一个宣传教育的过程，通过项目建设，不仅有效地提高项目区广大干部群众的生态建设意识、环境保护观念，同时也培养和锻炼了一大批林业专业技术人员，提高了他们的专业技术水平，而且通过项目招投标、施工监理等一系列先进管理手段、先进管理经验的引入，从根本上改变区域林业生产和管理的综合水平，同时也使林业的社会地位得到提高。

3. 经济效益分析

（1）直接经济效益。五大林业产业工程、三大生态文化休闲工程的完成主要以产生经济效益为主，如森林和湿地生态旅游工程实施后将使旅游经营收入从目前的年25.7亿元增加到100亿元，净增74.3亿元；林产工业工程实施后，林产工业年总产值达到300亿元。至项目期末，将使湖南省速生丰产林基地面积增加至200万公顷，也将产生巨大的经济效益。

其次，四大森林生态建设工程中的低产林改造、森林抚育等，在间伐抚育、更新采伐中也可以产生一定经济效益。生态文化工程中的生态教育基地建设等通过收取门票，也可获得一定经济效益。

（2）间接经济效益。间接经济效益包括水土保持效益、林木储备效益、水储备效益、防护功能效益、保护生物多样性效益、风景旅游效益、控制生物灾害等等的效益，目前尚难货币化。

4. 效益总体评价

湖南省在进行现代林业建设中，通过全面实施四大森林生态建设工程、五大林业产业工程、三大生态文化休闲工程及相关的科技支撑与基础设施建设，将为湖南省建成比较完备的林业生态体系、发达的产业体系与繁荣的生态文化体系，在中部崛起中奠定重要生态基础，为完成省委、省政府领导明确指示“保持青山绿水，提高森林覆盖率”是湖南全面落实科学发展观的四条底线之一，为建设空气清新、环境优美、生态良好、人与自然和谐、经济社会全面协调可持续发展的生态湖南奠定基础。工程将产生巨大的生态、社会、经济效益，推动整个湖南省经济社会的快速发展，从而为湖南提前基本实现“三化”进程、实现省委提出的富民强省战略作出行业示范与带头作用。

第五章　湖南现代林业发展生态和文化体系关键技术

第一节　山丘区林业生态工程关键技术

山丘区林业生态工程关键技术主要包括退耕还林、岩溶区石漠化、矿区及废弃矿（以下简称矿域）综合治理等三项工程治理技术。由于这些林业生态工程和早已实施的长江、珠江一二期防护林体系建设工程、“三难地”造林绿化工程都涉及有中低山封山育林或低质低效次生林改造两大技术，特将该两项技术单独列出。

一、退耕还林技术

湖南是一个生态环境比较脆弱的省份。由于历史、人口、自然等因素的综合影响，全省水土流失面积达4.7万平方公里，年流失量1.67亿吨，特别是湘、资、沅、澧及其支流上游地区陡坡垦殖，水土流失非常严重。根据各市、州政府2001年上报数据，全省坡耕地总面积为144.3万公顷，其中6°~15°坡耕地42.3万公顷，15°~25°坡耕地52.8万公顷，25°以上陡坡地及急陡坡耕地49.2万公顷。另有沙化耕地8.2万公顷。全省规划2001~2010年退耕还林166.7万公顷，占全国总任务的12.6%，其中退耕还林93.3万公顷，宜林荒山造林73.3万公顷。主要是集中规划治理湘西地区和湘、资、沅、澧“四水”流域生态脆弱区的水土流失。2000年湖南省在永顺、沅陵、桑植、隆回4县开展退耕还林工程试点，2001年试点范围扩大到24个县（市、区），2002年在全省铺开。至2005年，全省完成任务112.87万公顷，其中退耕还林49.73万公顷，宜林荒山造林59.13万公顷，封山育林6万公顷。覆盖112个县（市、区、场），退耕农户288万农户，计1069万人。退耕还林的实施，已取得明显的效果，成为名副其实的“民心工程”“富民工程”“德政工程”和生态工程。但仍存在一些问题，主要是重退耕地造林、轻荒山荒地配套，重工程造林、轻管理，重眼前利益、轻长远利益，重钱粮兑现、轻抚育管理的“四重四轻”现象尚未得到改变；经济林比例普遍不到20%，且良种应用上随意性大，不注意推广新技术、新成果；纯林比例偏大，个别树种造林比例偏大，有的比例达50%以上，且纯林多；少数农户在退耕造林地继续间种经济作物或粮食作物，影响造林成活率和保存率；有的农户不注意防火，引发火灾，造成严重损失。

（一）退耕还林范围与经营方针

退耕还林范围：一是水土流失严重地区；二是沙化、盐碱化、石漠化严重地区；三是生态地位重要、粮食产量低下而不稳定、江河源头及两侧、湖库周围的陡坡地以及水土流失和风沙危害严重等生态地位重要区域的耕地，应当在退耕还林规划中优先安排。荒山荒地造林是退耕还林工程的重要组成部分，在退耕还林的同时，要保质保量完成相应的造林任务。

退耕还林坚持生态效益优先，注重经济与社会效益。与传统林业相比，实行“三增三减”方针，即大幅度增加混交林比例，减少纯林比重；大幅度增加阔叶林比例，减少针叶林比重；大幅度增加生态林比例，减少经济效益为主的林分比重。对少数以经济效益为主的造林地段，应实行严格的立地、遗传、密度控制为主体的集约高效经营模式。

（二）合理确定林种比例

退耕还林的林种主要包括生态林和经济林。生态林是指工程造林中营造以减少水土流失和风沙危害等生态效益为主要目的的林分，主要包括水土保持林、水源涵养林、防风固沙林等。经济林是指营造以生产果品、食用油料、饮料、调料、工业原料和药材等为主要目的的林木。退耕还林应坚持以生态效益为主，同时考虑农民的经济收入，以巩固生态工程成果。国家安排生态林应占80%，经济林占20%，各县（市、区）应按比例实施。

（三）树种选择

水土保持林应选择适应性强、生长旺盛、根系发达且对土壤固着力强，具有耐瘠薄、抗干旱，有较大容水量和透水性强的树种；水源涵养林应考虑树体高大、树冠浓密、生长稳定、抗性强、林内枯枝落叶多且易分解、根深、根量多且根域广等特点。同时考虑各树种的适宜酸碱度（pH），大多数针叶树种适应于pH值在3.7～4.5的立地中生长，大多数阔叶树种能适应于pH值在4.9～6.9的立地中生长，pH值大于8.5的立地多数树种难以生长。主要分以下四类［或因地制宜按模式安排（表5-1）］：

表5-1 典型实用模式

编号	模式名称	实用范围	配置
01	一坡多带经济林模式	永顺县等大坡面型的坡耕地和荒芜油桐林地	滞留面树种：杉木、马尾松、枫香、桤木、酸枣等；经济林树种：柑橘、橙、板栗等。株间混交1∶1
02	杉竹混交模式	怀化市等板页岩发育的土壤	3杉+1竹
03	林药栽植模式	龙山县洗洛、茅平、西湖、石牌等乡镇	杉木混栽香椿、檫木，日本落叶松混栽马褂木、檫木，按7∶3不规则混交；可在树木未成林郁闭之前，栽培百合、天麻、黄连等名贵药材
04	一坡三带生态经济模式	保靖县等25°以上的退耕地	按“坡上生态林、坡下经济林”配置，主要树种以杉木、马尾松、柏木、枫香、桤木为主，坡上带面配置银杏、酸枣、板栗等，坡下的缓坡及坡脚带面配置秋季水果
05	针阔混交林模式	湘西自治州	以乡土树种为主，引种楠竹、水杉、池杉、桤木、紫荆为辅，实行乔、灌、草结合，针阔混交比例7∶3，混交方式采取块状、带状、行状或不规则状近自然混交，形成高、中、低三层结构
06	松竹混交模式	古丈县等	马尾松与楠竹混交，混交方式为不规则混交，混交比例为9松1竹
07	杉阔混交模式	会同县等	杉木与枫香、拟赤杨、桤木、南酸枣、香椿、樟树、银杏、榉树、鹅掌楸、楠木、刺楸、木荷、灯台树、檫木、白玉兰、红花木莲等阔叶树混交

续表

编号	模式名称	实用范围	配置
08	柏木 + 阔叶树混交模式	沅陵县等坡度大，植被破坏严重，极易造成水土流失的紫色页岩、石灰岩发育的较贫瘠的土壤	柏木与槐树、枫香、栎类、南酸枣、木荷、樟树等
09	桤木纯林模式	自治州龙山县等石灰岩发育、坡面较完整，土层较深厚的立地	穴垦和坡改梯营造纯林
10	经济林 + 草复合经营模式	花垣县等	核桃、板栗、枣子、梨等，林下间种红三叶、白三叶、黑麦草等
11	金银花林药栽植模式	隆回县等中低山地区	杉木 + 金银花、梨 + 金银花（雪花皮）、金银花 + 雪花皮、厚朴（黄柏、杜仲） + 金银花等
12	马阔草复层模式	绥宁县等花岗岩、板页岩为母质发育而成的中等肥沃土壤，但不适于石灰岩立地。	马尾松 + 阔叶树 + 牧草，阔叶树选择刺楸、拟赤杨、楠木、樟树、榉木、木荷等，混交比例 7∶3，采取不规则混交，林下混种白三叶、黑麦草
13	毛竹纯林模式	城步苗族自治县等楠竹产区	实生苗或挖母竹造林
14	湿地松 + 阔叶树混交模式	宁远县丘陵区四纪红壤立地类型	湿地松 + 枫香（樟树、杜英等），采用块状混交方式造林
15	经济林纯林模式	浏阳市等油茶产区	油茶优良无性系和杂交组合营造纯林
16	经济林 + 药用林模式	双峰县等	油茶良种 + 黄栀子，短期内收获黄栀子，待油茶盛产，去黄栀子保油茶
17	阔叶树 + 阔叶树模式	江永县等适合桉树生长的地区	桉树 + 酸枣、桉树 + 香椿（桤木、樟树）
18	桤木、杨树等生态经济型纯林大块状混交复合经营模式	华容县等退田还湖区高滩地或台地	杨树纯林、桤木纯林或块状混交林，林下可间种瓜菜及其他季节作物或蔬菜

A 类，生态林主要乔木树种：火炬松良种、湿地松良种、华山松、日本落叶松、马尾松良种、杉木良种、柳杉、水杉、池杉、秃杉、墨西哥柏、藏柏、麻栎、栓皮栎、青冈栎、四川桤木、台湾桤木、木荷、青檀、杜英、山杜英、南酸枣、刺槐、喜树、香樟、黄樟、楠木、檫树、檀香、木莲、火力楠、乐东拟单性木兰、乐昌含笑、观光木、臭椿、鹅掌楸、杂交马褂木、红锥、锥栗、栲树、石栎、杨树优良无性系、刺楸、榉树、枫香、阿丁枫、拟赤杨、桉树、槭树、榆树、槐树、银杏、毛竹、麻竹、慈竹、香椿、女贞、蓝果树、重阳木、红豆杉、皂荚、虎皮楠、珙桐、银鹊树、椴树、苦楝、朴树、合欢、翅荚木、泡桐、石楠、香果树、红椿、杨梅、八角、栾树等。

B 类，生态林主要灌木树种：茅栗、野山楂、冬青、化香、白檀、海棠、蔷薇、山胡椒、山苍子、乌药、报春、盐肤木、夹竹桃、三棵针、黄荆、杜鹃、山茶、锦鸡儿、绣线菊、车桑子、余甘子、马桑、胡枝子、黄栀子、金银花、山葡萄、野葛、火棘、紫穗槐、金樱子、绣球、刺五加、木槿、茉莉、十大功劳等。竹类有苦竹、铺地竹等。

C 类，生态林和经济林主要兼用树种：油茶良种、化香、黄檗、油桐、核桃、山核桃、乌柏、枣树、板栗良种、柿树、茶叶、桑树、漆树、花椒、杜仲、厚朴、山茱萸、香榧等。

D类，经济林主要树种：柚、橙、枇杷、猕猴桃、树莓、梨树、杏、桃、李、梅、葡萄、石榴、黄柏、樱桃等。

（四）造林密度与灌草盖度

1. 造林密度

乔木树种营造生态林密度应在1500株/公顷以上，竹类应在525株/公顷以上；灌木营造生态林应在2250株/公顷以上；以生态效益为主的兼用树种的造林密度应达到《造林技术规程》要求。

2. 树种比例

混交林树种比例要保证目的树种占优势，一般30%以上。立地条件差，比例可大些，并可以灌木为主；水土流失大的地区，加大灌草比例；地形破碎的山地，采用局部造林法，形成人工林与天然团块状镶嵌的混交林。

3. 营造生态林乔、灌、草比例

乔灌树种营造纯林或混交林，根据树种比例乘以规定的密度来确定各树种株数的下限；乔灌树种与草进行乔草、灌草以及乔灌草混交，若当年草的盖度大于0.2，各树种的密度下限不得小于规定的造林密度的90%。经济林树种与灌草混交，当年灌草盖度不得小于0.2。

4. 营造经济林乔、灌、草比例

营造纯林或混交林，根据各树种比例乘以规定密度来确定各树种的株数下限；经济林主要树种虽然与灌草混交，但当年灌草盖度小于0.2。

（五）整地造林

整地均采用局部整地法，禁止采用全垦整地，且不破坏原有植被。整地以穴垦为主，辅以坡改梯和带状整地。坡度25°以下，坡面完整，面积较大，采用坡改梯，坡面向内倾斜3°~15°反坡，宽1~3米，长度不限，每隔一定距离作土埂，预防水流汇集，横向比降保持在0.1%。挖穴有三种规格，大穴80厘米×80厘米×60厘米，中穴50厘米×50厘米×40厘米，小穴40厘米×40厘米×30厘米，上下穴与穴之间形成“品”字形排列，以利蓄水保土和充分利用空间与阳光。

（六）配置模式

退耕还林地指坡度在26°以上的坡耕地。根据湖南实际情况，坡度在26°以下的坡耕地，也有相当部分实行退耕还林。其中6°~15°的缓坡地，立地条件好，应选择经济生态复合型模式，经济效益兼顾生态效益。16°~25°的斜坡地和26°~35°陡坡地，选择生态经济型造林模式，即生态经济效益兼顾，如乔灌草、林药、林经、林果混交模式等。35°以上的急坡地，突出生态效益，选择生态型模式，如退耕还林还草的林草模式等（典型实用模式见附表5-1）。

（七）经营管理措施

造林后应立即划分管理责任区，明确管理单位、人员、资金、产权；明确林业站、村组以及退耕户的责、权、利，严防牲畜危害和火灾。如划为封山育林区，则按中低山封山育林相关要求进行科学管理。生态林经营主要是利用自然地力形成和恢复林分植被，造林后除必要的蔸抚和补植外，禁止采取大面积的复垦、松土、间种作物、割灌、除草等抚育措施。经济林采用嫁接苗、大苗、名特优苗等，造林后可进行局部复垦、松土、施肥等集约经营措施，同时采取林草间作和建立生物埂等以保持水土。

二、岩溶石漠化综合治理技术

湖南石漠化地区主要集中分布在武陵山岩溶山区和湘南、湘中岩溶丘陵区，即涟源、邵阳岩溶盆地区和郴州、永州岩溶山地丘陵区，面积达1478860.2公顷，居全国第四位。石漠化分布于86个县（市、区），其中包括20个国家级贫困县和18个省级贫困县。按地类分布，林地1296699.1公顷，占石漠化土地面积87.7%；耕地占8.1%，牧草地占0.2%；水利用地占4.0%。在林业用地中，有林地296305.2公顷，占石漠化土地面积20.0%；疏林占9.6%；灌木地占31.7%；未成林地占16.2%；无立木林地占4.6%；宜林地占5.6%。此外，全省还有紫色岩石漠化面积328639.4公顷，其中林业用地314686.6公顷，占95.8%；耕地及未利用土地占4.2%。紫色岩石漠化土地主要分布在衡阳盆地和沅陵至泸溪一带。治理重点及方针与退耕还林基本相同。

湖南省石漠化面临的主要问题是开垦种粮，水土流失。由于可耕土地十分有限，石漠化区群众为解决温饱问题，常在坡度26°以上的林地毁林开垦。有些山地年年造林不见林，陷入了“越垦越穷，越穷越垦”的恶性循环，水土流失加剧。加之放牧、火烧、工矿建设和工业污染、植被破坏，岩溶石漠化日趋严重。石漠化还影响周边地区经济发展，直接威胁下游江汉平原的生态安全。

（一）人工造林

1. 范围

对轻度、重度石漠化中的无林地、宜林地和部分未利用地，可实施人工造林，营造生态林或生态型经济林，以恢复植被，并纳入封山管护范围。

2. 树种选择

湘西片：可选择圆柏、火炬松、马尾松、柳杉、麻栎、白栎、栓皮栎、女贞、枫香、臭椿、刺槐、桤木等乔木树种以及香樟、杜仲、酸枣、乌桕、漆树、桑树、盐肤木、刺梨、桃、李、板栗、竹类、化香、紫穗槐、金银花、杜鹃等生态经济树种。湘南、湘中片：可选择圆柏、火炬松、柳杉、麻栎、白栎、栓皮栎、女贞、臭椿、刺槐、苦楝、桤木等乔木树种；油茶、杜仲、乌桕、漆树、桑树、盐肤木、梨、桃、刺梨、紫穗槐、金银花等生态经济型乔灌木树种。紫色页岩区：可选择马尾松、湿地松、中山柏、墨西哥柏、铅笔柏、藏柏、柏木、杉木、光皮桦、臭椿、刺槐、乌桕、桃、李、柑橘、枣树、马桑、紫穗槐、夹竹桃、杜荆、黄荆、象草、草木樨、芦竹、香根草、马鹿花、白三叶、红三叶、木豆等生态经济型乔灌树种及草种。

3. 整地和造林

（1）良好的局部整地是石漠化和紫色页岩区造林成功的关键。要利用非常规方法整地，不全垦、不炼山，视立地情况和坡度大小，采用品字形鱼鳞坑、品字形大穴或坡改梯等。坡度小于25°的坡耕地，采取建生物埂、筑沟头埂等改良措施，坡改梯，进行等高耕作。坡度在10°左右的坡耕地，在坡面作成一道道顺等高线的沟和垅，沟垅内种植作物，以改善生产条件。紫色岩区采用上挖、下堆、交错式竹节沟、小谷坊、也可以品字形鱼鳞坑或者品字形大穴等，并尽可能保留原生植被，坑内施放农家肥。

（2）控制密度。因树种、林种、草种而异，不强求一致，也可采用“见缝插针”的方式，苗木最好用营养袋苗或容器苗，石缝、石隙采用种子直播。立地条件好，乔木树种（用材林、经济林）可营造纯林或混交林模式；立地条件中等，采用乔灌草、乔草、灌草等混交模式；立地条件差的可采用灌草混交或草类混交模式。紫色岩区采用以草“造”“补”“封”相结合的造林技术。

（3）造林时间最好选择冬春阴雨天，造林做到苗正根舒、土压实，造林后坑面覆盖杂草、枯枝或薄膜，减少水分蒸发（典型实用模式见表5-2）。

表5-2　典型实用模式

编　号	适应范围	模　式
1	湘西轻度石漠化地区	毛竹×桤木（2∶2）+金银花（零星栽植）
2	湘西轻度石漠化地区	枫香×马尾松截根苗（1∶3）+竹（零星栽植）
3	湘西轻度石漠化地区	柳杉×马褂木（1∶3）+五倍子（零星栽植）
4	湘西轻度石漠化地区	香椿×石楠（1∶2）+金银花（零星栽植）
5	湘西中度石漠化地区	马尾松×枫香（3∶1）+马桑+金银花（零星栽植）
6	湘西中度石漠化地区	酸枣×马尾松（1∶3）+火棘（零星栽植）
7	湘西中度石漠化地区	马尾松×刺楸（2∶2）+山苍子（零星栽植）
8	湘西高度石漠化地区	马尾松×麻栎（2∶1）+金银花（零星栽植）
9	湘西高度石漠化地区	黄檀×柏木（2∶1）+化香（零星栽植）
10	湘西高度石漠化地区	枫香×板栗（1∶2）+金银花（零星栽植）
1	衡阳市紫色页岩区	芦竹+马桑+柏木
2	衡阳市紫色页岩区	芦竹+马桑+刺槐
3	衡阳市紫色页岩区	芦竹+刺槐+枫香
4	衡阳市紫色页岩区	芦竹+刺槐+湿地松
5	衡阳市紫色页岩区	芦竹+夹竹桃+刺槐+柏木
6	永州市紫色页岩区	草木樨+黄刺+刺槐
7	永州市紫色页岩区	刺槐+中山柏
8	永州市紫色页岩区	墨西哥柏+马桑
9	永州市紫色页岩区	南酸枣+刺槐
10	永州市紫色页岩区	湿地松+刺槐

（二）封山管护

对于岩溶地区的林分状况好、生态质量高的有林地、灌木林地、植被综合盖度50%及未成林造林地，可实施封山管护，以减轻或解除生态胁迫因子，使现有植被朝顶极群落演替。对石漠化中的有林地、疏林地、灌木林地、未成林造林地和潜在石漠化区中的有林、灌木林地实施封山管护，严禁采伐。

（三）封山育林

对于岩溶地区的无林地、疏林地和植被综合盖度小于0.5的低质低效有林地、灌木地及部分困难用地，按中低山封山育林技术组织封山育林，以增加森林植被，提高林分质量，改善生态状况，提高生态效益。

（四）林分改造

经济条件允许及对生态景观要求高的城郊和风景区，可采取工程治理与生物治理相结合的模式，以改善其生态状况。

（五）小型水土保持工程

充分与封山育林、人工造林、坡改梯相结合，以及投资小、见效快的保水保土工程相结合，合理布设各类拦、蓄、积、灌、排工程。

（六）开发农村能源

（1）沼气池建设坚持以三结合（厕所、猪舍、沼气池）为主，以沼气为纽带，因地制宜推广和完善“猪—沼—果”“猪—沼—粮”“猪—沼—菜”等模式，改变农村沼气池建设单纯解决生活用能观念，向沼气综合利用转变。

（2）推广节柴灶，减少木质能源消耗、降低人为植被破坏。

（3）充分利用区域内太阳能资源，降低木质能源的消耗比例。

（4）调整产业结构和做好生态移民与扶贫开发。

（七）加快绿化和林业产业的发展

人居环境的建设和绿化美化，应摆在岩溶石漠化地区生态建设的重要位置，与此同时要大力提升并发展特色林业产业，扩大规模效益，提高林业产业对农村和农民的贡献率。

三、矿区及废弃矿植被恢复与生态重建技术

湖南矿产资源丰富，主要分布于湘中、湘南和湘西，分布面积达4.8万公顷，矿种较多，全国已发现的140余种中，湖南就有134种，其中已探明储量的有83种，是全国矿产品种较多的省份之一。目前，探明储量的有色金属中，锑的储量属世界首位，钨、铋、独居石等名列全国榜首，铅、锌的储量也很丰富。由于矿山开采而引起的生态环境问题，已成为当前所面临的紧迫任务之一。矿区的植被恢复和生态重建，旨在控制采矿业的环境污染，使部分土地恢复、并服务于一定的经济目的。这对于持续发展采矿业和农林业，建设美好的矿区生态环境，都有着深远意义。

矿区及废弃矿带来的问题：①生态景观遭到破坏。矿地开采后，植被消失，山体遭破坏，矿渣与垃圾堆置，最终形成一个与周围环境完全不同甚至极不协调的外观。②土壤基质被污染。高含量重金属与强酸度通常是植物在矿地定居的最大限制因子。③土壤结构变差，养分缺乏，地下水和下游水质受到影响。基质中的重金属与一些有机化合物等有害物质会随雨水渗入到地下水，污染饮用水和毒害底栖生物。④生物多样性锐减等等。

（一）矿区分类与矿地立地分类

（1）对全省矿区进行生态分类、破坏程度分类、经济社会背景分类等，建立技术经验评价模式，并拟定矿区及废弃矿治理的中长期规划，制定植被恢复5年计划。同时在全省不同类型矿区及废弃矿中选择若干个植被恢复模式矿点。

（2）在上述植被恢复模式矿点中，进行立地分类，将矿点立地质量划分为：石、碎石、沙石、渣、塌陷地等不同“矿地立地类型”。然后根据经济和人力资源制定分期表土工程计划。表土工程包括工程措施和生物措施。工程措施如修建排水沟，上游排水，以防止地表径流冲刷；或修建石坊，下游砌石坊、石墙以挡土护坡；生物措施即选择适宜不同矿地立地类型的树种草种，采用不同配置模式栽植，使植被迅速得到恢复。

（二）地表植被恢复与土地复垦

1. 植被恢复布局

（1）划定永久性绿地和林带（林网），包括主要分布在离矿区公路、铁路、工业广场和建筑用地100~200米的平台，或者坡度大于5°以上地区，以及工矿区周围山丘等。

（2）划定最终耕地和过渡性乔、灌、草绿地。这些地段大多平坦、开阔、土层深厚，易于耕种，可考虑最终恢复成耕地。但考虑到矿区破坏土地初期非均匀沉降，尤其是水土流失和水分无效损失（包括地表径流、深层下渗和地表蒸发）及土壤贫瘠等，无法在短期内进行农作物栽培，可暂作林业用地，当复垦土地基本稳定，水土流失基本控制及土壤肥力提高后，除保留必要的矿区林网外，绝大部分地块可逐步转为耕地，并采取相应的技术和措施。

2. 土地复垦

（1）水土流失区土地复垦。雨季露天开采和废石渣的随处堆放，常引发洪流，大量土壤被冲刷，造成水土流失。可在山地边坡上每隔0.5米挖一个1.0米×0.8米×0.5米长的鱼鳞坑，以涵养水分，利于土壤、有机质和腐殖质的积累，使一些植物和菌类生长繁衍，还可在矿区丘陵或山地边坡根据山坡走向，修造梯田，营造经济林，间种经济作物。

（2）煤矿区（煤田）土地复垦。可利用电厂粉煤灰充填进行复土造田治理；煤矿附近地势较平坦地区，可用煤矸石充填进行覆土造田；对于坡度大于15°的土地，营造用材林和绿化林。

（3）矿石和矿渣堆积区植被恢复。采取挖50厘米×50厘米×40厘米的中穴，填满客土，大型容器苗人工造林，2年后在碎石、矿渣表面铺一层20厘米客土，促进灌木类与草本植物的恢复。

（4）塌陷区土地复垦。塌陷区不宜作耕地，但水量充足，可进行蓄水养鱼，或建立蓄水库作为灌溉水源，或建立森林生态旅游景区。对于非积水塌陷区，地形起伏较大，凹凸不平，耕作不便，可采取异地取土填平，使之恢复为耕地，也可用于造林。

（5）重金属污染区土地复垦。对重金属重度污染的土地，可利用植物的积累或超积累功能，将土壤、水中的重金属吸收、分解、转化或固定，富集并转移到植物根部的可收割部分或枝条部分。重金属轻度污染的土地，可通过培肥降低重金属活性，对其进行整合固定，减少重金属被淋滤到地下水或被农作物吸收，这类土地也可用来营造风景林。

（三）植物材料选择

植物选择应符合生态重建目的，要求生长快、适应性强、抗旱耐湿、抗污染、抗倒伏、耐石质、耐瘠薄。抗病虫害等，尽量选择固氮植物和乡土先锋植物，适当引进外来适宜的植物。同时考虑生态、经济、社会三个效益和植物的多功能性。根据湖南矿区特点，应选择的树草种：

（1）草本类：灯芯草、小灯芯草、商路、东方香蒲、东南景天、鼠菊草、木贼、芦苇、麦叶雀稗、狗牙根、五节芒、类芦、香根草、马鞭草、紫花苜蓿、拟高粱、黑麦草、苇状羊茅、白三叶、红三叶、结缕草、鸡脚草和多年生黑草等。

（2）地被类：满天星、大叶红草、沿阶草、五色梅和美人蕉等。

（3）灌木类：杜鹃花类、红花檵木类、黄金叶、黄杨类、双色茉莉、扶桑类、山茶花、山芋麻、罗汉松、海桐球、冬青、金叶女贞、红叶小蘗、火棘、栀子花、含笑、木兰、七里香、夹竹桃、山麻杆、油茶、胡枝子、紫薇、碧桃、石榴、木芙蓉、白檀和铁树等。

（4）藤本类：爬山虎、紫藤、迎春花、月季等。

（5）棕榈类：棕榈、棕竹等。

（6）竹类：毛竹、方竹、慈竹、刚竹、雷竹、旱竹、黄金间碧玉竹、青皮竹、绿竹、麻竹、观音竹、苦竹等灌木竹类和铺地竹类等。

（7）乔木类：马尾松、湿地松、火炬松、雪松、金钱松、乌柏、榉木、枫香、杜英、山杜英、女贞、苦楝、天竺桂、银杏、木荷、深山含笑、香樟、红花紫荆、广玉兰、白玉兰、紫玉兰、桂花、柳树、水杉、池杉、杨树、臭椿、刺槐、构树、翅荚木、白蜡、柏木类等。

（四）培育壮苗

在确定林种与树种选择基础上，准备种植材料。坚持使用良种壮苗，或者带土移栽大苗和使用容器苗等。

（五）整地和土壤处理

根据矿区及废弃矿的特殊立地条件，造林前的整地一般采用非常规措施。如工程整地，并对土壤进行物理处理、化学处理等。填客土、施基肥也是非常重要的。施肥应考虑垃圾堆肥、有机专用肥、绿肥等，通过不同措施，改善土壤微生物活性，提高林草成活率、保存率和生长量，确保矿区植被恢复和生态重建获得成功。

（六）确定造林绿化模式

根据不同类型矿区、不同矿地立地类型、矿区地面垫土工程经济投入情况及市场需求等，选用不同植被恢复模式或组合。可采用混交方式营造用材林、风景林、特用经济林等、或营造矿区森林公园、植物园、果园等，或采用林农、林药、林草等多种混种模式，还可以构建矿区、居民区、文化区、复垦区的道路林网优化模式等。

（七）管理与可持续经营

1. 建立专门的管理机构

由湖南省国土局和环保局牵头，各有关部门配合，专门成立“矿区生态环境修复”的管理机构，负责矿区生态环境修复法律法规的制订、治理规划审批、组织治理实施、监督检查等工作，并划定治理界限和管理责任。

2. 按制订的法律法规要求，明确治理措施

按制订的法律法规要求，明确治理措施，原破坏的由国家和省通过适当的方式组织治理，法规颁布后的生态环境破坏行为由矿山企业负责修复。并充实“开采许可证”内涵，增加矿区环境治理内容，制定严格的规章制度。

3. 制定宽松的治理政策和奖罚制度

制定宽松的治理政策和奖罚制度，充分调动矿区干部职工及矿区周围群众对矿区生态环境修复的积极性和主动性。

4. 制定严格的生态修复技术标准

研究植被恢复与生态重建的理论和技术，制定严格的生态修复技术标准。并建立试验、示范、推广样板，以点带动矿区的治理工作。

四、中、低山封山育林技术

封山育林是利用林木自然繁殖能力，加以人工辅助恢复森林的措施，即把荒山、迹地、疏林、灌丛等宜林地划界封禁，限制开垦、采樵和放牧，禁绝山火，利用林木天然下种及根际萌芽，通过人工定向培育成林的方法。湖南省封山育林有着悠久的历史，20 世纪 50 年代，每年封山育林面积 6.67 万 ~40 万公顷，60 年代 26.2 万 ~91.3 万公顷，70 年代 155 万 ~185 万公顷，80 年代 192.4 万 ~277 万公顷，80 ~90 年代每年都在 86.7 万公顷以上。1986 年，省政府提出发展湖南林业实行“以封为主，封造结合”的营林方针。1989 年，省委、省政府作出“五年消灭宜林荒山，十年绿化湖南”的决定，把“以林为主，封造结合”作为营林方针写入决定内容。1990 年，省林业厅组织专家制订了《封山育林技术规程》，并由省标准局颁布实施。封山育林普遍形成针阔混交林，在涵养水源、保持水土、改善土壤结构和生态环境等方面具有人工林不可替代的作用，封山育林成本低，仅为人工林的 1/6 ~1/10，节省了劳动力，扩大了生产门路，解决

了农村用材和炕柴困难。但由于对封山育林的意义认识不足，封山育林地位不高，使部分封山育林流于形式，效果欠佳。

（一）封山育林条件

具备下列条件之一者，可列为封山育林：

（1）每公顷有松类幼树 900 株以上，或阔叶树幼苗、幼树 600 株以上的林地。

（2）每公顷有较均匀分布的松类母树 60 株，或可以从侧方天然下种和自然繁殖能力强的阔叶树 90 株以上的荒山迹地。

（3）有萌芽、萌蘖力强的伐根，每公顷针叶树 1200 个以上，或阔叶树 900 个、灌木丛 750 个以上，并有培育成林希望的荒山、迹地。

（4）郁闭度 0.1 ~0.3 的天然乔木树种（包括幼林），并有培育希望的荒残林地。

（5）分布有珍贵、稀有树种，经封育可望成林的林地。

（6）人工造林难以成林的高海拔地带（海拔 1200 米以上）、陡坡、岩石裸露地、水土流失区，通过封育可恢复灌木、灌丛、草类混生植被的荒山荒地。

（二）封山育林成林标准

具备下列条件之一者，可认定达到封山育林标准：

（1）林分郁闭度达到 0.4 以上。

（2）马尾松每公顷株数山区 3620 株以上，丘陵区 8000 株以上。

（3）杉类每公顷株数山区 2000 株以上，丘陵区 2350 株以上，慢生阔叶树（如樟树类、楠木类、椴树类和栎类）每公顷株数 2350 株以上，中生阔叶树（如檫树、桦木类）每公顷株数 1180 株以上，速生阔叶树（如泡桐、枫香、杨树）每公顷株数 150 株以上；毛竹林每公顷株数 750 株以上或杂竹林 1500 株以上；且分布比较均匀。

（三）封山育林规划范围

封山育林规划范围包括：

（1）在土地利用区划的基础上，对林业用地内的适宜或需要封山育林的山地进行规划设计。

（2）具备人工造林条件，又有能力实施的地方不要划为封山育林地；凡有封育条件，且荒山多、劳力少的地方，以及保留珍稀树种、物种的地方，应优先规划为封山育林地；主要是湘、资、沅、澧四水、珠江发源地及其两侧各 500 米以内、各江河支流两侧各 250 米以内，大中型水库周围山地第一层山脊线以内可以引起水土流失区、陡坡、险坡山地，岩石裸露地等，这些立地凡具备封育条件的，必须规划为封山育林地。封山育林面积应相对集中连片，山区最小面积 20 公顷以上，丘陵 5 公顷以上。

（3）规划设计前对本县范围内计划为封山育林区的山头、地块进行全面踏查，了解林地内的植被、母树、萌芽蔸、土壤、社会状况，提出可行性调研报告，正确确定封山育林对象，林种区划主要有水源涵养林、水土保持林等。

（四）封山育林方式

根据林分起源、树种和当地的社会经济条件，确定封育方式：

1. 全封

属边远山区、四水上游、水库集雨区、水土流失严重地区实行全封。未成林封山育林地，原树种、物种资源偏少的，也应实行全封，同时补以必要的局部人工补植、补播措施。在封山育林期间，绝对禁止上山砍树、修枝、割灌、放牧、扒取枯枝落叶、挖树根、烧荒铲草皮、烧炭、采松脂和挖药材等一切人为活动。对于自然保护区、森林公园、飞播林、国防林、试验林、母树林、环保林、风景林、名胜古迹和革命圣地林等特用林，以及水源涵养林、水土保持林等均可采用全封。

2. 半封

为季节性的封山育林。林地目的树种较多，生长旺盛，与林下植被有明显层次的封山育林地，可以采取半封。

3. 轮封

为轮流封禁达到封育成林。在当地群众生产、生活能源困难，又无其他途径解决的地方，有计划、有指导地定期开山割草砍柴，按指定地点、指定割灌种类，结合进行抚育，同时严禁砍伐目的树种，保护幼树。可以将整个封育区划片轮封，有计划地供群众采樵，其余一律封禁，轮封间隔期一般为 3 ~5 年。

（五）封山育林的育林技术

1. 抚育管理

（1）土壤管理。包括土壤蓄水和松土除草。坡地修筑控截径流的蓄水沟（坑）与拦水埂等蓄水工程，或采用坡面集雨措施集纳降水，增加土壤的蓄水能力，促进植被恢复与生长。松土除草一般在封育区的目的树种的幼树幼苗或补植补播的幼树幼苗周围进行，以防杂草影响林木正常生长。

（2）树体管理。包括间苗、除蘖、定株和平茬复壮。对封育区内天然更新过密的幼苗要进行间苗，对萌芽、萌蘖过多的枝条进行除蘖。平茬复壮多用于灌木林封育，平茬后最好覆土，灌木平茬周期一般 3 ~5 年一次。

2. 补植补播

封育期间，对于封育区天然更新较困难地段或者大面积的无林地段，为加快林木生长和增加覆盖度，采用人工补植、补播乡土树种或适宜当地生长的优良乔灌木树种。补植苗一般用人工育苗（实生苗、扦插苗）或天然野生苗。补播则是在封育区适合人工播种造林的地段，用发芽能力强的乔灌木种子，进行人工补播。其方式可根据树种、封育区空隙地块的大小等灵活采用点播、穴播、条播及免耕直播等方式。如果有条件补植，就不采用补播方式。

3. 人工促进天然更新

一些靠天然落种繁殖更新的封育区，在母树种子成熟落种前，对落种区域范围进行带状或块状松土、除草，促进种子与土壤密切接触，促进其发芽长苗更新。如马尾松属此种类型。

4. 定向培育针阔混交林

即采用“留针补阔”或“留阔栽针”的办法，但要注意两个问题：①当郁闭度低于 0.4 或透光度大于 0.5 时，可直接采用补植造林更新法；②选择造林树种时，以选择耐阴、耐瘠薄的树种为宜，对少数阳性树种，要考虑造林地立地条件，如人工抚育期（一般 3 ~4 年内），树高生长能达到树冠层的树种也可以选择。

（六）管理措施

（1）封山育林是一项政策性、技术性比较强的系统工程，因此必须加强领导，及时建立管理体系，依法治林，经常积极宣传封山育林的重大意义和作用。

（2）确定封育组织和责任人，制定乡规民约，因地制宜地建立相应的责任制和建立交界单位联防制度，加强联防活动，促进封山育林成功。

（3）切实解决群众烧柴、放牧难的问题，如建沼气池、使用省柴灶、规范放牧措施和地点，落实护林资金。

（4）根据封山育林区的面积和外部环境，建立封山育林管护设施，在封山育林区的主要道路口，竖立标牌，说明四至界限，设立必要的人工防火线或隔离带，公布护林公约和护林防火责任人员等。认真做好封山育林区的防火和病虫害防治工作，设立护林瞭望台和护林哨所。

（5）在封山育林的调查、规划、设计等项工作中，按类型和小班及时记载封育措施和经营活动情况、检查验收、科学试验材料以及投入和产出情况等，并按国家规定的格式建立封山育林档案。

（6）强化科技支撑，建立示范样板，设立固定标准地及时进行观测记录和认真总结，树立先进典型，推广新技术、新成果，确保封山育林成功。

五、低质、低效次生林改造技术

天然林是中国森林资源的主体，为国家生态安全发挥着巨大作用。目前，天然林中绝大部分是次生林，因此，次生林经营应为森林经营管理的重中之重。由于次生林中有相当部分是生产力低下，经济和生态效益差的林分，这就更要引起人们对低质低效次生林改造的重视。湖南省天然林主要分布在南岭山区、湘中丘陵区、湘东幕阜武功山区、湘西北武陵山区和湘北洞庭湖区，面积达459.1万公顷（包括竹林），发展目标为500.9万公顷。天然林中，次生林面积占天然林面积的95%以上。专家分析，急需改造的低质低效次生林面积约占35%，即160.69万公顷。世界天然次生林每公顷平均蓄积达110立方米左右，我国天然次生林平均每公顷蓄积也有82立方米左右，而湖南省天然次生林平均每公顷蓄积量仅为37.9立方米，且多数结构差，生产力、林分郁闭度、生物多样性指数都较低，很难有效地发挥应有的生态效益。长江防护林体系建设，从改造低效林入手，一期低改面积达6.4万公顷。经过改造，进一步优化了林种、树种结构，提高了林分的防护功能和经济、生态效益，增强了人们对低质低效林改造的认识。但对低质低效次生林改造的理论研究却相对滞后，人们对低质低效次生林改造认识模糊。许多林区社会经济条件较差，用材、烧柴缺乏，造成林木过伐难于进行低改。部分林分立地条件太差。如石灰岩、钙质土、紫色页岩造林困难地，很易形成低质低效林。在低质低效次生林改造中，出现了毁灌木林和阔叶林造其他林、毁用材林造经济林两种错误倾向。

（一）改造的目的、类型及条件

1. 改造目的

提高生态公益林（防护林等）的复层郁闭水平，增加林下植被盖度，诱导形成结构复杂、功能多样的森林群落，从而减轻水土流失，提高其涵养水源能力和功能特性，增强森林的主导功能。

2. 改造类型

经营型低质低效次生林（原生型低效林不进行改造），包括四种类型，即：①经营粗放型：因过度过频采伐或干扰，导致地带性顶级群落或原始林逆向演递成的天然次生稀疏林，或经营管理粗放而形成残败林；②立地不适型：因造林没做到适地适树，造林树种或保留的目的树种选择不当而形成的老化林；③结构简单型：因经营管理不科学形成的单层、单树种、功能低下的林分；④自然灾害型：因病虫害、火灾等自然灾害形成的残林等。

3. 改造条件

具备下列条件之一者，可以进行改造。①林木分布不均，林隙多，郁闭度不到0.3；②年近中龄而仍未郁闭，林下覆盖度小于0.4；③单层纯林尤其是单一针叶树种纯林，林下植被盖度小于0.2，土壤结构差，枯枝落叶层厚度小于1厘米；④病虫害或其他自然灾害危害严重，病腐木超过20%。

（二）改造的关键技术与措施

1. 补植改造

适于经营粗放型的稀疏、残败林，根据林分内林隙（天窗）的大小与分布特点，采用不同补植方式。补植树种一般应选择耐阴性树种为主，如木荷、楠木、虎皮楠、闽楠、泡花楠等，壳斗科的青冈、栎属和栲属等树种最佳。

（1）均匀补植改造：适于林隙面积较小，且分布均匀的低质低效林。先清理造林环境，割除影响整地和幼苗生长的灌丛杂物，进行中小穴状整地。整地规格视其造林树种和苗木类型确定，补植密度也因地制宜，一般天然林补植1000～2500株/公顷，人工林补植1500～2500株/公顷。改造后形成人工与天然镶嵌分布的混交林群落。

（2）群团补植（局部补植）改造：适于林隙面积较大，形状各异，分布不均匀的低质低效林。利用生态位原理，选择适宜树种在林隙内栽植上述阔叶树或针叶树，形成0.5～1.0公顷的群团状林分，初植密度因树种而异，造林后进行除草松土等幼树管理，每年1～3次，连续3～5年。改造后形成与原有林分与人工栽植的群团林分镶嵌分布的复合群落结构。

2. 效应带改造

适于经营粗放型的天然次生林和结构简单的针叶纯林（如马尾松、杉木等）低质低效林。根据生态演递规律和生态位原理，在低效林内开拓效应带。带状改造选择在坡度较大、水土流失较严重的地区，带与等高线平行，效应带与保留带等宽。灌木林一般水平方向带状伐开4～5米，保留1～2米。阔叶树按横坡水平方向伐开10～15米，保留4～8米，带上栽植针叶树种，保留带上栽植阔叶树种为形成针阔混交林打下基础。

3. 综合改造

适于立地不适型和自然灾害型的低质低效林，采取带状和块状伐除不适树种和受害木，引进适宜树种培育混交林。一次改造强度控制在蓄积的30%以内。迹地清理后进行穴垦整地，整地规格视树种、林种而异。

4. 低效林带改造

（1）改造对象：①林木生长不良，达不到防护效益；②连续缺带20米以上；③树种结构或层次结构不良；④病虫危害严重，病腐木超过20%。

（2）改造方法：①择伐改造：主要适于缺株断带严重的林带，用大苗补植改造。②全带状林分改造：主要适于生长和结构不良、无成林希望、缺水少肥的“小老树”全带状林分。伐除非目的树木和病腐木，补植适宜树种，并通过引水灌溉、蓄水保墒、松土培垄等方法，促进林木生长。

5. 封山育林

实施“封山育林为主、辅之以人工措施”方针。凡适于封山育林的低质低效次生林，均可选择中低山封山育林方式、育林技术及管理措施，一般补植10株左右目的树种。实现其改造目的（典型低质低效次生林改造类型见表5-3）。

表5-3　典型低质低效次生林改造类型表

类型号	类型	林分特征	主要形成原因	改造措施与目标
1	马尾松纯林	纯林单层，密度低，郁闭度0.2～0.4，海拔170～480米，坡度15～30℃，灌木覆盖度>30%，草覆盖度5%～30%，天然更新良好，生长发育不良，土壤轻到重度侵蚀	瘠薄裸露，土壤基质差，干旱，人为干扰，拔大毛	局部改造，引进速生阔叶树或当地有价值的乡土树种，提高林分郁闭度，对灌草盖度低的林分，适当引种灌木和草本，防止水土流失

续表

类型号	类型	林分特征	主要形成原因	改造措施与目标
2	柏木纯林	纯林单层，郁闭度 0.2～0.3，灌木覆盖度20%，草本覆盖度70%，天然更新良好，土壤红壤，黄红壤，轻度侵蚀到中度侵蚀	瘠薄裸露，土壤基质差，干旱，人为干扰，炎热	局部改造，引进喜钙的阔叶树，增加林分密度，使之成为针阔混交林
3	马尾松、柏木混交林	以马尾松、柏木组成的混交林，郁闭度 0.3～0.4，灌草覆盖度均在20%以上，天然更新良好，土壤红壤，黄红壤，轻度侵蚀到中度侵蚀	瘠薄裸露，土壤基质差，干旱，人为干扰，炎热	封山育林，林灌下引进喜钙的阔叶树，诱导为针阔混交林，加大林木的密度
4	马尾松、杉木混交林	以杉木、马尾松组成的混交林，偶有阔叶树分布，郁闭度 0.2～0.4，林木生长差	人为干扰破坏，土壤基质差	进行林分改造，更替生长不良的杉木，引进速生的阔叶树种
5	马尾松、短柄枹栎混交林	密度低，郁闭度 0.2～0.4，异层混交林，生长发育不良	人为干扰破坏，土层薄	封山育林，恢复森林植被，个别地方需进行局部改造，引进有价值的阔叶树
6	苦槠、马尾松、枫香混交林	以阔叶树为主，密度低，分布不均匀	人为干扰破坏	封山育林，保留好林下耐阴的幼树，对干扰破坏严重的林分实行封禁保护
7	杉木、光皮桦林	树种结构单一，耐阴树种少，生长力低下，郁闭度 0.2～0.5，红壤，黄红壤	人为干扰破坏，拔大毛	逐步淘汰杉木林，调节林分密度，保留目的树种和经济价值高的耐阴树种
8	柏木、栓皮栎、麻栎林	林分结构差，郁闭低 0.2～0.4，灌草覆盖度大于40%，分布在低山丘陵的红壤、黄红壤上，土层厚度小于40厘米	人为干扰破坏	封山育林，保护好现有的林分树种结构，补植有价值的阔叶树，增加灌草的盖度
9	马尾松、栓皮栎、樟树林	分布海拔200～1000米，土层厚度30～50厘米，郁闭度 0.2～0.4，灌草覆盖度大于20%，土壤侵蚀轻至中，分布在低山丘陵，红壤，黄红壤，黄棕壤	人为干扰破坏，土壤基质差	封山育林，保护林下樟树幼苗，加大林木密度，刈灌，促进目的树种的生长
10	栲树、青冈栎、枫香林	多分布在人口密集的地方，林分结构差，密度小，郁闭度低，但天然更新好，土壤侵蚀轻至中	人为干扰破坏，拔大毛	封山育林，调节林分密度，保留目的树种
11	栓皮栎、短柄枹栎、黄檀林	林分结构差，生长力低下，林地涵养水源能力低，天然更新不良，黄壤，黄红壤，海拔分布在300～1000米	人为干扰破坏，伐林做薪柴	封山育林，在低密度的地方引进阔叶树
12	拟赤杨、栲树、白栎林	分布海拔400～600米，坡度大，郁闭度0.2～0.3，灌草覆盖度大于50%，天然更新良好，轻度侵蚀	人为干扰破坏，过度采伐经营思想片面	封山育林，防止水土流失

续表

类型号	类型	林分特征	主要形成原因	改造措施与目标
13	朴树、兴山榆、鸡子木林	林分结构差，生长力低，目的树种不明确，多代萌生，水土流失严重	人为干扰破坏，拔大毛	封山育林，调节林分密度促进林木及灌草的生长，有条件的地方引进有价值的阔叶树
14	黔桐、马缨花林	岩石裸露，林分生产力高，但木材出材率低，水土流失中度	人为干扰破坏，岩石裸露	封山育林，调节林分密度，实行择伐经营，增加乡土阔叶树种
15	白楠、白栎林	密度低，灌草覆盖度大于40%，山地红壤，黄红壤，轻度侵蚀，天然更新良好	人为干扰破坏	封禁保护，防止水土流失
16	盐肤木及其他树种	分布在林缘、山谷、山沟地带，灌木的覆盖度大，目的树种不突出，红壤、黄红壤为主，地域不同，树种组成各异	人为干扰破坏，岩石裸露	封禁保护，选培目的树种

六、有待进一步研究的技术

山丘区林业生态工程关键技术中，封山育林、低质低效次生林改造、退耕还林、防护林体系建设等工程技术实施较早，并取得一些成果。但科学研究的广度和深度还有较大差距。而岩溶区石漠化和矿域综合治理均属湖南林业发展战略研究和规划首次提出。为实现湖南林业生态工程可持续经营目标，针对山丘区特点提出下列进一步研究的技术：

1. 效果与效益研究或评估技术

（1）山丘区林业生态工程技术实施的生态经济效益监测与评估研究。

（2）山丘区林业生态工程技术实施对水土保持、水源涵养、植被与地力恢复等功能的作用与效益研究。

（3）不同类型石漠化地区与不同类型矿域分类、植被与土地恢复背景分类研究，提出分类原则与结果。

（4）不同类型石漠化与不同类型矿地立地类型划分、植物材料选择（含矿区城镇绿化树种选择）、典型配置模式及效果研究。

（5）低质低效次生林分类指标体系、功能计量方法、改造目的、改造措施及效果研究。

（6）典型低质低效次生林类型结构特征改造模式及效果研究。

2. 开发与发展技术

（1）封山育林、低质低效次生林改造现状调查及对策研究。

（2）低质低效次生林近成熟林、成熟林类型开发途径与更新技术研究。

（3）岩溶石漠化区（含紫色页岩区）抗干旱造林新技术、新材料应用及效果研究。

（4）岩溶石漠化旅游区低质低效景观林改造技术研究。

3. 应用基础技术

（1）不同类型矿区废弃尾矿对植物的毒害机理及植物遗传改良研究。

（2）不同类型低质低效次生林封山育林植被演替规律研究。

4. 可持续经营管理技术与措施

（1）山丘区林业生态工程技术实施后续管理问题探讨及对策研究。

（2）山丘区林业生态工程技术实施与产业化发展关系研究。

（3）山丘区林业生态工程技术实施与社会主义新农村建设关系研究。

第二节　防护林体系构建关键技术

防护林体系包括护田、护路、护岸的防护林体系，是通过山、田、林、水、路的统一规划和综合治理，将防护林体系林网、路网和水网有机地连接，融林区、乡村及城镇防护林为一体，构成点、线、面相结合的林业生态防护体系，达到控制水土流失、降低自然灾害的危害、提高土地生产力、改善乡村及城镇的地理景观、提供非木质林产品等林业生态建设目的，满足提升森林生态系统的生态服务功能、社会主义新农村建设和构筑全省的生态安全体系的需要。

我国营造防护林体系的历史悠久，但大规模有计划的防护林体系建设是在新中国成立后开始的。20 世纪 50 年代初在东北、西北及内蒙古、河北、陕北等地营造大面积的农田防护林网，以后扩展到长江中下游等地。湖南在洞庭湖平原，为了解决树木稀少，木材、燃料、饲料和肥料等“四料”奇缺等问题，防止干热风、低温冻害及洪水内涝等自然灾害，1962 年开始营造农田防护林，1972 年防护林体系成型。此后，农田防护林建设纳入了农田基本建设的轨道，在统一规划的前提下，建立了防风固土林带、护堤防浪林带、农田林网、环村林以及小片人工林构成的综合防护林网体系。

湖南省长江中上游防护林工程是国家长江上游防护林体系建设的重要组成部分，也是湖南省有史以来投资最多、实施时间最长、建设规模最大的林业生态工程建设。从 1990 年启动，截至 1997 年止，湖南防护林工程建设规模由 1990 年的 13 个县扩大到 31 个县。八年累计完成工程投入 1. 5 亿元，30 个工程县共完成造林任务 109. 86 万公顷，四旁植树 2. 63 亿株，其中重点工程造林 47. 39 万公顷，一般造林 62. 46 万公顷。1995 年，国家农发办将湖南省长防工程建设列入农发项目，增加了工程建设的资金投入，并集中安排在澧水上游的张家界市的永定、慈利、桑植三县和常德市的石门县。三年完成工程造林 4. 30 万公顷，其中重点工程 3。91 万公顷，一般造林 0. 39 万公顷。新增有林地面积 11. 6 万公顷，森林覆盖率由 48. 9% 增加到 68. 7%，水土侵蚀量减少 70. 8%。

湖南省非常重视公路、铁路的绿化建设，将它列入国土绿化的重要内容。但是过去主要以路边行道树栽植为主，对坡体防护往往采用浆砌片石、喷锚防护等工程措施，忽视植被绿化的建设，难以解决植被破坏、水土流失、滑坡、边坡失稳等问题。20 世纪 90 年代，随着高等级公路的发展和环境保护认识的提高，路网绿化进入系统设计和建设阶段。

一、农田防护林体系营建的关键技术

农田防护林是以改善自然环境、保障农牧业生产条件为主要目的，包括平原湖区的林带、林网及大片农田中的小块森林和灌木林。农田防护林的作用是防止自然灾害、改善气候、土壤、水文条件，创造有利于农作物生长和牲畜繁育的环境，保障农牧业稳产高产，提高乡村地域景观质量。

目前，农田防护林有 3 种形式：第一种是林带形式，即在农田四周营造的林带，使其在农田中交织成网，称为农田防护林网；第二种是林农间作形式，即在农田内部间种树木，其株行距均较大，包括农林复合经营和庭院林业；第三种是林岛形式，即树丛或小片林，为乡村四旁林建设的内容。本篇重点研讨前两种形式。

农田防护林带、林网是以一定的树种组成、一定结构成带状或网状配置在田块周围，以抵抗自然灾害，改善农田小气候环境，增加生物多样性，给农作物的生长发育创造有利条件，保证作物高产稳产为目的的人工林生态系统。农田防护林体系建设主要集中在湘北的洞庭湖平原。

（一）农田防护林带林网的规划设计

农田防护林带林网的设计需要综合考虑地理位置、地形地貌、气候特征和灾害性气候因子、土壤和地下水位、地带性植被及乡土乔灌树种、社会经济条件等因素，按照“因地制宜、解决关键问题，山、水、林、田、路综合治理，农林牧副渔统一规划，农田林网、水系林网和道路林网紧密结合，用材、防护、经济多林种配套，建立综合防护林体系”的原则，进行农田防护林类型区划和立地类型划分及立地质量评价，选择造林树种，设计林带的面积、林带走向、林带结构、林带距离和宽度。

（二）立地类型的划分

洞庭湖区的土壤主要是河湖沉积物发育的潮土和水稻土，pH 值 6 ~ 8.5，自然含水量为 14% ~45%，密度 1.1 ~ 1.5，孔隙度 42.5% ~ 56.4%，有机质含量为 1.74%，全 N 含量 0.122%，速效 P 含量 0.066%，地下水位 0.15 ~ 3 米。该区水网密布，雨量充沛，影响土壤水分和养分状况以及林木生存生长的主导因素是地下水位的高低，而林地地下水位高低又受堤、渠、路所调控，根据地段特点和地下水位来划分立地类型和选择树种。①公路两侧及废弃间堤，地势较高，地下水位一般 5 ~ 7 米，可营造臭椿、泡桐、榆树、沙拐枣、苦楝、杨树等，pH 值 5 ~ 7 的地段可适当栽植杉木；②大型渠道两旁的陡坡地，地下水位2 ~ 3.5 米，可由上而下营造杉木、杨树、水杉、池杉；③中型渠道两旁，地下水位一般1 ~ 1.5 米，可营造水杉、池杉、杨树；④小型渠道两旁，地下水位一般 1 米或 1 米以上，一般营造池杉、杨树；⑤高地重沙土，不受地下水影响，土质较瘠薄，以刺槐为宜；⑥河洲、湖洲地区，冬陆夏水，外围可营造旱柳，内围营造池杉、落羽杉、杨树；⑦内湖四周，可筑矮堤，营造池杉、落羽杉、杨树。

（三）林带林网结构参数

洞庭湖区的农田防护林带主要是防御倒春寒对早稻育秧的影响，寒露风对晚稻的危害，还有降低风速的作用，并能提高森林植被覆盖率。充分利用田边、路边、水边、村边营造防护林带，既提高抵抗自然灾害的能力，改善环境条件，又稳定道路和堤岸，提供木材、经济果木等，促进当地社会经济的协调发展。林带的走向、宽度、带距、树种搭配和结构类型具有较大的灵活性，一般应与道路、渠系和基础设施建设相配合，按水系定走向，按主路定林网。

林带的走向与道路、沟渠方向一致，单独设置林带时一般为南北向和东西向。林带的宽度根据公路的等级和沟渠确定：①国家及省级的主干公路，总宽度为25 ~30 米，中间道路路面9 ~12 米，一侧或两侧可设副道，副道宽 4 ~6 米，栽树 8 ~20 行，分别配置于主副道两侧；②县乡及的一般公路，总宽度 16 ~18 米，路面 7 ~11 米，两侧各植树 3 ~5 行；③其他道路两旁，各植树 2 ~3 行；④沟渠两旁植树 1 行，或一侧植树 1 行。林带的距离一般为 300 ~400 米，绝大多数的林带由一种乔木树种组成，为通风结构，少数林带由3 ~4 种乔木树种组成，或乔灌混交，形成疏透结构。

（四）树种选择

农田防护林树种应具有抗风、耐水湿、耐水浸、木材材质优良等性能，主要适生树种有水杉、池杉、落羽杉、枫杨、垂柳、刺槐、杨、楸树、楝树、喜树、香椿、榉树、白榆、臭椿、桑、乌桕、桤木、紫穗槐、灌木、柳类。

（五）造林

采用穴垦、大苗造林，穴的规格为 1 米 ×1 米 ×1 米或 0.5 米 ×0.5 米 ×0.5 米，按照立地条件、经营状况、树种特性等确定适当密度，一般乔木树种 2 ~ 3 米 ×3 ~ 4 米，灌木树种 1 米 × 1 米。造林时要划行放线，按要求放好苗、铺好根，覆好土，踏实扶正，栽后浇水。

（六）抚育管理

对幼树进行除草松土，头 3 年内每年 1 ~ 2 次。可根据具体情况，实行林粮、林油、林肥、林菜、林药间作，以耕代抚。成林后，为了维持林带的适宜疏透度，改善林带结构，应采取修枝和间伐等措施。

二、路网防护林体系建设的关键技术

路网防护林以保护铁路、公路免受风、沙、水危害为主要目的，包括铁路、公路两侧冠幅 10 米或 3 行以上、带长 100 米以上的林木和灌木。

（一）公路防护林及植被建设

根据公路的使用任务、功能和流量，公路划分为高速公路、一级公路、二级公路、三级公路和四级公路。其中，高速公路是指具有特别重要的政治、经济意义，为专门供汽车分向分车道行驶并全部控制出入的干线公路，分为四车道、六车道、八车道高速公路，一般能适应按各种汽车折合成小客车的年平均昼夜交通量 25000 辆以上。一级公路是连接重要政治、经济中心，通往重点工矿区、港口、机场，专供汽车分道行驶并部分控制出入的公路，一般能适应按各种汽车折合成小客车的年平均昼夜交通量为 15000 ~ 30000 辆。二级公路是为连接政治、经济中心或大矿区、港口、机场等地的公路，一般能适应按各种车辆折合成中型载重汽车的年平均昼夜交通量为 3000 ~ 7500 辆。三级公路为沟通县以上城市的公路，一般能适应按各种车辆折合成中型载重汽车的年平均昼夜交通量为 1000 ~ 4000 辆。四级公路为沟通县、乡（镇）、村的公路，一般能适应按各种车辆折合成中型载重汽车的年平均昼夜交通量为双车道 1500 辆以下，单车道 200 辆以下。设计车速和车道数的不同，各等级公路的路基宽度不同，高速公路和一级公路的路基一般为 23 ~ 45 米，二至四级公路的一般为 4.5 ~ 12 米。

公路防护林指通过连接乡村或连接乡村与城市的各级公路（包括大型公路、县级公路、乡村道路、农田机耕道）及一些渠边，河川、水库岸边的道路等营造的防护林，可以巩固路基，保护路面，美化景观，具有隔离、隔音，引导安全驾驶，防止交通事故，提高小环境质量，避免烈日照射、雨水冲刷，减少蒸发，提供木材等作用。包括公路边的防护林带建设、公路边坡的植被恢复、公路分车带绿化等内容。

1. 公路边的防护林带建设

公路边的防护林带一般采用外高内低，乔、灌、草结合的方式进行绿化。考虑的要素有：①干道两侧的绿地要尽可能保护原有自然景观，并在道侧适当点缀风景林群、树丛、宿根花卉群，以增加景色的变换，增强驾驶员的安全感。②通过绿带种植来预示道路线形的变化，引导驾驶人员安全操作，这种诱导表现在平面上的曲线转弯方向、纵断面上的线形变化等，种植时要注意连续性，反映线形变化。③一般在隧道入口处栽植高大树木，以使侧方光线形成明暗的参差阴影，使亮度逐渐变化，以增加适应时间，减少事故发生的可能性。④在高速公路的外侧宜种植一定厚度、长度的林带，可以缓冲车辆的撞击，使事故后车体和驾驶员免受大的损伤。

（1）树种选择。常用的树种有罗汉松、马尾松、华山松、金钱松、水杉、落羽杉、池杉、雪松、日本柳杉、侧柏、银杏、广玉兰、白兰花、黄杨、樟树、台湾相思、青杨、旱柳、馒头柳、绦柳、龙爪柳、垂柳、枫杨、榔榆、朴树、枫香、杜仲、悬铃木、东京樱花、合欢、刺槐、大花紫薇、香椿、油桐、三角枫、栾树、无患子、拐枣、喜树、酸枣、刺楸、白蜡树、泡桐、楸树、桂花树、山茶、女贞、夹竹桃、白花羊蹄甲、栀子花、海桐。

（2）树种配置模式。公路联系着城镇、乡、村以及通向风景区的交通网。公路边的防护林带的配置情况为：①公路绿化是根据公路的等级、路面的宽度来决定绿化带的宽度及树木的种植位置。路面9米或9米以下时，公路植树不宜种在路肩上，要种在边沟以外，距外缘0.5米处为宜。路面在9米以上时，可种在路肩上，距边沟内缘不小于0.5米为宜，以免树木地下部分破坏路基。②公路交叉口处应留出足够的视距，在遇到桥梁、涵洞等构筑物，则5米以内不得种树。③如公路线很长，则可在2～3公里距离处换一树种。这样可使公路绿化不过于单调，增加景色变化，保证行车安全，也可以防止病虫害蔓延。另外，在公路绿化树种的选择上，要注意乔灌木树种相结合，常绿树与落叶树相结合，速生树与慢生树（树龄长的树种）相结合。总之以乡土树种为主。④公路绿化应尽可能与农田防护林、护渠护堤林和郊区的防护林相结合，做到一林多用，少占耕地。公路线长、面广，可由乡、村分段管理，增收副产品的潜力很大，可以利用树木更新得到大量的木材，也可采收枝条如紫穗槐、柳条等，还可以采收干、鲜果及木本油料、香料等，如山核桃、乌桕、花椒等。

（3）防护林带的管护。适时防治病虫害，加强防寒、防冻、防旱的管理，定期除杂草、浇灌。

2. 公路边坡植被恢复和绿化

公路建设两旁裸露的坡面，植被和动物的栖息地受到破坏后，由于坡面坡度大，构成路基的土体多为心土（母质），黏结性能差，抗蚀力弱，容易引起水土流失，仅依靠植物自然生长绿化效果差，时间慢。为了稳固坡面的土壤、防止水土流失，创建良好的景观，需要采用人工措施进行植被恢复和绿化建设。

公路边坡植被恢复和护坡方法有：铺草皮护坡、植生带护坡、液压喷播植草护坡、三维植被网护坡、挖沟植草护坡、土工格植草护坡、浆砌石骨架植草护坡、藤蔓植物护坡等，植被恢复宜采用生物措施与工程措施相结合、自然植被恢复与人工植草造林相结合、造景与稳固坡面相结合。

（1）硬质边坡植被恢复。此类边坡一般属高陡岩性边坡，无植物生长的条件，绿化时需要客土。通过植被恢复，绿化、美化，以改善行车条件、防止眩光、降低噪声等。对于节理不发育、稳定性良好、坡高不超过10米的岩坡，可考虑藤本植物绿化，方法是在边坡附近或坡底置土，其上栽种藤本植物，使其生长、攀援、覆盖坡面；对于节理发育的岩坡应充分考虑坡面防护，一般采用植被混凝土绿化，方法是先在岩坡上挂网，再采用特定配方的含有草种的植被混凝土，用喷锚机械及工艺喷射到岩坡上，植被混凝土凝结在岩坡上后，草种从中长出，覆盖坡面。

植物选择，根据其土体特性，首选植物是藤本，其次是小灌木（如爬山虎、常青藤、络石、葛藤、崖豆藤、三叶木通、海桐球、小叶女贞、小叶黄杨球、红叶小檗、金叶女贞球、丁香球）。绿化措施主要采取客土扦插，藤本植物应采用上爬式和下垂式兼用，这样有利于裸露坡面迅速覆盖。对于宽度太大的坡面，可在坡面上按一定宽度（通常 20 米）砌成客土扦插槽；对于坡面较宽且坡角较缓的坡面可在上面砌一些蜂窝状的种植孔，各个种植孔之间可按一定的图案和比例配置，客土种植小灌木以点缀坡面，形成一定的路域景观，也可以扦插藤本植物使坡面能够迅速覆盖。

（2）土质边坡植被恢复。为了使坡面和周围形成景观协调的整体，最好在坡面上种植树木。但要注意在混播树籽和草籽时，常因草的快速郁闭，而抑制树种的发芽和生长。因此，在坡面上植树，最好使用比草高的树苗，并在树根的周围挖坡度平缓的蓄水沟。自然播种生长起来的林木，因为根扎得深，即使在很陡的坡面上也很少发生被风吹倒的现象。而人工移植的林木，易被风吹倒，必须设置支柱，并配备坡度平缓的蓄水沟。此类坡面坡角通常在 0 ~ 45°之间（个别挖方坡面可大于 45°），主要是各种风化土、母质，肥力低下，保水性能差，结构疏松，容易造成滑坡或塌方，是高等级公路路域水土流失最严重的区域。绿化时要特别注意边坡防护，植物可选用灌木、草本类，使建立的植物群落具有较强的生态稳定性。并辅以边坡上打桩，设置栅栏，浆砌石框格，以利于边坡稳定和植物生长，后期还要维护和管理。

松软基质坡面的坡角与植物恢复模式设计为：①坡角为 0 ~ 15°时，植物主要选择高羊茅、白喜草、结缕草、野牛草、假俭草、早熟禾、白三叶、小冠花、小叶女贞、小叶黄杨球、千头柏、海桐球、红叶小檗、丁香球、苏铁、菊花、月季、大丽花、牡丹。绿化措施主要是人工撒播、液压喷播、铺置草皮、点植灌木、丛植花卉。按一定比例的豆科和禾本科搭配进行混播，然后在草地上点缀花卉丛或球形灌木。②坡角为 15° ~ 35°时，植物选择高羊茅、白喜草、结缕草、野牛草、假俭草、碱茅、无芒雀麦、冰草、白三叶、红三叶、红豆草、百脉根、小冠花、沙打旺、草木樨、苜蓿、香根草、皇草、小叶女贞球、刺槐、马尾松、油松、黑松、小叶黄杨球、千头柏、海桐球、红叶小蘗、丁香球、苏铁。绿化措施主要是铺置草皮，喷播植草，可配置一定数量的灌木或乔木。植物之间搭配主要是先在边坡上点植乔木或灌木，然后再铺置草皮或喷播植草，也可用香根草或皇草在坡面上种成植物篱辅助护坡，拦蓄地表径流，以减轻坡面压力。③坡角为 35° ~ 45°时，植物主要选择高羊茅、白喜草、结缕草、野牛草、假俭草、碱茅、无芒雀麦、冰草、白三叶、红三叶、红豆草、百脉根、小冠花、沙打旺、草木樨、苜蓿、香根草、皇草、小叶女贞球、刺槐、马尾松、小叶黄杨球、千头柏、海桐球、红叶小蘗、丁香球。绿化措施主要考虑是否采用打桩固定强力网或格栅防护辅助护坡，可液压喷播绿化，铺置草皮，配置灌木。植物之间搭配主要是先在边坡上点植灌木，或利用香根草或皇草在边坡上种植成植物篱拦截地表径流，再按一定比例豆科和禾本科进行种子混播植草（也可在喷播时混合一定量的乔木灌木种子）。

（3）紧实基质坡面植被恢复。此类坡面坡角一般在 35°以上，土壤组成主要是强风化土、弱风化土、成土母质，土壤肥力比松软基质坡面低，保水性能差，结构大多较紧实，不易滑坡或塌方，有梭沙（页岩坡面）和冲刷现象，容易形成冲沟，水土流失比松软基质坡面少。但当土壤抗压强度大于 15 公斤/厘米时，植物根系生长受阻，生长发育不良，可采用钻孔、开沟客土，改良土壤硬度，也可以用植被混凝土绿化，在物种选择上与松软基质坡面基本相同。

紧实基质坡面的坡角与植物恢复模式设计为：①坡角为 35° ~ 45°时，植物主要选择高羊茅、白喜草、结缕草、野牛草、假俭草、碱茅、无芒雀麦、冰草、白三叶、红三叶、红豆草、百脉根、小冠花、沙打旺、草木樨、苜蓿、香根草、皇草、小叶女贞、沙棘、刺槐、马尾松、小叶黄杨、千头柏、海桐、红叶小蘗、丁香。绿化措施主要是液压喷播绿化，铺置草皮，配置灌木。植物之间搭配主要是先在边坡上点植灌木，或利用香根草或皇草在边坡上种植成植物篱拦截地表径流，再按一定比例进行豆科和禾本科种子混播植草（也可在喷播时混合一定比例的乔灌木种子）。②坡角为45°~60°时，植物主要选择高羊茅、白喜草、结缕草、野牛草、假俭草、碱茅、无芒雀麦、冰草、白三叶、红三叶、红豆草、百脉根、小冠花、沙打旺、草木樨、苜蓿、香根草、皇草、小叶女贞、刺槐、马尾松、小叶黄杨、千头柏、海桐、红叶小檗、丁香、爬山虎、毛野扁豆、常青藤、络石、三叶木通。绿化措施主要是采用打桩固定强力网或格栅防护辅助护坡，液压喷播绿化难度较大，可扦插藤本、点植灌木。植物之间搭配主要是先在边坡上点植灌木，或利用香根草或皇草在边坡上种植植物篱拦截地表径流，再按一定比例混播豆科和禾本科种子（也可喷播一定比例混合的乔灌木种子），在不易种草和植树的地方可以采用藤本扦插。③坡角为>60°时，植物主要选择高羊茅、白喜草、结缕草、野牛草、假俭草、碱茅、无芒雀麦、冰草、白三叶、红三叶、红豆草、百脉根、小冠花、沙打旺、草木樨、苜蓿、爬山虎、毛野扁豆、常青藤、络石、三叶木通。绿化措施一般采用藤本扦插、采用打桩固定强力网或格栅防护辅助护坡，液压喷播绿化难度很大，需要特别处理。或按一定比例的豆科和禾本科种子进行混合喷播绿化（也可喷播一定比例混合的乔灌木种子）。

3. 公路分车带绿化

公路中央分隔绿带宽度一般在1.5米以上，宽者可达5~10米，分隔绿带上种植应以草皮为主，严禁种植乔木，以免影响驾驶视线。可以种植低矮、修剪整齐的常绿灌木及花灌木，但注意要有相应的数量。常用的组合模式有：

（1）单行篱墙式。一般用1种绿篱植物，按同一株距均匀布局、修剪成规整的一条篱墙带。常用的有冬青篱带、红背桂篱带、小叶女贞篱带、桧柏篱带等。定型高度为1.2~1.5米。

（2）单行球串式。选用1种树冠整形呈圆球状植物为材料，按修剪定型的冠球直径3~4倍的株距，单行布局形成一串圆球状绿带。常用的有海桐球绿带、九里香球绿带、篱竹球绿带、桧柏球绿带。

（3）错位圆球式。选用1种圆球形树冠材料，按修剪定型后树冠直径的4~5倍的株距双行错位布局，要求材料定型后冠幅大于1米。

（4）图案式。选用1种绿色灌木为基色材料，选择1~2种彩叶植物如金叶女贞、紫叶小檗、红桑、黄素梅、变叶木为图案材料，用彩色粗线条布置成各式图案。此设计主要用于互通式立交区前后1公里地段，配合立交区绿化、美化。

（二）铁路防护林带

铁路防护林的作用是利于火车安全行驶，保护环境卫生，美化环境和增加木材收益。根据铁路所经过地区的具体情况，铁路修筑的线路大体上分为填方筑起高路基的线路、由挖方使路堑高于路基的线路和平铺的平坦线路3种。

1. 高路基线路防护林建设

树木应栽植在路基以外的平地上，林带的宽度视具体情况而定，每侧3~4行乔木，外侧可培植1~2行灌木，林带内侧与路面的距离一般约8~10米，同时考虑行人道的设置。所选树种应是干型端直、树冠较大、枝叶茂密、树形美丽，对烟尘和有毒气体有较强的抗性和耐性。宜采用大苗造林，避免与铁路沿线设施发生矛盾。

2. 挖方线路防护林建设

在挖方线路的路堑深度不大（<2米）的情况下，可在坡顶栽植灌木。如果路堑深度较大（>2米），则在坡顶上与铁路成平行方向挖排水沟，于沟外侧1~2米处栽植1~2行灌木，再栽植乔木林带。

3. 高路基的线路防护林建设

一般在铁路两侧人行道以外适当栽植林带即可。

三、护堤防浪林建设的关键技术

堤岸护堤防浪林是以防止河岸湖堤冲刷崩塌、固定河床为主要目的，包括河床中的雁翅林、河床边的带林、洞庭湖大堤外洲100米以内的防浪护堤林。护堤防浪林作用是稳固堤岸、防止泥沙淤积、改善河道景观、增加生物多样性和提高经济收入。

在江河大堤两侧，因地制宜地设置护堤防浪林，一般按照河流走向沿河道大堤两侧，与大堤平行进行栽植护堤防浪林。自然地形较复杂的地方，营造护堤防浪片林。河岸大堤外侧，留出100~300米的护堤防浪林地。在河流急转弯处，护堤防浪林地相应加宽；在河道内侧，留出缓冲区，营造护堤防浪林；在河流经过的地势较陡处，相应加宽护堤防浪林地。严禁在陡坡处开垦耕地。此外，护堤防浪林的建设应与周边水上旅游规划结合起来，构建绿化美化的景观。

（一）树种选择

按适地适树原则，以护岸护堤林的功能、作用及效益为基础，在低湿地，可选择垂柳、旱柳、杨树、三角枫、桑、池杉、乌桕、枫杨等树种。在接近水面或可能浸水地，可选择耐水浸的树种，如金樱子、丝棉木、柞树、狭叶山胡椒、黄栀子、乌桕、垂柳、旱柳、池杉、杨树、三角枫、桑、枫杨、水杉等植物。

（二）栽植方法

在河道大坝两侧栽植金樱子、丝棉木、柞树、狭叶山胡椒、黄栀子等植物，采用密植（即1米×1米或1米×0.5米）的方法。栽植乔灌混交林，如乌桕、垂柳、旱柳、池杉、杨树、三角枫、桑、枫杨、樟树、枫香、苦橡、紫穗槐、悬铃木、水杉等植物，采用乔木稀植（即4米×3米或3米×3米）、灌木密植的方法。造林时应注意离堤岸一定距离，防止根系横穿堤岸。

（三）护堤防浪林模式

1. 环湖综合治理模式

该模式是中德洞庭湖造林项目的技术成果。在造林地选择上，优先考虑重点防浪地段和水土流失严重的山地。在树种选择和配置上，洞庭湖以耐水湿的意杨为主，有芦苇的地段实行芦林混作，在环湖山地普遍采取针、阔混交造林，阔叶树栽植比例不少于30%，稀疏马尾松林地补植阔叶树的比例高于50%。造林栽植树种已扩大到杨树、杉木、马尾松、湿地松、木荷、枫香、樟树、刺槐、檫树、旱柳、毛竹等14个树种，阔叶树比例不断扩大，改变了过去人工林营造单一树种的做法。在整地方式上，采用带垦和穴垦，不准炼山，以保护原生植被，防止新的水土流失，克服了过去造林施工破坏原生植被的做法。

2. 堤内堤外复合型防浪林

该模式按照“堤外植树防浪、堤身种草防冲、堤内造林取材”的原则，推行“林、条、草”结合，改变“树种单一、层次简单、造林密度大，配置和结构不合理、标准低、防护性能差”的现状，来营造防浪林。堤外进行带状混交，以提高抗风防浪效能。外缘设置旱柳进行头木作业，或植以荻柴等；内缘设计线叶型池杉、枫杨等耐水性强、保土固堤能力大的树种；中间再配置意杨、意柳等速生、抗性强且防浪效果好的品种。堤身遍植爬根草（狗牙根）。堤内按立地条件安排适宜的用材林和经济林。水肥条件较好的泥沙淤地可配置水杉、锥叶型池杉、杨、柳、椿、榆、槐、桑、泡桐或经济林果等；地下水位高处可栽植线叶型池杉、枫杨、意柳、旱柳等；沙性较强的冲填区应尽量种植绿肥和条类（如田菁、柽麻、紫穗槐等）。为了避免林木根系横穿堤基和汛期巡堤检查方便，堤外和堤内的林带内缘离堤脚要求空出 8～10 米的距离。堤外林带的高度要适时地加以控制，不超过被保护堤段顶高 1～2 米时，以取得理想的防风效果。对覆盖层浅、沙基渗漏严重的险段与积土铺盖压渗平台上，只铺种草皮，不栽树，避免树根穿通堤基导致出险。

3. 林台堤防工程防浪林

在水面宽阔、吹程远、风浪大、滩面又低、经常处于蓄水位以下的堤段，可在迎水坡外填土修筑宽 30～50 米的林台，其上栽植防浪树木，控制林木树冠在设计洪水位附近，用于保护林台及堤身的土基，与林台一起削浪消能，减轻风浪对堤身迎水坡的冲刷，维护堤防的安全与完整。同时可以防止水土流失，改善生态环境，发展水利经济。营造的树种应耐涝、耐湿，又要是适应能力强、生长速度快、经济价值高的树种。由于堤防工程大多承受着洪水的巨大考验，需要使用大量木材在林台上打桩并挂枝梢消浪，确保堤防安全，因此在堤后可利用空白地带种植经济林、用材林，确保堤后取材，工程管理和发展经济兼顾。

（四）抚育管理

护堤防浪林建立后应加强抚育管理。当地政府各部门要层层明确护堤防浪林的管护职责，严禁乱砍滥伐，提高广大人民群众保护林木的积极性，增强公众保护森林的法律意识。

四、防护林网营建技术存在的问题及有待研究的技术

（一）树种选择及配置模式

湖南省地处亚热带地区，植物种类丰富，可供选作防护林的树种很多。但由于防护林地生态环境的复杂性与特殊性，由此带来树种选择的难度。乡土树种一般生长缓慢，能成为顶极（或较稳定）群落的建群树种在生态演替的早期比较少见，采用这些树种造林，稍有不慎，导致造林成活低；外来种可能因不适应新环境而不能生存，也可能由于环境中缺少与之抗衡的物种，迅速占有其适宜的生态位，排挤乡土树种，进而改变或威胁本地生物多样性。因此，如何选择目的树种和科学配置伴生树种成为有待研究的关键技术之一。

树种合理配置能发挥较好的种间生物效应，目前，湖南省防护林造林树种单一，不能发挥应有的生态防护效益。应对针叶与落叶阔叶树种混交、针叶与常绿扩树种混交、阔叶树种与经济林树种混交等模式进行深入研究，筛选出适宜的模式。

（二）有害生物防治技术

控制防护林中森林病虫害的危害，如松材线虫病、欧美杨枯萎病等，研究其发生、发展的规律，提出相应的防治对策。

（三）防护林的综合效益评价及农田胁地研究

农田防护林建设是一项综合的系统工程，在考虑生态效益的同时，必须考虑经济效益，才能调动农民的积极性。当前阻碍农田防护林建设的主要因素是农田防护林的胁地问题。考虑到自然社会经济特点，在立地条件好、经济投入允许地区，可实行以经济效益为主的农田防护林造林设计，对其生态效益和胁地效应进行研究。

（四）防护林的生态设计理念研究

根据生态和景观需求，克服工程中硬质化的结构，保持生态系统结构的完整性，提高生物的栖息地功能等等，这一系列的理念应在防护林工程，特别是路网防护林、堤岸防护林中得到充分的体现。

（五）生境变迁及防护林更新技术研究

一些水利工程（如三峡工程）对湖区水文条件将产生一定的影响，从而影响林木生长的环境，防护林布局及营造技术如何调整是一个新的课题。同时大规模的防护林网建设，随着时间的推移，林网老化，防护功能下降，防护林网的更新技术也有待进一步研究。

第三节 湖区抑螺防病林建设关键技术

血吸虫病为世界一大公害，流行于70多个国家，数亿人口受到严重威胁。我国是血吸虫病严重流行的国家之一，血吸虫病人近百万，受威胁人口6000多万。由于多种因素的影响，近些年来，我国血吸虫病呈现上升态势，引起党中央、国务院的高度重视，我国政府已将血吸虫病列为我国三大传染病之一，并计划投入数百亿元开展全国血吸虫病防治工程建设，力争实现血吸虫病在我国得到有效遏制。湖南是我国血吸虫病的主要流行区，该地区的血吸虫病防治一直是我国血防工作的重中之重。

抑螺防病林建设是血防工作的一条重要途径，在我国滩地血吸虫病防治中发挥了重要作用。抑螺防病林是通过建立以林为主的复合生态系统，改变了血吸虫中间寄主——钉螺的孳生环境，抑制钉螺孳生，切断传播环节，从而达到血吸虫病的防治目的。因此，与目前的查病治病相比，从生态入手，建立抑螺防病林，无疑是血吸虫病防治的治本之策。同时，抑螺防病林建设，不仅抑螺效果好，而且社会、经济效益显著。正如温家宝同志曾对血防工作作出的重要批示：“血防工作要坚持标本兼治，综合治理的方针，采取林业与卫生、灭螺与治病、技术与经济相结合的措施，建立多部门的协调机制，充分发挥各方面的积极性，以求达到遏制血吸虫病疫情，控制血吸虫病流行，保护疫区人民群众身体健康，促进疫区经济、社会协调发展的目的。”因此，在洞庭湖血吸虫病流行区，大力开展抑螺防病林建设，不仅对于血防工作、对于人民群众的身体健康，而且对于疫区的经济发展与环境改善，对于社会主义新农村建设都将产生积极的影响。

一、血防基本概况与特点

（一）疫区范围广，病人多

目前，湖南省洞庭湖区岳阳、益阳、常德3市及受洞庭湖水系影响的长沙、株洲2市存在血吸虫病疫情，涉及34个县（市、区），386个乡，3987个村，流行区人口622万。其中达到传播阻断标准的县（市、区）有6个，达到传播控制标准的县（市、区）仅1个，未控制县（市、区）为27个。全省现有血吸虫病人205461人，占全国病人总数841820人的24.41%，居全国第二位。2003年报告急性感染病人234例，约占全国急感发病数的21%。

（二）钉螺面积大，螺情重

全省钉螺分布面积为175252.39公顷，占全国现有钉螺分布总面积378596.83公顷的46.29%，居全国第一位。其中垸外滩地有螺面积170837.23公顷，垸内有螺面积2378.26公顷，山丘型钉螺面积2036.9公顷，分别占全省钉螺分布总面积的97.48%、1.36%和1.16%，垸外有螺滩地的综合治理是湖南省血防工作的重点和难点。

（三）疫情扩散明显，新疫区不断出现

近年来，一方面由于防疫体制不够完善，洪涝灾害不断，残存的钉螺迅速繁殖并随洪水蔓延。另一方面由于疫区物资进出频繁，钉螺被动迁移，加之血吸虫病人自身的流动，导致新疫区不断增加。目前，疫情已由洞庭湖滨湖区蔓延到长沙、株洲等四水尾闾地区，长沙岳麓区、天心区、望城、宁乡、株洲石峰区、芦淞区、荷塘区相继发现了钉螺，并出现血吸虫病感染疫情。血吸虫病已严重危害到疫区人民的健康，导致疫区农村病人家庭因病致贫、因病返贫，成为制约湖区社会经济发展、影响社会稳定的重要因素。

二、问题与难点

（一）造林技术不当

当前一些地方在有螺滩地上造林，把目光只盯住了滩地林木开发的经济效益，而忽视了抑螺防病效果，造林技术上与一般造林完全混同，没有按照“滩地抑螺防病林营造技术规程”实施。另外有些造林选择了地势非常低洼的滩地，不仅造林效果差，投入成本高，有的还破坏了候鸟栖息所在的湿地核心区。上述片面强调经济利益甚至是有些盲目的做法，近些年来呈扩张之势，产生了许多不良效果。

（二）防治难度较大

1. 血吸虫病传播环节多

人、畜等哺乳动物都是血吸虫的传染源，群众因生产、生活需要，难以避免接触疫水，同时疫区滩地为天然牧场，是当地农民最佳的放牧场所，滩地上难以禁牧，而滩地上的鼠、兔等野生动物也都是血吸虫的寄主，这些传染源更是无法控制。因此，通过控制传染源，虽在一定程度上起到了防治血吸虫病的效果，但在目前的社会经济条件下，难以收到应有的成效。另外，采用药物灭螺，不仅污染严重，而且不具有多年持续效果。

2. 垸外钉螺大面积分布

垸外钉螺面积占全省钉螺分布总面积的97.48%，因此垸外有螺滩地的综合治理是全省血防工作的重点。由于垸外滩地呈开放状态、水流水位变化大，难以控制，加之钉螺具有可迁移、高繁殖率等特性，极大地增加了血防工作的难度，一直是我国血防工作的难点。应用的药物灭螺不能从根本上控制钉螺孳生，还会导致水体污染，对水生生物造成不利影响。

3. 新的易感地带不断产生

近年来长江、洞庭湖流域洪涝灾害频繁，尤其是1998年特大洪水，使血吸虫病流行区钉螺扩散加剧。“平垸行洪、退田还湖、移民建镇”治水方针实施后，涉及大小堤垸161个，退垸土地面积226平方公里，这项洞庭湖综合整治措施在增加湖泊蓄水容积，提高抗洪能力的同时，使得许多过去通过围垦消灭钉螺的地区可能重新沦为适宜钉螺孳生地，给血防工作带来了新的难题。同时，缘于长江及“四水”携带的泥沙在洞庭湖的沉积，平均每年滞留在洞庭湖的泥沙量达1.06亿立方米，这种滩地的自然发育每年新增滩地面积4133公顷，另外，据分析，三峡工程运行后，洞庭湖水位的变化，对西、南洞庭湖钉螺分布面积影响不大，但很可能会使东洞庭湖钉螺分布面积快速增长。这些都成为潜在的钉螺孳生地。

三、抑螺防病林建设原则

抑螺防病林建设要遵循以下原则：

综合治理与综合开发相结合：抑螺防病林建设中，首先应考虑治理，考虑血吸虫病防治，但治理的同时，也要考虑到开发，要在治理的具体措施中，贯穿对滩地这一宝贵资源的合理利用，充分发挥滩地资源的价值。

社会、经济、生态效益相结合：抑螺防病林建设既要有抑螺防病社会效益，也要有良好的经济收益，同时还要恢复重建滩地生态系统，有效改善滩地生态环境，取得三个效益的最佳结合。

多部门、多学科相结合：抑螺防病林建设涉及林业、农业、卫生、水利等多个部门、多个学科，在实施中，要综合考虑各相关部门的特定要求，充分吸收相关学科的技术知识，进行有效组装集成。尤其是洞庭湖作为国际重要湿地，在抑螺防病林建设时，要做好与湿地保护和恢复的有机结合。

四、建设布局

根据全国林业血防工程规划，全省抑螺防病林建设涉及岳阳等 24 个县（市、区），实施规模 160566.67 公顷。

五、营建技术体系

（一）造林地选择

滩地为水陆过渡地带，间歇性水淹是其典型特征。淹水状况是决定滩地造林成功与否的关键因子。对于洞庭湖区来说，滩地年均淹水时间在 70 天以下，即东、南、西洞庭湖各具体建设点相对应的高程大致为 30 米、31.5 米、33～35 米，以此洞庭湖滩地抑螺防病林体系建设的最低高程控制线（西洞庭湖受澧水、沅水及长江三口洪水的影响，情况比较复杂，控制高程因县、市而异）。此范围内可选作抑螺防病林的造林地。年均淹水时间超过 70 天（东、南、西洞庭湖对应高程在 30 米、31.5 米、33～35 米以下时），规划为其他湿地保护与恢复项目建设区。

洞庭湖是过水性湖泊，水流存在自然落差，高程即使一致，各地高程每升高或降低 0.5 米或 1 米，其年均淹水时间变化亦很大。因此，在洞庭湖区不能简单以高程的高低作为造林地选择的指标，而以滩地年均淹水时间作为划分依据的滩地立地分类指标体系适用于整个洞庭湖区域的滩地土地利用分类，能很好地反映滩地的螺情动态、植被自然分布特征、滩地的宜林性及可能采用的生态治理模式等各个方面。

（二）林地工程措施

钉螺是水陆两栖生物，喜欢栖息在具有一定水分、潮湿的低洼不平小环境，自然形成的低洼地以及人工取土形成的小土坑甚至一些牛蹄印等这些微地形，都是钉螺非常喜欢、非常重要的栖息地。

因此，在营建抑螺防病林时，首先需要对造林地进行全面翻垦，平整土地，消除不平低洼环境，以达到林地平整、雨停无积水。同时，筑路开沟，达到路连沟通。由于有目的地改造了原来分布在滩地各处的这些坑坑洼洼的微环境，消除了低洼积水或渍水地，使得钉螺丧失了其适宜的栖息地，有效地改变了钉螺最适宜的栖息地环境，压缩钉螺分布面积，并减少了人畜接触疫水机遇。

（三）植物材料选择

在洞庭湖区营建抑螺防病林，主要目标是通过建立以林为主的生态系统，对滩地进行综合治理，改变钉螺生活环境，抑制其孳生繁育；同时，又能产生一定的经济效益。因此，在选择树种时，首先要考虑的是树种对滩地冬陆夏水、水位变化大这一特殊立地条件的适应性，即耐水湿等性能，其次要考虑速生、高效等特性，另外，还要考虑材料是否具有抑螺效果。

优良耐水湿速生树种选择：在多年试验的基础上，目前湖南洞庭湖区抑螺防病林建设宜选择的主要树种有：中潜 3、中驻 6、NL-80121、中驻 7、中驻 2、NL-85366 以及新 1、新 2、新 3、新 5、新 6 等南方型黑杨无性系，以及柳树、池杉、落羽杉等树种。这些树种中，杨树优良品系不仅在滩地上具有良好的适应性，而且6～8年即可生长成材，可取得可观的经济效益。

抑螺植物材料选择：研究表明枫杨、乌桕、益母草等植物对钉螺孳生具有明显的抑制作用，这种他感作用可能是乌桕、枫杨树叶含有一些化学物质，如没食子酸、异槲皮素，益母草内含的生物碱、萜类以及黄酮类等化合物，对钉螺生理生化方面具有不利的结果。另外，益母草、酸模叶蓼、紫云英、打碗花等草本植物与钉螺的分布呈显著负相关，对钉螺孳生也具有明显的抑制作用。因此，构建抑螺防病林生态系统时，基于这些植物对钉螺的他感作用明显，可有目的地选择枫杨、乌桕、益母草等植物在系统内栽植，能起到良好的抑螺效果。

（四）栽培技术

1. 大苗壮苗

在滩地造林，由于汛期淹水，水淹时间一般在2～3个月左右，淹水深度可达2～3米，且淹水多出现在高温6～7月间，因此，在滩地上造林一定要选用大苗壮苗才有利于造林成活，有利于生长，提早成林、成材。如杨树苗高要在4.5米以上，杂交柳、池杉、落羽杉、枫杨、乌桕等耐水湿树种的苗高都要在3.5米以上，这样造林后才可能于汛期苗木不致被水淹没顶。一般要求在汛期最高水位时，幼林期要有1米以上树冠高出于水面，这样苗木还可进行光合和呼吸作用，保证苗木成活。

2. 苗木定植

造林前应该根据树种、苗木特点和土壤墒情，对苗木进行修根、修枝、浸水等处理，浸水时间不能少于20小时；也可采用促根剂等新技术处理苗木。

滩地造林要适当深栽。几种优良品种杨树苗木接触土壤就能生根。适当深栽（一般不小于60厘米）能加深根系的分布，促进幼树的生长。同时，由于土壤下层湿度大，温度高，深栽有利于成活，还可防止风倒，在最适宜的造林地，土壤深厚疏松，可深栽到80厘米；地下水位较高之地，土壤板结、透气性较差的造林地，可适当浅栽，栽深不超过常年地下水位；但一般应不少于50厘米。

杨树造林，除采用带蔸挖穴定植外，还可采用无根苗扦插定植。无根苗扦插定植，用钢钎打孔，填实扦插孔，栽植深度应达到40～60厘米。

其他树种应该采用大苗壮苗造林，由于苗木植株高大，根幅宽，必须采取大穴深栽。栽植穴一般要求为1米×1米×1米的规格。要因地制宜，根据土壤和地下水位适当调整，如土壤疏松穴可小一些，地下水位高的地方穴可浅一些等。另外，造林栽植尽量做到随起随栽，运输途中要注意保湿。在造林前，苗木应放在流动的水中浸泡数小时，如长途运输，也可浸泡1～2个昼夜，以提高造林成活率。栽植方法在1立方米的栽植穴内，先填20厘米厚的表土，然后将苗木放入穴内，扶正标直，再从栽植穴四周向穴内填土，分层踏实，逐步填土与地表齐平，第2天再予踏实，并将四周表土培填于苗基周围，苗木培土要高于滩面20厘米左右，呈馒头形，这样不会使苗木根部形成低洼微地形耳滞留积水，形成新的钉螺孳生地。而且植株培土高，还可提高造林成活率，促进林木生长，增加林木抗风倒能力。决不能造成填土下陷而成积水凹宕。有条件的地方，在栽植的同时，分层施上基肥，肥料应与土壤拌匀。

（五）配置技术

1. 水平配置

宽行窄株：滩地上造林应该采用窄株距宽行距，杨树3米×10米或3米×12米；池杉3米×（9+3米）或3米×8米等，行距与水流方向一致。这一方面根据各树种的生物学特性，满足各树种的营养面积，以求得单位面积上较高的林木生长量；更为重要的是要有利于行洪泄洪，不能使林木成为行洪的较大障碍，同时，宽的行距也便于前期在林下间种农作物。对于堤岸附近的高滩，考虑到防浪护堤的需要以及行洪方面可以忽略的影响，行距可适当减小。

多树种混交：为改造滩地造林树种的单一性，在树种规划时，可选择杨树与池杉、杂交柳、乌桕、枫杨等进行带状或块状混交，提高林分稳定性。

定植抑螺植物：在沟渠边缘，定植具有抑螺作用的乌桕、枫杨等植物材料，以起到抑制分布于沟渠周边钉螺孳生的作用。

2. 立体配置

林下间种：实行林下间种，是抑螺防病林工程的一项关键性措施。通过间种翻垦，由于翻耕机械的作用，将造成钉螺直接损伤以及将钉螺翻上埋下，同时冬春季低温下，若将钉螺从土层中翻到地表，低温胁迫也将会导致钉螺死亡。因此，翻耕扰动了钉螺的生长环境，抑制了钉螺孳生。同时，在林地间种油菜、小麦等农作物，加强抚育管理，以耕代抚，以短养长，不仅短期内有经济效益，而且能促进林木的生长。另外，选择对钉螺具有他感作用的植物材料（如益母草等）进行间种，可取得很好的抑螺效果。

（六）经营模式

林—鱼：垄或较高处造林、沟等低洼处发展鱼等水产，既利用了低洼地，产生效益，而且长期水淹也具有良好的抑螺效果，另外有些鱼类也有食螺功能。

林—水生经济植物：垄或较高处造林、沟等低洼处发展茭白等水生经济植物。同样利用了低洼地，并通过长期水淹可产生良好的抑螺效果。

林—农作物：在杨树等林分下间种小麦、油菜等作物。

林—蔬：滩地自然分布有多种蔬菜品种，如水芹、蒌蒿。选择高程较低、地下水位较高的地段栽培水芹，选择高程较高、较平爽的地段栽培蒌蒿。另外在高处还可间种大蒜等其他蔬菜品种，如早春采用地膜覆盖还可提高收益。

林—抑螺植物或药：在林下间种益母草、酸模叶蓼、打碗花等具有抑螺作用的植物材料，不仅有经济收益，而且有抑螺效果。

林—农—水禽：不仅在林地进行林农复合经营，而且充分利用滩地的水、草等资源，发展水禽养殖，鸭等水禽不仅有经济效益，而且也能捕食钉螺。

（七）林分管理

滩地造林、成林的关键是管理，所谓“三分造、七分管”，造林后必须加强抚育管理，特别是前2~3年，是关系到成林、成材和速生丰产的根本问题。同时，有效管理也是防治血吸虫病的重要举措。

（1）营建隔离带。滩地造林后要加强对耕牛的看管，严禁耕牛等牲畜闯入林地，可在林区周围挖沟或设立护栏，以防耕牛等牲畜毁坏林木，也避免了传染源的感染。

（2）培土扶苗。滩地造林采取大穴栽植，栽后的一年内，常因下雨或汛期洪水浸漫，穴内土壤下陷松软，大风常吹歪苗木，影响正常生长，应及时扶苗，培土加固。

（3）造林后发生缺株时，可采用补植苗木方法进行，在秋末冬初时，选择2年生一级壮苗补植，并施加基肥。

（4）幼林期林木与芦草的竞争力弱，因此，在造林后的前2~3年，林木未郁闭前，要加强松土除草工作，提高土壤通透性，增加肥力，才能保证林木正常生长。

（5）及时疏通沟渠。由于水淹时泥沙的淤积，往往导致沟渠堵塞，水流不畅。沟内积水，一方面易形成新的螺源地，另一方面不利林木生长。因此，一般在水退后，应对沟渠及时进行清理，做到水流通畅，沟内无积水。

（6）整形、修枝，调整树冠，是促进林木，特别是速生杨树的生长，定向培育通直良材，有利林农间种的一项重要技术措施。修剪可在秋冬生长停止时进行，也可在春季进行。修剪应贴近树干，不应留茬，使用工具应锐利，伤口应平滑，不得撕伤树皮。根据优良品种的杨树的特性，其修枝措施应掌握开始修枝的年龄要迟些，修枝强度要小些的原则。造林后 3 年，除修剪枯死或影响主干生长的竞争枝外，一般不进行修枝。4～5 年生时要进行修枝，使树冠长度占树高的2/3，6～7 年生时进行第 2 次修枝，使树冠占树高的1/2；8～9 年生时进行第 3 次（最后一次）修枝，使树冠占树高的1/3。按照上述比例进行杨树修枝，既不会影响树木发育，还能促进其高粗均衡生长。修枝整形时间，以冬季及早春杨树休眠期为好，夏季也可进行。

（7）病虫害防治。森林有害生物防治，对林中出现的叶甲、杨扇舟蛾等叶面害虫，本着治早、治少、治了的原则，可使用氯氰菊酯、甲胺磷、氧化乐果、杀虫双等药剂，按农药配制比例说明分两类情况进行防治：一类是 1～2 年的幼林可采用背包式喷雾器，将加长的喷管、喷杆系在长竹竿上，对上部叶面进行喷杀；二类是高干成林，可采用高压机械喷雾或烟雾剂等方法杀治，进行大面积防治。有条件的则可采用“飞防”。采取上述措施，以达到最佳防治效果。对危害林木的云斑天牛、桑天牛等蛀干害虫将 50～100 倍液的甲铵磷、敌敌畏混合药液使用兽用注射器对虫眼直接进行注射，或采用磷化锌毒签扦孔粘泥堵眼进行治杀。林木高度在 2 米以上时，采用新型实用工具倒顺楼梯进行天牛防治，不仅可以提高工效，还由于该梯直立紧靠树干，既能做到不损伤幼树，又能保证操作时人身安全。春季对新造林、幼林中出现的因天牛危害而造成枯梢的幼树用手摇动树干，将枯尖抖落，再用刀劈灭隐藏在树尖木质中的天牛，或将枯梢集中焚烧。

六、不同类型滩地抑螺防病林建设

洞庭湖滩地生境的异质性显著，环境条件呈现明显的梯度特征，高程、水文状况、植被特征呈圈带状不同，其中水淹时间是决定滩地造林成败的关键因子。同时洞庭湖滩地还涉及湿地保护等方面的特殊要求。因此，根据滩地的水淹时间，对洞庭湖滩地类型进行合理划分，并对抑螺防病林进行合理配置，是科学建设洞庭湖滩地抑螺防病林的基本保证。不同类型滩地抑螺防病林建设如下：

（一）低位洲滩沟垄型抑螺防病林

年均淹水天数 60～70 天的一类滩地，为低位洲滩。对于此类生态环境脆弱、系统稳定性差、钉螺分布密集的一类滩地主要建立林-渔复合模式，按生态防护林管理的要求进行经营。根据此类滩地高程，一般采取低抬垄方式：将滩面高程抬高 1 米，垄面宽 2 米，选择杨树（湘林 90、湘林 77、中汉 17、中潜 3、南林 95、南林 895 等，下同）、苏柳（J799、J795、J172，下同）或枫杨等树种，造林株行距 3 米 ×12 米。此种模式抑螺机理一方面在于通过抬土直接埋灭钉螺，其次通过环境改造，沟内深水养殖，灭杀钉螺。

（二）次洪道中位洲滩宽行窄株异龄型抑螺防病林

年均淹水天数 30 天～60 天的一类滩地，为中位洲滩。通过采取异龄林作业的方式，既能维护滩地森林生态系统的稳定性，又可带来一定的经济效益。造林树种可选择杨树、柳树等，大苗造林，造林采用 3 米（株距）×3 米（窄行距）×12 米（宽行距）交替配置方式，主伐年龄 8 年，异龄作业的时间为第一次造林后第 4 年，在宽行内再增加 2 行，使之形成异龄林。当第一次造林林木达 8 年生时即可进行主伐更新，滩地上仍保留有 4 年生左右的林分。需采取适当开沟沥水措施，以降低地下水位，可开展林下间种 3～5 年。

（三）高位洲滩复合多元型抑螺防病林

年均淹水天数30天以内的一类滩地，为高位洲滩。其高程往往已处于钉螺分布线的上缘，可采取块状作业、分期主伐更新的经营方式，保持生态系统的基本稳定。培育目标可多元化，造林树种以杨树为主，造林行距允许适当减小，如5米×6米，主伐年龄6年或10年，开展林下间种，可选择油菜、蚕豆、小麦等避涝作物或藜蒿、益母草等野生经济植物。

（四）河湖堤岸防浪护堤型抑螺防病林

河湖堤岸沿线滩地人畜活动频繁，多为血吸虫病易感地带，此类滩地的兴林抑螺工程造林，可结合防浪护堤林建设进行整体设计与优化。造林树种选择苏柳或旱柳，造林密度采用3米×3～5米的梅花状设计，造林后采取隔离管护措施，减少人畜活动。在高程适宜的地段，幼林阶段可通过土壤翻耕、林下间种，提高综合治理效果。

（五）退田还湖区生态经济型抑螺防病林

在洞庭湖退田还湖区实施。造林树种选择杨树，大苗插干造林，采用3米×8米等多种造林密度，因地制宜地建立多种高效经营模式。通过建立抑螺防病林，改变易导致血吸虫病流行的传统耕作习惯与种植方式，修复退田还湖区退化生态。造林后前2～3年进行土壤翻耕，开展林农、林药等复合经营，在提高工程项目治理效果的同时，增加农民的经济收入，服务于新农村建设。

七、有待进一步研究的内容

1. 抑螺防病林生态系统中非生物因子的动态与持续抑螺经营技术

系统测定生态系统中温度、水分、辐射、土壤理化性质等因子的动态变化，并提出适时调控的技术措施，以达到持续抑螺防病效果。

2. 抑螺防病林生态系统生物因子对钉螺种群动态影响

钉螺种群动态变化受树种、草本植物、动物、微生物什么影响，种间的联结性、不同种生态位及分布格局如何，它们如何与钉螺种群动态相互作用，生态系统中影响钉螺种群消长的关键种是哪些，与钉螺种群动态是什么关系。

3. 抑螺防病林生态系统基本功能过程对钉螺种群动态影响机制

通过食物过程形成的能量流动与物质循环过程如何调节钉螺个体和种群能量与营养元素，如何影响钉螺食物结构、能量和营养过程，以及通过元素循环过程中的次生代谢化学物质如何影响钉螺个体和种群行为（如觅食与栖息地选择、迁移与扩散等），进一步如何影响钉螺种群动态。

4. 抑螺植物的抑螺机理与应用技术

加大对抑螺植物的选择，通过化学分析手段进一步阐明不同抑螺植物的抑螺机理，一方面要加大抑螺植物、特别是有较高经济价值的抑螺植物在有螺滩地的栽培力度，同时要充分利用抑螺植物的有效成分，研制生物制剂，发挥其抑螺效果。

第四节　城市森林建设关键技术

2005年，湖南全省GDP为6473.61亿元，增长11.6%，经济进入稳定增长期。然而，在湖南经济社会快速发展的同时，生态环境现状不容乐观。从“十五”期间湖南省环境质量报告看，全省城市空气质量仍有半数的城市没有达到国家标准；酸雨污染没有得到有效控制，且范围进一步扩大，重酸雨频率呈上升趋势；地表水在局部江段仍旧污染较重，饮用水中湘江流域粪大肠菌群普遍超标，枯水期出现重金属超标，沅江流域总磷污染严重；环境噪声没有全面达标，部分城市生态环境呈现进一步恶化趋势。因此，湖南省生态环境有待于加强整治，城市、乡村人居环境还要加大力度绿化、美化，改善人居生态环境。

植物随着晨昏旦夕、阴晴雨雪、春夏秋冬一年四季的变化，产生丰富的时相、季相变化，从而提高城市美学质量，为人们生活工作创造优美舒适的环境。而城市森林是城市绿化的骨架和基调，形成城市绿化的风格。在城市绿化中，起主导作用、能发挥最大效益的是以乔木为主体的城市森林，它在城市绿化、美化中具有不可替代的作用，与建筑、道路、桥梁等有机地结合，相得益彰；更为重要的是，城市森林中的植物具有吸收、转化、清除或降解环境污染物，实现环境净化、生态功能恢复的功能。因而，随着人们对生存环境空间质量的关注，植物在改善生态环境、保障人体健康等方面的功能，以及围绕功能潜力发挥的城市森林建设技术越来越引起人们的关注。

自1962年美国在户外娱乐资源调查中，首次使用“城市森林”（Urbanforest）一词以来，国际上许多大城市，如法兰克福、斯图加特、慕尼黑、纽约堡等，都非常重视城市森林建设，保留了城市周围大面积的绿地和森林，挪威、丹麦、俄罗斯、日本、奥地利、瑞典等很多国家陆续开展了城市森林研究。总的来看，经过40余年的发展，当前国外城市森林建设和研究日益关注城市森林与树木的生态服务功能及其文化价值、城市森林乡土树种选择和建植技术、城市森林的养护管理技术与公众参与性实践等方面。

与国外相比，我国城市森林研究起步较晚，但发展迅速。自1989年城市林业概念引入国内，我国城市森林的理论研究不断深入，在如下方面取得较突出进展：应用“3S”技术采集城市森林背景数据；初步形成城市森林发展规划的理论基础；城市森林空间布局、树种选择和配置模式；城市森林生态功能监测与评价的研究手段和方法日益接近国际水平；多类型防护林效益与城市森林的保健效应研究有了一定的基础，初步构建符合我国城市化特点的城市森林评价指标体系。但和国际同类研究相比，我国城市森林研究总体上看还存在一些问题，特别是关键技术亟待研究，各地城市森林建设尚处于摸索阶段，诸如林分结构、种间关系、树种配置、景观格局、对环境的影响、人与自然的关系等方面，还有待于进一步深入研究。

本部分的研究是在中国森林生态网络体系“林网化—水网化”理念的指导下，集成、配套国内外现有适合于湖南城市和乡村森林建设的技术，旨在为湖南和相似地区城市森林工程建设提供技术支撑。

一、城市森林建设功能树种选择

城市不同区域或不同地段由于其在城市中功能不同，形成了不同的生态环境，因此，在城市森林建设过程中，需要选择不同功能的树种进行污染防护、环境改善和绿化美化。树木是城市森林的基础，树种选择的好坏是城市森林建设成败的基本前提。

（一）滞尘树种选择

植物通过其枝叶对空气中粉尘的截留和吸附作用，一定程度上可以减轻空气中的粉尘量，起到滞尘效果。不同植被类型和植物种类因其叶片层次结构、枝叶密度、叶面倾角、叶面粗糙性和湿润性等的不同，其滞尘能力不同。一般而言，植株高大、枝繁叶茂、枝条和叶片表面粗糙、具绒毛或分泌物以及生长在空气尘量较多地方的植物其滞尘能力也较强。从目前研究看，适合于湖南城市森林建设、具有较强滞尘能力的树种如下。

较强滞尘能力的乔木树种主要有构树、侧柏、泡桐、悬铃木、广玉兰、石楠、元宝枫、银杏、槐树、水青冈、栎树、杨树、刺槐、山杜英、松树、冷杉、云杉、香樟、女贞、重阳木、榆树、铁冬青、棕榈、马褂木、杜英、大叶樟、臭椿、栾树、雪松、丁香、圆柏、龙柏、紫薇、拟单性木兰、枫香、罗汉松。

灌木树种主要是木芙蓉、泡花树、红花檵木、锦带花、天目琼花、榆叶梅、桧柏、千头柏、桑树、黄槿、紫叶李、夹竹桃、七里香、刺桐香、海桐、棣棠、月季、春鹃、红叶李、紫荆、大叶黄杨、木槿、珊瑚树、山茶花、桂花、十大功劳、蜀桧。

（二）生态保健树种选择

植物材料抑制空气中微生物含量主要是通过释放挥发物，抑制微生物的繁衍。抑制微生物能力的监测，可为生态保健型树种选择及配置提供了科学依据。

（1）抑菌或杀菌能力较强乔木的树种：雪松、香樟、沉水樟、侧柏、龙柏、柳杉、臭椿、马褂木、山胡椒、铁冬青、水杉、银杏、构树、大叶樟、苦楝、枫香、悬铃木、金钱松、杉木、湿地松、柏木、龙柏、榆树、棕榈、广玉兰、乳源木莲、枇杷、江南油杉、黄枝油杉、铁坚油杉、杜英、栾树、石楠、大叶女贞、罗汉松、元宝枫、涤柳等。

（2）抑菌或杀菌能力较强的灌木树种：夹竹桃、海桐、桂花、洒金柏、紫叶李、珊瑚树、山茶花、红花檵木、十大功劳、金银木、桧柏、桑树、珍珠梅、蔷薇、月季、小叶黄杨、石榴、紫薇、蜡梅、紫荆。

（3）挥发物中具有芳香物质的树种：枫香、湿地松、罗汉松、桂花、广玉兰、海桐、大叶樟、雪松、香樟、山茶花、石楠、马褂木、珊瑚树、大叶女贞、棕榈、悬铃木、红花檵木、小叶女贞、十大功劳、栾树、构树、银杏、夹竹桃。

（4）空气负离子平均水平较高的林分（从大到小的排序）：沉水樟、罗汉松、乐东拟单性木兰、木莲、南方木莲、金叶含笑、乐昌含笑、中国鹅掌楸。

（三）抗污染气体树种选择

1. 抗二氧化硫树种

抗二氧化硫乔木：罗汉松、侧柏、女贞、乐昌含笑、阔叶十大功劳、加拿大杨、龟甲竹、水榆、柳杉、樟树、棕榈、木莲、广玉兰、龙柏、桧柏、石楠、水杉、银杏、槐树、臭椿、泡桐、悬铃木、刺槐、榔榆、栾树、无患子、合欢、枣树、稠李、黄连木、鸡爪槭、白玉兰、青桐、构树、枫杨、

抗二氧化硫灌木：珊瑚树、大叶黄杨、玫瑰、海桐、栀子花、桂花、红花檵木、杜鹃、夹竹桃、山茶花、构骨、紫叶李、连翘、珍珠梅、石榴、月季、蜡梅、木芙蓉、紫薇、木槿、无花果、结香、金银花、络石、紫藤、木香。

2. 抗氯气树种

抗氯气乔木：香樟、柳杉、侧柏、罗汉松、石楠、棕榈、千头柏、龙柏、黄杨、广玉兰、蚊母、女贞、云杉、棕榈、皂荚、丝棉木、臭椿、柿树、黄连木、朴树、五角枫、白蜡、合欢、喜树。

抗氯气灌木：石榴、栀子花、珊瑚树、大叶黄杨、锦熟黄杨、山茶、海桐、木芙蓉、夹竹桃、桂花、木槿、连翘、紫薇、石榴、枸骨、小叶女贞。

3. 抗氟化氢树种

抗氟化氢乔木：香樟、侧柏、广玉兰、蚊母、棕榈、构树、槐、龙柏、女贞、喜树、石榴、无患子、香椿、臭椿、泡桐、五角枫、乌桕、垂柳、榆树、梧桐。

抗氟化氢灌木：大叶黄杨、海桐、夹竹桃、珊瑚树、茶花、木槿。

（四）重金属富集能力强树种选择

植物在一定程度上能吸收和富集重金属，从而减少重金属对环境的污染，另一方面，对重金属具有一定忍耐性，可以对重金属污染起到一定隔离防护作用。以下树种具有较强的富集重金属元素的能力，可为防护树种选择提供一定的依据。

乔木树种：水杉、刺槐、女贞、香樟、石楠、蚊母、臭椿、泡桐、毛白杨、朴树、旱柳、侧柏、接骨木、加拿大杨、构树、板栗、雪松、槐树、银杏、五角枫、皂角、悬铃木、榆树。

灌木树种：夹竹桃、紫薇、木芙蓉、山茶、桑树、大叶黄杨、桧柏、连翘、石榴、法国冬青。

二、生态风景林改造关键技术

生态风景林主要包括现有森林公园、城郊游憩林、观光林及其他以生态利用为主要目的生态公益林。

20 世纪 60 年代中，北欧一些科学家根据现代城市出现的一些弊端，提出在城区和郊区发展森林，将森林引入城市，使城市坐落在森林中。美国、英国许多城市在城郊都有森林区，新加坡的公园及娱乐“原始公园”，将农田和森林及其他一些景观糅和进“田园城市”的建设中。这些森林带对保证城市的发展及补充城市绿地的不足，改善城市生态环境有着不可替代的作用。迈入 21 世纪，我国经济发达地区，尤其是东部沿海城市，已逐渐重视生态风景林建设，如上海、北京、广州、深圳、厦门等城市在城市绿地建设中，加强了环城林带、城郊风景林及森林公园的建设，特别是加大了生态风景林改造。

湖南省是我国南方重要的集体林区之一，一直以来以经营用材林为主，培育中、小径材速生丰产林为目标，其树种也主要集中在杉木、马尾松等针叶树种上，树种和林相单调，生态功能和景观价值低下，甚至由于长期连栽和其他不合理经营，形成残次林分，严重影响了森林公园的景观和旅游效益。随着湖南经济的发展，城市化进程的加速，市域范围的扩大，以及城市发展的需要，过去以经营用材林为主的人工林或次生林被纳入城市森林或森林公园的范畴，成为城市居民和外来游客的重要旅游、休闲场所。为了增加森林景观价值，提高生态功能，服务于人们，促进旅游的发展，应按照森林生态学、造林学、园林工程学等理论，在保护好现有森林植被的基础上，逐步进行林相调整，以逐步形成多树种、多层次、多林相、乔灌草结合得比较完整的复层森林植物群落。

（一）改造原则

生态适应、定向改造原则。依据植物的生物学、生态学特性，利用植物季相和色相的变化进行植物配置。以景观价值和生态功能的提高为改造目标，提倡乡土植物为主体，尤其是珍稀树种的应用，同时考虑植物色彩变化的需求，引进外来景观树种。

局部改造、系统稳定原则。利用现有林分的生态环境，坚持“见缝插绿、找缝插绿、造缝插绿”的改造理念，进行抚育间伐，促进自然更新，引进改造树种，加速群落进展演替，增加植物景观层次的变化和绿量，形成高效、稳定的乔、灌、藤、草植物群落。

弘扬文化、突显个性原则。湖南省生态风景林改造要与当地的自然地理条件、特色的社会历史和丰富的民族文化相结合，尊重当地民族习惯，弘扬传统文化，彰显生态风景林个性。

（二）技术要点

湖南省目前存在较为大面积的低效杉、松林，效益低下，恢复与改造的重要途径之一就是师法自然，应用恢复生态学原理、生态位及生态演替等理论，遵从“生态位”原则，搞好植物配置。在发展建设中，应充分考虑物种的生态位特征、合理选配植物种类、避免种间直接竞争，形成结构合理、功能健全、种群稳定的复层群落结构，以利种间互相补充，既充分利用环境资源，又能形成优美的景观。

1. 近自然林

以中国森林生态网络体系‘面’的建设理念为指导，即以封山育林为主，辅助以人工措施，按近自然林为目标进行改造。目前，改造技术主要有两种，一种为封禁法。主要是在土层浅薄、岩石较多，且处于游览视线的隐蔽地段处，采取封禁办法并适当砍除一些藤本，促进其中的乔木或小乔木树种生长，同时也可播入一些乔木种子，人工促进天然演替。另一种为补植法，在现有森林下补植阔叶乔木树种，待目的树种长到一定高度后逐步疏伐一部分原有非目的乔木种。这种方法既不破坏原有的森林，又利用现有森林的荫蔽条件保护目的树种生长。

以上两种方法目前都有采用，补植法目前较广泛应用，且所要采取的措施力度较大，见效较快，这里对其技术要点进行简要介绍。

（1）调节郁闭度、保护林下植被。在调查林分群落结构的基础上，对建群种进行卫生伐、择伐和疏伐，保护原有的森林植被，特别是要保护林下自然下种的阔叶树，控制林分郁闭度在0.3～0.6之间，为林下植被的生长创造适宜的生态环境条件。

（2）选择树种、改造景观。在调查地带性植被的基础上，针对不同地区地带性植被，选择乡土树种，特别是一些珍贵乡土树种，同时考虑树种的适应性和树种的季相，确定代表性植物资源，突显林分的特色。如楠木、红豆杉、枫香、麻栎、栓皮栎、槲树、白栎、黄檀、化香、黄连木、苦槠、青冈栎、深山含笑、木莲、杜英、紫楠、红楠等树种都是优良景观树种。

（3）块状整地、大苗栽植。根据林分改造的期限和目标，为了加速风景林改造的速度，可引进少量外来景观树种，每公顷栽植75～150株。采用大苗移植的方法，可采用3～6年生大苗，提高改造成效。大苗移植前整地的规格应根据土坨的大小进行清理和整地。

（4）前期管护、后期封禁。移植的树木在前期应进行适当的管护，如浇水、施肥等抚育管理措施，以提高林木成活率和竞争力。在林分稳定，初期结构基本调整完后，后期的措施主要是进行封禁保护，形成针阔混交林，通过逐步更新改造，最终趋向于形成接近地带性顶级的近自然植物群落。

2. 四季供景林植物配置

四季供景林的关键技术在植物的配置上，其他措施与补植法相似。植物的配置不但要考虑到所选择用的树种是否有利于次生林的进展演替，还要考虑到未来成林后的景色是否与原有的植物相协调。在植物的配置上，可选用以下树种，以营造不同季节的景观。

春景为湖南林分的主景色，可选用以蔷薇科为主的植物营造该地区春花烂漫的特色景观。蔷薇科植物是最重要的观赏植物，品种繁多，花色缤纷，终年不断。春季开花的植物很多。有白鹃梅、二裂绣线菊、绣球绣线菊、石楠、杜梨、山樱等。为了使春天的景色更加绚丽多彩，可适当多栽植各类观赏桃，如碧桃、排桃、绛桃、洒金碧桃、紫叶桃等稀有类型。此外，部分地方可种植海棠花、西府海棠、湖北海棠等苹果属植物，也可种植木瓜、贴梗海棠等木瓜属植物及福建山樱花、日本晚樱等樱属植物。

夏季开花的野生植物主要有山槐、野桐、华瓜木、牡荆、野鸭椿、大青、海州常山、刺楸、多花蔷薇等，草本有石蒜、野百合、夏枯草、泽兰、黄花、牵牛等。考虑到部分野生树种的花不够醒目，可适当在道路边种植石榴、紫薇、夏蜡梅、广玉兰、杜英、喜树、合欢、木槿、粉花绣线菊、大花栀子、金丝梅等园林植物，让夏天也成为花的海洋。

秋景的营造以秋花和彩叶树种为主，可配置胡枝子、木芙蓉、金桂、银桂、丹桂等观花及香花的园林植物。该地区现有的彩叶树种主要有红枫、二角枫、五角枫、无患子、盐肤木、漆树、黄连木等。这些彩叶树种很少有成林的，所以从远处看，色彩不够明显。在林内营造大面积秋季变色或终身有色的彩叶林，不仅使得景区有季相的变化，并且大大丰富了景区季节性的景观，渲染和烘托旅游气氛。

冬季主要是观果和观花。冬季观花的植物较少，主要有茶花和胡枝子等。观果植物主要有冬青、紫金牛、菝葜等。同时可配置蜡梅和茶梅，丰富冬季的景色。

3. 观景竹林改造

湖南是竹子的中心分布区之一，长期以来与竹子有深厚的感情。湖南目前毛竹林规模较大，长势良好，在进行更新改造时，可加以利用。古人对竹子环境利用更多体现在对竹子本身秀丽多姿的风格，以及竹环境清雅脱俗的赞颂。营造生态竹林景观，更能充分体现生态景观林的文化内涵。竹子中空而劲直，虚怀若谷，刚正不阿，寓意高雅、谦虚、坚贞的品德，具有特殊的美学特征。利用竹林风姿绰约，建立生态竹林景观，提供游憩和观光场所，同时，它的再生性很强，用途广泛，具有较高的经济价值。目前毛竹林可在保留现有竹林的基础上，适当增加一定量的刚竹属观赏竹种，如花毛竹、绿槽毛竹、黄槽毛竹、龟甲竹、斑竹、金竹、紫竹、毛金竹等，也可引进其他阔叶树种，改造成竹阔生态景观林。

三、不同类型城市森林配置技术

城市森林的配置是城市森林的功能基础。建立模式优化、功能高效的城市森林是城市生态建设追求的目标。城市森林的树种配置贯穿生态适应、功能优化、生物多样、景观丰富的思想。具体思路是：①以高大乔木为主，与灌草相结合。充分利用城市空间，增大城市空间绿容率，增强城市森林生态功能。②以乡土树种为主，与外来树种相结合。乡土树种生态适应性强，营林技术成熟，管护成本低，城市森林具有较高的稳定性，林分质量高；适当引进外来树种，主要为满足不同空间、不同立地条件下的城市森林建设要求，实现地带性景观与现代都市特色相结合。③以主导功能为主，多功能结合。城市森林在不同区域或地段功能不同，在进行植物材料选择与配置时，首先考虑选择特定功能树种，如在污染防治、人体保健等方面的独特功能，达到独特效果，同时，还应考虑多种功能的优化配置，以实现城市森林多种效益最大化。④树种多性状相结合，加强生物多样性和景观多样性。珍贵长寿的长效树种与速生树种相结合，在时间上实现城市森林功能的快速、持续发挥，同时又为城市森林的长远发展奠定基础；常绿树种与落叶树种相结合，丰富城市森林景观及其动态变化特征，发挥了落叶树种较好的水土保持、土壤改良等生态作用，同时也符合人们对光热季节性变化的需求，具有良好的生态、景观效果。从城市不同区域森林建设看，主要有如下几个类型。

（一）居住区与单位绿化配置

城市居住区与单位是人们生活、工作于其中时间最长的贴身场所，与居民的生活工作质量密切相关，居住区与单位绿地系统是城市森林的重要组成成分。居住区与单位绿化，体现的是调节小气候、净化空气、休闲保健等生态功能，同时与当地居民生活习惯和审美观相一致，符合当地居民的较高观赏价值；而对于工厂等特定污染区的绿化，主要是抗污、吸污的生态功能。

1. 宅旁绿地

应结合住宅建筑的间距大小，平面关系，层数高低等因素进行配置。根据湖南省城市光热的季节性变换特点，近宅处定植高大落叶阔叶树种，如银杏、鹅掌楸、重阳木等，下层配置红叶李、桃、柿、梅、樱花、枫、竹、海棠、小叶女贞、栀子、紫薇、山茶、海桐、八角金盘、南天竹、火棘、金叶女贞、小叶黄杨等，在远处适当栽植常绿植物桂花、女贞、香樟、棕榈等。另外可采用紫藤、凌霄、爬山虎、常春藤、木香、金银木、络石等藤本植物对各类墙体等适当进行垂直绿化。

2. 公共绿地

公共绿地是人们休闲、保健、游玩、娱乐的重要场所，森林系统的建设强调生态、保健、景观的有机结合。选择鹅掌楸、银杏、乌桕、香樟、女贞、枫香、五角枫、三角枫、合欢、白蜡树、重阳木、榉树、栾树、喜树、白玉兰、紫玉兰、广玉兰、雪松、圆柏等松柏类植物以及桂花、海棠、紫叶李、石楠、棕榈、油茶、紫薇、木槿、海桐、杜鹃、樱花、鸡爪槭、八仙花、金叶女贞、小叶黄杨、瓜子黄杨、石榴、枇杷、栀子、金丝桃、南天竹、紫叶小檗、孝顺竹、刚竹、淡竹、菲黄竹、菲白竹等植物，构建以乔木为主的立体森林群落。

3. 专用绿地

是指居住区里公共建筑和公用设施用地内的专用绿地，绿化布置应结合周围环境要求布置，考虑景观、遮阴、分隔、防护的要求，建立物种相对较少、疏透度适宜的乔灌草配置。当然，针对不同使用者的要求，模式的配置有所侧重。例如幼儿园等儿童活动场所周围，应选用色彩鲜艳活泼无毒、无刺的植物，景观应较为开敞，视线通透；而老年人活动区域附近则需营造一个清静、雅致的环境、注重休憩、遮阴要求，空间相对较为封闭；医院区域内，重点选择具有杀菌功能的松柏类植物；而工厂重点污染区，则应根据污染类型有针对性地选择适宜的抗污染植物（具体植物参见前面的树种选择部分），建立合理的植被群落。

（二）建成区核心片林配置

建成区核心片林是城市森林的重要组成，是改善建城区生态环境的重要林分，具有减缓热岛效应、净化城市空气等生态功能，良好的休闲保健功能。理论上面积不小于4公顷，具体应根据热岛效应强度等情况确定较为适宜的片林面积。选择雪松、圆柏、刺柏、龙柏、国外松、水杉、合欢、香樟、槐树以及枫香、麻栎、栓皮栎、化香、黄连木、苦槠、青冈栎、紫楠、华东楠、红楠等地带性树种，在城市的适宜地区（如热岛地带），建立面积大而集中的近自然的植物群落，改良城区生态，形成城市之“肺”。

（三）公园和广场绿化配置

公园和广场是市民活动较为频繁，进行休闲娱乐活动的重要场所。过去广场热衷于水泥砖石的堆砌或草坪花灌的铺张等缺林少乔做法，难以满足人们对环境改善、活动休闲的需求；公园绿地一般面积较大，是城市森林的重要森林斑块，为城市生态设施的主要成分之一，具有休闲保健功能、生态功能、科教功能。公园和广场绿化可分为观赏林和科教特用林两种模式：

1. 观赏林模式

由具有一定观赏价值的乔木及花灌所构成的乔灌草植物群落，通过选择较多的高大乔木，适当配置灌木或草本，形成开闭相宜、疏透适中的城市公园和广场观赏林。目前多采用近自然设计，空间相对开敞，林相景色丰富。

上层选择乔木：香樟、银杏、雪松、榉树、栾树、女贞、广玉兰、白玉兰、合欢、鹅掌楸、枫香、桂花、重阳木、乌桕、樱花、槐树、水杉、榆树、麻栎、苦槠、青冈栎等栎类、松树、柏树、枫杨、落羽杉、无患子、三角枫、五角枫、柳、杨、木莲、椤木石楠、紫玉兰、二乔玉兰、朴树、柿树等树种。

下层选择灌木或草本为：冬青、红枫、海棠、紫薇、夹竹桃、蜡梅、棕榈、紫叶李、石楠、木槿、金叶女贞、小叶黄杨、瓜子黄杨、铺地柏、洒金柏、红花檵木、丁香、海桐、蜀桧、丝兰、凤尾兰、小叶女贞、鸡爪槭、丰花月季、紫叶小檗、火棘、杜鹃、龙柏、洒金桃叶珊瑚、狭叶十大功劳、金丝桃、南天竹、葱兰、红花酢浆草、麦冬、沿阶草、白三叶等。

2. 科教等特用林模式

结合城市文化历史所营建的具有特定氛围的城市森林，如在革命烈士墓地或纪念碑周围营造的大片松柏林分；以及选择具有特殊功能和价值的植物造景，如建立药用植物园，水生植物园、竹类植物园、盆景园、珍稀植物园等。

（四）道路林配置

对于城市道路林而言，其主要功能是具有较好的遮阴效果、较强的滞尘、抗污、吸污能力、较好的观赏特性。在绿地建设植物配置时，以常绿阔叶乔木为主，乔、灌、草结合，将能形成较强生态功能的复层森林结构模式。

以2~3排大乔木形成背景或上层，小乔或大型花灌形成中景或中层，由较低矮的花灌、草坪、花卉形成前景或下层，构成宽12~24米林带。根据道路具体情况选择适宜树种，注意色相，季相搭配以及层次节奏的配置。

背景或上层：白玉兰、紫玉兰、乌桕、银杏、女贞、合欢、悬铃木、含笑、槐树、水杉、雪松、香樟、榉树、栾树、广玉兰、喜树、臭椿、落羽杉、鹅掌楸、适宜的松柏类植物等。

中景或中层：樱花、冬青、枇杷、红枫、海棠、紫薇、夹竹桃、蜡梅、紫叶李、石楠、棕榈、木槿、桂花等。

前景或下层：金叶女贞、小叶黄杨、瓜子黄杨、铺地柏、洒金柏、红花檵木、紫叶小檗、海桐、蜀桧、丝兰、凤尾兰、小叶女贞、丰花月季、火棘、杜鹃、酒金桃叶姗瑚、狭叶十大功劳、金丝桃、南天竹、葱兰、马蹄金、红花酢浆草、麦冬、沿阶草、白三叶等。

（五）水系林配置

湖南省水系发达，许多城市湖、河交错，水网密布，且城市中水岸地经常是城市居民重要的休闲保健场所，也是城市中重要的风光地段。沿水系建立林网是实现城市“林网化、水网化”的重要举措。功能要求为：①具有优良的固土护堤、水源涵养等生态功能；②具有良好的景观及休闲保健效果；③利用带具有较高的经济效益。水系林网的树种选择，要具有较强的耐水湿特性、良好的固土护岸功能以及一定的景观价值，利用的树种还具有较高经济价值。

沿水岸由近至远，水边栽植芦、荻、灯芯草、蒲草、茭白等挺水植物，柳树、杨树、重阳木、枫杨、白蜡树、水杉、紫穗槐、垂柳等树种作为近水岸前景，后景栽植较耐水湿的旱柳、杂交柳等优良乔木柳品系、杨树优良品系、池杉、落羽杉、桑树、榔榆、重阳木、枫杨、水蜡树、白蜡树、水杉、水松、白榆、黄连木、榉树、柿树、丝棉木、榔榆、棠梨、大叶黄杨、紫薇、月季、栀子花、龙爪柳、石榴、黄荆条以及扶芳藤、络石、紫藤等植物，同时适当配置能够产生芳香气息的桂花等植物，以及能够挥发有益成分并具杀菌功能的松柏类植物，构成常绿、落叶混交、针阔混交、乔灌藤混交以及生物多样、配置自然的水岸森林群落，为城市居民提供良好的休闲保健空间。

四、城市森林有待进一步研究的技术

（一）城市森林绿量控制技术

随着我国城市化进程的快速发展，城市生态环境问题日益突出，各级政府都非常重视城市绿地建设，但由于城市土地资源有限，城市中森林发展指标的确定成为人们关注的问题。虽然目前已有部分学者针对部分城市进行过相关问题的研究，但由于不同城市气候、植被、经济、人口工业等等都有所不同，难以用一种方法或具体研究的发展指标应用于不同类型的城市，因此，在进行湖南城市森林建设时，城市森林绿量控制技术也成为城市森林建设中要解决的关键问题。目前，运用卫星遥感资料分析、自然环境分析、社会调研等方法，综合分析湖南不同城市发展、资源承载力、净化大气污染、碳氧平衡、热环境调节等因素，进行不同城市绿量需求研究。

（二）城市保健功能植物的筛选和配置

随着城市森林生态功能研究的进展，绿化质量和要求的提高，城市植物保健功能的研究成为研究的热点。通过对湖南省主要绿化植物挥发性气体成分和浓度的分析，结合空气悬浮颗粒物、负离子浓度、细菌数量等指标的监测，对比分析不同植物和不同群落类型的保健效应，开展稳定、高效的城市保健林优化配置技术研究，为湖南城市保健型森林建设提供技术支撑。

（三）不同功能区城市绿化材料优化选择和配置技术

城市中植物材料的选择与配置虽然进行了不同程度的研究，但主要还是集中在部分生态功能的研究上，且研究和应用的树种也较为有限，因此，一方面还应加强湖南省乡土绿化树种生态功能的研究，注重乡土植物的恢复与发展；另一方面，应重点研究符合湖南人文景观要求的林木景观空间格局配置，突出城市绿化的防护林局部区段个性化，特殊区段的功能性，实现城市绿化的最佳景观配置；研究不同特点通道、城郊区域的林木景观优化配置、功能优化配置。体现湖南特色、四季美观、文化休憩和生态多功能。如聚居区周边的防风滤尘减噪绿化配置，高速通道两边的隔音滤尘绿化配置，典型通道的标志性林木景观配置，城郊厂区周边的绿化隔离配置等，为湖南省城市绿化提供依据。

（四）低效景观林定向改造技术研究和规范制定

目前虽然有关景观林改造技术进行了不同程度的研究，但尚未进行系统的研究与评价。如何通过森林抚育、封山育林、定位观测、跟踪调查、试验示范等研究，系统提出各种功能区的低质林更新改造技术，系统提出增加地表覆盖、改善土壤理化性质、提高土壤缓冲容量的综合措施；把低质低效森林植被尽快转化为系统结构稳定、功能高效的生态防护林或风景游憩林的成套综合的植被建设改造技术，提高低质低效森林植被的防护与景观功能，系统提出植被定向恢复技术，并制定景观林改造技术规程，为健康、稳定、高效、优美的景观林建设提供依据。

第五节　乡村人居林建设关键技术

改革开放以来，我国农村社会经济社会取得长足发展，农村面貌发生巨大变化。农村城镇化、工业化、现代化、城乡一体化发展成为我国农村社会经济发展的主导力向，但在这一发展进程中，农村的社会、经济、生态之间也出现了种种不协调的现象，特别是经济发展伴随而来的资源过度消耗、生态破坏和环境污染，已引起社会的广泛关注。乡村是我国农村政治、文化、经济、生产、生活的基层单位，实现农业农村可持续发展、城乡协调发展，建设生态农村是社会主义新农村的重要内容。据2005年底统计，湖南省有43747个村委会，居住在乡村的人口3982万人，占总人口的63.00%。做好乡村人居林建设，对绿化美化乡村，改善居住环境，促进农村经济发展具有重要的现实意义。

一、湖南乡村生态环境存在问题及人居林规划建设技术

村庄的形成都有其自然、历史等渊源和经济、社会条件，千百年来形成的风格各异的村落民居，承载了丰富的文化、民俗等人文信息，是一笔宝贵遗产。然而，在我国部分地区，城市规划建设的方式被简单地套用到了乡村规划建设上来，风土人情味浓郁的乡村瞬时间变得“城不像城，村不像村”，流淌了千年的小河被改了道，生长了几十年的大树被砍伐殆尽，古朴的青石小路改成宽阔的柏油大道，碧草如茵的绿地被浇上水泥、建成休闲广场，池塘、水渠、原始地貌……那些“抹不掉的记忆”都被抹掉了，一排排新建农民住宅小区让人看不到乡村气息。在加快乡村经济社会全面发展、提高广大农民群众生活水平的同时，能否保护好乡村特有的人居环境、田园风光，杜绝“千村一面”的现象，从某种程度上讲，是衡量新农村建设成败的一个重要标志。

（一）乡村生态环境存在的问题

农村生活环境污染不仅影响乡村景观，恶化农村生态环境，妨碍农村现代化建设，而且破坏农村社会功能，有害农民健康。近年来我国环境公报显示，农村因环境问题引起的致病率日增。另一方面，随着经济的发展、生活水平的提高，农民对生活的享受已不仅仅是温饱问题。许多农村已走上了小康之路，对生活的环境质量提出了更高的要求，希望能营造出一个整体优化、舒适的环境，这种环境是由大气、水质、安静程度、清洁程度等具体指标构成的一个立体交叉的环境。

虽然湖南农村经济迅猛发展，农民收入不断增加，经济条件不断改善，但农村生活环境还是较为恶劣，甚至存在环境恶化现象。其集中表现在如下几个方面：

（1）垃圾随处堆放。农村经常可看见成堆的垃圾倒在村口或倒在村边水塘、渠道及村边公路上，有的甚至堵塞溪流。这些垃圾中，含有不易腐烂、溶解的食品包装袋，有毒的农药、化肥包装袋，对农作物生长极为不利，也给村庄农民的身体健康带来危害。

（2）粪便随处可见。家畜家禽粗放饲养，粪便随处可见；粪便横流，厕所、猪圈臭气熏天，蚊蝇滋生。农村猪、牛、羊、鸡、鸭等粗放饲养，加剧了农村居住区周围和河流的污染。

（3）水体污染严重。农民赖以生存的乡村中溪流、湖泊、河潭、地下水等水体除了工业污染外，农村养殖、村民生活污水和水土流失等也严重影响水质，近20年，农村水环境质量明显下降，并且水面也呈现变窄的趋势。

（4）大气污染初现。由于经济的发展，产生了污染转移的现象，往农村或郊区发展。农村大气污染也出现了不容乐观的现象，污染迈向日益严重的方向，特别是那些居住区周围有废气排放的村、镇企业的村庄。

（5）村庄绿化忽视。住区内用地布置混乱，视觉污染严重。公用地、绿化地面积减少，很多以前为公众休闲、休息的场地（所）被侵吞、挪用，使得农村本已不多的公用地一再减少。庭内户外的绿化面积因农民价值观、生活方式等的改变而下降。

当然，造成农村环境恶劣的原因有多种，乡村存在生态环境保护意识不强，基础设施建设薄弱，资金不足，耕作体制的改变（大量使用化肥，忽视农村传统有机肥的收集和使用）等方面原因，但更为重要的是，农村居住区长期缺乏规划和宏观战略决策，缺乏发展规划的指导，致使农村建设盲目发展。

当前许多农村在致富奔小康的道路上，很少进行村级村庄规划，或只对房屋布局规划设计，集中进行生态规划和居住区环境设计的很少。随着社会主义新农村建设的深入，乡村环境发展规

划将日益受到重视。它将是促进乡村工业发展、控制乡村工业污染、保护乡村环境的重要依据。新农村建设要进行科学规划，要组织规划人员深入农村，实地考察农村自然环境、人口分布、民族风情、经济状况等情况，收集农民意见，对民居、农田、林园、水利、道路、供水、供电等重大事项要通盘考虑，保持乡村规划与田园风光的统一和谐，制定出当地农民满意、切实可行的乡村规划。特别是通过乡村环境保护规划，科学、合理划分功能保护区、各功能区环境保护目标、按功能区确定产业结构、产业发展水平和规模、确定污染控制措施和对策，保证乡村工业和环境保护的同步、协调发展。

乡村人居林是农村生态环境治理的一个重要组成部分，乡村人居林的发展应在乡村生态环境规划的框架内进行。乡村防护林、道路林、休闲林、庭院林、水岸林等不同类型的乡村人居林将是乡村环境规划的重要内容。将对乡村环境治理和乡村经济发展起到重要作用。

（二）乡村人居林规划建设技术

在乡村生态环境治理规划基础上，引进国内外先进的规划理念和方法，坚持可持续发展的思想，利用生态与经济协调的理论，从乡村实际出发，通过合理调配乡村土地资源，加强森林保育，减少森林植被的破坏，提高森林经营效率，改善农村生态环境，实现人与自然、人与环境的持续共生、协调发展，追求社会的文明、经济的高效和生态环境的和谐，促进农村生产、生活的协调发展，初步建立自然-经济-社会复合系统的生态链。

围绕提高农村、城镇居民生活质量，改善村民居住地的生态环境，协调村民与资源、环境的关系，调整未来的土地利用，进行高标准的乡村绿化建设。建设模式可根据当地社会经济发展需求、群众意愿、自然条件等因素有目的地选择。建设措施主要采取现有植被保护与改造更新相结合，对生长健壮、无病虫害、树形美观和已成材的树木进行保护和利用，同时对生长弱、有病虫害、树形差的树木进行改造更新，力求乡村绿化模式新颖，标准统一。

从乡村人居林的用途看，大致可分为保护型、绿化美化型和生态经济型乡村人居林。各类型规划建设内容如下：

（1）环境保护型乡村人居林：保证生态系统得到有效的保护，带动整个区域生态系统的恢复。包括乡村周围风水林、寺庙林、水岸林、水源林、水土保持林，以减免或减轻风沙、泥石流的危害，保护水资源，改善乡村生态环境，同时也绿化、美化乡村。规划的重点主要从乡村生态发展需求、风俗习惯、环境保护和居住环境的优化等方面，进行科学规划，确定生态保护型林分的区块、面积，同时制定相应的保育措施，主要通过自然恢复功能实行封山育林，重点林分和残次林分辅助以人工措施，以促进封山区林木和草的生长，实行禁伐、禁猎、控制和规范人畜活动。

（2）绿化美化型乡村人居林：主要是在人们居住区和活动频繁场所，包括乡村街道、乡村道路、街心、房前屋后以及公共活动场所，培育乡村居住林，供居民休憩、娱乐、观赏等。规划的重点是在乡村规划的基础上，从满足村民身心健康、休憩娱乐和乡村美化的需求出发，进行不同场所林分的布局、区划和设计，并制定相应的实施方案。

（3）生态经济型乡村人居林：在绿化美化的同时，为促进乡村经济发展，在乡村及其周围，包括乡村周围或乡村中的空闲地、街道两侧、房前屋后等地段，发展生态经济型乡村人居林。规划的重点在满足乡村绿化的基础上，从乡村生活和经济需求出发，尊重村民意愿，根据不同地段的立地条件，区划经济树种，并进行配置设计。主要营造果树、干果经济林、速生丰产林和珍贵花木等，采用多种模式混农经营，旨在改善乡村生态环境和为社会提供部分木材和苗木、花木，发展农村经济，增加群众收入。

二、混农庭院林经营关键技术

混农林业是将林业和农业或牧业或渔业等结合在一起进行经营的土地利用方式。我国自20世纪70年代以来，农林复合经营有了蓬勃的发展，在总结过去经验的基础上，技术也有了很大的提高。目前，主要是用现代市场经济和系统生态学的观点，运用生态学的基本原理，利用生物共生互利关系和不同林种、树种及其他物种的不同特征和生长过程中“空间差”和“时间差”，按不同生态位进行立体组合，调整农村产业结构，组成农、林、牧、副、渔、工、贸的综合经营体系，使当地自然资源（气候、土壤、水、动植物）和社会资源（技术、劳力）得到充分的利用和养护，以谋取最大的、持续的经济、生态和社会效益。

（一）混农庭院林模式

1. 基本模式

主要有八种：①林（果）—粮。②林（果）—菜。③林（果）—药。④林（果）—畜（禽）。⑤林（果）—鱼。⑥林（果）—菌。⑦林（果）—绿肥。⑧林（果）—花苗（盆景）。

其中，适合于湖南的各模式种植或养殖的经济作物或动物的种类有：

（1）林（果）类型主要包括竹林、经济林和用材林。

竹林：毛竹、雷竹、苦竹、淡竹等竹种。

经济林：枣、桃、李、梨、杏、杨梅、柿、板栗、葡萄、枇杷、核桃、柑橘、杜仲、厚朴、桑树、油茶、油桐、茶叶等树种。

用材林：樟树、楠木、喜树、杉木、马尾松、桤木、榆树、香椿、柏木、水杉、侧柏、红豆杉、泡桐及其他用材树种。

（2）粮油种类主要有：油菜、小麦、花生、大豆、红薯、玉米、蚕豆、豌豆、绿豆、西瓜等适合于湖南种植的粮食作物。

（3）绿肥有各种豆类、胡枝子、紫穗槐、三叶草、马棘、苕子等。

（4）菜的种类主要有：湖南农业日常菜及黄花菜、山野菜等。

（5）畜（禽）的类型包括：鸡、鸭、兔、狗、牛、猪、羊及其他经济动物。

（6）食用菌种类主要有：香菇、木耳、竹荪及其他经济食用菌。

（7）药材有南天竺、元胡、延胡索、麦冬、半夏、浙贝母、绞股蓝等耐阴性药材。

2. 拓展模式

形成以林（果）为中心，综合运用科学技术，并在实践中进行研究和组装，同时与两种或两类以上经济作物或动物进行经营。如：林（果）—粮—鱼、林（果）—药—菌—鱼、林（果）—粮—菜—药等模式。

（二）各模式在湖南省适用范围

湖南省地域面积较大，地貌复杂，民族众多，自然地理和经济社会条件差异明显，因此，不同区域可选择不同的混农林经营模式。根据诸多因素综合评估本地区的自然优势和经济优势，结合当地农民和市场对产品的需求以及当地社会经济状况制定出当地合理的产品结构，改进当地土地和其他资源开发、当地发展混农林业新战略，选择和设计不同经营单位的混农林业模式。

1. 湘西南地区混农庭院林模式

湘西南山区气候条件相对较好，适宜多种经济林木生长，森林资源较为丰富，且长期以来该地区具有较传统的杉—粮、杉—桐（或山苍子）—粮等模式的生产经验。因此，该地区林（果）适合与药、油粮、菌等进行复合经营。

2. 丘岗地区混农庭院林模式

该地区气候条件相对较好，水土流失轻微，土壤既有紫色土，也有红壤，交通较为便利，该地区以名特果为主，与油、粮、菜、畜（禽）、菌、药等进行复合经营。

3. 平原地区混农庭院林模式

主要指湖区及其周围平原地区，水资源丰富，在水平分布格局上有规格网络结构、渠、堤垄田结构、镶嵌结构及其各组分的垂直结构，该地区以林（果）为主，与鱼、花苗（盆）、菜、油粮、畜（禽）、绿肥等进行复合经营。

4. 城郊乡村混农庭院林模式

这一地区离城市近，交通发达，拥有城市的消费群体，混农庭院林以发展高附加值的农产品和消费品为主，即以名特优水果为主，与花苗（盆）、菜、鱼、畜（禽）等进行复合经营。

（三）关键技术

1. 良种选用

无论是树种、农作物，还是养殖的动物，选用良种进行经营。具体措施包括：按需求选择良种。如经济作物应预测市场需求选择名特优产品，经营的品种与种植地或养殖地的相适宜；其次，全面选用良种。优良品种是高产、优质、高效的基础和关键，应保证林、农、牧、渔各业品种来源的可靠性，淘汰低劣品种；另外，生产优良苗木。对主要苗木自己培育，建立采穗圃，生产穗条，再进行嫁接。

2. 树种与农作物配置

模式设计中应本着以下原则：①作物品种选择适宜性强、短秆直立、喜光性不强、不与树苗争水肥、耐土壤贫瘠、早熟、高产且有市场的经济作物。作物的选择和季节安排，体现在时间序列上充分利用太阳光能和生长空间。尽量选择生态学上互利共生的物种，将它们有机地组合于一个模式内，这样有利于充分利用。③注重生态位潜在优势与互促生长发育，要排除生化相克的作物或树种组合在一起。④树种要选择树冠窄小、树干通直、叶片大而枝叶稀疏、主根明显、根系分布深、生长快、适应性强的品种。⑤间种作物与林木没有共同病虫害，以免带来林木病虫灾害。⑥在同一块林地或耕地上，要实行轮作，不要连续栽种同一种作物或树种。避免作物或树种使土壤地力耗竭，造成树木和作物生长不良和滋生病虫害。

3. 垂直空间利用

混农林业模式的垂直设计主要指人工种植的植物、微生物、饲养动物等的组合设计。垂直设计应注意以下内容：①主层次种群的选定。混农林业的主层次一般是指上层林木，它在混农林业模式中是起着关键作用的主导作物。主层次种群应选择固氮能力强、速生、见效快的树种，使模式经营具有稳定性、多用途性、经济价值高。②在设计中副层次种群的搭配要遵循以下原则：需光性与耐阴性种群相结合，深根性与浅根性种群相结合，高秆与矮秆作物相搭配，乔灌草相结合，无共生性病虫害。

4. 水平空间利用

水平设计是指混农林业各主要组成的水平排列方式和比例，它将决定模式今后的产品结构和经营方针。在进行水平设计时，应考虑：①林木的密度和排列方式与模式的经营方针和产品结构相适应，林和农适当的比例关系可使其相互促进。②对林木的生长规律，特别是对林冠的生长规律要有深入的了解，以便预测模式的水平结构变化规律。③要根据树冠及其投影的变化规律和透光度，掌握林下光辐射的时空分布规律，结合不同植物对光的适应性，设计种群的水平排列。④在设计间作类型时，如果下层植物是阳性植物，上层林木一般呈现南北向成行排列为好，适当扩大行距，缩小株距。如下层为耐阴性植物，则上层林木应以均匀分布为好，使林下光辐射比较均匀。

5. 时间调控

混农林业的时间结构设计必须根据物种资源的日循环、年循环和农林时令节律，设计出能够有效地利用土地资源、生物资源、社会资源的合理格局或机能节律，使这些资源转化效率较高。混农林业的特点，一是以林木为主，以农促林，林粮双茂；二是在林内安排一些短期作物或见效快、收益早的其他种群，以短养长，长中短相结合。要考虑以下几个因素：①按生物机能节律把两种以上的种群设置在同一空间内，并有机地组合起来。②幼龄宜密植，老龄宜稀植。③最大限度地利用物种共生期与巧用共生期，保持各种生态因子的季节性与作物生长发育周期性之间取得相对协调、和谐、统一。④最大限度地利用农作物与树之间的生长期、成熟期与收割期先后次序的不同，从而形成在一个年度的营养生长期内，同一块土地上经营管理多种多样的作物。

6. 食物链结构配置

运用食物链原理，加强混农林业系统内各个环节上的同化率，提高转化率，多层次再生循环利用，扩大再生产，提高产品产值等方面都有很重要的意义。从生态观点看，食物链既是一条能量转换链，又是一条物质传递链；从经济观点看，食物链是一条创造财富和经济价值的增值链。在生态系统原理的指导下，如果引入增加新的食物链环节，一方面可增加林地土壤有机质，另一方面新链环节可把不能被人们直接利用的副产品转化为可以被人类直接利用的产品，由此增加了系统的经济产出，使得混农林业系统的主产品由原来的一个扩大为二个或三个以上，实现系统净生产量的多层利用。

7. 技术优化

理想的混农林业模式，如果没有配套的系列技术，其功能和效益是不可能实现的。技术结构体系包括：生物技术与工程相结合，生物防治与化学防治相结合，林业技术与农业技术相结合，常规技术与现代技术相结合等。混农林业应强调结构与技术的统一，把技术作为优化、强化物种结构、时空结构的重要手段或措施，使它更紧密地随着其他两个结构的变化而调整，并保持协调的关系。技术结构研究与设计的重点是有关物质和能量投入的内容、适度时间和方法，通过人为外加技术干预，协调种植、养殖和加工三者的关系，以发挥混农林业生态经济系统的整体功能及其效益。

三、乡村自然保护小区人居林保育

乡村自然保护小区人居林主要指我国传统意义上的风水林，是我国人民在长期适应自然生态环境过程中形成一种思想意识而保护下来的林分，一定程度上反映了中国古代人的绿化思想，同时也是新时期林业生态文化林建设的重要组成部分。主要包括乡村人居周围风水林、寺庙林、乡村纪念林等。虽然当前许多林分由于人们对木材产品需求量而持续破坏，但这部分中国传统文化色彩的风水林被相对长久的保存下来，其树种组成和搭配，对新农村生态环境建设与发展，具有重要的文化价值、旅游观光价值和科研价值，对当前开展植树护林、绿化环境、建设生态公益林和积蓄资源等方面都非常具有借鉴意义。但是，湖南省风水林在大跃进大炼钢铁和农业学大寨时期遭受一定程度的破坏，有的地方林木还遭受乱砍滥伐和偷砍盗伐，受到人为的干扰较大，林下植被更新、林地土壤状况不容乐观，亟待开展保育工作。

针对湖南省风水林的状况，主要采取实行封山育林自然恢复，同时制定相应的保育措施，对重点林分和残次林分辅助以人工措施，以促进封山区林木和草的生长，实行禁伐、禁猎、控制和规范人畜活动。主要技术要点如下：

（一）保护措施

把风水林纳入公益林范围，进行规划保护，广泛宣传乡村自然保护小区的多种功能，发动群众参加制定管护自然保护小区的乡规民约，推行承包责任制，实行专人管护，为村民提供秀美的家园，为野生动物、鸟类、昆虫及微生物创造一个良好的栖息繁衍场所，最大限度地发挥自然保护小区的生态安全作用。

（二）保育关键技术

1. 树种资源清查与选择

湖南省天然风水林树种主要为亚热带植物区系成分，乔木层具有明显分层，第一亚层在20～36米之间，以马尾松、锥栗、枫香为主要成分；第二亚层10～20米，成分复杂，以青冈栎、栲树、红楠等居多，还有柏树、漆树、糙叶树、椴树、光皮桦、青栲等古树，此外还有天然分布的甜储、罗浮栲、黑壳楠、米储、钩栲、香樟、臭椿、铁冬青、蜡树、杉木、山矾、拟赤杨、毛花连蕊茶等。在进行植被恢复时应遵从地带植被特征进行保育。乡村风水林是经过长期发展而保存下来的，与当地气候条件相适应，是优良的地带性植被，具有适应性强，耐寒、抗污染能力强，土壤改良及涵养水源效益好等特点，在加强保护的同时，应对其群落组成和特征进行调查分析，为乡村绿化和生态公益林培育树种选择提供依据。

2. 人促更新技术要点

风水林以封禁保护为主，辅助以人工措施，即遵循森林植物群落演替规律，根据树种的生物学特征和仿生学原理，保留原有生长正常的乔木树种，对于残次林分改造，应以乡土常绿阔叶树种为主，适量引进一些能适应本区自然植物区系的优良阔叶树种，通过人工造林（套种、补植）方法，引进部分建群性、伴生性和观赏性的乡土阔叶树种，人工促进，建立起生态功能显著、抗逆性强、系统稳定的具有地带性森林景观特色的混交常绿阔叶林。

四、风景名胜区林分保育

风景名胜区的保护与发展是一项非常重要的事业，是国家资源管理事业的重要组成部分，同时也是新时期森林文化体系建设的重要区域。湖南省人杰地灵，历史名人层出不穷，自然遗产丰富，文化灿烂，众多的风景名胜是我们中华民族的国之瑰宝，也是世界自然与文化遗产的重要组成部分。而风景名胜区林分是历史的最好见证，加强其区域及周边植被的保育，建设人与自然协调的环境具有重要意义。

风景名胜区林分无论在乡村还是在城市都有，但城市中风景名胜地主要是历史文化胜地，相对而言，其树木以散生形式较多，且多为古树，其保护与古树名木相似。乡村中的历史文化、宗教及自然遗产胜地的林分较多以片林的形式在在，其保育主要通过科学规划，加强培育，科学管护。其主要技术要点如下：

（一）合理规划

加强风景名胜区的规划编制和规划管理工作。对于各级风景名胜区，认真制定风景名胜区总体规划，把风景名胜林分纳入到总体规划中。在风景名胜区的开发建设中，充分考虑区域资源承载力，正确处理好风景名胜区的保护与开发、建设、利用的关系，防止风景名胜区景观风貌和自然环境由于开发建设活动而破坏。如风景区内的一切建设，包括游路、凉亭等，应以不损坏植被，尤其是乔木为前提，旅游开发项目必须严格按照风景区总体规划要求进行。

（二）严格保护

1. 提高保护意识

大力宣传保护风景名胜资源的重要性，宣传发展风景名胜区事业的重要作用，增强全民族的风景名胜资源保护意识，动员全社会都来关心、爱护和支持风景名胜区事业的发展，通过各方面的共同努力，使国家宝贵的风景名胜资源能够永久地保存下去，不仅为当代人民服务，而且为子孙后代造福。各级建设行政主管部门要在各级人民政府的领导下，切实担负起国家风景名胜资源的保护和管理的重要职责，认真贯彻国家有关风景名胜区工作的方针、政策，建立健全风景名胜区管理机构，制定风景名胜区管理的规章制度，依法加强对风景名胜区资源的保护和管理，加快风景名胜区的规划、建设步伐，使风景名胜区工作再上一个新台阶。

2. 完善法律法规

国家应加快制定相关的风景名胜区法规，逐步完善配套法规的制定；地方政府因地制宜地制订地方法规、规章和管理规定，加强同有关部门的配合与协作，广泛争取各部门、各方面对风景名胜区工作的关心、支持、参与和投入，积极会同有关部门研究制订经济政策，广开风景名胜区维护建设资金渠道，使风景名胜区的保护和发展具有可靠的经济保障，并充分调动各方面的积极性，共同把风景名胜资源保护好。

3. 加强环境资源的保护

坚决贯彻执行这些政策法规，加强风景名胜区自然环境和历史文化遗迹的保护，严格保护好风景名胜区的森林、水体、山石、地貌、动物、自然环境以及文物古迹等各类资源，搞好风景名胜区生物的保护。

（三）科学培育

合理的林种结构，有利于植物之间的和谐生长，发挥最佳的群落生长势和景观效果。应从生态学的角度出发，进行科学的植物景观规划，扩大混交林、阔叶林比例，以提高风景区植物景观质量，促进旅游经济的持续发展。

1. 树种选择

湖南省多为山区，地形复杂，立地条件差异较大，因此充分考虑不同山头地块的特点，不同海拔、坡位、坡向的土壤、小气候条件，选择适宜的树种及造林方式。如对道教文化古迹地可选择道观庭院常见的景观树种，如松树、柏树、臭椿、青桐、桃树、蜡梅和琼花等；佛教文化古迹地树种可选择寺庙庭院常见的景观树种，如银杏、木瓜、木莲、花石榴、桂花，圆柏、罗汉松、竹、芍药、牡丹、葱兰、麦冬等。

2. 混交林培育

因地制宜地营造常绿与落叶、针叶与阔叶、乔木与灌木等混交林，并因山就树，因区选树，保护和发展风景名胜区的乡土树种及珍稀树种。将风景名胜区建设成为一个集生态、景观等多种效益于一体的稳定的生态体系。

五、乡村水岸林

湖南省村庄周边的江、溪、湖区域，人地关系矛盾较突出，出现了高强度的土地开发利用和两岸堆放垃圾现象，水岸两侧的土地多数被开垦为耕地、园地、菜地，少量地段栽种了不连续分布的护岸护堤林。因此，沿江河岸地表物质稳定性很差，具有侵蚀容易保护难的特点，在不合理的人类社会经济活动影响下，一方面，产生河道堵塞，水体污染，影响人们的饮用水安全；另一方面产生径流侵蚀，坡麓洪水淘蚀，谷底河漫滩洪水冲蚀等不良地貌过程，以致引发河岸崩塌，坡体滑坡，河堤抗洪能力降低和河流泥沙含量增高等生态环境问题。

岸带造林的主要目的在于护岸固坡、护堤稳基（堤防禁脚地），减少江河泥沙，保护和改善水岸生态环境。按防护功能要求，水岸防护林主要是防冲林和防塌林。

（一）水岸防冲林建设关键技术

易受流水冲蚀、淘蚀或泥沙淤积较多。凸岸地势平缓，坡度小于或等于25°。以新老冲积土为主，土壤深厚，肥力较高。岸缘有砂砾质卵石滩。盆地丘陵区有石骨子坡，土层较薄，表土疏松，心土及底土层较黏。

1. 适宜树种选择和配置

选择生长速度快、耐水湿、根系发达、萌蘖性强、抗冲效果好的深根性树种造林，多采用乔—灌—竹或竹—灌的配置结构。主要造林树种有枫杨、喜树、香椿、杨树、二球悬铃木、银杏、桤木、桑树、柑橘、楠竹、方竹、苦竹、金竹、紫穗槐等。

水岸防冲林的配置模式主要有：乔-竹、乔-草双带复层、乔-果农带状复合经营结构、乔-灌-草多带复层结构。

2. 造林技术

种苗：用国家或省规定的一、二级苗造林，严禁使用劣质、有病虫害的苗木。点播、撒播的种子必须使用合格种子。

整地：一般采用穴状整地，规格为0.3米×1.0米×0.3米~1.0米×0.2米×0.6米；经济树种规格为0.8米×1.0米×0.6米~1.0米×1.0米×0.8米。

造林株行距：乔木树种株行距为1.2米×2.0米~2.0米×3.0米；紫穗槐株行距1.0米×1.5米；楠竹采用母竹移植造林，株行距均可为2.5米×3.0米。种植点为三角形配置或矩形配置。

3. 幼林抚育

连续抚育3年。为保证地表不受较大破坏，防冲林抚育主要采用穴内松土除草，培土、正苗，清除藤蔓和病株，对缺株进行补植。用杂草覆盖，浇足定根水，如发现叶子枯萎，应迅速进行重剪，仅留叶数片并喷施0.1%尿素，果园内可套种农作物。对栽种的经济树种应按需要灌水施肥、修枝整形，加强病虫害防治。封育管理，促进灌草生长。

（二）水岸防塌林建设关键技术

流水冲蚀、淘蚀严重，岸缘易崩塌，部分地段基岩裸露或出现石骨子地，岸缘较陡，土壤以新冲积土为主。在陡急凹岸直岸、人工堤岸、河谷阶地埂坎，易受流水冲蚀、淘蚀，常出现崩塌现象，应考虑工程措施和辅以抗冲淘的深根性树种进行造林。

1. 树种选择和配置

主要造林树种有喜树、榆树、杨树、垂柳、二球悬铃木、水杉、桤木、桑树、刺槐、柑橘、紫穗槐、楠竹、水竹、方竹、苦竹、金竹等。

林分结构配置：陡急凹岸防塌林采用乔—灌双带复层结构，陡急直岸防塌林采用乔—灌或竹—灌双带复层结构，平缓岸采用果—乔—灌多带复层结构和灌—草双带复层结构，阶地埂坎防塌林采用乔—草或竹—果（桑）行带状复层结构。

2. 造林技术

种苗：用国家或省规定的一、二级苗造林，严禁使用劣质、有病虫害的苗木。点播、撒播种子必须使用合格种子。

造林整地：一般采用穴（块）状整地，规格为0.3米×1.0米×0.3米~1.0米×0.2米×

0.6 米。

造林密度：乔木树种株行距为 1.5 米 ×2.0 米或 2.0 米 ×2.5 米，紫穗槐株行距 1.0 米 ×1.5 米，柑橘株行距均为 3.0 米 ×3.0 米。

3. 幼林抚育

连续抚育 3 年。为保证地表不受较大破坏，主要采用穴内松土除草、培土、正苗，清除藤蔓和病株，对缺株进行补植。对栽种的经济树应按需要灌水施肥、修枝整形，加强病虫害防治，封育管理，促进灌草生长。

六、乡村道路林建设关键技术

乡村公路绿化既不同高速公路或主干公路、铁路的绿化，也不同于城镇绿化，它不单单体现生态效益，它是生态效益、经济效益和社会效益的有机统一，要达到既绿化、美化环境，又增加群众收入，振兴农村经济的目的。随着社会主义新农村建设，乡村道路林建设成为乡村环境建设的一个重要内容。其关键技术如下：

（一）树种选择思路

乡村道路绿化树种的选择应坚持以下原则：

1. 适地适树

在土壤疏松、水肥条件较好的地方栽杨树，而在土壤黏重、水肥条件较差的地方栽刺槐等耐瘠薄的树种。选择树种时要注意从当地生长良好的乡土树种中选择，适应性强，易成活、成材，能早日发挥效益。

2. 多效统一

坚持生态效益、经济效益、社会效益有机统一的原则。在考虑绿化、美化功能的同时，考虑它的经济效益。根据土、肥等立地条件，在适地适树的基础上选择速生用材树种和经济树种，在绿化美化的同时，获得较高的经济效益。

3. 特色绿路

村庄道路绿化应坚持特色绿路，一路一树的思路，改变部分地方千路一树的做法。如有的地方道路绿化全栽上杨树，既显得单调呆板，没有乡村特色，也不利于病虫防治，一旦虫害发生，将很快传播蔓延。

（二）布局与配置

乡村道路林主要发挥固土、美化、香化功能，同时在山坡地还应防范水土流失和山体滑坡，提倡建立乔、灌、草相结合立体模式。生态型乡村道路林树种可选杨树、水杉、楠木、银杏、泡桐、檫木、樟树、桂花、玉兰、天竺桂、楸树、香椿、棕榈类植物、木荷、女贞、马褂木、柳树、榆树、枫树等；生态经济型可选银杏、枣、桃、李、梨、杏、杨梅、柿、枇杷、柑橘、板栗、核桃、杜仲、厚朴、油桐、桑树等。采用三角形配置，植苗造林。生态型，3～5 行，株行距为 1.5 米 ×2 米或 2 米 ×3 米；生态经济型，株行距为 2 米 ×2 米或 3 米 ×4 米。

（三）主要造林技术

生态经济型林带造林，秋冬大穴整地，规格一般为 50 厘米 ×100 厘米 ×50 厘米或 100 厘米 ×40 厘米 ×80 厘米；生态型林带造林，秋冬季穴状整地，规格一般为 40 厘米 ×40 厘米 ×30 厘米。采用大苗栽植，苗高一般为 2～3 米。

另外，填土挖方乡村道路要配建护坡墙等保护措施，防止坡面垮塌，消除事故隐患。交通、林业、农业分工合作，各负其责，共同建设通道生态经济绿色带。

七、乡村人居林有待进一步研究的技术

社会主义新农村建设在我国开始蓬勃发展起来，但目前关于乡村人居林建设的技术还极为缺乏，部分技术和建设模式都还在探索之中，有待进一步加强。从今后湖南乡村人居林建设来看，亟待研究以下几个方面。

（一）乡村人居林建设布局设计技术

根据乡村的自然、社会条件，从乡村生态环境治理、乡村生态经济的发展等方面考虑，研究乡村生态林、生态经济林和经济林的发展指标，研究围庄林、庭院林、道路林、水系林、休闲林、游憩林等的发展和布局，并制定建设措施，为社会主义新农村建设规划提供科学依据。

（二）不同区域混农庭院林物种配置与种间关系调控技术

湖南省地域广阔，地地貌类型多样，民族众多，庭院林具有不同的经营模式。虽然当前已有相关研究，但一些研究成果和技术针对性推广不足，技术含量不高、市场没有培育起来，尤其是在如下几个方面尚等进一步加强研究。

1. 适合农林复合经营的优良树种的选用和培育

加强选育占地少，不胁地，防护效果好，经济效益高的多用途树种的研究，同时加强主要造林树种、有特色的经济林树种和农作物品种的筛选。

2. 选择湖南不同区域农林复合经营系统的最佳组合

深入不同组分间界面的理论研究和相互作用的机理研究，建立有地域特色的农林复合经营科学研究水平体系，协调物种关系，优化区域农林复合经营模式。

第六节　湿地保育技术

湿地是地球表层最独特的生态系统和过渡性景观，是地球表层系统最重要的“物种基因库”，又是人类重要的经济、文化、科学和生活资源库。世界自然保护大纲将湿地与森林、海洋一起并列为全球三大生态系统。20 世纪 70 年代以来，全球性的湿地消失和退化危机引发了严重的生态环境和社会问题，直接威胁到区域、国家乃至全球的可持续发展。自 1971 年《湿地公约》缔结以来，国际社会越来越意识到加强湿地保护与生态恢复、促进湿地合理利用的重要性和迫切性，成为 20 世纪 90 年代以来国际社会共同关注的焦点，是地理学、生态学、环境科学等众多学科交叉的国际前沿性问题。

湖南是我国湿地资源丰富的省份之一，湿地类型齐全，全球 40 种湿地类型中，湖南有 22 种。全省湿地面积 5. 6 万平方公里，占土地总面积的 26. 47%。其中，天然湿地面积约 14006. 29 平方公里，占土地总面积的 6. 61%；人工湿地面积约 3. 4 万平方公里，占土地总面积的 15. 9%。东洞庭湖、南洞庭湖和西洞庭湖都已列入国际重要湿地，湖南的湿地保护在国际上占有重要地位。

一、洞庭湖湿地保育技术

洞庭湖作为目前长江中下游地区仅存的两个自然通江湖泊之一，在调节长江洪水径流、保护物种基因或生物多样性方面发挥着极其重要的作用。但是，近年来由于湖泊萎缩、过度捕捞和湖水污染严重，导致洞庭湖调节江湖洪水能力下降、湖内生物多样性减少，湖泊湿地动植物资源利

用状况也令人担忧。恢复洞庭湖调节长江中游地区江湖洪水功能，保障长江中下游沿江防洪安全；加强湖区生物多样性的保护；推进洞庭湖区的综合管理和可持续发展等已经成为摆在各级政府、有关部门和科学界面前的重要问题，同时也已成为国际有关组织普遍关心的问题。

（一）洞庭湖湿地现状

1. 洞庭湖自然概况

洞庭湖湖滨跨岳阳、益阳、常德3市的15个县（市），是我国六大重要湿地之一，位于北纬28°38′～29°45′与东经111°40′～113°10′之间。主要有芦苇沼泽、荻沼泽、弯囊苔草沼泽、藨草沼泽、少花荸荠沼泽和牛毛毡—灯芯草沼泽等。海拔高度30～35米。综合自然区划属中亚热带常绿阔叶林地带（湿润）江南—南岭山地丘陵盆地区。

本区沼泽发育于扬子准地台江南地轴上。在漫长的地质发展过程中，武陵期、加里东期、燕山期等运动形成的北北东，北东东—东西向褶皱和压性断裂等构造形迹，塑造了本区复杂的地质构造环境和地貌格局。东、南、西部山地崛起，北部华容隆起，中部坳陷。第四纪以来，受新构造运动影响，四周继续间歇性隆起抬升，盆地继续下沉，接受河湖堆积。洞庭湖区属泛滥冲积平原，是一个不断下沉的大型盆地，其四周多为古老的地层。除湖盆中部可见少量的老地层出露外，其余均被第四系地层覆盖，这些构散的堆积层尤以全新统分布最广，其次为中更新统和上更新统，下更新统段地层偶尔也零星出露，其下为第三系地层。地表未见第三纪地层出露。区内第四系地层相当发育，从下更新统至全新统均有分布，部分地方还伏第三系地层，这些松散堆积层厚度一般在100～200米以上，局部达334米，沉积物主要由黏性土、淤泥质土、砂及砂砾石组成。

洞庭湖区属于亚热带湿润季风气候区，季风环流是控制湖区气候的主要天气系统。春季天气多呈不稳定性，易形成南北暖冷气流对峙的形势，气旋及峰面活动频繁，天气多变，往往阴雨连绵，雨水较多。夏季受副热带高压控制，盛行东南风，天气闷热，晴朗干燥，使蒸发旺盛；盛夏期间，如果副热带高压减弱，北方冷空气入侵，常常发生雷雨大风等级不稳定的对流性天气。秋季湖区高空仍然受大陆副热带高压控制，地面受蒙古高压影响，空气形成稳定层结，雨水较少，秋高气爽。冬季受强大的蒙古高压控制，盛行偏北风，除因受气旋活动影响形成雨雪天气外，一般为全年最干旱季节。本区温度升降较强烈，年较差大、日较差小。光能丰富，太阳辐射年总量为418.68～456.36千焦/平方厘米，年平均温度16.4～17℃，1月平均气温4.0～4.5℃，7月平均气温29.0～29.5℃。区内热量资源丰富，>10℃积温为5300～5400℃，无霜期275～280天，区内年平均降水量1300～1400毫米。湖区北部最少，向东、南、西部增多，降水量年际变化大，最多年份降水量2000～2300毫米，少年份800毫米，多年平均蒸发量1270毫米，5～9月蒸发量占全年64.4%，以7月份最大，达223毫米。

本区沼泽水源补给主要有大气降水和湖水。有的地段长年积水，有的地段则季节性积水或有浅薄层积水。沼泽水深变化幅度较大，一般10～120厘米不等。pH值偏碱性，年平均值7.4～7.8，硬度年平均值为41.45毫克/升。

2. 洞庭湖湿地类型与管理模式

洞庭湖区位于湖南北部，长江中游南岸。区内处于中亚热带向北亚热带过渡地带，气候温暖湿润。洞庭湖现有天然湖泊面积2691平方公里。湖区地势平坦，每年洪水季节都有“四水”和长江“三口”大量泥沙入湖淤积，河湖洲滩以平均每年4130公顷的速度扩大，湖洲的增长为湿地资源的形成和扩大创造了十分有利的条件，在其特殊的地理环境与碟形盆地圈带状景观结构控制下，形成了以敞水带、季节性淹没带、滞水低地为主的我国最大的湖泊地区湿地景观，现有湿地面积约 87.70 × 10^4 公顷，湿地类型可分为三大类：①内环为敞水带，即水深不超过 2 米的浅水域，包括湖泊、河流、塘堰和渠沟等，面积 38.91 × 10^4 公顷，占湿地面积的 44.37%，其中以湖泊湿地为主，湖泊湿地面积为 31.81 万公顷。②中环为季节性淹没带。以洪水期被淹没、枯水季节出露的河湖洲滩为主，面积为 11.57 × 10^4 公顷，占湿地总面积的 13.50%，包括湖洲、河滩，以湖洲为主，面积为 10.86 × 10^4 公顷。③外环为滞水低地。由于地下水位过高，植物根系层过湿，旱作物不能正常生长，却适于湿生植物发育繁衍，此类湿地面积为 36.10 × 10^4 公顷。以渍害低位田（种植水稻）为主，包括少量沼泽地及草甸地。

目前，受行政区划的影响，洞庭湖分为东洞庭湖、南洞庭湖和西洞庭湖，都已被列入《国际重要湿地名录》，建立了国家级自然保护区。还有横岭湖省级自然保护区（见表 5-4）。

表 5-4　洞庭湖 4 个湿地自然保护区面积（万公顷）

保护区名称	核心区	缓冲区	实验区	总面积
东洞庭湖国家级自然保护区	2.9000	3.640	12.460	19.000
南洞庭湖国家级自然保护区	3.9000	6.800	6.1000	16.800
西洞庭湖国家级自然保护区	0.867	1.044	1.6570	3.568
横岭湖省级自然保护区	0.0037	2.0	1.9963	4.000
合　计	7.6707	13.484	22.2133	43.368

东洞庭湖湿地，位于湖南省岳阳市境内，总面积 19.0 万公顷，占洞庭湖总面积的 49.3%。鸟类资源非常丰富，本区共发现鸟类 16 目 47 科 216 种，仅候鸟就有 158 种，其中有国家一级保护动物白鹤等 10 种，二级保护动物天鹅等 27 种，为我国乃至全球重要的湿地和候鸟保护区。已记录到维管束植物 159 科 1186 种，其中被子植物 135 科 1129 种，裸子植物 5 科 25 种，蕨类植物 19 科 32 种。

南洞庭湖湿地，大部分在沅江市范围内，总面积 16.8 万公顷。"洞庭天下水，美在南洞庭"，是集湖光水色、岛屿汀洲、文物古迹、珍稀物种和动人传说于一体的"我国湖光胜景第一处"。有珍稀动植物数十种，尤其是弥足珍贵的中华秋沙鸭、丹顶鹤、中华鲟、白鳍豚等国家一级保护动物。

西洞庭湖湿地，大致位置在汉寿县境内，总面积 3.568 万公顷。水涨为湖，水落为洲，在低水位时，既有明水，又有芦苇沼泽、苔草沼泽、泥炭沼泽、沙滩等地貌，为种类繁多的湿地生物提供了良好的繁衍生息场所。本区水域辽阔，湖洲众多，气候适宜，水草丰茂，盛产鱼、虾、蚌，是多种鸟类生活栖息的良好场所。不仅能稳定本区鱼类资源，而且对整个洞庭湖区鱼类资源起到补充、优化作用。

3. 湖区社会经济条件

洞庭湖湿地区域涉及面积 18780 平方公里，其中湖南省 15200 平方公里，占 80.9%，湖北省 3580 平方公里，占 19.1%。在行政上，湖北跨淞滋、公安和石首 3 县（市），湖南跨常德、益阳、岳阳 3 地级市的 17 县（区、市）和 14 个农场，及长沙市望城县。1998 年湖南境内有堤垸 228 个，垸内湿地面积约 9960 平方公里，其中耕地 59.0 万公顷，人口 683.7 万人。按面积计算，纯湖区占 91.4%，尾间区占 8.6%。其中重点堤垸 11 个，耕地面积 34.72 万公顷，总堤长 1211.43 公里，一线防洪堤 1125.3 公里，隔堤 58.26 公里，总人口 489.4 万人，工农业总产值 135.81 亿元（1998 年）。蓄洪堤垸 24 个，蓄洪量为 163.82 亿立方米，耕地面积 15.01 万公顷，总堤长 1148.48 公里，一线防洪堤长 1048.47 公里，总人口 170.60 万人，工农业总产值 68.2 亿元。另有不在册的面积在 66.7 公顷以内的小巴垸 66 个，面积 2938 公顷。1998 年特大洪水以后，将沿长江及洪道边的巴垸实行平垸引洪，一般垸已存在很少。以 2000 年为例，全区粮食总产量 558.66 万吨，占湖南全省的 19.43%；棉花 17.13 万吨，占全省的 74.37%；水产 60.09 万吨，占全省的 45.11%；苎麻 5.07 万吨，占全省的 74.01%；油料 45.95 万吨，占全省的 32.97%。2000 年湖区农林牧渔产值为 278.57 亿元，其中农业产值为 144.14 亿元，占湖南省农业总产值的 24.86%；渔业总产值约为 34.27 亿元，占湖南省渔业总产值的 42.35%。

目前，洞庭湖区基本上形成了资源开发型的工业格局，2000 年湖区工业产值为 167.44 亿元，占湖南省工业总产值的 3.37%。湖区主导产业石油、化工、造纸、食品和纺织等在湖南省有着举足轻重的地位，其中石油化工产业产值占全省的 98% 以上。

总体上，洞庭湖区的农业、渔业和工业在全省占有重要的地位。2000 年湖区国内生产总值为 594.06 亿元，占湖南省国内生产总值的 16.09%；农民人均纯收入为 2242 元，比全省平均水平超出 2 个百分点。但由于该地区水系的复杂性及特殊的地理位置，近 100 多年来，特别是近 20 年来，洪涝灾害频繁发生，给湖区人民造成了深重的灾难，严重制约着洞庭湖区经济，尤其是农业经济的可持续发展。

4. 存在的问题

（1）湿地面积不断减少，调蓄洪水功能下降。1949 年洞庭湖湖泊面积为 4350 平方公里，容积为 293 亿立方米，到 1995 年湖泊面积已缩为 2625 平方公里，容积变为 167 亿立方米，比 1949 年分别减少 1725 平方公里和 126 亿立方米。洞庭湖面积和容积不断减少的原因主要有两方面：一是泥沙淤积。从 1949 年以来，由于“四水”中上游山丘区森林植被破坏严重，水土流失强烈，每年洪水季节都有“四水”和长江“三口”大量泥沙入湖淤积，据 1951～1983 年实测资料统计，洞庭湖多年平均入湖泥沙量为 1.335 亿立方米,其中荆江四口入湖泥沙量 1.094 亿立方米，占 81.94%，“四水”入湖泥沙 0.24 亿立方米，占18.1%。湖床平均每年淤高 3.7 厘米，每年新增洲土 4130 公顷；二是人工围垦。新中国成立以来，湖区共加修堤垸 266 个，其中 670 公顷以上的有 94 个，围湖造田及堵支并流导致湖泊面积减少了 1659 平方公里，减少调蓄洪水能力 80 亿立方米。湖泊水面净减 38.1%，湖容净减 40.6%。随着人口增长，圈地围垦十分严重。泥沙伴随着径流而进入洞庭湖湿地区域。年均入境泥沙总量为：1951～1998 年为 1.73 亿吨，其中三口占 80.69%，四水占 19.31%。洞庭湖 1951～1998 年由城陵矶输出的泥沙量年均为 4664 万吨，淤积于湖内湿地的泥沙为 12638 万吨，0.9722 亿立方米，按加权河道湖盆湿地面积计算，湖泊湿地年均淤高 2.42 厘米，从 1951～1996 年 47 年中，湖盆、洲滩湿地累计淤高 1.137 米。

湿地面积的减少导致湿地调蓄功能衰退，湖区洪涝灾害发生频率不断加快，频繁而严重的洪涝灾害制约了湖区经济的发展，危及湖区人民生命财产安全。

（2）生物多样性减少，珍稀物种濒危。洞庭湖区的鱼类资源和鸟类资源都具有较高的经济价值，但多年来由于人类不合理的开发利用和过度的捕猎使鱼类资源和鸟类资源遭到了毁灭性的破坏。每到渔汛期，外来渔民大量涌入，增大了捕捞密度，形成了掠夺式经营的局面，如夏季的“迷魂阵”和冬季高强度、灭绝性的“竭泽而渔”“电打鱼”，彻底地将越冬鱼类一网打尽，导致鱼类产量和数量急剧减少，主要经济鱼类低龄化、小型化现象严重，中华鲟、江豚等珍贵鱼类几乎绝迹；对鸟类的过度捕猎、捡拾鸟蛋的现象在湖区每年都很严重，特别是在迁徙季节使用排铳、地枪、毒杀等方式和手段进行猎取，导致鸟类种类和数量急剧减少，20 世纪 50 年代常见的天鹅、白枕鹤、白头鹤等珍贵鸟类如今在越冬群落中很难见到。

由于人类对湿地的干扰，湿地植被景观类型发生迅速变化。下面以1983年数据和2004年数据进行对比分析（见表5-5）。

表5-5 21年间洲滩植被景观类型变化表 单位：万公顷

时期	旱柳	占总%	杨树	占总%	荻、芦	占总%	湖草	占总%	其他类型	占总%	合计
1983年	0.87	9.81	0	0	5.87	32.47	7.68	42.48	3.58	19.8	18.08
2004年	0.13	0.64	3.98	19.7	9.61	47.57	5.02	28.81	0.66	3.27	20.20
增减%	-85.06	—	+100.00	—	+63.71	—	-24.22	—	-81.56	—	+11.73

表5-5中可以看出，21年间，洞庭湖湿地植被景观类型发生显著变化。①2004年较1983年在洲滩植被面积增加了11.73%的情况下，而属于原始的环境资源斑块湖草（以苔草、虉草和蓼为主）和其他（以日本三芯柳、藨草、白泥滩为主）却分别减少了24.22%和81.56%。②作为半天然的干扰斑块荻、芦增加了63.71%，旱柳斑块减少了85.06%。③人工的替代引进斑块杨树由0增至3.98万公顷。④从占洲滩总面积的百分数分析，环境资源斑块湖草和其他景观类型分别由42.48%和19.8%下降到28.81%和3.27%；干扰斑块荻、芦由32.47%增至47.57%，杨树由0增至19.70%。在人类短期经济利益的驱动下，洞庭湖湿地植被景观类型正在以惊人的速度由环境资源斑块向干扰斑块和替代引进斑块演变。

生物多样性是指生命有机体及其借以存在的生态复合体的多样性和变异性，它包括3个方面的内容，即生命（结构）多样性，维持生命所需功能的多样性和维持生命的所有过程的多样性。洞庭湖湿地景观斑块类型、大小及形状的变化都会对生物多样性带来影响。

根据斑块产生的机制和起源可分为干扰斑块、残存斑块、环境资源斑块和引进斑块。斑块类型通过影响某一特点物种从斑块中迁入和迁出，来影响该物种在该斑块中种的数量和丰富度，进而影响到生物的多样性。如在永久性苔草草甸的环境资源斑块中，物种动态变化不明显，生物多样性变化小；而在干扰斑块中，演替进程随干扰发生而即刻发生，使得物种动态变化迅速，出现杂草丛生。在引进斑块中，将环境资源斑块变为杨树林地，由于物种的单一化，造成物种生物多样性的下降，并改变了天然植被生态功能和生态过程。

斑块类型的改变，打破了湿地生物多样性所依赖的景观生态系统的稳定性。原有的天然的群落和群落中的优势种群和关键种群发生变化，从而影响到生物多样性功能和生态过程的变化。如杨树、荻、苇的盲目扩大，导致了珍稀鸭类栖息地和定居型鱼类产卵场地的缩小；引淤、排水沟的开挖，导致秋、冬季浅水沼泽的干涸，破坏了天鹅等珍稀候鸟的栖息场所。同时，由于斑块类型的改变也使湿地景观生态系统中的食物链缩短或者被打断，给一些特有生物和濒危生物的生存带来威胁。

（3）湿地水质污染日趋严重。全省境内4条水系沿岸有2000多个工厂（污染源），主要工业排污口82个，其中位于湖边且污水直接排入湖体的排污口27个，日排污量150万吨。东洞庭湖的污染源以纺织业和化工业为主，南、西洞庭湖以造纸业为主。尽管由于水量大和水体交换速度快，四水和洞庭湖整体污染程度不大（湖水水质达国家二级水的质量标准），但局部污染严重。一些地方鱼类体内农药的含量为水体的2000～3900倍。

由于大面积开发湿地，工农业生产排放的污染物使湿地污染严重，洞庭湖区近10年来的水质、生物监测资料表明，湖区总体水质虽然基本稳定，但局部污染逐年加重，其中，1998年排放湖区的废水总量竟达7.95亿吨。此外，湖区农药年施用量超过2万吨，化肥年施用量超过2.0×10^5吨，还有沤制黄红麻废水、投放铬渣和五氯酚钠等血防药物，均给湿地生态系统造成严重污染，致使湿地净化水质的生态功能降低，水质下降。特别是近年来湖区周围新建了造纸、化工等工厂，工业污水和生活垃圾的排放进一步加剧了水体污染。

在虞公湖和鹿角两个点对洞庭湖的水质进行了测定，其结果见表5-6。从表中可以看出，大肠杆菌的含量较高，说明有未经处理的生活污水排入湖中。另总氮、总磷的水平也较高，有轻度富营养化，可能是洞庭湖周边农田有肥水排入湖中。

表5-6　洞庭湖2个观测点水质评价结果

指标	虞公湖/类	横岭湖/类
pH值	1	1
溶解氧（毫克/升）	1	1
生物氧需求量（5天）	1	1
总磷（毫克/升）	4	4
总氮（毫克/升）	4	3
铬	1	1
铜	1	1
铅	1	1
锌	1	1
镉	1	1
砷	1	1
大肠杆菌	4	3

然而，这仅仅是两个点的平均数，就整个洞庭湖而言，不同地点的差异很大。在冬天由于水位低，水流缓，稀释作用弱，估计污染更严重，特别是在沿湖主要城市如岳阳附近地区。岳阳位于城陵矶洪水出湖洪道处，工业及生活排污可能对经此洪道进入洞庭湖的白鳍豚及江豚影响较大。估计在长江及湖南四水的洪水导致洞庭湖涨水前，洞庭湖污染最严重。而在夏季最高水位时，由于洪水的稀释与携带作用，污染物之湖中停留的时间比较少，洞庭湖的水质最好。

影响洞庭湖水体污染和富营养化的主要因素是各种点源和面源向湖泊湿地或入境河道排放的各种污染物。点源主要是工业污染源。据1999年调查纯湖区100家主要工业企业，年排工业废水2.0046亿吨，其中排放COD 170201.3吨，BOD37128.1吨，悬浮物36619.65吨，氨氮2487吨。出境总氮量为647937.7吨/年，出境总磷量为52398.35吨/年，每年滞留湖内湿地的总磷量为7780.35吨/年，总氮量为107002.75吨/年。总磷和总氮的滞留系数分别为12.93%和14.17%。洞庭湖水体中氮、磷浓度水平较高，已经具备了富营养化的潜力，但由于特殊的水文与泥沙条件，目前富营养化的外在表现不突出。

（4）土壤潜育化严重，土地适宜性下降。由于泥沙淤积，湖、河床抬高，田面高程相对下降，形成垸老田低，使地下水位升高，稻田土壤次生潜育化严重。此外，围湖造田将沼泽性湖和浅水湖改田，加上湖区洪涝灾害频繁，农田经常遭淹，在脱沼泽和半脱沼泽过程中，地下水位受到地表水的经常补给，致使这些农田继续保持潜育化状态，并向深层发育，使土壤的水、肥、气、热矛盾激化，最终导致土壤结构的恶化与破坏，土地适宜性降低，整个湖区农业经济的发展受到严重影响。

（5）长江三峡水利工程的潜在影响。长江三峡水利工程建设将使长江与洞庭湖的水位动态关系改变，苇林和洲滩显露期将延长，冬季洲滩面积将扩大，洲滩水位将提早下落，导致鸟类的越冬生境也将随之发生重大的变化。

（二）保育技术

1. 功能区划分

为了对洞庭湖湿地进行科学保护与利用，本区按不同地域的自然和社会经济条件划分为核心区、缓冲区和实验区，确定各自的目标、措施。

功能区划的基本原则：

（1）保护第一。无论是核心区、缓冲区还是实验区的区划，都必须有利于保护对象的生存及其自然环境的保持。对于面积偏小的自然保护区，不能为区划一定比例的实验区而压缩野生生物的栖息地。

保护区中一般只允许在实验区有人工景观，但也仅限于必需设施，与保护无关的生活服务、旅游接待等设施应尽可能布置在保护区外。

（2）缓冲区与核心区景观同质原则。缓冲区的保护功能和研究基地功能要求其保持自然景观，人在缓冲区开展的一切活动不仅应低强度，而且不应以商业盈利为目的。

（3）核心区与缓冲区的生态完善性原则。这是自然保护区整体保护原则的体现。核心区的景观应是自然的和多样化的，一些生态环境不太好的地段，如果被核心区包围或基本隔绝，那么应按核心区的标准来管理。重点保护生物种的生境要求，就纳入核心区。对不便于划入核心区的地块，可划入缓冲区。

（4）实验区区划的社会经济原则。实验区区划不应固定比例，其位置和范围大小应在确保保护目的实现的前提下，根据自然资源利用的可能性及限制性来决定，而后者是与当地社会经济状况和发展趋势相关联的。在经济发展程度高的地区，由于划归保护区的土地本已很少，可能没有余地区划实验区，但在这里产业结构常常已超越第一产业发展阶段，经济增长和居民生活对可再生资源的依赖性小，实验区区划必要性不大。在这些地方，保护区与社区发展的冲突往往涉及政府行为，功能区划力所难及。在经济发展起步阶段至中等程度发展的地区，应在可能的情况下区划必要面积的实验区。

根据自然保护区区划原则，本区按不同地域的自然和社会经济条件划分为核心区、缓冲区和实验区，规定了不同的目标、措施，因而在管理水平上有不同的要求，为此有必要按不同区划地域和不同管理水平横向建立起保护区的管理系统。

（1）核心区。

目标：最大限度地保持水禽自然栖息地和湿地生态系统的完整性；提供水禽的主要栖息基地，保护珍稀、濒危的物种，如鹤、鹳、白琵鹭等；提供一个具有科研条件的区域。

管理措施：控制核心区的水位，满足不同种濒危珍稀鸟类的生存以及适合水生植物、鱼类生长；严格控制捕鱼和割芦，禁止狩猎、投毒；对植物进行管理，提高植物的丰富度和多样性；修建小型池塘和人工小湖；改善栖息地条件。

（2）缓冲区。

目标：提供使湿地及植被得以恢复的条件；提供一个场所进行渔业生产和放牧；开辟旅游、宣传和科研服务项目；改善栖息地条件，提高栖息地承载力；为当地提供一个收割芦苇的区域。

管理措施：修建自然型水塘或蓄水区，增加有效栖息地；清理有害和不宜鸟类利用的植物；集约管理芦苇和其他植物；种植饲食性和隐蔽性植物。

（3）实验区。

目标：向公众提供一个理想的自然旅游场所，环境教育的场所；增加社区居民的经济收入；促进保护区管理水平。

管理措施：进行集约经营管理，建立自然保护区生态旅游开发区，开放观鸟、野营、水上运动等活动；建立人工湿地生态系统，如水塘等，吸引鸟类；修建自然小径供人们使用，观赏鸟类；建立水禽救护中心和湿地中心。

2. 加强湿地保护

近几十年来，由于环境污染和过度猎取以及非法捕杀，导致洞庭湖区湿地生物多样性急剧减少，湿地的生态功能日益衰退。为保证洞庭湖区湿地保持稳定的生态功能，必须根据具体情况对湿地进行严格保护和管理：

（1）采取行政干预和技术措施，严格控制各种污染物直接进入水体，对珍稀鱼类和其他水生或陆生动物栖息、繁殖场所进行重点管理，确保其生态环境处于正常状况；洞庭湖区湿地环境污染问题主要是由于人类的不合理活动引起，要保护和改善洞庭湖区湿地环境，还必须通过人类的努力来控制污染物的排放，防止湖区湿地生态恶化。具体措施有：①合理调整农业生产结构，控制农业面源污染；②制定严格的工业污水排放标准，实行污染物总量控制；目前，湖南省政府正在采取严厉措施，限期、坚决关停排污不合格企业。③加快湖区城镇污水处理厂建设，控制生活污水向湖区湿地排放；④禁止向湖区水域倾倒垃圾、废渣；⑤控制湖区船舶流动污染。

（2）切实贯彻《环境保护法》《野生动物保护法》等法律法规，强化对湿地生物多样性保护，使湿地生物多样性保护纳入法制化轨道，走可持续发展的道路。

（3）保护鸟类及栖息地，在东洞庭湖的大西湖、小西湖、采桑湖地区建立固定铁丝围栏，设立封闭管理区，切实保护东方白鹳、小白额雁、小天鹅、白琵鹭等国家Ⅰ、Ⅱ级重点保护野生鸟类的越冬栖息地。

（4）采取有力措施，如依法树立界碑、界牌，设立标牌、界桩，严格保护核心区，严禁人为滥捕滥猎，有效保护湿地生物。

（5）建立水禽救护与繁育基地，设立水禽救护站，繁育棚舍，围网，促进水禽繁育。

3. 开展湿地恢复

鉴于洞庭湖湿地面积不断缩小、湿地功能不断衰退的状况，必须采取有效措施，加快湿地恢复工作。

（1）按照有关规划坚决实行退田还湖，逐步恢复水面；湖南的湿地恢复（退田还滩、泽）工作将优先在表5-7所列退田还湖（双退）地区开展，面积合计15638.33公顷。

表5-7 湖南省湿地恢复（退田还滩、泽）地区及面积表

地区	面积/公顷	地区	面积/公顷
澧县	1397	武陵	311.00
津市	93.13	南县	790.53
华容	555.9333	洞庭湖管理局	66.67
安乡	3534.8	屈原农场	45.33
钱粮湖	894.13	岳阳县	255.73
临湘	16	桃源	1772.07
君山	276.13	资阳	357.73

续表

地区	面积/公顷	地区	面积/公顷
临澧	273.07	沅江	432.60
鼎城	13.87	汨罗	261.20
桃江	174	赫山	269.73
汉寿	513.33	望城	12.00
湘阴	3366.67		311.00
小计	11063.73		4574.6
总计	15638.33		

① 目标：改造、重建退田还湖湿地，并恢复其原有生态系统及功能，防止退耕地的复耕及湿地质量恶化，确保退田还湖的目的得以实现。

② 具体措施：

恢复水文情势及水文过程：撤除堤防，开渠、决坝、决堤引水。禁止生产活动、建设、施工等。

洲滩植被改造：引进或重植湿地草木，以增加生物多样性，控制富营养化及盐化。

杂草控制：通过耕作、收割、砍伐、耕耙、火烧、人为干扰及放牧等手段，减少杂草蔓延，增加目标植被，提高生物多样性及湿地质量。

引进原有湿地动物：如麋鹿及扬子鳄等。

加强退耕湿地监测、管理：开展湿地保护宣传教育，加强监督巡护，杜绝在退耕地进行任何形式的生产活动。

（2）栖息地改造及恢复

① 目标。核心区水禽越冬栖息地改造共涉及 3 个自然保护区 5 万公顷面积：

• 东洞庭湖：大、小西湖，丁字堤外滩，扁山，春风，采桑湖，面积约 1.7 万公顷。

• 西洞庭湖：打靶台、窝河障、目平湖、斗笠湖、箩筐障，面积约 2.0 万公顷。

• 南洞庭湖：廖潭口、莲花坳、半边浃、天鹅凼，面积约 1.3 万公顷。

② 具体措施。

水生境恢复：根据生态需水量及水量的时间变化，模拟湿地自然进水季节与自然进水过程，建立控水闸，修建矮围，围堰蓄水，疏浚进水退水航道，进行水位合理调节，以保证水源，建立良好的水禽及鱼类等生长发育所需的水生境。

植被恢复：采取人工种植、人工辅助自然更新以及清除杂草等措施，恢复苔草等目标植被群落，以提供鸟类和其他水生生物良好的栖息环境，保护生物多样性；通过对 3 个洞庭湖自然保护区核心区水禽栖息地的恢复及改造，营造生态系统稳定，食物资源丰富的越冬水禽栖息地，同时确保 3 个自然保护区的湿地生境普遍得到改善。

小生境恢复：挖掘深浅不一，面积为 0.33 ~ 1.0 公顷的水塘（塘底碟形），筑小面积的高台，在高台或其他地方种植（或引进）水禽嗜好的植物种类（如水稻），形成适应不同种类水禽的生境类型，创造有利于水禽栖息及觅食的条件，增加食物来源，及水禽隐蔽场所。

（3）污染的植物修复

植物主要通过三种机理去除环境中的有机污染物，即植物直接吸收有机污染物；植物释放分泌物和酶，刺激根区微生物的活性和生物转化作用以及植物增强根区的矿化作用。植物直接吸收土壤中的有机污染物，并将有机污染物转化成没有毒性的代谢中间体储存于植物组织中，是植物去除土壤内中等亲水性有机污染物的一个重要机制。研究表明，环境中大多数 BTEX 化合物(苯、甲苯、乙苯、二甲苯)、含氯溶剂和短链的脂肪族化合物可通过这一途径去除。研究发现，一些豆科植物能分泌表面活性剂促进油污染的生物修复。有机污染的植物修复目前的研究重点仍放在修复植物的筛选，污染物的代谢转化机理及增效措施（有机污染物的增溶等）等方面。湖滩养殖及生活污水的排放等使得湿地的 N、P 污染日益严重。用于 N、P 污染的植物修复技术应用很多，主要是富营养化水体的修复，如构建人工湿地，利用大型水生植物净化 N、P。湿地植物修复一方面植物自身能吸收一部分营养物质，另一方面它的根区为微生物的生存和降解营养物质提供了必要的场所和好氧、厌氧条件。研究发现，湿地植物除本身可直接吸收氮、磷化合物外，其根系分泌物也可促进某些嗜氮、磷细菌的生长，促进氮磷释放、转化，从而间接提高修复效果。在除氮机制中，植物起主导作用，而在磷的净化中，细菌是限制因子．在有机物及氮磷污染的植物修复中，微生物发挥着不可或缺的作用，所以若是将二者结合起来，修复效果会是可观的。具体可采用：收割与清除富营养化水体中的植物，尤其是通过选择种植净化去污功能强的水生植物有效修复水体污染；在水田等面源污染源与水体之间的湖滩上建立林草结合的植被缓冲带，以起到纳垢吸污的作用。

（三）湿地资源合理利用技术

洞庭湖丰富的水土资源，蕴藏着极大的生产潜力。对于湖区范围内的一些实验区，特别是对于“退田还湖”工程中退人不退耕的区域，应广泛开展各种种植、养殖业，充分合理利用湖区资源。

本区的植物按其经济用途和利用价值，主要有用材、淀粉、油脂、芳香、纤维、药用、饲料、绿肥、蔬菜等类型。

用材林树种主要是池杉、水杉、杨树、旱柳等，多分布在垸内大中渠道旁及湖洲高滩，大部分已成林。

本区内可供食用的淀粉植物较多，其中莲藕、菱、荸荠是平湖区的特有种类，小片栽培，没有形成规模，产量不大，也没有进行加工利用。

油脂植物在本区内处于野生或半野生状态，苍耳、雄草、益母草、香薷、白苏及野薄荷等资源较为丰富，油脂开发潜力大，但没有组织原料采集及加工，处于自生自灭的状态。

纤维植物可作为绳索、编织或纺织材料、造纸原料。较多而又有价值的纤维植物有荻、芦苇、蘸草、柳等。其中荻、芦苇遍及湖洲，其他纤维植物如燕草、柳等蕴藏量也很大，但基本上没有进行采收、加工饲料植物资源在本区非常丰富，尤以在水域洲滩的野生饲料植物蕴藏量最大，可利用的草洲近 10000 公顷，为畜牧渔业的发展提供了有利的条件。许多纤维植物形成大片群落，营养丰富，适口性强，如苔草、水芹、蒌蒿是优良的饲料植物，但是，这些产品未能形成商品，除了农民每年利用其中的极少一部分外，其余资源都腐烂浪费掉。

此区栽培蔬菜种类很多，野生蔬菜也广泛分布，蕴藏量很大。常见种类有蒌蒿、水芹、马齿苋、茭笋、碎米荠、荠菜、蕺菜、芦苇地下茎等。

目前，人们采收这些野生蔬菜，主要是作为食用或在集市上出售，还没有进行栽培与开发利用。

药用植物种类较多，比较常见的有鱼腥草、车前草、茵陈蒿、泽泻、桑、虎杖、威灵仙、三叶木通、枸杞、香蒲类、桔梗、杠板归、石蒜、灯心草、芡实、莲、土荆芥、垂盆草、薄荷、夏枯草、益母草、白苏、马鞭草、石龙芮、小毛莨、土牛膝、接骨草、半边莲、金樱子、黄皮酸橙、银杏、杜仲等。这些种类具有多种用途，药用价值较大。大部分野生，分布广，生物量较大，但没有很好地开发出它们的商业和药用价值。

绿肥植物的主要种类有紫云英、苜蓿、肥田萝、苔草属及禾本科的一些种类。如苔草类群落，既是牧草，又是良好的农用绿肥，具有很高的肥效。这些绿肥植物利用率很低。

芳香植物主要有蒌蒿、野胡萝卜、芫荽、紫苏、白苏、香薷、薄荷、蕺菜、茵陈蒿、飞蓬等。这些香料植物主要是当地人们自发采收一部分作为食用、药用外，大部分没有进行综合开发及加工利用。

本区栽培的水果品种较多，有桃、李、梅、杏、枣、梨、柑橘、柚、橙、枇杷、葡萄等。

根据洞庭湖区湿地资源特点和当地市场需求，下列几种重要植物资源的持续利用值得重视。

（1）蒌蒿（*Artemisia selegensis*）。蒌蒿，也称藜蒿、水蒿、芦蒿，为野生菊科植物，多年生草本，是当地人人喜爱，老幼皆知的野生蔬菜。藜蒿一般在湖滩草地形成片状、簇状或环带状群丛，或成为芦—荻群丛的伴生种，茎叶营养生长高峰为 3 ~4 月，亦可在汛期挺水生长。

蒌蒿不仅可食用，而且还有药用价值，民间以全草入药，有止血消炎、镇咳化痰、开胃健脾、散寒除湿等功效，此外，还是优良的饲料。营养分析表明：蒌蒿含蛋白质 3. 91%，脂肪 0. 91%，可溶性碳水化合物 6. 11%，胡萝卜素 4. 88%，矿物质 2. 01%。人们一般选择嫩茎叶及地下茎作为可食部分。目前，这种连根挖取蒌蒿的卷地毯式的利用方式，严重破坏当地的蒌蒿资源，蒌蒿品种处于消亡的危险之中。因此，对现有资源必须进行保护性开发利用，即对蒌蒿进行人工驯化，变野生为栽培。并可在外地获得优良品种，或经品种选育，培养出适宜于本地发展的优良品种，进行规模化生产。这样，一方面可以充分利用大面积湖滩、湖洲湿地资源，丰富市场的商品类型，使之发展成为农民的重要经济来源；另一方面，又保护好湿地的生物资源和生态环境。

蒌蒿性喜温暖湿润的气候条件，可将其种植在平湖区、浅水湖滩、草洲上，以片状、簇状或环带状群丛、或作小区域植物群落（如苇地）伴生种，形成林—芦—蒿、芦—荻—蒿群丛，丰富湖区生物品种类型。

（2）莲藕（*Nelumbo nucifera* Caertin）。莲藕是一种食药同源的保健品。莲藕作为药用植物，莲子味涩、性中，有健脾、止泻、养心、益肾之功效，主治脾虚腹泻等，为滋补性副食品。莲心可清火降血压。莲藕内含淀粉 35% ~40%，蛋白质含量也较为丰富，还含胡萝卜素、维生素 B_1、维生素 B_2、维生素 C、磷、钙、铁等，可生食或熟食。也可制成藕粉，易消化。还可切片供做蜜饯。莲藕可湖种，也有田种，主要品种为九溪红、湖南泡子等。由于湖泥太深，收获难度较大，故湖种逐渐减少。虽然莲藕分散经营，没有形成规模，但效益十分显著。莲子、莲藕市场潜力都很大。莲藕是一种挺水植物，耐浸泡淹没，冬季成熟。莲藕可作为一种避灾农业加以发展，以稳定当地的农业经济收入。发展莲藕田种乃至建立莲藕基地，还可兼顾发展渔副业，使莲鱼共生。同时，开发以莲屋为主的生态旅游景观，以多渠道活跃地方经济。

（3）茭白（*Zizania caduciflora*）。茭白内含营养物质丰富，其中蛋白质为 7. 33%，淀粉 9. 5%，可溶性糖 1%，干物质 0. 06%，各品种间也有差异。新鲜幼嫩的茭白肉质茎炒肉，色泽洁白、鲜翠可口，为较美味的座上菜肴。茭白仍处于半野生状态，没有成规模化生产，人工种植也是零星分布。由于该地是自然灾害多发区，近几年，洪涝灾害发生频率高，洪灾给湖区农业生产和当地国民经济造成了巨大损失。茭白的收获季节在 6 月，在洪水到来之前，已收获了夏茭；茭白水生，在汛期也可挺水生长。因此，茭白是发展避灾农业的理想品种。湖区湿地中大面积分布的池塘、湖沼和水沟等，是生长茭白的良好场所，大面积发展颇具潜力。从近年的市场信息反馈来看，茭白市场前景较好。发展茭白，对于建立避灾农业、保护湿地自然资源、维护湿地系统稳定性都具有重要意义。

当前，由于茭白的种植面积不大，种植品种也没有经过选育，产量较低。根据其气候和土壤条件，可以考虑引种如下品种：①‘89-70’，双季茭白，无锡中介茭的变异株，株高250～260厘米，夏茭6月初上市，秋茭10月左右，单茭重80～90g，每公顷可产1.9万公斤。②‘宁波四一九茭’，双季茭白，株高240～250厘米。成熟期同‘89-70’，单茭重100～120克，丰产。③‘象牙白’，单季茭，9月下旬～10月上旬成熟，株高260厘米左右，单茭重110～120克，此品种在采收期不形成黑粉菌冬孢子，商品性极好。发展茭白，应建立优质茭白生产基地，可在湖沼上以小片状、簇状种植，或采取以鱼为主、茭白为辅的栽培方式。或在水沟边成行种植，建立林—芦—茭—渔模式。

（4）菱（*Trapa bispinosa* Roxb）。菱俗称菱角，属菱科，是一种多年生浮叶草本，果实为坚果三角形，紫红色。由于菱富含淀粉，可作酿酒用及提制菱粉。药用有清暑解热、除烦解渴、健脾益气的功效。果壳能止泻痢、止便血，还可提取鞣料。野菱茎叶可解酒毒及增强视力。此外，干全株可做猪鱼饲料。菱主要分布于池塘、沟渠、水田及散生于湖沼的水面。数量少、面积广的现状使其长期处于附属地位。人工抚育措施难以实施，产量极不稳定，无计划的采收，市场过于分散，商品性不明显，使其市场占有力薄弱。目前，仍以销售鲜菱和熟菱为主，没有专门的加工厂。菱对土壤气候适应性很强，耐水渍，耐瘠薄，光热条件要求一般，是湖区发展避灾农业的一个很好植物品种。它在湖区未开垦或耕作历史短的浅滩和水田的砂壤土上就可成簇、成片种植，还可作为渔—荻—林复合经营模式中的间种作物，形成大小适宜的规模化经营，以充分利用空间和资源，共建一个多种群的生态群落。并通过适当增加投入和加强人工抚育管理，不断提高产量和品质，有计划地逐步占领市场，为市场增添一种新的优质产品。

（5）水芹。水芹广泛分布于南洞庭湖洲滩上的野生伞形科植物。水芹营养丰富，是一种很好的野生蔬菜和饲料。此外，芹菜全草药用，有清热解毒，凉血利尿的功效。一年可割刈多次，形成多次产量，生物量平均为8吨/公顷左右。水芹还可加工成芹菜汁，既保留了原有的营养成分、药用成分和其独特香味，也有利于贮存运输，可用作食品添加剂和营养品，从而提高了芹菜的经济价值。

洞庭湖各类资源寓于整个生态系统中，彼此互为条件，并相互影响和制约。因此，对湿地和滨湖区赋存的任一资源的开发，都可能牵一发而动全身。导致整个湿地生态系统的变化。所以，在开发资源时。应坚持以保护自然资源和湿地生态环境为前提，考虑局部和整体的环境效果，兼顾眼前和长远的经济利益，促进区域经济繁荣和可持续发展。探索适度的、高效的开发途径和持续利用模式，以开发促保护，协调保护与利用的关系，是实现湿地生态环境和生物多样性保护长远目标的关键。

二、河流湿地保育技术

（一）湿地现状

1. 类型、面积、利用模式

湖南省水系发达，河流纵横，境内分布着5341条大小河流：河长50公里以上的河流有185条，100公里以上的有50条，500公里以上的有7条，其中：1000～1100公里的1条，500～999公里的2条。按流域面积划分，500平方公里以上的有115条，1000平方公里以上的有57条，大于10000平方公里的9条。长江及湘、资、沅、澧四水是骨干。湘、资、沅、澧的长度为2399

公里，集水区面积达17.8万平方公里。河流湿地总面积为2143平方公里，其中湘江1340平方公里，资江325平方公里，沅水284平方公里，澧水194平方公里。

河流的主要作用是航运，蓄水、泄洪，有些进行养殖和旅游观光。随季节和降水的变化，河流水位有规律地变化，在河流两岸和河道中，形成面积较为集中和范围较大的滩涂、草地，加上广阔的水面，为鸟类及其他动物提供了良好的栖息环境。

2. 存在的问题

（1）蓄洪、泄洪能力下降，洪涝灾害频繁。沿江河区历史上很早就进行了围湖垦殖；建国后，长江干堤、涵闸等大规模水利工程的兴建，为垦殖创造了更好的条件。20世纪50年代中后期开始，部分居民在河滩上进行零星垦殖。20世纪50年代末~60年代初，围湖造田大规模开展，一直延续到20世纪70年代末~80年代初。通过围垦虽然获得了大量耕地，但长江河道变窄、湖面变小，造成了蓄洪、泄洪能力降低，旱涝灾害频繁。

（2）水土流失加重，湿地生态系统退化。由于长江支流上游地区植被覆盖度低，历史上的坡耕种植和全垦造林导致水土流失加剧，湖盆淤积严重。泥沙淤积又加剧了湖泊沼泽化进程，导致挺水植物区向浮水和沉水植物区延伸。

（3）生物资源过度利用，珍稀物种濒临灭绝。过去湿地资源利用存在“重用轻养”的状况，现在虽然加强了静水面的养殖，但又出现了部分地区网箱养殖强度过大，破坏了湿地生态系统的功能，降低了湿地生态系统的生产力。水生生态系统的生态链功能受到严重威胁。湿地生态系统保护力度不够，人为活动频繁，生物多样性丧失严重，水禽等重要物种的生境受到一定的威胁，有的物种已经绝迹，有的正处在数量锐减、濒临灭绝状况。

（4）追求经济发展，环境污染日显突出。湿地污染源主要来源于沿岸带城镇工业废水、生活污水，以及农业的化肥农药、除草剂的使用。湘、资、沅、澧4水沿岸有2000多个工厂（污染源），主要工业排污口82个，其中污水直接排入湖内的排污口27个，日排污量150万吨。此外，为杀钉螺而使用的五氯酚钠，长江及其支流湖泊航运船舶的油污和生活垃圾也对湿地环境产生一定的污染。随着城镇化进程加快、工业发展迅速、经济发达、工业及生活“三废”污染排放量大。环境污染越来越成为湿地保护的重要威胁因子。随着上述污染物不断进入河流，加上围湖造田和为防洪修筑堤坝减少了净化水体的水生植物，导致水体富营养化越来越严重，影响了水产养殖、观光旅游和水源的供给。

（5）缺乏监督协调机制，造成疫情回升和生物入侵。沿江河湖区及其支流曾是血吸虫病疫流行地区，在21世纪60~70年代曾一度得到有效治理，但自21世纪80年代以来，在湖区及其支流血吸虫病疫情地区灭螺工作没有延续下来，疫情又开始回升，并且出现由有螺区向无螺草洲蔓延、由湖洲向村庄周围草滩扩散的特点。此外，生物入侵也开始对本地湿地生态系统造成一定的危害。

（二）保育技术

（1）湿地系统生态功能的恢复。恢复湿地系统的生态功能应以保护湿地生物多样性和增强调蓄洪水的能力为中心，实行退田还湖工程，将低洼地区建设成为长江流域洪水调蓄的生态功能区。根据不同河流湿地特点，因地制宜地建立各类河岸植被生态系统，以提供河流湿地生物良好的栖息地，并达到保持水土、防治污染等目的。

（2）污染防治。加强城镇环境的综合治理，严格控制“三废”污染；采取措施积极保护区内生物多样性，建立相应的功能区，为生物多样性延续繁衍提供良好的生态空间；采矿区要注意生态恢复，坡耕地实施退耕还林，控制水土流失，保护湿地生态系统。

（3）保护与利用并举。首先，充分利用湿地综合农业的有利条件，发展种植、畜牧、水产、林业等有机结合的湿地农业，形成多层次的网状型主体生态经济模式，继续抓紧粮食和经济作物的生产，提高"鱼米之乡"的特色农产品商品率。其次，开发各种鱼类、水产养殖、航运及水生植物资源，大力发展水体农业。第三，大力发展湿地生态旅游，把河、湖、沼泽、水田、库塘与农舍变为城市居民观光、休闲的乐园，增加当地居民收入，实现产业转型或替代。第四，坚持以人为本的理念，转变农民生活方式，以城镇化带动生态化，实施好移民建镇工程，加强农村精神文明建设，开拓沿江地区农村市场。

三、人工湿地保育技术

（一）类型

1. 水田、堤垸

稻田是人工湿地的重要组成部分。湖南省有稻田面积 31467 平方公里。洞庭湖区保护面积在 66.67 公顷以上的大小堤垸 266 个，总面积 10220 平方公里，其中耕地面积 57.87 万公顷。

稻田和堤垸为两栖类和中型水禽（鹭类）的主要栖息地。在鸟类迁徙季节，也是雁鸭类主要停歇地。

2. 水库、池塘

湖南省有各种类型的水库 12733 处，塘坝 109 万个，总面积 4433 平方公里，设计库容 180 亿立方米。

在这些水库中分布有大量的越冬水禽如雁鸭类、鹭类，以及水生动物，如鱼类、龟鳖、水蛇和水獭等。

（二）保育技术

1. 生物多样性保护

人工湿地受干扰比较多，开发利用程度高，生物多样性容易受到破坏，特别是一些对环境敏感的种群和当前被认为没有经济价值的物种，更容易被人为消灭。因此，生物多样性保护尤其重要。一是要对典型生境进行保护，不能改变其原生态；对重要的野生动物栖息湿地，应禁止任何形式的开发活动。二是建立种质资源库，尽可能多地保存原生种质资源；三是进行局部开发利用，"斑块"式布局，避免生境的整体破坏；根据"宜农则农、宜林则林、宜渔则渔、宜牧则牧"的原则，尽可能避免单一模式的开发，同时要考虑到以湿地为生存环境的动植物的生活和生长习性，给这些野生动植物留一片生存空间。

2. 污染控制

随着人口不断增长，对人工湿地存在过度开发利用的问题，其中主要问题是化肥、农药的过量使用。因此，要控制污染，减少工业"三废"、生活垃圾、化肥、农药等向水田、库塘的排放。

3. 合理开发利用

在当前形势下，人工湿地的主要功能还是生产，因此，如何进行持续利用是研究的重点。

（1）水库、池塘岸边的菜、鱼、猪、禽混养模式。依据生态系统食物链的原理，在水库、池塘旁边的空地上，种植蔬菜与饲料作物，建舍养猪，水库、池塘中养鱼放鸭，饲料养鸡养鸭，其粪便喂猪，然后又可作为养鱼的饵料，塘泥又可以用来作庄稼的肥料，形成种、养立体空间有机组合与食物链的良性循环，是一种生态效益和经济效益较高的水域经济发展模式。

（2）以芦荻为主的芦荻、林（鱼）发展模式。以芦为主的芦、林（鱼）生态模式主要适宜于中洲、高洲湿地，可按园田化规格种植芦苇，并植树造林，建立防护林网络，其主要产品是芦苇，对生态起调控作用的主要是防护林。防护林主要有 2 个作用：①挡风，防止芦苇被风吹倒；②营造良好的动物生存环境，尤其是鸟类栖息场所，增加芦苇病虫害的天敌，为生物防治虫害奠定基础。此外，在水库、池塘养殖鱼、龟、鳖等特种水产，作为此种模式的重要组成部分。

（3）以林为主的林、草、禽、鱼发展模式。该模式主要适宜于地势较高的高洲或退化的老洲区。可因地制宜地规划主、副林草带结合的林草网络，树种选择欧美杨。秋、冬季在林间直接播种可在春、夏季节采收的耐湿绿肥与饲料，早春放养鸭、鹅等水禽，在其间的池塘、洼地养鱼、龟、鳖等水产品。该模式的主产品是木材，其次是水禽的肉、蛋，草则为水禽提供食料和为林木提供优质的有机肥料，促进林、禽的发展。

（4）以草为主的草、禽、畜牧发展模式。以草为主的草、禽、畜牧生态模式主要适宜在中、低洲（即湖草洲）上推广的一种开发模式。目前，湖草洲开发的主要障碍是此类湿地有钉螺，影响人类健康。近些年来，沅江市采取如下措施试验这种模式，即分片做格、开沟筑台、围埂，并通过灭杀钉螺，淘汰劣质植物种类，培养优质牧草，放养鸭、鹅、水牛等家禽、牲畜。灭螺后，以围栏放牧利用方式为主，配合机械化青贮饲草，重点发展食草性牲畜，同时发展不会感染血吸虫病，生产周期短，取食草料及虾、蚌的鸭、鹅等水禽。

四、有待进一步研究的技术

（一）加强湿地生态系统监测与过程研究

湖南省湿地类型多样，不同的湿地类型各有其特殊性，因此，必须研究各种湿地在湖南省的生态地位，确立它的生态价值，系统的探求其生态系统演替规律、生物群落结构和数量，探寻湿地生态系统主要控制因素，寻找可持续开发利用的途径。同时，湿地的监测是了解湿地生态变化的重要手段和窗口，通过连续不断的监测，可以认识湿地生态系统现状及演化规律，为调整湿地开发利用模式提供科学依据。运用环境学、生态学等学科理论和“3S”等先进技术，在查清湿地资源的基础上，建立湿地资源信息数据管理系统和湿地资源监测体系，及时跟踪和掌握湿地变化动态；开展湿地分布和演化规律、自然湿地和人工湿地生态系统结构与功能、退化湿地的恢复和重建、湿地与干旱灾害关系等方面的研究，为湿地的科学管理和保护利用提供科学依据。

湖南省湿地资源的生态环境监测可采用先进的“3S”技术手段，建立湿地数据库，利用 GIS 强大的空间分析功能，对湖南省湿地进行时空分析，建立预测模型和指标模型，通过预定模型实施信息的运转，逐步进行修正和完善，正确指导湿地资源的开发利用，促进社会经济与环境的协调发展。

（二）开展湿地自然保护区的功能评价研究

通过对湿地保护区资源和管理现状的评估，编制湿地自然保护区的管理规划，确定目标，长期实施，稳步提高保护区规范化、科学化管理水平。开展保护区人员能力建设，提高人员的监测、野外保护、社区教育、科研和执法等方面技能；逐步开展以主要保护对象为中心的栖息地改造工程；进行湿地保护与其周边经济协调发展关系的研究，探讨区域发展对湿地资源的压力以及湿地自然保护区对区域发展的支持作用等。探讨不同的湿地区域在生态上的相似特征和受威胁的共性，制定相应的区域或流域性的湿地保护、恢复措施，建立区域或流域性的湿地保护协调机构，统一协调区域或流域内的湿地保护工作。制定湿地野生动植物种群的总体保护规划，分步实施；引进、推广先进的湿地生物多样性保护、污染控制等技术。开展湿地野外动植物种群及栖息地的长期监测；对受到严重破坏的湿地动、植物资源，通过人工种植和养殖等措施，促进野生动植物种群、数量的恢复。改变河流流域生物多样性衰减趋势，特别对鱼类和两栖类，应实行河流流域性的管理，以确保其生存；通过维护自然水系，维持、保护天然湿地。

（三）加强湿地保护技术研究

根据湿地资源保护的现状，采取多种有效措施，尽可能地恢复已退化的湿地，减缓、降低人为因素对湿地的负面影响；开展一批重点湿地的恢复治理工程，有计划地恢复湖泊面积，湿地点污染源基本得到控制；开展治山与治水结合进行的综合治理，促进湿地的综合保护与治理，有效地减缓湿地的退化，遏制人为活动导致的天然湿地数量下降趋势。优先行动主要有：

（1）将湿地保护与合理利用纳入国家、省（自治区、直辖市）的土地利用、生态治理、资源恢复、水资源管理、河流流域与海岸带管理以及相关的管理规划中。

（2）通过评估影响河流流域综合管理的主要障碍，寻求解决方案。编制流域土地、水资源、野生动植物保护、使用和管理的综合规划，使河流流域管理与湿地保护协调一致。对河流流域土地用途、使用权现状进行评估并进行调整安排。

（3）大力营造生态保护林和水源涵养林，防止水土流失，减少河湖淤积；对部分河流、湖泊、水库进行清淤工作；改变易造成水土流失的土地利用方式。

（4）在不同地区，有重点地选择一些有代表性的退化湿地，开展退化湿地恢复、重建的示范区建设，如实施退耕还湖生态恢复工程等。

（5）制定与湿地保护相联系的水资源管理战略，加强水资源开发对湿地生态环境及与之相关的生物多样性影响预测、监测；建立最优的河流水量分配方式，以维护河流流域的重要湿地自然状态和其他重要生态功能；研究并推广科学的水资源利用方式。

（6）把水资源开发项目对湿地的影响降到最低程度。加强对其基础设施的工程建设与生态环境保护关系的研究、监测；使水资源开发项目的建议书在立项初期得到详细的评审，并选择替代或降低影响的方案，尽可能地减少工程建设引起下游湿地退化造成的社会和经济损失；对于已受到水利工程建设负面影响的重要的大然湿地，要建立天然湿地补水以及鱼类保护的保障机制和补救措施。

（7）调查湿地周围污染源的类型、污染物的数量、排污途径及其最大排污量，对排污种类、时间、范围、总量进行规定和限制。

（8）有计划治理已受污染的湖泊、河流，并限期达到国家规定的治理标准。对排污超标的部门、企业和单位予以约束和处罚，并限期整改。按国家有关规定，对那些严重污染环境的单位，坚决实行“关、停、并、转、迁”措施。

（9）推行“清洁生产”工艺，对因开发利用造成的湿地环境破坏问题，要责成开发利用部门采取补救措施，积极加以解决。

（四）加强湿地水空间的调控与管理技术研究

湿地作为有效的水调节空间，在长江与洞庭湖交汇地区显得更加重要。因为，这些地区的降水集中度比较高，短时间就可形成洪水，特别是丰水年，余水更多，若通过湿地将其蓄留，可在平、枯年进行调剂，形成周期性水资源调节平衡机制，对水资源可持续利用是非常重要的。

由于湿地格局与流域水资源系统存在共轭共生关系，使得湿地水空间的管理必须从全流域生态、生产和生活需水保证角度考虑，实行全流域统一管理。基于流域水资源安全，针对湿地水空间管理的科学问题，重点研究内容是：

（1）湿地界面水通量：通过研究湿地系统水—土—植物—大气多界面复合体系的水分传输机理，计算各界面间水的输移通量，进而计算湿地生态系统平衡的基准生态需水量，揭示湿地系统水消耗机理和主要影响因素及差异。

（2）河流—湿地水文过程、周期性与水平衡机制：研究河流-湿地水文过程的水文要素特征和参数表达，以及河流—湿地水文联系的周期性规律和突变驱动力的定量分析，流域水周期与水平衡的时空序列特征与等级划分。

（3）流域湿地格局与控水能力的定量模拟及分析：运用 RS、GIS 等技术手段，集成水文、气象、土地利用、植被等数据信息，研究流域湿地格局变化与控水能力的耦合关系及差异，通过模型技术，定量分析流域湿地水文调节功能，阐明流域生态、生产、生活需水变化趋势和阈值，解决基于水安全、生态安全的流域湿地格局最优化问题，为流域水均衡与水安全的湿地合理配置提供科学指导。

（4）湿地结构、水理性质与滤过机制：研究不同湿地类型的结构和水理性质，以及滤过净化功能与机制，特别是岸边带湿地的结构与滤过功能的关系，揭示其滤过机理，评价净化载荷能力，以及流域湿地自然净化能力与水质保障，为人工湿地构建提供科学依据。在系统开展上述研究的基础上，进行基于水安全的流域湿地水空间管理规划，根据流域经济社会与自然协调发展原则，考虑实际水资源状况，优先保护基本湿地功能与效应发挥的最优湿地格局，并采取积极有效的措施，恢复或重建湿地，同时，还要建立流域湿地保护法，从法律角度规定流域最基本的湿地面积和格局关系。

利用 3S 空间分析技术和方法，建立流域湿地时空数据平台，适时开展湿地动态监测与安全预警，掌握其时空变化特征和演变趋势，为以水安全为主的湿地保护及时提供科学数据支持。

（五）生物多样性保护技术研究

洞庭湖蕴藏着极其丰富的动植物资源，具有典型的湿地生态系统特征，具有重要的科学研究价值，是生态学、动物学、植物学、地理学、湿地学等许多学科的重要科研基地，而且对洞庭湖的多学科综合研究也是实现其生物多样性保护及可持续利用的必要前提。

人工湿地极易受到人为干扰，因此，有必要开展对重点湿地及其生物多样性的监测，监测内容包括：容易发生变化的湿地自然环境因子、湿地生物多样性动态、湿地开发利用和受威胁情况、湿地管理变化情况、湿地周边社会经济发展情况等。监测结果将为管理部门制定科学、有效的保护措施提供根据。

洞庭湖区内各自然保护区应根据保护、开发、利用与可持续发展的需要，根据保护区的保护目标和任务，开展以下几个方面的科研工作。

（1）洞庭湖区湿地生态系统结构与生物生产力研究。

（2）珍稀水禽驯养、繁殖及栖息地环境保护研究。

（3）水禽栖息地恢复重建技术体系研究。

（4）生物资源及旅游资源开发对湿地生态系统的综合影响研究。

（5）洞庭湖区湿地资源保护与可持续利用最佳模式研究。

（六）湿地植物的生物学特性与开发利用技术

根据不同类型湿地的特点，对河道、江心洲、浅滩、河岸带、河漫滩等分别确定不同的保护与利用措施，因地制宜，既要达到保护的目的，又要发挥各个地段的作用。

长期以来人工湿地重在其生产功能，很少考虑到其生态等方面的效能，随着人们对湿地功能认识的深入以及湿地多功能的应用与发挥，科学地评价人工湿地功能对于人工湿地保护与合理开发利用具有重要意义。针对许多人工湿地面积萎缩与功能下降的状况，积极开展不同类型、不同功能人工湿地的恢复与重建技术研究，特别是城市湿地公园的规划、建设与保育技术的研究。

研究主要湿生树种及其无性系在滩地特定条件下的适应性、生长特点、生理特性、光能利用率及生物量的分配，从满足滩地森林生态系统结构合理、功能稳定、提高生产力的角度出发，筛选并提供多树种、多无性系材料。

第七节　野生动植物保育与森林灾害防治技术

湖南省为亚热带气候，水、热丰沛，自然地形地貌多样，辽阔的山地和发育的水网，使得生物多样性既丰富而又独具特色。据调查，全省高等植物种类 4320 种（含 327 个变种），分属 348 科，1245 属，占国产种总数的 14.7%，占国产科总数的 70.3%，占国产属总数的 39.1%；木本植物 2217 种（含 220 个变种），占国产种总数的 25%；系我国植物区系最丰富、最复杂的地区之一。按照 1999 年 8 月《国家重点保护野生植物名录》，湖南有 46 种被列为国家重点保护植物名录，占名录总数的 18.7%，其中一级保护植物 11 种，二级保护植物 35 种。湖南省重点保护野生植物 116 种（包含农业部门主管的 7 种），隶属于 44 科 77 属。

湖南省野生动物资源丰富，已确认的陆栖脊椎动物 604 种，占全国陆栖脊椎动物总数的 25%。其中，哺乳类 84 种，鸟类 373 种，爬行类 87 种，两栖类 60 种。属国家重点保护的有 90 种，其中一级 17 种，二级 73 种。湖南省重点保护的有 365 种。属国家一级保护动物有斑灵狸、金猫、云豹、豹、华南虎、白鳍豚、河麂、白鹳、黑鹳、金雕、黄腹角雉、白颈长尾雉、白头鹤、大鸨、白鹤、蟒蛇、金斑喙凤蝶等。

湖南省已建立了各种类型、不同级别的自然保护区 106 处，总面积达 118.35 万公顷，占全省国土面积的 5.64%。其中，国家级 10 个、面积 41.85 万公顷，省级 30 个、面积 41.1 万公顷，市县级 66 个、面积 35.4 万公顷。保护了 85% 的陆地、湿地生态系统类型，保护了 85% 的野生动物、植物种群。

八大公山、壶瓶山、莽山等自然保护区，是第一批设立的国家级自然保护区，保护了亚热带地区最具代表性的森林类型和最完整、面积最大的原始次生林；保存了种子植物 2000 多种，属国家重点保护的珍稀植物有 50 多种，如被国外誉称为“中国鸽子树”的珙桐，地球上濒于灭绝的“活化石”水杉、银杉、香果树、水青树，以及巴东木莲、野蜡梅、红豆杉、白豆杉、黄杉等；保存了野生动物 1000 多种，其中有国家重点保护的金钱豹、云豹、猕猴、苏门羚、华南虎、猕猴、猫头鹰、穿山甲、野猪、山羊、飞鼠等。

东洞庭湖、张家界、挂板山、湖里等湿地类型的自然保护区，代表了我国亚热带淡水湖泊、山地溪流、农田湿地类型，总面积 20 万公顷，其中东洞庭湖国家级自然保护区是“国际湿地公约”收录的 21 个国际重要湿地自然保护区之一，是我国湿地水禽的重要越冬地，繁殖地和停歇地，每年在这里栖息的雁、鸭等水禽达数百万羽，有 16 目 43 科 234 种，被誉为鸟类的天堂。湿地保护区有中华鲟、白鲟、江豚、白鹤、白头鹤、白鹳、黑鹳、大鸨、中华秋沙鸭、鳗鲡、胭脂鱼、大鲵、小鲵等多种国家珍稀濒危野生动物。还有野生水稻、野生豆、毛梗泽泻、莼菜、中华水韭等珍稀水生植物。

近年来，湖南省野生动植物保护和级自然保护区建设取得了前所未有的发展，但也还存在薄弱环节。乱捕、乱猎的现象时有发生；保护区行政事业经费不足；从业人员业务素质不高；对珍稀濒危动、植物救护、保存、研究工作不够深入；自然保护区没有具体的方案和保护计划，保护重点不突出，保护工作缺少科学性、系统性、长远性；保护区边界不清，与周边社区关系、利益相关团体关系复杂等。这些问题，都有待改进。

湖南省古树名木资源十分丰富，据调查，胸径100厘米或300年以上的古树有55科117属203种4550株。胸径在200厘米以上的大树有34株。其中东安县都塘乡1株香樟，胸径为525厘米。保护树种有38种（国家和省重点保护），其中有银杏、银杉、水杉等古老、珍稀树种。按《全国古树名木普查建档技术规程》规定：树龄100年以上的树木称“古树”，在历史上或社会上有重大影响的中外历代名人、领袖人物所种植或具有极其重要的历史、文化价值与纪念意义的树木称“名木”，湖南省古树名木数量还会更多。但是，由于古树名木的保护、管理措施不到位，“大树进城”的现象较为普遍，加之自然灾害和树木本身衰老等原因，导致古树名木数量减少。

湖南省生物资源十分丰富，同时也面临着有害生物、森林火灾的威胁。据调查，湖南有害生物达30多种，严重威胁着生态安全和人畜健康。这些有害生物包括空心莲子草、豚草、毒麦、金鸡菊、加拿大一枝黄花、飞机草、凤眼莲（水葫芦）、假高粱、湿地松粉蚧、松材线虫、非洲大蜗牛、福寿螺、牛蛙、克氏原螯虾（小龙虾）等。湖南年降水分配极不均匀，火灾的防控任务十分艰巨。随着造林绿化步伐不断加快，森林覆盖率不断提高，森林面积增加，林内可燃物越积越多，特别是易着火的中幼林大幅度增加和林内过量的可燃物没能有效清除，森林防火任务更加繁重。加之气候异常，秋、冬两季干旱、大风、高温、降水偏少等天气明显增多；还有节假日的增加，户外旅游度假的人员增多。加之烧荒、上坟烧纸、烧香、燃放鞭炮等陋习，给森林防火带来巨大隐患。另外，湖南省防火、扑火设施装备落后、陈旧老化，难以满足防扑火需要。随着林区改革的深入，林区企业普遍实行了承包、租赁经营，外出打工人员增多，林区劳动力不足，给组织人员扑火带来了新的困难，一旦遇有高火险天气并起火，极易酿成大灾。

一、自然保护区建设关键技术

（一）功能区划技术

核心区：核心区是自然保护区的精华所在，其生物多样性指数最高，种类最多，生态系统最复杂，最稳定。区划时要保持有足够大的面积，以保证生物进化、演替以及遗传基因的交流有足够的空间。核心区的面积一般占保护区总面积的25%以上。有几个核心区的保护区，核心区与核心区之间相隔距离不能大于10公里；大于10公里时，中间应该设置廊道，廊道宽度为1公里左右。

缓冲区：缓冲区应该设在核心区的外围，以保证核心区内所有保护对象免受外界干扰和破坏。其保护功能与核心区基本一致。区划面积应该大于核心区面积，占保护区总面积50%左右。区划时应该保证缓冲区的完整性，连通性。

实验区：实验区是为科研究人员开展野生动植物保护、繁殖研究的区域。区划时可以考虑设在交通方便，自然条件较好的区域。面积不受限制，一般占总面积的25%左右。其位置和范围应在确保保护项目实现的前提下，根据地势、地貌和自然界线、自然资源等来决定。

（二）濒危物种种群监测技术

各自然保护区都有一些濒危物种，应根据各物种的特点，选好监测点，制定好详细的监测方案。监测内容包括种群数量、性别比例、年龄结构、繁殖系数、健康状况等内容，定期提出监测报告，以便采取相应的保育措施。具体实施办法可根据不同的物种制定不同的监测方法。动物监测方法主要有听声音、查脚印、看粪便、看洞穴、摄像、投诱饵等；植物监测方法主要有数株数、物候观测、林分调查、更新调查、生长调查、群落结构、群落演替等。并长期定点、定时监测，对监测数据进行整理，建立永久性的数据库。

（三）生态系统定位监测技术

定位监测是生态系统研究的常规手段，也是国际上普遍采用的方法之一。定位监测是通过典型自然或人工的生态系统地段，建立长期固定样地，对区域生态系统的组成、结构、生物生产力、养分循环、水循环、能量利用等，在自然状态下和某些人为活动影响下的动态变化格局与过程进行长期监测。

生态环境监测包括物理、生物因子两大类。物理因子主要有温度、降水、水深、水流量、蒸发散、风向与风速、pH 值、水下光照、林内光照、水化学特征、土壤特性、湿度、有毒物、污染物等。生物因子有植物监测、无脊椎动物监测、鱼类监测、两栖类监测、爬行类监测、鸟类监测、哺乳类监测、外来物种的监测、狩猎影响监测、旅游人数、区域生物生产力（生物量、枯枝落叶量、净生产量及其分配量），养分元素循环，降水分配，能量平衡等。各保护区根据自身的科研能力确定其监测内容。

二、珍稀濒危动植物保护的关键技术

（一）珍稀、濒危动植物异地保护技术

在珍稀、濒危物种原产地自然环境受到破坏，或者原有生境不复存在，短期内难以恢复，生物种的繁育、更新有困难，濒危物种数目下降到极低水平时，在原产地以外，选择与珍稀、濒危物种原产地自然生态环境基本一致的区域，建立新的保护小区，采用模拟自然的方法，对珍稀、濒危的物种进行保育。植物采取播种、育苗、移栽、保护等技术。动物采取喂养、繁殖、保护等技术。待种群数量达到一定数量时，将其返回自然，达到繁荣种群、保育珍稀、濒危物种的目的。

（二）珍稀、濒危动植物的就地保护技术

就地保存是珍稀、濒危动、植物解危的主要措施。在珍稀、濒危物种分布区内，选择与珍稀、濒危物种原产地自然生态环境基本一致的区域，采用模拟自然的方法，建立新的保护小区，对珍稀、濒危的物种濒危原因，采取新的保育措施。植物以天然下种为主，个别种类可采取人工授粉、辅助下种、移植、抚育、施肥、减少天敌等技术。动物采取设障、投喂、诱饵、调整性别比例、调整年龄结构，减少天敌等手段。旨在达到自然繁衍、自然增长，逐渐恢复生机的目的。不同珍稀、濒危动、植物有不同的就地保存方法。对由于生境丧失或破坏，使濒危动、植物处于濒危状态，应对其生存环境进行保护，如停止森林破坏、垦荒、过度放牧等，使生态环境得到逐渐恢复；对少数物种自身生理、遗传等因素造成濒危，应该就地开展科学技术研究，帮助其解除濒危状态。

（三）残存种群的恢复技术

在自然界，有些古老物种种群个体数量不断减少，繁殖能力下降，病、虫害多，这除了环境因素影响外，还有一个重要因素就是该物种的遗传多样性在下降，种群隔离所致，这一点往往很容易被人们忽视。

恢复残存种群的第一步是把残存种群分为一个或多个独立亚种群，把这些相对隔离在各地的亚种群看成是整个种群的一部分，然后进行适当的“交换”，促进各个亚种间遗传物质的交换。这对种的生存繁衍是十分重要的，特别是对于原来是广布而现在由于栖息地改变被隔绝成地区性的亚种来说是很有效的。对于极少数特有种群来说，可以采取人工辅助措施来实现复壮种群的目的，如受粉、引进近缘种、反交、隔离等。

（四）基因保存技术

有两种方法。一种是本体保存，就是建立珍稀、濒危动、植物活体材料保存库。另一种是离体保存，就是利用植物的种子、根、茎、花粉，动物的精液、卵子、体细胞等器官，在特殊的环境条件下贮藏（冷冻保护），以保存其种质资源。

（五）归化自然技术

保存的目的是为了繁衍种群，扩大其种群。但是，这类种群是处在人工条件下生长的，并不能代表野生生境处于自然进化历程中某一阶段的自然种群。因此，当人工繁衍达到一定数量后，都应归化自然。有些种类还必须经过一定阶段的“锻炼”后，再回到自然环境中去。

三、古树名木保护的关键技术

（一）树干保护技术

古树名木的主干和骨干枝，往往因病虫害、冻害、日灼、机械损伤等造成伤口，如不及时保护和修补，经过雨水的侵蚀和病菌的寄生，内部腐烂成树洞。这不仅影响树体美观，而且影响树木的正常生长。因此，应根据树干伤口的部位、轻重等采取不同的治疗和修补方法。

1. 树干伤口的治疗

首先用锋利的刀刮净坏死组织，削平四周，使皮层边缘呈弧形，再用药剂（2% ~5% 的硫酸铜液，或 0.1% 升汞溶液，或石硫合剂原液等）消毒，然后涂抹保护剂。保护剂要容易涂抹、黏着性好，受热不融化，不透雨水，不腐蚀树体组织，一般用铅油较好；也可用激素涂剂（含 0.01% ~0.1% 的萘乙酸膏），对伤口愈合更有利。

2. 修补树洞

用新型化学材料修补树洞，如聚氨酯复合物填充空洞，加阻燃剂。空洞大而深的，先用铁丝网罩住，外面用化学材料修补。修补时把洞内涂防腐消毒剂，如 5% $CuSO_4$ 溶液或 1∶1∶10 波尔多液，也可用小石砾和水泥的混合物填充。为加强填料与木质部的连接，洞内可钉若干电镀铁钉，洞口内两侧挖 4 厘米深的凹槽，填充物从底部开始，每 20 厘米至 25 厘米为一层，用油毡隔开，每层向外略斜，以利排水，边缘应不超过木质部，使形成层能在它上面形成愈伤组织。外层用石灰、乳胶、颜色粉涂抹，使树体美观。如果树洞过大，难于修补，也可留作观赏。但必须将树洞内腐烂的木质部彻底清除，刮去洞口边缘的坏死组织，用药剂消毒，再涂防护剂，同时改变洞形，洞底必须开口，以便排水。

3. 树干支撑

树干倾斜、大枝下垂时，需及时支撑。一般用金属、木桩、钢筋混凝柱等，上端与树干连接处应设适当的托杆和托碗，加软垫，以免损害树皮。考虑到美观，支撑应与周围环境相谐调。

4. 树干涂白

这是保护树体的重要措施之一。目的是防治病虫害和延迟树木萌芽，避免日灼危害。涂白剂的配制成分一般为：水 10 份，生石灰 3 份，石硫合剂 0.5 份，食盐 0.5 份，外加少许黏着剂，以便延长涂白期限。

（二）古树生态环境的保护技术

分布在山坡、林地的古树，应保持有下木和地被植物伴生的自然生态环境。陡坡、土坎地应该培土、护坡，防止水土流失，冲垮古树。城镇区的古树，需在树下人流密集的地方铺透气砖，在人少的地方种植地被植物，如：假俭草、苜蓿、白三叶、垂盆草等。在有垃圾及污水源的地方，不可用透气砖，可采取土壤下层通气、排水措施。

（三）古树名木复壮技术

1. 复壮沟技术

（1）挖复壮沟前，应先确定古树根系分布区，并找到吸收根，在吸收根外侧挖复壮沟。

（2）复壮沟深 80～100 厘米，宽 80～100 厘米，长度和形状应根据地形、地势以及树木生长状况而定。

（3）古树名木复壮基质宜采用针叶林、阔叶林或针阔混交林内腐殖土壤、枯枝落叶、有机肥混合，其比例为自然落叶土 60%，腐熟和半腐熟枯枝落叶 30%，有机肥 10%，并混合拌匀配制而成。

2. 嫁接根技术

采用同种植物的健壮细根。嫁接根的粗细、长短要与接口相宜，并有大量的须根，有再生能力。嫁接方法采用撕皮嵌接法，一头嫁接在古树基部，一头植入土中。

（四）古树名木的行政保护

（1）建立古树名木档案。做到 1 树 1 档案。城市古树名木由园林部门负责，山区由当地林业主管部门负责。并定期对古树名木进行健康检查，实施救护。

（2）城市建设不得任意砍伐、挖掘、毁坏（修剪）、移植现有的古树名木，并将古树名木融入建筑设计之中。确实需要砍伐、挖掘、移植古树名木的需报请城市园林主管部门或市人民政府批准。

（3）挂牌保护。内容包括：科名、种名、年龄、编号、保护责任人或责任单位。有的名木还要有故事、传说简介。

四、有害生物防控的关键技术

防止有害生物种入侵，最经济、最有效的措施是预防。加强对无意引进和有意引进外来物种的安全管理；加强检查、检疫，加强监控、监管；严厉打击乱引、乱放和走私活体动植物的犯罪行为。

（1）开展全省范围内的外来入侵物种调查，查明外来物种的种类、数量、分布和作用。建立外来物种数据库，定期向社会公布，实现外来物种疫情的查讯系统，实现信息共享；加强科研和信息交流，建立起省、市、县级的多层次的外来物种疫情的报告制度。

（2）建立外来物种风险评价指标体系，规范外来物种风险评价方法和风险管理程序，逐步建立省级外来物种引进许可行政法规。制定科学的评价指标体系，建立引进物种的检疫、运输、销售、生产、监控、销毁等全过程的法律问责制。

五、森林火灾防控的关键技术

（一）林火预报技术

（1）利用历史火灾资料来预报。找出林火发生规律，采用现代的分析手段，做出正确的预报。

（2）利用可燃物湿度变化与气象要素的关系预报。森林火灾的发生很大程度上取决于可燃物的湿度。测定可燃物的含水率可在不同森林可燃物类型中进行，需长期定点观测，同时要观测各种气象要素，从中找出它们之间的相关性。可燃物的含水率一般采用不同可燃物种类和规格的测湿棒和采集样品来测定。

（3）利用点火试验研制林火预报。这种研究方法又叫以火报火法，与实际情况比较吻合。

主要是根据点火试验与气象要素之间的关系进行预报。点火试验可分为野外点火试验和室内模拟点火试验，两者相结合进行。一般来说野外点火试验比室内点火试验的精确度要高得多。

（4）综合研制林火预报。这是将可燃物湿度与气象要素之间的关系与点火试验结合起来进行点火预报。该研制方法精确度较高，预报的内容多而全面，可预报林火发生的时间、火烧面积的大小、火的蔓延速度和火强度等。

（二）林火监测技术

林火监测的主要目的是为了及时发现火情，是实现“打早、打小、打了”的第一步。林火监测通常分为地面巡护、瞭望台定点观测、飞机巡护和卫星监测。

1. 地面巡护

一般由护林员、森林警察等专业人员执行。方式有步行、骑摩托车巡护。其主要任务：进行森林防火宣传，清查和控制非法入山人员；依法检查和监督防火规章制度执行情况；及时发现，报告火情，并积极组织扑救等。

2. 瞭望台观测

利用瞭望台发现火情，确定火场位置，并及时报告。通常根据烟的态势和颜色判断林火的种类和距离。烟团升起不浮动为远距离火，其距离约在 20 公里以上；烟团升高，顶部浮动为中等距离，约 15 ~20 公里；烟团下部浮动为近距离，约 10 ~15 公里；烟团向上一股股浮动为最近距离，约 5 公里以内。并根据烟雾的颜色判断火势和种类。白色断续的烟为弱火，黑色加白色的烟为一般火势，黄色很浓的烟为强火，红色很浓的烟为猛火。另外，黑烟升起、风大为上山火，白烟升起为下山火，黄烟升起为草塘火，烟色黑或深暗多数为树冠火，烟色稍发绿可能是地下火。

3. 航空巡护

这是利用飞机沿一定的航线在林区上空巡逻，观察火情并及时报告。这对及时发现火情，详尽侦察火场起着极为重要的作用。

4. 卫星林火监测

应用气象卫星林火监测具有范围广、时间频率高、准确度高等优点，既可早期发现林火，也可对重大林火的蔓延情况跟踪监测，制作林火报表和林火态势图，进行过火面积的概略统计，以及火灾损失的初步估算及地面植被的恢复情况监测、森林火险等级预报和森林资源的宏观监测等工作。

（三）林火阻隔技术

林火阻隔就是利用林区的公路、防火线、防火林带和河流、湖泊等人为或天然防火障碍物阻隔林火的蔓延。

1. 道路

道路（包括公路、铁路及林区非等级公路）既是林火的阻隔带，又是林区的交通线。林区道路建设是一项长远性的预防措施。特别是闭塞林区、老火灾区和边境地区，要尽可能将林区道路建设与林区开发、木材生产相结合进行。有了一定密度的道路网，才能有利于森林防火的机械化和现代化。道路网的密度至少是 4 ~8 米/公顷，且分布均匀。

2. 防火线

（1）铁路、高速公路防火线：在铁路高速公路两侧开设的防火线，宽度为 50 米左右，以防止机械火源和人为火源引起林区火灾，也起到阻隔林火的作用。

（2）林缘防火线：在森林与农地、草原、居民点的交界处开设的防火线，其宽度根据当地地形、植被和气候等条件而定，一般为 20 ~ 30 米。

（3）其他防火线：在贮木场、重要设施、仓库周围、墓地周围等开设的防火线，宽度为 50 米。

3. 防火林带

主要是利用具有防火能力的乔木或灌木组成的林带来阻隔或抑制林火发生和蔓延。

（1）防火林带的种类。按防火林带结构划分有：乔木防火带，由阔叶乔木和亚乔木构成，主要是防止或阻截树冠火的蔓延。灌木防火带，由一些耐火灌木构成，主要用于阻截地表火的蔓延；耐火植物带，可单独构成防火带，也可营造在防火林带下，可种植药用植物，也可种植经济植物、不易燃的农作物或蔬菜，既起防火作用，又有一定的经济收入。

按防火林带功能划分有：护路防火林带，主要设在铁路、公路两侧，用于防止机车漏火，以及人员乱扔烟头和火柴引起的林火，同时，还可以增强道路的阻火作用；溪旁防火林带，分布在山区的小溪，其宽度多在 10 米以内，可增强阻火效果。

林带走向与防火季节主风向相垂直，或沿山脊、山谷自然地理走向。部分小型林场可设置在林场四周。特别是保护区或风景区和特殊林，更应营造周界防火林带，以防外界火的侵入。

（2）防火树种的选择。防火树种应选择不易燃烧的抗火性强的常绿阔叶树或落叶较齐的阔叶树种。有些树种抗火性虽强，但易燃，不应选择为防火树种，如柞树。具体应从四个方面研究、考虑：一是了解树种的抗火性。经试验研究，树种的枝、叶、树皮等易燃物的理化性质，如可燃物的热值、含脂量、含油量、燃点、灰分含硅量及含水量等，前三项值愈低，抗火性愈大，后几项值愈大，抗火性愈高。二是树种的生物学特性。树皮愈厚，结构愈紧密，愈抗火。另外，林冠稀疏及具有强烈萌发能力的深根性树种抗火性强。三是树种的生态学特性，包括对分布的海拔高度、干湿程度、肥沃度等生态条件的适应能力。四是调查火烧迹地，研究不同树种烧死、烧伤程度，以此来判断树种的抗火能力。

适宜湖南的防火树种：木荷、冬青、山白果、火力楠、大叶相思、栓皮栎、交让木、珊瑚树、茴香树、苦槠、米槠、构树、青栲、红楠、红锥、红花油茶、桤木、山矾、藜蒴栲、杨梅、青冈栎、竹柏等；灌木有油茶、鸭脚木、柃木、九节木、茶树等。

（3）防火林带结构、配置。以往的防火林带多为单层双行结构。其防火效果不如复层多行结构林带好。复层多行林带保持多层郁闭，有利于维护森林生态环境，保护林带湿度，降低风速。远可阻挡热辐射，有效发挥林带的阻火作用。防火林带一般应设在山脊，有利于阻挡树冠火蔓延；也可设在山谷，因为这些地方有小溪和天然阔叶树分布，只需补植一些防火树种，就很容易形成防火林带。在树种配置方面，应为乔木、亚乔木、灌木和既耐火又有经济价值的草本植物相配置。

（4）防火林带的功能和效果。乔木防火林带主要是阻截树冠火，灌木防火林带和耐火植物带主要是阻隔地表火。但在特别干旱的气候条件下，这些防火林带和生物带也有可能燃烧，但能使火势有所降低，有利于扑火。这些林带和生物防火带还可以作为扑火根据地，以这些林带和生物带作为依托，点烧迎面火或进行火烧，以阻截森林火灾的扩展。除此之外，这些防火林带和生物带还有其他方面的效益，如有一定的经济收入，能维护森林环境，有利于防止病虫害，以及发挥保持水土，涵养水源，维护生态平衡等功效。

（5）防火林带经营技术措施。营造防火林带和生物防火带要有规划和逐年的工作计划。林带和生物带的数量应占总林地面积的 5% ~6%。并按照不同立地条件进行典型设计，按设计要求施工。

为了保证防火林带和生物防火林带早日起到防火作用，造林密度应该大些，以促进林带早日郁闭。为此，应选大苗上山，并随时进行补植，及时清除林带内的杂草。防火林带形成后，应及时抚育管理，以利发挥防火效果。

（四）计划烧除技术

计划烧除的目的是清除可燃物，降低燃烧性，阻隔或减缓火的蔓延。计划烧除除具有防火作用外，还有利于准备造林地、促进森林更新、改善林内卫生状况、控制病虫鼠害等。

（1）烧防火线：在铁路、公路两侧，村屯、居民点及临时作业点周围，点烧一定宽度的隔离带，防止机车漏火，扔烟头等引起的火灾，阻隔火的蔓延。一般防火线的宽度在50米以上，才能起到阻隔火蔓延的作用。

（2）烧除采伐剩余物：森林采伐、抚育间伐、清理林地都有大量的剩余物堆放或散落在采伐迹地或林内。采伐剩余物是森林火灾的隐患，常采用火烧的方法清除。

（五）营林防火技术

营林防火既是森林经营的一项重要手段，又是森林防火的具体措施。它既有利于森林经营，也有利于森林防火，并可以加快森林生长发育，缩短森林培育周期。营林防火是贯彻以营林为基础，发展林业的有效途径。营林防火的主要技术：

（1）不断扩大森林覆被率。林火多发生在荒山、草坡、林缘和林间空地，这些地区多生长容易着火的禾本科杂草，同时立地裸露，日照强，气温高，湿度小，通风良好，容易着火蔓延。如果在这些地方栽植树木，则可形成森林气候。由于林内阳光少，温度低，湿度大，风力小，就不容易着火蔓延。所以增加森林覆被率也就同时增强了森林的抗火性。

（2）加强造林前整地和幼林抚育管理。清除幼林中的杂草灌木，不但为幼苗、幼树创造良好的生长发育条件，也可使幼苗、幼树免遭森林火灾的危害。

（3）营造混交林或阔叶林，减少针叶林。针叶林含油、脂量高，着火点低，容易燃烧。营造混交林或阔叶林，特别是营造一定比例的防火树种，有利于防火。

（4）抚育间伐。森林郁闭后，林木开始分化，应及时进行间伐，不断伐去生长落后、病腐、干形不良的个体和非目的树种，随时清除林内杂乱物，可大大减少森林可燃物的积累。这不但有利于森林防火，改善森林环境，同时也能促进林木生长发育，增强林分抗火性。

（六）预防森林火灾的行政措施

1. 建立健全森林防火组织机构

为有效预防和扑救森林火灾，必须加强组织领导。《森林防火条例》第四条规定，森林防火工作实行各级人民政府行政领导负责制。各级人民政府要把森林防火工作列为重要任务，实行统一领导，综合防治。

2. 宣传教育

森林防火社会性、群众性强，仅有少数人知道、少数人去做是不行的。应大力开展森林防火宣传教育，不断强化全民的森林防火意识和法制观念，提高各级领导做好这项工作重要性的认识和责任感，使森林防火成为全民的自觉行动。

森林防火宣传教育要从实际出发，以野外火源管理为中心，紧密结合各项森林防火工作进行。主要内容：一是森林火灾的危害性；二是介绍预防和扑灭林火的基本知识；三是森林防火的各种规章制度，包括党和国家关于森林防火的方针、政策、法律，以及各地有关森林防火的法规；四是森林防火的先进典型和火灾肇事的典型案例。

森林防火的宣传教育形式要多种多样，做到经常、广泛、深入。政府发布森林防火命令、指示，领导发表讲话、文章，具有权威性；广播、电视、报刊等新闻单位开展森林防火宣传教育，具有及时性；印制森林防火宣传单、宣传手册，举行森林防火知识竞赛，开展森林防火宣传一条街、宣传月、宣传周活动，具有群众性；进入森林防火紧要期，悬挂森林火险等级旗和防火警示旗，对旅游等进山人员宣传，具有针对性。

3. 依法治火

依法治火，一要转变观念。长期以来，一些领导干部习惯于用行政手段抓防火，不重视法律手段在森林防火工作中的调控能力。一些群众把进山入林、烧荒、野炊、吸烟视为习惯，不能从违法的高度去对待。必须转变观念，加强法制教育，依法治火。二要从严执法。为了加大依法治火力度，各级领导要亲自动手，公安、检察、司法部门紧密配合，做到见火就查、违章就罚、犯罪就抓，决不姑息迁就。

4. 火源管理

一要认清特点。在发展社会主义市场经济的新形势下，人为火源明显增多，如开垦耕地，烧荒，入林从事副业生产、旅游、狩猎野炊等；野外吸烟，上坟烧纸等屡禁不止；故意纵火也值得引起警惕。

二要落实责任。采用签订责任状、防火公约、树立责任标牌等形式，把火源管理的责任落实到人、到地。一般采取领导包片、单位包块、护林员包点，加强火源管理的责任心，严格检查，杜绝一切火种入山，消除火灾隐患。

三要抓住重点。火源管理的重点时期是防火戒严期和节假日，重点部位是高火险地域、旅游景点、保护区、边境，重点对象是进入林区的外来人员、小孩和痴呆人员。

四要齐抓共管。各有关部门要在当地政府的领导下积极抓好以火源管理为主要内容的各项防火措施的落实。在发挥专业人员、专业队伍作用的同时，实行联防联包，群防群治，自觉地做到“上山不着火，野外不吸烟”。

六、有待进一步研究的内容

（一）加强自然保护区建设

2010 年全省自然保护区的数量已达到 135 个，其中国家级自然保护区 15 个、面积增加 40 万公顷，省级自然保护区 50 个、面积增加 60 万公顷，市县级自然保护区 70 个，面积增加 20 万公顷，自然保护小区 1000 个，面积增加 10 万公顷。各级（类）自然保护区的总面积增加 130 万公顷，达到 250 万公顷，占国土面积的比例达到 11.82% 左右，形成布局和结构比较合理、类型齐全、功能完备的自然保护区网络。重点天然林的保护率达到 20%（湖南未列入全国天然林资源保护工程)，做到应保尽保。到 2025 年，自然保护区面积占国土面积的 20%。这就需要进一步加强自然保护区的道路，交通工具，通信设施等基础建设和保护能力建设，全面提升保护区的管理水平和业务素质。

（二）加快珍稀、濒危动、植物保护规划的制定

保护珍稀、濒危动植物是一项长期的战略任务，它关系到国民经济能否持续发展，也关系到子孙后代的利益。因此，对珍稀、濒危动植物的保护要制定一个长远的规划。在查明演替、预测趋势、区分重点、优选对策的基础上，按“加强资源保护、积极驯养繁殖、合理经济利用”的原则，编制出一个宏微观兼顾的、远近期结合的战略性规划。

（三）加强珍稀、濒危动植物保护利用的科学研究

有效地保护、保存好每一个物种，必须对其进行科学研究，找出濒危的真正原因。研究内容

一般应包括：物种调查、功能与生物量、演化趋势、致危因素、人为活动与生态效应的关系、保护途径的拓展、繁育及养殖技术的试验，物种资源与基因库的确定和管理、监控体系的设置和生态经济政策的调整以及濒危物种的利用价值等。

（1）开展绒毛皂荚、水松、水杉、连香树、川黄连等个体不足100株的濒危物种的就地保存。

（2）开展兰科植物的繁殖研究，加强兰科植物的保护，重点打击兰科植物的商业性采集、挖掘、买卖行为。

（3）开展银杉、伯乐树、珙桐、香果树等珍稀树种繁殖、栽培技术研究；积极开展异地保存。

（4）在洞庭湖区开展中华水韭、莼菜等濒危水生植物的保护和繁殖工程，进行就地、异地保育。

（5）在省野生动物救护繁殖中心的基础上，筹建野生动物观赏园，开展野生动物研究、饲养、展示工作。

（6）建立全省野生动、植物监管网络，初步实现保护管理信息查询、监测、统计、审批和决策系统数字化、网络化。

（7）开展华南虎的野外放养和水鹿的重引进工程。

（8）开展湖南特有物种——莽山烙铁头的研究和保护工程。

（9）开展斑灵狸、金猫、云豹、豹、黑熊、林麝、灵长类等大型动物的监测工程。

（10）加强食用、经济动物的饲养、管理，实行野生动物饲养申请、审批、监视、入市准许的管理体制。加大对偷猎、收购、贩卖珍稀、濒危野生动植物的犯罪行为的打击力度；对野猪、果子狸、雉类、猕猴等食用、经济动物的繁殖、饲养技术的研究，实行规模饲养，以满足消费市场的需求；

（四）建立古树名木保护的行政法规

凡胸径在50厘米以上的活立木或枯朽木，生长在山地、村庄、田边、地头，都被视为古树名木，任何集体或个人不得任意砍伐、挖掘、毁坏（修剪）。移植现有的古树名木，城市绿化大树实行审批准入制。

（五）建立全省性的古树名木档案

落实古树名木的保护责任制，明确林业行政管理部门为古树名木的主管部门。并定期给古树名木“查病”、“治病”。

（六）建立健全外来生物防控法规

我国目前尚无规范的外来物种预防、引进、控制的法律或法规。相关的法律法规和政策散见于《中华人民共和国进出境动植物检疫法》《中华人民共和国渔业法》《中华人民共和国货物进出口管理条例》等。与发达国家相比，我国对外来物种管理的立法尚处于起步阶段，且法规级别较低，立法体系不健全，缺乏专门性的、系统的行政法律法规。因此，应当加快立法步伐，制定针对引进外来物种的专门法律规范，对外来物种风险评估、预警、引进、消除、控制、生态恢复、赔偿责任等做出明确规定。

（七）建立全省性的防火监测监控网络

建立省级森林防火指挥部，配备卫星监测、航空巡护、瞭望台站、巡护专车、专人，灭火器、轻便供水泵、电锯、防火帐篷等。引进加拿大研制的防火、保温帐篷，引进林区专用直升机上安装数字式自动编码、解码发射机和接收机，并与卫星地面站和消防指挥中心保持联系。发现林区火灾时，通过卫星直接向地面站和消防指挥中心发送信息，消防部门的显示屏上会同时显现出火场经纬度位置，可立即采取措施灭火。

第八节　森林土壤保育

一、概述与问题

湖南省位于长江中上游洞庭湖之南，东西宽667公里，南北长774公里，总面积2118.35万公顷，其中：山地1084.72万公顷，占总土地面积的51.2%；丘陵盆地620.34万公顷，占29.3%；平湖区277.86万公顷，占13.1%；水面135.43万公顷，占6.4%。湖南省林业用地1209.84万公顷，占总面积57.11%。有林地933万公顷，占林业用地77.12%（其中林分662.4万公顷，经济林204.7万公顷，竹林65.9万公顷），疏林地38.4万公顷，灌木林地154万公顷，未成林造林地32.8万公顷，苗圃地0.2万公顷，荒山荒地51.4万公顷，此外尚有难利用地50万公顷。

湖南是一个人多地少的省份，人均土地面积0.3295公顷，只相当于全国人均面积的41%。由于历史的原因，山丘区开垦严重，致使25°以上的坡耕地达20.47万公顷，加剧了山丘区水土流失，水土流失面积达到4.7万平方公里，加剧了山丘区土壤退化。加之近几十年来，湖南省大力发展人工林，林种、树种结构单一，林内生物多样性减少，林地土壤有机质支出大于积累，土壤肥力大大下降。平原区林地土壤潜育化、沼泽化，城区林地荒漠化、水泥化等，严重影响林木生长发育。

二、森林保育的关键技术

（一）山丘区林地土壤保育

1. 封山育林

林地坡度大于25°实行封山育林。保留原有植被结构，保护好土壤结构，增加林内生物多样性，增加林内枯枝落叶和腐殖质含量，增加林地土壤微生物，达到保育林地土壤之目的。

2. 水土流失区坡面治理技术

在植被稀少、水土流失严重的区域，在保留原有植被的基础上，采取品字形鱼鳞坑等整地方式恢复林地植被。在地表侵蚀严重、侵蚀沟密集的林地，以小班为单位，进行作业设计，保留原有植被，采取交错式竹节沟、小谷坊，分散和截留地表径流的方法，以封为主，封造结合。采取鱼鳞坑整地，种植多树种的阔叶混交林或针阔混交林。小谷坊高40~60厘米，鱼鳞坑规格60厘米×60厘米×50厘米。先种草、后种树，在土地稍好地段，栽种阔叶树种，株行距不限，选地挖穴，择地造林。

3. 乔、灌、草立体结构配置技术

植物种类的结构配置，以草奠基、以灌为主、辅之以乔，乔灌草结合。采取人工植树造林型的改造模式，营造以水土保持为主的生态防护林。在土层浅薄、立地条件稍好、植被覆盖度低于40%、但木本较少、草本较多的地段，采用实行封造结合型的改造模式，在封山育林的同时，补植针阔叶树种。在立地条件较好、植被覆盖度40%以上、植物种类较多和具有天然更新能力的地段，采取封山育林型的改造模式。

4. 山坡截流沟技术

坡度在35°以上，坡长在200米以上的山坡，每隔一定距离修筑的具有一定坡度的沟道。沟道的坡度一般为1/1000左右，设计流量为0.1～0.3立方米/秒。每隔30～50米开设一条。以分散从上而下的大型径流，减少崩塌、土壤有机质、地表土壤的侵蚀。

5. 商品林营林作业技术

采伐迹地或新造林地清理采伐剩余物时，不用或少用炼山方法。可采取小径木、大枝丫取出烧炭或作薪材，其剩余物带状堆腐，并要保护好地面枯枝落叶层少受破坏。枝丫少的林地可以散铺地表，以保持水土。在以草本植物为主的林地，可采取化学除草剂除草。在必须炼山林地，应该遵守从上到下的顺序。

放弃全垦整地，尽可能采用带垦、穴垦等局部整地。尽可能减少整地对地表的破坏面积，尽可能保护好枯落物和低矮杂草，同时，栽植穴必须采取品字排列，以减少水土流失。

抚育是营林作业的重要环节。应该采取局部抚育，保留不妨碍幼林生长的蓝本灌木，减少锄头抚育，增加刀抚次数，以维护地力。

改善人工林群落结构。适当稀植，减少密度，增加间伐强度，提高林分透光度，促进林内阴性植物的生长。

营造混交林。针阔混交林，常绿阔叶与落叶阔叶混交林，特别是增加软阔树种的比例。

多树种、多林种轮作。轮作次数不能超过2代。针叶林与阔叶林轮作，林木与农作物（绿肥）轮作，长周期与短周期轮作。

对速生丰产林施基肥、追肥。有条件的地方施有机肥，减少化肥的使用量。

6. 轮伐、采伐作业技术

轮伐期的长短是影响下一代和林地土壤肥力水平的重要因素。轮伐期越短，造成地力低下的情况越严重。湖南省地处中亚热带，主要的商品材树种有杉木、马尾松、杨树等，多为短周期工业用材，以10～20年为限。为了维持林地土壤肥力，延长轮伐期8～15年为好。

近年来，随着木材加工工业的发展，在一些国家中兴起全树利用这种采伐利用方式，树干、树枝、树叶、树皮、树蔸全部拿走，这也是造成林地肥力锐减的主要原因。采取保留采伐剩余物，堆放腐烂，释放（归还）营养物于林地，增加林内微生物种类和数量。

（二）平原区林地土壤保育

湖南平原区林地多为冲积土壤，深厚、孔隙度小、非毛管孔隙度大，较肥，中性或呈碱性反应，适宜发展林、农业生产。长期单一种植，易发生土壤退化，地加衰退、土壤板结等现象。

1. 林、农间作技术

常见的间作方式有林-油菜、林-大豆、林-花生、林-蔬菜（白菜、青菜、萝卜、胡萝卜、生姜、大蒜、茄子、辣椒等）。林下间作农作物，增施有机肥、翻耕、覆盖和农作物剩余物等，可以改善林地土壤结构，增加土壤肥力。还可以提高土地的复种指数，增加农民经济收入。

2. 多树种、多林种轮作技术

平原区的主要树种有杨树、池杉、水杉、枫杨、旱柳、三蕊柳等。在同一林地上，营造多树种混交林，异龄林。多林种轮作，短周期速丰林、长周期用材林、防护林混种。

3. 潜育化、沼泽化治理技术

平原区林地土壤潜育化、沼泽化的根本原因在于地下水高，土壤为冲积而成，深厚、孔隙度小、非毛管孔隙度大，地下水位较高，土壤通气性较差。一般采取开沟排水，降低地下水位的方法。排水沟宽30～40厘米，深50厘米（视地下水位的高低而定，地下水位高则沟深，地下水位低则沟浅），沟距10～20米，沟沟相通，形成网络系统，选择地势较低处排出。

（三）城区林地土壤保育

1. 林地施肥技术

城区林地多为公园、人居休闲绿地。土壤保育应该以增加土壤肥力为主。所用肥料以农家有机肥为主，少用或不用化学肥料。其方法有环沟施肥法、穴施法几种。沟（穴）深一般30厘米，宽25厘米左右。施肥时，将肥料倒入沟（穴）内，覆盖土壤5厘米。化学肥料可作为追肥使用。

2. 林地土壤改良技术

城区林地土壤由于建筑物、人为踩踏，水泥等硬化地面的影响，使土壤板结、通气性差等，应以疏松、增加土壤孔隙度为主要出发点。

（四）乡村人居林地土壤保育

1. 水平作梯技术

水平梯土是防止坡面土壤侵蚀的有效措施之一。各地都有作梯的传统经验，一般要求梯面宽1～2米。外高内低，每梯内侧结合筑坎开宽、深0.5米的排水沟。沟内每隔3～4米，留一高约0.3米的横向土埂，供雨后蓄水，使之逐渐渗入土内。梯面内侧排水沟与外围排水沟迂回连接，防止直上直下，形成大的侵蚀沟。

2. 林地农、林间技术

秋冬季可分别播种蚕豆、紫云英、苕子、满园花等绿肥作物，也可多种混播，如将满园花与紫云英等混播，待绿肥进入盛花期时，全部翻入土内。春夏最理想的作物是绿豆、黄豆，并分在盛花期将其全部翻入土中。还可间种西瓜、甜瓜等经济作物，通过间种农作物，增施大量的有机肥料以及覆盖稻草等管理措施，提高土壤肥力，同时还可减少各种病虫害。

3. 果园土壤管理与施肥技术

果园土壤管理有清耕法、生草法、免耕法、间种法几种。清耕法指园内不种任何作物，常年进行多次耕作，保持土壤疏松和无杂草。秋末深耕一次，春夏季进行多次浅中耕。生草法是除树盘下保持清耕外，果树行间让其自然生草或人工种草。免耕法又称为零耕法，主要用除草剂防除果园杂草，土壤不进行耕作。

果园肥料以农家有机肥为主，少用或不用化学肥料。其方法有环沟法、穴施法、放射沟法等。沟（穴）深一般30厘米，宽25厘米左右。施肥时，将肥料倒入沟（穴）内，覆盖土壤5厘米。化学肥料可作为追肥使用。

三、有待进一步研究的内容

（一）林地土壤档案

林地土壤档案是一件基础性工作，以林班为单位，建立林地土壤档案。以土壤普查材料为基础，记录土壤母岩、土类、土种、土壤剖面图、种植树、营林措施、主要地带性植被等。

（二）林地土壤监测

林地土壤监测是在土壤普查的基础上，每隔10年进行一次，定时、定期对重点地区林地土壤进行监测，及时了解林地土壤变化情况。

第六章　湖南林业产业建设关键技术

第一节　商品林培育关键技术

湖南现代林业的发展对商品林培育技术提出了更高的要求，“六五”以来，湖南一直主持或参加国家有关商品林培育技术攻关项目，在自主创新研究、科技成果推广等方面取得了很大的成绩，对推动湖南省商品林基地建设发挥了重要作用，但还远不能满足现代林业建设的需求，对商品林基地建设中的一些关键技术、共性技术需要重点攻关。

一、商品林培育技术现状与存在问题

（一）商品林培育技术现状

“八五”以来，湖南省林业科学研究不断取得新进展，主持或参加国家科技部、省科技厅、省林业厅有关商品林培育技术研究项目100多项，取得相关科技成果70多项，重点以杉木、马尾松、湿地松（包括杂交松）、火炬松、杨树（包括响叶杨）、桉树、桤木、翅荚木、楸树、杂交马褂木、楠木等树种良种选育与丰产栽培为切入点，开展了种质资源收集与利用研究、种源/家系试验与筛选、杂交育种和无性系选育、良种繁育和种苗规模化生产技术以及优化栽培模式为主要内容的系列研究。建立了主要树种种质资源库、一代种子园、二代种子园、双系种子园、高级采穗圃等良种繁育基地。同时利用天然林改建母树林，建立了4个优良速生树种采种母树林，为本省速丰林建设提供造林良种。

（二）存在问题

（1）注重单项技术研究，技术集成创新不够。

（2）技术储备相对不足。

（3）珍贵阔叶树种研究有待加强。

二、工业用材林丰产培育关键技术

（一）主要针叶林树种培育技术

1. 杉木丰产林培育技术

杉木（*Cunninghama lanceolata*）是我国南方最重要的造林经济树种，具有生长快、材质好、用途广、产量高的特点。杉木人工林的栽培已有上千年的历史，仅湖南省杉木林面积133.33万公顷，立木蓄积4800万立方米，现每年造林面积仍在3.33万公顷以上。随着建筑业和居室装潢业对天然环保材料的大量需求，杉木更富有市场竞争力。杉木速生丰产培育技术如下：

（1）立地选择。种植地的立地条件与气候条件选择应适地适树，因地制宜，确保丰产，不

能过分强调集中连片。不能将杉木栽在山顶山脊、向阳山坡或土层瘠薄的山坡上部。应选择海拔300～800米的山洼、谷地，长山坡的中下部及短坡的下坡，土层厚度1米以上，腐殖质层厚度10厘米以上（地位指数16以上），排水良好的阴坡或半阴坡，改造的阔叶残次林地或采伐迹地更好。

（2）品系选择。根据不同的立地条件选择相应的品系进行栽培，这是确保丰产的关键。杉木的主要良种有：优良无性系、优良家系、高世代种子园种子等。无性系林业是未来林业的发展方向之一，经过湖南省林业科学研究院20多年的攻关，已选育出材积增产50%以上的无性系有46、97、108、180、216、幼7、幼15、幼47、砧40、砧278等48个优良无性系可用于生产推广。这些无性系有的耐瘠薄（宜困难地造林）、有的枝节少（宜装饰材）、有的比重大（宜建筑、家具）、有的纤维含量高（宜造纸）。

目前，会同20公顷二代种子园，攸县、资兴、江华100公顷第一代生产性种子园，靖州、会同、攸县等266.67公顷初级种子园生产的种子可以选用，二代、一代、初级种子园增益分别达到25%、20%、15%以上。

（3）栽培技术。良种与良法配套才能产生丰产的效果，主要栽培技术包括：密度管理、土壤管理、树体管理、萌芽更新等。

① 整地：杉木的根系穿插能力很弱，在疏松的土壤中生长良好，所以必须采用带状大穴速地。大穴50厘米×50厘米×40厘米，并做到表土回穴，每穴施复合肥0.5公斤。

② 初植密度：初植密度每公顷2505株，株行距2米×2米；培育大径材的每公顷1650株，株行距2米×3米。

③ 栽植：使用无性系造林时，要选用10个以上无性系混交造林，一个无性系成片造林面积不得超过3公顷。栽植时应做到舒根、深栽、栽正、压实；栽植深度以苗高的1/3～1/2为宜，覆土略高于地面。

④ 抚育：造林第1～3年，每年抚育二次。第一次5～6月，除草、砍杂、表土培蔸、扶正；第二次9～10月，主要是除草、砍杂、施肥。

⑤ 整枝：杉木要采用自然整枝，不能人工修除活枝。因为杉木不管是成片密林，还是疏生孤立，各级侧枝的长、粗生长量都小，冠幅扩张缓慢。为保证其足够的光合营养面积，杉木不应修除任何活枝。其实，杉木自然整枝性能很强，下部枝叶如光照不足就会自然枯死脱落。

⑥ 间伐：8～10年生开始间伐，一般速丰林每公顷保留1650株左右，培育大径材的林分，保留1200株左右。12～14年生第二次间伐，一般速丰林每公顷保留1350株左右，培育大径材的林分，保留900株左右。间伐时要砍小留大、去劣留优、去密留稀，不能“拔大毛”和“开天窗”。

⑦ 更新：杉木林一般选择萌蘖更新法，不用原地人工植杉。杉木伐蔸有较强的萌蘖力，且根系庞大吸收力强，利用其萌条抚育成林，方法简单，成林快，节省投资，一般可连续更新萌蘖3代。3代后，再采用人工造林法更新，但应改换其他树种。

2. 马尾松丰产栽培技术

（1）立地选择。马尾松生命力较强，一般种植在海拔500米以上、1000米以下的山顶或山腰，丰产林宜建立在立地指数在12指数级以上，年降水量1000毫米以上的湖南省广大丘陵山地及相似地区。

（2）品系选择。根据不同的立地条件选择相应的品系进行栽培，这是确保丰产的关键。马尾松主要良种有优良无性系、优良家系等。累计全省定向选育纸浆材及大径材优良家系127个，平均材积遗传增益69.41%，木材比重遗传增益4.8%。其中密生型纸浆材优良家系33个，其木材增益为20.21%～161.21%，木材比重增益为1.1%～2.6%。家系号分别是：963、904、969、826、940、825、929、954、178、960、146、930、946、187、549、965、198、185、906、964、927、173、971、943、165、125、646、817、121、331、166、638、521；纸、材兼用型优良家系30个，其木材增益为20.0%～117.5%，木材比重增益为2.01%～10.39%，家系号分别是：4、52、61、88、121、132、139、145、147、148、149、301、308、309、404、499、15、304、43、47、49、19、20、22、23、33、37、38、53、61；大径级用材优良家系64个，其材积增益为20.0%～102.0%，家系号分别是：48、79、84、89、90、93、103、111、112、114、115、116、117、118、119、120、124、125、131、134、135、136、137、139、140、141、142、143、144、150、151、152、153、154、155、158、162、163、168、171、175、176、177、184、186、187、188、189、190、191、193、194、195、199、169、170、180、181、198、303、173。

（3）栽培技术。为提高栽植质量，在做好造林地选择后，必须确定造林密度，制定整地标准，统一规划，统一挖穴，填土施肥，专业栽植。造林结束后，组织各地开展造林质量自查，发现问题要及时纠正解决，认真做好扶正、踩紧、培土工作，按照造林技术要求，头三年每年块状抚育2次，确保造林后幼树成活成林。

① 因地整地、因土挖穴，包括带垦后挖穴、或直接挖穴的造林技术，大、中、小穴的标准分别为60厘米×60厘米×50厘米、50厘米×50厘米×40厘米、40厘米×40厘米×30厘米，根据不同立地和土壤而采用不同的挖穴规格。

② 根据树种、经营目标、立地条件及栽培措施综合确定适宜的初植密度，并及时间伐。2米×1.5米、2米×2米、2米×2.5米、2米×3米为四种参考密度。经间伐，到终伐时，纸浆材林每公顷保留1500株左右，建筑材林或采脂林每公顷保留800～1000株为宜。

幼林抚育是造林结束后到幼林郁闭前这一阶段所进行的管理措施，是巩固造林成果，加快林木生长的重要手段。幼林抚育对提高林分生长率有较为深远的影响，其主要作用是保证幼林成活、促进林木生长。

幼林抚育主要包括：除草、松土、除萌芽、扶正、补植，同时还要施肥和灌溉。成林抚育主要是对已经郁闭成林的人工林进行抚育间伐，是以林木郁闭开始，到成熟前整个培育过程中所采取经营措施，其主要任务是调整林分组成，改善森林环境，提高林分质量，增加单位面积产量，加速林木生长，缩短工艺成熟期，增强森林抵御自然灾害能力，发挥森林的防护作用。

马尾松人工林组成成分单一，对环境因子的反馈能力低，易发生火灾和松毛虫害。不合理的造林制度，如造林前炼山、全面整地、多代连栽等都会使地力发生衰退。虽然对松木人工林地力衰退的研究不如杉木深入，但已发现在松木采伐迹地上重新营造松木林，成活率和树木生长都受到一定影响。目前，一些地方仍沿用全垦方式准备林地。研究发现不同整地方式对松木幼林生长无明显影响，采用局部整地，只要保证整地质量、加强幼林扩穴抚育，既可减少水土流失，又能达到促使林木丰产之目的。现有松木林的林分密度一般都很高，林下植被稀少，影响了养分循环和地力恢复与提高。因此对于密度较大的纸浆林，应及时适度疏伐，改善生态环境，提高林分生产力。

借鉴天然混交林类型大力营造松木混交林，可供选择的树种有枫香、黧蒴栲、桤木、拟赤杨和青钱柳等，其中桤木还是非豆科固氮树种。与松木林相比，阔叶树生长快、伐期短，可与松木轮作，维护和提高人工林地力。

3. 湿地松、火炬松丰产林培育技术

（1）立地与气候控制。湿地松、火炬松丰产林宜建立在立地指数在12指数级以上，湿地松选择海拔300米以下，火炬松选择海拔400米以下，年降水量1000毫米以上的湖南省广大丘陵山地及相似地区。

（2）遗传控制。湿地松、火炬松的主要良种有：优良无性系、优良家系等。湿地松优良家系有：0-1027#、2-46#、Ⅱ-101#、0-609#、Ⅳ-47#、0-508#、0-187#、0-464#；火炬松优良家系有：L-6、82-51、L-7、L-39、L-15、82-4、L-11、82-89、82-22、L-17、82-32、L-42、82-5、L-18、L-47、L-14、82-64、84-6、83-19、84-40、85-32。

（3）栽培技术控制。

① 因地整地、因土挖穴，包括带垦后挖穴或直接挖穴的造林技术，大、中、小穴的标准分别为60厘米×60厘米×50厘米、50厘米×50厘米×40厘米、40厘米×40厘米×30厘米，根据不同立地和土壤而采用不同的挖穴规格。

② 根据树种、经营目标、立地条件及栽培措施综合确定适宜的初植密度，并及时间伐。2米×4米、2米×3米、2米×2.5米、2米×2米为四种参考密度。经间伐，到终伐时，纸浆材林每公顷保留1000株左右，建筑材林或采脂林每公顷保留600～750株为宜。

③ 因地因树适时适量施肥。在中立地上可多施基肥（每穴0.5公斤湿地松1027专用肥）与追肥（建议施用湿地松1027专用肥）；在高立地上可少施基肥和追肥；追肥的作用大于基肥，因此，应不断补充新的肥分。

④ 精心栽植、及时抚育、防治病虫害是丰产的技术保证，应选择雨后阴天或小雨天进行造林，尽量做到随起苗随造林，在湖南可用大田裸根苗造林，严格掌握苗正、根舒、深栽、压实等技术措施、以保证成活。在造林困难的时节，可采用容器苗造林。造林后，前1～2年抚育最为重要，可每年抚育二次（5月、9月各一次），宜浅抚；不提倡间种农作物。病虫害发生时要及时防治。

（4）湿地松、火炬松栽培特性比较。

① 湿地松早期生长较火炬松快，火炬松后期生长量较湿地松大。

② 火炬松比湿地松更喜雨水，随降雨量的增加其木材产量增幅大于湿地松。

③ 湿地松较火炬松耐瘠薄，火炬松比湿地松更喜水肥。

④ 火炬松比湿地松能在海拔较高的地方栽植。

⑤火炬松比湿地松耐寒，湿地松比火炬松更喜高温高湿。

⑥ 湿地松、火炬松同属阳性树种，但火炬松较耐阴。

⑦ 火炬松的根系较湿地松深，且分布较广。

⑧ 火炬松侧枝生长较湿地松受环境的影响大。

⑨ 湿地松的产脂量比火炬松高。

⑩ 湿地松比火炬松抗松梢螟，火炬松比湿地松抗松毛虫。

（二）主要阔叶树丰产培育技术

1. 杨树丰产培育技术

杨树良种选育与栽培历史悠久，种类繁多，木材白，树脂少，易漂白。杨树利用率可达95%，3厘米粗的小枝丫可全部用于加工利用，加工剩余物包括木屑、树皮等都能用于纤维板生产，连杨树叶也能加工成一种绿钯纤维板，独具一格。杨树纤维长，纸浆得率高。因此杨树不仅是胶合板、火柴杆良材，而且也是造纸良材。

黑杨派南方型杨树在湖南省发展很快，据不完全统计，造林面积已达20万公顷。早在70年代，湖南省引进意大利和美洲黑杨新品种，进而选育出中汉17、22、578、592系列4个无性系，以及引进的中潜2、中驻3、中驻7、新1、新2、新3、新5、新6、NL-80121、NL-80366等优良无性系组织推广，已形成种苗、丰产栽培和加工一条龙的生产格局。杨树丰产林培育技术简述如下：

（1）留蔸育苗。欧美杨和美洲黑杨的根际具有连年萌发的能力，适于留蔸育苗。

① 密度。以培育壮苗为目标，每公顷育苗株数在1800～2000株之间。随着根龄逐年增加，苗干的粗度和高度也逐年递增。育苗密度下降到每公顷1200～1500株左右，1年以后，可生产2年蔸1年苗或多年蔸1年苗。新造林区用作良种穗条繁殖圃，每公顷可适当增加到3000～4000株。为了便于土壤管理和在行间追施有机肥和化肥，可加大行距，如40厘米×100厘米，70厘米×100厘米。良种插穗繁殖可采用20厘米×60厘米或30厘米×60厘米。

② 扦插。留蔸育苗改每年扦插为多年扦插1次。扦插的插穗采自采穗圃或品种纯的圃地，切忌品种混杂。育苗要编号，在圃地要做好标志，并建立技术档案。插穗取1年生苗干中下部作插条，不用上部细弱枝条。禁止从大树上采枝条作插穗。因为枝条的发育年龄大，有位置效应，将给苗木的干形和生长造成不良影响。插穗按粗细分类，分地段扦插，以避免苗木分化。扦插入土前，插穗应浸水1～2天。干旱时及时灌水，保持土壤含水量不能低于最大田间持水量的80%以上。

③ 施肥。首先应施足基肥（土杂肥）。留蔸育苗的特点是老蔸留床，老蔸吸收水分和养分的能力强，单位面积积累的生物量大，营养物质的消耗量也大，因此，施基肥和培肥，在行间每年应追施有机肥和化肥，绝不能因不翻耕土地和不扦插而放弃施有机肥。一般4月施保株肥，争取不缺蔸；5月行间沟施定株肥，促进苗木扎好根，生长健壮；7～8月，雨后撒施复合肥，促苗木生长发育。

④ 定株。黑杨派品种的萌生力很强，根际能生出多株萌芽，应该及早逐步择粗壮者定芽，5月左右当萌条高达30～50厘米时，每蔸只留1根萌条，不可留2根萌条，因为2根萌条中必有1条受压生长不良。多留萌条实际上增加育苗密度，势必降低苗木质量，定株不宜过晚，以免分散和消耗根际的营养和水分。

⑤ 除草。做到除早、除了。凡长草的地方，树苗生长不良，立地再好，也达不到苗木规格。但除草最好是人工除，用除草剂很易造成苗木伤害。

⑥ 起苗。改挖蔸为留蔸于圃地，贴地面据断苗木，锯口稍高或与地面平，开春后由其根际萌芽发新苗，不要留高根椿，以免生长不良和嫩枝风折。不同杨树品种持续萌芽的时间不同，一般在5～6年以上。应注意历年的萌芽力和生长势，发现衰退现象要及时换苗圃或改种植农作物、蔬菜和绿肥，进行轮作。

（2）截干造林。杨树幼年茎干内源基发达，不定根发生能力强，适于截干深栽造林。造林成活率高，又节省了整地造林成本，生长量高于常规造林20%以上。

① 造林地选择。湿润的冲击土和自然淤积的江河湖滩地pH值6.5～7.5是最适宜的造林地。pH值小于6和大于9不宜选作造林地。试验证明在江河湖“三滩”流水情况下，年淹水30天以内的高滩地，可营造速生丰产大径材；淹水30～65天的中滩地，可营造中、小径用材林，生态抑螺林、防浪林、护堤林等；淹水过65天的低滩地林木保存率低，不足20%，单株材积生长量下降80%，不宜造杨树林。平原、农区、农场、低洼地，可以通过工程措施整地造林。经调查，丘陵、山间低产田、冷浸田种粮食投入大，收益少，可通过退耕还林工程措施（开沟沥水）选作杨树造林地。不能排水的地方，不宜选作造林地。废河道和湖泊四周、水库四周、人居四周、渠道、公路和铁路两旁，土壤深厚肥沃的立地均可选作造林地。

② 整地和造林。第 1 种方法即常规整地方法，全垦整地 30 ~ 40 厘米，在定植点上挖 0.8 米 ×0.8 米 ×0.8 米的大穴，将截杆苗插至穴底，回填土壤，并分层踏实。第 2 种，在江河湖“三滩地”及平原、沟渠等可不整地，用钢钎打孔扦插造林，打孔时可在小穴内少量浇水，可以明显提高工效，这是杨树造林的革新。

③ 造林密度和配置。定向培育大径材，可以稀植，采取 4 米 ×5 米、4 米 ×6 米、5 米 ×5 米、5 米 ×6 米、6 米 ×6 米的株行距；定向培育纸浆材等用材林，其中形成中径材采取 3 米 ×3 米、3 米 ×4 米、4 米 ×4 米的株行距，小径材 2.5 米 ×4 米、2.5 米 ×4.5 米、2.5 米 ×5 米等。造林时应选择多个优良无性系进行科学配置，形成多系混交，以减少纯无性系林可能带来的病虫等危害。

④ 苗木要求。在苗圃取 2 年蔸 1 年干、3 年蔸 1 年干、4 年蔸 1 年干或多年蔸 1 年干的壮苗。至少是 2 年蔸 1 年干苗，江河湖“三滩地”苗木地径大于 3.5 厘米，胸径在 3 厘米以上，苗高大于 4 米，其他立地造林用的苗木，也应要求高标准。苗木规格高是本技术的关键之一。

⑤ 造林季节。冬、春两季均可造林，冬季在亚热带地区深栽效果尤其好。初春放叶前已形成大量根系，先生根后放叶对成活和快速生长更为有利。

⑥ 造林前苗木的处理。贴地锯断苗木后立即剪去全部侧枝条，侧枝基部削成马耳形。将木质化不良、不充实的细弱顶梢剪掉，剪至顶部壮实芽以上 2 厘米左右。要尽可能缩短起苗至定植的时间，运输中要保湿，防止晾晒失水。截干苗运到造林地后，及时浸水 3 ~ 5 天。

⑦ 造林后的抚育管理。深栽不及地下水位的林地，根据土壤湿度决定是否浇水，整个 1 米土层干旱时，深栽后应及时浇水。深栽进入地下水的苗木有水分优势，不需灌溉。林下可根据各地情况和市场需求间种蔬菜和经济作物，以耕代抚，实行立体开发，但必须因地制宜，适地适种。

（3）修枝整型与去萌。

① 整形。随着杨树长高，还要修去树冠下部和中部粗大的竞争枝，直到树干 8 米以下通直无叉。整形在第一生长季节结束后开始，直到 3 ~ 4 年树高 10 ~ 14 米左右已形成通直的主干时为止。

② 修枝。8 米以下树干上侧枝着生处的直径达到 8 厘米时应及时修去，称为固定直径的修枝。从树干下端开始由下向上修枝，直到 8 米高为止。根据中国林业科学研究院的经验，修枝的高度大致如下：1 ~ 3 年，少量整形修剪；4 ~ 5 年，修枝到树高 1/3 处；6 年以后，可修枝到树高 1/2 ~ 2/3 处。

③ 修剪萌条。修枝以后主干可能再长出萌条，有时是由于修枝的刺激在原处长出的，这些萌条应及时剪去。

修剪可在秋冬生长停止时进行，也可在春季进行。修剪应贴近树干，不应留茬，使用工具应锐利，伤口应平滑，不得撕伤树皮。有不少公路两旁采取的截顶方法不可取，截干处萌发丛生枝条严重影响杨树生长，并带来各种病害等危害。

（4）病虫害防治。随着杨树面积扩大，加之引进品种多而混杂，致使蛀干害虫和食叶害虫危害有逐年呈加剧之势。目前，桑天牛、云斑天牛是主要蛀干害虫危害最为严重。桑天牛和成虫必须以桑树、构树等桑科乔灌木的嫩枝皮作补充营养，才能产卵。而云斑天牛成虫喜食野玫瑰。根据这些特性，可采取清除杨树附近的桑树和构树以断绝补充营养源为主，捕捉树上成虫，修去有虫枝和毒签插虫孔为辅的综合防治方法。

① 清除桑树、构树。桑天牛成虫出现盛期，彻底挖除林地及周围 500 米范围内的桑树、构

树（诱木除外），断绝营养补充源，达到其不能产卵的目的。

② 保留诱虫木诱杀成虫。每2公顷林地内集中保留3株高2米左右的构树及2簇野玫瑰作诱虫树，待云斑天牛成虫出现期，在诱树上捕捉一次成虫，喷一次2.5%敌杀死2000倍液，达到消灭成虫的目的。

③ 修剪虫枝。桑天牛的卵大多数产在粗2厘米的杨树小枝或主干上，幼虫孵化后沿枝进入主干下蛀食。每年9月中旬至10月中下旬幼虫进入主干前修去有虫枝以降低虫口密度，保障主干免受危害。

④ 毒签插虫孔和农药注虫孔。在幼虫取食危害阶段，在枝干上留有明显的排泄孔，孔口处有新鲜排泄物排出，此时在最下一个孔内插一枝毒签，或注射敌敌畏和敌杀死等毒液，也可以粘贴棉球堵孔，杀死幼虫。

2. 桤木定向丰产培育技术

（1）立地与气候区选择。台湾桤木、四川桤木丰产林宜建立在立地指数在12指数级以上，台湾桤木选择海拔400米以下，四川桤木选择海拔500米以上，年降水量1200毫米以上的湖南省广大低山、丘陵区及相似地区。在降水量、土壤条件较好的海拔在500以下的地区也可发展四川桤木优良无性系。

（2）品系选择。根据不同的立地条件选择相应的品系进行栽培，这是确保丰产的关键，台湾桤木、四川桤木的主要良种有：优良无性系或优良家系等。台湾桤木优良无性系有：F01、F04、F05、F06、F08、F09；四川桤木优良无性系有：C01、C02、C03、C05、C06、C07、C11、C13。

（3）栽培技术。台湾桤木、四川桤木休眠期短，在湖南最适宜的造林时期是1月份，如果苗木发叶后造林，会严重影响造林成活率和当年的抗旱能力。桤木造林的发展方向是选用优良无性系造林，这是解决林分内单株分化，提高单位面积产量的根本措施。

① 因地整地、因土挖穴，包括带垦后挖穴、或直接挖穴的造林技术，大、中、小穴的标准分别为60厘米×60厘米×50厘米、50厘米×50厘米×40厘米、40厘米×40厘米×30厘米，根据不同立地和土壤而采用不同的挖穴规格。

② 根据树种、经营目标、立地条件及栽培措施综合确定适宜的初植密度，并及时间伐。2米×4米、2米×3米为二种参考密度。

③ 因地因树适时适量施肥。在中立地上可多施基肥（每穴0.5公斤桤木专用肥）与追肥（建议施用桤木专用肥）；在高立地上可少施基肥和追肥；追肥的作用大于基肥，因此应不断补充新的肥分。

④ 精心栽植、及时抚育、防治病虫害是丰产的技术保证，应选择雨后阴天或小雨天进行造林，尽量做到随起苗随造林，在湖南可用大田裸根苗造林，严格掌握苗正、根舒、深栽、压实等技术措施、以保证成活。在造林困难的时节，可采用容器苗造林。造林后，前1~2年抚育最为重要，可每年抚育两次（5月、9月各一次），宜浅抚；不提倡间种农作物。病虫害发生时要及时防治。

3. 桉树丰产培育技术

（1）选用良种。经试验适应湖南省南部栽培的优良无性系有赤桉34号、18号、2号耐寒无性系和邓恩桉、柳桉两个桉树树种。

① 赤桉耐寒无性系。赤桉是自然分布和在全世界引种最广泛的树种。该树种既耐寒又耐热，既耐旱又耐水湿。木材红色，每立方米干重980公斤，坚硬耐用，非常适合于作大块本色木材。

由于耐腐，适合作枕木，是最好的地板材，也适合造纸，是良好的造纸材，但由于颜色较深，漂白时碱用量较多。赤桉34号、18号、2号无性系是经湖南省引种后保留下来的赤桉群体中选出来的优良个体，转化为无性系后经对比试验筛选出来的优良无性系。道县蚣坝乡，赤桉34号无性系组培苗造林5年生平均胸径8.2厘米，平均树高7.3米，变异品种优株平均胸径15厘米，树高9.6米。

② 邓恩桉。高达50米，胸径150厘米，树干在30~35米以下没有分枝。适宜冬天寒冷、不时有霜冻的气候，是最耐寒的桉树之一。它的自然分布局限在澳大利亚东部。道县城郊8年生邓恩桉胸径达到32.2厘米，高15.5米，1997年造林。

③ 柳桉。柳桉生长快、耐寒，高可达55米，最高达71米，为澳大利亚一种重要的硬材，也是最好的造纸材之一。在纬度为25~35°之间或低纬度高海拔的地方生长非常好，是萌生短轮伐期林的好树种。柳桉在美国，未施肥的试验小区最高材积为每年每公顷50立方米。在湖南省，试验林2年生时，经历了1999年-7.9℃的霜冻，耐寒力接近赤桉、邓恩桉。

（2）主要栽培技术。

① 造林地选择。桉树适应性强，在瘠薄的土壤也能生长。但只有在适宜的立地条件下才能发挥其速生特性。要想丰产，必须选择好的造林地。桉树适宜疏松、深厚（>80厘米）、肥沃的土壤。赤桉无性系要求海拔600米以下，邓恩桉800米以下，柳桉1000米以下，千万不要将有机质贫瘠、板结浅薄的土壤及风口处作为桉树造林地。

② 栽植密度。赤桉无性系3米×1.5米，每667平方米117株，或每667平方米89株。

③ 整地。桉树丰产林在坡度平缓的地方必须全垦大穴整地，穴大60厘米×60厘米×60厘米以上。外资企业造林，一般用大马力（220匹）拖拉机深耕80厘米，林地里的草木根蔸要一次性彻底铲除，栽植两茬桉树都无需再翻土。用大码力拖拉机耕地，提高了质量，降低了成本，是基地化造林最好的也是最经济的整地方式。有的地方，桉树到1年生时，生长速度就明显降低，原因是土壤板结，穴又太小，使桉树根系在1年内就充满穴耗尽肥。

④ 施基肥。鸡屎肥、城市垃圾、厩肥是桉树最好的肥料。施不施肥，产量有成倍的差异。桉树对氮、磷、钾肥都有需求，氮、磷、钾合理的肥料配比是1∶1∶0.5，最好能增施微肥硼、锌等。方便的办法是每株施0.5公斤配比合理的高质量的复合肥，能施厩肥及城市垃圾肥更好。整好地后，将表土回填2/3，肥料与表土充分混合，再回填表土将穴填满。

⑤ 栽植。栽植时将营养袋剪破，然后栽好，如果是阴、晴天，要淋定根水。

⑥ 抚育管理。桉树栽植后要连续抚育3年，主要是松土、培蔸、施肥、控制杂草、防治病虫害。第1年（造林当年），桉树是强阳性树种，来自任何方向的遮阴，都会造成严重损害，特别害怕近距离杂草的压挤和其他树种根系浸入。在造林后的半个月内就要进行锄抚，抑制住杂草。赤桉无性系和邓恩桉、柳桉，白蚁对它危害不严重，但也发现少数植株遭到危害。此外，栽植后头1个月内，常见有金龟子、蛴螬危害，将茎咬断。常用的防治方法是施放呋喃丹药杀。栽后1个月，每株施尿素0.1公斤。方法是在植株周围用小锄打3个洞，将尿素平均施于3个洞内，用土掩埋，使苗木栽植成活后就能吸收到肥料。要经常（1年3次）锄草，防止杂灌草遮阴和其他根系浸入，最好将未垦部分挖垦（通间）过来。第2年，早春松土培蔸、施尿素0.15公斤，控制杂灌草；第3年，施尿素0.15公斤，控制杂灌草。

（三）主要珍贵阔叶树种培育技术

湖南地处中亚热带，其光、温、水、气资源十分丰富，适合多种植被生长，同时各种树种资源也相当丰富。但由于在很长一段时间里，对珍贵阔叶材采取只取不育的经营方式，导致目前珍贵阔叶材十分稀缺。湖南的珍贵阔叶树种繁多，比较珍贵的阔叶树种有：楠木、檀木、榉木、红椎等。

1. 红木类树种培育技术

红木类树种主要有紫檀属（*Pterocarpus*）的紫檀木、花梨木；黄檀属（*Dalbergia*）的香枝木、黑酸枝木、红酸枝木；柿属（*Diospyros*）的乌木、条纹乌木；崖豆属（*Millettia*）的鸡翅木、铁刀木属（*Cassia*）的铁刀木和红豆属（*Ormosia Jacks*）的小叶红豆。本研究以红豆属（*Ormosia Jacks*）的小叶红豆的培育技术为典型进行阐述。

（1）采种育苗技术。荚果成熟期在10～11月，宜选择25年生以上的优良母树，在豆荚未开裂前及时采种采回后放在通风干燥的地方晾干，待豆荚开裂、种子自行脱出后收集种子；忌曝晒，稍阴干即可放入袋中或混沙贮藏备用。种子千粒重0.15～0.18公斤，每公斤种子5500～6600粒，发芽率60%。选择排水良好的沙壤土新地作苗圃地，施足无病菌基肥，耙匀作苗床。2～3月间播种：先将种子放入缸中，倒入40℃温水，自然冷却，浸泡一天后，去掉冷水，再倒入40℃温水浸泡一天，即可播种。采用条状点播，条距25厘米，株距10厘米。播后覆土1～1.5厘米，盖草保持土壤湿润疏松。每亩用种量5～6公斤。播后约一个月种子发芽出土，要及时揭草。苗木生长期间要及时除草、松土、追肥和灌溉。9月份停止施肥，促进苗木提早木质化。一年生苗高60～70厘米，可出圃造林，每亩产苗约1.5万株。若采用营养袋育苗，造林成活率更高。

（2）造林与抚育技术。造林地以选择土层深厚、肥沃、湿润的阳坡山地为宜，海拔200～1000米。整地采用水平带垦，挖穴规格为50厘米×50厘米×40厘米，初植株行距2米×2米，每亩167株。在早春2月冬芽尚未萌动前，趁雨天或雨后进行起苗造林。小叶红豆侧根不发达，起苗时不要伤及根系，并适当修剪侧枝和叶，裸根苗要浆根 营养袋苗可在雨季造林。造林后要加强抚育管理 3年内每年除草、松土1～2次，促进幼树生长、郁闭成林。小叶红豆树干萌蘖分杈性强，从造林后第2年起，抚育时须同时进行修枝，培育良好干形。

2. 楠木类树种培育技术

（1）立地与气候区选择。楠木喜湿耐阴，立地条件要求较高，造林地以选择土层深厚、肥润的山坡、山谷冲积地为宜。造林地条件差则不易成林。楠木丰产林宜建立在立地指数在12指数级以上，选择海拔800米左右，年降水量1200毫米以上的湖南省广大低山、丘陵区及相似地区。

（2）品系选择。根据不同的立地条件选择相应的品系进行栽培，这是确保丰产的关键，主要良种有：相应的地理种源，优良单株种子，无性系等。

（3）栽培技术。在树苗发叶前进行栽植是提高成活率的关键。楠木造林的发展方向是选用优良无性系造林，这是解决林分内单株分化，提高单位面积产量的根本措施。

① 因地整地、因土挖穴，包括带垦后挖穴、或直接挖穴的造林技术，大、中、小穴的标准分别为60厘米×60厘米×50厘米、50厘米×50厘米×40厘米、40厘米×40厘米×30厘米，根据不同立地和土壤而采用不同的挖穴规格。

② 根据树种、经营目标、立地条件及栽培措施综合确定适宜的初植密度，并及时间伐。1.7米×2米、2米×2米、1.5米×3米、2米×3米为四种参考密度。

③ 因地因树适时适量施肥。在中立地上可多施基肥（每穴0.5公斤复混肥）与追肥；在高立地上可少施基肥和追肥；追肥的作用大于基肥，因此，应不断补充新的肥分。

④ 精心栽植、及时抚育、防治病虫害是丰产的技术保证，应选择雨后阴天或小雨天进行造林，尽量做到随起苗随造林，在湖南可用大田裸根苗造林，严格掌握苗正、根舒、深栽、压实等技术措

施、以保证成活。在造林困难的时节，可采用容器苗造林。造林后，前1~4年抚育最为重要，可每年抚育二次（5月、9月各一次），宜浅抚；山坡下部及山谷杂草繁茂地带还应适当增加抚育次数。不宜进行人工修枝。不提倡间种农作物。病虫害发生时要及时防治。

3. 榉树丰产林培育技术

榉木类树种主要有榉树属（*Zelkova Spach*）的榉树和大叶榉树。树高30米，胸径1.0米。木材纹理美观，坚硬耐腐，是制作名贵家具、地板、建筑的上好木材。

（1）播种育苗技术。榉树繁殖的主要方法是播种育苗，另据湖南永州市林业科学研究所近年来的研究，采用营养袋扦插育苗的生根率高，达70%，亦可应用于生产。各地应根据自己的需要选择适合的方法。榉树采种宜在结实的大年进行。实践证明，大年种子发芽率可达50%~70%，而小年种子的萌发率则只有20%~30%。采种时间宜在10月中下旬，当果实由青转黄褐色时，进行采集。方法是截取果枝或待自然成熟后落下收集，去杂阴干。采后随即播种或混沙贮藏，亦可置阴凉通风处贮藏，翌春播种。播种时宜选深厚肥沃的沙壤土或轻壤土，深翻细整，施足基肥。春播时间宜在雨水至惊蛰之间，干藏种子播前浸种2~3天，除去上浮瘪粒，给予2周左右的5~10℃低温处理，可促进发芽。播种方法可采用条播，行距20厘米，每667平方米用种量6~10公斤，覆土约0.5厘米，播后盖草保温。幼苗的抚育工作有：及时揭草间苗、松土除草、灌溉和施肥，并注意防治蚜虫和袋蛾的危害。当幼苗长至10厘米左右时，常出现顶部分叉现象，应及时修整。如播种适时，管理得当，当年苗高可达50~80厘米，翌春即可出圃造林。如作“四旁”及城市绿化用苗，要于翌春移植，培育成3~4年生的大苗。

（2）扦插育苗技术。扦插基质采用沙子与黄心土混合物，比例为1∶4，其中黄心土为石灰岩发育的红壤，pH值4~6。经过筛，将基质配制好后装入规格为8厘米×10厘米的营养袋内。春季扦插时间以3月为宜，秋季扦插以9月为宜。选择生长健壮的直立枝，以节间长、分枝少的嫩枝为宜，截取插穗长度3节左右，节处作下切口，顶部保留半叶。插穗截好后，以20枝成一束，用浓度200~300毫克/升的6号ABT生根粉浸泡插穗下部2厘米处5小时，然后插于营养袋内，扦插深度为插穗长度的1/3左右。扦插管理榉树扦插苗的管理同常规扦插苗相同，扦插后及时覆盖薄膜保温，用遮阳网遮阳，定期浇水，并用0.125%多菌灵溶液喷雾防病害。每半个月检查一次生根情况。

（3）抚育管理技术。榉树为合轴分枝，发枝力强，梢部弯曲，顶部常不萌发，每年春季由梢部侧芽萌发3~5个竞争枝，直干性不强，幼树主干较柔软，常下垂，易被风吹倾斜。在自然生长情况下多形成庞大的树冠，干性不强，在幼苗时可在树干旁插一竹竿，将主干绑于竹竿上，防止主干弯曲。并适当修除侧枝，以便形成通直主干。待枝下高5米以上、胸径5~6厘米时，解除竹竿，留养树冠。

4. 红椆、红锥丰产林培育技术

红锥又名刺栲，属壳斗科（Fagaceae），栲属（*Castanopsis*）常绿乔木，树干直，根深叶茂，为群落的建群种或优势种。

（1）立地与气候区选择。造林地以选择土层深厚、肥润的山坡、山谷冲积地为宜。红锥丰产林宜建立在立地指数在12指数级以上，选择海拔500米以下，年降水量1200毫米以上的湖南省广大低山、丘陵区及相似地区。

（2）品系选择。根据不同的立地条件选择相应的品系进行栽培，这是确保丰产的关键，主要良种有：相应的地理种源，优良单株种子，无性系等。

（3）栽培技术。在树苗发叶前进行栽植是提高成活率的关键。红锥造林的发展方向是选用优良无性系造林，这是解决林分内单株分化，提高单位面积产量的根本措施。

① 因地整地、因土挖穴，包括带垦后挖穴、或直接挖穴的造林技术，大、中、小穴的标准分别为60厘米×60厘米×50厘米、50厘米×50厘米×40厘米、40厘米×40厘米×30厘米，根据不同立地和土壤而采用不同的挖穴规格。

② 根据树种、经营目标、立地条件及栽培措施综合确定适宜的初植密度，并及时间伐。2米×2米、1.5米×3米、2米×3米为四种参考密度。

③ 因地因树适时适量施肥。在中立地上可多施基肥（每穴0.5公斤复混肥）与追肥；在高立地上可少施基肥；追肥的作用大于基肥，因此，应不断补充新的肥分。

④ 精心栽植、及时抚育、防治病虫害是丰产的技术保证，应选择雨后阴天或小雨天进行造林，尽量做到随起苗随造林，在湖南可用大田裸根苗造林，严格掌握苗正、根舒、深栽、压实等技术措施、以保证成活。在造林困难的时节，可采用容器苗造林。造林后，前1~3年抚育最为重要，可每年抚育二次（5月、9月各一次），宜浅抚；山坡下部及山谷杂草繁茂地带还应适当增加抚育次数。不宜进行人工修枝。不提倡间种农作物。病虫害发生时要及时防治。

5. 黄檀培育技术

黄檀属蝶形花科落叶乔木，高20米，胸径40厘米；树皮暗灰色，有光泽，材质坚韧，富弹性，是车轴、工具柄、家具、建筑、体育用具、器具、美术工艺品的良材，嫩叶可腌食和药用。黄檀是紫胶虫的优良寄主树。在湖南海拔1000米以下的中低山、丘陵、平原均有分布，常与白栎、山槐、响叶杨、马尾松、枫香等混生，发叶迟至6月初，俗称“不知春”。于6月开花结果，10~11月果熟。其培育技术要点有：

（1）造林地选择。黄檀喜光，不择土壤，能耐干旱瘠薄，在石灰岩裸露地，或石砾土上生长良好，但在土层深厚、肥沃的土地生长更好。因此选择土层深厚、肥沃疏松的600米以下的山地丘陵可用来培育丰产林。

（2）采种育苗。选择15~30年树干通直圆满、生长健康、无病虫害和机械损伤，且开花结实正常的母树，于11月采果处理出种子，于春季2~3月播种育苗。具体方法与其他乡土阔叶树种大致相同。温水（50~60℃）浸种1~2天，每亩播种2~5公斤，播后加强水肥管理。一年生苗高达20~30厘米，可在第二年春移植到大苗内，第三年春苗可达0.8~1.0米，每亩可产苗1万~1.5万株。目前，生态建设包括旅游区、风景名胜地、城市森林建设及城乡绿化需要苗木，可以建立乡土珍贵树种苗木基地，批量培育大、中、小商品苗木。

（3）造林。整地栽植与其他阔叶树种大致相同。山地丘陵造林，可用2年生苗，最好培育大苗造林，每公顷造林111株（2米×3米）、150株（1.5米×3米）、167株（2米×2米）。人居四旁绿化可设置双行、单行造林。文化旅游区、风景名胜区、城市森林建设等，可培育多年生大苗造林。根据设计，可造各种不同密度、配置不同模式的林分。整地也因不同规格苗木而异。

（4）病虫害防治。主要虫害是木蠹蛾，以幼虫蛀食树干、枝条。防治方法，用毒签插虫洞和用泥土封虫洞毒死幼虫，或用敌敌畏30倍液注入虫洞毒杀幼虫。

6. 红豆杉培育技术

红豆杉别名赤柏松、紫杉、紫柏松，为红豆杉科红豆杉属常绿乔木，树高20米左右，胸径60~100厘米。红豆杉是第三世纪遗留植物，被称为植物王国里的“活化石”，因其资源稀少，被列为世界珍稀树种加以保护。红豆杉集药用、材用、观赏于一体，具有极高的开发利用价值。从红豆杉树皮和枝叶中提取的紫杉醇是世界上公认的抗癌药。每公斤售价为500万~1000万美元。紫杉醇用于治疗晚期乳腺癌、肺癌、卵巢癌及头颈部癌、软组织癌和消化道癌。红豆杉枝叶用于治疗白血病、肾炎、糖尿病以及多囊性肾病。红豆杉自然资源匮乏，药源紧缺，因而各地都在对其进行着广泛的研究开发。红豆杉全身是宝，因此，红豆杉树又被称为“黄金树”，种植前景看好。条件成熟的地方可适当发展。红豆杉在全世界有 11 种，分布于北半球的温带至热带地区，中国有 4 种 1 变种，即中国红豆杉、东北红豆杉、云南红豆杉、南方红豆杉、西藏红豆杉等，分布于东北、华南和西南地区。湖南省湘南、湘西南和湘西有南方红豆杉分布，引栽的主要有云南红豆杉和近年从国外引进的曼地亚红豆杉，并建立了一定规模的培育基地。红豆杉造林第四年可采收枝叶，鲜叶四季可采收，但根据有效成分含量的积累，枝以嫩枝为好，叶以老叶为好，10 月为最佳采收期，红豆杉造林第四年可采收枝叶，鲜叶四季可采收，但根据有效成分含量的积累，枝以嫩枝为好，叶以老叶为好，10 月为最佳采收期。

（1）育苗方法。

种子育苗：10 月中下旬，果实呈深红色时采收种子。该种子属生理后熟，需要经过 1 年的湿沙贮藏才能发芽。一般因地制宜在松树林下育苗移栽较好。选择郁闭度在 0.6 ~ 0.7 且无病虫害的湿地松或马尾松成林地作圃地。选择早春播种，条播为主，也可采用撒播。播种后，挖取松林下带有菌根并过筛的黄壤土覆盖种子，厚度以不见种子为度。幼苗期注意遮阴，播种时覆盖稻草以不见土为适宜，苗期搭建荫棚，透光度 60%。然后铺植苔藓护苗，保护苗床不受日晒雨淋，并经常保持土壤疏松、湿润。一般种子出苗率在 70% 以上。

扦插育苗：在树木休眠萌动期，选择砂土、锯末、珍珠岩混合基质作插壤。选择 1 ~ 4 年生的木质化或 1 ~ 2 年生无性系苗已木质化的枝条，将插条剪为 10 厘米、15 厘米长的小段，在剪枝时要求切口平滑、下切口马耳形，2/3 以下去叶。选择药剂如 ATP、ABT 等处理插枝后扦插、盖膜，扦插成活率一般在 85% 以上。苗期注意保暖，搭建低棚遮阴。翌年移栽。苗木一般 15 ~ 25 厘米，最高可达 30 厘米以上。

（2）造林技术。

造林地的选择：山坡中下部，坡脚，曹沟，山湾的阴坡且坡度小于 35°，土壤 pH 值4.5 ~ 7.0，肥力高，排水良好的地块均可作造林地。郁闭度不大于 0.4 的人工幼林地亦可用于造林。

整地：带状或穴状整地。穴的规格为 40 厘米 ×40 厘米 ×30 厘米。不同土地条件可根据土地肥力情况，结合整地施基肥。

造林密度：一般 1100 株/亩。株行距 60 厘米 ×100 厘米（横山 × 顺山）。在人工幼林中造林，其密度应根据幼林实际郁闭状况而定，原则是栽植于幼树冠以外光照条件好的空地中。造林时间一般在春季 2 ~ 4 月，秋季 9 ~ 11 月。

抚育管理：造林后每年应抚育 2 ~ 3 次。5 ~ 6 月和 8 ~ 9 月锄抚两次，7 月刀抚。造林后从第二年开始每年 5 月结合锄抚追肥。造林后第四年起，每年可通过修剪枝叶方式采收原料，或整株挖除（包括根系），用于提取紫杉醇。用于绿化则视形状需要修剪。

（四）竹类丰产培育技术

1. 竹子优质种苗培育技术

（1）优质竹苗快速育种技术。毛竹无性繁殖的方法有以下几种。各地要因地制宜，选择最适合的方法，以培育出符合当地实际情况的优质种苗，达到速生丰产的目的。①带蔸埋秆：在 2 月中旬至 3 月下旬育苗，母竹要选生长健壮、隐芽饱满、无病虫害、一年生竹。先将母竹连蔸挖起，注意不损伤芽眼，一般留竹芽 10 ~ 15 个，削去竹削和枝，在竹蔸弯曲的相反方向，每一节间的中部锯一切口。深达竹秆的 2/3 ~ 3/4。在整好的圃地上，每隔 50 ~ 60 厘米开一深 20 厘米的平行沟。将母竹平放于育苗沟中，蔸口向下压紧，节间切口向上，然后覆土踩实，覆土后要盖草、淋水。②埋秆法：与带蔸埋秆育苗相同，但只把母竹平地砍倒。不离开母竹，也不挖竹蔸，就地开沟。把砍倒的竹秆埋入土中，盖草淋水即可。③埋节育苗：将母竹平面砍倒，然后选择母竹隐芽健壮的，截成单节或双节，将竹节平放沟内，然后覆土踩实，盖草淋水。④竹枝育苗：选择生长健壮，隐芽饱满的主枝。用利刀将主枝平竹秆（从下向上）削下，留其基部 2~3 个节，剪去枝梢。在已整好的苗圃地上，按株行距 20 厘米×30 厘米，枝蔸切口向下，斜埋于沟内。入土深约 6~10 厘米，留露一节出土。然后覆土踏实，盖草淋水，保持土壤湿润。

（2）高产食用无公害竹笋栽培技术。竹笋是我国传统传统食品，具有口感好、营养价值高等居多特点深受人们的喜爱，而湖南的鲜笋、烟笋更是广为人知。随着社会的发展，竹笋罐头、笋干等竹笋深加工产业逐步在湖南省兴起。为湖南省竹笋产业打开了更为广阔的市场，每年消耗的笋量成倍增长。因此，搞好竹笋的栽培的适应当前社会需要，支持林业产业发展刻不容缓的事。竹笋的栽培从这几个方面做起：

选好林地、精心栽植：选好林地是竹笋高产的基础。适合的林地条件是：平缓坡地（坡度在 5°~10°之间），房前屋后的四旁隙地、菜园地，不易水淹的河滩地，土层深度在 60 厘米以上，水土保持能力较强的酸性黄红壤，pH 值在 5.5~6.5 之间，排水良好，交通方便，背风向阳。选好林地后，于秋冬季按每亩 60~80 株的造林密度沿造林地的等高线水平面挖长×宽×深（即 60 厘米×50 厘米×40 厘米）的长方形块状栽植穴。经过冻伐后由翌年 3 月份或 6 月份的梅雨季节选用 1~2 年生竹造林。栽植前用充分腐熟的有机肥和表土混合平垫穴底 20 厘米。栽植时鞭根要自然舒展，用表土填实四周，分层回填踏实，浇足定根水后，覆盖一层陈土保墒。

抚育管理：采用高产培育管理技术，其中养分、温度和水分管理是竹笋高产的三大主导因素。通常是通过以下方式来实现。①施肥：及时施肥是竹笋高产的关键，除了栽植时施足基肥外，追肥也要及时。掌握竹林生物学特性及其生长规律，把握季节，按照出笋、新笋、成竹和新鞭生长四个生长期规律，每年追肥 3 次，肥料以农家有机肥为主。②垦翻：垦翻抚育可起到增肥保水作用，是笋用林重要的增产措施。新竹林头两年可实行林粮间作，主要间种豆类和小麦油菜等作物，以耕代抚。竹林满园后每年 6 月 ~7 月份对林地要进行一次全面的垦翻，深度 15~20 厘米左右。把表土层有机质翻人土中。底土翻到土表分化，适当打碎平整，清除林地老鞭、烂鞭和废杂物。作业时要小心，勿伤青壮鞭。③培土：培土是笋用林高产的重要因素，通过培土可给竹鞭创造一个良好的生长环境。夏季培土可结合压青进行，即将割倒的青草、绿肥匀铺垫于林地后再压土。冬季加土时如林地搞覆盖增温可在收笋后的春节后再加土。经过林地培土 10 厘米，竹鞭在离土表深 15~40 厘米时平均每株笋能增重 0.4 公斤。在离土表深 41~60 厘米时每株笋能增重 0.7 公斤，增产效果十分显著。④增温：竹笋自然出笋期在 3 月份，要想超前出笋上市，提高经济效益，须采用早出培育技术，就是通过冬季林地保湿增温处理。12 月中旬，在竹林施足有机“腊肥”，灌足底水后，用竹叶或谷壳（麦壳、油菜壳、稻壳）、稻草等材料覆盖林地，厚度 30 厘米以上，一般地温可提到 10℃左右，满足自然出笋温度 9~12℃的要求，能提早出笋 1 个月，此时正值春节，市场价格好，效益高。⑤水分管理：梅雨季节要及时开沟排水，以防积水烂鞭。竹类根浅常绿，蒸腾快，7~8 月份遇旱要加强补充水分，做到：“观天、看地、视苗”用水。⑥养竹育鞭：养竹育鞭是竹笋高产必须掌握的增产技术，笋用林以挖笋为主，但又必须养好竹。在养竹技术上，达到立竹均匀，平衡高产，每亩保持立竹 600 株左右。通过早出高产栽培技术培育的笋用竹林，每亩可产笋 1500 公斤，早期笋比例能达到 90% 左右，每年还可产出部分竹材，每亩收入可比一般性经营竹园提高 1~3 倍，获得较高的经济效益。

2. 高成活率优势实生竹苗移植造林技术

（1）造林地的选择。造林地的选择对竹子的成活率影响很大，条件优越的林地：既气候、土壤、地形适合竹子生长的林地。移栽后，竹子成活率高，生长迅速，能快速成林，达到速生丰产的目的。因此，应尽量选择在符合以下条件的林地造林。

气候：年平均温度15～20℃，1月平均温度4～8℃。年降水量1200毫米以上。

土壤：毛竹生长快，有强大的地下系统（竹鞭等）。要求土层深度80厘米以上，疏松、湿润、排水良好，腐殖质土在25厘米以上的壤土或砂质壤土，pH值4.5～7。

地形：毛竹造林最好选择海拔800米以下背风朝阳的山谷，山麓地带。坡度在25°以下为好，南坡比北坡日照强，温度高，有利于竹笋、竹材产量提高。中心区为海拔800米以下的山谷、山麓和山腰地带。北边缘区选海拔500米以下、西边缘区选海拔600～800米的背风向阳的山谷、山麓地带　南边缘区选海拔600米以上的山谷、山麓背风向阳地带。

（2）移竹造林技术。合理选择母竹是提高造林成活率的有力保证，通常在散生竹林内易于选出母竹。应选1～2年生，分枝较低，枝叶繁茂，生长健壮，无病虫害，胸径2～6厘米，鞭芽饱满的竹株为母竹，选出母竹后，用油漆注明母竹最下一分枝所指方向，便于栽植时保持栽后与原方向一致。母竹运到造林地块，应及时栽植。栽竹时，解去母竹包扎物，按在选母竹时用油漆所记的原来方向，调整竹蔸方向，顺着竹蔸的自然形状使鞭、根舒展。竹蔸下部与土壤密接，上部略低于地面。抚育管理是提高毛竹造林成活率，促进出笋成林的有力措施。栽植后首先应防止人为或其他因素摇动竹秆、损伤竹根。同时每年要进行1～2次垦复，清除杂草、灌木、藤蔓和树根，以促使新植的竹子早日成林成材。

（3）移鞭造林技术。

选择造林地：竹子四季常绿，叶曲面指数大，蒸发量也大，消耗养料多。要选择地势较为平缓，海拔600米以下，土层疏松肥沃的砂质黄壤或红壤。具充分的水湿条件，温暖湿润的气候环境更佳。

整地与挖穴：竹子系浅根性，在平缓的坡地上造林，最好是全面整地后再挖穴；大于15°的山地造林，可采用水平带状整地或块状整地后加大穴，植穴规格一般为80厘米×60厘米×40厘米（长×宽×深）。

造林季节与时间：掌握好造林季节与时间是竹鞭造林成败的关键。经试验只有在春季栽植才能保证成活率，一般达85%左右。其他季节基本不成功。移鞭造林应在竹笋出土前20～30天，一般是2月下旬至3月中旬，此时，竹鞭中积累了一定的养分，且笋芽已有一定程度的膨大，栽后经一段时间环境适应就能发笋生长。

竹鞭的挖取：在优良竹林中，挖取2～3年生、生长健壮、鞭芽饱满（带有冬笋）的黄色竹鞭，挖出鞭段长60～80厘米的竹鞭块（盘）。起鞭时注意不要撕裂和损伤鞭芽，并带根留土。运输途中应注意保持竹鞭潮湿，尽量做到就近取鞭造林。

栽植：栽植密度一般为每亩60穴左右，株行距3米×3.5米。每穴中施入腐熟农家肥10～15公斤或复合肥100～150克，与土拌匀，置放竹鞭前。适当抹去部分瘦弱或过密的鞭芽及已被碰损的鞭芽，保留3～5个健壮的饱满芽。置放竹鞭要保持鞭身平卧和笋芽芽尖朝上。覆土拥实，鞭上盖土厚10～15厘米。适量浇水，使鞭土紧密，并覆盖稻草。易积水的地方，穴周围要开排水沟，防止雨季因积水烂鞭。

管护：栽后注意保持湿度，定期适量浇水。当年春夏季发笋出土后，每穴选择保留粗壮竹笋1～3支，其余竹笋要及时去除，以保证新竹质量。同时，还要注意加强看护，避免人畜损害竹笋。当新竹展叶时，剪去梢头，留 4 ~ 6 盘枝叶，同时适量追肥。

3. 竹子资源营林技术

（1）散生竹抚育技术。散生竹有毛竹、水竹、斑竹、金竹等。主要采取以下的抚育措施：①护笋养竹，不挖鞭笋、冬笋，保护春笋，及时挖退笋。3 月上中旬竹笋开始露头，清明前后大量出土，经过一个月左右长成新竹。在此期间严禁砍竹，以免引起退笋，同时防止人畜践踏。②修山，砍除竹林内的杂草灌木，同时砍除风倒竹、雪压竹和病虫竹。每年进行一、二次，以 6 月和 9 月效果较好。③削山松土，铲除林地杂草后，挖松竹林土壤，一般在夏季松土 3 ~ 5 寸深。冬季深翻 6 ~ 8 寸深。松土时，挖除树蔸，拣尽石块，清除老竹蔸、老竹鞭。④施肥，竹子生长要求氮、磷、钾完全肥料，其比例为 5 氮：1 磷：7 钾，其施肥量可根据采伐耗肥量来确定。

（2）丛生竹的抚育技术。经济价值较大的丛生竹有慈竹、蛮竹、冬竹、绵竹、黄竹等。其抚育技术与散生竹大致相同。但应注意以下不同的特点：首先，丛生竹是夏秋出笋，且笋期较长。一般 5 ~ 6 月为初期，7 ~ 8 月为盛期，9 ~ 10 月为末期。除易遭病虫危害外，不少竹种又是食用笋的优良材料，人为砍刈频繁。因此，在出笋盛期，就应选留成竹笋，其余的删除，以保证正常竹笋迅速生长。其次，要治理砍伐。丛生竹类生长较快。如慈竹、黄竹三年以上即为老竹。无生笋能力，应及时砍用，切忌砍嫩竹和优势竹。第三，挖除竹蔸和培土施肥。丛生竹每年生笋成竹和不断砍伐，则老笋竹蔸累集，严重影响生笋成竹，必须及时挖除。一般二三年应挖除老竹蔸一次，然后培土施肥。培土最好用老墙泥、阴沟泥，或施入油枯、渣子肥等。

4. 雷竹丰产林培育技术

雷竹属散生笋用竹，因其早春打雷即出笋故名。在所有竹种中雷竹出笋最早，且无大小年之分，笋质鲜嫩。雷竹已通过引种在湖南省安家落户。

（1）立地选择。根据原产地的气候条件，在年降水量 1000 ~ 1600 毫米，年平均温度12 ~ 15℃的山地、丘陵、平原、河滩都能引种雷竹，要求土壤疏松、透气、肥沃、保水性能良好的乌砂土、砂质壤土为好。普通红壤、黄壤也适宜栽培，但石灰质土不宜栽植。土壤厚度要求 50 厘米以上，pH 值 4.5 ~ 7.0 微酸性和中性土为宜，地下水在 1 米以下。雷竹喜湿喜光，怕风。山区引栽，造林地宜选择在海拔 250 米以下、背风向阳、光照充足的东南坡或南坡。以 5 ~ 15°的低丘缓坡、下坡为好。

（2）整地要求。以全垦整地为好，在清除杂草和灌木的基础上，深翻土壤 30 厘米以上，以利幼竹发鞭、发笋时不受限制。

（3）栽植方法。大多采取移母竹造林。①选好母竹。母竹要求年龄 1 ~ 2 年生新竹，粗细适中，分枝低，无病虫害，以边缘竹最好。根据枝叶繁茂情况留枝 4 ~ 7 盘，及砍去顶梢。母竹远距运输时，要尽量减少水分消耗。运输中帆布包裹竹冠，避免风吹干母竹。②适时栽植。雷竹一年四季均可栽植，而以秋季 10 月至春季 2 月为好。③穴大底平。雷竹造林密度为每 667 平方米 40 ~ 60 株，穴的规格为 80 厘米 × 50 厘米 × 40 厘米，穴底要平，才能使竹鞭避免跳鞭现象。④搭配好鞭向。由于母竹去鞭方向发鞭快，栽植时，不能使母竹去鞭相背而行，使母竹之间出现较长时间的空堂。坡地栽植雷竹，竹鞭应与等高线平行。栽植时，当母竹与竹鞭不垂直时，应首先考虑竹鞭要水平，而不必强求母竹直立。⑤适当浅栽。栽竹宜浅不宜深，可比原来略深。一般以竹鞭在土中 20 ~ 25 厘米为好。⑥鞭土要密接。做到下紧上松，鞭与土密接，覆土分层踩实，勿用锄头猛敲，以免损伤螺丝钉和鞭芽。⑦适当施肥。栽植时可施腐熟的农家肥为主，并可适当加深栽植穴。注意勿使竹鞭与肥料直接接触，应在竹鞭与肥料之间覆一层土。⑧及时浇水。栽植完成后要浇定根水。在降水不足时，要及时浇水。⑨搭设防风架。由于母竹栽植较浅，为防止风吹摇晃，影响成活率，栽植后需搭设三角支架固定母竹。

（4）抚育管理。新竹造林，要求“1 年种，2 年养，3 年长成林，4 年见效益”。①水分管理。天气干旱要及时灌水，久雨不晴要及时排水。②除草松土。每年进行 2 ~3 次。③补充施肥，新竹发笋发叶，要配合水分管理，施尿素或化肥等，结合松土进行。④留笋护竹。新竹林以留养新竹为主，以增加林分立竹数量，快速成林。远距离运输的母竹要尽量减少水分消耗。依枝叶繁茂程度，留枝 4 ~7 盆，及时砍去顶梢。运输中帆布包裹竹冠部分，避免风吹干母竹。

第二节　绿化与花卉苗木培育技术

湖南省花卉业起步虽然较晚，但发展十分迅速，据统计，到 2004 年底，花卉生产面积达 3.66 万公顷，总产值 15.25 亿元，从业人员 24 万人，已形成了以绿化苗木生产为龙头，以长株潭地区为中心的发展态势，初具产业规模。

目前，湖南省已成为我国绿化苗木的重要产区。浏阳市以其主导产品红花檵木、大叶樟、杜英、桂花和杜鹃等特色，成为我国著名的“十大苗乡”之一，从而奠定了湖南省在全国绿化苗木生产布局中的重要地位。而受气候因素的制约，湖南鲜切花和高档盆花栽培成本高，品质难保证，近期不适于大力发展。所以，湖南的花卉业突出以绿化苗木为特色，建设花卉苗木工程。

一、绿化苗木

（一）绿化苗木技术现状

湖南省绿化苗木是以传统地方苗木品种为主，生产品种有 100 多个，主要种类有樟树、红花檵木、桂花、杜鹃、罗汉松、栾树、紫薇、银杏等，特别是红花檵木、樟树等优势越来越突出。

1. 新品种培育技术

主要采用野生种类的引种驯化和突变育种技术，培育绿化苗木新品种。

引种驯化技术，一般采用采种育苗、扦插育苗、栽培观察试验等常规方法，培育绿化苗木新品种。许多种类的苗木都是采用这种方式培育出来的。如湖南农大园艺园林学院“观赏植物资源的收集开发利用研究”，对紫薇及其近缘植物进行了系统研究，开发的新品种已在湖南及周边省份广泛应用。

突变育种技术，一般采用自然芽变技术培育新品种。如湖南省林业科学研究院的“红花檵木新品种选育和类型划分”研究，将红花檵木划分为嫩叶红、透骨红、双面红 3 大类 15 型共 41 个品种，其中 10 个品种通过国家林木品种审定。湖南省森林植物园从紫花含笑的芽变中，培育出墨紫含笑新品种。

2. 规模化生产技术

播种、扦插和嫁接是苗圃最常用的繁殖方式，苗木生产者对于这些传统技术都较为熟悉。但是，苗木生产过程中的每个环节，如扦插繁殖，从采穗母本植株的养护、插穗生根条件优化、幼苗锻炼、室外苗圃养护等环节都有相应的技术要求，这些技术体系比较系统而繁杂，苗木生产者很难完整地掌握。这导致了花卉苗木产品生产规模小、质量不高，也导致了绿化苗木的发展处于低水平的数量规模扩张。

针对这样的问题，为了使育苗者全面掌握系统的育苗技术措施，促进绿化苗木从数量增长型向质量效益型转变，2004年启动了“浏阳河花卉苗木标准化研究与示范”项目。2006年，《红花檵木苗木培育技术规程和质量分级》（LY/T1631—2005）国家标准已发布实施；樟树、桂花、杜鹃等苗木培育与商品质量标准也正在研制中。

3. 大规格苗木培育

大规格苗木的培育有着独到的技术，除了常规的浇水、施肥等外，不同树种的修剪、移栽或截根等都有特殊的技术要求。近几年，在湖南苗木产地部分育苗大户对大树移栽和养护技术比较成熟。但是，根据树种的特性及应用要求，由小苗培育根球较小且根系发达的大规格苗木，达到树干通直，干高和冠型一致，树形良好，很好满足城市绿化要求的定向培育技术还不系统和完善。

（二）木本观赏植物资源开发技术

据调查，湖南省蕴藏着2000余种野生观赏树木，它们分布在各种类型的生境中，表现出不同的生态适应性、形态特征和观赏特性。少数种类已被公众了解，在庭园中有着悠久的栽培历史，如茶花、白玉兰、桂花等，而绝大多数野生观赏树木“仍处深山人未知，不见芳容真面目”。在这些树种资源中具有集中分布的重要特征，如冬青属有68种（占全国57.6%）、刚竹29种（占72.5%）、淫羊霍8种（占61.5%）、海桐花17种（占50%）、荚迷35种（占47.3%）、含笑15种（占42.9%）、槭树42种（占28%）、绣球花12种（占26.7%）、蔷薇16种（占26.7%）、樱桃36种（占25.7%）、忍冬25种（占25%）、山茶31种（占16.3%），自然类群中近缘种的多样化，有利于树木资源的开发利用和优良品种的培育。

1. 色叶观赏树木种质资源开发与利用

（1）秋色叶树种资源开发与利用。秋色叶树种是指落叶树种在秋季落叶前变为红色和黄色，并具有秋色叶艳丽而醒目、色叶期长、有较厚的叶幕层、群体效果好等特征的落叶树种。湖南常见的秋色叶树种约有60种，具有开发利用价值的有以下树种。

银杏：银杏科落叶大乔木，入秋叶色金黄，蔚为壮观。

金钱松：松科落叶乔木，枝条层层舒展，入秋叶片金黄夺目。

鸡爪槭：槭树科落叶小乔木，入秋叶色变红，如花似锦。

枫香：金缕梅科落叶乔木，深秋叶色红艳或金黄。

乌桕：大戟科落叶乔木，入秋深红或鲜红。

重阳木：大戟科落叶或半常绿乔木，早春嫩叶红而鲜亮，入秋变红色。

山麻杆：大戟科落叶、丛生灌木，高1~2米，秋叶紫红艳丽。

楝叶吴茱萸：芸香科落叶乔木，果实熟时紫红或淡红色，叶色红色。

无患子：无患子科落叶乔木，秋叶金黄。

复羽叶栾树：无患子科落叶乔木，夏秋之季金果满树，深秋叶片金黄。

秋色叶树种资源开发利用，主要是选育秋色叶稳定与均匀品种；研究特殊的栽培技术措施，增加秋色叶景观度。

（2）春色叶树种资源开发与利用。春色叶树种是指树木开春新发生的嫩叶有显著的不同叶色，并具有嫩叶绚丽夺目、色叶期长等特征的树木。湖南常见的春色叶树种约有30种，具有开发利用价值的有以下几种：

石楠：蔷薇科常绿小乔木，早春嫩叶为红色。

黄山栾树：又名金像叶栾树，无患子科落叶乔木，早春嫩叶为红色。

爬山虎：葡萄科落叶藤本，幼叶红色，艳丽发亮。

月月红：蔷薇科常绿或半常绿灌木，嫩叶鲜红亮丽，光彩照人。

香樟：樟科常绿乔木，早春嫩叶粉红色，叶片薄质如纸。

枇杷：蔷薇科常绿小乔木，嫩叶为白色，远看似朵朵白花顶生。

春色叶树种开发利用主要是选育色叶期长和色叶期差异明显的品种。

2. 木兰科树种种质资源开发利用

木兰科属世界珍稀濒危树种，是古老孑遗植物的群体。全世界只有250种，中国有176种，湖南约有40种。木兰科树种树形优美，花大艳丽，色彩缤纷，有紫、深红、桃红、粉黄、奶黄、纯白、乳白等众多花色，芳香袭人，花期较长，具有非常高的观赏性，作为绿化观赏树种，有着很高的开发利用价值和广阔的市场前景。

（1）景观树种资源开发。木兰科树种大多树体高大，树形优美，可作为景观树种开发利用。主要种类有：常绿类的乐昌含笑、平伐含笑、黄心夜合、峨嵋含笑、阔瓣含笑、阔叶含笑、火力楠、观光木、乐东拟单性木兰、云南拟单性木兰等；落叶类的白玉兰、华中木兰、鹅掌楸、北美鹅掌楸等。

（2）花灌木类种质资源开发。木兰科树种中的紫玉兰，紫花含笑等，花紫红色，花期长，是很好春花树种。紫玉兰：先花后叶，花大而艳丽，具有很好的群体景观效果。紫花含笑：常绿灌木，花色艳丽、芳香，很好的育种材料和观花观叶树木。

3. 慢生观赏树木选育技术

慢生观赏树木能够在较长时期内，维持城市景观的稳定性，减少绿化养护成本，是城市生态环境可持续发展的重要保证。国外对这方面技术的研究十分重视，并已在城市绿化中应用。

（1）慢生观赏树木种类。湖南省地带性顶极群落为常绿阔叶林群落，不同的海拔、不同的高地条件有着不同的群落特征和种群组成。这些群落中的多数树种表现为慢生、耐阴、稳定的特征。这些树种主要有石栎类、栲类、青冈栎类、冬青类、山矾类、忍冬以及木荷类等。

（2）慢性观赏树木资源调查与引种驯化研究。研究慢生树木在野生状态时的生物学和生态学特性，开展全面的引种驯化工作，研究在人工栽培环境下的适应性。

（3）慢生观赏树木的利用研究。主要解决慢生观赏树木评价标准，大规格苗木培育技术和栽培技术。

4. 地被观赏树木选育技术

地被植物一般指那些植株低矮、枝叶稠密能覆盖地面的植物，包括草本、小灌木和藤本。地被观赏树木是指地被植物中的小灌木和木质藤本，它除了用来覆盖地面，保持水土外，又可作为装饰。由于地被植物养护简单，不需经常修剪，具有草坪植物所不及的特殊优势，在园林应用中极具发展前景。

杜鹃、红花檵木、小叶女贞等小灌木已普遍用于地被，取得了良好的景观效果。但是应用种类还很少，对绿地的多样性、稳定性建设所需的种类还很不够。而森林群落中存在着大量的各种耐阴灌木，对森林群落的稳定性起着很重要的影响。开展这方面的研究，对丰富城市绿地多样性和稳定性有着重要意义。

（1）地被观赏树木的引种驯化。研究灌木在天然群落中的生物学和生态学特性，开展全面的引种驯化工作，研究在人工栽培环境下的适应性。

（2）具有前景地被观赏树木新品种选育。

地稔：野牡丹科野牡丹属披散或葡萄状亚灌木，茎分枝，高10~30厘米，5~7月开花，紫红色，常生于山坡原野，草地上或灌木丛中，喜半阴环境。本种叶片别致，花色艳丽，繁衍能力强。

紫金牛：又名矮地茶，紫金牛科紫金牛属常绿小灌木，高 10 ~ 30 厘米，核果球形，熟时鲜红，经久不落。常丛生于山林下阴湿处，适应性较强。除可作观果地被外，还可用于盆栽。

葛藤：豆科葛属多年生藤本，适应性强，耐旱，耐瘠薄，有一定耐阴能力。多生于草坡、路旁、树林。葛藤覆盖度大，枝叶粗犷，生命力极强，是适于大面积粗放管理绿地覆盖。

（3）地被观赏树木新品种利用技术。主要解决地被观赏树木评价标准，苗木快速繁育技术和栽培技术。

（三）特色绿化苗木生产技术

特色观赏苗木是绿化苗木产业做大做强的重要保证，也是保持市场竞争力的根本保证。湖南省特色的观赏苗木是红花檵木、樟树、杜鹃等，不但在市场份额上占有很大的比例，而且保持着较好的发展势头，它们是支撑湖南绿化苗木业发展的重要基础。开展特色观赏苗木生产技术研究，对维持湖南绿化苗木品牌优势，实现可持续发展有着重要的意义。

1. 樟树新品种选育与苗木标准化推广技术

樟树是抗性强、应用广泛的特色观赏树木，生产上没有统一的质量标准和生产技术规程，导致苗木品系混乱和质量不高，竞争力正在下降。所以，开发该项技术研究，摸清樟树种质资源家底，选育新品种，进行标准化生产，对保持樟树苗木的品牌优势有着重要的意义。

（1）樟树品种及评价标准研究。目前，生产中的樟树苗木是由香樟、黄樟、猴樟、沉水樟、银木等多个樟属树种组成的混合类群，并且各个树种的种源差异性也较大，尤其是耐寒性和耐瘠性存在一定差异。本研究通过对樟树品种建立统一的评价标准，建立不同种类、不同种源的栽培区域和园林应用体系，培育出有特色的新品种。

（2）樟树苗木质量分级标准。对樟树苗木，按种类、按不同用途建立苗木质量等级标准，提高苗木质量。

（3）樟树大规格苗木培育技术。大规格苗木是樟树苗木生产的重点。通过标准化体系建设，使樟树从采种、播种、小苗培育、移床苗培育、大苗培育、大规格苗木培育到超大规格苗木培育实现技术配套化。

2. 红花檵木新品种选育与标准化推广技术

湖南省林业科学研究院的红花檵木新品种与标准化推广技术实施多年，已选育红花檵木新品种 47 个，其中通过国家审定和认定的有 10 个，标准化推广示范已通过国家验收，取得了显著的成效，苗木质量大幅提高，价格大幅上升。容器育苗等新技术也已开始应用于红花檵木苗木培育，由于容器苗成活率高，已开始大规模推广应用。

（1）重点推广的红花檵木优良品种。大叶玫红、大叶红、大叶卷瓣红、卷瓣红、大红优、冬艳紫红、冬艳玫红、冬叶亮红、冬艳卷瓣红、冬艳卷瓣玫等已通过国家审定的优良品种，列入重点推广对象。

（2）红花檵木苗木生产标准化示范。《红花檵木苗木培育与高品质量要求》国家标准已发布实施，通过建立红花檵木标准化示范区，促进红花檵木苗木大批量规模生产和交易的规范化。

（3）红花檵木容器苗培育技术标准化研究。红花檵木容器苗培育已普遍在产区应用，由于技术操作不规范，成活率低，苗木质量分化大。对红花檵木容器苗技术标准化研究，主要从基质选择、移栽技术控制和培育管理等方面研究，提出规范化操作技术，降低生产成本，提高苗木质量。

3. 桂花新品种选育与苗木标准化推广技术

桂花是适应广，文化内涵丰富，深受百姓喜爱的特色观赏树木，而品系混杂、花期花量不

一、特色大规格苗木严重不足是制约桂花苗木发展的重要制约因素。所以，开发该项技术，定向培育花期一致、花量大、香味浓的桂花新品系大规格苗木，对建立桂花苗木新品牌形象有着重要的意义。

（1）桂花新品种引进和选育。针对不同花期、花量、花朵大小、花颜色、花香度等进行品种引进和选育，筛选适应不同区域，不同用途的桂花新品种。

（2）桂花苗木生产标准化技术。总结桂花苗木生产技术经验，制定《桂花苗木培育与商品质量要求》技术标准，建立标准化示范区，促进桂花苗木生产规模化和交易规范性。

（3）桂花超大规格苗木培育技术。针对桂花超大规格苗木的市场需要和桂花生长慢的特性，开展移栽促根、全冠保活等技术研究，使大规格苗木生产向规模化、标准化方向发展。

4. 杜鹃苗木标准化推广技术

杜鹃是发展潜力很大的绿化苗木品种之一，因为生产周期短，市场需求量大，呈现快速发展趋势，已成为重要品牌。开展杜鹃标准化推广技术研究，对保证产品质量，保持品牌优势有着重要意义。

（1）杜鹃苗木生产标准化技术。总结杜鹃苗木生产技术经验，制定《杜鹃苗木培育与商品质量要求》技术标准，建立标准化示范区，促进杜鹃生产规模化和交易规范化。

（2）杜鹃容器育苗技术。通过基质选择，设施栽培等技术措施，开展杜鹃容器育苗技术研究，解决四季绿化对苗木的需求。

5. 紫薇新品种选育与苗木标准化推广技术

紫薇因夏季花期长、花量大、花色丰富而成为近几年备受市场欢迎的特色观赏树木。开展这项技术研究，能够很快形成新的绿化苗木品牌优势，对湖南绿化苗木产业可持续发展有着重要的影响。

（1）紫薇新品种选育技术。目前，生产用紫薇品种混杂，存在有各种花色、各种株型混杂的问题，通过不同性状单株选择和杂交育种培育不同用途的紫薇新品种。

（2）紫薇苗木生产标准化技术。总结紫薇苗木生产技术经验，制定《紫薇苗木培育与商品质量要求》技术标准，建立标准化示范区，促进紫薇苗木生产规模化和产易规范化。

（3）特种用途紫薇苗木培育技术。针对紫薇扦插易成活的特性，可采用粗枝扦插生根技术，培育大规格苗木；针对紫薇枝干柔软的特点，对紫薇开展编制技术和编制特种用途苗木培育技术，提升苗木附加值。

二、人工草皮

（一）湖南草皮生产技术现状

2004 年湖南省的草坪生产规模达 3500 万平方米，涌现了天泉生态科技、碧水园林等一批专业草业公司。但是，草坪业从总体上的科技水平都还处于初级阶段。

湖南的草皮生产以传统草皮为主，不但生产周期长，而且每生产一次都会损伤一层表土，久而久之会破坏基本农田和生态环境。草毯技术开始起步，但因为技术要求高，生产成本大，生产规模很小。

（二）草毯开发技术

1. 无土推广无土基质草毯新技术

由湖南天泉生态科技公司开发的这种草坪栽培新技术，已通过有关部门的技术鉴定。这种草坪完全不用泥土，采用牛粪、木屑、秸秆、菇渣等农业废料，通过特殊发酵工艺而生产出的高科技复合无土基质。与传统的土质草皮相比，无土草坪生长周期短，一年可生产4～5次，四季常青，而且重量仅为土质草皮的1/4，还适合屋顶种植。

“草毯”移栽时，对土地平整度的要求不高，一般在地上浇上水后，像地毯一样铺上即可。秸秆毡的厚度一般不超过1厘米，草的根系都形成在毡的底部，只要接触到土壤，草根很快就会扎到土里。为降低治理沙化地成本，也可将“草毯”分切成条，这样1平方米的“草毯”可移栽成几平方米，然后靠其自身蔓延开来。

2. 无土基质草毯系列产品开发

无土基质草毯系列产品开发，包括普通型、节水型、一般耐践踏型、强耐践踏型、改良土壤型和综合型草毡技术。

(三) 屋顶绿化草皮开发技术

屋顶绿化是节约土地、开拓城市空间、“包装”建筑的有效办法，是建筑与绿化艺术的有机结合，也是人类与自然的有机结合，是一种融建筑物的空间潜能与绿色植物的多种效益完美结合和充分发挥的产物。屋顶绿化草皮技术，是针对承载力较弱、事前没有绿化设计的轻型屋面，采用适合少量种植土生长的草种密集种植的地毯式绿化。

1. 屋顶绿化一次成坪技术

此技术选用景天科的佛甲草，其特性肉质、矮小、匍匐生长、节上生枝、自生自繁、极耐旱抗寒耐瘠薄，冬季绿色减淡而不死，春来又返绿，节水、省工，几乎不用管理。用2～3厘米厚的基质材料在基地培植的草坪块，能在屋顶一次铺植成坪。

2. 屋顶绿化栽培基质研究

屋顶环境条件恶劣，为使植物生长良好，又要尽量减轻屋顶的附加荷载，种植土一般不采用普通的土壤，而是采用含各种植物生长所需元素，又比自然土壤容重更小的介质材料。目前，是以泥炭、堆腐的木屑、谷壳、蛭石、膨胀珍珠岩、粉煤灰等配制的栽培基质，容重控制在每立方米1000～1500公斤。

屋顶绿化栽培基质研究，研制长效专用肥，保水剂与传统基质配合的新基质，减少浇水次数和浇水量，提高绿化效果。

三、商品花卉

(一) 湖南商品花卉技术现状

湖南花卉苗木产业是以绿化苗木（草皮）为主体，作为传统花卉的盆花、盆景、鲜切花是重要补充。虽然这些传统花卉数量小、对产业影响不大，却极大地丰富了全省花卉市场。在传统花卉中，盆花、盆景生产历史虽然较长，却大多仍以本地市场为主，自产自销，加之来自广东、福建、吉林、江苏等省室内盆花和高档盆景的冲击，没有形成产业规模。鲜切花消费虽然增长迅速，但主要还是以外来产品为主。传统花卉在湖南仍然处于零散生产与经营，部分公司有一些熟悉传统花卉生产的技术工人，教学科研单位在新品种引进及新技术开发上做了基础工作，生产的总体技术水平还很低。但是，随着人们生活水平的不断提高，花卉必定走向家庭生活，传统花卉有着很大的发展潜力，所以，对传统花卉要重点加强技术的开发研究。

(二) 商品盆花开发技术

1. 普通盆花

普通盆花以其灵活性、时效性、便利性而深受广大人民的欢迎。这种盆花具有适宜于本地气候条件，栽培容易，繁殖方法比较简单等特点。传统草花，包括一串红、矮牵牛、鸡冠花等集团消费量大的盆花。生产技术已成熟，但存在生产规模小、质量低、价格高等问题，要通过新技术引进，主要解决产品质量评价标准，规模化生产技术。

主要的品种：一串红、金盏菊、鸡冠花、凤仙花、瓜叶菊、菊花、四季秋海棠、矮牵牛等。

标准化栽培技术：总结栽培成功的经验，从栽培基质入手，建立基质，设施、技术配套的标准化技术。

新品种的引进与开发：引进新品种，并进行配套技术开发，不断满足市场要求。

2. 高档盆花

高档盆花，以其艳丽或高雅为特色，主要满足花卉的高档消费市场。这种盆花具有需要保护地栽培、技术复杂，繁殖难度大等生产特点。高档盆花包括蝴蝶兰、大花慧兰等。生产技术已成熟，但存在品种更新慢、生产成本高等问题，要通过新品种选育和引进，加快品种更新，主要要解决规模化生产技术。

主要的品种：蝴蝶兰、大花慧兰、红掌、国兰。

标准化栽培技术：从保护地设施结构入手，推行无土栽培技术，实现标准化生产。

繁殖技术研究：引进新品种，开展组织培养快速繁殖技术研究，扩大繁殖。

3. 木本盆花

木本盆花，是以小灌木为主体，通过盆栽形式，实现观花观果目的的栽植方式，包括茶花、杜鹃、月季、红花檵木等传统种类，也包括待开发的紫薇、短梗大参等新品种。紫薇获湖南省首届花博会金奖，短梗大参获第六届中国花博会铜奖。

地方特色种类：包括红花檵木、短硬大参、紫金牛、糯米条等。

盆栽标准化技术：从盆栽管理入手，建立基质、设施与技术配套的标准化技术。

新品种选育技术：通过引种驯化，繁殖技术研究，选育新品种。

（三）商品盆景开发技术

湖南盆景资源极为丰富，但开发为盆景的资源树种极为有限，商用盆景材料仅有红花檵木。商品盆景开发技术，包括产品质量评价标准和规模化生产技术。

1. 盆景材料种质资源调查研究

湖南树木资源相当丰富，而用于盆景仅有红花檵木、中华蚊母、榔榆、黄洋等几种。开展该项研究的目的，是要充分发挥湖南树木资源的优势，开发出适应湖南气候的商品化生产的新材料。

2. 商用小盆景培育技术

采用常规育苗技术，从苗木培育入手，通过规范化的造型处理，培育批量小盆景，降低生产成本，使其进入千家万户。

（四）鲜切叶开发技术

由于气候等因素，湖南不可能周年生产鲜切花供应市场，限制了鲜切花的发展，但是其鲜切叶辅料却有着得天独厚的生产条件，应作为花卉产业未来培植的重点方向。鲜切叶开发主要包括鲜切叶商品质量评价标准，鲜切叶新品种选育技术，鲜切叶周年生产技术。

1. 鲜切叶植物选育技术

通过野生资源调查，引种栽培试验，选育枝叶绿量大，观赏性强的树种，或观赏效果好的草本植物，作为鲜切叶植物新品种。

2. 鲜切叶植物培育与标准化生产技术

（1）木本鲜切叶植物培育与标准化生产技术。根据木本植物的特点，建立栽植地选择栽培管理，采摘技术等配套的木本鲜切叶植物培育与标准化生产技术。

（2）草本鲜切叶植物培育与标准化生产技术。根据草本植物的特点，建立栽植地选择、采种育苗、栽培管理等配套的草本鲜切叶植物培育与标准化生产技术

第三节　木竹及林化产品加工利用关键技术

一、竹子等系列新产品加工利用技术

（一）竹地板、竹胶板加工技术

1. 竹地板加工技术

竹地板一般用毛竹做原料，通过一定的加工工序，如竹竿截断，加工成竹条，将竹条双面刨光、干燥再四面刨光、配坯、热压、胶合、砂光、开榫、油漆等加工成地板。在竹地板加工过程中，几个重要的工艺过程是：①选料：根据毛竹的生长特点和力学性能指标，一般选用胸径大于10 厘米，壁厚 8 毫米左右，竹龄 4 ~6 年，离地面 250 厘米至 5 米处的毛竹秆。②竹条的蒸煮处理及干燥：竹材含有的蛋白质、糖类、淀粉类、脂肪和蜡质比木材多，在温度和湿度适宜的情况下，易导致变色、腐朽和虫蛀。因此，竹条在粗刨后均需进行蒸煮处理，除去部分抽提物。蒸煮处理后的竹片，含水率超过 80%，达到饱和状态，需进行干燥。竹材密度大且密度分布不均，导致竹材的干燥比较困难，易产生内部应力，造成翘曲变形。通常竹条干燥温度不宜过高，同时要注意干燥窑内温度及空气循环速度。③调色处理：竹条颜色深浅不一，通常都要经过漂白或炭化处理。漂白处理可与蒸煮处理同时进行，在蒸煮池中加入双氧水等漂白剂即可使竹片变成白色。碳化处理是利用竹材在高温、高湿条件下产生变色的原理，使竹片变为深棕色的一种处理方法，一般在密闭条件下用 0.3 兆帕的蒸汽压力处理 2 ~4 小时即可。④组坯、热压胶合：竹条经过精刨、挑选和分色后，按竹地板结构要求，采用环保型胶粘剂将竹条组坯后进行热压胶合。由于宽度方向及厚度方向需同时进行胶合，因此，需采用专用的双向单层热压机。热压工艺与木质材料比较，温度基本相同（115 ~120℃），热压时间及压力略大于木质材料。⑤竹地板加工：热压后的竹地板毛料可以直接加工成全竹地板，也可以同马尾松、杉木复合加工成竹木复合地板。

2. 竹胶板加工技术

以竹帘或竹席为原料，以水溶性酚醛树脂为胶粘剂，通过浸胶、干燥、组坏热压、裁边等工艺技术加工而成的竹胶合板材，通常以水泥模板为主要产品。另外的一种形式是以带沟槽的等厚竹条为其构成单元，通过定型干燥、竹条四面刨光，侧面施胶，对称组坯，热压等工艺技术生产高档竹胶板产品。具体做法如下：

为了防止竹条在干燥过程中产生卷曲变形，采用加压干燥定型工艺。竹条施胶时，采用四辊涂胶机辊涂水溶性酚醛树脂胶，涂胶量为 300 ~350 克/平方米（双面）。胶粘剂中可加入1% ~3% 的面粉、豆粉等作填充剂。填充剂可使竹片在涂胶后易在表面形成胶膜，热压时不易产生流胶现象，固化后可以改善胶层的脆性。采用手工组坯的方式，严格按照对称原则、奇数层原则和相邻层竹条纹理相互垂直的原则进行组坯。为了防止板坯在向热压机内装板时产生位移而引起叠芯、离缝等缺陷，在组坯后对板坯在室温下进行预压，使其粘合成一个整体材料然后进行热压。采用热—热胶合工艺，其热压温度为 140℃左右，单位压力为2.5 ~3.0 兆帕，热压时间按板材成品厚度计算，一般为 1.1 分钟/毫米。为了防止“鼓泡”，在热压后期通常采用三段降压的工艺。

现在的竹胶合板生产线可通过技术改造设计成多功能生产线，克服仅能生产素板和覆膜板两个品种的局限。在新设计的多功能生产线上，可以根据市场不同时期的需要，采用一次热压和二次加工的制板方式来生产不同档次的多个产品，如一次复塑竹帘胶合板、浸渍纸贴面竹帘胶合板、涂膜竹帘胶合板和素板等。二次加工制板可以消除一次热压制板存在的板面色和厚度偏差大的缺陷，大大提升了产品档次，从而为产品的出口创汇创造了条件。

全省有竹胶板生产线约140多条，年生产能力近70万立方米，2004年产量30.49万立方米。年产1万立方米竹胶板的企业有桃花江竹胶板集团、邵阳宝庆竹胶板集团、浏阳方园板业公司、湘中竹木总厂、云天竹业公司等。桃花江竹胶板集团是省内最大的竹材人造板加工集团，由桃江县内的37家竹胶板厂联合组成，拥有固定资产1.2亿元，员工2300余人，竹胶板年生产能力为20万立方米，被省政府认定为省级农业产业化龙头企业。

（二）竹木复合板加工技术

由于竹材与木材有许多相同的材性，又各有其特点，因此，竹木复合人造板是一类品种最多的竹材复合人造板。其结构形式主要是层积复合结构。木材主要以木单板（或薄木）、木方（或木板）的形态参与复合；竹材多加工成竹片、竹席、竹帘和竹单板与之复合，两者都可以分别是复合板的芯层和表层，这主要决定于复合板的性能或用途。以铁路平车用竹木复合地板为例，实现“以竹代木”。

铁路平车用地板多为厚度70毫米、宽度300毫米、长度2980毫米的红松实木板材，这些板材来自东北。随着天然林资源保护工程的实施，红松资源越来越少，取而代之的是进口花旗松。资源紧缺已经成为世界性的问题。进口花旗松除高额的成本外，还受到原料供应的限制。铁道部提出开发人工林木材资源，为高质量完成铁路平车用地板，实现“以竹代木”的方针，由戚墅堰机车车辆厂和南京林业大学等单位共同研制开发铁路平车用竹木复合地板。在大量的试验、研究、听取专家意见的基础上，结合竹材、木材物理力学特点，确定了45毫米厚竹木复合层积材地板。采用三层结构，表层和背层用多层竹帘浸胶、同一方向组坯压制5毫米厚的竹帘板；芯层以小径材加工成薄板采用间苯二酚改性酚醛胶三层组合而成（每层厚度12毫米），然后将表层、芯层和背层全部按同一纤维方向胶合而成。经过严格的方案设计、技术文件编制、实物送样检测、装车验证、观摩考核等程序，竹木复合地板完全符合铁路平车地板组装、货物装载和安全运输等要求，实现“以竹代木”。

（三）竹木复合轻质高强结构材料制造技术

（1）以人工林杨木和毛竹为主要原材料，采用高频胶合工艺，通过对竹材、木材复合比例以及不同组合形式下复合材料物理力学性能的分析计算，确定了高频胶合技术用于制造竹木复合材料最佳工艺方法和工艺路线；采用材料设计方法和手段，建立了竹木复合轻质结构材料结构设计模型，可以根据要求改变竹木复合比例以达到不同使用场合对材料物理力学性能要求。采用该种工艺方法制造的竹木复合轻质结构材料即具有结构材料的特性，同时又具有装饰材料的功能。

该项技术的先进性和创新性在于：竹木复合轻质结构材料采用高频胶合工艺的技术路线和方法；竹木复合轻质结构材料性能设计平台技术，可以随时根据需要制造出设定力学性能指标的结构材料产品。

（2）竹木复合强化单板层积材制造技术，是采用水溶性低分子量酚醛树脂为主剂，加入一定量的助剂和添加剂，浸渍处理杨木单板和竹帘，经过低温干燥，纵向组坯、热压定型成型技术制得竹木复合强化单板层积材（LVL）。同普通单板层积材相比，创新之处在于水溶性低分子量酚醛树脂的合成和药液调配；利用负压浸渍处理方式浸渍处理杨木单板和竹帘，二次真空低温干燥技术，使得药液能够充分渗透到单板或竹帘内部，并且分布均匀，克服了竹材与木材内应力不同，干缩湿胀不一致带来的弱点；突破了传统的单板层积材涂胶或滚胶技术路线，同普通单板层积材相比创新之处在于压缩密实，热压定型工艺技术。

（四）高效低毒竹材防腐技术

竹材含有较多的营养物质，其中蛋白质含量为1.5%～6.0%、可溶性糖类约为2%、淀粉类为2.02%～5.18%、脂肪和蜡质类为2.18%～3.55%，竹材和竹制品在温暖潮湿的环境条件下保存和使用时很容易产生腐朽、霉变和虫蛀，因此，竹材的防腐处理显得更为重要。竹材的防腐处理大多借鉴木材的防腐处理方法，然而，由于竹材和木材的解剖构造、化学成分、密度、渗透性等存在很大差异，因此，不能机械地套用木材的防腐处理方法。

据日本研究表明，用苯酚和甲醛缩合成的甲阶酚醛树脂，是一种低分子和低黏度的水溶性制剂，对竹材具有良好的渗透性。该树脂浸注竹材后，再经热处理或酸处理，可生成一种不溶于水的三元结构高分子化合物，无味无毒，也不会渗出和挥发，具有持久的防腐性能。用这种防腐剂处理的竹材，不论在室内室外使用或埋入土中，都没有受到菌类的侵蚀，也无防腐剂从竹材中反渗出来，其防腐性能优于常用的防腐剂处理木材，但用酚醛树脂处理的费用较高。南京林业大学采用0.2%辛硫磷溶液浸渍竹制品3分钟，竹蠹虫经2～3天死亡，药效可维持1年以上。此药剂低毒、药效较长，应用于竹制品生产是较理想的防蛀剂。将1%的添加剂（硼砂：硼酸=1：1）加入5%的新洁尔灭溶液用来防止竹制品霉变，也取得较好的效果。此外，南京林业大学曾研究毛竹篾片液相乙酰化处理试验。试验结果表明，液相乙酰化处理竹片一定时间，乙酰基增重率（WPG）达12.97%，试样失重率为零，防腐效果极佳。但此法操作较繁，成本较高。

（五）竹醋、竹焦油加工、竹炭生产技术

竹醋液是竹材在烧制竹炭过程中所获得的副产品，经初步分析，竹醋液的成分含量因采集工艺、存放置时间、精制方法及竹种等条件不同都会引起变化，是一种组成成分相当复杂的混合物，其主要成分是水（占80%以上），其次是有机酸（醋酸等）、酚类（苯酚、2-甲基苯酚和2，6-二甲基苯酚等）、酮类（丙酮和丁酮等）、醇类（甲醇和丙二醇等）以及其他杂环类等近200种物质。根据竹材主要化学成分热分解的基本规律，干馏工艺采用分阶段控温方式使半纤维素、纤维素、木质素先后解热，温度分110℃、170℃、225℃和275℃及以上等五个温度段。开始升温速度较快，当料温超过110℃以上时采用阶梯方式升温，升温时间尽可能缩短，升温至下一设定温度时，保温并收集竹醋液，当竹醋液流量很小时，再升温至另一阶梯温度，继续收集竹醋液。在各阶梯温度点，通过冷凝装置冷凝，获得化学成分较为单纯的竹醋液。竹醋的工艺流程为：竹材—热解—可凝气体—冷凝—竹醋液原液—静置—蒸馏—过滤—滤液—添加剂—搅拌—装瓶—检验—成品。

竹炭是竹材在高温、缺氧的条件下，使竹材受热分解而得到的固体物质，是新型的保健和环保材料，具有脱臭、吸附、调湿、去除静电、抗远红外线、抗菌等效果。其工艺流程为：竹材—热解—筒炭—切片—分选—除尘—分装—成品。近年来，竹炭已开始用于水质净化、吸附异味、居室调湿、美容、土壤改良等方面，系列产品在日本和东南亚市场热销，但在我国还是处于市场需求的启蒙期。由于从竹材到竹炭，每吨可增值4～5倍，再经深度加工，产品增值到3～10倍，因此，竹炭业有广阔的市场前景，随着世界木材资源逐渐减少，对竹材的开发利用将是21世纪的新课题。竹炭作为一种近几年开发的新产品，用途极为广泛，涉及许多应用领域，是竹材利用的新方向。竹炭内部形成各类孔隙，具有微孔、中孔和大孔，因而竹炭具有一定的比表面积，使它对多种有害气体具有很好的吸附能力。竹炭分子结构呈六角形，质地坚硬，细密多孔，吸附力强，具有吸附功能；竹炭空隙度高，非常适合作为土壤微生物和有机营养成分的载体，可以增强土壤活力，是一种良好的土壤改良剂；竹炭释放微量元素，改善环境，杀害病菌，无害化释放空气；竹炭具有弱导电性，起到防静电作用；竹炭可放射远红外线，波长适合人体吸收，加快血液循环，改善人体内环境，应用于保健。

二、木材系列新产品加工技术

（一）林板纸一体化技术现状

全省现有规模木浆造纸企业16家，生产能力77万吨；人造板生产企业80多家，生产能力214万立方米，其中中（高）密度纤维板生产能力49万立方米、细木工板生产能力24万立方米、木质胶合板生产能力15万立方米、刨花板生产能力10万立方米、竹胶合板生产能力70万立方米。2004年生产木竹浆纸74万吨；生产人造板169万立方米，其中竹木胶合板75万立方米、纤维板37万立方米、刨花板7万立方米、细木工板24万立方米，林纸（板）业总产值达到75亿元。其中，泰格林纸集团以杨木浆为主的年产20万吨高档纸生产线已经建成投产，该公司年产纸能力达60万吨，2004年产量为54万吨，实现销售收入32亿元，利税总额达4亿元。

2004年全省林产工业总产值达135亿元，其中木竹浆造纸产值42亿元、人造板产值33亿元，林纸（板）产值合计占全省林产工业总产值的55%，完成利税13亿元，在国民经济和社会生活中占有重要地位。林纸（板）企业对木材的需求，带动了相关产业的发展，提高了周边农户的造林积极性，成为农民增收的主要渠道。由造纸企业直接对农户下订单或签合同，企业可以获得稳定的原料供应，同时农户可以保证获得稳定的收入，减少交易成本，降低市场风险。

到2010年年末，全省新增人造板生产能力120万立方米、木浆纸160万吨，主要产品产量达到：人造板310万立方米、木竹纸浆240万吨、木竹地板及复合板2000万平方米、木竹家具200万件（套）、林化产品5万吨、药材5万吨。山区、丘陵区、平原区农民收入来自林业产业的比重分别达到50%、30%、20%。实施“2331”工程，即重点扶持20个销售收入亿元以上、30个5000万元以上、3个10亿元以上、1个100亿元以上的林产工业龙头企业。

（二）人造板生产制造技术现状

1. 中密度纤维板精准贴面技术

商业上通用的中密度纤维板贴面素材厚度为6~40毫米。贴面材料一般采用三聚氰胺树脂浸渍的薄膜，这种薄膜是化学工业和印刷工业的产品。贴面材料有很多种颜色、图案和表面结构。而贴面工艺主要有以下两种：连续贴面和周期性贴面。现代贴面生产几乎普遍是自动化的，贴面设备主要包括素板和贴面薄膜准备装置、薄膜铺放装置、压机、修边装置、控制装置和装卸运输装置等。单块素板通过自动供料装置从其板垛取下送到下一工位，该装置可为真空式吸板装置或带气动爪的插入装置。在素板清洁工位安装有辊刷，用来清除板面灰尘和杂物，辊刷高度可电动调节，以适应不同的板材厚度。

为适应市场对产品变化的要求，在薄膜铺放工位应提供多种解决方案，其目的是机动灵活地生产各种不同的产品，如在薄膜铺放工位部分区间装有薄膜翻转装置，使得可由一叠放机构来牵拉上面和下面铺放的薄膜。因免除了在翻转情况准备薄膜，这对小批量生产特别有利。由于设备加工产品的多样性，既能生产单面贴面的板材，也可生产每面带多种薄膜的板材。后一种情况需要安装各单层薄膜的夹紧装置和附加的电离装置。

通常的薄膜铺放区有一、二或多个带薄膜牵拉装置的铺放工位，借助于定位和对准装置将薄膜以精确到毫米的准确度铺放。组合于薄膜牵拉板条中的专用吸盘使薄膜边缘能平展铺放，当薄膜边缘不平整时也能正确对准。薄膜叠以多层供应，可缩短薄膜更换时间。在实践中偶然出现薄膜斜位时，允许人工进行再校正。由于在整个平面上作用的电离层，板上铺放的薄膜被静电充电，故薄膜传输时可有效地免除损伤。薄膜叠存放于占地不大带调节输送器的自动贮存装置中。通过可显示的贮存装置管理程序管理薄膜叠，该程序处理所有与贮存装置动作和产品有关的数据。

现代高级贴面设备通常的结构形式在批量生产中装饰图案和纹理等方面在一定公差范围内几乎达到完全相同的精确度。但这一点对很多产品远远不够。现在新研发一种定位准确度特别高的装置，扩展了加工范围，可在成品表面结构进行三维贴面。该装置供料部分有定位带，借助于光学识别装置获悉装饰薄膜的准确位置。薄膜离规定位置的偏差通过电动执行机构在纵向和横向进行校正。执行机构具有绝对值传感器，可通过电子定位控制装置进行调节实现精准贴面。

2. 环保型细木工板制造技术

细木工板可以有效地改变木材的各向异性，生产出的人造板材几乎各项同性；由于采用奇数层结构，因此，使板材的尺寸稳定性好，质量轻，几乎与原来构成芯层的木材具有同等的密度；由于可以按需加工各种幅面，可以使细木工板获得比较高的板材利用率；由于采用横拼和胶压胶合加工，大大提高了人造板材的静曲强度和其他力学性能。由于细木工板具有上述优点，所以细木工板的发展十分迅猛。

湖南细木工板的生产现状：湖南现有攸县的湘恒、湘龙等企业年产量为5.5万立方米，湘阴的福湘木业年产量10万立方米、大享湖湘木业年产量3.5万立方米，及双牌县的双牌人造板厂年产量4.5万立方米等几家较大的企业。还有大量的小企业、作坊等。并且在较长的一段时间里还会有较大的发展。

细木工板等级的判定标准：甲醛释放量是细木工板质量判别的重要指标之一。《内装饰装修材料人造板及其制品中甲醛释放限量》GB 18580—2001等10项国家标准规定：细木工板甲醛释放量E_1级≤1.5毫克/升，E_2≤5.0毫克/升（干燥器法）。E_0级（甲醛释放量≤0.5毫克/升）的细木工板，其根据是《胶合板》（GB/T 9846—2004）标准。甲醛释放量愈低，产品的价格愈高，其生产的难度相对越大。

环保型细木工板制造技术：通过改变脲醛树脂胶的配方和合成工艺，生产E_1和E_2级产品已不成问题，但难以达到E_0级（即环保型）要求。国内虽有生产E_0级产品的脲醛树脂胶出售，但售价很高。由于改性脲醛树脂胶生产E_0级产品的难度较大，研究转向了非甲醛系列胶黏剂。水性异氰酸酯胶是研究最多的一种，少数工厂已开始使用。研究和应用表明，单板的材种和施胶量等，对异氰酸酯胶板材的性能有较大影响。在相同的胶合强度时，采用异氰酸酯胶的耗胶量低于脲醛树脂胶，可抵消部分因胶黏剂价格升高而增加的成本。总成本虽有一定增加，但可生产出E_0级产品。

据最近研究介绍，甲醛清除膜不仅可以有效清除脲醛胶细木工板释放的甲醛，还可解决细木工板胶合强度低的问题。经甲醛清除膜处理后，细木工板甲醛释放量不超过0.1毫克/升，同时可清除周围环境中（包括家具及胶合板等其他材料释放）的甲醛。此外，甲醛清除膜本身以及清除甲醛反应后的生成物均无毒无味，不会产生二次污染，具有非常高的安全性。

3. 高得率清洁制浆造纸技术

（1）高得率清洁造纸技术现状。一般化学法制浆的浆得率在45%～50%左右，即纤维原料中有45%～50%会成为制浆过程必须处理的废弃物。采用较复杂的碱回收技术，进行回收处理是最普遍的选择。如果难于采用碱回收技术，而又需要降低污染、节约资源，则采用超高得率的制浆技术，可以得到部分解决。根据原材料品种的不同，这一技术的制浆得率约在80%～90%之间，其纤维原料消耗及产生的污染负荷均明显低于化学法制浆，这类技术一般均利用较低量化学品（主要为Na_2SO_3、NaOH、H_2O_2等）进行预处理，然后经机械磨解成浆，这一技术近20年来在国际上得到一定发展应用，我国也有几家大型纸厂引进国外技术与装备，所产纸浆主要用于新闻纸及印刷纸类。这类制浆技术中，以漂白化学机械浆（BCTMP）及碱性过氧化氢化学机械浆（APMP）较受重视。但由于以下一些原因，其推广应用并不如人们预期的广泛：①其制浆污染负荷虽低于化学制浆，但并不能不加治理即能达到容许排放的要求，而治理技术却不如化学制浆废液的经济、成熟。②化学制浆虽然纤维原料消耗较高，但浆的质量高，且能从其废液中回收大量能源，而超高得率制浆能耗高，回收困难。③这类浆的适应范围为日益扩大的废纸回收资源所替代。这使得对这一新技术的采用，必须从环境保护、节能及其应用领域各方面进行全面的评估比较。这些是今后高得率清洁造纸行业要主攻的难题。

（2）高得率清洁制浆造纸关键技术。造纸工业对环境的污染主要有煮浆工段废液、含氯漂白废液、制浆造纸过程废水。而高得率清洁制浆造纸技术在提高生产率的同时减少对环境的污染，主要有以下几种方法：

化学浆：造纸工业的主要污染源是化学浆的蒸煮黑液，占污染总负荷的90%左右。就污染负荷而言，如不对黑液进行处理或综合利用，任其排入水域，这不仅是对资源的极大浪费，而且给水环境造成严重污染、蒸煮废液的处理主要是进行碱回收和木素提取。碱回收系统可将黑液中的碱充分回收和循环使用，并将有机物转化成为能源，生产热和电，从而使排放的废水达标。

采用无氯或少氯漂白纸浆新技术：无氯漂白（TCF）也称无污染漂白，是用不含氯的物质等作为漂白剂对纸浆在中高浓度条件下进行漂白；少氯漂白（ECF）是用ClO_2作为漂白剂对纸浆在中浓条件下进行漂白。无氯和少氯漂白旨在代替低浓纸浆氯化漂白和次氯酸盐漂白。通常有氧漂白、过氧化氢漂白、二氧化氯漂白、二甲基环二氧烷漂白、臭氧漂白等方法。

发展机械浆或化机浆：机械法制浆生产成本低，得率高（约90%～98%），不用或少用化学药品，对环境的污染远比化学制浆小。化机浆（CTMP），即在预热磨木浆（TMP）的基础上，加入5%左右的化学药品，这样既可以获得高得率、少污染的纸浆，又可以获得木素含量少，纤维长又柔软的纸浆。

造纸废水处理：在造纸过程中，上水和废水都需要进行净化处理。在造纸废水处理中，高分子絮凝剂的应用日益增加，其与生物法结合治污已成为发展方向。如可加入高分子絮凝剂将污物沉淀，再加入酶制剂进行发酵和降解。除化学法外，造纸厂废水处理还可采用机械法、沉降法、过滤法、离心分离法、生物化学法等，且各种方法均有一定的效果。为了提高废水处理的效率，可用多级综合处理法。

4. 人工林木材干燥技术

（1）气干—室干联合干燥法。人工林木材径级小，生长快，内应力大，尤其是桉树木材干燥难度更大。为了减少木材干燥过程中产生的变形、皱缩和开裂等缺陷，采用气干-室干联合干燥法能很好地解决木材干燥过程中产生的问题。首先在气干状态下将木材干燥到含水率为20%～40%，再将木材送入干燥窑，干燥到规定的含水率，在干燥窑内首先对气干材进行蒸汽处理。处理的时间与板材的厚度有关，板材越厚处理的时间越长，一般为2～6小时，干燥后期的温度为60～80℃，干湿球温度差为6～12℃，在含水率为15%左右时再进行一次蒸汽处理，即可使木材的皱缩部分恢复。另外，可在较低的干燥温度（45℃）、较高的相对湿度下（干湿球温度差为2～4℃）将木材干燥到含水率为25%左右，再由软基准转为硬基准，直到含水率为18%左右时，进行调湿处理。有的干燥试验表明，干燥后期的干球温度可达到130℃，较大的干球温度差和较高的气流速度能大大加快木材干燥速度。

（2）加压和拉伸处理。对木材沿纵向方向施加压力，通过实施细胞变形来破坏细胞的气密性，变形细胞的数量与施加的压力成正比。试验结果表明，加压处理可以减少皱缩，但对皱缩的恢复无明显的效果，也不会明显改善木材的干燥特性。但细胞变形后，形成的剪断效果可减少水分蒸发张力，破坏纤维素和木素之间的结合面，增加变形区纤维之间的空隙，因此减少了皱缩。

在径切面上施加10～100千帕的拉伸力，并在此条件下进行木材干燥，随着外加拉力的增加，木材皱缩的强度随即减小。这种现象的发生，是由于在外力的作用下，木材细胞得到恢复，使木材的总皱缩减少。

皱缩是桉木干燥时产生的主要缺陷，应重点研究有效避免产生皱缩的干燥基准，以及初期调湿处理工艺的实践操作性。在研究机理的基础上，确定最佳干燥工艺条件。基于两段式干燥工艺可减少皱缩的产生，后期调湿处理可使皱缩细胞得以恢复。

5. 高附加值木材产品制造技术

（1）仿珍贵树种木材人造装饰薄木制造技术。以I-72杨木材为原料，开展了杨木单板漂白和染色工艺、人造装饰薄木仿真方法、木方胶合用胶粘剂选配和胶合工艺、人造装饰薄木性能检测等研究，解决了材色仿真的染料配色和单板匀染工艺、花纹仿真的模具和组坯设计、木方成型胶合等关键技术，在试验室制成了仿山毛榉、白橡等人造装饰薄木样品。

以I-72杨为原料，生产了仿山毛榉射线纹和仿白橡山型纹人造装饰薄木。产品的技术指标：规格为长2540毫米×宽640毫米×厚0.2毫米；人造装饰薄木仿真性能中颜色真实性在所模仿树种实木材色指数变化范围内，花纹真实感与模仿树种薄木相似；耐光性达到耐晒牢度4级以上。

（2）香型胶合板制造技术。以I-69杨和非洲材阿尤思的单板为试材，开展了香精选择、施加方法、单板胶合工艺，香精施加对胶合板胶合强度的影响，以及延长留香时间的方法等研究。初步解决了香精施加和提高胶合板留香时效的方法，在试验室制成了四种香型的胶合板样品。以I-69杨和非洲材奥库曼的单板为试材，生产了四种香型的胶合板产品，达到的技术指标：规格为长2440毫米×宽1220毫米×厚2.8毫米（三合板）；胶合板物理力学性能达到国标GB9846的要求；样品留香时间1～3年。

（3）炭化木处理技术。为了扩大人工林木材的使用范围，研究人员尝试各种办法提高木材尺寸稳定性，大多是采用化学药品浸注方法，即用化学药品预先使细胞壁增容，包括树脂浸渍如酚醛树脂处理，浸入不溶性无机盐等。主要是封闭木材中的羟基，减小木材的吸湿性。木材炭化处理是在超高温低氧环境下针对木材进行热处理，超高温条件对木材本身化学成分产生影响并由此改变木材的性能。当温度超过150℃（一般木材干燥中低于100℃为常规干燥，温度范围在100～150℃为高温干燥，温度高于150℃为超高温）时会永久改变木材的物理和化学性能，经热处理后降低了木材的平衡含水率，减小了木材的胀缩。当木材被置于接近或高于200℃的超高温低氧含量环境中持续几小时处理后，会导致木材中半纤维素的降解。经过热处理后木材细胞壁中羟基减少了，使木材的吸湿性能下降，尺寸稳定，同时耐生物破坏性能得到改善。

6. 家具与装饰材料制造技术

湖南林业比较注重产业体系的培育，初步形成了较为完整的林业产业系统。林业第二产业形成了人造板、木竹浆造纸、木质家具、地板制造、森林食品、林产化工等门类齐全的林产工业体系。湖南的家具产业和木质装饰材料产业无论是企业数量、规模、从业人数还是产值和效益，都是成倍增长。目前，湖南的家具与装饰材料产业面临的现状是：消费日趋成熟、竞争激烈、产品同质化、利润空间减少，经济效益下降等现象。最突出的问题是企业缺乏营销战略，在产品定位、市场推广、渠道管理、厂商关系等营销问题缺乏长久、稳定而科学的战略规划、营销指导。由于人才缺乏，导致湖南家具和木质装饰材料企业创新能力弱，束缚了湖南企业发展的步伐，但行业整体的发展速度比较迅速，有着巨大的发展空间。

（1）数字程序控制机床技术。随着科学技术的发展，机械产品的形状和结构不断改进，对机械零件的加工质量要求也越来越高；单件、小批生产的机械产品所占比重越来越大，数控机床就是在这样的条件下产生和发展起来的，它能有效地适应产品不断变化、多品种、小批量的自动化生产。数控机床就是把加工所需要的各种操作，例如变速、松夹工件、进刀、退刀、开车与停车、冷却液的自动供给等等，以及刀具相对于工件之间的位移。采用数值数据的形式通过计算机的运算，并将输入的指令变为机床的各种操作，实现零件的自动加工。

最近20年来，信息技术的迅猛发展大大激发和增加了制造系统的上层智能功能；下一个20年，智能将延伸到工厂的车间底层，控制器将具有更高性能和更多功能；由于控制器的柔性，单台机床将变得更加灵活和精巧；可以广泛地进行通信；方便地进行集成和重构；对过程进行测量，预示结果，诊断故障，避免事故；并按照科学的模式进行加工，达到最佳的生产效率。

数控复合功能：为了提高生产率，数控复合加工机床的开发和制造已变成数控机床的一种发展趋势。复合加工机床是指在同一机械上可以进行多种工艺的加工，如在一台机床上可以进行车加工、铣加工、锤加工等，大大提高生产率。因此，对于数控复合机床，首先需要增加可以用于进行复合加工功能的控制系统，比如铣床需要增加螺锥线功能、螺旋线功能、三维圆弧功能、刀具中心点控制等。

进网通信功能：为了通过PC或数控系统本身对多台机床进行集中监控和管理，系统需要通过网络进行通信，以便传递程序，监控加工状态。除此以外，网络功能还可以传送维修数据，对系统进行远程控制、操作和诊断；传送CAD/CAM数据。CNC具有现场通信网络功能，就可以在CNC与伺服装置之间，CNC与I/O控制之间传递控制、监控和诊断数据。

（2）计算机辅助设计制造技术。现在，人们在各种媒体上，经常可以看到或听到“先进制造技术”这一词。所谓先进制造技术，是指集机械工程技术、电子技术、自动化技术、信息技术等多种技术为一体，用于制造产品的技术、设备和系统的总称。从广义上来说，先进制造技术包括：①计算机辅助产品开发与设计（如计算机辅助设计CAD、计算机辅助工程CAE、计算机辅助工艺设计CAPP、并行工程CE等）。②计算机辅助制造与各种计算机集成制造系统（如计算机辅助制造CAM、计算机辅助检测CAI、计算机集成制造系统CIMS、数控技术NC/CNC、直接数控技术DNC、柔性制造系统FMS、成组技术GT、准时化生产JIT、精益生产LP、敏捷制造AM、虚拟制造VM、绿色制造GM等）。③利用计算机进行生产任务和各种制造资源合理组织与调配的各种管理技术（如管理信息系统MIS、物料需求计划MRP、制造资源计划MRPII、企业资源计划ERP、工业工程IE、办公自动化OA、条形码技术BCT、产品数据管理PDM、产品全生命周期管理PLM、全面质量管理TQM等）。

从狭义上来说，它是指各种计算机辅助制造设备和计算机集成制造系统。如果说机械化和自动化技术代替了人的四肢和体力的话，那么以计算机辅助制造技术和信息技术为中心的先进技术，则在某种程度和某些部分代替了人的大脑而进行有效的思维与判断，它对传统制造业所引起的是一场新的技术变革。上述先进制造技术所包含的各种技术，目前，在我国家具制造业中，已经或正在实施应用，预计在不久的将来，在我国将会广泛采用这些先进制造技术来改造和提升传统的家具业。

（3）真空覆膜工艺技术。这种工艺在丁基胶塞上采用的覆膜材料通常是聚对二甲苯膜（poly-parylene）。Parylene 聚合物通常有三个品种：聚对二甲苯、聚氯代对二甲苯和聚二氯代对二甲苯。它们各自有不同的特点和优点，主要的不同在沉积速度、使用温度和介质损耗因子。Parylene 聚合物是一种化学惰性好又具有良好生物相容性的高纯涂层材料，已经经过美国 FDA 认可，已广泛使用在各种医疗器材和包材上。真空覆膜工艺技术的优点是：由于 Parylene 是一种独特的具有热后可塑性聚合体，Parylene 涂层过程是在室温、真空状态下进行，因而，能够渗透并覆盖在需处理的物体上，成膜均匀一致、透明；因为是干态过程，无催化剂或有机溶剂存在，无流挂、流失等液体涂层常见的涂层缺陷，是真正的无针孔涂层膜，可以防潮、防酸、防碱、防菌、抗风化、耐高温（使用温度高达 275℃）、抗严寒（－200℃）。真空覆膜工艺技术的要求是：要选择使用专门的真空涂覆设备，确保设备性能符合工艺要求。Parylene 沉积过程第一步在约 150℃ 温度下将固态原料对二甲苯进行蒸发，第二步是在 680℃ 温度下将两个侧链碳碳链裂解生成稳定的活性单体，最后活性单体进入室温状态下的沉积室进行聚合沉积，瞬间吸附在基体上聚合成为聚对二甲苯薄膜。剩余的气体经冷阱捕集，以避免沉积物进入真空泵。

三、木竹高效利用技术

（一）生物制浆造纸技术

1. 生物制浆造纸技术的内涵与外延

生物制浆造纸技术是指将生物技术用于制浆造纸，即是从众多的微生物中筛选出能高效、专一地分散纤维的菌种，并经过各种生物技术处理使之适应工业化大规模生产的水平，其中有浸渍法制浆和酶法制浆。浸渍法是将细菌直接接种于纤维原料中，细菌在生长繁殖的同时分泌产生大量的酶，在酶的催化作用下使纤维分散。这种方法简单，但需要大型发酵设备。酶法是在一定设备条件下培养某种细菌，使其产生大量的酶，经过一定生物技术处理将酶浓缩后加到纤维原料中，通过酶解作用使纤维分散。

2. 生物制浆造纸技术的现状及发展趋势

（1）生物技术在制浆造纸行业中的应用现状。生物技术在制浆造纸工艺上的应用在 20 世纪 90 年代发展较快。对环境保护及降低能耗的日益关注，更促进了生物技术在制浆造纸工业上的应用。目前，生物技术应用于制浆造纸工艺的主要有生物制浆、生物漂白、废液生物处理、树脂生物控制、废纸生物脱墨和酶处理改善浆料性能等，有些研究成果已用于工业生产。生物制浆的纸浆得率高，纸张着墨性能好，节省原料、能源，环境污染程度低。生物制浆包括生物化学制浆和生物机械制浆两种。生物化学制浆是将造纸原料经微生物处理后制浆，但处理过程太长，还不能满足连续生产的要求。美国惠好公司的生物制浆技术已进入应用研究阶段，把研究工作重点放在生物预处理的化学制浆上。生物漂白是利用微生物、木素水解酶或半纤维素酶处理纸浆，以分解除去残余木素，达到漂白的目的。用微生物直接漂白的最大障碍是处理时间过长。利用白腐菌直接进行生物漂白的关键是培养出处理时间短的白腐菌，才能用于工业性生产。半纤维素酶用于生物漂白技术应用，尤其是高浓贮浆槽内酶处理法，产业化前景广阔。废纸生物脱墨：废纸再利用的关键是脱墨技术。传统脱墨技术要消耗大量的碱、表面活性剂、漂白剂等化学药品，同样造成环境污染。用纤维素酶、半纤维素酶或脂肪酶来代替化学药品进行脱墨处理，则可减少脱墨剂的用量，同时可降低废水对环境的污染与传统脱墨方法相比，增强了脱墨效果，提高了白度和浆料强度。

（2）生物制浆技术的发展趋势。中国制浆造纸研究院与某公司合作引进开发，将微生物酶技术用于制浆造纸企业的中段废水处理工程。该技术采用先进的生物环保技术，在含有污染物的水体中投放微生物酶产品，产品中特选的天然微生物以污染物中的有机物、富营养元素为食物，大量生长繁殖，加速消耗污染物中的有机物和营养成分，从而彻底治理污染。在造纸企业采用活性污泥法的中段废水处理场，由于废水停留时间较短及系统容积较小，废水处理系统容易失控，失控后要2~3周才可恢复到适宜的工作条件，而造成系统失控的主要问题就是污泥膨胀。对由于生产规模扩大导致的废水处理量增加及废水进水负荷的增加，而使废水出水难以达标或引起污泥膨胀的情况，可在活性污泥法废水处理系统中投加该微生物酶产品，能有效控制污泥膨胀，降低污泥指数，提高系统的容积负荷与污泥负荷，满足出水达标及提高中水回用率的要求。

在废水处理系统中投加该微生物酶产品，可有效分解废水中碳水化合物降解产生的低聚糖类物质，提高系统的容积负荷与污泥负荷，抑制丝状菌的过度繁殖，减少亲水性胶体物的产生，从而改善污泥的沉降性能。该微生物酶在制取过程中，不仅能对微生物进行优选、驯化，而且能将各具功能的菌提取出来，并能将微生物酶制成干品，不仅突破了酶运用的重大技术难题，而且降低了成本，便于运输储存，极大地扩大了生物技术的应用范围。生物技术应用于制浆造纸工业是一个新兴边缘学科，它的研究开发和利用已引起世界性的关注。国内在该领域的研究也已起步，相信不远的将来，将会得到广泛应用。

（二）定向刨花板生产技术

定向刨花板（Oriented Strand Board，缩写为OSB）是70年代末、80年代初迅速发展起来的一种新型高强度人造板，多是以速生丰产的小径材、间伐材、木芯等为原料，通过专用设备加工成长40~70毫米、宽5~20毫米、厚0.3~0.7毫米的刨花，经干燥、施胶，将刨花定向铺装后热压成型的一种结构人造板。由于在生产中木材纤维少被破坏，板材较多保留了木材的天然特性，具有抗弯强度高、线膨胀系数小、握钉力强、尺寸稳定性较好等优点，其力学性能明显高于普通刨花板，可与胶合板相媲美。

80年代，定向刨花板生产工艺和设备逐渐走向成熟。定向刨花板工业在北美迅速发展，并推广到世界其他国家。据统计，全世界现有的定向刨花板厂和总产量的80%以上在北美地区。到1998年底，世界已建成定向刨花板生产线69条，产量超过1800万米，主要分布在美国（40条生产线，1000万立方米）、加拿大（23条生产线，700万立方米）和欧洲（6条生产线，100万立方米）。一般生产线的规模为年产20~40万立方米。据预测，2005年世界定向刨花板的产量将突破3000万立方米大关。总的来说，定向刨花板是发展速度最快的人造板之一。

我国从1976年开始对定向刨花板进行系统的研究，在理论上取得了不少成就，但在工业化生产方面的应用不够理想。目前，国内定向刨花板的生产和销售均处在初期阶段，生产规模较小，生产技术不成熟，产品质量不理想，成本高，再加上市场的不认同，造成我国定向刨花板企业举步维艰。1988年至今，国内已建成6条定向刨花板生产线，总设计能力为年产7.68万立方米。但由于销售困难，产品积压，部分处于停产或转产的状态。2001年的实际产量只有1.04万立方米。

定向刨花板生产对原料没有严格的要求，它主要是以针叶材和软阔叶材的小径木、速生间伐材为原料，如杉木、桉木、杨木间伐材等，原料来源广，价格适中。湖南省这些树种资源非常丰富，可以满足大规模工业生产的需要。同时用速生小径材制造定向刨花板，其木材利用率可以达到85%，而胶合板生产的木材利用率只有50%。另外，定向刨花板具有静曲强度高、线膨胀系数小，尺寸稳定性好，握钉力强，材质均匀等特点，而且具有良好的加工性能，可进行锯、砂、刨、钻、钉、锉等加工。它的物理力学性能远远好于普通刨花板，各项性能接近甚至超过胶合板，是胶合板的理想替代品；国内目前进口的定向刨花板价格在1800～2600元/立方米左右，低于同规格的结构胶合板；所以定向刨花板在价格上具有优势，是一种性价比很高的板材。

（三）木塑复合板生产技术

随着我国经济的高速发展，生产、生活中有大量的废旧塑料产生，对环境造成“白色污染”。这些塑料中聚乙烯、聚丙烯、聚苯乙烯和聚氯乙烯等热塑性塑料占80%以上，是一大可开发利用的资源。针对此现状，国内已经研究出一种以塑代木的新型材料——木塑复合材料生产技术。这项技术不仅可利用废旧塑料，还可节省大量木材，从而为我国林区解决木材原料短缺问题开辟了一条途径。我们必须结合湖南西部林区实际资源状况，充分认识发展木塑复合材料生产的必要性。

木塑复合材料具有木材和塑料的特性，又优于木材且价格低廉，可加工成板材、管材、异型材以及其他制品。随工艺不同可有多种型材和用途：如建筑、装修、装饰材料方面的护墙板、天花板、壁板、踢脚板；高速公路噪音板及建筑模板；公园、广场、球场、街道等露天场所的桌椅讲台；交通、市政方面的铁路轨枕、下水井盖、护栏板、格栅板、广告板；包装方面的材料、搬运垫板及托盘；家居中的围墙、地板、防潮隔板、家具、卫生间的防潮设施等方面。

木塑复合材料的加工是依据废旧塑料复合再生工艺，以废弃的塑料和锯末为主要原料，通过增容共混工艺进行生产的一项实用技术。将经过处理的混合废旧塑料与填充剂等改性剂一起熔融混炼，制成复合再生料，然后再成型为具有使用价值的再生制品。生产木塑板材主要有以下3种工艺路线：①挤出成型工艺。由单螺杆或双螺杆挤出机挤出成型，可连续挤出任意长度的板材。该工艺又可分为单机挤出和双机复合挤出板材。复合挤出是在木塑板材的外表同步挤出一层纯塑料表层，成为特殊场合使用的木塑板材。②热压成型工艺。可成型一定规格的不连续板材。其加工工艺类似于人造板生产工艺技术，用废旧塑料代替胶粘剂，如胶合板用塑料薄膜铺装代替涂胶、刨花板用废旧塑料屑代替拌胶等。③挤压成型工艺。挤出机和压机联用的一种挤出和加压的同步工艺。其成型的板材长度要大于热压成型的板材，制品的综合性能优于挤出工艺的板材制品。

（四）木材自增强装饰材料技术

木材的自增强技术应用纯物理方法，完全符合环保要求，它可以让速生林木材的密度、强度等综合物理性能大幅度提高。例如，泡桐经自增强技术处理后，气干密度由0.28克/立方厘米增加到0.91克/立方厘米；杉木由0.38克/立方厘米增加到0.94克/立方厘米；杨木由0.40克/立方厘米增加到0.98克/立方厘米，静曲强度均提高了34.4%，其指标已超过了花梨（0.76克/立方厘米）、酸枝（0.85克/立方厘米）、乌木（0.90克/立方厘米），甚至接近紫檀（1.0克/立方厘米）。自增强技术的问世为木材产业发掘了一个重大商机，它可以使速生林的种植走入良性循环，不仅极大地提高了普通速生林木的身价，而且发挥了人工林木的潜在功能。自增强技术源于军工，其基本原理是通过超高压力使材料产生塑性变形以达到整体强化的效果。自增强技术向民用品的扩展最初应用于生物领域，而应用于木材处理则为国内首创。与现有的木材强化技术（压缩、弯曲、充胀等）、人造板技术、木质复合技术（塑合木、积层塑料等）相比较，木材的自增强技术属于完全无污染的“绿色”技术。它可以扩大普通木材的应用范围，不仅适宜方木和厚板，而且还特别适宜原木（干燥后）、圆形木材和中小径材的强化处理。如果钻孔加进钢筋或PVC管等强化塑料，还可以做成“钢筋木”和结构用材。经此处理后的普通原木可广泛应用于地板、家具、房屋、造船、桥梁、体育器械、工程结构等。

自增强技术处理后的超高密度木材仍然是原木、圆木、方木，这些超高密度原木或者圆木不仅可以加工成规格材料，而且可以做结构用材，从而又将普通板材提高一个大的档次。从木材强化的基础特性来看，传统的木材改性是物理化学处理，即用高温加压方法将合成药物浸注到木材内部的孔隙，再经过滞火、防腐等化学处理，这种改性方法工艺复杂，加工周期较长，不仅成本高，有污染，而且因树脂脆性大、韧性差，从而造成板材的冲击强度的降低。自增强技术是利用木材的自身纹理结构进行超强压力传导，均匀收缩木材的细胞间隙，以达到向心性致密，使木材表面和深层整体强化，从而大幅提高木材的密度、强度等物理性能，同时其阻燃性、胀缩性和耐腐性等都有较大程度的改善，而且自增强技术使木材的天然纹理致密化，并加深了纹理的色泽。

从我国的林业政策出发，从提高人工速生林的市场价值来看，木材的自增强技术无疑是木材产业的一场革命性技术，具有重大的推广价值。原木的自增强技术具有以下特点：①工艺简单。与其他的强化方法相比，自增强技术的加工和操作简单，它不仅不用任何胶粘剂和化学添加剂，完全符合环保要求，而且它还可以直接对干燥后的原木进行处理，从设备启动到木材的后处理，整个过程只用2道工序即可完成。一套自增强设备占地面积20平方米左右，对用电、用水也没有特殊要求。②成本低廉。虽然自增强设备比较特殊但投资不大，一般中型企业即可承受，投资回收期在1~2年左右。以杉木为例，目前，杉原木价格为620元/立方米，经过自增强处理并考虑木材致密后的出材率，超高密度杉木的规格材可参考中档木材的价格3000元/立方米确定，这样的价格低于进口的美国黄杨（4000元/立方米）和赤杨（4500元/立方米），但超高密度杉木的性能却大大高于这些进口货。③以人工速生林木材为加工对象，力求降低原料成本，节省外汇支出，为中国现有的优势树种开辟新市场。自增强技术及其设备尤其适合中小径原木的加工，可以说它的问世几乎就是瞄准人工速生林木材的市场而来。④实用性强。自增强技术比较成熟，属于典型的应用型高新技术，它将以超高密度普通原木的产品打进市场，提升普通原木的身价，填补中档木材的空白，为我国开辟一个新的木材品种。

（五）板式家具新工艺

板式家具以精密五金配件和简洁线条造型而闻名于世，其20世纪50年代起源于注重理性的德国，60年代初具规模，70年代产生规模效应，如今已遍及全球，走进千家万户。相对于实木家具，板式家具与生俱来的特性和高技术含量，使得其新技术、新工艺日新月异、层出不穷。板式家具的32mm系统及其相关技术与设备，使得其设计系统、结构系统及制造系统模数化，并由此形成了排钻、五金件结构技术的基础。其他重要的技术，如连接件技术、蜂窝板技术、UV线辊涂技术、自动封边技术、真空吸塑技术等都不同程度地引发了技术革命，下面简要介绍一下新兴的板式家具新技术。

1. 树脂木销（圆棒榫）连接技术

木销（圆棒榫）连接起源于实木家具的榫结构，但广泛应用于板式家具。传统板式家具圆棒榫材质为木质，主要是起定位和连接作用，一般与其他连接件同时使用。树脂圆棒榫与传统木质圆棒榫的功能相似，都起连接、定位作用，但材质、工艺和结构却有很大区别，树脂圆棒榫材质为聚合树脂，中空，可单独使用，榫接后即溶化固定，很难拆卸，其操作工艺采用机械生产，结构稳固，生产效率高。

2. 45°角连接技术

活动45°角连接技术与传统的45°斜角紧固结构不同，它是利用45°角的活动斜面把一块板分几截板折成一个框架，相邻的两个斜面没有胶合，只利用板件的最后一端来固定连接。

3. 其他新技术

除了以上两种新技术外，市场上流行的还有阻尼器也属于新兴技术。阻尼器起源于航天和汽车工业，它是利用元件本身的空气阻尼功能，使门板或面板关闭时徐徐而下，不会因快速关闭造成人身伤害（如手指），同时能延长家具部件的使用寿命，阻尼系数的大小取决于门板或面板的重量。

（六）新型竹集成材家具制造技术

竹集成材家具取材于竹材资源，不依赖于木材资源。湖南竹材资源丰富，全竹家具市场广阔，发挥竹材资源优势，开发竹集成材家具可以缓解木材资源紧张、促进山区的经济发展、实现竹材的工业化高效利用及满足家具市场的需求。如何开发和发展竹集成材家具，是目前中国家具业面临的重要课题之一。

新型竹集成材家具的特点、造型、结构、生产工艺等进行了研究，并从人体工效、家具品种、使用场所、安放形式、结构特征、表面处理、造型风格及造型线型等方面对新型竹集成材家具进行了较为系统的分类。

在新型竹集成材家具设计中，应挖掘利用我国独特的竹文化；在造型设计上，提出了竹片在竹集成材家具造型上最基本的构成要素：点和线。当前竹片在造型中的色彩要素主要表现为本色和棕色。竹集成材能以较小的尺寸满足使用强度要求且造型更为轻巧，可以制作出新型竹集成材弯曲家具。

四、林化产品加工技术

（一）松脂加工技术

松脂加工就是将挥发的松节油与不挥发的松香分离，并除去杂质和水分。我国主要有三种加工方法：

（1）蒸汽法：主要有连续式和间歇式。先将松脂与适量松节油加热溶解成含油量达38%左右的脂液，同时加水洗去有色物质。如脂液的颜色深，需加少量草酸等脱色，经过滤、澄清除去杂质和水分。最后进行间歇式或连续式水蒸气蒸馏，馏出的挥发组分冷凝后为松节油。馏余物松香，趁热放出。此法生产的松香质量好，生产安全，适于大、中型工厂。

（2）直接火法：将松脂装入蒸馏锅内，直接用火加热至一定温度后滴入适量清水，水受热成蒸汽将松节油蒸出，最后将锅内松香趁热放出，滤除杂质即为成品。此法简易，适用于就地加工松脂，但产品质量较难控制，生产不太安全。

（3）水蒸气蒸馏法：湖南省松脂加工企业多采用间歇式水蒸气蒸馏法，技术要求相对较低，生产过程易于控制，适于松香年产量2000～4000吨的规模。其关键工艺有松脂的贮存和输送、松脂的溶解、溶解脂液的净制、净制脂液的蒸馏以及产品包装与贮存。

（二）松香产品深加工技术

我国企业进行松香再加工生产是从20世纪70年代开始的，在此之前松香的再加工都是由使用单位进行。目前，已成功地将氢化松香、歧化松香、马来松香、聚合松香、各种松脂类系列产品、松香胺等松香再加工产品实现了工业化生产。现结合湖南省实际情况重点介绍几个松香改性产品加工技术和发展方向。

（1）氢化松香加工：湖南松香加工以氢化松香为主，采用的工艺主要为间歇氢化工艺。氢化松香产品加工质量的关键主要是控制反应温度和催化剂的使用。提高反应温度可以充分发挥催化剂效能及活性，保证产品质量。同时，还可以增大松香流量，提高生产能力。但是，过高的温度对催化剂的活性有害，缩短催化剂使用周期，并引起松香脱羧而降低酸值。国内外都在这个两关键点上做了许多报道，今后5～10年内专家研究的重点也在此。

（2）歧化松香加工：歧化松香生产工艺路线有连续法、间歇法、熔融法和溶剂法，催化剂有贵金属和非贵金属两种类型，目前工业化生产采用的主要是贵金属催化剂，而非贵金属催化剂正在开发研究当中。在歧化过程中，原料松香、催化剂种类和用量，反应温度等都直接影响产品质量。

（3）松香酯类产品加工：近年来，国内在开发新的再加工产品方面进行了大量的研究工作，如松香聚氨酯泡沫塑料、无色松香及其酯类产品、松香和改性松香乳液、萜酚树脂、合成橙花醇、香叶醇、松香造纸胶料、松香烃树脂，以及利用松香制备绝缘漆、表面活性剂、环氧树脂产品等，有些产品已投入生产。松香工业的发展，是非木林产品化学利用的一个范例，它对山区、林区经济发展起到了重要作用。

根据国内40多年来松香生产的经验，要稳定的发展松香生产，必须实现原料基地化，加强科学研究，培育和发展高产脂树种，向采脂专业化、高产化发展，这项工作在一些产区已经取得了可喜的效果。

（三）松节油深加工

我国松节油年产量为5万~6万吨，其主要成分是α-蒎烯、β-蒎烯。国内生产的松节油绝大部分是脂松节油，木松节油已不生产，硫酸盐松节油只在大的硫酸盐法制浆厂有少量生产。利用松节油再加工的产品有樟脑、冰片、萜烯树脂、松油醇、松油、芳樟醇、异长叶烯，以及从松节油的重油部分生产异长叶酮等产品。

（1）α（β）-蒎烯合成冰片：以松节油为原料合成龙脑的方法有三种：草酸法、氯乙酸法和固体酸催化法。目前湖南省主要采用草酸法生产，其生产过程包括原材料处理、酯化、皂化、粗龙脑的提纯四个工序。工艺路线为：由松节油分馏得到的蒎烯与当量的无水草酸在硼酸及醋酐催化下，缩合反应生成草酸龙脑酯、双戊烯及二聚萜烯类清油分。用水蒸气将轻油分蒸去后加苛性钠溶液皂化，使龙脑游离。再用水蒸气蒸馏使龙脑与聚合物分离，经升华、结晶等方法精制成商品龙脑。

（2）α（β）-蒎烯合成樟脑：由α-蒎烯合成樟脑有以下几种方法：第一种方法是用α-蒎烯经氯化氢加成进行A. Wagner重排生成莰烯，经水化，重排为异龙脑，然后氧化生成樟脑。第二种方法是α-蒎烯经过氯化氢加成生成卤化物然后进行格氏反应，再经过氧化、酸解、氧化而得到樟脑。第三种方法是α（β）-蒎烯经催化异构生成莰烯，再经酯化、皂化、脱氢最终得到樟脑。如今研究较多的是利用第三种α（β）-蒎烯异构法合成樟脑，其可以分为以下几个基本工序：松节油的分馏；蒎烯异构；莰烯酯化；酯的皂化；异龙脑脱氢和樟脑的提纯。

（3）α（β）-蒎烯合成松油醇：用松节油合成松油醇有两种工艺研究较多，一是硫酸两步法工艺，二是混酸一步法工艺。硫酸两步法合成工艺是比较传统的方法，得到的产品松油醇香气比较纯正，但生产周期长、能源消耗大，设备腐蚀严重，劳动强度大，影响工业的发展。因此，国内外对“一步法”新的合成工艺进行了多方面研究，其中主要有阳离子交换树脂催化水合法、氯化羧酸（一氯醋酸、二氯醋酸、三氯醋酸）催化水合法、电解法、混酸一步法等，国内一些单位已采用混酸一步法于生产中。

（4）α（β）-蒎烯合成芳樟醇：芳樟醇的醇酯类化合物大都具有优美而愉快的香气，在多种香型的香精配方中占有重要的地位。我国马尾松松节油中α-蒎烯含量较多，适宜路线是通过α-蒎烯氢化后得到蒎烷，经氧化生成蒎烷氢过氧化物，然后再还原为蒎烷醇，蒎烷醇经裂解得到芳樟醇。

（四）植物单宁化学利用

植物单宁化学利用主要包括栲胶生产和五倍子单宁利用。栲胶生产主要利用落叶松、杨梅、余甘子、黑荆等树皮和橡碗为原料。

植物单宁化学利用的技术有：①除尘轧碎。将五倍子原料经电磁铁除去铁屑，送入轧碎机内轧碎，用筛子过筛，除去五倍子中的虫尸和排泄物等杂质。②浸提。浸提的时间、温度、加水量和抽出方法对浸提有很大关系。浸提方法国内一般采用 8 个提桶（以铜或木材制成，绝不能用铁）逆流循环浸出法，浸提 4 次。③冷冻净化。单宁酸浸出液是一种黏稠体，把浓度约 8 波美度的单宁液，温度降到 0℃，大粒子的单宁体就浓缩成胶状物而沉淀，使上层溶液分离出来成溶解度很大的澄清单宁。冷冻净化在木桶澄清槽中进行，冷冻时间一般 24 小时。④浓缩、干燥。将澄清单宁液在真空中下蒸发浓缩和干燥后，即成工业上所用的粉状单宁。

没食子酸的制备，除了传统的酸水解法外，酶水解和碱水解均已有了工业化生产。以单宁酸或没食子酸为原料制取三甲氧基苯甲酰肼、三甲氧基苯甲醛、三甲氧苄氨嘧啶等作为药品原料近年来生产发展较快，取得了很显著的经济效益。焦性没食子酸制备的研究在国内有了较快的发展，产品主要出口日本。

植物单宁工业利用在生产与产品质量方面近几年来都取得了长足的发展，但由于市场容量小，发展的路子越来越窄，有关科研单位今后应在深加工方面多做一些研究工作。

（五）活性炭加工关键技术

活性炭是一种非常优良的吸附剂，它是利用木炭、各种果壳和优质煤等作为原料，通过物理和化学方法对原料进行破碎、过筛、催化剂活化、漂洗、烘干和筛选等一系列工序加工制造而成。随着活化时所使用的活化剂种类的不同，生产方法有气体活化法和化学药品活化法两类。活性炭吸附是一个物理过程，因此还可以采用高温蒸汽将使用过的活性炭内之杂质进行脱附，并使其恢复原有之活性，以达到重复使用的目的，再生后的活性炭其用途仍可连续重复使用及再生。

活性炭的加工难点主要在催化剂活化和高温处理的环节，所以活性炭的加工技术研究在未来几年里将着重加强这方面的研究。另外，也有专家和厂家利用竹材加工活性炭，是一种新型材料的利用，也为湖南省的活性炭加工企业提供了发展思路。

（六）白蜡的加工关键技术

（1）熬制头蜡：按每 100 公斤蜡花加 40 公斤水的比例，水煮沸后，边加蜡花边熬煮，到蜡花全部熔化时，立即熄火，使蜡液停沸，让虫渣和杂质下沉。浮在锅面的蜡汁冷却凝固，即是头蜡。余下的“蜡籽”作为二蜡的原料。

（2）熬制二蜡：将蜡籽除去蛹油后，用清水淋洗，直至流出的水由黄色变清为止。经淋蜡后的蜡籽渣再加清水漂 1 天，换水 2～3 次，以便进一步漂白和清除蛹油。将漂洗后的蜡籽渣滤干，装入蜡袋，再放在锅内十字架上，加入清水，约浸到蜡袋 2/3 处后，加大火力熬煮 1.5 小时。同时翻动蜡袋 2～3 次，使之均匀受热。当水面出现浮蜡时，减小火力，用蜡棒挤压蜡袋，将蜡汁挤出，边挤边把蜡汁舀到水桶内。当锅面出现白泡沫时，说明蜡汁已尽，可停止挤蜡。把桶内蜡汁按 100 公斤加水 30 公斤的比例重新倒入干净锅内温火熔化，然后舀进几瓢冷水搅匀，让蜡渣沉淀，再将浮蜡舀到蜡模内冷凝为固体二蜡。

（3）熬制三蜡：把熬制二蜡后的蜡渣、洗锅水等加热后，把浮蜡舀出，用滤布过滤，再倒入干净锅内，加水熬煮，约半小时后，将蜡液舀到蜡模中冷却凝固，即为三蜡。

（七）天然栀子黄色素提取关键技术

国内栀子黄色素提取方法主要是水提法和有机溶剂浸取法，再用沉淀法进行精制。将提取后的浓缩色素按1∶15的体积比加入95%乙醇，使吸附性很强的糖类和一些极性较强的物质沉淀出来，过滤后，母液浓缩，喷雾干燥，得到粉末产品。但京尼平甙和多酚分离不出来，产品纯度不高。因此，还需将色素浓缩液用强碱进一步处理，使藏黄花素、藏黄花酸变为藏黄花酸盐，然后用酸调至酸性（pH值>3），使藏黄花酸沉淀出来，过滤后用碱中和，经喷雾干燥，可得高纯度黄色粉末产品。

近几年，天然色素的开发有了较大发展，但由于天然色素成本一般较合成色素高、稳定性较差，所以如何提高天然色素的着色力、稳定度和降低生产成本，是今后努力研究的方向。

（八）香料香精植物加工利用

天然香料分动物性天然香料和植物性天然香料，它们来源于自然界的动植物。动物性香料往往是动物的分泌物，从动物提取出来的前体往往味道并不好闻，经过熟化、修饰、变性后成为非常棒的调香原料。植物性天然香料的主要成分是具有挥发性和芳香气味的油状物，主要是指从植物组织中提取的精油、油树脂、町剂等提取物。香精由头香香料、体香香料和基香香料三部分组成。

目前，从香料植物中提取精油常用的方法可分为四大类：水蒸气蒸馏法、溶剂浸提法、炸磨法和吸附法。新发展的精油生产方法有超临界流体萃取法。不同的植物原料采用不同的加工方法。水蒸气蒸馏法的工艺流程一般是先蒸馏、冷凝、油水分离、净化、再精制，分离出来的馏出水进行萃取再回收利用。溶剂浸提工艺主要在浸提方式、浸提温度、浸提时间和溶剂的选择上。炸磨法主要用于柑橘类精油的提取。吸附法所加工的原料大多是芳香化学水分容易释放、香势强的一些植物。

湖南省香精香料加工技术较为原始，生产规模不大，没有形成产业化，所以今后湖南省企业将朝着生产技术化、规模化方向发展。

第四节　森林动植物利用关键技术

一、森林食品加工技术

（一）茶油加工技术

茶油的制取及精炼是油茶产业化开发重要方向，湖南省目前油茶的主要用途还是榨取茶油。茶籽制油工艺主要有压榨法和浸提法。压榨法是传统的榨油方法，目前，仍是湖南省茶籽产区最主要的制油方法；浸提法是20世纪70年代以后兴起的一项制油技术。由于茶籽的含油量比较高，故一般采用预榨浸出的制油方法。油茶籽壳中的纤维素含量高，带壳制油，机械设备特别是榨油机的磨损大；通常油茶籽饼粕中的残油为2%左右，但油茶籽壳中含油量极低，只有0.53%，如果油茶籽带壳加工，从壳中不但榨不出油，反而会带走部分油，使出油率降低。采用脱壳加工工艺，可使设备的加工能力增加30%以上，提高油茶籽的出油率。油茶籽壳和仁中茶皂素的含量差别大，采用脱壳加工工艺，也有利于后续茶皂素的提取和油茶籽其他副产品的深加工，使油茶籽这一资源得到合理的开发利用。

茶籽油的生产加工要经过清理、剥壳、轧胚、蒸炒、压榨、浸出、精炼等工序。通过对工艺的控制，我们可以得到相应的精炼油、药用茶油以及化妆品用的茶油，得到产品的关键在于工艺参数的控制和新工艺的开发。近年来，湖南省加强了对茶籽油基础工作的研究，通过技术引进，茶籽油精加工关键技术取得了突破性进展，解决了茶籽油脱色、脱臭和提高油酸含量等技术关键，食用精炼茶籽油质量指标超过了国家一级食用油标准（GB11765-89）。根据注射用茶油的质量要求，提出适合中小型油厂生产注射用茶油的工艺流程和操作方法，从理论和实践方面探讨注射用茶油的生产工艺及质量控制方法。

近年来，在油茶综合利用上，湖南省林业科学院通过实验，精炼出的茶花油的油酸含量和脱色指标已经接近日本大岛椿株式会社所生产的产品指标。采用正丁醇从茶枯饼中“一步法”提取油茶和茶皂素，得到了纯度80%以上的固体粉末茶皂素，已申请获得了国家发明专利。湖南师范大学在茶皂素植物农药研究方面，取得了一项国家级成果。

（二）板栗深加工技术

板栗属于具有高呼吸率的果实，采收后生理代谢活动旺盛，而且，栗果易发生小象鼻虫、桃蛀螟等虫害，采摘时不易发现；加之栗果含水量较高，形态结构不利于贮藏，采后损失较大，贮藏保鲜一直是制约湖南省板栗资源利用的重要因素。冷库贮藏具有抑制板栗果发芽、贮藏量大、管理方便等优点，但贮藏成本增加，经济效益不如沙藏。

（1）壳去衣：我国传统的板栗去衣工艺采用热碱法，该工艺有使栗果褐变、污染环境等明显弊病。国内外均有板栗专用的剥壳去衣加工成套设备，但大多由于成本等因素，未能在生产中较好的推广。此外，将微波应用于板栗脱壳，可使板栗简便、快速、高效地脱壳，且不破坏栗仁的外形，降低成本，有利于推进板栗深加工的实施。

（2）褐变：褐变是板栗加工中最突出的问题，也是影响板栗成品质量的主要因素。板栗的褐变包括酶促褐变和非酶促褐变。抑制栗仁褐变的护色方法报道较多，对于酶促褐变，主要采取除氧和抑制多酚氧化酶的活性，有加热、加入亚硫酸盐、加入抗坏血酸、调节pH值等方法；对于非酶促褐变，主要采取避免在高温下长时间处理物料、避免使用还原糖、在非碱性条件下使用亚硫酸盐处理防止褐变反应；在介质中加入EDTA等螯合剂将金属离子络合；减少抗坏血酸添加量防止褐变反应等方法。

板栗加工产品必须要体现板栗独特的风味，又要利用板栗具有的药用保健功能，开发出板栗保健产品或对其进行营养强化而开发出营养强化型产品。总之，板栗加工应朝着营养化、高附加值方向发展。

（三）核桃、银杏加工关键技术

银杏、核桃在湖南西部有较大规模的栽培，是湖南传统的名特优干果，而且近年来，在湖南山区农业结构调整过程中，银杏、核桃种植面积都在持续扩大。另外，由于银杏、核桃营养价值极高，随着人们的生活质量不断提高，越来越注重饮食的营养保健功能，对银杏、核桃深加工产品产生了巨大的需求。如果我们不失时机的加大银杏、核桃深加工产品的研究力度，进行银杏、核桃深加工产品的开发，提高产品的附加值，对于形成新的经济增长点有极大的推动作用，对农民的脱贫致富极有好处。因此，有必要开展加工关键技术研究，推动产业发展，提升产业水平。

（四）竹笋深加工技术

根据竹笋的笋体结构特点和可食性，将笋体分割成四部分：笋尖、笋体中部、嫩笋衣、老笋衣。可用于制作笋罐头的只有笋尖，其余可加工成其他制品。竹笋的综合利用技术的主要内容是：笋尖按传统工艺生产笋罐头；笋体中部和嫩笋衣制作即食方便小菜；不可直接食用的老化部分因含汁液较多，固形物较高，通过榨汁、发酵、澄清处理，制备笋汁饮料和笋汁保健酒，这类纯天然饮品，富含营养保健成分，且具有独特的风味。也可通过破碎、打浆、进行乳酸发酵，制得色香味俱佳的笋汁酸奶饮料，其笋渣通过冲洗漂白可制得优质的笋膳食纤维。

（五）柑橘深加工技术

柑橘深加工产品主要是利用榨磨法提取柑橘类精油。榨磨法最大的特点是生产过程在室温下进行，可以确保柑橘油中的萜烯类化合物不发生化学反应，保证精油质量。榨磨法生产柑橘精油，一般生产方法可分为两类：一类是传统生产方法，如果皮海绵吸收法；另一类是近代生产方法，如整果冷磨法、果皮压榨法。湖南省内厂家多采用整果冷磨法生产柑橘精油，主要有两种形式，即平板式磨橘法和激振磨橘法。

（1）板式磨橘法：平板式磨橘法是利用两块转动的磨盘和四壁的磨钉来磨刺整个果皮，油囊磨破后精油渗出，然后被水喷淋下来，经分离后得到精油。此法最适宜于柠檬、甜橙和广柑，所得精油品质较优。

（2）振磨橘法：激振磨橘法是柑橘类整果在不断上下振动的齿条尖撞击和翻动下，被刺破的表皮中的油囊将精油射出，由喷淋水冲洗下来，油水混合物分离后得冷磨油。鲜果应先分级、清洗、浸泡后再进行加工。

（六）森林食品保鲜技术

森林食品的原材料是自然生长于深山野林，产品富含人体必需氨基酸、微量元素和维生素，系天然、卫生、营养、风味独特的绿色保健食品，所以保鲜技术显得尤为重要。

食品保鲜最基本的原理是栅栏效应。所以栅栏效应是食品保存的有效手段。其主要技术为：

（1）前处理：选择易于清洗、修整的良好加工性的优质原料，辅之以加工前正确的贮存及辅助处理。

（2）修整与切分：工业化生产中，机械化操作如去皮应尽可能地减少对植物组织细胞的破坏程度，避免大量汁液流出，损害产品质量。

（3）清洗与沥干：清洗可除去表面细胞汁液并减少微生物数量，防止贮存过程中微生物的生长及酶氧化褐变。清洗后还应除水，如沥干工序。通常可采用离心脱水机以除去表面少量的水分。低温是切割果蔬保鲜成败的关键。低温可以有效减缓组织细胞新陈代谢的速率，延迟组织代谢分解，延长果蔬的保鲜期。所有加工设备的消毒及加工过程中保持低温条件等都可以阻止微生物的生长，果蔬切割后的清洗及离心脱去表面水分对提高切割果蔬的品质也是必需的。

（4）制微生物与褐变处理：褐变主要是由于使得多酚类物质流出与外界氧气接触，在多酚氧化酶的作用下氧化所致。其方法是用 Ca^{2+} 与细胞壁上的果胶酸作用形成果胶酸钙，增加组织的硬度，从而阻止液泡中的组织外渗到细胞质中与酶类接触，降低褐变程度。

二、特种动植物利用技术

（一）杜仲及其副产品综合加工技术

杜仲（*Encommia ulmoides*）又名扯丝皮、丝棉皮、王丝皮，落叶乔木。湖南省张家界、湘西自治州分布较多。杜仲树皮、树叶及枝均含杜仲胶。树皮含杜仲胶 6% ~10%，根皮含 10% ~12%，为易溶于乙醇、难溶于水的硬性树胶。此外，还含糖甙、生物碱、果胶、脂肪、树脂、有机酸、维生素 C、醛类、绿原酸等。种子含脂肪油，主要为亚油酸酯。

1. 杜仲加工技术

（1）树皮割取：树皮多在 4 ~7 月采收，先在地面锯一环状口，往上按所需长度规格再锯一环状口，两口间纵割一刀，剥下树皮，然后砍倒树木，按前法继续剥皮。树桩发芽更新，可培育新林。中期利用可在离地 33 厘米以上的部位，剥取 1/3 的树围，让树木继续生长，这样可继续剥皮利用。八年生杜仲环剥后，一般 3 年左右，新树皮即能恢复到正常厚度。

（2）树皮加工：剥下的树皮用开水烫后，叠放在垫稻草的平地上，上盖木板，加石块压平，四周覆盖稻草，使其“发汗”，一周后内皮变为黑褐色或紫黑色，取出晒干，刮去粗皮即可。杜仲商品以肉厚，无粗皮，断面丝多，内表黑褐色，无霉坏破损者为佳，主要规格分为厚仲、薄仲、行仲三种。

（3）树叶处理：10～11月落叶前采摘，拣去枯枝烂叶，去掉叶柄，晒干用袋或竹篓包装，存放于干燥通风处。

2. 杜仲副产品加工技术

杜仲林副产品加工利用目前主要是用碱液浸洗法、综合提取法、溶剂法或离心分离法等方法从杜仲的果实、树皮、树叶等器官中提取杜仲胶，是目前主要的利用手段；杜仲林副产品利用之二便是以杜仲叶为原料提取用以生产“杜仲降压片”的浸膏；利用途径之三是从杜仲叶中提取制药原料绿原酸；利用途径之四便是将杜仲叶加工成杜仲粉，以此可制得杜仲茶、杜仲酒和杜仲保健饮料或冲剂、片剂等中成药；五是将上述利用后的杜仲叶残渣加工成饲料或铸压制做成各类装饰板。

（二）龙脑樟中提取天然冰片加工技术

天然冰片（分子式为$C_{10}H_{18}O$）的主要产地为印度尼西亚苏门答腊，因当地长期通过砍挖天然龙脑香树树根加工生产天然冰片，自然资源破坏严重，目前该地龙脑香树已近枯竭。100多年来，我国对天然冰片的需求均依赖进口。为了缓解天然（冰片）右旋龙脑供不应求的现状，主要采用人工合成机片（消旋体）和从艾纳香树中提取艾片（左旋体）替代天然冰片，但药效较差。湖南新晃县龙脑开发有限公司经过多年的努力，研究出了从当地发现的龙脑樟树枝叶中提取天然冰片的技术，并取得了专利。

天然冰片香气飘逸，清香扑鼻，令人心旷神怡，素有植物麝香之美称。在香料、香精、化妆品工业方面，常用于配制熏衣草、古龙、松针等香型产品。其味有醒脑、驱蚊蝇、防腐等功能，也可用于配制醒脑剂、驱蚊剂、高级防腐剂等。此外，还广泛应用于食品、口香糖、烟草、日化等其他工业。经国家药检部门审批，天然冰片已选入2005年《国家药典》，为该产品大批量进入市场奠定了良好的基础。此外，龙脑樟树枝叶繁茂，四季常青，根系发达，在涵养水源，保持水土，绿化荒山，调节气候，美化环境等方面具有良好的生态功能；龙脑樟的鲜枝叶经提取冰片后，其残渣可堆沤发酵，是优质的有机肥料，可做到用养结合，培肥土壤，环保效益显著。

1. 粗加工技术

在植物性天然精油产品生产方法中，水蒸气蒸馏法是最常用的一种，植物精油的成分其沸点通常在150～300℃，常压下均有一定的挥发性，在加热条件下，可随水蒸气一起蒸馏出来。精油大多不溶于水，馏出物中的油与水极易分离开来。此法具有设备简单、容易操作，成本低、产量大的优点。天然冰片粗加工目前主要是水蒸气蒸馏法制得天然冰片粗品，主要分为水上蒸馏和直接蒸汽蒸馏两种方法。这两种方法要视实际情况，根据单位生产成本来取舍。总体上，用水蒸气蒸馏的方法经济实用，影响的因素主要是龙脑樟原料的前处理、蒸馏温度和蒸馏时间的控制。

2. 精加工技术

天然冰片精加工的方法有有机溶剂重结晶法和升华法。有机溶剂重结晶法是利用有机溶剂加热溶解天然冰片粗品进行重结晶，其主要工艺过程是粗品冷冻离心分离、粗品干燥、粗品加热在有机溶剂中溶解、重结晶、二次溶解、二次重结晶。升华法是根据龙脑可升华的特性，利用粗品冷冻离心后，再用升华装置，以导热油为传热介质进行精加工，产品右旋龙脑含量可达96%以上。

（三）金银花有效成分的提取技术

金银花（*Lonicera japonica*）是忍冬科植物忍冬的干燥花蕾，是临床常用的中药材之一。所含化学成分有绿原酸、异绿原酸、黄酮化合物、芳樟醇和双花醇等，具有抑菌、抗病毒、抗炎免疫调节等作用，在对金银花提取工艺的研究中多以绿原酸作为含量测定的指标。

绿原酸是金银花的主要药用成分，具有显著的清热解毒和抗菌消炎作用，对消化道的癌症有明显的抑制作用，还具有抗生育作用及对免疫系统的调节作用。绿原酸类化合物是含有羧基和邻二酚羟基的有机酸，易溶于水、醇和丙酮等溶剂。从金银花中提取绿原酸多采用水煎法、水提醇沉和稀醇回流法等。

石硫法：传统纯化绿原酸的方法为石硫法，即在水煎液中加入石灰乳使绿原酸类成分沉淀，然后加稀酸分解得提取物的方法。然而在碱性条件下绿原酸会发生水解，导致得率不稳定，总提出物得率低，且绿原酸的含量也不高。

其他提取方法：文献报道绿原酸的纯化方法还有异戊醇法、乙酸乙酯法、正丁醇法、BCD共沉淀法、柱层析法等。目前，国内学者对绿原酸不同提取工艺的评价仍存在分歧，多数认为乙醇回流法较好。刘祥兰等比较了绿原酸的多种提取工艺，如水煎法、乙醇回流法、动态浸提法、超声波法和渗漉法等，认为最佳提取工艺为乙醇回流法。为进一步优化乙醇回流法的提取工艺，科研人员需要对金银花中绿原酸的提取作大量试验，探讨了 pH 值的影响，杂质的去除方法和绿原酸的纯化方法，实现金银花中绿原酸的提取大规模工业化生产。

（四）五倍子有效成分的提取技术

五倍子单宁属于水解单宁，它含于盐肤木上的虫瘿（倍子）内，为我国特产。五倍子水提取物的商品名称叫单宁酸、中国单宁，也叫鞣酸，其中五倍子单宁含量高达 80% 左右。以中国林业科学研究院林产化工研究所及湖南省林产化工工程重点实验室为技术依托，成立于 1998 年的张家界贸源化工有限公司是国内最大的五倍子深加工企业，采用现代生物化学技术对五倍子进行深加工，制造单宁酸系列、没食子酸系列、3, 4, 5-三甲氧基苯甲酸系列、焦性没食子酸系列等十多个产品，年产五倍子深加工系列产品 3000 多吨，广泛用于食品、医药、有机合成、军工、航天试验及微电子等领域，90% 以上出口创汇。

五倍子单宁生产要经过原料粉碎、筛选和运输，单宁的浸提，浸提液的蒸发，浓胶喷雾干燥等过程。其关键技术原料的浸提采用常压连续逆流浸提，分别转液的方式，浸提温度控制在首罐 40～55℃，尾罐 65～75℃；浸提液的蒸发采用三效顺流真空蒸发工艺。

五倍子单宁分子内存在内酯键，在酸、碱、酶的作用下可水解，生成没食子酸（也叫倍酸）和葡萄糖或奎尼酸，是工业上制取没食子酸的理论基础。没食子酸（倍酸）的用途很广，用于合成药物（30 余种，如连苯双酯、脑复清、磺胺增效剂、没食子酸锑钠等）、合成染料（如媒染茜素棕、媒染倍酸青天蓝、媒染倍酸紫等）、合成油脂抗氧剂（如倍酸丙酯、倍酸辛酯、倍酸月桂酯等，而倍酸丙酯是欧洲共同体食品工业中的法定产品，用量较大）。因此，没食子酸系列衍生物产品的开发具有广阔的前景，经济效益显著。

（五）白藜芦醇提取关键技术

白藜芦醇（Resveratrol，简称 Res），又称芪三酚。主要存在于葡萄、虎杖、花生等植物中。虎杖（*Polygonum Cuspidatum* Sieb. et Zucc）为蓼科多年生草本或亚灌木植物，又名斑根、斑杖、紫金龙，其根茎富含虎杖甙、白藜芦醇、大黄素、大黄酚、大黄酸，主要分布于我国长江以南的湖北、湖南。

国内外提取白藜芦醇大多采用虎杖等植物为原料，先将原料经粉碎处理，采用有机溶剂

（如甲醇、乙醇、乙酸乙酯等）进行浸提或回流萃取，经过滤后将滤液浓缩，即得白藜芦醇粗品，再经过层析分离、提纯得到纯度较高白藜芦醇，此方法可获得纯度达99%白藜芦醇。为了提高白藜芦醇的纯度和收率，溶剂的选择是决定能否提出的关键。而其纯化方法常采用硅胶薄层分离、高速逆流色谱和硅胶柱层析。

（六）黄姜素提取关键技术

工业上生产姜黄素一般用植物姜黄作为原料进行提取。植物姜黄中可提取姜黄素和姜黄油（前者占3.5%，后者占5%），10%为水分，80%为树脂、胶质、淀粉和纤维素等。目前，提取方法有有机溶剂提取法、碱水热提法、酶法提取等。

（1）有机溶剂提取法：有机溶剂提取法是目前生产中普遍采用的一种方法，传统的工艺流程采用单一溶剂加热、间歇萃取技术。将原料姜黄晒干后粉碎，在加热、搅拌条件下用有机溶剂回流萃取，趁热过滤后再萃取1次。回收萃取剂得到黏稠油状物质。再用热的非极性溶剂，搅拌萃取除油，待姜黄呈现硬团块状态时，分离出姜黄素，并于一定条件下真空干燥一段时间。

（2）碱水热提法：碱水热提法成本较低。将姜黄粉碎后加碱水，在沸水中提取多次即可。碱水提取能得到纯度较高且能够干燥的色素产品，但由于操作过程复杂，反应条件剧烈，容易造成色素的破坏且提取率低。

（3）酶法提取：在碱水热提基础上发展出的酶法提取姜黄素，即用纤维素酶、果胶酶组成的复合酶对姜黄细胞壁及细胞间质中的纤维素、半纤维素等物质降解，引起细胞壁及细胞间质结构发生局部疏松、膨胀、崩溃等变化，从而增大细胞内有效成分提取介质扩散的传质面积，减小传质阻力来提高姜黄素的提取率。该方法既有碱水法提取成本低的优点，又提高了收率，安全性也较大。

（4）渗漉法：渗漉法即将药材粉碎为粗粉后，用85%乙醇浸泡，以一定的流速进行渗漉。该方法收率高，克服了姜黄素不耐热、不耐光、不溶于水的缺点，且渗漉法简便、实用、经济科学，溶剂为乙醇，价格低廉，其药渣还可作提取挥发油的原料，适用于大规模生产。

（七）山苍子油提取关键技术

山苍子（*Litsea cubeba*），别名山鸡椒、山苍树、赛樟树、香叶。属樟科目姜属。山苍子油是从山苍子树所结的果实（种子）中用水蒸气蒸馏提取出来的一种精油。山苍子油是合成紫罗兰酮的主要原料，用于化妆品、食品、烟草工业等。在医药方面，山苍子油可治胃病，关节炎和溃疡等症，还有抑制致癌物质黄曲霉菌的代谢产物黄曲霉素的作用，可作除臭剂。山苍子油所含的柠檬醛可用于合成维生素A。它也是我国出口量较大的天然精油之一，在国际市场上是取得天然柠檬醛的主要原料之一。

山苍子果实加工产用水上蒸馏或直接蒸汽蒸馏。一般装料200公斤的蒸锅，每锅蒸馏时间约13h，装料多的蒸馏时间长，反之则短。鲜果含油量一般为4%～7%。果实蒸馏后晒干，可再榨取种仁中的脂肪油，得率为8%～10%，可用于制造肥皂，作机器润滑油的代用品和表面活性剂等工业原料，油饼还可以作肥料。

（八）青蒿素提取关键技术

青蒿素由于具有过氧桥和缩醛结构，对酸碱不稳定，对强碱极不稳定，热至熔点以上即迅速分解。青蒿素是一种新型抗疟药，具有低毒、高效、速效的特点，对恶性疟、间日疟都有效，可用于凶险型疟疾的抢救和抗氯喹病例的治疗。缺点是在水和油中的溶解度比较小，不能制成针剂使用。口服剂型在肠胃中易被分解，吸收较差，不能杀尽原虫，有一定复发率。青蒿素经硼氢化钠还原再甲基化可制得蒿甲醚，其抗疟作用比青蒿素高6倍，复发率低，油溶解度大，在中国已制成针剂使用。

（1）水蒸气蒸馏法：水蒸气蒸馏法一般工艺为投料—加水—蒸馏—冷却—油水分离—精油。主要用于青蒿挥发油提取。在青蒿精油中已检测到的成分有60余种，由于产地不同，各地精油各组分含量有很大差别，在水蒸气蒸馏过程中，由于温度较高，青蒿素是热敏性物质，因此分解成为不能为水蒸气蒸馏的物质。所以这种方法对于提取青蒿素而言效果不好。

（2）有机溶剂提取：青蒿素为白色针状结晶，易溶于氯仿、丙酮、乙酸乙酯和苯，可溶于乙醇、乙醚，微溶于冷石油醚，几乎不溶于水。因此，可用有机溶剂提取植物中的有效成分，然后用柱层析或重结晶等法分离精制得到青蒿素。基本工艺是干燥—破碎—浸泡、萃取（反复进行）—浓缩提取液—粗品—精制。

（3）超亚临界 CO_2 萃取：超亚临界流体萃取是一种新兴的萃取分离技术。处于临界区附近的流体可以像普通流体一样作为萃取剂使用，以高压液化气体为溶剂，加压逆流和减压蒸发为主导的工艺路线。

黄花蒿经粉碎筛后投入萃取罐，从钢瓶出来的 CO_2 经过滤后，由压缩机压缩至设定压力。温度由经过萃取罐夹套的循环水控制并稳定。当萃取罐达到所需压力温度后，开始循环萃取并计算萃取时间，含有青蒿素的 CO_2 降压后进入分离罐，青蒿素及杂质在分离罐分离析出，CO_2 送入压缩机循环使用，萃取物进行简单的分离精制即得到青蒿素纯品。

（4）微波萃取：传统的微波萃取过程中，能量首先无规则地传递给萃取剂，然后萃取剂扩散进入基体物质，再从基体溶解或夹带多种成分扩散出来，即遵循：加热—渗透进基体—溶解或夹带—渗透出来的模式。微波萃取法是利用微波能来提高萃取效率的一种新技术。不同物质的介电常数不同，其吸收微波能的程度不同，由此产生的及传递给周围环境的热能也不同。在微波场中，吸收微波能力的差异使得基体物质的某些区域或萃取体系中的某些组分被选择性加热，从而使得被萃取物质从基体或体系中分离，进入到介电常数较小、微波吸收能力相对较强的萃取剂中。

三、森林野生动物药用有效成分提取关键技术

（一）动物麝香的提取技术

麝香是许多动物都可以分泌的一种药物，如鹿科动物、麝香鼠等。选壮年雄性动物，缚在取麝台上，腹部向上。取香者以左手固定麝香囊（香腺囊），并分开囊口，右手持经过消毒的取香匙，徐徐插入，深度视麝香囊大小而定，防止损伤香囊。插入后，轻轻转动取香匙，并向外掏取麝香，用盘盛取。取香后，用消炎药涂搽囊口，然后将麝放回。一般每年冬、春取香1次，过去多猎麝取香，在冬、春季猎取雄麝，连腹皮割下麝香囊，阴干。用温水浸润香囊，割开后除去皮毛内膜杂质，用时取麝香仁研细，即可入药。

（二）蛇类的药用成分利用技术

蛇类的药用包含蛇毒、蛇肉、蛇胆、蛇蜕、蛇皮及其他内脏（如血、生殖系统等）。首先鲜蛇肉中保留了较多的生物活性物质，比蛇干更有独特的功效。杀死活蛇取肉，并烘干研磨成粉后服用，可治风湿性关节炎、中风后半身不遂、小儿热痱、皮肤瘙痒等。从蛇肉中提取有效成分制成的注射液有消炎、补肾壮阳的作用，适用于治疗慢性支气管炎、浸润性肺结核等。蛇干是用整条蛇取出内脏后，晒或烘制加工而成的干体。有祛风解毒、镇痉止痛的功效，能治疗风湿瘫痪、四肢麻木、半身不遂等症。

加工毒蛇胆是价格昂贵的药材。取胆前将蛇激怒或将蛇饥饿2个月，可大大增加胆汁含量。

取胆方法是：双脚踩住头部和肛门处，腹面向上，再从蛇的中段偏后处剪开3.3厘米长的刀口，让蛇胆露出，然后小心连同输胆管一起剥离，用丝线扎住胆管，放入55度白酒中保存。亦可用注射针头抽取胆汁，一个月左右抽取一次，取得的胆汁立即放入米酒中制成蛇胆酒。

蛇毒收集一般6~10月为采毒期，7~8月为采毒高峰期，每次采毒间隔时间20~30天，采毒前一周不供食，只供水，可以提高采毒量。采毒方法常用双手挤压咬皿法。具体做法是用胶带将60毫升烧杯一只固定于工作台边缘，用右手轻捏蛇颈部，并迫使毒蛇张口，让毒牙位于烧杯内缘，然后让其咬住杯口。同时用左手手指在毒腺部位轻轻挤压，可采得毒液。

（三）蜜蜂的药用成分利用技术

蜜蜂能为人类提供营养丰富、保健性能强、纯天然的蜂产品，如蜂蜜、蜂王浆、蜂花粉、蜂胶、蜂毒、蜂蜡等。蜂蜜自古以来就当做上等药品，用来调和各种药粉制成丸药；也能直接食用，美味可口，营养丰富。蜂王浆更是富有营养的滋补品，可治疗多种疾病，无副作用，被誉为宝药。花粉是营养极为丰富的天然食品，蜂蜡可以制作丸药的外壳及造牙齿模型等。蜂胶含有很多黄酮类化合物，具有治疗一些心血管病、糖尿病和真菌性疾病的功效。蜂毒可以治疗风湿性关节炎、肝炎等疾病。蜜蜂本身也可入药，如蜂卵又称蜂子，可除虫毒、利二便、下经血和益身补身。蜂蛹、蜂幼虫都是高蛋白食品，具有很高的营养价值。因此，不夸张地说蜜蜂全身都是宝，具有很高的经济价值和医疗保健价值。

（四）牛黄加工利用技术

从野生动物牛类的胆囊、肝管及胆管等取出牛黄后，应立即滤去胆汁（迟则被胆汁浸润而变黑）。然后去净附着的薄膜，用灯心草或通草丝包上，外面再包以白布或毛边纸，置于阴凉干燥处阴干。干燥时，切忌风吹、日晒、火烤，以防变质（破裂或变色）。阴干后研为极细粉末待用。牛黄须贮存在干燥容器内，密闭，置阴凉干燥处，遮光，防潮。

第五节　生物质能源加工关键技术

一、生物柴油加工技术

（一）生物柴油加工技术概况

我国生物柴油的生产和开发利用刚刚起步，与发达国家尚有较大的差距，对一些生物柴油的提取、加工正处于初试阶段。生物柴油的提炼大多简单、粗糙，工艺流程较落后，油脂的水分、杂质含量偏多，造成生物柴油得率不高，限制了生物柴油的应用范围。其次，由于生物燃料油的低挥发性，在发动机内不易雾化，与空气的混合效果差，造成燃烧不完全，形成燃烧积炭，以致易使油脂粘在喷射器头或蓄积在引擎气缸内而影响其运转效率，易产生冷车不易启动，以及点火迟延等问题。目前，主要集中在城市公车、空调设备、柴油引擎、柴油发电厂、农林业设施以及一些休闲处游艇的引擎，以清洁空气，保护环境，应用范围较为有限。另外，生物燃料油的使用成本问题是限制生物柴油使用的最主要问题，只有降低成本，才能有广阔的商业化应用前景。

1. 化学法

化学法是植物油在有催化剂（酸或碱）存在下，将油中脂肪酸甘油三酯与低分子甲醇进行酯交换反应，生成脂肪酸甲酯，即生物柴油。用化学法制取生物柴油的工艺，开发早，技术较成熟，被国内、外广泛采用，但其缺点是工艺较复杂，醇必须过量，后续工艺必须有相应的醇回收装置，能耗高，过程中产生的废液较多，必须设置污水处理设施。为解决上述问题，人们开始尝试用生物酶法制取生物柴油。目前，已实现产业化的生物柴油生产工艺主要是化学催化转酯法。但化学法制备生物柴油存在一些不可避免的缺点，如反应过程中使用过量的甲醇，后续处理过程较繁琐，油脂原料中的水和游离脂肪酸会严重影响生物柴油得率及品质，废碱（酸）液排放容易对环境造成二次污染等。

2. 酶转化法

酶转化法是指动植物油脂与甲醇（或乙醇）通过脂肪酶进行转酯化反应制备相应的脂肪酸酯。酶法合成生物柴油具有条件温和，醇用量少，无污染排放，原料油中游离酸和少量水并不影响酶促反应等优点，因而日益受到重视。清华大学研发成功的专利技术是利用短链脂肪酸酯（乙酸甲酯或乙酸乙酯）作为酰基受体，将动植物油脂转化成生物柴油。在该新技术中，分离出的副产品三乙酸甘油酯进一步与甲醇反应，又可得到短链脂肪酸酯，可循环用于生物柴油的合成。这种短链脂肪酸与油脂互溶，对酶的反应活性无不利影响。该工艺在湖南海纳百川生物工程有限公司200公斤/天的生物柴油中试装置上得到成功应用，以菜籽油为原料生产出生物柴油。中试装置的反应器连续运转3个多月，生物酶活性未表现出明显下降趋势。另外，利用目前已有的技术还可以将生物柴油生产过程中的副产物甘油进一步转化为高附加值产品1, 3-丙二醇。

3. 生物酶提取技术

生物酶提取技术一直被国外发达国家所掌握。近年来，秦皇岛领先科技有限公司生物工程研究中心与北京化工大学合作，经过潜心研究，联合攻关，在酶的提炼、生产工艺上实现了重大突破，2006年6月，终于研制出用生物酶法合成生物柴油，并向国家申请了专利。秦皇岛领先科技公司采用的生物酶法合成的生物柴油技术，不再使用强酸强碱，甲醇用量只占原来柴油的1/6，且在制造过程中，条件温和，在常温、常压下都可以进行。目前，只有美国、加拿大、巴西、澳大利亚等国家掌握这一技术。

4. 其他关键提取技术

2006年，东南大学采用创新工艺“负载型固体碱催化剂”技术制备生物柴油取得突破性进展，成功避免了此前其他生物柴油制备技术存在的反应条件苛刻、反应时间过长等弊端，且转化率高达95%。据取得这一创新技术的东南大学化学化工学院副院长肖国民教授介绍，经过一年多的研制，采用这套工艺可以实现连续化、规模化生产以及对生产过程进行自动化控制，可有效利用分离过程的能量，降低生产成本和节约能源消耗，目前，已经完成实验室研制阶段。

微乳化法是将植物油与甲醇或乙醇以及表面活性剂的一定比例混合形成微乳化液。经微乳化处理后，植物油的黏度降低，雾化性能改善，有助于充分燃烧。此外，脂肪酶催化的醇解工艺最近几年在国内研究比较热。北京化工大学、华南理工大学和清华大学都开展了大量工作，取得了较为突出的进展。

（二）几种主要生物柴油加工技术

1. 利用光皮树制取生物柴油技术

光皮树（*Cornus wilsoniana* wanger）是山茱萸科梾木属落叶灌木或乔木，采用嫁接苗栽植2~3年后可开花结果，盛果期50年以上，寿命可达200年以上，大树每年平均产干果50公斤，多可达150公斤，果肉和核仁均含油脂，干全果含油率33%~36%，出油率25%~30%，平均每株大树产油15公斤。全果精炼油含不饱和脂肪酸77.68%，其中油酸38.3%、亚油酸38.85%。光皮树集中分布于长江流域至西南各地的石灰岩区，黄河及以南流域也有分布。目前对光皮树的研究不是很多。曾意纯等认为光皮树是石灰岩山地造林的良好树种；成训妍、梁仰贞等认为光皮树是珍贵的木本食用油料资源；程树棋提出光皮树油将是一种理想的生物质液体燃料；高新章介绍了光皮树的栽培技术；曾红艳、李昌珠等对光皮树籽油进行了 GC2MS 分析。据湖南、江西、广东、广西等地的不完全统计，石灰岩山地总面积有 2200 万公顷，按 10% 面积栽植光皮树，可年产光皮树油 3000 万吨。

湖南已经建立有大面积光皮树人工林基地，湘南、湘西分布的大面积光皮树混交林和散生林为开展生物柴油的制取提供了便利。而相对于油菜而言，光皮树具有野生特性，适应性广、耐干旱、贫瘠，可望生产价格低廉的原料。结合我国正在全面实施退耕还林生态工程，大面机营造生物柴油原料林，可以变荒山劣势为优势，同时为我国将来开发和利用生物柴油提供原料基地保证。

2. 黄连木制取生物柴油技术

黄连木（*Pistacia chinensis*）是漆树科落叶木本油料及用材树种，高达 25 米。黄连木在中国分布很广，北起河北、山东，南至广东、广西，东至台湾，西至云南、四川、甘肃，其中河北，河南、山西、陕西等省分布最多。黄连木喜光，不耐严寒；在酸性、中性和微碱性土壤上均能生长；对二氧化硫和烟的抗性较强，抗烟力属Ⅱ级，抗病力也强。

黄连木种子含油率 42.5%，出油率 20% ~30%。每公顷用种量 150 公斤左右，当年生苗高 60 厘米左右，亩产苗 20000 ~25000 株。寿命长，能活 300 年以上。幼树生长较慢，以后生长加快，4 年后即可开花结实，胸径 15 厘米时，每株年产果 50 ~75 公斤；胸径 30 厘米时，年产果 100 ~150 公斤。

二、森林剩余物及加工剩余物能源利用

据 1984 年初步统计表明，我国林业生产中每年形成木材采伐加工剩余废物 1000 万吨，油茶壳 75 万吨，栲胶渣 13 万吨，核桃壳 100 万吨，板栗壳 140 万吨，枯枝落叶物 970500 万吨，植物榨油渣 3000 万吨，香料植物余渣 800 万吨，中药材剩余废渣 1000 万吨，湿法纤维板热磨浆压出液 350 万吨，亚硫酸纸浆废液 180 万吨，淀粉植物废液 3500 万吨等。若以含纤维素 40%，半纤维素 15% 计，则上述废弃物折合成纤维素共计 178.30 万吨。

（一）能源利用发展方向

1. 气化

森林剩余物及林业加工剩余物的气化转化主要为两个方面：沼气发酵和直接气化。沼气发酵是在隔绝空气的条件下，生活和工业有机废水、森林剩余物及林业加工剩余物、杂草、人畜粪便等经过微生物的发酵作用能产生沼气。沼气的热值高于煤气。直接气化是利用加工剩余物在缺氧条件下加热，使之发生热化学反应，实现能量转化。

2. 液化

利用发酵和化学热解等方法，制得醇类燃料的过程；如直接从植物中流出的液体，如“石油种植园”提取碳氢化合物。经过微生物的糖化发酵得到乙醇；在隔绝空气的情况下，加热到 750K、860K，可得到液体燃料。

3. 固化

主要是利用林业废弃物孔隙发达的原理，物理方法和化学方法相结合，以木屑、树皮等林业剩余物为原料，在高压、加热条件下，通过机械工程，压缩成棒状、颗粒状且质地坚实的成型物，使形成能量密度高的固体燃料。

（二）几种主要产品的关键技术

1. 制取燃料乙醇及下游产品

乙醇俗称酒精，它以林业废弃物或植物等为原料，经发酵、蒸馏而制成，将乙醇进一步脱水再经过不同形式的变性处理后成为变性燃料乙醇。燃料乙醇也就是用粮食或植物生产的可加入汽油中的品质改善剂。

运用林业废弃物粉碎进入反应池，通过添加酸、碱或生物酶水解处理后，可使废物中的纤维素转化形成30% ~40%的淀粉和糠醛等有用物质。经进一步深加工处理后，又可使90% ~96%的淀粉转化生成葡萄糖。

2. 生物质乙烯技术

随着全球性的石油资源供求关系的日益紧张，传统石油乙烯工业将面临新挑战。如何突破资源短缺的瓶颈，利用可再生生物质资源生产乙醇，再进一步脱水成乙烯，从而替代传统的石油乙烯路线成为当前的研究热点。

目前，国际上乙醇制乙烯工业装置主要集中在巴西、印度、巴基斯坦、秘鲁，最大规模为印度的6.4万吨/年装置。乙醇脱水制乙烯的技术发展趋势，主要是装置大型化、低能耗，以及进一步提高催化剂的性能，降低催化剂成本。1981年，巴西建成3套乙醇脱水制乙烯装置，总产能74万吨/年。近几年，印度建成4套乙烯装置。虽然其规模远低于现代石油乙烯装置，但其强大的生命力应予重视。

3. 固体能源利用关键技术

在湖南省一些地区，竹木材已成为当地经济和社会发展的重要基础，竹木材生产和加工工业已成为当地经济发展的支柱和主导产业，如桃江县21个乡镇的3万多农户，2004年全县竹林面积发展到4.8万公顷，竹产业增加值9亿元，占全县GDP的35%以上。竹木材在加工过程中利用率仅40%左右，有60%的竹木材在加工过程中变成加工剩余物。湖南省是国家林业局确定的重点商品林生产基地，人工林资源十分丰富，活立木总蓄积量3.38亿立方米，其中杉木面积264.1万公顷，蓄积量1.4亿立方米；松木（马尾松、国外松）面积264万公顷，蓄积量1.17亿立方米；杨树、桉树等速生树种发展迅猛，每年采伐量1200万立方米左右。其中，加工剩余物也大部分被堆放废弃或焚烧，也造成了对资源的极大浪费和对环境的极大污染。

以木屑、树皮等林业剩余物为原料，采用热压法在高压、加热条件下，压缩成棒状、颗粒状且质地坚实的成型物，可作为工业锅炉、民用炉灶和工厂、家庭取暖炉以及农业暖房的燃料，也可进一步加工成木炭，也可深加工成活性炭。这种固体燃料除具有比重大（通常 >10）、便于贮存和运输、着火易、燃烧性能好、热效率高的优点外，还具有灰分小，燃烧时几乎不产生 SO_2，不会造成环境污染等优点，在世界上堪称为一种理想燃料，有着广阔的市场前景。湖南省林业工作者应从眼前着手，重点研究林业废弃物的加工技术，以提高生物质能源的利用率。

第六节　林业机械技术装备

根据湖南林业生态林建设工程和产业林建设工程发展需要，把林业机械技术装备作为发展重点对加速湖南省林业建设具有重要意义。本章所述林业机械技术装备涉及：育苗及造林机械装备、竹子培育与高效利用技术装备、油茶加工利用关键技术装备、木材加工利用技术装备、森防及环保技术装备、森林食品加工关键设备、林业生物质能源加工技术装备。

一、湖南林业技术装备现状

湖南省将人造板、木竹制浆造纸、木竹家具地板、林产化工、森林食品、林药加工列为6大支柱产业。2005年，竹木林纸产业列入省政府确定的湖南五大农业产业链之一，作为全省农业结构调整的建设重点。这些政策和措施有效地激发了林业的内在活力，各种生产要素向林业聚集，非公有制林业迅猛发展，呈现出投资主体多元化、经营形式多样化的新趋势，有力促进了林产工业的快速发展。

湖南省是全国的林业大省，但林业技术装备总体水平相比发达省份较为落后，导致林业生产和产业产出率不高。2004年全省林业产业产值为407亿元，仅占全国林业产业总值6892亿元的5.9%，位居浙江、山东、福建、江苏、河北之后，排名第六位；人造板产量仅占全国产量5446.49万立方米的3%，居全国第十五位，居第一位的山东省的产量是湖南省产量的6.14倍；松香类产品产量占全国53.76万吨的3.9%。因此，湖南省林业产业的技术装备水平低于其林业发展水平，不利于林业产业建设的快速发展。

在森林资源培育技术装备方面，湖南省也较为落后。全省人工林绝大多数是单一品种的纯林，一般采取人工更新的方式，对成熟林立木的采伐使用动力链锯，有些地方使用2人操作的“大肚子锯”，几乎没有机械化可言。林地清理的主要问题是对伐根的清理，有些林场采取由农户或林场工人人工挖掘的方式进行伐根的清理。由于湖南省多为山区、丘陵地带，这种非机械化的作业方式效率低，同时存在林地内遗留大量树木的侧根，增大了以后整地的难度。总之，缺乏高效率的人工林综合采伐设备和用于采伐后林地清理的伐根清除整地设备，影响加快人工用材林的更新，影响林地的利用率。

湖南省也是我国重要的产竹之乡，在以湘潭为主的一些州市，竹产品加工机械发展速度加快。主导产品为竹胶合板、竹地板、竹砧板、竹木复合材、竹碎料板、竹集装箱底板、竹凉席、竹筷、竹碳、竹笋、竹纸等产品。纵观整体竹材加工技术装备水平，尚属“原态竹”利用阶段，缺乏可大幅度增加附加值的竹产化工专用设备，比如竹纤维分离（化学机械法）、竹饮品（包括竹汁、竹啤酒等）、竹药、竹材化学提留物等设备。

湖南省林产加工企业普遍缺乏科技开发和自主创新能力，除少数企业外，多数厂家的加工装备相当于国内20世纪八九十年代的技术水平，而且企业自身缺乏科研和开发能力，技术人才和管理人才匮乏。技术装备更新换代投入严重不足，影响新产品开发速度，产品多年一贯制，更新换代能力较差。

二、育苗及造林机械装备

湖南省林地面积1273.07万公顷，占全省总面积的60.1%，其中有林地面积871.4万公顷，疏林地面积9.6万公顷，灌木林地面积280.6万公顷（国家特别规定的灌木林地面积222.8万公顷、其他灌木林地面积57.8万公顷），未成林造林地面积65.87万公顷，苗圃地面积0.4万公顷，无立木林地面积19.6万公顷，宜林地面积25.4万公顷，辅助生产林地面积0.2万公顷。纵观湖南省的地理地貌，多数宜林地属于山地、丘陵地、滩涂地，发展自动化育苗和困难立地条件植树机械装备，对湖南林业产业未来发展很有必要。

（一）机械化育苗

1. 自动化播种生产线设备

湖南省林木种苗繁育示范中心建设已初具规模，通过与芬兰森林和公园局合作，从芬兰绿农公司（Lannen）引进的容器育苗生产线已投入使用。但规模化的自动化播种生产线设备尚不完备，未能达到产业化应有的程度。应加强国产化播种、育苗生产线设备的开发，为建成比较合理的选、引、育、繁、推广相结合的良种生产和利用体系提供技术装备支持。

2. 温室自动控制系统

针对湿地松、火炬松、杨树、杉木、桤木等树种育苗繁殖，研制开发适合湖南树种繁育的温室自动控制系统。做到喷灌、恒温、恒湿、施肥、补光及 CO_2 系统等综合自动控制。

（二）机械化造林

1. 苗木移栽机械

湖南是盛产多种珍贵景观树种的省份，城市园林景观苗木已经形成产业，但多数采用人工移栽的办法，导致成活率较低，造成珍贵成树和古树资源不可逆的浪费。研制开发大苗移栽机械，主要用于古树、珍贵景观成树的挖掘、运输和移栽，提高成活率。

2. 便携式造林整地挖坑机械装备

研究的重点是便携、使用可靠和操作方便。针对目前已有的手提式整地挖坑机重量偏大、携带不便和操作时启动发动机较困难等问题，研究、试制出重量轻、携带方便、使用操作可靠、符合人体工程学要求的轻型设备。

3. 山地、丘陵地高效深栽造林植树机

多年来试验证明，深栽造林在山地、丘陵地区具有较高的造林成活率、保存率和生长量。由于植树的栽植深度较深，目前的深栽造林植树机存在造林效率低、不能满足大面积、大规模在短时间内（造林季节）完成造林的要求。通过研究提高挖坑、钻孔的效率或挖穴等新方式提高造林作业效率，并研制出新型的高效深栽造林植树机。

4. 滩涂地高效造林植树机

在洞庭湖区开展以兴林抑螺为主体的环境改造综合治理建设，切实压缩钉螺分布面积与流行区范围，大大减轻湖水的血吸虫病感染性，最大限度地降低人畜血吸虫病的感染率，促进区域生态、经济协调发展与农村产业结构调整。结合杨树、苏柳、桤木、湿地松等速生树种的特点，研究开发滩涂地高效造林植树机。

（三）人工林采伐与更新机械装备

自在20世纪中叶以来，湖南省开展大面积植树、造林活动，取得了可喜的成就，森林利用逐渐从天然林向人工林转变。大面积人工林已经达到成熟林和过熟林状态，及时更新是提高土地利用率、合理利用资源的有效措施，更是促进林业产业发展的重要手段。人工用材林要最大限度的提高土地的利用率，即在造林以后，从幼龄林到成熟林，每年单位面积材积的增长量从逐年增加到最大值后又逐年减少。需要开发或引进的人工林采伐与更新机械装备包括：

1. 人工用材林抚育机械装备

研究开发集打枝和将枝丫削片粉碎处理等功能于一体的轻型联合作业机，该机可在人工林中自由运行，执行抚育间伐作业。

2. 人工林采伐、削片联合作业机

研制适用于湖南地理特点的人工林采伐作业特点的人工林采伐、削片联合作业机。集立木采伐、削片于一体的联合作业机，提高人工林的更新效率，为造纸和人造板生产提供原料。

3. 伐根清除机械装备

针对湖南省人工林采伐后残余伐根的实际状况，在研究伐根清除方式的基础上，研制以国产拖拉机为底盘的高效伐根清除、清理设备，以加快人工林更新的速度。

三、竹子培育与高效利用技术装备

湖南省是楠竹的主产区，以桃花江竹胶板集团、湘潭恒盾集团、会同金裕公司等龙头企业为依托，联合全省近30家大中竹加工企业，已经形成有特色的竹制品加工产业集群。但是，与湖南省竹产业的迅猛发展相比，高技术含量的竹材工业化生产专用加工设备的研究相对滞后，普遍存在品种类型少、设备不配套、生产工艺流程不畅通的问题，难以满足国内外竹产品生产小批量、多品种、高质量、高效率、低成本、快速变化等的竞争要求。

（一）竹子培育与整地机械

1. 整竹挖篼机

开发便携式的液压动力整竹挖篼机。以汽油或柴油马达为动力源，采用液压原理驱动挖掘爪，将母竹整竹连篼一起挖出地面，尽量保护竹鞭和毛细根不受损坏，已备带篼埋秆繁殖用。该机械为便携式作业机械，整机质量以2人可携带上山为宜，可将动力部分和挖掘部分设计为分体组建，以便分别携带上山。

2. 竹根拔篼机

开发便携式的液压动力竹根拔篼机。竹根拔篼机机械原理与整竹挖篼机类似，但不要求保护竹鞭和毛细根，其作业目的是将砍伐后竹篼拔出地面，便于新生长的竹鞭可以自然生长到达原竹篼所在的位置，生笋发芽，恢复地力，提高土地利用率。该机械为便携式作业机械，整机质量以2人可携带上山为宜，可将动力部分和挖掘部分设计为分体组建，以便携带。

（二）竹基结构材料和功能材料关键技术装备

1. 高效破竹机械

将圆形竹筒劈裂成若干等分的毛竹坯，同时带有清除竹筒内隔的功能。

2. 竹坯定形铣床

将毛竹坯铣削成规格形状的标准竹坯，以便实现竹材重组。

3. 热压成型机

对于重组竹材厚板材的热压成型机械，可借鉴现行人造板热压机的方法，采用导热油或蒸汽为导热介质对板面进行加热，在上下板面加压的同时，辅以侧向加压。

对于重组方材的热压成型机械，可采用高频加热的方法，使热量快速在方材内部产生作用，在垂直和侧向同时加压加热。此外，还要求连续热压成型，可实现重组材料的长度无限性。

4. 竹增强复合材料关键技术装备

重点研究精细分级竹丝制备技术、竹材的浮法叠层组坯和竹丝束的编织成型技术、机械设备系统自动控制技术，完成竹片自动数字分级设备的研制。

（三）竹质 OSB 制造设备

目前，木质OSB（Oriented Strand Board，定向刨花板）在欧美已经很流行，主要用于建筑、装潢及车船制造业等。我国20世纪90年代中期开始研制国产化木质OSB生产线，但在竹材OSB产品开发方面尚属空白，亟须研发先进的竹质OSB生产技术，促进非木质人造板产业的发展，替代和节约更多的林木资源。在竹材OSB生产技术中，由于竹材中空和具有竹青、竹黄的特殊生理结构，削片问题是目前无法解决的关键环节，其他生产环节与木质OSB基本相同，可以全部国产化完成。

（四）竹子食品机械

1. 竹笋削片机

研究竹笋生理结构和特性，开发可自动化生产的竹笋削片机，取代传统的人工削片作业方式。

2. 竹笋烘干机

变竹笋自然风干为机械化烘干，在确保对竹笋营养价值和色泽不造成破坏的情况下，实现机械化生产。

3. 竹饮品生产设备

竹子具有很高的营养价值，湘潭恒盾科技集团已经建成年产300吨竹汁饮料生产线，对扩大竹饮品产业化起到了促进作用。要进一步研究开发高效的竹汁抽榨机、竹饮品生产设备，以竹子为原料生产饮料、药酒、啤酒等新型饮品。

（五）竹林采伐及综合利用技术装备

1. 竹材间伐机械

竹子是多年生禾本植物，对于4年以上的成竹必须间伐。针对缓坡地面和大规模的原料竹材用材竹林，开发竹材间伐机械。一是提高工作效率；二是避免人工砍伐伤害幼竹和其他混交林树木。

2. 竹笋探测挖掘装置

春笋具有较高的经济价值，收获春笋是湖南林农重要经济收入之一。目前，农民根据经验采挖春笋，劳作盲目性很大，导致活立竹大量鞭根和毛根受损，严重影响生长。开发地下竹笋探测挖掘装置，可有效保护生长中的活立竹不被破坏。

四、油茶加工利用关键技术装备

（一）油茶籽制油关键技术设备

1. 茶油高效压榨机

开发新型的高效压榨机，提高油茶籽榨取茶油效率。茶籽制油工艺主要有压榨法和浸提法。高效压榨机可用于压榨法制油和预榨浸出的制油方法。

2. 茶油精炼设备

目前，湖南金浩植物油有限公司拥有茶油生产能力3万吨的生产线，为促进湖南省油茶产业的发展发挥了重要的作用。但大多数油茶加工企业设备相对落后，亟待开发现代化的茶油精炼设备，提升油茶的附加值，带动全省绿色食品油茶产品的生产。

（二）油茶副产品加工成套技术设备

1. 油茶饼粕综合利用设备

目前，湖南省对油茶籽的利用主要用于榨油，对榨油后剩余茶籽饼粕的利用还很不够，大多直接作清塘剂或肥料使用。经检测分析，油茶饼粕中富含茶皂素、蛋白质、脂肪、淀粉和粗纤维等成分。油茶籽粗蛋白含量12%~18%，蛋白质中含有17种氨基酸成分，油茶饼粕是一种营养价值较高的潜在饲料原料。研究开发自动化的饼粕综合利用成套加工设备，经过清理、剥壳、轧胚、蒸炒、压榨、浸出、精炼等工序，生产油茶粕、茶皂素等副产品。

2. 油茶精深加工设备

开发油茶精深加工设备，突出其专用性和高效率，其产品可作为高级保健食用油、化妆品、医药用、注射用等方面。

五、木材加工利用技术装备

（一）制浆造纸设备

湖南省制浆造纸成套设备研发制造业较为落后，甚至有些主机设备制造尚属空白。主要依靠科技进步，引进省外或国外先进技术、设备、工艺，在注重发展规模的同时，要注重提高产品质量，特别是提高生产工艺的环保标准，大力发展以人工速生材、小径材、低质材及竹材为原料的制浆造纸成套设备。

1. 高得率清洁制浆造纸成套设备

在依靠引进制浆造纸成套主机设备的同时，加强附机设备的研发力度，包括小径材剥皮专用设备、清林枝丫材联合削片机械、木片料仓设备、竹材削片机械等。同时，配合相关建设项目，研究制造部分化学浆或机械化学浆的配套装置。

2. 造纸废液处理技术装备

开发对废水、废气（汽）和粉尘加工处理设备。在发展新型污水处理设备的同时，发展国产化的能源工厂设备，将沉降池排出的废渣及粉尘等工厂剩余物燃烧掉，转化为热能或电能。

（二）人造板生产技术装备

1. 中密度纤维板、刨花板密度在线检测技术装备

研究开发人造板生产过程关键环节质量监控设备，实现在线动态监控人造板产品各项质量参数（如：厚度、重量、密度、内部缺陷、有害气体排放等），从而优化生产工艺，降低能耗、节约原料，提高产品质量和效益。通过对人造板生产过程的最优控制，降低等外品或废品率，提高能源的使用效率。

2. 大幅面高频热压机制造技术装备

以生产厚板或结构材为目的，开发或引进大幅面（宽度达到4米以上）高频热压机。

六、森防及环保技术装备

（一）森林火灾预警技术装备

森林火灾具有自然和人为双重属性。自然属性主要是指森林可燃物状况、气候变化、高温、大风、雷电等高火险天气易形成森林火灾。“十五”期间，受全球气候异常的影响，湖南省连年出现高温、干旱、大风等灾害性天气，森林火灾等级居高不下，共发生森林火灾9800起，受害面积4.12万公顷，年均1960起。

“十一五”期间，湖南省要结合森林防火科技工作的现状和实际，以森林防火科技工作实际需求为导向，突出森林防火科技特点，重点抓好4个方面的技术装备研发工作，即森林火灾预警监测、特殊山地林火扑救技术、简易高效扑火机具、航空灭火技术。其中，森林火灾预警技术装备是重点，主要包括：利用卫星林火监测系统，及时掌握热点变化情况，制作卫星热点监测图像及监测报告；通过森林消防飞机巡护侦察火场发展动态，绘制火场态势图；依据火灾发生地的地面瞭望台、巡护人员密切监视火场周围动态监测信息，优化灭火技术方案。

（二）湿地保护与监测技术装备

在湿地的适当区域设有无线发射点，检测系统达到对检测点进行无线监测，包括温度、湿度或水位、pH值等，输入电脑进行生化分析。利用无线湿地检测技术、域网或internet网技术，建立湿地监护网络。

七、森林食品加工关键设备

（一）板栗深加工设备

板栗剥壳去衣是板栗加工的关键工序。我国传统的板栗去衣工艺采用热碱法，该工艺有使栗果褐变、污染环境等明显弊病。因大多国内现有的板栗专用剥壳去衣加工成套设备都存在剥壳率和果仁完整率不过高的弊端，未能在生产中较好的推广。开发先进的板栗剥壳去衣设备，提高剥壳率和果仁完整率。除机械的剥壳去衣方法外，还可尝试微波板栗脱壳法，可使板栗简便、快速、高效地脱壳，且不破坏栗仁的外形。

（二）核桃、银杏加工关键技术设备

核桃、银杏是湖南传统的名特优干果，湖南山区银杏、核桃种植面积都在持续扩大。要加大核桃、银杏深加工产品的研究力度，进行银杏、核桃深加工产品的开发，提高产品的附加值。要开展加工关键技术装备研究，开发剥壳、保鲜及深加工设备。

八、林业生物质能源加工技术装备

生物质是指任何可再生或可实现循环利用的有机物，通常是以可持续方式由水和二氧化碳经直接或间接光合作用产生的材料。其主要属性为有机性、可再生性、可循环利用性。进入21世纪以来，基于对环境保护、能源安全和经济可持续发展的危机感和紧迫感的考虑，世界许多国家对开发利用生物质能源，由理性呼吁发展到了制订国家战略的高度来推动其发展。

按产生的机理划分，林业生物质可分为三类：第一层次直接光合作用产物，即森林管理和林木收获的剩余物如树枝、薪柴、落叶等；第二层次为各类木材加工废弃物包括造纸厂纸浆废液等；第三层次为城市木材废弃物如建筑和包装废料、园林废枝等。林业生物质高效利用是新世纪林业产业新的发展趋势，相应技术装备的发展必须得到重视。

（一）木本植物油高效转化生物柴油技术设备

1. 木本植物油料冷榨设备

生物柴油作为一种优良的生物替代能源，是以含油植物如大豆、花生、油菜籽、玉米、棉籽、葵花子、小桐籽、光皮树、黄连木、工程藻类等和动物油脂如猪油、牛油、鱼油等以及废食用油为原料生产的清洁可再生能源。湖南省重点发展木本植物（如光皮树、油桐）油料的冷榨设备。采用冷榨直接对光皮树果实取油，减少了生产工序段，节约了能源。

2. 木本油转化为生物柴油设备

研制高效酯化反应釜装置和可以替代离心机的分离设备，既降低了成本，也实现了真正的连续生产，为生物柴油的产业化提供有效的技术支持。

（二）林业生物质材料收集、加工技术装备

1. 枝丫、树叶收集机械

以柴油、汽油等为燃料的小动力作为动力源，采用机械的或气力的办法将散落林地的枝丫、树叶收集起来，实现机械化或半机械化作业。

2. 压缩打包成型机械

非规格材的林业生物质材料具有体积大、密度低、形状离散度高等特点，对运输和贮存带来不便。通过专用机械装备将其压缩成型，打包成一定规格和形状的标准块，为林业生物质材料的加工利用做原料准备。

3. 灌木联合收割削片机

研制、开发用于灌木林收割、削片、粉碎联合作业机，所得木片或碎木粉可直接用于人造板、制浆造纸及能源产业，提高全省灌木林培育的质量和林木资源的利用率。

第七节　湿地和森林生态旅游关键技术

一、湿地生态旅游

（一）湿地生态旅游概念及发展现状

1. 湿地的概念与功能

“湿地”一词源自英文 wetland，该词是由两个词组成的，即 wet 和 land。Wet 是潮湿的意思，land 是土地，所以“湿地”一词的中文译名是准确的。狭义定义一般认为湿地是陆地与水域之间的过渡地带。广义定义则把地球上除海洋（水深 6 米以上）外的所有水体都当做湿地。湿地公约对湿地的定义就是广义的定义，具体文字表述是：“湿地系指不问其为天然或人工、长久或暂时之沼泽地、泥炭地或水域地带，带有或静止或流动、或为淡水、半咸水或咸水水体者，包括低潮时水深不超过 6 米的水域。”同时又规定：“可包括邻接湿地的河湖沿岸、沿海区域以及湿地范围的岛屿或低潮时水深不超过 6 米的区域”。

湿地是具有多种功能和价值的生态系统，不仅蕴藏着丰富的生物种类和生物生产力，为人类提供生产、生活和发展的多种资源，而且还有巨大的环境功能和效益，在保护生物多样性、蓄洪防旱、维持流域水量平衡、降解污染物、调节气候、控制土壤侵蚀、促淤造陆、科考旅游等方面为其他系统所不可替代，被称为“地球之肾”。作为自然界最大的物种和基因库，湿地聚集着大量的珍稀、濒危动植物资源，是人类休闲娱乐、科学考察和科普教育的重要基地。开展湿地生态旅游既可以防止湿地容积大幅度的减少，提高其防洪功能，又可以从湿地旅游功能的利用中获利。

2. 湖南湿地的特点

洞庭湖区湿地是我国长江中下游地区三大湿地资源集中地之一，是湖南省开展湿地生态旅游主要基地。由于其独特的地理环境和气候条件，湿地生态旅游资源十分丰富，有着无可比拟的生态价值。洞庭湖位于湖南省北部，为中国第二大淡水湖，面积约 3900 平方公里，现水面被分割为东洞庭湖、南洞庭湖、西洞庭湖三部分。该湖区素为全国著名的“鱼米之乡”。沿湖有岳阳楼、君山、鲁肃墓、慈氏塔、屈子祠、城陵矶、金门刘备城等名胜古迹，融自然风光与文化景观于一体。君山为湖中一著名岛山，由大小 72 峰峦组成，遍山翠绿，风景秀丽。山上有湘妃庙、二妃墓、柳毅井等古迹。

南洞庭湖地处长江南岸，面积 1680 平方公里。由于湘江、资水和长江及沅、澧水汇流注入该湖，使南洞庭湖湿地具有水浸皆湖，水落为洲的沼泽地貌特征，境内河汊纵横，洲岛密布，广阔的湖面上星罗棋布地散布着 118 个人迹罕至的湖洲和湖岛。2002 年这里被确定为国际湿地生态保护区，其核心区在沅江市境内的鲁马湖，面积达 80 多平方公里。该景区紧靠沅江市区，水陆交通方便，是沅江市重点开发建设的旅游观光风景区。

东洞庭湖位于湖南省岳阳市境内，面积 190300 公顷，1984 年建立省级自然保护区，1992 年被列入《世界重要湿地名录》，1994 年晋升为国家级自然保护区，主要保护对象为湿地和珍稀鸟类。保护区受长江和湘、资、沅、澧诸水系的水量周期升降影响，形成了水、沼泽、浅滩和低岸等复杂的自然地形。洪水带来的营养物质沉积，又给水生动植物繁衍提供了条件，加之地处中国冬季候鸟越冬和夏季候鸟繁殖结合部，鸟类资源非常丰富，仅候鸟就有 158 种，其中有国家一级保护动物白鹤等10种，二级保护动物天鹅等27种，为我国乃至全球重要的湿地和候鸟保护区。

西洞庭湖，位于汉寿境内东南部的西洞庭湖湿地是国际重要湿地，总面积达3.568万公顷。同时是亚热带内陆湿地典型代表，2002年被列入《国际重要湿地名录》，2004年成为省级湿地公园。2005年5月经国家建设部批准，青山湖被命名为“西洞庭湖青山湖国家城市湿地公园”，是湖南省第一个国家级城市湿地公园。西洞庭湖湿地是天然的野生动植物园，是东亚候鸟迁飞路线的重要栖息地，也是优良的大氧吧和理想的生态旅游目的地。湿地区内有植物865种，鸟类200多种，其中国家一、二级保护鸟类20多种，鱼类100多种，数千公顷自然芦苇林，是众多野生动物特别是珍稀水禽的栖息地。根据湿地的特点，汉寿文化旅游局还专门为游客设计了观鸟、穿越芦苇荡、游湖等旅游项目。

（二）洞庭湖区湿地生态景观和资源评价

1. 湿地生态景观

洞庭湖区湿地以湖泊主体为核心，逐步向周边演变成滩地、平原、岗地、丘陵和山地，具有碟形盆地圈带状立体景观结构的特征。按其功能和景观特点可分为以下几类：①洞庭湖湖泊河汊区，总面积3036平方公里，其中主要湖泊面积2691平方公里；②洞庭湖湿地平原区（河湖冲积平原，河口三角洲，南洞庭湖以南的低平岗地），总面积为12303平方公里；③洞庭湖环湖低丘岗地区，主要包括分布于环湖平原区边缘一带的低山岗地和河谷平原，面积为9761平方公里。由于长江和湘、资、沅、澧等水系带来的泥沙首先在此滞汇沉积，湖盆逐渐垫高，加之不断围垦，湖面逐步萎缩成东、西、南三片明水区，即东洞庭、西洞庭、南洞庭。洞庭湖属吞吐型季节性湖泊，因此在地貌特征上，形成了“水涨湖一片，水落几条线”的特殊景观。

洞庭湖是一个承纳湘、资、沅、澧四水和吞吐长江的洪道型湖泊，在其特殊的地理环境、自然条件和人类活动的长期共同作用下，洞庭湖区形成了独特的湿地生态旅游资源。湿地生态旅游资源的多样性。洞庭湖区属典型的亚热带季风湿润气候，夏季多雨涨水为湖，整个湖区基本上为一片汪洋的明水地貌生态景观；冬季少雨枯水多洲，整个湖区既有明水，又有泥潭沼泽、苔草沼泽、芦苇以及沙滩等，呈现多种生态景观。

2. 资源评价

由于洞庭湖湿地生态环境的复杂多样性，使其包括了亚热带内陆湿地的绝大部分的自然类型，也包括了该地区人工湿地的主要类别，造就了洞庭湖区复杂多样的湿地生态旅游景观；湿地生态环境的复杂多样致使湖区的生物资源十分丰富，又形成了生物群落与生物物种的多样性。据现有关资料统计，湖区维管束植物约170科637属1428种，蕨类植物21科33属152种，裸子植物6科13属123种，被子植物143科591属1353种。鱼类12目23科70属119种。鸟类有16目41科157种。因此，洞庭湖区是我国乃至世界重要的湿地类型物种保护区之一和湿地生态旅游资源高潜能优势区。

（1）湿地生态旅游资源的珍稀性。洞庭湖辽阔的水域与宽广的湿地是珍稀动物的避难所与栖息地。据初步统计，区内属于国家重点保护的动物多达85种，其中珍稀鸟类属国家一级保护的有白鹳、黑鹳、白鹤、中华秋沙鸭、大鸨、白头鹤、白尾海雕等7种，二级保护的有小天鹅、鸳鸯、白枕鹤、灰鹤、小白额雁等31种；另有国家一级保护物种珍稀鱼类中华鲟、白鲟，还有大银鱼、鲥鱼、胭脂鱼、鳗鲡、白鳍豚等20多种珍贵物种。因此该区被列为《国际重要湿地》名录，并被中外专家学者誉为“拯救世界濒危物种的主要希望地”。

（2）湿地生态旅游资源系统的脆弱性。湿地景观系统是一个非常不稳定的系统，极易受到自然因子和人为活动的干扰。洞庭湖区湿地生态旅游资源系统的脆弱性虽表现在自然方面，更主要却是人为因素造成。

（3）湿地区位条件优越。洞庭湖湿地区地处长江中游南岸，南临两广，北靠湖北，西接川渝，东邻江西，既是长江经济带与湖南的结合部，又是长江诸省份从陆路通往华南、下游诸省份通往大西南的交通要道。湖区交通十分发达，铁路、公路和水运十分便利，区内东有京广大动脉，西有枝柳铁路，且石长铁路连接东西两条铁路干线，京珠、长常高速公路和107、207、319三条国道环绕全区，有承东启西、南联北进之利，加上便利的水运交通，旅游可达性好，十分有利于生态旅游的开展。同时本区毗邻武汉，距南京、上海、郑州、重庆、广州等大城市亦不远，水陆交通便捷；区内有岳阳、长沙、株洲、湘潭、益阳、常德、张家界等市，城镇居民返璞归真、亲近大自然的心理需求强烈，可为洞庭湖湿地生态旅游提供大量客源，市场前景十分广阔。

（三）洞庭湖区湿地生态旅游现状及发展趋势

洞庭湖区湿地生态旅游资源十分丰富，但由于人口众多，农业开发历史悠久，加上洞庭湖湿地生态系统的脆弱性，及人们在对湿地资源开发特别是对湿地农业资源的不合理开发利用如围湖造田、滥捕乱猎、工农业生活污染等，使湿地生态系统遭到了严重破坏，生物多样性降低，洪、涝灾害频繁，极大地地影响了湿地生态环境，破坏了生态平衡，出现洞庭湖区湿地产品的特色不鲜明、游客的生态保护意识不强、管理措施不到位等一系列问题。因此，对洞庭湖湿地生态旅游资源进行开发时，应注意湿地生态系统的脆弱性和承载力，坚持保护性开发原则，有效保护湿地生态环境，实现湿地生态旅游资源的可持续开发。

1. 坚持可持续发展战略，保护湿地生态环境

面对洞庭湖区湿地日趋恶化的生态环境，我们只有在协调好人与自然关系的基础上，珍惜湿地资源，保护湿地生态环境，实现经济社会与资源环境的持续协调发展。稳定洞庭湖区湿地面积，特别是湖泊、沼泽等自然湿地生态景观的面积，才能保证湿地生态资源的可持续开发。要达到此目的，必须标本兼治。保护良好的湿地生态环境是保证湿地生态资源可持续利用、开展湿地生态旅游的基础。

2. 恢复重建，确保自然湿地生态系统面积

保持一定面积的自然湿地生态系统，是开发洞庭湖区湿地生态旅游的前提，是生态系统良性循环的根本保证。湿地生态系统的恢复与重建是根据生态学原理，人为地改变和消除限制生态系统发展的不利因子，尽快成功地恢复已退化的湿地生态系统，使其健康地发展。在有些地区则可建立湿地水禽保护区，发挥保护和抗洪滞洪双重功能。

3. 合理规划，开展湿地生态旅游

湿地生态旅游资源开发是一项复杂的系统工程，洞庭湖区尚未形成一个完整的湿地综合开发与保护规划。必须对湿地旅游资源的生态敏感性、抗干扰性和湿地的生态环境质量、湿地生态环境的脆弱性、湿地旅游资源的环境容量及湿地面积的大小等进行详细的调查研究；科学地制定湿地生态旅游资源开发规划，确定开发的目标和方向及开发利用规模，严禁对湿地生态旅游资源进行掠夺式开发，保持湿地生态系统的良性循环。充分利用洞庭湖区湿地生态旅游资源，开展湿地生态旅游，通过生态旅游提高与恢复湿地自然环境质量，以获得良好的经济、社会和生态效益。

4. 建立湿地生态旅游管理体系，促进湖区湿地生态旅游发展

洞庭湖区湿地生态旅游业必须遵循旅游经济规律和生态学规律，在开展生态旅游活动中一要提高开发层次，建立高水平的旅游服务体系和高素质的从业人员队伍，带动生态旅游产品的生产；二要扩大国际旅游的比重，采取得力措施招徕尽可能多的境外游客，以此增加创汇并推动湿地生态旅游业的蓬勃发展；三要加强与周围景区的旅游联系，共同组成高层次的内容丰富的生态旅游线路，比如岳阳楼-君山景区及桃花源景区，可与武陵源景区、三峡景区联袂开发。

5. 加强管理，实现湿地生态旅游资源的永续利用

随着湖区经济发展、湿地保护区建立、旅游资源开发和生态减灾工程实施，湿地的保护与开发出现了新的局面与矛盾。目前东洞庭湖已建立了国家级自然保护区，在南洞庭湖、西洞庭湖已分别建立了省级自然保护区，各保护区应通过建立健全法规、政策和各项规章制度，加强执法检查，对洞庭湖湿地生态旅游资源进行全面的保护和管理。建立湿地生态系统研究网络，以“3S”技术为基础，加强湿地监测，编制湿地信息管理系统，促使保护区系统不断完善，有效地保护好湿地生态旅游资源。严禁盲目开发和破坏湿地，彻底改变只重视湿地生产功能而忽视其生态功能的倾向，合理地保护和开发湿地生态旅游资源，使湿地生态旅游资源得以可持续利用。

二、湖南省森林生态旅游

（一）森林生态旅游发展现状和存在的问题

1. 森林生态旅游发展现状

随着现代文明的进步和社会经济的发展，人们逐渐热衷于对山林野趣的寻觅，产生了“生态觉醒”，提出了“回归大自然”的口号。森林生态旅游以其独有的资源优势，恰好满足了人们“回归大自然”的愿望和需求，作为旅游业发展的奇葩而异军突起，迅猛发展起来，呈现出方兴未艾的势头。

森林公园是目前国内外开展森林生态旅游的主要措施，自 1982 年 9 月第一个国家森林公园——张家界国家森林公园建立后，我国的森林公园事业发展很快，目前，已有各种类型的森林公园 1000 多处，其中国家森林公园 400 多处。

张家界国家森林公园的建立也拉开了湖南建设森林公园，发展森林生态旅游的序幕。张家界国家森林公园的建立并取得市场化运作的成功，为林业以其优势资源步入旅游业抹上了浓墨重彩的一笔、也为林业走出传统思维模式提供了一种途径。

湖南的森林公园呈“口”字形集中分布在京广、湘桂、湘黔、枝柳铁路和 107、320 等国道的两侧，区位优势突出，大交通便捷，景点群体结构明显。初步形成了 4 片大的森林生态旅游区，即以张家界为中心，包括天门山、不二门、桃花源、南华山的湘西森林生态旅游区；以洞庭湖为中心，包括君山、五尖山、大云山、铁沙的湘北森林生态旅游区；以韶山为中心，包括岳麓山、大围山、东台山、云阳山、炎帝陵、桃源洞的湘东森林生态旅游区；以莽山为中心，包括苏仙岭、五盖山、天鹅山、九嶷山、舜皇山、阳明山、云山、黄桑的湘南、湘中森林生态旅游区。

截至目前，湖南已建立森林公园 72 个，其中国家级 27 个、省级 36 个、市县级 9 个，已基本形成了相互联系、各具特色的森林生态旅游格局。2005 年，湖南省系统内森林公园去年接待游客 650 万人次，经营收入 6 亿元，创社会产值 34 亿元。

目前，各处森林公园都开办了风格各异、形式多样的旅游业务，根据独特资源和市场需求，打造出富有特色的旅游产品，推出了林区观光游、花海览胜游、漂流探险游、高山草原游、攀岩探险游、森林科普游、民俗风情游、农家休闲游和南国狩猎游等新的旅游产品，引来游人如织。

2. 存在问题

（1）森林公园区域发展不平衡。少数森林公园建立后，开发建设力度小，一时没有形成森林生态旅游的气候。大部分森林公园知名度不高。如湖南省的 27 个国家级森林公园中，除张家界国家森林公园在国内外享有盛誉外，其他森林公园无论是国内还是省内，知名度都不高。这与森林公园本身资源价值有关，但是，开发建设力度小也是一个非常重要的原因，尤其是一些地处偏远的国家级森林公园，如舜皇山国家森林公园、阳明山国家森林公园等。

（2）旅游产品开发层次较低，以观光为主。一些森林公园景点建设没能因地制宜地处理好人工景观和自然景观的适当配置，开发出来的旅游产品也没有鲜明特色、缺乏市场竞争力；对于人文旅游资源的开发，缺乏生态文化的支撑。

（3）管理落后，服务质量较低。大部分森林公园管理落后，多数呈现多头管理，与旅游部门协调不够，致使政出多门，各自为政，景区管理服务意识较低。

（4）对资源和环境的保护力度不够。主要是森林生态旅游区管理和宣传意识不够，游客生态环保意识不够，造成了对森林生态旅游区一定的环境污染。

（5）内部交通较差，基础服务设施滞后，接待能力有限，服务管理水平较低。除张家界、桃花源等外，大多数森林公园为新建立的，景区景点间交通条件较差，可进入性不强；基础设施滞后，接待能力有限；服务管理人员大多是林场的原班人马，缺乏专门的系统训练，普遍存在管理人员素质不高，服务水平较低的问题。

（二）森林生态旅游技术现状

1. 森林生态旅游区观光型旅游技术

森林生态旅游区观光旅游是森林生态旅游的一种基本类型，是生态旅游发展的初期阶段。森林公园利用其独特的森林景观以及与此相关的地质、水体、动物、天象、文化等景观吸引旅游者前来进行生态观光。目前湖南的森林生态旅游仍然主要以观光旅游为主，其中有最具代表性的为张家界国家森林公园（图6-1）。到2002年实际进入张家界的游客为160万人左右，全年平均每天4200人左右。20年中，从1988年至1998年的10年内，游客人数增长不快，其中1989出现一次明显下降；1999年明显上升；1999年12月举办世界特技飞行赛（穿越天门山）后，2000～2002年3年中游客人数持续上升；2003年春夏之交，又因“非典”影响而明显下降。游客人数的三次下降，表明旅游经济易受社会动乱和自然灾害影响的脆弱性。

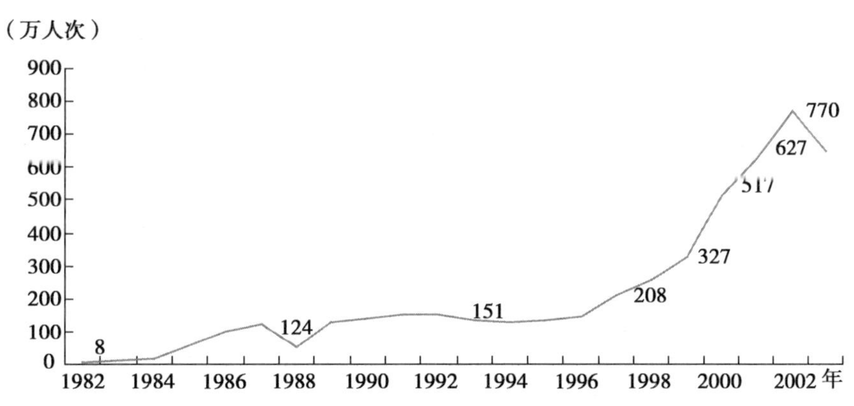

图6-1 张家界国家森林公园游客数量年变化情况

张家界国家森林公园在发展境内旅游的同时，还积极开拓海外市场。近些年来，韩国成为张家界国家森林公园的主要客源国。据有关部门统计，2002年张家界市接待韩国游客10.24万人，占境外游客的59.19%；2003年接待韩国游客9.6万人，占境外游客都65%；到2004年全市接待的韩国游客突破20万。

为适应日益发展的森林生态观光旅游的需要，张家界国家森林公园在硬件设施、软件环境、管理水平方面进行了一系列工作。在硬件设施方面，公园完善了游道系统建设，引入了黄石寨的登山缆车，开设了环保汽车，建立了游客中心，采用了游客IC卡管理等；在软件环境方面，加大了对外宣传力度，完善了法律法规，对管理和服务人员进行定期培训，提高了服务水平；在管理水平方面，通过各种管理手段，对公园内的森林生态环境、森林生态旅游资源、当地居民、服务人员、游客等进行系统和全方位的管理，达到了国家旅游局5A级旅游景区标准，成为全国首批5A级旅游景区之一。

张家界国家森林公园森林生态观光旅游的发展，标志着湖南省森林生态观光旅游已进入成熟阶段。目前，省内其他远郊型森林公园都具备了森林生态观光旅游的基本接待能力，并在进一步地完善和发展。

2. 森林生态旅游区空气负离子测定和分析技术

森林环境中的空气负离子主要是由于森林植物的光合作用、森林土壤中的气体交换以及森林植物芬多精的作用所形成，在溪流、瀑布、跌水、海岸等则主要是由于水冲击产生Lenard效应形成空气负离子。森林中空气清新、洁净的主要原因就是因为森林环境中空气负离子浓度较高，且空气负离子具有杀菌、降尘、强身的功效，空气负离子含量在700/立方厘米以上对人体疾病有治疗作用，自然系统的各种因子协作下产生的负离子多，表明资源本身充满精力和活力，好比一个健康的人体，这种情况下，对资源的规划应考虑游客的容积量不对资源造成不良影响。目前，国内对空气负离子的测定主要是运用空气负离子测定仪器进行测定，然后再对测定的数据进行处理分析从而得出结论。

测量空气负离子含量的仪器过去从美国进口，不带电源，在相对湿度大于70%的环境中不能使用，工作非常困难。中南林业科技大学森林生态旅游研究中心课题组成员通过1年多的研究探索，终于研制成功DLY—3F型森林大气离子测量仪，达到国际同类产品先进水平，获湖南省科技进步三等奖。1998年底，在广东鼎湖山自然保护区使用效果很好，组织批量生产，后来推广到全国各地。

自1992年以来，以中南林业科技大学为主，结合森林公园规划，先后对湖南省内的阳明山、桃源洞、舜皇山、莽山、花岩溪、张家界等国家森林公园和省外的流溪河、三爪仑、象头山、鼎湖山、神农架等森林生态旅游区进行了空气负离子浓度测定，同时还对不同环境条件下的空气负离子浓度进行了比较分析，结果表明，①不同林分类型的森林环境中空气负离子水平差异较大；②森林环境空气负离子浓度与温度成显著负相关，与空气相对湿度成正相关；③森林游憩区中水体对负离子水平的影响较大。其中动态水体大于静态水体，瀑布大于溪流；④森林中空气负离子浓度还呈献一定的日变化和年变化；⑤建筑材料对空气负离子水平也有一定的影响。

此外，根据多年空气负离子测定的结果，中南林业科技大学还尝试建立了森林环境中空气负离子浓度分级标准，将森林环境中空气负离子浓度分为6个等级，即大于3000个/立方厘米为Ⅰ级，2000～3000个/立方厘米为Ⅱ级，1500～2000个/立方厘米为Ⅲ级，1000～1500个/立方厘米为Ⅳ级，400～1000个/立方厘米为Ⅴ级，400个/立方厘米以下为Ⅵ级。并在实践中将森林环境中空气负离子浓度划分为临界浓度（400个/立方厘米）、允许浓度（400～1000个/立方厘米）和保健浓度（大于1000个/立方厘米）三个区域。

3. 森林生态旅游区植物精气测定和分析技术

植物精气被称为“大气维他命”，被用来消毒、治病已有几千年的历史。早在四五千年前，埃及人就开始用香料消毒、防腐；欧洲人很早以前就用熏衣草、桂皮油来治疗神经刺激症等。19世纪，人们就开始用针叶树挥发油进行医学消毒。3000多年前，中国人就利用艾蒿沐浴焚熏，以洁身去秽和防病治病；1000年前人们开始利用茉莉花熏制花茶。中国古代“香佩疗法”和近代国外“香花诊室”“花木医院”，其治疗机理都源于我国传统医学的“芳香开窍”理论，芳香的中药有“通经走络，开窍透骨”的作用。

植物精气可以治疗多种疾病，对咳嗽、哮喘、慢性支气管炎、肺结核、神经官能症、心律不齐、冠心病、高血压、水肿、体癣、烫伤等都有一定疗效，尤其是对呼吸道疾病的效果十分显著，据有关统计，通过森林公园治疗的3000例咳喘病，20岁以下的病人有效率达98%，40~60岁的有效率达88.3%。

中南林业科技大学森林生态旅游研究中心对森林环境中的几十个树种的植物精气进行了系统研究，其研究成果通过国家林业局验收，专家鉴定为国内领先水平。研究结果表明：①植物精气主要成分大致相同，含量排在前10位的主要有α-蒎烯、β-蒎烯、莰烯、β-石竹烯、桧烯、柠檬烯、β-月桂烯、α-侧柏烯、吉玛烯D、异松油烯。②单萜烯含量裸子植物比被子植物高，非萜烯类含量裸子植物比被子植物低。③植物精气中单萜烯含量高于倍半萜烯，对22种植物进行测定结果表明，12种裸子植物的单萜烯含量平均为倍半萜烯含量的15倍，10种倍子植物的单萜烯含量平均为倍半萜烯含量的7倍。④不同科植物的精气成分及含量不同，同科不同属植物的精气成分及含量也有着很大区别。⑤同属不同种植物的精气成分及含量也存在一定差异。⑥同一种植物不同部位的精气成分及含量不同。

4. 森林生态旅游区规划设计技术

森林生态旅游区的旅游开发必须建立在科学规划与设计的基础上。湖南省的森林生态旅游发展早，森林生态旅游规划设计技术在处于全国领先地位。早在1992年，中南林学院就开始了森林生态旅游区的规划设计工作，经过10多年的发展，以中南林学院、中南林业调查规划设计院、湖南省农林工业规划设计院等单位为主，基本上完成了湖南省内国家级和省级森林公园的规划设计工作，积累了丰富的规划设计经验，并形成了一套完整的森林生态旅游区规划设计技术。该技术中主要包含了下列要素。

（1）森林生态系统要素：森林生态系统要素主要是指森林生态系统所构成的森林生态旅游的实体条件，即森林生态系统能否满足森林生态旅游者参观游览、欣赏和享受的需要的条件。包括林相状况、具有特殊生态功能的特种林木的数量分布、现存林木的分布和移植的难易程度、所设定的森林生态旅游区的地貌特征、森林生态系统内的气候特征等。这些要素的搭配和分布情况，直接影响游客是否多次重复旅游的关键，也就直接影响森林生态旅游项目的具体规划。由于这些要素分散而凌乱，及森林资源的特殊性，就有可能加大开发成本，给旅游项目的具体实施带来困难。

（2）旅游经济系统要素：经济系统要素主要是指森林生态旅游的游客、森林生态旅游开发商和经营商方面。在森林生态旅游游客方面，主要是指可随意支配收入、闲暇时间、身体状况、家庭拖累状况等。这些要素构成了森林生态旅游的现实的游客量、旅游层次、逗留时间、对森林生态环境的保护程度及管理的难易程度。在森林生态旅游开发商和经营商方面，主要是指保证森林生态旅游者参观、游览过程中所需要的配套的旅游设施和旅游服务。这是保障森林生态旅游质量的关键，又是影响游客是否多次重复旅游的另一因素。然而，这两个方面是动态的。随着社会的发展，经济生活水平的提高，森林生态旅游需求也随之发生变化。因而在森林生态旅游区规划时，必须充分考虑这些因素的变化，把未来可能出现的变化情况纳入现时的规划之中。

（3）社会系统要素：主要是指森林生态旅游管理部门、与森林生态旅游业相关的行业、森林生态旅游地的社区居民、森林生态旅游开发、管理、营销工作人员和管理条件（如软件环境）、政治等。这些要素对森林生态旅游规划都带来了不同方面的困难。如森林生态旅游管理部门制定的旅游规则、旅游区居民的旅游服务素质和对旅游资源的利用观念、一个国家政治形势的变化、工作人员的素质等，都直接影响着森林生态旅游规划的难易程度和所要考虑的因素，给森林生态旅游区规划带来了复杂性。

（4）技术系统要素：森林生态系统生态功能的发挥在森林生态旅游过程中起重要作用。而技术条件则直接影响森林生态系统生态功能的发挥（如保健产品）。而且，技术条件也可以挖掘新的森林生态功能为游客服务。因此，在森林生态旅游业规划时，必须考虑技术条件的变化，尽量加大森林生态旅游项目的高科技含量。例如森林生态旅游地理信息系统有着无图幅限制、现势性好、表现形式多样化、独有的查询、分析功能的优势，将其应用于森林生态旅游规划可提高规划的质量，增加其可操作性。

（5）现代森林生态旅游业规划的基本原则：运用森林生态经济原则、森林生态旅游业与区域经济协调发展原则、森林生态旅游资源优化配置原则。在实际的森林生态旅游业规划中要高度重视森林生态旅游资源的生态经济评价，考虑森林生态旅游资源的状况、特性及其空间分布，考虑森林生态旅游者的类别、兴趣及其需求，考虑森林生态旅游地居民的经济、文化背景及其对旅游活动的容纳能力，合理制定旅游方案、合理规划森林生态旅游景点、强调区域经济与森林生态旅游业一体化发展。

5. 森林旅游资源分类与分级技术

森林旅游资源是以森林资源及森林生态环境资源为主体、其他自然景观为依托、人文景观为陪衬的，是对旅游者能产生吸引力的各种物质和因素的总和。它主要包括森林自然景观资源（林景、山景、水景、气象气候景观、古树名木、奇花异草、珍稀动植物）、森林生态环境资源（环境空气、地表水环境、天然外照射贯穿辐射水平、植物精气、空气负离子、空气微生物、旅游舒适期和土壤）、人文景观资源（文物古迹、民族风情、地方文化、艺术传统）3 大类。其载体主要有：森林公园、风景林场、植物园、生态公园、森林游乐区、以森林为依托的野营地、森林浴场、自然保护区或类似的旅游地等。森林旅游资源除具有一般旅游资源共同的特征外，还具有可持续利用、自然景观与人文景观紧密结合、珍稀野生动植物物种多样性、功能多重性、广泛适应性等特点，因此，国家旅游局的《旅游资源分类、调查与评价标准》在应用于森林旅游资源的分类、评价时，就会遇到应用上的困难。中南林学院的吴楚材教授与吴章文教授根据多年森林生态旅游开发与研究的经验和结果，完成了国家林业局重点项目“森林旅游资源资产评估”，并提出了一套森林旅游资源的分类和评价体系。

在该体系中，森林旅游资源被划分为自然景观资源类、生态环境资源类、人文旅游资源类 3 个大类，生物景观、水域风光、气象景观、地文景观、生态环境、文物古迹建筑、民俗风情及城乡风貌、求知娱乐购物共 8 个亚类，在亚类下进一步划分了 115 个基本类型。在评价上，采用层次分析法，将评价因子分为自然景观资源、生态环境资源、人文资源、奇特性、旅游条件、知名度六类，并确定了 25 个评价因子，评价的总分为 200 分。根据对各评价因子进行赋分汇总后，评定质量等级，整个等级体系共分为 10 级。其标准为：总分 171 分以上为一级，总分 161 ~ 170 为二级，151 ~ 160 分为三级，141 ~ 150 分为四级，131 ~ 140 分为五级，121 ~ 130 分为六级，111 ~ 120 分为七级，101 ~ 110 分为八级，91 ~ 100 分为九级，总分 90 分以下为十级。

6. 森林生态旅游区漂流旅游开发技术

由于湖南省内森林旅游区地形复杂，降水丰富，溪流众多，因而成为漂流旅游资源的主要载体。同时，由于湖南地处中亚热带地区，春季气温回升较快，秋季气温下降较晚，因而适漂期长。早在 20 世纪 90 年代，湘西猛洞河就借助张家界国家森林公园的客源优势，推出了漂流旅游项目，并成为湘西黄金旅游线路上的一个重要组成部分。随后，湖南省内的许多森林公园如桃源洞、大围山等都相继推出了漂流旅游。但由于当时国内旅游仍处于观光旅游为主的阶段，所以这些漂流旅游项目并不为旅游看好。到了21世纪初期，随着旅游者的观光旅游需求基本得到满足，旅游者追求更强烈的旅游体验，特别是一大批城市青年旅游者异军突起，使漂流旅游迅速升温。其中东江漂流由于其独特的区位优势，吸引了大量广东游客。而金洞漂流借助于其独特的漂流过程，迅速吸引了湖南省内的旅游者，从而在近两年内风靡湖南。随之而来，其他森林公园的漂流旅游项目也开始升温。总体来说，目前湖南省内的漂流旅游项目主要集中在郴州、永州一带(表6-1)。除表中所列之外，2006年又有金洞林场的狂狮河漂流、舜皇山漂流、阳明山漂流、连云山漂流等漂流项目纷纷上马。

表6-1　湖南省主要漂流旅游项目基本情况

序号	名称	区位	总长度(公里)	总落差(米)	时长(小时)	开漂年代	票价	特色
1	茅岩河漂流	距张家界市区30公里的澧水河上游	50	64	7	1986	人力票价118元/人，苦竹寨平湖游票价81元/人	“中国漂流河之发祥地”，是我国第一条漂流旅游线，离张家界近，有良好的客源
2	猛洞河漂流	湘西土家族苗族自治州永顺县境内	47		3		全程票价158元/人，平湖游票价60元/人	百里峡谷漂流，猛洞河是土家文化的发源地，其下游是千年古镇王村
3	壶瓶山漂流	位于常德市境内壶瓶山	9	80	3		120元/人	海拔2000多米，被誉为“湖南屋脊洪水漂流”
4	东江漂流	资兴市东江湖风景旅游区上游，距市中心38公里	28	75	4		212元/人	号称“中国生态旅游第一漂”，惊险刺激
5	金洞漂流	永州市金洞林场	10.8	76	1.5	2002	80元/人	一江四漂：勇士激流漂、平湖写意漂、时光隧道漂、夜光情调漂
6	大围山漂流	大围山国家森林公园南麓花门河	10	86	3		100元/人	“湘东第一漂”，举世闻名的浏阳河源头就在这里形成。属无舵漂

在湖南省的漂流旅游开发过程中，既注重吸收已开发成功的漂流项目的优势，又能突出自己的特色。如猛洞河漂流以峡谷与少数民族风情为特色，金洞漂流以隧洞和滑道漂流为特色，阳明山漂流以高山峡谷和森林景观为特色。同时，由于漂流项目对水流的要求高，所以如何控制水量和流速成为漂流项目能否成功的瓶颈问题。近些年来，经过摸索，湖南省内的漂流旅游项目已在控水漂流方面积累了大量经验，取得了突出的成绩。

三、湿地与森林生态旅游需要攻关的技术

(一) 湿地旅游攻关技术

1. 湿地生态需水量及其计算原则和方法

(1) 湿地生态需水量：湿地的生态环境是关系到湿地自身发展的基本自然条件，也是湿地周边地区经济与社会可持续发展的重要保证。在有大面积湿地分布的地区，由于人们对水资源保

护利用与生态环境之间的互相依存关系缺乏足够研究，没有把湿地生态需水量列入水资源合理配置计划方案中，甚至对基本需水量也未做出计划，导致湿地生态需水被其他方面的用水挤占或挪用，湿地水资源逐渐减少，甚至枯竭，导致湿地生态环境恶化，直至湿地生态系统的退化、萎缩和消失。

生态需水量应该是特定区域内生态系统需水量的总称，包括生物体自身的需水量和生物体赖以生存的环境需水量，实质上就是维持生态系统生物群落和栖息环境动态稳定所需的用水量。因此，生态需水量不但与生态系统中生物群体结构有关，而且还应与气候、土壤、地质和其他环境条件有关。只有在设定的生态环境标准下，生态需水量才具有明确的意义。

（2）计算原则和方法：突出生物多样性与特殊物种保护原则；具有丰富的生物多样性是保护的重要原因之一。湿地中稀危动物、生长着许多名贵的植物，物种多样性、生态系统多样性及遗传基因多样性是湿地生物多样性丰富的表现，而且湿地内特殊保护物种也十分多样，是湿地生态需水量计算的主要因素。可操作性、实用性原则；分带性和地域分异性原则。不同区域、不同地貌、不同流域、不同湿地类型以及不同湿度带，是湿地生态需水量计算的重要依据。湿地生态需水量计算方法主要采用湿地分级计算方法，生态与水文方法，模拟模型法和遥感技术方法。由于湿地本身是一个复杂的生态系统，对湿地的保护是基于不同的保护目的的，有的是为了保护湿地景观，有的保护湿地生态系统，有的保护湿地中栖息的野生动植物，有的保护重要的水源涵养地。不同的生态保护目标应该是湿地生态需水量计算方法选择的重要出发点。湿地生态需水量的计算本身也是复杂的，应该根据不同的情况区别选用。

2. 湿地功能评价技术

湿地在空间上分布在水、陆结合部的过渡带，在时间上呈现周期性干湿交替的动态变化，在生态上表现为水、陆环境因子的相互作用、相互影响和相互渗透，是兼有水陆特征的独特生态系统。综合运用遥感手段，结合野外调查，根据湿地不同高度的水情时空动态特点、土壤类型、植物群落与结构，来确定湿地的水陆相互作用特点，由此划分湿地的生态断面，分析各生态断面的结构与特点。

（1）湿地生态系统服务功能。根据湿地的规模、生态特征以及所处的人类社会经济环境，确定湿地的服务功能的种类，通过市场价值法、替代成本法、影子工程法和应急评价法等一系列环境经济学方法，探索各种价值的大小。

（2）净化功能、调蓄洪水、涵养水源、生物的栖息地功能。湿地功能的评价没有统一的规范，目前已存在的湿地功能评价方法不能满足需要，不能被广泛认可和接受。湿地功能评价只是停留在以年为时间单位的研究上，而非一个长期的动态研究，积累的资料也不足。

3. 湿地服务功能的保护与调控技术

根据研究所得的湿地服务功能作用机理与作用过程，提出通过完善湿地的生态结构来保护湿地服务功能的具体办法，并针对湿地的服务功能，遵循系统工程的最优化设计原理，提出通过人为物种引入和种群动态调控技术，来恢复和重建已经受损的湿地生态系统的方案和具体实施办法。

（二）森林生态旅游攻关技术

1. 森林生态旅游区详细规划与设计

目前对森林生态旅游区总体规划的技术已经成熟，但在详细规划与设计方面仍然处于探索阶段。要解决的主要问题有如下几方面。

（1）与《旅游规划通则》协调的问题：在国家旅游局的《旅游规划通则》中，旅游规划分为区域旅游发展规划与景区规划，而景区规划又进一步划分为景区总体规划与景区详细规划，景区详细规划又分为景区控制性详细规划和景区修建性详细规划。森林生态旅游区规划属于景区规划类型，由于森林生态旅游仍处于发展阶段，目前已完成的规划主要为森林生态旅游区总体规划，对详细性规划涉及较少。《旅游规划通则》中对详细性规划有很多具体要求，如控制性详细规划要求使用1∶1000～1∶2000的图纸，而修建性详细规划要求使用1∶500～1∶2000的图纸。由于森林生态旅游区面积一般较大，小的有上百公顷，大的有数百平方公里，如何在森林生态旅游区详细规划中达到这种要求，需要进一步讨论。

（2）森林生态旅游区详细规划与设计人才的问题：现有的森林生态旅游区规划设计队伍按照学科来源可分为旅游管理、园林、林业三大类型，然后再结合其他相关学科如环境、文化、经济、地矿等专业人才。这三大类型的规划设计队伍各有专长，但又各有欠缺。而不论是哪一类规划设计队伍，都面临着森林生态旅游详细规划与设计专业人才短缺问题。从现有高校的人才培养体系来看，林业类专业人才具有丰富而深厚的林业知识，但往往缺乏旅游、设计与经济方面的知识，旅游类人才具有旅游专长，且有一定的经济学知识，但缺乏林业和设计方面的能力，园林类人才在景观和设计方面比较擅长，但一般又缺乏林学和旅游方面的知识。因此，在森林生态旅游迅速发展、森林生态旅游区详细规划和设计任务将越来越多的情况下，综合性森林生态旅游区详细规划与设计人才将会是制约森林生态旅游的一个重要瓶颈。

2. 森林生态旅游区环境教育与解说技术

解说系统是旅游目的地诸要素中的重要组成部分，是旅游目的地的教育功能、服务功能、使用功能得以发挥的必要基础。旅游解说系统标示的对象不仅涉及物或空间，还应反映多样的社会系统与文化现象的内涵。对旅游解说系统规划进行研究，通过解说系统的合理规划，可以提高景区的形象建设和管理水平，挖掘景区的历史文化内涵，体现景区鲜明特色，提高景区的文化品位和地区活力，从而改变整个景区的整体形象。作好森林生态旅游区旅游解说系统具有十分重要的意义：①充分展示森林景观资源类型、特色、美学特征和游憩价值，突出景区的资源魅力，提高景区文化品位和旅游吸引力，满足旅游者的精神需要。②为游客提供走进森林、享受野趣的旅游信息服务，使游客在充分占有森林旅游信息的基础上完成愉快的旅行，通过旅游信息系统（TIS）的科学解说，能使游客从一个普通的观光旅游者转变为追求多方面旅游体验的专题旅游者。③以森林公园为窗口，加深人们对森林的认识，增强森林保护意识和唤起各行各业自觉爱林、育林、护林，发展林业的共识，指导游客科学合理地利用森林生态环境，推广生态旅游方式。④为各类专题旅游者提供专题教育机会。⑤规范森林公园内的游道标识，提高旅游环境和各类景观要素的可识别性，强化景区内的联系与促成景点、游乐设施、公共设施、观光设施等的网络化，形成合理有序的客流模式。⑥提升国家森林公园的旅游形象和森林公园所在区域的地区形象。

目前湖南省内森林生态旅游区的环境教育与解说系统建设已取得了初步的成就，特别是在管理解说方面已基本上达到了与其他类型旅游景区一致的水平。但在突出森林生态旅游区的特色解说方面，尚需要进一步探索和完善，主要表现在下列方面：①森林生态环境解说。选取哪些重点性的、代表性的环境因子进行解说，如从众多的森林植物中选择哪些种设置解说牌。②解说的通俗性与科学性。如何达到既能使一般的游客能理解所解说的内容，又能使解说不缺乏科学性。③解说牌的效果。如何选择解说牌的地点、环境、内容、外观、字体等来达到最好的解说效果。④导游解说技术的提高。如何通过培训等提高导游讲解内容的科学性。⑤双语及多语种解说系统的动态变化。如张家界国家森林公园大量韩国游客进入时，如何尽快丰富韩语解说内容，而当境外客源重点变化时，又如何调整解说系统。

3. 森林生态旅游区环境评价、监测和保护技术

森林生态旅游区的环境状况直接决定着森林生态旅游的发展，森林生态旅游区的环境因子包括了森林生态系统所有的生态因子，还包括旅游开发而引入的各种环境因子，对森林生态旅游区环境状况的评价既有生态学层面的，还有旅游开发层面的。目前，对森林生态旅游区的小气候、水体、大体、土壤、动植物等单项因子评价已经取得了一定的成果，但如何从整体上来评价一个森林生态旅游区的环境状况，建立起科学而合理的评价体系，则需要进一步的探索。

森林生态旅游区环境动态监测体系可以划分为旅游环境调查层、评价层、规划层和预测警示层等四个层次。其中，旅游环境调查层主要对森林生态旅游区自然条件、社会经济条件等相关基础数据进行调查和收集，重点是有关生物物种组成、生物群落结构变迁、接待人数、游客空间分布以及环境、环境监测等方面的数据；旅游环境评价层则借助 GIS、地统计学以及景观生态学等技术与理论，建立直观、实用的模型，提供辅助规划功能，对研究区域进行评价与划分，为旅游环境规划、预测示警提供可靠的信息；旅游环境规划层实现旅游环境规划的定量化和科学化，实现评价过程、规划过程和结果的可视化和可操作化；旅游环境预测警示层则集中于对森林生态旅游区环境的时空变异进行规律性和非规律性的研究与预测。

4. 森林生态旅游社会影响评估技术

森林生态旅游可以使来自不同地理区域、不同文化背景和经济状况的人们有条件进行接触森林生态。而旅游者自身的行为及其与当地群众的关系则会对当地居民的生活方式和对待游客的态度产生深刻的影响。旅游也在一定程度上改变了当地居民的文化价值观，从而使其思想和行为方式产生变化。同时，旅游所带来的负面影响主要还是由当地居民承担，如果忽视了他们的社会承载力极限问题以及长期的福利待遇，那么就可能出现对抗和冲突，阻碍旅游业的正常运营，严重的可能导致无法实现旅游业的可持续发展。所以，当地居民对旅游发展的积极态度不仅有助于增加旅游地的吸引力，而且有助于提高旅游者的旅游经历。如果政府部门、规划部门、旅游开发商无视当地居民利益，不了解当地居民对旅游发展的态度以及对影响的感知，那么随着当地居民文化程度的提高，主体意识的觉醒以及社会整体环境的优化，对旅游发展消极影响的情绪也会不断高涨。因此，如何建立健全和完善管理机构及其职能，在旅游规划的编制内容上增加居民参与的条款，从法律上肯定居民参与的合法性以及加大居民参与，从舆论上保证居民参与的合理性方面，以促使森林生态旅游的可持续发展仍需要进一步的研究。

5. 森林生态旅游信息化建设技术

信息化是现代社会发展的必由之路，也是森林生态旅游业发展的重要保障和动力。旅游业是信息密集型产业，从旅游活动的实现方式看，在旅游市场流通领域活动的不是商品，而是有关旅游产品的信息传递引起旅游者的流动。从外部原因看，旅游业的脆弱性主要体现在受自然因素、政治因素和经济因素的影响很大。从内部原因看，要求旅游业内部各组成部分之间以及旅游业同其他行业之间必须保持协调，否则，任何一部分脱节都会造成整个旅游业的失调。同时，有效地获取信息以辅助科学决策显得非常重要，旅游决策对信息具有很强的依赖性，这也说明了旅游业信息化的必然性。总之，离开信息和信息技术的利用，旅游业将难以为继。由于森林生态旅游区往往位于偏远地区，交通不便，信息化建设基础薄弱，同时，森林生态旅游区的信息化建设既包括旅游者与管理者，还包括森林生态系统的保护，因此，其任务更加艰巨，技术和投入上也需要更多的努力。

第七章　湖南现代林业发展的保障体系

第一节　保障体系构建的目标和原则

一、湖南现代林业发展保障体系的基本评述

（一）基本成效

新中国成立以来，特别是党的十一届三中全会以来，湖南省各级党委、政府高度重视林业建设，广大务林人艰苦奋斗，无私奉献，湖南现代林业取得了长足发展。近年来，通过实施退耕还林、防护林建设、绿色通道建设、野生动植物保护及自然保护区建设、生态公益林保护、速生丰产林建设、林产工业、森林生态旅游、优质种苗花卉大工程，林业建设取得了巨大成就。作为支撑林业发展的保障体系，为取得这些突出的成就提供了基础的保证。

经过多年建设，总的看，湖南现代林业已经有效地建立了较完整的组织、法制和工作体系，完善的林业管理组织体系、多渠道的林业投入体系、有效的技术服务和推广体系、政策支持体系等已经形成。

1. 林业管理组织体系逐步完善

新中国成立以来，湖南现代林业在基本空白的基础上逐步建立了组织管理体系。特别是改革开放以来，组织管理体系建设发展迅速，逐步完善，尤其是基层建设得到加强。“十五”期末，全省已建林业工作站 2125 个，有工作人员 15010 人。经国家林业局验收，全省林业站建设合格县已达 74 个，设立木材检查站 333 个，木材检查站布局日趋合理，截至 2005 年，全省共有林业机构 3186 个，其中行政机关 138 个、事业 2768 个、企业 259 个、集体 20 个、其他 1 个。其中行政机关 6936 人、事业 61637 人、企业 32904 人、集体 507 人、其他 135 人。在职工总数中，专业技术人员 17735 人，占职工总数的 17. 37%。

2. 林业法制建设体系逐步健全

2001 年以来，先后制定或修订出台了《湖南省林业条例》《湖南省实施〈农村土地承包法〉办法》《湖南省实施〈种子法〉办法》和《湖南省湿地保护条例》等 4 部地方性法规。林业普法依法治理工作稳步推进。各级领导班子、领导干部的法律素质明显提高，执法环境大大改善，广大人民的法制观念和爱林护林自觉性明显增强。林业执法队伍建设进一步加强。到“十五”期末，全省有森林公安、林业检法机构 489 个，干警 3538 人；基层林业工作站 2189 个，木材检查站 329 个，职工 16962 人。林业执法力度逐年加强。5 年来，全省年均林业案件查处总数 59657 起，查处率 98. 6%。

3. 林业科技支撑不断强化

自“九五”以来，围绕全省林业建设重点领域和林业重点工程，在短周期工业原料林、重点区域生态技术、主要经济林树种、主要花卉资源、主要林产品深加工及珍稀野生动物繁殖技术等6个领域开展科技攻关，取得了一批成熟适用的科技成果。如选择出了速生丰产、抗性强的杉木优良无性系，马尾松优良种源、优良家系，适于造纸及其他工业利用的湿地松、火炬松优良家系，耐寒桉树品种，欧美杨良种，适宜特殊地段造林的桤木等优良树种，油茶优良杂交组合、优良家系、优良无性系等经济林良种，红花檵木优良品系等花卉新品种；对杉木、马尾松、国外松、杨树、毛竹、桉树等主要用材林以及油茶、板栗等经济林的丰产栽培开展了系统研究，取得系列成果；在林产加工方面如无色松香系列产品开发、竹帘胶合板、马尾松材脱脂保色、南方经济林有机多元专用肥、板栗储藏保鲜技术等方面均取得突破。建立县级以上科技推广站（中心）141 个，科技兴林示范县 20 个，科技兴林示范园区 5 个。针对退耕还林等林业重点工程存在的技术瓶颈，开展了专题攻关。

4. 人才为林业发展提供强力支撑

“十五”期间，林业人才结构逐步合理，引进人才力度加大，人事制度改革稳步推进：积极推行全员聘用制，大大调动广大干部职工的工作积极性；加大人才教育培训力度，十五期末，全省举办了各类专题培训班共计培训了近 8 万人次。2005 年底，40 岁以下青年人占人才总量的 65.5%，优于 2000 年的 51%，全省林业专业技术人才中的高、中、初级职称人员的机构比例为 4 ：22 ：74，优于 2000 年的 3 ：20 ：77。各级林业部门积极建立公开选拔、竞争上岗的用人机制，

5. 森林防火体系建设进一步加强

“盛世兴林，防火为先”“森林防火与防汛同等重要”已成为全社会的共识，“政府负全责，相关部门齐抓共管，全社会共同参与”的森林防火工作机制已基本形成。“十五”期间，营造生物防火林带 40000 公里，修建瞭望台（哨）450 座、指挥中心 99 个（2317 平方米），组建专业消防队 187 支，民兵森林防火应急分队 3279 支，义务森林消防队 3000 支，投入 16546.68 万元，实施了张家界等 3 个国家级森林重点火险区综合治理项目，开发了森林防火信息管理系统和地理信息辅助决策系统等，森林火灾的预防和扑救能力得到较大提高。

（二）存在问题

1. 保障体系难以适应湖南现代林业快速发展的要求

在市场经济的新体制下，适应林业快速发展的保障系统还没有建立和完善。保障系统的整体建设、功能和运转效率不高，有的地方观念陈旧，管理体制不顺，机制不活；有的地方政策调控失灵，资源得不到科学配置；有的地方林业运转效率不高，要素分配不合理，布局不当。

2. 林业基础设施建设依然薄弱

多年来，湖南省对林业基础设施投入欠账太多，林业发展基础薄弱。林业科研、技术推广和林木优良种苗不适应新形势下林业发展的要求，林业管理的手段和方式比较落后，森林火灾和森林病虫害监测、预防和防治体系尚不健全，林业基础设施对林业两大体系的建设难以形成强有力的支撑，特别是国有林场和基层林业两站基础设施建设落后，职工生产生活条件差，贫困林场的面还比较大，与全面建设小康社会、构建和谐湖南不相适应。

3. 制约林业发展的体制性障碍尚未根本消除

目前，全省林业处于整体转型时期，林业改革处于攻坚阶段，尚未建立起适应市场经济体制的林业宏观调控体制，在许多方面计划和行政手段色彩还比较浓厚。林业产权制度仍然不能适应

林业快速发展的需要；国有林场改革缓慢，森工企业尚未建立现代企业制度；森林资源产权不清，林地使用权和森林、林木所有权难以合理流转，适应分类经营原则的资源管理体制亟待完善。

4. 林业科技支撑有待进一步强化

林业科技源头创新较弱，科技成果储备不足；科技资源分散，缺乏成果共享机制；科技成果转化和推广机制不健全，科技成果推广网络功能不强，对基层和林农的技术服务不够，现有实用技术成果转化缓慢；缺乏科学研究的激励机制，科技管理工作还不适应市场经济体制的要求。

5. 人才支撑比较乏力

面向林业生产建设一线的教育培训工作相对滞后；林业科技人才队伍总量不足，结构不合理，整体素质不高，尤其是缺乏高层次、复合型人才；林业从业人员队伍不稳定，服务能力有待提高；影响人才资源的整体开发和合理利用。林业经营主体素质偏低，组织化程度低。

6. 政府职能转变任重道远

行政管理体系和管理方法论亟待适应社会经济对林业需求的结构性转变。

二、湖南现代林业发展保障体系构建的目标

建设湖南现代林业发展的保障体系，就是要建设有效地保证实现湖南现代林业发展战略目标的支撑和服务体系。因此，要围绕新阶段湖南现代林业发展的战略目标，建立与新的体制相衔接、符合湖南现代林业特点、适应生产力发展要求，构筑强大、稳定、健全的保障体系。这个体系，要有利于建立基本法律制度和完善体制机制，有利于优化资源配置，有利于加大资源和要素的投入，有利于政策引导功能，有利于强化组织管理与服务，有利于强化科技动力。对此，要建立完备的制度保障体系、稳定的投入保障体系、强大的科技保障体系、科学的人力资源保障体系、健全的组织保障体系和有效的资源安全保障体系等，通过保障体系的构建，强化湖南现代林业的领导和组织管理，科学有效地配置资源，增加和稳定林业的投入渠道，建立规范有序的管理体制和经营机制，加快林业结构调整，保证、推动和促进林业的可持续发展，为实现“新林业、新家园”提供强大的保障。

三、湖南现代林业发展保障体系构建的原则

（一）立足湖南省情林情

保障体系的构建必须从湖南的实际出发。湖南是我国南方的重点林区省份之一，境区气候温暖，雨量充沛，阳光充足，动植物种类繁多，发展林业具有得天独厚的优势。但也要看到，全省虽然实现了全面绿化，但造林绿化的整体水平还不高，林种树种结构不合理，林分质量低，单位面积生物量低，森林的涵水、阻水、蓄水、缓水能力不强，一些地方的水土流失还比较严重。林业产业不发达，林业经济效益差，林业在全省国民经济中所处的地位与农民脱贫致富的愿望有较大差距。对林业的投入严重不足，林业基础设施比较落后，生产和建设条件比较差。因此，要立足湖南省情林情，通过保障体系的构建，激发湖南现代林业的活力，充分发挥湖南现代林业的发展潜力。

（二）创新保障体系框架

湖南现代林业的发展，必须以创新保障体系为基础。近年来，湖南现代林业得到快速发展，林业保障体系建设从无到有，不断完善。林业组织管理不断完善，行政执法队伍不断建立健全，

森林资源管理步入了法制化轨道，乱征乱占林业用地的现象得到有效遏制。自然保护区建设和管理取得了较好的成绩，生物多样性得到有效保护。在造林绿化事业蓬勃发展的同时，湖南森林资源的保护管理不断提高，保护力度不断加大。1981 年，省第五届人民代表大会常务委员会第十一次会议审议通过了《湖南省保护森林发展林业暂行条例》。1984 年《中华人民共和国森林法》颁布后，湖南于 1985 年发布实施了《湖南省林业条例》，之后又颁布了一系列与之配套的地方性法规和政府规章，基本上构成了具有湖南特色的林业法律法规体系，为加强全省森林资源保护提供了法律依据。可见，创新保障体系是林业发挥职能的动力，在今后湖南现代林业的发展中，还要不断创新保障体系建设的内容，以新的体系推进新的发展战略的实施。

（三）突出保障重点

为贯彻落实《中共中央 国务院关于加快林业发展的决定》，2004 年 3 月 16 日，《中共湖南省委、省人民政府关于贯彻〈中共中央 国务院关于加快林业发展的决定〉的意见》正式下发，进一步明确了新世纪湖南现代林业发展的目标和和方向。为了使湖南现代林业在新的世纪实现跨越式发展，2002 年初，省林业厅根据全国林业发展总体部署和湖南省情、林情，确定了“瞄准一个目标，建立两大体系，实施九大工程，促进‘三化’建设”的全省林业发展思路。一个目标是，到 2025 年，森林蓄积量达到 5.5 亿立方米。两大体系，一是比较完备的森林生态体系，二是比较发达的林业产业体系。九大工程是：退耕还林工程、野生动植物保护及自然保护区建设工程、防护林体系建设工程、“三难地”绿化攻坚工程、生态公益林保护工程、速生丰产林建设工程、林产工业工程、森林生态旅游工程、优质种苗和花卉工程。通过实现一个目标，建立两大体系，实施九大工程，促进全省工业化、农业产业化和城镇化建设的实现。林业保障体系建设必须围绕全省的经济社会发展和湖南现代林业发展战略的目标作出贡献。

（四）有效整合和配置要素及资源

湖南现代林业发展的体系是比较完善的，但整个体系的功能还不完善，作用发挥不充分。随着我国经济社会的快速发展，投入湖南现代林业的各种要素及资源越来越多，不仅原有的各种要素和资源，而且新进入的要素和资源，在新的体制和机制下都要进行科学合理的配置和调整，以提高资源的利用效率，使湖南现代林业的优势得到充分发挥，潜力得到充分挖掘。要进一步整合湖南现代林业的人、财、物和各种要素，进一步合理布局和科学配置。要合理分配林业在山区、丘陵、平原、湖区的关系，对林业生产力进行重新布局。要适应国家林业科技创新体系建设的要求，按照“开放、竞争、流动、协作”的要求，有效整合科技资源，整合全省的科技力量和布局，要通过有效地整合、调整和配置这些资源，物质、资金、技术、劳动力等按照合理配置人力资源，制定有效的人才政策，劳动政策，使人才和人力资源，切实改变人才结构和分配不合理、基层人才匮乏等问题，使林业在各区域都发挥最大的效益。

（五）建立开放式的支持系统

完成湖南现代林业发展战略确定的目标，关键是最大限度使各种资源和要素进入林业，把林业做强做大。因此，要着力扩大系统的开放性，开拓空间，拓展领域，努力打破自我封闭、自我循环的格局，全方位地吸引各种要素。广泛延伸林业领域，扩大林业的支持范围，建立灵敏有效、反应快捷的网络体系，使保障系统的信息流、物质流、资金流与外部有效对接。完善体系功能，提高保障能力，增强林业的动力、活力和吸引力，使各种要素顺利流向林业，进入林业的各个领域。建立灵活的机制，扩大开放的空间和领域，建立开放有序、运转流畅的保障体系。

第二节　林权制度保障

林权制度是林业管理体制中最基本的制度之一，林权制度改革的成败直接影响着林业管理体制改革的顺利推进。因此，将林权制度改革作为林业管理体制改革的突破口，以带动林业管理体制与经营机制的改革显得尤为重要。对此，国家在福建、江西、辽宁等省份进行林权制度改革的试点，总结林权制度改革的经验与教训，特别是在江西召开的林权制度改革会议上，国家领导人反复强调林权制度改革的重要性。南方集体林区作为林业改革的先锋，进行林权制度改革势在必行。

一、湖南林权现状分析

（一）湖南省林权结构现状

湖南省是南方重点集体林区之一。新中国成立以来，湖南林权制度经历了几次大的变动。即土地改革时期的农民土地私有制阶段、合作化时期的集体所有制阶段、"四固定"时期的巩固扩大集体所有制阶段和"林业三定"时期的稳定山权林权、划定自留山、落实林业生产责任制阶段这四个阶段。土地改革时期的土地私有制免除了地租和高利贷，极大地调动了林农经营林业的积极性。1952 年湖南省造林面积与 1950 年相比增长了近四倍。合作化时期和"四固定"时期的森林所有权由"分"向"统"转变且不断强化，林农经营林业的积极性受到严重挫折，林业经营秩序混乱，森林资源急剧下降。林业"三定"时期，森林所有权和经营权相分离，在一定程度上调动了林业经营大户承包造林的积极性。

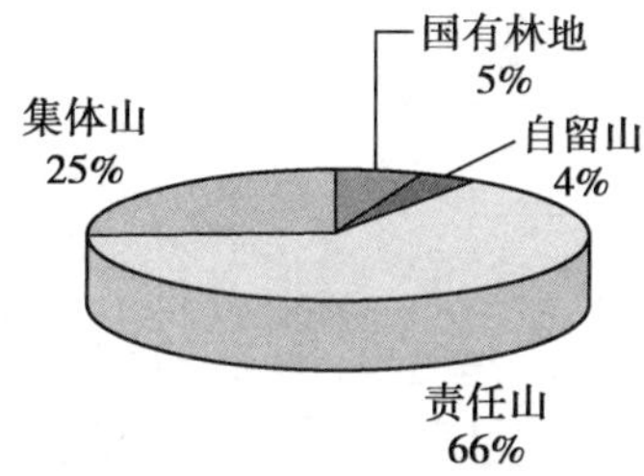

图 7-1　湖南省林权结构现状

目前，全省土地总面积 2188. 35 万公顷，其中林业用地 1238. 59 万公顷。在林业用地中，集体林地 1174. 46 万公顷，占 94. 2%，国有林地 64. 13 万公顷，占 5. 8%。通过 20 世纪 80 年代初的"林业三定"，全省集体林地使用权状况是：自留山 50. 72 万公顷，占林地总面积的 4%，责任山 810. 49 万公顷，占 66%，集体经营的 313. 25 万公顷，占 25%（图 7-1）。目前通过各种形式进行了使用权流转的林地有 126. 77 万公顷，占林地总面积的 10. 2%。农村责任山有 49. 12 万公顷实现了股份经营和联合经营，占责任山面积的 6%。

（二）现行林权制度存在的主要问题

1. 所有权不明晰、不完整

所有权不明晰、不完整是指林业"三定"时期的林地、林木的"四至"边界不清。一是部分山林没有登记发证。全省有 10% 左右的山林没有登记发放林权证。二是林权证地证不符、"四至"边界不清、档案保管不全。当时发证量大、时间紧，许多地方"闭门造车"，没有公示和核对，一些地方没有建立林权档案或者档案遗失。三是林权变更登记制度未建立。20 多年来，林木林地权属的合理流转、退耕还林等新增林木林地的权属变化，都没有及时确权发证或者进行变更登记。除此之外，主要是林权主体残缺。具体表现是在集体经营的山林上，一是林地、林木的所有权同属集体行政和经济组织，造成"一物二主"；二是林地、林木的所有权委托代理关系不清，上一级集体组织可以随意侵占下一级集体组织的财产，有些地方甚至出现林权上下两级集体组织重叠所有的情况；现在，有些地方的乡村集体组织仍然利用行政权力，以发展集体经济或发展生态公益林为名，将承包到农户的林地随意收归集体经营，作为使用者的林农权利无法保障。另外，林地和林木的所有权割裂。林木可以为个人所有，但林地只能为集体所有，没有对林地的所有权，林木的所有权难以得到保障。个人或其他林业经营者在集体林地上造林，如果集体收回土地使用权，活立木权属不复存在。

2. 使用权不明确

集体林目前实行的分户经营承包制，林农所得到的林地使用权到底应承担什么样的责任和义务没有明确的规定。由于林地是无偿分配给林农，一部分农民认为林地（使用权）就是私有林（所有权）了，林业经营随意性；但是，部分林农对未付出代价的山林的使用感到不安全，担心政策的多变，担心林地会收归集体经营。由于林地集体所有，对经营者而言不是真正意义上的产权所有，林农不愿对林地进行长期投入，进行集约经营，而是追求利益的短期行为，实行粗放经营。林地经营利用的积极性不高，再加上林业经营的比较利益低，一些地方出现了抛荒等现象。

3. 处分权不落实

目前，林地使用权尽管可以流转，但产权交易一般是指所有权的交易，林地使用权的交易实质上是租赁。由于不是真正意义上的交易，林业承包经营者无法运用市场进行森林资本经营，市场资本无法进入林业生产领域。另外，林木所有者没有真正拥有占有、使用和依法流转的权利。按“谁造谁有”的原则，林木经营者应该是林木的所有者。但是，林木的限额采伐使林木所有者不能自主采伐林木。再者，采伐限制和采伐指标计划分配不合理。一些地方将原来分配给村组的采伐指标统归到由乡一级分配，许多采伐指标被分配给一些大型木材加工企业、木材中间商等，而一些企业营造的工业原料林、承包经营大户营造的速生丰产林和以营林收入为主要生活来源的林农所需采伐指标得不到满足。再则是林木和林地的公平、自由流转受到限制。市场缺乏森林资源资产评估机构和流转平台，一些地方虽然建立了林地和林木流转市场，但缺乏规范的制度和措施，流转过程无法保障林木所有者的权益。因此，愿意经营林业的人得不到经营的林地，不愿意经营林业的人拥有林地却闲置不用，林地资源浪费严重。

4. 收益权无保障

由于林地所有权集体所有，而林地使用权和林木处分权不明确，所有者和经营者应获得的利益不确定。另一方面，在木材生产、流通阶段，地方各级政府部门巧立名目乱收、多收税费，剥夺了林农的经营利益。一些地方仍然对原木征收增值税。高额的税费和乱收费导致商品林的经营利润被不合理抽取，林业经营者投入产出效益很低。另外，公益林生态效益补偿低且难以到位。而目前国家对公益林严格控制采伐，生态效益补助资金只有75元/公顷，远远低于森林的价值。而且，即使是75元/公顷的补助，也只有部分林农能够享受到。湖南省区划界定国家重点公益林376.2万公顷，省级公益林77万公顷。目前，只有234万公顷国家重点公益林和14万公顷省级公益林享受了中央财政和省财政的补助，仅占应补偿面积的51.6%。再者，林农在集体林经营中没有知情权和表决权。集体经济组织经营的山林实行民主管理的少，其经营和收益分配农民难以主张权利。有的集体山林甚至沦为村干部的私有财产，随意处理、低价承包、以权谋私的现象屡见不鲜。

二、深化林权制度改革

（一）深化林权制度改革的重大意义

1. 林权制度改革是农村家庭承包经营制度的丰富和完善

我国的改革从农村发端，农村的改革从“大包干”开始，“大包干”又从调整土地政策入手。实践证明，实行以家庭承包经营为基础、统分结合的双层经营制度，是改革开放以来我国农村所进行的最重大的改革，是农村经济社会发展最强大的动力。这是农村的基本经营制度，也是党在农村政策的基石。林地与耕地一样，是国家重要的土地资源，是林业重要的生产要素，是农民重要的生活保障。推进林权制度改革，是在保持林地集体所有制不变的前提下，把林地的使用权交给农民，让农民依法享有对林木的所有权、处置权、收益权，实现“山有其主，主有其权，权有其责，责有其利”，使林业生产关系适应林业生产力的发展，进一步解放和发展农村生产力。这是农村土地制度改革在林地上的拓展和发展，是家庭承包责任制在林业上的丰富和完善，是把家庭承包责任制从耕地延伸到林地。当前，推进农村体制机制创新、活化农村各种生产要素、活跃农业农村经济方面要做的工作很多，林权制度改革无疑是一项重要的内容。

2. 林权制度改革是解放农村生产力、破解“三林”问题的有效途径

林业是大农业的重要组成部分。改革开放后的家庭联产承包经营，对农村经济社会的发展发挥了十分重要的作用，我国用亿亩耕地解决了我国十亿人的吃饭问题。但是，农村生产力发展的潜力还没有完全释放出来。从湖南省的实际情况看，“七山一水两分田”的省情，决定了必须更加重视发挥山地的综合经济效益。如果在通过联产承包解决好了“两分田”的承包经营问题之后，通过充分利用非耕地资源大力发展林业，就能够为农村经济拓展更广阔的空间。因此，以山林为主的结构调整，将是未来湖南省农村产业结构调整的主战场。同时，大力发展林业，将有利于保障农业稳产高产。通过林权制度改革，调整林业生产关系，合理配置生产要素，激活林业发展的动力，促进解决“三农”问题，从而实现全省经济社会的可持续发展。

3. 林权制度改革是农业发展空间的拓宽和延伸

长期以来，我们更多的是在耕地上做文章，现在全国耕地平均复种指数已达128%，许多地方高达200%以上，个别地方甚至超过300%，这就说明我们对耕地精耕细作的程度已达到了相当高的水平。今后，耕地的潜力还要继续挖掘，但同时也必须做好耕地之外的其他广大国土资源的文章。根据有关资料测算，目前我国1.2亿公顷耕地的每公顷产出水平（增加值）约为10290元，而2.85亿公顷宝贵的林地资源每公顷产出也只有330元。推进林权制度改革，有利于把资金、技术、劳动力等各种生产要素，引向林业，引向林区、林地，不断开发林业的生态、经济、文化等多种功能，增加生态产品和林产品产出，丰富食品和工业原料供给，从深度和广度两方面延展林业生产经营的范围和领域，拓展林业的多样性和多功能性。

4. 林权制度改革是促进农民增收和构建和谐社会的重要方法

通过推进林权制度改革，把林地资源进一步开发好、利用好、保护好，有利于多方位、多层次地拓宽农民的就业渠道和增收空间。一是通过扩大农业作业面、延长林产品产业链，可以使农民实现就业增收；二是通过强化集约经营、规模经营和产业化经营，提高林地的产出水平，可以使农民实现效益增收；三是通过减免税费、政策优惠，可以使农民实现让利增收。福建南平、三明等实行林改的重点林区，农民收入已经有一半来自林业。江西2009年林改对农民的政策性让利达11.27亿元，全省农民林业现金收入同比增长41%，2010年上半年农民来自林业的人均收入达到360元。从福建、江西的经验看，林权制度改革不仅直接增加了农民收入，而且促进了农村经济的发展，改善了村容村貌和村民生产生活条件，更重要的是能够推动乡风文明，促进民主管理，提高农村干部依法行政的水平，从而促进人与人、人与社会、人与自然的和谐相处。

5. 林权制度改革是持续改善生态环境的举措和保障

从发达国家、历史经验和林改地区的实践看，要保护好森林生态，光靠堵和禁是不行的，应当用更积极的办法，在加强必要管理和调控的前提下，在开发中保护，在发展中保护，实现用和育的良性互动。产权越是清晰，责任越是明确，培育才越能有效，管护才越能到位。山定权、人定心、树才能定根，过去林权不清，用育关系处理不好，林木资源蓄积量增长就很缓慢。通过林权制度改革，重塑林业微观经营主体，让农民吃下“定心丸”，有利于鼓励农民多栽树、栽好树，从根本上调动农民植绿、爱绿、护绿的积极性。还要看到，商品林搞好了、搞活了，公益林才能减轻压力，才能更好地得到保护。这一点，在林改试点地区已经得到了充分的证明，现在大家已普遍打消了林改会带来乱砍毁林的担心和疑虑。

（二）林权制度改革的思路和原则

1. 指导思想

林权制度改革以建立起“产权归属清晰、经营主体落实、责权划分明确、利益保障严格、流转顺畅规范、监管服务到位”的现代林业产权制度为目标，坚持“多予、少取、放活”的方针，围绕林权制度改革这一主体改革，积极推进各项配套改革，明晰所有权，放活经营权，落实处置权，确保收益权，充分调动广大农民和社会各界参与林业建设的积极性，促进森林资源增长、农民收入增加和林区经济社会发展。在这一指导思想的具体实施中，我们应该明确：在社会主义市场经济体制下，林业经营管理必须以市场经济原理为基本，但是，由于在现有的国民经济核算体制下林业是一个弱势产业，同时又肩负着森林多种效益的提供，加上林业经济外部性等原因，需要政府和地方自治组织的大力扶植和支持。

2. 需要把握的几个重要原则

（1）坚持两条基本准则。推进林权制度改革，一是确保农民得实惠，二是确保生态受保护。这是推进林权制度改革的根本出发点和落脚点。农村任何改革最终都要体现为老百姓得利，“大包干”之所以成功，就在于它实现了耕者有其田、耕者有其权、耕者有其利。林业直接关系到山区、林区老百姓的切身利益，是他们维持生计的基本来源和实现增收致富的重要门路。推进林权制度改革，从开始的方案设计，到中间的组织实施，到事后的检查评估，都要把农民是否得到实惠作为一条基本准则考虑。总之，对农民该给的利益要给足，该减的负担要减够，该搞的服务要搞好，真正使林权制度改革成为惠及千家万户的德政之举和民心工程。另一方面，林业不仅仅是一项十分重要的基础产业，它还是一项最具生态功能的公益事业，具有十分突出的生态、经济和社会三大效益，关系着国家的生态安全和经济社会可持续发展。所以，推进林权制度改革，绝不能牺牲生态，更不能以破坏生态为代价。这是林权制度改革必须坚守的一条底线。把管护森林资源与农民自身利益直接挂钩，变少数人管理为多数人护林，从根本上和长远看有利于生态保护和建设，有利于生态效益的发挥。但如果考虑不周，把握不好，防范不力，也可能造成一些不利影响。这在历史上是有过教训的，必须引起高度重视。林权制度改革一旦推出，具体办法可以随着实践发展不断完善，但改革方向和基本政策不能随便摇摆，要切实稳定农民的经营预期。同时，要妥善处理改革中出现的矛盾和纠纷，对借改革之机强行流转山林、与民争利的行为要坚决纠正，对乱砍滥伐林木、乱占滥征林地的行为要坚决制止。从各地改革试点实践看，推进林权制度改革，在实际工作中，还要坚持依法办事、分类指导、统筹兼顾和稳定第一等原则。

（2）处理好两大重要关系。林权制度改革涉及多种利益主体和各方面的利益，但最基本的是要处理好集体与农民、管理与放活两大关系。林权制度改革后，集体仍然是林地所有者代表，农户拥有林地使用权和林木所有权，林地是农户增收致富的重要生产资料，也是集体壮大经济实力的一个重要来源。因此，在林权制度改革过程中，必须妥善处理好集体与农民的利益关系。改革首先要保证农民的利益，要坚持让利于民的原则，确保让农民多得利、得“大头”。同时，对集体也要保证其必要、合理的权益，引导集体主要通过搞好社会化服务、多渠道盘活各种林产资源，来分享林业发展的收益，壮大集体经济实力。林业是产业，但也是特殊产业，林木是商品，但又是特殊商品，推进林权制度改革，既要放又要管。放就是要发挥市场机制配置林木资源的基础性作用，让生产经营者有利可图，愿意增加林业投入，但又不能一放了之，必须加强指导，有序进行。管就是要弥补市场的缺陷，依法治林、依法护林、依法兴林，守住生态安全的底线，但也不能沿用过去的老办法来管理，而要适应市场经济、林权改革和分户经营的新形势、新要求，创新林业管理机制，探索新的管理模式。总之，在推进林权制度改革的过程中，要立些规矩，做到放而有序、活而不乱、管而不死。

（3）把握好两个关键环节。推进林权制度改革需要做好各个方面、各个环节的工作，但关键是两点：一个是林权界定，一个是农民决策。林权制度改革最重要、最核心的内容，就是要对林地和林木进行确权。确权越明确、越细致越好，这个基础打牢了，改革进程就会顺畅，留下的隐患就会少，改革也才能够最大限度地取得成效。确权是一项很复杂、很细致的工作，既要考虑现实，又要考虑历史；既要照顾国家、集体的权益，又要照顾林场、农民的权益；既要扎实做好有关技术性基础工作，又要注意制定好面上的基本政策规范。开展确权，要依据《中华人民共和国农村土地承包法》及其他法律政策的规定，坚持公正、公平、公开的原则，合理制定确权方案，细化具体操作办法。对已经明确的林权，只要实践证明行之有效，绝大多数群众满意，就应予以坚持，不能打乱重来、借机收回或无偿平调。要依法签订林权承包合同，及时开展林权登记，切实维护农民权益。要坚持依法、有偿、自愿的原则，建立规范有序的林木所有权、林地使用权流转机制。农民群众是林权制度改革的参与主体、受益主体，也是决策主体、监督主体。一切为了群众、一切依靠群众，是做好农村工作的法宝，也是搞好林权制度改革的法宝。林权分不分、怎么分、什么时候分、分到什么程度，都要由农民说了算。地方各级政府应当做好有关组织领导、政策引导和服务协调工作，但一定要注重保障农民群众的知情权、参与权、决策权和监督权，不能包办代替，更不能行政命令、强制推行。

（4）抓好两项重要改革。一是主体改革，即明晰产权和经营主体。这是林权制度改革的主体内容，是基础、是核心，要集中力量抓紧抓好。二是配套改革，即林业行政管理体制改革、国有林场苗圃改革和增加对林业的财政支持、拓宽林业融资渠道、建立健全林业社会化服务体系、理顺林区投入机制等。这是林权制度改革的一项重要内容，也是改革能否取得成效的一个重要保证。必须围绕林业确权这一主体改革，因地制宜、因势利导地推进各项配套改革。要及时调整和完善财政税收、金融保险、科研推广等支持政策，为林权制度改革和林业发展创造良好的外部环境。林业系统自身要加快推进林业分类经营改革，改进林木采伐管理制度和办法，强化林业综合行政执法，促进林权制度改革成果的巩固发展，促进经济社会与林业的协调发展。要加快林业社会化服务体系建设，培育专业合作组织和中介机构，搞好行业自律管理，有效开展市场信息、护林防火、防病治虫、优良种苗、农资机械等多方面服务。要完善林业法律法规，根据林改需要及时制修订有关法律法规，为林权制度改革提供有力的法制保障。

（三）林权制度主体改革的内容

1. 明晰所有权

明晰山林所有权的具体内容有两个方面。

一方面是对现有存在山林纠纷的林地“四至”面积进行重新核定，明晰各所有者和经营者的所有权和经营权。林木林地权属不清或有争议的，抓紧明晰或调处，尽快达成协议或由司法机关作出裁判，及时核发林权证书。凡是在林业“三定”中已确权到林农且已发放林权证书的，在保持稳定的基础上换发全国统一的林权证书，做到证主相符，证地相符，图、表、证相一致；林业“三定”时权属明确但未发放林权证的，或者林业“三定”后森林、林木、林地权属发生变更和植树造林新增的林木、林地，按照《湖南省林地林权登记换发证实施办法》规定，按照实际权属核发林权证书。

另一方面是对现有的集体林所有权进行重新划定所有权属。目前，我国集体林业包括乡村组三级集体所有，多种经营形式的经营。其中一部分仍然采取泛集体经营形式经营。所谓泛集体经营形式是指集体经营和以集体经营为主要内容的其他经营形式。包括乡村林场、村组集体经营、乡、村行政组织主导下的折股联营和股份合作林场等。一部分是分户家庭承包经营、或在分户家庭承包经营的基础上建立起来的其他经营形式等（如农民自主型的股份合作经营、合伙经营等）。

对于已分山到户的这部分集体山林权，应该保持原有的经营形式不变，维持现有政策的稳定性和一致性。否则会造成林业经营秩序的混乱，引发新一轮的乱砍盗伐。按分类经营的原则，对于生态公益林暂时由现有所有者所有，条件成熟时应该考虑委托给乡一级集体统一经营管理；而集体所有、集体经营的商品林原则上以实行分户承包经营为主，也可按公开性原则经村民会议三分之二以上成员同意的前提下，选择其他的经营形式。另外，对“三定”时期划分给农户的责任山而现已划分为生态公益林的山林，在生态区位相同的情况下，可以和将要划分给农户作为商品林的集体山林进行替换，以保证森林生态效益的发挥。

之所以要将集体所有、集体经营的商品林实行分户经营承包，是因为现有的泛集体经营形式下产权不清，政企合一、高度集权，缺乏有效的经营管理激励机制和约束机制。泛集体经营形式许多成为乡村干部的“小金库”，农民的意见很大，在集体经济的经营中农民的林业生产经营积极性不高。当然，目前也有一部分集体经营较好地方，根据我们的调查，这主要取决于有一个具有能力强、团结一致的好的领导班子。也就是说，当前集体经营的好坏很大程度上取决于领导班子成员，特别是第一把手的责任心和工作能力。但这不是通过建立一个有效的制度来保障的，具有不确定性。从法律的角度考虑，长时期拥有土地的经营权也是农民一种与生俱来的天然权利。因此，在我国目前还不可能允许土地私有制的情况下，实行长期间的林地分户经营应该是目前最能明晰产权的一种经营形式。

2. 激活经营权

经营者追求的目标是自身经济利益的最大化，而国家对林业的发展目标是生态效益优先前提下的经济、生态和社会效益的最大化。这就需要我们根据林业分类经营的原则，尽可能使经营者的经营目标和国家的经营目标尽可能协调统一。

对于分山到户的责任山的使用应考虑按级差地租征收土地使用费，以消除因无偿使用林地而出现的抛荒浪费林地资源的现象，同时可以消除一些地方通过实行造林抵押金督促林农造林这一行政管理的方法。由于林地仍为集体所有且林地资源具有有限性和自然条件的差异性，应该向林农征收级差土地使用费。但是，由于考虑到林业经营的微利性，对于这部分税收应在今后以造林奖励等形式直接返还给更新造林的林农并予以公布。

对于经营的生态公益林，应建立起一个适合本地实情的生态效果评价体系，根据生态公益林的评价效果，在确保生态效益的前提下进行林木经营和山地开发，最终实现生态产业化。生态产业化可以缓解生态公益林经营资金的紧张局面，增加林农的林业经营利益。而对于林农经营的商品林的责任山林，应根据农民的意愿和市场需求，实行自主经营。分户经营并不适合林业经营的特点，而且不能形成规模经济效益。因此，实行集体林业的分户经营不应该是产权改革的目的，它应该是明晰集体林权的一种手段，最终目的是在相对明晰的产权基础上，建立起适合林业生产经营特点的、农民自治和自主经营的合作经济组织，形成规模经营。

在建立林业合作经济组织时，一定要尊重农民自己的意愿，做到林农自由加入，自主经营，切忌政府行为。但是，并不等于不需要政府的扶植。靖州县的"农民自主经营型"股份合作制林场经营效果好，是一种值得推广的经营形式。而一些以乡村组为主组织起来的"行政管辖型"股份合作组织和"分股不分山，分利不分林"这一"折股联营"的合作组织，在政社不分的经济体制下，只不过是一定特定时期的历史产物，在政企分开的经济体制下，也不失为一种有效的经营形式。在经济发达国家，一些公益性事业和弱势产业里就存在被称为"第三组织"（政府+民间组织）的经营形式，对经济的发展起着不可替代的作用。

3. 确保处置权

处置权包括林木的采伐，活立木及林地的出租、转让、继承、抵押等流转。首先要建立和规范森林资源核算制度。力争反映出不同时期、不同经济发展水平下的森林的多种效益的价值。其次，建立健全森林资源资产化管理制度。规范林地、林木的出租、转让、继承、抵押等标准和程序，并从法律上给予保证；规范和监督森林资源资产评估机构；指导和扶植建立森林资源资产流转市场，形成流转要素市场，实现资源的最佳配置。森林资源流转虽然是市场行为，但必须有政府的引导和规范。在采伐方面，对于产权明晰、经营秩序好的商品林建议取消采伐限额指标，按森林经营方案实行采伐管理。这样既可以降低监督成本，减少交易成本，还有利于林农把握市场机会获取高额利益。对于生态公益林在禁止商业性采伐的前提下，制定出根据不同类型林种的抚育间伐标准，进行适度的更新采伐利用。

4. 保障收益权

收益权是林业经营者的终极目标。要提高所有者和经营者的林业经营积极性必须建立起促进林业发展的利益激励机制。由于林业初级产品附加价值低以及林业经济的外部性，林业经营者利益的保证仅靠市场调节是不够的，要保证经营者得到合理的经营利润。一方面要彻底消除乱收税费，另一方面除减轻税费负担外，还应建立起合理的利益补偿机制。为此，当前，集体林业迫切需要解决的主要问题是：①木材流通环节乱收费和压低木材收购价格，建议规范税费计征范围和基价，规范税费征收环节和管理办法，杜绝乱收税费。②加大政府对林业经营利益的返回力度。当前，育林基金只有很少一部分返回给林农用于造林。建议将林业部门征收的育林基金全部上缴财政，育林基金逐步直至全部返还给林业经营者。同时，应将林业部门的人员、办公和业务经费纳入财政预算。这样有利于政府通过控制行政人员编制，防止机构膨胀。③目前，我国生态公益林补偿标准很低，远低于目前的每年林地收益率，今后应该逐步提升到当时当年的林地收益率水平。同时，应探索公益林的限制性利用，以生态产业化弥补生态效益补偿资金的不足。

（四）加强与完善配套改革

为了实现和保障以上四种权益落实到实处，必须推进林权制度改革的相关配套改革，以激活林业经营机制，确保各项权益不受侵害，促使林业的可持续经营。

1. 建立新型的行政管理体制

按照"依法行政、规范管理、强化服务、廉洁高效"的要求，建立以管理、执法、服务三大职能为主的新型林业管理体制。整合执法力量，组建相对独立、集中统一的林业综合行政执法机构，规范执法程序，落实执法责任，健全执法保障，构建公正公平的执法体系。

2. 深化乡镇林业站改革

根据国务院《关于深化改革加强基层农业技术推广体系建设的意见》和湖南省人民政府《关于认真做好农村综合改革工作的通知》的有关规定，按照统一政策、分步实施、滚动推进的改革思路，切实开展乡镇林业站的职能分类和管理体制改革，严格区分公益性职能与经营性职能，对乡镇林业站公益性人员经费纳入同级财政预算。

3. 推进国有林场苗圃职能转化和管理体制改革

按照分类改革的要求，建立符合生态建设和市场经济要求的国有林场苗圃管理体制，逐步将其分别界定为生态公益型林场和商品经营型林场。生态公益型林场要以保护和培育森林资源为主要任务，按从事公益事业单位管理，所需资金，按行政隶属关系，由同级政府承担。商品经营型林场要全面推行企业化管理，按市场机制运作，自主经营，自负盈亏。按照国有林场分类经营的要求，加快国有林场产权制度改革，积极探索适应国有林场生产经营的现代产权制度。

4. 规范税费的征收和管理

木竹生产经营，除执行国家和省统一规定的税费外，应坚决取缔市、县、乡、村和有关部门设立的涉及林业生产经营的各种收费项目。严格执行国家规定的木竹税费征收标准；合理制订木竹及其产品计费价格，切实保护林农利益。

5. 增加对林业的公共财政支持力度

林业行政事业单位的公益性职能所需经费应纳入财政预算。各级财政要逐年增加专项经费用于森林防火、病虫害防治、森林资源监测管理等支出，构建森林生态安全体系。积极争取中央增加湖南省国家级生态公益林补偿面积，并根据国家生态公益林的补偿进度，逐步将已经界定的省级公益林纳入补偿范围。对林区无田、少田贫困林农进行补助，切实解决林区无田、少田林农生活问题。

6. 拓宽林业融资渠道

引导发展民营林业担保机构。金融部门要加大林业信贷投放力度，对林农发展生产给予必要的小额贷款支持。保险部门应积极探索开展森林资源财产保险业务，提高林农抵御森林火灾、森林病虫害和其他自然灾害的能力。根据国家关于开展全民义务植树运动的法律法规，适当提高城市居民以资代劳费的征收标准，由林业部门代为组织造林。

7. 建立健全林业社会化服务体系

依托基层林业站组建林业服务中心，为广大林农和林业生产经营者提供林业法律政策、林产品交易价格和供求信息、林业生产要素流转信息和交易平台、林业科技和实用技术等方面的服务。引导林农在自主自愿和明确利益分配的基础上，采取家庭联合经营、股份合作制等形式，组建新的林业经营实体，提高抗御灾害、抵御风险和市场竞争能力。鼓励龙头企业与林农建立起“公司+基地+农户”等产供销一条龙、贸工林一体化的林业产业发展格局，实现规模经营、集约经营。扶持、培养林农自发组建种苗花卉、笋竹、林产品加工营销等农村专业经济合作组织，加强互助合作、自律管理、依法维权。引导农民建立民间护林防火、防治病虫害组织，完善森林灾害应急反应机制和防治服务网络。鼓励各地制定村规民约，提高农民的自律意识和自我管理水平。

8. 理顺林区投入机制

结合推进社会主义新农村建设，解决林区的交通、通信、电力、饮水等问题，提高政府投入标准，减少林农自筹资金和配套部分。将国有林场、森林公园、自然保护区、森工采育场、苗圃等林业基层单位建设统一纳入社会主义新农村建设规划，其公路纳入乡镇改油工程和村村通工程，外部电源引入纳入农网改造工程，努力改善文化、教育、卫生条件。

第三节　投 入 保 障

资金是林业经济增长的重要启动力，也是保障林业快速健康发展的物质基础。湖南省一直很重视对林业建设的投入，特别是“十五”以来，林业建设的公共财政支出和民间资本的投入都呈现出明显的上升趋势，使森林资源和林业产业保持良好的发展态势，但与建设湖南“新林业”的要求相比，仍存在着投入总量不足、结构不合理、渠道单一等问题，难以保障新时期林业建设和发展的需求。因此，根据湖南经济社会发展需求和林业的新定位，可以通过构建以下三个体系来保障湖南现代林业发展的投入，即建立以公共财政投入为主，多渠道融资为辅的投入体系，构建“还利于民”的林业税费征收体系，健全林业资金监管体系。

一、构建以公共财政投入为主、多渠道融资为辅的投入体系

（一）湖南现代林业投入的现状分析

1. 林业投入总量增加

“十五”期间，湖南省累计争取中央、省级和外资投入 86.16 亿元，是“九五”期间 9.24 亿元的 9.32 倍。其中：中央投入 79.31 亿元，包括中央财政 66.14 亿元（含退耕还林 58.03 亿、生态公益林补助 7.4 亿、贷款贴息 6687 万元）、国债 11.15 亿元（含退耕还林种苗补助 8.26 亿元）、中央专项拨款 6808 万元、中央预算内基建投资 6711 万元、农业综合开发项目资金 6630 万元；省级投入 5.07 亿元；省级管理的外资项目资金投入 1.78 亿元（含世行贷款 1.30 亿元、德国援助 4494 万元、2004 年启动的欧盟援助项目资金 325 万元）。从投入年份分析，国家、省级对林业建设投入总量增加，基本上呈逐年增长态势（图 7-2），但增长的幅度明显减缓。

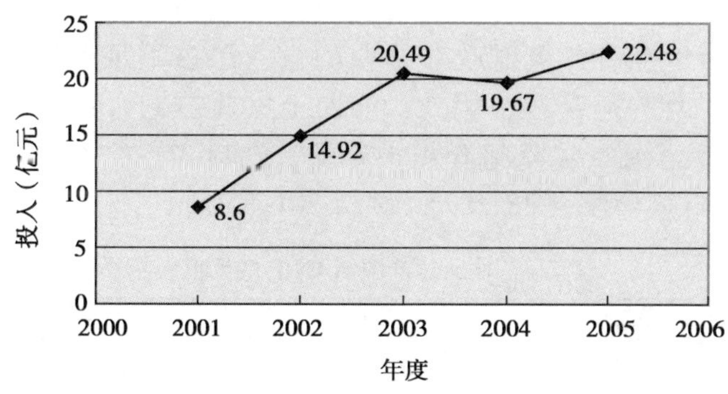

图 7-2　“十五”期间湖南现代林业建设的中央、省级和外资投入

近年来，随着湖南省非公有制林业的发展，民间资本对林业的投入也在逐年增加。例如，2001～2004 年，靖州县非公有制造林面积达 0.625 万公顷，占全县造林面积 0.698 万公顷的 89.5%；宜章县非公有制造林面积达 0.845 万公顷，占全县造林面积 0.993 万公顷的 85.1%。近几年，益阳市非公有制投资主体累计投资林业 9.6 亿元，全市有 666.67 公顷以上的造林大户 21 户，66.67 公顷以上的造林大户 78 户；沅江市民营林业已投入资金 4.2 亿元以上，营造杨树片林 2 万公顷以上，承包农田林网渠道造林 1100 万株，个体私营造林已占全市杨树造林的 83%。

2. 林业投入成效显著

“十五”期间，中央和省级林业建设资金大幅度投入，启动并实施了一系列重点工程，促进

了林业快速发展，取得了明显成效。据初步统计，“十五”以来，湖南省九项林业重点工程稳步推进，林业生态建设和林业产业发展均取得丰硕成果。全民义务植树运动深入开展，全社会办林业、全民搞绿化的局面正在形成。退耕还林、防护林体系建设、生态公益林保护等林业重点工程进展顺利，生态状况明显改善。森林、湿地和野生动植物资源等保护得到加强。林业产业结构调整取得进展，各类商品林基地建设方兴未艾，林产工业得到加强，经济林、花卉产业和生态旅游快速发展。到“十五”期末，全省森林面积达到0.1036亿公顷，较“九五”期末增加22.29万公顷，增长9.39%；森林覆盖率55.00%，较“九五”期末增加2.56个百分点；活立木总蓄积量3.70亿立方米，较“九五”期末增加1.0亿立方米，增长37.5%；毛竹20.69亿根，较“九五”期末增加6.01亿根，增长40.94%；全省林业每年为社会提供2000多万立方米活立木和1.5亿根竹子，林业产业总产值期末已达450.69亿元，较“九五”末期增加217.53亿元，增长93.30%，取得明显的经济、社会和生态效益。103个退耕还林工程区的水土流失面积较退耕还林前减少20%，项目区1069多万农民每年人均增收240元。林业的地位和社会影响得到极大的提高。

3. 财政对林业的投入仍然不足

“十五”期间，湖南省林业行业总产值呈快速增长态势，从2001年的250.97亿元上升到2005年的450.69亿元，年均增长率达11.08%，并且2001~2005年林业总产值与全省GDP的比值年平均为7.22%（见表7-1），但从林业投入（中央和外资投入除外）占全省财政收入来看，比重相对较低，2001~2005年平均仅为0.67%（见表7-2）。因此，与林业对全省GDP的贡献相比，全省各级财政对林业的投入仍然不足。林业不仅是一项基础性的产业，也是一项公益性事业，具有明显的外部性，除了有经济效益外，还有生态效益和社会效益，国家理应是林业投资的主体。“十五”期间，国家对林业投入占中央财政收入的比重为2.64%（2001~2005年平均值），而湖南省是林业大省，林业投入仅占全省财政收入的0.67%，且近年来呈下降趋势，因此难以适应林业快速发展的需求，与林业社会公益事业的地位相悖，严重制约了湖南现代林业发展目标的实现。由于全省各级财政对林业的投入严重不足，林业项目配套资金不到位的问题在湖南省各个市、县普遍存在，例如：湘西土家族苗族自治州，长防林工程投资总额3126万元，应配套770.5万元，实际配套404万元，缺口366.5万元；国债种苗投资2640.8万元，应配套239.8万元，实际配套38万元，缺口201.8万元。

表7-1 林业总产值与GDP的比值 单位：亿元,%

	2001年	2002年	2003年	2004年	2005年	平均值
全省GDP	3983.00	4340.94	4633.73	5612.26	6473.61	5008.71
林业总产值	250.97	334.99	361.80	409.72	450.69	361.63
林业总产值与GDP的比值	6.30	7.72	7.81	7.30	6.96	7.22

资料来源：2000~2005年《湖南统计年鉴》及《湖南现代林业发展报告》。

表7-2 林业投入占财政收入的比重 单位：亿元,%

	2001年	2002年	2003年	2004年	2005年	平均值
全省财政收入	361.65	424.64	484.22	608.02	738.55	523.42
林业投入	2.80	3.92	2.45	3.99	4.39	3.51
林业投入占财政收入的比重	0.77	0.92	0.51	0.66	0.59	0.67

资料来源：2000~2005年《湖南统计年鉴》及《湖南现代林业发展报告》。

4. 林业发展融资相对困难

由于林业生产自身的弱质性，加上现有的一些法律及政策规章的限制，使得林业经营者，特别是非公有制林业经营者，很难通过正常的融资渠道获得必要的生产经营资金。首先，直接融资渠道对非公有制林业的开放度很低。目前，一般企业比较经常使用的直接融资方式是发行股票或发行公司债券，而国家对于发行股票或债券的企业在经营规模、盈利能力、企业的组织化程度、经营管理者的素质、发展前景等各个方面设置了诸多的限制性条件，因而其进入门槛较高，致使这两种直接融资方式对于绝大多数非公有制林业企业来说都显得可望而不可及。其次，以银行贷款为主的间接融资渠道对非公有制林业也有较多的限制。以国有商业银行为主体的银行体系在向企业放贷时，对非公有制林业企业往往存在着所有制歧视、行业歧视和规模歧视。特别是那些从事营林生产的非公有制林业企业，一方面，因其所经营的森林具有生长的长周期性，而且受自然力的影响大，存在着较多的不确定性因素，经营风险较大，加上企业规模普遍偏小而税费又十分沉重，而且企业对于森林资源的产权又受到诸多非正常限制，从而显示出较为明显的弱质性。另一方面，由于我国的活立木市场一直未能建立，银行一般不接受非公有制林业经营者提出的以活立木作为抵押资产的贷款申请，即使个别银行允许以活立木资产作抵押，但要求贷款人对作为抵押物的活立木首先进行保险，而保险公司又基于类似的原因不敢接受森林资源保险业务，从而限制了非公有制林业企业的贷款能力，致使其向银行申请贷款时面临着诸多的困难，往往难以如期获得必要的款项来发展生产。因此，融资困难已成为限制湖南现代林业进一步发展的重要障碍。

（二）确立公共财政在林业生态建设中的主渠道地位

由于林业生态建设是以提供具有“公共物品”属性的生态效益为主导功能，依据公共财政理论，属于公共财政应该确保和重点支持的领域。因此，应当充分发挥政府投入的主渠道作用，按照“公共财政投入为主，多渠道融资为辅”的投资原则，确立公共财政在林业生态建设中的主渠道地位和作用。

1. 各级财政应成为生态公益林建设主要投入者

在社会主义市场经济条件下，根据社会对林业生态和经济两个方面的需求，遵循森林有多种功能，但主导利用可以有所不同的规律，将森林划分为生态公益林和商品林两大类，其中生态公益林主要提供公益性、社会性产品或服务，产品具有“公共物品”的性质，无法进入市场实现等价交换，因而应该列入公共财政支出的范畴。2001 年，湖南省按照国家林业局制定的《国家公益林认定办法（暂行）》开展了森林分类区划界定工作，对国家、省、市州和县市区四级公益林进行了区划界定。全省区划界定公益林面积 572.45 万公顷，占全省林业用地面积的 46.6%，区划界定的公益林面积中，国家级公益林 423.35 万公顷、省级公益林 77.02 万公顷、市州级公益林 31.21 万公顷、县级公益林 40.87 万公顷；2004 年，又按照《国家林业局、财政部重点公益林区划界定办法》，完成了重点公益林重新区划界定的工作。全省按新标准区划界定的重点公益林面积为 264.8 万公顷，加上中央同意继续进行补偿的 111.53 万公顷不符合重点公益林区划界定新标准的试点面积，全省可争取中央财政补偿的重点公益林面积达到 376.33 万公顷。按照公共财政分级管理的现状，国家级重点生态公益林建设要以中央财政投入为主，省级以下的生态公益林建设以相应的各级财政投入为主，重点保障生态公益林的营造、抚育、管护等资金需求。因此，湖南省的各级政府应该将对生态公益林建设的投资作为自己的一项主要职责，提高生态公益林建设投资在各级财政预算中的比重，从而使其投资行为法定化。此外，要尽快地建立和完善森林生态效益补偿制度，并使这一制度得以真正地贯彻实施，保障生态公益林建设的资金来源。

2. 挖掘财政投入的潜力，完善地方生态公益林补偿制度

湖南省于2001年被列入中央森林生态效益补助资金的试点省份，2001～2003年中央财政共安排森林生态效益补助资金4.5亿元。2004年正式实施了中央森林生态效益补偿基金项目，列入补偿范围200万公顷。从2004年起，湖南省启动了地方生态公益林补偿工作，省财政每年安排1050万元省级补偿基金，对湖南西部的24个县14万公顷公益林进行了补偿，各市（州）和县（市、区）也开始建立地方森林生态效益补偿制度，如娄底市将公益林补偿基金列入了市级财政预算；长沙市人民政府出台了《长沙城市林业生态圈重点保护区域公益林补偿办法》等。公益林补偿项目的实施，使项目区林农（经营单位）和管护责任人得到管护人员费用（补偿性支出）6亿多元；项目区修建和维修了一批林区公路、森林防火瞭望台、防火林带，购置了一批扑火器具、病虫害防治药剂、药械和资源管理与林业案件查处设备，森林防火、病虫害防治、林业案件查处、森林资源监测管理能力得到加强。与此同时，重点公益林得到了有效保护。据调查测算，项目区有10.47万公顷疏林、灌木林转变为有林地；林分郁闭度由0.47提高到0.54；林分蓄积每公顷由36立方米提高到45立方米。生态环境逐步改善，公益林涵养水源、保持水土、调节气候、降低噪音、净化空气、美化环境等功能大幅提升；对减少水土流失，降低自然灾害损失，提高人民生活质量，优化经济发展环境发挥了十分重要的作用。

但是生态公益林补偿制度还存在一些需要进一步解决的问题，如补助标准过低，影响重点公益林保护效果。目前，中央财政对试点的重点公益林补助标准为每年每公顷75元，补助标准太低影响了林农保护重点公益林的积极性。因此，今后湖南省除了实施中央森林生态效益补偿项目外，还要进一步完善地方生态公益林补偿制度，使生态公益林建设全面地纳入各级财政预算。湖南省社会和经济已经进入快速发展阶段，全省财政收入连续多年保持快速增长，2005年全省财政收入突破了700亿元，达到738.55亿元，2001～2005年平均增长率达20.8%。而林业投入占财政收入的比重不但没有增长，反而有下降的趋势（见表7-2），2001～2005年平均比重仅为0.67%。如果在今后，湖南省的林业投入占财政收入的比重能够达到1%，每年将有近8～10亿元的资金投入林业建设。因此，通过进一步挖掘财政投入的潜力，将为完善地方生态公益林补偿制度提供必要的资金。

3. 多渠道的社会投入是生态公益林建设资金的必要补充

政府的功能定位和作用以及生态公益林的“公共物品”属性要求政府应该成为生态公益林建设资金的主要提供者，但这并没有否定其他投资来源的作用。由于生态公益林培育资金的数量极其巨大，而我国政府目前的财力还比较有限，仅仅依靠公共财政的资金投入无法满足生态公益林建设的需要。因此，在生态公益林建设中，强调公共财政投入为主体的同时，还必须不断拓宽投融资渠道，积极争取国内外市场化资金的投入，采取多种渠道筹集资金，逐步形成多元化的资金投入机制，使政府投资和社会融资相互结合、互为补充，从而缓解我国目前生态公益林建设资金紧张，投入不足的问题。具体的社会资金来源形式，可以以附加税或征收生态税等形式向全社会征收，也可以通过财政举债、发行生态彩票等形式获得，或者对依托森林获得收益的单位，如水利、水电、旅游等部门，根据当地的社会经济情况、受益单位的性质和经济能力以及森林资源状况，征收生态补偿费，等等。以这种方式征收森林生态效益补偿资金从理论是来说也是合情合理的，因为这些特定的主体都不同程度地、直接或间接地受益于森林资源所提供的生态效益，所以他们理应为此支付一定的代价。例如张家界市已经从风景区门票收入中提取一定比例用于生态公益林补偿；蓝山县从水力发电收入中征收森林生态效益补偿基金，用于水电站汇水区水源涵养林的生态补偿。

4. 逐步建立和完善政府投资购买非国有公益林制度

根据林业分类经营的思想，生态公益林建设主要由各级政府投资为主，而非公有制林业经营主体的主要经营对象应该是商品林，但我们并不反对非公有制林业经营者投身于生态公益林建设，特别是今后随着我国生态公益林生态效益补偿制度的进一步完善，当经营公益林的林业经营者也同样可以获得足以弥补其经营过程中发生的各种损耗时，就将为非公有制林业投资者从事生态公益林经营扫清制度上的障碍。然而，由于历史的原因，我国还存在着不少原先由非公有制林业经营主体投资营造，但后来根据林业分类经营改革的需要被划为生态公益林的林子。按照国家规划，这些被划入公益林的林子其主要目的是充分发挥森林的生态功能、提供生态效益，不能随意进行采伐。因此，对于由非公有制林业经营主体投资营造的生态公益林，应该由国家财政给予经济上的补偿。按照这一思路，国家一方面应该尽快地建立健全森林生态效益补偿制度，对于那些从事生态公益林建设的非公有制林业经营者，根据他们所营造的生态公益林面积的大小和所提供的生态效益的大小，给予必要的经济补偿，使这些非公有制林业经营主体也能够获得社会平均利润，只有这样，才能鼓励和引导更多的非公有制林业经营者投身于生态公益林建设。另一方面，政府在鼓励和吸引市场化资金投入生态公益林建设的同时，在财政允许的前提下，应该尽快地建立和完善政府投资购买非国有公益林制度，即由政府出资对林业重点工程中由非政府主体投资营造的生态公益林进行收购。收购由各种社会主体营造的非国有公益林，有利于协调经营者利益与国家生态安全之间的关系，既体现国家对非国有社会主体所拥有财产权的尊重，又考虑到社会发展和生态建设为主的战略要求，对于鼓励、引导社会资金的流向和支持非公有林业发展具有重要意义，这也是一些发达国家的成功经验。国家林业局已经在部分省份实施政府收购非国有公益林的试点，因此，湖南省政府应积极争取纳入国家试点省份，抓紧制定政府收购非国有公益林的试点方案，为今后在全国实施探路子，出经验。

（三）以多元化投入为主，加强林业产业建设

1. 加大对林业的信贷支持

由于国家或政府对于林业的支持重点将主要转向生态公益林建设，对商品林建设的资金支持将十分有限，因此，商品林建设主要应通过社会融资，其中银行信贷资金应该成为商品林资源培育的主要资金来源。因此要加大对林业的信贷支持，如通过提供政策性贷款和贴息或低息贷款等措施促使银行等金融机构为商品林经营主体（特别是非公有制林业经营主体）提供长期限、低利率的信贷等。具体的优惠政策至少包括以下几个方面：一要在法律法规和政策规章上明确规定森林资源经营主体可以以合法的森林资源资产作为抵押物申请抵押贷款，以便从根本上解决私有林抵押贷款难问题；二要在财政政策上给予必要的扶持，如给予财政贴息和实行必要的补助，即政府充分利用 WTO 所允许的“绿箱”规则，参考国际惯例对商品林资源培育过程中的整地、优良种苗建设、幼林抚育、营林设施补助、森林防火、病虫害防治和科技投入等公共支出给予一定比例的补贴或扶持，从而增强银行发放林业贷款的信心；三要适当放宽对商品林经营主体（特别是非公有制林业经营主体）的产权限制，如在林木的限额采伐制度、林木的收购和运输管理制度和森林资源资产产权流转制度上给予适当调整；四要降低林业税费负担，给林业生产经营“松绑”；五要建立和完善社会化服务体系，如通过建立健全森林资源资产评估体系、林业贷款担保体系、林业发展项目保险机制、信贷风险补偿机制、构建信用平台等措施增强林业吸引社会资金的能力。

2. 引导社会资金投入商品林建设

资本的逐利性决定，充盈的民间资本将为未来商品林业的发展提供最主要的资金来源。经过

20多年的改革开放，湖南省城乡居民收入大幅度提高。2005年，湖南省城乡居民储蓄余额已达4153.71亿元（图7-3），“十五”期间年增长率达9.49%。

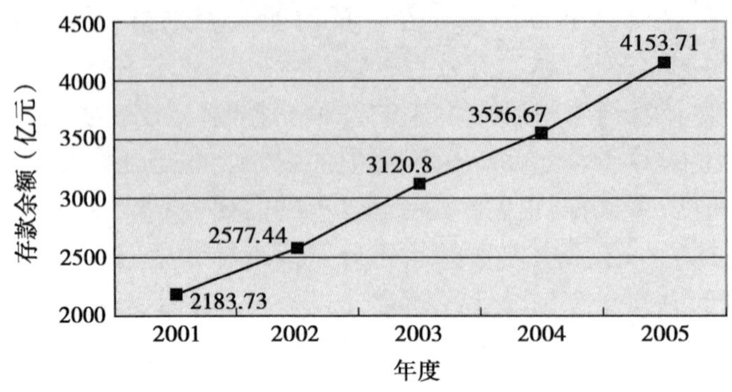

图7-3　“十五”期间湖南省城乡居民储蓄余额

在银行利率连续下调的刺激下，一部分滞留在银行的民间资本急于寻求新的投资渠道。与此同时，由于证券市场的持续低迷，一些股市游资特别是投资公司开始从证券市场转移资金，转而寻求新的项目进行长线实业投资。由于商品林业广阔的市场需求，这部分资金，将构成林业投入的潜在资金来源。

由于森林资源经营具有高风险性和公益性的特点，而正是这些特性又导致了林业生产的弱质性和支出的难以完全补偿性，加上商品林资源经营者的产权都受到不同程度的限制，影响了森林资源所有者合法权益的正常使用，因此在商品林建设过程中，各级财政资金应该发挥其基础和引导作用，有目的、有重点地集中一定数量的政府资金，并通过采取各种有效的方式，适时地投向商品林建设项目。这样既可以体现国家和政府对林业建设的重视，又体现了政府对商品林建设项目所提供的生态效益的必要补贴。同时，政府资金可以发挥其重要的导向和基础作用，进一步引导大量的社会资金的投入，从而极大地增加商品林建设资金的来源和数量。从2004年开始，湖南省每年投入1000多万元用于速生丰产用材林基地建设，在财政资金的引导下，大量的社会资金投入了商品林建设。如泰格林纸集团、创兴人造板有限公司、斌志木业、靖州东和、湘潭恒盾、湖南天运等一批骨干企业成为了速生丰产用材林和工业原料林基地建设的主要力量，仅泰格林纸集团就已经建立工业原料林10万公顷；一批造林大户不断涌现，仅沅江市就有造林一万亩以上的大户8家，333.33公顷以上的12家，66.67公顷以上的80家；2004年全省营造速生丰产用材林10万公顷，2005年营造了15.6万公顷。

3. 积极推进森林资源资产的抵押贷款

在信用融资中，抵押贷款作为一种借贷双方都比较容易接受的融资方式越来越受到资金提供者和需求者的青睐，森林资源资产作为商品林经营者所拥有和控制的一类最主要的资产，理所当然地成为一种最主要的抵押财产。推行森林资源资产抵押贷款不仅是必要的，而且是现实可行的。从1999年开始，湖南省林业厅与省农业银行就探索尝试以森林资源资产作抵押承贷。分别在张家界、永州、郴州等市进行试点和专项研究。在总结试点经验教训的基础上，两家于2001年3月制定印发了《湖南省森林资源资产抵押贷款管理办法（试行）》，以规范各地森林资源资产抵押贷款行为。《办法》规定，可用作贷款抵押的森林资源资产包括用材林、经济林、森林景观资产、林地资源资产使用权、经营权。《办法》极大地促进了湖南省林业治沙项目贴息贷款的发放，2000～2005年，湖南省林业治沙项目贴息贷款累计达到102729万元（表7-3）。但是由于仅有省农行一家参与，而且只针对林业治沙项目贴息贷款，远远满足不了湖南省林业发展对信贷资金的需求，而且近年来贷款额还呈下降趋势，因此，今后要进一步完善森林资源资产抵押贷款管理制度和配套的优惠政策，鼓励其他商业银行积极参与森林资源资产抵押贷款，特别是对非公有制经营主体要加大贷款力度。

表 7-3　湖南省林业治沙项目贴息贷款情况　　单位：万元

年度＼项目	林业项目（农行）	治沙项目（农行）	山区开发（农行）	合计
2000	8000		5000	13000
2001	21856			21856
2002	24621			24621
2003	20000			20000
2004	13142			13142
2005	10110			10110
合计	97729		5000	102729

4. 努力探索森林资源资产化管理

森林资源资产化管理作为森林资源管理体制的一种创新，它要求人们将森林资源资产作为一种特殊的资源性资产加以经营和管理，从而力求提高资金、劳动力和其他各种资源等生产要素的使用效益，它在提高森林资源的管理水平，促进林业资金的使用效益，保障林业再生产活动的顺利进行，以及促进林业经济增长方式转变等方面都发挥着不可或缺的作用。此外，通过实施森林资源资产化管理，评估森林资源资产的价值，并以此作为确定森林生态效益补偿标准和尺度的最主要依据，通过这种方式确定的森林生态效益补偿标准不仅具有较强的可信度，而且具体操作上也较为方便，是进一步建立健全我国森林生态效益补偿制度的重要举措。资源无价理论是我国当前营林业资金投入严重不足的重要原因之一。只有尽快地摈弃“森林资源无价”的错误思想，实行森林资源资产化管理，使森林资源的营造、抚育和管护成本（即培育成本）在各种林产品的价格中得以完整地体现，并得到足额地补偿，才有利于提高资金的使用效率和进一步吸引各方资金的投入，才能保证林业再生产活动的顺利进行。因此，必须努力探索和推进这一资源管理体制的改革进程。

二、构建促进“新林业”建设的税费征收体系

（一）减免林业经营者税费，提高林业投资者的积极性

近年来，湖南省为减轻林业税费负担，加大了对林业“三乱”的整治力度，取消了林业保护建设费，归并了维简费，对中幼林抚育间伐材、农民自用木竹等相关项目免征育林基金等。但是，相对而言，目前湖南省林业税费负担仍然较重，严重地制约了投资者投资林业的积极性，因此，降低税费是林业吸引投资的重要举措之一。目前，这项改革已经在全国范围内展开，其基本思路是“清费正税，实施林业轻税费政策”。我国原有的林业税金费制度忽视了森林资源经营者的利益，繁重的税费负担扼杀了他们发展林业生产的积极性。为此，结合我国社会主义市场经济条件下税收改革“公平税负、简化税制”的基本原则，通过清费正税，实施林业轻税费政策；并通过规范税基计算口径，改革征管方式，以实现税费征管的科学和公正。既可还利于森林资源经营者，调动其生产积极性，又可降低木材和各种非木材林产品的售价，增强广大森林资源经营者所提供的产品的市场竞争力，从而吸引更多的资金投入到林业生产经营活动中。

税收是政府借以调节供给与需求、生产与消费，以及调整社会经济关系的重要经济杠杆。森林资源培育业由于其生产经营的周期长、资金周转慢、经营风险大，属于国家应重点支持和保护的对象，在税收上主要体现为要实行优惠的低税负政策，以增强其自我积累和自我发展的能力。但我国目前的情况却恰恰相反，各种林业税费在其产品销售收入中所占的比重远远超出其他的工农业产品。因此，国家应通过采取各种有效的方式和方法，逐步减少林业税收的项目，并降低各项税收的税率，以实现林业低税负的目标。对于非公有制林业经营者将利润进行再投资造林的，国家应给予免缴所得税的优惠待遇，以吸引各种社会资金投资造林。湖南省要按照中央农村税费改革的总的精神，解决特产税以及两道环节的地方附加征收问题；要贯彻、执行财政部、国家税务总局关于“所有企事业单位种植林木、林木种子和苗木作物以及从事林木产品初加工取得的所得暂免征收企业所得税”的规定，以及森林资源经营单位自产、自销初级林产品不需征收增值税等优惠政策，以切实地减轻广大森林资源经营主体的税收负担，从而增强他们自我积累和自我发展的能力，提高其进一步投资和加强林业生产经营管理活动的主动性和积极性。对于有重大社会效益的生态林业建设和森林文化建设，如“兴林抑螺”等项目要完全免税，鼓励社会资本参与投资建设。

（二）清理整顿林业经费项目，实现规范收费

针对我国林业当前存在着的林业经费偏多、费高于税的现状，应尽快清理整顿林业经费项目，规范各项经费的征收程序。2003 年湖南省开展了林业专项资金征管改革，颁发了《湖南省森林植被恢复费征收使用管理办法》《湖南省集体林育林基金、林业保护建设费缴库及使用管理补充规定》，调整了省市县分成比例，将森林植被恢复费纳入了财政预算管理；改过去“一金一费”由林业主管部门逐级解缴为由县市财政专户按月分别向省市财政专户解缴，同时明确，各级林业基金征管机构和人员经费及业务费，纳入同级财政预算解决。2005 年湖南省在全国率先实行的非税收入管理改革，重新明确了育林基金等专项资金的征收管理程序和操作模式，固定了植被恢复费分成比例，修改了非税收入分成软件，并将稽查补征的植被恢复费全部作为省级收入。通过这一系列清理整顿，避免了各种搭车收费现象的发生，减轻了林农的经费负担。

（三）争取林业全额纳入各级财政预算，推动育林基金改革

育林基金是用于恢复森林资源的主要资金来源，但是由于部分地方财政收入比较困难，有的地方不断减少当地林业主管部门的财政拨款，甚至全部由林业部门自己负担，尤其是基层林业站，管理资金缺口更大，使得当地林业主管部门不得不用征收的育林基金支付日常行政事业费用，成为养人基金，很少返还到林业生产建设上。湖南省部分县市的育林基金用于弥补林业部门的人员和公用经费缺口的比例已经达到 70%，用于生产性的支出比例仅 30%。由于育林基金没有及时足额的返还给林农，加重了林农的负担，挫伤了林农投资造林的积极性。2004 年 10 月，湖南省出台了育林基金减免政策，对中幼抚育间伐材等 5 种木材和产品以及农民经批准采伐自用的木材免征育林基金。因此，为了进一步推动育林基金改革的顺利实施，应争取林业全额纳入各级财政预算，以弥补各级林业部门因育林基金返还和减免而出现的正常运转经费缺口。

三、健全林业资金监管体系

湖南省是国家实施“中部崛起”战略的重要省份，而且湘西部分县市还被纳入“西部大开发”战略，因此，近年来国家对湖南省的林业发展投入了大量的资金，“十五”期间，仅中央一级的投入就高达 79.31 亿元；国家实施的六大林业重点工程中，湖南省涉及五个，其中仅退耕还林工程，“十五”期间中央财政对湖南的累计投入就高达58.03亿元。因此，为了保证林业资金的安全运营，充分发挥资金的使用效益，必须健全林业资金的监管体系。

（一）探索林业资金管理新机制

“报账制”是一种行之有效的资金管理制度，这项制度在我国世行贷款造林项目中已经得到了广泛的运用。在“报账制”资金管理方法下，项目执行过程中所需要的资金必须由项目单位自身及地方政府部门的配套资金先行支付，等到项目部分或全部完工之后，经过项目资金提供方的有关专家、项目主管部门及有关专业技术部门的相关人员按照项目管理办法所规定的检查验收办法验收合格后，合格部分所耗用的资金才能够从中列支。因此，通过“报账制”资金管理，可以有效地提高林业工程的建设质量。近年来，湖南省通过不断完善工程项目管理办法，探索推行项目资金报账制，使林业项目的立项、审批、下达、验收等在阳光下操作，各个环节形成严密的监督制约机制，并持续强化林业资金管理，逐步由重资金争取向重资金管理转变，把更多的精力放在研究如何管好、用好林业资金上，提高了林业资金的使用效益。因此，今后还要继续完善工程项目管理办法，探索推行项目资金报账制，保障湖南现代林业建设工程的质量和效益。

（二）加大资金运营的监管和稽查力度

为了提高林业重点工程的资金使用效益，还必须加强项目资金的监督和稽查管理。包括以下几个方面的工作：一是整章建制，加强林业重点工程项目资金的监督管理。通过制订、完善和实施一系列相关的资金管理和监督制度，完善资金管理，建立和形成有效的监督和制约机制，进一步加强资金预算管理，严格贯彻执行各项规章制度，从源头上解决在资金使用和管理上可能出现的问题。二是项目实施主体自身应制定与林业重点工程项目相适应的财务管理和会计核算制度，将资金管理和监督的各项工作落到实处。三是发挥项目单位内部审计和政府审计的监督作用，以促使项目资金的正常运转和高效使用。审计监督是促使林业重点工程资金安全、高效地使用的主要保障制度之一，因此，应该注重发挥审计部门的监督作用，具体包括项目单位的内部审计和外部审计两个方面。四是建立、健全林业重点工程资金的稽查制度。2004年，湖南省林业厅成立了林业重点工程资金稽查办公室，下发了《关于进一步加强和改善林业计财工作的通知》和《湖南省林业重点工程资金稽查办法》，要求扎扎实实开展林业重点工程稽查工作，在资金管理任务日益加重的情况下，把林业重点工程资金稽查作为一件重要工作来抓，建立健全稽查机构和工作制度，落实人员、任务和责任，常年性开展稽查工作。

（三）确保资金安全运营和使用高效

近年来，湖南省积极探索资金安全运营新机制，强化资金全过程管理，从源头上保证林业资金专款专用。同时，为把资金管理的目标落实到降低成本和提高投资效益上，把资金管理、项目管理和监督检查有机地结合起来，争取形成相互监督、相互制约的机制，改革和完善资金管理手段，提高监管效果，确保林业资金安全运营和使用高效。2005年，按照国家林业局“慎用钱”主题活动要求，布置安排了“十查十看”自查内容，要求各地采取自查和抽查相结合的方式组织实施“项目资金安全检查”。同时，制定出台了《湖南省林业项目资金管理试行办法》《湖南省林业厅计划财务工作暂行规范》等2个规范性文件，贯彻了“裁判员”与“运动员”相分离、责任与权利相结合、事权与财权相统一、过程管理与重点稽查并重的理念。分解责任，明确重点，化解风险，规范运作，相互监督，为林业项目资金安全运营提供了可靠的制度保障。并且首次以“湘林稽”文号下达了本年度全省林业重点工程资金稽查计划，全面部署了全省稽查工作；在督促各市州对国家林业局布置的三项资金进行稽查的同时，省厅还直接对洞庭白杨公司、岳阳纸业集团、省林木种苗基地、厅重点项目办、森防站等单位的贷款贴息、森林植被恢复费、农发资金、国债资金等项目资金进行了稽查。

第四节 科技保障

一、强化科技创新，为湖南现代林业发展提供雄厚的技术储备

湖南现代林业科技创新体系具有雄厚的基础。中南林业科技大学、湖南省林业科学院以及湖南环境生物职业技术学院、湖南省森林植物园、湖南省南岳植物园等科研教学单位为湖南现代林业科技提供了雄厚的技术资源和技术储备。同时，全省有市级林科所 12 个，县级林科所 49 个。国家级、省级重点实验室各 1 个，省级科技中试基地（或中心）2 个。林产工业企业和营林企业 1.7 万多家。全省拥有林业工程技术人员 1 万多人。

湖南现代林业科技创新体系面临的主要问题。内部问题：一是资源的内敛性。由于机制和体制的原因，科研单位之间缺少交流合作。一个科技人员只能在本单位范围内参加研究，一项科研只能是本单位的人员参加，各个科研单位各自封闭，出现了关门研究、重复研究、低水平研究的现象。二是资源的分散性。首先是研究人员的分散。因为缺少人员流动的有效机制，科研人员被凝固在各自的岗位，不能最大效益的发挥知识效益；其次是研究经费的分散。为了平衡各单位的研究经费，主管部门只好把有限的研究经费尽量分散，尽可能的照顾到更多的单位和更多的研究人员，难以形成研究的规模效益。三是研究成果的有限性。由于少量的人、少量的经费研究一个小课题，研究的成果难以产生较大的社会影响。研究人员研究课题往往是为了有事可做，而不是去实现自己的科学理想，缺少创造激情，取得的科研成果难以达到市场的要求。外部的问题：一是林业经济增长方式的影响。社会对科技的需求是随着经济增长方式的转变而提高的。目前，我国林业行业的经济增长方式仍以外延式经济增长为主，社会对林业发展第一需求是资金，而不是科技，社会对科技的需求度不旺，对科研人员和科技成果的重视不够，社会资源流向林业科技的量很小。二是林业科研的社会定位影响。林业科研的公益性、社会性大于经济性。但是否把林业科研作为公共产品，社会上意见并不一致。由于对林业科研的社会定位不确定，导致林业科研往往受到人为意识的影响，造成林业科研的起伏。三是林业科研的社会参与度不高。湖南省林业企业有一万多家，但大部分是技术水平低、产品附加值低、规模小、缺乏科研能力的企业。绝大部分企业不仅不参与林业科研，甚至连科技成果的应用也无能为力。企业的科技创新能力很低。林业科研的社会力量没有真正调动起来。

湖南现代林业科技创新的关键：

（一）构建以“一校二院二园”为核心的国有林业科技源头创新平台

1. 建立以中南林业科技大学为主的林业基础研究平台

中南林业科技大学是我国重要的林业教学和科研究基地，经过 48 年的发展，现已成为一所理、工、农、文、经、法、管、教等学科门类较为齐全，具有博士学位授予权、富有特色的多科性大学。学校现设二十院四部三所一中心，2 个博士后科研流动站（林学、生物学），2 个一级学科博士点（林学、林业工程），12 个二级学科博士点（生态学、森林培育、木材科学与技术、森林工程、林产化学加工工程、森林保护学、森林经理学、林木遗传育种、植物学、野生动植物保护与利用、园林植物与观赏园艺、水土保持与荒漠化治理），4 个一级学科硕士点（生物学、环境科学与工程、林业工程、林学），40 个硕士点。拥有 1 个国家重点学科（森林培育）、4 个

省重点学科（森林保护学、生态学、木材科学与技术、森林经理学）。拥有1个国家重点野外科学观测实验站，1个国家林业局重点开放性实验室，3个省级重点实验室。学校共承担各级各类科研项目661项，其中国家“863”计划、国家自然科学基金、国家“948”项目、国家科技攻关项目等国家级科研项目49项，省部级项目200余项。2001年以来，学校获省部级以上科技进步奖12项，在国内外学术期刊上发表论文3675篇，出版专著80余部。学校现有教授138人，副教授295人。有国务院学位委员会学科评议组成员1人，国家级有突出贡献的专家3人，省部级有突出贡献的专家18人，省部级跨世纪学术、技术带头人重点培养对象22人，享受国务院政府特殊津贴65人，1人入选国家“百千万人才工程”第二梯队，1人进入教育部“跨世纪优秀人才培养计划”。中南林业科技大学齐全的学科设置、先进的研究设备、雄厚的人才队伍和技术储备，是湖南省林业科技创新的重要平台。要利用中南林业科技大学位于湖南的区位优势，引导学校科技力量积极参与湖南现代林业科研，依靠他们来完成全省重要的林业科研基础研究。同时加大与省内外有关大学、科研机构联合攻关力度，以中南林业科技大学为平台，联合省内国内雄厚的科技资源，建立起湖南现代林业科技创新基础研究的平台。

2. 建立以湖南省林业科学研究院为主、湖南省环境生物职业技术学院、湖南省植物园、南岳树木园等参与的林业应用研究和技术创新平台

湖南省林业科学研究院创建于1958年，经过40多年的发展，现已成为一个林业学科齐全、技术力量雄厚、测试手段先进的公益类综合性研究机构。全院设有5个职能管理部门，7个研究所（中心），1个省级重点实验室，1个试验林场和1个省级质量检验站。主办有《湖南林业科技》杂志和“中国（湖南）林业商务网”网站。现有专业技术人员190人，其中研究员20人，副研究员和高级工程师50人；博士12人、硕士20人；博士生导师2人，硕士生导师6人；15位专家享受国务院政府特殊津贴。1978年以来，共取得科技成果203项。其中获国家级成果奖11项，获省、部级成果奖158项，获国家专利13项。在主要工业用材与经济树种种质资源收集与保存利用、南方主要造林树种遗传育种与丰产栽培、防护林体系建设、重大森林病虫害防治、林药和林肥、林产品加工利用等方面有多项成果居国内领先地位。依靠自身科技实力和自主知识产权，在园林观赏植物规模繁殖、经济林种苗脱毒与快繁、果品贮藏与加工、植物有效活性成分利用、低毒胶粘剂、林木种子采集成套设备、竹木地板机械、林药与林木专用肥、林木种子胞衣等方面进行了重点开发，取得了较好的效益，科技成果推广应用率达60%以上。改革开放以来，先后与美国、日本、英国、巴西、瑞典、波兰、澳大利亚和法国等国的农、林业科研单位和高等院校建立了长期合作关系。湖南环境生物职业技术学院、湖南省植物园、南岳树木园各具特色，融教学、科研、开发于一体的林业科研基地，都具有一定的技术力量和科研基础。要通过机制体制创新，打破单位限制，实行科研资源的横向联合，建立以湖南省林业科学研究院为主，其他各个单位技术人员参与的全省林业应用科研和技术创新的平台。

3. 加强省院合作，建立富有特色的全国区域创新中心

湖南位于长江中游，属中亚热带季风湿润气候。境内气候温和、雨量充沛，为我国重要的商品林基地之一。全省林地面积1273.07万公顷，占总面积的60.1%。至2005年，有林地面积达到1018万公顷，居全国第五；森林覆盖率达到55%，居全国第四；活立木蓄积量达到37932.24亿立方米，居全国第九。林木种质资源丰富，境内有植物5000多种。在我国中南地区具有得天独厚的自然条件。湖南省林业科学研究院经过40多年的发展，具备了较强的科研和开发能力，具有一支技术力量雄厚的科研人员队伍，具有了一定的科研开发的物质条件。根据国家“十一五”林业科技创新区域科研中心规划，湖南省林业科学研究院有能力成为中国中南地区林业科研的区域中心。从2001年湖南省人民政府与中国林业科学研究院建立科技合作以来，开展了一系列科技合作，取得了很大的成绩，建立了联合的合作关系，目前，建立中国林业科学研究院湖南分院的条件已经成熟。依托湖南省林业科学研究院成立中国林业科学研究院湖南分院，两块牌子，一套人马，不增加人员编制，双方原隶属关系和经费渠道不变。即：分院不再办理独立法人资格，湖南林业科学研究院现任院长、副院长为中国林业科学研究院湖南分院的院长、副院长，行政上仍由湖南省林业厅主管；中国林业科学研究院进行业务上的指导。中国林业科学研究院指定一名副院长联系中国林业科学研究院湖南分院的业务工作。分院成立学术委员会，由双方专家共同组成，中国林业科学研究院派一名专家任学术委员会副主任。在申请国家课题时以中国林业科学研究院为主，申报湖南省科研课题时，以分院为主。以中国林业科学研究院湖南分院名义从事的各项科技活动和每年的工作计划、年度总结等，报中国林业科学研究院办公室备案。在中国林业科学研究院湖南分院内，设立5个全国区域研究中心：林业血防研究中心；油茶研究中心；珍贵阔叶用材树种（如楠木、檀木）研究中心；森林文化研究中心；湿地及野生动植物研究中心。

林业血防研究中心：湖南为全国血吸虫病主流行区之一，钉螺分布面积为175252.39公顷，占全国现有钉螺分布总面积378596.83公顷的46.29%，居全国第一位。现有血吸虫病人20.55万人，占全国血吸虫病人总数的24.41%，居全国第二位。洞庭湖区的岳阳、益阳、常德3市及受洞庭湖水系影响的长沙、株洲2市存在血吸虫病疫情，涉及34个县（市、区）。“八五”～“十五”期间，湖南科研协作组一直参与中国林业科学研究院主持的“以林为主、抑螺防病、综合治理、开发三滩”“长江中下游滩地低丘综合治理与开发”“长江中下游不同类型滩地综合治理与开发配套技术研究及示范”“中国森林生态网络体系建设研究”等国家、部委重大攻关项目协作研究。同时，湖南省科委将“兴林抑螺综合治理——滩地林业综合开发与抑螺关系的研究”列为省重点攻关项目。通过全省林业、血防、农业、水利等多部门、多学科协作攻关，已经取得了很大的成绩，主要表现在以下四个方面：①通过对兴林抑螺林业生态工程抑螺效应与环境因子的定位监测，从理论上阐明了滩地造林抑螺防病的机理；②建立了滩地以杨树为主的抑螺防病林造林立地质量评价体系，提出了不同类型有螺滩地抑螺防病林体系建设的优化模式；③针对湖区垸外有螺滩地立地特点，从实践上总结完善了7项抑螺防病林建设配套应用技术；④兴林抑螺工程建设规模迅速发展壮大，并成为全社会参与式林业生态工程建设的典范；⑤长期、定位研究表明，通过在有螺滩地营造抑螺防病林，可显著降低钉螺密度，尤其是感染螺密度，且其抑螺效果具有可持续性。项目组先后获得了4项重大研究成果，其中主持完成的“滩地林业综合开发与灭螺关系的研究”“滩地杨树生长规律与造林配套新技术的研究”分别获1996年度、2001年度湖南省科技进步三等奖、一等奖；作为主要协作单位参与完成的“以林为主、灭螺防病、开发滩地和综合治理研究”“长江中下游滩地和低丘综合治理与开发研究”分别获1997年度、1999年度国家科技进步三等奖、二等奖。

通过长期承担国家、部省林业血防生态工程基础研究，湖南省形成了一支以具有丰富研究经验、学术造诣深厚、学识渊博的专家为学术带头人，以中青年科技骨干为主体，学科齐全、结构合理的林业血防研究队伍，为下一步开展深层次研究打下了坚实的基础。2006年国家发改委批复了国家林业局组织编制的《全国林业血防工程规划（2006～2015年）》，湖南省是规划中的重点省，10年内共规划建设抑螺防病林240.85万亩，占全国规划总任务的32.9%，建设规模居全国第一。

湖南血吸虫病疫情严重，林业血防工程建设任务艰巨。在湖南建立林业血防区域研究中心，结合工程实施，组织开展深层次的林业血防科学研究，依靠科技手段，解决工程建设中出现的实际问题，为工程建设提供强有力的科技支撑，提高工程建设的科技含量，对于湖南省乃至全国林业血防工程建设具有重要意义。“十一五”期间拟主要从以下5个方面开展研究工作：①抑螺防病林建设优良植物材料选育与应用技术研究；②抑螺防病林优化模式构建理论与关键技术研究；③抑螺防病林营建技术规程与标准体系建设研究与示范；④抑螺防病林生态系统定位研究及其对钉螺种群动态的调控机制；⑤抑螺防病林生态系统健康与区域生态安全格局评价。

油茶研究中心：湖南全省油茶面积118万公顷，占全国总面积1/3，年产茶油8万～10万吨，占全国总产量的50%。湖南省林业科学研究院自从20世纪60年代以来，坚持不懈从事油茶良种繁育、丰产栽培技术以及深加工利用研究，参加或主持国家“六五”以来油茶国家重点攻关项目。目前，承担国家自然科学基金、国家科技部、国家林业局重点攻关课题等油茶研究和推广项目10多项，迄今已完成油茶良种选育与繁殖、丰产栽培、低产林改造和加工利用等科研成果和专利13个，其中获国家科技进步三等奖1个，省部级科技进步二等奖6个、三等奖6个。先后选育出优良农家品种2个，优良杂交组合5个，优良家系5个，优良无性系82个等油茶新品种（系）。省杰出青年基金“油茶‘雄性不育’RAPD标记和油茶优良无性系鉴别”和国家自然科学基金“油茶微阵列构建和油脂转化功能基因组表达检测”等项目，尝试了从分子水平探索油茶内在机理并取得了进展，为油茶分子育种积累相关知识和技能；2004年主持的国家林业局重点项目“油茶全国区域性试验”，开创了油茶研究区域合作的先例。湖南省林业科学研究院建立了一支经验丰富、高层次的油茶科技梯队。现有研究人员11人，其中高级职称4人，中级职称4人，博士生导师1人，博士1人，硕士5人。成立中国林业科学研究院湖南油茶研究中心，已经具备了资源、科技基础、科研力量的条件。“十一五”油茶研究中心在高产优质油茶新品种培育；油茶配套丰产栽培技术研究；油茶良种繁育体系建设和丰产栽培示范；油茶精深加工产品研发；油茶相关行业标准的编制等方面开展研究。

湿地研究中心：湖南是我国湿地资源最丰富的省份之一，湿地类型齐全，全球40种湿地类型中，湖南有22种。全省湿地面积5.6万平方公里，占土地总面积的26.47%。其中，天然湿地面积约1.4万平方公里，占土地总面积的6.61%；人工湿地面积约3.4万平方公里，占土地总面积的15.9%。洞庭湖是世界上最大的天然湿地之一，其中，东洞庭湖、南洞庭湖和西洞庭湖都已列入国际重要湿地。湖南湿地研究人才队伍在不断壮大，取得了一系列的研究成果。“十一五”期间，湖南湿地研究中心着重在以下几个方面开展研究：一是进行湿地功能区划分研究。按不同地域的自然和社会经济条件划分为核心区、缓冲区和实验区，确定各自的目标、措施。二是开展湿地污染治理及植物修复研究。对植物直接吸收有机污染物，并将有机污染物转化成没有毒性的代谢中间体储存于植物组织中；植物释放分泌物和酶，刺激根区微生物的活性和生物转化作用以及植物增强根区的矿化作用等进行研究。三是开展湿地生态系统监测研究。研究每种湿地在洞庭湖区的生态地位，确立它的生态价值，系统的探求其生态系统演替规律、生物群落结构和数量，探寻湿地生态系统主要控制因素，修复机理。特别是三峡工程后，洞庭湖湿地变迁、生态系统变化等。四是开展湿地保护根据湿地资源保护的现状，采取多种有效措施，尽可能地恢复已退化的湿地，减缓、降低人为因素对湿地的负面影响；开展一批重点湿地的恢复治理工程，有计划地恢复湿地。

森林文化与南方城市森林研究中心：古楚潇湘，人杰地灵，惟楚有才，于斯为盛。湖南人民经过数千年以来自然与社会的深厚积淀，创造出驰名中外的湖湘文化。湖湘文化以楚文化为源头，以秦汉以后从中原进入而与本土文化融合形成的汉文化为主体，以湖南少数民族遗存的土著文化为支脉的地域文化。它既是中华文化体系中独具特色及重要地位的地域文化，也是湖南社会经济与文化发展的精神命脉。森林文化是湖湘文化的重要层面之一。如果说森林是人类社会产生与发展的摇篮，从文化层面上则可以说，森林文化是湖湘文化产生与发展的基础。湖湘文化的精髓是“天人合一，心忧天下，经世致用，敢为人先”，其“天人合一”即为湖南森林文化的高度概括。湖南省委、省政府关于建设“和谐湖南”的战略决策中，把以林业建设为主体的“生态湖南”与“诚信湖南”“平安湖南”“小康湖南”一起作为“和谐湖南”的四大内容，为湖湘文化做出了新的诠释，是湖湘文化精髓的历史延伸与升华。其中“生态湖南”是湖南森林文化创新体系建立的基础及核心内容。随着城市化的不断发展，生态环境不断恶化，人们对改善城市生活空间环境质量的呼声越来越高。建设城市森林已是各国人民的共同愿望和任务。“让森林走进城市，让城市拥抱森林，把森林引入城市，让城市坐落在森林中”，是当今世界城市建设的共同发展趋势。营造城市森林已是形势所迫，势不可挡。对不同区域的城市森林建设技术；城市森林不同功能区植物材料的配置模式；城市森林建设的基调树种和选配树种，建立城市森林树种种质收集库，为城市森林建设提供种质资源；城市森林评价指标体系等进行深入研究具有非常重要的理论和现实意义。成立湖南森林文化与城市森林研究中心，依托湖湘文化的深厚底蕴和湖南独特的地域特点和自然资源，开展森林文化与城市森林的深入研究，必将提高森林的文化品位和文化价值，开创森林文化与城市森林研究的新局面。“十一五”期间，开展的研究有：①湖南森林文化的历史渊源研究。重点研究湖南森林文化的起源；湖南森林文化的发展；湖南森林文化的地域特色；少数民族对湖南森林文化的贡献。②湖南森林文化创新体系对实现“和谐湖南”战略决策的保障作用。重点研究对实现全省林业发展规划，建设“生态湖南”的保障作用；对建设城乡林业生态网络体系的保障作用；对不断促进以林业资源为重要内容的第一产业发展的保障作用；对加快以龙头林产品加工业为重要内容的第二产业发展的保障作用；对改造与提升以森林旅游为重要内容的第三产业发展的保障作用。③南方城市森林生态规划与设计研究；南方城市森林结构与功能研究；南方城市森林植物选择与配置研究；南方城市森林评价指标体系研究；南方城市森林的维护与管理研究。

4. 建立科技创新服务中心和技术创新中心

建立以省林业科学研究院为主、部分市级林科所参与的科技创新服务中心和技术创新中心。根据湖南土壤气候和地理类型，选择5~6个基础较好的市级林科所，建立业务隶属于省林业科学研究院的区域性科技创新服务中心，将湖南省林业科学研究院的创新延伸到市州，扩大创新领域和服务的范围，带活全省科技创新资源。在全省重点建立竹产业工程中心；湖南省（南方）人工林木材工程技术研究中心（速生材综合利用工程中心）；林木生物质能工程技术中心。

（1）竹产业工程中心：湖南是我国重要的竹产区。现有竹林面积1239万亩，立竹总株数19.41亿株。全省竹加工的产品有20多个大类1000多个规格品种。有一定规模的竹产品加工企业1500多家，一年消耗的立竹1亿株左右。年竹加工产业产值50多亿元。但是，全省竹产品加工企业大都规模小，新产品种类少，能源消耗大，产品科技含量低，产品附加值不高。要使竹产业成为湖南省重要的林业产业，就必须较快竹产品的更新换代速度，提高产品的科技含量、质量和附加值。为此，必须加大对竹产品研发力度，加快竹产品开发速度。借助中国林业科学研究院的科技力量，成立由省林业科学研究院牵头，部分竹加工企业和市州林科所参与的竹产业工程中心，必将对湖南省竹产业的快速健康发展起到决定性的作用。竹产业中心的主要任务是：针对我国竹工机械领域中重大共性和关键技术问题，开展科技攻关，促进科技成果的配套化和工程化研究开发；有效发挥工程中心的辐射能力，为企业规模生产提供成熟设备、配套的技术和工艺，为行业技术进步提供技术支撑，使之成为企业吸收先进技术和提高产品质量的技术依托；积极实施国家人才、专利和技术标准三大战略。建立开放服务和合作研究有效运行机制，全方位地开展国际与国内科技合作与交流，积极开展国内外引进技术的消化、吸收与创新。

（2）湖南省人工林木材工程技术中心：湖南是国家林业局确定的重点商品林生产基地，人工林木材资源非常丰富，其中杉木、松木面积与蓄积量均居全国第一位。然而人工林木材因其密度低、材质松软、材性变异大等缺陷，在目前的加工技术水平下，产品附加值低、资源浪费大、利用空间受到严重制约。因此，加大人工林木材科研设备投入，利用高新技术及综合配套技术，开发高附加值产品，扩大人工林木材使用范围，对于促进湖南现代林业产业结构调整，增强企业科技创新能力，加快林区经济发展，增加林农收入均具有重要战略意义和现实意义。湖南省林业科学研究院借助院省合作机遇，与中国林业科学研究院合作，开展了人工林木材深加工及新产品研发。成立由中国林业科学研究院，湖南省林业科学研究院和部分市州林科所、林业企业组成的“湖南省人工木材工程技术中心”条件已经具备。“中心”以改善人工林木材深加工及高效利用研究试验条件，搭建集科学研究、产品开发及成果转化于一体的科技平台，提升湖南人工林木材利用的现代化及产业化水平，促进湖南由人工林资源大省转变为林业强省的发展进程。“十一五”期间，中心主要开展：杉木人工林木材基本材质及加工性能研究。对其木材材性、干燥特性、机械加工性能等进行较为系统的研究，为杉木人工林的营林培育提供依据，同时也为杉木人工林木材的高附加值加工利用提供技术指导；高附加值人工林木材产品制造技术研究与开发。通过利用多种物理与化学方法，改善杉木等人工林木材的不足，使之满足不同场合需要；集成及装饰材新产品中试。通过改性、指接、层积等多种方式，开发可用于实木地板、家具用的优良基材；室外园林防腐用材新产品中试。通过选用新型防腐剂，采用新工艺，同时发挥杉木天然优点，开发优质室外用材，以满足日益增长的室外用材需求。

（3）林木生物质能工程技术中心：根据湖南省气候和资源特点，湖南省发展生物质能总体规划设想为，发展林木生物质能以生物质能原料培育为基础，重点发展生物柴油为主导产品的生物质液体燃料油（含燃料乙醇）与农林废弃物气化发电和农林废弃物颗粒混煤发电。湖南省经过近 10 年来的研究已经选育出了一批适合发展生物燃料油的优质高产的新品种。“七五”至“十五”期间，湖南累计认定油料作物新品种 14 个。油茶、油桐、光皮树、乌桕等木本油料植物无性系 70 余个。湖南具有强有力的生物质能研究力量。湖南省林业科学研究院、中南林业科技大学、中南大学、湖南大学、长沙理工大学、湖南农业大学、长沙天地绿色能源研究所组成了研究团队，在资源原料，生物转换和加工艺设备等方面都有建树。据初步统计，湖南现有专职从生物质能的研究人员 109 人，其中院士 1 人，教授（研究员）30 个，另外还有一批获得博士、硕士学位的年轻科研骨干长期投身到生物质能科研攻关大军中。

湖南省林业科学研究院是国内最早从事能源植物和生物燃料油的科研单位之一，先后主持或与人共同主持了 2 项国家高新技术发展计划（“863”）项目、2 项国家林业局“948”项目，2 项政府间科技合作项目，取得了 2 项专利，出版了国内第一本生物柴油专著，在国内外发表了一系列论文，同时经历了我国能源植物、生物燃料油从概念、理论提出、课题研究、国家重大科研专项论证、生物燃料油规模化生产等一系列过程。湖南省林业科学研究院以筛选非食用油植物特别是木本植物原料油直接或间接制取植物燃料油为研究的出发点，将能源植物的选择、育种、栽培和加工结合起来，目的向企业提供生物燃料油整体技术。形成了一套完整的燃料油植物评价体系；选育出生物柴油专用型原料油植物品种和无性系；从两种途径获得生物燃料油并研制出自主知识产权装置：2003 年，湖南省林业科学研究院已建立了国内先进植物油脂和生物燃料油专业实验室80多平方米，拥有油脂分析和生物燃料油产品分析测试仪器设备20多台件，已建成生物柴油脂交换中试装置2套。2006年11月，湖南省科技厅批准成立湖南省生物柴油工程中心，工程中心目前在筹建之中。成立湖南林木生物质工程生物质技术中心，将对加快湖南省生物质能源的研究与产业化提供技术平台和支撑。

5. 建立全省科技源头创新平台要重视的几个问题

一是实现全省科技资源的融合。要打破科技人才、科研设备、科研成果的部门所有，实行全省科技资源的共享。建成全省性、开放性的大的创新平台。二是改革现有科研体制。实行全省科研课题的招标制和项目管理的首席专家制。科技管理部门要根据全省林业发展的短、中、长期需要，每年确定5~10个，研究资金50万~100万元的重大林业科研项目，向社会公开招标。招标项目实行首席专家制负责制，打破部门负责制。首席专家对项目参与人员的选择、研究经费的使用、研究成果的分配都具有决定权，同时对研究任务的完成负有全部的责任。三是明确林业科研的公益性地位。林业科研不仅时间很长，而且服务的对象主要是农村和农民。科研成果产生的经济效益主要是由农民来享受，是一项惠农的工作，与当前国家实施的新农村建设目标非常一致。要明确林业科研的公益性地位，加大对林业科学研究的投入，解决林业科研人员的后顾之忧，让林业科研人员全身心地投入到科技创新之中。

（二）构建以企业为主体的民营林业技术创新平台

1. 林业民营科技发展成效

湖南现有林业企业一万多家，一些有实力的大中型企业，靠林业科技实现了跨越式发展，因此对林业科技创新非常重视。像湖南泰格林纸集团，建立了自己的林业科研中心和博士后流动站，建起了有1000多个杨树优良品种的种质资源库和66.67多公顷的林业科技示范园。集团与国内多家科研教学单位联合，开展科技攻关。湘潭恒顿集团、湖南金浩茶油公司等企业，都非常注重科技创新，每年拿出大量的资金用于科技创新。近几年来，湖南省林业企业通过自主创新、引进消化吸收创新，取得了一系列的科技成果，研制出了一系列新产品，提高了产品档次和附加值，增加企业效益。湖南现代林业企业技术创新体系建设开始起步。

2. 林业民营科技发展问题

一是面小档次低、创新能力不高。湖南省林业企业真正能够参与技术创新的很少，参与技术创新的企业也只是近几年刚刚起步，无论是技术力量还是仪器设备，都还很薄弱，创新能力不高。

二是缺少国家的支持，研究经费短缺。由于国家对林业科研投入有限，国家的研究经费主要给了大专院校和科研院所，林业企业很难享受国家科研经费支持，研究经费基本靠企业自筹，研究经费非常有限。

三是企业创新与国家创新结合不够。除了少数几个实力雄厚的大型企业与国内大型研究机构开展合作之外，绝大部分企业很难找到有实力的技术合作伙伴。国有和民营科技资源缺少融合的有效机制。

3. 提高民营林业技术创新能力对策

一是国家加大对科技型企业和民营科研组织的扶植力度。对目前列入全省龙头企业，产品科技含量高，有发展前头的林业企业，国家要在新产品的研究、中试、开发等方面给这些企业予以支持。在争取科技项目上给予企业一定的优惠和倾斜。要让民营林业科技组织在科技项目申报、鉴定、验收方面享受与国有研究机构同等待遇。在科研经费上，要根据民营科研机构的实际情况，予以适当的照顾，让他们又一个宽松的发展环境。

二是加强国有科研机构与企业和民营科技组织的联姻。目前，湖南的林业企业和民营科技组织从事林业科研都刚刚起步，研究人员经验不足、科技储备匮乏、科研条件比较差，整体科研能力不高。而湖南的大学和林业科研机构实力较强，不仅有众多的专业科研人员，比较丰富的研究经验和良好的科研设备，还有一批成熟的科研成果能用于生产。关键是要有一种适合于社会主义市场经济的机制，让大学和科研机构能够与企业联合起来，鼓励科研人员到企业去开展研究和开发，并从研究和开发产生的效益中得到经济利益。而企业和民营科技组织通过大学和研究机构的参与，缩短与国有科研究机构的差距，并通过合作研究加快产品的更新换代，提高企业的竞争能力。

三是加强对企业科研人员的培养。要鼓励大学毕业生投身企业的科研，对企业科研人员在职称评审、目标培养、出国培训、国家奖励等方面予以照顾，让他们感到在企业从事科研与在科研机构从事科研现有他等待遇，激发他们安心企业科研的信心。

二、强化科技服务和推广体系建设

（一）科技推广和服务体系建设初具规模

1. 科技推广网络逐步完善

全省已建成县级以上林业科技推广机构118个，其中省级机构1个，市（州）级机构14个，县级机构103个。已初步建成了省、市（州）、县三级林业科技推广网络。同时，抓了乡镇林业科技推广机构建设，全省有1820个乡镇建立了林业技术推广站。

全省县级以上推广机构在岗人员691人，其中高级职称技术人员39人，中级职称技术人员241人，初级职称技术人员245人。

2. 示范体系建设初具规模

先后有绥宁县、资兴市、国有金洞林场3个全国科技兴林示范县（市、场）和汨罗市等10个省级林业科技兴林示范县（市、林场），99个示范乡，365个示范村。“十五”期间，加大了科技示范区的建设，在汨罗、道县、蓝山、靖州等县市建立了林业科技示范园区，形成了由科技示范园区、科技兴林示范县（场、圃）、乡、村与国家、省级重点推广项目的试验示范基地相结合的科技兴林示范体系。

3. 加大了科技培训和宣传力度，创新了科技服务模式

“十五”期间，全省林业科技推广机构共举办各级各类培训班1200多期，培训各类技术人员和林农15万人（次），编印林业技术资料100多万份。在《湖南现代林业》《湖南现代林业科技》《林业科技与开发》杂志上设专版，对林业新成果、新技术以及科技推广动态进行宣传与介绍。启动了科技入户工程，通过上门服务，将科技成果送到林农和企业手上，创新了科技推广的机制，提高了科技推广的效益。

4. 科技成果推广与应用成效显著

“十五”期间，全省共承担实施国家、省级重点林业科技推广项目69项（次）；共引进和推广林木良种（优良种源、家系、无性系）146个，培育新品种苗木1500多万株，建立新品种集中示范区6个，在全省45个县营造推广示范林3000公顷以上，辐射推广至全省80多个县，辐射推广面积5万多公顷；推广新技术、新成果48项（次），其中ABT生根粉推广、困难地造林技术示范、速生丰产树种示范推广、退耕还林科技支撑、毛竹实生苗造林、油茶新品种与丰产栽培技术推广、红花檵木推广、林业专用肥研究与推广等重点推广项目对全省林业发展产生了重大影响。

5. 科技推广和服务体系存在的主要问题

（1）推广网络覆盖面窄、功能不强。目前、全省四级推广网络初具规模，但真正正常运转的主要是省、市、县三级，乡级推广站基本是有名无实，没有真正起到科技推广的作用，政府为主的科技推广网络存在很大的缺陷。参与林业科技推广的企事业单位和林农很少，科技推广的社会力量很薄弱，科技推广网络主要覆盖在林业部门内部，没有真正走向社会。科技推广队伍不稳，一些地方在机构改革中撤并推广机构，减少推广人员。推广人员变动频繁，由于缺少正常的岗位培训，人员知识更新速度慢。国家对推广机构的基本设施投入有限，推广人员工作条件差、技术装备落后。存在的这些问题，从不同的方面抑制了科技推广网络的正常运转，降低了推广网络功能的充分发挥。

（2）林业科技推广机制不活，难以适应社会主义市场经济对林业科技推广的要求。目前，林业科技推广存在着重项目实施轻成果推广、重林业系统内部轻系统外部、重科技示范轻为基层和企业服务的问题。一些项目示范完成后，缺少后续推广，没有真正把技术教给林农和企业，没能起到科研与生产纽带和桥梁的作用。这种计划经济下形成的推广模式和机制已经很不适应当前林业社会化发展的要求，也是林业科技推广难以得到社会充分肯定的关键所在。

（3）政府对科技推广重视不够、投入太少。由于我国林业发展仍然处在以数量型发展为主的模式，各级政府对科技的作用和认识还没有达到应有的高度，没有把科技放在与投入、政策同等的位置，因此，科技推广的投入增长缓慢。“十五”期间省级推广经费比“九五”仅增长了10万元左右，目前，省级推广经费每年只有50多万元。这相对于一个林业大省来说，是很不相称的。

（二）构建以“政府为主、社会参与”的新型林业科技服务和推广体系

1. 构建以政府为主体，企业与社会共同参与的新型林业科技服务和推广体系

林业科技推广和服务是科技成果应用于林业生产的纽带，它一头连接林业大专院校和科研单位，一头连接林业企业和基层单位、林业专业户和广大林农。林业科技推广活动是由科技创新者、科技推广者和科技应用者共同作用的一次社会活动。要使科技推广活动有效地进行，科技创新部门、科技推广部门、科技应用部门都必须积极参与，缺一不可。因此，建立以政府科技推广部门为主，科研院校，林业企业、林业专业户、广大林农等社会力量积极参与的林业科技推广服务体系，是社会主义市场经济条件下对林业科技推广的要求。

（1）进一步完善政府科技推广网络。首先要大力提升省市县三级推广机构的推广能力。要通过中心站、标准站建设，改善各级推广站的工作条件，提升推广站的工作能力；要通过岗位培训，加大推广人员的知识更新速度，提升推广人员的技术水平；要通过机构建设，稳定推广队伍，提升推广机构的社会地位。其次，要大力加强乡镇推广机构的建设。要在政府职能转变的过程中，强化乡镇林业站科技推广和技术服务的职能，把乡镇林业站真正纳入政府科技推广体系。要加强对乡镇林业科技推广站建设力度，加大人员培训，夯实科技推广体系的基础。

（2）创新科技推广的模式和机制，激化林农和企业参与科技推广的热情。当前，科技人员闲置和企业、林农找不到科技支持的矛盾非常突出。究其原因是缺少一种好的机制和模式。要通过科技入户工程、新农村建设、绿色证书活动等新的科技推广模式，把林业科技人员组织起来，深入到农村、企业开展技术服务和科技推广。以责任制的形式，给林业企业和林业专业户、林农送科技、搞培训，把成熟的科技成果送到企业和林农手上，把培训的课堂搬到企业和林农家中。这种新的机制和模式由政府部门推动，让科技人员和林业企业、林农形成了一个利益整体。科技人员通过上门技术服务、技术咨询、技术承包获得经济利益，体现知识的价值；林农和企业，通过技术服务和新产品、新品种的推广，提高产品档次和经济效益。这种有机结合，组成了林业科技推广与服务最广大的社会基础，壮大了科技推广与服务体系，也使林业科技推广真正融入了社会。

2. 以林业科技示范园区建设为龙头，建设点、面结合的科技示范网络体系

（1）建立林业科技示范园区。试点示范是林业科技推广的重要手段，是技术扩散、成果推广的有效途径。但过去试点示范存在着分散、面积小、影响小的问题，很难在社会上产生较大的影响。要解决这个问题的关键就是建立有一定规模、一定实力的林业科技示范园区。科技示范园区要在政府的大力支持下，以市场为导向，应用高新技术和现代企业管理方法，通过引进、示范、吸收、创新、生产、推广，充分体现新技术、新产品和规模示范的优势。科技示范园区建设可以以不同的立地类型为主、也可以以不同的品种、产品类型为主来确定，面积一般都在1000亩以上。建成一个集科研、示范、推广、培训、科普于一体的高新技术示范园区。全省可以逐步在湘北、湘中、湘南、湘东、湘西建立“速生丰产优良树种示范区”；“以油茶为主的经济林优良品种示范区”；“毛竹产业化示范区”；“珍贵乡土树种示范区”等林业科技示范园区。

（2）加强科技兴林示范示范县、乡、村建设。湖南现有科技兴林示范县13个，示范乡99个，示范村365个。示范体系的建设，为湖南现代林业科技的推广示范做出了很大的贡献。但是由于缺少国家的扶植，一些示范县、乡、村没有起到科技示范的作用，一些示范单位一直没有参与到科技示范中来，有些甚至从没有参与过试点示范。由于林业科技示范的公益性，风险性，示范体系的建设必须靠国家的投入。各级林业主管部门，要重视示范体系建设，每年安排一定的资金用于科技示范。建立起由科技示范园区和科技兴林县乡村组成的全省林业科技示范网络体系。

3. 加强林业技术培训，建设好林业科技信息平台

林业建设的主战场在农村，林业建设的主体是广大林农和基层林业工作者。基层林业工作者的专业水平和广大林农对林业技术的了解程度，对林业科技成果推广和扩散应用，对林业经济增长方式的转变，都具有决定性的作用。“十一五”要安排专项资金开展基层林业职工的岗位培训和林农实用技术培训。力争“十一五”期间所有在职林业职工参加一次岗位培训。林业职工岗位培训由省、市林业主管部门组织实施。林农培训由县、乡林业部门组织实施。“十一五”全省每年有计划地组织乡村林农骨干、林业专业户、个体经营户进行林业政策和科技培训，每年全省培训林农2万人以上，培养和造就一批懂政策、会经营、有技术的新型林农和林业科技示范户。林业科技信息是实现科技成果快速、适时传播的重要手段。“十一五”期间，要加强林业科技信息平台建设。要充分利用现有林业信息网络，整合、开发各类科技信息资源，建设好全省林业科技信息库。通过开办服务热线、建立林业咨询专家库、林业科技成果库、科技刊物等多种形式，建成面向基层、资源丰富、运行规范、使用便捷的科技信息服务平台，为广大用户快速有效地提供科技信息，实现科技成果拥有者、传播者和使用者的良性互动。

4. 大力实施科技入户工程，充分发挥科技推广在新农村建设中的作用

林业科技成果推广的重点在基层和广大林农，做好对基层和林农的技术推广工作，是搞好科技推广的基础。过来的推广工作之所以成效有限，主要是基层和林农对科技成果的认知度和认可度不高。他们对科技成果不了解，不熟悉，不相信成果的成熟性和实用性，因而不愿意应用新的技术成果，同时，他们还缺少应用这些成果的能力，使科技成果推广难有作为。开展科技入户工程，就是组织林业科技人员进村入户，把科技成果送到广大基层单位和林农手中。通过宣传、培训和实际的应用示范等先导性工程，提高基层和林农对科技成果的认知度和认可度，使他们对科技成果有深入了解，掌握基本的技术方法，自发地加以推广应用。科技入户工程的指导思想是：

以科技示范户（企业）能力建设为核心，以优势林产品和优势产区、林业企业为重点，以主导品种、主推技术和主体培训为关键，强化技术服务措施，工作措施到村（企），上下联动抓户，整合各种资源，调动各方面的积极性和创造性，充分利用各方面的资金和项目，建立为林业发展提供科技支撑，为林农生产经营提供技术服务的新机制。战略目标是：统筹全省林业科技力量，组织省内各级林业科技单位和人员深入生产第一线，示范推广林木优良品种、高新林产品和配套栽培、加工技术，对林农和企业职工进行技术培训，培育和造就一批思想观念新、生产技能好、既懂经营又善管理、辐射能力强的林业科技示范户和技术工人，发挥科技示范户的带动作用，促进林木良种、新产品及配套技术的推广普及。创建政府组织推动，市场机制牵动，科研、教学、推广机构等技术服务组织带动，林业企业和林业专业户拉动，专家、技术人员、示范户和林农互动的新型林业科技推广网络。提高林农的科技素质，提高林业的经济效益、转变林业的增长方式，为新农村建设做出突出的贡献。“十一五”期间，全省选择10个林业重点县试点。每个县选择5个乡镇或企业，每个乡镇选择重点户20户，辐射户200户。全省共建立重点示范户1000户，辐射户10000户。通过派专家组上门技术服务的特派员制度，把林木新品种、林业新产品、新技术、新方法手把手地交给林农，交给企业。通过重点户示范，再带动整个技术的推广。提高林农和基层对林业科技的认识，加快林业科技成果的转化速度，提高科技对林业发展的贡献率。2010~2020年，在全省林业重点县全面开展科技入户工程。推广区域内的科技入户率应达到70%以上，在示范区内实施的林业重点工程中林木新品种、新技术等主要先进实用技术的应用覆盖率要达到90%以上，科技进步对林业增长的贡献率比现有水平提高20%以上。

（三）加强科技推广投入体系建设

1. 增加以国家、省和地方财政为主的国有资金投入

全省林业科技推广投入渠道少、数量少。目前，全省林业科技推广经费主要来源于国家重点推广项目资金和省、市、县财政事业费。国家每年安排湖南的推广经费在100万~200万之间，省、市、县各级财政安排的经费主要是人头经费，几乎没有项目经费安排。由于林业科技推广的公益性、风险性、长久性、效益的隐蔽性，社会资金很少介入科技推广。因此，要加大林业科技推广力度，提高广大林农的科技意识和素质，提高湖南现代林业的科技含量和效益，国家和地方各级财政加大对林业科技推广的投入非常必要，特别是在国家实施新农村建设中，科技推广有着不可替代的作用。国家和各级政府要重点在林业科技入户工程、科技园区建设、科技推广网络建设、示范体系建设等方面加大投入。各级财政要设立林业科技推广专项资金，并随着财政收入的增加而增加，为林业科技推广事业成长壮大提供财政支持。

2. 积极引导林业企业、基层单位和林业大户参与科技推广投入

林业企业、基层单位和林业大户对科技的渴望是非常强劲的。他们需要新的技术、新的产品、新的品种，需要通过技术进步来提高自身的能力和档次，增加收入。因此只要技术成熟、引导得当，许多企业、基层单位和林业大户都愿意参与到科技推广中来。这种自愿的参与不仅扩大了科技推广体系，加快了科技成果的转化，也为科技推广带来了社会资金的投入，带动了科技推广模式和体制的转变。

三、强化林业标准化体系建设

（一）湖南现代林业标准化现状

1. 基本形成了林业标准化工作网络

1986年，由来自省内各科研设计、教学、生产和管理等部门，林业实践经验丰富，业务素

质高的人员组成了湖南省林业标准化专业技术委员会。各市（州）林业局也相应配备了兼职林业标准化管理人员，大中型林业企业也设置相应的机构，配备了专职的人员，组成了湖南省林业标准化工作网络。目前，全省现有林业标准化工作管理人员近百人。

2. 制定了一系列高水平的林业地方质量标准

自“八五”以来，紧密结合林业生产，全省共制定了60余项林业地方标准。第一，初步形成了林木种苗标准体系。先后组织制（修）定了《林木育苗技术规程》和马尾松、湿地松、火炬松、杉木、油茶、木荷、枫香、桤木等树种的育苗技术规程8个地方标准，同时，也制定了《林木良种审定》《种子标签》和《主要造林树种苗木》等强制性地方标准，使省林木种苗工作的良种选育、审定、推广，种苗生产、质量、检验、检疫、标签等各方面都有标准可循。第二，各项造林技术措施逐步规范化。制（修）定了杉木、马尾松、湿地松、火炬松、毛竹和速生阔叶树种等一些主要树种的造林和抚育间伐标准。先后制定了或正在制定《湖南省造林技术规程》《长江中上游防护林体系建设技术规程》《德援生态造林项目技术规程》和《世行贷款造林项目技术规程》。第三，建立了一系列森林病虫害防治标准。制定了马尾松毛虫、竹蝗、竹广肩小蜂、杨树天牛、毛竹枯梢病、松针褐斑病等主要病虫害防治检疫技术规程，还制定了《林业无检疫对象种苗繁育基地技术规程》《飞机施药防治森林病虫害作业技术规程》和《日本赤松毛虫多角体病毒生产、使用技术规程》等生产性技术标准。

（二）存在的主要问题

1. 标准数量少、水平相对低、结构不合理，难以适应生产的急需

现有质量标准的数量和质量还难以满足生产发展和林产品流通的需要，特别是难以满足加入WTO后形势的高要求。一些质量技术标准的前期科研工作没有开展好，特别是主要技术经济指标的确定，没有进行系统的科学研究，标准水平不高。同时，林产品（花卉、经济林产品）标准仍是相当薄弱的环节，

2. 林业质量标准化的经费投入严重不足，机构设置、人员配备亟待加强

一是质量标准化工作一直没有正常的经费渠道，目前主要靠从科研经费中挤出一点经费进行标准制定，质量标准化工作难以有计划向深度和广度方向发展。二是从事林业质量标准化工作的队伍非常薄弱，各级林业主管部门几乎没有配备专职从事标准化工作的人员。三是林产品质量检测检验的设备老化、落后，检测检验机构配置不齐。花卉产品质量的检测和监督、林业生态建设工程质量检测和森林动植物检测检疫等检测机构的建立工作尚未启动。

3. 对林业质量标准化的重要意义和作用认识不足

由于林业生产尚未摆脱传统粗放经营的模式，社会对林业标准化和质量的概念还比较陌生，未能充分认识到标准在发展林业生产中的重要性。湖南省虽然制定了60余项林业地方标准，但相当一部分标准还没有被生产者所认识，甚至有一部分领导和科技人员还不清楚质量和标准化的内涵，难以激发他们贯彻质量标准的积极性。标准制定后，推广培训工作没有较好地开展，实施监督工作跟不上，影响了标准实施的质量。同时标准化试点示范基地少，示范辐射力度不大，林业质量标准化工作得不到稳步推广。

（三）加快建立和完善湖南现代林业标准化体系建设

林业生产由粗放资经营向集约经营发展，首先要实行林业的标准化生产。林业产业化的提高和林业经济与世界经济的接轨，更离不开林业标准化的建立和完善，标准化是林业生产和贸易的技术基础。因此，要促进湖南现代林业的发展，必须首先促进林业标准化的发展。

1. 进一步补充、完善林木种苗、造林营林、森林病虫害防治三大标准体系

已制定的《湖南现代林业标准》主要是林木种苗、造林营林和森林病虫害防治三大体系标准。但根据最近国家农业标准清理整顿初步结果表明：全省已制定的60多项林业地方标准中，约50%以上需废止、修改（或修订）。因此，进一步补充和完善已制定的标准是标准体系建设的当务之急。要在较短时间内，组织一定的专业人员，对已制定的标准进行全面的校订。该废止的废止，该修订（或修改）的修订（或修改），该新制订的尽快制订。使已经建立起来的标准体系更加完善。

2. 建立湖南林产品质量标准保障体系

湖南现代林业产业化在快速发展，林产品的种类繁多，产品质量参差不齐。建立比较完善的湖南省林产品质量安全标准体系、林产品质量安全监测体系，是确保湖南省林业产业发展、林产品质量提高和林业产业效益的重要措施。一是要尽快制定湖南主要林产品质量标准。特别是林板、竹产品、木本药材、林木花卉、森林食品等与群众日常生活息息相关的产品，要加大标准化制定力度，确保湖南林产品按照标准化生产。二是建立和健全湖南林产品质量安全检验监测体系。目前，全省林产品质量安全体系建设刚刚起步，与快速发展的林业产业非常不相适应。要建立以省林产品质量检验中心为龙头、与各产品主产区检验站、企业自我检验机构相结合的湖南林产品质量安全检验检测体系，确保湖南林产品质量和产品安全。

3. 加大林业标准的宣传和推广力度

要通过省级林业标准化基地、标准化企业、标准化产品的建立，扩大标准化的社会影响力。各级林业主管部门要通过与企业、行业协会、产品协会、农民协会等社会组织的合作，推广成熟的林业标准化生产和产品质量安全标准，建好示范。要加大林业标准的宣传。主办林业标准培训班，培养一批既掌握标准化知识，又懂得专业技术的标准化推广队伍。

4. 加大对林业标准化的投入和队伍建设

现代经济发展把标准的制定和应用提高到了极高的位置，标准的竞争往往超过了技术和资金的竞争。在我国经济完全融入世界经济的时候，不重视标准化建设，就不可能掌握产品的主动权，而只会变成别人的打工者。因此，各级政府要重视林业标准化工作，加大对标准化的投入，尽快制定和完善湖南现代林业标准和体系，抢占林业经济发展的制高点。要建立全省林业标准化队伍，科学地制定林业标准，积极推广成熟的标准，认真监督林业标准的实行，使标准化为湖南现代林业的发展保驾护航。

第五节　人力资源保障

治国兴邦，人才为急；执政兴国，惟在得人。随着经济全球化的不断发展和科技进步的突飞猛进，人力资源作为增强行业发展竞争能力与综合实力的源泉与核心，推动社会发展的首要资源，日益为世界各国所重视、所关注。国内外许多成功事例说明：谁拥有了人才优势，谁就拥有了竞争优势；谁能把人才优势转化为知识优势、科技优势、产业优势，谁就掌握了发展的主动权。

林业人力资源是林业生产经营活动中最活跃、最积极和最具潜能的因素，是唯一具有主观性和创造性的因素。林业人力资源经过劳动者组织、控制、协调等增加社会财富，在社会生产和再生产过程中具有无可替代的重要作用，是林业发展最关键的第一资源。林业人力资源的能力培养与利用直接关系到林业劳动者素质的提高和林业科学技术的推广与应用；关系到林业重点工程实施成效、林地生产率与森林质量的提高，也关系到整个林区经济的发展，产业结构调整和林农生活水平的改善；在推动社会主义新农村和生态湖南建设的进程中起着十分重要的作用。因此，推动湖南现代林业的发展，必须十分注意发掘人才优势，以人力资源支撑现代林业的发展。

一、湖南省林业人才的现状分析

（一）取得的成就

1. 人才队伍不断扩大，高素质人才逐步增加

当前，全省林业人才队伍稳步发展，学历结构明显改善。据统计，全省林业系统现拥有职工95282人，其中人才总量59557人，行政管理人员、经营管理人员、专业技术人员和林业工人分别为5348人、5129人、16790人和32290人（图7-4）。

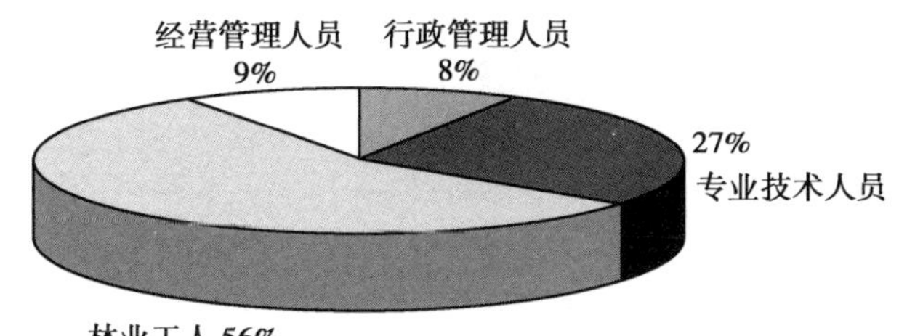

图7-4　2004年年底林业人才四支队伍结构

高层次人才数量明显增多，享受政府特殊津贴的专家115人，国家级有突出贡献的专家3人，省部级有突出贡献的专家18人；跨世纪学术带头人4人，优秀中青年专家6人，省首批新世纪“121人才工程”人选5人，博士190人，硕士约980人。较“九五”末享受政府特殊津贴专家29人、跨世纪学术带头人2人，优秀中青年专家2人，博士30人，硕士300人分别增长1.14倍、1倍、5.3倍和2.26倍。

2. 人才结构逐步改善，日益知识化、年轻化

全系统从业人员队伍中具有大学本科以上学历（其中：博士生190人，硕士生980人）的人员4563人，大专及以上学历13235人，中专及其以下学历的41759人，分别占人才总量的7.7%、22.2%和70.1%（图7-5）。

高级人才中博士与硕士研究生增长较快，较九五末增加了5.3倍和2.26倍。人才队伍中30岁以下、31～40岁、41～50岁、51岁以上人员结构比例为26：42：25：7。40岁以下青年人才占人才总量的68%（图7-6），林业从业人员队伍日趋知识化、年轻化。

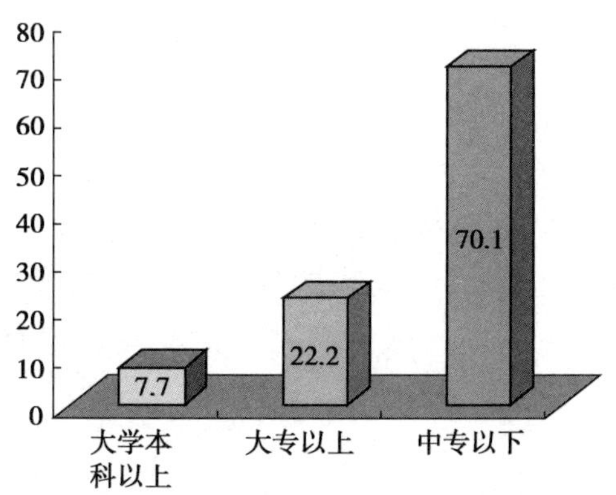

图7-5　2004年年底林业人才队伍学历结构

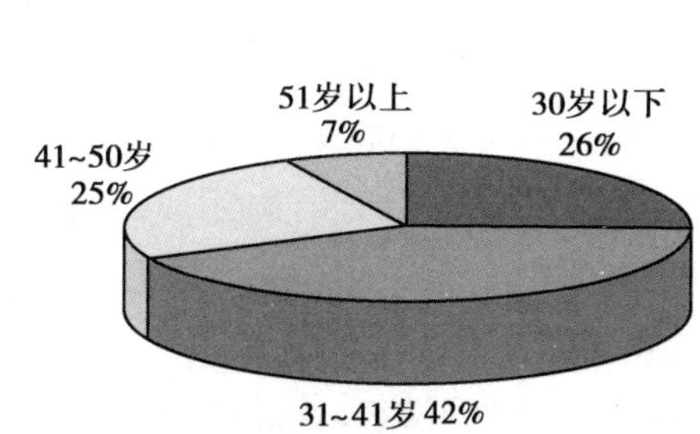

图7-6　2004年年底林业人才队伍年龄结构

3. 人才的职称结构有较大改善，高级技能人才增加

近十年来，全省林业系统专业技术人员中的职称结构明显改善，具有初级以上职称的人

员17090人；高级职称、中级职称和初级职称分别为1279人、4190人和11621人，结构比例为7.5∶24.5∶68（图7-7），高级职称与中级职称人数占有比例明显多于1995年，初级职称人数的比例少于1995年，1995年高、中、初的职称人数比例为3∶22∶75（图7-8）。2004年底林业工人队伍中，高级技师181人，技师811人，高级工9234人，分别占工人总数的0.6%、2.5%和28.9%，是1998年拥有高级工4092人的2.5倍。

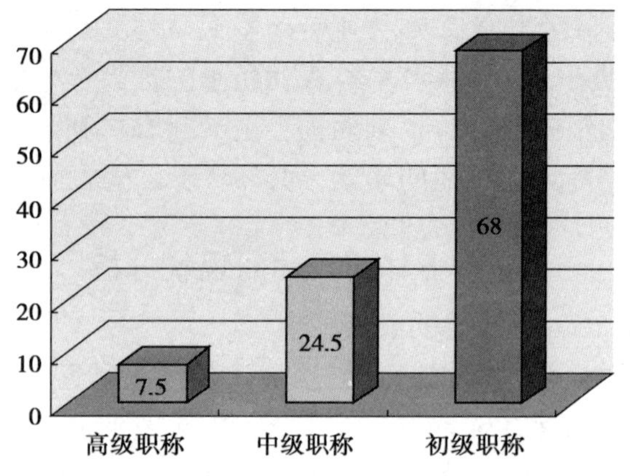

图7-7　2004年年底林业人才队伍的职称结构

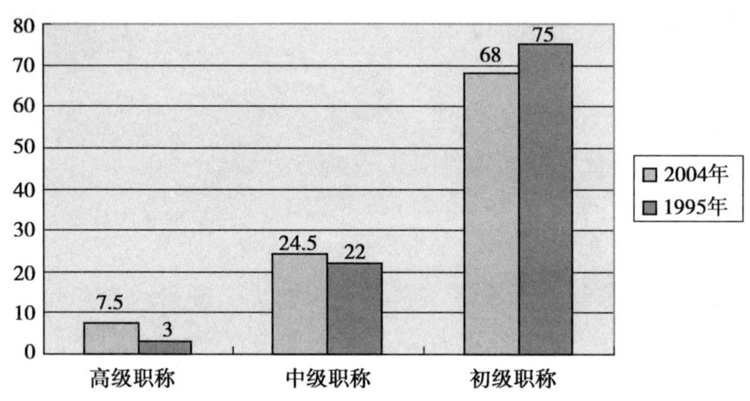

图7-8　2004年与1995年林业人才队伍职称结构比较

4. 人才素质教育成效突出

“十五”期间，结合全省九大林业重点工程的实施需要，共举办湿地保护、造林绿化监理、退耕还林、森林病虫害防治、森林防火、专业技术人员继续教育、县（市、区）林业局局长培训、WTO基本知识等十二项专题培训班近1000期，培训相关人员80000人次；选送46人次专业技术人员到境外16个国家参加了林业相关专业知识与管理知识的学习与培训；全省林业系统有13278人参加了学历教育。通过公开招考、择优录用高校毕业生近1000人。人才的教育、培养与引进取得显著成效，系统内人才队伍整体素质得到提升，干部队伍活力增强，竞争优势日益凸现。

（二）存在的不足与问题

“十五”期间，湖南省虽然在人才引进、能力培养和使用等方面取得了一定成绩，人才总量增加，队伍职称结构与年龄结构明显改善，为“十一五”人才工作的发展打下了良好的基础，但队伍的现状仍然满足不了国家战略发展和建设“绿色湖南，绿色家园”的需要，还有一些突出矛盾亟待解决。

1. 高素质、高水平的人才总量不足

由于人才观念和意识不强，历史原因致使湖南省人才队伍基础薄弱的状况短期内难以从根本上得到改变，致使行业内部从业人员整体素质仍然不高。如大专以上学历人数仅占22.2%，不足总量的1/3；高学历高素质人才总量少，本科以上学历低于职工总数的7.7%，博士生硕士研究生仅占1.96%，高级职称人员仅占专业技术人员总数的7.5%，全省还有近五分之二的县

（市、区）没有林业高级工程师，重点林区县中有1/5的县没有林业高级工程师，形势非常严峻。

2. 人才布局不合理，结构性矛盾比较突出

营林等传统林业专业方面的人才多，精深加工、生态旅游、湿地保护、生物多样性保护、林木资产评估、森林认证等新兴学科、交叉学科与产业的人才少；知识结构单一，缺乏懂业务、善经营的复合型人才；在全国有影响力的拔尖人才、领军人物和专家奇缺，省部级学术带头人或学术带头人重点培养对象仅仅31人，不到人才总量的千分之一；人才布局极不合理，机关、事业单位和大学的高素质人才相对集中，95%以上的硕士研究生、博士生、高级职称人员均集中在省级科研单位、行政机关和大学，市区以下基层和边远林区人才少，出现了新的人才断层与空白，生产第一线的人才、基层人才的素质与结构已远远不能满足现代湖南林业生产的发展需要，供需矛盾突出。

3. 资金投入严重不足，人才资源的开发能力和吸引能力薄弱

多年来，湖南省人才工作资金渠道不畅，投入增加缓慢、经费严重缺乏已经成为制约林业人才工作发展的瓶颈。由于资金投入不足，使林业急需人才、高素质人才的培养和引进疲软；激活人才的办法不力，机制不优；学历更新、专业培训和行业素质教育规模和质量满足不了林业生产的实施需要；特别是基层林业工作环境更艰苦、待遇差，缺乏吸引人才的硬、软件条件，致使紧缺人才进不来，优秀人才稳不了、留不住。

（三）人力资源开发利用的历史机遇与重点

2006年党中央、国务院从战略和全局的高度，做出了加快林业发展的决定，确立了以生态建设为主的林业发展战略，并赋予了林业以前所未有的重要地位。全国的退耕还林工程、防治荒漠化、林业血防工程等重点林业工程的实施，显著提升了林业在全社会的地位，林业发展呈现出全党重视、全国动员、全社会共同参与的大好局面，面临着盛世兴林的历史机遇；走以生态建设为主的林业发展道路已经成为全党全国人民的共同意志和国家的发展战略。投入的不断增加，政策的不断完善，社会各界的高度关注与大力支持，给林业发展带来良好的机遇，同时也面临着更大的压力。现代林业的发展迫切需要一支数量充足、素质较高、结构优良、布局合理、充满活力、持续发展的林业人才队伍作支撑。

1. 林业发展的大好机遇对林业人才工作提出了更高要求

"新林业，新家园"和生态湖南的建设，湖南林业两个"五五"目标的实现，九大林业重点工程的实施以及林业三大体系的建设，为林业人才成长和发挥作用提供了非常广阔的舞台与空间，也对人才队伍的素质提出了更高的要求。林业承担的建设任务从来没有像今天这样繁重，发展的机会从来没有像今天这样难得，对高素质人才的需求也从来没有像今天这样急切。

2. 林业人才资源开展与利用的重点

林业人才肩负着面向国家战略需求，面向世界林业科技发展前沿，为国家做出基础性、战略性和前瞻性的重大科技创新的使命，对林业自主创新起着关键的引领作用。在原始性创新和高新技术产业化中，人才特别是尖子人才起着不可替代的决定性作用。只有林业创新性人才的不断涌现，才能加快我国林业跟上世界林业科技进步的步伐，才能在日益激烈的国际竞争中真正赢得主动，才能为林业建设做出更大的贡献。

因此，湖南省必须充分认识林业人力资源在现代林业发展中的战略地位与作用，高度重视人才资源的开发与利用。按照"新林业，新家园"的发展理念与总体思路，"一湖三带五片多点"

的规划布局要求，建设“生态体系、产业体系和先进的森林文化体系”的总体目标的需要，紧紧抓住培养、吸引、用好三个环节，从调整结构、提高能力、激发活力三个方面入手，通过实施“1226”人才工程，切实加强林业行政管理人才、专业技术人才和经营管理人才三支队伍的建设；强化三项教育培训，大力提高人才队伍和从业人员队伍素质；突出造就拔尖人才、吸引急需人才、培养实用人才三个重点，完善并抓紧制定一系列广纳群贤、人才辈出、人尽其才、才尽其用的激励政策和采取相配套的有效措施，激活人力资源，激发人才的活力和创造性；充分发挥政府主导和市场两方面的调节作用，大力开发林业系统内部和社会人才资源，不断调整结构、提高能力、激发活力，让“人才资源是第一资源”的思想，“以人为本”的观念真正落到实处，努力打造有利于人才迅速成长、优秀人才脱颖而出的人才资源平台，争取在吸引人才、培养人才、发掘人才潜能和利用人力资源等方面取得新的突破，以人才的全面发展促进湖南省林业的可持续发展。

二、加强林业人力资源的能力培育，促进三支队伍建设

湖南省是个林业大省，如何将现有林地资源、树种资源和劳动力资源等众多资源优势转变成产业优势、技术优势和资本优势，推动社会主义新农村和新林区的建设，必须以提高人的能力建设为核心，努力实施“1226”人才工程，合理配置行政管理人才、专业技术人才和基层适用与高技能人才三支队伍数量与结构，以人才合理布局推动林业人才队伍建设，以林业人才能力的提升带动林业生产力的提高与林业事业的发展，从而为湖南现代林业发展提供坚强的人才保障。

（一）培训与实践锻炼相结合，提高行政管理干部队伍质量

林业行政管理人员是全省林业工作的组织者、策划人和总领头，抓好林业行政管理人才队伍建设，就等于抓住了纲。这支队伍的建设必须按照十六届四中全会精神，从各级领导班子和公务员队伍思想政治建设和执政能力建设为着眼点，重点实施岗位培训、转岗培训、带薪学习、在职进修、出国深造等多种办法，强化理论武装，通过长期不懈的理论教育和实践锻炼，切实把林业行政管理人才培养好、锻炼好。

要通过参与国家“653 人才知识更新工程”，提高行政干部的管理能力。每年选派 20 名党政领导人才到党校、行政学院进修学习，切实加强公务员的任职培训、林业专题培训、在职培训，强化县级主管领导和市（州）县林业局长的专业知识培训，使各级领导的执政能力、应对能力、专业水平得到提高。“十一五”期间省林业厅 24 个职能处室、4 个直属单位、14 个地市级林业局的主要领导和 60 个重点林区县的主要领导均要参加 1 ~ 3 个月的政治理论与专业知识学习轮训。

通过学习与实践相结合，培养与使用相结合的方式，注重行政领导实际能力的锻炼与提高。继续加大轮岗、交流和到基层锻炼的力度，促进行政管理人才在实践中得到锻炼，增长才干。建立轮岗与交流的长效机制，厅机关、14 个地市局和 122 个县局机关各二级部门的主要负责人要定期交换岗位，转换工作角色；行政干部要定期实行岗位轮换，提高行政人员的综合业务能力与领导水平；通过建整扶贫、建设小康村、援藏、挂职等载体把综合素质好、工作能力强，有发展潜力的年轻干部，放到林业基层和重要的岗位上进行培养锻炼，积累做好群众工作的经验，不断提高林业行政管理干部科学判断形势的能力、驾驭市场经济的能力、应对各种复杂局面和突发事件的能力，打造一支坚决贯彻党和国家林业方针政策，年富力强、充满生机与活力的行政管理人员队伍。

（二）依托重点项目与产业发展，加快学科带头人和企业家的队伍建设

有道是“有非常之人，然后才有非常之事”“有非常之事，然后才有非常之人”。林业发展的经验表明，林业生产水平的提高在很大程度上有赖于林业科技进步和创新，有赖于林业高层人才作用的充分发挥。湖南“新林业、新家园”的建设，“一湖三带五片多点”林业的发展，必须拥有一支与之相匹配的、能促进“生态体系、产业体系和先进的森林文化体系”发展的创新型人才和领军人才。让人才引领创新，引领科技，让科技带动行业与产业的跨越发展。

领军人才和尖子人才在社会进步与行业发展中，发挥着不可估量的作用，他们的涌现往往能带动一门学科和产业的发展，带出一支技术过硬的研究团队。因此，应该把领军人物和学科带头人的培养作为加快湖南省林业战略发展的头等大事来看待，从国家战略发展需要、全省林业重点项目与产业发展需求出发，按照“抓两头，带中间”的思路，迅速实施“1226”科技人才工程。即培养10名科技领军人才，200名科技新秀和学术带头人，26000名基层实用人才和高技能人才。积极培植10名在全国林业科技领域有较大影响、有一定学科优势的科技将才和帅才，以此组建并形成林业重点学科与区域特色的科研团队，通过高素质的人才团队来增强全省林业的自主创新能力，提升林业科技的整体实力与整体水平。

依托重点实验室、重点学科建设和重大项目的实施，加快领军人才和尖子人才的培养。要在科研项目安排与经费投入方面向他们倾斜，为他们成长提供支撑条件与发展平台；要与国家林业局、中国林业科学研究院、北京林业大学等单位在人才培养与科研项目等方面进行精诚合作，借助国家级科技力量，加速年轻一代具有高水平创新能力的顶级科技专家、青年学术带头人和技术骨干的培养，提高湖南林业青年科技专家在国家林业科技项目组的比例。

组织领军人才与尖子人才跟踪林业科学前沿，力争在一些理论和实践上，特别是在生物质能源、木本油料、城市森林建设、林业血防和湿地研究等新兴领域上有重大突破；充分挖掘“松、杉、竹、油茶”等4个大宗树种资源的优势，开展竹材特别是速生材的精深加工和综合利用，松香、茶油系列产品研发；同时加大对生物质能源与生物质材料，松树、桉树、杨树、桤木等阔叶用材与乡土树种的研究开发力度。以这些项目为核心，组织力量攻关，配备科研队伍；逐步形成以人才争项目，以项目聚团队，以团队带学科，以学科促产业、促发展的良性循环。以项目与产业的建设促进重点学科建设，科技新秀和科研团队的成长，努力打造一支基础扎实、技术过硬、业务娴熟，学科门类齐全、学术造诣较深、在省内外享有较高声誉的由200名高素质人才组成的科技新秀和学术带头人队伍，以科技人才带动整个林业的科技进步，实现全行业经济的可持续发展。

（三）普及资格证书与岗位证书制度，提高基层人才队伍能力

基层人才是技术推广与普及的实施者，林业建设的主力军。他们的素质与水平直接关系到林业建设的成效，必须引起高度重视。加强基层适用人才和高技能人才的培养，应以提高能力为核心，以推行林业（林农）技术资格证书和林业职业资格证书制度为手段，引导广大林业职工立足本职岗位需要，积极参加函授学习、自学考试、专职培训等多种形式和渠道的在职学习，增强掌握林业科技新知识与新技能的主动性；要鼓励他们积极参与湖南省“农村实用人才工程”“绿色证书培训工程”和“技能振兴计划”，大力参与林农培训，全面提高基层林农的素质；要在全省2132个基层林业站和177个国有林场、63处森林公园、105个苗圃、106个自然保护区、103户森工企业的中高级技能人才和农村林业能人等实用人才队伍中，通过短期集中培训与普及教育相结合，理论教育与实践指导相结合，个人自学与函授学习相结合等方式，逐步建立在企业以技师、高级技师为重点和在林区以林业科技推广人员、生产能手、经营能人、能工巧匠为主体的26000名基层实用人才和高技能人才队伍，提高应用林业技术的能力，使其在林业建设第一线发挥应有的作用。

三、实施三项教育，提高从业人员队伍素质

林业的发展关键在科技，林业科技的发展首先取决于林业科技人员与从业人员队伍的素质，人的素质决定人的能力。在科学技术飞速发展，以经济为基础、科技为先导的综合国力竞争日趋激烈的今天，人力资源作为获取竞争优势和促进发展的第一资源，在国家经济建设与各行各业的发展中愈来愈发挥着重要的作用，受到各个国家与各个部门的重视。随着信息技术的快速发展，知识更新的速度愈来愈快，林业人才整体素质的提高比以往任何时候都要显得更加迫切与重要。立足林业人才队伍现状，以“挖掘潜力、提高素质、强化能力”为目标，积极参与国家“653 人才知识更新工程”，大规模开展基层行业培训、职业教育和学历教育，重点实施“312”人才的知识更新工程（2～3 年培养紧缺人才 30 名，每 5 年对 100 名行政人员、2000 名科技人才进行知识更新教育）；“283”人才的职业教育与基层技术普及（2 万名林业部门领导干部、公务员和 2132 个基层林业站人员，8 万名基层护林员、3 万名林农的职业培训与技术普及），实现各类人才资源的二次开发，迅速提高从业人员整体素质与水平。

（一）依托高等教育，提高行政人员与科技人员的从业水平

建立以中南林业科技大学、湖南行政学院和湖南环境生物职业技术学院等学校为主体的高等教育人才培训基地，为拔尖人才、高素质人才的培养创造良好的学习条件与机会。

中南林业科技大学和湖南环境生物职业技术学院根据湖南省“退耕还林、防护林、野生动植物保护与自然保护区、生态公益林、绿色通道和林业血防”等生态工程建设，“速生丰产林、种苗和花卉、林产工业、森林和湿地生态旅游”等产业体系建设，增设新专业的硕士点、博士点和博士后流动站，根据“一湖三带五片多点”的规划布局，建设“生态体系、产业体系和先进的森林文化体系”的总体目标的需要，为全省林业行业行政人员与科技人员的知识更新提供支撑条件。通过高等教育人才培养基地 2～3 年培养紧缺人才，新兴学科与边缘学科人才 30 名，每 5 年对 100 名行政人员、2000 名科技人才进行培训与知识更新教育，切实提高现有行政人员与科技人才的业务素质和水平。

（二）实施职业教育培训，培养技能型人才和适用人才

职业教育应紧紧围绕城市林业和乡村林业跨越式发展和生态建设的中心任务，“生态体系、产业体系和先进的森林文化体系”的总体目标，根据学以致用、因人施教、整合资源、创新机制的总体要求，扩大培训规模，优化培训结构，提高培训质量，全面推动林业技能型人才和适用人才培训工作的深入开展。

职业教育培训网络要建立比较健全和完善的行业体系，形成以省林业厅直属培训基地为龙头，以 14 个地、122 个县林业培训基地为基础，以高等林业院校为依托的行业培训格局。根据中央有关加强培训工作的要求，围绕执政能力建设，切实抓好各级林业部门领导干部、公务员和 2132 个基层林业站共 20000 人员的培训，不断扩大对分管林业的地方政府领导的林业专题培训，提高他们的专业水平；加强高级人才能力建设，搞好林业高级专业技术人员、关键岗位的短期定向业务培训，努力提高全行业科技人员的整体水平。

大力发展林业职业教育还必须坚持以服务为宗旨，以就业为导向，按“新农村、新家园”建设思路，湖南省实施的“退耕还林、防护林体系建设、野生动植物保护及自然保护区建设、生态公益林保护、绿色通道建设、速生丰产林建设、种苗花卉、林产工业、森林和湿地旅游”等林业重点工程需要，城市林业和乡村林业发展趋势，以生态建设为立足点，面向基层和林业生

产一线，培养大批“用得上、留得住”的实用型、技能型人才和实用人才。有机地将职业培训、技能鉴定、就业指导、推荐就业等功能结合起来，增强人才的整体服务功能，力争80000多名乡村护林员五年内轮训一次。

（三）加强基层教育培训，提高林农整体素质

林业是国民经济的基础行业，也是一项周期长、花钱多、保密性差、区域特点突出的公益性事业。要从根本上改变林业经营粗放，林业产业的发展水平低的现状，首先必须提高湖南省林农整体水平与素质，增强他们掌握与运用林业新技术、新成果的能力。这是建设社会主义新农村的客观要求，也是现代林业发展的关键。

广大林农是林业生产主力军，是林业发展的基础力量。他们的素质高低直接影响林业生产实施成效，影响林业成果转化与科技进步的进程。全面提高林业职工的素质，切实增强广大林农对先进技术的需求、吸纳科技成果的主动性与应用能力，是建设林业三大体系，实现湖南林业战略目标的需要。

结合全省林业工程实施需要，切实加强林业职工任职培训和林业专题培训。对林区的广大林农进行政策与知识的整体配套培训和经常性教育，每年培训2000人次；结合林业新技术、新成果的推广，开展专门的技术讲座与培训，帮助林农掌握新的知识与技能，培训市、州、县技术人员与林农2000余人次/年；结合现代林业发展需要进行新技能和新知识传授，关键岗位人员持证上岗率达到95%，培训基层护林人员2000人次/年；“十一五”期间，力争培训林农30000人次，通过九大林业重点工程整体配套培训和林农实用技术培训，林业基层骨干的定向培育和短期集中培训，促进林农的素质与工作技能的全面提高。

四、强化人才的政策调控，激发人才队伍的活力

（一）完善三种制度，促进人才脱颖而出

人力资源潜能的发掘，积极性的调动很大程度上取决于良好的机制，激励政策的调控。良好的人才激励机制往往能收到事半功倍的效果。要制定一切有利于优秀人才脱颖而出的政策，充分发挥人才资源在加快林业发展中的基础性、战略性、决定性作用，使林业的发展真正转移到依靠科技进步和提高劳动者素质的轨道上来。

完善人才的考核奖惩制度，建立新型的人才评价与选拔标准。牢固树立人人都可以成才的观念，不拘一格选人才。不论学历与职称高低，不管什么人，只要具有一定知识与技能，能够进行创造性劳动，在本职工作中做出突出成绩，为林业生产和事业发展作出突出贡献的人都是林业事业发展需要的人才，都应该奖励。把品德、知识、能力和业绩作为衡量人才的主要标准，不搞论资排辈，不唯学历、职称与身份，通过公平竞争、公开选拔，把品德高尚、具有一定基础知识与较强工作能力、有真才实学并能扎扎实实工作的优秀人才选拔上来。

规范专业技术人才评聘与考核办法。坚持公开、公正和平等的原则，在人员聘任、晋升、奖励、重点培养和项目承担等方面，为各类人才提供均等的竞争机会，让他们在竞争环境中锻炼、成长；建立和健全专业技术人员评价制度，完善重能力、重实绩的评价标准，对长期工作在基层、有真才实学的技术人员的职称评定，在英语考试、论文与成果的衡量上放宽尺度；对学术上有较高造诣，有突出贡献的拔尖人才职称评定，在晋升年限上放宽政策。

完善技术参与分配的有关制度。积极研究科技成果入股、有偿使用等生产要素参与分配的形式，探索科技人员从成果转化、科技服务和咨询收益中提成的办法；逐步建立符合各类事业单位特点、体现岗位绩效和分级分类管理的薪酬制度，为各类优秀人才脱颖而出提供政策支撑。

（二）建立两种基金，促进人才迅速成长

人才优势是最大的优势，人才资本是最重要的资本，人才投入是最有效的投入。应该紧紧抓住人才资源开发不放松，设立人才培养与奖励基金，为他们成长提供一个好的环境。

建立人才培养基金。牢固树立人才开发投入是效益最大的投入的观念，不断加大对人才开发的投入，采取以政府、单位、个人等多种渠道筹集人才开发专项资金，形成多元化的人才开发投入体系。各级林业主管部门要建立稳定的人才开发经费投资渠道，设立人才培训专项经费，实施上岗前培训、知识更新和拔尖人才出国研修等三种培训计划。尤其是要设立科技领军人才、拔尖人才培养专项计划，加大对其后备人才的选拔与培养，安排专项资金作为国外研修与国内培训费用。

设立奖励基金。建立以政府奖励为导向，单位奖励为主体，社会奖励作补充的长期稳定的优秀人才奖励制度，对为林业事业做出突出贡献的人才，特别是长期在基层和生产第一线工作的拔尖人才，或在林业重点工程实施中表现突出的人员，定期表彰与奖励，并在职称评定方面给予优先，作为破格晋升高一级职称的条件；对为林业生产和产业发展作出杰出贡献的林业人才要实行重奖，每次表彰与重奖 3 ~ 5 人，奖励一级工资，并将其纳入档案工资。在全省上下努力形成“尊重知识、尊重劳动、尊重人才、尊重创造”的有利于人才迅速成长的良好氛围。

五、开展人才与智力的合理流动，优化人才结构

（一）设置人才“绿色通道”，引进急需与紧缺人才

逐步建立湖南林业人力资源管理信息系统、高级专家信息库、高层次留学人员信息库。充分利用现有的各种人才市场（劳动力市场）资源，建立行业人才公共信息服务平台和人才供求信息发布制度，构建人才信息的沟通和协作平台，实现信息网络省内各市（州）县和省外互联互通，充分发挥市场在人才资源配置中的积极作用，促进林业人才合理流动。

积极营造良好的工作和创业政策环境，加快引进生物质能源、生物柴油、森林认证与评估、绿色食品、森林旅游等新兴产业、支柱产业、特色产业等方面的紧缺人才、拔尖人才和高层次人才，填补高级人才的空白。设置人才引进的“绿色通道”，争取让需要的人才能引得进，努力形成人才的“洼地”效应，广泛吸引海内外、国内外人才。实施“不求所属，但求所用”的人才柔性引进战略，通过讲座、项目、技术合作和聘请客座教授等形式，吸纳国内外一批来去自由、能为湖南林业献计出力的懂业务、善经营、会管理的复合人才；并通过感情、事业和必要的待遇留住人才，使行业内重点人才短缺的状况得到明显缓解，高层次人才的比例增大，从而为湖南林业强省建设和社会主义新农村建设提供强大的领军人才、拔尖人才支撑。

（二）加强基层的“送智”服务，缓解基层人才压力

当前，行业从业人员中高学历、高职称人才主要集中在县以上行政机关和事业单位，林业生产一线人才严重不足、科技支撑薄弱、科技推广滞后。要最大限度地发挥现有人才的作用，除了构筑以省林业科学研究院、省森林植物园、中南林业科技大学和省环境职业技术学院技术人员为主体，各市（州）林科所专业人员为补充，业务精良、学术水平高、结构合理的科技人才梯队之外，必须加大向基层输送智力的力度，广泛开展向基层派遣林业“科技特派员”，参与“东部支持西部”“特聘专家”活动，组织科技人员深入林业生产第一线，开展科技下乡、科技扶贫、送教上门、技术推广和普及，缓解林业基层单位和边远艰苦地区人才短缺的矛盾。

鼓励并支持林业技术干部带项目、技术成果、专利，以技术入股方式到基层兴办各类基地、企业，为林农提供新的就业门路与机会，传授新知识与技能；大力加强林业科技推广人才队伍建

设，推动林业科技和智力成果的推广和运用，使基层人才素质提高，逐步缓解生产第一线人才压力，促进人才结构与布局的合理化。

第六节　组织保障

当前我国林业建设的指导思想已由以木材生产为主转向以生态建设为主，因此，林业行政管理部门也要随之由专业经济管理部门转为执法监管、公共服务、宏观调控的部门。但是，随着湖南现代林业产权制度的改革，林业经营权更加分散，林农的积极性也得到极大的提高，因此需要有一系列的林业社会化服务组织为千家万户的林农提供各种各样的科技和生产服务。林业行政管理部门的职能转变之后，政府行政组织主要在政策制定、资源配置、营造环境等方面发挥主体作用，而林业社会化服务组织则是千家万户小生产与千变万化大市场之间有效对接的载体，在为林农生产服务方面将发挥重要作用。因此，建立高效的林业行政管理体系和完善的林业社会化服务体系，是加快湖南现代林业发展，建设“新林业、新家园”的重要保障。

一、强化林业行政管理体系建设

湖南省现有的林业行政管理体制从纵向上看，已经形成了省、市、县（区）、镇（乡）四级较为完整的垂直管理体制，湖南省林业厅是全省林业最高的行政主管部门，林业局是各县市相应的林业管理和执行部门。从职能分工上看，已经基本形成包括林业发展决策、政策制定与执行、森林资源监测与管理、林业技术推广与应用、林政执法等多部门协调分工、相互配合的林业管理体系。但近几年来，一方面由于受政府机构改革及林业发展战略转变影响，林业管理机构设置，尤其是基层林业管理执行机构及相应人员变动很大；另一方面，由于林业发展的重点发生了转移，推行了森林分类经营战略，现有林业管理机构与职能难以适应当前林业发展的要求。因此，必须适时地整合和优化林业行政管理的组织体系与职能。

（一）稳定和强化现有林业行政管理机构，加强基层林业站建设

在稳定现有林业行政管理机构和人员的基础上，根据林业分类经营的具体要求和“生态优先”发展原则，强化林业资源监测管理、林政执法、林业技术推广与应用方面的职能，以满足林业现代化发展对行政管理的要求。尤其要稳定和强化乡镇林业工作站，因为它是对林业生产经营实施组织管理的最基层机构。2006 年 9 月，国务院下发的《关于深化改革加强基层农业技术推广体系建设的意见》中也指出，基层林业工作站具有林业关键技术的引进、试验、示范，林木病虫害的监测、预报、防治和处置，森林资源使用、监测、管护和林政执法等公益性职能，完成这些公益性职能所需要的经费应纳入财政预算。

1. 湖南省基层林业工作站的现状

湖南省从 1958 年开始建立乡（镇）林业工作站，目前全省共有基层林业工作站 2170 个，职工 15102 人，基本形成了农村基层林业管理服务网络，在林业建设中发挥了重要的基础保障作用。但是随着政府机构改革和林业发展战略的转变，现有的基层林业工作站已经不能够满足林业生产和生态建设的需求，主要体现在如下几个方面：

一是职能定位不清。全省基层林业工作站均为事业单位，不少的站还是自收自支性质，非执法主体的基层林业工作站却在堂而皇之地执行国家授权林业主管部门的多部法律法规和行政规章。在一些地方，地方政府擅自将林业工作站的行政权力予以“没收”；一些地方长期借调抽调林业工作站人员从事非业务工作，与本职工作错位。如沅江市在上一轮机构改革中，将林业站与企业办、劳务管理站进行合并成为企业劳务管理站，尽管保留了基层林业工作站的牌子，但是林业工作站被错位成了林场，一些乡镇沉重的债务拖垮了曾经以实力雄厚闻名全国的林业基层组织，造成了森林资源管理混乱的局面。

二是管理体制不顺。湖南省基层林业工作站的管理体制现主要有三种类型：县市区林业局直接管理型，计1030个，占总数的47%；双重领导以县市区林业局管理为主型，计613个，占总数的28%；双重领导以乡镇政府管理为主型，共560个，占总数的25%。第三种管理类型存在很多弊端，影响了当地林业的发展。如常德市2000年机构改革后，所有林业站的管理权全部下放乡镇，216个乡镇建制单位中，独立保留林业站的仅70个，136个乡镇改革为农业综合服务站，每站核定为3~4人，其中明确1人兼管林业事务，造成林业人才和林业工作站资产严重流失，林业工作无法开展。又如岳阳县，1995年前23个林业站属县林业局的派出机构，核定编制87人，下放乡镇管理后，大量非专业人员充斥其中，现林业站工作人员比过去增加了3倍。

三是工作条件较差。在经济条件相对优越的株洲市，47个基层林业站的站房基本上都是20世纪五六十年代建立起来的，没有1个站配备了电脑和网络设施，50%以上的站没有交通工具。湘西土家族苗族自治州1137名林业站职工，财政全额拨款的只有277人，差额拨款的290人，林业经费解决的144人，自收自支的达427人；全州40%的林业站没有办公用房，86%的林业站没有交通工具，91%的林业站没有专用通讯设备。在重点林区的蓝山县，林业工作站有职工68人，经费渠道全部靠自收自支。在个别地方，基层林业工作站呈现无办公用户、无交通工具、无通讯设备、无办公经费、无生活用水和照明用电、职工生活十分困难的“五无一难”状态。

四是人员素质偏低。从总体上看，基层林业工作站队伍呈现年轻人少，年长者多；专业技术人员少，行政人员多；有技术职称的人员少，无职称的人员多的“三少三多”局面。全省基层林业站工作人员中具有大专以上学历的仅占12%。汉寿县从1990年以来没有引入1名专业技术人员，现40岁以下的专业技术人员只有1人。这种现象很大程度是超编造成的。如湘潭市林业站下放乡镇后，56个林业工作站职工人数由1994年的187人直线上升到2002年的339人，新进人员主要是退伍军人和非林业专业的大中专毕业生。

2. 理顺管理体制，加强林业站建设

一是明确管理体制，实现垂直领导。基层林业工作站必须赋予行政管理和委托行政执法职能，并且承担林业技术服务业务。为确保基层林业工作能够有条不紊地开展，必须保持林业工作站机构和专业技术人员的稳定，尽快将基层林业工作站由目前的双重领导和以乡镇为主的管理体制转变为县级林业主管部门的派出机构，实现垂直管理。林业工作站人员属于政府机构工作人员的组成部分，应在行政系列中列编，其经费列入公共财政支出范围。在现实条件下，可以先根据区域特点实行分类指导，即在森林资源较多、资源林政管理任务较重的林区县实行“条条式”的管理，然后逐步推开。

二是核定人员编制，保障资金投入。乡镇林业工作站（包括跨乡镇设置的区域林业工作站）的人员编制，应当以辖区内林业用地面积、森林资源数量、生态区位的重要程度以及林业建设任务的轻重等为依据，合理确定，保证公益性职能的履行。按一般乡镇林业工作站定编3~6人，重点林区县乡镇林业工作站定编4~10人的标准，重新核定编制人数，通过竞争上岗、优化组合等方式，达到精简人员的目的。政府应该为基层林业工作站的发展建立稳定的资金来源渠道，提高人员待遇，稳定机构、队伍和人心。要逐步争取将林业工作站的人员和工作经费等全额纳入公共财政预算。在现阶段，林业规费中属于管护用途的可明确一定的比例用于基层林业工作站的基本建设。对承担国家公益林建设管护任务的基层林业工作站，可在森林生态补助资金中列支其管护费用。

三是加强人员管理，提高人员素质。基层林业工作站的工作成效，关键在于工作人员的素质。定编定岗之后，要严格林业工作站的用人标准，实行资格考试和准入制度，挑选一批思想素质好、文化水平高、懂专业、能力强的年轻人进入基层林业工作站。乡镇林业工作站的专业技术人员应当具有林业相关专业中专以上（含中专）学历。要加强基层林业技术推广机构人员的继续教育和专业培训，逐步推行资格认证、持证上岗制度。完善考核评价制度，建立科学的考核评价指标和考核办法，把推广人员的工作实绩和林农对技术人员的评价作为重要的考核内容，并将考评结果与职务评聘、工资收入、奖惩等挂钩，对有突出贡献的人员可优先评聘和破格晋升专业技术职务。

（二）突出职能健全和管理高效，调整林业行政管理机构

随着社会对林业主体需求的转变和社会经济文化的发展，要突出职能健全和管理高效，及时改革和调整林业行政管理机构。根据湖南省林业发展的实际，以及建设“新林业、新家园”的需求，建议组建城市林业管理机构和洞庭湖湿地保护管理机构。

1. 适应城市林业发展，设置城市林业管理机构

随着社会经济的发展和城市化进程的加快，人民对生活环境和生态服务需求不断提高，城市林业在湖南省得到了较快的发展。然而，由于城市林业发展处于刚刚起步阶段，相应的职能管理部门尚未明确，出现了林业、园林、城建等相互分割、多头管理等现象；并且园林、城建等部门在具体管理过程中，由于缺乏相应的林业专业技术力量，无法适应城市林业发展的要求，一定程度上限制了城市林业的健康发展。因此，应充分发挥绿化委员会在城市林业发展中协调、参谋作用，并由省政府出面，召集林业、园林、城建等相关部门，通过协商整合现有职能，设置相应的城市林业管理机构，明确管理职能，以促进城市林业在湖南省的健康发展。

2. 规范自然保护区管理，设置洞庭湖湿地保护管理机构

湖南是我国湿地资源丰富的省份之一，全省湿地面积约 5.6 万平方公里，占土地总面积的 26.47%。目前我国列入国际重要湿地名录的 21 块湿地中，湖南省有 3 块，即东洞庭湖、南洞庭湖和西洞庭湖，其中东洞庭湖 1328 平方公里，南洞庭湖 920 平方公里，西洞庭湖 443 平方公里。

洞庭湖在自然地理上是一个整体，但由于行政区划的原因，分别由岳阳、益阳和常德等市管辖，建立的 3 个自然保护区分属于 3 市，而土地和行政管理又归岳阳市的岳阳县、益阳市的沅江市和常德市的汉寿县，业务管理上有各市县的湖洲管理委员会、公安局水上分局、水利局、水产局等。湿地及其资源的管理涉及林业、鱼政、水利、芦苇、环保、建设和旅游部门，由于在自然保护区的管理职能上有重叠，而不同部门目标不同，利益不同，各自为政，各行其是，矛盾较为突出，影响了湿地的有效管理。

洞庭湖流域现存一个国家级和三个省级自然保护区，是以行政界限划分的，不利于统一协调保护行动，不利于开展国际合作和交流。洞庭湖流域湿地及其生物多样性是一完整的生态系统，其保护和建设也应视为一个整体，建议湖南省尽快成立“洞庭湖自然保护区管理局”。此外，要进一步理顺保护区的土地权属问题。目前除西洞庭湖保护区拥有 12000 亩（青山湖退田还湖示范点）的土地权属外，其他两个保护区均没有土地权属，三个保护区的核心区是珍稀濒危水禽至关重要的越冬地。目前核心区内经济活动较为频繁，直接干扰了越冬水禽的栖息和觅食，对湿地生态系统造成了严重破坏，有的地方还存在着猎杀毒杀鸟类的现象，给珍稀濒危物种造成了致使打击。保护区由于没有土地权属，在执行国家和地方有关法律法规时，阻力重重，致使洞庭湖流

域湿地及其生物多样性未能得到有效保护。对洞庭湖四个保护区目前存在的土地权属问题，建议在成立“洞庭湖自然保护区管理局”后，土地权属收归管理局。

二、强化林业社会化服务体系建设

湖南省是南方重点集体林区之一。目前，全省林业用地面积达1238.59万公顷，其中集体林地达1174.46万公顷，占94.22%。随着集体林产权制度改革的全面推进，集体林地的经营权更加分散，“小生产”与“大市场”的矛盾将日益突出，抵御市场风险的能力较弱，市场竞争力不强，因此，在建设湖南“新林业，新家园”的过程中，必须大力扶持、培养农民自发组织的各类农民合作社和专业协会，以及其他中介服务机构，构建完善的社会化服务体系，为农民提供科技、信息、法律、金融等各项服务，促进林业生产，增加农民收入。

（一）完善林业专业合作经济组织

建立和完善适应林业发展和市场需求的林业专业合作经济组织（农民合作社和专业技术协会），是提高农民的组织化程度，增加农民收入的必然要求。农村专业技术协会是我国农村经济体制改革中兴起的以科技人员作后盾、科技示范户为核心、农民为主体的群众性技术经济合作组织，是农民继联产承包责任制的又一伟大创举，是农村社会化服务组织的一支新生力量，是农民增收、农业增效、农村发展的重要组织形式。目前，湖南省共有4000余个农村专业技术协会，会员近30万人，涉及农、林、牧、渔、加工等100多个专业。在普及科技知识，推广科技成果，提高农民素质，促进产业调整，发展高效农业，形成规模生产，带领农民致富中发挥了重要的作用。近年来，随着林业的快速发展，各种林业专业技术协会也得到蓬勃发展，在促进林业增效、林农增收等方面起到了重要作用。

邵阳市新宁县是全省扶贫工作重点县，长期以来，农产品流通一直处于弱势，农民增产难增收。近年来，新宁县委、县政府从资金扶持、税收优惠、技术推广、项目建设、信息服务等方面积极培育农村专业协会和农民合作社，把小模式、分散化的家庭经营有效地联系在一起，引导农民加强标准化生产和农产品流通领域的协作，延长了农业产业链，提升了农产品的附加值。截至目前，全县已先后成立楠竹、脐橙、中药材等协会68个，涵盖种植业、养殖业、农产品加工和运输业，遍及全县18个乡镇，吸收会员3.5万人，覆盖农户10.5万户。这些专业协会目前都已成为农民脱贫奔小康的桥梁和纽带。例如新宁麻林楠竹协会2004年筹资22万元，建立信息网络平台，将40余种竹材购销信息“搬”上互联网，使该地区40%的林农参与网上销售，在10多个省市建立60多个竹材销售窗口，为林农的竹材销售开拓了新的渠道。

因此，今后要在自愿基础上，进一步建立和完善真正服务于林农的、功能齐全的林业专业合作经济组织，包括直接围绕林业生产活动服务的合作小组（或称联络会），围绕产前、产后服务的合作小组，以及省、县（市）、乡（镇）垂直型纵向组织结构。建立健全“利益共享，风险共担”机制，通过协议定价、利润返还、按股分红等方式进行利益分配，确定法定公积金、公益金、合作经济组织发展基金（风险基金）、社员（会员）股息等的分配比例。增强林业专业合作经济组织对社员（会员）的资金扶持、低价或无偿服务、生产资料采购等方面的功能。建立包括合同产销、保护价格和风险基金等在内的保障制度。建立健全包括章程、机构设置等在内的内部管理体制和机制。做好林业专业合作经济组织内部财务的规范化管理工作，创造条件推进信息化服务，提升合作组织的层次和竞争力。

（二）建立促进林业发展的各类中介服务组织

随着集体林产权制度改革的进一步深入，森林资源权属流转交易发展迅速，因此，需要建立森林资源资产评估、森林资源保险和森林资源产权交易市场等种类中介服务组织，为促进林权流转，优化配置林业生产要素，加快林业发展提供社会化服务。

1. 建立森林资源资产评估中介服务组织

森林资源资产评估是根据特定的目的，遵循社会客观经济规律和公允原则，按照国家法定的标准和程序，运用科学可行的方法，以货币作为统一的计量单位，对具有资产属性的森林资源实体以至预期收益进行的评定估算。随着我国社会主义市场经济的逐步建立和发展，有关森林资源资产的产权交易事项不断出现，特别是南方集体林区，由于商品经济较为发达，而且随着林业产权制度改革的进一步推进，非公有制林业的加速发展，产权交易方面的活动更加频繁，如森林资源资产的出租、出让或转让、合资或合作、抵押或拍卖、股份经营或联营等，这些情形都需要对森林资源资产进行评定和估算，以维护资金投入者和经管理者的利益。特别是近年来在南方集体林区出现的以林权证抵押贷款的林业融资模式，更需要对拟抵押的森林资源资产进行评估，因此，为了满足林业融资渠道的多元化，促进湖南非公有制林业的发展，必须建立完善的森林资源资产评估的中介服务机构。同时要由政府相关部门认证这些机构的评估资质；组织培训评估人员，授予评估资格证和上岗证；制定相关的法规和评估文件等，对评估中介服务机构进行引导和规范化管理，使之更好地为林农服务。

2. 建立森林资源保险中介服务组织

由于森林资源培育周期长，而且生长在野外自然环境中，在经营期间，容易受到病虫害、火灾、偷盗等偶然因素的侵害，因此，森林资源是一种高风险性的资产。各种信贷机构，特别是商业银行普遍对森林资源资产的抵押贷款信心不足，严重制约了森林资源的信贷融资的能力。福建省为了促进林权证抵押贷款的顺利实施，在各地市纷纷成立了林权证抵押贷款担保公司，并由财政与林业部门提供担保公司的注册启动资金，在政府的支持和带动下，由民间资本注册的担保公司也相继成立。例如福建省永安市财政与林业部门共同出资100万元启动资金，注册成立林权证抵押贷款担保公司，为林权证抵押贷款提供担保；浦城县成立了民营的宏鑫咨询担保有限公司，总注册资本为2000万元。因此，湖南省可以借鉴福建省的相关经验，先由财政与林业部门提供启动资金成立抵押贷款担保公司，并带动民间资本参与，激活森林资源保险市场，为构建完善的森林资源保险体系创造良好的条件。

3. 建立森林资源产权交易中介服务组织

随着林业产权制度改革的推进，森林资源权属流转交易迅速发展，但是由于森林资源产权交易市场的缺位，引发了私下交易、内幕交易、低价交易、欺行霸市等不规范交易行为的出现，产权交易双方的正当权益得不到保障，导致了新的产权纠纷出现，严重影响了通过产权交易为林业发展融资。因此，应尽快建立和健全森林资源产权流转市场及相关的中介服务组织，为有关的林业经营主体提供政策、法律、金融、信息等相应的服务，保证不同主体之间山林权属交易的顺利进行。一方面，要根据市场原则，充分运用灵活多变的市场机制，大力发展森林资源的出让、转让、合资、合作、股份经营、联营、租赁经营、抵押、拍卖等多种形式的产权交易活动，实现森林资源的商品化经营，使那些从事商品林资源培育的林业经营主体所拥有的林地使用权和活立木资产的所有权能够通过市场交易转化为货币、股票和债券等，从而把山上的森林资源资产真正搞活，并将森林资源培育作为一项产业，实现商品化经营；另一方面，各种中介服务组织要积极配合政府相关部门，为建立和完善森林资源产权交易市场提出建议和意见，发挥中介服务组织的民间监督作用。如相关中介服务组织可以参与讨论和研究政府拟定的森林资源产权交易市场的管理制度，主要包括交易规则、交易程序，以及交易双方当事人的确定及其资格审查、产权交易所涉及的山林权属的评估定价和山林权属变更登记等方面的具体规定和办法，以便政府相关部门进一步修改和完善，以促使森林资源产权交易市场的发展逐步走上规范化和制度化的轨道，从而建立起规范、有序的森林资源产权交易市场。

第七节　资源安全保障

21 世纪以来，世界各国高度关注资源安全、生态安全、环境安全，将生态安全、生物安全与政治安全、经济安全、国防安全一并列为国家安全的重要组成部分。所以，我们要站在富民强省和新农村建设的高度，站在建设和谐湖南和促进人和自然和谐统一的高度，站在维护国家利益、保护国家安全的战略高度，站在国民经济发展和社会全面进步的全局高度，充分认识到做好资源安全保障工作的重要性、必要性和紧迫性，要按照中央的要求和国家林业局的部署，扎实做好新形势下资源安全保障工作。

一、全面开展森林资源与生态状况综合监测

森林资源与生态状况综合监测是制定林业政策、编制林业规划、评价林业和生态建设成效的基本依据。加强森林资源和生态状况综合监测，对于评价生态建设和林业发展绩效，加快林业建设步伐，改善生态环境，保障社会经济可持续发展具有重要意义。

新中国成立以来，湖南省开展了 4 次森林资源二类调查；1979 年以来开展了 6 次森林资源连续清查；1992 年以来，每年都进行了森林资源数据更新，编制了森林资源统计年报；1998 ~ 2004 年，开展了国家重点保护野生植物资源、陆地野生动物资源以及沙漠化和石漠化调查；2004 ~ 2005 年，建立了森林资源二类调查数据库。但是，监测机构不健全、管理体制不顺畅、资金投入不足、监测内容单一、科技含量低、信息化水平不高，难以适应现代林业发展的需要。

今后，湖南要按照《中共中央 国务院关于加快林业发展的决定》“建立完善的林业动态监测体系，整合现有监测资源，对森林资源、沙化资源以及生态变化实行动态监测，定期向社会公布”之要求，采取有效措施，切实加强全森林资源与生态状况综合监测，努力建立起以森林资源规划设计调查和森林资源连续清查为基础，以重点公益林资源、荒漠化资源、石漠化资源、野生动植物资源等各专题调查监测为补充的规范化、系统化、网络化的森林、湿地与生态状况综合监测体系，实现单一森林资源监测向森林、湿地资源与生态状况综合监测转变。

（一）健全调查体系，开展各项监测

1. 完善森林资源连续清查体系

森林资源连续清查是森林资源监测的重要组成部分。1979 年，湖南省以省为总体，按4 公里 ×8 公里间距，布设 6615 块面积为 0.0667 公顷的方形固定样地，采用分层双重抽样调查方法，开展了第一次森林资源连续清查。森林资源连续清查每隔 5 年进行一次，清查的主要内容包括面积、蓄积、各林种及森林类型的比例和生长、枯损、更新、采伐等。2004 年完成的第 6 次森林资源资源连续清查还对有关森林生态因子进行了调查。为适应以生态建设为主的林业发展战略需要，一要在 1979 年布设的 6615 块固定样地的基地上，分别以湿地、城市森林为副总体，布设湿地和城市森林资源监测样点；二要根据 1979 年布设的一类样点和增布的湿地和城市森林监测样点，合理确定森林资源（含城市森林）、湿地资源和生态状况监测点数量；三要完善清查内容、改进清查方法，健全技术规范。

2. 完善森林资源二类调查体系

森林资源二类调查是既是森林资源监测体系的重要组成部分，又是森林资源监测的基础，森林资源监测体系只有建立在森林资源二类调查的基础上，才能稳步发展。新中国成立以来，湖南已开展了4次森林资源二类调查。即：1975年的“四五”调查、1985年的“六五”调查、1995年的“八五”调查和2004年的“十五”调查，二类调查的数量和质量都落实到了小班，具体调查内容包括①小班面积、蓄积、生长量和枯损量，②立地条件和生态条件，③自然、历史、经济、社会、经营条件等。但是，湿地、城市森林和生态状况等方面的内容很少。为适应以生态建设为主的林业发展战略需要，今后，要把湿地、城市森林和生态状况纳入二类调查体系，增加湿地、生态状况、城市森林调查因子，完善调查内容，改进调查方法，健全技术规范。

3. 更新森林资源数据、编制森林资源统计年报

森林资源数据更新和编制森林资源统计年报是森林资源监测体系的重要组成部分，是对森林面积、蓄积变化情况进行动态监测更新。一是要以监测区域的二类调查数据及林相图作为监测的森林资源底数和底图，并运用GPS技术到实地进行核实监测；二是要在实地核实小班变化情况下，用监测卡片进行调查录入；三是要把生产经营和非生产经营引起变化的小班面积、蓄积进行统计汇总；四是要把城市森林、湿地资源一并纳入森林资源数据更新和森林资源统计年报。

4. 建立城市森林资源调查监测机制

湖南省有大小城镇1109个，其中29个城市、72个县城，998个小镇；城镇森林500多万公顷，城镇居住人口1000多万人。社会经济的不断发展和社会主义新农村建设的深入开展，今后，湖南至少有1/3的人口居住在城市，城市将被森林拥抱。开展城市森林资源调查，及时掌握城市森林的数量、种类、抗污染能力及其美化功能，对发展城市森林资源，提高居民生活质量和幸福指数，满足人民群众日益增长的森林文化与绿色文明需要具有十分重要的意义。城市森林资源调查监测的主要内容包括各种城市森林类型、数量、质量、分布、健康状况及其抗污染能力等内容

5. 加强湿地资源调查监测

湖南省现有湿地资源5.6万平方公里，占国土面积的26.47%。在我国列入国际重要湿地名录的21块湿地中，湖南省有3块，即东洞庭湖、南洞庭湖和西洞庭湖；在全球40种湿地类型中，湖南省有22种，栖息着250多种鸟类、100多种鱼类和300多种野生植物。到目前为止，湖南省对湿地资源只进行了一次普查，尚未建立完整的监测网点，没有设立专门的监测机构。今后。要切实加强湿地资源调查与监测工作，调查监测的主要内容包括湿地类型、面积与分布，湿地水资源状况，湿地土地利用状况，湿地的生物多样性及其珍稀濒危野生动植物状况，湿地周边地区的社会经济发展对湿地资源的影响，湿地的管理、研究状况，影响湿地动态变化的环境因子等。

6. 建立生态公益林监测体系

生态公益林生态区位极为重要，生态状况极为脆弱，对维护生态安全发挥着极其重要的作用。所以，生态状况监测主要是对重点公益林进行监测。湖南省先后于2001年和2004年两次对森林进行了区划界定，将森林区划为商品林和公益林。全省划定的公益林面积为531.94万公顷，其中已纳入国家财政补偿的重点公益林234万公顷，纳入省财政补偿的地方公益林33.33万公顷。在2003~2004年开展的森林资源连续清查第五次复查和“十五”二类调查中，增加了生态因子调查内容，但缺乏系统性；从2004年起，湖南省在森林资源连续清查体系的基础上，运用GPS定位，在典型地段设立定位观测点进行定期观测，但没有设立专门的生态监测因子。今后，生态公益林监测要以生态公益林为总体，建立专门的生态状况调查与监测网点，通过专项调查或

结合森林资源连续清查和森林资源二类调查进行。专项调查主要以年度变化调查统计为基础，结合技术档案和资源档案资料，准确记载森林资源、生态状况（如涵养水源、保持水土、保护生物多样性、保护种质资源等）变化情况以及林业经营活动、非林业经营活动情况等，客观、科学反映生态公益林的资源状况和生态状况。县级林业主管部门、国有林场、自然保护区负责本行政区或经营范围内的生态公益林定期监测。

（二）落实编制经费，实行分级监测

（1）加强监测机构和监测队伍建设。从上至下成立省级森林资源监测中心、市州森林资源监测队、县市区森林资源监测站、林场和经营单位成立森林资源监测点和管护点。

（2）落实人员编制。监测机构的编制由各级编委单独下达，纳入具有行政职能的事业编制，归口资源林政管理。

（3）明确资金渠道。将监测经费纳入同级财政预算，或从森林植被恢复费和育林基金中进行专门列支，以保证森林资源与生态状况综合监测系统建设投入和综合监测工作的顺利进行。

（4）实行分级监测。省森林资源监测中心负责全省森林资源的宏观监测，定期监测各级行政范围内的森林资源消长和森林生态环境变化情况。市州监测站要在森林资源规划调查设计的基础上，按工程项目进行实时监测。各监测点（经营单位）要以管护点为辐射网，对其经营的森林资源实施实时监测，及时向上级监测部门报告监测区的资源变化情况。各级监测机构要健全综合地理信息系统和监测信息数据库与管理系统，实现成果共享。

（三）建立信息系统，促进科学监测

（1）建立森林资源和生态状况监测信息管理系统。要以森林资源调查和森林资源数据更新为基础，运用地理信息系统和数据库技术，建立全省森林资源管理信息系统；并以森林资源管理信息系统为平台，整合森林资源、湿地资源、城市森林、生态状况以及征占用林地、沙化/石漠化、森林火灾、野生动植物资源、重点林业工程建设等专项调查监测，建成省、市（州）、县（市、区）运转协调、反应快速、处理高效的森林资源与生态状况综合监测信息管理系统，借助网络资源进行信息处理、分析、预测，实现信息化管理。

（2）推进标准化建设。统一共性监测因子的技术标准，明确精度要求和误差限，实现主要技术标准的统一与兼容；建立森林资源调查数据整理、采集、更新、交换以及数据库建设、制图、制表等一系列技术规范；建立行政区划和二类调查因子代码库、电子字典及有关专题标准库，逐步建立空间数据库的更新机制、共享机制以及分发服务机制，努力推进标准化建设。

（3）建立健全综合监测与评价体系。在国家森林资源连续清查、森林资源规划设计调查和作业设计等评价指标的基础上，增加森林健康、森林质量、生物多样性等评价指标，建成多功能、多目标、多任务的综合评价与决策服务系统，实现对湿地、森林和生态状况的综合监测与评价。

（四）增加监测内容，改进监测技术和手段

增加森林健康、森林质量、生物多样性等方面的监测内容，实现对乡村森林、城市森林、湿地资源和生态状况的综合监测。

要进行综合监测重点关键技术的研究与开发，形成以遥感技术、全球定位系统、地理信息系统技术、数据库技术和网络技术等为代表的高新技术，建立功能齐全、内容丰富、结构合理、运转协调的系统化、规范化和网络化的综合监测服务体系；要加强城市森林和湿地生态系统综合监测的基础建设，加快监测基础数表和监测规程的制定和更新步伐；完善造林核查、限额检查、征占用林地检查等专项检查技术方法，努力建立和完善森林、荒漠化、湿地等生态系统的生态状况监测与评价体系；建立预警预报机制，快速反应林业和生态建设成效；及时更新森林资源监测技术和手段，提高监测效率和质量。

二、强化森林与湿地资源保护管理

（一）严格执行森林采伐限额制度

森林采伐限额管理是森林资源管理的核心内容和关键环节。森林采伐限额执行的好坏直接影响森林资源的存量和增量。据1999年全国森林资源连续清查第四次复查，1995～1999年湖南年均活立木净消耗量2100.7万立方米，与"九五"期间年森林采伐限额1200.0万立方米相比，年均超限额900.7万立方米。

产生超限额消耗的主要原因有：①农村居民房前屋后个人所有的零星林木的采伐与运输管理漏洞大，森林资源隐形消耗严重。②由于检量方法、树种特性、林分状况、地形条件、人员素质以及管理水平等各方面的原因，实际采伐量一般都大于伐区调查设计蓄积量。③湖南林业系统干部职工人员多达10万之多，而财政拨款不到1/3，主要靠育林基金维持正常运转，森林资源负荷重。④监管制度不健全，对执法违法者缺乏有效的制约。⑤部分地方政府领导森林采伐限额法律意识不强，没有真正认识到国务院批准的年森林采伐限额是一项指令性计划和法定指标，没有意识到超限额采伐是一种违法犯罪行为。

各级林业主管部门必须采取有效措施，坚定不移地执行森林采伐限额制度。一是要转变观念，全面落实科学发展观。要由控制消耗转向推进森林科学经营，由管采伐指标转向管森林经营方案，根据依法批准的森林经营方案确定年森林采伐限额。二是要切实加强森林采伐限额和木材生产计划管理，严禁超限额、超计划采伐森林、林木。三是认真制定《湖南省森林采伐更新管理办法》和相关采伐作业规程，把采伐技术与采伐政策结合起来，把合理采伐与科学经营结合起来，促进森林合理采伐、科学经营。四是进一步建立健全领导干部保护发展森林资源任期目标责任制，严格兑现奖惩。五是继续坚持凭证采伐、凭证运输和凭证经营加工制度，全面推行伐前设计、伐中监督和伐后验收制度，切实加强森林采伐限额执行情况的监督检查。六是改革林业管理体制，精简人员机构，把林业部门的人头经费全部纳入各级财政预算，努力减轻森林资源负荷。

（二）加强林地保护管理

因社会经济发展需要，湖南省每年需征用林地0.53万～0.67万公顷。"十五"以来，为严格控制用地规模，湖南省在林地保护管理方面做了大量工作。一是建立了比较完善的规章制度，修订了《湖南省林业条例》，出台了《湖南省森林植被恢复费征收使用管理实施办法》等。二是适时开展专项治理行动，严肃查处破坏林地案件。据统计，"十五"以来，全省共处理2003年以来违法使用林地案件2576起，补收森林植被恢复费7010多万元。三是不断强化林地征占用审核审批管理，审核审批率不断提高。据统计，"十五"期间湖南省林业厅直接办理征占用林地审核审批手续7064起、24033公顷，征收森林植被恢复费9.86亿元。征占用林地审核率由2001年的73%上升到2005年的90%以上。

（1）湖南省林地保护管理存在的问题主要有：①林地保护意识不强，"各项建设工程，应当不占或者少占林地"的法律规定没有得到认真执行；征占用林地建设项目的选址、用地规模等没有进行科学论证，存在随意使用林地资源问题。②违法使用林地的现象时有发生。一些地方和部门，打着招商引资，发展地方经济的牌子，大肆违法违规占用林地。据统计，2001～2005年间，湖南省农电、路网改造和开矿采石、采煤等项目，违法占用林地2000多公顷。③政府干预大。④没有编制林地利用规划，没有实行林地用途管制，没有建立征占用林地预审和专家评审制度。

（2）林地资源保护管理的重点：一是要加强宣传，提高全社会保护林地和参加林权发证的自觉性与主动性；二是要建立征占用林地专家审查制度，对使用林地面积较大、位置特殊的项目，组织林业、国土、环保、水利等方面的专家对《征占用林地可行性研究报告》进行论证，提出论证意见。三是要认真编制《湖南省林地保护利用规划》，正确处理经济发展、林地保护与生态建设的关系，合理确定征占用林地数量和种类，实行征占用林地限额管理制度。四是要大力推进以产权改革为突破口的林业综合配套改革，建立规范有序的森林资源权属管理制度。五是要进一步规范征占用林地审核审批程序，严格依法办事，努力提高征占用林地审核审批的透明度，杜绝审批中的盲目性和随意性。六是要适时开展旨在保护林地资源的专项行动，保持打击破坏林地资源违法犯罪行为的高压态势，严肃查处未批先占、少批多占、批东占西等违法行为；七是要严格执行刑法修正案关于“改变林地用途数量较大，造成林地大量毁坏”的量刑标准，确保林地资源安全。

（三）强化野生动植物、湿地资源和自然保护区管理

目前，湖南省在野生动植物、湿地资源和自然保护区的建设、保护与管理方面存在的问题主要有：①杀鸡取卵、竭泽而渔、急功近利，全民湿地保护意识有待加强。②管理体制不顺，条条之间交叉重叠，块块之间不够协调。如洞庭湖在自然地理上是一个整体，但由于行政区划的原因，分别由岳阳、益阳和常德三市管辖，林业、水利、环保、渔政等部门共同管理。③资金投入不足。自然保护区一般地处偏远，经济落后，财政困难，资金投入严重不足。④保护与利用矛盾突出。当地群众生活艰苦，经济来源少，群众生存和地方经济发展对保护区资源保护带来较大压力。

湖南省野生动植物、湿地资源和自然保护区建设、保护与管理的重点：一是大力加强法制建设。修订《湖南省野生动植物资源保护条例》，进一步健全完善野生动植物保护和自然保护区建设管理的有关法规、制度。二是稳步推进保护区建设和野生动植物保护工程。要根据《湖南省野生动植物保护和自然保护区建设总体规划》，加快自然保护区和保护小区的划建；扩大全省野生动植物保护体系建设工程的范围，着力改善一批乡镇和县市保护基础设施，提高保护管理能力。三是有序开发野生动植物产业。要按照依法规范、主动引导、适度扶持的原则，不断整合类型、调整种类、规范管理，逐步建立一个野生资源保护有效、驯化培植适度、多种体制并存、经营管理规范、多种效益同步的野生动植物保护与利用良性机制。四是继续开展国际交流与合作。加强与欧洲自然保护联盟、世界银行、世界自然基金会、联合国开发计划署、全球环境基金等国际组织和芬兰国家森林和公园局、日本、美国等国家的双边和多边合作，引进资金、技术、人才和管理经验，推动全省自然保护事业的快速发展。五是要加强林业自然景观资源保护管理。把具有一定质量和规模的森林风景资源，纳入森林公园规划和管理范围；大力推进风景林营造和改造工作，提升景观质量和森林文化内涵；加强森林公园基础设施建设，全面提高管理和服务水平，满足公众日益增长的户外游憩需要。

三、有效控制森林火灾

湖南省属南方集体林区，是一个森林火灾频发省份。森林火灾正从季节性向全年性发生转变，从单一的人为火灾向人为火灾和自然火灾并重转变。“十五”期间，全省共发生森林火灾10087 次（其中火警 4966 次、一般火灾 5110 次、重大火灾 11 次），受害森林面积 42926 公顷，造成 75 人死亡、15 人受伤（2000 年至 2004 年，全省年均发生森林火灾 1466 次、烧毁森林面积 6338 公顷，年均因灾死亡 12 人）。其中，2005 年发生森林火灾 3204 次，受害森林面积 12931 公顷，死亡 19 人、受伤 3 人。森林火警、火灾频繁发生，其主要原因：一是火源管理难度大。进入林区的各类人员较多，生产性用火较多，除造林炼山进行了审批外，其他生产性用火如烧田坎、土坎等随意性较大，难以控制；二是森林防火意识淡薄，群众扑救山火不主动，甚至隔山观火；有法不依，执法不严，打击不彻底。三是受气候与地形环境等自然因素影响，气温升高，森林火险等级提高。四是森林防火资金投入不足。按每公顷林地计算，目前，湖南省各级财政投入森林防火建设的经费不足 18 元，与全国每公顷林地平均投入 45 元相比，差距较大。五是防火基础设施建设薄弱，技术装备落后。全省每 2. 47 万公顷有林地才有一座瞭望台，每 1. 4 万公顷有林地才有 1 台风力灭火机。森林防火形势严峻，任务艰巨，要高度警惕，防患于未然。

（一）实施“238”工程，夯实防火基础

“2”就是做到两个确保。一是确保不发生重特大森林火灾；二是确保不发生群死群伤事件。

“3”就是提升 3 种能力。一是提升森林火灾的综合防控能力；二是提升森林火灾的科学扑救能力；三是提升森林消防队伍的正规化建设水平。

“8”就是实施八项工程。一是森林重点火险区综合治理工程，支持 10 个森林重点火险区开展综合治理工作；二是林火阻隔系统建设工程，新建防火隔离带 43156 公里，营造生物防火林带 4 万公里；三是森林消防指挥中心建设工程，重点建好 14 个市州和 78 个重点林区县市区森林消防指挥中心；四是森林武警部队建设工程，全省拟建立 3000 人的森林警察部队；五是林火监控与通讯建设工程，建立起微波图像传输、数据通讯和卫星监控、视频监控与地面瞭望台哨相结合的监控与通信系统；六是森林防火物资储备库建设工程，在省厅、14 个市州和 78 个重点林区县森林防火物资储备库；七是航空护林工程，建立 3 个航空护林值勤站，对重点林区森林消防实行航空巡护和航空灭火；八是森林消防队建设工程，在 14 个市州和 78 个重点林区县建立专业森林消防队或森林防火民兵应急分队，提高森林防扑火工作的专业化、科学化、现代化水平。

（二）明确责任，兑现奖惩

一是落行政首长的责任。从省长、市长、县长、乡长、村长直至村民组长，逐级签订森林防火责任状，下达防火任务书，把行政一把手的责任贯穿到森林防火工作的全过程。二是落实林业主管部门的责任。要把森林防火工作纳入林业局局长、林场场长、护林员的年度目标管理，进行严格考核，实行一票否决。三是落实林区群众的责任。要积极实施“农户联防包保”工程，把林区相邻的农户“捆绑”在一起，轮流担任小组长，相互约束、相互监督、相互促进。四是落实山头地块责任。使每一个山头、每一片林子都有具体的人员负责。五是落实责任追究制度。要认真执行“两个严格追究”和“四个不放过”的各项规定。

（三）有备无患，防火于未“燃”

（1）积极预防。继续加大对森林防火预测预警、交通通讯、林火阻隔、扑救指挥等系统和森林消防专业队伍及其装备的建设；要按标准设置生物防火林带；在林区建设的各类工程，必须开设防火隔离带或营造生物防火林带，设置森林防火宣传标识。要充分利用现代预测预报手段，加强火险气象和火险等级预测报工作，及时向公众和基层通报森林火险情况；要采用视频监控、高山瞭望、地面巡逻等手段，对森林火情进行全方位、全时段监控，做到早发现、早扑灭。

（2）落实经费。要将森林防火基础设施建设纳入国民经济和社会发展规划，将森林防火的经费纳入公共财政支出，纳入同级财政预算。要按照森林防火费用以政府投入为主、受益者合理负担的原则，积极探索森林防火有偿防控和救助机制与模式，努力建立森林防火多层次、多渠道、多主体的社会投入机制。

（3）狠抓管理。要“疏、导、堵”相结合，切实加强林区野外火源管理。对林缘农事用火，要组织专业森林消防队提供用火服务，实行集中点烧；对经过批准的烧荒炼山、计划烧除等生产用火，要加强监督和指导；对野炊、吸烟等野外生活用火，要实行最严格的管理和控制；防火期要实行全面封山，严禁一切野外用火。

四、加大林业有害生物防治力度

湖南省林业有害生物种类多，发生面积大，危害严重，形势严峻。近10年来，湖南省成灾有害生物达15种之多，年均发生面积在30万公顷左右。其主要表现：一是常发性有害生物发生面积居高不下。其中，马尾松毛虫年均发生面积近24万公顷。竹蝗、竹缕舟蛾近几年也呈现快速上升之势，年发生面积约4万公顷。随着杨树种植面积的迅速扩大，杨树天牛、杨树食叶害虫发生面积不断攀升，年发生量已超过5万公顷。二是危险性有害生物为害严重。萧氏松茎象已分布5市21县，面积达2万公顷，发生面积还在逐年增加，严重危害国外松和马尾松中幼林。三是外来有害生物威胁进一步加剧。目前侵入湖南的林业有害生物种类主要有毛竹枯梢病、松针褐斑病、湿地松粉蚧、松材线虫病、加拿大一枝黄花、红火蚁等。其中，松材线虫是重要的国内外检疫性有害生物，已在湖南省4市6县发生。世界自然遗产——武陵源景区距最近疫区的直线距离仅68公里，已对全省林业和生态安全构成严重威胁。造成林业有害生物灾害日趋严重的原因主要有5个：①树种单一，森林抵御有害生物的能力不强；②投入少，监测预警体系不健全，防治监测手段落后；③监测覆盖率和准确度低，预防措施难以落实；④全球气候变暖，有利于本土有害生物发生；⑤交通运输、商品贸易日益繁荣，有利于外来有害生物入侵。

（一）严格实行目标管理

各级林业主管部门要切实加强林业有害生物防治工作的领导，把防治工作列入重要议事日程。要进一步明确防治责任，继续实行防治目标管理责任制。要全面实行“双线目标管理责任制”，把“成灾率”纳入各级地方政府任期目标管理责任制，把“无公害防治率”、“测报准确率”和“种苗产地检疫率”纳入各级林业主管部门的目标考核，并建立新的目标管理指标体系和考核办法。

（二）认真开展预测预报

一是健全地面调查监测预报系统。主要是建立以村、乡、县三级林业有害生物监测的基础数据采集网络，以14市州、40个国家级森林病虫害中心测报点为骨干建立灾害预警网络。二是建立航空调查监测预报系统。主要依托省森防检疫总站现有的轻型飞机和直升机，建立能对重点预防区、外来有害生物入侵疫点和重大常发性有害生物灾害地区进行快速实时监测系统。三是健全信息传输系统。主要是利用全省已开通的省、市、县三级2M光纤数字电路专线网、湖南省林业基础地理信息系统及基于其上的森林资源信息库、林业Web平台，改建省级林业有害生物信息管理中心，建立基于GIS的林业有害生物数据库和GPS数据（录入、传输）管理系统，增强省级信息处理、监测预警、减灾指挥的能力。在14个市级森防站分别建设区域预警信息中心，增强信息处理、分析、传输和发布能力。在52个重点预防区和50个一般预防区配备信息处理、传输和网络设备，增强其数据采集、初步处理、分析和传输的能力。

（三）全面提高防治能力

（1）建立健全林业有害生物防治体系。主要建立林业有害生物监测预警体系、检疫御灾体系、防治减灾体系、应急反应体系，实现林业有害生物防治标准化、规范化、科学化、法制化、信息化，使主要林业有害生物的发生范围和危害程度大幅度下降，危险性有害生物扩散蔓延趋势得到较大缓解，扭转全省林业有害生物严重发生局面，促进森林健康成长，逐步实现林业有害生物的可持续控制。力争成灾率控制在0.4%以下，无公害防治率超过85%，灾害测报准确率超过85%，种苗产地检疫率达到100%。

(2) 完善基础设施建设。主要是对现有7处林用机场进行维修，新建3处林用机场和14处直升机野外停降点，建立1个新农药试验基地，改扩建省药剂药械库；各市（州）新建药剂药械库14个，配备一批地面防治器械；建设省级药械维修中心一处，负责全省林用药械的维修。改扩建林业生物制剂厂3个，新建天敌繁育中心1个；开展以县级站为重点的全省森防标准站建设。

(3) 提高应急反应能力。主要是建设1个省级林业有害生物应急反应指挥部，14市级林业有害生物应急反应指挥中心；组建14市州级应急队伍，在危险性病虫害重点监测预防区和森林病虫害常灾区建立20个应急救灾队。

(4) 健全防治法规体系。要认真贯彻国家的法律法规，加快地方性防治法规的制（修）订工作，建立完备的防治、检疫法规体系，认真制（修）订林业有害生物防治、检疫的地方标准；要多渠道争取林业有害生物防治资金，努力将林业有害生物防治经费纳入地方政府财政预算；要加强人员培训，规范执法程序和办事公开制度，依法开展森林植物检疫和森林有害生物防治工作。

（四）努力开展林业检疫

一是要加强检疫御灾体系建设。续建省森林植物检疫隔离试种苗圃，建立省级林业有害生物风险评估中心、省林业有害生物鉴定中心、省级检疫检验室、14个市州检疫实验室、5个市地级除害处理设施，在常张高速公路建立6个森林植物检疫检查站，完善44个森林植物检疫检查站的建设，形成布局合理、内容齐备、监管有效的检疫御灾体系。二是认真开展林业有害生物普查，继续查清有害生物的种类、分布及危害状况。三是全面开展产地检疫，在国有苗圃创建无检疫对象种苗繁育基地的基础上，引导鼓励私有苗圃和乡镇苗木生产基地创建无检疫对象种苗繁育基地。

五、切实加强森林公安队伍建设

林业公安是国家林业部门和公安司法机关的重要组成部分，是具有武装性质的兼有刑事执法和行政执法职能的专门保护森林及野生动植物资源、保护生态安全、维护林区社会治安秩序的重要力量。20世纪80年代以来，在各级党委、政府和林业、公检法部门的领导下，林业公安忠实履行法律职责，有力地打击了各类破坏森林和野生动植物资源的违法犯罪活动，为生态建设和林业发展做出了巨大贡献。特别是近年来，湖南省多次组织开展了声势浩大的打击毁林违法犯罪专项整治行动，对乱砍滥伐森林歪风起到了一定的遏制作用。但是，随着林业改革的不断深入，许多深层次矛盾逐步暴露，威胁林区安全、影响林区和谐。一是由林权、林地问题引发的林农矛盾日益尖锐；二是各种不确定因素导致的群体性事件持续增多（如2004年全省共发生森林案件55494起。其中，森林刑事案件1419起，比2003年增加29.7%）；三是森林刑事案件动态化、组织化、职业化和智能化的趋向越来越明显；四是新的犯罪形式和犯罪手段不断出现，社会危害性明显加大；五是护林与毁林斗争长期并存，依法治林任重而道远。

（一）加大森林公安基础设施建设力度

一是要按公安部的部署和要求，认真开展“三基”工作。加大对森林公安队伍的装备和基础设施建设的投入，全面推进“金盾工程”，建立健全现代化森林公安综合信息网络；二是建立森林公安培训中心，严格实行民警培训和轮训制度，努力提高干警综合素质；三是切实加强基层森林公安派出所建设，全面提高其整体作战能力。通过加强基础设施建设和人员培训，使全省森林公安机关装备全部达到一级标准，基础设施建设能满足工作需要，实现全省森林公安队伍规范化、装备现代化、通讯网络化、办公自动化，全面提高森林公安预防、发现、控制和打击破坏森林和野生动植物资源违法犯罪活动的能力，努力维护森林资源安全，促进林区社会和谐稳定。

（二）规范机构设置和警力配备

要积极协调当地政府有关部门，统一森林公安机关机构名称，规范设置森林公安机构及其内设部门。森林公安机关要逐步实现从管理型向管理兼实战型转变。要认真落实森林公安派出所要由上级森林公安机关直管的规定，目前仍由林场、自然保护区、森林公园等单位管理的森林公安派出所要尽快调整为由上级森林公安机关管理。要根据森林及野生动植物资源保护任务的实际需要，合理配置森林公安警力。要精简机关，充实一线，优化整合森林公安的警力结构。派出所警力配备人数不得少于5人。林区按0.2万~0.27万公顷有林地配备一名民警，全省森林公安民警控制在3200人左右。

（三）强化队伍管理

要以深化改革为动力，以提高队伍整体素质和战斗力为目标，以调动和激发广大民警的积极性和创造性为核心，以加强正规化建设为重点，坚持不懈地抓好队伍管理；要认真落实《公安机关人民警察内务条令》和《公安机关窗口单位服务规范》，全面实行“一岗双责”制度；要进一步规范上下级森林公安机关的事权划分，理顺上级森林公安机关对下级公安机关工作的领导和指挥关系，确保警令畅通；要严格警纪，集中整治，树立良好警风；要改善基层办公条件，切实做到“人要精神，物要整洁，说话要和气，办事要公道”。

（四）理顺经费渠道

要认真做好理顺森林公安机关经费渠道工作，建立森林公安经费保障机制，研究制定森林公安经费开支定额，装备配备标准，努力解决森林公安经费保障问题。要按照国家有关规定，加大对森林公安机关办公经费、办案经费、装备经费和基础设施建设经费的投入，确保森林公安机关高效运转。

六、坚持依法治林

新中国成立以来特别是改革开放以来，湖南林业法制建设取得了令人瞩目的成就。一是林业法律体系初步形成。到2005年底，由省人大常委会发布的林业地方性法规已7部，由省人民政府发布的政府规章7部。一个以《中华人民共和国森林法》为龙头，以地方性法规、政府规章相配套的林业法规体系已基本形成。二是林业行政执法队伍不断加强。到2005年，全省共建立森林公安机构354个，木材检查站337个，乡镇基层林业工作站1.5万个；全省有各类林业执法人员近2万人。三是林业行政执法不断深入。每年查处林业行政案件7万起、侦破刑事案件1万多起；通过开展绿剑、春雷、猎鹰、绿盾等不同形式的专项行动，严厉打击了各类破坏森林和野生动植物资源的违法犯罪活动，有效地保护了林业和生态建设成果。四是林业执法监督机制初步形成。建立了林业行政执法检查制度、违法行政督办制度、明察暗访制度、行政公开制度、行政处罚听证制度、重大案件讨论审查制度等。五是林业普法宣传取得明显成效。通过开展“植树节”“爱鸟周”等活动，运用广播、电视、报刊和印发读本、挂图、宣传辅导材料等多种形式，向社会广泛普及了林业法律法规知识。各级林业主管部门通过举办多种类型、不同层次的培训班、法律知识考试等，大大提高了林业各级领导干部和行政执法人员的法律素质，增强了依法行政的理念和能力，为全面推进林业依法行政奠定了坚实基础。但是，随着新形势下林业定性定位和林业建设任务的改变，林业法制建设难以适应以生态建设为主的林业发展战略的需要，难以适应市场经济体制改革和发展的需要。面临的主要问题有：一是林业分类经营思想在法律制度中没有得到充分体现，公益林业和商品林业实行相同的法律制度，该管的没有管住，该放的难以放开。二是现行林业法律法规的有些规定还是计划经济产物，束缚了林业改革与发展。三是林业法律法规制定滞后，在法律规范上还存在不少矛盾、甚至是盲区和空白点。四是林业执法体制不顺，没有形成统一、权威的执法队伍。一些林业行政执法人员为谋取部门或个人利益，将应由司法机关处理的刑事案件“一罚了之”，存在以罚代刑、忽视办案程序、滥用职权、执法犯法等问题。

（一）宣传普及林业法律法规

要采取有力措施，充分发挥各方面的优势和积极性，努力实现由内向型普法向外向型普法的拓展，建立和完善内外结合、上下联动、运作有序的林业普法宣传体系，不断增强全社会爱林、护林意识，为森林资源保护和发展创造良好的法制环境。要以实践为基础推动政策研究，以政策为基础推动法制研究，把林业法制与政策研究有机结合起来，积极推动林业法制理论建设与研究。

（二）完善林业法律体系

要按照生态建设与产业发展并重的林业发展战略，突出重点、统筹兼顾原则，结合林业发展中急需解决的难点问题，把基本的、急需的、条件成熟的作为林业立法的重点，完善林业法律体系。“十一五”期间，要修改完善湖南省林业条例、湖南省野生动植物保护条例，制定湖南省林业有害生物防治条例、湖南省森林消防条例、湖南省全民义务植树条例等法规；抓紧制定湖南省森林林木林地使用权流转、湖南省古树名木保护等办法，修改完善湖南省林木林地权属争议处理办法、湖南省植物检疫实施办法等规章。

（三）强化执法监督

一是要建立健全执法监督与制约机制，严格实行行政执法责任制、评议考核制和行政执法过错责任追究制度。二是实行公开办事制度，增加行政执法透明度，严格执行罚缴分离，实行收支“两条线”。三是要加强林业行政复议工作，切实履行法定的层级监督职能。要按照行政复议法的规定，认真履行复议职能，切实提高复议质量。四是要完善配套制度和工作程序，落实重大行政案件备案审查制度。

（四）规范行政执法

规范林业行政执法，加强林业行政执法保障机制建设，努力争取将执法经费纳入各级政府财政预算，确保执法机构有稳定的经费来源，保障执法公正。实行重大林业行政案件逐级上报制度，对大案要案进行重点督查和督办，向社会公布。稳步推进林业综合行政执法，努力实现执法由多头分散向综合集中拓展。按照《国务院关于进一步推进相对集中行政处罚权工作的决定》要求，根据“政策制定职能与监督处罚职能相对分开，监督处罚职能与技术检验职能相对分开”的原则，整合林业行政执法资源，明确行政执法职责，规范行政执法程序，健全行政执法机制，努力建立一个统一、高效的林业行政综合执法体系。

第八节　加快湖南现代林业发展的十条建议

按照“新林业，新家园”的发展理念与总体思路，“一湖三带五片多点”的规划布局要求，建设“完备的林业生态体系、发达的林业产业体系和繁荣的生态文化体系”的总体目标的需要，在上述保障体系研究的基础上，提出十条需要探讨的政策建议：

一、省委省政府加强对湖南现代林业建设的领导

省委、省政府要进一步高度重视湖南现代林业建设，经常听取林业工作汇报，检查指导林业工作，定期研究解决建设过程中遇到的问题，采取有力措施，加快湖南现代林业发展。

省委、省政府将生态建设指标列为湖南经济社会发展的重要指标。分别制定不同区域、不同类别的生态建设指标，将其列为国民经济社会发展指标。根据指标研究结果，制定和细化分解为干部政绩考核指标，形成对地方各级政府和林业部门的科学考核体系。

强化各级政府领导的林业发展任期目标责任制。将森林覆盖率、森林资源增长率、森林火灾发生率、森林有害生物防治率等指标纳入各级政府行政首长任期考核内容，并建立离任评价机制；把保持林业机构的稳定，加强林业部门的职能，健全林业基层的组织等内容作为行政首长的重要工作，不断将林业发展推上新的高度。

二、加快以林业产权制度为基础的林业综合改革

严格按照中央9号文件精神，积极稳妥地深化集体林权制度改革。同时，将集体林权制度改革与配套改革统筹起来，重点在明晰产权、减轻税费、放活经营，规范流转、配套改革方面取得突破。林权落实方式以家庭承包经营为主；严格执行国家规定的木竹税费征收标准，取缔所有违法违规的木竹收费项目；取消地方和部门对原料的承诺制，保护林农权益；规范育林基金的征收、使用和管理；实行采伐指标公示制，加强木材生产计划的阳光管理和社会监督；制定森林资源转让、抵押贷款、资产评估等管理制度、建立林业产权交易平台；积极发展农民合作组织和中介机构，促进非公有制林业发展；拓宽林业融资渠道，引导发展民营林业担保机构；金融部门加大林业信贷投放力度，积极开展森林资源资产抵押贷款试点，对林农发展生产给予必要的小额贷款支持。

林业行政事业单位（包括基层林业站、木材检查站、植物检疫站等）的改革要与农村综合改革同步进行，严格区分公益性职能与经营性职能，公益性职能所需经费纳入财政预算。对林业部门过去遗留的债权债务，相关部门要摸清底数，按照有关政策逐步解决。对财政困难的重点林区县市区，省财政要通过转移支付给予适当补助，确保基层林业机构的正常运转。

三、加大公共财政对公益林建设的投入

加大各级财政对林业的支持力度，省级林业支出占财政支出的比例应不低于1.5%（据研究，2001~2005年，国家林业投入占中央财政支出5年平均为2.64%）。建立林业管理部门全额拨款制度，全面推进育林基金改革。争取中央和省级公益林补偿全部到位，加快建立市州、县市区级公益林补偿制度，提高补偿标准。逐步建立和完善政府投资购买非国有公益林制度。各级财政逐年增加专项经费用于森林防火、病虫害防治、森林资源监测管理等支出。结合扶贫和农村实行低保等有关政策，对林区无田、少田贫困林农（人均水田面积200平方米以下的）进行补助，切实解决林区无田、少田林农生活问题。

四、充分发挥科技在现代林业建设中的作用

加大政府对林业科技的投入，充分发挥科技在现代林业建设中的支撑作用。重点扶持以

"一校二院二园"为核心的国有林业科技源头创新平台建设。在重点工程中安排落实1%～3%的费用用于科技支撑项目。加快"中国林业科学研究院湖南分院"的建设，在创新体系建设、基础条件建设、人才队伍建设方面给予支持。对中国林业科学研究院湖南分院的5个区域研究中心和3个技术创新中心，省里给予专门立项，保证基本建设投资和启动资金。进一步加大科技推广力度，重点是加强林业科技示范园区建设，大力实施林业科技入户工程。

五、加快城市森林建设，推进城乡生态建设一体化

将城市森林建设纳入城市建设统一规划，强化城市林业行政管理职能，明确由林业部门统筹指导，有条件的可以设置专门机构。制定城市林业发展相关法规和技术标准，促进城市林业发展。实施《长株潭三市生态同建规划》。加大中央和省级公益林建设，启动国道等干线公路的绿色通道建设，做到城市、乡村、道路、绿化统筹规划，整体推进。开展"创绿色家园、建富裕新村"行动，通过以评促建，评建结合，推进城乡生态建设一体化。

六、加强油茶等资源产业开发力度

加强湖南特色生物资源的培育和产业开发力度，大力扶持农民发展珍贵阔叶树、竹林、油茶等木本粮食、干鲜果品、花卉产业、野生动物驯养繁殖等，政府对珍贵树种营造可以按照公益林政策给予补助。制定特色资源培育开发的优惠政策，积极帮助企业解决融资等困难，切实落实林业贴息贷款等政策。大力扶持龙头企业，政府建立龙头企业扶持基金，每年从财政安排一定数额资金扶持龙头企业进行产业升级，开发新产品。特别要加强油茶资源产业开发力度，在良种、资金、税收和科技等方面予以重点扶持。

七、加大洞庭湖保护力度，完善湿地保护管理

湖南是我国湿地资源丰富的省份之一，全省湿地面积约5.6万平方公里，占土地总面积的26.47%。洞庭湖流域现存的一个国家级和三个省级自然保护区，是以行政界限划分的，不利于统一协调保护行动。洞庭湖流域湿地及其生物多样性是一完整的生态系统，其保护和建设也应视为一个整体，建议尽快成立"洞庭湖自然保护区管理局"，解决洞庭湖四个保护区目前存在的土地权属问题。

八、加强血防林和乡村人居林建设

"林业血防"工程要做到"新工程、新机制"。一是落实土地用途，明晰产权；二是强化科技支撑，抓好适用技术推广与示范，确保工程质量；三是推行工程监理制，从工程款中提取1.5%作为工程监理专项费用；四是改革投资方式和资金使用办法，采取收购、补贴等多方式，鼓励社会力量参与；五是突出抑螺的主旨，兼顾经济效益，按标准营造、验收，按经营方案落实采伐管理等资源政策；六是抓好科技示范区建设，树立治理样板。

九、加强森林火灾和林业生物灾害防控能力建设

建立稳定的森林防火投入机制，将森林防火基础设施建设纳入国民经济和社会发展规划，将森林防火的经费作为公共财政支出纳入同级财政预算。要按照森林防火费用以政府投入为主、受益者合理负担的原则，积极探索森林防火有偿防控和救助的机制及其模式。继续加大对森林防火预测预警、交通通讯、林火阻隔、扑救指挥等系统和森林消防专业队伍及其装备的建设。加强林

业生物灾害、野生动物役源疫病防控，健全和强化控灾、检疫机构。

十、加强森林文化体系建设

加快各类纪念林、森林生态环境教育基地建设，传承湖南的历史文化和红色旅游文化，实现人与自然协调发展。在全面推进城市森林和乡村绿化建设中，要与湖南古老的园林文化相结合，与文化古迹保护相结合，与传播生态意识相结合，加强古树名木和各类名胜区森林的保护，大力发展以各类纪念林为代表的文化林建设，丰富森林文化内涵，弘扬绿色文明、生态文明。加强森林文化体系建设的研究，发挥湖南森林文化建设的独特优势。

参考文献
REFERENCE

1. 胡锦涛. 坚定不移沿着中国特色社会主义道路前进　为全面建成小康社会而奋斗——在中国共产党第十八次全国代表大会上的报告. 北京：人民出版社，2012.
2. 中国可持续发展战略研究项目组．中国可持续发展战略研究．北京：中国林业出版社，2003.
3. 中共中央 国务院关于加快林业发展的决定．2003.
4. 江泽慧．世界竹藤．沈阳：辽宁科学技术出版社，2000
5. 江泽慧，等．中国现代林业．北京：中国林业出版社，1995.
6. 江泽慧．加快城市森林建设，走生态化城市发展道路．中国城市林业，2003，1（1）：4 ~ 11.
7. 彭镇华．中国城市森林．北京：中国林业出版社，2003.
8. 彭镇华．中国城乡乔木．北京：中国林业出版社，2003.
9. 彭镇华．林网化与水网化——中国城市森林建设的核心理念，中国城市林业，2003，1（2）：4 ~ 12.
10. 彭镇华．乔木在城市森林建设中的空间效益，中国城市林业，2004，2（3）：1 ~ 7.
11. 彭镇华．中国森林生态网络系统工程．应用生态学报，1999，(10).
12. 彭镇华．上海现代城市森林发展研究．北京：中国林业出版社，2003.
13. 彭镇华，王成．论城市森林的评价指标．中国城市林业，2003，1（3）：4 ~ 9.
14. 王成，彭镇华，陶康华．中国城市森林的特点及发展思考．生态学杂志，2004，23（3）.
15. 王成．城镇不同类型绿地生态功能的对比分析. 东北林业大学学报，2002，3：111 ~ 114.
16. 蔦汉栋．跨世纪的湖南林业．长沙：湖南人民出版社，2002.
17. 蔦汉栋. 乡村林业在湖南林业中的地位与作用. 中南林学院学报，2002，22（4）.
18. 黄鹤羽．我国林业科技的发展趋势与对策．世界林业研究，1997，(1)：43 ~ 51.
19. 黄鹤羽，等，我国人工林地力衰退现状与对策．中国林业，1994（8）：35 ~ 36.
20. 沈照仁，人工造林与持续经营．世界林业研究，1994，7（4）：8 ~ 13.
21. 中华人民共和国林业部林业区划办公室．中国林业区划．北京：中国林业出版社，1987.
22. 湖南省统计局湖南省统计年鉴．北京：中国统计出版社，2005.
23. 张建国，等．现代林业论．北京：中国林业出版社，1996.
24. 顾朝林，柴彦威，蔡建明，等．中国城市地理．北京：商务印书馆，2002.
25. 冯贤亮．明清江南地区的环境变动与社会控制．上海：上海人民出版社，2002.
26. 李文治，江太新．清代漕运．北京：中华书局．1995.
27. 雷加富．中国森林资源．北京：中国林业出版社，2005.
28. 陈廉．揭开林业税费过重神秘面纱．中国林业，1999，5.
29. 陈晓倩．林业可持续发展中的资金运行机制．北京：中国林业出版社，2002.
30. 陈幸良．国家机构改革的基本取向与林业行政体系的建立．林业经济，2003，2，49 ~ 51.
31. 张颖．循环经济与绿色核算．北京：中国林业出版社，2006.

32. 郝燕湘．中国林业产业发展方向及政策要点．中国林业产业，2005.
33. 张光训．湖南森林在我国生物多样性评价中的重要性．湖南林业科技，2003.
34. 杜彦坤．我国农林业企业管理创新的战略构想．调研世界，2001，21-24.
35. 湖南植被编委会．湖南植被．长沙：湖南科学技术出版社，1988.
36. 罗望林．湖南经济地理．北京：新华出版社，1988.
37. 付达夫．湖南森林与水土流失．中南林业调查规划，1999（1）：1～5.
38. 周国华．湖南小城镇发展研究．长江流域资源与环境，2000（9）：299～306.
39. 国家林业局．林业经济统计资料汇编．北京：中国林业出版社，2003.
40. 陈彰嘉等．三峡库区与洞庭湖关系研究．长沙：湖南科学技术出版社，2002.
41. 洪菊生，王豁然．世界林木遗传、育种和改良的研究进展和动向．世界林业研究，1991，4（3）：7～11.
42. 侯元兆．国外林业行政机构现状及演变趋势．世界林业研究，1998，1：1～6.
43. 胡慧璋．淳安新安江水库集水区最佳森林覆盖率的探讨．浙江林业科技，1988（2）.
44. 黄枢．城市绿化的主要目标应是改善生态环境．中国花卉园艺，2002，（15）：14～16.
45. 黄晓驾，张国强，王书耕，等．城市生存环境绿色量值群的研究．中国园林，1998，（1～6）.
46. 杨洪等．湖南森林旅游开发与森林保护．经济地理，2002，（4）：501～505.
47. 姜东涛．城市森林与绿地面积的研究．东北林业大学学报，2001，29（1）：69～73.
48. 兰思仁．试论森林旅游业与社会林业的发展．林业经济问题，2000，3.
49. 李坚，刘君良，刘一星．高温水蒸气处理固定木材压缩变形的研究．东北林业大学学报，2000，（4）11～15.
50. 刘德弟，沈月琴，李兰英．市场经济下林业社会化服务体系建设研究．技术经济，2001（2）.
51. 刘君良，江泽慧．酚醛树脂处理杨树木材物理力学性能测试．林业科学，2002，38（4）.
52. 吕士行，方升佐．杨树定向培育技术．北京：中国林业出版社，1997.
53. 桂来庭．从我国的城市化看我国城市森林的发展．中南林业调查规划，1995，（4）：24～31.
54. 吴有昌．海南省林业科技发展战略与对策．热带林业，1995，23（2）：56～63.
55. 肖正泽．林业科技推广的保障机制与激励机制初探．湖南林业科技，2001，23（3）：83～84.
56. 徐益良，林雅秋等．21 世纪福建林业产业发展趋势与结构调整．林业经济问题，2001，4.
57. 杨一波．加入 WTO 后林业行政行为的思考．湖南林业，2000，9：13～14.
58. 张守攻，等．森林可持续经营导论．北京：中国林业出版社，2001.
59. 张金池，胡海波．水土保持及防护林．北京：中国林业出版社，1996.
60. 曾华锋，王晓南．江苏省森林生态系统多元化融资渠道及政策研究．林业经济，2001，7～9.
61. 翟丽红，杨艺．关于促进我国第三产业发展的战略思考．长春师范学院学报，2002，6.

附 件
APPENDIX

附件 1

湖南省人民政府、中国林业科学研究院
关于开展《湖南林业发展战略研究与规划》的协议书

甲方：湖南省人民政府

乙方：中国林业科学研究院

为了推进湖南省林业发展，积极探索我国南方地区的林业发展战略，湖南省人民政府商请与中国林业科学研究院共同组织开展《湖南林业发展战略研究与规划》工作。经双方商定，就共同开展这项工作达成以下协议

一、项目在 2001 年签订的“湖南省人民政府、中国林业科学研究院林业科技合作框架协议书”基础上开展工作。

二、项目重点开展湖南省林业建设的指导思想和总体目标、生态湖南建设的总体布局、林业可持续发展指标、林业生态和产业发展规划、林业发展关键技术、林业建设保障体系等方面的研究与规划，为湖南省林业发展和我国南方林业发展探索成功的经验。

三、双方联合成立项目领导小组和专家组开展研究；湖南省人民政府为项目提供必要的研究经费。

四、中国林业科学研究院负责牵头项目研究工作，湖南省人民政府组织省林业、发改委、财政、科技等有关部门参与相关工作。

五、研究成果的知识产权双方共有。

六、有关未尽事宜，在项目研究计划中统一安排。

七、本协议一式四份，双方各执两份，具有同等效力。

甲方：湖南省人民政府　　　乙方：中国林业科学研究院

代表人（签字）　　　代表人（签字）

江泽慧

2005 年 7 月 28 日

附件2

在“湖南林业发展战略研究与规划”启动会上的讲话

江泽慧
（国家林业局党组成员　中国林业科学研究院院长）

（2005 年 7 月 28 日）

尊敬的杨泰波副省长，

各位领导、各位专家、同志们：

今天，我们很高兴在这里举行“湖南林业发展战略研究与规划”启动会议，正式开展这项工作。这是落实湖南省人民政府与中国林业科学研究院林业科技合作协议的重要举措，充分体现了湖南省委、省政府对林业的高度重视，也标志着湖南省实施以生态建设为主的林业发展战略又迈出了重要步伐，这必将对湖南乃至全国林业的发展产生积极的影响。国家林业局党组和周生贤局长也十分重视此项活动，专门委派我和雷加富副局长出席今天会议，并认真组织实施为此项战略研究与规划。

当前，以中共中央、国务院《关于加快林业发展的决定》的颁布和《中国可持续发展林业战略研究》的全面完成为标志，我国林业进入了一个新的发展时期。今后 5 ~ 15 年，是我国林业和生态建设的重要战略机遇期，我们要按照中国可持续发展林业战略研究的总体思路，全面实施以生态建设为主的林业发展战略，深入推进林业的历史性转变，深化区域发展战略研究，打好“相持阶段”攻坚战，充分发挥林业在促进经济社会可持续发展，实现人与自然和谐相处，满足人们的多样化需求等方面的作用。湖南省政府根据全省林业发展的实际，决定开展湖南林业发展战略研究，并以此为依据，科学编制《湖南林业中长期发展规划》，这是加快湖南林业发展和生态建设的迫切需要，也是湖南省人民政府按照科学发展观进行科学决策的具体体现。

长期以来，湖南省委、省政府高度重视林业建设，采取了一系列重大举措，全省林业建设取得了可喜成绩。通过实施退耕还林、防护林建设、绿色通道建设、野生动植物保护、生态公益林保护、速生丰产林建设、林产工业、森林旅游、优质种苗花卉等九大工程，使森林资源不断增加，人居环境逐步改善，林业产业迅速发展。全省森林覆盖率达到 51.65%；林木绿化率达到 54.88%，活立木蓄积量达到 3.6 亿立方米，竹林面积 1200 万亩。与此同时，林业产业也得到了长足发展。具有区域特色的林业格局已初步形成，为建设生态湖南，打造林业强省奠定了坚实的基础。在湖南加快林业建设的过程中，中国林业科学研究院与湖南省开展了一系列合作，取得了显著成绩。特别是“中国森林生态网络体系建设研究与示范”“兴林抑螺科研与工程造林”“数字林业技术研究与开发”等重大科技研究课题取得了丰硕成果，为湖南林业发展注入了新的动力，起到了示范作用。

为了充分利用湖南得天独厚的优势，加快湖南林业发展，促进湖南林业深化改革、扩大开放、加速发展，湖南省人民政府决定，由中国林业科学研究院牵头，组织力量开展湖南林业发展战略研究，并以此为指导，科学编制《湖南林业发展规划》，这是中国可持续发展战略研究成果运用于实践的具体体现，也是创新林业政策和机制的实践。中国林业科学研究院将组织精干队伍，与湖南有关部门密切配合，认真搞好研究，做出规划。在整个工作中，要以“三个代表”重要思想为指导，全面落实科学发展观，准确把握林业在湖南经济社会发展中的地位和作用，深刻认识湖南林业所处的发展阶段，认真分析当前湖南林业建设的主要矛盾，突出湖南林业建设的战略重点，科学反映湖南林业的时代特征和基本框架，为湖南省生态建设和我国南方林业建设探索成功的路子。

各位领导、各位专家：“湖南林业发展战略研究与规划”，既有很强的理论性，又是具体的发展规划，涉及的部门多、范围广、政策性强。为保障项目顺利实施，我们成立了由我和杨泰波副省长为组长的“湖南林业发展战略研究与规划”领导小组和阵容强大的专家组，切实加强项目的领导和研究力量，会后要尽快制定具体工作方案和实施计划。我相信，有湖南省政府和国家林业局的大力支持，通过我们的精诚合作，这项工作一定能够实现预期的目标，为新时期湖南林业发展和生态建设做出积极贡献！

谢谢大家！

附件3

《湖南现代林业发展战略研究与规划》专家评审意见

2007年10月12日，湖南省人民政府、中国林业科学研究院邀请中国科学院、中国工程院、中农办、国务院研究室、国务院参事室、国家发改委、财政部、科技部、国家林业局、湖南省、中国林业科学研究院、北京林业大学、国际竹藤网络中心等有关部门和单位的院士、专家，对湖南现代林业发展战略研究与规划项目进行了评审。评审委员会听取了汇报并审阅了规划文本，经讨论形成评审意见如下：

一、以科学发展观为指导，贯彻中央林业决定精神，运用中国可持续发展林业战略研究成果，针对湖南的实际和特色，结合经济社会发展对林业的需求，开展了湖南现代林业理念、发展指标、总体布局、工程规划、关键技术、保障体系等方面的研究，取得了重要的研究成果，这对湖南省现代林业建设具有重要的指导作用，对全国现代林业发展也具有重要的借鉴作用。

二、提出了“新林业，新家园”的发展理念。“新林业”的核心是：生态、产业、文化协调发展的新思路；林业、林区、林农整体推进的新目标；山、水、城、乡统筹建设的新布局；创新与引进相结合的新技术；扶持与激励综合保障的新政策。“新家园”的核心是：健全生态体系，构建绿色家园；发展林业产业，打造宽裕家园；弘扬森林文化，建设人文家园。这一理念具有创新性，对加快湖南林业发展，建设社会主义新农村和和谐社会具有重要意义。

三、在构建评价与发展指标体系框架的基础上，筛选了包括生态、产业、文化三项内容的14个核心指标。采取多种方法对指标进行了量化研究，并首次构建了生态文化建设指标，确定了不同时期的阶段性发展目标，具有创新性。

四、根据湖南自然地理特征、森林资源分布现状、城市群发展趋势，提出了“一湖三群五片多点”的林业建设空间布局，对今后湖南林业实施资源配置、优化布局具有重要意义。特别是把洞庭湖湿地保护与滩地综合开发，城市群发展与人居环境改善，作为湖南林业发展的重要内容，充分体现了以人为本、和谐发展的思想。

五、针对林权制度改革和现代林业的新要求，从政策制度、科技保障、投入、组织、人力资源等五个方面进行了系统研究。提出了推进林权改革的具体政策和配套措施；明确了“一校二院二园”为核心的林业科技源头创新体系建设；强调了加大各级财政对林业的支持力度，提高省级林支出占财政支出的比例；提出了加强湖南特色生物资源的培育和产业开发力度，加大对农民、龙头企业的扶持。具体政策建议具有较强的针对性、前瞻性和可操作性。

六、编制了《湖南现代林业建设重点工程总体规划》。《规划》紧密结合湖南实际确定了十项重点林业工程，提出了集成配套工程建设关键技术。《规划》科学合理，可操作性强。

评审委员会认为，《湖南现代林业发展战略研究与规划》是一项理论与实践、宏观与微观相结合的多学科交叉、涉及面广的系统性、综合性的研究项目，该项目取得的研究成果，在理论和实践上有创新、有发展，是我国林业科学研究支撑现代林业发展规划的创新成果。

评审委员会建议湖南省委、省政府在推进湖南省经济社会发展和现代化建设进程中充分吸纳项目研究成果；建议根据专家意见修改完善后，提请湖南省人大常委会审议通过，从政策、机构、资金等方面保障《规划》的实施。同时建议国家相关部门加强对湖南现代林业建设工作的指导和支持。

主任委员

2007 年 10 月 12 日

附件4

《湖南现代林业发展战略研究与规划》评审专家名单

1	李文华	中国科学院地理科学与资源研究所	中国工程院院士、研究员；中国生态学会名誉理事长
2	王　涛	中国林业科学研究院	中国工程院院士、研究员、首席科学家
3	唐守正	中国林业科学研究院	中国科学院院士、研究员、首席科学家
4	尹伟伦	北京林业大学	中国工程院院士、校长、教授
5	段应碧	中央财经领导小组	原中央财经领导小组办公室副主任、国家林业专家咨询委员会副主任
6	杨雍哲	国务院研究室	原国务院研究室副主任、国家林业局专家咨询委员会委员
7	盛炜彤	中国林业科学研究院	国务院参事、首席科学家
8	吴　斌	北京林业大学	党委书记、教授
9	吴晓松	国家发改委农业司	副司长、高级工程师
10	赵鸣骥	国家财政部农业司	司长、高级经济师
11	封加平	国家林业局办公室	主任、高级工程师
12	魏殿生	国家林业局植树造林司	司长、高级工程师
13	肖兴威	国家林业局森林资源管理司	司长、教授级高工
14	卓榕生	国家林业局野生动物保护司	司长、高级工程师
15	杜永胜	国家林业局森林公安局	局长、高级工程师
16	杨　超	国家林业局发展计划与资金管理司	副司长、高级工程师
17	张永利	国家林业局科学技术司	司长、高级工程师
18	孙　建	国家林业局木材行业办公室	主任、研究员
19	李向阳	中国林业科学研究院	副院长、高级工程师
20	刘世荣	中国林业科学研究院	副院长、研究员
21	岳永德	国际竹藤网络中心	常务副主任、研究员
22	戴军勇	湖南省人民政府	副秘书长
23	石建辉	湖南省财政厅	副厅长、高级会计师
24	邓三龙	湖南省林业厅	副厅长、高级经济师
25	文会中	湖南省发改委	副厅长、高级经济师

附件 5

在《湖南现代林业发展战略研究与规划》项目评审会上的讲话

中国林业科学研究院院长　江泽慧

尊敬的张建龙局长，
尊敬的杨泰波副省长，
各位院士、专家，同志们：

由湖南省人民政府和中国林业科学研究院共同组织开展的《湖南现代林业发展战略研究与规划》项目，在国家林业局的直接关心和悉心指导下，在湖南省人民政府的高度重视和全力支持下，经过项目组专家两年多的攻关研究，项目已完成各项预期研究任务，取得了重要进展。在“十七大”召开前夕，很高兴邀请到各位院士专家和主管部门领导参加项目成果审定会，听取各位专家和领导的宝贵意见。

当前，我国现代化建设已经进入了加快推进的重要时期。以胡锦涛同志为总书记的党中央做出了全面落实科学发展观、构建社会主义和谐社会、建设社会主义新农村等一系列重大战略决策，为林业建设赋予了新的使命，对林业发展提出了新的要求。维护生态安全、促进人与自然和谐，维护气候安全、缓解全球气候变暖，维护木材安全、解决木材供需矛盾，维护能源安全、发展生物质能源，维护农村社会和谐稳定、促进农民就业增收，都要求林业有更大的发展，都需要林业做出新的贡献。在这种新形势下，林业在经济发展和社会进步中的地位越来越重要，作用越来越突出，面临的任务也越来越繁重。

国家林业局及时把握时代的脉搏和潮流，适应国内外形势的深刻变化，顺应林业发展的内在规律，提出了全面推进现代林业建设的重大战略决策。建设现代林业，必须充分拓展林业的生态功能、经济功能和社会功能，构建森林生态体系、林业产业体系和森林文化体系。这是一项长期而艰巨的任务，是一个循序渐进的过程。因此，必须从我国的基本国情、林情出发，根据不同的区域特点，分区施策，协调推进，走有中国特色现代林业发展道路。

湖南山清水秀，人杰地灵，是著名的鱼米之乡，在中国南部占据着十分重要的位置。今天的湖南省，更是“长三角”和“珠三角”两大经济圈的连接带，承担着承东启西、贯通南北、辐射周边的重要功能，在国家“中部崛起”战略中具有举足轻重的地位。湖南是林业大省，林业作为湖南建设的重要内容，肩负着改善生态、发展经济、促进文明的重要使命。长期以来，湖南省委、省政府高度重视林业建设，全省林业建设取得了重要成绩。具有区域特色的林业格局已初步形成，具备了推进现代林业建设的有利条件和较好的基础。

由此可见，湖南现代林业发展在全省和谐社会建设、在区域生态建设、在全国现代林业发展中都占据着十分突出和重要的地位。《湖南现代林业发展战略研究与规划》项目的参研专家，正是根据国家林业局全面推进现代林业建设的战略部署，按照湖南省委、省政府建设“和谐湖南”的总体要求，在充分借鉴国际林业发展经验的基础上，结合湖南省经济社会和林业发展的实际以及经济社会发展对林业的需求，提出了“建设和谐湖南新林业，打造绿色安全新家园”的湖南现代林业发展核心理念；指明了通过建设完备的林业生态体系、发达的林业产业体系和先进的森林文化体系来实现这一新理念的发展途径；布局了“一湖三群五片多点”的林业建设格局。

《湖南现代林业发展战略研究与规划》项目以现代林业为题开展研究，不仅较好的研究回答了湖南经济社会可持续发展中如何全面推进现代林业建设的问题，同时也为全国现代林业建设提供了重要的发展理念和实践经验。

各位领导、各位专家：

通过这次项目研究成果的评审，广泛听取各位专家和相关部门领导的意见、建议，按照国家林业局提出的“全面推进现代林业建设”的总体部署，围绕湖南省委、省政府提出的“既要金山银山，更要绿水青山”，以及建设“和谐湖南”的重要构想，在进一步加大现有研究成果的运用力度的同时，继续深化后续研究，力争使项目研究取得更大的成果。

《湖南现代林业发展战略研究与规划》作为一个把理论与实践紧密结合的探索性研究和重要规划，涉及部门多、范围广，政策性强，研究难度较大。我相信，有国家发改委、财政部、科技部等部门的关心和支持，有国家林业局对湖南现代林业建设的全面指导，有湖南省委、省政府的高度重视，有项目组全体参研人员的通力合作，“湖南现代林业发展战略研究与规划”项目一定能够实现预期研究目标，为新时期的湖南现代林业建设发挥更大作用，做出更大的贡献！

谢谢大家！

附件 6

在湖南现代林业发展战略研究与规划项目评审会上的讲话

湖南省人民政府副省长　杨泰波

2007 年 10 月 12 日

各位领导、各位专家、同志们：

经过双方两年的努力，作为湖南省人民政府和中国林业科学研究院全面科技合作的重要项目——湖南现代林业发展战略研究与规划工作取得了丰硕成果。今天我们在这里举行项目评审会。首先我代表湖南省人民政府向国家林业局对项目的重视支持表示衷心的感谢，对以彭镇华教授为组长的各位专家的辛勤工作表示诚挚的敬意，对今天参加评审会的各位领导和专家表示热烈的欢迎。

湖南现代林业发展战略研究与规划课题，2005 年 7 月由湖南省人民政府商请中国林业科学研究院组织开展。中国林业科学研究院和湖南省人民政府对此都非常重视。江泽慧院长提出了研究的指导思想和基本原则，并多次专程到湖南考察指导。中国林业科学研究院组织了由彭镇华教授领衔的高水平的研究队伍。课题组专家多次到湖南实地考察，前后召开了九次专家组会议，写出了几十万字的研究材料。湖南省人民政府也多次听取省林业厅有关课题进展情况汇报，组织有关部门收集资料，筹措经费，为课题开展提供了良好服务。湖南现代林业发展战略研究与规划课题还得到了国家林业局的亲切关怀和大力支持。贾治邦局长多次过问课题进展情况。雷加富副局长在国家林业局主持了项目协议签字仪式。国家林业局还委派张守攻同志到湖南省林业厅挂职，具体指导帮助湖南省林业科技和研究与规划工作。

湖南现代林业发展战略研究与规划，遵从国家现代林业发展战略的总体布局，借鉴国际林业发展经验，从湖南省情出发，提出“建设和谐湖南新林业，打造绿色安全新家园”的湖南现代林业发展理念，并规划通过建设完善的林业生态体系，发达的林业产业体系，繁荣的生态文化体系来实现这一理念。“湖南林业发展战略研究与规划”文本，对湖南现代林业发展的指导思想、建设原则、总体布局、发展目标、重点工程、基础设施建设及保障措施等进行了科学全面地阐述。研究资料翔实、手段先进、观点新颖、结论科学，规划的科学性、针对性、可操作性强，为湖南现代林业发展提供了可靠的理论依据。这项研究成果，必将对湖南“十一五”和中长期林业发展发挥很好的指导和促进作用。

当前，随着工业化、城镇化、农业产业化的发展，林业在经济社会发展全局中的地位越来越重要。湖南省委、省政府把林业的发展摆到了更加突出的位置。把保持青山绿水、提高森林覆盖率作为全省实现科学发展的四条底线之一，列入全省小康社会目标体系；把森林蓄积量增长率作为考核县域经济发展的七大指标之一；把竹木林纸产业链作为全省五大农业产业链之一；把深化集体林权制度改革作为推进新农村建设的重要内容和措施之一；把“生态湖南”建设作为构建和谐湖南四大内容之一。紧紧围绕推进现代林业建设，确立了“瞄准一个目标，实施‘三三’战略，推进九项工程，构建三大体系”的思路。即：瞄准“十一五”末全省森林覆盖率达到57%、森林蓄积量达到4.3亿立方米这一目标；实施“生态、经济、社会三大效益一起要，一、二、三次产业一起上，林业、林农、林区三林问题一起抓”的“三三”战略；推进退耕还林、防护林、野生动植物保护及自然保护区、生态公益林、绿色通道、速生丰产林、种苗和花卉、林产工业、森林和湿地旅游等九项工程；构建完善的林业生态体系、发达的林业产业体系和繁荣的生态文化体系。为此，我们将认真学习并充分运用研究成果。要组织各级领导和林业系统的广大干部职工认真研读研究文本，用研究成果拓展我们的工作视野，提高我们的理论水平，丰富我们的知识内涵。同时，在湖南林业的重大决策和工作部署中，要把研究成果作为重要理论指导和参考依据，使研究成果得到充分的利用。要努力把研究成果灌输到干部职工的脑海里，落实到林业工作的实践中，促进湖南现代林业又好又快的发展。

各位领导、各位专家，湖南现代林业发展战略研究与规划虽然已告一段落，但是湖南省人民政府和中国林业科学研究院的科技合作将继续开展。希望各位领导和专家一如既往地关注湖南，关心湖南林业的发展。

谢谢大家！

附件 7

在《湖南现代林业发展战略研究与规划》项目评审会上的讲话

中国林业科学研究院首席科学家 彭镇华

尊敬的各位领导、各位专家：

上午好！

目前，我国正在全面推进现代林业建设，充分发挥森林的多种功能，实现建立完善的林业生态体系、发达的林业产业体系和繁荣的生态文化体系的目标，满足社会对林业的多样化需求。作为我国中部林业建设的重点省份，加快湖南现代林业发展，在促进人与自然和谐，全面建设小康社会中具有重大的战略意义。改革开放以来，尤其是最近五年，湖南省委、省政府和国家林业主管部门高度重视林业工作，采取了一系列重大举措，三湘儿女艰苦奋斗，广大务林人无私奉献，林业建设取得显著成就。林业资源总量大幅增长，林业生态建设整体推进，林业产业发展方兴未艾，资源保护管理日趋规范，林业科技教育蒸蒸日上，林业在经济社会发展中的地位和作用不断提高。

为了全面推进湖南现代林业建设，2005 年 7 月，受项目领导小组委托，由中国林业科学研究院牵头，组织有关专家开展湖南现代林业发展战略研究与规划。这是湖南省人民政府按照科学发展观进行科学决策的具体体现，也是中国林业科学研究院与湖南省人民政府开展省院合作的一项重要内容。本项目分列发展理念、发展指标、总体布局、森林生态与生态文化建设关键技术、产业发展关键技术和保障体系 6 个专题开展了研究，并编制了现代林业发展总体规划和重点工程建设规划。由于时间关系，在这里我代表项目组主要介绍十个方面的内容：

一、湖南林业发展现有基础

（一）林业建设成就

2006 年底，全省森林覆盖率 55%，林业用地面积达到 1280 万公顷，占全省国土总面积的 60.1%，森林蓄积量达到 3.79 亿立方米，毛竹立竹总数达到 19 亿株。全省有湿地面积 560 公顷，占全省国土总面积的 26%。与“九五”期末相比，森林覆盖率增长 2.56 个百分点，森林蓄积量增加 28.1%，毛竹立竹增长了 29.77%。

目前全省自然保护区达到 106 个，总面积 126.7 万公顷，占国土面积的 5.98%；自然保护小区达到 157 个，总面积 21.3 万公顷。国家森林公园 29 处，省级森林公园 40 处，县（市）级森林公园 10 处，总面积 22.3 万公顷。实施了生态公益林保护，国家级面积达 200 万公顷，省级面积达 14 万公顷。铁路、高速路、国道等绿色通道建设共计里程 1270 公里。全省拥有各类林业企业 3 万多家，从业人员 320 多万人，涉林人员 1600 多万人。“十五”期末，全省实现工业总产值 171 亿元，比“十五”初期增长 108%。

同时，资源保护管理日趋规范，林业科技教育蒸蒸日上，林业科技对社会经济的贡献率达到 30.13%，林业在经济社会发展中的地位和作用不断提高。2005 年，省委、省政府作出了建设“和谐湖南”的战略决策，把“生态湖南”作为构建和谐湖南的四大内容之一。目前，全省山区、丘陵区、平湖区农民收入来自林业的比重已分别达到40%、25%和12%。

（二）存在的主要问题

湖南林业建设虽然取得了显著的成绩，基本完成了生态恢复的任务，但从总体上看，与新形势对林业的要求还不相适应，存在不少亟待解决的问题。这主要表现在：

一是林业发展观念与现代林业发展不相适应

二是森林经营较为粗放，质量不高

三是林产工业规模小、效益较低

四是林业发展投入不足，基础设施薄弱

五是科技创新平台建设不够，科技创新能力未能得到有效发挥

（三）必要性

1. 实施国家以生态建设为主林业发展战略的需要

2. 保障区域生态安全的需要

湖南位于长江中游地区，建设好当地森林能极大地减少水土流失，对于减少洞庭湖、长江中下游河道的淤积，进而防控长江中下游地区的洪涝灾害，保障长江流域生态安全具有重要作用。湖南为血吸虫病主流行区之一，现有血吸虫病人20.55万人，占全国血吸虫病人总数的24.41%，居全国第二位。实施林业血防工程是从根本上防治血吸虫病的主要措施，因此急需开展林业血防工程建设。

3. 构建湖南和谐社会的需要

建设生态湖南，构建湖南和谐社会，林业肩负着光荣而艰巨的任务。林业是保持人与自然和谐的桥梁纽带，大力发展现代林业是保持人与自然和谐发展的关键。

4. 建设社会主义新农村的需要

湖南林业用地面积占全省国土总面积的60.1%，全省重点林区县76个，涉林人员1600万人，占全省农业人口的37%。林业对促进农村生产力水平的提高、促进林农收入的增加、促进乡村文明建设等方面发挥着巨大作用。

5. 满足人们森林生态文化消费的需要

随着湖南经济发展、社会进步和人民生活水平的提高，改善人居生态环境，满足人们休闲、旅游等文化需求已成为林业发展的重要任务之一。

由此可见，湖南省现代林业发展的战略定位是，在全省和谐社会建设中具有关键地位，在区域生态建设中具有突出地位，在全国现代林业发展中具有重要地位。

二、湖南现代林业发展理念、指导思想、建设原则和战略目标

（一）发展理念

按照党和国家在新时期的社会主义现代化发展战略和我国新时期的林业发展战略和“中国森林生态网络”思想，在充分借鉴国际林业发展经验的基础上，结合湖南省经济社会和林业发展的实际以及经济社会发展对林业的需求，提出“建设和谐湖南新林业，打造绿色安全新家园”的湖南现代林业发展核心理念。简称“新林业，新家园”。

1.“新林业”是指以生态理念指导、市场手段推动、科技创新支撑、现代制度保障的林业，是功能齐备的生态林业，是优质高效的产业林业，是独特多样的人文林业，是既实现自身可持续发展，又能不断满足全省经济社会全面协调可持续发展对生态、经济、社会和文化需求的现代林业。其基本内涵：

（1）新思路：生态、产业、文化协调发展；

（2）新目标：林业、林区、林农整体推进；

（3）新布局：山、水、城、乡统筹建设；

（4）新技术：创新与引进相结合；

（5）新政策：扶持与激励综合保障。

2.“新家园”是指根据党和国家提出以人为本、全面协调可持续的科学发展观，倡导构建和谐社会和社会主义新农村的要求，建设绿色和谐平安的家园。它不仅是山清水秀、林茂粮丰、鸟语花香的绿色家园，而且是人与人的关系更加融洽、人与自然的关系更加协调、人与自己内心的关系更加平和的和谐家园。不仅指建设农村绿色家园，也包括打造城市生态家园。

具体包括建设平安家园、宽裕家园和人文家园三项内容：

（1）健全生态体系，构建平安家园；

（2）发展林业产业，打造宽裕家园；

（3）弘扬森林文化，建设人文家园。

实现“新林业，新家园”的核心理念，在发展途径上要建设功能齐备的林业生态体系、优质高效的林业产业体系和独特多样的森林文化体系。

（二）指导思想

在邓小平理论和“三个代表”重要思想的指引下，以科学发展观为指导，全面贯彻落实《中共中央国务院关于加快林业发展的决定》，立足湖南经济社会发展实际，以“建设和谐湖南新林业，打造绿色安全新家园”为核心理念，着力建设功能齐备的林业生态体系、发达的林业产业体系和独特的森林文化体系，实现资源增长、生态优良、产业发达、文化丰富、林农增收的目标，推动湖南现代林业又好又快发展，服务于全省和区域经济社会的全面、协调和可持续发展，为湖南和谐社会建设作出重要贡献。

（三）建设原则

1. 坚持和谐发展，强化生态安全；
2. 坚持产业富民，强化新农村建设；
3. 坚持科技兴林，强化资源培育；
4. 坚持城乡一体，强化分区施策；
5. 坚持政府指导，强化社会参与。

（四）战略目标

以湖南“新林业，新家园”发展理念为指导，通过大力实施四项林业生态工程、五项林业产业工程、三项森林文化工程的建设：

到2010年，使森林覆盖率达到57.18%，森林蓄积量达到5亿立方米，生态公益林面积577万公顷，自然保护区面积130万公顷，林业产业总产值达到1066亿元，生态状况进一步改善，林业富民能力进一步增强，生态文化功能得到充分挖掘。

到2020年，森林覆盖率稳定在57%以上，森林蓄积量达到6.3亿立方米，生态公益林面积586万公顷，自然保护区面积170万公顷，林业产业总产值达到1771亿元，生态状况显著改善，林业富民能力明显增强，生态文化功能得到有效发挥。

到本世纪中叶，基本建成完备的森林生态体系、发达的林业产业体系和繁荣的生态文化体系，实现山川秀美，生态优良，资源增长，产业发达，文化丰富，林农增收的发展目标。

三、湖南现代林业发展指标

（一）指标体系构建

根据系统层次性、前瞻性、科学性、可行性、综合性和针对性等原则，在深入分析湖南省林业发展的现状、潜力基础上，围绕社会经济发展总体目标，参照国内外林业建设实践与建设标准，构建湖南省现代林业发展指标体系框架。

这是现代林业发展指标体系框架图。

通过对湖南省现代林业发展指标单项分析、系统动力学模拟等手段对各项主要指标进行了综合分析，在此理论分析结果基础上，综合考虑湖南省社会经济环境发展态势，提出了湖南现代林业发展分阶段指标结果表见表1。

表1　湖南现代林业发展分阶段指标结果表

	编号	指标	现状值	2010 年预测值	2020 年预测值
生态	1	森林覆盖率（%）	56.18%	57.18%	57.18%
	2	生态公益林面积（公顷）	5.14×10^6	5.77×10^6	5.86×10^6
	3	定向改造面积（公顷）	1.10×10^5	1.93×10^5	1.36×10^5
	4	自然度	0.54	0.59	0.64
	5	自然保护区面积（公顷）	1.25×10^6	1.3×10^6	1.7×10^6
	6	绿色通道率（%）	6.59	9.10	11.50
	7	线状林水结合度（%）	42.40	45.26	49.09
	8	面状林水结合度（%）	62.84	64.21	65.85
	9	洞庭湖林水结合度（%）	79.26	80.21	80.41
产业	10	森林蓄积（立方米）	4.03×10^9	4.99×10^9	6.33×10^9
	11	林业产业总产值（亿元）	499	1066	1771
文化	12	生态文化发展水平等级	3 级	2 级	2 级
	13	森林公园面积（公顷）	3.29×10^5	4.49×10^5	6.99×10^5
	14	湿地面积（个数）	1	11	15

四、湖南现代林业发展战略总体布局

（一）布局依据和原则

根据生态安全需求、产业发展需求、社会发展需求，确定了现代林业发展战略布局的5项原则：①服务中部崛起需求，促进人与自然和谐。②立足湖南省域范围，突出南北区位优势。③统筹山湖城乡规划，健全森林生态网络。④结合区域资源特色，发展富民林业产业。⑤弘扬森林生态文化，建设城乡绿色家园。

（二）结构布局

根据“新林业、新家园”的湖南现代林业发展理念和总体规划基本原则，提出湖南林业发展的结构布局——“三林”体系。

1. 生态林体系

生态林体系是指片、带、网相连接的以发挥生态功能为主的森林。主要以山地森林为主，并针对城市周边地区、平原区、盆地丘陵等地的防灾需要，以及生态敏感区维护、人居环境需要等设置。在这些生态公益林的经营中，要向近自然林的方向引导，并借鉴恒用林的经营理念，适当增加长寿命、高经济价值珍贵树种，使山地森林成为湖南省森林生态系统健康稳定的基础和生物多样性保护的基地。

2. 产业林体系

产业林体系是指以提供木（竹）材、绿色森林食品、苗木花卉、林副产品为主的用材林、竹林、经果林、苗圃等，主要功能是发挥经济效益，也对改善全省生态环境起着补充增强作用。产业林主要受产业发展的经济效益左右，在一定的时期内是随市场波动的。因此，产业林体系建设要结合湖南林业产业发展的区块特色，以市场为导向，满足社会对林产品的消费需求。

3. 文化林体系

文化林体系是指以改善人居环境和具有丰富文化内涵森林的总和，主要包括城市森林、园林、村庄林、森林公园、名胜古迹林等，是森林文化体系的重要组成部分。文化林体系在传承历史文化的同时并具有改善环境的功能。在湖南应重点加快各类纪念林、森林生态环境教育基地建设，传承湖南的历史文化和红色旅游文化，实现人与自然协调发展。

（三）空间布局

根据“中国森林生态网络”、中“点、线、面”相结合框架和对城市“林网化”和“水网化”理念以及结合湖南的地形地貌、森林资源分布格局、未来林业建设重点与发展趋势，湘、资、沅、澧四大流域的山地森林应该成为湖南生态公益林建设的核心，也是速生丰产林发展的重要基地；与湖南北部环湖城市群、中部沿江城市群、南部盆地城市群三个城市群交错分布的城市周边地区森林，既是这些地区生态安全的屏障，也是支撑各类经济林等林业产业发展的重要基地，传播森林生态文化的重要载体。因此，规划提出“一湖三群五片多点”为一体的湖南现代林业发展空间布局（图 4-2）。

1. 一湖——湖区林业

该地区水网发达，是国家重要湿地，其中，东南西洞庭湖是国际重要湿地，生态区位重要，同时又是湖南主要粮食产区，环湖地区为湖南经济建设最具有活力的地带之一，也是我国洪涝灾害和血吸虫病发生比较严重的地区，湿地建设与血防任务都很艰巨。林业生态建设主要是保护湿地生态系统，增强湿地的安全保障作用，采取科学有效的综合措施，恢复湿地生态系统，同时加大抑螺防病的力度，积极开展林业血防工程建设，促进湖区生态安全与国民经济同步发展。

2. 三群——城市林业

目前，湖南社会经济发展中比较成形的城市群是长株潭，也是近期湖南着力打造的核心地带，但从现实的发展状况和未来的发展趋势来看，北部洞庭湖周边以及南部衡阳、娄底、邵阳、永州、郴州等盆地城市群，也是湖南最具经济价值和发展潜力的地区。因此，在这些地带要大力发展城市林业，重点是加强城市之间绿化隔离带、森林公园、城郊观光林业、城区公共游憩地等建设，改善人居环境，保障城市协调发展。

- 长株潭城市群：本地区林业发展要在长沙已建成国家森林城市的基础上，加速实现三个城市林业的生态一体化建设，着力建设好城市绿化隔离带，提高城市森林建设的质量和品味，丰富森林文化内涵，加强森林公园、风景名胜区、生态教育基地等森林文化载体建设；加强城乡林业一体化建设，发展花木产业；建设城市周边地区的生态风景林，促进森林旅游产业发展。
- 北部环湖城市群：该城市群林业发展要充分发挥地缘优势，依托湿地资源优势大力发展湿地公园，积极开展湿地生态观光旅游；建设林水结合的城市生态走廊；在城市周边地区建设生态风景林，建设森林公园，开展生态旅游。

● 南部盆地城市群：该城市群林业尚处于起步阶段，当务之急是要做一个高水平的城市群林业发展规划，合理布局城市森林。结合城市之间相对疏散的特点，加强城市之间的绿色通道建设；加强森林公园和城市周边地区的生态风景林建设，发展森林旅游产业。

3. 五片——山地林业

湖南山地森林资源丰富，是保障生态安全的关键，也是商品林培育的重要基地。山地林业的核心目标是保障生态安全，打造特色产业基地。

● 湘西片——以武陵山为中心的水土保持与水源涵养林建设区：该区域林业建设的重点是，提高森林质量，恢复和强化森林的区域生湘南城市群发展的核心地带的区位优势，保护好城市周边地区的生态公益林，发展观光林业产业。

● 湘西南片——以雪峰山为中心的用材林培育区：该区气候条件优越、土壤肥沃、土地资源丰富，是湖南省的重点林区。由于其地处江河源区，生态区位非常重要。林业发展应该以生态公益林为中心，突出自然保护区建设，发挥林业水源涵养、水土保持的功能：同时发展杉木、马尾松、火炬松、杨树、桉树、翅荚木、桤木、马褂木、拟赤杨、毛竹等速生丰产用材林，使之成为湖南省的用材林培育基地。利用其林业加工历史悠久的优势，加大林产工业建设进程。

● 湘南片——以南岭山地为中心的用材林培育区：该区域森林资源保存相对较好，气候、土壤等自然条件优越，旅游资源丰富。森林培育主要是在保护、建设好重点生态公益林的基础上，发展马尾松、杉木、邓恩桉、柳桉、翅荚木、桤木等速生丰产用材林培育和林产工业建设：同时依托现有的旅游资源，积极发展壮大森林、湿地生态旅游产业。

● 湘东片——以幕阜罗霄山为中心的水土保持林建设区：林业建设的重点是，保护好该地区的森林资源，提高森林质量，为城乡一体发展服务。同时利用其城市化程度高的优势，开展以森林公园、风景林建设等为主的服务型林业建设，打造绿色产业。加大竹产业的培育力度，提高竹材的加工利用水平。

● 湘中片——以衡邵永盆地丘岗为中心的经济林发展区：该区域光热条件优越，境内土壤肥沃，但人口密度大，人地矛盾突出。由于长期的垦殖活动，植被破坏严重，水土流失加剧。今后的林业建设应首先要大力开展封山育林恢复植被工作，在此基础上加强水土保持林建设，尽快重建区域的生态安全构件：二是在提高现有经济林产量的基础上，继续扩大以油茶为代表的经济林林基地规模，提高区域生态经济效益：三是利用其地处湘南城市群发展的核心地带的区位优势，保护好城市周边地区的生态公益林，发展观光林业产业。

4. 多点——乡村绿色家园

乡村绿色家园建设是指结合社会主义新农村建设开展乡村绿化美化，改善人民居住环境，兼顾经济发展的乡村林业。建设重点是紧紧围绕全省2176个乡镇，提高农村、城镇居民生活质量，改善村民居住地的生态环境，协调人与自然的关系，调整土地利用，进行高标准的乡村绿化建设。主要发展内容是建设乡村风水林、公共游憩林、防护林、血防林、纪念林，以及发展庭院林业。

五、湖南现代林业重点工程规划

为了实现上述发展理念、目标和战略布局，我们整合规划了四项林业生态工程、五项林业产业工程和三项森林文化工程。

这是山丘森林保育工程建设规划示意图

这是抑螺防病林工程建设规划示意图
这是湿地与野生动植物保育工程建设规划示意图
这是绿色通道工程建设规划示意图
这是城市森林工程建设规划示意图
这是乡村绿色家园建设工程建设规划示意图
这是森林和湿地生态旅游工程建设规划示意图

六、科技平台与基础设施建设

（一）科技创新平台建设

（1）建设4个区域研究中心：林业血防研究中心、油茶研究中心、湿地研究中心、南方城市森林与森林文化研究中心。

（2）建设3个技术创新中心：建立依托中国林业科学研究院，以省林业科学研究院为主的，成立竹产业工程中心、人工林木材工程技术中心、林木生物质能工程技术中心等3个技术创新中心。

（3）重点实验室建设：在建设好“湖南省林木无性系育种技术重点实验室”的基础上，建立“南方纸浆林重点实验室”和“南方人工林木材工程技术研究中心”，争取在“十一五”期间，建设成为国家行业重点实验室，到2020年前，建设成为国家重点实验室。

（二）成果转化平台建设

（1）林业科技示范市（县）建设：实施好益阳市国家现代林业试点工作，强化林业科技示范市建设。开展好13个科技兴林示范县建设，做好林业科技入户工程。

（2）科技示范园和示范基地建设：“十一五”期间，建立省级林业科技示范园5个、县级科技示范园10个，示范面积6667公顷。

（3）科技推广标准站建设：“十一五”期间，全省完成50个县级科技推广标准站建设。

另外，也对人才支撑保障体系建设，林业信息化建设，森林防火能力建设，森林公安和林业检察院、法院建设，林业有害生物灾害防控能力建设。野生动物疫源疫病防控能力建设，以及基层林业站、木材检查站建设等进行了规划。

七、湖南现代林业建设关键技术

根据湖南现代林业重点工程建设的需求和发展趋势，在现有林业科技成果和技术集成的基础上，提出当前林业生态、产业和森林文化建设的关键技术，并对工程建设的技术不足提出亟待开展研究的关键领域。

（一）林业生态建设关键技术

主要包括：山丘区林业生态建设技术，防护林体系构建技术，湖区抑螺防病林建设技术，洞庭湖湿地保育技术，野生动植物保育与森林灾害防治技术，森林土壤保育技术。

（二）湖南林业产业建设关键技术

主要包括：商品林培育技术（杉木、湿地松、火炬松、杨树、桉树、桤木、毛竹等主要造林树种，楠木、红锥、黄檀、榉树等珍贵用材树种，以及油茶、油桐、红豆杉、板栗、光皮树等经济林树种），绿化与花卉苗木培育技术，木竹及林化产品加工利用技术，森林动植物利用技术，生物质能源加工技术，林业机械技术装备。

（三）生态文化建设关键技术

城市森林、乡村人居林、风景名胜林、森林与湿地生态旅游区等建设是生态建设和产业发展的重要内容，更是承载森林文化的主要载体，因此，目前生态文化建设任务主要是加强生态文化载体建设。包括城市森林建设技术，乡村人居林建设技术，湿地与森林生态旅游区建设技术

八、湖南现代林业发展保障体系

为实现湖南现代林业发展的战略目标，必须建立完备的制度保障体系、有效的投入保障体系、强大的科技保障体系、科学的人力资源保障体系、健全的组织保障体系，为实现“新林业、新家园”提供可靠保障。

（1）在制度保障方面，一是提出推进林业体制改革和机制创新，深化林权制度改革，深化国有林场、苗圃管理体制改革，加快发展非公有制林业；二是提出完善森林经营管理制度，强化资源行政管理，深化森林分类经营改革，建立和完善森林资源与生态状况监测评价体系；三是提出要提高林业法制建设水平，完善林业立法工作，进一步加大执法力度，加强普法宣传教育。

（2）在投入保障方面，一是提出建立公共财政为主的多渠道投入体系；二是提出调减林业税费，加大林业税收调控，调节利益分配，增加消费人群的生态建设义务，引导资金向林业投入。

（3）在科技与人才保障方面，一是提出强化科技创新体系，建立以中南林业科技大学为主的林业基础研究平台，建立以湖南林业科学研究院为主的林业应用研究和技术创新平台，加强省院合作，建立富有特色的全国区域研究和技术创新中心，构建以企业为主体的民营林业技术创新平台；二是提出要提升科技服务和推广能力，建立以政府为主体的新型林业科技推广体系。以林业科技示范园建设为龙头的科技示范网络体系，加强林业技术培训，建设林业科技信息平台，加强林业标准化体系建设，进一步加强知识产权保护；三是提出加速林业人才培养，全面落实国家林业人才教育培训规划，进一步健全全省林业行业教育培训管理体系。四是提出完善人才激励机制，建立重能力、重实绩的人才评价、选拔与职称评聘办法，完善优秀人才奖励制度，制定技术参与分配的奖励机制。

（4）在组织保障方面，一是提出落实地方政府行政首长任期责任制；二是提出强化政府林业公共服务和监管体系建设；三是提出建立健全林业社会服务体系。

九、投资估算与效益分析

湖南省林业建设的投资概算，主要包括生态与产业等战略工程建设的投资，以及在此期间需要强化的林业基础设施和能力建设所需要的资金概算，湖南林业重点工程与基础设施建设总投资1601.49亿元。其中：

（1）四个森林生态工程投资465.45亿元；

（2）五个林业产业工程投资837.13亿元；

（3）三个生态文化休闲工程投资224.10亿元；

（4）科技创新平台与成果转化基地、数字林业、森林防护、林业有害生物灾害防控等科技支撑与基础设施能力建设投资74.81亿元。

工程投资的资金来源包括财政投资、货款扶持、社会融资、企业自筹、居民投工投劳等方面。其中，在建设总投资1601.49亿元中，需要政府投资765.94亿元，占47.83%。这是投资总概算和资金筹措渠道建议表。

现代林业工程建设将产生良好的生态、经济和社会效益。这里就不赘述了。

十、加快湖南现代林业发展的十条建议

为推进湖南现代林业建设的顺利实施，特提出如下十条建议

1. 省委省政府加强对湖南现代林业建设的领导

省委、省政府进一步高度重视湖南现代林业建设，将生态建设指标列为湖南经济社会发展的重要指标。分别制定不同区域、不同类别的生态建设指标，将其列为国民经济社会发展指标。根据指标研究结果，制定和细化分解为干部政绩考核指标，形成对地方各级政府和林业部门的科学考核体系。强化各级政府领导的林业发展任期目标责任制。

2. 加快以林业产权制度为基础的林业综合改革

严格按照中央9号文件精神，积极稳妥地深化集体林权制度改革。将集体林权制度改革与配套改革统筹起来，重点在明晰产权、减轻税费、放活经营，规范流转、配套改革方面取得突破。林权落实方式以家庭承包经营为主；严格执行国家规定的木竹税费征收标准，取缔所有违法违规的木竹收费项目；取消地方和部门对原料的承诺制，保护林农权益；规范育林基金的征收、使用和管理；实行采伐指标公示制，加强木材生产计划的阳光管理和社会监督；制定森林资源转让、抵押贷款、资产评估等管理制度、建立林业产权交易平台；积极发展农民合作组织和中介机构，促进非公有制林业发展；拓宽林业融资渠道，引导发展民营林业担保机构；金融部门加大林业信贷投放力度，积极开展森林资源资产抵押贷款试点，对林农发展生产给予必要的小额贷款支持；林业行政事业单位（包括基层林业站、木材检查站、植物检疫站等）的公益性职能所需经费纳入财政预算。

3. 加大公共财政对公益林建设的投入

加大各级财政对林业的支持力度，省级林业支出占财政支出的比例应不低于1.5%（据研究，2001～2005年，国家林业投入占中央财政支出5年平均为2.64%）。建立林业管理部门全额拨款制度，全面推进育林基金改革。争取中央和省级公益林补偿全部到位，加快建立市州、县市区级公益林补偿制度，提高补偿标准。逐步建立和完善政府投资购买非国有公益林制度。各级财政逐年增加专项经费用于森林防火、病虫害防治、森林资源监测管理等支出。结合扶贫和农村实行低保等有关政策，对林区无田、少田贫困林农（人均水田面积200平方米以下的）进行补助，切实解决林区无田、少田林农生活问题。

4. 充分发挥科技在现代林业建设中的作用

加大政府对林业科技的投入，充分发挥科技在现代林业建设中的支撑作用。重点扶持以“一校二院二园”为核心的国有林业科技源头创新平台建设。落实在重点工程中安排1%～3%的费用用于科技支撑项目。加快“中国林业科学研究院湖南分院”的建设，在创新体系建设、基础条件建设、人才队伍建设方面给予支持。对中国林业科学研究院湖南分院的5个区域研究中心和3个技术创新中心，省里给予专门立项，保证基本建设投资和启动资金。进一步加大科技推广力度，重点是加强林业科技示范园区建设，大力实施林业科技入户工程。

5. 加快城市森林建设，推进城乡生态建设一体化

依据“林网化”和“火网化”相结合理念，将城市森林建设纳入城市建设统一规划，强化城市林业行政管理职能，明确由林业部门统筹指导，有条件的可以设置专门机构。制定城市林业发展相关法规和技术标准，促进城市林业发展。实施长株潭三市生态同建规划。加大中央和省级公益林建设，启动国道等干线公路的绿色通道建设，做到城市、乡村、道路、绿化统筹规划，整

体推进。开展“创绿色家园、建富裕新村”行动，通过以评促建，评建结合，推进城乡生态建设一体化。

6. 加强油茶等资源产业开发力度

加强湖南特色生物资源的培育和产业开发力度，大力扶持农民发展珍贵阔叶树、竹林、油茶等木本粮食、干鲜果品、花卉产业、野生动物驯养繁殖等，政府对珍贵树种营造可以按照公益林政策给予补助。制定特色资源培育开发的优惠政策，积极帮助企业解决融资等困难，切实落实林业贴息贷款等政策。大力扶持龙头企业，政府建立龙头企业扶持基金，每年从财政安排一定数额资金扶持龙头企业进行产业升级，开发新产品。特别要加强油茶资源产业开发力度，在良种、资金、税收和科技等方面予以重点扶持。

7. 加大洞庭湖保护力度，完善湿地保护管理

湖南是我国湿地资源丰富的省份之一，全省湿地面积约 5.6 万平方公里，占土地总面积的 26.47%。洞庭湖流域现存一个国家级和三个省级自然保护区，是以行政界限划分的，不利于统一协调保护行动。洞庭湖流域湿地及其生物多样性是一完整的生态系统，其保护和建设也应视为一个整体，建议尽快成立“洞庭湖自然保护区管理局”，解决洞庭湖四个保护区目前存在的土地权属问题。

8. 加强血防林和乡村人居林建设

“林业血防”工程要做到“新工程、新机制”。一是落实土地用途，明晰产权；二是强化科技支撑，抓好适用技术推广与示范，确保工程质量；三是推行工程监理制，从工程款中提取 1.5%，作为工程监理专项费用；四是改革投资方式和资金使用办法，采取收购、补贴等多方式，鼓励社会力量参与；五是突出抑螺的主旨，兼顾经济效益，按标准营造、验收，按经营方案落实采伐管理等资源政策；六是抓好科技示范区建设，树立治理样板。

9. 加强森林火灾和林业生物灾害防控能力建设

建立稳定的森林防火投入机制，将森林防火基础设施建设纳入国民经济和社会发展规划，将森林防火的经费作为公共财政支出纳入同级财政预算。要按照森林防火费用以政府投入为主、受益者合理负担的原则，积极探索森林防火有偿防控和救助的机制及其模式。继续加大对森林防火预测预警、交通通讯、林火阻隔、扑救指挥等系统和森林消防专业队伍及其装备的建设。加强林业生物灾害、野生动物役源疫病防控，健全和强化控灾、检疫机构。

10. 加强森林文化体系建设

加快各类纪念林、森林生态环境教育基地建设，传承湖南的历史文化和红色旅游文化，实现人与自然协调发展。在全面推进城市森林和乡村绿化建设中，要与湖南古老的园林文化相结合，与文化古迹保护相结合，与传播生态意识相结合，加强古树名木和各类名胜区森林的保护，大力发展以各类纪念林为代表的文化林建设，丰富森林文化内涵，弘扬绿色文明、生态文明。加强森林文化体系建设的研究，发挥湖南森林文化建设的独特优势。

各位领导、各位专家：

湖南作为我国林业资源大省，要在全国现代林业建设中走在前列。我们相信，湖南现代林业发展战略与规划建设的大力实施，必将在改善湖南省生态环境的同时，也会为湖南的经济社会发展注入新的生机，为全国的现代林业建设做出表率。

谢谢大家！

附件8

《湖南现代林业发展战略研究与规划》项目领导小组与专家组名单

项目领导小组

组　长：江泽慧

副组长：杨泰波

成　员：戴军勇　葛汉栋　张守攻　易鹏飞
　　　　石建辉　刘小明　邓三龙　李定一

领导小组办公室

负责人：葛汉栋　张守攻

联系人：陈幸良　王　成　刘杏娥　刘跃进

项目专家组

组　长：彭镇华

副组长：柏方敏　程政红

课题主要成员

课 题 一：湖南现代林业发展理念研究

负 责 人：李智勇　龙应忠

主要成员：樊宝敏　童方平　校建民　易　宏　刘　勇　包英爽

课 题 二：湖南省现代林业发展指标研究

负 责 人：杨一波　张志强

主要成员：谢宝元　吴际友　吕　勇　唐丽霞　孙　婧　王旭军

课 题 三：湖南现代林业发展规划研究

负 责 人：王　成　李　晖

主要成员：贾宝全　赵克金　郄光发　程政红　瞿跃辉　吴际友
　　　　　韩学文　李　伟　王旭军　孙朝晖　詹晓红

课 题 四：湖南现代林业发展生态和文化体系关键技术研究

负 责 人：程政红　孙启祥

主要成员：邱尔发　项文化　李锡泉　张建锋

课 题 五：湖南林业产业建设关键技术研究

负 责 人：张守攻　何洪诚

主要成员：刘君良　傅万四　曾广正　罗明春　黎玉才

课 题 六：湖南现代林业发展的保障体系研究

负 责 人：陈幸良　蒲少华

主要成员：刘跃进　周晓玲　林　群　张向前　罗攀柱

附件 8

《湖南现代林业发展战略研究与规划》项目领导小组与专家组名单

项目领导小组

组　长：江泽慧
副组长：杨泰波
成　员：戴军勇　葛汉栋　张守攻　易鹏飞
　　　　石建辉　刘小明　邓三龙　李定一

领导小组办公室

负责人：葛汉栋　张守攻
联系人：陈幸良　王　成　刘杏娥　刘跃进

项目专家组

组　长：彭镇华
副组长：柏方敏　程政红

课题主要成员

课 题 一：湖南现代林业发展理念研究
负 责 人：李智勇　龙应忠
主要成员：樊宝敏　童方平　校建民　易　宏　刘　勇　包英爽
课 题 二：湖南省现代林业发展指标研究
负 责 人：杨一波　张志强
主要成员：谢宝元　吴际友　吕　勇　唐丽霞　孙　婧　王旭军
课 题 三：湖南现代林业发展规划研究
负 责 人：王　成　李　晖
主要成员：贾宝全　赵克金　郄光发　程政红　瞿跃辉　吴际友
　　　　　韩学文　李　伟　王旭军　孙朝晖　詹晓红
课 题 四：湖南现代林业发展生态和文化体系关键技术研究
负 责 人：程政红　孙启祥
主要成员：邱尔发　项文化　李锡泉　张建锋
课 题 五：湖南林业产业建设关键技术研究
负 责 人：张守攻　何洪诚
主要成员：刘君良　傅万四　曾广正　罗明春　黎玉才
课 题 六：湖南现代林业发展的保障体系研究
负 责 人：陈幸良　蒲少华
主要成员：刘跃进　周晓玲　林　群　张向前　罗攀柱

附 图

APPENDED FIGURE

附图1

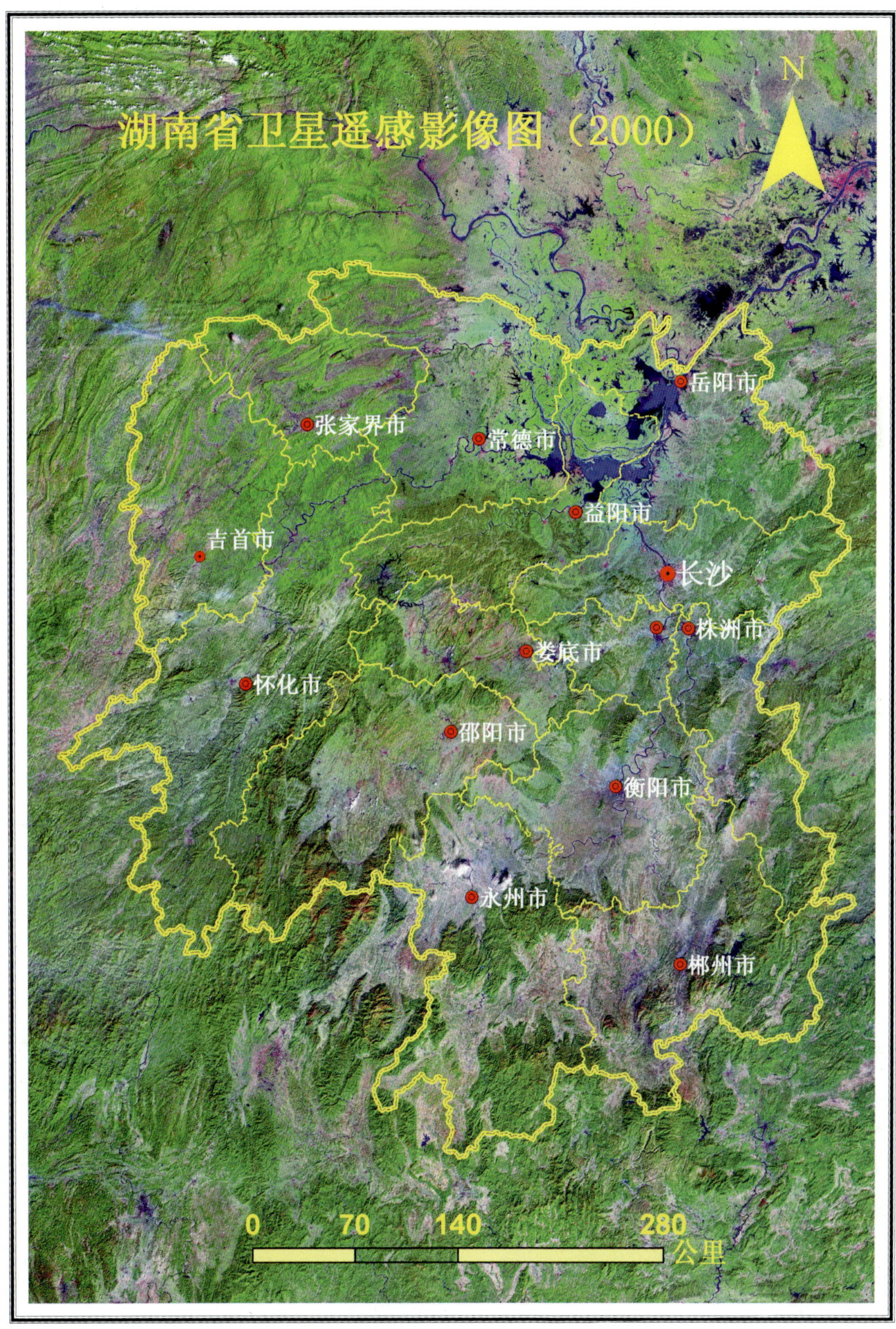

附图2

湖南省森林资源分布图
图例
省政府驻地
地、州、市驻地
县(市、区)驻地
乡(镇)政府驻地
自然保护区
国营林场
迹地
省、自治区界
地、州、市界
县(市、区)界
地类界
1032
高程点及注记
岩石裸露地
芦苇地
铁路
高速公路
主要公路
次要公路
2120
山峰
水库、河流
湖泊
中幼林
未成林造林地
经济林
牧地
近成过熟林
竹林
灌木林
农用林
疏林
荒山荒地
比例尺 1:600000
绘制单位：中国林业科学研究院林业研究所　国家林业局城市林业研究中心　湖南省林业调查规划设计院

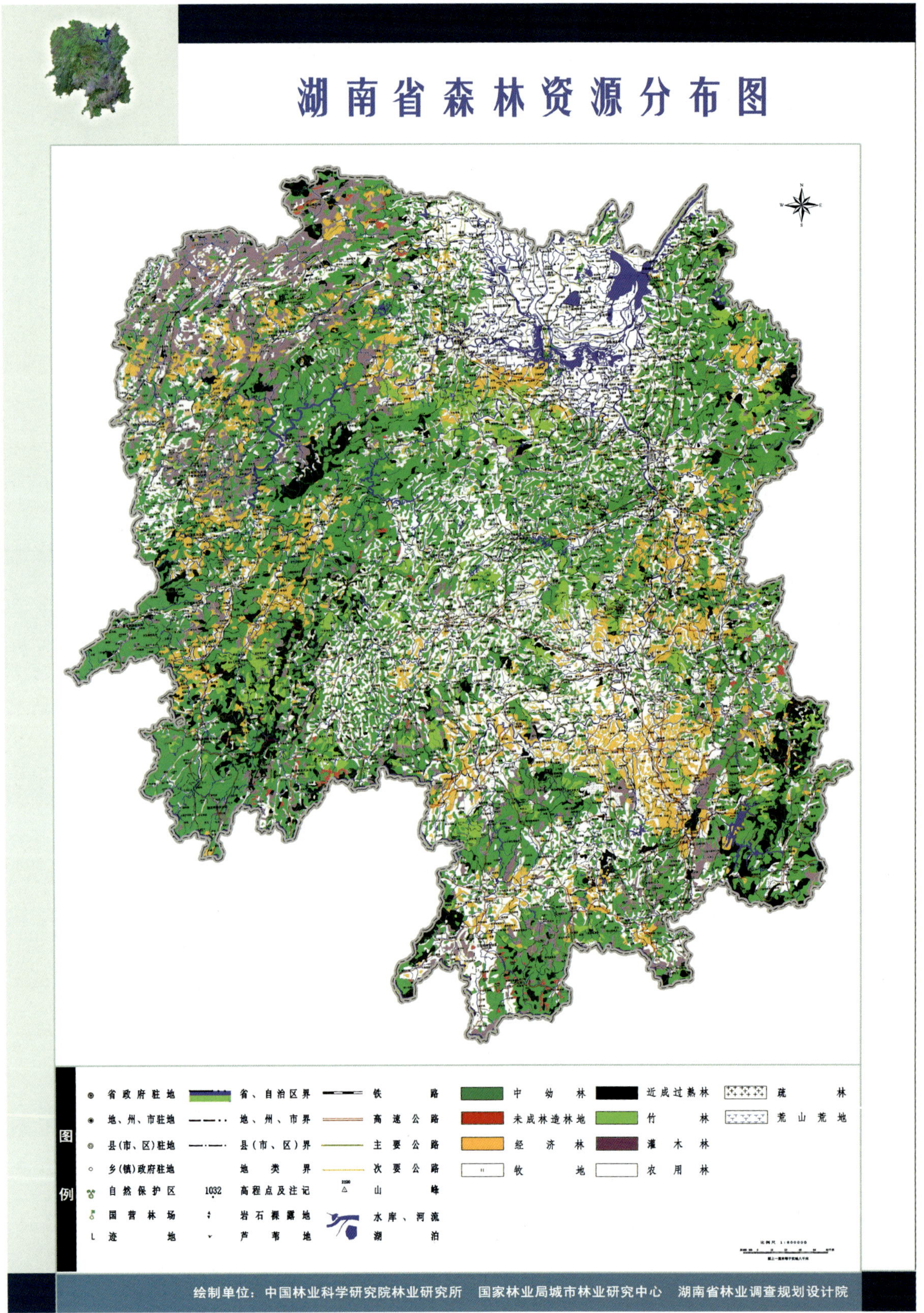

附图3

湖南省土壤类型图
岳阳市
张家界市
常德市
益阳市
吉首市
长沙
湘潭市
株洲市
娄底市
怀化市
邵阳市
衡阳市
永州市
郴州市
图例
潮泥田
红黄泥田
青格田
红壤性土
红壤
黄壤
黄红壤
黄棕壤
棕壤
红色石灰土
黑色石灰土
粗骨紫色土
山地草甸土
绘制单位：中国林业科学研究院林业研究所 国家林业局城市林业研究中心 湖南省林业调查规划设计院

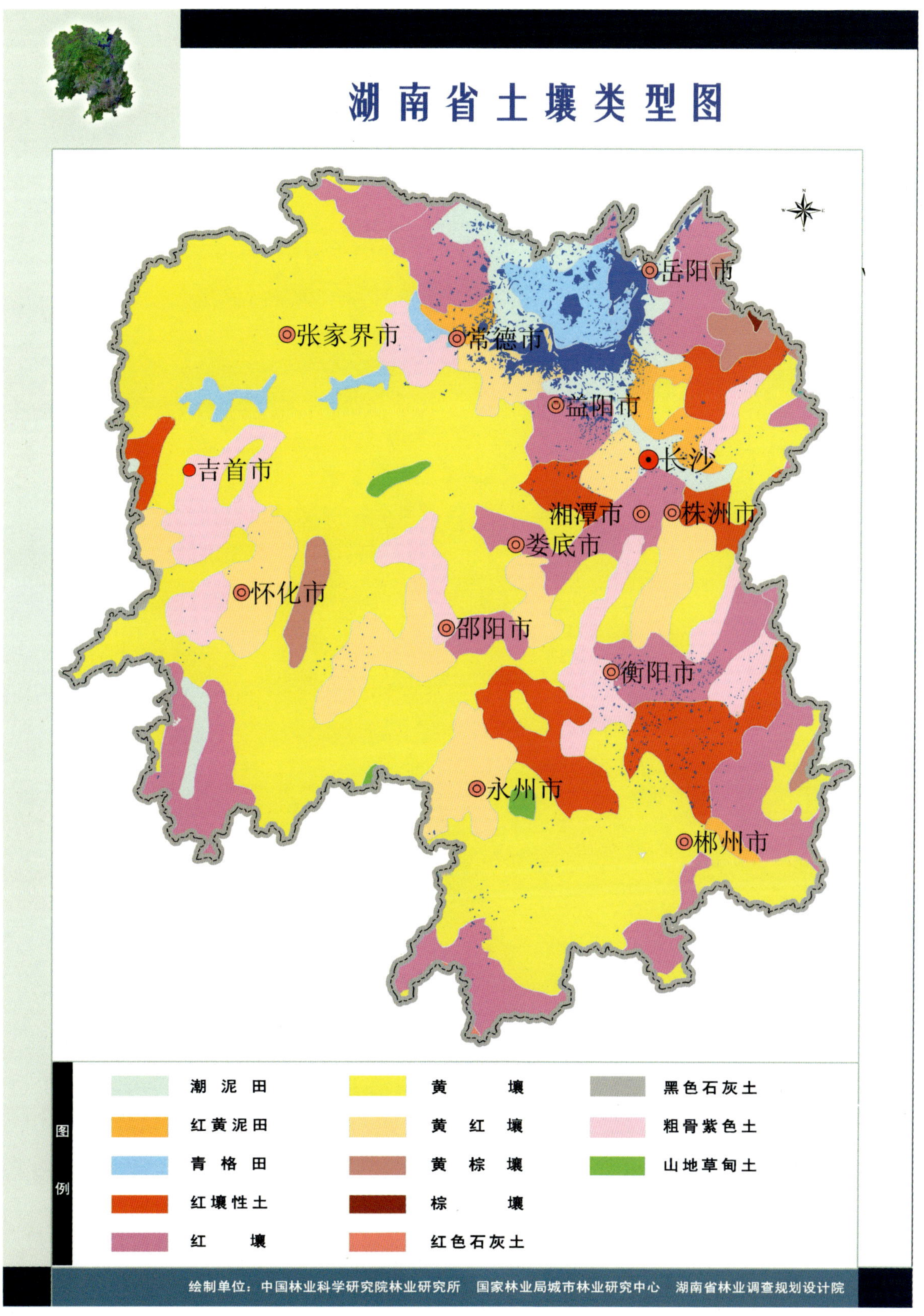

附图4

湖南省植被类型图
岳阳市
张家界市
常德市
益阳市
长沙
吉首市
湘潭市
株洲市
娄底市
怀化市
邵阳市
衡阳市
永州市
郴州市
图例
杉木林
马尾松林
柏木疏林
栲、柯杂木林
柯、山毛榉杂木林
榆科、化香杂木林
栲、樟科、木荷杂木林
毛竹林
杜鹃、乌饭灌丛
化香、竹叶椒、蔷薇、荚莲灌丛
夏稻(玉米)、冬小麦(油菜)一年两熟
单(双)季稻连作冬小麦(油菜、绿肥)
绘制单位：中国林业科学研究院林业研究所 国家林业局城市林业研究中心 湖南省林业调查规划设计院

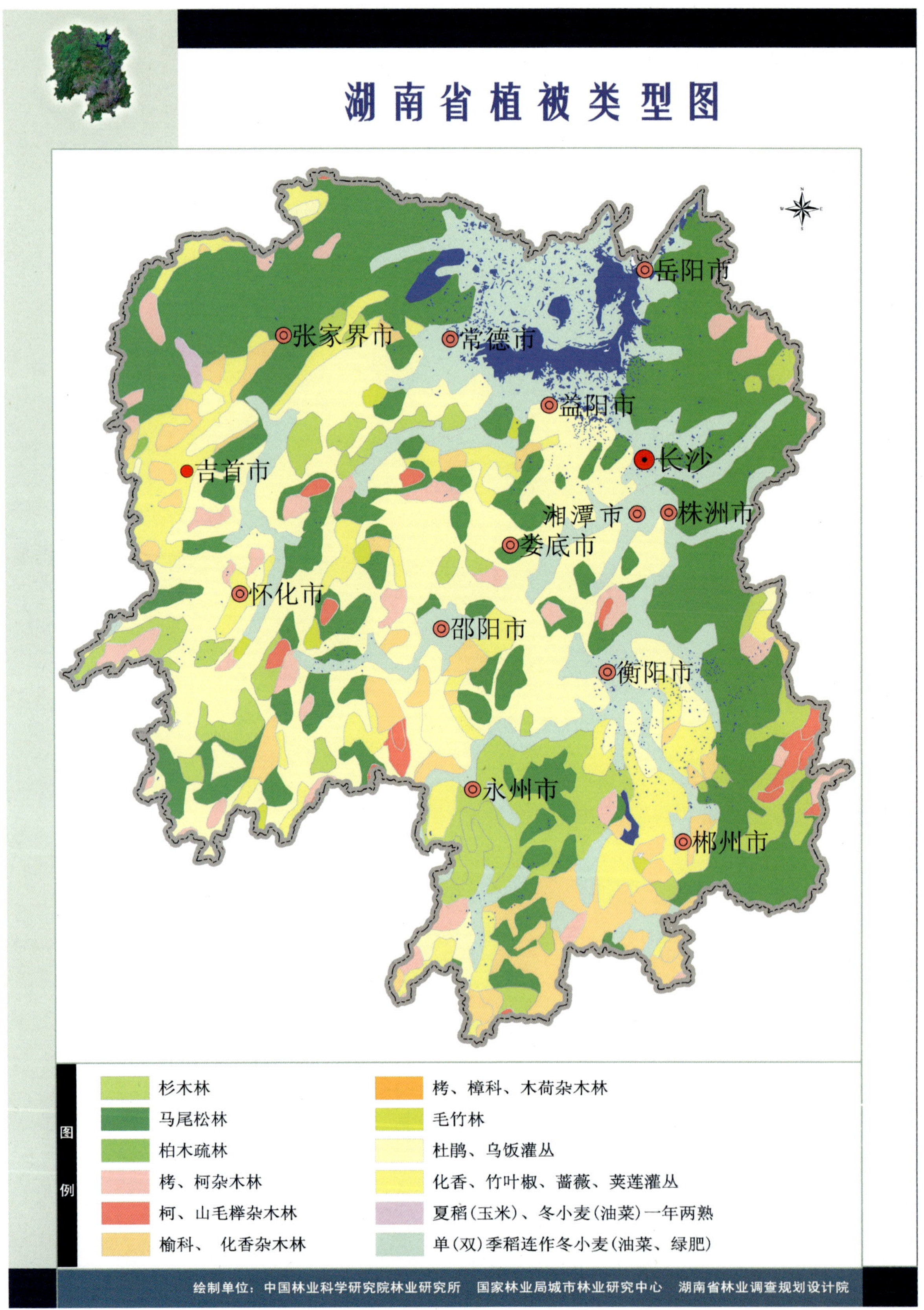

附图5

湖南现代林业发展规划布局框架图

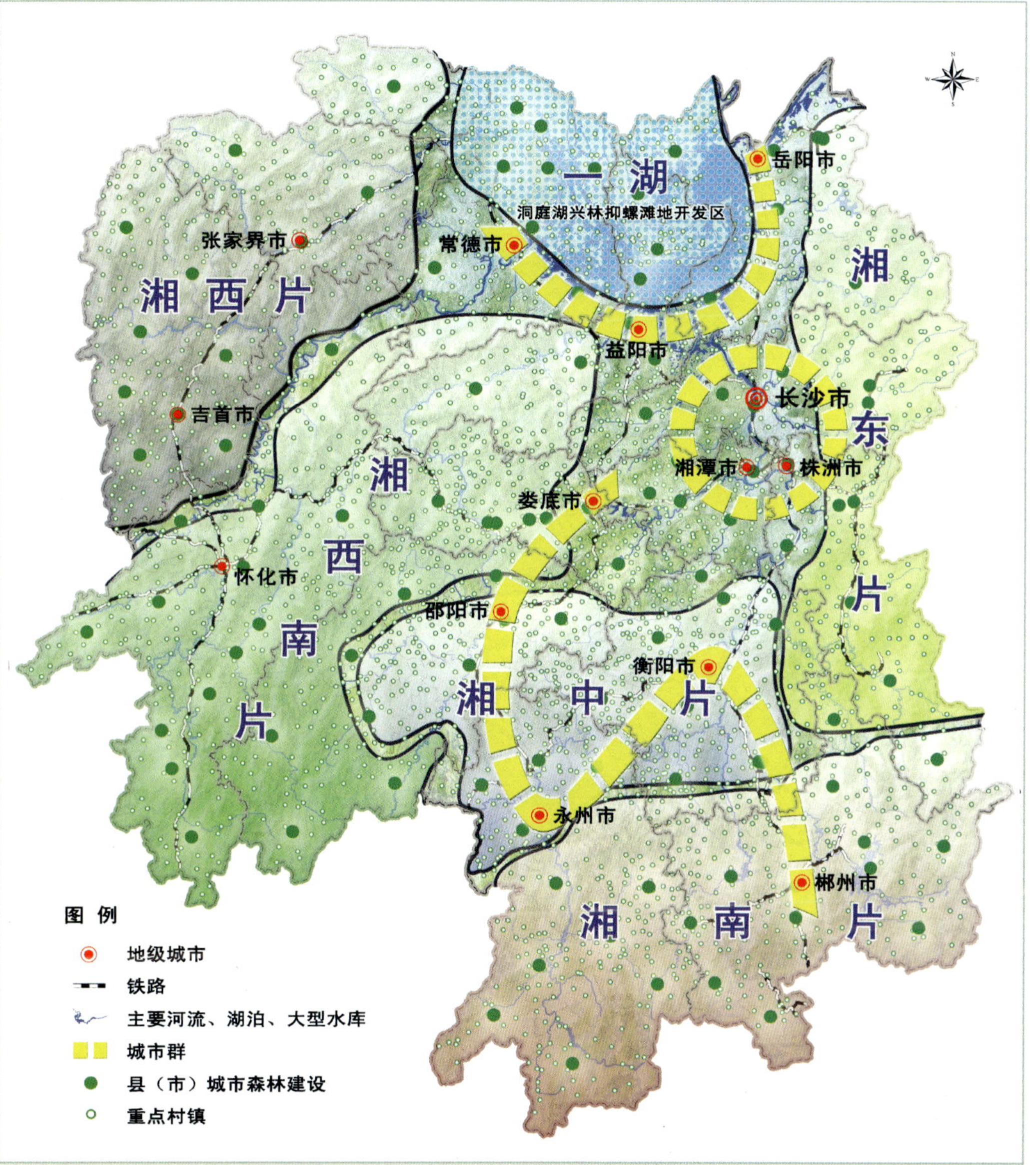

一湖
洞庭湖兴林抑螺滩地开发区
湘西片
湘西南片
湘中片
湘东片
湘南片
岳阳市
常德市
张家界市
益阳市
长沙市
吉首市
湘潭市
株洲市
娄底市
怀化市
邵阳市
衡阳市
永州市
郴州市

图 例

- 地级城市
- 铁路
- 主要河流、湖泊、大型水库
- 城市群
- 县（市）城市森林建设
- 重点村镇

布局框架：一湖　三群　五片　多点

一湖　滩地林业——抑螺防病致富　促进湿地保护利用

三群　城市林业——改善人居环境　保障城市协调发展

1、北部环湖城市群（岳阳、益阳、常德）　2、中部沿江城市群（长沙、株洲、湘潭）

3、南部盆地城市群（衡阳、娄底、邵阳、永州、郴州）

五片　山地林业——保障生态安全　打造特色产业基地

1、湘西片：武陵山水土保持与水源涵养林　2、湘西南片：雪峰山用材林　3、湘南片：南岭山地用材林

4、湘东片：幕阜罗霄山水土保持林　5、湘　中　片：衡邵永盆地丘岗经济林

多点　乡村林业——增加农民收入　建设绿色富裕家园

绘制单位：中国林业科学研究院林业研究所　国家林业局城市林业研究中心　湖南省林业调查规划设计院

附图6

湖南省现代林业重点工程建设规划

山丘森林保育工程

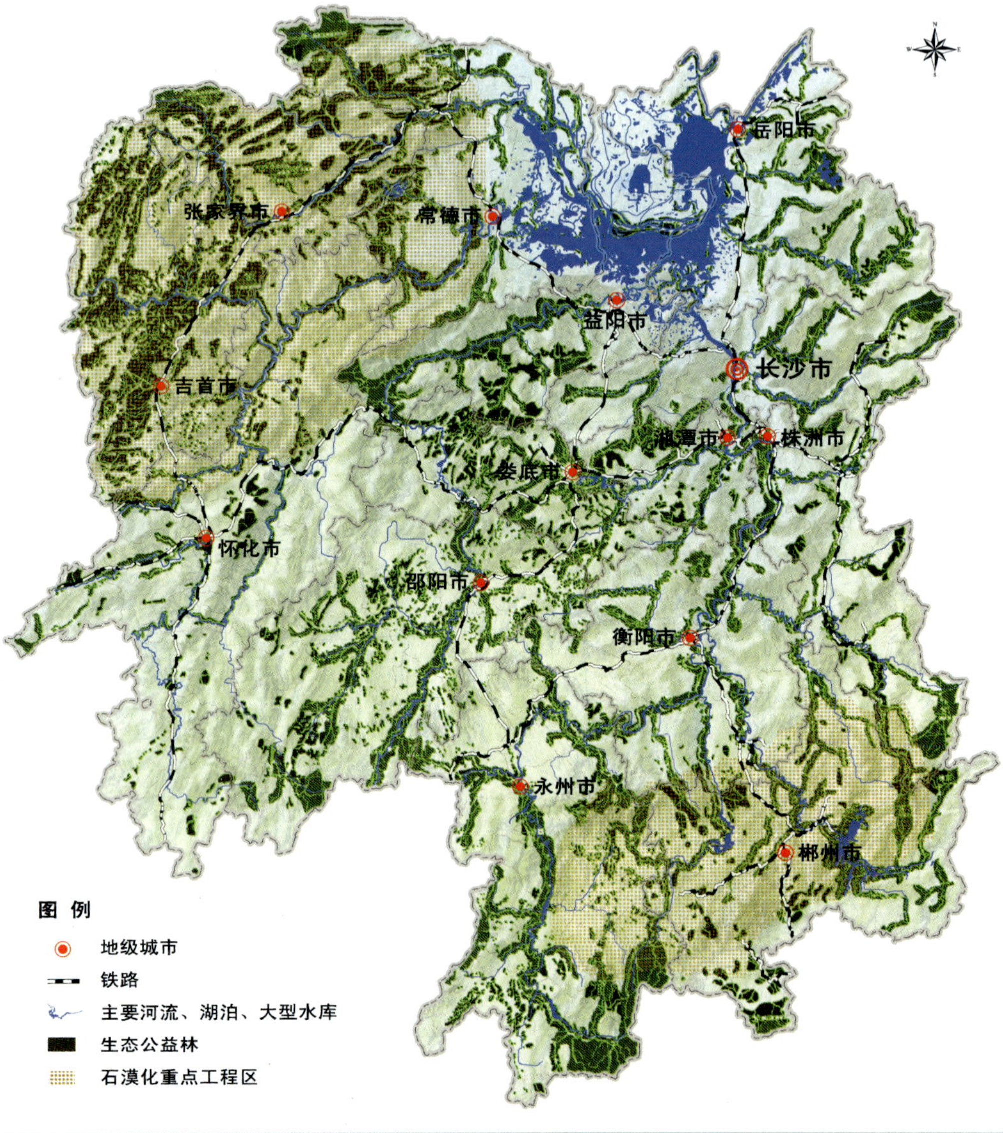

岳阳市
张家界市
常德市
益阳市
长沙市
吉首市
湘潭市
株洲市
娄底市
怀化市
邵阳市
衡阳市
永州市
郴州市

图例

- 地级城市
- 铁路
- 主要河流、湖泊、大型水库
- 生态公益林
- 石漠化重点工程区

目标	四水流域源头及河流两岸，库、湖、城镇周围、石质山地、山脉顶脊等生态脆弱地区以及其他对生态状况、社会经济可持续发展有重大影响的地段或区域，力争使25°以上坡耕地和严重沙化耕地全部退耕还林，从根本上治理水土流失。对重点公益林5642.51万亩实施全面管护，对石漠化地区的林地进行封、管、造结合的封山育林综合措施。
工程内容	涵盖退耕还林工程、长江珠江防护林体系工程、生态公益林工程、石漠化防治工程、矿区及废弃地植被恢复、低效林改造、中低山封山育林等建设内容。 （1）退耕还林子工程：“十一五”退耕还林工程规划总面积为1654万亩，其中退耕地造林654万亩，荒山荒地造林300万亩，封山育林700万亩。工程分布在88个县（市、区），其中重点工程县54个，规划面积1242.1万亩。 （2）防护林体系工程：规划2006~2010年营造防护林1411.2万亩。 （3）生态公益林子工程：全面管护已区划界定的5642.51万亩重点公益林，争取扩大中央对湖南重点公益林补偿面积，对省重点公益林全面进行补偿。到2010年，中央补偿面积3000万亩，省级补偿面积1561.29万亩，市州级补偿面积468.08万亩，县级补偿面积613.14万亩。 （4）石漠化治理子工程：加强对石漠化地区的4520万亩林地，分10年进行封山育林（包括全封、半封和轮封），以保护处于十分脆弱的立地条件状况下有林地的森林植被和生物多样性和无林地恢复森林及灌木草植被。

绘制单位：中国林业科学研究院林业研究所　国家林业局城市林业研究中心　湖南省林业调查规划设计院

附图7

湖南省现代林业重点工程建设规划

抑螺防病林工程

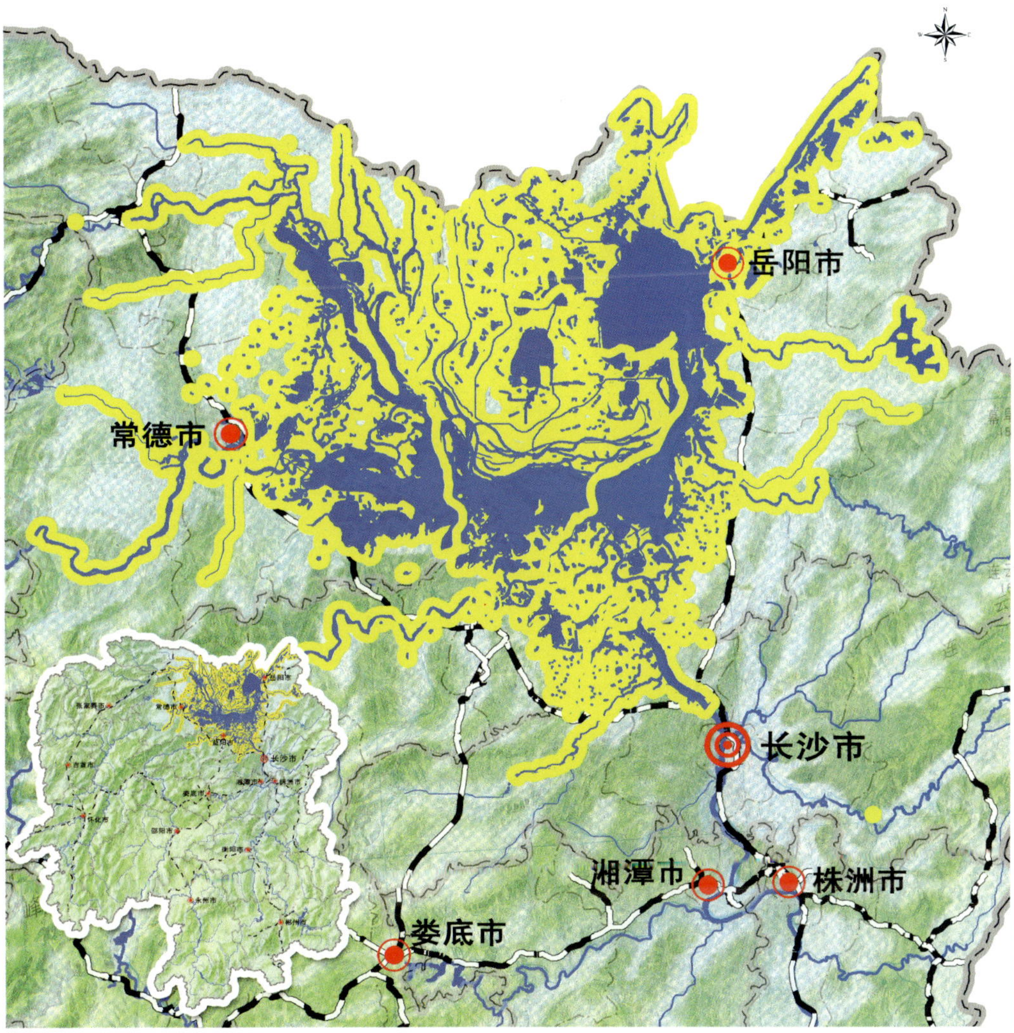

岳阳市
常德市
长沙市
湘潭市
株洲市
娄底市

图例

地级城市
铁路
主要河流、湖泊、大型水库
湖区兴林抑螺工程建设区

范围 洞庭湖兴林抑螺工程的建设范围包括岳阳、益阳、常德、长沙、株洲为本工程项目市级建设区，其中岳阳、益阳、常德市为市级重点建设区。在此基础上，确定5市32个血吸虫病流行县（市、区）为抑螺防病林体系建设项目县级建设区。

工程内容

（1）低位洲滩挖沟抬垄工程造林抑螺模式建设
（2）中位洲滩宽行窄株异龄林持续抑螺模式建设
（3）高位洲滩林农复合生态经济型经营模式建设
（4）河湖堤岸易感地带抑螺防病林体系建设
（5）山丘型沟谷库滩、荒山抑螺防病林体系建设
（6）洞庭湖区退田还湖（泽、滩）湿地恢复建设
（7）洞庭湖水禽越冬栖息地改造及恢复建设
（8）洞庭湖湿地保护区疫情监测与防螺设施建设
（9）洞庭湖湿地血吸虫病疫情宣传警示设施建设

洞庭湖区域兴林抑螺工程建设涉及32个县（市、区），现有各类型钉螺面积2596704亩，“九五”“十五”期间已采取兴林抑螺措施综合治理面积692648亩，尚有待治理面积1904056亩。

在1904056亩待治理面积中，垸外湖沼型有螺面积为1873404亩，规划为滩地抑螺防病林重点项目建设区面积1244964亩；山丘型有螺面积30652亩，规划为山丘型抑螺防病林重点项目建设区面积15489亩。

绘制单位：中国林业科学研究院林业研究所　国家林业局城市林业研究中心　湖南省林业调查规划设计院

附图8

湖南省现代林业重点工程建设规划

湿地与野生动植物保育工程

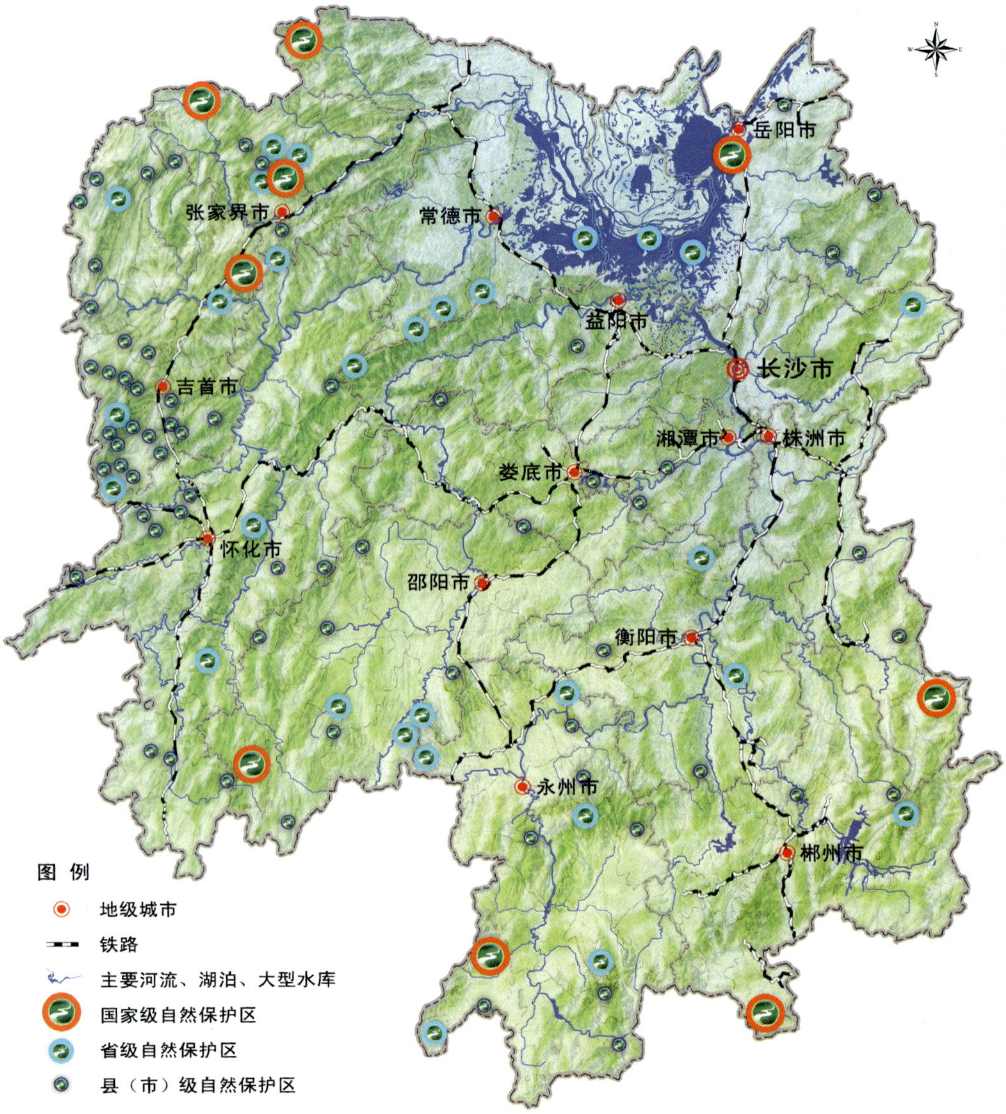

岳阳市
张家界市
常德市
益阳市
长沙市
吉首市
湘潭市
株洲市
娄底市
怀化市
邵阳市
衡阳市
永州市
郴州市

图例

地级城市
铁路
主要河流、湖泊、大型水库
国家级自然保护区
省级自然保护区
县（市）级自然保护区

范围 工程范围覆盖全省，重点为现有自然保护区、自然保护小区，以及保存有国家重点保护野生动植物资源和完整自然资源与自然环境的生态系统的区域。

工程内容

（1）重点野生动植物保护工程 华南虎保护子工程；林麝保护子工程；水鹿保护子工程；鹤类保护子工程；鹳类保护子工程；野生雉类保护子工程；兰科植物保护子工程；灵长类保护子工程；黑熊保护子工程；虎纹蛙保护子工程；蛇类保护子工程；古树名木保护子工程。

（2）国家重点生态系统类型自然保护区建设工程 a 亚热带森林生态系统保护和自然保护区建设：武陵雪峰山脉亚热带北部常绿阔叶林森林生态系统保护和自然保护区建设（晋升2个国家级自然保护区、新建4个省级保护区）；南岭山脉亚热带南部常绿阔叶林森林生态系统保护和自然保护区建设（晋升4个国家级自然保护区、新建3个省级保护区）；湘东幕阜连云山脉亚热带东部常绿阔叶、落叶混交林森林生态系统保护和自然保护区建设（新建2个省级保护区）；湘中衡山山系常绿和落叶阔叶林森林生态系统保护与自然保护区建设（晋升1个国家级自然保护区、新建2个省级保护区）。b 长江中下游湿地生态系统自然保护区和示范区建设：洞庭湖湿地保护和自然保护区建设；四水流域天然湿地和重点人工湿地保护。c 自然保护小区和生物多样性保护小区建设：新建自然保护小区和生物多样性保护小区1200个。

（3）国家重点科研与监测网络建设工程 主要内容有重点动植物、湿地监测网络建设、鸟类环志网络建设、湿地宣教中心建设等。

绘制单位：中国林业科学研究院林业研究所 国家林业局城市林业研究中心 湖南省林业调查规划设计院

附图9

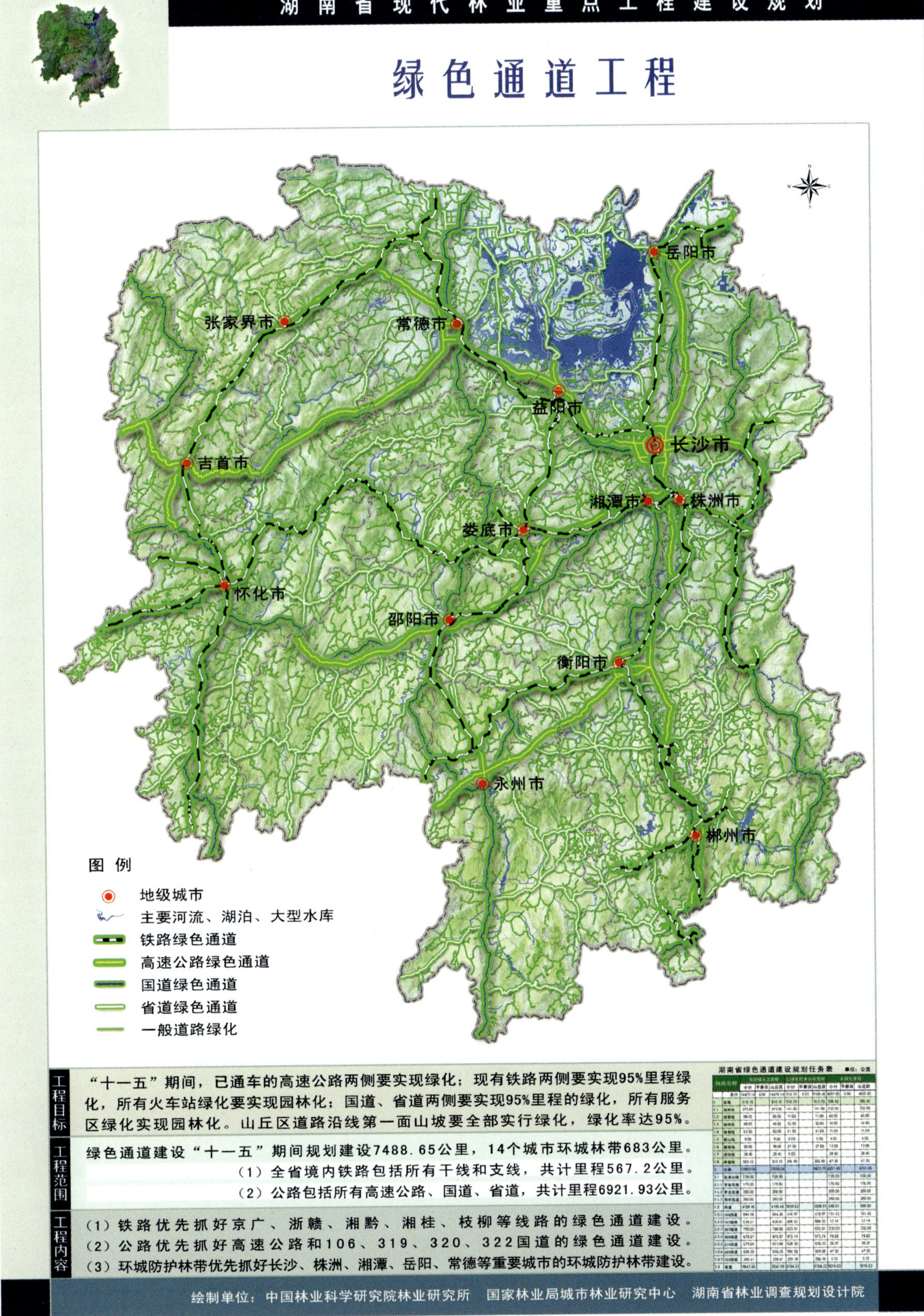
湖南省现代林业重点工程建设规划
绿色通道工程
岳阳市
张家界市
常德市
益阳市
长沙市
吉首市
湘潭市
株洲市
娄底市
怀化市
邵阳市
衡阳市
永州市
郴州市
图 例
地级城市
主要河流、湖泊、大型水库
铁路绿色通道
高速公路绿色通道
国道绿色通道
省道绿色通道
一般道路绿化
工程目标
"十一五"期间，已通车的高速公路两侧要实现绿化；现有铁路两侧要实现95%里程绿化，所有火车站绿化要实现园林化；国道、省道两侧要实现95%里程的绿化，所有服务区绿化实现园林化。山丘区道路沿线第一面山坡要全部实行绿化，绿化率达95%。
工程范围
绿色通道建设"十一五"期间规划建设7488.65公里，14个城市环城林带683公里。
（1）全省境内铁路包括所有干线和支线，共计里程567.2公里。
（2）公路包括所有高速公路、国道、省道，共计里程6921.93公里。
工程内容
（1）铁路优先抓好京广、浙赣、湘黔、湘桂、枝柳等线路的绿色通道建设。
（2）公路优先抓好高速公路和106、319、320、322国道的绿色通道建设。
（3）环城防护林带优先抓好长沙、株洲、湘潭、岳阳、常德等重要城市的环城防护林带建设。
湖南省绿色通道建设规划任务表 单位：公里
绘制单位：中国林业科学研究院林业研究所 国家林业局城市林业研究中心 湖南省林业调查规划设计院

附图10

湖南省现代林业重点工程建设规划

城市森林工程

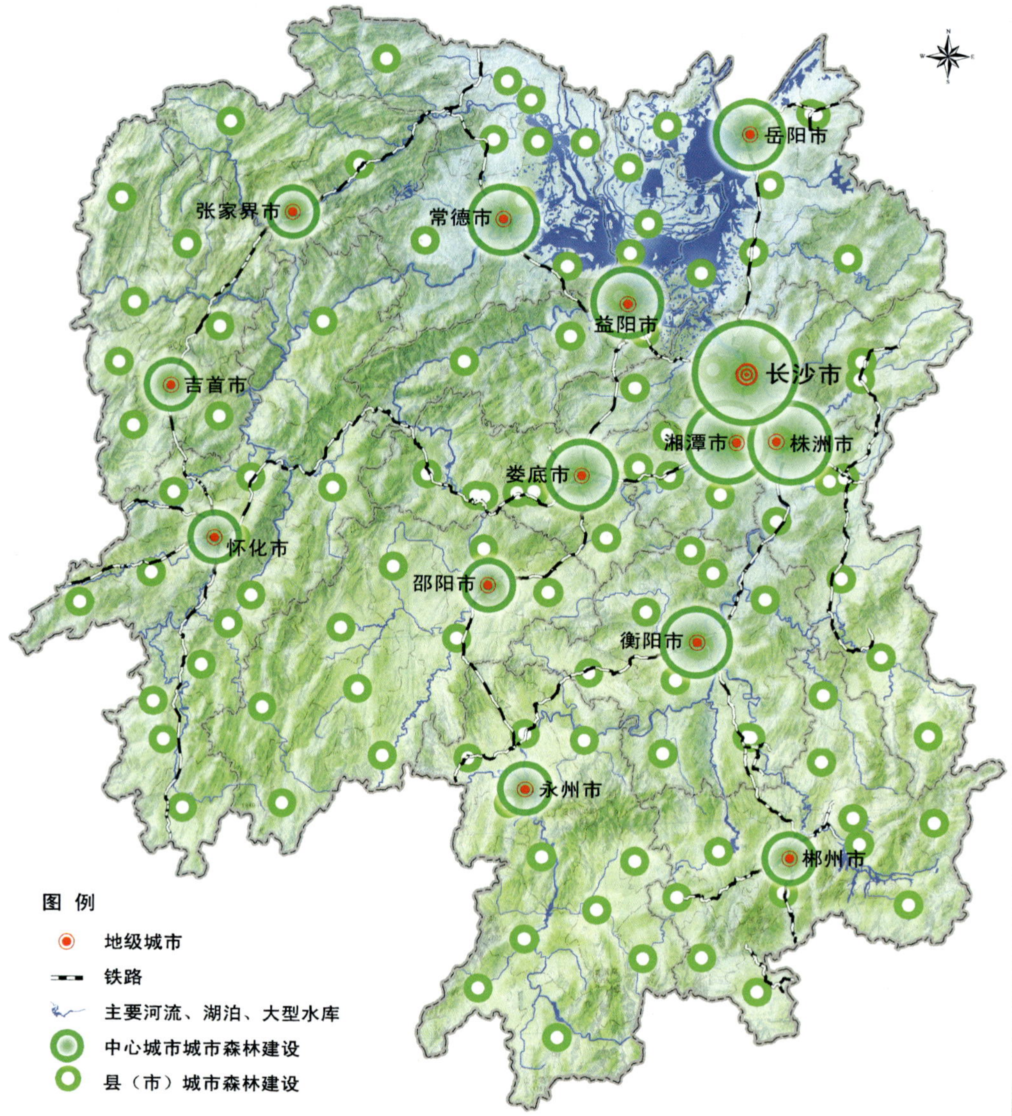

岳阳市
张家界市
常德市
益阳市
长沙市
吉首市
湘潭市
株洲市
娄底市
怀化市
邵阳市
衡阳市
永州市
郴州市

图例

- 地级城市
- 铁路
- 主要河流、湖泊、大型水库
- 中心城市城市森林建设
- 县（市）城市森林建设

工程目标	城市规划建成区人均公共绿地面积不低于10平方米。城市新建区绿地率不低于总用地面积的35%，城市内河、湖泊及铁路旁的防护林带宽度不少于30米。使全省80%的城市林木覆盖率达到30%。城市居民出行500米可达一处游憩绿地。并使湖南各地不同的城市或城市群的森林建设渗透湖湘文化，形成湖南城市的特色与个性。
工程内容	工程涉及全省所有市及县级城镇，以各城市（城镇）建成区为核心，涵盖城区行政区域内的近郊。包括长株潭城市群和以长株潭为中心，1个半小时通勤为半径，包括岳阳、常德、益阳、娄底、衡阳在内的3+5城市群，浏阳等县级市城区和宁乡等1114个县城城区及所有小城镇。重点是长株潭城市群及各城市群的核心地区。 （1）城市之间绿化隔离带：由内圈环城绿化隔离林带、外圈环城绿化隔离林带和若干主题园组成，隔离林带宽度均以100－400米宽绿线控制。 （2）森林公园建设：拟建设森林公园5.2万公顷。其中：保护现有森林面积4.1万公顷，封山育林2600公顷，退耕地造林面积610公顷。 （3）城郊观光林业（农家乐）：重点在长沙、株洲、湘潭、常德、岳阳、益阳、衡阳、郴州、邵阳、永州、张家界、娄底、怀化等城市周边地区。 （4）城区公共游憩地等建设：共规划城区公共游憩地总面积达到 650公顷。

绘制单位：中国林业科学研究院林业研究所　国家林业局城市林业研究中心　湖南省林业调查规划设计院

附图11

湖南省现代林业重点工程建设规划

乡村绿色家园建设工程

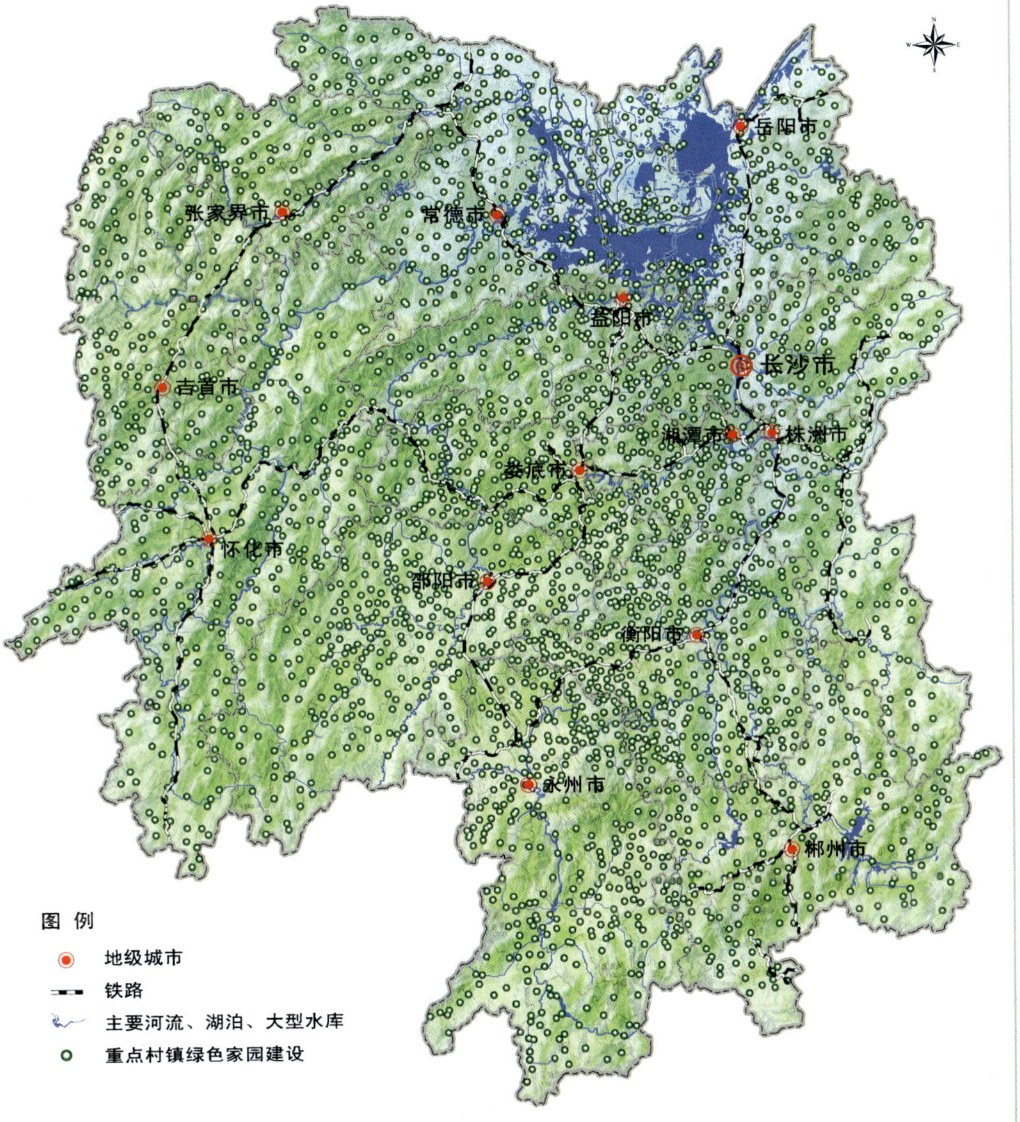

岳阳市
张家界市
常德市
益阳市
长沙市
吉首市
湘潭市
株洲市
娄底市
怀化市
邵阳市
衡阳市
永州市
郴州市

图例

地级城市
铁路
主要河流、湖泊、大型水库
重点村镇绿色家园建设

工程目标

通过村庄道路、河道、庭院、宅旁绿化、公共绿地和围村林的建设，完善村庄绿化布局，构筑多树种、多层次、多功能的村庄植被生态系统，实现村庄绿化美化，发挥绿化的文化功能，改善农村居民的生产、生活环境，建设乡村绿色家园。具体目标：建成1000个绿化示范村、14个示范镇和104个重点镇。

工程内容

（1）根据分类指导的原则，对不同类型的村庄采用不同的绿化布局和绿化重点。山区村要充分利用原有山地森林这一背景，重点进行庭院绿地、道路绿化；平原村要与广阔的田野这一基本地形特征结合起来，绿化类型选择要多样化，不但要建设公共绿地，而且对庭院、道路、河渠堤、农田等进行绿化；古建筑村的绿化要做到景观与古建筑相协调，人文与自然相统一，绿化布局要体现锦上添花、相得益彰的理念。

（2）推广村庄片林和围村林建设。根据政府引导、群众自愿的原则，在绿化示范村中推广建设村庄片林或围村林，将其建设成为村庄绿地系统中的核心林地。争取在50%的绿化示范村建设村庄片林，一村一片，有条件的要建成围村林，形成“村在林中”的美景。村庄片林和围村林要多应用乡土树种，采用混交、多层的树种配置模式，形成复杂多样、生态功能与景观效果俱佳的村庄植被生态系统。吸收传统“风水林”中强调生态保护的积极因素，用现代风水林的理念对村庄片林和围村林进行保护，提高农民自发保护绿化的意识。

（3）深入挖掘村庄绿化的文化内涵，实现绿化与文化的协调统一。对历史悠久、文化内涵丰富的村庄或古村落，要优先进行绿化，充分体现村庄绿化对弘扬先进文化的促进作用。

绘制单位：中国林业科学研究院林业研究所 国家林业局城市林业研究中心 湖南省林业调查规划设计院

附图12

湖南省现代林业重点工程建设规划

森林和湿地生态旅游工程

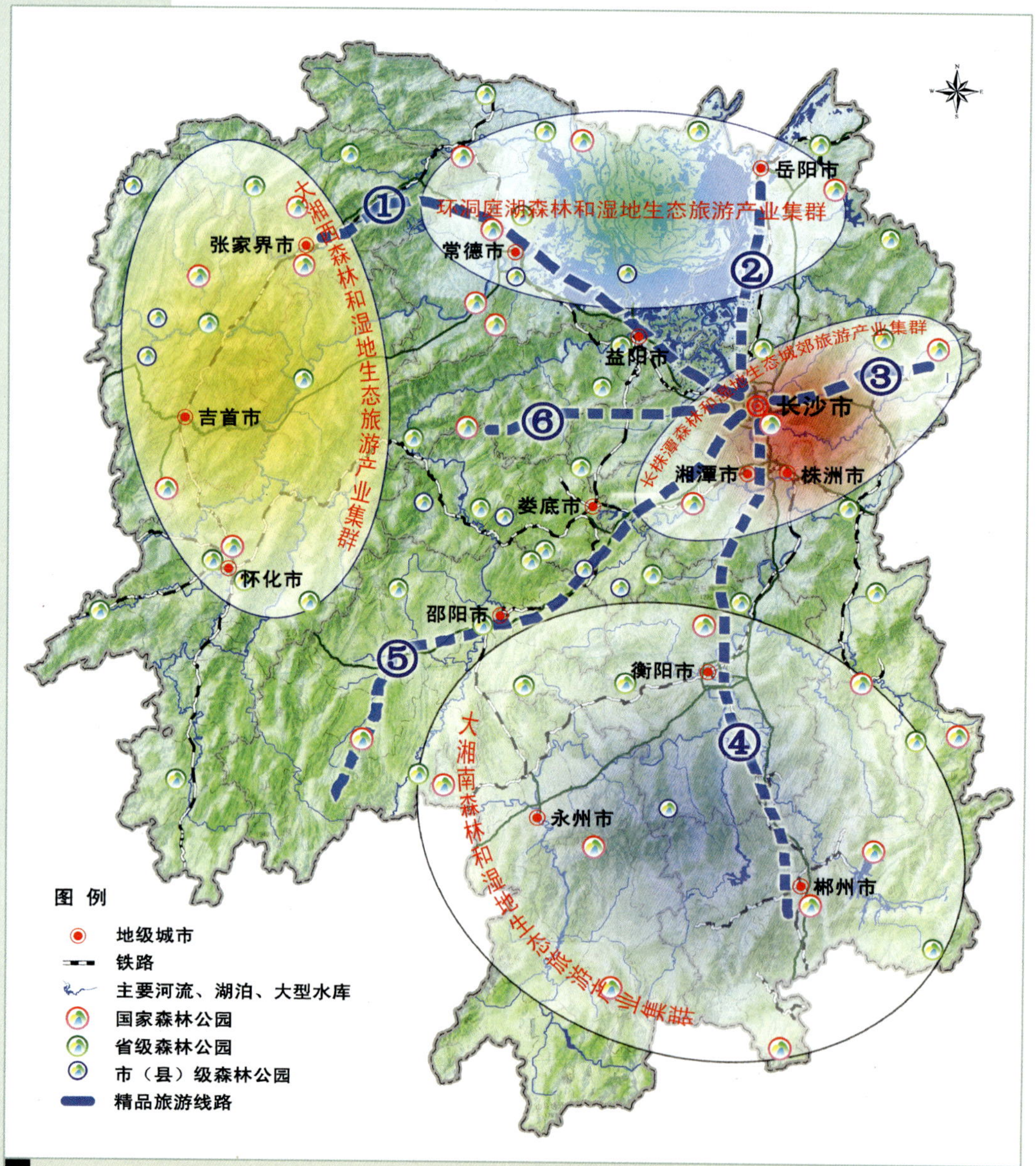

大湘西森林和湿地生态旅游产业集群
环洞庭湖森林和湿地生态旅游产业集群
长株潭森林和湿地生态城郊旅游产业集群
大湘南森林和湿地生态旅游产业集群

岳阳市 常德市 张家界市 益阳市 长沙市 吉首市 湘潭市 株洲市 娄底市 怀化市 邵阳市 衡阳市 永州市 郴州市

图 例

- 地级城市
- 铁路
- 主要河流、湖泊、大型水库
- 国家森林公园
- 省级森林公园
- 市（县）级森林公园
- 精品旅游线路

工程目标：到2010年，建设国家级森林公园35个，省级森林公园45个，地（市）县级森林公园20个；新建森林野营地50处，湿地公园10处；年接待游客总数1500万人次，系统内收入31.28亿元，实现森林（湿地）生态旅游收入115.86亿元。

工程内容：

精品旅游线路：①湘西北观光度假、竹文化旅游线；②湘北湖光山水、竹文化旅游线；③湘东保健休闲旅游线；④湘南科考度假、旅游探险线路；⑤湘西南科普教育、植物观赏旅游线；⑥湘中旅游休闲旅游线。

长株潭森林和湿地生态城郊旅游产业集群——以天际岭、大围山、桃源洞三个国家森林公园、国家级自然保护区和水府庙、酒埠江水库湿地为龙头

大湘西森林和湿地生态旅游产业集群——以张家界、不二门、南华山、天门山国家森林公园和八大公山等国家级自然保护区为龙头

大湘南森林和湿地生态旅游产业集群——以莽山、崀山、九嶷山、阳明山、南岳衡山、东江湖为龙头

环洞庭湖森林和湿地生态旅游产业集群——以东洞庭湖国家级自然保护区、南洞庭湖和西洞庭湖2个国际重要湿地、幕阜山国家森林公园、洪山竹海为龙头

绘制单位：中国林业科学研究院林业研究所　国家林业局城市林业研究中心　湖南省林业调查规划设计院

国家林业局重点出版工程　国家出版基金资助项目

"十二五"国家重点图书出版规划项目——中国森林生态网络体系建设出版工程

内容简介

党的十八大把生态文明建设放在突出地位，将生态文明建设提高到一个前所未有的高度，并提出建设美丽中国的目标，通过大力加强生态建设，实现中华疆域山川秀美，让我们的家园林荫气爽、鸟语花香，清水常流、鱼跃草茂。

2002年，在中央和国务院领导亲自指导下，中国林业科学研究院院长江泽慧教授主持《中国可持续发展林业战略研究》，从国家整体的角度和发展要求提出生态安全、生态建设、生态文明的"三生态"指导思想，成为制定国家林业发展战略的重要内容。国家科技部、国家林业局等部委组织以彭镇华教授为首的专家们开展了"中国森林生态网络体系工程建设"研究工作，并先后在全国选择25个省(自治区、直辖市)的46个试验点开展了试验示范研究，按照"点"(北京、上海、广州、成都、南京、扬州、唐山、合肥等)"线"(青藏铁路沿线，长江、黄河中下游沿线，林业血防工程及蝗虫防治等)"面"(江苏、浙江、安徽、湖南、福建、江西等地区)理论大框架，面对整个国土合理布局，针对我国林业发展存在的问题，直接面向与群众生产、生活，乃至生命密切相关的问题；将开发与治理相结合，及科研与生产相结合，摸索出一套科学的技术支撑体系和健全的管理服务体系，为有效解决"林业惠农""既治病又扶贫"等民生问题，优化城乡人居环境，提升国土资源的整治与利用水平，促进我国社会、经济与生态的持续健康协调发展提供了有力的科技支撑和决策支持。

"中国森林生态网络体系建设出版工程"是"中国森林生态网络体系工程建设"等系列研究的成果集成。按国家精品图书出版的要求，以打造国家精品图书，为生态文明建设提供科学的理论与实践。其内容包括系列研究中的中国森林生态网络体系理论，我国森林生态网络体系科学布局的框架、建设技术和综合评价体系，新的经验，重要的研究成果等。包含各研究区域森林生态网络体系建设实践，森林生态网络体系建设的理念、环境变迁、林业发展历程、森林生态网络建设的意义、可持续发展的重要思想、森林生态网络建设的目标、森林生态网络分区建设；森林生态网络体系建设的背景、经济社会条件与评价、气候、土壤、植被条件、森林资源评价、生态安全问题；森林生态网络体系建设总体规划、林业主体工程规划等内容。这些内容紧密联系我国实际，是国内首次以全国国土区域为单位，按照点、线、面的框架，从理论探索和实验研究两个方面，对区域森林生态网络体系建设的规划布局、支撑技术、评价标准、保障措施等进行深入的系统研究；同时立足国情林情，从可持续发展的角度，对我国林业生产力布局进行科学规划，是我国森林生态网络体系建设的重要理论和技术支撑，为圆几代林业人"黄河流碧水，赤地变青山"梦想，实现中华民族的大复兴。

作者简介

彭镇华教授，1964年7月获苏联列宁格勒林业技术大学生物学副博士学位。现任中国林业科学研究院首席科学家、博士生导师。国家林业血防专家指导组主任，《湿地科学与管理》《中国城市林业》主编，《应用生态学报》《林业科学研究》副主编等。主要研究方向为林业生态工程、林业血防、城市森林、林木遗传育种等。主持完成"长江中下游低丘滩地综合治理与开发研究""中国森林生态网络体系建设研究""上海现代城市森林发展研究"等国家和地方的重大及各类科研项目30余项，现主持"十二五"国家科技支持项目"林业血防安全屏障体系建设示范"。获国家科技进步一等奖1项，国家科技进步二等奖2项，省部级科技进步奖5项等。出版专著30多部，在《Nature genetics》《BMC Plant Biology》等杂志发表学术论文100余篇。曾荣获首届梁希科技一等奖，2001年被授予九五国家重点攻关计划突出贡献者称号，2002年被授予"全国杰出专业人才"称号。2004年被授予"全国十大科技英才"称号。